Far from the Tree
부모와 다른 아이들

부모와
다른
아이들

1

앤드루 솔로몬 지음 | 고기탁 옮김

일러두기
• 원주는 미주로, 옮긴이주는 각주로 처리했다.
• 원주와 찾아보기는 각 권에 나누어 배치했으며, 참고문헌은 모두 2권에 실었다.
• 아이의 이례적인 특징을 지칭하는 용어들은 가급적 선입견을 주지 않도록 가려 사용했다. 그러나 사용된
  용어에 반대하는 사람들도 있을 것이며 그런 분들께 미리 양해를 구한다. 가령 〈난쟁이〉 대신 〈소인〉을, 〈벙
  어리〉나 〈귀머거리〉 대신 〈청각 장애인〉 혹은 〈농인(聾人)〉을 사용했다. 그러나 좀더 직관적으로 이해하기
  어려운 〈조현병(調絃病)〉 대신 〈정신분열증〉을 그대로 사용했다. 장애가 없는 사람들을 지칭하는 용어는 딱
  히 없다. 〈소인증〉이 없는 사람은 단지 〈정상 키의 사람〉일 따름이다. 즉, 장애가 없는 사람은 모두 〈정상인〉
  이라 표현할 수 있다. 그러나 이 책에서는 가급적 이 표현을 피했으며, 따라서 가령 〈청각 장애가 없는 사람〉
  을 생소한 의학 용어인 〈건청인(健聽人)〉으로 표현했다.

이 책은 실로 꿰매어 제본하는 정통적인 사철 방식으로 만들어졌습니다.
사철 방식으로 제본된 책은 오랫동안 보관해도 손상되지 않습니다.

존을 위해,
남들과 다른 존의 특별함을 위해서,
이 세상이 내게 부여한 모든 동질성을 기꺼이 포기할 것이다.

불완전함은 우리의 낙원이다.
이 괴로움 속의 기쁨은,
우리가 불완전함에 너무나 익숙한 까닭에,
불완전한 말과 단호한 소리에 있음을 명심하라.

— 월리스 스티븐스,
「우리 풍조의 시The Poems of Our Climate」

차례

1권

한국어판 서문 · 11

1장 아들 · 17

2장 청각 장애 · 95

3장 소인증 · 213

4장 다운증후군 · 307

5장 자폐증 · 397

6장 정신분열증 · 527

7장 장애 · 631

주 · 721

찾아보기 · 842

2권

8장 신동

9장 강간

10장 범죄

11장 트랜스젠더

12장 아버지

감사의 글

주

저자에 관하여

참고문헌

역자 후기

찾아보기

한국어판 서문

　내가 가장 최근에 쓴 책이 한국에서 출간되어 자랑스럽고 또 영광스럽다. 한국인 매부를 둔 덕에, 우리 가족은 한국 문화의 풍요로움에 대해 잘 알고 있으며 나 역시 한국의 문화를 존중하고 존경한다. 앞서 발간된 『한낮의 우울』에 보여 준 한국 독자들의 많은 관심도 내게는 커다란 감동이었다.

　『부모와 다른 아이들』에서 반복해서 등장하는 주제 중 하나는 예외적인 자녀를 키우는 데 따른 부모의 노고이다. 따라서 나는 어떤 상황에서도 자녀를 꾸준히 지원하는 한국의 부모들을 존경한다. 필연적으로 이 책은 자녀를 위해 비범한 희생을 감수하는 부모들에게 주목하는데, 전 세계 어떤 부모들보다 한국의 부모들이 자녀를 최우선으로 생각하는 것 같다. 나는 이러한 한국의 양육 방식을 진심으로 인정한다. 누군가를 돌보는 행위는 지극한 유대를 생성한다. 부모가 자녀에게 쏟는 정성이 가족 간의 유대가 평생에 걸쳐 단단하게 지속되는 한국 사회를 낳았음이 분명하다. 서구 사회는 한국의 이러한 양육 방식에서 많은 것을 배워야 할 것이다.

　그럼에도 서구 사회는 최근에 일어나고 있는 관용의 대변혁과 다양성이 갖는 가치에 대한 통찰 부문에서 선구적인 역할을 해왔다. 불과 얼마 전까지만 하더라도 무조건 질병으로 치부되던 어떤 상태들이 이제는 자주 정체성으로 수용된다. 차이를 응징하던 우리가 어떻게 차이를 수용하게 되었을까? 다수의 인간을 무의식적으로 인간 이하로 전제하지 않는 사회를 만드는 것이 어떤 의미가 있을까? 가족은 다르다는 낙인이 찍힌 아이들과 사회 사이에서 어떻게 중재 역할을 할 수 있을까? 내가 인터뷰했던 한 어머니는 〈사람들이 늘《하느님은 당신이 감당할 수 있는 만큼만 주십니다》같은 조언을 쉽게 던진다〉고 말했다. 하지만 보통 사람과 다르게 태어난 아이들은 선물로 운명 지워진 존재가 아니다. 그 아이들이 선물인 이유는 〈우리가 선택했기 때문이다〉. 이 책은 그동안 거의 기술되거나 그려진 적 없는 바로 그런 선택들을 주목한다. 부모들은 어떻게 그러한 결단을 내리고, 그들의 결단은 자녀와 그들이 속한 사회에 어떤 영향을 끼칠까?

우리는 문화적으로 진보한 시대에 산다. 우리가 역사적으로 그 어느 때보다 차이를 많이 수용하고 있다는 뜻이다. 많은 사람들이 게이 문화와 농문화, 신경 다양성* 운동을 지지한다. 우리는 수많은 정체성 운동에 둘러싸여 있으며 이러한 운동들은 이전이라면 전혀 기대도 하지 않았을 곳에서 아름다움을 보여 주었다. 아울러 우리는 의학적으로 진보한 시대를 살고 있으며 이런 문제들을 치료하거나 해결하는 능력 또한 어느 때보다 높다. 청각 장애 아동을 위한 인공 와우 이식 수술이 있고, 가장 보편적인 소인증인 연골 형성 부전증을 유발하는 유전자의 발현을 차단하는 화합물이 인체 실험 단계에 있으며, 다운증후군 같은 유전적 이상을 걸러 내는 혈액 검사는 부모들에게 해당 질환이 있는 태아의 낙태를 더 손쉽게 조기에 결정하도록 도와준다. 때때로 이 두 가지 진보는 충돌이 불가피해 보이고,

---

* 비전형적인 신경학적 배열이 요컨대 사람마다 다르지만 용인되고 존중되어야 할 정상적인 차이라는 주장.

지금 이 시점은 예컨대 여자 주인공이 소파에 누워 숨을 거두려는 순간에 비로소 남자 주인공이 그녀에 대한 사랑을 깨닫는 그랜드 오페라의 마지막 장면과 비슷하다.

모든 양육은 두 가지 행위를 포함한다. 첫째는 자녀를 변화시키는 행위다. 우리는 자녀에게 교육을 제공하고, 예의를 가르치며, 도덕적 가치관을 심어 준다. 둘째는 자녀를 지지하는 행위다. 우리는 아이들이 있는 그대로의 자신에게 자긍심을 느끼도록 만들려고 노력한다. 특별한 자녀를 둔 부모들은 계속해서 커다란 딜레마에 직면한다. 자녀의 어떤 면을 변화시키고 어떤 면을 축복할 것인가? 차이를 존중하는 사회적 모델에 어느 정도 의지하고, 그러한 차이의 제거를 약속하는 의학적 모델에는 어느 정도 의지할 것인가? 물론 이런 딜레마는 세상의 모든 부모가 직면하는 문제의 극단적인 형태에 불과하지만 장애와 관련된 경우에는 특히나 더욱 명료하게 부각된다. 이것은 미묘한 문제다. 어떤 부모들은 사회적 진보 모델을 따르는 데 치중하고, 어떤 부모들은 의학적 진보 모델을 따르는 데 최선을 다하기 때문이다. 둘 사이에서 적절한 선택을 하기란 결코 쉽지 않다. 이 책은 이러한 선택을 관찰하면서 자녀에 대한 부모의 열정적인 사랑, 그 밑바탕에 존재하는 변덕스럽고 혼란스러운 본질을 탐구한다. 이 본질은 어느 사회의 누구를 막론하고 모든 부모에게 해당되는 이야기다.

『부모와 다른 아이들』은 두 종류의 정체성을 제안한다. 하나는 동일한 가계 안에서 대물림되는 수직적 정체성이다. 여기에는 민족성과 국적을 비롯해 일반적으로 언어와 종교도 포함된다. 또 다른 하나는 수평적 정체성이다. 〈수평적〉이라고 지칭하는 이유는 해당 정체성이 가족이 아닌 동류 집단을 통해 배우는 것이기 때문이다. 수평적 정체성은 청각 장애나 소인증, 다운증후군, 자폐증, 정신분열증, 중도 중복 장애 등 일반적으로 부모와 무관하게 나타나는 자녀의 장애를 전제로 한다. 여기에 더해서 이 책은 신동이나 강간에 의해 태어난 아이, 범죄자, 트랜스젠더 등 보다 사회적으로 결정되는 듯 보이는 예외적인 특징들도 탐구한다. 수평적 정체성에 대한 연구는 나 자신이 게이로서 정체성을 찾아 가는 이야기를 큰 틀로 한다. 게이라는 사실은 어린 나에게 재앙을 경험하게 했지만 어른이 되어서는 결혼과 가족을 통해 기쁨을 찾도록 해주었다.

상대적으로 관대한 세계라 해도 남들과 다른 사람들의 내밀한 삶은 흔히 눈에 잘 띄지 않는다. 우리는 소인이나 농인으로 사는 것이 어떤 느낌인지 알 수 없다. 또 우리는 그런 이상(異常)에 대해 관대한 태도를 갖기만 하면 할 일을 다했다고 생각하는 경향이 있다. 이 책은 그러한 상태를 단순히 포용할 뿐 아니라 축복하는 것도 가능하다고 제안한다. 『부모와 다른 아이들』은 비록 철저하게 정치적인 책이 아니지만 그럼에도 장애 운동에서 비롯된 급진적인 정치학을 보여 주며 자신의 다름을 지극히 자랑스러워하는 사람들과의 인터뷰를 특징으로 한다. 그들의 자긍심은 언제나 당연하다. 의사에게 절대로 걷거나 말하는 법을 배우지 못할 거라는 말을 들었던 아이가 어떻게 성공적인 삶을 살고 교양 있는 가족의 구성원이 될 수 있을까? 자폐증을 앓는 사람이 치료 개념 자체를 거부하고, 〈언젠가 우리가 사라지고, 그들이 사랑할 수 있는 이방인의 얼굴이 나타날 것〉이라고 기대하는 부모를 원망하는 일은 또 어떻게 가능할까?

사람들은 자녀를 사랑하기 때문에 돌보기도 하지만 돌보았기 때문에 사랑하기도 하며 그래서 이런 가족들이 보여 주는 끈끈한 결속은 전혀 놀랍지 않다. 이런 가족들 사이에는 흔히 보살핌을 둘러싼 심오하고 복잡한 어떤 과정이 존재하며 그 과정에서 특별한 친밀감을 쌓는다. 명백한 장애가 없다 해도 가족은 자녀의 출생으로부터 느낀 사랑을 평생에 걸친 노력이 필요한 수용과 지지로 완성하기 위해 분투하고 있다. 이런 것들을 이해한다면 우리는 말을 하지도 걷지도 못하는 아들을 둔 어머니가 아들의 장례식에서 〈여기에 나의 분노도, 같은 아이를 두 번씩이나 도둑맞아서 느끼는 분노도 함께 묻고 싶어요. 한 번은 내가 애초에 원했던 아이를, 또 한

번은 내가 사랑했던 아들을 도둑맞았죠〉라고 한 말을 이해할 수 있을 것이다.

가족은 차이를 둘러싼 관용과 불관용의 시험대이며, 차이를 받아들이는 법을 배우는 이런 과정이 강조될 수 있는 가장 원초적이고 시급한 장소이다. 이 책에 소개된 각각의 이야기들은 상당수가 회복성과 낙관주의를 드러낸다. 그럼에도 지극한 어려움에 직면하고 있는 사람들의 이야기이기도 하다. 나는 그들의 어려움을 미화하거나 영웅담 같은 구경거리로 만들 생각이 없다. 부모가 자신의 정직한 경험에 죄책감을 느끼도록 만든다면 잘못이겠지만, 피할 수만 있다면 무슨 일이든 마다하지 않았을 삶에 대해서 결국에는 감사하게 되는 가족들이 얼마나 많은지 세상에 알리는 것은 사회적으로 유익한 일이다.

독자들이 늘어나면서 나는 그들이 크게 세 범주로 나뉜다는 사실을 발견했다. 첫째는 이 책에 소개된 예외적인 특징 중 하나와 직접적으로 관련된 사람들로서 그들은 공동체 의식을 얻었고, 자칫 압도될 수도 있었던 어려움을 다른 사람들이 어떻게 이겨 냈는지 알게 되었다. 나는 이 책이 그들의 고립 상태를 완화하는 데 도움이 되길 희망한다. 두 번째 범주는 그런 사람들의 가족이다. 그들은 심지어 가장 명백하게 위태로운 삶에도 기쁨이 있을 수 있다는 사실을 알게 되면서, 또 행복이 수많은 고통스러운 여정의 놀라운 종착점이라는 사실을 알게 되면서 때때로 희망을 발견한다. 그들이 이 책을 통해 그들의 지난한 경험 속에서 의미를 발견할 수 있기를 바란다. 세 번째로 보다 넓은 사회의 구성원들은 〈다양성이 본질적으로 두려움의 대상이 아닐뿐더러〉, 〈어떠한 삶이 가치가 있는지에 관한 우리의 가정이 지극히 가변적이라는〉 사실을 이해함으로써 공감을 배울 수 있다. 나는 무엇이 건강한 사회를 구성하는가라는 문제에 대해 그들이 그들 자신의 근원적인 가정을 재고하는 데 이 책이 도움이 되길 희망한다.

어느덧 게이 프라이드 행사도 거의 단조롭게 일상적으로 열리는 시대가 되었다. 이 책은 이제 그다음 단계를 제시한다. 『부모와 다른 아이들』은 여전히 세상이 대체로 수치스럽게 또는 측은하게 여기는 어떤 것들을 어떻게 자랑스럽게 여길 것인가에 관한 책이다. 더불어 세상의 담론을 바꾸고 있는 남성들과 여성들, 아이들의 용기를 보여 준다. 이전에도 이 책의 장을 구성한 농인이나 소인, 정신병, 범죄 같은 주제를 다룬 책들은 많았다. 하지만 그러한 책들은 하나같이 이 책에서 이야기하려는 근본적인 메시지를 간과했다. 즉 개인의 특징적인 상태는 모호할 수 있지만 그럼에도 가족 안에서 그리고 보다 넓은 사회 안에서 차이를 헤쳐 나가는 과정은 대다수 사람들에게 공통의 문제라는 점이다. 문제의 보편성을 인지하고 수많은 다양한 가족들이 서로의 유사성에 대해 이야기한다면 우리는 그동안 그들을 괴롭혀 왔던 문제가 다른 모든 사람들을 괴롭히는 문제와 동일하다는 사실을 깨닫게 될 것이다. 바로 처음에 아이를 갖기로 하면서 상상했던 것과 다른 아이가 태어나는 문제다. 결론적으로 차이는 우리를 하나로 묶어 준다. 따라서 이 책은 우리의 공통점을 탐구하는 책이다. 그리고 보다 친절한 사회로 나아가고자 하는 용기에 관한 연구다.

　이 책이 이제 한국의 독자들과 만날 것을 생각하면 진심으로 기쁘다.

1장

아들

재생산이라는 것은 없다. 부부는 2세를 갖기로 결정한 순간부터 생산 활동에 돌입한다. 이러한 활동을 가리키는 말로 널리 사용되는 〈재생산〉은 장차 버거운 현실에 직면할 예비 부모들을 안심시키기 위한 에두른 표현에 불과하다. 그리고 두 사람이 실타래처럼 얽히게 될 거라는 사실을 암시할 뿐이다. 이 개념을 매력적으로 만드는 잠재의식적 환상에 빠져서, 우리는 흔히 독립적인 인격을 가진 다른 누군가가 아니라 우리 자신이 영원히 살아가는 모습을 보려 한다. 우리의 이기적인 유전자가 계속 이어지길 기대하는 까닭에 우리들 대다수는 익숙치 않은 요구를 할 2세를 받아들일 준비가 되어 있지 않다. 부모가 됨으로써 졸지에 생소한 이방인과 영속적인 관계를 맺게 되고, 그 이방인의 이질적인 부분이 크면 클수록 부정하려는 우리의 기색도 더욱 두드러진다. 우리는 아이들의 얼굴을 보면서 우리가 사멸하지 않을 거라는 약속을 믿는다. 그리고 그런 불사의 환상을 깨뜨리는 특별한 아이들은 우리에게 일종의 모욕감을 준다. 요컨대 그 아이들이 물려받은 우리의 장점 때문이 아니라 있는 모습 그대로의 그들을 사랑해야 하지만 결코 쉬운 일이 아니다. 자식을 사랑하려면 상상력이 필요하다.

그러나 피는 물보다 진하다. 예전에도 그랬고 오늘날에도 마찬가지다. 헌신적이고 출세한 자식보다 더 큰 만족을 주는 존재도 없으며, 관계가 원만치 않거나 부모를 거부하는 자식처럼 우울한 상황도 없다. 자식은 우리가 될 수 없다. 예컨대 그들은 격세 유전자와 열성 특질을 가지고 태어나며, 태어나는 그 순간부터 우리가 통제할 수 없는 환경적인 자극의 영향을 받는다. 그러나 부모는 자식이 될 수 있다. 이를테면 부모가 되는 문제의 현실은 자식이 소위 별종으로 태어났음에도 용감하게 대응한 부모들을 떠나서 생각할 수 없다. 정신분석학자 위니콧D. W. Winnicott에 따르면, 〈아기는 그 자체로 존재하지 않는다. 즉 어떤 아기를 설명하려 할 때 우리는 이내 그 아기와 다른 누군가를 함께 설명하고 있음을 깨닫게 된다는 뜻이다. 아기는 혼자서 존재할 수 없으며 근본적으로 관계의 일부다〉.[1] 부모를 닮은 한에서 자식은 부모의 가장 소중한 숭배자가 되지만, 부모와 다른 범위에서 자식은 가장 격렬한 비방자가 된다. 처음부터 우리는 아이들이 우리를 모방하도록 유도하고 그들에게서 삶의 가장 심오하고 영광된 어떤 것을 갈망한다. 즉 그들이 우리의 가치 체계에 맞추어 살아가기를 갈망한다. 우리들 대부분은 자신이 부모와 다르다는 사실을 자랑스럽게 생각하면서도 한편으로는 우리 아이들이 우리와 다르다는 사실에 우울해한다.

한 세대에서 다음 세대로 정체성이 유전되기 때문에 대부분의 아이는 적어도 어느 정도 부모와 동일한 특징을 공유한다. 이를 수직적 정체성이라고 한다. 속성과 가치는 부모로부터 자식에게 세대를 거쳐 대물림된다. DNA뿐만 아니라 그들이 공유하는 문화적 규범을 통해서도 그렇게 된다. 예를 들어 민족성은 수직적 정체성이다. 유색 인종 아이는 일반적으로 유색 인종 부모에게서 태어난다. 피부색 유전은 특정 피부색을 가진 인간이라는 자아상과 더불어 세대를 거쳐 대물림된다. 물론 그 자아상이 세대에 따라 변화를 보일 수는 있을 것이다. 일반적으로 언어도 수직적이다. 예컨대 그리스어를 사용하는 사람들은 자녀에게도 대체로 그리스어를 가르치기 때문이다. 그 자녀가 그리스어를 변질시키든 대부분의 시간에 다른 언어를 사용하든 그것은 별개의 문제다. 종교도 다분히 수직적이다. 가톨릭 신자 부모들에게서 종교를 갖지 않거나 다른 종교로 전향하는 아이들이 나올 수 있지만 일단 그들은 그들의 아이를 가톨릭 신자로 키우려 한다. 이민자들을 제외하고는 국적도 수직적이다. 부모가 자식에게 금발머리나 근시를 물려주기도 하지만 대부분의 경우에 그런 요소들이 의미 있는 정체성의 토대가 되지는 못한다. 금발머리는 정체성에 거의 의미가 없기 때문이고 근시는 쉽게 교정될 수 있기 때문이다.

그렇지만 가끔은 부모와 이질적인 선천적 또는 후천적 특징을 갖고 태어나고 그래서 동류(同類) 집단에서 정체성을 찾아야 하는 아이들도 있다. 이런 특징을 수평적 정체성이라고 한다. 수평적 정체성은 열성 유전자나 돌연변이, 출생 전 영향, 부모와 공유하지 않는 가치관과 성향 등으로 나타난다. 게이는 수평적 정체성이다. 대부분의 게이 아동은 이성애자가 분명한 부모 밑에서 태어난다. 그리고 비록 그들의 성적 취향이 동류 집단에 의해 결정되는 것은 아니지만 그들은 가족이 아닌 다른 하위문화를 관찰하고 그 문화에 동참함으로써 게이로서 정체성을 습득한다. 신체장애는 수평적인 특징이며 천재성도 마찬가지다. 정신병도 대체로 수평적이다. 대부분의 범죄자는 범죄자 부모 밑에서 자라지 않기 때문에 그들 스스로 기만하는 법을 터득해야 한다. 자폐와 지적 장애도 매한가지다. 강간에 의해 잉태된 아이는 친모의 정신적 충격에서 기인하지만 친모 자신은 알지 못하는 정서적인 문제들을 안고 태어난다.

1993년에 나는 「뉴욕 타임스The New York Times」에서 농문화(聾文化)에 관한 조사를 위촉받았다.[2] 당시의 나는 청각 장애가 단순한 장애일 뿐 그 이상도 이하도 아니라고 생각했다. 그리고 뒤이은 몇 개월 동안 나는 청각 장애의 세계로 빠져들었다. 대다수 청각 장애 아동은 청각에 문제가 없는 부모 밑에서 태어나는데, 이들 부모는 흔히 말하기와 독순술(讀脣術)에 엄청난 노력을 할애하면서 자녀가 건청인(健聽人) 세계에서 제 기능을 발휘하도록 하는 데 우선순위를 둔다. 그러나 그 과정에서 자녀 교육의 다른 측면들이 간과되기도 한다. 청각 장애아들 중에는 독순술에 능하고 남들이 이해 가능한 수준으로 발화를 할 수 있는 아이들도 있다. 그러나 대부분의 경우에는 그런 능력이 부족하고 따라서 역사나 수학, 철학을 배우는 대신 청력학자나 언어 병리학자와 마주 앉아 연이어 몇 년을 허비한다. 그들 중 다수는 사춘기에 이르러 청각 장애 정체성을 발견하고 이러한 발견은 커다란 해방감으로 작용한다. 그들은 수화를 언어로 인정하는 세계로 옮겨가면서 진정한 자기 모습을 찾는다. 이 획기적인 진전을 둘러싼 건청인 부모들의 반응은 두 가지로 엇갈린다. 요컨대 이러한 진전을 수용하는 부모도 있고 그렇지 못한 부모도 있다.

게이인 내게는 흥미롭게도 이 모든 상황이 익숙했다. 일반적으로 게이는 게이가 아닌 부모의 영향을 받으며 자라는데 이 경우 부모는 그들의 자녀가 이성애자로 살아야 더 행복해질 수 있다고 생각하고 때로는 관습에 순응하도록 자녀를 핍박한다. 게이는 흔히 사춘기나 그 이후에 게이로서 정체성을 발견하고 큰 위안을 얻는다. 내가 청각 장애에 관한 글을 쓰기 시작했을 당시에는 소리를 뇌에 전달해 주는 인공 와우 이식 수술이 혁신적인 기술이었다. 청각 장애아의 부모들은 이 기술을 가혹한 장애에 대한 기적의 치료법이라면서 환영했고 청각 장애인 단체는 활기 넘치는 청각 장애인 커뮤니티에 대한 종족 학살이라고 맹비난했다.[3] 양측 모두 이후로는 과장된 표현을 자제했음에도 이 문제는 더욱 복잡해졌다.[4] 인공 와우 이식 수술이 어릴 때, 이상적으로는 유아기에 이루어질 경우 가장 효과적이며 따라서 장애를 가진 당사자가 충분한 정보를 접하거나 의사 표시를 할 수 없는 시점에 대체로 그 부모에 의해서 결정된다는 사실 때문이었다. 이와 관련된 논의를 지켜보면서 만약 게이를 이성애자로 만들 수 있는 비슷한 초기 치료법이 있었다면 나의 부모도 망설임 없이 치료를 선택했을 거라는 생각이 들었다. 지금이라도 그런 치료법이 등장한다면 게이 문화가 전면적인 사멸 위기에 봉착할 거라는 사실에는 의심의 여지가 없다. 게이 문화를 바라보는 위협적인 사고방식은 나를 슬프게 한다. 그리고 농문화에 관한 이해가 깊어지면서 나 역시 청각 장애아를 낳는 문제에 대해 부모님과 비슷하게 무지한 태도로 반응했음을 깨달았다. 예컨대 처음에 나는 이 아이들의 기형을 고칠 수만 있다면 무슨 짓도 마다하지 않을 것 같은 충동을 느꼈다.

나한테는 키가 비정상적으로 작은 딸을 둔 친구가 있다. 그녀는 딸을 단지 키가 작을 뿐 다른 사람과 전혀 다르지 않다고 생각하도록 키워야 할지, 난쟁이로서 롤 모델을 찾도록 해야 할지, 아니면 외과 수술로 팔과 다리를 늘려 줄 방법을 찾아야 할지 고민했다. 어쩔 줄 모르는 그녀의 이야기를 들으면서 나는 익숙한 전형을 보았다. 나는 청각 장애인과 나의 공통점을 깨닫고 놀랐으며 이제는 소인에 대해서도 같은 생각을 하게 되었다. 아울러 이 반가운 무리에 합류하고자 하는 사람들이 얼마나 더 있을지 궁금해졌다. 만약 동성애가 질병이 아닌 하나의 정체성으로 자리매김할 수 있다면, 청각 장애가 질병이 아닌 정체성으로 자리매김할 수 있다면, 소인증이 명백한 장애라는 인식에서 벗어나 하나의 정체성이 될 수 있다면, 이 불편한 틈새 영역에 속하는 수많은 다른 범주들이 있을 터였다. 그야말로 급진적인 인식의 전환이었다. 나는 언제나 나 자신을 극소수자라고 생각했지만 불현듯 엄청나게 많은 동료들이 있음을 깨달았다. 〈차이〉가 우리를 하나로 묶어 주는 것이다. 차이에 의한 각각의 경험이 해당 경험을 가진 사람들을 고립시킬 수도 있지만 그들이 모이면 거대한 집단을 형성하고, 그들의 투쟁은 서로를 단단하게 묶어 준다. 이례적인 사람들은 어디에나 존재한다. 오히려 완벽하게 정상인 것이 드물고 고독한 상태다.

부모님이 나의 정체성을 잘못 생각했듯이 다른 부모들도 그들의 자식을 끊임없이 잘못 생각하고 있을 게 분명하다. 많은 부모들이 자녀의 수평적 정체성을 모욕으로 느낀다. 가족의 나머지 구성원들과 두드러진 차이를 가진 아이는 평범한 어머니나 아버지가 적어도 처음에는 제공할 수 없는 지식과 능력, 행동을 요구한다. 그런 아이는 대다수 다른 또래들과 뚜렷한 차이가 있고 따라서 이해를 받거나 잘 섞이지 못한다. 아무리 폭력적인 아버지도 자신의 외모를 닮은 자식한테는 상대적으로 덜 폭력적이다.[5] 혹시라도 불량배의 자식으로 태어났다면 부디 아버지와 닮은 외모를 가졌기를 빌어야 할 것이다. 가족은 자녀가 아주 어릴 때부터 수직적 정체성을 강화하려고 하는 반면, 수평적 정체성은 대체로 거부하려 든다. 요컨대 수직적 정체성은 흔히 유사성으로 존중받고 수평적 정체성은 결함으로 간주된다.

누군가는 오늘날의 미국이 흑인에게 불리한 점이 많다고 주장할 수 있을 것이다. 그럼에도 흑인 부모 밑에서 태어나는 차세대 아이들의 유전자 표현형을 수정해서 그들을 금발의 직모(直毛)로, 뽀얀 피부색으로 만들려는 연구는 거의 없다. 현대 미국에서는 아시아인이나 유대교도, 여성으로 살아가는 일이 절대로 녹록하지 않다. 하지만 선택권이 있음에도 백인 기독교도 남성이 되지 않은 그들을 바보라고 할 사람은 아무도 없다. 우리는 다양한 수직적 정체성 때문에 불편을 겪으면서도 이를 균질화하려고 하지 않는다. 게이로서 겪는 불편함이 이런 수직적 정체성에 의한 불편보다 결코 크지 않음에도 대부분의 부모들은 그들의 게이 자녀를 게이가 아닌 상태로 되돌리기 위해 오랫동안 노력했다. 이례적인 육체는 그렇게 태어난 당사자보다 곁에서 지켜보는 사람에게 훨씬 커다란 충격을 주고, 부모는 자녀의 육체적인 예외성을 표준화하려고 성급하게 달려들면서 그들 자신은 물론이고 때로는 그들의 자녀에게도 엄청난 정신적 희생을 초래한다. 자녀의 정신 상태에 질병이라는 꼬리표(그 꼬리표가 자폐든, 지적 장애든,

또는 트랜스젠더든 상관없다)를 붙이는 행위는 그 상태가 자녀에게 초래하는 어떤 불편함보다 부모가 더 많은 불편함을 느끼고 있음을 반증하는 것일 수 있다. 그대로 두는 편이 더 나았을 많은 증후들이 소위 치료를 받는다.

〈결함이 있는defective〉이라는 단어는 자유롭게 사용하기에는 너무 부담스러운 형용사로 오랫동안 간주되어 왔으며, 이 단어를 대체한 의학 용어―질병이나 증후군, 질환 등―도 신중한 방식이기는 하지만 거의 마찬가지로 경멸적인 의미로 사용될 수 있다. 우리는 어떤 특정한 상태를 폄하할 때 흔히 〈질병illness〉이라는 단어를 사용하고, 똑같은 상태지만 인정하는 마음이 있을 때는 〈정체성identity〉이라는 단어를 사용한다. 이는 잘못된 이분법이다. 물리학에서 코펜하겐 해석*은 에너지 또는 물질이 때로는 파동처럼 때로는 소립자처럼 움직인다고, 즉 파동인 동시에 소립자라고 주장하고, 인간의 한계로는 두 상태를 동시에 관찰할 수 없다고 단정한다. 노벨상을 수상한 물리학자 폴 디랙Paul Dirac은 우리가 소립자로 가정해서 접근하면 빛이 어떻게 소립자처럼 보이는지, 파동으로 가정해서 접근하면 어떻게 파동처럼 보이는지 증명했다.[6] 자아의 문제와 관련해서도 이와 유사한 이중성이 성립한다. 많은 상황이 질병인 동시에 정체성으로 볼 수 있지만 그중 하나를 외면하면 우리는 오직 하나만 볼 수 있다. 정체성 정치학은 질병 개념을 부인하고, 의학은 정체성을 부당하게 대우한다. 이런 편협함은 정체성 정치학과 의학 모두를 깎아내린다.

물리학자들은 에너지를 파동으로 이해함으로써 특정한 통찰력을 얻고, 소립자로 이해함으로써 또 다른 통찰력을 얻으며, 그들이 수집한 지식을 양자역학을 이용해서 조화시킨다. 마찬가지로 우리도 질병과 정체성을 세밀하게 관찰하고, 일반적으로 다른 한쪽 영역에서도 동일한 관찰이

---

* 양자역학에 관한 두 가지 해석 중 닐스 보어와 베르너 하이젠베르크가 주창한 확률론적 해석을 말함.

이루어질 것이라는 사실을 이해하고, 통합적인 역학을 제시해야 한다. 우리에게는 어떤 특정한 몸 상태와 관련해 질병 혹은 정체성이라는 상반되는 두 개념이 아니라 양쪽 측면을 모두 만족시킬 수 있는 단어가 필요하다. 문제는 우리가 사람과 인생의 가치를 평가하는 방식을 바꾸고, 〈건강한 상태〉를 둘러싼 보다 포괄적인 견해를 도출하는 것이다. 루트비히 비트겐슈타인Ludwig Wittgenstein은 〈내가 아는 모든 것은 언어로 표현될 수 있다〉[7]고 말했다. 표현할 언어가 존재하지 않는다는 것은 그에 관련된 이해도 없다는 뜻이다. 그리고 장애와 관련한 경험들은 단어에 굶주려 있다.

이 책에서 언급되는 아동들은 부모와 이질적인 수평적 정체성을 가졌다. 그들에게는 청각 장애나 소인증이 있다. 다운증후군이나 자폐증, 정신분열증, 중도 중복 장애가 있다. 신동인 경우도 있다. 강간에 의한 임신으로 태어난 아이도 있고 범죄를 저지른 아이도 있다. 트랜스젠더도 있다. 옛말에 이르기를 사과는 사과나무 근처에 떨어진다.[8] 자식은 그 부모를 닮기 마련이라는 뜻이다. 하지만 이 아이들은 그들이 열린 사과나무에서 멀리, 이를테면 다른 과수원이나 지구 반대편에 떨어진 셈이다. 그럼에도 무수히 많은 가족들이 애초에 기대하지 않았던 이 아이들을 인정하고, 받아들이고, 마침내 축복하게 된다. 이런 변화의 과정은 정체성 정치학과 의학적 진보―이제 이 두 가지는 불과 20년 전까지만 해도 상상할 수 없었을 정도로 가정에 스며들었다―에 의해 흔히 수월해지거나 때로는 당황스러워지기도 한다.

부모한테는 모든 자식이 경이로운 존재다. 즉 아무리 극적인 상황이라도 공통된 주제의 단순한 변형에 불과하다. 우리는 지극히 많은 용량으로 약제의 효과를 연구함으로써 그 약제의 특징을 파악하거나, 엄청나게 높은 온도에 노출시킴으로써 건축 재료의 실용성을 확인하는 것처럼, 이런 극단적인 경우들을 살펴봄으로써 차이에 의해 가족 내에서 발생하는 보편적인 현상을 이해할 수 있다. 이례적인 아이가 태어나면 부모의 성향이 뚜렷하게 나타난다. 애초에 나쁜 부모가 되었을 사람들은 보다 끔찍한 부모가 되고 좋은 부모가 되었을 사람들은 일반적으로 보다 훌륭한 부모가 된다. 나는 톨스토이와 반대되는 관점을 가졌다. 요컨대 별종 자식을 거부하는 가족들에게는 많은 공통점이 있지만 그런 자식도 받아들이려고 노력하는 행복한 가족들은 제각각의 방식으로 행복을 느낀다고 생각한다.[9]

수평적 문제가 있는 자식을 피할 수 있는 예비 부모의 선택권이 계속 확대되는 가운데, 차이 문제를 보다 광범위하게 이해하려면 이미 그런 자녀가 있는 부모들의 경험이 무엇보다 중요하다. 자녀에 대한 부모의 초기 반응과 상호작용은 그 아이의 자아관 형성에 결정적인 역할을 한다. 또한 그 부모 역시 그들의 양육 경험을 통해 심오한 변화를 겪는다. 만약 당신에게 장애를 가진 아이가 있다면 당신은 영원히 장애아의 부모다. 이는 당신을 설명해 주는 주요한 사실 중 하나이며 다른 사람들이 당신을 인지하고 이해하는 방식에서 핵심을 차지한다. 이런 부모들은 상궤에서 벗어난 상태, 즉 이상(異常)을 질병으로 여기려는 경향이 있지만 결국에는 주어진 상황에 익숙해지면서 사랑으로 낯설고 새로운 현실에 대처하는 능력 — 흔히 정체성이라는 단어를 도입함으로써 — 을 갖게 된다. 차이에 대한 깊은 이해가 적응을 낳는 것이다.

장애 아동의 부모들이 깨달은 행복을 널리 전파하는 문제는 이제 근절 위험에 노출된 정체성을 유지하는 데 매우 중요하다. 그들의 이야기는 우리 모두에게 가족의 정의를 확장하도록 방법을 제시한다. 자폐증을 가진 사람이 자폐증을 어떻게 느끼는지, 소인증이 있는 사람은 소인증을 어떻게 생각하는지 아는 것이 중요하다. 물론 자아 수용이 이상적이기는 하지만 가족과 사회의 수용이 없는 상태에서 자아 수용만으로는 많은 수평적 정체성 집단들을 끈질기게 속박해 온 부당한 처사와 대우를 개선할 수 없으며, 충분한 혁신을 불러올 수도 없을 것이다. 우리는 절대 다수의 지지를 얻은 법률에 의해 여성이나 성적 소수자, 불법 이민자, 극빈자의 권리가 박탈되는 제노포비아 시대에 살고 있다. 이 같은 공감의 위기에도 불구하고 가정 내에서는 동정심이 넘쳐나고 이 책에 소개된 부모들 대부분은 경계를 초월해서 사랑을 실천한다. 따라서 그들이 그들 자녀를 사랑하게 된 과정을 살펴봄으로써 우리도 그들과 똑같이 할 수 있는 유인과 교훈을 얻을 수 있을 터이다. 자녀의 눈을 깊이 들여다보면서 우리는 자신의 모습과 더불어 전혀 낯선 모습을 발견하고, 그 아이의 모든 면을 열렬히 사랑함으로써 자애적이지만 이기적이지 않은 포기 상태에 도달한다. 그런 상호 관계가 얼마나 빈번하게 일어나는지, 요컨대 자기와 다른 아이를 절대로 좋아하지 못할 거라고 생각했다가 그렇지 않음을 깨닫게 된 부모들이 얼마나 많은지, 정말 놀라울 따름이다. 자식을 향한 부모의 본능적인 사랑은 고뇌를 유발하는 대부분의 상황을 압도한다. 세상에는 우리가 생각할 수 있는 한계를 초월하는 일들이 많다.

나는 어릴 때 난독증이 있었다. 사실은 지금도 있다. 글을 쓸 때 각각의 글자에 집중하지 않고서는 여전히 글을 쓰지 못하며 그렇게 하더라도 글자의 순서가 뒤바뀌거나 아예 글자를 빼먹는 경우가 자주 있다. 어머니는 일찌감치 그걸 눈치 채고 내가 두 살 때부터 함께 읽기를 시작했다. 나는 단어를 발성하는 법을 배우면서 어머니 무릎에 앉아 지루한 오후를 보내곤 했다. 음성학 분야에 출전하는 올림픽 선수마냥 훈련에 몰두했다. 또한 우리는 마치 어떤 형태도 글자 그 자체보다 더 사랑스럽지 않다는 듯이 글쓰기를 연습했다. 내 관심을 끌기 위해서 어머니는 노란색 펠트 표지에 곰돌이 푸와 호랑이 자수가 놓인 공책도 선물했다. 우리는 플래시 카드를 만들어 차 안에서 게임을 하기도 했다. 나는 게임에 열중했고 어머니도 그 게임이 마치 세상 최고의 퍼즐 게임인 양, 우리 둘만의 비밀스러운 놀이인 양 재미있게 가르쳤다. 내가 여섯 살 때 부모님은 뉴욕 시에 있는 11개의 학교에 원서를 제출했지만 내가 읽기와 쓰기를 절대 배우지 못할 것이라는 이유로 모든 학교에서 거절당했다. 일 년 뒤 나는 한 학교에 지원했고 그 학교의 교장은 지난해 판단의 기준이 되었던 시험 점수를 무효화할 정도로 발전한 나의 읽기 능력을 마지못해 인정했다. 우리 집에서는 완전한 승리에 대한 기준이 높았는데 내가 난독증을 극복한 어릴 적 승리도 그러한 분위기에 일조했다. 우리는 인내와 사랑, 지성과 의지로 신경학적인 이상(異常)을 완패시킨 셈이었다. 하지만 불행하게도 그 승리는 또 다른 이상을, 즉 내가 게이라는 점점 확실해지는 증거를 가족들이 뒤집을 수 없다고 믿기 어렵게 만듦으로써 그 뒤에 이어질 힘든 싸움의 토대를 제공했다.

사람들은 내게 게이라는 사실을 언제 알았냐고 묻는다. 그런 것을 안다고 해서 무슨 소용이 있는지 모르겠다. 내가 나의 성적 취향을 인지하기까지 꽤 오랜 시간이 걸렸다. 내가 원하는 것이 이질적이며 대다수 사람들과 다르다는 사실을 깨달은 것은 아주 어릴 때였고, 따라서 언제부터 그렇게 되었는지에 대해서는 기억나는 부분이 거의 없다. 최근의 한 연구에 따르면 게이로 성장하는 남자아이들은 일찍이 두 살 때부터 특정한 유형의 난폭한 놀이에 거부감을 느낀다. 그리고 그들 중 다수는 여섯 살이 되면서 성별을 명백히 가늠하기 어렵게 행동한다.[10] 내가 가진 충동의 상당 부분이 남자답지 않다는 사실을 일찍부터 안 까닭에 나는 자기 계발에 더욱 정진했다. 초등학교 1학년 때였다. 가장 좋아하는 음식을 말해 보라는 선생님 말씀에 다른 아이들이 하나같이 아이스크림이나 햄버거, 프렌치토스트라고 말할 때 나는 이스트 27번가의 아르메니아 레스토랑에서 주문했던 카이마크 크림을 곁들인 에크멕 카다이프 빵이라고 당당하게 말했다. 나는 통학 버스 안에서 다른 아이들과 야구 카드를 교환하는 대신 내가 보았던 오페라들의 줄거리를 자세히 들려주었다. 물론 그런 이야기는 인기에 전혀 도움이 되지 않았다.

그나마 집에서는 인기가 있었지만 내 행동 양식은 교정 대상이었다. 일곱 살 때 나는 동생, 어머니와 함께 〈인디언 워크 슈즈〉라는 신발 가게에

간 적이 있었다. 그 가게를 나서려고 할 때 점원이 우리에게 어떤 색 풍선을 갖고 싶은지 물었다. 동생은 빨간색 풍선을 원했다. 나는 핑크색을 선택했다. 그러자 어머니는 핑크색을 원할 리가 없다고 정색하면서 내가 제일 좋아하는 색은 파란색이라고 상기시켰다. 나는 정말 핑크색이 갖고 싶다고 말했지만 어머니의 매서운 눈초리에 결국 파란색 풍선을 골랐다.[11] 이후 파란색은 내가 가장 좋아하는 색이 되었지만 그럼에도 내가 여전히 게이라는 사실은 어머니의 영향력과 그 한계를 동시에 보여 준다. 한번은 어머니가 〈너는 어렸을 때 여느 아이들처럼 행동하지 않았어. 그래서 네가 네자아를 찾도록 독려해야 했단다〉라고 말했다. 그리고 반농담조로 〈때로는 너무 무관심하게 너를 방치하는 것은 아닐까 하는 생각이 들기도 했단다〉라고 덧붙였다. 어머니의 걱정과 달리 나는 가끔씩 어머니가 지나치게 간섭한다고 생각했다. 하지만 개성을 둘러싼 어머니의 독려는 비록 의심의 여지없이 상반된 감정이 존재했음에도 내 삶에 중요한 영향을 끼쳤다.

내가 새로 들어간 학교는 표면상 진보적인 이념을 표방했고 따라서 통합적이었다. 예컨대 우리 교실에는 장학금을 받는 흑인 아이들과 라틴계 아이들이 섞여 있었고 그들은 대체로 아무 거리낌 없이 함께 어울렸다. 그 학교에 들어간 첫해에 할렘가에 사는 데비 카마초라는 친구의 생일 파티가 있었는데 그녀의 부모님은 뉴욕의 사립 교육이 돌아가는 방식에 어두웠기 때문에 공교롭게도 학생들이 집으로 돌아가는 주에 파티 날짜를 잡았다. 어머니는 내 생일 파티에 아무도 와주지 않는다면 기분이 어떻겠냐고 반문하면서 그 파티에 꼭 참석하라고 내 등을 떠밀었다. 나는 굳이 그런 편리한 핑곗거리가 없었더라도 우리 반 아이들이 과연 몇 명이나 그 파티에 참석했을지 지금도 의문스럽다. 결국 전체 인원이 40명인 우리 반학생들 중 오직 백인 아이 둘만 그 파티에 참석했다. 솔직히 말해서 나는 그곳에 있는 것 자체가 끔찍했다. 생일을 맞은 여학생의 사촌들이 내게 춤을 강요했고, 사방에는 온통 스페인어를 사용하는 사람들뿐이었으며, 뒤

김 음식도 이상했다. 나는 일종의 공황 발작을 일으켰고 울면서 집에 돌아왔다.

나는 아이들이 하나같이 데비의 파티에 참석하지 않으려고 했던 일과 나 자신이 인기가 없다는 사실을 같은 맥락으로 생각하지 않았다. 심지어 몇 달 뒤에 보비 핀켈이라는 친구의 생일 파티에 나를 제외한 반 친구들 모두가 초대받았을 때도 그렇게 생각하지 않았다. 어머니는 분명 착오가 있었을 거라고 생각하고 그 친구의 어머니에게 전화했다. 핀켈 부인은 아들이 나를 좋아하지 않을뿐더러 생일 파티에 내가 참석하길 원하지 않는다고 말했다. 파티가 열리는 날 어머니는 학교로 나를 마중 와서 동물원에 데려갔고 〈고풍스러운 미스터 제닝스〉에서 따뜻한 퍼지를 얹은 선디 아이스크림을 사주었다. 그때를 돌이켜 보면 나는 어머니가 나를 대신해서 얼마나 큰 상처를 받았는지 몰랐다. 어머니는 내가 받은 것보다, 또는 내가 받았다고 생각한 것보다 훨씬 많은 상처를 받았을 터였다. 당시에 나는 어머니의 자상함이 세상으로부터 받은 모욕을 보상해 주려는 행동인 줄 전혀 몰랐다. 내가 게이라서 부모님이 겪었을 불편을 곰곰이 생각해 보면 나의 취약성이 어머니를 얼마나 취약하게 만들었는지, 그리고 어머니가 우리만의 행복한 시간을 확보함으로써 내가 슬퍼하지 않기를 얼마나 원했는지 알 수 있다. 핑크색 풍선을 금지한 어머니의 행동은 어느 정도는 방어적인 몸짓이 분명했다.

나는 어머니가 데비 카마초의 생일 파티에 가도록 등을 떠밀었던 것에 감사한다. 그렇게 하는 것이 옳았다고 생각하기 때문이고, 당시에는 몰랐지만 그 일이 나 자신을 즐기고 성년이 되어서 행복을 찾을 수 있게 한 관용적 태도의 발단이었기 때문이다. 나와 내 가족을 자유민주적인 예외의 표상으로 묘사하고 싶은 유혹이 들기도 하지만 단언컨대 우리는 그런 사람들이 아니었다. 초등학교 때 나는 한 아프리카계 미국인 학생에게 사회 교과서 사진 속 인물을 닮았다고, 즉 아프리카의 원형 주택에서 살아가는 원주민 아이를 닮았다고 놀렸다. 그런 행동이 인종 차별이라는 개념도 없었다. 그렇게 놀려 대는 것이 그냥 재미있고 꼭 틀린 말도 아니라고 막연하게 생각했다. 나이가 들면서 그때의 행동을 몹시 후회하고 있던 나는 문제의 그 친구가 페이스북을 통해 나에게 연락했을 때 깊이 사과했다. 게이로서 학교생활이 그다지 녹록하지 않았고 그래서 내가 당한 편견을 다른 사람에게 그대로 표출했다고 인정하는 것이 할 수 있는 변명의 전부였다. 그 친구는 사과를 받아 주면서 자신도 게이라고 밝혔다. 그가 그 두 가지 정체성에 쏟아지는 숱한 편견을 모두 이겨 냈다는 사실에 나는 초라해짐을 느꼈다.

나는 초등학교의 까다로운 상황 속에서 허우적거렸지만, 편견이 잔인함으로 물들지 않은 집에서만큼은 치료 불가능한 많은 결점들이 덜 부각되었고, 유별난 면들도 대체로 용인되었다. 열 살 때 나는 리히텐슈타인이라는 작은 공국에 매료되었다. 이듬해에 아버지는 취리히로 출장을 가면서 가족들을 모두 데려갔고, 어느 날 아침에 어머니는 온 가족이 리히텐슈타인의 수도인 파두츠를 방문할 예정이라고 선언했다. 나는 명백히 내가 희망하는 대로, 오직 나를 위해 온 가족이 함께 여행했던 그때의 전율을 지금도 기억한다. 돌이켜 보면 리히텐슈타인에 대한 내 집착이 유별났음에도 나에게 핑크색 풍선을 금지했던 바로 그 어머니가 예컨대 멋진 식당에서 점심을 먹고, 미술관을 돌아보고, 그 나라의 독특한 우표를 발행하는 인쇄소를 방문하는 등 그날의 이벤트를 기획하고 준비했다. 늘 동의를 받은 것은 아니었지만 나는 언제나 가족에게 인정받는다고 느꼈으며 별난 행동에 대해서도 어느 정도 자유가 주어졌다. 그럼에도 한계가 있었고 핑크색 풍선은 그 한계 너머에 해당되었다. 우리 가족은 동질성을 유지하는 범위 내에서 이질적인 것에 관심을 갖는다는 원칙을 갖고 있었다. 나는 넓은 세상을 단순히 관찰하는 데 그치지 않고 직접 경험하고 싶었다. 진주를 캐기 위해서 잠수하고, 셰익스피어를 암기하고, 음속의 장벽을 깨뜨리고, 뜨개질을 배우고 싶었다. 나 자신을 바꾸려는 욕망은 어쩌면 바람직하지 않은 존재 방식에서 벗어나려는 시도로 보일 수 있었다. 또 어떻게 보면 본질적인 자아를 향한 몸짓이었고 오늘날의 나로 성장하는 중요한 토대였다.

유치원에 다닐 때 나는 다른 아이들과 말이 통하지 않는다는 이유로 쉬는 시간에도 선생님들과 이야기를 했다. 내 말을 이해하지 못하기는 아마 선생님들도 마찬가지였을 테지만 그들은 어른이었고 따라서 점잖게 이야기를 들어 주었다. 중학교 1학년 때까지 나는 거의 늘 초등부 교장 선생님의 비서였던 브라이어 부인의 방에서 점심을 먹었다. 고등학교를 졸업할 때까지 한 번도 학교 식당에 간 적이 없었다. 학교 식당에 갔다면 아마도 여학생들과 함께 앉아 있다고 조롱을 당하거나 남학생들과 함께 앉아 있지만 실제로는 여학생들과 함께 앉아야 한다고 조롱을 당했을 것이다. 일반적으로 나한테는 흔히 어린 시절을 규정하는 획일성을 따르려는 욕구가 전혀 없었고, 성(性) 문제를 의식하기 시작했을 즈음에는 동성애라는 비획일성―보통의 젊은이들이 바라보는 성과 비교할 때 내가 원하는 바가 매우 다를 뿐 아니라 금지되어 있다는 인식―이 나를 설레게 만들었다. 내게는 동성애가 아르메니아 식당에서 먹은 후식처럼, 또는 리히텐슈타인에서 보낸 하루처럼 느껴졌다. 그럼에도 나는 다른 사람이 내가 게이라는 사실을 알게 된다면 죽는 수밖에 없을 거라고 생각했다.

어머니는 게이가 인생을 살아가는 가장 행복한 방식이 아니라고 여겼기에 내가 게이가 아니기를 바랐다. 한편으로는 게이 아들의 어머니라는 자신의 이미지도 좋아하지 않았다. 어머니는 내 인생을 통제하길 원했고 다른 대다수 부모들과 마찬가지로 행복을 추구하는 당신의 방식이 진정으로 최고라고 믿었다. 그렇지만 어머니가 내 인생을 통제하려고 했다는 사실이 문제는 아니었다. 요컨대 문제는 어머니가 당신 자신의 인생을 통제하길 원했으며, 동성애자 아들의 어미로서 자신의 인생을 바꾸길 원했다는 사실이다. 불행하게도 어머니에게는 내 문제에 관여하지 않고 당신 문제를 해결할 방법이 없었다.

　나는 내 정체성에 관련된 이런 측면을 일찍부터 진심으로 싫어하게 되었다. 그처럼 움츠러든 상태는 수직적 정체성에 대한 가족의 반응을 반영했기 때문이다. 어머니는 유대교를 믿는 행위가 바람직하지 않다고 생각했다. 외할아버지로부터 배운 가치관이었다. 외할아버지는 자신의 종교를 비밀로 함으로써 유대인을 고용하지 않는 회사에서 중역 자리까지 오를 수 있었다. 유대인을 환영하지 않는 교외 컨트리클럽에도 가입했다. 20대 초에 어머니는 텍사스 주 출신의 남자와 약혼한 적이 있었는데 그 남자는 유대인과 결혼하면 상속권을 박탈하겠다는 가족들의 위협을 받고 어머니와 헤어졌다. 어머니에게 그 사건은 자아 인식의 트라우마였다. 그때까지만 하더라도 자신을 굳이 유대인이라고 생각하지 않았고 남에게 비쳐지는 모습 그대로 어떤 사람이든 될 수 있다고 생각했던 까닭이다. 그로부터 5년 뒤 어머니는 지금의 유대인 아버지와 결혼해서 주로 유대인 사회에 속해 살아가는 쪽을 선택했지만 마음속에는 여전히 반(反)유대 감정이 남아 있었다. 예컨대 특정한 상투적인 이미지에 들어맞는 사람들을 보면 〈저런 사람들 때문에 우리가 욕을 먹지〉라고 말하기도 했다. 중학교 3학년 때 우리 반에서 무척 인기 있던 예쁘장한 여학생에 대해 어떻게 생각하는지 묻자 어머니는 〈그녀는 딱 유대인처럼 생겼구나〉라고 대답했다. 어머니의 애처로운 자기 회의적인 태도는 게이 문제와 관련해서 나에게 고스란히 대물림되었다. 나는 불편함에 대처하는 어머니의 재능을 물려받았다.

　어린 시절을 한참 지난 뒤에도 나는 유치한 것들에 집착하면서 성에 대한 보호막으로 삼았다. 이 고의적인 미성숙은 빅토리아 풍의 내숭과 겹쳐졌는데 욕망을 숨기기 위해서가 아니라 없애기 위해서였다. 나는 『곰돌이 푸Winnie-the-Pooh』에 등장하는 숲 〈헌드레드 에이커 우드〉에서 영원히 그 동화의 주인공 크리스토퍼 로빈처럼 살 거라는 터무니없는 생각을 갖고 있었다. 그 시리즈의 마지막 에피소드가 내 이야기와 너무 비슷하다고 느꼈고, 그래서 다른 에피소드는 아버지에게 수없이 읽어 달라고 했으면서도 그 에피소드만큼은 도저히 읽어 달라고 할 용기가 나지 않았다. 『푸코너에 있는 집 *The House at Pooh Corner*』은 이렇게 끝을 맺는다. 「그 숲의 정상에 위치한 마법이 걸린 장소에서 어린 소년과 곰은 어디를 가거나, 도중에 무슨 일이 생겨도, 언제나 함께 뛰놀고 있을 것이다.」[12] 나는 그 소년과 곰처럼 살기로, 영원히 철이 들지 않기로 결심했다. 내게는 어른이 됨으로써 예상되는 일들이 너무나 굴욕적으로 보였기 때문이다. 열세 살 때는 여성의 해부학적 구조에 대한 불편함을 해소하려는 마음에 『플레이보이 *Playboy*』 한 권을 사서 몇 시간에 걸쳐 공부했다. 학교 숙제보다 훨씬 고된 작업이었다. 고등학생 때는 조만간 여자와 육체관계를 가져야 한다는 사실을 알면서도 도저히 내키지 않아서 때로는 죽고 싶은 생각마저 들었다. 한편 마법이 걸린 장소에서 영원히 철들지 않고 살아가는 크리스토퍼 로빈이 될 마음이 전혀 없는 내 안의 또 다른 반쪽은 안나 카레니나가 되어 기차에 몸을 던지고 싶어 했다. 정말 터무니없는 이중성이었다.

뉴욕 호러스 맨 학교에서 중학교 2학년이 되었을 때 한 선배가 내게 계집애 같은 사내라는 의미로 〈퍼시〉라는 별명을 붙였다. 우리는 같은 통학 버스를 타고 다녔는데 내가 통학 버스에 오를 때마다 그와 그의 친구들은 〈퍼시! 퍼시! 퍼시!〉를 연호하며 나를 놀려 댔다. 나는 너무 수줍어서 다른 사람과 거의 말을 섞지 않는 중국계 미국인 학생과 함께 앉거나(알고 보니 그 학생도 게이였다), 마찬가지로 괴롭힘의 대상이었으며 시력이 나빠서 거의 장님이나 다를 바 없는 여학생과 함께 앉았다. 가끔은 통학 버스에 탄 모든 학생들이 버스를 탄 내내 내 별명을 연호하기도 했다. 그들은 45분 동안 목청이 터지도록 〈퍼-시! 퍼-시! 퍼-시!〉를 외쳐 댔다. 버스가 3번가를 지나 FDR 거리를 따라가다가 윌리스 애비뉴 다리를 건너 한동안 메이저 디건 고속도로를 달리고 마침내 리버데일 245번가로 접어들 때까지 공격은 계속되었다. 시력이 나쁜 그 여학생은 나에게 〈그냥 무시해 버려〉라고 거듭 충고했고 나는 태연한 척하려 노력하며 앉아 있었다.

그런 일이 시작된 지 넉 달이 지났을 무렵이었다. 어느 날 집에 돌아오자 어머니가 물었다. 「통학 버스에서 무슨 일이 있었던 거니? 다른 아이들이 너를 퍼시라고 불렀어?」 같은 반의 한 친구가 자기 어머니에게 버스 안에서 있었던 일을 이야기했고 그녀가 어머니에게 알려 준 것이다. 내가 그렇다고 대답하자 어머니는 한동안 나를 안아 주고 나서 왜 진작 말하지 않았냐고 물었다. 나는 어머니에게 그 일에 대해 이야기할 마음이 전혀 없었다. 지극히 모멸적인 어떤 일을 입 밖에 내면 그 일이 더욱 구체화될 뿐이었고, 마땅히 어떤 조치를 취할 수도 없다고 생각했으며, 괴롭힘의 원인이 된 나의 특징이 어머니에게도 혐오감을 줄 수 있다고 생각했고, 어머니가 낙심하지 않도록 지켜 주고 싶었기 때문이다.

그 뒤로 통학 버스에는 인솔자가 동행했고 아이들의 외침도 멈추었다. 단지 나는 통학 버스와 학교에서 〈게이〉로 통했을 뿐이고 교사들은 내가 그렇게 불리는 것을 듣고도 때때로 모른 체했다. 같은 해에 한 과학 교사는 우리에게 동성애자들은 항문 괄약근이 망가져서 배변 실금에 걸린다고 주장했다. 1970년대에는 동성애자 혐오증이 사회 전반에 만연했지만 우리 학교의 자부심 강한 문화는 동성애 문제에 대해 특히 날카롭게 날이 서 있었다.

2012년 6월 「뉴욕 타임스」에는 내가 호러스 맨 학교에 다닌 시기에 일부 남자 교사들이 남학생들을 강간한 사건을 다룬 호러스 맨 동문 아모스 카밀의 기사가 실렸다.[13] 이 기사는 강간을 당한 후유증으로 마약중독 문제와 그 밖의 자기 파괴적인 행동에 빠진 학생들을 소개했다. 한 남자는 어릴 때 겪은 강간 사건을 가족들이 알게 되면서 절망감이 극에 달했고 중년 나이에 결국 자살을 선택했다. 이 기사를 접하고 나는 가슴이 무척 아팠으며 동시에 혼란스러웠다. 관련 혐의로 고발된 교사들 중에 내가 학교에서 외톨이로 지낼 때 누구보다 친절했던 선생님들이 포함되어 있었기 때문이다. 좋아했던 역사 선생님도 있었다. 그는 내게 저녁도 사주었고, 예루살렘 성서도 선물해 주었으며, 나와는 아무것도 함께하려고 하지 않는 학생들과 달리 수업이 없을 때면 말동무가 되어 주었다. 음악 선생님도 있었다. 그는 음악회에서 내가 독창을 할 수 있도록 기회를 주었고, 선생님이라는 호칭 대신 이름을 부르고 그의 사무실에서 시간을 보내도록 허락했으며, 합창단을 인솔해서 여행도 다녔다. 그 여행은 내 인생에서 가장 행복했던 모험 중 하나였다. 두 선생님은 나의 정체성을 정확히 꿰뚫어 보았으며 그럼에도 나를 좋게 생각해 주었다. 나의 성 정체성을 암묵적으로 인정했고 그로써 내가 약물중독자나 자살의 길을 걷지 않도록 도움을 주었다.

중학교 3학년 때 호러스 맨 학교의 미술 교사(동시에 축구팀 코치이기도 했다)가 내게 자위행위에 관한 대화를 집요하게 시도했다. 불안감이 엄습했다. 그 같은 시도가 일종의 덫이며 혹시라도 그 덫에 걸리면 그는 모든 사람에게 내가 게이라는 사실을 떠벌리고 그렇게 될 경우 (이미 웃음거리가 되었지만) 훨씬 큰 웃음거리가 될 거라는 생각이 들었기 때문이다. 그 밖에 다른 선생님들은 내게 특별한 관심을 보이지 않았다. 아마도 내가 삐쩍 말랐을 뿐 아니라 사회성도 없고 안경을 쓴 데다 치아 교정기까지 한 아이였기 때문일 것이다. 어쩌면 우리 부모님이 방어적인 경계심이 강하기로 악명이 높았기 때문일 수도 있다. 또 어쩌면 내가 거만한 척했고, 그렇게 함으로써 다른 사람들에 비해 저항력을 키울 수는 있었지만 자신을 고립시킨 까닭도 있을 것이다.

나와 대화를 나눈 지 얼마 안 되어 그 미술 교사는 불리한 주장들이 제기되어 해고되었다. 역사 선생님도 학교를 그만두었고 일 년 뒤에 자살했다. 많은 게이 교사들이 축출되었지만 당시 결혼한 상태였던 음악 선생님은 끝까지 살아남았다. 한 게이 교사는 이 일련의 사건을 가리켜 〈공포정치〉라고 칭했다. 카밀은 나에게 보낸 편지에서 비(非)포식적인 게이 교사들의 해고가 〈소아 성애를 근절하려는 시도 중에 동성애를 소아 성애와 동일시하게 되면서〉비롯되었다고 말했다. 심지어 학생들은 게이 교사들에게 대놓고 불손한 언행을 보였다. 학교 사회가 그들의 편견을 명백히 지지하고 있었기 때문에 거리낌이 없었다.

연극부 지도교사였던 앤 매카이 선생님은 레즈비언이었지만 비난을 묵묵히 이겨 냈다. 학교를 졸업하고 20년이 지난 뒤부터 그녀와 나는 이메일을 주고받기 시작했다. 그렇게 또 10년이 지났을 즈음에 나는 그녀가 죽어 가고 있다는 소식을 접하고 롱아일랜드의 동쪽 끝까지 차를 몰아 그녀를 찾아갔다. 우리 두 사람은 당시 기사를 준비하던 아모스 카밀로부터 연락을 받은 상태였고, 두 사람 다 카밀의 주장에 불안을 느꼈다. 매카이 선생님은 사람들이 나를 놀리는 이유가 내 걸음걸이 때문이라고 자상하게 설명하면서 보다 자신감 있게 걷는 법을 가르쳐 주려고 했던 현명한 교사였다. 그리고 내가 졸업반이었을 때는 오스카 와일드의 『어니스트 놀이*The Importance of Being Earnest*』를 무대에 올리면서 내게 앨저넌 역을 맡겨 스타로 변신할 수 있도록 해주었다. 나는 고마움을 전하고자 그녀를 찾아갔다. 하지만 그녀가 나를 부른 것은 사과를 하기 위해서였다.

그녀의 설명에 따르면 예전 학교에서 그녀는 다른 여자와 동거한다는 소문에 휩싸여 학부모들로부터 항의를 받았다. 이후 그녀는 교직에 있던 내내 일종의 도피 생활을 해왔다. 이제 그녀는 형식적인 거리를 두었던 자신의 행동을 후회했고 어쩌면 자신을 등대처럼 여겼을지도 모를 게이 학생들에게 실망을 주었다고 생각했다. 그러나 그녀가 보다 개방적이었다면 학교에서 해고되었을 거라는 사실을 나도 알았고 그녀도 알았다. 그녀의 학생으로 있을 때 나는 한 번도 그녀와 조금 더 가까워지려고 생각한 적이 없었다. 하지만 수십 년이 지난 시점에 서로 이야기를 나누면서 우리 두 사람이 당시에 얼마나 고독했는지 알게 되었다. 나는 마흔여덟 살인 지금의 나라면 어린 시절 나를 가르쳤던 그녀와 좋은 친구가 되었을 것 같았기에 우리가 잠시라도 같은 나이일 수 있다면 좋겠다고 생각했다. 학교를 떠난 뒤

매카이 선생님은 게이 인권 운동가가 되었다. 지금의 나도 그렇다. 고등학교에 다닐 때 나는 그녀가 게이라는 사실을 알았다. 그녀도 내가 게이임을 알았다. 하지만 우리는 직접적인 대화가 불가능할 정도로 각자의 동성애라는 감옥에 갇혀 있었고, 진실보다는 서로에게 거리를 둠으로써 친절을 베풀 수 있을 뿐이었다. 오랜 세월을 돌아서 그녀를 다시 만나자 나는 예전의 외로움이 되살아났고, 수평적 연대를 통해 해결하지 않는 한 남들과 다른 정체성을 가졌다는 사실 때문에 얼마나 고독해질 수 있는지 새삼 깨달았다.

아모스 카밀의 이야기가 책으로 출간되고 열린 호러스 맨 동문들의 불편한 온라인 모임에서 한 남자가 육체적 학대의 희생자와 포식자 모두에게 슬픔을 느낀다고 밝히면서 포식자에 대해 이렇게 말했다. 「동성애적 욕구가 병이라고 가르치는 세상에서 그들은 게이로서 인간답게 사는 법을 이해하려고 노력하는 가운데 상처 입고 혼란스러워하는 사람들이었다. 학교는 우리가 살아가는 세상의 거울이다. 절대로 완벽한 곳이 아니다. 모든 교사가 감정적으로 균형이 잡힌 사람은 아니며 그런 교사들은 비난을 받아 마땅하다. 그럼에도 그들을 향한 비난은 오로지 한 가지 징후에만 집착할 뿐 본질적인 문제를 다루지 않는다. 요컨대 문제는 편협한 우리 사회가 자기혐오에 빠져 적절치 못하게 행동하는 사람들을 양산하는 데 있다.」[14] 교사와 학생 간의 성적 접촉은 강제와 합의의 경계를 모호하게 만드는 힘의 차이를 악용한다는 점에서 용납될 수 없다. 그 같은 성적 접촉은 일반적으로 회복 불가능한 트라우마를 초래한다. 카밀이 인터뷰하고 묘사한 학생들을 보면 확실히 그랬다. 나는 한때 나를 가르쳤던 선생님들이 어떻게 그런 짓을 할 수 있었는지 의아한 한편으로, 자신의 핵심적 존재가 질병이자 불법으로 여겨지는 사람들은 아마도 그것과 한층 심각한 범죄의 차이를 분석하느라 고전하고 있을 것 같다는 생각이 들었다. 특정한 어떤 정체성을 질병으로 대하면 훨씬 용감하게 맞서야 할 진짜 질병을 불러들인다.

특히 뉴욕에서는 대체로 어릴 때부터 성경험의 기회가 찾아온다. 어릴 적 나의 일상 중 하나는 잠자리에 들기 전에 개를 산책시키는 일이었는데, 열네 살 때 우리 아파트 근처에서 게이바 두 곳을 발견했다. 〈엉클 찰리의 업타운〉과 〈캠프 데이비드〉였다. 나는 집에서 기르던 케리테리어 마샤를 산책시키면서 청바지를 입은 사람들로 가득한 이 두 가게를 끼고 돌았고, 마샤가 목줄을 서서히 잡아당기든 말든 상관하지 않은 채 렉싱턴 가로 쏟아져 나오는 사람들을 지켜봤다. 자신을 드와이트라고 소개한 남자가 나를 따라왔고 자기 집으로 나를 이끌었다. 하지만 나는 드와이트나 그 어떤 사람의 집에도 들어갈 수 없었다. 만약 그랬다가는 나 자신이 다른 사람으로 바뀔 터였기 때문이다. 이제 드와이트의 생김새는 기억나지 않지만 그의 이름은 내게 아쉬움을 자아낸다. 열일곱 살에 마침내 한 남자와 성관계를 가졌을 때 나는 평범한 세상과는 영원히 이별했다고 생각했다. 그리고 집에 돌아와서 입고 있던 옷가지를 삶고 마치 내가 저지른 범죄를 소독하듯이 뜨거운 물로 한참 동안 샤워를 했다.

열아홉 살 때 나는 『뉴욕New York』 잡지 뒷면에서 섹스에 문제가 있는 사람에게 대안 치료를 제안하는 광고를 읽었다.[15] 그때까지 나는 〈내가 누구와 자기를 원치 않는가〉에 비하면 〈누구와 자기를 원하는가〉는 부수적인 문제에 불과하다고 생각했다. 잡지 뒷면에서 해결책을 찾는 방식이 적절하지 않다고는 생각했지만 아는 사람에게 털어놓기에는 내 상황이 너무나 곤혹스러웠다. 나는 저금한 돈을 가지고 헬스키친에 위치한 엘리베이터도 없는 건물의 사무실을 찾아가서 성적 불안에 관해 장시간 상담을 받았지만 나나 이른바 치료 전문가라는 사람 둘 다 내가 사실상 여자에게 흥미를 느끼지 않을 뿐이라는 사실을 인정하지 못했다. 나는 당시에 여러 남자들과 빈번하게 성관계를 한다고 언급하지 않았다. 그리고 〈닥터〉라고 불러야 하는 사람들과 〈카운슬링〉을 시작했다. 그들은 나에게 〈대행자〉, 즉 매춘부도 아니고 그렇다고 매춘부가 아닌 것도 아닌 여성들과 〈행위〉

를 하도록 처방했다. 한 처방전에 의하면 나는 대행자가 고양이 흉내를 내는 동안 발가벗은 채 개 흉내를 내면서 네 발로 기어다녀야 했다. 서로 상극인 종(種)끼리 친밀한 척 연기하는 은유적인 행위는 내가 당시에 부여했던 것보다 많은 의미가 있다. 흥미롭게도 나는 그 여성들이 좋아졌다. 그들 중 남부 출신의 한 매력적인 금발 여성은 자신이 사체 성애자이며 시체 공시소에서 일을 했었는데 문제가 생겨서 이 일을 하게 되었다고 털어놓았다. 그곳에서는 환자가 한 명의 파트너만 편안하게 느끼지 않도록 파트너를 계속해서 교체해야 했다. 내가 기억하기로 맨 처음은 푸에르토리코 여성이었다. 그녀는 내 위에 올라가서 몸을 위아래로 움직이기 시작했고, 희열에 도취되어 〈당신이 내 안에 있어요! 당신이 내 안에 있다고요!〉라고 외쳐 댔고, 나는 마침내 내가 상을 탔으며 자격을 갖춘 이성애자가 된 것인지 궁금해하면서 걱정 반 지겨움 반으로 누워 있었다.

　단순 세균 감염 같은 경우를 제외하면 치료는 좀처럼 효과가 빠르거나 완전하지 않다. 그러나 사회적, 의학적 현실이 빠르게 변화하는 시대라면 다를 수 있다. 내가 치료된 것은 질병 개념의 변화 덕분이었다. 지금도 45번가에 있던 그 사무실이 꿈에 등장한다. 창백하고 땀이 흥건한 내 몸을 보면서 자신의 욕구를 채울 시체와 비슷하다고 생각했던 사체 성애자도 등장하고, 나를 자신의 몸으로 인도하면서 지극한 환희에 도취되었던 의무감 강한 라틴계 여성도 등장한다. 그 치료는 일주일에 고작 두 시간에 불과했지만 대략 6개월에 걸쳐 진행되었고 나는 여성의 몸을 보다 편안하게 여기게 되었다. 그리고 이런 결과는 그 뒤에 지금도 내가 흡족하게 생각하는 이성과의 성경험에 중요한 역할을 했다. 치료 과정 후반부에 관계를 가진 여성들 중에는 내가 진심으로 사랑한 여성들도 있었다. 하지만 나는 그 여성들과 함께 있을 때조차 나의 〈치료〉가 자기혐오의 인위적인 발로라는 생각에서 도저히 벗어날 수 없었고, 나에게 음란한 노력을 강요하는 그 상황 자체도 완전하게 용서가 되지 않았다. 드와이트에서 이들 캣우먼에 이르기까지 마음이 확장되면서 나한테는 성년 초기의 로맨틱한 사랑이 거의 불가능한 일이 되어 버렸다.

부모와 자식 간의 심오한 차이에 대한 관심은 나를 괴롭히는 유감의 근원지를 조사할 필요에서 시작되었다. 부모님을 원망하고 싶은 마음도 없지 않지만 나는 내 고통의 상당 부분이 주위의 더 큰 세상에서 왔으며 그중 일부는 나 자신에게서 비롯되었다고 믿는다. 열띤 논쟁을 벌이던 중에 한번은 어머니가 내게 이렇게 말했다. 「훗날 너는 의사를 찾아가서 너의 끔찍한 어머니가 어떻게 인생을 망쳐 놓았는지 설명하겠지. 하지만 네가 망가졌다고 이야기하는 바로 그것이 너의 인생이라는 사실을 알아야 해. 요컨대 네가 행복을 느낄 수 있고, 네가 사랑할 수 있고 사랑받을 수 있는 인생은 너 스스로 만들어 가는 거야. 중요한 건 바로 그거야.」 우리는 누군가를 사랑하면서도 받아들이지 않을 수 있다. 또는 받아들이기는 하지만 사랑하지 않을 수도 있다. 나는 부모님이 보여 준 수용상의 결점을 사랑이 부족한 탓이라고 오해하고 있었다. 이제 와서 생각해 보면 부모님에게 가장 중요한 경험은 당신들이 공부할 생각조차 해보지 않았던 언어를 사용하는 자식을 낳은 일이었다.

어떤 주어진 특성을 제거할 것인지 아니면 축복해 줄 것인지 판단할 수 있는 부모가 있을까? 1963년에 내가 태어났을 때는 동성애 행위 자체가 범죄였다. 내가 어릴 때는 하나의 질병이었다. 내가 두 살 때 『타임Time』지에 이런 글이 실렸다. 「순수하게 비종교적인 의미에서도 동성애는 성적인 능력의 악용에 해당한다. 현실에 대한 불쌍하고 어리석은 이류 대안이며, 측은한 현실 도피다. 따라서 엄정함과 동정심, 이해, 아울러 가능하다면 치료가 필요한 그런 것이다. 반면 어떠한 격려나 미화, 합리화, 소수의 순교자라는 거짓된 지위, 단순한 성향의 차이라는 궤변, 그리고 무엇보다도 절대로 유해한 질병이 아니라는 변명 따위가 용납되면 안 되는 그런 것이다.」[16]

그럼에도 내가 자랄 때 가족의 가까운 친구이면서 게이인 사람들이 있었다. 이웃이거나, 동생과 나의 대리 종조부들이었던 그들은 가족이 받아 주지 않았기 때문에 휴가 때면 우리와 함께 지냈다. 나는 엘머 아저씨가 의대를 다니다가 2차 세계 대전에 참전했고, 서부 전선에서 싸웠으며, 고향에 돌아와서 기념품 가게를 열었다는 사실이 늘 당혹스러웠다. 몇 해 동안 나는 그가 전쟁터에서 끔찍한 일들을 목격하면서 사람이 달라졌고 고향에 돌아왔을 때 다시 의료업계로 복귀할 용기가 없었다고 들었다. 그가 세상을 떠나고 난 다음에야 50년간 그의 파트너였던 윌리로부터 1945년에는 아무도 공공연한 게이 의사에게 진찰을 받으려고 하지 않았다는 설명을 들었다. 전쟁의 공포가 엘머 아저씨를 솔직하게 만들었고, 그는 술집의 웃기게 생긴 의자에 페인트칠을 하거나 그릇을 팔면서 성년기를 보냄으로써 그 대가를 치렀다. 엘머 아저씨와 윌리는 오랜 세월 멋진 로맨스를 이어 갔지만 어쩌면 그들의 삶을 통해 이룰 수 있었을지도 모를 것들에 대한 숨겨진 아픔이 있었다. 이를테면 기념품 가게는 의료업에 대한 임시변통이었다. 우리 가족과 함께 보낸 크리스마스는 자기 가족을 대신하기 위한 임시변통이었다. 나는 엘머 아저씨의 선택 앞에서 겸허해질 수밖에 없었다. 내가 그 입장이었더라면 과연 그런 선택을 할 만큼 용기가 있었을까. 설령 그런 선택을 했더라도 결국 후회하고 사랑을 위태롭게 하지 않을 만큼의 절제력이 있었을까. 엘머 아저씨와 윌리는 스스로를 게이 인권 운동가라고 생각하지 않았겠지만 그들이나 그들과 비슷한 사람들의 비애는 게이 인권 운동에 활력을 불어넣었고 나나 나와 비슷한 사람들이 누리는 행복의 전제조건이 되었다. 나는 그들의 사연을 보다 자세히 알게 되면서 부모님의 걱정이 단순히 지나친 상상의 결과물이 아님을 깨달았다.

　　내가 어른이 되자 게이는 하나의 정체성이 되었다. 나를 걱정하며 부모님이 들려준 끔찍한 이야기들도 이제 더 이상 피할 수 없는 일들이 아니다. 오늘날 내가 영위하는 행복한 삶은 핑크색 풍선과 에크멕 카다이프 빵을 선택하던 시절만 하더라도, 심지어 내가 엘저넌 역을 맡았을 때만 하더라도 상상조차 할 수 없었다. 그럼에도 동성애를 범죄와 질병, 죄악의 3 관왕으로 간주하는 관점은 여전히 유효하다. 때때로 나는 나와 같은 자녀에 대한 수많은 부모들의 여전한 반응을 직시하기보다 차라리 장애가 있는 아이나 강간당해서 낳은 아이, 범죄를 저지른 아이에 대해 질문하는 쪽이 쉽다고 느꼈다. 10년 전에 『뉴요커The New Yorker』지에서 부모들을 상대로 그들의 자녀가 게이로서 자식을 키우면서 배우자와 행복하고 만족스럽게 살기를 바라는지, 아니면 이성애자로서 독신으로 또는 아이 없이 배우자와 불행하게 살기를 바라는지 여론조사를 실시했다.[17] 응답자들은 세 명 중 한 명꼴로 후자를 선택했다. 자녀가 행복하지만 남들과 다르게 사는 것보다 불행하더라도 남들과 비슷하게 사는 것을 더 바랄 정도로 우리는 너무나도 명백하게 수평적 정체성을 증오한다. 미국에서는 게이 문화에 적대적이고 획일적인 기준이 적용된 새로운 법률들이 등장하고 있다. 2011년 12월에 미시간 주는 「공무원 동거 파트너에 대한 혜택 제한 법령」을 제정해서 도시와 지방 공무원들의 삼촌이나 조카, 사촌 등을 포함하여 모든 가족 구성원에게 의료보험 혜택을 제공하도록 허용하면서도 게이 직원들의 파트너에게는 의료보험 혜택 제공을 금지했다.[18] 한편 여전히 많은 나라에서 내 안에 존재하는 것 같은 정체성이 생각조차 할 수 없는 것으로 남아 있다. 2011년에 우간다는 특정한 동성애 행위에 대해 사형까지 구형할 수 있는 법안을 사실상 통과시켰다.[19] 『뉴욕New York』지에는 이라크의 게이들에 관한 다음과 같은 기사가 실렸다. 「게이들의 시체가 대체로 훼손된 상태로 길거리에 내던져졌다. 수백 명에 달하는 사람들이 살해된 것으로 보인다. 게이들의 직장(直腸)은 접착제로 막혀 있었고 사람들은 내장이 파열될 때까지 그들에게 강제로 설사제와 물을 먹였다.」[20]

성적 취향 관련 법안을 둘러싼 대다수의 논의는 선택적 동성애는 보호받지 않는 것이 마땅하지만 선천적 동성애자는 어쩌면 보호를 받아야 할지도 모른다는 개념에 근거했다. 종교적 소수자들이 보호받는 이유는 그들이 태어날 때부터 그렇게 태어나서 그 문제와 관련해 아무런 선택권이 없기 때문이 아니다. 그들이 공감하는 신앙을 발견하고, 선언하고, 그 신앙을 지키며 살아갈 권리를 우리가 지지하기 때문이다. 게이 인권 운동가들은 1973년에 정신 질환의 공식 목록에서 동성애를 제외시켰지만,[21] 여전히 동성애가 본인의 의지와 상관없이 주어진 것이라는 막연한 주장에 의존한다. 이런 불완전한 성 정체성 모델은 우리를 우울하게 만든다. 또한 동성애가 선택이나 변덕에 의한 것이라고 주장하는 사람이 등장하기만 하면 입법자들과 종교 지도자들은 기다렸다는 듯이 그들의 시각에 맞춰 게이들을 치료하거나 그들의 권리를 박탈하려고 한다. 오늘날 남녀를 불문하고 동성애자들은 종교적인 교정 시설이나 부도덕한 또는 동성애에 대한 이해가 없는 정신과 의사의 사무실에서 동성애를 〈치료〉한다. 복음주의 기독교의 동성애 퇴치 운동은 게이들의 경험과는 반대로 동성애 욕구가 전적으로 의지의 문제라고 설득함으로써 수많은 게이들을 혼란에 빠뜨린다.[22] 반(反)동성애 단체 매스레지스턴스의 설립자는 겉으로 보기에 성도착증 같지만 자발적인 특징이 분명하다는 이유로 게이들이 차별을 받아 마땅하다고 주장했다.

최근의 과학적 결과물을 둘러싼 반응에서 확실해졌듯이 게이를 생물학적으로 설명하면 그들의 사회 정치적인 지위가 개선될 거라고 믿는 사람들 역시 안타깝지만 오류를 범하는 셈이다. 성 연구자 레이 블랜차드Ray Blanchard는 〈형제 탄생 순서 효과〉를 주장했는데, 이 주장에 따르면 한 여성이 계속해서 사내아이를 낳을 경우 뒤에 태어나는 아들일수록 게이가 될 확률이 높아진다. 이 자료를 발표하고 나서 몇 주 뒤에 레이는 한 남자로부터 전화를 받았다. 그 남자는 앞서 사내아이들을 낳은 대리모는 고용하지 않기로 했다면서 이렇게 말했다. 「아이가 게이로 태어나는 것만큼은 정말 피하고 싶어요. ……특히 내가 돈을 지불하는 경우에는 더더욱 그렇죠.」[23] 관절염 치료제인 덱사메타손은 부분적으로 남성화된 생식기를 가진 딸을 출산할 위험이 있는 여성들에게 FDA의 승인을 받지 않은 채 처방된다. 뉴욕 마운트 시나이 병원의 연구원인 마리아 뉴Maria New는 임신 초기에 덱사메타손을 투여하면 아기가 장차 레즈비언이 될 가능성이 줄어드는 효과도 있다고 주장했다.[24] 실제로 그녀는 이 치료법이 소녀들로 하여금 아이를 낳고 집을 꾸미는 일에 더 많은 관심을 갖게 만들고, 덜 공격적이고, 더 수줍어 하게 만든다고 설명했다. 일반 대중들 사이에서도 이 치료법이 여성들 간의 동성애를 억제할 수 있다는 주장이 제기되었다. 동물 실험에 따르면 자궁 내 새끼를 덱사메타손에 노출시킬 경우 다양한 건강 문제가 발생하는 듯 보인다. 그렇지만 약물로 동성애에 제한을 가할 수 있다면 연구원들이 조만간 보다 안전한 약품을 내놓을 터이다. 이러한 의학적 발견은 계속해서 심각한 사회적 파급 효과를 가져올 것이 분명하다. 예컨대 만약 태아의 동성애적 성향을 미리 판별할 수 있다면 많은 부부가 게이가 될 그들의 아기를 낙태할 것이다. 또한 실용적인 예방약이 개발된다면 수많은 부부가 기꺼이 그 약을 사용하려고 할 것이다.

나는 자녀를 원치 않는 부모에게 아이를 낳으라고 강요하지 않듯이 게이 자녀를 원치 않는 부모에게도 그 아이를 낳아야 한다고 주장하지 않을 것이다. 그럼에도 레이 블랜차드와 마리아 뉴의 연구를 생각하면 마치나 자신이 마지막 남은 쿠아가*처럼 느껴진다. 나는 복음을 전도하는 전도사가 아니다. 자식에게 내 정체성을 강요할 필요는 없다. 하지만 나의 수평적 정체성이 소멸되는 것도 싫다. 나와 정체성을 공유하는 사람이든 공유하지 않는 사람이든 그런 일이 일어난다면 정말 싫을 것이다. 가끔은 그 다양성 때문에 지치고 힘들기도 하지만 다양성이 감소한다는 사실 자체가 싫다. 특별히 누군가 게이가 되기를 바라는 것은 아니지만 이 세상에 게이가

---

* 1860년대에 멸종한 얼룩말의 일종.

존재하지 않게 된다는 생각만으로도 벌써부터 나 자신이 그리워진다.

　사람들은 모두 편견의 피해자인 동시에 가해자다. 우리는 우리 자신에 대한 편견을 이해함으로써 다른 사람에게 어떻게 반응할지 알게 된다. 하지만 우리가 이미 아는 불공평한 일들만 일반화해서는 한계가 있으며, 수평적 정체성을 가진 자녀의 부모들이 대체로 그들의 자녀와 공감하지 못하는 것도 그 때문이다. 어머니의 유대교 문제는 아들이 게이라는 사실에 대처하는 데 별로 도움이 되지 않았다. 마찬가지로 내가 청각 장애와 동성애의 유사점을 깨닫기 전까지 게이라는 사실은 청각 장애아의 부모 노릇을 훌륭하게 해내는 데 그다지 도움이 되지 않을 것이다. 트랜스젠더 아이가 있는 한 레즈비언 부부는 나와 인터뷰하면서 낙태 수술을 제공하던 의사 조지 틸러가 살해된 것을 지지한다고 밝혔다. 성경에도 낙태가 옳지 않다고 나와 있다는 게 이유였다. 그럼에도 그들은 자신들과 트랜스젠더 아이의 정체성 때문에 직면해야 했던 불관용에 충격과 절망을 느꼈다고 성토했다. 우리는 자신이 처한 괴로운 상황은 지나치게 확대하는 반면에 다른 집단과 공동의 목표를 만드는 일에는 쉽게 지친다. 대다수 게이들은 그들이 장애인과 비교되는 것에 부정적인 반응을 보인다. 게이 인권 운동가들이 시민권이라는 말을 사용하는 것에 많은 아프리카계 미국인들이 거부 반응을 보이는 것과 마찬가지다.[25] 요컨대 장애를 가진 사람들과 게이들을 비교한다고 해서 동성애나 장애에 어떤 부정적 암시를 주는 것은 아니다. 사람은 누구나 결점이 있고 독특한 구석이 존재한다. 또한 대부분의 사람은 각자 나름의 가치가 있다. 동성애를 둘러싼 합리적인 추론은 사람은 누구나 결점이 있고, 정체성이 있으며, 결국에는 모두 하나이고 모두 똑같다는 것이다.

　어머니의 지속적인 개입이 없었다면 나는 절대로 유창하게 글을 읽지 못했을 것이다. 생각만 해도 정말 끔찍한 일이다. 독서 장애를 만족스러울 만큼 극복할 수 있었다는 사실에 나는 매일 감사한다. 지금과 달리 이성애자였다면 아마도 나는 보다 편안한 삶을 살 수 있었을 것이다. 그렇지만 이제는 그러한 역경이 없었다면 지금의 내가 될 수 없었을 거라고 생각하며, 다른 어떤―상상력도 없고 선택권도 없는―모습보다 지금 이대로의 나를 좋아한다. 한편으로는 게이 프라이드와 같은 다양한 축제―이 글도 그 다양성의 한 표현일 것이다―가 없었다면, 내가 나의 성적인 성향에 대한 혐오감에서 벗어날 수 있었을지 궁금해진다. 예전에 나는 내가 군이 강조할 필요없이 그저 게이일 수만 있다면 한층 성숙해질 거라고 생각했다. 이제는 그러한 가치관을 바꾸기로 했다. 내가 중립적이라고 느끼기위해 할 수 있는 일이 전혀 없다는 사실도 그 이유 중 하나지만, 주된 이유는 자기혐오에 빠져 보내는 세월이 지루하고 공허하며, 그 시간을 행복으로 채워야 한다는 것을 깨달았기 때문이다. 설령 내가 우울증이라는 개인적인 부채에 적절히 대처한다 하더라도 바깥세상에는 치료가 필요한 호모포비아와 편견이 가득하다. 언젠가는 이러한 정체성이 파티 모자나 비난에서 벗어나 순수한 사실로 인정받길 바란다. 물론 그건 먼 훗날의 이야기다. 게이 프라이드 운동이 행사 그 자체에 지나치게 열중한다고 생각한 한친구는 〈게이 겸손 주간〉을 제정하자고 제안했다. 좋은 생각이지만 아직은 그럴 때가 아니다. 수치심과 환희의 중간에 있는 듯 보여도 실제로 중립성은 적극적인 행동주의가 불필요해졌을 때 비로소 도달할 수 있는 최종단계인 까닭이다.

나에게는 내가 스스로를 좋아한다는 사실이 놀라울 따름이다. 내 미래의 모든 복잡한 가능성을 숙고하면서도 미처 예상치 못한 결과이기 때문이다. 어렵게 얻은 이 만족은 일반적으로 내적 평화가 외적 평화에 달려있다는 명백한 진실을 보여 준다. 영지주의 도마복음서에 의하면 예수는 〈만일 네가 내면에 있는 것을 이끌어 낸다면 내면에 있는 그것이 너를 구원할 것이다. 만일 네가 내면에 있는 것을 이끌어 내지 않는다면 내면에 있는 그것이 너를 파괴할 것이다〉[26]라고 말한다. 동성애에 반대하는 현대 종교 단체들의 입장과 맞닥뜨릴 때 나는 보통 이 이야기가 기준이 되었으면 하고 바란다. 예수의 메시지가 수평적 정체성을 지닌 우리들 대다수를 포용하기 때문이다. 나는 동성애를 내 안에 가둠으로써 거의 파괴되다시피 했으며, 밖으로 이끌어 냄으로써 간신히 구원받았다.

살인자가 남자일 경우 그들은 대체로 무관한 사람을 표적으로 삼지만, 죽음을 선사하는 여성들 중 대략 40퍼센트는 자신의 아기를 죽인다.[27] 쓰레기통이나 포화 상태의 위탁 양육 단체에 버려지는 아이들에 관한 보고서는 인간이 자식을 버릴 수 있음을 보여 준다. 묘하게도 자식을 버리는 행위는 적어도 갓난아이의 건강 상태나 특징만큼이나 외모와도 깊은 관계가 있는 듯하다. 일반적으로 부모들은 생명을 위협할 정도의 내부적인 결함이 있는 아이라 해도 집으로 데려가지만 아무리 사소하더라도 겉으로 드러난 결함이 있는 아이는 데려가려고 하지 않는다. 나중에는 화상으로 심한 흉터가 생겼다고 자식을 거부하는 부모도 생길 것 같다.[28] 겉으로 명백히 드러나는 자식의 장애는 부모의 자부심을 욕보이고 그들의 사생활을 침해한다. 누가 보더라도 그 아이는 당신이 원하던 아이가 아니고, 당신은 세상의 동정을 받아들이든지, 자신의 자부심을 지키든지 둘 중 하나를 선택해야 한다. 미국에서 입양할 수 있는 아이들 중 적어도 절반은 어떤 종류든 장애를 갖고 있지만,[29] 전체 장애 아동의 숫자에 비하면 여전히 적은 비율에 불과하다.

오늘날의 사랑에는 점점 더 많은 선택이 필요하다. 대부분의 역사에서 인간은 오직 같은 계급, 종족, 종파, 지리적 위치에 속한 이성하고 결혼했지만 갈수록 이러한 경계가 모호해지고 있다. 마찬가지로 부모는 자식을 선택하거나 바꾸기 위해 할 수 있는 일이 거의 없었기 때문에 태어난 그대로의 자식을 받아들여야 했다. 산아 제한과 인공수정 기술은 섹스와 출산의 연관성을 해체했다. 섹스를 한다고 해서 필연적으로 아기가 생기는 것도 아니고 섹스가 아기를 낳기 위한 필요조건도 아니다. 착상 이전 단계의 배아세포 분석과 태아기 검사 영역이 확대됨으로써 부모들은 다량의 정보를 제공받고, 언제 임신을 시작할지, 임신 상태를 유지하거나 낙태를 할지 판단하는 근거로 삼는다. 여기에 더해서 선택의 폭은 하루가 다르게 넓어지고 있다. 건강하고 규범적인 아이를 선택할 권리가 있다고 믿는 사람들은 선택적으로 낙태하는 방식을 취한다. 한편 그런 발상을 혐오하는 사람들은 상업적 우생학을 선택함으로써 다양성과 열성으로부터 자유로운 세상을 제시한다.[30] 방대한 규모의 소아과 의료 산업계는 책임감 있는 부모라면 다양한 방법을 동원해서 아이를 개조해야 한다고 암시하고, 부모들은 자식에게서 발견된 결함을 의사들이 바로잡아 주기를 기대한다. 성장 호르몬을 투여해서 키가 작은 아이를 크게 만들어 주고, 구순구개열을 고쳐 주고, 애매한 생식기를 정상으로 되돌려 줄 거라고 믿는다. 최적화를 위한 이런 의료 개입이 정확히 미용을 위한 것은 아니지만 반드시 생존에 필요한 것도 아니다. 이러한 의료 개입과 관련해 프랜시스 후쿠야마 Francis Fukuyama 같은 사회 이론가들은 〈포스트 휴먼의 미래〉*에 대해 이야기하면서 미래에는 인류의 다양성이 모두 제거될 것이라고 주장했다.[31]

의료업계가 우리를 정상인처럼 만들어 주겠다고 약속하고 있음에도 우리의 사회적 현실은 여전히 복잡하다. 원주민의 머리 장식물과 프록코트가 티셔츠와 청바지에게 모두 자리를 내준 것처럼 근대성이 인간을 보다 획일적으로 만들었다는 것이 익히 알려진 사실이라면, 비록 근대성이 욕망과 그 욕망을 실현하는 방법에 있어 훨씬 광범위한 가능성을 제공하긴 하지만 우리가 근대성에서 사소한 균일성을 발견하며 위안을 얻는다는 것 또한 사실이다. 사회의 유동성과 인터넷 덕분에 누구나 자신과 본질을

---

* 인간의 유전자 구조를 변형하고 로봇이나 기술을 인체에 주입하면서 진화된 상상 속 인종이 사는 미래 시대.

공유하는 사람을 찾을 수 있다. 프랑스 귀족이나 아이오와 출신의 농장 일꾼처럼 폐쇄적인 집단도 디지털 시대의 새로운 무리처럼 강력한 결속력을 보인 적은 없었다. 질병과 정체성을 구분 짓는 경계가 위협받는 이 시대에 온라인을 통한 이런 강력한 지원은 진정한 자아를 표출하는 데 중요한 환경을 제공한다. 현대 생활이 여러 가지 면에서 고독하긴 하지만 누구나 컴퓨터를 이용해서 생각이 비슷한 사람을 찾을 수 있기 때문에 사회적으로 고립될 필요가 없다. 설령 당신이 태어난 육체적 또는 정신적 장소가 당신을 더 이상 필요로 하지 않더라도 무수히 많은 영혼의 장소가 당신에게 손짓하기 때문이다. 잘 알려진 대로 수직적인 가족이 이혼으로 해체를 겪는 와중에도 수평적인 가족은 빠르게 증가하고 있다. 우리는 스스로에 대해 알기만 하면 얼마든지 자신과 비슷한 사람을 찾을 수 있다. 의학적 진보가 장애를 제거하듯이 사회적 진보는 장애를 지닌 채 보다 수월하게 살아가도록 도와준다. 그리고 이 두 흐름의 합류 지점에는 여주인공이 죽고 나서야 비로소 그녀에 대한 사랑을 깨닫는 남자 주인공처럼 비극적인 어떤 면이 존재한다.

인터뷰에 기꺼이 응한 부모들은 모두 자원한 사람들이다. 자신의 경험에서 가치를 발견하고 비슷한 상황에 처한 사람들이 같이할 수 있도록 도와주려는 사람들에 비해 억울한 마음이 있는 사람들은 좀처럼 이야기를 들려주려고 하지 않는다. 그럼에도 주저함 없이 사랑할 수 있는 사람은 없으며, 부모로서 느끼는 이중적인 감정을 극복할 때 모두 행복해질 수 있다. 프로이트는 사랑한다는 말의 이면에는 언제나 어느 정도 증오가 숨어 있고 모든 증오에는 일말의 흠모가 내재한다고 주장한다.[32] 자식이 부모에게 당연하게 요구할 수 있는 것은 부모가 자신의 혼란스러운 감정 스펙트럼을 있는 그대로 인정하는 것뿐이다. 요컨대 부모가 완전하지만 거짓된 행복을 주장하거나 자포자기 식의 잔혹함에 빠지지 않는 것이다. 중도 장애가 있는 자식을 잃은 한 어머니는 나에게 쓴 편지에서 만약 자신이 안도감을 느낀다면 자신의 슬픔이 진짜가 아니지 않겠냐고 걱정했다. 어떤 사람을 사랑하지만 그 사람에게 부담을 느끼는 것은 모순이 아니다. 실제로 사랑은 부담을 가중하는 경향이 있다. 자식에게 부담을 느끼는 부모들은 그들이 인정하든 인정하지 않든 간에 이중적인 감정을 받아들일 공간이 필요하다. 이 같은 사랑을 하는 사람은 그 사랑 때문에 자신이 힘들다고 해서, 심지어 다른 삶을 꿈꾼다고 해서 수치심을 느낄 필요가 없다.

이를테면 정신분열증이나 다운증후군처럼 정상적인 사회생활이 불가능한 질병은 전적으로 유전에 의한 질병으로 간주된다. 그 외에는—예컨대 트랜스젠더처럼—대체로 환경의 영향을 받는다고 여겨진다. 과학소설 작가 맷 리들리의 〈천성 대 양육〉이라는 표현으로 자주 언급되는 천성과 양육은 상반된 영향력으로 작용한다.[33] 우리가 알듯이 환경적인 요인은 뇌를 변화시킬 수 있으며 반대로 뇌의 화학 작용과 구조 역시 우리가 외부의 영향을 받아들이는 데 일정 부분 결정권을 행사한다. 말이 소리로, 종이 위에 적힌 일단의 문자로, 은유로 존재하는 것과 마찬가지로 천성과 양육은 한 세트로 이루어진 다양한 현상을 둘러싼 별개의 개념적인 틀이다.

그럼에도 부모 입장에서는 자녀의 질병을 양육에 의한 결과라고 생각하기보다 천성을 탓하는 편이 견디기가 수월하다. 천성의 범주에 대해서는 죄의식이 덜 들기 때문이다. 아이에게 연골 발육부전증이 있다고 해서 아이를 낳은 부모를 비난하는 사람은 아마 없을 것이다. 하지만 아이가 난쟁이라는 사실을 받아들이고 자신의 삶에서 가치를 발견하는 일은 대부분 양육에 의한 결과일 수 있다. 강간에 의해 임신한 아이를 낳기로 한 경우 산모는 일단의 비난에 직면할 수 있다. 그리고 그 비난은 강간 자체에 대한 것일 수도 있지만 낙태를 하지 않기로 한 산모의 결정에 대한 것일 수도 있다. 만약 당신에게 중범죄를 저지른 자식이 있다면 사람들은 흔히 당신의 양육 방식이 잘못되었을 거라고 단정하고, 범죄와 거리가 먼 아이들의 부모는 당신 앞에서 거들먹거리려고 할 것이다. 하지만 범죄 성향은 타고난 것일 수 있다. 아무리 최고의 도덕적인 가르침이라도 섬뜩한 행동을 저지르려는 성향이 너무 강해서, 클래런스 대로*의 표현을 빌리자면 〈조상에게 물려받은 흉악한 범죄 성향이 선천적으로 몸에 배어 있는〉[34] 아이를 교화시키는 데 전혀 효과가 없을 수 있음을 보여 주는 증거들이 속속 등장하고 있다. 요컨대 부모가 범죄 성향을 부추기거나 감소시킬 수는 있지만 어느 쪽으로든 그 결과는 결코 장담할 수 없다.

자식에게 장애가 있는 경우 그것이 부모의 잘못인지 아닌지를 둘러싼 사회적 인식은 자식과 부모 모두의 경험에서 언제나 중요한 요인으로 작용한다. 노벨상을 수상한 유전학자 제임스 왓슨James D. Watson은 정신분열증을 앓는 아들이 있다. 그는 내게 자폐증과 정신분열증이 부모의 변변치 못한 양육 탓에 생겨난다고 주장한 20세기 중반의 심리학자 브루노 베텔하임 Bruno Bettelheim을 〈히틀러 이후 20세기 최악의 인물〉이라고 말했다. 부모에게 책임을 돌리는 행태는 대개 무지와 관련이 있으며 한편으로는 우리가 자신의 운명을 통제한다고 믿고 싶어 하는 간절한 믿음을 보여 주기도 한다. 안타깝게도 그런 식의 책임 전가는 어떤 아이도 구원해 주지 않는다. 다만 누군가의 부모를 파괴할 뿐이다. 부당한 비난에 시달리는 부모들은 스스로 무너지거나, 다른 사람들이 그들을 책망할 틈도 없이 스스로를 자책할 것이다. 딸이 유전 질환으로 사망한 어떤 부모는 딸이 태어날 당시에는 유전자 검사가 존재하지 않았는데도 태아 때 유전자 검사를 하지 못한 것이 너무 마음에 걸린다고 말했다. 많은 부모가 이런 식으로 자기 잘못이 아닌 일에 죄책감을 갖는다. 어느 날 오후 나는 고등교육을 받은 한 인권 운동가와 점심을 먹었다. 그녀에게는 중증 자폐증을 앓는 아들이 있었다. 그

---

* Clarence Darrow(1857~1928). 미국의 변호사. 다윈주의를 학교에서 가르친 남부의 교사 존 그콥스와 엽기적 살인범 〈레오폴드와 로엡〉을 변호한 것으로 유명하다.

녀는 이렇게 말했다. 「내가 그 아이를 가졌을 때 스키를 타러 갔기 때문이에요. 고도가 높으면 태아 발육에 좋지 않거든요.」 나는 그 이야기를 듣고 무척 안타까웠다. 자폐증의 원인이 아직 확실치 않고, 무엇이 아이들에게 자폐증을 유발하는지 몇 가지 의심이 가는 원인들이 있기는 하지만 고도하고는 전혀 상관이 없었기 때문이다. 이 총명한 여성은 스스로를 책망하는 데 푹 빠져서 그 같은 자책이 자신의 상상에서 나왔음을 알지 못했다.

장애인과 그 가족들을 둘러싼 편견에는 아이러니한 측면이 있다. 그들이 처한 곤경은 누구에게나 닥칠 수 있는 일이기 때문이다. 이성애자가 하루아침에 갑자기 게이가 되거나 백인 아이가 흑인이 되는 것은 거의 불가능하다. 하지만 누구나 한순간에 장애인이 될 수 있다. 미국에서는 장애를 가진 사람들이 가장 큰 소수 집단이다. 전체 미국 인구의 15퍼센트에 달할 정도다. 하지만 날 때부터 장애가 있던 사람은 이 가운데 15퍼센트에 불과하며, 전체 장애인들 중 대략 3분의 1 정도는 65세가 넘은 사람들이다. 전 세계적으로는 약 5억 5천만 명의 장애인이 있다.[35] 장애 인권학자 토빈 시버스Tobin Siebers의 설명에 따르면 〈실제로 인생의 주기는 장애에서 한시적인 비장애로, 다시 장애로 흘러가는데 그나마도 운이 아주 좋을 때 이야기다〉.[36]

일반적인 상황에서 노망이 든 부모를 자식이 돌보려 하지 않는다면 그 부모는 리어 왕처럼 될 것이다. 장애는 부모와 자식 간의 균형 상태에 변화를 가져온다. 성년이 된 보통의 자녀가 부모를 부양할 때, 중도 장애를 가진 자녀는 중년이 되어서도 여전히 부모의 보호를 필요로 한다. 부모가 특별한 요구를 가진 자식을 키우면서 일반적으로 가장 힘들 것으로 여겨지는 시기는 아이가 태어난 후 아직 그 상황이 낯설고 혼란스러운 처음 10년이다.[37] 그다음 10년도 힘들기는 마찬가지다. 이 시기가 되면 자신의 장애를 인식한 사춘기 자녀가 평범한 대다수의 10대들처럼 부모에게 반항심을 갖기 때문이다. 두 번째 시기를 넘기면 자식을 계속 보살피자니 기력이 너무 달리고, 자신이 세상을 떠난 이후에는 자식이 어떻게 될지 걱정되어 밤잠을 설치는 또 다른 10년이 기다린다. 하지만 이러한 설명은 첫 번째 시기가 이후의 다른 두 시기에 비해 표준적인 양육 과정과 크게 다르지 않다는 점을 제대로 반영하지 못한다. 장애가 있는 무력한 갓난아이를 보살피는 일이나 장애가 없는 무력한 갓난아이를 돌보는 일은 비슷할 수 있지만 보호가 필요한 어른을 계속해서 보살피는 일에는 특별한 용기가 필요하기 때문이다.

자주 인용되는 1962년 논문에서 재활 상담사 사이먼 올샨스키는 다음과 같이 솔직하게 이야기한다. 「지적 장애아의 부모들은 그 아이를 가정에서 키우든 정신병원에 입원시키든 상관없이 평생 고질적인 슬픔에 시달린다. 그들에게는 미래에 대한 기대도 없다. 장애를 가진 자식의 끊임없는 요구와 변함없는 의존성이 계속해서 그들을 짓누를 것이다. 그들이 죽거나 그들의 자식이 죽을 때까지 괴로움과 시련, 절망의 순간들이 계속될 것이다. 이 고질적인 슬픔에서 벗어나려면 죽는 수밖에 없다.」[38] 중도 장애가 있는 스무 살 된 자식을 둔 한 어머니는 내게 이렇게 말했다. 「지난 20년 동안 마치 해마다 애를 낳은 것 같아요. 그런 짓을 하고 싶은 사람이 누가 있겠어요?」

이러한 가족들이 직면하는 어려움은 오래전부터 세상의 인정을 받았다. 하지만 이들의 기쁨이 일반적인 대화 주제가 된 것은 겨우 최근에 들어서다. 〈회복탄력성Resilience〉이란 과거에는 인내로 여겨지던 어떤 것에 현대식 허식을 입힌 말이다. 그리고 기능성과 행복이라는 보다 커다란 목적에 도달하기 위한 수단이자 목적 그 자체이며, 회복탄력성 연구의 선도자 애런 안토노프스키Aaron Antonovsky가 〈긴밀감sense of coherence〉이라고 명명한 것과 불가분의 관계에 있다.[39] 수평적 정체성을 가진 아이들에 의해 기대가 엇나간 부모들이 괴로움에서 벗어나 자신의 미래를 다시 써나가려면 회복탄력성이 필요하다. 또한 그들의 아이에게도 회복탄력성이 필요하기는 마찬가지며 이상적으로는 부모가 아이들의 회복탄력성을 길러 주어야 한다. 2001년에 앤 매스턴Ann S. Masten은 학술지 『아메리칸 사이코로지스트American Psychologist』에서 〈회복탄력성 연구에서 가장 놀라운 점은 이 현상의 보편성에 있다〉[40]고 주장했다. 예전에는 회복탄력성이 이를테면 전 세계의 헬렌 켈러 같은 사람들에게서만 볼 수 있는 예외적인 특징으로 여겨졌다. 하지만 희망적인 최근 연구에 따르면 우리들 대다수는 회복탄력성을 발휘할 수 있는 잠재력을 지녔으며, 이 잠재력을 계발하는 일은 모두의 발전에 결정적으로 중요하다.

그렇다 하더라도 특별한 요구를 가진 아동의 부모들 중 3분의 1 이상이 그들의 자녀를 돌보면서 육체적, 정신적으로 부정적인 영향을 받았다고 진술한다.[41] 지속적인 스트레스가 노화에 미치는 영향을 조사한 연구원들은 특별한 요구를 가진 아동을 양육하는 일이 공통적으로 인정된 스트레스 유발 요인이라는 데 동의했다. 그들은 그 같은 양육 경험이 있는 여성들을 그렇지 않은 여성들과 비교함으로써 전자에 해당하는 보호자들의 말단 소립—염색체 말단 부위에 있는 보호 물질—이 대조군보다 더 짧다는 사실을 알아냈고, 이는 그들의 세포가 더 빨리 노화한다는 사실을 의미했다.[42] 장애 아동을 보살핌으로써 보호자의 생물학적 나이는 역연령(曆年齡)*을 앞지르고, 그 결과 조기 류머티즘이나 심장 발작, 면역 기능 감소, 세포 노쇠화로 인한 조기 사망 등이 유발될 수 있다. 한 연구 결과에 따르면 부양에 따른 막중한 부담감을 호소하는 아버지들이 상대적으로 가벼운 부담을 느끼는 아버지들보다 일찍 사망했다.[43]

이러한 주장은 사실이다. 그러나 반대의 경우도 사실이긴 마찬가지다. 한 연구 결과에 따르면 장애 아동을 키우는 부모들 중 94퍼센트는 그들이 장애 아동이 없는 〈대부분의 다른 가족들처럼 잘 지낸다〉고 말했

---

* 출생을 기점으로 한 달력상의 나이.

다.[44] 또 다른 연구에 따르면, 조사된 대부분의 부모들은 〈장애 아동을 키움으로써 그들의 배우자와 다른 가족 구성원들, 친구들과 더욱 가까워졌다고, 인생에서 중요한 것이 무엇인지 배웠다고, 다른 사람들과 한층 더 공감할 줄 알게 되었다고, 개인적으로 성장했다고, 그들의 아이를 굳이 비교하자면 그 아이가 건강하게 태어났을 경우보다 더욱더 소중하게 여기게 되었다고 믿는다〉.[45] 장애 아동의 부모들 가운데 88퍼센트가 그들의 아이를 생각하면서 행복을 느낀다는 연구 결과도 있다. 이 연구에 따르면 다섯 명 중 네 명은 장애 아동이 태어남으로써 가족들 간의 결속이 강화되었다고 동의했다. 그리고 응답자 전원이 〈그러한 경험 덕분에 다른 사람들에게 한층 더 연민을 느끼게 되었다〉고 대답했다.[46]

어쩌면 낙천적인 성향이 이 같은 결과를 가져왔을지도 모른다. 처음에 낙천적이라고 평가된 어머니들의 자녀는 어머니가 비관적인 점만 다를 뿐 비슷한 여건에 있는 다른 아이들보다 두 살 때부터 더 뛰어난 능력을 보였다.[47] 스페인 철학자 미겔 데 우나무노Miguel de Unamuno는 〈일반적으로 우리의 생각이 우리를 낙천적으로 또는 비관적으로 만들지 않는다. 우리의 낙천주의나 비관주의가 우리의 생각을 만드는 것이다〉[48]라고 말했다. 장애만 가지고는 부모나 장애를 가진 아이의 행복을 가늠할 수 없으며, 이러한 사실은 장기적, 평균적으로 보았을 때 복권에 당첨된 사람들이 팔이나 다리가 절단된 사람들—자신의 새로운 상황에 비교적 단시간에 적응한 각각의 장애인들—보다 아주 조금 더 행복할 뿐이라는 한층 더 커다란 수수께끼를 보여 준다.[49]

인기 있는 인생 상담 코치 마사 벡은 다운증후군 아들을 돌보면서 자신이 경험한 〈유쾌한 깨달음〉에 관한 열정적인 책을 썼다.[50] 작가 클라라 클레이본 파크는 1970년대에 자폐증을 앓는 딸에 대해 이렇게 말했다. 「지금 나는 15년 전이라면 여전히 쓸 엄두도 못 냈을 이야기를 쓴다. 만약 오늘날 다시 나에게 그 같은 경험과 그에 수반되는 모든 것을 받아들이거나 그 쓰라린 선물을 거부할 수 있는 선택권이 주어진다면 나는 기꺼이 손을 내밀어 전자를 택할 것이다. 그 경험이 우리 모두에게 상상할 수 없을 만큼 멋진 인생을 선사했기 때문이다. 그리고 그 이야기의 마지막 말은 늘 한결같을 것이다. 언제나 사랑일 것이다.」[51] 내가 인터뷰한 한 어머니는 아들이 중도 장애를 가지고 태어나기 전까지는 목표 의식이 없었다고 말했다. 그녀가 설명했다. 「갑자기 혼신의 힘을 쏟아야 할 목표가 생겼어요. 아들은 내가 살아야 할 완전히 새로운 이유를 주었어요.」 이런 반응은 심심찮게 발견된다. 한 여성은 〈이런 생각이 비애의 실로 짠 우울한 태피스트리에서 황금 실처럼 밝게 빛났어요. 우리는 우리 아이들에게 정말 많은 것을 배웁니다. 인내와 겸손, 예전에는 당연하게 받아들이던 축복에 감사하는 마음, 관용, 우리가 볼 수 없는 곳을 믿고 신뢰하는 신앙심, 주변 사람들에 대한 연민, 그리고, 맞아요, 삶의 영속적인 가치에 대한 지혜도 있군요. 그런 것들을 많이 배워요〉[52]라고 말했다. 내가 소년원을 찾아갔을 때 그곳에서 오래 근무한 한 교도관은 자신이 감독하는 수감자들에게 〈엉망이 된 여러분의 상황을 받아들이고 스스로 교훈을 찾도록!〉이라고 조언했다.

　낙천주의가 그날그날의 삶이 앞으로 나아가도록 도와준다면 현실주의는 부모에게 눈앞에 닥친 일을 통제한다는 느낌을 되찾아 주고, 그들의 트라우마가 처음보다 작게 보이도록 도와준다. 희망 사항에 불과한 생각, 자기 비난, 현실 도피, 약물 남용, 기피 등에는 잠재적인 위험이 도사린다. 이와 반대로 믿음과 유머, 탄탄한 부부 관계, 힘을 보태 주는 커뮤니티는 재정적 수단과 육체적인 건강, 높은 교육 등과 더불어 든든한 자원이 된다.[53] 〈변화〉나 〈계몽〉 같은 단어들도 등장하지만 이렇다 할 전략이 없다.[54] 지극히 모순되고 때로는 연구원의 편견이 반영되는 연구들도 많은 듯하다. 예를 들어 장애 아동의 부모들 사이에서 이혼이 무척 빈번하게 일어난다는 연구 결과도 많지만 그러한 부모들일수록 이혼율이 매우 낮다는 연구 결과도 이에 못지않게 많다. 그런가 하면 그들의 이혼율이 전체 인구의 이혼율과 일치한다는 조사 결과도 있다.[55] 장애가 있는 아이를 돌보는 데 서툰 부모들은 아이를 돌보면서 지쳐 가는 듯 보이고 마찬가지로 그런 아이에게 훌륭하게 대처하는 부모들은 점점 강해지는 듯하지만 사실상 그들은 하나같이 모두 지쳐 가고 또 강해진다. 집단에 소속된다는 것은 확실히 의미 있는 일 같다. 투쟁을 통해 다져진 결속이 갖는 구원의 힘은 막강하다. 어떤 역경이나 장애든 그에 관련된 커뮤니티가 존재하는 오늘날 같은 인터넷 시대에는 부모들이 어떤 난관에 직면해서도 그들의 수평적 커뮤니티를 찾을 수 있다. 대체로 많은 가족들이 그들의 곤경 속에서 의미를 발견하고 있음에도 그들을 도와주는 소위 전문가들 가운데 그들이 어떤 의미를 찾을 거라고 믿는 사람은 열 명 중 한 명도 되지 않는다.[56] 한 어머니는 잔뜩 흥분해서 말했다. 「불행하게도 거기에는 내 가족과 대부분의 전문가들, 그리고 내가 아는 거의 모든 사람들이 포함됩니다.」[57] 기대했던 것보다 더 행복하다는 이유로 그런 부모들의 현실을 인정하지 않으려고 하는 의사나 사회복지사의 태도는 배신과도 같다.

신체장애가 있는 자녀를 둔 부모의 입장에서 가장 직시하기 어려운 전망 중 하나가 시설화일 것이다. 오늘날 이 관행은 보다 완곡하게, 어쩌면 보다 거추장스럽게 〈가정 외 배치〉라고 불린다. 한때는 시설화가 기준이 된 적도 있었으며 당시에는 장애가 있는 자녀를 가정에서 키우려면 부모가 자녀를 격리하려는 사회제도에 맞서 싸워야 했다.[58] 그렇지만 1972년에 뉴욕 주 스테튼 섬에 있던 지적 장애인 수용 시설 윌로브룩의 끔찍한 환경이 세상에 드러나면서 모든 게 바뀌기 시작했다.[59] 그곳에서는 환자를 상대로 비윤리적인 의료 연구가 행해졌을 뿐 아니라 터무니없을 정도로 포화 상태에 있던 수용 시설의 위생 상태는 처참했으며 직원들이 환자를 육체적으로 학대했다. 「뉴욕 타임스」의 보도에 따르면 〈보살핌을 받지 못해서 자기가 싼 똥으로 뒤범벅인 아이들도 있었고, 대다수의 아이들이 벌거벗고 있다시피 한 상태였다. 하나같이 하루 종일 병실에 우두커니 앉은 채로 방치되었다. 기술자들에게 들린 소리라고는 여러 사람이 내는 으스스한 흐느낌 같은 소리가 전부였다〉.[60] 그런 시설에 수용된 환자들은 자기 내면으로 침잠하거나 호기심 상실과 복종, 수동적인 태도, 판단력 감퇴, 수용 시설에서 벗어나길 거부하는 행동 등을 특징으로 하는 상태, 즉 〈시설증〉* 을 경험했으며 한 연구원은 이를 〈정신적 욕창〉에 비유했다.[61]

월로브룩 사건 이후로 아이들을 시설에 맡기기가 꺼림칙해졌다. 감당할 수 없는 자녀를 둔 부모들은 아이들을 맡길 적절한 시설을 찾는 데 어려움을 겪었고, 아울러 그러한 선택을 한 그들이 무책임하다고 느끼게 만드는 체제와 맞닥뜨려야 했다. 추는 항상 적절한 중도를 따라 움직여야 한다. 이 문제는 절대로 간단하지 않다. 낙태의 경우와 마찬가지로 자녀를 시설에 맡기는 경우에도 사람들은 기존의 죄책감보다 더 심한 죄책감을 느끼지 않으면서 적합한 선택을 할 수 있어야 한다. 이제 장애 아동은 〈최소한으로 제한된 환경〉에서 살아야 한다. 이는 장애 아동의 가족 구성원들에게도 이상적으로 보일 수 있는 감탄할 만한 목표다. 하지만 한 연구원이 지적했듯이, 〈수많은 중도 장애 아동과 청소년을 가정이라는 최소한으로 제한된 환경에 배치함으로써 그들의 가족은 지극히 제한적인 방식으로 살아간다〉.[62] 장애 아동을 어디에 있게 할 것인지 결정하는 문제는 장애 아동과 그 부모, 형제에게 많은 영향을 끼친다.

나의 연구는 장애 아동을 가정 안으로 받아들인 가족을 대상으로 하며, 그러한 결정이 장애 아동의 자아 수용—부분적으로는 다른 사람의 마음가짐에 의해 해결되는 보편적인 문제들—과 어떤 연관이 있는지 살펴본다. 그리고 보다 광범위한 사회적 수용이 장애 아동과 그들 가족에게 어떻게 영향을 미치는지 살펴본다. 관대한 사회는 부모를 유하게 만들고 자부

---

* 시설이나 병원에 입원함으로써 유발되는 심신장애의 총칭.

심을 촉진하지만 사회의 관대함은 당당한 자부심을 가진 개개인들 덕분에 본질적인 흠이 있는 편견을 드러내면서 진화했다. 우리의 부모는 우리 자신에 대한 은유다. 요컨대 우리는 자기 자신을 받아들이려는 대체된 투쟁 방식으로 부모가 우리를 받아들이도록 투쟁한다. 마찬가지로 문화는 우리 부모에 대한 은유다. 보다 넓은 세상에서 높은 평가를 받으려고 애쓰는 우리의 모습은 부모에게 사랑받고자 하는 우리의 본질적인 희망을 복잡하게 표현한 것에 불과하다. 우리 자신과 부모, 문화의 삼각관계를 유기적으로 조명하는 일은 어지럼증을 유발할 수 있다.

사회운동은 일련의 순서에 따라 등장했다. 맨 처음 종교개혁, 여성 참정권, 인종 차별 철폐 운동이 등장했고, 그다음에 게이 해방 운동과 장애인 권리 운동이 등장했다. 마지막 두 가지 운동은 수많은 유형의 차이를 아우르는 포괄적인 운동으로 발전했다. 한편 여성 운동과 인종 차별 철폐 운동은 수직적 정체성에 초점이 맞춰져 있었고 따라서 처음부터 확실한 견인력을 확보했다. 반면에 수평적 정체성 운동은 보다 강력한 다른 운동에 의해 투쟁 방식이 확립된 다음에야 등장했다. 각각의 수평적 정체성 운동은 염치없이 이전의 투쟁 방식을 모방했으며, 오늘날에는 보다 나중에 등장한 운동의 투쟁 방식을 모방하는 경우도 있다.

산업화 이전의 사회는 이례적인 사람들을 무자비하게 대했지만 격리하지는 않았다. 그런 사람을 돌보는 일은 가족의 책임이었다.[63] 산업화 이후에는 장애인을 위한 자선단체들이 등장했고, 남들과 다른 사람들은 일반적으로 그 징후가 나타나자마자 곧바로 격리되었다. 그리고 그런 비인간화 추세는 우생학의 토대가 되었다. 히틀러는 장애인이 〈인간의 형태와 정신의 졸렬한 모조품〉이라는 명목으로 27만 명 이상의 장애인들을 학살했다.[64] 장애가 근절될 수 있다는 신념이 전 세계적으로 만연해 있었다. 핀란드와 덴마크, 스위스, 일본은 물론이고 미국의 25개 주(州)에서 비자율적 불임화와 낙태를 허용하는 법안들이 통과되었다.[65] 1958년까지 6만 명

이상의 미국인들이 강제로 불임화 시술을 받았다. 1911년에는 시카고에서 〈질병에 걸렸거나 장애가 있거나 불구인 사람은, 또는 대중적으로 그밖에도 도시의 공공장소에서 어떤 식으로든 눈에 거슬리거나 혐오감을 유발할 정도로 불쾌한 외모를 가진 사람은 대중에게 자신을 노출시킬 수 없다〉는 법령이 통과되었다. 이 법령은 1973년까지 유지되었다.[66]

가장 기초적으로 장애 인권 운동은 차이를 말살하는 대신 수용하는 방법을 모색한다. 장애 인권 운동의 상징적인 성공 중 하나는 아이와 부모, 사회의 관심이 꼭 일치하지 않으며, 아이들의 자립 능력이 떨어진다는 사실을 이해하게 된 것이다. 극심한 차이를 지닌 많은 사람들은 심지어 정상적으로 운영되는 정신병원이나 일반 병원, 수용 시설 등도 이를테면 흑인 차별법 아래서 아프리카계 미국인을 대우하는 방식과 크게 다를 바 없다는 입장이다.[67] 의학적 진단이 흑인 차별법처럼 차별적이고 불평등한 사회적 반응과 뒤섞인다고 보는 것이다. 장애학 교수인 샤론 스나이더Sharon Snyder와 데이비드 미첼David Mitchell은 일반적으로 치료와 치유 방법을 모색하는 사람들이 〈그들이 구제하려고 하는 바로 그 사람들을 오히려 종속시킨다〉[68]고 주장한다. 심지어 오늘날에도, 장애를 가진 미국 아이들이 중학교를 졸업하지 못할 가능성은 장애가 없는 아이들보다 네 배나 더 높다. 장애를 가진 영국인들 중 대략 45퍼센트와 취업 연령대의 미국 장애인들 중 대략 30퍼센트가 빈곤선보다 낮은 생활을 한다.[69] 비교적 최근인 2006년까지도 런던의 영국 왕립 산과학 및 부인학 대학은 태아에게 중도 장애가 있을 경우 의사들이 적극적으로 낙태를 고려해야 한다고 제안했다.[70]

이런 지속적인 도전에도 불구하고 그동안 장애 인권 운동은 눈부신 진전을 보였다. 1973년에는 미국 재활법이 닉슨 대통령의 거부권 행사에 직면해서 당당히 의회를 통과했고 연방의 자금 지원을 받는 모든 프로그램에 대해 장애인 차별을 금지했다. 뒤이어 1990년에는 미국 장애인법이 통과되었고 이후에도 이 법안을 강화하는 듯한 법령들이 속속 제정되었다.[71] 2009년에 조지프 바이든 미국 부통령은 스페셜 올림픽 개막식에서 장애인의 특별한 요구를 지지하는 행위가 곧 〈인권 운동〉이며, 장애인 정책과 관련해서 대통령을 보좌할 특별 보좌관 직을 신설한다고 공표했다.[72] 하지만 법조계는 장애와 관련된 법안의 적용 범위를 축소했고, 지방 정부들이 해당 법령을 송두리째 무시해 버리는 경우도 빈번했다.[73]

자신의 정체성을 고수하길 원하는 소수 집단의 구성원들은 다수 집단에 대하여 자기 자신을 규정할 필요가 있다. 아울러 다수 집단이 소수 집단을 폭넓게 수용하면 할수록 소수자들은 보다 엄격하게 자기 자신을 규정해야 한다. 다수 집단의 세계로 순순히 통합될 경우 독립된 정체성이 붕괴되기 때문이다. 다문화주의는 모든 사람이 획일적으로 미국인다워야 한다는 1950년대의 세계 비전을 거부하고 우리 모두가 자신만의 소중한 독특함을 물려받았다는 비전을 채택한다. 어빙 고프먼Erving Goffman은 그의 훌륭한 저서 『스티그마Stigma』에서 사람들이 그들 자신을 주변인으로 만들기도 했지만 동시에 개인적인 진정성과 정치적 믿음을 갖도록 해준 어떤 요소에 대해서 긍지를 갖고 이를 천명할 때 정체성이 만들어진다고 주장한다.[74] 사회 역사가 수전 버치Susan Burch는 이러한 행위를 가리켜서 〈사회화의 아이러니〉[75]라고 부른다. 어떤 집단을 동화시키려는 사회적인 시도는 흔히 그 집단이 그들의 특이성에 대해 보다 큰 목소리를 내도록 유도한다.

내가 대학에 다니던 1980년대 중반에는 〈장애가 있는disabled〉이라는 표현 대신에 〈다른 능력을 가진differently abled〉이라고 말하는 것이 보편적인 관례였다. 우리는 우스갯소리로 〈남달리 만족스러운differently gruntled〉이나 〈남달리 알맞은differently agreeable〉이라고도 말했다. 오늘날에는 만약 자폐 아동의 경우라면 그가 〈전형적인〉 아이들과 다르다고, 소인증이 있는 아이라면 〈평균적인〉 사람들과 다르다고 말할 것이다. 〈정상normal〉이라는 단어는 절대로 사용하지 말아야 하며, 〈비정상abnormal〉이라는 표현도 당연히 허용되지 않는다. 장애인의 권리를 다룬 방대한 논문에서 교수들은 어떤 질환의 신체적 귀결을 의미하는 〈기능 장애impairment〉와 사회적 맥락의 어떤 결과를 의미하는 〈능력 장애disability〉의 차이를 강조한다. 예를 들어 다리를 움직일 수 없는 상태는 기능 장애지만 공공 도서관에 들어가지 못하는 것은 능력 장애다.

영국인 교수 마이클 올리버Michael Oliver는 능력 장애와 관련한 극단적인 버전의 사회적 모델을 이렇게 요약했다. 「능력 장애는 육체적인 부분과 아무런 관련이 없다. 사회적인 압박에 의한 결과일 뿐이다.」[76] 그의 설명은 그럴듯해 보이기는 하지만 사실이 아니다. 그럼에도 능력 장애가 해당 장애를 가진 사람의 정신이나 육체에서 전적으로 기인한다는 보편적인 정반대 가정을 수정하고자 했다는 점에서 의미가 있다. 능력이란 다수의 횡포에 불과하다. 만약 대다수 사람들이 팔을 퍼덕거려서 하늘을 날 수 있다면 그렇게 하지 못하는 것은 장애가 될 것이다. 또한 대다수 사람들이 천재라면 평범한 지능을 가진 사람들은 비참하게 불이익을 당할 것이다. 우리가 건강하다고 생각하는 상태에는 명시적으로 존재하는 진실이 없다. 이는 단순히 관습적인 사고에 불과하며 이런 사고는 지난 1세기를 거치면서 눈에 띄게 과장되었다. 1912년까지만 해도 55세까지 산 미국인은 건강하고 장수했다고 여겨졌다. 하지만 오늘날에는 55세에 죽음을 맞는 경우 비극으로 여겨진다.[77] 대다수 사람들이 걸을 수 있기 때문에 걷지 못하는 상태가 장애가 된다. 청각 장애도 마찬가지다. 사회적인 신호를 해독하지 못하는 것도 마찬가지다. 이처럼 얼마나 많은 표를 얻느냐에 따라 장애가 결정되고 장애인들은 이러한 다수의 결정에 이의를 제기한다.

의학이 발달하면서 부모들은 특정한 유형의 장애를 가진 아이를 낳지 않을 수 있게 되었다. 더불어 많은 장애가 개선될 수 있을 것이다. 하지만 언제 이 같은 선택권을 이용할지 결정하는 문제는 결코 쉬운 일이 아니다. 하버드 대학 생물학과 명예교수인 루스 허버드Ruth Hubbard는 가족력 때문에 출산을 앞두고 헌팅턴 무도병*을 검사하는 부모들이 곤란한 상황에 직면한다고 주장한다. 「낙태를 할 경우 그들은 결국 헌팅턴 무도병으로 죽게될 거라는 사실을 알면서도 살아가는 사람들의 인생이 살 가치가 없다고 이야기하는 셈이다. 그렇다면 이제 자신에게 헌팅턴 무도병을 유발하는 유전자가 있음을 알게 된 그들 자신과 다른 가족 구성원의 인생에는 어떤 의미가 있을까?」[78] 철학자 필립 키처Philip Kitcher는 유전자 검사를 가리켜 〈자유방임적인 우생학〉[79]이라고 말했다. 이분 척추증을 앓으면서 캘리포니아 대학 버클리 캠퍼스에서 학생들을 가르치는 마샤 색스턴Marsha Saxton 교수는 이렇게 말한다. 「미리 가려 낼 수 있는 질병을 가진 우리 같은 사람들은 낙태되지 않고 살아남은 성인으로서 태아의 권리를 대변한다. 〈어린 우리〉를 조직적으로 낙태하는 것에 저항하는 우리의 행위는 태아가 〈인간이 아니라고 보는〉 또는 〈아무런 자격이 없다고 보는〉 관점에 대한 도전이다.」[80] 스나이더와 미첼 교수는 장애의 근절이 어떻게 〈문화적인 사업의 일환으로서 근대성의 완성〉[81]을 의미하게 되었는지 이야기한다.

장애인의 권리를 주장하는 사람들 중에는 생식에 관련된 운명을 받아들이지 않는 행위는 비윤리적이며, 따라서 태아의 상태가 어떻든 간에 무조건 그 아이를 받아들여야 한다고 주장하는 사람들도 있다. 생명윤리학자 윌리엄 루딕William Ruddick이 여성의 수용적 관점[82]이라고도 부르는 이러한 관점은 낙태를 선택하는 사람들을 하나같이 부모로서 자격이 없고 냉정하며 못마땅한 사람들로 간주한다. 실제로 예비 부모들은 어쩌면 현실이 될 수도 있는 문제를 추상적으로 대하는데, 그러한 태도는 선택을 앞두고 절대로 현명한 방법이 될 수 없다. 즉 아이나 장애에 관한 생각과 현실은 지극히 다르다.

합법적인 낙태를 중요하게 다루는 여성 운동과, 차이의 가치를 평가 절하하는 사회제도에 반대하는 장애 인권 운동 사이에는 좀처럼 해결하기

---

* 환각, 심각한 정서 변화, 치매, 무도병 동작과 같은 정신의 퇴보 증상을 보이는 유전병.

어려운 대립이 존재한다. 장애 인권 운동가 로라 허시는 〈그 같은 두려움
은 진짜이며 타당하고 정말 무섭다. 우리 모두는 이를테면 낙태처럼 개인
적인 결정으로 여겨지는 어떤 행동이 장애가 있는 사람들을 송두리째 제
거하려는 운동의 첫 단계가 될 수 있는 가능성에 직면해 있다〉[83]고 주장했
다. 동기와 관련해서는 어쩌면 그녀가 순진한 것일 수 있겠지만 결과론적
으로는 그녀가 옳다. 대다수 중국인들은 딸을 싫어하지도 않거니와 여성
을 제거하려는 운동을 추진하는 중국인도 없다. 하지만 1978년 이후 중국
정부가 자녀를 한 명만 낳도록 법으로 제한했고 그 결과 남아를 선호하는
대다수 부모들은 여아를 입양 보내거나 유기했다. 마찬가지 이유로, 예비
부모들이 장애인을 근절시키려고 굳이 노력하지 않아도 의학적인 발전과
더불어 그들에게 극단적인 결정을 내릴 수 있는 능력이 생김으로써 장애인
의 숫자가 현격하게 감소할 수 있음은 의심의 여지가 없다. 허버드의 주장
에 따르면 〈이 자유롭고 개인주의적인 사회에서는 우생학에 관련된 법률
을 따로 제정할 필요가 없다. 의사와 과학자는 단지 기술만 제공하고, 여
성 개개인과 부모에게 각자의 선택을 통해 사회의 편견을 실천에 옮기도
록 책임을 떠넘기면 된다〉.[84]

　　일부 인권 운동가들은 휴먼 게놈 프로젝트가 마치 완벽한 게놈, 즉 유
전체가 존재하는 것처럼 암시한다고 주장하면서 이 프로젝트 전체를 비
난한다.[85] 게놈 프로젝트가 이런 식으로 이해된 원인에는 프로젝트 입안
자들이 웰빙의 보편적인 기준이 없다는 사실을 인정하지 않은 채, 자금 제
공자들에게 이 프로젝트가 만성적인 질병을 치료할 수 있다고 홍보한 것
도 한몫을 차지했다. 장애 인권 옹호론자들은 현실적으로 변화야말로 변
하지 않는 유일한 것이라고 주장한다. 여성학과 문화학을 가르치는 도나
해러웨이Donna Haraway는 게놈 프로젝트가 일종의 〈시성(諡聖) 행위〉이
며, 유례없이 편협한 기준을 마련하는 데 악용될 수 있다고 설명했다.[86] 유
전체 지도 작성이 아직 불가능한 시기에 발표한 글에서 미셸 푸코Michel

Foucault는 〈지식과 권력의 완전한 연결망이 확립되는 순간 비정상적인 개인들에게 어떤 변화가 나타나는지〉 설명했다. 요컨대 권력자들이 그들의 특권을 공고히 할수록 정상성의 스펙트럼은 경직된다고 주장했다. 푸코의 관점에 따르면, 정상성의 개념은 〈사회체의 육체적인 강건함과 도덕적인 청결함을 요구했다. 또한 결함이 있는 개인들 즉, 퇴화되고 질이 낮은 인간 집단들을 제거하겠다고 약속했다. 생물학적이고도 역사적인 절박함의 이름으로 국가의 인종 차별을 정당화했다〉. 그 결과 정상의 범주에 속하지 않는 사람들이 자신을 무력하고 부족하다고 느끼도록 부추겼다. 푸코 본인도 주장했듯이 만약 〈인생이 실수를 수용할 수 있는 어떤 것〉이고 실수 자체가 〈인간의 사고와 역사를 구성하는 근간〉이라면, 실수를 금지하는 행위는 진화의 종말을 의미할 것이다. 우리 인간은 실수를 통해 태고의 진흙창에서 벗어날 수 있었다.[87]

　　데버러 켄트는 선천적으로 시각 장애를 안고 태어난 여성이며, 시각 장애를 둘러싼 사회적 편견이 자신에게 안긴 고통에 관한 글을 썼다.[88] 장애 인권 운동이 타당한 평가를 받은 이후에나 들어 봤음직한 수준의 자아 수용을 보여 주면서 켄트는 자신의 시각 장애를 자신의 갈색 머리만큼이나 가치 중립적인 특징으로 생각한다고 말했다. 2000년에 발표한 에세이에서 그녀는 이렇게 썼다. 「나는 한 쌍의 날개가 있기를 바라지 않듯이 시력 또한 바라지 않았다. 시각 장애가 때때로 복잡한 문제를 초래하기는 했지만 시각 장애 때문에 내가 하고 싶은 일을 하지 못한 경우는 거의 없었다.」 당시에 그녀와 남편 딕은 아이를 갖기로 했고, 정상 시력을 가진 아이를 원하는 남편 때문에 그녀는 충격을 받았다. 「나는 사물을 완벽하게 볼 수 있었더라도 내 인생이 결코 더 낮지 않았을 거라고 믿었다. 아이에게 시각 장애가 있다면 아이가 사회 구성원으로서 자아를 실현하고 세상에 보탬이 될 수 있도록 나는 모든 노력을 기울일 것이다. 남편도 내 생각에 완전히 동의한다고 말했다. 하지만 그는 내게 겉으로 내색한 것보다 훨씬 불안해했다. 나의 시각 장애를 받아들일 수 있다면, 아이에게 똑같은 시각 장애가 있다고 해서 아주 잠깐이라도 상심할 이유가 있을까?」데버러는 임신과 함께 깊은 고민에 빠졌다. 「아이에게 나처럼 시각 장애가 있는 것으로 드러날 경우 과연 남편이 상심하는 모습을 내가 견딜 수 있을지 잘 모르겠다.」

딸이 태어나자 데버러의 어머니도 혹시 아기에게 시각 장애가 있을까 봐 걱정했다. 데버러는 다음과 같이 썼다. 「나는 놀라서 할 말을 잃었다. 부모님은 시각 장애가 있는 오빠와 나를 포함한 3남매 모두를 세심하고 흔들림 없는 애정으로 키웠다. 우리 모두에게 자신감과 포부, 자존심을 길러 주려고 노력했다. 하지만 남편 딕에게도 그랬듯이 시각 장애는 당신들에게 결코 가치 중립적이지 않았다.」딸에게는 시각 장애가 없는 것으로 드러났다. 딕은 딸에게 자신의 움직임을 쫓게 함으로써 이를 확인했다. 그리고 장인, 장모에게 전화를 걸어 이 사실을 알렸다. 그는 이후에도 딸아이가 자기 손가락의 움직임을 따라 고개를 돌린 그날을 회상하곤 했다. 데버러는 이렇게 썼다. 「남편의 목소리에서는 그가 오래전 그날 아침에 보여 준 환희와 안도가 마치 오늘 일처럼 생생하게 느껴진다. 그런 이야기를 들을 때마다 나는 예전의 찌릿한 아픔을 느끼고, 잠깐이지만 다시 한없이 고독해진다.」

그녀의 고독은 시각 장애가 단지 하나의 정체성에 불과하다는 그녀의 인식과, 시각 장애가 질병이라는 남편의 인식 사이에 존재하는 괴리를 보여 준다. 나는 그녀의 관점에 공감하는 한편 혼란을 느낀다. 만약 내 동생이 자신의 조카가 이성애자이길 바라는 간절한 바람을 드러내고, 그 바람이 실현되었을 때 좋아서 어쩔 줄 모르는 모습을 본다면 나는 어떤 기분이 들까? 아마도 상처를 입을 것이다. 시각 장애와 동성애는 엄연히 다르지만 다른 사람들이 보기에 바람직하지 않은 자아를 갖는다는 점에서 크게 다르지 않다. 하지만 우리가 건강(이 단어가 얼마나 복잡한 개념을 의미하든 상관없이)을 극대화하고 질병(이 단어도 마찬가지다)을 회피하려는 결정을 내린다고 해서 그러한 결정이 병들었거나 남들과 다른 사람들의 가치를 꼭 깎아내리는 것은 아니다. 예컨대 우울증에 맞선 나의 싸움은 나에게 의미 있는 정체성을 만들어 주었다. 그럼에도 우울증에 걸릴 가능성이 높은 아이와 우울증의 유린으로 고통받지 않아도 될 아이를 놓고서 혹시 선택할 수 있다면 나는 주저 없이 후자를 선택할 것이다. 십중팔구는 우리가 보다 결속할 수 있도록 질병이 중심축이 되어 주겠지만 그래도 자식에게 질병이 없기를 바라는 내 마음에는 변함이 없을 것이다.

수평적 정체성을 가진 대부분의 성인들은 동정이나 존경, 어느 것도 바라지 않는다. 다만 다른 사람의 시선을 받지 않으면서 자신의 삶을 살아가고자 한다. 유전자 연구에 필요한 자금을 모금하고자 불쌍한 아이들을 이용하는 제리 루이스의 행태에 많은 사람들이 유감을 표시한다. 본인도 척추 외상을 앓고 있는 NBC 뉴스 기자 존 호큰베리는 〈제리의 아이들은 텔레비전에 휠체어를 타고 나와서 그들 같은 사람이 애초에 태어나지 못하게 하려는 연구를 위해 기금을 조성하려고 한다〉[89]고 주장했다. 이러한 분노는 사방에 만연해 있다. 시각 장애인 로드 미칼코는 〈내가 그들과 다르다는 이유로 어른들은 나를 도와주려는 반응을 보였고 몇몇 학생들은 내게 욕설을 퍼부었다. 그리고 오랜 세월이 지나서 나는 나를 도와준 행동이나 욕설을 퍼부은 행동이 결국에는 같다는 사실을 깨달았다〉[90]고 말했다. 장애 인권 법률 전문가 앨런 메이슨은 역사를 통틀어 자선과 선의가 장애인들에게 최대의 적이었다고 주장한다.[91] 건강한 신체를 가진 사람들은 어쩌면 너그러운 자기도취증 환자다. 그들은 자신의 호의가 어떻게 받아들여질지 고려하지 않은 채 단순히 자기만족을 위해서 열정적으로 호의를 제공한다.

이와 반대로 사회적 장애 모델은 사회가 장애인에게 권한을 부여하는 방식의 변화를 요구하며, 이러한 변화는 입법자들이 소수 집단으로 사는 사람들의 삶이 고달플 수 있음을 받아들일 때 비로소 만들어질 수 있다. 선심을 쓰는 듯한 태도는 냉소를 받아 마땅하지만 보다 폭넓은 공감은 흔히 정치적인 수용과 개혁을 추진하기 위한 전제 조건이다. 대다수 장애인들은 그들을 괴롭히는 장애보다 그들이 직면하는 사회적인 적대감이 훨씬 견디기 힘들다고 설명한다. 아울러 그들이 고통받는 이유가 전적으로 그들을 대하는 사회의 잘못된 방식 때문이며, 그래서 그들이 무척 특별할 뿐 전혀 다르지 않음에도 불구하고 세상과 격리되는 유일무이한 경험을 하게 된다고 말한다.

부(富)와 행복이 관련이 있는지 밝혀 내고자 한 어떤 연구에 따르면 빈곤이 절망과 관련이 있기는 하지만 일단 빈곤에서 벗어난 다음에는 부가 행복에 거의 영향을 미치지 않는 것으로 나타났다.[92] 정작 관련이 있는 사실은 자신이 속한 사회 집단과 비교할 때 얼마나 많은 재산을 가졌는가 하는 점이다. 다시 말해, 하향 비교를 통해 부자라고 느낄 수 있는 여지가 아주 많다는 것이다. 부와 능력은 둘 다 상대적인 개념이다. 각각의 두 영역 안에는 광범위한 스펙트럼이 존재하고, 사회 경제적 지위와 마찬가지로 정신과 육체적 장애에도 넓고 모호한 중간 지대가 존재한다. 그리고 이 광범위한 중간 지대에 자리 잡은 사람들은 그들이 속한 환경과 자신을 비교함으로써 스스로 부자이거나 능력이 있다고 생각할 수 있다. 질병이라는 낙인만 찍지 않는다면 그러한 비교가 한층 덜 가혹할 것이다.

그럼에도 장애 스펙트럼의 맨 끝에는 빈곤의 영향을 받는 지대가, 어떠한 미사여구로도 미화될 수 없는 극심한 상실의 영역이 존재한다. 장애 빈곤선은 커뮤니티마다 다르지만 분명히 존재한다. 그런 사람들이 극복해야 하는 의학적 현실을 부정하는 것은 빈민가 아동의 경제적인 현실을 부정하는 것이나 다름없다. 그 같은 현실은 육체와 정신을 고통스럽게 망가뜨릴 수 있다. 수많은 장애인들이 그와 같은 환경에서 심신을 무력화시키는 고통을 경험하고, 지적 장애와 싸우고, 평생을 죽음의 그림자와 함께 살아간다.

육체를 치료하고, 뿌리 깊은 사회적 편견을 치료하고자 하는 목표는 난해한 왈츠를 추는 것과 비슷하다. 어느 쪽을 치료하든 반갑지 않은 결과가 초래될 수 있기 때문이다. 이를테면 끔찍한 정신적 충격을 받거나 부당한 사회적 압력에 맞서 싸움으로써 육체가 치료될 수 있다. 또는 사회적 편견이 치유됨으로써 애초에 그 편견이 만들어 낸 권리 자체가 사라질 수도 있다. 무엇이 보호받아야 할 차이인지 결정하는 문제는 정치적으로 엄청난 무게감을 갖는다. 장애인은 허술한 법률에 의해서 보호받고 있으며, 그들이 질병이 아닌 정체성을 가졌다고 판단되는 순간 기존의 그 허술한 안전장치마저도 몰수당할 수 있다.

종류와 상관없이 모든 속성은 우리를 상대적으로 무능력하게 만든다. 문맹이나 빈곤은 장애이며 어리석음이나 비만, 지루한 성격도 마찬가지다. 지극히 나이가 많거나 적은 것도 하나같이 장애. 개인적인 이해를 도외시하게 만든다는 점에서 신앙도 일종의 장애다. 희망을 품지 못하게 한다는 점에서 무신론 역시 장애다. 권력을 휘두르는 주체를 고립시킨다는 점에서 본다면 권력도 장애로 간주될 수 있다. 장애학자 스티븐 스미스 Steven R. Smith가 주장했듯이 〈완벽하게 아픔이 없는 존재는 사람들의 눈에 불완전하게 보일 가능성이 많다〉.[93] 마찬가지로 이러한 특징들이 모두 장점으로도 발전할 수 있으며, 어떤 특징들은 다른 특징에 비해서 보다 수월하게 장점으로 승화되기도 한다. 아울러 사람마다 능력이 제각각인 까닭에 일반적으로 어떤 능력이 보호되거나 용인될지는 사회적인 맥락으로 결정된다. 오늘날과 달리 19세기에는 동성애가 장애로 간주되었다. 물론 그렇지 않은 곳도 있지만 일부 지역에서는 여전히 장애로 간주된다. 어린 시절의 내게는 동성애가 장애였다. 하지만 지금은 그렇지 않다. 이 모든 문제가 지극히 가변적이라는 뜻이다. 악한 사람들에게 그들의 개인적이거나 직업적인 삶을 위태롭게 할 수 있는 그 같은 어긋난 특징을 보상하기 위해서 법적인 보호 대책을 마련하자고 주장한 사람은 지금까지 아무도 없었다. 요컨대 선천적으로 이해할 수 없는 윤리관을 갖고 태어난 장애인들에게 우리는 지원이 아닌 감옥형을 제공한다.

아직은 수평적 정체성을 하나의 집단적인 범주로 보는 일관된 이해가 부족하기 때문에 수평적 정체성 집단의 권리를 위해 투쟁하는 사람들은 대체로 질병 모델을 조목조목 거부하는 장애 인권 운동 방식을 차용한다. 또한 정체성에 관련된 권리를 개념화하는 부분에서는 〈알코올중독자 모임〉과 그 밖의 〈12단계 재활 프로그램〉과 비슷한 모델을 채택한다. 알코올중독자 모임은 질병도 하나의 정체성으로 간주해서 비슷한 상황의 다른 사람들로부터 지원을 이끌어 냄으로써 주어진 질병을 다스려야 한다고 주장했다. 또한 문제의 본질에 대한 합의가 그 문제를 해결하는 데 가장 중요하다고 주장한 최초의 단체였다. 어떤 면에서는 거의 역설에 가까운 이 같은 주장은 라인홀드 니부어Reinhold Niebuhr의 「평온을 위한 기도문Serenity Prayer」에 등장하는 마지막 구절이자 재활 운동의 신조로 간단히 요약될 수 있다. 「하느님, 바꿀 수 없는 것은 받아들이는 평온을, 바꿀 수 있는 것은 바꾸는 용기를, 더불어 그 차이를 구별하는 지혜를 주옵소서.」

우리는 최근 몇십 년 사이에 질병 모델에서 벗어나 정체성 모델로 옮겨 왔지만 그러한 변화를 윤리적으로 꼭 옹호할 수 있는 것만은 아니다. 나는 청각 장애와 소인증, 자폐증, 성전환 등을 존중할 가치가 있는 정체성으로 생각하게 된 이후에도 거식증과 폭식증을 옹호하는 운동과는 대립을 거듭했다. 그들이 거식증이나 폭식증을 질병이 아닌 삶의 선택이라고 주장하면서 해당 증상에 대해 부정적인 단체들을 제거하려고 하기 때문이다. 거식증이나 폭식증을 옹호하는 웹사이트는 속성 다이어트를 위한 이른바 〈틴스피레이션thinspiration〉* 팁을 제공하고, 구토제와 완화제 사용법

---

* 주로 굶어서 날씬해지는 방법과 그러한 생활 방식을 추구하는 것.

을 소개하며, 다이어트와 관련한 경쟁적인 포스팅을 용인한다.[94] 이런 웹사이트에 소개된 조언을 따르다가는 자칫 목숨을 잃을 수도 있다. 거식증은 그 어떤 정신적인 질병보다 사망율이 높다. 거식증 환자가 단지 하나의 정체성을 탐험할 뿐이라는 주장은 도덕적인 태만이며, 갱단원이 살인을 수반하기 마련인 정체성을 추구할 뿐이라는 견해를 받아들이는 것과 마찬가지다. 정체성은 유한한 개념인 것이 분명하다. 다만 그 경계선이 불분명할 뿐이다. 내 인생에서 난독증은 질병이고 게이는 정체성이다. 그럼에도 난독증을 극복하도록 도와준 부모님의 노력이 실패했다면, 반면에 나의 성적 정체성을 바꾸려던 목표가 성공했다면 혹시 나는 지금과 다르게 말하고 있지는 않을까?

사람을 고치고자 하는 바람은 그 사람의 상황에 대한 비관적인 생각과 치료 방법에 대한 낙관적인 생각을 반영한다. 『서른 개의 슬픈 내 얼굴 *Autobiography of a face*』에서 루시 그릴리는 어린 시절 자신의 턱에 생긴 암에 대해서 설명한다. 이 암은 그녀가 괴기스러운 흉터라고 생각하는 영구적인 상처를 남겼다. 나는 비록 잘 알진 못했지만 루시를 알았고 그녀의 외모가 흉하다는 생각은 전혀 들지 않았다. 그래서 자신을 혐오스럽게 생각하는 그녀의 확신이 어디서 나오는지 늘 궁금했다. 그러한 확신이 그녀의 모든 행동에 영향을 끼쳤음에도 실제로는 그녀의 매력이 사라진 턱을 충분히 가리고도 남았기 때문이다. 그녀는 실패로 끝난 무수한 복원 수술 중 하나를 준비하면서 자신의 생각을 이렇게 기록했다. 「어쩌면 이 얼굴은 내 실제 얼굴과는 완전히 다른 어떤 침입자의, 흉측한 침입자의 얼굴이었고, 조만간 나는 〈진짜〉 내 얼굴을, 애초부터 나의 얼굴로 운명 지어져 있던 얼굴을 갖게 될 터였다. 나는 〈원래의〉 내 얼굴을, 어떤 일탈이나 착오도 없는 얼굴을 상상하기 시작했다. 이런 일이 일어나지 않았더라면 내가 무척 아름다웠을 거라는 생각이 들었다.」[95] 39세에 약물 과용으로 숨진 루시는 이례적인 사람들이 끊임없는 치료를 받아야 하는 데 뒤따르는 억압 비용을 보여 준다.

만약 수술이 효과가 있었다면 루시는 외모로 인한 고통을 덜었을 테고 그만큼 행복한 삶을 살았을 것이다. 그녀의 얼굴이 치유될 수 없었다고 해서 마찬가지로 그녀의 마음도 치유 불가능했었는지 의문이 생긴다. 만약 그녀가 그처럼 다루기 힘든 절망에 관한 이야기를 만들어 내는 지성에만 에너지를 집중했다면 결과가 어떻게 달라졌을까? 어쩌면 나 역시 루시가 했던 시도를 되풀이했을 수 있다. 그리고 똑같은 결말을 맞이했을 수도 있다. 나는 고칠 수 있는 부분은 전부 고치고 어쩔 수 없는 부분만 받아들이려고 늘 노력했다. 자신의 문제를 극복하려고 한 그녀의 꿈은 의사들에 의해 수십 년간 계속되면서 그녀를 지치게 만들었다. 최근의 대학 연구는 자신의 병이 나아질 수 없음을 아는 사람이 자신의 병이 호전될 수도 있다고 생각하는 사람보다 훨씬 행복하다고 말한다.[96] 이 경우에 희망은 얄궂게도 비극의 토대가 될 수 있다.

2003년에 영국에서는 구개 파열이 있는 아이를 낳게 될 임신 말기의 여성에게 낙태 수술을 해준 의사를 상대로 소송이 제기되었다.[97] 심각한 유전적 결함이 있는 아이를 출산할 가능성이 있는 여성의 경우에는 낙태 수술이 합법이었지만 문제는 구개 파열 같은 결함이 그러한 정의에 부합하는가 하는 점이었다. 법원 서류에는 선천성 구개 파열이 있는 아들을 둔 다른 어머니가 〈설령 아이에게 구개 파열이나 구순열이 있다고 하더라도 나 같으면 절대로 낙태하지 않았을 겁니다. 오늘날에는 매우 높은 수준으로 얼마든지 고칠 수 있으니까요. 구개 파열이나 구순열은 장애가 아닙니다〉[98]라고 증언한 내용이 인용되어 있었다. 치료를 받지 않은 중증 구개 파열은 심각한 결과를 초래할 수 있으며 엄연한 장애다. 하지만 치료법이 존재한다고 해서 해당 질병이 더 이상 장애가 아니라는 등식은 성립하지 않는다. 병을 고치는 행위와 그 병을 미연에 방지하는 행위는 똑같지 않다.

안면 기형 복원 전문의인 시카고의 메모리얼 아동 병원 원장 브루스 바우어Bruce Bauer 박사는 수술을 받는 아이들에게 〈그들의 진정한 모습 그대로, 다른 누구하고도 다르지 않게 보일 기회〉[99]를 누릴 자격이 있다고 말했다. 하지만 과연 수술적인 해결책이 그들을 〈다르지 않게〉 만들어 줄 것인지, 또는 그들의 차이를 영원히 감추어 줄 것인지는 광범위한 파장이 잔뜩 내포된 문제다.

언론에는 이를테면 내반족(內反足)을 갖고 태어났지만 지금은 프로 축구선수로 활약하는 크리스 윌리스의 경우처럼 수술을 받아 좋아진 훈훈한 이야기들이 넘쳐난다.[100] 크리스가 말했다. 「나는 내 발이 좋아요.」 수술적 개입을 고려하는 사람들은 거의 언제나 교정이라는 용어를 사용한다. 트랜스젠더는 성을 전환하는 과정이 타고난 결함을 치료하는 수단이라고 주장한다. 청각 장애인의 달팽이관 이식 수술을 옹호하는 사람들도 똑같은 미사여구를 사용한다. 성형을 위한 수술적 개입―〈테크노럭스technoluxe〉라고도 부른다―과 교정을 위한 수술적 개입의 경계선은 아주 가는 선에 불과하며, 최선의 자기 모습을 되찾거나 억압적인 사회 기준에 순응하는 행동 사이에 존재하는 경계선도 마찬가지다. 예컨대 학교에서 놀림당하는 딸의 돌출귀를 수술해 준 어머니는 어느 쪽에 해당될까? 또는 대머리로 인한 고민을 수술로 해결하려는 남자는 어느 쪽일까? 그들의 선택은 문제를 제거하는 행동일 수도 있고 다른 사람들의 반응에 순응하는 행동일 수도 있다.

보험회사는 대다수의 교정 과정에 대해서 성형수술이라는 이유로 보험료 지급을 거부한다. 사실상 구개 파열은 안면 손상이나 취식 곤란, 또는 청력 손실로 이어지는 이염(耳炎), 심각한 치과 질환, 발성과 언어 장애, 그리고 이 모든 요소들의 여파로 심각한 정신적 문제를 초래할 수 있다. 턱뼈가 없는 루시 그릴리의 문제가 누군가에게는 그다지 대수롭지 않은 상실로 간주되었을지 모른다. 하지만 당사자인 그녀한테는 말 그대로 치명적인 문제였다. 이와 반대로 수술 결과가, 심지어 그 결과가 긍정적인 경우에도, 부모를 힘들게 만들 수도 있다. 자녀가 구개 파열을 앓는 부모들의 웹사이트에 조앤 그린은 다음과 같은 글을 올렸다. 「의사는 모든 과정이 완벽하게 진행되었다고 설명한다. 그런데 어째서 나중에 아이를 보았을 때는 아무것도 전혀 완벽하지 않을까? 불과 두 시간 전만 해도 달콤하고, 명랑하고, 사랑스럽고, 믿음직스러웠던 아기는 이제 병들고 비참한 모습이다. 정신을 가다듬고 아이의 얼굴을 꼼꼼하게 살펴본다. 문제는 봉합선이나 부기가 아니라 얼굴이다. 그리고 곧 아이의 얼굴이 완전히 달라졌음을 깨닫고 충격에 휩싸인다. 수술 결과에 처음부터 감격하는 부모는 거의 없다. 아이가 거의 다른 사람처럼 보이기 때문이다. 어쨌든 간에 수술 전의 그 아이를 사랑했던 것이다.」[101]

문제는 얼마나 시급하고 해결책은 얼마나 극단적인가? 이는 반드시 고려되어야 할 균형이다. 부모가 자녀를 고통에서 구원해 주고자 하는 바람과 부모 자신이 고통에서 벗어나고자 하는 바람의 차이를 구분하는 것, 이는 언제나 가장 중요하면서도 불가능한 일이다. 이 두 가지 상태에서 이러지도 저러지도 못하는 상황은 그다지 유쾌한 경험이 아니다. 소인증을 앓는 한 여성에게 통상 어릴 때 시술되는 보통 키의 평범한 외모로 만들어 주는 하지 연장술을 어떻게 생각하는지 묻자, 그녀는 그런 시술은 자신을 단지 〈키 큰 난쟁이〉로 만들었을 거라고 대답했다. 의학적 개입은 기껏해야 사람들을 변두리에서 보다 호의적인 중심지로 들어가도록 도와줄 뿐이다. 최악의 경우에는 사람들에게 보다 심한 굴욕감을 안겨 줄 뿐 소외감을 줄여 주지 못한다. 성전환과 접착 쌍둥이에 관한 책을 쓴 앨리스 도무랫 드레거는 〈아이에게 거부감을 느끼는 문제와는 상관없이 정상화 수술이 부모의 전폭적이고 무조건적인 사랑을 보여 주는 행위라고 생각하는 부모들이 있을 수 있다. 한편으로 어떤 부모들은 그러한 아이에 대한 부모 노릇과 관련해 거의 아는 바가 없음에도 스스로 안다고 생각해서 외과적 교정을 시도할 수도 있다〉[102]고 주장했다.

사회 경제적인 지위가 높은 사람들일수록 완벽주의를 추구하는 경향이 강하고, 인지된 장애를 안고 살아가는 것을 더욱 힘들어한다. 프랑스의 한 직설적인 연구 결과에 따르면 〈하위 계층이 중도 장애를 가진 아이들에게 훨씬 관대하다〉.[103] 저소득 가정에서는 〈가족 구성원들 간의 상호 의존이 강조〉되는 반면에 고소득 가정에서는 〈자립과 자기 계발이 강조되는 경향이 두드러진다〉는 미국의 연구 결과도 그러한 사실을 뒷받침한다.[104] 교육 수준이 높고 부유한 가정일수록 아이들을 위탁 시설에 맡기는 경향이 두드러지고, 이런 경향은 소수 인종 가정보다 백인 가정에서 더욱 강하게 나타난다. 물론 충격적으로 많은 수의 소수 인종 부모들이 위탁 양육에 자식을 빼앗기고 있는 것도 사실이다.[105] 나는 저기능성 자폐를 앓는 아들이 있는 부유한 백인 여성과, 이 여성의 아들과 상당 부분 동일한 증상을 보이는 자폐증 아들을 둔 가난한 아프리카계 미국인 여성을 잇달아 인터뷰했다. 보다 많은 특권을 누리던 여성은 아들의 상태를 호전시키려고 노력하면서 수년간 부질없는 시간을 보냈다. 상대적으로 덜 유복한 여성은 여태껏 자신의 삶도 개선하지 못해 왔기 때문에 자신이 절대로 아들을 바꿀 수 없을 거라고 생각했고, 따라서 자신이 실패했다는 생각에 사로잡혀 괴로워할 일이 없었다. 첫 번째 여성은 아들을 대하기가 무척 힘들다고 느꼈다. 그녀가 우울하게 말했다. 「아들은 닥치는 대로 물건을 부숴요.」 두 번째 여성은 아들과 비교적 행복하게 지냈다. 그녀는 말했다. 「부서질 수 있는 건 이미 오래전에 다 부서졌어요.」 고치려는 태도는 질병 모델이고, 수용하려는 태도는 정체성 모델이다. 어떤 가족이 어떤 길을 가는가 하는 문제는 그들의 전제와 자원을 반영한다.

아이의 입장에서는 자신을 고치려는 선의의 노력을 악의로 해석할 수도 있다. 중성(中性) 자폐증인 짐 싱클레어가 말했다. 「부모님이 〈우리 아이에게 자폐증이 없었으면 좋았을 텐데〉라고 한탄할 때 그 말의 진의는

〈자폐증이 있는 지금의 아이가 아예 태어나지 않았다면, 대신 (자폐증이 없는) 다른 아이가 있었으면 좋았을 텐데〉이다. 이 이야기를 곰곰이 되짚어 보라. 당신이 우리의 존재를 애석해할 때 우리한테는 그렇게 들린다. 당신이 우리를 낫게 해달라고 기도할 때도 우리에게는 그렇게 말하는 것처럼 들린다. 당신이 우리에게 바라는 가장 간절한 소망과 꿈을 이야기할 때도 우리는 그렇게 이해한다. 즉 당신의 가장 큰 소망은 어느 날 우리 얼굴에서 우리가 사라지고 당신이 사랑할 수 있는 낯선 이방인을 발견하는 것이다.」[106] 대다수의 질병에는 부가와 공제 모델이 공존한다. 이를테면 전염병 같은 침습성 질환에 걸린 사람은 그 질병을 제거할 수도 있고, 그 질병 때문에 장기가 제 역할을 하지 못하게 되면서 몸이 쇠약해질 수도 있다. 질병이나 변이가 소위 〈정상〉이라고 주장하는 사람의 몸에 겹겹이 쌓일 수 있으며, 그렇게 쌓인 질병이나 변이가 그 사람을 가려 버릴 수 있다. 또는 그러한 상태가 그 사람에게서 빼놓을 수 없는 필수 요소가 될 수도 있다. 만약에 청각 장애가 있는 어떤 사람을 들을 수 있도록 해준다면 과연 우리는 그 사람에게 보다 완전한 자아를 갖도록 해준 셈일까? 그 사람의 온전한 상태를 위태롭게 만든 것은 아닐까? 범죄자를 교화하는 것이 그 범죄자에게 보다 진실된 자아를 제공하는 방법일까? 그가 아니라 단지 우리한테나 맞는 자아를 강요한 행위는 아닐까? 대부분의 부모는 자폐증을 가진 자식의 내면에 자폐증이 없는 진정한 다른 자아가 숨어 있다고 가정한다. 하지만 싱클레어를 비롯하여 자폐증을 앓는 많은 사람들은 자신의 내면에 다른 누군가가 존재한다고 생각하지 않는다. 내가 나의 내면에서 그 안에 갇혀 있는 이성애자를, 아니면 프로야구 선수를 보지 않는 것과 마찬가지다. 강간에 의해 임신한 아이의 내면에서 사랑으로 계획된 아이의 모습을 이끌어 낼 수 있을지는 분명치 않다. 어쩌면 천재성도 침습성 질환으로 간주될 수 있을 것이다.

에이미 멀린스는 선천적으로 종아리뼈가 없었고 따라서 한 살 때 무룾 아래를 절단했다. 현재 그녀는 의족을 착용한 채 패션모델로 활동한다. 「나는 장애에도 불구하고 아름답게 보이기보다는 장애 때문에 더욱 아름답게 보이고 싶어요. 사람들은 늘 내게 물어요. 〈육체적인 완벽함에 대해서 특히나 까다롭고, 중시하는 이 분야에 들어오고 싶은 이유가 무엇인가요?〉 바로 그 때문이에요. 바로 그러한 점 때문에 나는 이 일을 하고 싶어요.」[107] 퇴행성 골반 질환을 갖고 태어난 빌 섀넌은 목발과 스케이트보드를 이용한 브레이크 댄스 기술을 고안했다.[108] 그의 작품에 등장하는 아방가르드한 댄스 장면 덕분에 그에게는 추종자들도 생겼다. 섀넌의 설명에 따르면 아방가르드한 그 댄스는 이동성을 유지하려고 노력하는 과정에서 자연스럽게 생겨난 결과물이었다. 그는 태양의 서커스단으로부터 구애를 받았다. 하지만 자신이 라스베이거스 급 엔터테이너라고 생각하지 않았기에 자신의 춤에 등장하는 정해진 동작들을 다른 사람에게 가르치기로 합의했다. 그는 신체적 결함이 없는 연기자에게 자신이 했던 것처럼 목발을 가지고 춤추는 법을 가르쳤다. 그리고 섀넌이 기술 지도와 연출을 맡은 태양의 서커스단 공연 〈바레카이Varekai〉는 엄청난 성공을 거두었다. 요컨대 섀넌의 장애는 우스꽝스러운 볼거리가 아니라 도발적이고 창조적인 기획력의 원천이다. 보다 최근에는 남아프리카공화국 출신의 오스카 피스토리우스가 400미터 달리기 부문에서 세계 최고의 선수들과 어깨를 나란히 했으며 2012년 런던 올림픽에도 출전했다.[109] 『타임』지는 세계에서 가장 영향력 있는 100인 중 한 명에 피스토리우스의 이름을 포함시켰고, 그는 나이키, 티에리 뮈글러 같은 대기업들과 광고 계약을 맺었다. 그러나 이후 그는 여자친구를 살해한 혐의로 기소되었다. 그 일은 그와 희생자는 물론 그를 롤모델로 삼았던 모든 장애인들에게도 비극이었다. 모든 사람이 똑같이 기능하는 골반과 다리를 가졌다면 어떤 종류의 우아함은 어쩌면 세상에 그 모습을 드러내지 못했을 것이다. 기형은 아름다움의 표시로, 정의를 욕보이는 대신 촉발하는 기폭제로 발전했고 사회는 목발을 짚은 댄서에게, 의족을 한 패션모델에게, 카본 섬유로 만들어진 종아리가 속도를 결정하는 운동선수에게 경탄을 보낼 정도로 변화했다.

멀린스나 섀넌, 피스토리우스의 경우처럼 장애를 상쇄하는 가시적인 과학 기술의 과시는 해당 과학 기술을 사용하는 사람에게 권능을 부여한다. 하지만 자신이 로봇 공학에 의지해서 살아간다는 사실을 자랑스럽게 알리는 것은 대다수 사람들에게 좀처럼 생각하기 힘든 일이다. 나는 우울증을 겪고 있으며 우울증을 치료할 효과적인 방법을 찾으면서 10년 세월을 소비했다. 항정신병 약물 치료를 받지 않고는 제 기능을 발휘하지 못할 수 있는 사람으로서 약을 먹지 않으면 내가 다른 누군가로 변할 수 있다는 사실은 묘한 불쾌감을 준다. 나는 나의 정서적인 생활을 개선하려는 시도 자체에 이중적인 감정을 느껴 왔고, 때로는 내가 우울하고, 고립되고, 침대에 숨어 있을 때 스스로에게 보다 더 솔직할 거라는 생각도 든다. 사람들이 약물 치료를 받지 않기로 선택하는 이유를 나는 안다. 그럼에도 당황한 의사들과 이해를 못하는 부모들은 최첨단 수술법과 장비를 거부하는 장애인들에게 의문을 느낀다. 어쩌면 장애인들은 장애의 고된 실상을 완화하려는 노력도 없이 단순히 의료 개입만으로 그들을 비장애인과 다름없이 기능하게 만들 수 있을 거라는 전망에 화가 났을지도 모른다. 신장 투석이나 약물 치료, 휠체어, 인공 보철물, 음성 처리 소프트웨어 등 자신을 끊임없이 앞으로 나아가게 만드는 장치들을 향해 심지어 저주를 퍼붓는 사람도 있을 수 있다. 나는 법적인 허용 연령이 한참 지나서 정신과 약물 치료를 받기 시작했고 그 결정에 대해서 일종의 소유권을 느낀다. 하지만 대부분의 의료 개입은 그보다 훨씬 어린 나이에 시작되어야 한다. 영유아에 대한 수술적 치료와 조기 개입을 지향하는 부모들과 의사들은 흔히 도덕적, 실용적인 측면에서 그들이 옳다고 평가하는 자전적인 이야기를 시작한다. 설령 그렇더라도 그들은 그들의 판단이 가져올 결과를 결코 완벽하게 예측할 수 없다.

장애 인권 운동은 대부분의 살아 있는 사람들이 살아 있다는 사실을 기뻐한다고, 또는 적절한 지원이 주어진다면 기뻐할 거라고 가정한다. 비장애인들과 마찬가지로 장애인들 사이에서도 죽고 싶어 하는 마음이 예외적인 경우에 불과하다고 가정한다. 그럼에도 장애 아동이 일반적으로 그들을 대신해서 부모에 의해 제기되고, 자신의 출생에 대해 적대적인 소송에서 원고로 이름을 올리고 승소하는 경우도 있었다. 이 〈잘못된 생명〉을 둘러싼 소송의 원리는 의사의 부주의로 초래되는 〈잘못된 죽음〉과, 장애 아동이 태어나기 전에 가족들과 적절한 상담이 이루어지지 않았을 때 제기되는 〈잘못된 출생〉에서 나왔다. 잘못된 출생 소송은 흔히 부모들에 의해 부모 자신의 이름으로 제기되고, 그들이 부모로서 치르는 비용—일반적으로 열여덟 살이 되기 전까지 그들의 아이에게 들어가는 양육과 부양 비용—만을 그 보상 범위로 한다. 반면에 잘못된 생명 소송은 장애인의 부모가 아닌 장애인 본인에게 보상하고, 평생에 걸쳐서 재정 지원이 이루어진다. 요컨대 잘못된 생명 소송의 취지는 잃은 것이 아니라 얻은 것을, 즉 누군가의 존재 사실 자체를 다루기 위함이다.[110]

2001년에 프랑스의 최고 항소 법원은 〈출생으로 인한 피해〉와 관련해서 다운증후군 아이에게 거액의 승소 판결을 내렸다. 이 법원은 〈보상이 필요한 실질적인 피해는 그 아이가 잃어버린 행복이 아니라 그 아이에게 존재하는 장애다〉라고 명시했다. 이 말은 곧 장애 아동은 살아 있다는 것 자체가 수치이기 때문에 금전적인 보상을 받아야 한다는 뜻이다. 얼마 뒤에 이 법원은 지적 장애와 청각 장애에 더해서 시각 장애인이나 다름없는 나쁜 시력을 가지고 태어난 열일곱 살짜리 소년에 대해서, 만약 그 소년의 친모를 담당했던 산부인과 의사가 임신 기간 중 그녀에게 풍진이 있음을 정확히 진단했더라면 친모가 낙태를 했을 것이고, 그랬으면 소년도 고통스러운 삶을 살지 않았을 거라고 하면서 보상 판결을 내렸다. 장애를 안고 사는 것보다 차라리 죽는 편이 낫다고 암시하는 이 판결에 대해서 프랑스의 장애인들은 분통을 터뜨렸다. 한 아버지는 〈우리 사회의 다른 사람들이 우리 아이들을 그런 식으로 바라보지 않기를 간절히 바랍니다. 혹시라도 그렇게 바라본다면 정말 견딜 수 없을 겁니다〉라고 말했다. 격렬한 항의에 부딪쳐서 프랑스 입법기관은 결국 잘못된 생명에 관련된 소송을 모두 금지했다.[111]

미국에서는 4개의 주(州)에서 잘못된 생명 개념을 인정했다. 반면 27개의 다른 주에서는 이 개념을 명백하게 부정했다.[112] 그럼에도 가족성 혹 내장성 백치라고도 불리는 테이삭스병, 청각 장애, 뇌수종, 이분 척추증, 풍진증후군, 다운증후군, 다낭성 신장 질환 등에 관련된 잘못된 생명 소송들─가장 충격적인 사례로는 컬렌더 대(對) 바이오 사이언스 연구소 사건이 있다─이 제기되었고, 법원은 원고의 손을 들어 주었다.[113] 한 부부는 유전자 검사를 받고 나서도 그들이 테이삭스병 보균자라는 사실을 통보받지 못했다. 그들 부부에게는 딸이 있었는데 네 살 때 테이삭스병으로 세상을 떠났다. 그들은 다음과 같이 주장했다. 「〈잘못된 생명〉 개념의 현실은 그러한 원고가 〈존재〉할 뿐 아니라 〈고통 받고〉 있다는 것이다. 피고의 과실이 없었더라면 원고는 애초에 태어나지 않았을 것이다.」[114] 그들은 양육 비용과 부모로서 겪은 아픔과 고통에 대한 보상을 받아 냈다.

잘못된 생명을 둘러싼 소송들이 살아갈 가치가 있는 삶이란 어떤 것인가라는 존재론적인 문제를 다루기는 하지만 존재론적인 문제가 그런 소송들을 유발하는 것은 아니다. 장애는 엄청나게 많은 비용을 야기하고, 잘못된 생명 소송을 제기하는 대부분의 부모들은 아이를 안정적으로 보살피기 위해 그 같은 소송을 제기한다. 비꼬아 말하자면 장애 아동의 어머니와 아버지는 법률 서류에 그들의 아이가 태어나지 않았길 바란다고 진술함으로써 책임감 있는 부모로서 양육 의무를 다하려는 속셈이 분명하다.

엄청난 아픔을 감내하면서 커다란 행복을 찾는 사람도 있지만 상대적으로 작은 고통에도 더할 수 없이 비참해하는 사람도 있다. 어떤 아기가 얼마나 많은 고통을 견딜 수 있는지 알아낼 방법은 없으며, 부모가 아기의 한계를 어느 정도 정확히 인지할 때쯤에는 사회적 금기나 법적인 제한, 병원의 정책 등을 무시하고 치료를 중단하기가 지극히 어려워진다. 심지어 자의식을 가진 성인들의 경우에도 겉보기에 메마른 삶을 사는 것 같은 많은 사람이 오히려 생명에 집착을 보이는 데 반해 선망의 대상이 되는 사람이 자살을 선택하기도 한다.

이 책을 쓰기 위해서 나는 십 년 넘게 300여 가정을 때로는 간단하게, 때로는 심도 있게 인터뷰했으며 인터뷰 기록만도 거의 4만 페이지에 육박한다. 인터뷰는 했지만 이 책에 언급되지 않은 사람들도 있다. 근본주의 기독교 신자 자녀를 둔 반(反)종교적인 부모, 독서 장애나 다른 학습 장애가 있는 자녀의 부모, 비만한 자녀나 약물에 중독된 자녀를 둔 부모, 마르판 증후군 때문에 거인증에 걸린 자녀나 단지증 때문에 사지가 없는 자녀를 둔 부모, 〈탈리도마이드 기형아〉로 태어나 성인이 된 자녀를 둔 부모, 조산아를 낳은 부모, 조울증이나 에이즈, 암에 걸린 자녀가 있는 부모 등이다. 또한 장애 아동이나 다른 나라에서 다른 인종의 아이를 입양한 부모와도 이야기를 나누었다. 중성(中性)으로 태어난 자녀를 어떤 성으로 키워야 할지 결정하지 못한 부모와도 이야기를 나누었다. 슈퍼모델의 부모나, 다른 아이를 괴롭히는 아이, 시각 장애가 있는 아이의 부모와도 대화를 나누었다.

5대 질병에 관한 책을 썼다면 작업이 훨씬 수월했을 것이다. 하지만 나는 차이의 범주를 탐구하면서 특별한 능력을 가진 아이를 키우는 일이나 부족한 능력을 가진 아이를 키우는 일이 어느 면에서 비슷하다는 사실을 보여 주고 싶었다. 아이의 충격적인 태생(강간)이나 충격적인 행동(범죄)이 정신적(자폐, 정신분열, 천재성), 육체적(소인증, 청각 장애) 질병과 놀라운 유사성이 있을 수 있음을 보여 주고 싶었다. 내가 탐구한 10가지 범주는 각각 독특하면서도 서로 관련이 있는 일단의 문제들을 제시한다. 그리고 이 문제들이 모여서 수평적 정체성을 가진 아이의 부모들이 직면하는 이 슈의 스펙트럼을 보여 준다. 나는 각각의 개별적인 주제와 관련된 훌륭한 자료들을 찾았고, 비교적 상위 분류로 묶은 자료들(장애나 지적 장애, 천재성 등으로 묶어 포괄적으로 다룬 서적들)도 일부나마 찾았다. 하지만 가장 중요한 질병과 정체성의 문제를 검토한 자료는 어디에도 없었다.

각각의 장(章)은 특정한 일단의 문제들을 제기하고, 유기적으로 연결되어 수평적 정체성을 가진 아동과 그 부모들이 직면하는 이슈의 스펙트럼을 보여 준다. 이 장에 뒤이어 등장하는 여섯 개의 장은 오랫동안 질병으로 분류되어 온 범주를 다루고, 그 뒤에 이어지는 네 개의 장은 보다 사회적으로 구성되는 듯 보이는 범주를 다룬다. 나는 주로 미국인과 영국인을 인터뷰했지만, 좀처럼 드문 질병으로 인식되는 질병이 평범하게 여겨지는 비서구적인 환경—발리 북부의 한 마을에서 나타나는 선천적인 청각 장애를 연구함으로써—도 조사했고, 우리가 예외적인 정체성으로 인지하는 어떤 현상이 평범하게 여겨지는 비서구적인 환경—1994년에 벌어진 대학살 기간 동안 강간에 의해 아이를 갖게 된 르완다 여성들을 인터뷰함으로써—도 조사했다.

통계 자료를 수집하기도 했지만 개인적인 진술에 주로 의지했다. 숫자가 흐름을 암시한다면 이야기는 혼돈을 보여 주기 때문이다. 한 가족과 이야기를 나누는 경우, 우리는 앞뒤가 맞지 않는 설명도 알아서 수용하면서 여러 당사자가 들려주는 이야기의 진의가 무엇인지 이해하려고 노력하고 재빠른 수읽기를 해야 한다. 나는 정신 역학 모델에 중점을 두었으며, 이를 바탕으로 기자의 가치 중립성이 존재하는 작은 세상에서 사람들과 나의 상호작용을 통해 그들이 세상과 소통하는 방식을 보여 주고자 했다. 내가 인터뷰한 가족들의 구성원들은 이 책 전반에서 대체로 그들의 이름으로 언급된다. 흔히 자기 계발서에서 그러하듯이 허울뿐인 친밀감을 조성하기 위해서가 아니다. 한 가족을 면담하는 경우 여러 구성원들이 동일한 성을 사용하기 때문이며, 그렇게 하는 편이 피면담자들을 구분하는 가장 덜 복잡한 방법이기 때문이다.

나는 면담하는 남자들과 여자들, 아이들의 이야기를 경청할 수 있게 되기까지 많은 것을 배워야 했다. 내가 처음으로 참가했던 소인증을 가진 사람들 모임 첫날에 나는 흐느껴 울고 있는 한 사춘기 소녀를 도우려고 그녀에게 다가갔다. 잠시 숨을 고르던 그녀가 뜬금없이 〈이 모습이 나예요. 이 사람들은 하나같이 나처럼 생겼어요〉라고 말했고, 어찌 보면 웃는 것처럼 보였다. 옆에 서 있던 그녀의 어머니가 말했다. 「당신은 이 모임이 우리 딸아이에게 어떤 의미인지 모를 거예요. 하지만 내 이야기를 이해할 수 있는 부모들을 만난다는 점에서 내게도 정말 의미 있는 모임이죠.」그녀는 나 역시 소인증을 가진 자녀의 부모일 거라고 짐작했다. 자신이 착각했음을 깨닫고는 그녀가 빙긋 웃으며 말했다. 「이제 며칠 동안은 당신이 별난 사람 취급을 받겠군요.」내가 방문했던 많은 세계는 고통스러운 질투심이 치솟을 정도로 강렬한 집단의식에 의해 움직였다. 이러한 정체성을 가진 사람들이 겪는 어려움을 하찮게 묘사하고 싶은 생각이 없으며 인터뷰 과정에서 그들의 어려움을 더욱 깊이 이해하게 되었다. 또한 그들의 어려움을 알아 가는 과정은 언제나 즐거움 그 자체였다.

양육에 관련된 분노와 답답함을 부정하는 태도도 비참할 수 있지만 그 상태에 안주하는 것 역시 문제다. 인터뷰했던 많은 사람들은 자신들의 경험을 어떤 다른 삶과도 절대 바꾸지 않겠다고 말했다. 서로의 삶을 바꾸는 게 불가능하다는 점을 고려하면 건전한 생각이다. 수많은 도전과 제한과 독특한 요소에도 불구하고 삶을 헤쳐 나가는 것이 무엇보다 중요하다. 그리고 그 과정에서 마냥 수평적인 원칙만 강조되어도 곤란하다. 삶을 헤쳐 나가는 과정은 은수저와 고대 국가의 민화와 더불어 세대에서 세대로 대물림되어야 한다. 영국인 비평가 나이절 앤드루스는 언젠가 이런 글을 쓴 적이 있다. 「물건이든 사람이든 어떤 주체가 제 기능을 다하지 못하고 있다면 그 주체가 은총이나 발전, 진화의 과정에 있기 때문일 것이다. 그리고 그 주체는 사랑과 공감을 불러일으킬 것이다. 반면 그 주체가 제 기능을 발휘하고 있다면 단순히 주어진 역할을 완료했다는 뜻이고 아마도 죽은 상태일 것이다.」[115]

키우기가 아주 힘든 아이를 키우다 보면 삶은 한층 더 강렬해진다. 나쁠 때는 거의 언제나 매우 나쁘고, 좋을 때는 가끔 아주 좋다. 상실감을 극복하려면 의지가 필요하다. 혼란은 그 자체로 성장이 아니라 성장할 수 있는 기회를 제공한다. 중도 장애 아동을 키우면서 지속적으로 강도 높은 스트레스를 받을 경우 노화가 빨리 진행될 수 있으며, 그 결과 부모가 괴팍하게 변하거나 쉽게 상처받을 수 있다. 하지만 약간의 스트레스는 심오하고 지속적인 회복탄력성을 길러 준다. 밝혀진 바에 의하면 이런 부모들은 삶의 다른 스트레스에 대해서도 한층 더 능숙하게 대처한다. 부정적인 측면이 우리를 견디기 힘들게 하는 그 순간에도 긍정적인 측면이 계속해서 무언가를 선물하는 것이다. 어려운 문제에 봉착할수록 이런 긍정적인 측면들이 더욱 심오해질 수 있다. 한 연구에 따르면 〈지적 장애가 있는 아이를 강도 높게 보살피는 것으로 알려진 어머니들이 개인적인 성장과 성숙에 있어서도 높은 수준의 경험을 하는 것으로 나타난다〉.[116] 장애 아동의 아버지이기도 한 캐나다 학자 딕 숍시Dick Sobsey와 그의 동료 케이트 스코지Kate Scorgie는 〈상대적으로 경미한 장애를 가진 아이의 부모들은 작거나 피상적인 변화를 통해 환경에 적응하거나 순응할 가능성이 높다. 반면에 보다 중증 장애를 가진 아동의 부모는 자신의 삶을 이전처럼 지속해 나가기가 어렵거나 아예 불가능할 수 있고, 그 결과 대대적인 변화를 겪을 가능성이 높다〉고 설명한다.[117] 일시적으로 충격에 휩싸였던 초기의 불안정한 상태가 서서히 그리고 지속적으로 정신을 재편성하는 과정을 거치면서 긍정적인 변화가 나타난다. 생명을 빼앗지만 않는다면 모든 경험이 당신을 강하게 만든다는 말이 맞는 것 같다.

장애가 있는 아이를 키움으로써, 그렇지 않았으면 절대로 얻지 못했을 지식과 희망을 얻었다고 생각하는 부모들은 그들의 삶에서 가치를 발견한다. 반면에 그런 가능성을 보지 못하는 부모들은 대체로 어떤 가치도 발견하지 못한다. 자신의 고통이 가치가 있다고 믿는 사람들은 그렇지 않은 사람들에 비해 기꺼이 많은 사랑을 베푼다. 고통이 반드시 사랑을 암시하지는 않지만 사랑은 고통을 암시하고, 고통의 형태는 아이와 그 아이의 특별한 상황과 더불어서 변화한다. 아울러 그에 따른 결과로 사랑의 형태도 보다 힘든 형태를 취하도록 강요받아 변화한다. 이러한 변화가 의미가 있는지는 중요하지 않다. 그 안에서 의미를 찾는 것이 중요하다. 육체적 건강에 관련된 환상은 말 그대로 환상에 불과할 수 있다. 예컨대 울혈성 심부전증을 앓는 사람은 자기에게 그러한 병이 있다고 믿든 믿지 않든 결국 그 병으로 인해 죽음을 맞게 될 것이다. 한편 정신적 건강에 관련된 환상은 훨씬 강력한 힘을 발휘한다. 만약 자신의 경험에서 활력을 얻었다고 믿는다면 당신은 정말로 활력을 얻은 것이다. 활력은 내면의 상태이며 활력을 경험하는 행위는 그 자체로 실제 사실이다. 한 연구에 따르면 조산아를 낳은 데 따른 장점을 발견한 어머니들은 정신적으로 고통을 덜 느꼈고 아이의 요구에 대해서도 보다 많은 관심을 보였지만, 동일한 경험에서 아무런 장점을 발견하지 못한 어머니를 둔 아이들은 두 살치고 더딘 행동 발달을 보였다.[118] 다양한 문제를 안고 태어난 아동들을 관찰한 연구에 의하면, 명백하게 〈의미를 찾으려고 보다 열심히 노력한 어머니의 아이들이 보다 나은 발달 결과를 보였다〉.[119]

온갖 종류의 사람들이 함께 살아갈 때 세상은 훨씬 재미있다. 사회적인 시각이 바로 이렇다. 우리는 개개인의 고통을 우리 능력의 표면적인 한계까지 완화해야 한다. 이건 의학적인 뉘앙스가 포함된 인본주의자의 시각이다. 어떤 사람들은 고통이 없다면 세상이 지루할 거라고 생각한다. 또 어떤 사람들은 눈앞의 고통이 없다면 세상이 심심할 거라고 생각한다. 삶은 고난을 통해 풍요로워진다. 사랑은 노력이 필요할 때 더욱 뜨거워진다. 나는 도전 자체가 절대적으로 중요하다고 생각했다. 이전에 쓴 책에서 나는 우울증이 내 용기를 시험했으며, 지금의 나를 만들어 주었기 때문에 어느 정도는 우울증을 좋아한다고 이야기했다. 이제는 다운증후군을 앓거나 암에 걸린 자식이 있더라도 동일한 풍요로움을 얻을 수 있었을 거라고 생각한다. 우리에게 소중한 것은 고통 그 자체가 아니라 고통의 중심부에 있는 진주다. 고통이라는 거친 파편들은 절대로 부족한 법이 없다. 아무리 행복한 삶이라도 그 안에는 이런 교훈적인 목표를 달성하기에 충분히 많은 고통이 존재하고, 앞으로도 늘 존재할 것이다. 우리는 특권을 누리면서도 불평을 일삼는 아이들보다 홀로코스트에서 살아남은 생존자들에게 더욱 연민을 느낀다. 하지만 누구에게나 어두운 면은 존재하고, 묘책이 있다면 이 어두운 면을 다른 어떤 것으로 승화시키는 것이다.

우리는 투쟁을 통해 우리가 기품을 갖추게 되었다고 말한다. 그런 투쟁이 없었더라면 우리가 어떻게 되었을지 모를 일이다. 어쩌면 마찬가지로 멋진 사람이 되어 있을지도 모른다. 최고의 자질이란 환경에 의해 만들어지는 대신 선천적으로 타고나는 것일 수 있는 까닭이다. 그럼에도 대체로 사람들은 심지어 불행했던 순간에 대해서도 향수를 느낀다. 한번은 러시아인 화가를 따라 모스크바에 사는 그의 노모를 방문한 적이 있었다. 우리가 아파트에 도착했을 때 그녀는 텔레비전을 보고 있었다. 1940년대에 제작된 소비에트 선전 영화였다. 내가 그녀에게 물었다. 「나데츠다 콘스탄티노바, 당신은 바로 저 시대에 정확히 저런 논리로 인해 강제 노동 수용소로 보내졌잖아요. 그런데도 지금 저 영화를 재미있다고 앉아서 보고 있는 건가요?」 그녀가 미소를 지으면서 어깨를 으쓱했다. 그리고 말했다. 「그래도 그때가 내 젊은 시절이라우.」

이 프로젝트를 진행하며 가장 빈번하게 받았던 질문을 꼽자면 이 책에 언급된 증상들 중 무엇이 최악인가 하는 것이었다. 주관적인 관점에서만 본다면 견딜 만하게 보이는 증상들도 있었다. 심지어 어떤 증상은 탐이 나기도 했다. 물론 끔찍하게 힘들어 보이는 증상도 있었다. 다양한 편견이 존재하고, 내가 겁내는 존재 방식을 오히려 즐기는 사람도 있었다. 따라서 나의 존재 방식을 겁내는 사람들도 있을 수 있음을 이해했다. 차이와 장애는 사람들로 하여금 한 걸음 물러나 생각하고, 재단하게 만드는 것 같다. 예컨대 부모는 어떤 생명이 살 가치가 있고, 함께 살 가치가 있는지 판단한다. 인권 운동가는 부모들의 그런 행동을 재단한다. 법학자는 누가 그런 판단을 내려야 하는지 판정한다. 의사는 어떤 생명을 살려야 할지 판정한다. 정치가는 특별한 도움이 필요한 사람들이 어느 정도로 도움을 받아 마땅한지 판정한다. 보험회사는 생명의 가치를 재단한다. 이러한 부정적인 편견이 자신을 주류로 생각하는 사람한테서만 나타난 것도 아니었다. 내가 인터뷰한 거의 모든 사람들은 그들이 해당되는 장(章)을 제외하고는 이 책의 다른 장들을 보면서 어느 정도 반감을 표시했다. 청각 장애인은 자신이 정신분열증 환자와 비교되는 것을 원치 않았다. 정신분열증 환자의 부모들은 난쟁이를 보면서 질겁했다. 범죄자는 트랜스젠더와 공통점이 있다는 인식에 질색했다. 천재와 그들의 가족은 중도 장애인을 다루는 책에 자기들이 포함되는 것에 반대했으며, 강간에 의해 태어난 아동 중에는 게이 인권 운동가와 비교되면 그들의 감정적인 투쟁이 하찮게 보일지 모른다고 생각하는 이들도 있었다. 자폐증을 앓는 사람은 자폐와 비교하면 다운증후군이 절대적으로 낮은 지능을 수반한다고 자주 지적했다.

위계 때문에 상처를 받은 사람들조차 그들 사이에 또 다른 위계를 세우고자 하는 충동에서 벗어나지 못한다. 이 책을 반 정도 썼을 때 내게 10대 트랜스젠더 아이의 자폐증에 대해 솔직한 이야기를 들려주었던 한 어머니가 그 아이를 남자로 지칭해도 된다고 허락했다. 원래 그녀는 그 아이의 성 정체성에 관련된 문제는 다루지 말아 달라고 요구했었다. 트랜스젠더를 둘러싼 편견과 잠재적인 적대감이 그녀를 겁에 질리게 했기 때문이다. 이 책을 거의 끝냈을 무렵 내가 트랜스 맨의 어머니로 익히 알고 있던 한 여성은 그녀의 아들이 자폐 스펙트럼에 해당한다고 고백했다. 이전까지는 한 번도 그와 같은 사실을 언급한 적이 없었다. 자폐가 너무 큰 오명이라고 생각했던 까닭이었다. 우리 사회는 무엇을 언급할 수 있고 무엇을 숨겨야 하는지에 대해 아무런 합의가 없는 실정이다. 미시간 대학의 토빈 시버스는 자기 자신을 스스로 건사하지 못하는 사람들을 경멸하는 우리의 태도가 잘못된 명제에서 비롯되었다고 지적하고, 수평적 결속을 촉구하는 감동적인 주장을 펼친다. 그는 장애인을 수용하는 행위가 〈개인이나 국가의 광범위한 상호 의존성을 드러내고, 아울러 개인이나 국가는 자치권을 가졌을 때 자연스러운 존재인 까닭에 누군가에게 의존할 경우 그렇지 않은 상대에 비해 아무래도 열등하기 마련이라는 위험하고 근거 없는 믿음을 깨뜨린다〉[120]고 주장한다.

다문화로 이루어진 아름다운 모자이크는 동화(同化) 정책이라는 용광로에 꼭 필요한 해독제였다. 이제는 소규모 공국(公國)들이 집단적인 힘을 찾아야 할 때다. 〈상호 교차성〉은 다양한 유형의 억압이 서로를 먹여 살린다는, 이를테면 인종 차별 문제를 해결하지 않고서는 성차별 문제를 없앨 수 없다는 이론이다. 미국에서 가장 오랜 역사를 자랑하는 인권 단체인 전미 유색인 지위 향상 협회NAACP의 회장 벤저민 젤라스는 백인 마을에서 자라는 것이 얼마나 화나는 경험이었는지 이야기하면서 그와 입양되어 온 그의 동생이 단지 흑인이라는 이유로 얼마나 조롱을 당했는지 설명했다. 더불어 인종 문제로 그들을 경멸하지 않았던 몇 안 되는 사람들마저 게이라는 이유로 동생을 괴롭힐 때 얼마나 괴로웠는지 설명했다. 그는 말했다. 「어떤 집단의 편견을 그대로 용인할 경우 우리는 다른 모든 집단에 대해서도 편견을 그대로 용인하게 됩니다. 그 사람이 내 동생이든 다른 누구든 상관없어요. 나는 어떤 사람을 배제하는 조건이 전제된 인간관계를 용납할 수 없었습니다. 우리는 모두 하나의 싸움을 하고 있으며, 모두 똑같은 자유를 가졌습니다.」

　게이 간의 결혼이 2011년에 뉴욕 주(州)에서 합법화되었다. 뉴욕 주 상원의 몇몇 공화당원들이 지지를 표명하고 나선 뒤였다. 이들 공화당원 중 한 명인 로이 맥도널드는 자신에게도 자폐증을 가진 두 명의 손주가 있으며, 그 덕분에 〈몇 가지 쟁점들을 다시 생각하게〉 되었고 게이 간의 결혼을 대하는 입장에도 변화가 있었다고 말했다. 자폐증을 앓는 재러드 스퍼벡은 어릴 때 모르몬교도들 사이에서 자라면서 자신의 별난 특징을 〈죄가 많다는 일종의 신호〉라고 생각했다. 그는 게이 모르몬교도들에 관한 자료를 읽기 시작하면서 그들도 자신과 무척 비슷한 경험을 했다는 사실을 알게 되었다. 「나는 자폐와 동성애의 유사점을 모른 체할 수 없었어요. 일단 하나를 인정하면 다른 하나도 인정하지 않을 수 없었어요.」[121]

　나는 이 연구를 진행하면서 온갖 분야의 인권 운동가들을 만났고, 가끔은 그들에게서 미사여구를 동원한 편법을 발견할 때조차 그들을 존경했다. 그들 개개인이 추구하는 변화는 특정한 출신 지역과 경험에 국한된 듯 보였지만, 집단 전체로는 인본주의에 대한 재고를 표방한다. 인권 운동가가 되는 대부분의 부모들은 사회 변화를 촉진하고자 행동에 나서지만 그 같은 욕구가 항상 순수하기만 한 것은 아니다. 어떤 사람은 인권 운동가가 됨으로써 일종의 구원을 얻는다. 가정과 자식에게서 벗어날 수 있을 뿐 아니라 그에 따른 죄책감을 느끼지 않아도 되기 때문이다. 인권 운동가로서의 행동을 통해 슬픔을 분산시키는 사람들도 있다. 흔히 부모는 자식에게서 가장 유감스럽게 생각되는 부분을 칭송한다. 부모 스스로 절망하지 않기 위해서다. 하지만 이런 경향이 꼭 나쁜 것은 아니다. 믿음이 행동을 이끌어 내듯이 행동이 믿음을 만들어 낼 수 있기 때문이다. 우리는 점차적으로 우리의 사랑을 확대할 수 있다. 먼저 자신의 아이를 사랑하고, 나아가서 그 아이의 장애를 사랑하고, 한 발 더 나아가 세상의 모든 용감한 사람들이 지닌 장애를 사랑할 수 있다. 내가 만난 대다수의 인권 운동가들은 그들 스스로도 주체할 수 없을 정도로 다른 사람을 돕고자 하는 굳은 결심이 있었다. 그리고 행동은 그들의 고통을 성공적으로 대체했다. 인권 운동가들은 자녀가 장애 진단을 받은 지 얼마 되지 않아 아직 휘청거리는 부모에게 자기들이 배운 낙관주의나 힘을 가르침으로써 자신의 가정 내에서도 낙관주의와 힘을 강화했다.

이런 전략을 나는 직접적인 체험을 통해 습득했다. 이 책을 쓰면서 나는 내 안의 아픔을 고민했고 대부분 치료되었다. 조금은 놀라운 일이다. 수평성을 이해하는 최선의 방법은 일관성을 찾는 것이고, 이 책에 소개된 다양한 이야기들을 접하면서 나는 내 이야기를 고쳐 쓰게 되었다. 내게는 게이로서의 수평적 경험과, 나를 낳아 준 가족과 공유하는 수직적 경험이 있다. 그리고 이 두 가지 경험이 더 이상 완전하게 통합되지 않는다고 해서 어느 한쪽이 약화되는 것 같지 않다. 부모님에게 분노하고 싶은 욕구는 이제 그 흔적만을 남겨 둔 채 모두 증발했다. 낯선 사람들의 관용에 관한 이야기를 들으면서 나는 부모님에게 나를 받아들이라고 요구하기만 했지, 당신들을 받아들이려고 하지 않았음을 깨달았다. 마침내 부모님을 받아들인 다음에는 부모님과 어디에서나 함께할 수 있어서 기뻤다. 시나리오 작가 더그 라이트의 말에 따르면, 가족이란 가장 깊은 상처를 입히고, 그 상처를 가장 세심하게 치료해 주는 존재다.[122] 부모의 간섭을 피할 도피처란 없음을 깨달았을 때 나는 부모님의 간섭을 고독보다 더 소중하게 여기고 또 사랑이라 부를 줄 알게 되었다. 나는 분노가 가득한 상태로 연구를 시작해서 관대해진 상태로 끝냈다. 나에 대한 이해로 출발해서 부모님에 대한 이해로 끝이 났다. 불행이란 누군가를 끊임없이 싫어하는 것이다. 그리고 이 책에서 행복은 용서로 나아가는 동기로 작용했다. 부모님은 언제나 사랑으로 나를 용서했으며 나 또한 사랑으로 부모님을 용서했다.

나는 과거의 내가 어머니를 질겁하게 하고 아버지에게 걱정을 끼쳤으며, 나에게 존재하는 수평적인 부분을 포용하지 않는, 즉 이에 관련된 초기 증거들을 받아들이지 않는 부모님에게 몹시 화를 내곤 했다는 걸 안다. 글쓰기는 내게 용서를 가르친 일종의 수업이었다. 이 책을 쓰면서 사랑의 용맹함을 깨달았기 때문이다. 아버지는 어머니에 비해 항상 수용적인 태도를 보였지만 나한테는 특별할 것이 없었다. 예컨대 아버지는 어머니보다 쉽게 자기 자신을 인정한다. 어머니는 스스로 생각하기에 늘 부족한 사람이었다. 반면 아버지의 마음속에서는 언제나 자신이 승리자다. 자신의 본모습을 잃지 않으려 노력하는 나의 내적인 대담성은 어머니에게 물려받은 선물이고, 자신을 표현하는 외적인 대담성은 아버지를 닮았다.

나는 내가 보다 일찍 원활하게 받아들여졌더라면 하고 바란다. 어릴 때의 나는 내가 받아들여지지 않는다는 사실에 분개했지만 이제는 굳이 과거를 잊으려고 애쓰지 않는다. 용을 없애면 영웅도 사라지기 마련이다. 게다가 우리 모두는 자신의 개인사에서 영웅적인 요소에 집착하는 경향이 있지 않은가. 우리는 우리의 삶을 선택한다. 이 선택은 단순히 우리 경험을 구성하는 행동을 결정하는 데 그치지 않는다. 즉 선택권이 있을 경우 우리는 우리 자신이고자 한다. 우리들 대다수는 더 성공하고, 더 아름다워지고, 더 부자가 되기를 바라며, 자존감이 떨어진 상황이나 심지어 자기혐오에 빠진 상황을 견뎌 낸다. 우리는 하루에도 수백 번 낙담한다. 그럼에도 진정한 우리 자신에 대한 애착이라는 놀랍고도 진화적인 책무를 손에서 놓지 않는다. 그리고 당당함이라는 조각들로 우리의 결점을 보완한다. 이 책에 소개된 부모들은 대체로 그들의 아이를 사랑하기로 결정했고, 그들 중 대다수는 많은 세상 사람들이 견디기 힘들다고 생각하는 짐을 짊어지고 가면서 자신의 삶을 소중하게 여기기로 선택했다. 수평적 정체성을 가진 아이들은 부모의 자아를 고통스럽게 바꿔 놓기도 하지만 환하게 비춰 주기도 한다. 그 아이들은 분노와 기쁨은 물론 구원까지도 담고 있는 그릇이다. 그들을 사랑할 때 우리는 다른 무엇보다 단순하게 상상만 하던 대상이 아니라 실재하는 대상에게 특권을 선사하는 기쁨을 맛볼 수 있다.

달라이 라마의 추종자이면서 중국인에 의해 수십 년간 감옥살이를 한 어떤 사람은 감옥에서 두려움을 느낀 적이 있었냐는 질문에 자신을 가둔 자들에 대한 연민을 잃을까 봐 두려웠다고 대답했다.[123] 부모들은 흔히 그들이 작고 연약한 어떤 존재를 포획했다고 생각하지만, 내가 조사한 부모들은 자식의 광기나 천재성, 특별한 외모에 오히려 포획되고 사로잡혔다. 그리고 그들에게는 자식에 대한 연민을 잃지 않으려는 목표가 존재한다. 한번은 불교학자가 내게 많은 서양 사람들이 열반이란 번뇌가 없어졌을 때 도달할 수 있으며 영원한 행복만이 존재하는 곳으로 잘못 안다고 설명했다.[124] 요컨대 그런 더없는 행복은 과거의 아픔에 의해서 항상 그림자가 드리워지고 따라서 불완전해질 것이다. 열반이란 미래의 환희를 고대할 뿐 아니라 고통스러운 시절을 담담하게 되돌아보고 그 안에서 기쁨의 씨앗을 찾을 때 마침내 발견하는 것이다. 그 당시에는 행복을 느끼지 못했을지 모르지만 되돌아보면 그것은 분명 행복이다.

수평적 정체성을 가진 아동의 부모들 가운데는, 그들이 희망을 잃은 채 극심한 비극적 상실감에 사로잡혀 있던 것 같지만 사실은 충분히 알지 못해서 미처 원하지 않은 누군가와 사랑에 빠지는 중이었다고 결론을 내림으로써 수용이 절정에 이르는 경우도 있다. 그런 부모들은 과거를 돌아보면서 매 단계에 아이에게 쏟았던 사랑이 절대로 생각하지 못했을 방식과 헤아릴 수 없는 소중한 방식으로 그들을 얼마나 풍요롭게 만들어 주었는지 깨닫는다. 루미의 말에 의하면 빛은 상처 난 곳을 통해 들어온다.[125] 이 책의 수수께끼는 소개된 대부분의 가족들이 피할 수 있었다면 절대로 마다하지 않았을 경험에 대해 결국 감사하는 마음을 갖게 되었다는 사실이다.

2장
청각 장애

1994년 4월 22일 금요일이었다. 모르는 남자한테서 전화가 왔다.[1] 그는 내가 「뉴욕 타임스」에 쓴 정체성 정치학에 관한 기사를 읽었으며, 조만간 농문화에 관한 글을 쓰려고 한다는 이야기도 들었다고 했다. 그가 말했다. 「상황이 심각하게 전개되고 있습니다. 렉싱턴 센터에서 발단이 되었죠.[2] 월요일까지 문제가 해결되지 않으면 센터 앞에서 결국 일이 벌어질 겁니다.」 보다 자세한 설명이 이어졌다. 「명심하세요. 정말 심각한 상황입니다.」 그는 잠시 뜸을 들였다가 〈당신은 내게 어떤 이야기도 들은 적이 없는 겁니다. 나도 당신을 모르는 거예요〉라며 전화를 끊었다.

퀸즈에 있는 렉싱턴 농문화 센터 — 뉴욕 최고의 농문화 단체이며, 유치원생부터 고등학생까지 학생 수만 350명에 이르는 뉴욕 주에서 가장 큰 청각 장애인 학교를 운영한다[3] — 에서 막 새로운 CEO가 발표되었고, 이 학교 학생들과 동문들은 센터에서 선출한 CEO가 탐탁지 않았다. 이사회의 핵심 의원들은 렉싱턴 공동체를 대변하는 모든 분야의 대표들 — 그들 중 대다수가 청각 장애인이었다 — 이 포함된 조사단과 공동으로 후보 선출 작업을 진행해 왔다. 그 과정에서 이사회의 건청인 의원이면서 당시 시티뱅크에서 막 퇴사한 맥스 굴드가 출사표를 던졌고 근소한 차이로 CEO에 당선되었다. 대다수 청각 장애인 유권자들은 자기들의 삶이 또다시 건청인의 통제를 받게 되었다고 생각했다. 곧바로 그 지역의 농인 인권 운동가와 렉싱턴 학생 지도부, 교사 대표, 동문 등의 핵심 집단으로 구성된 대책 위원회가 신임 CEO의 퇴진을 요구하면서 이사회 의장에게 면담을 요청했지만 그 자리에서 거부되었다.

내가 렉싱턴에 도착한 월요일에는 학생들이 학교에서 나와 가두 행진을 벌이고 있었다. 〈이사회의 귀는 열려 있지만 우리가 하는 말은 듣지 못한다〉고 적힌 샌드위치 광고판을 맨 학생들도 있었고, 〈농인의 자긍심〉이라는 문구가 인쇄된 티셔츠를 입은 학생들도 있었다. 〈맥스는 사퇴하라〉는 플래카드가 곳곳에 보였다. 몇 명씩 짝을 이룬 일부 학생들이 렉싱턴 센터 앞의 낮은 담장 위로 올라가서 아래에 있는 군중들이 집회 구호를 볼 수 있도록 했다. 나머지 다른 사람들은 침묵 속에서 그들을 따라 구호를 연호했다. 수화로 동일한 구호를 반복해서 연호했기 때문에 무수히 많은 손들이 똑같이 움직였다. 나는 열여섯 살의 아프리카계 미국인 학생회장에게 혹시 인종 문제에 관련된 인권 시위도 같이 하냐고 물었다. 그녀가 수화로 대답했다. 「지금 당장은 농인으로만 살기에도 너무 바빠요. 내게는 청각 장애가 없는 오빠들이 있고, 흑인으로 살아가는 문제는 그 오빠들이 다루고 있어요.」 옆에 서 있던 청각 장애인 여성이 질문을 던졌다. 「만약 청각 장애인과 흑인이라는 사실 중 어느 하나를 바꿀 수 있다면 어떻게 하겠니?」 그 여학생이 갑자기 머뭇거렸고, 수화로 〈어려운 문제군요〉라고 대답했다. 그리고 이때 다른 여학생이 끼어들었다. 「나는 흑인이고 농인인 제 자신이 자랑스러워요. 백인이나 건청인이 되고 싶은 생각이 없어요. 어떤 식으로든 지금의 내 정체성을 잃고 싶지 않아요.」 그녀가 수화로 대답하는 동작은 당당하고 시원시원했다. 처음 여학생도 가슴에 엄지를 갖다 대며 자랑스럽다는 표현을 따라 했다. 그들은 돌연 정신없이 키득거리다가 시위 대열로 돌아갔다.

시위자들은 센터에 있는 사무실 하나를 점거해서 전략을 강구했다. 어떤 이가 엠파이어스테이트 농인 협회의 이사 레이 케니에게 시위를 이끈 경험이 있는지 물었다. 그가 어깨를 으쓱해 보이며 수화로 대답했다. 「지금 이 상황은 마치 장님이 청각 장애인을 이끌고 있는 것 같군요.」 교사들 중에는 병가를 내고 시위에 동참한 사람들도 있었다. 렉싱턴 센터의 홍보 이사는 내게 학생들이 수업을 빼먹기 위한 구실을 원했을 뿐이라고 설명했지만 나는 다른 느낌을 받았다. 핵심 집단으로 구성된 위원회의 교사 대표들에게서 팽팽한 긴장감이 느껴졌다. 한 교사에게 〈이 시위가 성공할 것 같나요?〉라고 물었다. 그녀는 수화로 조리 있고 단호하게 대답했다. 「어쩌면 1864년에 이 학교가 처음 설립된 이래로 계속해서 압력이 누적되어 왔다고 할 수 있어요. 그리고 마침내 폭발한 거죠. 그 무엇도 이 폭발을 막을 수 없어요.」

청각 장애 아동의 인생에서 학교는 매우 중요한 역할을 한다. 청각 장애 아동의 90퍼센트 이상이 양친에게 청각 장애가 없다.[4] 그들은 자신의 상태를 이해하지 못하는, 때로는 그런 상황에 대처할 준비가 되어 있지 않은 가정에서 태어난다. 그리고 학교에 들어가면서 처음으로 농문화를 접한다. 많은 청각 장애 아동에게 학교는 끔찍한 외로움의 끝을 의미한다. 렉싱턴에서 만난 한 소녀는 내게 이렇게 말했다. 「이 학교에 들어오기 전까지는 세상에 나 같은 사람이 또 있다는 사실을 몰랐어요. 세상의 모든 사람이 나 아닌 다른 사람과, 즉 들을 줄 아는 사람과 이야기하고 싶어 하는 줄 알았어요.」 미국에는 3개의 주(州)를 제외한 모든 주에 청각 장애인을 가르치는 종합 시설이나 기숙학교가 적어도 하나 이상 있다. 청각 장애인 학교는 농인 학생들이 자신의 정체성을 찾는 데 무척 중요한 요소다. 〈렉싱턴〉과 〈갈로뎃 대학〉은 내가 맨 처음으로 배운 수화 단어들이었다.

영어에서는 대문자와 소문자를 구분하여 〈농(聾, Deaf)〉은 문화적인 의미로, 〈청각 장애deaf〉는 병리학적인 의미로 사용한다. 〈게이gay〉와 〈동성애자homosexual〉라는 표현 사이에도 비슷한 구분이 존재한다. 점점 더 많은 청각 장애인이 건청인으로서의 삶을 선택하지 않겠다고 말한다. 그들에게 청각 장애를 질병으로 보는 〈치료〉는 저주나 다름없다. 장애로 간주하는 〈친절〉은 그나마 반길 만한 것이다. 하나의 문화로서 농문화를 인정하는 〈축하〉는 이 모든 것 중 으뜸이다.

사도 바울이 로마인들에게 보낸 편지에서 〈들어야 믿을 수 있다〉[5]고 공언한 내용은 들을 수 없는 사람은 믿음을 가질 수 없다는 의미로 오랫동안 곡해되었고, 로마에서는 고해를 할 수 없는 사람이 재산이나 직위를 물려받을 수 없었다. 이런 이유로 15세기부터 근친결혼 풍습이 있던 일부 귀족 가문에서는 청각 장애를 갖고 태어난 자식들에게 말하는 법을 가르쳤다.[6] 하지만 대다수 청각 장애인들은 그들이 할 수 있는 기초적인 수화에 의지했다. 그리고 그들이 사용하던 수화는 도시에서 체계적인 시스템으로 발전했다. 18세기 중반에 들어 아베 드 에페라는 사람이 파리의 가난한 청각 장애인들과 함께하면서 자신의 소명을 따르고자 했고, 건청인으로서는 최초로 청각 장애인의 언어를 배웠다. 그는 프랑스어를 설명하는 수단으로 수화를 이용해서 청각 장애인들에게 읽고 쓰는 법을 가르쳤다. 그렇게 해방의 여명이 밝았다. 이제 청각 장애인은 말하는 사람들의 세상에서 통용되는 언어를 배우기 위해 굳이 말하는 법을 배울 필요가 없었다. 아베 드 에페는 1755년에 농아학교를 설립했다.[7] 19세기 초에 코네티컷 주의 토머스 갈로뎃 목사는 청각 장애 아동의 교육에 관심을 갖게 되었고, 청각 장애인 교육에 관한 정보를 얻고자 영국으로 넘어갔다. 하지만 영국 사람들이 그들의 구어 교수법이 비밀이라면서 알려 주지 않자 다시 프랑스로 건너갔고, 프랑스의 교육기관으로부터 따뜻한 환영을 받았다. 그는 로랑 클레르라는 청각 장애인 청년에게 함께 미국에 가서 학교를 세우자고 제안했다. 마침내 1817년이 되어 그들은 코네티컷 주 하트퍼드에 미국 농인 교육 지도 시설AAEID을 설립했다.[8] 그 뒤로 50년은 황금기였다. 프랑스에서 건너온 수화에 원래부터 미국에 있던 수화가 더해지고, 매사추세츠 주의 작은 섬마을 마서스 비니어드(이 지역에는 청각 장애가 유전되는 종족이 존재했다)의 독특한 수화가 결합해서 미국의 공식 수화ASL가 탄생했다.[9] 청각 장애인도 책을 썼고, 공무원이 되었으며, 다방면에서 성공을 거두었다. 1857년에는 워싱턴 DC에 갈로뎃 대학이 설립되어 청각 장애인에게 고등 교육을 제공했다. 에이브러햄 링컨은 이 대학에서 정식 학위를 수여할 수 있도록 공식적으로 허가했다.[10]

이처럼 높은 성취를 보이게 되면서 청각 장애인들은 그들의 목소리를 사용하라는 요구를 받았다. 알렉산더 그레이엄 벨이 19세기의 구화(口話) 운동을 이끌었다. 이 운동은 청각 장애인을 가르치는 교사들의 국제 모임인 〈밀라노 회의〉가 1880년에 최초로 개최되고, 수화법—수화를 폄하하는 말—을 금지함으로써 청각 장애 아동에게 발화(發話)하는 법을 배우도록 강요하는 칙령이 발효되면서 절정에 이르렀다. 벨은 청각 장애인 어머니와 아내가 있었음에도 수화를 〈팬터마임〉이라고 부르면서 폄하했다. 그는 〈농문화를 인종 다양성 중 하나〉로 보려는 발상에 깜짝 놀라서 〈농인의 발성 교육 촉진을 위한 전미 협회〉를 설립했고, 이 협회는 청각 장애인끼리 결혼을 금지하고, 청각 장애인 학생들이 다른 학생들과 섞이지 않도록 떼어 놓으려 했다. 또한 청각 장애인에게 불임화 시술을 받도록 권유했고, 건청인 부모들을 종용해서 청각 장애가 있는 그들의 아이에게 불임화 시술을 시키도록 했다.[11] 토머스 에디슨도 배타적인 구화법을 촉구하는 행사에 동참했다.[12] 렉싱턴 센터가 처음 설립되었을 때 건청인들은 청각 장애인들에게 발화법과 독순술을 가르쳐서 그들이 〈현실 세계〉에서 높은 수준으로 기능하기를 바랐다. 그 같은 꿈이 끔찍하게 잘못된 방향으로 나아갔다는 사실은 커다란 비극이며, 이 비극을 중심으로 오늘날의 농문화가 만들어졌다.

제1차 세계 대전 때까지 청각 장애 아동의 거의 80퍼센트는 수화가 배재된 교육을 받았고 이러한 상황은 거의 반세기 동안 만연하고 있었다. 수화를 사용하던 청각 장애인 교사들은 한순간에 일자리를 잃었다. 구화법 옹호자들은 학생들이 영어를 배우는 데 수화가 방해가 될 거라고 생각했고, 구화법을 가르치는 학교에서 수화를 사용한 학생은 이유 불문하고 자로 손바닥을 맞았다.[13] 전국 농인 협회의 대표를 역임한 조지 베디츠는 1913년에 이러한 관례에 항의하면서 〈요셉도 모르는 새로운 인종의 파라오들이 이 땅을 점령하고 있다. 수화의 적인 그들은 농인의 진정한 행복을 방해하는 적이기도 하다. 나는 우리 모두가 아름다운 우리 수화를 신이 청각 장애를 가진 사람들에게 준 고귀한 선물로 여기면서 사랑하고 지켜 나가기를 바란다〉[14]고 말했다. 청각 장애인은 머리도 나쁘다고 여겨졌다. 〈벙어리dumb〉라는 말이 멍청이라는 의미로 사용되는 이유도 바로 그 때문이다. 하지만 그 같은 제한은 청각 장애인에게 그들의 언어를 거부하도록 강요한 데 따른 결과였다. 인권 운동가 패트릭 부드로는 구화법을 게이의 〈정상화〉를 위해 사용되었던 전환 치료*에, 소름이 끼칠 만큼 폭주하는 사회적 다윈주의에 비유했다.[15] 이 모든 불행한 전개에도 불구하고 학교는 언제나 농문화의 요람이었다.

아리스토텔레스는 〈선천적으로 어느 한 가지 감각이 결여된 경우 시각 장애인이 청각 장애인보다 훨씬 똑똑하다〉고 주장하면서 그 이유가 〈청능을 통해 이성적인 담론을 배울 수 있기 때문〉이라고 설명했다.[16] 실제로 생각을 표현하고 수용하는 의사소통은 학습 기능을 수행한다. 하지만 의사소통이 건청인의 전유물은 아니다. 수화도 완전한 언어가 될 수 있었다. 윌리엄 스토키William Stokoe가 1960년에 『수화의 구조Sign Language

---

* 동성애자를 이성애자로 바꾸는 치료.

Structure』라는 획기적인 책을 출간하기 전까지 학자들이 그 같은 사실을 몰랐을 뿐이다.[17] 윌리엄은 조잡하고 몸짓에 불과한 의사소통 시스템으로 간주되었던 수화에 수화 특유의 논리적인 규칙과 체계를 바탕으로 한 복잡하고 심오한 문법이 존재한다고 증명했다. 수화는 대개 좌뇌(언어를 관장하는 영역이며 수화를 사용하지 않는 사람의 경우에는 이 영역에서 소리와 문자화된 정보를 처리한다)의 영향을 받는다. 우뇌(시각적인 정보와 몸짓의 감정적인 내용을 처리한다)의 영향력은 훨씬 미미한 수준이다.[18] 영어나 프랑스어, 중국어로 이야기할 때도 수화를 사용할 때와 동일한 핵심적인 능력들이 발휘된다. 물리적인 충격으로 좌뇌에 손상을 입은 청각 장애인은 여전히 몸짓 언어를 이해하거나 스스로 표현할 수 있지만, 수화를 사용하거나 이해하는 능력은 잃게 된다.[19] 좌뇌가 손상된 건청인이 이전처럼 표정을 짓거나 다른 사람의 표정을 이해할 수는 있어도 말을 하거나 이해하는 능력은 잃게 되는 것과 마찬가지다. 신경 촬영법을 통해 확인해 보면 어릴 때 수화를 배운 사람은 수화 능력이 거의 대부분 언어 영역에 보관되지만, 어른이 되어 수화를 배운 사람은 시각적인 부분을 담당하는 뇌 영역을 사용하는 경향이 있음을 알 수 있다. 요컨대 신경학적인 생리 기능이 수화를 언어로 받아들이려는 생각과 계속해서 싸우고 있는 것처럼 보인다.[20]

태아는 26주가 되면 소리를 감지할 수 있다. 어머니의 자궁 안에 있을 때 특정한 소리―한 연구에서는 「피터와 늑대」에 나오는 음악을 사용했고, 다른 연구에서는 오사카 공항의 비행기 소리를 이용했다―에 노출시킨 신생아는 그 소리에 호감을 표시하거나 내성을 갖는다.[21] 프랑스어를 사용하는 어머니에게서 태어난 아기는 생후 이틀째부터 프랑스어 음소(音素)에 반응을 보였다. 반면 러시아어에는 전혀 반응하지 않았다. 생후 이틀 된 미국 아기들은 이탈리어보다 미국 영어로 말하는 소리를 더 좋아했다.[22] 음소를 인식하는 능력은 출생하기 몇 개월 전부터 생성되기 시작한다. 생후 일 년 동안에 이 능력의 발달 과정이, 또는 위축 과정이 진행된다.

한 연구에 의하면 6개월 된 영유아들은 모든 언어의 음소를 구분할 줄 알았다. 생후 일 년이 되면 영어권에서 자란 영유아들은 비서구권 언어의 음소를 구분하는 능력을 잃어버렸다.[23] 이 모든 과정이 정말 놀라울 정도로 빠르게 진행된다.

세분화된 음소와 의미를 연결 짓는 데 가장 중요한 시기는 생후 18개월에서 36개월 사이다. 그리고 이 시기에 이르러 언어 습득 능력은 점차 감소하기 시작해서 대략 열두 살 때까지 계속 감소한다.[24] 물론 훨씬 나중에 언어를 습득하는 이례적인 경우도 있다. 언어학자 수전 샬러는 27세의 청각 장애인 남자에게 수화를 가르쳤다. 그때까지 어떠한 언어도 전혀 배운 적이 없는 남자였다.[25] 음소와 의미를 연결 짓는 가장 중요한 시기에 우리 머릿속에서는 문법과 의미를 내면화하는 과정이 진행된다. 언어는 그 언어에 노출되어 있을 때만 배울 수 있다. 그렇지 않으면 뇌의 언어 중추가 효율성 차원에서 위축된다. 언어를 습득하는 시기가 된 아이는 어떤 언어든지 배울 수 있다. 아울러 일단 언어 능력이 생긴 아이는 나중에라도 다른 언어를 또 배울 수 있다. 청각 장애 아동은 건청인 아이가 제1언어를 습득할 때와 정확히 똑같은 방식으로 수화를 배운다. 그리고 대부분의 청각 장애 아동은 제2언어로 문자화된 청각 언어를 배울 수 있다. 하지만 대다수 청각 장애 아동에게 발화는 혀와 목청으로 부리는 불가사의한 묘기에 불과하며, 입술을 읽는 기술은 단지 수수께끼 놀이에 불과하다. 이런 기술들을 배우는 데 특히 오래 걸리는 청각 장애 아동이 있음에도 발화와 독순술을 의사소통의 전제 조건으로 삼는 행위는 그들을 영원히 혼란스럽게 만들 수 있다. 어떤 언어가 되었든 한 가지 언어를 완벽하게 습득하지 않은 채 언어를 습득하는 데 가장 중요한 시기를 놓쳐 버린 아이는 결코 완전한 인지 능력을 개발할 수 없으며, 여기에 더해서 충분히 예방할 수 있었음에도 평생토록 지적 장애로 고통받을 것이다.

언어가 결여된 채 사고하는 행위를 상상할 수 없듯이 사고가 결여된 채 언어를 구사하는 행위도 상상할 수 없다. 의사소통 능력의 부재는 정신병이나 기능 장애로 이어질 수 있다. 일반적으로 난청이 있으면 언어 능력이 부족하기 마련이고, 연구자들은 교도소 수감자 중 3분의 1 이상이 청각 장애나 난청이 있다고 추정해 왔다.[26] 청각 장애가 없는 보통의 두 살짜리 아기는 300개 정도의 어휘를 사용한다. 반면 건청인 부모 밑에서 자라는 보통의 두 살짜리 청각 장애 아동은 30개 정도의 어휘를 사용한다.[27] 부모가 높은 수준으로 개입하는 가정과 수화를 배우고 있는 가정을 제외하면 이 수치는 더욱 극적으로 줄어든다. 아이오와 대학에서 문화사를 가르치는 더글러스 베인턴Douglas Baynton 교수는 〈중증 청각 장애인이 어린 나이에 영어로 말하는 법을 배울 때의 어려움은 건청인이 방음된 유리 상자에 갇혀 일본어로 말하는 법을 배우는 것과 다를 게 없다〉[28]고 지적했다. 수화를 금지한다고 청각 장애 아동이 발화할 수 있게 되는 것은 아니다. 오히려 언어 능력을 저하시킬 뿐이다.

　구화법에 맞추어진 초점은 부모와 자식 간의 관계에서 단순히 존재만 하지 않는다. 관계 그 자체에 영향을 준다. 일단의 심리학자들이 주장했듯이 어머니라는 존재는 〈때때로 아이의 의지와 상충되더라도 놀이를 통한 자연스러운 학습 방식에 적극적으로 개입해야 한다〉.[29] 어찌어찌 해서 결국 발화 능력을 개발한 대다수의 청각 장애 아동은 학교 교육이 단 하나의 능력을 가르치려는 노력으로 점철되었다고 불만을 토로했다. 요컨대 그들은 그들의 얼굴을 일정한 상태로 만들려고 억지로 쥐어짜는 청력학자와 수천 시간을 마주 앉아서 특정한 패턴에 따라 혀를 움직이고 매일 훈련을 반복해야 했다. 농인 인권 운동가 재키 로스가 렉싱턴에서 받았던 구화법 교육에 관해 들려주었다. 「역사 시간에 〈길로틴〉을 발성하는 법을 배우면서 2주를 보냈어요. 프랑스 혁명과 관련해서 배운 거라고는 그게 전부였어요. 하지만 누구든 붙잡고 청각 장애인 특유의 발성으로 〈길로틴〉이라고 말해 보세요. 그 사람은 당신이 하는 말을 전혀 알아듣지 못할 거예요.

심지어 맥도널드 가게에서 〈콜라〉를 주문할 때도 대체로 사람들은 당신이 하려는 말을 알아듣지 못해요. 우리는 흡사 지적 장애인이 된 기분이었어요. 매사가 지겹기 짝이 없는 단 하나의 기술을 중심으로 돌아갔고 우리는 그 기술을 배우는 데 더없이 서툴렀어요.」[30]

한때 1990년도 장애인 교육법IDEA은 차별화된 교육이 평등과 거리가 멀고 따라서 모든 사람이 일반 학교에 다녀야 한다는 주장으로 해석되기도 했다.[31] 휠체어를 타고 다니는 사람들의 입장에서는 이제 그들을 위한 전용 경사로까지 마련된 마당에 더없이 반가운 주장이었다. 하지만 건청인이 사용하는 기본적인 의사소통 방식을 배울 수 없게 태어난 청각 장애인의 입장에서, 차별화된 교육의 철폐는 밀라노 회의 이후로 최악의 재앙이었다. 구화법이 청각 장애인 기숙학교의 질을 떨어뜨린다면, 차별화된 교육을 철폐하는 조치는 장애인 학교 자체를 죽인다. 19세기 말 미국에는 87개의 청각 장애인 기숙학교가 있었지만 20세기 말에 이르러서 3분의 1이 문을 닫았다. 20세기 중반에는 청각 장애 아동의 80퍼센트가 기숙학교에 다녔다. 2004년에 이르러서는 14퍼센트 미만이 기숙학교에 다녔다.[32] 클린턴 행정부 당시 장애인으로서는 최고의 지위까지 올랐던 주디스 휴먼은 장애 아동에 대한 차별화된 교육이 〈비윤리적〉이라고 공표했다.[33] 하지만 휴먼의 일방적인 결정에서 청각 장애를 예외로 두지 않은 것은 실수였다.

1982년 교육 위원회 대(對) 롤리의 사건을 판결하면서 미국 대법원은 청각 장애인 소녀가 교육 과정을 제대로 이수하고 있다면 적절한 교육을 받는 것으로 볼 수 있다고 주장하고, 따라서 주된 언어로 수화를 사용하는 그녀가 독순술로는 사람들의 이야기를 절반도 이해하지 못해도 그녀에게 통역사를 붙여 줄 필요가 없다는 입장을 표명했다. 윌리엄 렌퀴스트 판사는 〈해당 판결의 취지는 장애 아동들에게 일단 들어가기만 하면 특정한 수준의 교육을 보장하는 대신, 공교육의 문을 합리적인 조건으로 보다 활짝 열어 주기 위함이었다. 주 정부가 장애 아동에게 특화된 교육 서비스를 제공해야 한다고 해서 그렇게 제공되는 교육 서비스가 모든 아동의 잠재력을 극대화하기에 충분해야 한다는 추가적인 요건까지 성립하는 것은 아니다〉[34]라고 설명했다. 청각 장애인 학교는 교육 기준이 대체로 낮다. 청각 장애가 있는 아동이 일반 학교에 가는 경우에는 대체로 그 학교의 교육 수준을 따라가지 못한다. 청각 장애인은 둘 중 어떤 경우에도 제대로 된 교육을 받지 못하는 셈이다. 청각 장애가 있는 아동 중 단지 3분의 1 정도만 고등학교를 졸업한다. 대학에 들어가서도 끝까지 공부를 마치는 학생은 겨우 5분의 1에 불과하다. 어른이 되어서도 청각 장애인은 다른 건청인 동료들이 버는 돈에서 3분의 1 정도를 덜 받는다.[35]

청각 장애인 부모 밑에서 태어난 청각 장애 아동은 건청인 부모를 둔 청각 장애 아동보다 대체로 더 높은 수준의 성취도를 보인다.[36] 흔히 당사자들이 스스로를 지칭하듯이 청각 장애인의 청각 장애 아동은 집에서 제1언어로 수화를 배운다. 그들은 집에서 전혀 구어를 사용하지 않을뿐더러 수업을 수화로 진행하는 학교에 다니지만, 건청인 부모에게서 태어나 집에서 구어를 사용하며 일반 학교를 다니는 청각 장애 아동에 비해 보다 유창한 문어 능력을 개발할 가능성이 훨씬 높다. 청각 장애인의 청각 장애 아동은 수학을 비롯한 다른 학문 분야에서도 높은 점수를 기록하고, 성숙함이나 책임감, 독립심, 사교성, 낯선 사람과 의사소통을 하려는 의지에서도 앞서 있다.

헬렌 켈러는 〈시각 장애는 사물과 우리를 차단하지만 청각 장애는 사람과 우리를 차단한다〉고 말했다고 전해진다.[37] 많은 청각 장애인에게 수화를 통한 의사소통은 들을 수 없다는 사실보다 훨씬 의미가 있다. 수화를 사용하는 사람들은 그들의 언어를 사랑한다. 설령 그들이 건청인 세계의 언어를 구사할 수 있다 하더라도 그 같은 사실에는 변함이 없다. 장애학을 가르치며 〈청각 장애인 부모를 둔 아이CODA: Child of deaf adults〉인 작가 레너드 데이비스는 다음과 같이 썼다. 「지금도 나는 수화로 〈우유〉를 언급할 때 발성을 통해 그 단어를 이야기할 때보다 훨씬 우유 같은 느낌을 받는다. 수화는 춤으로 표현하는 언어라고 할 수 있다. 손가락과 얼굴이 끊임없이 그들만의 파드되*를 연출한다. 수화를 모르는 사람들에게는 이런 동작이 그들과 동떨어진 의미 없는 몸짓으로만 보일 것이다. 하지만 수화를 이해하는 사람은 어떤 몸짓을 보고 그 안에서 아주 미묘한 의미의 차이를 구분할 수 있다. 건청인들이 이를테면 〈마른〉, 〈몹시 건조한〉, 〈바싹 말라 버린〉, 〈수분이 하나도 없는〉 등의 표현을 사용하면서 유사한 의미에 정도의 차이를 둠으로써 재미를 발견하듯이, 청각 장애인도 수화를 표현하는 동작에 미묘한 변화를 줌으로써 유사한 구분을 만들 수 있다.」[38] 재키 로스는 이렇게 말했다. 「우리는 공개적으로 또는 은밀하게 항상 수화를 사용했다. 어떤 이론으로도 우리의 언어를 죽일 수 없었다.」

청각 장애는 발병률이 낮은 장애로 규정된다. 신생아들은 1,000명 중 한 명꼴로 중증 청각 장애를 가지고 태어나며, 그 두 배에 달하는 숫자가 비교적 경미한 청각 장애를 가지고 태어난다고 알려져 있다. 여기에 더해서 1,000명당 두세 명의 아이들이 열 살이 되기 전에 청력을 잃게 될 것이다.[39] 농인 인권 운동가 캐럴 패튼과 톰 험프리스는 〈문화는 농인들에게 그들이 현재에 적응하기보다 과거를 계승한다고 믿게 만든다. 따라서 그들은 그들 자신을 불완전한 건청인으로 생각하는 대신 함께 어울려 살아가는 집단적인 세상의 문화적, 언어학적 존재로 생각한다. 그리고 이러한 생각은 그들에게 오늘날의 세상에서 다른 사람들과 더불어 존재해야 하는 이유를 제공한다〉[40]고 주장했다.

렉싱턴 센터 앞에서 시위가 있고 난 일주일 뒤에 시위대가 퀸즈 자치구 대표의 사무실에 모였다. 시위는 여전히 무척 진지했지만 직장이나 학

---

* pas de deux. 발레에서 두 사람이 함께 추는 춤.

교를 빼먹고 하는 일이 으레 그렇듯이 한편으로는 축제 분위기도 느껴졌다. 렉싱턴 동문들 가운데 어쩌면 가장 유명한 인물인 그렉 홀리벅이 이제 일장 연설을 할 참이었다.

6년 전이었다. 갈로뎃 대학에서 새로운 대표의 임명 발표가 있었다. 학생들은 이 대학 최초로 농인을 대표로 선출하기 위해 결집했지만 건청인 후보가 대표로 선출되었다. 대학의 발표가 있고 난 바로 그다음 주에 농인 커뮤니티가 별안간 정치 단체로서 힘을 발휘했다. 명백한 리더인 홀리벅을 비롯해 학생 행동가가 이끈 〈이제는 농인을 대표로DPN: The Deaf President Now〉 운동은 농문화의 스톤월 항쟁*이었다. 청각 장애인들 사이에서 홀리벅은 미국의 유명한 민권 운동가 로자 파크스나 다름없었다. 다시 일주일이 지나고 시위를 견디다 못한 갈로뎃 대학은 휴교에 들어갔다. 이 저항은 전국적인 방송에서 크게 다루어졌다.[41] 홀리벅은 다른 2,500명의 지지자들과 함께 국회의사당까지 시위 행진을 벌였다. 그리고 그들이 승리했다. 대학 이사회 의장이 사임했고, 그녀의 자리를 넘겨받은 농인 남성 필 브레이븐은 즉시 갈로뎃 최초의 농인 학장으로 심리학자 킹 조던을 임명했다.

자치구 대표의 사무실에서 그렉 홀리벅은 사람들을 열광시켰다. ASL은 비교적 상징적이지 않다. 극히 일부에 불과한 수화 동작들만 해당 동작이 묘사하는 대상과 실제로 비슷할 뿐이다. 하지만 수화를 사용하는 데 능숙한 사람은 수화에 몸짓을 보탬으로써 하나의 그림을 그릴 수 있다. 그렉 홀리벅은 렉싱턴 이사회를 청각 장애인 학생들이 하찮은 장난감인 양 쥐고 흔들면서 인형의 집을 갖고 노는 어른들에 비유했다. 수화를 하는 그의 모습은 마치 공중에 집을 짓고 있는 것처럼 보였다. 그 집은 우리 눈앞에

---

* 1969년 6월 28일 경찰의 현장 급습에 맞서 동성애자 집단이 스톤월에서 자발적으로 시위를 일으킨 사건.

있었고 간섭하려는 위원회의 팔들이 집 안으로 뻗어 들어가는 듯 보였다. 학생들이 청각 장애인 특유의 방식으로, 예컨대 손가락을 쫙 펴고 손을 머리 위로 올린 채 박수를 치면서 환호했다.

　일주일 뒤 렉싱턴 이사회 의장의 사무실 앞에 있는 메디슨 애비뉴에서 시위가 벌어졌다. 필 브레이븐을 포함한 몇몇 이사회 의원들이 가두 행진을 벌인 것이다. 가두 시위가 끝나고 핵심 위원회의 구성원들이 마침내 의장과 외부 중재인을 만났다. 그들은 긴급 이사회를 소집하기로 했다. 하지만 회의가 열리기 하루 전에 맥스 굴드가 자진 사퇴했다.[42] 굴드의 뒤를 이어서 며칠 뒤 이사회 의장도 사퇴했다.

　대다수 청각 장애인들은 감정이 고조되었을 때 큰 소리를 낸다. 대체로 아주 높거나 낮은 음―말로 표현할 수 없는 기쁨의 탄성―이다. 렉싱턴 센터의 공회당에서는 학생들이 환호성을 질렀고 청각 장애가 없는 사람들은 그 소리에 놀라 어쩔 줄 몰랐다. 렉싱턴 이사회의 의장을 맡게 된 필 브레이븐이 몇 달 뒤 내게 말했다. 「그 일은 이곳 학생들에게 일어날 수 있는 최고의 축복이었습니다. 시위를 하는 동안 그들이 얼마나 많은 수업을 빼먹어야 했는지는 중요하지 않아요. 가족들로부터 〈너는 청각 장애인이야. 너무 많은 것을 기대하지 말아라〉라는 이야기를 들은 학생들도 있어요. 이제 그들의 가족도 무언가를 배웠겠죠.」 일주일 뒤에 열린 렉싱턴 졸업식에서 그렉 흘리벅은 〈신이 이 세상을 창조한 그 순간부터 오늘에 이르기까지, 어쩌면 지금이 청각 장애인으로 살아가기에 최적의 순간이 아닐까 생각합니다〉라고 말했다.

　재키 로스는 청각 장애인으로 살기에 최적인 시기에 태어나지는 않았지만 그녀의 부모가 자랄 때보다는 나은 시기에 자랐다. 재키의 아버지 월터 로스는 정말 귀여운 아기였고, 그의 어머니는 기뻐서 어쩔 줄 몰라 했다. 하지만 아기에게 청각 장애가 있음을 알게 된 이후로는 더 이상 그를 위해서 아무것도 해주려고 하지 않았다. 재키가 〈할머니가 아버지를 무척 수치스럽게 생각했어요〉라고 말했다. 월터는 그의 할머니에게 보내졌고 할머니 손에서 자랐다. 재키가 말했다. 「증조할머니는 청각 장애에 대한 이해가 전혀 없었어요. 그럼에도 열정이 있는 분이었죠.」 그녀는 월터에게 무엇을 해주어야 할지 몰랐고, 월터는 청각 장애인 학교와 일반 학교, 특수학교 등 11개 학교를 전전했다. 그 많은 학교를 다니고도 그의 읽기와 쓰기 능력은 초등학교 3학년 수준을 벗어나지 못했다. 그럼에도 불구하고 그는 잘생긴 외모 덕분에 순탄하게 살아가는 듯 보였다. 그러고는 그보다 10살이 더 많고 아기를 갖지 못한다는 이유로 첫 번째 결혼에 실패한 로즈와 사랑에 빠졌다. 월터가 어쨌거나 자신은 아기를 가질 생각이 없다고 말했고, 두 사람은 결혼했다. 그리고 2개월 뒤 로즈가 재키를 임신했다. 월터의 어머니는 로즈의 임신을 잔인무도한 짓이라고 단언했다.

월터와 로즈는 청각 장애를 떳떳하게 여기지 않았다. 그들의 딸도 마찬가지로 청각 장애가 있음을 알고서 부부는 눈물을 흘렸다. 월터의 어머니는 월터의 누이가 낳은 건청인 손녀는 예뻐하면서도 갓 태어난 손녀는 멀리했다. 월터의 형제들은 부유한 집안의 여자와 결혼했다. 결혼식과 바르 미츠바*도 뉴욕에서 비싼 돈을 들여 치렀다. 한편 제대로 된 교육을 받은 적이 없는 월터는 인쇄소에서 노동자로 일했고 그래서 그와 로즈는 상대적으로 가난하게 살았다. 가족 행사가 있는 경우에 그들은 마땅히 참석할 자리에 와 있는 것처럼 보이려고 필사적으로 노력했지만 언제나 외톨이 신세를 면치 못한 채 맨 구석 테이블을 차지하고는 했다.

재키가 말했다. 「제 아버지를 만날 기회가 있었다면 당신도 좋아했을 거예요. 누구나 아버지를 좋아했어요. 하지만 아버지는 항상 어머니를 속였어요. 아버지는 도박꾼이었죠. 돈을 벌기 위해서라면 아마 무슨 일이든

---

* 유대교에서 13세가 된 남자가 치르는 성인식.

마다하지 않았을 거예요. 그럼에도 우리가 부유했던 적은 정작 한 번도 없었어요.」 그렇지만 월터한테는 로즈에게 없는 따뜻한 가슴과 상상력이 있었다. 다시 재키가 말했다. 「어머니는 글을 아주 잘 썼어요. 반면에 아버지는 거의 문맹에 가까웠죠. 그럼에도 저녁 식사 때마다 사전을 가져와서 단어 하나를 골라 내게 물었어요. 〈그 단어가 무슨 뜻이지?〉 아버지는 그런 분이었어요. 당신 자신은 아무것도 할 줄 몰랐지만 나를 밀어붙였죠. 아버지와 달리 어머니의 바람은 소박했어요. 내가 결혼해서 자식을 낳고, 나를 돌봐 줄 누군가를 만나길 원했어요.」 월터는 최선을 다해 노력해야 한다고 강조하는 사람이었다. 「아버지는 내게 늘 말씀하셨어요. 〈일단 집 밖에 나가면 절대로 가난한 소녀처럼 보이지 말아야 해. 자신이 아무리 쓰레기처럼 느껴지더라도 절대로 다른 사람이 그 사실을 눈치 채지 못하게 해야 한단다. 고개를 꼿꼿이 들고 걸어.〉」

재키는 다른 사람들이 있는 곳에서 수화를 사용하지 않도록 교육을 받았다. 그녀의 어머니는 수화를 사용하는 것이 창피했다. 그렇지만 재키의 부모는 둘 다 건청인 친구를 사귄 적이 한 번도 없었다. 재키가 말했다. 「내게는 청각 장애인 커뮤니티가 확장된 또 다른 가족 같아요. 어머니는 다른 청각 장애인들이 자기 부부를 어떻게 생각할지 늘 걱정이 많았어요. 다른 청각 장애인 친구들이 깔본다는 이유로 아버지의 행동을 나무라기도 했죠. 혹시라도 내가 어떤 잘못을 저지르는 경우에는 다른 청각 장애인들이 나를 어떻게 볼지 걱정했어요.」 많은 청각 장애인들이 잔존 청력을 가졌다. 그런 사람들은 커다란 소리나 특정 음역대의 소리를, 이를테면 어떤 소리의 고음이나 저음 부분을 들을 수 있다. 재키는 훌륭한 잔존 청력을 가졌을 뿐 아니라 소리를 구분하고 입술을 읽는 능력도 뛰어났다. 청력 보조 장치의 도움을 받는다면 보다 넓은 세상에서 높은 수준으로 기능할 수 있다는 뜻이었다. 하물며 보청기를 사용하면 전화도 사용할 수 있었다. 열일곱 살 때까지 그녀는 자신의 정체성을 찾으려고 노력하면서 학교를 네 군데나 옮겨 다녔다. 그녀가 말했다. 「나는 청각 장애인일까요? 건청인일까요? 도대체 뭘까요? 도저히 모르겠어요. 내가 아는 거라고는 내가 외롭다는 사실이에요.」 렉싱턴에 다닐 때는 자신을 청각 장애인이라고 하기에 무언가 부족하다는 생각이 그녀를 괴롭혔다. 다른 학교에 다닐 때는 청각 장애인이라는 사실이 그녀를 괴롭혔다. 완전한 청각 장애인 그녀의 여동생 엘런은 렉싱턴의 기숙생이었다. 재키와 비교해서 그녀의 앞길은 보다 수월하고 간단해 보였다. 재키는 항상 두 세계를 오갔으며 구화(口話) 능력이 있는 덕분에 가족의 통역사 노릇을 했다. 「의사를 만날 일이 있을 때도 〈재키야! 이리 와 봐!〉, 변호사를 만날 일이 있을 때도 〈재키야! 이리 와 봐!〉 그랬어요. 나는 너무나 많은 것을 보았어요. 그리고 너무 빨리 커 버렸죠.」

재키가 열세 살 때였다. 어느 날 저녁에 그녀의 숙모가 전화해서 말했다. 「재키야, 아빠에게 병원에서 만나자고 전해 주겠니? 할머니가 위독하시단다.」 월터는 눈물을 흘리면서 병원으로 달려갔다. 새벽 5시가 되어 집에 돌아온 그가 아내와 딸을 깨우려고 불을 켰다가 끄기를 반복했다. 그는 일종의 춤을 추면서 노래를 불렀다. 「어머니가 청력을 잃었어!」 월터의 어머니는 생명을 위협하는 전염병과 싸우기 위해 강력한 항생 물질을 투여받았고 그 약이 그녀의 청신경(聽神經)을 파괴했던 것이다. 그 뒤로 몇 주 동안 월터는 매일같이 병원을 찾아가 어머니를 간호했다. 재키가 회상했다. 「아버지는 할머니의 사랑을 얻고자 했어요. 평생 처음으로 어머니라는 존재를 갖게 될 거라고 기대했어요. 하지만 그런 일은 절대로 일어나지 않았죠. 할머니는 아버지의 조언과 식견을, 하물며 아버지의 친절도 원하지 않았어요.」 그럼에도 7년 뒤 그녀의 장례식에서 재키가 그녀에 대해 비아냥거리자 월터는 오히려 딸의 뺨을 때렸다. 「나는 여태껏 살면서 딱 한 번 아버지에게 손찌검을 당했는데 바로 그때였어요. 그제야 나는 사정이 어떻든 간에 아버지가 할머니를 진심으로 사랑했음을 알게 되었어요.」

재키가 열다섯 살 때 월터는 「워싱턴 포스트The Washington Post」지의 인쇄공으로 취직했고, 주말이면 가족과 함께 시간을 보내기 위해 집과 뉴욕을 왕복했다. 그리고 조합원증을 발급받기 불과 몇 주 전에 끔찍한 교통사고를 당했다. 그는 일주일 동안 혼수상태였고, 몇 달 동안 병원 신세를 졌으며, 꼬박 일 년 동안 아무 일도 할 수 없었다. 조합원이 아니었기 때문에 의료보험 혜택도 없었다. 진작부터 경제적으로 쪼들리던 가족은 이제 파산할 지경에 이르렀다. 재키는 나이를 속이고 슈퍼마켓 출납원으로 취직했고 그곳에서 음식을 훔치기 시작했다. 해고를 당한 그녀는 로즈에게 사실대로 실토하는 수밖에 없었고 로즈는 충격에 휩싸였다. 바로 다음 날 로즈는 자존심을 버리고 월터의 친척들에게 돈을 구걸했다. 재키가 말했다. 「그들은 어머니를 비웃기만 할 뿐 한 푼도 주지 않았어요. 친척들이 그렇게 많음에도 이 세상에 혼자뿐이라는 느낌은 단순히 혼자라는 느낌보다 훨씬 끔찍해요. 그런 생각은 사람을 갉아먹죠.」

기숙학교에 있었기 때문에 엘런은 가정이 파경으로 치닫는 그 상황에서 한발 물러나 있었다. 하지만 재키는 그 우울한 모든 순간을 몸소 부딪쳐 나가야 했다. 「나는 부모님의 통역사였기 때문에 어머니와 아버지 사이에서 중재인 역할을 했어요. 나는 정말 능력이 많았어요. 어쩌면 능력이 너무 많았던 것 같아요. 그때 일을 이야기하면 너무 슬프게 들려요. 하지만 그때 일로 그다지 괴로워하지는 않아요. 어머니와 아버지는 모두 훌륭한 부모님이셨거든요. 돈이 얼마가 있든 부모님은 나와 여동생을 위해서 그 돈을 썼어요. 부모님은 특별히 더 노력했고 내가 지켜보는 앞에서 가난에 맞서 싸웠어요. 나는 부모님을 사랑해요. 아버지는 몽상가였어요. 혹시라도 내가 가수가 되고 싶다고 말했다면 아버지는 〈청각 장애인 여자는 가수가 될 수 없단다〉라고 절대 말하지 않았을 거예요. 그냥 그렇게 하라고 했을 거예요.」

농인의 자긍심 운동이 막 태동하던 1970년대 초에 재키는 UCLA 대학에 입학했다. 로즈는 대학에 통역사가 있다는 사실을 좀처럼 믿을 수 없었다. 그녀가 재키에게 물었다. 「건청인이 뭐하러 수화를 한다니?」 재키는 새롭게 출발하기 위해서 물리적인 거리를 이용했다. 「대학에서 나는 원래의 나이로 돌아왔어요. 그리고 다시 성장하기까지 많은 시간이 걸렸죠.」

재키가 서른 살이던 1986년에 월터가 세상을 떠났다. 로즈는 남편의 죽음을 슬퍼했지만 그가 없음으로 인해 보다 행복해졌고 재키와의 관계도 호전되었다. 로즈의 건강이 나빠지자 재키는 남부 맨해튼에 있는 자신의 집에서 같이 지내도록 로즈를 설득했다. 재키가 말했다. 「어머니는 자신의 어린 소녀 시절에 대해, 아주 오래전의 아픔에 대해 여전히 수치심을 느꼈어요. 나는 절대 그렇게 되고 싶지 않아요.」 아버지의 충고대로 재키는 부모님이 살았던 것보다 더 넓은 세상으로 나아가 여배우, 부동산 중개인, 기업가, 미인 대회의 입상자, 인권 운동가, 영화인 등으로 활약하면서 살았고, 그녀의 어머니가 겪었던 아픔도 겪지 않았다. 그녀의 반짝이는 품위와 감탄스러운 단단함은 지성과 의지가 결합한 결과였다. 하지만 희생도 많았다. 청각 장애로 인해 월터의 어머니는 아들을 거부했고, 로즈는 자신의 지적 능력을 발휘할 수 없었으며, 엘런은 기숙학교에 보내진 탓에 가족들과 멀어졌다. 또한 재키는 소리를 구별하는 능력 때문에 나이보다 빨리 성숙해져야 했다. 청각 장애는 그녀 가족 모두에게 일종의 저주였지만 소리를 듣는 능력도 저주이긴 마찬가지였다.

나는 재키가 30대 후반이던 1993년에 그녀를 처음 만났다. 그녀는 50대에 이르러 정보산업에 참여해서 청각 장애인과 건청인이 통역사를 통해 의사소통을 할 수 있도록 인터넷으로 중개하는 일을 했다. 그리고 재단 이사회에 합류해서 부모들에게 수화도 가르치고, 청각 장애 아동이 통합적인 청능을 제공하는 인공 와우 이식 수술을 받을 수 있도록 지원도 했다. 그녀는 가족 내에서 그랬던 것처럼 여러 문화를 이어 주는 역할에 노력을 집중했다. 쉰다섯 번째 생일을 맞아 그녀는 자신이 직접 생일 파티를 열었다. 그 파티는 그녀가 사랑하는 모든 사람들에게 관대함을 보여 주는 아주 너그러운 이벤트였고, 모두에게서 가장 좋은 면들을 이끌어 냈다. 재키가 말했다. 「나는 평생 동안 청각 장애인 세상과 건청인 세상이라는 완전히 다른 두 세상을 살아 온 것 같아요. 내 건청인 친구들 중에는 농문화를 접한 적이 아예 없는 친구들이 많아요. 마찬가지로 청각 장애인 친구들은 내가 건청인으로 살아가는 모습을 한 번도 본 적이 없어요. 한 자리에서 그들 모두를 볼 수 있어서 정말 좋았어요. 만약 그들 중 어느 한쪽이라도 없었다면 나는 아무것도 해낼 수 없었을 거예요. 그리고 마침내 나는 그게 바로 나임을 깨달았어요. 이런 문제들로 고민하는 것을 보면 나는 어머니를 닮은 것 같아요. 하지만 이 같은 사실을 파티에서 깨닫는 것도 정말 멋지지 않아요? 그런 면에서 보면 아버지의 딸인 것도 같군요.」

배우이자 극작가인 루이스 머킨도 재키와 마찬가지로 어린 시절에 청각 장애를 둘러싼 치욕스러운 유산에 맞서 싸웠다.[43] 「어릴 때 저는 청각 장애가 있는 서민들을 보았습니다. 그들은 주변인으로 살면서 다른 사람에게 전적으로 의존하는 보잘것없는 삶을 살았어요. 제대로 된 교육도 받지 못했고 스스로 2류라고 생각했죠. 흠칫 놀랐습니다. 나 자신이 그러한 청각 장애인 중 한 명이라고 생각하니 구역질이 났습니다. 청각 장애인으로 사는 것이 어떤 의미인지, 내 앞에 어떤 세상이 열려 있는지 깨닫기까지는 오랜 시간이 걸렸어요.」 루이스는 게이이기도 했다. 「동성애자가 분명한 여장 남자들과 가죽 옷을 입은 남자들을 보았어요. 그리고 이번에도 그런 모습은 내가 아니라는 생각이 들었어요. 내가 진정한 게이 정체성을 갖게 된 것은 시간이 한참 흐른 뒤였습니다.」 갈로뎃 대학에서 ASL과 농인학을 가르치는 엠제이 비엔버뉴MJ Bienvenu 교수가 내게 말했다. 「우리의 경험은 거의 비슷합니다. 만약 당신이 청각 장애인이라면 게이로 산다는 것이 어떤 의미인지 거의 정확하게 알고 있을 겁니다. 그 반대의 경우도 마찬가지죠.」[44]

　청각 장애와 관련된 유전자는 확인된 것만 100가지가 넘으며, 한 달이 멀다 하고 계속해서 새로운 유전자가 발견되는 듯 보인다. 단일 유전자가 아닌 다수 유전자의 상호작용에 의해 유발되는 청각 장애도 있으며, 후천적으로 발생하는 청각 장애의 상당수도 유전적이다. 우리 유전자 중 최소 10퍼센트가 청력이나 귀의 구조에 영향을 줄 수 있으며, 그 밖의 유전자와 환경적인 요인들에 의해서 청각 장애의 정도가 결정될 수도 있다.[45] 유전적인 청각 장애의 대략 5분의 1만 우성 유전자와 관련이 있다. 나머지는 열성 유전자를 가진 두 사람이 결혼해서 아이를 낳을 때 발생한다.[46] 선천성 청각 장애의 주된 원인인 GJB2 유전자의 코넥신 26 돌연변이가 발견되면서 1997년에 최초의 눈부신 유전학적 발전이 이루어졌다.[47] 미국인은 서른한 명 중 한 명꼴로 GJB2 유전자를 갖고 있으며 이 유전자를 갖고 있는 사람들은 대부분 자신이 해당 유전자를 가졌다는 사실을 모른다. 소수의 청각 장애는 X 염색체와 연관이 있다. 한편 미토콘드리아와 관련이 있는 청각 장애도 작은 비율을 차지하는데 이 경우에는 전적으로 모계로부터 유전된다. 청각 장애의 3분의 1은 원인이 명확하지 않은 증후군이며 이는 특정 질환과 그 밖의 다른 신체적인 영향의 복합 작용을 의미한다.[48] 비증후군성 청각 장애 유형들 중 어떤 것들은 제어 유전자와 관련이 있으며 DNA 정보 처리 과정의 단절에서 기인한다. 또 어떤 것들은 달팽이관의 발달과 직접적인 관련이 있다. 하지만 대부분의 경우에는 칼륨 이온이 소리를 일종의 전기 자극으로 바꿔서 내이(內耳)의 뇌 세포로 전달하는 협간극 결합* 과정에 발생하는 간섭이 원인이다.[49]

　유전학자들은 청각 장애인 종족이 만들어질 수 있다는 알렉산더 그레

―――――――――――――――

* 세포 간의 간극을 가로질러 세포를 연결하는 통로.

이엄 벨의 우려를 오래전에 잊었지만, 지난 200년간 청각 장애인들이 만나고 서로 결혼하도록 도와준 기숙학교 제도가 미국의 DFNB1 유전자* 비율을 배로 늘려 놓았을 수도 있다. 실제로 청각 장애를 유발하는 유전자의 세계적인 범람은 청각 장애인들 간의 재생산이 되풀이된 역사적인 환경과 관련이 있는 듯 보인다.[50] 시각 장애인이 다른 시각 장애인과 결혼하는 것은 필연이 아니다. 하지만 언어 문제는 청각 장애인이 또 다른 청각 장애인과 결혼하도록 부추겼다. 이런 경향을 보여 주는 가장 오래된 예로는 3,500년 전에 소아시아의 히타이트 제국에서 번창했던 청각 장애인 커뮤니티가 있다. 오늘날에는 이 커뮤니티에서 35delG 돌연변이가 집중적으로 유포된 것으로 여겨진다.[51] GJB2 유전자가 발견되었을 때 전국 농인 협회의 상임이사 낸시 블로츠는 「뉴욕 타임스」에 보낸 이메일에서 〈우리는 유전학적 식별 연구를 통해 달성된 이 위대한 진전을 반기지만 이 정보를 우생학이나 그와 유사한 목적으로 사용한다면 절대로 용납하지 않을 것이다〉[52]라고 입장을 밝혔다. 태아에게 유전자 검사를 실시할 경우 특정 유형의 유전적인 청각 장애를 찾아낼 수 있고, 예비 부모들 중에는 청각 장애가 있는 아기를 갖지 않기로 선택하는 사람도 생길 것이다. 갈로뎃 대학의 농인학 교수 더크슨 바우먼Dirksen Bauman은 〈어떤 생명이 살 가치가 있는가 하는 문제의 해답은 이제 나치의 인종 정책인 T-4 프로그램 대신에 의사의 진찰실에서 찾을 수 있다. 인간을 표준화하려는 세력이 점점 더 그 힘을 확장하고 있는 듯하다〉[53]고 말했다.

한편 유전학적 정보가 청각 장애인 자녀를 둔 건청인 부모에게 위안을 제공하기도 한다. 유전학자 크리스티나 팔머Christina Palmer는 임신 기간 중에 록 콘서트에 갔기 때문에 아이에게 청각 장애가 생겼다고 확신하면서 죄책감에 시달리는 한 여성의 이야기를 들려주었다.[54] 팔머는 그 아이

---

* 청각 손실을 유발하는 유전자.

한테서 코넥신 26 돌연변이를 발견했고, 죄책감에 시달리던 그 여성은 안도의 눈물을 흘렸다. 나는 〈백인 독신남이 코넥신 26 돌연변이가 있는 배우자를 구합니다〉라는 글로 시작하는 개인 광고를 본 적이 있다. 그 광고는 그의 정체성이자 하나의 유전학적 미래를 보여 주는 지도였다. 즉, 코넥신 26 돌연변이를 공히 갖고 있는 부부의 자녀는 필연적으로 청각 장애를 가지고 태어날 것이다.

대부분의 건청인은 청각 장애가 청능의 부재라고 생각한다. 하지만 대다수 청각 장애인은 청각 장애를 청능의 부재가 아니라 청각 장애의 존재로 본다. 농문화는 하나의 어엿한 문화이자 삶이며, 언어이면서 미학적 특징이고, 신체적인 특징이자 다른 사람과 구분되는 지식이다. 이 문화에서는 건청인의 경우와 달리 몸과 마음의 긴밀한 조화가 무엇보다 중요하다. 이들에게 언어란 단지 혀와 후두의 제한된 구조가 아니라 주요한 여러 근육 조합이 복합적으로 작용한 결과물인 까닭이다. 사회 언어학의 초석 중 하나인 사피어-워프 가설에 따르면 언어는 그 언어를 사용하는 사람이 세상을 이해하는 방식에 결정적인 영향을 끼친다.[55] 작고하기 불과 얼마 전인 2000년에 윌리엄 스토키는 내게 이렇게 말했다. 「우리는 수화가 구어와 얼마나 비슷한지 설명하는 데 많은 시간을 소비해야 했어요. 수화의 유효성을 확립하기 위해서였죠. 일단 수화의 유효성이 폭넓게 수용되고 나면 우리는 보다 흥미로운 주제, 즉 수화와 구어의 차이에 집중할 수 있습니다. 수화를 모국어로 사용하는 사람이 삶을 인식하는 방식과 그와 비슷한 환경에 있는 건청인이 삶을 인식하는 방식이 서로 어떻게 다른지 살펴볼 수 있답니다.」[56]

농인 인권 운동가 엠제이 비엔버뉴가 말했다. 「우리는 정상인처럼 느끼기 위해 굳이 건청인이 되길 원하거나 그럴 필요가 없다. 청각 장애인에게 조기 개입이란 보청기나 증폭기, 또는 가능한 한 건청인처럼 보이도록 아이를 훈련시키는 행위를 의미하지 않는다. 훌륭한 조기 개입 프로그램은 청각 장애 아동과 건청인 부모에게 일찍부터 ASL을 접할 수 있는 기회를 제공하고, 수화를 사용하는 농인들과 교류할 수 있는 다양한 기회를 제공할 것이다. 우리는 우리만의 언어와 문화, 유산을 보유한 소수 집단이다.」[57] 또 다른 농인 인권 운동가 바버라 캐나펄은 다음과 같이 썼다. 「나는 〈내가 사용하는 언어가 곧 나 자신〉이라고 믿는다. 수화를 거부하는 행동은 청각 장애가 있는 사람을 거부하는 행동이나 다름없다.」[58] 또한 캐럴 패든과 톰 험프리스는 〈농인의 육체는 대부분의 역사에서 부당한 꼬리표가 붙거나, 차별을 받거나, 통제를 받아 왔고, 이 같은 유산은 인공 와우 이식 수술이나 유전공학 분야에서 향후 《발전》이라는 망령의 형태로 상당 부분 그대로 존재한다〉[59]고 지적했다. 이러한 이식 수술, 즉 소리를 접수하는 일종의 팩시밀리를 제공하기 위해 외과 수술로 귀나 뇌에 이식되는 장치들은 청각 장애인들 사이에서 중요한 쟁점으로 부상했다.

이런 농문화 모델을 열정적으로 반대하는 사람들도 있다. 구화법을 초지일관 지지하는 로스앤젤레스 존 트레이시 클리닉의 병원장 에드거 로웰Edgar L. Lowell은 이렇게 말했다. 「나한테는 〈청각 장애 아동 교육에서 수화의 역할〉을 이야기해 달라는 부탁이 마치 양치기에게 양떼 안에 섞여 있는 늑대가 무슨 일을 하는지 묻는 것처럼 들린다.」[60] 톰 버틀링은 회고록 『농문화에 희생된 아이A Child Sacrificed to the Deaf Culture』에서 자신이 기숙 학교로 보내진 이야기와, 그곳에서 자신의 지적 수준에는 한참 못 미치는 수화를 배운 이야기를 들려준다. 그는 수화를 〈유아어〉[61]라고 묘사하면서 그것을 목구멍 안으로 억지로 쑤셔 넣는 것처럼 느꼈다고 설명한다. 그는 어른이 되자 수화 대신 영어를 쓰기로 결심했다. 한 청각 장애인이 내게 말했다. 「우리는 정말 이스라엘과 팔레스타인 사람들 같아요.」 사회 평론가 베릴 리프 벤덜리Beryl Lieff Benderly는 이 싸움을 〈성전〉[62]으로 묘사했다. 1990년대 후반에 스미스소니언에서 농문화에 관한 전시회 계획을 발표하자 수화를 찬양하는 것이 구화법에 대한 도전이라고 생각하고 분노한 부모들이 그들에게는 자녀를 위해 구화법 교육을 선택할 자유가 있다고 주장하면서, 청각 장애인이면서 역사가인 크리스틴 하먼Kristen Harmon의 지적에 따르면 마치 농인 커뮤니티가 아동을 살해하는 사업이라도 하는 양 반대했다.[63]

그럼에도 농인 세계가 자식을 뺏어갈지 모른다는 두려움은 단순히 우울한 환상으로만 그치지 않는다. 나는 이전 세대의 농인들을 그들의 부모로 생각하는 많은 농인들을 만났다. 청각 장애인 부모 밑에서 자란 청각 장애 아동이 보여 주는 높은 수준의 성취는 청각 장애 아동이 청각 장애가 있는 어른에게 입양되어야 한다는 논거로 빈번하게 이용되었다.[64] 농문화에 우호적인 어떤 한 건청인 부모조차 심지어 이렇게 말했다. 「때로는 농문화가 또 다른 형태의 통일교처럼 보일 정도입니다. 〈당신의 아이는 앞으로 행복하게 살 것이오. 그러니 더 이상 그 아이를 볼 생각은 그냥 접으시오. 그 아이는 행복하게 살아가느라 너무나 바쁠 것이오.〉」[65] 북부 버지니아 리소스 센터의 상임 이사이면서 청각 장애 아동의 부모들에게 조언을 해주는 농인 여성 셰릴 헤프너가 말했다. 「청각 장애인은 청각 장애가 있는 아이들에게 소유권을 느껴요. 솔직히 말해서 나도 그래요. 소유권을 느끼죠. 그런 성향이 있음을 알기에 부모의 양육권에 간섭하려는 마음을 갖지 않으려고 무진장 노력해요. 하지만 한편으로는 그들의 자식이 절대로 100퍼센트 그들의 소유가 될 수는 없다는 사실을 부모들도 받아들여야 한다고 생각해요.」[66]

수화를 언어로 사용하는 사람들은 반대자들이 이해하지 못하는 언어의 한계에 갇힌 채 수용을 이끌어 내기 위해 투쟁해야 했다. 요컨대 그들은 그들의 반대자들이 수화를 이해하기 전에는 자신들이 원하는 것을 설명할 수 없었다. 그리고 이는 농문화 정치학의 근간을 이루는 극심한 분노를 낳았다. 농인 심리학자 닐 글리크먼Neil Glickman은 농인의 정체성을 네 단계로 설명했다.[67] 사교 모임인 컨트리클럽의 유일한 유대인이나 부유한 교외 마을의 유일한 흑인 가정처럼 불편함이 따르기는 하지만 청각 장애가 없는 체하는 것으로 그 첫 번째 단계가 시작된다. 그다음 단계에는 주변인의 상태로 발전해서 자신이 청각 장애인이나 건청인의 삶 어느 쪽에도 속해 있지 않다고 느끼게 된다. 그다음에는 농문화에 몰입하고 농문화와 사랑에 빠지는 한편 건청인 문화를 폄하한다. 끝으로 최종 단계에 도달하면 청각 장애인과 건청인의 경험 모두 각각의 장점이 존재한다는 균형 잡힌 시각을 갖게 된다.

레이철 반스에게 그녀의 아이가 말을 하도록 가르치는 문제는 정치학과 아무런 관련이 없는 사랑이었다.[68] 레이철의 아들 찰리가 생후 2주 되었을 때 그녀의 어머니는 찰리를 유모차에 태우고 공기착암기 앞을 지나가다가 그가 시끄러운 소리에도 전혀 반응하지 않는다는 사실을 알아챘다. 레이철은 6주째에 찰리의 장애를 눈치 챘다. 그들의 담당의는 찰리가 8개월이 될 때까지 확신을 갖지 못했고, 찰리의 아버지 패트릭은 담당의의 확진을 받고 나서야 아들에게 청각 장애가 있다는 사실을 믿었다. 패트릭이 맨 처음 취한 행동은 청각 장애와 관련해서 그가 구할 수 있는 모든 책을 사들이는 것이었다. 레이철은 가장 먼저 사람들에게 찰리의 상태를 설명했다. 반스 가족은 잉글랜드 남부의 작은 마을에서 살았다. 레이철이 당시를 회상하며 말했다. 「여자 우체국장이 〈내가 다른 사람들에게 대신 이야기할까요?〉라고 물었어요. 나는 〈예, 모두에게 이 사실을 알리는 편이 나을 것 같아요〉라고 대답했죠. 그렇게 나는 순식간에 동맹군을 얻었어요.」

레이철은 그때까지 교사로 일했다. 하지만 곧 그들 부부는 이후로 레이철이 찰리와 조만간 태어날 딸 마거릿을 돌보고, 가족의 수입은 패트릭이 전적으로 책임지기로 합의했다. 레이철이 말했다. 「별안간 우리 집이 더 이상 우리 것이 아닌 게 되었어요. 소위 전문가라는 사람들이 마치 우리와 찰리가 그들의 소유물인 양 들이닥쳤기 때문이죠. 〈찰리, 너를 데리고 무인도로 도망갈 수 있다면 내가 직접 너에게 말하는 법을 가르칠 테고 그러면 우리 모두가 행복할 텐데〉라고 정말 간절하게 바랐던 기억이 나요.」 1980년 아직 아기였던 찰리는 생전 처음으로 보청기를 사용하게 되었다. 그리고 반스 부부는 찰리의 교육 전략을 짜야 했다. 「청각 장애아가 있는 어떤 분을 만났었는데 그분이 우리에게 말하더군요. 〈레이철, 그건 정말 간단한 문제예요. 만약 그 아이가 똑똑하다면 말하는 법을 배우게 될 겁니다.〉」 세 살이 되자 찰리는 구화 능력에서 벌써부터 진전을 보이기 시작했다. 찰리가 발음하는 자음은 레이철과 패트릭을 제외하고는 대체로 아무도 이해할 수 없었지만 어쨌거나 자신의 목소리를 사용했고, 레이철과 패트릭은 찰리가 소리를 내려고 노력할 때마다 상을 주었다. 보청기 덕분에 찰리는 큰 소리를 들을 수 있었고, 레이철은 그런 찰리를 훈련시키면서 하루하루를 보냈다. 예컨대 그녀가 낼 수 있는 가장 큰 목소리로 〈이건 컵이야〉라고 족히 천 번쯤 이야기한 다음에 찰리에게 컵을 건네주는 식이었다.

처음에 그들은 만화 영화를 봤다. 이야기가 단순해서 문장 구조를 익히기에 좋다고 생각했기 때문이다. 말하자면 찰리의 청각 장애에 직면하여 하위문화가 일시적으로 고급문화가 된 것이다. 머지않아서 찰리는 어린 나이에도 능숙한 독서가로 거듭났다. 청각 장애에 관한 책을 좋아했던 패트릭은 저자에게 편지를 보내서 찰리를 봐 달라고 부탁했다. 레이철의 설명이다. 「그녀는 찰리의 언어 능력을 분석하는 데 무척 능숙했고 예컨대 찰리가 부사를 전혀 사용하지 않는다는 사실도 발견했어요. 우리는 한 달에 한 번 정도 그녀를 만났고, 그때마다 그녀는 찰리에게 매일 저녁 나와 함께 수행할 과제를 냈어요.」 찰리가 다섯 살 때였다. 한번은 그가 레이철에게 〈그래서 엄마가 나무 한 조각을 집어 들었다〉라는 문장이 포함된 이야기를 들려주려고 했다. 레이철은 무엇을 집어 들었다는 것인지 이해할 수 없었다. 그래서 찰리에게 다시 말해 달라고, 이야기의 내용을 그림으로 그려 달라고 부탁했다. 결국 찰리가 지하실에서 나무토막을 가져와 그녀에게 보여 주었다. 레이철은 〈아들이 그렇게 열심히 노력하고 있는데 나 또한 그렇게 하지 못할 이유가 없었어요. 한편으로는 혹시 내가 찰리를 너무 너그럽게 대하는 것은 아닌지 항상 약간의 걱정이 있었어요. 특히 사회적인 행동이나 세부 사항과 관련해서 더욱 그랬어요. 찰리에게는 다른 누구보다 더 그런 것들이 필요할 테니까요〉라고 말했다.

그다음 문제는 학교였다. 여섯 살이 된 찰리는 콧수염과 턱수염이 무성한 남자가 가르치는 일반 학급에 배치되었다. 반스 부부가 찰리를 다른 반으로 옮겨 달라고 부탁하자 학교에서 다음과 같은 답변이 돌아왔다. 「우리는 찰리가 입술을 읽기 어려운 사람의 입술을 읽는 법을 배울 필요가 있다고 생각합니다.」 레이철과 패트릭은 〈우리는 찰리가 구구단을 배우는 게 중요하다고 생각합니다〉라고 항변했다. 상황은 전혀 만족스럽지 않았고 그들은 사회적으로 소외되어 가고 있었다. 어느 날은 찰리가 집에 돌아와서 체육 시간에 자신이 골대 역할을 맡아야 했다고 이야기했다. 레이철이 말했다. 「그래서 우리는 무척 특이하고 규모가 작은 사립학교로 찰리를 전학시켰어요. 그 학교는 학생 수가 50명밖에 없었어요. 찰리가 똑똑한 아이라는 사실도 처음의 학교를 계속 다닐 수 없었던 이유 중 하나였죠. 새로 옮긴 학교에는 각자 정해진 책상이 있었고, 전면을 향한 채 수업이 진행되었고, 라틴어도 가르쳤어요. 찰리는 라틴어를 무척 좋아했어요. 어느 시점부터는 첼로도 배웠어요.」

찰리가 중학교에 들어갈 때가 되었다. 반스 부부는 그 지역 중학교의 교장을 만났다. 그 교장이 말했다. 「당신 같은 사람들을 잘 압니다. 당신들은 이 아이에게 지나치게 높은 기대를 갖게 될 겁니다. 하지만 그런 태도는 당신들 자신이나 아이를 위해서 옳지 않아요.」 레이철은 분한 마음도 들었지만 한편으로는 충격을 받았다. 레이철이 회상했다. 「아직도 그때 기억이 나요. 나는 집에 돌아와서 약장(藥欌)에 기대어 서 있었어요. 패트릭에게 〈그는 절대로 『햄릿Hamlet』을 읽지도 않을 거고, 이 〈약장〉이라는 단어를 발음하는 일도 없을 거야〉라며 분통을 터뜨렸어요.」 그들은 찰리가 들어갈 수 있는 모든 학교를 면밀히 검토했다. 여기에는 버크셔의 메리 헤어 농인 기숙학교도 포함되었다. 이 학교는 전교생이 청각 장애인이었지만 전국 표준 학력고사에서 영국의 일반 학생들보다 높은 성적을 보였다. 패트릭은 기숙학교에 끔찍한 기억이 있어서 자식에게는 절대로 자신의 전철을 밟지 않게 하겠다고 맹세한 사람이었다. 레이철 역시 사립 중등교육에 반대하는 입장이었고, 무엇보다 찰리를 집에서 그토록 멀리 떨어진 학교에 보내는 것이 내키지 않았다. 그렇지만 찰리는 결국 그 학교에 입학했고, 레이철은 학교 운영위원회에 가입했다. 그녀가 말했다. 「찰리는 향수병에 걸려서 처음 두 학기 동안은 내내 울었어요. 나도 찰리가 너무 보고 싶어서 병이 날 지경이었어요. 중학교 2학년, 3학년을 거쳐 고등학교 1학년이 되면서 찰리는 행복해했고, 고등학교 3학년 때는 찰리 인생에서 가장 행복한 시기 중 한때였어요. 사춘기에는 좋은 친구를 많이 만들어야 해요. 그렇게 하지 않으면 영영 친구를 사귈 줄 모르게 되니까요. 찰리는 학교에 친구가 많았어요.」 학교에는 비공식적인 수화가 존재했지만 수업은 구어로 진행되었고 학생들은 자신의 목소리를 사용하도록 격려되었다. 레이철은 말했다. 「자신은 수화를 사용하지만 자식은 구어를 배우길 바라는 청각 장애인 부모를 포함해서 청각 장애인 부모를 가진 아이들의 비율이 흥미로울 정도로 높았어요. 정말 멋진 학교였죠.」

찰리가 학교에 다니기 시작했을 때 패트릭은 언어치료사를 찾아가서 〈아내에게 내가 왔었다고 말하지 마세요. 그리고 우리 아이에게 《약장》을 발음하는 법을 가르쳐 주세요〉라고 부탁했다. 언어치료사는 패트릭의 요구가 어처구니없다고 생각했고 찰리 역시 그랬다. 레이철이 그 일을 설명하면서 미소를 지었다. 「찰리는 〈약장〉을 발음할 줄 알게 되었어요. 『햄릿』도 읽었죠.」 찰리와 레이철은 공통점이 있었는데 독서와 단어에 대한 애정이 유별났다. 어느 날 오후에 레이철이 나와 이야기를 나누다가 사진첩을 펼쳐 보여 주었다. 찰리와 레이철의 사진이 수백 장은 되어 보였다. 사진 속의 모자는 함께 산책을 하거나, 앉아 있거나, 놀이를 하거나, 공부를 하고 있었다. 반면에 찰리의 여동생 사진은 아주 드문드문 보였다. 「패트릭은 사진을 찍고 있었다 치더라도 마거릿 사진은 왜 이렇게 없죠?」레이철이 대답했다. 「지금 이 자리에 마거릿이 있었다면 서슴없이 그때가 가장 끔찍한 시기였다고 이야기할 거예요. 찰리는 열두 살 때 기숙학교에 들어갔는데 나는 그렇게 되어 정말 다행이었다고 생각해요. 그 덕분에 내가 마거릿에게 만회할 두 번째 기회를 얻었기 때문이에요.」

청각 장애인을 위한 자선 활동에 참여하던 레이철은 이들이 건청인 세계를 향해 혼란스럽고 비생산적인 적대감을 가지고 있다고 느꼈다. 「나는 수화를 사용하는 농인 커뮤니티에 사춘기가 길어지도록 종용하는 무언가가 있다는 느낌을 계속 받았어요. 사춘기가 자기 자신을 경험하는 방법으로는 효과적이지만 보다 넓은 세상에 나아가서는 궁극적으로 아무런 도움이 되지 않아요.」 정치적 성향을 띤 농인 커뮤니티를 곤란해하기는 찰리도 마찬가지였다. 하지만 그는 청각 장애에도 어느 정도 자긍심을 가질 만한 부분이 있다고 믿었다. 다시 말해, 적어도 청각 장애를 자신의 일부로 여기면서 자기 자신의 모습으로 살아가는 데 자긍심을 가져야 한다고 생각했다. 레이철이 말했다. 「찰리가 자기와 같은 기숙사에 있던 한 소년의 이야기를 들려준 것이 생각나요. 그 소년은 밤마다 자신을 낫게 해달라고 기도했어요. 찰리가 그러더군요. 〈엄마, 그런 식으로 생각한다는 게 정말 슬프지 않아요? 그렇죠? 나는 절대로 그러지 않을 거예요.〉 그 말을 듣고 나는 〈아, 우리가 제대로 해왔구나〉라는 생각이 들었어요.」

찰리는 메리 헤어 장애인 학교를 우수한 성적으로 졸업하고 대학에서 그래픽디자인을 공부했다. 그는 대학도 우등으로 졸업하고, 그 분야의 일류가 되었으며, 그래픽디자인 회사에서 2년 동안 일하고 난 다음에는 세상을 경험하길 원했다. 그는 1년을 쉬면서 오스트레일리아와 뉴질랜드, 동남아시아, 남아메리카 등지를 여행했다. 그런 다음 혼자서 아프리카를 여행했다. 하지만 이 기간 중에도 그는 다소 갈피를 잡지 못했고 가끔씩 극심한 압박감에 시달렸다. 그런 아들을 지켜보면서 레이철은 걱정과 무력함을 동시에 느꼈다. 그녀가 당시를 회상하며 말했다. 「그러던 어느 날이었어요. 계단을 올라오는 발자국 소리가 들렸죠. 패트릭과 찰리였어요. 패트릭이 말했어요. 〈찰리가 할 이야기가 있다는구려.〉 일반적으로 그런 경우에 부모라면 누구나 순간적으로 〈맙소사, 우리 아이가 경찰에게 잡혀가게 된 것은 아닐까?〉라는 생각부터 들 거예요. 하지만 막상 찰리 입에서 나온 말은 〈영국 왕립 미술 대학교 석사과정에 합격했어요〉라는 내용이었어요. 우리는 찰리가 지원했다는 사실조차 까맣게 모르고 있었죠.」 왕립 미술 대학은 런던에 위치한 훌륭한 미술학교였으며 그곳에는 찰리와 비슷한 생각을 가진 사람들로 가득했다. 찰리의 경우에 미술가를 자신의 자아상으로 삼으면서 평정심과 자신감을 얻었다. 그럼에도 찰리는 태생적으로 혼자 있길 좋아한다. 한번은 레이철에게 하느님만 아니면 자신이 훌륭한 수도승이 되었을 거라고 이야기한 적도 있었다. 레이철은 〈찰리가 그토록 엄청나게 발전해 가고 있음에도 나는 어떻게든 그를 계속해서 도와주고 싶은데 더 이상 그럴 수 없다는 사실 때문에 마음이 무거워요〉라고 고백했다. 농문화 정치학에 관심을 둔 적이 없었기 때문에 찰리는 자신의 장애에 대해 특별히 어떠한 애착도 없다. 실제로 찰리는 내가 자신의 부모와 이야기하는 것을 반겼지만 정작 자신은 나를 만나지 않기로 했다. 자신의 〈결함〉에만 주로 관심이 있는 사람과 대화를 나누고 싶지 않다는 것이 그 이유였다. 그는 청각 장애를 자기 본연의 모습 중 단지 작은 일부로 생각할 뿐이라고 단언했다. 레이철이 말했다. 「나는 찰리가 청각 장애인이라는 사실에 어떤 이점도 없다고 생각해요. 찰리 〈본인〉에게 그렇다는 말이에요. 반면에 나한테는 단언컨대 엄청난 장점으로 작용했어요. 수영장이나 체육관에서 거의 모든 시간을 보내야 했을 장애를 보살펴야 했다면 저는 무척 힘들었을 거예요. 다행히도 제 전공은 문학이에요. 그래서 언어와 관련된 어떤 문제를 다룬다는 점에서 절대적으로 매력을 느꼈어요. 나는 무척 약삭빠르고 강압적인 사람들 사이에서 자랐어요. 그리고 찰리의 장애 덕분에 생전 처음으로 선한 사람들을 만났죠. 전에는 단지 〈착하기만〉 한 사람들을 무시하라고 항상 배웠어요. 지금은 수많은 친구들이 생겼어요. 게다가 이제는 자선 활동도 많이 해요. 찰리가 없었다면 절대로 그러한 활동을 하지 않았을 거예요. 그렇겠죠? 모르긴 몰라도 지금과는 굉장히 다른 삶이었을 거예요.」

레이철은 찰리의 자신감과 특히 그의 용기를 높이 산다. 「찰리는 자신의 영혼을 만들어 가고 있어요. 우리가 살아가는 사회에서는 대부분의 사람들이 돈을 벌거나 지위를 얻으려고 노력해요. 물론 찰리 역시 돈과 지위를 추구하겠죠. 하지만 그 아이가 지금 하고 있는 건 그런 일이 아니에요. 찰리는 길고 느린 성장 과정에 있지만 인생을 길게 봐야죠.」

1994년도 렉싱턴 청각 장애인 학교 졸업식이 끝난 직후에 나는 테네시 녹스빌에서 거의 2,000명에 가까운 청각 장애인들이 참석한 가운데 열린 전국 농인 협회 대회에 참석했다. 렉싱턴에서 시위가 진행될 당시 나는 여러 청각 장애인 가정을 방문했다. 그 과정에서 장애인들끼리는 어떤 식으로 전화 통화를 하는지 배웠다. 수화로 하는 이야기를 알아듣는 개도 만났다. 특수교육 철폐론과 구화법주의, 시각 언어를 통합하는 문제에 관한 대화도 나누었다. 아울러 벨소리가 울리는 대신 불빛이 깜빡거리는 초인종에도 익숙해졌다. 개인적으로는 영국과 미국의 농문화가 어떻게 다른지 관찰하기도 했다. 한동안은 갈로뎃 대학 기숙사에서 지내기도 했다. 그럼에도 나는 전국 농인 협회라는 농문화의 세계로 들어갈 준비가 덜 되어 있었다.

　전국 농인 협회NAD는 1880년에 처음 창설된 이래로 농인의 자아실현과 세력 규합을 위한 구심점 역할을 해왔으며, 이 협회가 개최하는 대회는 가장 헌신적인 농인들이 정치적 관심을 촉구하고 사회적 교류를 위해 모이는 자리다. 협회 대표의 초대를 받은 사람들이 모인 회의장에는 불빛이 위쪽을 향해 있었다. 청각 장애인들은 약간 어둑할 때 조용해지기 때문이다. 회의장의 전반적인 분위기는 수천 개의 손이 놀라운 속도로 움직이는 와중에 지극히 개인적인 목소리와 어투를 가진 하나의 공간적인 문법 체계를 형성하고, 마치 인간의 바다가 파도를 일으키고 불빛 속에서 반짝이는 포말을 만드는 듯 보였다. 군중은 거의 아무런 소리도 내지 않았다. 그들이 사용하는 언어의 일부인 박수 소리, 혀를 찰 때 나는 흡착음, 청각 장애인이 수화를 할 때면 으레 들리는 숨을 내뿜는 소리, 간간이 터져 나오는 크고 거리낌 없는 웃음소리 등이 전부였다. 건청인에 비해 청각 장애인은 서로 신체 접촉을 많이 했고, 나는 친구 사이의 포옹과 스스럼없는 포옹의 차이에 주의해야 했다. 사실, 이런 생소한 환경에서 통용되는 에티켓에 관해서는 전혀 몰랐기 때문에 모든 것에 주의해야 했다.

　나는 당시에 데프스타Deafstar 여행사를 운영하던 에런 루드너와, 그리고 업계 최초로 청각 장애인과 게이를 대상으로 한 유람선 여행을 계획하고 있던 데프 조이Deaf Joy 여행사의 조이스 브루베이커와 함께 청각 장애인을 위한 여행 산업에 대해 이야기를 나누었다. ASL의 용법, 에이즈, 가정 폭력 등에 관한 세미나에도 참석했다. 뉴욕 청각 장애인 극장을 만든 앨런 바위올렉과 함께 청각 장애인용으로 번역된 연극과 농인 연극의 차이에 관해서도 토론했다. 농인 코미디언들 때문에 폭소를 터뜨리기도 했다(글릭 교수라고도 알려진 켄 글릭만이 말했다. 「나는 블라인드 데이트가 언제나 청각 장애 데이트로 끝이 납니다. 여러분도 그런 데이트를 해본 적 있습니까? 청각 장애 데이트란 소개팅한 여성에게서 다시는 연락이 오지 않는 거죠.」). 저녁 식사

를 하는 자리에서 널리 인정받는 농인 배우 버나드 브래그는 자신의 파스
타 요리가 차갑게 식어 가는 것도 잊은 채 열정적으로 윌리엄 블레이크의
시를 수화로 낭송했다. 수화를 사용하는 사람들은 입 안에 음식물이 있어
도 대화를 나눌 수 있지만 수화를 하는 동안에는 칼질을 할 수 없다.

　전국 농인 협회에서는 농인 미스 아메리카 대회도 개최하는데 이 대
회는 금요일 밤에 열렸다. 우아하게 옷을 차려입고 자신이 대표하는 주
(州) 이름이 새겨진 띠를 당당하게 걸친 젊은 미녀들이 많은 사람들의 관
심을 받았다. 미주리를 대표해서 참가한 농인 미녀를 가리키며 어떤 사람
이 말했다. 「당신은 남부의 저런 모호한 수화를 신뢰할 수 있겠소? 나는
저런 식으로 수화하는 사람이 있을 거라고는 〈정말로〉 한 번도 생각해 본
적이 없어요!」 (실제로 수화의 지역적인 차이는 문제를 초래할 수 있다. 뉴욕에
서 사용하는 속어로 〈케이크〉를 의미하는 수화는 남부의 몇몇 주에서 〈생리대〉
를 의미한다. 서투른 수화 실력 때문에 나는 누군가에게 함께 〈점심〉을 먹자고 초
대를 하려다가 〈레즈비언〉을 먹자고 하고 말았다.) 러시아계 유대인 부모를 따
라 열 살 때 미국으로 이민 온 농인 미스 뉴욕 지니 거츠는 미국에서 자유
를 찾은 감동적인 긴 이야기—장애에 대해 너그럽지 않은 나라에서 사회
적인 부적응자로 살다가 농인으로서 자긍심을 느끼게 되기까지의 변화를
포함해—를 들려주었다. 청각 장애이면서 동시에 매력적일 수 있다는 사
실이 정말 충격적이고 믿기 어려울 정도였다. 아메리칸 드림이란 바로 그
런 게 아닐까.

　나는 매일 밤 새벽 2시 반까지도 잠자리에 들지 않고 사람들과 대화
를 나누었다. 청각 장애 사회학자도 만났는데 그는 청각 장애인들의 작별
인사법에 관한 논문을 쓰고 있었다.[69] 인터넷이 등장하기 전인 1960년대에
문자 메시지를 주고받는 텔레타이프가 발명되기 이전까지 청각 장애인들
은 오로지 편지나 전보, 또는 직접적인 만남을 통해서만 서로 소식을 주고
받을 수 있었다. 소소한 파티에 사람을 초대하는 데만도 꼬박 이틀이 걸렸

다. 작별 인사를 나누는 일은 결코 쉽지 않았다. 해야 할 말을 하지 못했다는 생각이 불현듯 들기도 할 것이다. 하지만 다시 만나려면 한참이 걸릴 것을 알기에 헤어지기가 쉽지 않았다.

농인 조종사 협회 회원인 알렉 나이만은 2005년에 비행기 추락 사고를 당하기 전까지 전 세계를 누비고 다니던 여행가였다. 그 사고는 지상의 관제사들이 청각 장애인 조종사와 의사소통하고 있다는 사실을 깜빡했기 때문에 일어났고, 그 일로 그는 심각한 부상을 입었다. 우리가 만났을 때 그는 중국을 여행하고 막 돌아온 뒤였다. 「중국에 도착한 첫날 중국인 농인들을 만났고 그들과 함께 지냈습니다. 농인들은 호텔이 따로 필요하지 않아요. 어디를 가더라도 농인들끼리 함께 지낼 수 있는 장소가 항상 있으니까요. 다른 수화 언어를 사용했음에도 중국인 농인들과 의사소통하는 데 전혀 문제가 없었습니다. 사는 나라는 달랐지만 공통의 농문화가 우리를 하나로 묶어 주었기 때문이죠. 저녁 식사가 거의 끝났을 때 우리는 중국에서 농인의 삶과 중국 정부의 정책에 대해서 이야기를 나누었습니다.」내가 고개를 끄덕이자 그가 덧붙였다. 「당신이었다면 중국에서 그렇게 못했을 겁니다. 어떤 건청인도 불가능하죠. 그런 점에서 본다면 과연 어느 쪽에 장애가 있는 걸까요?」 이상하게 들릴지 모르지만 전국 농인 협회 대회에 참석한 동안 나도 농인이었으면 하는 바람이 드는 것을 어쩔 수 없었다. 나는 농문화라는 것이 존재한다는 사실을 진작부터 알고만 있었지 그 문화가 얼마나 매력적인지는 전혀 모르고 있었다.

이러한 농문화 경험을 세상의 나머지 다른 경험과 어떻게 조화시킬 수 있을까? 엠제이 비엔버뉴는 두 개의 언어bilingual와 두 개의 문화bicultural를 근간으로 하는 접근법의 토대를 마련했다. 흔히 〈바이바이Bi-Bi〉라고 불리는 이 접근법은 갈로뎃 산하의 초등학교와 몇몇 시범 중등학교에서 채택하고 있다. 바이바이 커리큘럼에 의하면 학생들은 수화로 교육을 받으면서 제2언어로 영어를 배운다. 영어를 배울 때도 구어보다 문어

(文語)가 우선시된다. 이 학교의 학생들 중 상당수는 같은 학년의 다른 건청인 학생들과 비슷한 성취도를 보인다. 모든 교육이 전적으로 구어로 이루어지는 학교에 다니다가 열여덟 살이 되어 졸업하는 학생들의 읽기 능력은 일반적으로 초등학교 4학년 수준에 불과하다. 반면에 바이바이 접근법을 채택한 학교의 학생들은 각각의 학년에 어울리는 수준을 보인다. 바이바이 시스템에서도 하나의 유용한 도구로서 구어를 가르치지만 구어가 주된 관심의 대상은 아니다.[70]

우리가 처음 만났을 때 비엔버뉴는 40대 초반이었고 수화를 무척 빠르고, 단호하고, 완벽하게 구사해서 이야기에 몰입하게 만드는 능력이 있는 듯 보였다. 그녀는 장애disability라는 말을 가장 강경하고 분명하게 반대하는 사람 중 한 명이다. 그녀가 손가락으로 마치 활짝 웃는 표정을 그리듯이 검지를 턱에서 귀로 움직이며 수화로 〈농인〉이라는 기호를 그리며 〈나는 농인이에요〉라고 말했다. 「나 자신을 농인으로 여기는 것은 일종의 선택이에요. 내가 레즈비언을 하나의 정체성으로 인정하는 것과 마찬가지죠. 나는 나만의 사고방식으로 세상을 살아요. 〈청각 장애〉나 다른 어떤 〈장애〉라는 용어로도 나를 규정하지 않죠. 수화를 금지당한 채 강요에 의해 영어를 배운 사람들은 두 개의 언어 대신에 반쪽짜리 언어를 사용하고, 그 때문에 장애인이 되는 거예요. 하지만 우리 같은 청각 장애인이 아닌 바에야 영어를 못한다고 해서 장애인 취급을 받지는 않잖아요. 일본인이라는 사실이 장애가 아닌 것처럼 말이에요.」 청각 장애인 부모를 둔 청각 장애인이자 청각 장애인 자매가 있는 비엔버뉴는 ASL에 대해서 오직 시인 같은 사람만이 영어에 대해 느낄 법한 만족감을 보여 준다. 그녀가 말했다. 「우리는 우리 언어를 인정받았을 때 자유를 얻었어요.」 그녀가 수화로 〈자유〉라고 말할 때의 표현—주먹을 쥔 양손을 손등이 정면을 향하도록 한 채 가슴 앞에서 따로따로 흔드는 동작—이 마치 폭발처럼 느껴졌다. 그녀는 〈청각 장애인으로서 내가 경험할 수 있는 일 중에는 당신이 경험할 수 없는 것들이 많아요〉라고 말했다.

　이런 이야기는 미묘한 영역에 속한다. 어떤 사람들은 만약 청각 장애가 장애가 아니라면 청각 장애가 있는 당사자도 미국 장애인법ADA의 보호를 받을 자격이 없으며, 법으로 규정된 다양한 복지 혜택에 대한 권리도 포기해야 한다고 주장한다. 예컨대 공공 기관에 배치되는 수화 통역사나 청각 장애인 통신 중계 서비스, 텔레비전 프로그램의 자막 방송 같은 것을 포기해야 한다는 것이다. 미국에 체류하면서 일본어밖에 할 줄 모르는 사람들도 있지만 그들에게는 이런 서비스 중 어느 것도 자동으로 제공되지 않는다. 만약 청각 장애가 장애가 아니라면 주 정부는 어떤 근거로 별도의 학교를 운영하고, 어떤 근거로 장애인 사회보장 보험을 제공해야 할까? 노스이스턴 대학에서 심리학을 가르치는 작가 할란 레인은 이렇게 말했다. 「청각 장애인은 공공 행사나 공직, 교육 등의 문제와 관련해서 민주주의 국가의 일반 시민들과 다름없는 동일한 권리를 갖고자 한다. 하지만 이러한 권리를 획득하기 위해 그들이 합의해야 하는 장애의 정의는 그들이 쟁취하고자 투쟁하는 다른 권리, 예컨대 청각 장애 아동에게 최선인 언어를 채택해서 교육을 제공하고, 그들에게 행해지는 인공 와우 이식 수술을 중단하고, 애초에 청각 장애가 있는 태아를 낙태하도록 권유하는 시도를 근절하는 등과 상충하며, 바로 여기에 그들의 딜레마가 존재한다.」[71]

　나는 청각 장애가 당연히 장애라고 이야기하는 많은 청각 장애인을 만났다. 그들은 정치적 올바름의 관점에서 청각 장애인의 문제는 문제가 아니라고 암시하는 이들의 발상에 분개했다. 또한 나는 자기혐오에 사로잡힌 청각 장애인들도 만났다. 그들은 청각 장애를 수치스럽게 여겼고, 그들에게 청각 장애가 있는 자식이 태어났을 때 슬퍼했으며, 그들의 자식도 결국은 2류 인생을 살 수밖에 없을 거라고 생각했다. 그들의 슬픈 목소리가 지금도 귀에 생생하다. 어찌 보면 그들의 귀가 치료되거나 그들의 자아상이 치료되는 것은 문제가 아니다. 문제는 어쨌든 이 세상에는 그러한 사람들이 무수히 많고, 그들에게는 다른 사람의 도움이 필요하다는 것이다.

루크와 메리 오하라는 둘 다 건청인이고, 젊어서 결혼했으며, 아이오와에 있는 농장으로 이사하면서 곧바로 자녀를 낳기 시작했다.[72] 첫째 딸 브리짓은 달팽이관이 완전하게 발달하지 않는 증후군인 몬디니 기형을 안고 태어났다. 이 증후군은 퇴행성 청각 장애는 물론이고 신경 장애하고도 관련이 있어서 편두통이나 불안정한 (요컨대 전정기관에 영향을 주기 때문에) 균형 감각 등을 초래한다. 브리짓은 두 살 때 청능 상실 진단을 받았다. 몬디니 기형이라는 진단은 그 뒤로 수년이 지난 다음에 받았다. 사람들은 루크와 메리에게 브리짓을 다른 평범한 아이처럼 키우라고 조언했고, 따라서 브리짓은 어떤 특수교육도 받지 않은 채 구화법과 독순술을 터득하느라 처절하게 노력했다. 브리짓이 말했다. 「어머니는 집에 있는 모든 물건에 이름표를 달아서 어떤 단어가 어떤 사물을 가리키는지 알 수 있도록 했어요. 그리고 내게 완전한 문장으로 말하도록 했어요. 덕분에 나는 다른 청각 장애인들에 비해 상대적으로 유창하게 말할 수 있게 되었어요. 하지만 나 자신에 대해 자신감이 없었어요. 말을 할 때마다 언제나 지적을 받았으니까요.」 난해한 의사소통 수단은 가족끼리 의사소통할 내용의 소통 장애로 이어졌다. 「나는 내 감정을 어떻게 표현해야 할지 몰랐어요. 부모님과 여동생들도 자신의 감정을 표현할 줄 몰랐기 때문이죠.」

브리짓에게는 세 명의 여동생이 있다. 「여동생들은 곧잘 〈어휴! 언니는 정말 멍청해!〉라고 말했어요. 게다가 부모님의 태도를 보면 그분들도 동생들과 똑같이 생각하는 기색이 역력했어요. 어느 시점에 이르러서 나는 그냥 질문하기를 포기했어요.」 브리짓은 자신의 실수에 대해 가차 없이 놀림을 당했기 때문에 그녀의 가장 강력한 직관력에 대해서도 의심을 품게 되었고, 그 결과 점점 더 상처받기 쉬운 성격으로 변해 갔다. 「나는 천주교 집안에서 자랐어요. 그래서 어른들이 내게 하는 이야기를 신뢰하고 액면 그대로 믿었어요.」 우리 모두는 각자가 사회적으로 선택한 기준에 맞추어 살아간다. 요컨대 그러한 기준이 없으면 자신은 물론이고 다른 사람을 규정할 수 없다. 브리짓이 절대적으로 신뢰했던 유일한 사람은 자신보다 두 살 어린 여동생 마틸다였다.

브리짓은 그녀가 다닌 학교에서 최초의 청각 장애인이었다. 수화를 배우지 않았기 때문에 굳이 통역사를 붙여 줄 이유도 없었고 그러다 보니 그녀는 하루 종일 다른 사람의 입술을 읽어야 했다. 학교에서 돌아오면 녹초가 되기 일쑤였다. 또한 그녀는 글을 능숙하게 읽었기 때문에 자주 책 앞에서 웅크리고 앉아 시간을 보냈다. 그러면 그녀의 어머니는 책을 내려놓고 친구들과 놀라고 말했다. 브리짓이 친구가 없다고 대답하면 어머니가 물었다. 「왜 그렇게 화가 났니?」 브리짓이 그때를 떠올리며 말했다. 「나는 농문화라는 것이 존재하는 줄 몰랐어요. 내가 세상에서 가장 멍청한 사람이라고만 생각했죠.」

브리짓과 그녀의 세 여동생은 폭력적인 아버지에게 시달렸다. 그는 허리띠로 어린 딸들을 채찍질했다. 브리짓은 집 안보다는 밖에서 하는 허드렛일을 선호했고 자주 아버지를 도와 정원에서 일했다. 어느 날 그들은 갈퀴질을 하고 돌아왔고 브리짓이 샤워를 하러 이층으로 올라갔다. 잠시 뒤 그녀의 아버지가 옷을 벗은 채 그녀가 있는 욕실로 들어왔다. 브리짓이 당시를 회상했다. 「나는 여러모로 무척 순진했어요. 누구와도 깊은 대화를 나눠 본 적이 없었기 때문이죠. 그럼에도 그 상황이 옳지 않다는 것을 어렴풋이 알 수 있었어요. 하지만 겁이 났어요.」 그 뒤로 몇 달에 걸쳐 루크는 브리짓을 건드리기 시작했고 성적인 행위에 순응하도록 강요했다. 「처음에는 아버지에게 대들었어요. 그럴수록 아버지는 육체적으로 더욱더 학대했고 채찍질이 날아왔죠. 그 일과 관련해서 나는 어머니가 더 미워요. 아버지를 제지하기 위해 어떤 조치도 하지 않았기 때문이에요.」 그때쯤이었다. 브리짓은 무심코 화장실에 들어갔다가 손에 약병을 들고 있는 어머니와 마주쳤다. 메리는 브리짓을 보자마자 들고 있던 알약들을 변기에 쏟아 버렸다. 브리짓이 말했다. 「조금 더 나이를 먹고 나서야 나는 그때 어머니가 자살하려고 했음을 깨달았어요.」

브리짓이 중학교 3학년 때였다. 그녀의 조부모가 브리짓을 제외한 모든 손녀들을 데리고 디즈니월드에 갔다. 브리짓은 예전에 갔었기 때문에 이번에는 동생들 차례였다. 어머니도 그들을 따라가는 바람에 브리짓은 아버지와 단둘이 집에 남게 되었다. 브리짓이 말했다. 「지금은 그 주에 도대체 어떤 일들이 있었는지 기억이 하나도 나지 않아요. 하지만 마틸다가 디즈니월드에서 돌아왔을 때 나는 그녀에게 내가 겪었던 일을 분명하게 이야기했고, 나중에 마틸다가 말하기를 자신은 아버지가 내게 한 짓 때문에 그와 인연을 끊을 수밖에 없었다고 하더군요.」 나는 아버지의 성적인 학대가 그녀의 청각 장애와 관련이 있는지 궁금했다. 브리짓이 〈나는 손쉬운 표적이었어요〉라고 설명했다. 이와 관련해서 브리짓의 친구 중 한 명이 말했다. 「그녀의 아버지는 그녀가 절대로 말을 하지 않을 거라고 믿었던 거예요. 그녀는 청각 장애인이잖아요. 간단해요.」

고등학교 1학년이 되면서 브리짓의 성적이 뚝 떨어지기 시작했다. 점점 더 많은 내용들이 독서가 아닌 강의를 통해 다루어졌고 그녀는 수업 내용을 따라갈 수 없었다. 게다가 동급생들로부터 괴롭힘을 당하고 있었다. 화장실에 갈 때마다 그녀는 여학생 패거리에게 집단 구타를 당했다. 하루는 얼굴을 꿰매야 할 정도로 심한 상처를 입은 채 집에 오기도 했다. 얼마 뒤에는 그 여학생들이 쉬는 시간에 브리짓을 관리인실로 끌고 갔고 그곳에서 남학생들이 브리짓을 성추행했다. 브리짓은 〈그럼에도 나를 가장 화나게 한 건 어른들〉이라고 말했다. 「어른들에게 내가 당한 일을 설명했지만 그들은 내 이야기를 믿으려고 하지 않았어요.」 정강이가 찢어진 채 집에 와서 또 상처를 꿰매야 했을 때 그녀의 아버지가 학교에 전화를 걸었지만 그녀는 그가 한 말을 들을 수 없었고 그녀에게 따로 이야기해 주는 사람도 없었다.

브리짓은 어지럼증을 앓기 시작했다. 「지금은 어지럼증이 몬디니 기형에 수반되는 증상이란 걸 알아요. 하지만 당시의 그 모든 두려움도 어지럼증에 상당한 영향을 끼쳤을 거라는 생각이 드는 건 어쩔 수가 없어요.」 어떤 사람이 그녀에게 혹시 건청인이 되고 싶은지 물었고 그녀는 전혀 아니라고 대답했다. 그냥 죽고 싶다고 말했다. 마침내 어느 날 학교에서 돌아온 그녀가 다시는 학교에 가지 않겠다고 선언했다. 그날 밤 그녀의 부모는 그녀에게 집에서 불과 45분 거리에 청각 장애인 학교가 있으며 그녀가 〈진짜 세상〉의 일원이 되길 바라는 마음에서 그동안 그 학교에 대해 말해 주지 않았다고 설명했다. 브리짓은 열다섯 살에 그 학교에 등록했다. 그녀가 말했다. 「나는 한 달 만에 수화를 유창하게 할 수 있게 되었어요. 드디어 내 능력을 발휘하기 시작한 거예요.」 다른 많은 청각 장애인 학교처럼 이 학교도 교육의 절대적인 기준이 낮았고 브리짓은 다른 학생들보다 뛰어난 학업 성취를 보였다. 그녀는 이전에 있던 학교에서 바보 취급을 받았고 그래서 인기가 없었다. 하지만 이 학교에서는 오히려 뛰어난 학업 능력 때문에 인기가 없었다. 그녀가 당시를 회상했다. 「그럼에도 나는 사교적인 성격으로 변했고 생전 처음 친구들을 사귀었어요. 나 자신을 아끼고 보살피기 시작했죠.」

브리짓은 아버지와 이혼하라고 어머니를 설득했지만 그때마다 어머니는 이혼을 금지하는 〈천주교 카드〉를 꺼내 들었다. 하지만 브리짓이 뉴욕 대학에 들어가고 나자 그녀의 부모는 이혼 계획을 발표했다. 「어머니는 내게는 아버지도 필요하다고 생각했던 거예요. 그리고 내가 집을 떠나자 그제야 자유를 느꼈던 것 같아요.」

뒤이은 몇 년 동안 브리짓의 두통이 점점 악화되었다. 정신을 잃고 쓰러진 적도 여러 번이었다. 마침내 그녀가 병원을 찾아가자 의사는 내이(內耳) 기형을 즉시 수술해야 한다고 설명했다. 자신의 증상이 심리적인 문제에 불과할지 모른다고 하자 의사는 〈자신에게 너무 가혹하게 굴지 말아요〉라고 충고했다. 그녀에게 그렇게 말해 준 사람은 그 의사가 처음이었다. 결과적으로 브리짓은 학위를 취득했고 회계 관련한 직업도 구했다. 그렇지만 5년 뒤 다시 증상이 악화되었다. 그녀를 진찰한 신경과 전문의가 일주일에 20시간 이상은 일하지 말라고 충고했다. 그녀는 다시 학교로 돌아가서 병원 관리학을 공부했고 뉴욕 장로 병원에서 인턴으로 일했지만 얼마 못 가서 다시 쓰러졌다. 그녀의 신경 전문의는 일을 계속하는 것이 너무 위험하다고 설명했다. 「의사 선생님은 내가 조만간 죽음을 자초할 거라고 말했어요.」

30대에 들어서면서 브리짓은 급격한 시력 저하를 겪기 시작했다. 그녀는 초고성능 보청기를 하고 있었는데 이 보청기가 소리를 너무 많이 증폭시켜서 그녀의 시신경을 자극했고 그 때문에 시력이 나빠진 것이다. 그녀의 주치의는 인공 와우 이식 수술을 권했다. 그는 이 수술이 그녀의 편두통에도 도움이 될 거라고 생각했다. 결국 브리짓은 인공 와우 이식 수술을 받았고 지금은 어느 정도 말소리를 알아들을 수 있다. 그녀는 내게 〈이식 수술을 하길 정말 잘한 것 같아요〉라고 말했다. 늘 달고 살다시피 했던 편두통도 이제 주 간격으로 찾아왔다. 시력도 정상으로 돌아왔다. 그녀는 자원봉사자로 일하고 있으며, 그녀에게 일을 맡겨 본 사람들은 그녀가 정직원으로 근무해 주기를 바란다. 하지만 언제 또 증상이 재발할지 모른다는 것이 문제였다. 「나는 생산적인 상태가 주는 고무적인 느낌을 정말 느껴 보고 싶어요. 하지만 내게는 장애가 있어요. 그리고 그 장애가 나를 파괴하도록 방치할 수도 있고, 아니면 즐기면서 살아가는 법을 배울 수도 있겠죠. 아이를 가질 수 있었다면 정말 좋았을 거예요. 그렇지만 언제든 증상이 재발할 수 있고 그러면 모든 일을 중단해야 한다는 사실을 뻔히 알면서 어떻게 아이를 가질 수 있겠어요?」

1997년에 브리짓의 어머니는 암으로 죽어 가고 있었고 앞으로 살날이 10주밖에 남지 않았다는 선고를 받았다. 혼자 지내기에는 그녀의 병세가 너무 위독했다. 각자 가정이 있던 브리짓의 동생들은 그녀를 보살필 수 없었기 때문에 메리는 뉴욕에 있는 브리짓의 좁은 아파트로 거처를 옮겼다. 메리는 그로부터 18개월을 더 살았다. 그 와중에 암묵적으로 언급을 회피했던 문제가 점점 더 견딜 수 없는 무게를 지니게 되었다. 「나는 성적인 부분을 직접적으로 거론하지는 않았어요. 하지만 육체적인 학대에 대해서는 분명하게 말했어요. 어머니는 울음을 터뜨렸지만 당신도 일조했음을 인정하지는 않았어요.」 병간호가 브리짓이 감당할 수 있는 수준을 넘어서면서 마틸다가 합세했다. 「밤이 되면 마틸다와 이런저런 이야기를 나누었는데 그녀가 성적인 학대와 관련된 이야기를 꺼냈어요. 나에게 일어난 일이었지만 그 일은 그녀에게도 엄청난 충격을 주었죠.」 마틸다의 분노가 대부분 브리짓을 대신한 것이었음에도 브리짓은 그녀의 분노에 오히려 두려움을 느꼈다.

메리가 숨을 거두기 직전에 브리짓의 이모가 마틸다에게 전화해서 병원에 있을 때 메리가 말도 안 되는 일을 상상하면서, 예컨대 브리짓이 아버지에게 성적으로 학대를 받았으며 메리 자신은 그와 관련해 아무런 행동도 취하지 않았다면서 울고불고했다고 말했다. 브리짓이 말했다. 「어머니는 내게 한 번도 사과를 한 적이 없어요. 하지만 무슨 일이 벌어지는지 알고 있었고 다른 누군가에게 사과를 한 거예요.」

일 년 뒤 마틸다가 이혼했다. 브리짓이 말했다. 「거의 두 달 동안 마틸다로부터 전혀 연락이 없었어요. 그러던 어느 날 그녀가 우리 동네로 나를 찾아왔고 무척 우울한 상태였죠. 마틸다가 말했어요. 〈죽어야 할 사람은 바로 나였어.〉」 몇 주 뒤에 브리짓은 마틸다가 스스로 목을 맸다는 사실을 알게 되었다. 브리짓이 내게 말했다. 「내가 마틸다를 힘들게 만든 것 같아요. 내가 겪은 갖가지 문제와 청각 장애, 성적 학대가 그녀에게 부담을 주었던 거예요. 나는 마틸다에게 〈마틸다, 문제가 있으면 무슨 일이든 내게 말해. 물론 내 문제만으로도 이미 문제가 충분히 많다는 건 알지만 네게는 항상 내가 있어〉라고 수없이 말했어요.」

브리짓의 남은 두 여동생은 모두 수화를 배웠고 자식들에게도 수화를 가르쳤다. 그리고 이제는 화상 전화를 이용해서 서로 자주 연락하면서 지낸다. 여동생 중 한 명은 백혈병으로 남편을 잃었을 때도 잊지 않고 장례식장에 통역사를 배치했다. 그들은 해마다 가족 여행을 다니는데 브리짓과 그녀의 아버지도 이 여행에 동행한다. 나는 브리짓이 어떻게 그 여행을 참아 내는지 궁금했다. 그녀가 말했다. 「그도 이제 늙었어요. 이제는 아무 짓도 못해요. 게다가 그가 내게 했던 짓은 이미 오래전 일이잖아요.」 그렇게 말하면서 그녀가 조용히 눈물을 흘리기 시작했다. 「내가 함께 가지 않겠다고 하면 동생들이 이유를 알고 싶어 하겠죠. 동생들은 무슨 일이 있었는지 전혀 몰라요. 마틸다와 나보다 한참 어렸기 때문이죠. 동생들에게 사실대로 이야기하면 어떻게 되겠어요?」 그녀는 아주 오랫동안 창밖을 묵묵히 응시했다. 끝으로 그녀가 내게 물었다. 「마틸다에게 사실대로 말해서 결국 어떻게 되었던가요?」 그녀가 가녀린 어깨를 으쓱해 보였다. 「일 년에 한 번 디즈니랜드에서 일주일을 보내는 거요? 그 정도는 얼마든지 감수할 수 있어요. 정말 아주 미미한 희생에 불과하죠.」

브리짓이 자신의 이야기를 내게 들려준 지 얼마 지나지 않아서 「뉴욕 타임스」에 위스콘신 주의 한 가톨릭 기숙학교에서 22년 동안 청각 장애인 소년들을 성적으로 학대했다고 자백한 로런스 머피 신부의 이야기가 보도되었다. 「뉴욕 타임스」는 〈희생자들은 그를 법의 심판대에 세우기 위해서 30년이 넘도록 노력했다〉고 썼다. 「그들은 다른 신부들을 찾아가서 그들이 당한 일을 설명했다. 밀워키에 가서 세 명의 대주교에게도 이야기했다. 두 곳의 경찰서와 지방 검사까지 찾아가서 설명했다. 그들은 머피 신부가 그들에게 정확히 어떻게 했는지 설명하기 위해 수화와 진술서는 물론이고 그림까지 동원했다. 하지만 건청인들의 귀는 이들의 이야기를 들을 줄 몰랐다.」[73] 성적 학대를 당한 청각 장애 아동의 이야기는 얼마든지 많다. 자신이 겪은 일을 기꺼이 이야기하고자 했다는 점에서만 브리짓의 경우가 예외적일 뿐이다. 청각 장애 아동이 자신의 이야기를 설명하는 데 무척 서툴다는 사실은 공공연한 비밀이다. 농인들로 구성된 한 극단이 시애틀에서 근친상간과 성적 학대를 다룬 연극을 공연한 적이 있었다.[74] 이 공연은 800석에 달하는 모든 좌석이 매진되었고 극단 측은 상담사를 고용해서 극장 밖에 대기시켰다. 그리고 남녀를 불문하고 수많은 사람들이 흐르는 눈물을 주체하지 못하고 공연 중간에 밖으로 뛰쳐나갔다. 현장에 있던 사람의 증언에 의하면 〈공연이 끝날 즈음에는 관객 중 절반가량이 치료 상담사의 품에 안겨 흐느끼고 있었다〉.

메건 윌리엄스와 마이클 샘버그의 이야기는 전혀 다른 예를 보여 준다. 60세의 메건은 영화 「애니 홀Annie Hall」의 여주인공처럼 앞머리를 이마 쪽으로 빗어 내린 세련된 외모와 자유로운 감성을 지녔다.[75] 그리고 이상주의자로서 어느 정도 덕을 본 듯하며 로스앤젤레스라는 상업 영화가 판치는 세계에 살면서도 여러 편의 의미 있는 다큐멘터리 영화를 만든 여성이다. 그녀가 현실적이라면 그녀와 오랫동안 부부로 산 남편이자 영화 제작자 마이클 샘버그는 추상적인 것을 좋아하는 사람이다. 또한 그녀가 항상 활동적인 반면 그는 다소 무관심한 편이다. 그녀가 재기 넘치고 두뇌 회전이 빠르다면 그는 생각이 깊고 지적이다. 그들은 둘 다 보스 기질이 있다. 농인 인권 운동가 재키 로스가 말했듯이 〈메건은 세상을 보았고 자신이 본 대부분의 것들이 마음에 들지 않은 그녀는 과감하게 그 세상에 맞서서 마음에 들지 않는 부분을 개선했다〉.

1979년에 태어난 아들 제이컵이 생후 8개월이 되었을 때 메건은 아들의 청각 장애를 의심하기 시작했다. 소아과 의사의 설명에 따르면 제이컵은 유스타키오관*이 막혀 있었다. 그날 밤 메건이 솥과 프라이팬으로 시끄러운 소리를 냈지만 제이컵은 아무런 반응도 보이지 않았다. 그녀는 아들을 데리고 다시 의사를 찾아갔고 의사가 〈그럼 내가 제이컵의 등 뒤에서 풍선을 불어 주삿바늘로 터뜨릴 테니 아이가 눈을 깜빡거리는지 잘 보세요〉라고 말했다. 메건의 설명이다. 「의사가 풍선을 터뜨릴 때마다 정작 내가 눈을 깜빡거렸어요. 그래서 나는 〈보다 정교한 검사 방법은 없는 건가요?〉라고 물었죠.」 LA 소아병원에 가서야 제이컵은 정식으로 청각 장애 진단을 받았다.

메건은 청각 장애인의 교육과 관련된 강좌를 찾아냈다. 캘리포니아 주립 대학 노스리지 캠퍼스에 개설된 강좌였으며 그 대학에는 유독 청각 장애인이 많았다. 「청각 장애 아동의 부모들 모임이 있었어요. 그 모임의 어머니들은 모여서 마냥 울기만 했어요. 그리고 나는 그들의 아이가 서른 살이라는 사실을 알게 되었죠. 나는 이 문제를 절대로 불행하게 생각하지 않겠다고 다짐했어요. 물론 내 아들에게 청각 장애가 없었으면 더 좋았겠죠. 하지만 이미 청각 장애를 갖고 태어난 이상 어떻게든 헤쳐 나가기로 결심했어요.」 메건과 마이클은 성인 청각 장애인들을 찾아다니기 시작했다. 메건이 회상했다. 「우리는 그들을 브런치에 초대해서 〈당신은 어떻게 자랐나요? 어떤 것을 좋아했고, 어떤 것을 싫어했나요?〉라고 물었어요.」 그녀는 제이컵하고 집에서 사용할 용도로 초보적인 수화를 개발했고, 청각 장애인 손님 중 한 명에게 팬케이크를 권하면서 검지와 엄지를 펴서 양손으로 원을 만들어 보였다. 그러자 그 손님이 말했다. 「우리에게 많이 배워야 할 것 같군요. 당신은 방금 나에게 잠자리를 하자고 제안했어요.」

마이클이 말했다. 「성공한 청각 장애인들은 자기 연민에 빠지지 않는다는 것을 배웠습니다. 부모로서 우리가 농문화에 몰입해야 한다는 사실을 깨달았어요. 바로 그 문화가 우리 아이가 살아갈 터전이기 때문이죠.」

---

* 중이(中耳)에서 인후로 통하는 관.

제이컵에게 어떻게 말을 가르칠 것인가 하는 것이 가장 시급한 문제였다. 제이컵이 한 살 때였다. 메건과 마이클은 스펜서 트레이시가 청각 장애가 있는 자신의 아들을 위해 설립했으며 오직 구화법 프로그램에만 의존하는 존 트레이시 클리닉을 찾아갔다. 웨스트코스트에서는 존 트레이시 클리닉이 청각 장애 아동을 위한 가장 탁월한 교육기관이라고 판단했기 때문이다. 메건이 말했다. 「그 시설은 폐기된 병원을 녹색으로 칠한 건물이었죠. 벽에는 리처드 닉슨과 함께 찍은 트레이시 부인의 사진이 여기저기 걸려 있었어요.」 마이클은 그곳이 〈구화법을 맹신하는 광신도들이 모인 장소〉 같았다고 묘사했다. 메건은 이미 수화를 배운 뒤라서 트레이시 클리닉에서 가진 면담에서 교사에게 〈여기에는 선생님과 나, 제이컵밖에 없으니까 수화로 이야기하죠〉라고 제안했다. 하지만 교사가 제안을 거절하면서 제이컵은 똑똑하니까 일 년만 지나면 〈사과〉라고 말할 수 있을 거라고 설명했다. 메건은 자신의 딸이 그 나이 때에는 〈엄마, 나 악몽을 꿨어요〉라고 말할 수 있었으며 아들에게도 똑같은 수준을 기대한다고 대답했다. 그러자 교사가 〈기대가 너무 크시군요〉라고 대꾸했다. 제이컵과 트레이시 클리닉의 인연은 거기까지였다.

　　메건은 자신이 브런치에 초대한 청각 장애인들 중에 가정에서 원활한 의사소통을 한 적이 없기 때문에 부모와 진실된 관계를 구축하지 못한 사람들이 정말 많다는 사실에 놀랐다. 그래서 메건과 마이클은 식구들 모두에게 수화를 가르칠 여성을 채용하고 온 가족이 가능한 빨리 수화를 배울 수 있도록 그녀를 그들의 집에 들어와 살게 했다. 메건이 말했다. 「저녁 식사를 하는 자리에는 컵을 넘어뜨리는 사람이 꼭 있어요. 그럼 수화가 시작되는 거예요. 수화는 언어인 동시에 3차원적이고 몸을 사용하죠.」 제이컵이 두 살 반이었을 때였다. 메건이 제이컵에게 옷을 입혀 주려고 하자 아이가 계속해서 거부했다. 마침내 제이컵이 수화로 〈까칠까칠하고 가려워요〉라고 말했고 그 순간 그녀는 같은 언어를 공유한다는 것이 그들에게 얼마나 중요한지 깨달았다. 단지 바람에 불과한 것처럼 보였던 시도가 전적으로 타당한 행동이었음이 드러났다. 마이클은 지문자(指文字)*와, 자신과 제이컵만 통하는 최대한 단순화시킨 형태의 수화를 완벽하게 터득했다.

메건은 만사를 제쳐 두고 제이컵의 교육에만 전념했다. 갈로뎃 대학에 전화해서 조언도 구했다. 「전화 교환수에게 이렇게 말했어요. 〈어린아이의 교육 문제로 여기 로스앤젤레스에서 상의할 만한 사람을 찾고 있어요.〉」 교환수가 칼 커시너를 추천했다. 청각 장애인을 부모로 둔 커시너는 수화를 능숙하게 사용했으며 웨스트코스트로 막 이사 온 참이었다. 메건은 제이컵을 데리고 커시너의 집을 찾아갔다. 메건이 말했다. 「집 안으로 들어갔을 때 수많은 손들이 날듯이 움직이고 있었어요. 제이컵은 눈이 휘둥그레졌죠.」 칼의 두 딸을 발견하고는 제이컵이 수화로 〈소녀들〉이라고 말했고, 메건의 표현에 따르면 〈순조로운 시작〉이었다. 커시너는 70년대에 청각 장애 아동의 부모들을 위해 수차례 연수회를 주최했으며, 이 연수회를 〈트라이팟Tripod〉 즉 삼각대라고 불렀다. 메건은 트라이팟이라는 이름으로 긴급 상담 전화를 설치하자고 제안했다. 인터넷이 없던 시절이었고 따라서 사람들은 트라이팟에 전화해서 이를테면 이렇게 말했다. 「우리 아이에게 청각 장애가 있는데 치과 의사가 필요해요. 여기는 멤피스예요.」 그럼 메건과 커시너가 멤피스에 있는 청각 장애인과 그들의 가족에게 수소문해서 수화를 할 줄 아는 치과 의사를 소개해 주었다. 또 어떤 사람은 〈우리 아이는 청각 장애가 있는데 글을 읽지 못하게 될까 봐 걱정입니다. 나는 아이오와 디모인에 살아요〉라고 도움을 청했다. 그럼 그들이 해당 지역에서 청각 장애인에게 우호적인 독서 전문가를 찾아 주었다. 이즈음 다섯 살이던 제이컵이 메건에게 〈엄마도 청각 장애가 있어요?〉라고 물었고, 메건은 아니라고 대답했다. 제이컵이 다시 〈나는 청각 장애인가요?〉

---

* 손가락으로 문자를 표현하는 방법.

라고 물었고 그녀가 그렇다고 대답했다. 그러자 제이컵이 수화로 이렇게 말했다. 「엄마도 청각 장애인이면 좋았을 텐데.」 메건이 말했다. 「그건 지극히 건강한 반응이었어요. 〈내가 청각 장애인이 아니면 좋았을 텐데〉가 아니라 〈엄마도 청각 장애인이면 좋았을 텐데〉라고 말했기 때문이죠.」

메건은 청각 장애인 학교들을 살펴보러 다녔다. 리버사이드에서는 학생들이 음식 주문하는 법을 배우고 있었다. 「그곳은 직업훈련소나 재활원 같았어요. 학교가 아니었죠.」 로스앤젤레스의 공립학교에도 수화로 가르치는 교육 과정이 있었지만 그녀의 성에 차기에는 부족했다. 「교사가 수화를 하고 있었는데 너무나 모호해서 도대체 무슨 이야기를 하고 있는지 알 수가 없었어요. 나는 마이클과 칼에게 돌아가서 〈우리는 긴급 상담 전화뿐 아니라 학교도 필요해요〉라고 말했어요.」 그들은 관심을 보이는 다른 세 가족을 만났고 작은 보육원 건물도 확보했다. 그다음에는 한 학급을 구성할 정도로 충분히 많은 학생들을 모집했고, 교사도 필요했다. 메건은 몬테소리와 농교육 두 가지를 모두 훈련받은 사람을 원했다. 이 조건을 만족시키는 사람은 전국에 딱 세 명뿐이었다. 그리고 그중 한 명이 트라이팟 학교 프로그램의 첫 번째 교사가 되었다.

메건은 농문화 정치학이라는 덫에 계속해서 발목이 잡혔다. 그녀가 진정한 농인이 아니기 때문에 이 모든 일을 해낼 수 없을 거라는 이야기도 들었다. 그녀가 말했다. 「맞아요, 나는 청각 장애가 없어요. 이론의 여지가 없죠.」 진정한 농인으로 간주되지 않기는 제이컵도 마찬가지였다. 부모가 청각 장애인이 아니라는 이유였다. 한 인권 운동가가 메건에게 말했다. 「당신이 하려는 일은 정말 고귀한 시도입니다. 하지만 당신의 아이를 농인 가정으로 보내서 그곳에서 양육하도록 하는 방법이 최선일 겁니다.」 메건은 이런 공격들을 무시했다. 그리고 특수교육 철폐론에 정반대되는 교육 과정을 개발했다. 즉 장애가 없는 학생들을 장애인 학생들과 같은 반으로 편성해서 장애를 가진 아이들이 겪는 어려움에 주목하고 장애인 학생들이 배우는 것과 똑같이 배우도록 하는 것이다. 트라이팟에서는 각 학급마다 두 명의 교사가 배치되었고 그중 한 명은 청각 장애인 교육 자격증을 소지했는데 청각 장애인 학생 열 명과 건청인 학생 스무 명이 한 교실에서 공부했기 때문이다. 학교 안에서는 모두 수화를 사용했다. 또한 메건은 청각 장애인 부모를 둔 청각 장애인 학생들을 특별히 발굴했다. 그런 학생들이 사용하는 높은 수준의 수화를 원했기 때문이다.

학교 설립과 관련한 프로젝트에는 막대한 자금이 필요했고 이 자금을 확보하는 임무는 마이클의 몫이었다. 당시 마이클은 「새로운 탄생The Big Chill」이라는 영화를 막 끝낸 뒤였는데, 다른 영화를 촬영하러 떠난 출연진을 설득해서 영화 제작사들이 트라이팟에서 시사회를 열게끔 로비를 부탁했다. 메건이 말했다. 「마이클은 재정을 담당하고 내가 하는 일을 지원했어요. 그럼에도 그는 지속적으로 경력을 쌓아가고 있었고 나는 트라이팟에 모든 정성을 쏟았어요.」 메건은 트라이팟을 공립학교로 편입시키고 싶었다. 하지만 로스앤젤레스 학군에서는 기존 청각 장애 교육 프로그램에 대한 이런 식의 도전에 노골적으로 불편한 기색을 드러냈고, 그녀는 자신의 프로젝트를 캘리포니아 남부에 위치한 버뱅크로 옮겼다. 「그러자 우리가 거기에 있다는 이유로 사람들이 버뱅크로 이사를 오기 시작했어요. 이제 버뱅크는 농문화의 온상이 되었어요. 지금 당장이라도 당신은 맥도널드에 가서 수화를 사용할 수 있어요. 그러면 누군가가 다가와서 통역을 해줄 거예요.」

일반적으로 구어를 사용하지 않는 사람들은 문어의 적절한 사용법을 이해하는 속도가 느리다. 문어가 그들에게 생소한 시스템에 근거해서 기록되는 까닭이다. 메건이 트라이팟에서 통합한 교육 과정은 이러한 문제를 다룬다는 점에서 유례가 없었다. 「청각 장애의 가장 큰 폐해는 문맹이에요. 그럼에도 제이컵은 글 쓰는 수준이 나보다 나아요.」 트라이팟 학생들은 끊임없이 각 학년의 수준에 맞거나 그보다 더 높은 수준의 시험을 치렀고 사회적인 환경도 독특했다. 메건이 말했다. 「이곳에는 교사와 건청인 학생, 형제 등 수화를 하는 사람들이 정말 많아서 학생들이 모든 분야에서 자연스럽게 융합돼요. 학생 자치 위원회에 가입하거나 다양한 스포츠를 즐기기도 하죠.」

제이컵이 말했다. 「트라이팟은 혁신적이에요. 내게는 건청인 친구들도, 청각 장애인 친구들도 있었고 그들에게 장애가 있든 없든 그다지 중요하지 않았어요. 트라이팟은 청각 장애인 학생들을 딱히 특별한 배려가 필요 없는 사람처럼 대해요. 하지만 실제로는 필요해요. 그 같은 정책은 내게도 도움이 되었지만 어떻게 보면 어머니 자신을 위한 것이었어요. 나를 위한 것이 아니었죠. 엄밀하게 말해서 그 당시의 청각 장애인 학교들은 하나같이 열악했어요. 대부분의 다른 학교들보다 나았지만 트라이팟의 상황도 크게 다르지는 않았어요. 교사도 부족했고, 예산도 부족했고, 통역사도 부족했죠. 우리 가족처럼 멋진 가족이 있다는 건 정말 행운이에요. 그 점은 나도 잘 알아요. 그럼에도 나는 여전히 불만이 많아요.」

내가 제이컵이 이렇게 말하더라고 하자 메건이 한숨을 쉬었다. 「아들이 아닌, 학교를 위해서 적절한 선택을 해야 했던 순간이 실제로 두세 번 있었어요. 정말 힘든 결정이었죠.」

마이클은 그들 부부를 1991년에 결국 이혼하게 만든 갈등에 대해 우아하고 철학적으로 설명했다. 「트라이팟이 메건의 전부가 되었습니다. 첫째로 그녀는 제이컵에게 궁극적으로 도움이 되는 일을 하고 싶어 했어요. 둘째로 그 일을 자신의 사명이라고 생각했습니다. 물론 훌륭한 사명이었지만 소모적인 사명이기도 했어요. 우리 부부는 수많은 문제가 있었고 어떤 이유로든 결국 헤어졌을 겁니다. 메건은 이 일에 지나치게 집착했고 그 결과 우리의 결혼 생활까지 잠식되기 시작했죠. 때로는 제이컵의 개인적인 교육보다 학교 일이 더 중요한 듯 보였습니다. 어쩌면 그처럼 거대하고 획기적인 프로그램 대신에 그냥 서너 가족만 모집해서 통역사가 있는 정말 좋은 사립학교에서 교육을 받도록 할 수도 있었을 겁니다. 나는 제이컵이 지적 자극을 보다 많이 받기를 바랍니다. 하지만 내가 보기에 제이컵은 그런 자극을 그다지 달가워하지 않는 경향이 있어요.」

제이컵은 트라이팟의 가장 큰 장점들이 건청인 아이들을 위해 존재한다고 생각했다. 하지만 제이컵의 건청인 누나 케이틀린은 동일한 교육 과정을 밟았음에도 가족의 생활이 남동생의 언어와 문화를 중심으로 돌아가는 방식에 부러움을 느꼈다. 메건이나 마이클보다 수화에 능숙했던 그녀가 4학년 때 수업을 마치고 집에 와서 말했다. 「학교 과제로 우리는 1학년생에게 각자 무언가를 가르치게 되었어요.」 메건이 〈그렇구나, 너는 어떤 것을 가르칠 생각이니?〉라고 묻자 케이틀린이 대답했다. 「수화는 아니에요!」

제이컵은 로체스터 공과대학 산하의 국립 청각 장애인 기술대학에 들어갔지만 1년 만에 중퇴하고 하와이에 있는 리조트에서 일했다. 그 뒤에 갈로뎃 대학에 들어갔다. 제이컵이 말했다. 「나는 우울증에 시달렸어요. 솔직히 말해서 갈로뎃 대학은 정말 형편없는 학교였어요. 그런데 그 학교에 다니면서 중요한 변화가 일어났어요. 이전까지 나는 청각 장애를 경멸했어요. 나 자신에 대한 혐오감도 엄청나게 많았고요. 하지만 갈로뎃 대학에 와서 나와 동일한 관심사를 가진 훌륭한 청각 장애인들을 많이 만나기 시작했어요. 내게 농인으로서 진정한 자긍심 같은 것은 없어요. 그럼에도 농문화를 소중하게 여기고 농문화에서 힘을 얻게 되었죠.」 제이컵의 이야기에 따르면 그는 갈로뎃 대학에서 생전 처음으로 자신을 정상인으로 느꼈다. 메건은 제이컵의 삶이 이러한 시간표로 진행된 것을 유감스러워했다. 「갈로뎃 대학에 들어갔을 때 제이컵은 이미 20대 중반이었어요. 나는 그렇게 된 것이 내 잘못이라고 생각해요.」

나는 제이컵을 다시 만났다. 그가 스물여덟 살의 나이로 시각 예술 학교를 막 졸업한 뒤였다. 그는 뉴욕에 정착했고 양친이 자주 그를 보러 왔다. 언어 치료를 받았음에도 제이컵은 매끄럽게 다 알아들을 수 있는 정도로 말을 잘하지는 못했다. 제이컵이 말했다. 「오랫동안 나는 나 자신을, 내가 가진 청각 장애를 부끄럽게 생각했어요. 작년에는 자살을 기도하기도 했어요. 딱히 죽고 싶은 마음이 있었던 것은 아니지만 내 인생의 어느 하나도 마음대로 되지 않는다는 생각이 들었어요. 여자 친구와 굉장히 심하게 다투고 난 다음에 신경안정제 한 병을 다 먹었죠. 그냥 모든 것을 포기하고 싶었어요. 의식을 잃은 채 병원에서 3일이나 있었어요. 의식이 돌아왔을 때 어머니의 얼굴이 제일 먼저 눈에 들어왔어요. 어머니가 나를 보면서 맨 먼저 한 말이 〈그래, 죽어. 나도 이제 손을 놓고 싶구나〉였어요. 정확히 제 기분이 그랬어요.」 제이컵은 정신과 의사에게 치료를 받는다. 그들은 어깨를 나란히 하고 앉아서 글로 문답을 주고받는다. 하지만 그에게 정말로 필요한 일은 수화를 할 줄 아는 치료 전문가를 찾는 것이다. 제이컵의 아버지는 어른이 된 이후로 거의 늘 우울증에 시달렸고 제이컵 역시 이러한 극단적인 절망적 성향을 물려받았을 수 있다. 마이클이 말했다. 「게다가 그런 성향이 청각 장애와 혼재되어 있는 겁니다. 하지만 제이컵은 강한 아이예요. 혹시라도 홀로코스트 같은 일이 일어난다면 그 아이는 무척 분개하면서도 스스로 헤쳐 나갈 방법을 찾을 겁니다. 나는 제이컵이 평범하게 살아가는 방법을 찾길 원해요.」

메건에게는 마이클이나 제이컵이 가진 것 같은 절망적 성향은 없다. 그녀는 행동하는 여성이다. 그럼에도 그녀 또한 나름의 아픔이 있다. 「나는 예순 살이에요. 만약 제이컵이 건청인이었다면 내가 어떤 일을 했을지 가끔씩 궁금해져요.」 반면에 마이클은 자신에게 그런 헛된 환상을 허락하지 않는다고 말했다. 「어떤 면에서 나는 제이컵이 청각 장애인으로 살아가면서 그에 따른 의미를 찾아내도록 선택받은 거라고 생각합니다. 제이컵의 숙명이죠. 제이컵이 소리를 들을 수 있었으면 하고 바란 적도 있습니다. 그렇지만 거기서 더 나아가서 제이컵이 청각 장애인이 아니라면 어땠을까 하는 생각은 절대로 하지 않습니다. 혹시라도 그랬다면 제이컵이 더 행복했을지 잘 모르겠습니다. 하지만 내가 더 행복했을 거라고는 생각하지 않아요. 제이컵은 그냥 제 아들일 뿐이죠.」

나는 그토록 많은 수용과 사랑을 받았음에도 제이컵이 왜 그렇게 힘들어했는지 궁금했다. 제이컵의 대답이다. 「사흘 전 밤에 함께 수업을 듣는 사람들과 술을 마시러 나갔어요. 그들은 전부 건청인이었고 우리는 글로 대화를 나누었죠. 그런데 어느 순간부터 전부 구어로 수다를 떨고 있었고 나는 이를테면 〈도대체 무슨 이야기들을 하고 있을까?〉 궁금해하는 처지가 되었어요. 그들이 나를 받아 주었다는 것 자체로도 나는 운이 좋은 편이에요. 그럼에도 여전히 외톨이였죠. 나는 아는 건청인들이 많아요. 하지만 절친한 친구요? 없어요. 아무리 농문화가 세상을 바라보는 법을 가르쳐 준다고 하더라도 내게 청능이 있었다면 세상을 살아가기가 훨씬 쉬웠을 거예요. 만약 내 아이가 다운증후군으로 태어날 거라는 사실을 알게 된다면 아마도 나는 낙태를 선택할 겁니다. 하지만 나를 가졌을 때 내게 청각 장애가 있음을 알았더라면 어머니는 과연 어떻게 했을까요? 낙태를 했을까요? 인종 차별적인 발언을 하려는 건 아니지만 밤길을 혼자 걸을 때 낯선 흑인이 다가오면 나는 불안감을 느껴요. 심지어 내게는 흑인 친구들도 많아요. 그런 상황에서 내가 불안해한다는 사실 자체가 싫어요. 내가 청각 장애가 있어서 사람들을 불편하게 만들 때도 마찬가지예요. 그들을 이해는 하지만 그 상황 자체가 싫어요. 그냥 싫을 뿐이에요.」

비전을 갖는다는 것은 외로운 일이 될 수 있으며 또한 다른 사람의 지원이 없이는 어떠한 전략도 완전한 효과를 거둘 수 없다.[76] 트라이팟과 관련해 메건이 처음에 상상했던 것들은 그녀를 뒤따르는 사람들에 의해 확장되고 더욱 세련되게 바뀌었다. 크리스와 바브 몬탄 부부의 어린 아들 스펜서는 청각 장애를 갖고 태어났으며 제이컵보다 열 살이 어렸다. 바브가 말했다. 「나는 이전까지 청각 장애인을 만난 적이 한 번도 없었어요. 따라서 그 당시를 〈자유낙하〉라는 말로 설명할 수 있을 뿐이에요.」 크리스는 월트 디즈니 뮤직 대표이며 평생을 소리와 함께 살았다. 스펜서가 청각 장애 진단을 받자 그는 〈심하게 흔들렸고 엄청난 충격을 받았다〉. 크리스는 아무 생각도 할 수 없었고 그저 막막하기만 했다고 말했다. 「아들이 앞으로 어떤 일을 겪게 될까? 내가 어떻게 그를 지켜 줄 수 있을까? 그를 위해 얼마나 많은 예비금을 마련해야 할까?」 바브가 트라이팟에 연락했다. 「그들은 곧바로 소포를 보내 주겠다고 말했지만 나는 주말 내내 마냥 기다리고 있을 수가 없었어요. 그래서 직접 트라이팟 사무실을 찾아갔죠. 마이클과 메건은 나 같은 사람을 위해 진작 안전그물을 만들어 놓고 있었는데 나는 조금만 더 떨어지면 그대로 바닥에 처박힐 지경이었어요.」

바브의 이야기가 계속되었다. 「처음에는 온통 슬픔과 고민, 두려움밖에 없었어요. 어머니가 말했어요. 〈그 아이는 결국 보호시설에서 인생을 마감하게 될 거야.〉 어머니 세대에는 청각 장애나 언어 장애가 있는 경우 보호시설로 보내졌어요. 그렇지만 내게는 나를 향해 활짝 웃어 주는 파란 눈의 멋진 아들이었어요. 나는 오래 지나지 않아서 이렇게 말했어요. 〈도대체 무슨 상관이죠?〉 청각 장애를 제외하면 우리 아이는 완벽할 정도로 건강했어요.」 몬탄 부부가 수화를 배우기로 결정하는 데는 오랜 시간이 필요하지 않았다. 바브가 설명했다. 「스펜서도 언어 치료를 받을 테지만 우리는 우리 나름대로 그 아이의 언어와 문화를 배우기로 했어요. 나는 전적으로 아들의 눈높이에 맞추어야 해요. 혹시라도 아이의 인지 발달이 늦어지지 않게 하기 위해서죠.」 크리스는 언어 단절이 혹시라도 좋은 아버지가 되는 데 방해가 될까 봐 걱정했다. 「나는 스펜서가 내 억양까지 들을 수 있는 자기 형만큼 나의 인간적인 모습을 알지 못하게 될까 봐 걱정했어요. 그래서 아내에게 〈우리는 절대로 스펜서가 건청인 가정에서 자랐고 그 때문에 자신이 소외당했다고 느끼지 않도록 해야 해〉라고 강조했죠.」

캘리포니아 주립 대학 노스리지 캠퍼스에 다니는 농학생들이 찾아와 스펜서와 그의 가족들에게 ASL을 가르쳤다. 바브가 말과 수화를 병행하면서 그때를 회상했다. 「그 학생들은 우리 집 차고 앞에 차를 세우고 내리자마자 곧장 수화를 시작했어요. 〈안녕, 스펜서. 보니까 너도 자동차가 있네!〉 스펜서가 그들의 손짓이 언어인 줄 어떻게 알았는지 지금도 모르겠어요. 어쨌거나 그는 완전히 집중하고 있었어요. 그리고 한 주, 또 한 주가 흘렀어요. 〈안녕, 어떻게 지냈어? 자, 공부할 준비 되었니?〉」 바브와 크리스가 확실한 수화 환경을 만든 덕분에 스펜서는 네다섯 살이 되어서야 비로소 자신에게 장애가 있음을 알게 되었다.

바브는 거의 사진처럼 정확한 기억력을 가진 덕분에 수화에 타고난 재능을 보였다. 크리스도 다년간 피아노를 연주했기 때문에 손재주가 몹시 뛰어났고 지문자를 능숙하게 구사했다. 스펜서는 그의 부모가 쓰는 수화뿐 아니라 ASL도 해석하고 이해할 수 있었다. 크리스가 말했다. 「스펜서가 태어났을 때 나는 제프리 카젠버그, 마이클 아이스너와 함께 회사를 설립하느라 미친 듯이 일에 매달리고 있었어요. 그냥 내버려 두었다면 아마 하루에 20시간도 일했을 겁니다. 하지만 얼마 못 가서 바브가 나를 돌아보면서 말했어요. 〈나는 당신이 아버지로서 역할을 훌륭히 해내고 있다고 생각해요. 또한 디즈니에서 경력을 만들어 가고 있다는 것도 알아요. 하지만 난 그 이상을 원해요. 당신이 보다 깊이 있고 덜 이기적인, 인간적인 사람이 되길 원해요.〉」 크리스는 직장 동료들에게 일하는 시간을 줄이겠다고 알렸다. 몬탄 부부의 큰 아들 닐스는 중증 천식과 주의력 결핍 장애 진단을 받았다. 바브가 말했다. 「닐스는 어릴 때 훨씬 힘든 시기를 보냈어요. 그에 비하면 스펜서는 오히려 수월했죠. 닐스가 무척 이지적인 편이라면 스펜서는 지극히 본능적이라서 훨씬 짓궂고, 유머도 풍부하고, 말과 수화를 이용해서 장난도 많이 해요.」

다섯 살 이전에는 공교육을 시작할 수 없기 때문에 트라이팟에서는 청각 장애 아동과 건청인 아동을 위해 민간 자본으로 운영되는 몬테소리 유치원 프로그램을 운영한다. 스펜서는 수화가 빨리 늘었다. 같은 반에 있는 건청인 아이들이 그를 간신히 따라잡을 정도였다. 바브가 말했다. 「대부분의 장애 아동들은 항상 도움을 받는 쪽이에요. 그렇게 해서는 자긍심을 기르는 데 무슨 도움이 되겠어요? 반면에 스펜서는 자신보다 어린 건청인 소녀가 수학 문제를 놓고 쩔쩔매면 그녀를 도와 줄 수 있었어요.」 그녀의 설명에 따르면 보통 사람은 초등학교 4학년 때까지 책 읽는 법을 배우고, 그 이후로는 학습을 위해 책을 읽는다. 청각 장애 아동의 경우에는 이 전환기가 보다 나중에 찾아온다. 그녀가 말했다. 「하지만 스펜서는 일단 읽는 법을 배우고 나자 펄펄 날아다니기 시작했어요.」

1993년에 바브와 한 친구는 〈트라이팟 캡션 필름〉을 시작해서 최초로 영화 자막에 이를테면 음악이나 총성, 전화벨, 초인종 등 언어 외적인 정보를 상시적으로 포함시켰다. 스펜서는 아홉 살 때 지역의 청소년 야구 코치 루 머리노에게 투구하는 법을 배웠다. 루의 설명이다. 「나는 30년째 야구 코치를 했습니다. 그동안 청각 장애 아동을 만난 적이 없을 리가 있겠어요?」 루와 바브는 남부 캘리포니아 청각 장애인 지역 리그에 소속된 〈침묵의 기사단〉을 창단했다. 크리스가 말했다. 「스펜서는 손과 눈의 협응이 정말 뛰어납니다. 다른 아이들보다 공을 보는 눈이 좋았어요.」 크리스와 스펜서는 함께 야구 연습을 했다. 다시 크리스의 설명이다. 「야구 연습은 우리가 대화하는 나름의 방식이었어요. 때때로 수화를 이용하기도 했지만 대부분의 경우에 우리는 함께 야구를 했어요. 스펜서는 은근한 자신감이 있었고 그가 투수를 맡으면 그를 중심으로 팀이 안정되곤 했죠.」

몬탄 부부는 인공 와우 이식 수술을 고려했다. 크리스가 말했다. 「1991년 당시에 나는 의학 기술이 어떤 방향으로 나아갈지 확신이 없었어요. 만약 지금 스펜서가 막 청각 장애 진단을 받은 생후 13개월짜리라면 아마도 나는 이식 수술을 시킬 겁니다. 하지만 우리는 그동안 많은 훌륭한 농인들을 만났고 그들과 알게 되었으며 농문화에 대한 강력한 지지자가 되었어요. 의학적으로나 정치적으로 이제는 완전히 다른 문제가 되었죠.」 유아기가 지나서 청소년기에 이식 수술을 받을 경우 스펜서는 청능을 통해 얻는 데이터를 해석하기 위해서 별도의 청각 훈련을 받아야 할 것이다. 바브가 말했다. 「그렇게 할 경우 다시 사회생활로 복귀하고 효율적으로 자신의 언어를 구사하기까지 고등학교 생활에서 1년은 포기해야 할 거예요. 나는 이식 수술이 그 정도로 가치가 있다고 생각하지 않아요.」

스펜서는 언어와 관련해 참신할 정도로 기독교적인 태도를 보이면서 이렇게 말했다. 「나는 내 목소리가 유용하다는 사실을 알고 있고 내 목소리를 개발할 수 있어서 기뻐요. 엄마와 아빠가 수화 강좌를 들었기 때문에 우리는 의사소통하는 데 전혀 문제가 없었어요. 부모님도 수화를 배웠는데 나라고 말하는 법을 배우지 못할 이유가 어디 있겠어요. 나의 주된 언어는 수화예요. 하지만 연습에 연습을 거듭해서 이제는 영어로 말할 때 선생님의 도움이 필요 없을 정도예요. 나는 소리를 내서 말하는 법을 배우려고 노력하는 중이고 학교 친구들과 야구팀의 아이들은 수화를 배우려고 노력하는 중이에요. 우리는 하나의 세상에서 살고 싶어요.」 바브는 구화법에 반대하는 농인 세계의 정서에 대해 불만을 표시했다. 「스펜서는 나와 수화를 할 때 내가 수화하는 방식에 맞추어 줘요. 크리스와 수화를 할 때도 크리스의 방식에 맞추죠. 또한 자신의 청각 장애인 친구들과 대화할 때는 ASL을 유창하게 사용해요. 그는 영어와 수화를 자유자재로 구사하는 이중언어 사용자예요.」 한편으로 그녀는 농인 사회의 중요성도 깊이 인식하고 있다. 「우리는 누구나 각각의 문화에서 원하는 임계 질량이 있어요. 그리고 청각 장애인 친구와 관련해서 이제 스펜서는 그 임계 질량에 도달했어요. 우리 모두는 자신의 무리가 필요해요.」

바브는 마침내 트라이팟 대표가 되었다. 그녀가 말했다. 「어젯밤에 네 살짜리 청각 장애인 아들을 둔 어머니가 우리 집에 왔어요. 그녀는 온통 걱정에 휩싸여 있었죠. 마침 그때 스펜서가 화학 숙제―몰mole이니 입체

분할 도형이니 하는 것들—를 하고 있었고, 나는 스펜서의 숙제 하나를 집어 들고 그녀를 위로했어요. 〈당신 아들도 이런 것을 하게 될 거예요.〉」 스펜서는 〈청각 장애 아동을 두려움에 떨게 놔두지 않으려면 그 부모가 먼저 두려워하지 않는 법을 알아야 해요. 우리 부모님은 내가 두려움을 느끼지 않도록 하려고 노력했어요〉라고 말했다.

구화법주의와 수화법주의 간의 논쟁과, 수화를 이용해서 가르칠 경우에는 전적으로 수화만을 사용할 것인지, 아니면 수화와 구어를 병행하여 교사들이 말을 하면서 동시에 수화를 사용하도록 허락하는 〈통합적 의사소통〉이나 〈동시 의사소통〉 같은 기술로 진행되어야 할 것인지를 둘러싼 논쟁이 여전히 뜨겁다.[77] 이런 통합적 의사소통이나 동시 의사소통 같은 방법은 청각 장애 아동에게 다양한 커뮤니케이션 경로를 제공하려는 취지를 갖고 있다. 하지만 서로 무관한 문법과 통사론을 통합하려는 시도가 문제를 초래할 수 있다. 이를테면 구어와 수화에는 구조적인 차이가 있다. 수화를 하면서 말을 할 수 없는 것은 중국어로 글을 적으면서 영어로 말을 할 수 없는 것과 같은 이치다. 영어는 단어들이 정해진 순서대로 발화되는 순차적인 언어다. 청자의 단기 기억력은 한 문장으로 연결된 단어들을 기억하고 그 단어들의 상호 관계에서 의미를 추출한다. 한편, 수화는 동시 언어라서 개별적인 각각의 수화가 합쳐져서 복합적인 의미를 만든다. 예를 들어, 하나의 복잡하고 유동적인 동작만으로 〈그는 이스트코스트에서 웨스트코스트로 이사했다〉라는 의미를 나타낼 수 있다. 모든 수화에는 손의 형태, 그 형태가 만들어지는—몸에 밀착하거나 근접한—위치, 방향을 가리키는 움직임이 포함된다. 여기에 더해서 얼굴 표정은 감정을 전달할 뿐 아니라 개별적인 수화 동작들에 대해서 구조적인 요소로 작용한다. 표정과 수화의 조합은 단기 시각 기억만 이용할 때보다 훨씬 효과적인데 이는 단기 시각 기억이 청각 기억보다 적은 숫자의 별개 이미지를 기억할 수 있기 때문이다. 만약 수화로 먼저 〈그는〉, 그다음에 〈이스트코스트〉, 그다음에 〈에서〉 등의 방식으로 말하려고 한다면 물리적인 노력이 너무 많아질뿐더러 논리도 없어질 것이다. 여러 가지 다른 단어들을 동시에 발음해야 하는 경우에도 마찬가지로 뒤죽박죽된 이해할 수 없는 결과가 도출될 것이다. 따라서 영어를 말로 하듯이 단어 하나하나씩 표현하는, 이를테면 〈정확한 수화 영어〉나 〈피긴 수화 영어〉, 〈개념상 정확한 수화 영어〉처럼 수화로 암호화된 영어 형태는 대체로 이미 말을 배우고 난 다음에 후천적으로 청각을 잃은 사람들이 선호한다. 그런 사람들은 구어에 기초한 사고방식을 고수하기 때문이다. 그렇지만 언어를 처음 배우는 아이들 입장에서는 구어에 기초해서 만들어진 수화가 복잡하고 혼란스럽다. 표현 수단으로 적합하지 않은 문법이 직관적으로 이해될 리 만무한 까닭이다.[78]

로체스터 공과대학 산하의 국립 청각 장애인 기술대학 수화학과 전임 학과장 게리 몰Gary Mowl은 학생들이 ASL을 사용할 때 자주 문법과 용법을 정정해 준다. 모울이 말했다. 「사람들은 수화가 이미 모국어인 사람들에게 굳이 수화를 가르쳐야 하는 이유가 무엇인지 묻습니다. 영어를 사용하는 학생들에게 영어를 가르치는 이유는 무엇일까요? 잘못된 언어를 사용하는 사람들이 많기 때문이죠.」[79] 그럼에도 ASL 사용자들의 〈목소리〉는 엄청나게 다양하다. 어떤 사람들은 손동작과 얼굴 표정이 정확하고, 어떤 사람들은 터무니없으며, 어떤 사람들은 장난스럽고, 어떤 사람들은 엄숙하기 그지없다. ASL은 또한 진화해 왔다. 20세기 초에 수화로 의사소통하는 사람들을 촬영한 영화들은 수화의 사용법이 오늘날과 달랐으며 뉘앙스도 적었음을 보여 준다.

갈로뎃 대학의 ASL과 농인학 교수 벤저민 바한Benjamin Bahan은 청각 장애인 부모의 아들로 태어난 청각 장애인이다. 그는 자신이 성장하면서 구화법 교육을 받은 어머니는 똑똑하고, 수화를 배운 아버지는 약간 우둔하다고 생각했다고 통렬한 심정으로 설명했다. 하지만 대학에서 ASL을 공부하고 집으로 돌아왔을 때 그는 아버지가 〈문법적 특징과 구조를 살려서 ASL을 아름답게〉 구사한다는 사실을 깨달았다. 그에 비하면 어머니의 ASL 실력은 상당히 떨어졌다.[80] ASL 문법에는 정교함과 자긍심이 공존한다. 소위 수화 통역사들 중에도 통역할 내용의 태반을 놓치거나, 엉뚱하게 통역하거나, 대화를 따라가지 못하는 사람들이 많다. 나는 여러 통역사들과 일하면서 그러한 경우를 직접 목격했다. 그들 중 대다수가 언어로서 수화의 중요성보다 연극과 비슷하다는 이유로 수화에 이끌린 경우였다. 수화의 문법은 구어의 문법과 개념적으로 너무 달라서 그 차이를 세심하게 연구하는 사람들조차 잘 이해하지 못한다. 능숙한 통역사도 수화의 구조를 구어 구조에 맞춰 바꿀 때—그 반대의 경우도 매한가지다—어려움을 겪고 의미의 흐름을 놓칠 수 있다. 게다가 흔히 강세와 억양이 완전히 없어진다.

건청인들은 전 세계가 공통으로 사용하는 단 하나의 수화가 존재할 거라고 흔히 잘못 생각한다. 실제로는 그렇지 않으며 다양한 종류의 수화가 존재한다.[81] 로랑 클레르의 업적 덕분에 ASL은 프랑스 수화와 밀접한 관련이 있다. 이와는 대조적으로 영국 수화와는 전혀 다르고, ASL 사용자들 중에는 영국 수화가 덜 복잡하다고 주장하는 사람들이 많다. 영국의 센트럴 랭커셔 대학 농인학과 교수 클라크 덴마크Clark Denmark는 〈우리에게는 말장난이 그다지 많지 않아요. 미국인과 달리 말장난을 즐기지 않기 때문이죠. 무척 직설적이기는 하지만 그 나름의 여러 가지 장점이 있답니다〉[82]라고 설명했다. 어떤 사람들은 ASL이 청각 장애인들 사이에서 일종의 국제 공용어처럼 확산되면 결국에는 다른 수화들이 사라지게 될 거라고 걱정한다. 얼마나 많은 수화가 존재하는지 정확히 알 수 있는 사람은 아무도 없다. 하지만 적어도 우리가 파악한 바로 태국과 베트남에는 일곱 가지의 수화가 있다. 이란에는 〈찻집 수화〉와 〈페르시아 수화〉가 있다. 캐

나다인은 ASL과 〈퀘벡 수화〉, 두 가지를 사용한다.[83]

　대부분의 사회에서 청각 장애 관련 쟁점은 언어학적 예외에 속한다. 그런데 나는 수화를 공용어로 삼는다는 맥락의 개념에 흥미를 느꼈다. 발리 북쪽에 있는 벵칼라라는 작은 마을에는 선천적인 형태의 청각 장애가 250년간 계속 이어져 왔고 전체 인구의 2퍼센트 정도는 항상 청각 장애인이다. 벵칼라의 모든 주민은 청각 장애인과 함께 성장하고, 이 마을에서만 사용되는 독특한 수화로 의사소통이 가능하기 때문에 어쩌면 건청인과 청각 장애인 간 경험 단절의 폭이 세상 그 어느 곳보다 좁을 것이다.[84]
　벵칼라는 데사 콜록 또는 청각 장애인 마을로도 알려져 있다. 2008년에 내가 방문했을 때는 대략 2,000명에 이르는 마을의 전체 인구 중 46명이 청각 장애인이었다. 이 청각 장애가 열성 유전자에 의해 발현되는 까닭에 자기 가족 중에 언제 청각 장애인이 태어날지 아무도 모른다. 나는 청각 장애 자녀를 둔 건청인 부모들과 건청인 자녀를 둔 청각 장애 부모들, 부모와 자녀에게 모두 청각 장애가 있는 가족들, 청각 장애 자녀와 건청인 자녀가 섞여 있는 청각 장애인과 건청인 부모들을 만났다. 벵칼라는 가난한 마을이었고 전반적인 교육 수준도 낮았는데 청각 장애인 기준에 비추어도 낮은 편에 속했다. 2007년에 이 마을의 건청인 교사 칸타는 그들만의 고유한 수화 〈카타 콜록〉으로 벵칼라의 청각 장애인을 교육하는 프로그램을 도입했다. 처음 문을 연 청각 장애인 수업에는 일곱 살부터 열네 살까지 여러 연령대의 학생들이 있었는데 그 이전까지는 어떤 식으로든 정식 교육을 받은 사람이 아무도 없었기 때문이다.
　발리 북쪽 마을의 생활은 씨족 체제를 토대로 한다.[85] 청각 장애인은 그들의 씨족사회에 소속되는 동시에 초월할 수도 있다. 예를 들어, 자녀의 생일에 그들은 그들의 씨족뿐 아니라 마을의 청각 장애인 단체를 초대한다. 반면에 건청인은 그들의 씨족을 제외한 어떤 외부인도 초대하지 않을 것이다. 청각 장애인은 특정한 전통적인 직업에 종사한다. 죽은 사람을 매장하거나, 범죄가 거의 없긴 하지만 치안을 유지한다. 수시로 문제가 발생하는 상수도 시설의 배관 수리도 맡고 있다. 그럼에도 대다수는 농부이며 그들은 식용 카사바 나무와 타로 토란, 쇠꼴로 사용하는 일종의 부들 등을 재배한다. 벵칼라에는 전통적으로 족장이 존재하며 이 족장이 종교적인 행사들을 주관한다. 정부 기능을 감독하기 위해 발리 중앙 정부에서 임명한 수석 행정관도 있다. 그리고 전통적으로 가장 나이가 많은 청각 장애인이 맡는 청각 장애인 족장이 따로 있다.

나는 벵칼라와 인접한 마을에서 태어나 카타 콜록을 깊이 연구한 발리인 언어학자 게데 마르사자와 함께 벵칼라에 도착했다. 우리는 60미터 높이의 깎아지른 듯한 바위 벽 아래로 강이 굽이쳐 흐르는 계곡 안으로 들어갔다. 마을의 청각 장애인 몇 명이 물가에서 우리를 기다리고 있었는데 그들이 농장으로 사용하는 그곳에는 열대 과일 중 하나인 람부탄 나무와 부들, 지극히 매운 다양한 종(種)의 후추 등이 재배되고 있었다. 우리가 도착하고 30분 정도가 지나자 벵칼라의 나머지 다른 청각 장애인들도 그곳으로 속속 모여들었다. 나는 커다란 방수포의 한쪽 끝에 빨간 담요를 깔고 앉았고, 다른 청각 장애인들도 방수포의 가장자리를 따라 자리를 잡았다. 사람들은 내가 수화를 당연히 알 거라고 생각하고 내게 수화로 말했다. 게데가 통역해 주었고 교사인 칸타가 보충 설명을 곁들이기는 했지만 나는 스스로도 놀라울 정도로 마을 사람들의 이야기를 비교적 잘 따라갈 수 있었고 게다가 몇 가지의 수화는 금방 배울 수 있었다. 그렇게 배운 수화를 사용할 때마다 그곳에 있던 사람들이 하나같이 미소를 짓고는 했다. 그들은 다양한 수준의 여러 가지 수화를 사용하는 듯 보였다. 예컨대 그들이 내게 수화로 이야기하는 경우 수화가 마치 무언극 같았고 나는 그들의 설명을 명확히 알아들을 수 있었다. 하지만 그들끼리 수화를 하는 경우에는 무슨 말을 하는지 전혀 알 수가 없었으며, 그들이 게데에게 수화로 이야기를 하는 경우에는 드문드문 이해할 수 있었다.

카타 콜록 수화에서 〈슬픔〉은 검지와 중지를 눈물샘 근처에 가져가서 마치 눈물이 흐르듯이 그 두 손가락을 움직이는 동작으로 표현된다. 〈아버지〉는 검지로 윗입술 전체를 가림으로써 콧수염을 암시하는 동작이다. 〈어머니〉를 나타내려면 손을 벌리고 바닥을 위로 향한 채 가슴 높이로 들어서 마치 가상의 가슴을 지탱하듯이 하면 된다. 〈청각 장애〉를 가리키는 수화는 검지를 귀에 넣어 돌리는 동작이다. 〈건청인〉을 의미하는 수화는 손 전체로 귀를 감쌌다가 마치 머리가 폭발하듯이 손을 떼면서 여는 동작이다. 카타 콜록에서 일반적으로 긍정적인 단어들은 위쪽을 향하고 부정적인 단어들은 아래쪽을 향한다. 예전에 마을 사람 중 한 명이 외부 세계를 여행하고 돌아와서 사람들에게 서양에서는 중지를 치켜드는 게 나쁜 뜻이라고 설명했고, 그들은 이 표현을 뒤집어서 끔찍하다는 표현을 할 때 중지를 아래쪽으로 향한다. 그들의 문법은 비교적 그대로지만 어휘는 계속해서 발전하고 있는 셈이다.

2세대 언어는 1세대 언어보다 항상 더 복잡하고 체계적이기 마련이며, 언어는 많은 세대를 거침으로써 명확한 구조를 갖게 된다. 발리 북쪽의 농부들 사이에서 사용되는 구어는 다양한 어휘를 사용하지 않는 것이 특징이며, 카타 콜록도 예외는 아니다. 학자들에 의해서 명확하게 확인된 수화 표현은 대략 1,000여 가지에 불과하다. 그럼에도 벵칼라의 청각 장애인들은 그보다 많은 표현을 사용하는 것이 분명하며, 새로운 의미를 전달하기 위해 기존에 있는 표현을 조합하기도 한다. 정식 교육을 받은 서양인들의 경우에는 대화를 통해 두 당사자가 각자의 비밀을 털어놓고 서로를 이해함으로써 친밀감이 형성된다. 하지만 어떤 사람들은 음식을 준비하거나 성적인 격정과 공동의 일을 돌보는 과정에서 자아를 표현하고, 그런 사람들에게 언어 자체에 내재된 의미는 사랑에 이르게 하는 수단이라기보다 사랑을 치장하는 장식물이다. 나는 건청인과 청각 장애인 양쪽 모두에게 언어가 세상과 교섭하는 주된 매개체가 아닌 사회에 들어와 있었다.

점심 식사가 끝나자 사롱 스커트*를 입은 14명의 남자와, 화려하고 레이스가 달린 나일론 블라우스를 입은 여자 2명이 나왔다. 대다수 청각 장애인이 그렇듯이 그들도 북소리의 진동을 느낄 수 있었고, 그들의 춤에는 마임 언어에서 나온 듯 보이는 동작들이 있었다. 그들이 우리에게 마을의 보안 요원으로서 자신들이 사용하는 무술 시범을 보여 주겠다고 제안했다. 수화가 무기로 사용하는 손과 발의 움직임과 결합되는 방식이 흥미로웠다. 수아라 이야사라는 한 청년이 시범에 합류하지 않겠다고 버티다가 그의 어머니가 창피를 주자 마지못해 시범을 보이는 무리에 합류했는데, 그는 자신의 기술을 보여 주는 내내 수화로 〈나를 좀 보세요!〉라는 말을 반복했다. 시범은 격렬했지만 한편으로는 재미도 있었다. 여성 댄서들이 나와서 모두에게 스프라이트 한 잔씩을 돌리고 나자 남자들이 강에서 수영을 하자고 제안했고 우리는 알몸으로 수영을 하러 갔다. 우리 머리 위로 가파른 암벽이 솟아 있었고 그 밑으로 덩굴식물들이 길게 매달려 있었는데 청각 장애인 남자들은 그 덩굴에 매달려 그네를 탔다. 내가 물속에서 재주를 넘어 보이자 다른 사람들이 물구나무를 보여 주었고 우리는 물고기를 미끼로 써서 뱀장어도 잡았다. 바로 내 아래까지 잠수로 다가와서 수면 위로 불쑥 솟구쳐 오르는 사람도 있었다. 그들은 내게 계속해서 수화로 말했고 그들과의 대화에는 활기가 넘치는, 심지어 재미있는 어떤 것이 있었다. 마을 주민들이 비록 가난하고 장애가 있을지언정 이런 것이 전원의 낭만이라는 생각이 들었다.

다음 날 칸타가 가끔씩 서투른 영어를 섞어 가면서 카타 콜록의 수화를 발리어로 통역했다. 그럼 게데가 때때로 제한적인 카타 콜록 수화를 써

---

* 말레이시아, 인도네시아 등지에서 남녀 구분 없이 허리에 둘러 입는 천.

가면서 칸타의 발리어를 영어로 통역했다. 한편 벵칼라 마을의 청각 장애인들은 활기찬 수화로 내게 직접 말을 걸었다. 이처럼 다양한 언어가 뒤죽박죽된 의사소통은 순전히 공동의 의지가 있었기에 가능했다. 그럼에도 통역될 수 없는 문법 구조들이 많았기 때문에 질문할 수 있는 내용에는 한계가 있었다. 예를 들어 카타 콜록의 수화에는 가정법이 없다. 범주를 지칭하는 단어(이를테면 〈동물〉이나 추상적인 개념을 가진 〈명사〉)도 없다. 다만 구체적인 의미의 단어(이를테면 〈젖소〉나 누군가의 실질적인 이름)만 있을 뿐이다. 따라서 이유를 묻는 질문 자체가 불가능하다.

　나는 산티아와 세닝 수케스티 부부를 만났다. 산티아는 건청인 부모의 청각 장애인 아들이었고 그의 아내 세닝 수케스티는 청각 장애인 부모의 청각 장애인 딸이었다. 두 사람은 어린 시절부터 친구였다. 산티아가 다소 둔한 편이라면 세닝 수케스티는 활기와 의욕이 넘쳤고 똑똑했다. 그녀는 온 가족이 함께 일할 수 있을 정도로 땅이 많은 건청인 부모에게서 태어난 청각 장애인 남자와 결혼하기로 결심했다. 수케스티가 말했다. 「나는 건청인을 한 번도 부러워한 적이 없어요. 건청인으로 살기에도 삶이 절대로 녹록하지 않은 까닭이죠. 열심히만 일한다면 우리도 돈을 벌 거예요. 나는 젖소를 기르고, 종자를 심고, 카사바 나무를 삶아요. 게다가 마을 사람 누구와도 의사소통을 할 수 있어요. 다른 마을에서 태어났더라면 청능을 원했을지도 모르겠어요. 하지만 난 여기서 이렇게 사는 게 좋아요.」

　산티아와 수케스티 부부의 네 아이 중 세 명이 청각 장애다. 아들 수아라 푸트라가 9개월이 되었을 때 부부의 친구들은 그가 건청인이라고 말했다. 수아라는 11개월째부터 수화를 시작했고 지금은 무척 능숙하다. 그럼에도 자신은 수화보다 말을 더 능숙하게 한다고 생각한다. 청년이 된 수아라 푸트라는 자주 부모님의 통역사 노릇을 한다. 그는 자신의 청능을 포기하려고 생각한 적이 한 번도 없었다. 「대다수의 사람들은 한 가지 말밖에 못하지만 나는 두 가지 언어를 해요.」 하지만 자신이 청각 장애인이었더라도 마찬가지로 행복했을 거라고 주장했다. 그가 말했다. 「나는 우리 형제들 중 한 명이 건청인이라서 부모님이 좋아한다고 생각해요. 나를 특별히 더 사랑하기 때문은 아니에요. 내가 술도 덜 마시고 시도 때도 없이 돈을 달라고 떼를 쓰지도 않기 때문이죠. 그럼에도 다른 식구들처럼 내게 청각 장애가 있었더라면 부모님과 갈등을 겪을 소지도 적었을 겁니다.」 수케스티는 수아라 푸트라가 구어를 사용하면서 복잡한 생각을 표현하는 데 익숙해졌기 때문에 수화도 다른 청각 장애인 형제들보다 오히려 더 잘한다고 말했다.

또 다른 부부 산디와 그의 아내 케뱌르는 두 명의 청각 장애인 아들 냐다, 수다르마와 함께 산다. 냐다의 건청인 아내 몰사미는 다른 마을에서 시집왔으며, 냐다는 자신의 네 아들이 건청인이라는 사실에 만족감을 표시했다. 그가 단호하게 말했다. 「이 마을에 청각 장애인은 이미 충분히 많아요. 동네 사람들이 모두 청각 장애인이라서 좋을 건 없잖아요.」 반면에 수다르마는 자기라면 절대 건청인 여성과 결혼하지 않았을 거라고 주장했다. 「청각 장애인은 청각 장애인끼리 뭉쳐야 합니다. 나는 청각 장애인들과 함께 살면서 청각 장애인 자식을 낳고 싶어요.」

이 마을 사람들은 청각 장애와 청능에 대해 이야기할 때 마치 우리에게 보다 친숙한 사회에서 키나 인종에 관한 이야기를 하듯이, 즉 나름의 장점과 단점이 있는 개인적인 특징에 관한 이야기를 하듯이 했다. 청각 장애의 의미를 깎아내리거나 그들의 삶에서 청각 장애가 차지하는 역할을 폄하하지도 않았다. 청각 장애인으로서 또는 건청인으로서 자신의 정체성을 잊지 않았고, 다른 사람이 그 사람 자신의 정체성을 잊어버리길 바라지도 않았다. 벵칼라의 청각 장애인 단체는 지리적인 면을 제외하고는 모든 점에서 대단히 자유롭다. 그리고 그러한 자유는 그 마을에서만 공유되는 원활한 언어 소통에서 기인한다. 나는 장애의 사회 구조적 모델을 조사하고자 그 마을을 방문했지만 의사소통에 지장을 초래하지 않는 한 청각 장애가 그다지 심각한 장애가 아니라는 사실을 깨달았다.

벵칼라 마을에서 청각 장애 아동이 환영받는 것처럼 미국에서도 청각 장애에 수용적인 문화를 이끌어 내기란 불가능한 일이다.[86] 하지만 에이프릴과 라즈 차우한 같은 부모들은 그들을 의심스럽게 바라보는 문화로부터 환심을 얻어야 하는 사교적 어려움에도 불구하고 청각 장애인 커뮤니티를 구축하는 데 탁월한 성공을 거두고 있다. 특권층 아프리카계 미국인이라는 배경을 갖고 태어난 에이프릴은 예술가들 사이에서 자랐다. 따라서 그녀에게 표현이란 진작부터 자연스러운 행위였다. 그녀는 결단력과 목적의식, 마음을 사로잡는 단단함 같은 매력을 발산한다. 라즈는 인도인과 파키스탄인 부모 밑에서 태어났으며, 준수하고 서글서글한 외모를 지녔다. 나중에 나이가 들더라도 지금처럼 여전히 젊어 보일 것 같은 사람이다. 그는 인터넷 판매업에 종사하며, 대화를 나눌 때 상대방에게 안정감을 준다. 나는 청각 장애인 자녀가 있는 수많은 부모들을 만났고 그들 대다수는 걱정스러운 기색이 역력했지만 차우한 부부는 느긋했다. 그들은 다른 부모들이 무섭다고 느낀 농인 세계를 타고난 상냥함으로 무장해제시켰다.

2000년에 자흐라 차우한이 태어났을 때 에이프릴과 라즈 부부는 아직 젊었고, 생활고에 시달렸으며, 아기를 대해 본 경험도 거의 전무했다. 딸이 태어난 로스앤젤레스 병원에서는 신생아에게 청력 검사를 실시하지 않았다. 자흐라가 생후 3개월이 되었을 때 차우한 가족이 살던 건물에서 악을 쓰는 듯한 화재 경보음이 울렸다. 에이프릴이 아기가 있는 방으로 급히 달려갔지만 자흐라는 깊이 잠들어 있었다. 소아과 의사는 에이프릴에게 신생아는 어떤 상황에서도 잠을 잘 수 있다고 설명했다. 시간이 흘러 평범한 아이라면 옹알이를 할 나이가 되었지만 자흐라는 옹알이를 하지 않았다. 그녀가 내는 소리라고는 끙끙대는 것이 전부였다. 에이프릴과 라즈는 실험을 해보았다. 자흐라가 다른 곳을 향해 있을 때 박수 소리를 냈다.

에이프릴이 말했다. 「어떤 때는 반응을 보이다가도 어떤 때는 전혀 반응을 보이지 않았어요. 아마 무심코 뒤를 돌아보다가 한쪽 구석에서 우리를 발견했을 거예요.」 20개월이 되면서 자흐라는 일종의 〈엄마〉, 〈아빠〉 같은 소리를 냈지만 그게 전부였다. 이번에도 소아과 의사는 세 살이 될 때까지 말을 하지 않는 아이들이 많다는 이야기뿐이었다.

자흐라가 두 살이 되어 건강검진을 받으러 병원을 찾았을 때 그동안 그들을 담당하던 소아과 의사가 병가를 낸 상태였고 그를 대신해서 자흐라를 진찰한 의사는 곧장 청능 검사를 해야 한다고 말했다. 에이프릴이 유감스럽게 말했다. 「우리가 잃어버린 그 2년은 아마도 우리가 청각 장애에 대해 배우고, 자흐라에게 언어를 접할 수 있는 기회를 제공하고, 그녀에게 보청기를 해주었어야 할 시간이었을 거예요.」 검사 결과가 나오고 에이프릴은 그 결과에 슬퍼했지만 라즈는 아니었다. 라즈의 설명이다. 「에이프릴은 공허와 두려움, 슬픔, 고통, 불확실성 같은 것을 느꼈지만 저는 그렇지 않았어요. 자흐라 문제는 우리가 대처해야 할 수많은 요소들에 새롭게 추가할 단지 어떤 것에 불과했어요.」

로스앤젤레스 카운티에서는 생후부터 세 살까지의 아동에 대해 정부의 조기 개입 서비스를 받을 수 있었는데 자흐라는 총 3년의 서비스 기간 중 겨우 1년만 그 혜택을 받을 수 있었다. 에이프릴이 〈나는 우리가 원하는 것을 알기 위해서 가능한 한 빨리 배워야 했어요〉라고 말했다. 청력학자는 자흐라에게 약간의 잔존 청력이 있고 저음역대의 소리를 들을 수 있다고 설명했다. 따라서 인공 와우 이식 수술은 명백히 고려 대상이 아니었다. 에이프릴이 말했다. 「우리 딸이 자기 정체성에 자긍심을 가졌으면 좋겠어요. 만약 어느 날 딸아이가 이식 수술을 원한다고 말한다면 그것도 좋아요. 하지만 내가 자흐라 대신 그런 결정을 내릴 수는 없었어요.」 자흐라는 임시 보청기를 갖게 되었다. 모든 고음역대 소리를 그녀의 잔존 청력이 감지할 수 있는 저음역대로 바꿔 주는 보청기였다. 하지만 에이프릴은 보청기를 했다고 해서 자흐라가 들을 수 있게 되지는 않을 거라는 사실을 알았다. 그녀가 말했다. 「딸과 소통하면서 보냈어야 할 2년이라는 시간을 잃어버렸어요. 우리는 〈사과, 사과〉라고 반복하는 것부터 시작했어요. 청각 장애 아동이 어떤 소리를 이해하기까지 똑같은 단어를 족히 천 번은 반복해야 한다는 이야기를 들었거든요. 훈련은 하루 종일 계속되었어요. 〈물, 물, 책, 책, 신발, 신발.〉 가끔은 자흐라가 따라 하기도 했어요. 하지만 나는 곧 〈이런 훈련만으로는 충분치 않아〉라는 생각이 들었어요. 그래서 우리가 수화를 배우기로 했어요. 훈련을 시작한 지 한 달도 되지 않은 시점이었죠. 나는 수화가 뇌의 다른 영역을 이용한다는 사실을 말 그대로 체감할 수 있었어요. 머리가 깨질 듯한 두통을 느꼈기 때문이죠.」 라즈가 말했다. 참고로 그는 이미 영어는 물론이고 힌디어, 약간의 스페인어와 이탈리아어를 할 줄 알았다. 「나는 항상 수화가 구글 검색과 비슷하다고 말합니다. 구글 검색은 〈말리부, 원하다, 가게, 주스〉 등의 단어를 모두 한꺼번에 처리하는 방식이죠.」 처음에는 에이프릴과 라즈가 자흐라보다 배우는 속도가 빨랐기 때문에 그녀를 가르칠 수 있었지만 곧 자흐라가 그들을 앞서 나갔다.

ASL이 자흐라의 주된 언어이기는 했지만 그녀가 사회생활을 무리 없이 해낼 정도로 능숙한 발화 능력을 갖길 원했던 에이프릴과 라즈는 그녀에게 언어 치료를 병행했다. 다섯 살이 되도록 자흐라가 진전을 보이지 않자 그들은 새로운 언어치료사를 찾았고 새로운 언어치료사는 자흐라가 어떤 음식을 좋아하는지 물었다. 에이프릴은 그녀가 시리얼, 땅콩버터, 빵, 오트밀 등 네 가지 음식을 먹는다고 대답했다. 언어치료사는 자흐라가 부드러운 음식만 먹는다는 사실에 주목하며 다음과 같이 설명했다. 「자흐라에게는 구강 운동 문제가 있어요. 혀에 힘이 없어서 소리를 통제하지 못한다고요.」 에이프릴과 라즈는 자흐라에게 혀 운동을 시키기 시작했다. 혀 운동은 몸의 다른 근육을 키우는 과정과 매우 비슷했다. 섬유질로 이루어진 혀는 단위 면적으로 계산했을 때 실질적으로 몸에서 가장 강력한 근육이다. 만약 혀가 이두박근 크기라면 자동차도 들어 올릴 수 있을 것이다. 이 운동에는 일반적으로 혀 전체에 압박을 가해서 혀를 강화하는 압설자(壓舌子)가 이용되었다. 또한 자흐라에게 가능한 한 많이 껌을 씹도록 했다. 변화는 금방 나타났다. 자흐라는 고기 먹는 것을 늘 싫어했는데 혀 근육이 강화되고 음식을 씹는 데 익숙해진 뒤로는 고기라면 언제나 환영이었다. 발화 능력도 극적으로 발전했다.

이 모든 진전에는 상당한 노력이 뒤따랐다. 에이프릴은 자흐라에게 보다 완전히 집중하기 위해서 24시간 집에 있는 전업주부가 되었다. 에이프릴이 말했다. 「우리에게 〈화장실에 가고 싶어요〉라고 말할 때조차 자흐라는 하던 일을 멈추고 돌아서서 우리의 주의를 끌어야 했어요. 전적으로 몸짓 언어에 의존했죠. 우리는 그녀가 소리와 가까워질 수 있도록 늘 신경을 썼어요. 새가 있으면 라즈는 〈새가 노래하는 소리 들었니?〉라고 물었어요. 비행기나 헬리콥터가 지나갈 때도 비슷한 질문을 던졌죠. 언젠가는 그녀가 보청기를 착용하고 음악을 들으면서 호른이나 플루트, 피아노 같은 악기 소리를 구분할 날이 오겠죠. 지금도 자흐라는 기술적으로 자기에게 들릴 거라고 생각되는 것보다 훨씬 많은 소리를 듣는답니다.」

내가 캘리포니아에서 만난 청각 장애인들은 누구나 할 것 없이 에이프릴과 라즈의 집에서 열린 파티에 간 적이 있는 듯 보였다. 에이프릴이 말했다. 「우리는 다양한 농문화 행사에 초대를 받아요. 반대로 우리가 초대하기도 하죠. 한번은 나사에서 일하는 훌륭한 과학자이면서 청각 장애가 있는 남자에 관한 이야기를 듣고 그를 초대하기도 했어요. 농인 커뮤니티 사람들은 거의 언제나 건청인 부모들을 기꺼이 만나려고 해요. 다만 상대방이 먼저 손을 내밀어 주길 바라죠. 그들이 먼저 손을 내미는 경우는 거의 없어요.」 나는 농인 어른을 겁내는 부모들을 많이 만났다. 따라서 에이프릴과 라즈 부부가 어떻게 그 세계로 뛰어들 용기를 갖게 되었는지 궁금했다. 라즈는 자신이 주말이면 KKK단이 행진을 벌이고 학교 식당에서는 백인 아이와 흑인 아이가 같은 테이블에 앉지 않는 조지아의 작은 마을에서 자랐다고 설명했다. 그는 〈농문화와 흑인 문화, 인도 문화는 내게 융통성을 길러 주었습니다〉라고 말했다. 아프리카계 미국인에 대한 역사의식이 투철한 어머니 밑에서 자란 에이프릴은 어릴 때부터 행동가였다. 「게이 친구들이 있었고 그 친구들과 학교에서 게이 단체를 조직했어요. 청각 장애를 가진 아이가 태어났을 때 내게는 청각 장애의 세계가 이를테면 개입해야 할 또 다른 현장이 되었어요.」 그녀는 자신이 먼저 손을 내밀었다. 「내 평생의 삶은 내가 농인의 세계에 다가갈 수 있도록 준비를 갖춰 주었고, 나는 자흐라가 건청인 세상에서 편안함을 느끼도록 그녀를 준비시키고 있어요. 우리 가족은 다양한 세계의 시민들로 구성되어 있어요.」

1790년에 알레산드로 볼타Alessandro Volta는 청각 신경계에 가해진 전기 자극이 소리를 흉내 낼 수 있다는 사실을 발견했다.[87] 그는 자신의 귀에 금속 막대를 삽입하고 여기에 전기 회로를 연결해서 스스로에게 끔찍한 충격을 가했고 〈죽 끓는〉 것 같은 소리를 들었다. 1957년에는 앙드레 주르노André Djourno와 샤를 에리에스Charles Eyriès가 뇌수술을 하면서 전선을 이용해 환자의 청신경에 자극을 가했고 이 환자는 귀뚜라미 소리 같은 것을 들었다. 1960년대에 들어서 연구자들은 달팽이관에 있는 다수의 전극을 대체하기 시작했다. 이 장치는 일반 보청기처럼 소리를 증폭하는 대신 건청인이 소리를 감지하는 뇌 영역에 직접 실질적인 자극을 가했다. 이 기술은 점차적으로 다듬어졌고 1984년에 FDA에서는 후천적으로 청각 장애가 생긴 성인을 대상으로 이 장치의 사용을 승인했다. 그렇지만 이 장치는 송신 채널이 하나밖에 없었기 때문에 소리의 크기와 타이밍에 대한 정보만 제공할 뿐 소리에 담긴 내용까지는 전달하지 못했다. 1990년에 이르러서야 다수의 송신 채널을 이용해서 달팽이관의 다양한 부위에 자극을 가하는 장치가 시장에 등장했다. 오늘날에는 24개의 채널로 작동하는 장치까지 나와 있다. 마이크가 주변 환경에서 소리를 추출해서 음성 처리기로 보내면 음성 처리기가 소리를 선별해서 정리한다. 그러면 송신기이자 수신기이며 자극기가 이 정보를 신호로 받아들여 전기 자극으로 전환한다. 이렇게 생성된 전기 자극이 두개골에 이식된 장치를 통과하면 다수의 전극이 내이의 손상된 부위를 우회해서 청신경의 다양한 부위로 해당 자극을 전송한다.[88]

인공 와우 이식 수술을 한다고 해서 들을 수 있게 되는 것은 아니다. 차라리 듣는 것과 유사한 어떤 행위를 할 수 있다고 하는 편이 맞다. 인공 와우 이식 수술은 (가끔씩) 풍부한 정보를 제공하지만 (일반적으로) 음악 감상과는 거리가 먼 어떤 변화를 제공한다. 조기에 이식 수술을 받으면 구어 능력을 발전시키는 토대가 될 수 있다. 그에 따라 건청인 세상을 살아가기도 보다 수월해질 것이다. 그럴듯한가? 어쩌면 인적 없는 숲에서 나무 한 그루가 쓰러질 때 소리가 나는지 어떤지를 묻는 편이 나을 것이다. 2010년 말을 기준으로 할 때 전 세계적으로 약 21만 9천 명의 청각 장애인이, 그들 중 적어도 5만 명 이상의 청각 장애 아동이 인공 와우 이식 수술을 받았다.[89] 미국에서는 세 살 이전에 청각 장애 진단을 받은 아이들 가운데 40퍼센트 이상이 인공 와우 이식 수술을 받는다. 이 수치는 불과 5년 전만 하더라도 25퍼센트에 불과했다.[90] 이식 수술을 받는 아이들의 약 85퍼센트는 평균 이상의 수입과 교육 수준을 지닌 백인 가정에서 태어난다.[91] 외과 수술로 인공 와우 장치가 이식된 다음에는 피시술자의 뇌에 맞게 확실히 튜닝되도록 청력학자가 일련의 조정을 통해 해당 장치를 조율한다.

이식 장치를 생산하는 선도적인 제조업체 〈인공 와우 코퍼레이션〉의 최고 책임자는 2005년 『비즈니스 위크Business Week』와의 인터뷰에서 해당 장치의 사용량이 잠재적인 시장의 10퍼센트에 불과하다고 말했다.[92] 인공 와우 장치는 전 세계적으로 70여 개 나라에서 판매된다. 인공 와우 이식 수술을 반대하는 일부 반대자들은 인공 와우 자체의 한계와 위험성을 고발한다. FDA의 발표에 따르면 인공 와우 이식 수술을 받은 청각 장애 아동 네 명 중 한 명이 부작용이나 합병증을 경험한다.[93] 이러한 부작용이나 합병증은 대부분 저절로 치료되지만 따로 수술을 받아야 하는 경우도 발생한다. 어떤 사람들은 안면이 흉하게 마비되는 증상에 시달렸고, 인공 와우가 MRI 같은 진단 검사에서 간섭을 일으키는 경우도 있다. 목에서 돌출되어 나온 전선 때문에 자칫 영화 「스타트랙」에 등장하는 엑스트라 배우처럼 보일 수도 있다. 보통은 머리를 길게 길러서 해당 전선을 가릴 수 있다. 이식 수술의 위험성을 둘러싼 상당수의 위선적인 말들은 불필요한 우려를 자아내고, 이식 수술의 효과가 미화되어 광고되기도 한다.

후천적으로 청력을 잃었다가 이식 수술로 다시 청력을 〈되찾은〉 한 성인 남자는 인공 와우 이식 수술을 받고서 심한 후두염을 앓는 바람에 사람들의 목소리가 하나같이 R2-D2가 말하는 것처럼 들리게 되었다고 빈정거렸다.[94] 수술 전에 이미 구어를 할 줄 알았던 사람들은 인공 와우 장치를 통해 원래 소리의 근사치만 들어도 그들이 듣는 것을 대부분 이해할 수 있다. 하지만 태어날 때부터 줄곧 청각 장애인이었다가 이식 수술을 받은 사람들은 대체로 이식 수술이 효과적이지 못하거나 정체불명의 자극을 줄 뿐이라고 느낀다. 소리 정보를 해석하는 데 익숙하지 않은 까닭에 후자 집단은 설령 완벽한 청능이 생기더라도 막상 소리 정보를 해석하기가 어렵다고 느낄 수 있다. 뇌는 입력되는 정보를 중심으로 발달하는데, 소리 정보가 결여된 채 발달 과정을 거친 경우에는 해당 정보를 처리하기에 적합하지 않은 구조로 발달하기 때문이다. 하지만 사람에 따라 뇌가 어느 정도의 유연성을 발휘할지는 아무도 장담할 수 없다. 최근의 한 인터뷰에 따르면 20대 초반에 당사자의 표현대로 〈생체 공학적 귀〉를 이식한 한 여성은 초기에는 현기증을 느꼈고, 나중에는 머릿속에서 골프공들이 튕겨 다니는 느낌을 받았다. 그녀는 〈약 5시간 동안은 수술한 것이 큰 실수였다는 생각이

들었어요〉라고 말했다. 수술 다음 날 그녀는 산책을 나갔다. 「내가 작은 나뭇가지를 밟자 그 가지가 날카로운 소리를 내면서 부러졌어요. 낙엽들이 바스락거렸죠. 정말 환상적인 경험이었어요.」[95]

과거에는 세 살이 될 때까지 청각 장애가 발견되지 않는 경우가 빈번했지만 오늘날에는 태어나서 몇 시간 만에 진단되는 경우도 많고, 대부분은 생후 3개월 이내에 진단이 이루어진다. 요즘에는 연방 정부에서 신생아에 대한 검사를 지원한다.[96] 전국 농인 협회는 청각 장애 영유아들이 일찍부터 수화를 접할 수 있다는 이유로 처음에는 청능 검사를 옹호했다.[97] 하지만 청각 장애 진단을 받은 영유아들은 이제 대체로 인공 와우 이식 수술을 받는다. 인공 와우 이식 수술에 반대하는 인권 운동가 패트릭 부드로가 말했다. 「농인들이 아닌 유전학 고문이나 이식 전문가들이 가장 먼저 환영하고 나섰다는 것은 정말 불쾌한 일이다.」 인공 와우 장치가 두 살 이상의 아동에게만 사용이 승인되었음에도 실제로는 한 살 미만의 아이들도 이식 수술을 받고 있다. 건청인 아이들은 생후 일 년 동안 음소(音素)를 배우고 그들의 신경 가소성* 역시 생후 일 년부터 발달하기 시작한다. 최근 호주에서 발표된 연구는 생후 7~8개월에 이식 수술을 받았을 때 어떤 개선된 결과들이 있는지 보여 주었다. 그럼에도 한 살 이전에 이식 수술을 받는 장점이 어린아이를 마취시킬 만큼 위험을 감수할 가치가 있는지는 여전히 의문이다.[98] 또 다른 연구에 의하면, 두 살 때 이식 수술을 받은 아이들 중 절반에 육박하는 숫자가 또래의 다른 건청인 아이들과 거의 동등한 구어 능력을 보여 주었다. 네 살 때 이식 수술을 받은 아이들은 단지 16퍼센트만 그 같은 성취를 보였다.[99] 홍역이나 뇌막염, 유전적 발달 장애 때문에 후천적으로 청각 장애가 생긴 아동의 경우에는 얼마나 조기에 인공 와우를 이식했느냐에 따라 수술의 효과가 달라진다. 소리가 들리지 않으면 청각

---

* 인간의 두뇌가 경험에 의해 변화되는 능력.

피질의 신경 구조에 영구적인 손상이 발생하기 때문이다.[100]

하지만 이런 통계 자료는 새로운 정보의 등장과 더불어 우리를 어리 둥절하게 만든다. 생후 7개월에 이식 수술을 받는다고 해서 열두 살이 되어서도 언어적으로 이점이 있을까?[101] 아무도 모른다. 인공 와우 이식 수술이 도입된 지 그다지 오래되지 않았기 때문에 이런 조기 수술이 인생 전반에서 어떤 결과로 나타나는지 확인한 사람이 없기 때문이다. 게다가 오늘날 이식되는 인공 와우 장치는 심지어 10년 전에 사용되던 장치하고도 차이가 있다. 이런 사실은 청각 장애 아동에게 얼마나 일찍 이식 수술을 시켜줄 것인가 하는 모든 결정이 결국에는 경험보다 추측에 근거하고 있음을 의미한다.

인공 와우 이식 수술의 증가에 따른 의도하지 않은 파급 효과 중 하나는 해당 수술이 청각 장애 아동의 부모들로 하여금 언어 습득 문제를 간과하게 만들 수 있다는 점이다. 안타깝게도 FDA에서는 언어 습득 문제를 소아 개체군에 대한 이식 수술의 성공 여부를 판단하는 하나의 기준으로 정립하지 못했다. 인공 와우 이식 수술을 받으면 거의 모든 아이들이 소리를 충분히 잘 인식하지만 과거의 이식 장치는 소리가 너무 왜곡되어 언어로 이해할 수 없는 경우가 많았다. 새로운 인공 와우 장치들이 등장하면서 이런 문제가 감소하기는 했지만 완전히 사라진 것은 아니다. 연구에 따르면 인공 와우 이식 수술을 받은 아이들 중 거의 절반이 시각적인 단서 없이 소리만 듣고 이해해야 하는 공개 연설을 70퍼센트 이상 이해했다. 3분의 2가 50퍼센트 이상 이해했다. 그리고 열에 아홉이 40퍼센트 이상 이해했다.[102] 갈로뎃 대학의 조사에 따르면 이식 수술을 받은 아이의 부모들 중 태반이 자신의 아이가 〈대부분의 말을 들을 수 있고 이해할 수 있다〉고 믿었으며, 자기 아이가 〈거의 알아듣지 못하고 이해하지도 못한다〉고 대답한 사람은 겨우 다섯 명 중 한 명꼴이었다.[103]

하지만 이 주제와 관련한 광범위한 논문들을 검토한 한 리뷰는 이식 수술이 단지 조잡하고 질이 떨어지는 소리만을 제공하며, 따라서 건청인 또래들에 비해서 이식 수술을 받은 아이들에게는 구어가 뚜렷하게 구분되어 들리지 않는다고 결론을 내렸다.[104] 이 같은 사실은 이식 수술을 받은 아이들 중 일부가, 그들이 말하는 능력을 키울 수 있다는 기대 때문에 수화를 배울 기회가 주어지지 않아서, 주 언어가 충분히 발달하지 못하고 불필요하게 장애 아동으로 분류되는 끔찍한 상황에 처할 수 있음을 의미한다. 〈카클리어Cochlear Ltd.〉사는 이식 수술을 받은 아이들이 구어를 〈더 많이, 잘〉 배운다고 주장해 왔다.[105] 하지만 구어가 유일한 커뮤니케이션 방식이라고 할 때 〈더 많이, 잘〉이라는 표현은 약간 막연하다. 이식 수술만 받으면 들을 수 있게 될 거라고 믿으면서 아이에게 다른 어떤 특수 청각 장애 교육도 받게 할 생각이 없는 부모들이 너무 많다. 몬티피오리 메디컬 센터 종합 이비인후과 과장을 역임한 로버트 루벤Robert Ruben은 〈구어 능력을 충분히 만족할 정도로 익힐 수 있을지 확실해지기 전까지는 아이에게 두 가지 언어를 모두 배우도록 해야 한다. 어떤 언어든 언어를 배우려면 그 아이의 머릿속에 충분히 일찍부터 어느 정도 기초가 들어 있어야 하는 까닭이다〉[106]라고 조언했다.

인공 와우 이식 수술은 잔존 청력을 모두 파괴한다. 비록 아주 어린 아이에게도 정밀한 청력 테스트가 실시될 수 있기는 하지만 그 아이가 잔존 청력을 얼마나 효율적으로 사용할 수 있을지는 판단이 불가능하다. 90 데시벨 이상에 대한 청력 손실이 있는 사람은 모두 중증 청각 장애로 분류된다.[107] 하지만 나는 중증 청각 장애가 있음에도 잔존 청력을 너무나 잘 활용해서 마치 건청인과 이야기하듯이 대화를 나눌 수 있는 사람들을 만난 적이 있다. 청력 손실은 다양한 음역대의 평균적인 손실로 측정된다. 대부분의 소리가 다양한 주파수로 작용하는 까닭에 설령 100데시벨의 소리에 대한 청력 손실이 있는 사람도 그보다 높은 고주파의 소리를 인식할 수 있다. 저음 목소리로 유명한 톰 웨이츠나 제임스 얼 존스 같은 사람들도 이야기할 때 종종 고주파 파장을 가진 소리를 낸다. 여기에 더해서 소리를 감지하는 것과 소리를 구분하는 것은 별개의 능력이다. 물론 직관적인 능력과 고주파 기능, 그 외에도 자신의 감지 능력을 벗어난 소리까지도 구분할 수 있는 타고난 재능을 모두 이용할 수 있는 사람도 있다.

이식 수술을 둘러싸고 전국 농인 협회가 맨 처음 보인 반응은 〈아이들의 삶을 완전히 바꿀지도 모르는 이 돌이킬 수 없는 시술이 장기적으로 아이들에게 육체적, 정서적, 사회적인 측면에서 어떤 영향을 끼칠지 학문적으로 아무것도 정립되어 있지 않은 상태에서 무방비 상태의 청각 장애 아동에게 행하는 외과 수술〉이라는 비난이었다.[108] 하지만 인공 와우 장치가 발전을 거듭하고 폭넓게 이용되면서 전국 농인 협회도 기존 입장에서 약간 후퇴해서 〈해당 수술을 하기로 결정하는 것은 장기적으로, 어쩌면 평생에 걸쳐서 청능 훈련이나 구어와 시각 언어 능력의 습득, 그에 따른 후속 조치, 잠재적으로 필요할지 모를 추가 수술 등에 전념하게 되는 어떤 과정의 시작을 의미한다〉고, 아울러 〈인공 와우를 이식한다고 해서 청각 장애를 치료할 수 있는 것은 아니다〉라는 입장을 발표했다.[109]

당신이 만약 모든 주민들이 수화를 할 줄 아는 발리 북쪽의 한 마을에 있고 당신의 아이에게 인공 와우 이식 수술을 시키지 않기로 선택한다면 그 아이가 새로운 언어를 배우는 동안 당신도 새로운 언어를 배우려고 할 것이다. 그리고 일반적으로 아이들은 어른보다 빨리 새로운 언어, 즉 수화를 배울 수 있다. 청각 장애가 있는 아이를 위해 수화를 선택하는 행위는 의미심장한 여러 가지 측면에서 그 아이를 농인 세계로 넘겨주는 것이다. 부모의 입장에서 자식을 포기하는 것은 결코 쉬운 일이 아닐뿐더러 설령 그렇게 한다고 해도 부모나 아이의 입장에서 항상 문제가 해결되는 것도 아니다. 크리스티나 팔머가 말했다. 「우리는 농인 민족성 가설에 주목할 필요가 있어요. 요컨대 건청인 가정에서 태어나는 사람은 다른 농인들과 어떤 식으로든 관계를 맺거나 농인 커뮤니티에 대해 배우지 않고서는 절대로 그들의 문화적인 측면을 이해할 수 없어요.」[110] 구어를 통한 의사소통이 청각 장애를 가진 가족 구성원에게 부담이 된다면, 수화를 사용하기로 하는 결정은 세력 기반의 이동을 초래하여 다른 건청인 가족 구성원에게 이해와 관련해 보다 큰 부담을 지운다. 실제로 부모는 그들 자신이 수화를 배워서 청각 장애가 있는 자식과 항상 서투른 수화로 대화를 나눌 수 있다. 아니면 아이에게 구화법을 강요할 수도 있는데, 이 경우 부모는 아이가 언제나 서투른 말로 자신들에게 이야기를 할 거라는 사실을 알아야 한다. 부모와 자식 간의 관계를 규정하는 익숙한 격언 중 하나는 자식이 부모를 위해 희생하기보다 부모가 자식을 위해 희생해야 한다는 것이다. 하지만 수화를 당연한 선택으로 여기는 것은 비주류가 주류를, 또는 주류가 비주류를 이해하는 방식에서 어느 한쪽의 비전에 우선순위를 매기는 행위다.

낸시와 댄 헤시 부부는 딸 에마가 청능을 잃은 이후로 이 논쟁의 양쪽 측면에 열정적으로 빠져들었는데, 그들의 탐구는 의학적인 동시에 종교적이었다.[111] 어른이 되고 나서 불교로 개종한 두 사람은 콜로라도 주(州) 볼더에 있는 한 불교 사원에서 만났다. 몇 년 뒤 낸시는 자궁 절제술을 받고 극심한 우울증에 시달렸다. 동료 중 한 사람으로부터 남편과 함께 아시아에서 아기를 입양하기로 했다는 말을 들은 낸시는 자신도 그렇게 해야겠다고 결심을 굳혔다. 댄은 단호하게 반대했다. 그가 실소를 지으면서 당시를 회상했다. 「아이가 생기면 통제 불능 상태가 될 수 있고, 다른 일은 아무것도 못하게 될 수도 있었기 때문이죠.」 하지만 결국 낸시가 이겼다.

1998년 6월 29일에 댄과 낸시 부부는 하노이에 도착했고 지체 없이 고아원으로 향했다. 댄의 설명이다. 「제3세계의 브루탈리즘* 건축물이며

---

* 조형주의화한 근대 건축에 반항, 기능주의 원리로 복귀한다는 의미에서 가공하지 않은

커다란 호치민 초상화까지, 풍경이 그렇게 낯설 수가 없었어요.」 고아원 부원장은 그들이 입양하기로 한 아기가 폐렴에 걸려서 체중이 4분의 1 정도 줄었으며 항생제 치료가 끝날 때까지 고아원에 있어야 한다고 설명했다. 낸시가 아기를 보여 달라고 부탁했다. 그녀가 말했다. 「내 품에 안긴 에마는 내 눈을 똑바로 쳐다보면서 미소를 지었어요.」 하지만 미소를 짓는 아기의 모습이 핼쑥하기 그지없었다. 고아원 원장의 딸이 말을 건넸다. 「내 생각에는 지금 당장 아이를 데리고 인터내셔널 병원을 찾아가는 편이 좋을 것 같아요.」

인터내셔널 병원에서 한 의사가 아기에게 흉부 엑스선 검사를 한 다음 폐렴이 완쾌되고 있다는 설명과 함께 항생 물질 중 하나인 세팔로스포린을 처방했다. 하지만 아기의 얼굴이 붉게 상기되었을 때 낸시는 알레르기 반응이 일어나고 있음을 깨달았다. 곧 아기가 피를 토했고 혈변도 나왔다. 이후로 10일 동안 댄과 낸시는 병원에서 살다시피 했으며 10일이 지난 다음에야 호텔로 돌아왔다. 베트남 아기를 미국으로 입양하려면 방콕에서 수속을 밟아야 했기 때문에 댄은 태국으로 건너갔다. 한편 낸시는 아기의 항생제 분무 치료를 위해 아기와 함께 매일 병원을 찾았다. 대기실에 앉아 기다리는 동안 낸시는 한 이스라엘 의사가 배포한 안내장을 발견했는데, 그 안에는 자기 병원에서 미국 대사관에 의료 서비스를 제공한다는 내용이 적혀 있었다. 그녀는 아기의 의료 기록을 전부 챙겨서 그 의사를 찾아갔고, 혈액 검사를 마친 의사는 아기가 거대세포 바이러스*와 에이즈 바이러스에 감염되었다고 설명했다. 그리고 아기가 숨을 거둘 때까지 잘 돌봐 줄 것이며, 부부가 좋아할 만한 다른 아기를 소개해 주겠다고

재료와 설비, 그리고 비형식주의를 특색으로 한 건축 양식.
* 정상인에게는 별 문제가 되지 않으나 에이즈 환자나 신생아에게는 심각한 영향을 줄 수 있는 바이러스.

낸시를 설득했다.

댄은 분노가 치밀었다. 그가 말했다. 「우리가 어떻게 해야 했을까요? 씻어 먹는 수고를 할 만한 가치가 없는 물고기를 버리듯이 아기를 저버려야 했을까요?」 하지만 미국은 HIV 양성인 아동의 이민을 법으로 금지했다. 헤시 부부는 우연한 기회에 지역 불교 커뮤니티의 일원이며 에이즈로 죽어 가고 있던 사람을 그들 집에서 지내도록 한 적이 있었고, 댄은 〈볼더 카운티 에이즈 프로젝트〉에서 일하는 사람들이 자신들을 도와줄 수 있음을 알고 있었다. 한편 낸시는 베트남 정부의 입양 허가를 기다리고 또 기다렸다. 걱정스러운 두 달이 지나고 두 사람이 각자 자기 역할을 무사히 해낸 덕분에 셋은 다 함께 집으로 돌아왔다.

헤시 부부가 에마라고 이름을 지어 준 그 아기는 미국에 도착하자마자 임상 평가를 위해 덴버의 콜로라도 아동 병원에 입원했다. 나흘 뒤 의사가 전화로 결과를 알려 왔다. 에마가 HIV 양성이 아니라는 소식이었다. 낸시가 말했다. 「기쁨의 파도가 사방팔방에서 밀려왔어요.」 그리고 2주 뒤에 에마는 크게 쾅 하는 소리를 제외하고는 아무 소리도 못 듣게 되었다. 아마도 생모의 자궁 안에 있을 때 이미 거대세포 바이러스에 노출되었고 그래서 청능이 거의 완전히 소실될 정도로 퇴화했을 것이다.

헤시 부부가 사는 동네의 한 청각 장애인이 그들에게 청각 장애인 부모 밑에서 자라는 청각 장애 아동의 삶이 얼마나 더 행복한지 이야기했다. 그 이야기를 듣고 낸시와 댄은 청각 장애인 부모처럼 되기로 결심했다. 댄은 농인들이 인공 와우 이식 수술을 향해 퍼붓는 독설에 대해 읽었고 그와 낸시는 〈에마를 치료하기보다 어느 쪽을 선택하든 아이의 의사를 존중〉하기로 했다. 하지만 볼더에는 청각 장애인 학교가 없었다. 그들을 담당하던 청력학자는 농교육에 강점을 가졌다는 이유로 그들에게 보스턴이나 샌프란시스코, 오스틴 같은 곳으로 이사를 가라고 조언했다. 그들은 에마가 생후 14개월이 되었을 때 오스틴으로 이사했고, 텍사스 농아학교의 조기 학습 프로그램에 에마를 등록했다. 에마는 걸음마를 시작했다가 이내 중단했고 수화를 배우는 데 온 운동신경을 집중했다. 댄과 낸시도 ASL 강좌를 듣기 시작했지만 두 사람은 수화에 별 재능이 없었다. 댄이 말했다. 「당신은 〈이 청각 장애인의 부모는 수화를 배우지 못했다. 어떻게 그 오랜 세월 동안 수화를 배우지 못했을까?〉라는 이야기를 자주 들었을 겁니다. 나는 수화를 배울 수 없었고 그래서 저주스러운 내 삶을 구제할 수도 없었어요.」 낸시가 거들고 나섰다. 「하지만 당시 우리는 공립학교의 구화법 프로그램을 참관했고 그곳에서 수화 사용을 금지당한 아이들을 만났는데 정말 끔찍했어요. 우리가 보기에 청각 장애 아동에게 말을 하도록 만들려는 시도는 명백한 아동 학대였어요.」

텍사스에서 에마가 심한 천식에 걸렸고 그녀의 가족은 매주 병원 응급실을 찾았다. 하지만 댄과 낸시 두 사람 모두 직장을 구하는 데 어려움을 겪었고 그들의 결혼 생활도 파경을 맞이했다. 댄이 말했다. 「낸시의 관심은 오로지 에마를 살리는 데 있었어요. 실제로도 당시에는 에마를 살리는 게 가장 중요한 문제였죠. 하지만 나는 그 문제와 관련해 그녀가 나와 협력할 거라는 생각이 더 이상 들지 않았어요. 나 자신이 전면에서 한 발짝 뒤로 밀려나 단순한 조력자로 강등된 느낌이 들었죠.」 댄은 콜로라도로 돌아가겠다고 선언했다. 낸시는 그와 함께 돌아가길 거부했다. 그렇다고 죽을 때까지 텍사스에서 살고 싶지도 않았다. 그녀는 매사추세츠 프레이밍햄에 있는 농인 교육기관에 대해 알아본 적이 있었고 그 학교 교장과 생각이 잘 맞았는데 그 교장이 일자리를 제안했다. 딸과 미국의 절반을 횡단하는 거리만큼 떨어져 있기 싫었던 댄은 결국 버몬트 근처로 이사했다.

학교에서 상근직으로 일하기 시작한 낸시는 댄이 에마의 일과에 맞춰 그녀를 돌보아 주길 원했다. 댄은 화도 났지만 한편으로 에마를 혼자서 보살펴야 한다는 사실에 더럭 겁이 났다. 댄이 말했다. 「동정심이란 자신의 기대를 충족하는 것과 별개로 아무런 조건 없이 그 사람을 보살피는 능력입니다. 나는 이론에만 밝았을 뿐 현실의 벽은 너무나 높았어요. 나 자신이 무척 초라해지더군요.」 낸시나 댄은 모두 수화를 잘하지 못했다. 낸시가 말했다. 「나는 ASL을 배우는 데 처참하게 실패했어요. 하물며 수화는 내 직업이기도 했는데 말이에요.」 그녀는 댄에게 인공 와우 이식에 관한 이야기를 꺼냈다. 그들의 농인 친구들은 그들 부부가 에마에게 최선의 수화 교육을 제공하기 위해 전국의 이곳저곳을 떠돌아다닌다고 영웅처럼 칭송했다. 하지만 이제 그들은 그들 스스로도 인식하고 있듯이 농문화의 가치를 배신할 참이었다.

에마는 네 살 때 일곱 시간에 걸친 수술을 통해 한쪽 귀에 이식 수술을 받았다. 수술 이후의 후속 치료를 받기 위해 에마를 데리고 병원을 찾은 낸시는 수술 부위에 심각한 감염이 생겨서 에마가 목숨을 잃을지도 모른다는 이야기를 들었다. 에마는 항생제 분무 치료를 받았다. 그녀는 천식 때문에 유제품과 콩, 밀, 그 외 몇몇 식품에 대해 알레르기가 생겼지만 엄격한 규정식과 스테로이드 흡입으로 잘 관리하고 있었다. 하지만 인공 와우 이식 수술을 받고 나서 천식이 재발했고 어떤 치료도 효과가 없는 듯 보였다. 낸시는 직장을 그만두었다. 그리고 댄과 낸시는 비록 이혼한 상태였지만 함께 볼더로 돌아가기로 결정했다. 낸시가 말했다. 「그 모든 과정이 일종의 윤회 같았어요. 에마는 건청인 상태로 볼더에 왔었고, 청각 장애인 상태로 볼더를 떠났다가 다시 듣기 시작하면서 볼더로 돌아왔어요.」

한편 에마는 두 가지 문화와 두 가지 언어 중간에 끼어 있었다. 정확히 말해서 부모 입장에서 그녀가 절대로 처하지 않길 바랐던 바로 그런 상황에 처해 있었다. 그해 여름에 에마는 일주일에 나흘씩 인공 와우 이식 캠프에 가서 청각 훈련을 받았다. 댄의 고집에다 첫 번째 이식 수술에 대한 낸시의 망각이 보태지면서 에마는 다른 한쪽 귀에도 이식 수술을 받았다. 이번에는 모든 과정이 순조로웠다. 내가 에마를 만났을 때 그녀는 아홉 살이었다. 문법이나 언어 구사력이 아홉 살 수준에는 미치지 못했지만 그럼에도 에마는 남의 눈을 의식하지 않으면서 유창하게 구어를 구사했다. 낸시가 말했다. 「그동안 우리에게 도움을 준 전문가들에게도 이례적일 정도로 그녀는 잘해 왔어요. 그들은 에마가 구어를 배우기 전에 이미한 가지 언어를, 즉 ASL을 유창하게 구사하고 있었기 때문이라고 생각해요.」두 번째 이식 수술로 에마의 개방음 인식률은 25퍼센트에서 75퍼센트로 급증했다.

댄과 낸시는 에마를 구어와 수화라는 이중 문화의 환경에서 살아가도록 하겠다고 다짐했지만 시간이 갈수록 그 다짐을 고수하기가 힘들었다. 그들은 수화와 구어를 둘 다 사용할 수 있는 경우 에마가 언제나 구어를 사용한다는 사실을 깨달았다. 에마가 일곱 살쯤 되었을 때 그들은 에마가 수화를 사용하지 않는 것을 점차적으로 용인했고, 대체로 우호적인 공동 양육 방식을 정착시켜 나갔다. 에마가 내게 말했다. 「고향으로 돌아오기까지 우리 가족의 여정은 험난했어요. 하지만 우리는 강하고 서로에게 너그러웠기 때문에 마침내 무사히 여정을 마쳤어요.」

댄이 설명했다. 「장애를 가진 아이를 둔 부모의 반응은 다음 두 가지중 하나일 겁니다. 〈나는 내 삶의 새로운 복덩이를 얻었고, 이 복덩이가 나를 행복하고 자랑스럽게 만들어 줄 것이다.〉 또는 〈나는 내 아이의 노예가되었고, 그 아이를 내가 늙고 쇠잔해서 결국에는 죽어 쓰러질 때까지 끊임없이 보살펴야 할 것이다〉. 이런 상황에서 진실은 언제나 두 가지 반응 모두와 관련이 있습니다. 이러한 이중성이야말로 불교의 전부라고 할 수 있죠. 그런데 이 이중성이 도움이 되었냐고요? 아니요. 나는 실질적인 실천이라는 관점에서 다시 수행을 쌓아야 했습니다. 이론을 탐닉하던 취미를잃게 된 셈이죠.」

이제는 대부분의 의료보험에서 인공 와우 이식 장치와 이식 수술, 전문가가 추천하는 청각 훈련 비용 등을 보장해 준다. 관련 비용이 6만 달러를 넘을 수 있음에도 이식 수술은 피보험자에게 경제적으로 훌륭한 선택이다.[112] 기업에서 재정 지원을 받는 존스 홉킨스와 캘리포니아 대학 샌디에이고 캠퍼스의 연구에 따르면, 기타 청각 장애 시설을 이용하는 비용과 비교할 때 인공 와우 이식 수술을 받으면 청각 장애 아동 한 명당 평균 5만 3천 달러가 절약된다고 한다.[113] 하지만 여기에는 보다 복잡한 계산법이 필요하다. 인공 와우 이식 수술을 받더라도 적응에 어려움을 겪는 사람들이 많고 그 결과 추가 비용이 발생하기 때문이다. 또한 이식 수술을 받지는 않았지만 일찍부터 수화를 능숙하게 사용하는 청각 장애인은, 정신적 외상을 유발할 정도로 힘든 어린 시절을 보내느라 도움이 필요한 사람들만큼 많은 비용이 들지 않기 때문이다. 그럼에도 대다수 건청인 부모들은 인공 와우 이식 수술 문제를 간단하게 생각하기 쉽다. 한 어머니가 말했다. 「아이에게 안경이 필요하다면 당신은 안경을 해줄 겁니다. 다리가 필요하면 의족을 해주겠죠. 똑같은 거예요.」 또 한 어머니는 〈만약 내 딸 도로시 제인이 스무 살이 되어서도 자신의 목소리로 말하고 싶어 하지 않는다면 수술을 하지 않아도 괜찮아요. 요컨대 나는 내 딸에게 선택권을 주고 싶을 뿐이에요〉[114]라고 말했다. 이식 수술을 받고 건청인 그룹으로 재분류된 사람들에게는 여전히 장애인이라면 받게 될 혜택이 더 이상 제공되지 않는다. 문제는 이식 수술을 받지 않는 사람들이 마치 〈치료법〉이 있음에도 장애를 〈선택〉했고, 납세자의 입장에서 보았을 때 〈동정〉을 받을 〈자격〉이 없는 것처럼 여겨질 수 있다는 점이다. 결론적으로 이식 수술이 존재함으로써 다른 청각 장애인들의 장애 상태가 폄하될 수 있다.

로리 오스브링크는 건청인으로 태어났으며, 매사에 적극적이고 활발한 아이였다.[115] 1981년 12월의 어느 금요일, 막 세 번째 생일을 보낸 직후 로리는 독감으로 의심되는 병에 걸렸다. 그의 부모인 밥과 메리는 그를 침대에 눕히고 물약을 먹인 다음 병세를 주시했다. 로리의 병세는 토요일과 일요일까지도 호전되지 않았으며 갑자기 더 악화되었고, 그들은 로리를 병원 응급실로 데려갔다. 의사들이 몇 가지 검사를 진행하는 동안 밥과 메리는 앉아서 마냥 기다렸다. 마침내 한 의사가 그들에게 와서 말했다. 「아드님이 살 수 있을 것 같습니다.」 깜짝 놀라서 밥이 되물었다. 「우리 아들이 독감에 걸린 게 아닌가요? 맞죠?」 의사가 〈아드님은 급성 뇌막염이고 혼수상태입니다〉라고 설명했다. 로리는 이후로 5일 동안 산소 공급용 텐트 안에 있어야 했고, 40일 동안 병원을 들락거렸다. 밥이 당시를 회상했다. 「로리는 척추 천자* 검사를 반복해서 받았는데 의사들은 그를 마취시킬 수도 없었어요. 마취를 할 경우 백혈구 수치가 왜곡된다는 것이 그 이유였죠. 나는 로리가 척추 천자 검사를 받는 동안 아이를 붙잡아 줄 수 있는 유일한 사람이었어요. 지금도 그 또래의 아이가 우는 소리를 들으면 깜짝깜짝 놀랍니다.」

밥 오스브링크는 전문 음악가였고, 저녁마다 기타를 연주하면서 로리에게 노래를 불러 주는 것은 그의 오랜 습관이었다. 그렇지만 병원에 있을 때 밥이 아무리 노래를 불러 주어도 로리는 전혀 반응을 보이지 않았다. 병원 직원들은 오스브링크 가족이 정신적 충격을 받지 않도록 하나같이 로리의 청력이 돌아올 거라고 말했다. 그럼에도 의료진은 로리가 청능을 영구적으로 잃어버렸음을 알고 있었다. 밥이 말했다. 「잘못된 희망을 갖도록 놔두는 짓은 정말 가혹한 처사예요.」 밥과 메리 부부는 설날에 맞춰 로리를 집으로 데려왔고, 폭죽이 터지기 시작했을 때 로리를 안심시키려고 그의 방으로 올라갔지만 시끄러운 와중에도 로리는 깊이 잠들어 있었다. 여기에 더해서 충분히 혼자 걸을 수 있는 나이가 되었음에도 로리는 자꾸 넘어졌다. 뇌막염을 앓는 경우 일반적으로 달팽이관뿐 아니라 내이에도 손상을 입기 때문이다. 로리는 균형 감각이 부족했다.

그 뒤로 밥 오스브링크는 늘 죄책감에 시달렸다. 그가 물었다. 「내가

---

* 척추 아랫부분에 바늘을 꽂아 골수를 뽑아내는 것.

로리를 좀 더 일찍 병원에 데려갔더라면 어떻게 되었을까요? 다른 의사들이 내게 말하길, 〈어쩌면 우리도 독감이라고 진단하고 굳이 입원시킬 필요가 없다고 말했을지 모릅니다〉라고 하더군요.」 그 일과 관련해서 밥과 메리는 무척 다르게 반응했다. 밥은 거의 광적일 만큼 능동적으로 변해서 로리를 바쁘게 만들려고 노력한 반면, 메리는 자기 아들을 조용히 보호하고자 했다. 밥이 기억을 떠올렸다. 「한번은 아내가 물었어요. 〈이 상황이 당신에겐 전혀 괴롭지 않나 보죠?〉 내가 화가 나서 쏘아붙였죠. 〈당연히 괴롭지. 나도 이런 상황에 가슴이 찢어진다고. 당신은 주저앉아서 울기만 하잖아. 하지만 나는 손을 놓고 마냥 주저앉아 있을 수 없을 뿐이야.〉」 밥은 음악을 포기했다. 심지어 일 년 동안은 라디오도 듣지 않았다.

밥이나 메리 어느 누구도 청각 장애가 있는 아이에게 도대체 어떻게 해주어야 할지 몰랐다. 밥이 말했다. 「로리는 애초부터 말을 잘하는 아이가 아니었어요. 로리의 형은 매우 또렷하고, 분명하고, 유창하게 말했어요. 세 돌이 되기 전부터 벌써 말을 잘했죠. 로리는 형만큼 잘하지 못했어요.」 밥은 부모님의 지인 중 한 사람을 통해 〈하우스 청각 연구소〉의 설립자 하워드 하우스Howard House 박사를 알게 되었다. 하우스 박사는 당시에는 어린 아동에 대한 시술이 아직 승인되지 않았던 새로운 기술, 즉 인공 와우 이식 수술을 소개했다. 「우리는 이식 수술을 받은 성인 청각 장애인들을 만났고 그들이 소리를 들을 수 있다는 사실을 알게 되었어요. 이식 수술을 받은 한 어린 소녀에 관한 연구 자료를 검토하고 그 소녀가 자기 부모 목소리에 반응하는 모습도 지켜봤어요. 로리는 병원에서 이미 많은 시간을 보낸 터였어요. 우리는 아이에게 또다시 병원 신세를 지게 하는 것이 과연 옳은 결정인지 고민했답니다.」 아직 성장 중인 뇌가 내부에 이식된 이질적인 물체에 어떻게 반응할지 모른다는 우려 때문에 FDA에서는 해당 장치를 아동에게 이식하는 것을 승인하지 않았고, 밥 역시 이 같은 사실을 알고 있었다. 당시에는 인공 와우의 채널이 아직 하나뿐이었고, 인공 와우 수술을 받은 성인들 중 완전하게 말을 하게 된 사람도 없었다. 그즈음이었다. 로리가 길을 걷다가 요란하게 사이렌을 울리며 빠르게 질주하던 소방차에 치일 뻔한 일이 발생했다. 그리고 네 살이 된 로리는 어린아이로는 두 번째로 인공 와우 이식 수술을 받은 사람이 되었다. 「우리는 소리를 인지하는 것이 로리의 안전에 도움이 되고 또 사람들의 입술을 읽는 데도 도움이 될 거라고 생각했습니다. 로리가 테스트 부스에 앉아 소리에 반응한 날은 정말 감동적이었어요.」 하지만 로리가 듣는 소리는 지극히 원초적인 소리에 불과했고 궁극적으로 그다지 유용하지 않았다.

로리의 내이 손상은 그가 걸을 때 여전히 불안정하다는 사실을 의미했다. 밥은 로리가 운동 능력을 되찾도록, 장기적으로는 극복할 수 있도록 확실히 하고 싶었다. 그래서 로리를 일반 학교에 입학시켜 다양한 운동부 활동을 하게 했다. 더불어 로리가 속한 어린이 야구단에서 코치로 일하면서 아침과 오후 시간을 이용해 그에게 보충 연습을 시켰다. 여덟 살이 되었을 때 로리는 인기 선수였고 수화를 시작했으며 청각 장애인 팀에 합류했다. 밥은 그 팀에서도 코치 역할을 맡았다. 로리는 아버지의 입술을 읽고 다른 선수들에게 통역해 주었다. 밥이 말했다. 「당신이 국제 축구팀을 결성했다고 칩시다. 필드에서 뛰는 그 팀의 모든 선수들은 각자 다른 언어를 사용하겠죠. 그럼에도 그들이 시합에 임하는 방식은 모두 똑같을 거예요. 축구라는 스포츠 자체가 당신을 다른 선수들과 하나로 묶어 주기 때문이죠. 모든 스포츠에는 그 나름의 언어가 존재하고 이는 로리가 〈청각 장애가 있는 소년〉이 아니라 〈훌륭한 야구 선수〉임을 의미했어요.」 밥은 큰 아들과 음악을 공유한다. 그리고 스포츠는 그와 로리를 묶어 주는 끈이었다.

밥은 수화에 관심은 있었지만 배우지 않았고, 로리 역시 자신에게 계속 구어로 이야기해 달라고 요구했다. 심지어 로리는 아버지에게 콧수염을 깎지 말고 그대로 놔두라고 요구했다. 「아버지는 내게 야구를 가르쳐 주기 때문에 다른 누구보다 많은 대화를 나눠요. 따라서 아버지의 입술을 읽을 수 있다면 예리한 독순술을 익히는 데 도움이 될 거예요.」 하지만 나중에 밥은 로리의 이러한 행동이 실제보다 더 많이 알아듣는 것처럼 보이려고 하는 청각 장애인들의 일반적인 습관이었음을 깨달았다. 밥이 말했다. 「로리가 수시로 얼마나 많은 이야기를 놓치고 있는지 나는 한참 뒤에야 깨달았어요. 로리는 무척 똑똑했지만 대수학에 유독 약했습니다. 그래서 〈나도 그 수업 시간에 들어가 볼게〉라고 제안했죠. 막상 그 수업에 들어가서 보니까 교사가 칠판에 공식들을 적고는 학생들을 등진 채 설명을 하더군요.」 중학교 때부터 진지하게 ASL을 배우기 시작한 로리는 고등학교에 가서는 농인으로서의 정체성을 배웠다. 졸업과 동시에 애리조나 대학에 야구 장학생으로 들어가게 된 로리가 그 대학의 야구부 코치를 만나러 갈 일이 생겼다. 밥이 말했다. 「야구부 코치에게 여러 차례 전화를 걸어서 로리의 상황을 설명했어요. 〈로리가 독순술이 뛰어나니까 대화할 때 로리를 똑바로 쳐다보기만 하면 됩니다〉라고 알려 주었죠. 그럼에도 코치가 들어와서 고개를 숙인 채로 이야기하자 로리가 말했어요. 〈코치님, 코치님이 고개를 들어 주시면 입술을 정말 잘 읽을 수 있어요. 그리고 조금만 천천히 말씀해 주시면 다 이해할 것 같아요.〉 그러자 코치가 메모 패드를 꺼내 책상에 탁하고 올려놓고 권위적인 태도로 메모지에 글을 쓰기 시작했죠. 로리가 그 메모지를 구겨 버리면서 말했어요. 〈나는 당신 같은 사람을 위해서 선수로 뛸 수 없어요.〉 그러고는 그날 밤으로 차를 달려 돌아왔고 결국 갈로뎃 대학에 들어갔습니다.」

로리는 건청인 세상으로 두 번 다시 돌아가지 않았다. 갈로뎃 대학에서 그는 농인학과 철학을 전공했고, 그가 머무는 기숙사에서 사감 보조로 일했으며, 야구팀에서 활약했다. 대학을 졸업할 때가 되자 다저스에서 입단 테스트를 제안했다. 로리는 프로 야구팀의 현역 선수이며 난청이 있는 커티스 프라이드와 연락을 주고받는 사이였는데 그가 조언하길 프로 세계에서는 〈청각 장애가 있는 선수〉를 아무도 도와주지 않을 거라고 했다. 로리는 다저스의 제안을 고사하고, 대신 교육학 박사 학위를 취득했다. 밥이 말했다. 「거슬러 올라가면 그 모든 일이 애리조나에서 겪은 경험에서 시작되었다고 할 수 있어요. 그때나 지금이나 우리는 함께 야구 경기를 보러 가고, 로리는 선수 한 명을 가리키며 이렇게 이야기해요. 〈아버지, 저 사람 좀 보세요. 내가 저 정도는 하지 않았나요?〉 그러면 나는 이렇게 대답합니다. 〈당연하지.〉」

후에 로리는 5대째 청각 장애인 여성과 결혼했다. 그리고 자신의 인공 와우 이식 장치를 꺼두고는 두 번 다시 사용하지 않았다. 그의 설명에 따르면, 인공 와우 장치가 있음으로써 〈닭이 모여 사는 세상에 꼽사리를 낀 한 마리 오리〉[116] 같은 기분이 든다고 했다. 농인의 세계는 그에게 고향이 되었다. 이제 로리는 5학년과 6학년 농학생들을 가르친다. 야구 선수가 되려는 꿈은 포기했지만 선수권 대회에 참가했을 정도로 수준 있는 청각 장애인 야구팀을 이끌고 있으며 개인적으로는 광적인 사이클 애호가가 되었다. 그는 캘리포니아 청각 장애인 교육 과정에 일대 변화를 가져왔다. 밥이 말했다. 「한번은 로리가 내게 말하길 자기는 소리와 관련해서 아주 약간의 기억이 있긴 하지만 그다지 생생한 기억은 아니라고 하더군요.」 로리는 부모들이 그들의 자녀에게 인공 와우 이식 수술을 해주는 것에 반대했다. 그는 〈소아과의 인공 와우 이식 수술이 용인되어선 안 됩니다. 그 같은 결정이 수술 당사자인 아이의 선택권을 무시하기 때문입니다〉라는 소신을 밝혔다.

밥이 인공 와우 이식 수술을 하기로 했던 자신의 결정에 대해 설명했다. 「나는 내가 옳다고 생각했던 행동을 했어요. 그건 농문화와 청능 사이의 어떤 거창한 철학적 의제 같은 게 아니었습니다. 나는 아는 것이 없었어요.」 로리는 부모가 왜 그런 결정을 내려야 했는지 이해하고, 밥은 아들이 왜 그들의 결정을 뒤집었는지 이해한다. 「로리는 구어 환경에 있을 때 대략

90퍼센트 정도를 이해했어요. 90퍼센트라고 하면 많은 것처럼 들리지만 정말 아끼는 어떤 사람이 있다면, 참고로 로리는 매우 인정 많은 아이예요, 그 사람의 모든 것을 이해하고 싶은 게 당연한 일입니다. 나는 로리의 정체성과 그 아이가 원하는 것을 전적으로 수용하고 존중합니다. 나는 사람들에게 이렇게 말하고는 했어요. 〈내게는 청각 장애가 있는 아들 한 명이 있고, 내 말을 지지리도 듣지 않는 아들이 세 명 더 있어요.〉 이기적으로 말하자면 나는 로리가 나와 함께 노래도 하고 기타도 연주하길 바랍니다. 반대로 로리는 내가 수화를 능숙하게 구사하길 바라죠.」

　나는 이런 논쟁에서 항상 자녀가 승리해야 하는지, 자녀의 역할은 단지 존재 그 자체인 반면에 부모의 역할은 위기에 잘 대처하는 것이라고 명시된 일종의 문서 같은 것이 있는지 궁금했다. 밥 오스브링크는 내가 인터뷰한 다른 많은 사람들에 비해 자긍심도 강하지만 동시에 보다 우울한 듯 보였다. 로리는 세 살 때 청능을 잃었다. 3년이라는 시간은 부모나 자녀의 인생에서 결코 짧은 시간이 아니다. 나는 밥의 아쉬움이 한 번도 아니고 두 번씩이나, 예컨대 한 번은 음악에서, 또 한 번은 스포츠에서 아들과 깊은 유대를 잃어버린 데서 기인한 것은 아닐까 하는 생각이 들었다. 밥의 설명이다. 「내가 놓쳐 버린 것들 때문에 마음이 아픕니다. 이를테면 로리가 알아듣지 못했는데도 마치 이해한 것처럼 행동했을 때 전혀 눈치 채지 못했다는 사실에 가슴이 아파요. 다른 사람들이 웃을 때 같이 웃고 있었지만 정작 무슨 농담이었는지도 몰랐던 거예요. 로리가 청각 장애인으로서 겪어야 했을 그 모든 일을 여과 없이 다 겪어야 했다고 생각하면 정말 가슴이 아픕니다. 내 가슴 한편에는 늘 그로 인한 슬픔이 존재할 겁니다. 하지만 로리가 자신의 정체성을 슬퍼한다고는 생각하지 않아요. 그리고 그 점은 나도 마찬가지입니다.」

　생명윤리학자 테레사 블랭크메이어 버크Teresa Blankmeyer Burke는 〈잃어버리지 않은 어떤 것에 대해서 비통해하는 것은 좀처럼 드문 일이다. 비근한 예로 성(性) 문제를 들 수 있다. 여성은 남성으로 산다는 것이 어떨지 궁금하게 생각할 수 있다. 그 반대도 마찬가지다. 하지만 이런 호기심은 좀처럼 《상실》이라는 용어로 표현되지 않는다〉[117]고 말했다. 본사가 영국에 있는 데피니틀리 극단의 예술 감독 폴라 가필드와 그녀의 배우자 토마토 리치는 그들의 딸에게 청각 장애가 있음을 발견하고, 그 덕분에 〈풍부하고 다양한 문화의 일원이 될 수 있는 여권이 생겼다는 이유로〉[118] 오히려 짜릿한 흥분을 느꼈다. 보통의 사회에서는 청각 장애 아동을 대체로 어떤 요소가 결여된 아이들이라고 생각한다. 즉 그들에게는 청능이 없다고만 생각한다. 반대로 농문화에 속한 사람들은 그들 자신에게 어떤 것이 더 있다고 생각한다. 바로 멋진 세계의 일원이 될 수 있는 회원권이다. 한편 건청인 부모들은 자기들만의 고유한 이분법에 의지한 채 이런 질문을 던진다. 그들에게 청각 장애인 아이가 있는가, 또는 건청인 아이가 있는가?

밥 오스브링크처럼 펠릭스 펠드먼도 청각 장애인이 구어 세계에서 제 기능을 발휘할 수 있는 능력을 갖추는 것이 중요하다고 생각했다.[119] 다시 말해서 청각 장애인의 사회화가 당연하고 유일한 목표였다. 그에게 청각 장애가 있는 딸이 태어났을 당시에는 인공 와우 이식 수술 같은 것이 존재하지 않았다. 그리고 청각 장애인 손주들이 생겼을 때는 이식 수술이 발전해 있었지만 아이들이 관심을 보이지 않았다. 펠릭스는 불행 속에서도 습관적으로 한 가닥 희망을 쫓는 옛 유대인의 면모를 지녔다. 자손을 향한 애정에도 불구하고 자기 관점에서 보면 두 명의 청각 장애인 자식을 키운 경험은 거의 추천할 만한 것이 되지 못했고, 세 명의 청각 장애인 손주가 생긴 일은 더 이상 축복이 아니었다.

펠릭스와 레이철 펠드먼 부부의 둘째 딸 에스더는 뇌성마비를 갖고 태어났다. 에스더는 보청기를 착용하면 말을 배우기에 충분할 만큼 소리를 구분할 수 있었다. 온 가족이 에스더의 상태를 파악하느라 분주하던 바로 그 시점에 소아과 의사가 그들 부부에게 첫째 딸 미리엄의 청각 장애 사실을 통보했다. 그해가 1961년이었고 펠릭스와 레이철 부부는 에스더와 마찬가지로 미리엄에게 구어 교육을 시키기로 결정했다. 청각 장애 아동이 구화법을 배우려면 수화를 아예 접하지 말아야 한다는 것이 그 당시의 통설이었고 따라서 그들은 집에서 수화 사용을 금지했다. 펠릭스가 말했다. 「우리는 수화를 하지 못하게 하는 데 도움이 된다면 미리엄의 팔이라도 부러뜨렸을 겁니다.」 펠릭스와 레이철은 가정에서 구화법 교육을 보강하는 법을 배우고자 직접 강의도 들었다. 또한 산타모니카에 훌륭한 언어 치료사가 있다는 이야기를 듣고 그곳으로 이사했다. 부부의 삶은 청각 장애에 초점이 맞추어졌다. 펠릭스의 설명에 따르면, 〈우리 부부는 청각 장애인들 중에서도 구어를 할 줄 아는 사람들만 선별해서 사귀었습니다〉.

　비록 현재는 에스더가 뇌성마비를 앓은 사람치고는 자기 역할을 비교적 잘해 나가고 있지만 그렇게 되기까지 길고 험난한 과정을 거쳐야 했다. 미리엄은 비록 중증 청각 장애인이었지만 모범적인 아이였다. 그녀는 학교에서 매일 언어 치료를 받으면서 일주일에 세 번씩 개인 교습을 받았다. 그녀는 피겨스케이팅 선수가 되고 싶어 했다. 코치는 대회 중에 그녀에게 오직 세 번만 사인을 줄 수 있었다. 음악이 언제 시작되는지 알려 줄 때, 중간에 속도를 줄이거나 높이라고 말해 줄 때, 마지막으로 음악이 끝났다고 그녀에게 알려 줄 때. 펠릭스가 말했다. 「미리엄은 비록 한 음(音)도 듣지 못했지만 음악에 맞춰 경기를 했어요. 학교 성적도 반에서 항상 상위권을 유지했고요. 하나같이 건청인 학생들을 제치고 말이에요. 게다가 순전히 선생님의 입술을 읽어서 낸 성적이었죠. 미리엄은 절대로 자신을 장애인이라고 생각하지 않았습니다.」 열다섯 살에 미리엄은 뉴욕 주 레이크 플라시드에서 개최된 1975년도 청각 장애인 동계 스페셜 올림픽에 출전했고, 수화가 주된 언어로 사용되는 환경을 처음으로 경험했다. 펠릭스가 그때를 회상했다. 「그녀는 수화에 금방 적응했어요. 우리는 그냥 두고 보는 수밖에 별다른 도리가 없었어요.」

미리엄이 말했다. 「힘들었어요, 수화를 배우기까지요. 몇 년이 걸렸죠. 수화를 무척 늦게 접했을 뿐 아니라 어머니와 아버지가 매우 걱정스럽게 〈수화를 쓰지 마, 수화를 하지 말라고〉라고 늘 말씀하셨기 때문이죠. 청각 장애인 올림픽에 참가했을 때 다른 사람들은 모두 수화를 사용하는데 저만 수화를 전혀 할 줄 몰랐어요. 정말 창피했어요.」 미리엄이 수화를 사용하자 펠릭스는 딸아이의 뛰어난 구어 능력은 계속 남아 있을 거라고 인정하면서도 배신감을 느꼈다. 미리엄은 후에 자신이 태어난 캘리포니아의 마을에 유대인 농문화 커뮤니티 센터를 설립했으며 지금까지도 운영 중이다. 그리고 이 센터를 통해 간행물을 발간하고 유대교 명절에는 사회 행사도 주관하면서 지역 사회의 리더가 되었다. 그녀는 대화를 할 때 80퍼센트는 수화를 사용하고 나머지 20퍼센트만 구어를 사용한다. 그녀가 말했다. 「하지만 조금만 더 일찍 수화를 사용하도록 허락받았더라면 수화든 구어든 지금보다 더 잘했을 거예요.」

미리엄이 20대 때 인공 와우 이식 수술이 실용화되자 펠릭스는 딸에게 수술을 받으라고 종용했다. 하지만 미리엄은 이미 농문화에 매료되어 있었고 이식 수술 개념 자체를 혐오했다. 펠릭스가 말했다. 「우리는 대화를 시작했다가도 곧 언쟁으로 발전했고 결국에는 서로 언성을 높였죠. 나는 이성을 잃었어요. 우리가 아는 너보다 나이가 어리거나 많은 사람들도 수술을 받았다. 그들은 네 목소리를 들을 수 있고, 전화도 사용한다. 뉴스를 듣거나 텔레비전도 본다. 그럼에도 수술을 거부하는 이유가 뭐냐? 하지만 안타깝게도 미리엄과 그녀의 전남편은 인공 와우 이식 수술을 청각 장애인에 대한 집단 학살이라고 생각했어요.」

미리엄의 세 자녀—우리가 만났을 때 그들은 열일곱 살, 열다섯 살, 열세 살이었다—는 모두 청각 장애인이었다. 펠릭스는 그 아이들에게 이식 수술을 시키도록 압력을 가했지만, 청능이 없는 부모가 자녀에게 특유의 집중적인 방식이 요구되는 구어 교육을 시키는 것은 결코 쉬운 일이 아니었다. 펠릭스가 말했다. 「미리엄은 가장 손쉬운 길을 택한 겁니다. 수화를 쓰지 않았더라면 그 아이들이 말을 했을 거예요. 정말 안타까운 일이죠.」 펠릭스는 미리엄과 의사소통하는 데 전혀 불편함이 없지만 손주들하고는 대화를 나눌 방법이 없다. 현재 미리엄의 맏이는 전 세계를 통틀어 유일한 정통 유대인 농학교에 다니면서 히브리어와 이디시어를 배우고 있다. 미리엄이 말했다. 「나는 하루 종일 사람들의 입술을 따라 눈을 움직여야했어요. 내 아이들만큼은 그런 전철을 답습하게 하고 싶지 않아요. 그리고 그 아이들은 지금 만족하면서 살고 있어요. 글 쓰는 법도 알고 생후 8개월째부터 수화를 배웠죠. 언제든 자신의 감정이나 원하는 것을 내게 말할 수있어요.」 나는 아이들이 다니는 학교에 건청인 친구들이 있는지 궁금했다. 「우리 딸아이가 처음 학교에 들어갔을 때만 하더라도 같은 학년에 청각 장애인 학생이 아무도 없었어요. 그래서 어떻게 했냐고요? 건청인 친구들에게 수화를 가르쳤죠. 그때 수화를 배운 친구들 중 몇 명은 지금까지도 딸아이의 가장 친한 친구로 남아 있어요.」

펠릭스는 손주들에게 인공 와우 이식 수술을 시키려고 안달했다. 미리엄이 말했다. 「가족들이 모두 모일 때마다 아버지는 늘 같은 이야기만했어요.」 심지어 이식 수술을 받으면 한 사람당 백만 달러를 주겠다고 손주들에게 제안하기도 했다. 펠릭스가 내게 하소연했다. 「제안을 반대로 했어야 해요. 이식 수술을 받지 않으면 한 사람당 백만 달러씩 아무한테나쥐 버리겠다고 말이죠.」 그가 목소리를 낮추는 시늉을 하면서 입을 가린채 무척 큰 소리로 말했다. 「문제는 미리엄이 내가 행복해지는 것을 원치않는다는 겁니다.」 미리엄이 나를 돌아보면서 입을 열었다. 「나는 청각 장애가 있는 아이를 원하지 않았어요. 내 아이에게 청각 장애가 있으면 좋겠다고 생각한 적도 없어요. 하지만 결과적으로 청각 장애가 있는 아이들이 태어났고, 그 아이들이 내가 속한 세상의 일원이라는 사실과 내 정체성의 근원을 이해해 준다는 점에서 나는 무척 만족해요. 그렇지만 그 아이들에게 청능이 있었다면 우리 가족 중 누군가가 나를 지금보다는 훨씬 더 좋아했겠죠.」 그때 갑자기 부녀가 웃기 시작했다. 펠릭스가 말했다. 「이게 우리의 이야기입니다. 내 생각에는 당신의 책 제목이 〈아버지는 모르는 게 없다〉가 되어야 할 것 같군요.」

인공 와우 이식 수술을 받은 사람이 「베르디 오페라」를 감상하거나, 천지가 까마귀뿐인 숲에서 멧비둘기 한 마리의 소리를 구분해 내기까지는 시간이 걸릴 것이다. 하지만 이식 장치 개발자들은 충분히 많은 소리 정보를 인지함으로써 청각 장애인 스스로 구어 숙련도를 지속적으로 발전시킬 수 있는 수준에 근접해 가고 있다. 여전히 분분하게 남아 있는 반대 의견들은 개념적인 차원에 불과하다. 펠릭스 펠드먼이 뼈저리게 느꼈듯이 많은 농인 인권 운동가들은 인공 와우 이식 수술이 농문화를 파괴하고 말살하려는 일종의 집단 학살적 시도라고 주장한다. 어떤 사람들은 소아과에서 시술하는 인공 와우 이식 수술을 간성*(間性)을 〈바로잡는〉 데 이용하는, 그래서 수많은 간성인들이 반대해 온 수술처럼 침략적인 시술에 비유한다.[120] 영국의 농인 인권 운동가 패디 래드는 이식 수술을 나치들이 사용한 〈최후의 해결책〉이라고 지칭하고,[121] 패트릭 부드로는 문화적, 언어적 몰살 운동이라고 규정한다. 노스이스턴 대학의 할란 레인은 〈당신은 누군가가 당당하게 《앞으로 2~3년 안에 우리는 흑인 문화를 완전히 제거할 수 있을 것이오》라고 말하는 광경을 상상할 수 있는가?〉라고 물었다. 그는 이식 수술도 그와 다를 바 없는 공격이라고 생각한다. 「만일 건청인들

---

* 자웅이체인 종의 어떤 개체에서 성형질이 완전한 자형(雌型) 또는 웅형(雄型)이 아닌 중간적 형태나 성질을 띠는 현상.

이 농인 커뮤니티를 장애가 있는 어떤 사람들로 여기지 않고 그들 나름의 언어를 가진 하나의 인종 집단으로 간주했더라면 오늘날의 뿌리 깊은 오해는 없었을 것이다.」[122] 잠재적인 건청인이 이식 수술로 과연 자유를 얻게 될까? 아니면, 농인들이 정말로 사라질까? 안타깝게도 청각 전문가와 의료계는 자녀에게 이식 수술을 시키기 전에 부모들이 반드시 청각 장애인을 만나 보도록 하는 운동에 그동안 거의 아무런 지원을 하지 않았다. 부모들에게 접촉할 수 있는 농인 커뮤니티의 연락처를 제공하지 않는 의사들도 많거니와, 막상 그런 연락처를 제공한다 하더라도 실제로 그들과 접촉을 시도하는 부모도 거의 없다.[123] 오직 스웨덴에서만 유일하게 자녀에 대한 이런 중요한 의학적 결정을 내리기에 앞서 부모들에게 농인 커뮤니티의 대표들과 만나서 그들의 삶에 대해 배우도록 법으로 의무화하고 있을 뿐이다.[124]

진짜 문제는 부모와 자식 간의 관계를 어떻게 규정할 것인가 하는 점이다. 100년 전에는 자식이 사실상 자산이었고 부모는 죽이는 것만 빼고는 자식을 거의 마음대로 할 수 있었다. 이제는 자식들에게 많은 권한이 주어진다. 그럼에도 부모는 여전히 자녀가 어떤 옷을 입어야 하는지, 무엇을 먹어야 하는지, 언제 자야 하는지 등을 결정한다. 육체적인 통일성에 관련된 결정도 온전히 부모의 권한일까? 인공 와우 이식 수술에 반대하는 일부 반대자들은 열여덟 살이 넘으면 누구나 스스로 자신의 문제를 결정할 수 있다고 주장해 왔다. 이 문제를 비현실적으로 보이게 만드는 신경학적 쟁점들을 차치하더라도 그들의 주장에는 결함이 있다. 열여덟 살이 된 청각 장애인은 단순히 청각 장애인으로 살 것인지, 아니면 건청인으로 살 것인지를 선택하는 것이 아니다. 그동안 익숙하게 알고 있던 문화와 그렇지 않은 문화를 놓고 선택을 해야 한다. 그리고 이전까지의 세상 경험이 청각 장애인으로서 규정되어 왔음에도 기존의 경험을 포기하는 경우에는 자신의 정체성을 거부하는 결과로 이어진다.

기존에 인공 와우 이식 수술을 받은 청각 장애 아동들은 사회적 어려움을 경험했다. 이식 수술의 목적이 청각 장애 아동으로 하여금 그들 자신에 대한 만족감을 제고하기 위한 것이라면 결과가 신통치 않은 셈이다.[125] 어떤 아이들은 캘리포니아 대학의 윌리엄 에번스가 〈문화적 노숙인들〉[126]이라고 지칭한, 건청인도 아니고 그렇다고 농인도 아닌 존재가 된다. 대다수 사람들은 이분법에 따른 위협을 좋아하지 않는다. 이분법이 동성애 혐오증이나 인종 차별, 제노포비아 같은 〈우리〉 대 〈타인〉으로 규정하려는 끊임없는 충동을 조장하기 때문이다. 건청과 청각 장애 사이에 존재하던 장벽이 광범위한 기술에 의해서 허물어지고 있다. 그리고 그 기술의 중심에는 어떤 면에서 물리적으로 강화된 육체를 창조하고, 일부 인권 운동가들이 〈사이보그 혼합체〉[127]라고 부르는 보청기와 이식 수술이 존재한다.

인공 와우 장치를 이식한 일부 청소년들이 10대를 벗어나기 전에 해당 장치를 꺼버리는 경우도 있기는 하지만 대다수는 그 장치가 매우 유용하다고 생각한다. 2002년에 실시된 한 조사 결과에 따르면, 자녀가 인공와우 장치를 사용하는 데 거부감을 드러낸 적이 전혀 없다고 대답한 사람이 조사에 응한 전체 부모들 중 3분의 2에 달했다.[128] 짐작컨대, 안전띠를 매라는 요구에 반항하는 청소년이 훨씬 많을 것 같다.

바버라 머타스키는 남편 랄프 코멘가에게 〈당신의 결심이 정말 단호하다면 아이를 갖겠어〉라고 말했고 남편의 생각은 정말 단호했다.[129] 그녀는 아들 니컬러스를 임신하고도 9개월째까지 여전히 일을 하고 있었다. 피앤지P&G로 더 잘 알려진 프록터앤드갬블의 웨스트버지니아 물류 창고에서 지게차를 운전하는 일이었다. 당시는 1987년이었고 그녀는 하물며 〈청각학〉이라는 말조차 들어본 적이 없었다. 니컬러스가 생후 6개월이 되었을 때였다. 그녀는 전문의를 찾아가 보기로 했다. 아기가 이염을 앓고 있을지 모른다는 의심이 들었기 때문이다. 진료 약속이 잡히기까지 3개월을 기다려야 했다. 3개월을 기다려서 만난 전문의는 존스 홉킨스 병원에 가서 추가 검사를 받으라고 권유했고 그들은 다시 3개월을 기다렸다. 마침내 아기에게 청각 장애가 있다는 진단을 받았을 때 바버라는 그녀가 절망에 빠질 거라는 모든 사람의 예상을 무색하게 만들었다. 그녀가 내게 말했다. 「당신이 인터뷰를 제안했을 때 나는 〈만약 아이의 청각 장애 문제로 엄청난 충격에 빠진 사람을 찾는 거라면 나는 해당이 없으니까 오지 마세요〉라고 말했었죠. 하지만 이제야 하는 말이지만 니컬러스가 청각 장애 진단을 받았을 때 잠도 못 자고 밤새도록 엄청나게 울었어요. 당시에는 침대에 누워서 이런 생각을 했어요. 〈청각 장애가 있는데도 니컬러스가 축구를 하겠다고 하면 어떻게 하지?〉 나는 니컬러스의 미래와 관련지어서 모든 가능성을 따졌어요. 정말 모든 가능성을 따져 보았죠.」

처음에 바버라와 랄프 부부는 니컬러스에게 구어 교육을 시키기로 결정했다. 바버라가 말했다. 「한 교사를 만났는데 그녀가 자신이 썼던 기막힌 치료법에 대해 이야기해 주었어요. 또 자기 아이들에게 얼마나 효과가 있었는지도 알려 주었죠. 나는 매일같이 〈오늘은 그녀가 어떻게 기적을 일으키는지 알려 줄 거야〉라고 생각했어요. 하지만 그런 일은 일어나지 않았어요.」 니컬러스가 쓰레기 수거차를 좋아했기 때문에 바버라는 아들을 데리고 몇 시간씩 쓰레기 수거차를 따라다니면서 보이는 광경과 연관된 말을 가르치려고 노력했다. 특정한 사물에 흥미를 느낄 때 그 사물을 지칭하는 단어를 알려 주면 그 단어에 흥미를 느낄 거라고 생각했다. 「구화법을 가르치는 일은 정말 끔찍했어요. 처음부터 끝까지 단어를 소리 내서 말하는 것이 전부였어요. 아주 고되고 대단히 부자연스러운 작업이었죠. 내가 미친 사람처럼 느껴졌어요.」 랄프는 인공 와우를 이식하는 방법—당시에는 여전히 낯선 기술이었다—도 검토하려 했지만 바버라가 반대했다. 「그건 내가 결정할 수 있는 문제가 아니었어요. 아이에게 칼을 대서 머리를 여는 것 말이에요. 우리는 미래의 어떤 어른을 대신해서 결정을 내리려고 하지만 우리 눈앞에 있는 사람은 단지 아기에 불과해요. 중요한 것은 인간으로서 그 사람의 정체성인데 아직 유아인 상태에서는 그 사람의 정체성을 알 수 없잖아요.」

바버라는 니컬러스가 너무 외로워 보여서 아이를 한 명 더 갖기로 했다. 건청인 형제가 생긴다면 니컬러스를 위해 통역을 도와줄 수 있을 터였다. 둘째 아이를 낳던 날 바버라는 병원 측에 신생아에게 청력 검사를 하고 싶다고 알렸고, 의사들은 브리트니의 청력에 아무런 문제가 없다고 했다. 「브리트니는 자기 방에 있는 유아용 침대에 갇혀서 울고 있고, 나는 니컬러스와 놀고 있죠. 그리고 내 안에서는 이런 외침 소리가 들려요. 〈브리트니, 너는 괜찮아, 내가 하는 말을 들을 수 있잖니. 오빠에게는 내가 필요해.〉 내가 정말로 원했던 것은 둘째 아이도 청각 장애를 갖고 태어나는 거였어요. 단지 스스로 미처 깨닫지 못하고 있었을 뿐이죠. 하지만 브리트니가 태어난 지 두 달도 지나지 않아 그녀가 소리를 듣지 못한다는 사실을 알았을 때 나는 청력학자에게 전화해서 말했어요. 〈보청기를 주문해 주세요.〉 그리고 학교에도 전화를 걸었어요. 〈브리트니가 청각 장애예요, 수화를 배워야겠어〉라고 말했죠. 그렇게 생후 3개월부터 브리트니는 보청기를 착용했고, 수화를 접했어요. 상황이 완전히 뒤바뀌었죠.」 두 명의 교사가 집에 와서 바버라에게는 수화를 가르치고 브리트니에게는 구화법을 가르쳤다. 하지만 바버라는 그들의 등장에 압박감을 느꼈다. 그녀가 회상했다. 「나는 계속해서 〈우리 아이들은 그 나이에 맞게 잘 자라고 있어요〉라고 말했어요. 그러면 그들은 〈당신이 보다 일찍 시작했더라면 그들이 얼마나 더 똑똑해졌을지 생각해 보세요〉라고 대답했죠. 그들의 말이 옳았지만 나는 듣고 싶지 않았어요.」

브리트니는 다양한 음소들을 발음했고, 니컬러스가 진작부터 받고 있던 구어 교육의 훌륭한 후보자로 여겨졌다. 그녀와 대조적으로 니컬러스는 이해 가능한 언어음을 만들어 내지 못했다. 「구어 교육이 니컬러스에게 효과가 없을 거라는 사실은 척 보아도 알 수 있었어요. 따라서 나는 선택을 해야 했어요. 〈구어와 수화를 둘 다 사용할 수는 없어. 나는 니컬러스를 위해 브리트니를 희생시켜야 할까? 아니면 브리트니를 위해 니컬러스를 희생시켜야 할까?〉 그리고 우리는 수화를 사용하기로 했어요.」

그들은 기숙학교인 메릴랜드 농아학교에서 두 시간 떨어진 거리에 살았고 바버라는 두 아이를 이 학교에 입학시켰다. 당시 이 학교에서는 일종의 바이바이식 접근법을 채택하고 있었지만 수업 시간에는 주로 수화를 사용했다. 바버라 자신은 학교 근처의 ASL 통역사 훈련 프로그램에 등록했다. 랄프는 동네에 있는 고등학교에서 ASL 수업을 듣는 데 만족해야 했다. 바버라는 아이들과 떨어져서 사는 것을 도저히 견딜 수 없었다. 「아이를 갖고 싶어 하지도 않다가 이제 그 아이들과 사랑에 빠진 거예요.」 결국 그녀는 자동차로 두 아이를 매일 학교까지 데려갔다가 데려오기를 반복했다. 청각 장애인 교사들이 그녀의 방식에 반대했지만 바버라는 완강했다. 「학교의 그런 부분은 정말 마음에 들지 않았어요. 게다가 그 학교에서는 농인 부모를 둔 농인 아동이 최고였어요. 건청인 부모를 둔 청각 장애 아동은 그다음이었고 그다지 내세울 만한 사실이 아니었죠. 실제로 우리 아이들은 학교의 그런 분위기 때문에 부정적인 부담을 느꼈어요. 나는 매 순간 농인 커뮤니티에 이의를 제기하는 편이에요. 어쩌면 〈여기 내 아이들이 있어요. 데려가세요. 그 아이들을 기숙사에서 지내게 하세요. 당신들이 전문가니까 처분대로 할게요〉라고 말했어야 할지도 모르겠어요. 그렇게 했다면 우리 아이들이 조금이라도 더 발전적으로 지냈을까요? 하지만 내가 분명히 말할 수 있는 것은 부모와 떨어져 지내는 아이들이 그렇지 않은 아이들보다 실제로 훨씬 뒤처진다는 사실이에요.」 통역사 훈련 과정을 마치고 바버라는 아이들이 다니는 학교에서 자원봉사자로 일했다. 나중에는 그 학교의 총무로 일하게 되었다. 그녀는 아이들에게 자신감을 심어 주려고 노력했다. 「그 아이들이 자라는 내내 나는 〈너는 네가 하고 싶은 일은 무엇이든 할 수 있단다. 청각 장애 때문에 움츠러들 필요는 없어〉라고 이야기했어요. 그때 불현듯 이런 생각이 들었어요. 〈청각 장애는 이 아이들과 아무런 상관이 없어. 이 아이들과 면담하는 자리에서 이들의 반대편에 앉아 있는 건청인에게나 상관이 있을 뿐이야.〉」

마침내 바버라는 농문화의 옹호자가 되었다. 「나는 오랫동안 농문화를 받아들이지 않았어요. 지금은 부모님을 만나 이렇게 말씀드려요. 〈ASL을 배우는 것은 여생에서 부모님이 넘어야 할 가장 큰 산이에요. 절대로 만족스러울 만큼 수화를 잘할 수는 없을 거예요. 손주들을 이해하는 과정에서 여전히 어려움을 겪겠죠. 아울러 손주들에게 하고 싶은 말을 항상 이해시킬 수도 없을 거예요. 그게 현실이에요. 절대로 녹록지 않은 현실이죠.〉」

나와 만났을 때 바버라는 한 지역 대학의 농인 가족 지원 단체의 대표가 되어 있었다. 니컬러스나 브리트니는 농문화 운동에 대해 바버라만큼 많은 관심을 보이지 않았다. 니컬러스는 자신이 농인을 위해 할 수 있는 최선의 일은 세상 밖으로 나가서 일을 하고 자기 자신이 되는 것이라고 단언했다. 아이들에게 자신감을 심어 주기 위해 많은 노력을 기울였던 바버라는 니컬러스의 생각을 반겼다. 「농인 커뮤니티는 구성원들에게 기껏 자신감을 채워 주고는 정작 그들을 세상 밖으로 내보내려고 하지 않아요.」 바버라가 불만을 토로했다. 「농아동은 청각 장애인 학교에서 자랄 거예요. 그다음에는 갈로뎃 대학에 가겠죠. 그리고 대학교를 졸업하면 다시 청각 장애 학교로 돌아가서 다른 농인 아이들을 가르칠 거예요. 따라서 세상에 대한 그들의 지식은 어른이 되어서도 늘 그대로예요. 그들은 농인 커뮤니티에 다양성이나 새로운 어떤 것도 제공하지 않아요.」 바버라는 자신의 아이들을 쟁쟁한 농인학 프로그램을 갖추었을 뿐 아니라 많은 농인 학생들이 다니는 캘리포니아 주립 대학 노스리지 캠퍼스에 입학시켰다.

바버라의 두 자녀는 문어에서 뛰어난 실력을 발휘했다. 니컬러스가 구어를 거의 사용하지 않는 반면에 브리트니는 대학에 다닐 때 언어 치료를 다시 받기로 했고 오래전부터 인공 와우 이식 수술을 고려하고 있다. 그녀는 영화 제작사에서 일하길 원하고, 건청인 세상에서 불편함 없이 지내길 원한다. 바버라가 말했다. 「브리트니는 자신이 할 수 있는 한 건청인을 편하게 해주고 싶어 해요. 그 아이는 탁월한 구어 능력을 갖추었어요. 문제는 그런 능력을 사용할 때 어색하게 느낀다는 점이에요. 대학 시절 그녀에게는 통역사가 있었는데 그 통역사가 이렇게 말했다고 하더군요. 〈너는 말을 하면 안 돼. 청각 장애인이 하는 말을 듣고 있으면 정말 끔찍하게 들리거든.〉 한번은 브리트니가 남편에게 이메일을 보냈는데 이렇게 묻더군요. 〈내 목소리가 끔찍하게 들려요?〉 그녀가 의사소통을 할 때 생명줄이나 다름없는 통역사가 그런 소리를 한 거예요. 내가 그 여자를 만났다면 아마 목을 비틀어 놓았을 거예요.」 브리트니는 인공 와우 이식 수술을 받을 경우 그녀의 농인 친구들이 어떻게 반응할지 걱정했다. 바버라가 말했다. 「자, 그럼 그녀는 어떻게 해야 할까요? 자신의 꿈을 포기하고 그대로 주저앉아야 할까요? 아니면, 자신이 꿈꾸는 직업을 구하는 데 도움이 되니까 이식 수술을 받아야 할까요? 그들은 건청인 세상에서 살아가는 청각 장애인에 불과해요. 그게 현실이죠.」

바버라는 이런 세상을 살아가야 하는 자식들이 걱정이긴 하지만 그럼에도 후회는 없다. 「우리 아이들이 건청인이었다면 딸아이와 나는 지금처럼 사이가 좋지 않았을 거예요. 우리는 둘 다 개성이 강하거든요. 아들은 사고뭉치가 되었을 거예요. 아이들에게 청각 장애가 없었다면 나는 일을 했을 테고 아이들을 보육 시설에 보냈을 거예요. 청각 장애를 가진 아이들 덕분에 나는 훨씬 괜찮은 엄마가 되었답니다. 나는 목표를 달성하기 위해서 투쟁하는 것을 즐기는 편이에요. 다른 사람에게 권한을 부여하는 것도 좋아해요. 우리 가족은 정말 화목해요. 온 가족이 똘똘 뭉쳐서 정말 잘 지내죠. 나중에 우리 아이들도 청각 장애가 있는 자식을 낳았으면 좋겠어요.

우리 아이들에게 그들을 꼭 닮은 자식이 생겼으면 좋겠어요.」

건청인 세상에서 살아가는 청각 장애인은 불이익을 당하는 쪽에 있기 십상이다. 문제는 주류의 세상에 살면서 비주류가 될 것인지, 아니면 비주류의 세상에 살면서 주류가 될 것인지 선택하는 것이다. 그리고 당연하지만 많은 사람이 후자를 선택한다. 인공 와우 이식 수술에 반대하는 사람들—그리고 경우에 따라서는 보청기와 그 밖의 인공적인 장치에 반대하는 사람들도 포함해서—은 불필요한 논란을 초래하며, 흔히 자기 자신의 관점에 비추어서 사람들을 일반화시킨다. 실제로 그런 사람들의 관점은 긴장을 초래할 수 있다. 캐나다의 청각 장애인 여성 캐서린 우드콕은 〈여성 운동의 일환으로 여성들이 브래지어를 불태웠던 일처럼, 일종의 농인 해방 운동으로서 보청기를 포기하라는 일부 농인들의 미묘한 압력이 존재하는 것 같다. 농인 커뮤니티에는 모든 형태의 청능에 반대하는 편견이 존재한다. 진행성 청각 손실을 겪고 있는 현재 시점까지도 나는 조용한 방의 문을 여러 번 확실하게 노크할 경우 대체로 그 소리를 들을 수 있다. 그 때문에 내게는 의심의 눈초리가 쏟아진다. 심지어 대놓고 내게 청각 장애 모임에 나오는 이유를 묻는 사람들도 있다. 정말 어처구니없는 일이다〉[130]고 말했다. 시사 해설가 아이린 리가 이런 글을 쓴 적이 있다. 「나는 나 자신이 농인 방식에 충분히 익숙하고 농문화에 동참할 자격이 있다고 생각하며 구어를 사용하는 사람들과도 무리 없이 의사소통을 할 수 있다. 하지만 이런 능력 때문에 때때로 내게는 〈건청인 마인드〉라는, 진정한 농인이 아님을 암시하는 꼬리표가 붙기도 했다.」[131]

건청인 세상에서 자라고 구화법 교육을 받은 청각 장애인 남성 조시 스윌러는 뒤늦게 농인으로서 정체성을 찾게 되었고 그 과정을 글로 멋지게 표현했다. 그는 보청기와 그 밖의 다른 보조 장치들을 사용했다. 「기본적으로 보청기를 사용하면 말 속에 담긴 행간의 의미를 알아듣지 못하고 들는 그대로만 이해하게 된다. 마치 정교한 가짜 신분증을 가지고 대학가 술집에 들어간 고등학교 2학년생처럼 나는 사람들을 속여서 내가 위장하고 싶은 사람처럼 믿도록 만들 수 있었다. 그리고 세상을 이렇게 살아가는 방식이 근본적으로 옹호될 수 없는 상태, 즉 청각 장애인과 건청인의 세계 양쪽 모두를 기만하는 거짓말에 뿌리를 두고 있다는 사실이 나를 괴롭혔다. 다른 사람들에게 나는 건청인이다. 그럼 나 자신에게 나는 어느 쪽일까? 사람들이 나를 건청인이라고 생각하는 한, 내가 알아듣지 못하고 넘어가는 말이 얼마나 많은지 또는 내가 얼마나 외로운지, 그런 문제는 나에게 전혀 중요하지 않았다. 그리고 이런 마음가짐은 나를 점점 미치게 만들었다. 그럼에도 나는 똑같은 짓을 계속 반복했다. 내가 아는 거라고는 그게 전부였기 때문이다.」스윌러가 갈로뎃 대학을 방문했다. 그의 방문에 맞추어 학교 신문사에서는 복용 즉시 청능이 생기는 알약이 있다면 그 약을 먹을 것인지 학생들에게 여론조사를 실시했다. 그리고 대다수 학생들이 먹지 않겠다고 대답했다. 자신의 정체성에 자긍심을 느끼기 때문이라는 것이 주된 이유였다. 스윌러는 〈하지만 우리는 누구인가? 나는 알고 싶었다. 우리 눈으로 바깥세상을 보는 주체는 과연 누구인가?〉라고 썼다. 몇 년 뒤 그는 자신의 웹사이트에 다음과 같은 설명과 함께 짧은 자전적인 글을 올렸다. 「2005년에 조시라는 사람이 인공 와우 이식 수술을 받았다. 수술은 대성공이었다. 그는 자신이 ASL을 사용한다는 사실에 대해서도 대단한 긍지를 가지고 있다. 그는 청각 장애인 커뮤니티의 분열을 조장하는 방어적인 태도와 불신을 거부한다. 그리고 우리의 동질성으로 분열을 극복해야 한다고, 그렇게 될 거라고 믿는다.」[132]

인공 와우 이식을 둘러싼 논란은 여전히 뜨겁지만 손실된 청력을 보완하는 이식 가능한 보청기와 그 밖의 보조 장치들은 계속해서 개선되고 발전하고 있다. 더불어 청각 장애에 대한 생물학적이고 비인공적인 치료법의 연구도 발전해 왔다. 청능을 잃는 원인은 다양하지만 대부분의 청능 손실은 달팽이관에 있는 청각 유모 세포가 손상을 입음으로써 발생한다. 신경망을 통해 뇌로 전달될 수 있는 형태로 소리를 받아들이는 이 청각 유모 세포는 태아 기간 최초 3개월 동안 생산되며 재생산이 불가능하다. 적어도 사회 통념상 오랫동안 그렇게 추측되었다. 하지만 현재 버지니아 대학 교수로 재직 중인 제프리 코윈Jeffrey T. Corwin은 1980년대 초에 성체(成體)로 자란 상어가 어린 상어보다 유모 세포가 훨씬 많다는 사실을 발견했고, 후속 연구에서 물고기와 양서류가 일생 동안 계속 유모 세포를 생산하며 유실된 세포를 새로운 세포로 대체한다는 사실을 증명했다.[133] 그로부터 몇 년 뒤 보스턴 대학 산하의 세포와 분자 청능 연구소 소장 더글러스 코탄츠Douglas Cotanche가 내이(內耳) 신경 독성 물질에 중독되거나 소리에 의한 쇼크성 장애로 유모 세포가 완전히 파괴된 병아리들이 유모 세포를 재생산한다는 사실을 발견했다.[134] 다양한 검사를 통해 이 병아리들의 청능이 회복되었음이 확인되었다. 이러한 발견에 힘입어 연구원들은 동일한 과정이 인간에게도 일어날 수 있는지 연구하기에 이르렀다.

1992년에 코윈 연구실 소속 연구원들이 배아 상태의 생쥐들에게 레티노산을 주입했다. 그 생쥐들은 보편적인 세 개의 세포열이 아니라 여섯 개 또는 아홉 개의 유모 세포열을 가지고 태어났다. 이 연구를 기반으로 1993년에는 알베르트 아인슈타인 메디컬 센터의 한 연구팀이 『사이언스Science』지에 논문을 발표하고, 레티노산과 송아지 혈청의 혼합물로 어린 생쥐의 손상된 내이를 치료해서 유모 세포의 재생을 이끌어 내는 데 성공했다고 설명했다.[135] 대부분의 청각 장애가 퇴행성—심지어 청각 장애를 안고 태어나는 사람은 일반적으로 자궁 안에서 청각 유모 세포를 잃는다—인 까닭에 새롭게 재생된 유모 세포가 내이 안에서 계속 생존해 있을 것인지, 아니면 이전 세포들이 그랬듯이 또 죽어 갈 것인지의 문제는 여전히 남아 있다.

캔자스 대학의 이비인후학 교수 힌리츠 스태커Hinrich Staecker는 신경염 줄기가 유모 세포에 연결되어 있으려면—이 과정을 통해 달팽이관의 반응이 뇌로 전송되는데—무엇이 필요한지 알아내려고 연구 중이다.[136] 1990년대 후반에 들어서는 줄기세포에 대한 이해가 급증하면서 어떻게 하면 줄기세포를 청각 유모 세포로 분화하도록 만들고, 내이 안에서 자리를 잡도록 유도할 수 있을지에 관한 연구가 활발하게 이루어졌다. 2003년에는 스테펀 헬러Stefan Heller와 그의 동료들이 생쥐의 줄기세포에서 청각 유모 세포를 배양하는 데 성공했다. 그로부터 6년 뒤 셰필드 대학의 한 연구팀이 인간 태아의 청각 줄기세포가 시험관에서 배양되어 기능성 청신경이나 유모 세포로 발전할 수 있음을 증명했다. 이런 성과가 있기까지 레티노산으로 세포를 처리하는 기술이 도움이 되었다.[137]

청각 장애에 관한 유전자 연구는 선택적 낙태와 관련되어 있기 때문에 농인 커뮤니티의 극렬한 반발을 샀지만, 이 연구의 주요 관심사는 임신 중절이 아니다. 과학자들은 자궁 내에서 그리고 출생 이후에도 청각 유모 세포의 증가를 촉진하는 유전자 치료법을 발전시키길 원한다.[138] ATOH1 유전자가 청각 유모 세포의 발달에 중요한 역할을 한다는 사실이 확인되면서 연구원들은 동물에게서 ATOH1 유전자의 발현을 유발 및 유도하고, 노화에 따른 청능 손실의 주된 요인으로 간주되는 산화(酸化) 스트레스를 포함해서 기존의 세포에 손상을 초래하는 과정을 억제하는 치료법을 개발하는 데 집중해 왔다.[139] 이외에도 현재는 청각 유모 세포에서 뇌로 메시지를 전달하는 형질도입 채널의 기능을 통제하는 유전자에도 관심을 쏟고 있다.[140]

지금 한창 개발 중인 기술에는 청신경 섬유를 자극하는 전극의 이식 수술, 이식 장치의 최소화, 체내로 완전 매입이 가능한 인공 와우 장치, 이식 가능한 보청기 등이 있다.

1960년대 초 미국에는 유행성 풍진이 돌았고 그 결과 청각 장애 아동
이 급증했다. 이제 중년이 된 이 세대는 〈풍진 급등 세대〉라고 불린다.[141]
오늘날에는 백신이 대부분의 잠재적인 어머니들을 풍진으로부터 보호하
고, 대부분의 아이들을 풍진과 뇌막염으로부터 보호한다. 청각 장애 인구
가 감소하고 있는 것이다. 인공 와우 이식 수술은 청각 장애 아동 중 대다
수가 건청인 세상에서 제 기능을 발휘하고 있다는 것을 의미한다. 그렉 홀
리벅은 렉싱턴 졸업식에서 〈하느님이 천지를 창조한 이래 오늘날에 이르
기까지 어쩌면 지금이 청각 장애인으로 살기에 최고의 시기일 것입니다〉
라고 말했다. 하지만 청각 장애인이 감소하고 있는 때이기도 하다. 청각
장애인으로 살기가 점점 더 좋아지는데 정작 청각 장애인의 숫자는 점점
줄어들고 있는 셈이다. 청각 장애 아동의 부모들은 성인 청각 장애인의 이
야기를 들어 보아도 이제는 자녀의 미래를 가늠할 수 없다. 그들이 지금은
사라진 환경에서 자랐기 때문이다. 오늘날 자녀에게 인공 와우 이식 수술
을 시키지 않는 부모는 점점 쇠퇴하는 세계를 선택하는 것이나 다름없다.
농문화 운동은 스토키가 1960년에 언어로서 ASL의 복잡성을 인지하고
나서야 오늘날의 형태로 탄생했다. 농문화 운동은 1984년에 인공 와우 이
식 수술이 FDA의 승인을 받았을 때 이미 끝났다고 말하는 사람도 있다.
패트릭 부드로는 〈우리는 계속해서 우리 자신의 문제에 관한 해답을 찾고
있다. 이를테면 우리는 누구인가, 우리에게 언어란 어떤 의미인가, 세상은
청각 장애인과 어떻게 교류하는가 같은 문제다. 우리는 이런 문제들의 해
답을 찾고 있을 뿐인데 이제는 압박을 받고 있다〉고 말했다. 크리스티나
팔머는 〈우생학과 다문화주의가 접전을 벌이고 있다〉고 말했다.

2006년에 일단의 농인들이 사우스다코타에 농인 마을을 건설하자고
제안했다. 마을 이름은 로랑 클레르의 이름을 따서 로랑이라고 불릴 터였
고 초기 이주민 숫자는 2,500명 정도로 예상되었다. 이 계획을 주도한 마
빈 밀러가 말했다. 「사회는 우리를 이른바 〈통합〉하는 역할을 그다지 잘

수행하지 못하고 있습니다. 시장이나 공장 관리자, 우체국 직원, 경영자를 막론하고 우리 아이들이 인생을 살아가면서 롤모델로 삼을 사람이 없어요. 따라서 우리는 우리만의 특별한 문화를, 특별한 사회를 보여 줄 수 있는 곳을 만들려고 합니다.」[142] 이 제안은 지역 자치구의 도시계획위원회에서 승인을 거부하는 바람에 결국 무산되었다. 사우스다코타 사람들은 청각 장애인 마을이 건설된다는 아이디어에 교외의 백인 주거 지역에 사는 1950년대 사람들이 흑인 마을이 들어설 거라는 소식을 접했을 때와 같은 반응을 보였다. 심지어 청각 장애인들 사이에서도 의견이 분분했다. 농인 커뮤니티의 온라인 소식지 「데프위클리닷컴Deafweekly.com」에는 〈그런 식의 《격리》는 이미 구식이 되었다고 주장하면서 그런 마을이 왜 필요한지 의문을 제기하는 사람들이 있다〉[143]는 글이 올라오기도 했다.

과연 벵칼라 마을에 대해서도 똑같은 식으로 이야기할 수 있을까? 벵칼라 마을은 여러 세대를 거쳐 발전해 왔다. 벵칼라 마을도 주류 사회에 의해 유전적 오류가 역력한 장애인 마을로 간주될 수 있다. 하지만 그 마을은 청각 장애가 수직적이고 따라서 인위적이지 않음이 명백하다. 수직적인 속성이 자연스럽다면 수평적인 속성은 부자연스러운 것으로 여겨진다. 그리고 펠릭스 펠드먼 같은 건청인에게는 인공 와우 이식 수술이 청각 장애보다 점점 더 〈자연스러운〉 것이 되어 가고 있다. 이식 수술에 저항하는 것이 오히려 인위적으로 간주된다. 이러한 생각으로 점점 더 많은 사람들이 이식 수술을 받고, 점점 더 적은 사람들이 비주류 문화를 이루며, 이식 수술을 종용하는 압력이 거세지고, 결국에는 농인 세계에서 살려는 사람들이 거의 남지 않게 될 것이다. 농문화가 사라지는 것은 무척 안타까운 일이다. 그렇지만 청각 장애 아동에게 인공 와우 이식 수술을 받지 못하게 하는 행위는 이유를 불문하고 잔인하게 비쳐질 수 있다. 요컨대, 자녀의 선택권을 제한하는 행위는 부모가 자식을 독립된 인격체로 보는 대신 자신의 분신으로 규정하는 데 따른 결과이다. 반면에 인공 와우 이식 수술은 농인 세계의 일원이 되고자 하는 사람의 선택권을 위협할 수 있다. 어떤 정체성을 선택하든 정체성은 하나의 선택이기 때문에 누구도 그 선택을 뒤집을 수 없다. 심지어 그 선택을 한 당사자도 마찬가지다.

청각 장애인 사교 클럽에서 이루어지는 사회화는 오랫동안 해당 청각 장애인의 삶을 규정하는 수단이 되어 왔다. 하지만 이런 식의 사회화는 청각 장애인들이 온라인으로 의사소통을 할 수 있게 되면서 대부분 사라졌다. 한때 청각 장애인들은 농인 극장에 모이고는 했다. 하지만 자막 텔레비전과 자막 영화의 등장으로 이제는 꼭 그렇게 할 필요가 없어졌다. 농문화라는 것이 단순히 직접적인 교류에 사용되는 공동의 언어라는 하나의 함수에 의해서만 정의될 필요가 있을까?

농문화가 주류 문화에 동화되도록 강요받는 것처럼 주류 문화도 농인 세계에 동화되고 있다. 수화를 할 줄 아는 미국인 숫자만 2백만 명에 달한다.[144] 새천년 들어 불과 몇 년 만에 ASL을 가르치는 강좌가 432퍼센트 증가했다.[145] 그 결과 ASL은 대학에서 다섯 번째로 많이 가르치고, 전체 인구 중 열다섯 번째로 많은 사람이 배운 언어가 되었다. 많은 사람들이 육체적인 의사소통 체계에서 우아함을 느끼고 매혹되었다. 또한 수화를 통해 시를 접하고 마법에 걸린 사람도 많다. 인공 와우를 이식하는 시대에 아이에게 청각 장애가 있다고 해서 수화를 가르치는 경우는 별로 없지만, 구강 근육을 자유자재로 움직여 말을 할 수 있게 되기 이전이라도 수화를 이용해서 얼마든지 의사소통이 가능하다는 이유로 건청인 아기들이 수화를 배운다.[146] 갈로뎃 대학에 지원하는 건청인 학생들의 숫자도 갈수록 증가하고 있다. 이 모든 현상을 바라보는 청각 장애인들의 감정에는 애증이 엇갈린다. 그들은 그런 식으로 사용되는 수화가 농문화와 아무런 관련이 없으며, 수화를 배우는 학생들 대다수가 농문화 가치의 깊은 경험을 의미하는 시속적(時俗的) 표현인 〈농신분〉[147]에 대해 아무것도 모른다고 지적한다. 갈로뎃 대학의 영어과 교수 에드나 이디스 세이어스Edna Edith Sayers는 학교 외부에서 ASL을 배우는 현상과 관련해 〈ASL이 인기를 끌게 되면서 왠지 퀼팅이나 에어로빅처럼 자발적인 열렬한 지지자들이 교회 지하실에서 가르치는 일종의 기술이나 취미로 전락한 것 같다〉[148]고 언급했다.

나는 농문화의 존재를 전적으로 확신한다. 그리고 농문화가 값진 문화임을 확신한다. 한 문화를 인정하는 행위에는 어떤 사회적 책임이 수반될까? 우리가 절대로 무너지지 않을 건물에 랜드마크라는 이름을 붙여 주듯이 농문화에도 이와 유사한 사회적 등가물을 부여할 수 있을까? 당사자인 청각 장애 아동과 그 아이의 부모가 농인의 결속을 찬성할 때 그에 관한 논의가 유효할 것이다. 그럼에도 청각 장애를 가진 아이들이 당연한 듯 부모로부터 떨어져 양육을 위해 다른 집단으로 보내지는 사회가 도래하지는 않을 것이다. 건청인 부모 밑에서 청각 장애를 갖고 태어난 아이들 중 대략 90퍼센트는 계속해서 부모가 적절하다고 생각하는 환경에서 자랄 것이다. 만약 달팽이관 이식 수술이 발전한다면, 유전자 치료가 발전한다면, 그래서 아이들이 효과적으로 치료될 수 있다면 치료가 승리할 것이다. 그 결과 수직적 정체성은 영원하겠지만 수평적 정체성은 그렇지 못할 것이다. 이러한 전망과 관련해 할란 레인은 격분해서 다음과 같이 썼다. 「건청인 부모와 어린 청각 장애 아동의 관계는 건청인 사회와 청각 장애인 커뮤니티의 관계를 보여 주는 축소판이다. 가부장적이고, 치료하려고 하며, 자기 집단 중심이다.」[149] 맞는 말이다. 하지만 레인은 부모에게 가부장적으로 행동할 수 있는 명백한 자유가 있음을 인지하지 못한 것 같다. 청각 장애인의 입장에서 구화법을 배우는 것이 쉽지 않을 수도 있지만 건청인 부모가 수화를 배우는 것도 어려운 일이다. 부모가 게으르거나 자부심이 강해서가 아니다. 그들의 뇌가 구어로 표현하는 데 적합하게 굳어졌기 때문이다. 또한 그들이 자식을 양육할 나이가 되었을 땐 이미 신경학적 유연성의 상당 부분을 잃은 상태이기 때문이다. 부모가 자식에게 인공 와우 이식 수술을 시키는 이유에는 자식과 의사소통을 원하는 마음도 일정 부분을 차지한다. 이 경우 이식 수술을 하는 편이 현명한 방법일 수 있다. 부모 자식 간의 친밀함이 양쪽 모두에게 정신 건강의 토대를 제공하기 때문이다.

인공 와우 이식 수술을 둘러싼 논쟁은 동화(同化) 대 소외에 대한, 아울러 인간을 표준화하는 행위가 어디까지 바람직한 진화의 징후인지에 대한, 어디까지가 회반죽으로 볼품없이 위장한 우생학인지에 대한 보다 광범위한 논의를 위해 사실상 연결 장치 역할을 한다. 난청 연구 재단의 대표 잭 휠러Jack Wheeler는 〈우리는 미국 신생아들의 청각 장애를 정복할 수 있다. 만약 모든 신생아에게 청능 검사를 실시하고 부모들을 정치적인 힘으로 조직해서, 부모가 가진 재산과 상관없이 모든 아기들에게 필요한 것을 제공할 수 있다면 매년 청각 장애를 갖고 태어나는 1만 2천 명의 신생아들은 자신을 건청인으로 인식하는 1만 2천 명의 아기들이 될 것이다〉[150]라고 말했다. 문제는 이것이 과연 바람직한가 하는 점이다. 시합은 계속된다. 한 팀은 청각 장애인을 건청인으로 만들려는 의사들로 구성된다. 그들은 인도적인 차원에서 기적을 행하는 사람들이다. 다른 한 팀은 농문화의 주창자들이다. 그들은 비전을 좇는 이상주의자들이다. 하지만 각 팀은 상대 팀을 무의미한 집단으로 만들 것이다. 농문화는 점점 강해지면서 동시에 죽어 가고 있다. 영화 「청각 장애인의 눈으로Through Deaf Eyes」를 공동 감독한 로런스 호트와 다이앤 게리는 〈청각 장애는 거의 언제나 한 세대만큼의 역사를 갖는다〉고 단언했다. 한편 일부 학자들은 농문화를 〈전향자들의 문화〉라고 지칭하고 있다.[151]

전국 농인 협회에서 만난 롭 로스가 말했다. 「어릴 때부터 다양한 치료법이 존재하는 세상에서 태어났더라면 나는 청각 장애인도, 동성애자도 되지 않았을 겁니다. 그렇다고 해서 내가 사랑을 받지 못했다거나 내 정체성에 유감이 있는 것은 아닙니다. 다만 현실이 그렇다는 거예요.」 만약 청각 장애에 대한 치료법이 완성되기 전에 〈풍진 급등 세대〉 운동가들이 농문화를 지금의 동성애 문화처럼 가시적이고 강력하며 자랑스러운 것으로 만들 수 있다면 농문화는 오랜 역사를 갖게 될 것이다. 하지만 그 전에 치료법이 등장한다면 결국에는 모든 건청인 부모들과 청각 장애를 가진 수많은 보통의 부모들이 그들의 자녀를 위해 치료를 선택할 테고, 갈로뎃 대학 시위 이후의 엄청난 성과들은 역사의 시작이 아니라 종말이 될 것이다. 그럴 경우 여기서 이야기한 역사는 바빌론 이야기처럼 가슴 아프고 동떨어진 이야기가 될 것이다. 갈로뎃 대학 시위에 참여했던 제이컵 샘버그가 이메일로 내게 말했다. 「나는 내가 가진 청각 장애를 비교적 편안하게 생각하고, 인공 와우 이식 수술이 농문화를 파괴하려는 의도를 가진 사악한 힘이라고 생각하지도 않지만 농문화의 소멸이 임박했음을 절감해요. 전 세계적으로는 언제나 청각 장애인이 있겠지만 선진국에서는 향후 50년에서 100년 안에 청각 장애인이 거의 사라질 가능성이 짙습니다. 내가 〈거의〉라고 말하는 이유는 이민자들과 불가항력적인 상황, 문화적인 저항 같은 요소가 앞으로도 항상 존재할 것이기 때문이죠. 그럼에도 나 같은 사람은 더 이상 없을 겁니다.」

보다 다양한 문화가 존재한다면 세상이 조금 더 나아질까? 나는 그렇게 믿는다. 우리는 이런저런 종(種)들이 멸종되는 현실을 애도하고 감소된 생물학적 다양성이 이 땅에 끔찍한 결과를 불러올 수 있음을 두려워하듯이, 문화가 소실되는 현상에 대해서도 두려움을 가져야 한다. 사고와 언어, 견해의 다양성은 이 세상을 보다 생명력 넘치게 만들어 주기 때문이다. 서아프리카의 다양한 부족 언어와 전설의 사멸을 언급하면서 말리의 민족학자 아마도우 함파테 바Amadou Hampâté Bâ는 〈노인 한 명이 죽는 것은 도서관 하나가 불타서 없어지는 것과 같다〉[152]고 말했다. 그럼에도 지금 농인들이 겪고 있는 문제는 과거에 퀘이커교도나 아메리카 원주민, 모든 종족과 국가가 겪었던 문제다. 우리는 문화의 소각로에서 살고 있다. 21세기 말에 이르면 현재 이 지구상에 존재하는 6,000여 가지의 언어 중 절반이 소멸될 거라고 한다. 바벨탑이 무너지고 있는 것이다. 이러한 언어의 소멸과 함께 수많은 전통적인 생활 방식도 사라질 것이다. 오스트레일리아 언어학자 니컬러스 에번스Nicholas Evans는 인간에 대해 〈모든 계층에서 변화시킬 수 있는 본질적으로 다양한 의사소통 체계를 가진 유일한 종족〉이라고 지적하면서 〈다양성이 중시되는 언어와 인식에 대한 새로운 접근법〉을 하루속히 찾아야 한다고 썼다.[153] 그렇게 하지 못할 경우 농인은 수많은 다른 민족과 마찬가지로, 또한 그들의 언어는 다른 수많은 언어와 마찬가지로 결국 멸종될 것이다.[154]

용기를 잃게 하는 이런 통계 자료에도 불구하고 나는 새로운 문화는 언제고 등장하기 마련이라는 사실을 인식하는 것이 유일한 희망이라고 생각한다. 이 책은 인터넷이 없었다면, 그리고 다양한 거주 지역과 언어, 연령대, 수입 등에도 불구하고 공유하는 가치관에 따라 사람들을 분류할 수 있는 인터넷의 잠재력이 없었다면 결코 등장하지 않았을 수많은 커뮤니티를 기술한다. 그리고 이들 커뮤니티 중 일부가 바로 문화다. 지금 이 순간에 내가 응시하는 화면에 글자를 출력하기 위해 손가락을 놀리도록 만드는 컴퓨터 코드 역시 언어이며, 이러한 언어들은 빠르게 만들어지고 있다. 역사의 보존도 중요하지만 그로 인해서 발명이 방해받지는 말아야 한다.

아버지 시대의 문화는 빈곤했다. 나의 아버지는 브롱크스에 있는 공동주택에서 자랐지만 전문직 계층으로 성장했고, 남부럽지 않게 나와 내 형을 길렀다. 그럼에도 자신이 떠나온 세계를 때때로 그리워했으며 우리에게 그 세계에 대한 이야기를 들려주려고 했다. 하지만 그 세계는 우리의 현실이 아니다. 실제로 누구의 현실도 될 수 없다. 아버지가 태어났고 근대에 들어 동유럽에서 이주해 온 유대인들이 막노동을 하고 이디시어를 사용하던 그 세상은 이제 사라졌기 때문이다. 그 세계와 관련하여 우리가 무언가를 잃어버렸다는 사실에는 이론의 여지가 없다. 그럼에도 나는 내가 자라온 윤택한 미국적인 방식을 선호한다. 재키 로스는 내게 오늘날의 하시디즘 유대인에 대해 이렇게 이야기했다. 「그들은 그들끼리 모여 있어야 안심해요. 예컨대 금요일 밤에 안식일 모임을 갖고 유대교 회당에 모이죠. 그들만의 학교도, 그들만의 전통도 있어요. 뭐든지 그들만의 고유한 것을 가졌어요. 그런데도 굳이 귀찮게 다른 세상을 신경 쓸 이유가 있겠어요? 농인 커뮤니티에서도 똑같은 현상이 일어나고 있어요. 농인 커뮤니티는 점점 더 축소되고 있고, 이방인이나 다름없는 청각 장애인들은 갈수록 주변인이 되겠죠. 우리는 이제부터라도 이런 현상에 관심을 기울여야 해요.」

내가 쓴 첫 번째 책은 억압적이고 잔인한 사회 체제 안에서도 용기와 탁월함을 보여 준 소비에트의 예술가 집단에 관한 것이었다. 그런데 냉전이 끝나자 그들의 거대한 업적은 역사의 뒤안길로 사라졌고, 몇몇 예술가들은 서구 예술계의 상업주의나 미술관과 타협했으며 나머지 대다수의 예술가들은 두 번 다시 제대로 된 예술 작품을 만들지 않았다.[155] 농문화에는 언제나 영웅적인 기상과 아름답고 기발한 경이로움이 존재해 왔지만 이제는 소비에트의 반체제나 유대인 극장처럼 시의성이 떨어진다. 농문화의 어떤 측면들은 계속해서 계승될 것이다. 그럼에도 용감한 자존감은 그대로 사라져 가고 있다. 발전의 매 단계는 어떤 것을 죽이기도 하지만 최초 발전의 출발점을 암호로 바꾸어 놓기도 한다. 나는 아버지가 걸었던 삶을 답습하고 싶은 마음은 없지만 그 시대의 특정한 역경에 의해 생성된 어떤 기상이 오늘날의 나를 만들었음을 안다.

건청인들 사이에서 나타난 ASL의 유행을 지켜보면서 인권 운동가 캐럴 패든이 물었다. 「상호 대립적인 두 가지 욕구가 어떻게 동시대에 존재할 수 있을까요? 즉 청각 장애를 근절하려는 욕구와, 독특한 인간 언어의 창조와 유지라는 최고로 빛나는 결과물을 찬양하고자 하는 욕구가 어떻게 동시대에 존재할 수 있을까요?」[156] 이 두 가지 욕구는 서로 아무런 관련이 없다. 당신은 농문화를 존중할 수 있다. 그럼에도 여전히 당신 자식이 농문화의 일원이 되는 것은 반대할 수 있다. 다양성을 잃는다는 것은 끔찍한 일이다. 하지만 단지 다양성을 위한 다양성은 위선일 뿐이다. 누구나 청능을 가질 수 있는 시대에 순수한 상태로 유지되는 농문화는 모든 사람이 마치 18세기라도 되는 양 살아가는 민속촌과 별반 다를 게 없을 것이다. 청능을 갖지 못한 채 태어난 사람들이 앞으로도 계속해서 공통점을 갖게 될까? 그들의 언어가 여전히 사용될까? 물론이다. 예컨대 전기로 불을 밝히는 시대에도 양초를 사용하는 사람들이 여전히 많듯이, 극세사가 개발된 마당에도 여전히 면직물을 즐겨 입듯이, 텔레비전이 있음에도 독서를 하듯이 청각 장애인의 언어도 계속해서 사용될 것이다. 우리는 농문화가 우리에게 준 것을 절대로 잃어버리지 않을 것이며, 농문화의 어느 부분이 귀중하고 그 이유가 무엇인지 기술하는 작업은 충분히 가치 있는 일이다. 그럼에도 의학적 진보를 위한 수직적 요구는 수평적인 사회를 필연적으로 압박할 것이다.

3장
소인증

처음으로 소인 모임―매사추세츠 덴버스에서 개최된 2003년도 〈미국의 작은 사람들LPA〉 대회―에 참가하기 전까지 나는 소인증의 종류가 얼마나 많은지, 소인증이라는 이름 아래 얼마나 다양한 외모를 가진 사람들이 있는지 전혀 몰랐다. 소인증은 발병률이 낮은 질환이며 일반적으로 일정치 않은 유전적 변이 때문에 발생한다.[1] 소인은 대부분 평균적인 신장을 가진 부모에게서 태어나는 까닭에 수직적인 커뮤니티가 존재하지 않는다. 소인 마을을 건설하려는 논의가 그동안에도 종종 있었고,[2] 주요 대도시마다 소인 인권 운동가들의 커뮤니티가 존재하며, 다른 곳에서는 좀처럼 보기 드문 소인증이 높은 밀도로 나타나는 아미시파* 같은 집단도 있지만[3] 어떤 의미가 있을 정도로, 요컨대 수직적인 커뮤니티라고 할 수 있을 정도로 소인들이 지리적으로 지극히 편중되어 존재했던 적은 없었다. 이는 LPA 전국 대회가 단순히 강의를 듣거나 의료 전문가와 상담을 하기 위한 자리가 아님을 의미한다. 실제로 일부 참가자들에게는 이 대회가 일 년에

---

* 현대 기술 문명을 거부하고 소박한 농경 생활을 하는 미국의 종교 집단.

한 번 특정한 어떤 외로움에서 벗어날 수 있는 기회를 제공한다. LPA 대회는 감정적으로 매우 진지하다. 내가 만난 한 소인 여성은 〈일 년에 딱 일주일만 행복하다〉고 말했다. 또 어떤 사람들은 그들 삶에 존재하는 두 가지 측면—하나는 보다 큰 세상, 다른 하나는 그들의 LPA 친구들과 함께하는 세상—을 똑같이 사랑한다고 강조했다. 미국의 소인들 중 10퍼센트 이상이 LPA에 가입되어 있기 때문에 이 단체는 소인 커뮤니티에서 중요한, 회원 수가 비슷한 다른 유사한 단체들보다 중요한 역할을 맡고 있다.[4]

LPA 대회가 열리는 셰러턴 펀크로프트 리조트에 도착했을 때 나는 그곳에 모인 소인들을 보면서 그들에 대한 나의 생각이 바뀌고 있음을 알았다. 그들을 무조건 키가 작은 사람들로 보는 대신에, 유난히 아름다운 사람을 보았고, 소인임을 감안하더라도 특이하게 작은 사람을 보았으며, 떠들썩하게 자주 웃는 사람을 보았고, 특별히 똑똑해 보이는 사람을 보았다. 그리고 그때까지 그들에 대해 얼마나 편견을 가지고 있었는지 깨닫기 시작했다. 아무도 그들의 키에 초점을 맞추지 않는다는 사실이 그들에게 얼마나 안도감을 주는지 깨달았다. 물론 LPA 대회는 키와 밀접한 관련이 있는 모임이었지만, 다행히도 키에 무관심할 수 있는 자리이기도 했다.

외부인으로서 자신이 이를테면 라틴계 사람이나 이슬람교 신자에게 편견을 가졌다고 인정하기란 어려울 터이다. 어떤 사람의 민족성이나 종교를 그 사람의 다른 특징들을 올바르게 이해하는 일보다 잠깐 동안이라도 우선시했던 적이 있다고 말하면 지극히 편협한 사람으로 보일 것이기 때문이다. 하지만 그동안 소인증에 대해서는 이러한 사회적 규칙이 적용되지 않았다. 『소인의 삶The Lives of Dwarfs』과 『소인증The Dwarfism』의 저자 베티 아델슨은 〈차별적 편견이 없는 미국에서 유일하게 가능한 편견은 소인을 그 대상으로 한다〉[5]고 설명한다. 컬럼비아 대학의 산부인과학 학과장이며 고위험 임신 분야의 대표주자 격인 메리 달튼Mary D'Alton은 예비 부모에게 소인증 진단을 전할 때 제일 힘들다고 털어놓았다. 그녀가 말했다. 「담당 의사가 아기의 심장에 천공이 있다고 설명하면 부모들은 〈그래도 의사 선생님이 치료할 수 있겠죠, 그렇죠?〉라고 말해요. 하지만 그들의 아기가 소인증을 가지고 태어날 거라고 설명하면 대다수가 혐오감부터 드러낸답니다.」[6]

LPA 대회에서 첫날 만난 대다수 참석자들은 내가 직접 본 적은 고사하고 한 번도 들어본 적이 없거나 상상하지도 못했던 증상들을 금방 알아볼 수 있었다. 첫날 밤에 LPA 측에서 주관하는 무도회에 내려갔을 때 나는 원발성 소인증 남매를 만났다. 그들은 둘 다 완전히 성장이 끝난 상태였고, 완벽하게 균형이 잡힌 몸매를 가졌으며, 그럼에도 키는 대략 73센티미터에 불과했다. 두 남매가 혹시라도 사람들에게 밟히지 않도록—키가 유독 작아서 다른 소인들과 함께 있을 때조차 위험했다—부모가 그들과 동행하고 있었다. 그 남매 중 여자아이는 자신의 고등학교 밴드에서 타악기를 연주했다. 반 친구 중 한 명이 그녀의 조그만 휠체어를 밀고 그녀는 자신의 무릎에 드럼을 올려놓는데, 본인도 110센티미터에 불과한 한 소인 소녀의 표현에 따르면 그 모습이 마치 〈꼭두각시〉처럼 보였다. LPA 대회의 특징은 몸을 사용하는 경쟁이었고 마라톤처럼 긴 장기 자랑 순서에는 기독교 음악부터 브레이크 댄스까지 등장했다. 패션쇼도 열렸는데 하나같이 작은 체구에 맞추어진 정장부터 캐주얼한 스타일에 이르기까지 다양한 옷차림이 등장했다. LPA 측에서는 모두가 간절히 기다리던 데이트 기회도 제공했다. 한 소인 코미디언이 농담조로 〈여러분은 이번 한 주 동안 지난 한 해에 사귄 것보다 더 많은 남자 친구를 사귀면서 LPA 안에서 자신이 10대라는 사실을 새삼 실감하게 될 겁니다〉라고 말했다.

LPA 대회 이틀째에 만난 메리 보그스는 내게 그 단체가 자신의 삶을 바꾸어 주었다고 말했다.[7] 1988년에 그녀의 딸 샘이 태어났을 당시에 산부인과 의사는 아기의 작은 체구가 조산에 의한 결과라고 추정했다. 하지만 한 달 뒤에도 그녀의 딸은 여전히 신생아 집중 치료실에 있었고 의사는 그녀가 연골 형성 부전증이라는 진단을 내렸다. 메리가 내게 말했다. 「청각 장애나 시각 장애가 있는 아이가 태어났으면 차라리 좋았을 것 같아요. 난쟁이만 아니라면 뭐든지 괜찮았을 거예요. 임신 중에 온갖 걱정스러운 생각들이 들 때도 우리 아기가 난쟁이로 태어날 거라고는 상상조차 하지 않았어요. 우리는 〈어째서 우리가 바라던 것과 전혀 다른 아이가 태어났을까?〉 하고 원망스러운 생각이 들었어요.」

샘은 산소 호흡기와 모니터를 매단 채 워싱턴 DC 외곽에 위치한 그녀의 부모 집으로 왔다. 6개월 후 샘이 육체적으로 건강하다는 진단을 받자 메리는 그 지역에서 열리는 LPA 모임에 처음으로 그녀를 데려갔다. 샘은 한 살 반이 되었을 때 물뇌증—머리 안에 수액이 지나치게 많이 고이는 증상—을 치료하기 위해 머리에 션트*를 삽입하는 수술을 받았다. 다행히 연골 형성 부전증이 있는 사람들이 나중에 가서 많이 겪는 골격 문제로 고생하지는 않았다. 메리와 그녀의 남편은 여러 개의 발판 의자를 준비해서 집 안 곳곳에 비치했다. 샘의 키에 맞추어 전등 스위치를 연장하는 데 필요한 장치들도 구입했다. 부엌에 있는 싱크대의 수도꼭지 위치도 바꾸었다. 집 안에서 이러한 부분들을 조정하는 일은 집 밖에서 부닥치는 문제들에 비하면 통제하기가 훨씬 수월했다. 메리가 말했다. 「어떤 사람들은 식료품점 안으로 진열대 통로까지 우리를 따라와서 이런저런 질문을 해댔어요. 우리는 노려보는 법을 터득했고, 우리가 노려보면 그들은 겁에 질려 도망쳤어요. 샘은 너무 작아서 다른 아이들이 할 수 있는 일을 하지 못해요. 그래서 좀처럼 그들과 어울리지도 못하죠. 그런 그녀를 보고 있으면 정말 마음이 아팠어요.」

샘이 유치원에 들어갈 나이가 되었을 때 부모는 그녀에게 다른 아이

---

* 피나 체액이 흐를 수 있도록 몸속에 끼워 넣는 작은 관.

들이 그녀를 놀릴 거라고 주의를 주었다. 그리고 그들이 어떤 식으로 놀릴지, 그에 따른 적절한 대응은 무엇인지도 가르쳤다. 메리는 학교에도 찾아갔다. 학생들에게 읽어 줄 만한 소인에 관한 책을 교사에게 건네주면서 샘에게 어떠한 것들이 필요한지 설명했다. 학교에서는 개수대와 식수대의 높이를 낮추고, 샘이 혼자서도 변기를 사용할 수 있도록 화장실에 손잡이를 설치했다. 샘과 같은 반 아이들은 샘의 특별한 상황에 대해 알게 되었지만 매년 새롭게 바뀐 반 아이들에게 샘은 여전히 생소한 존재였고, 그녀를 놀리는 아이들도 있었다. 마침내 샘은 반이 새로 바뀔 때마다 자기소개를 하기로 했다. 「나는 키가 작지만 여덟 살이야. 3학년이란다. 나는 소인이야. 그렇지만 너희들과 똑같아. 단지 키가 작을 뿐이야.」 그녀는 초등학교에 다니는 내내 학년이 바뀔 때마다 그렇게 자신을 소개했고 놀림을 당하는 일도 없어졌다.

샘이 다섯 살 때 보그스 가족은 전국 규모의 LPA 대회에 처음으로 참가했다. 메리가 말했다. 「회의장에 들어서자 천여 명의 소인들이 보였어요. 샘은 충격을 받았죠. 우리에게는 보통 키를 가진 딸도 있는데 그 아이는 금방이라도 울음을 터뜨릴 것처럼 보였어요. 우리가 그 문화를 받아들이기까지는 이삼 일 정도 걸렸어요.」 그 뒤로 몇 년 동안 보그스 가족은 그들의 친척과 친구들이 이 모임에 동참하도록 설득했다. 그들이 샘 말고도 다른 소인들에 대해서 이해할 수 있도록 하기 위해서였다. 메리가 말했다. 「샘의 할아버지와 할머니는 소인 어른들을 보면서 〈그렇구나, 샘이 어른이 되면 저런 사람들처럼 된다는 말이지〉라고 깨달았죠.」 그녀가 잠시 생각하다가 덧붙였다. 「우리는 샘을 위해서 그 모임에 참가했지만 그렇게 함으로써 〈우리〉도 그녀를 보다 편안하게 대할 수 있었어요. 그녀를 보다 올바른 방식으로 사랑하게 되었죠.」

중학교는 초등학교보다 더 어려웠다. 메리가 말했다. 「몇 년 동안 친구로 지냈던 아이들이 갑자기 그녀와 더 이상 어울리려고 하지 않았어요.

같이 롤러스케이트를 타러 가자는 친구도 없었고, 금요일 밤에 영화를 보러 가자는 친구도 없었어요. 그들은 샘이 소인이라서 그러는 게 아닌 척했어요. 하지만 샘은 알고 있었죠.」 샘은 육상경기 팀의 매니저로 일하면서 육상부에서 수여하는 표창을 받았다. 학생회 일에도 관여했으며 반에서 회계 담당으로 선출되기도 했다. 이처럼 활발한 활동에도 불구하고 친구가 고작 두어 명밖에 없었다. 메리의 설명이다. 「샘은 약간 외톨이에요. 학교에서 몇몇 남학생들에게 반한 적도 있었지만 결국에는 보통 키의 남학생들에게 자기와 사귈 생각이 없음을 깨달았어요. 그 뒤로 LPA 모임으로 눈을 돌려서 멋진 남학생들을 찾으려고 했고 그러면서 커다란 전환점을 맞았죠.」

나와 처음 만났을 때 샘은 첫사랑의 진통을 겪고 있었다. 당시 거의 열여섯 살이던 그녀는 매력적이었고 놀라울 정도로 성숙했다. 키는 110센티미터였는데 연골 형성 부전증이 있는 10대 중에서도 비교적 작은 편에 속했다. 메리는 미래를 낙관적으로 생각했다. 「샘이 소인증이 있는 남자 친구나 남편을 만났으면 좋겠어요. 그 편이 수월할 거라고 생각해요. 어쩌면 보다 깔끔하겠죠. 말인즉슨, 예를 들어 당신에게 소인 자녀가 있다고 쳐요. 하지만 그것으로 끝이 아니에요. 영원히 계속되는 거죠. 우리는 아마도 소인 사위를 얻게 될 테고 손주들도 소인일 거예요. 한때는 보통 신장이던 가족이 이제 우리 부부가 죽고 나면 소인 가족이 되는 거예요! 임신 초기에 이 같은 사실을 알았더라면, 그래서 내가 아기를 지워버렸을지도 모른다고 생각하면 얼마나 끔찍한지 몰라요! 그런 일이 생기지 않아서 정말 다행이에요.」

소인이자 최초의 저명한 장애 회고록 집필자 윌리엄 헤이는 1754년에 쓴 작품에서 어떤 장군을 방문하면서 느꼈던 감정을 다음과 같이 설명했다. 「나는 그 장군과 함께 원래부터 큰 키에 모자까지 써서 더욱 커 보이는 그의 부하들에게 둘러싸여 걸었을 때만큼 굴욕감을 느낀 적도 없었다. 나 자신이 마치 벌레처럼, 전혀 사람답지 않게 느껴졌다. 그리고 조국과 군주를 위해서 그들과 똑같이 봉사하고 싶었지만 내게는 이런 의지를 실천할 수 있는 그들 같은 강인함이 없다는 사실에 속으로 비통해할 수밖에 없었다.」 자신의 무력감을 극복하고 싶은 희망까지 보태진 이러한 무력감은 소인들 사이에서 흔한 이야기였다. 하지만 위엄이 느껴지는 헤이의 이야기와 근대에 들어서 소인으로 살아가는 경험을 다룬 문헌 사이에는 오랜 시간적 괴리가 존재하고, 이제는 만연한 편견이 대개 그 같은 위엄을 압도한다.[8]

한때 우디 앨런은 〈소인〉이라는 단어가 영어에서 가장 웃긴 네 단어 중 하나라고 비꼬았다.[9] 사람들의 마음속에서 웃긴 대상으로 인식된다는 것은 굉장한 부담이다. 내가 이 책에 소개된 다른 범주의 장애들을 설명했을 때 사람들은 이 작업의 진지함에 하나같이 숨을 죽였다. 하지만 소인에 관한 이야기가 나오자 친구들은 하나같이 웃음을 터뜨렸다. 예를 들자면 이런 것이다. 나는 LPA 대회 기간에 사악한 어떤 한 소인이 폭탄을 설치했다고 오전 8시에 위협을 가하는 바람에, 대다수는 간밤의 진한 파티에서 회복 중이던 호텔의 모든 손님들이 건물에서 뛰쳐나와야 했던 상황을 설명하려고 했다. 하지만 그 친구들은 대략 500명 정도 되는 잠이 덜 깬 난쟁이들이 대다수는 숙취에 시달리면서 호텔 앞마당에 모여 있는 광경을 상상하면서 단순히 재미있다고 생각했다. 이 일은 내게 어떤 반향을 일으켰다. 불과 얼마 전에는 사람들이 500명의 잠이 덜 깬 동성애자들에 대해서도 마찬가지로 재밋거리로 여겼을 거라는 생각이 들었기 때문이다. 하지만 동성애는 겉으로 표시가 나지 않으며 따라서 동성애자들과 섞여 있는 광경은 시각적으로 전혀 웃기지 않다. 휠체어 이용자를 만나면 요령 있게 시선을 돌리는 행인들도 난쟁이를 만나면 빤히 쳐다본다. 맹인 남성과 결혼하는 비맹인 여성은 존경심을 자아낸다. 반면 소인 남성과 결혼하는 보통 키의 여성은 독특한 성적 페티시가 있을지 모른다는 의심을 산다. 소인은 여전히 괴물 쇼의 단골손님이다.[10] 소인을 물건처럼 던지는 대회도 있으며, 소인들이 등장하는 포르노도 있다.[11] 특히 포르노에서는 소인의 성행위를 특징으로 하는 하위 장르 전체가 관음증의 대상으로 상품화된다. 이런 측면들은 거의 모든 다른 장애인 집단에게 보이는 것과 차원을 달리하는 냉혹함을 보여 준다. LPA에서 지역 사회 공헌 프로그램의 책임자를 맡고 있는 바버라 스피겔이 그녀의 할머니가 했던 말을 인용했다. 「너는 예쁜 소녀지만 너와 결혼하려는 사람은 아무도 없을 거야. 너는 혼자서 살아야 하니까 모든 것을 스스로 할 줄 알아야 해.」한편 바버라의 계모는 길거리에서 그녀와 함께 있는 모습을 남들에게 보여야 한다는 사실에 노골적으로 불만을 드러냈다.[12]

골격계 이형성증—소인증을 유발해서 짧은 사지(四肢)와 큰 머리, 평균 크기의 몸통을 갖게 되는 주된 질환이며 대표적으로 연골 형성 부전증이 있다—이 있는 사람들 중 80퍼센트 이상은 소인증에 관련된 가족력이 없는 평범한 부모에게서, 새로운 유전자 변이에 의해 또는 양친 모두가 보유한 열성 유전자에 의해 태어난다.[13] 다른 유형의 소인증으로는 성장 호르몬이 부족해서 발생하는 뇌하수체 소인증과 심각한 육체적 학대를 받음으로써 발생하는 정신 사회적 소인증이 있다.[14]

부모들은 전통적으로 어머니에게 쏟아지는 비난과 여전히 싸우고 있다. 중세 시대부터 18세기에 이르기까지 〈괴물의 탄생〉은 음탕한 여성의 욕구 불만을 암시한다고 여겨졌다. 요컨대 사람들은 음탕한 여성의 음란한 욕구 때문에 기형아가 태어난다고 여겼다. 〈상상주의Imaginationism〉라고 불리는 이 이론은 수백 년 동안 뜨거운 논쟁을 유발했다. 프린스턴 대학의 역사학자 마리-엘렌 위에Marie-Hélène Huet는 〈19세기에 발생학과 유전학 분야에서 다양한 발견이 이루어지면서 과학자들은 가족 구성원들끼리 닮는 현상을 새로운 방식으로 해석하게 되었다. 하지만 의학 분야에서 어머니의 상상이 자녀에게 유사성을 낳는 하나의 요인으로 더 이상 인식되지 않게 되었음에도, 자식의 외모를 결정하는 결정자로서 상상의 역할은 절대 완전히 잊혀지지 않았다〉[15]고 기술한다. 소아과 외과 의사 존 멀리컨의 설명에 따르면, 부모들은 하나같이 그들이 무슨 잘못을 했기에 자녀에게 그 같은 질환이 생겼는지 알고 싶어 한다. 하지만 그는 〈대부분의 경우에는 누구의 잘못도 아니다. 그럼에도 비난은 늘 어머니를 향한다〉[16]고 말했다.

소인증은 또한 이들 부모가 초기에 접촉하는 의사들에게도 생소한 질환인 경우가 보통이고, 따라서 의사가 특히 무신경하게 해당 질환을 통보했다고 기억하는 부모들도 많았다. 아델슨의 설명에 따르면, 부모에게 그들의 아이가 소인증이라면서 〈서커스에 나오는 것 같은 난쟁이를 낳았네요〉라고 이야기한 의사도 있었다. 자신이 소인증이라고 진단한 아이를 〈보호시설로 보내거나 플로리다의 난쟁이 극단으로 보내서 그곳에서 살게 해야 한다〉고 마찬가지로 비정한 충고를 한 의사도 있었다.[17] 한 어머니의 진술에 따르면, 대다수 의사들은 그녀의 딸이 불량품이라서 〈진짜〉 아기처럼 대우받을 자격이 없다는 식으로 행동했다.[18] 또 다른 어머니는 자신이 소인 남편과 함께 분만실에 들어갔음에도 의사가 그들 부부를 바라보면서 〈유감스럽게도 아기가 난쟁이로 태어났습니다〉라고 말했다고 설명했다.[19]

의사들의 이러한 행동은 단순히 예의에 어긋나는 선에서 끝나지 않는다. 아이가 소인증이라는 사실이 부모에게 전달되는 방식은 부모들이 앞으로 그 아이를 사랑하고 돌보는 과정에 지속적인 영향을 끼칠 수 있기 때문이다. 부모는 그들의 아이가 보통 사람과 똑같은 수명을 가졌고, 임신기간 중 그들의 잘못된 어떤 행동이 소인증을 유발한 것이 아니며, 그 아이가 행복하고 건강하며 독립적인 삶을 영위할 수 있다는 사실을 즉시 앎으로써 용기를 얻는다. 같은 원리로 부모가 지인들이나 가족들에게 영향을 주기도 한다. 당황한 부모는 지인들마저 어색하게 만들 수 있다. LPA 를 비롯해서 〈MAGIC 재단〉과 〈인간 성장 재단〉같은 단체에서는 사실적인 정보로 가득한 웹사이트를 운영하며, 온라인 모임과 현지의 지원 그룹을 후원함으로써 소인 자녀를 둔 보통 키의 부모들에게 긍정적이고 충만한 삶을 살아가는 소인들과 접촉할 수 있는 기회를 제공한다.

그럼에도 많은 부모들이 처음에는 슬픔과 부정, 충격에 휩싸인다. 지니 사전트라는 이름의 한 소인은 인터넷에 〈살아 있다는 사실에 대해 우리 소인들이 어떻게 느끼는지의 문제와는 별도로, 나는 남들과 다르다는 이유로 불편을 겪고……, 속상해하고, 상처받고, 좌절할 때마다 어머니가 (나보다) 얼마나 많이 아파했을지 지금도 도저히 상상조차 할 수 없다〉[20]라고 썼다.

LPA 대표를 역임했으며 인기 텔레비전 프로그램 「소인과 커다란 세상Little People, Big World」에서 아버지 역을 맡았던 맷 롤로프는 〈우리 부모님은 내가 무슨 일을 하고 싶어 하는지, 어떤 여성과 결혼하고 싶어 하는지, 얼마나 많은 자녀를 낳고 싶어 하는지 궁금해하지 않았다. 당신들의 유일한 관심사는 내가 혹시라도 결혼을 하게 된다면, 혹시라도 아이를 갖게 된다면 어떻게 생계를 꾸려 나갈 수 있을 것인가 하는 것뿐이었다〉[21]라고 말했다. 현재 그는 마찬가지로 소인인 에이미와 결혼해서 슬하에 네 명의 자녀를 두고 있다. 한편 미국 케이블 방송 중 하나인 TLC에서 거의 4년 동안 방영된 「소인과 커다란 세상」은 롤로프 가족이 오리건 포틀랜드에 있는 그들의 농장에서 살아가는 일상을 다루었다. 이 프로그램은 다소 관음증적인 측면이 있기는 하지만 선정주의가 상당 부분 배제되었고, 대중들이 소인에 대해 올바른 인식을 갖도록 하는 데 일조했다.

에이미 롤로프는 어릴 때 그녀에 대한 배려가 거의 없다시피 한 가정 환경에서 자랐다.[22] 그리고 오늘날 그녀의 집을 방문하는 친구들은 그녀가 스툴 의자에 올라서야 겨우 손이 닿는 곳에 전화기가 위치한 이유를 항상

의아하게 여겼다. 「어머니는 〈에이미가 집 밖의 세상에 적응하기 위해서는 집에 있을 때부터 그러한 환경에 익숙해지고 적응하는 법을 배우는 편이 낫다〉고 말했어요. 집 안 어디에도 내게 맞추어진 것이라고는 정말 아무것도 없었는데 〈내가 보다 자립적이 된다〉는 의미에서 좋은 생각이었죠.」 롤로프 부부에게는 보통 키를 가진 세 아이와 연골 형성 부전증이 있는 아들 자크가 있다. 에이미는 소인인 그들 부부와 자크에게 맞추어 집을 꾸미며 보통 키를 가진 아이들이 이질감을 느끼게 하고 싶지 않았고, 따라서 모든 것을 〈보통〉에 맞추었다. 한편 자크에게는 소인이라는 사실에 자긍심을 갖도록, 초연하도록 가르쳤다. 「하루는 자크가 〈엄마, 아이들이 나하고 놀 때 너무 거칠게 대해요〉라고 투덜댔어요. 그래서 나는 〈자크, 오히려 그 점을 고마워해야 하지 않을까? 아마도 그 순간에는 친구들이 너를 그들보다 작은 사람으로 생각하지 않았다는 뜻일 거야. 아무런 편견 없이 너랑 어울리고 시간을 함께하는 거잖아? 그건 좋은 거야〉라고 말해 주었죠.」

　　동등함을 지향하는 이러한 정신은 그녀의 다른 모든 아이들에게도 그대로 적용되었다. 제러미는 맏아들이자 가족들 중 가장 키가 크다. 「키가 크다는 이유로 제러미를 이용하면 안 된다는 사실을 맷에게 상기시켜야 했어요. 나는 제러미의 입장에서 가족들에게 자신이 중요한 이유가 단지 〈키가 크기 때문〉이라고 생각하게 되는 것을 바라지 않아요.」 하지만 「뉴욕 타임스」조차 그들 가족이 텔레비전에 나왔을 때 그녀의 아이들을 언급하면서 제러미에 대해서는 〈여유 있고 우아하게 축구공을 다루는 훌륭한 어린 운동선수〉라고, 동생 자크에 대해서는 〈영리하고 열정적인 모습〉을 지녔다고 묘사했다.[23] 〈영리하고 열정적인 모습〉이라는 표현 그 자체는 전혀 잘못된 것이 없다. 그럼에도 보다 커다란 우리 사회의 전통적인 관점에서 보았을 때 전혀 아름답지 않은 육체를 가진 누군가에 대해 친절한 의도를 가진 글쓴이가 어떤 어휘를 사용하는지 살펴보는 것은 흥미로운 일이다.

리사 헤들리는 미국 공영 라디오 방송인 NPR에서 자신의 라디오 프로그램을 진행하며, 일단의 온천 시설을 관리하고 있는 최고 책임자다. 한때는 발레리나였으며 뉴욕의 명망 있는 가문에서 태어났다.[24] 현재는 뉴욕시와 코네티컷 중간에 산다. 그녀가 HBO와 계약해서 제작과 감독을 맡은 영화 「소인들의 진솔한 이야기Dwarfs: Not a Fairy Tale」는 재미있는 동시에 등장인물들이 살아가면서 직면하는 난관들을 통찰력 있게 다룬 작품이다. 연골 형성 부전증을 가진 그녀의 딸 로즈가 태어났을 때만 하더라도 리사는 그 영화에서 보여 주는 만큼의 지혜가 없었다. 리사가 로즈를 낳고 병원에서 산후 조리를 하고 있을 때를 떠올리며 말했다. 「병원 측에서 내게 〈내 아이는 소인이다〉라는 제목의 소책자 한 권과, 이가 다 빠진 어떤 남자가 길거리를 청소하는 사진과 양을 돌보는 소인들 사진이 실린 자료들을 주더군요.」[25] 리사는 소인증을 둘러싼 정확히 그 같은 통념으로부터 로즈를 보호하기 위해 무슨 일이든 불사하기로 결심했다.

로즈가 두 살 때 리사는 『뉴욕 타임스 매거진The New York Times Magazine』에 기고한 글을 통해서 이렇게 말했다. 「의사의 말 한마디로 나와 내 남편은 우리도 모르는 사이에 한 커뮤니티의 구성원이 되었다. 양육에 수반되는 자연스러운 즐거움과 시련뿐 아니라 지극히 혼란스러운 비애─무작위사상*에 대한 새로운 이해, 왜곡된 현실감 등─는 그 커뮤니티와 우리를 하나로 묶어 버렸다. 나는 사람들이 우리를 빤히 쳐다볼 정도로, 그리고 내가 상점에 가거나 해변에서 산책하는 일을 다시 생각하게 될 정도로 남들과 완전히 다른 아이를 갖게 될 거라는 생각은 한 번도 해본 적이 없었다. 심지어 가장 끔찍한 재앙을 산정한 경우에도 한 번도 생각해 보지 않은 일이었다. 나는 남들과 다른 내 아이에게 다른 사람들이 반응하는 방식은 부모로서도 어떻게 할 수 없는 세상 일 중 하나라는 사실을 일

---

* 확률분포에 의해 결정되는 발생 확률을 가진 사건.

찍부터 깨달았다. 아마도 그 사람들의 반응과 관련해 가장 중요한 점은 그들이 내게서 힌트를 얻는다는 사실일 것이다. 다시 말해서 내가 씩씩하고 긍정적이면 그들도 유쾌한 마음으로 내 딸아이의 특별한 장점들―반짝이는 눈과 매력적인 미소 등―을 언급한다는 것이다.」[26]

로즈가 네 살이 되어 자신의 상태를 의식하기 시작하자, 리사는 그녀를 아동 심리학자에게 보내서 세상을 살아가면서 장애물과 난관에 부닥치더라도 인간관계를 형성할 수 있는 준비를 갖추어 주고자 했다. 리사가 말했다. 「로즈는 일주일에 한 번씩 방과 후에 아동 심리학자를 만나러 갔어요. 하지만 금방 그 일을 싫어했죠. 그녀는 자기 자신에 관한 이야기를 하려고 하지 않았어요. 거의 증오하다시피 했어요. 나는 우리가 그녀의 상태를 치료하려고, 치료가 필요한 어떤 것으로 바꾸려고 한다는 사실을 깨달았어요. 사실상 그녀는 치료가 전혀 필요 없는데도 말이죠.」

리사는 그녀와 로즈의 관계를 그녀와 다른 세 아이의 관계에 맞춰 균형을 유지해야 했다. 그들 세 아이 중 두 명은 로즈보다 나이가 많았고 한 명은 로즈보다 어렸다. 리사가 말했다. 「나는 로즈에게 특별히 세심한 관심을 기울여요. 로즈에게 무엇이 필요한지 거의 광적으로 집착하죠. 한번은 그녀가 다니는 학교에서 콘서트를 주최한 적이 있었어요. 카네기홀에서 열렸죠. 로즈가 소인 특유의 우스꽝스러운 걸음걸이로 무대로 나와 자기 자리에 서더군요. 나는 마치 〈그녀가 소인이라는 사실을 우리가 잊고 있었던가요?〉라고 묻듯이 남편을 바라보았죠. 나는 새삼스럽게 충격을 받았고 그런 상황들이 무척 슬펐어요.」리사는 슬프지 않은 척하는 것이 그녀 자신과 로즈, 세상에게도 솔직하지 못한 행동이라고 생각한다. 「나는 로즈를 끔찍이 사랑하고 로즈가 없는 삶은 상상할 수도 없어요. 세상을 다 준다고 하더라도 그녀와 바꾸지 않을 거예요. 나는 키가 무척 크고 말랐어요. 한때는 발레리나였죠. 그리고 로즈에게도 똑같은 것들을 상상했어요. 부모는 자식과 그런 부분을 공유할 수 없을 때 그동안 상상했던 삶을 잃게 되고 그래서 슬퍼해요. 물론 한편으로는 로즈의 정체성을 다른 누구보다 열렬히 지지해요.」

로즈는 자기 연민을 부추기는 어떠한 이야기도 듣고 싶어 하지 않는다. 리사가 덧붙였다. 「그 점에 있어서 로즈는 무척 용감하고 강한 아이예요. 하지만 그녀의 싸움은 잔혹하기 그지없어요. 나는 평범한 사람이고 따라서 그런 싸움을 좋아하지 않아요. 그 싸움은 마치 전혀 의도하지 않았음에도 유명인으로 사는 것과 비슷해요. 예컨대 우리가 길을 걸어가면 사람들이 으레 〈안녕, 로즈〉라고 말하는 식이죠. 그녀는 늘 그런 상황을 피하려고 하지만 불가능해요.」

로즈는 자신을 다른 소인들과 동일시하지 않았고, 따라서 그녀의 가족은 LPA와 무관하게 지냈다. 그러한 결정이 얼마만큼 태도에 영향을 끼치고, 또 태도에 의해 영향을 받는지 알아내기란 언제나 어려운 일이다. 리사가 말했다. 「지원 단체와 대규모 회의요? 보통의 경우라면 어떤 단체에 가입하거나 조직에 참여하는 일들이 우리 가족의 일일까요? 단언컨대 대답은 〈그렇지 않다〉예요. 나는 로즈에게 물어보았어요. 〈네 생각에 다른 소인들과 알고 지내면 지금보다 행복해질 것 같니?〉 그녀는 〈아니에요. 나는 내가 살아 있는 한 여기에서 지금처럼 살고 싶어요. 나는 친구들도 많고 나에 대해서도 잘 알아요〉라고 대답했죠.」 리사의 친구 중 한 명에게는 로즈보다 한 살 어리고 로즈처럼 키가 작은 딸이 있다. 그 친구의 가족들은 LPA 활동에 적극적이다. 한번은 그들이 LPA 모임에 참가했다가 〈무척 귀여운 10대 소인들〉 사진을 가져와서 로즈에게 보여 주었지만 그녀는 아무런 관심을 보이지 않았다. 리사가 말했다. 「근본적인 문제는 우리가 언제까지 계속해서 부정할 수 있는가 하는 점이에요.」

흔히 소인은 (특히 악명이 높기로) 〈성마르다〉는 진부한 통설이 있다. 또한 무수히 많은 기사들이 예컨대 〈작은 사람, 대범한 성격〉이라는 식의 표현을 표제로 사용한다. 소인을 둘러싼 이러한 세간의 평가들은 부분적으로 단순히 잘난 체하려는 소인들의 태도에서 비롯되기도 한다. 하지만 부분적으로는 거의 범세계적인 호기심의 대상으로 살아가는 데 따른 결과 이기도 하다. 리사가 말했다. 「우리 집의 다른 아이들은 아무도 로즈처럼 억센 구석이 없어요. 남편도 마찬가지고 나도 마찬가지죠. 로즈는 항상 무척 화가 나 있어요. 그녀의 화는 언제나 그 화를 〈억제〉해야 한다는 데서 비롯되죠.」

그들 가족의 생활은 로즈가 느끼는 것보다 훨씬 더 로즈 위주로 돌아갔다. 가족이 런던으로 이사할 기회도 있었지만 그들은 로즈를 불안하게 만들고 싶지 않다는 이유로 미국에 남았다. 한편 로즈는 진지한 운동선수이며 승마에 열정을 갖고 있다. 리사가 자랑스럽게 설명했다. 「나는 그녀에게 승마를 시킬 생각이 전혀 없었어요. 하지만 큰아들이 전국적으로 순위권에 드는 매우 뛰어난 승마 선수였고 그녀는 곁에서 오빠의 영예를 지켜보았죠. 로즈는 경기장에 입장해서 심판 앞에 나서기를 주저하지 않아요. 보통 키를 가진 아이들과, 예컨대 하나같이 머리를 땋았고 흐느적거리는 긴 다리를 가진 귀여운 소녀들과 경쟁해서 상을 타오죠. 그녀는 말 위에서 허리를 꼿꼿이 세우고 당당하게 앉아 있어요. 사람들은 연신 〈정말 놀랍지 않아?〉라고 감탄하죠. 그렇지만 로즈는 단지 자신이 소인이라는 이유 때문에 놀랍게 비쳐지는 것을 원치 않아요. 다른 아이들과 똑같은 기준으로 평가받기를 원하죠.」

리사는 멘토가 되어 달라는 요청을 자주 받았으며 태아에게 소인증이 있음을 알게 된 임신부들에게 중절 수술을 하지 않도록 설득해 왔다. 그녀는 아기를 입양 보내는 방법을 추천하기도 했다. 그녀가 자신이 만났던 어느 부부에 관한 이야기를 들려주었다. 그 부부는 곧 태어날 아이에게 장애가 있다는 사실을 감당할 수 없었다. 「그들에게는 치어리더인 딸이 있었는데, 그들은 그녀의 어머니가 사용한 표현대로 만약 〈괴물 같은 여동생이 태어난다면〉 그녀가 엄청나게 충격을 받을 거라고 생각했어요. 그 어머니는 결국 아기를 입양 보냈어요. 새로 태어난 아기가 적어도 웨스트 체스터의 치어리더가 되지는 못할 터였고 따라서 그 아기를 사랑할 수 없었던 거죠.」 그녀가 만났던 또 다른 가족에게는 이미 소인 자녀가 있었다. 「그 가족은 경제적으로나 인구 통계학적으로 우리 집과 사정이 매우 비슷했어요. 그래서 나는 〈완벽해, 소인 여동생이 태어나면 두 자매가 함께 성장해 나갈 수 있겠구나〉라고 생각했죠.」 하지만 리사는 그들 부부가 딸아이에게 사지 연장술을, 요컨대 뼈를 반복해서 부러뜨리고 근육을 잡아 늘리는 논란이 많은 시술을 받게 하기로 했다는 소식에 충격을 받아야 했다. 「정말 모진 교훈이었어요. 키가 작은 딸이 있다고 해서 그 부모가 정신적으로나 정서적으로 우리와 무언가를 공유한다는 뜻은 아니라는 것을 알게 되었죠. 사지 연장술은 휠체어 신세를 지거나 잠깐씩 벗어나기를 반복하면서 무려 5년이라는 시간을 보내야 해요. 의학적인 측면에서도 정말 끔찍하지만, 그 나이의 아이들이 자신의 정체성과 본연의 모습을 찾기에도 바쁘다는 사실을 생각하면 더더욱 끔찍해요. 어떻게 해야 우리는 최선의 자기 모습을 갖추게 될까요? 적어도 계속해서 세부적인 어떤 것들을 바꾸려는 노력이 그 답은 아닐 거예요.」

리사는 그녀가 느꼈던 수많은 의문들 중에서 처음에 그녀를 겁나게 만들었던 의문들이 어느 단계에 이르자 저절로 풀렸다고 밝혔다. 「오래 전에 로즈의 치료를 위해 존스 홉킨스 병원에 간 적이 있었어요. 로즈를 데리고 승강기에 타고 있었죠. 그때 한 어머니가 그녀의 아이와 함께 승강기로 들어왔어요. 그 아이는 침을 흘리고 있었고 척 보기에도 중증 다운증후군이 분명했죠. 나는 마치 〈아, 우리 아이는 그럭저럭 감당이라도 되지만 당신의 아이는 어떻게 감당할 수가 없겠군요〉라고 말하듯이 무척 측은한 시선으로 그녀를 바라보았어요. 그런데 그녀가 정확히 똑같은 시선으로 나를 바라보고 있더군요.」

부모는 소인증을 하나의 정체성으로 간주하여 자녀와의 관계를 구축할 수 있다. 여기저기 소인 모임에 참석하고, 자녀의 삶에 다른 소인들을 끌어들이고, 전등 스위치를 키가 작은 사람이 쉽게 닿을 수 있는 위치에 달고, 그들이 요리하기 편하도록 주방을 개조할 수 있다. 그럼에도 단신을 주된 정체성으로 인식하며 성장하는 아이들은 자신이 선택하지 않은 어떤 환경에 갇혀 있다고 생각할 수 있다. 설령 그렇게 생각하지 않더라도 그런 아이들은 자신이 가진 정체성의 내재적인 한계에 직면할 것이다. 예컨대 우리는 자신과 종교나 민족성, 성적 취향, 정치적인 신념, 취미, 사회 경제적 지위 등을 공유하는 사람을 위주로 교제 대상을 선택할 수 있다. 하지만 소인으로서 완전한 삶을 실현할 만큼 소인들의 숫자는 충분하지 않다.

부모가 장애 아동을 철저하게 일반인처럼 교육하는 방법을 선호할 수도 있다. 그들의 아이에게 단신이 장신과 크게 다르지 않다고 설득하기 위해서, 키와 상관없이 친구를 사귀도록 용기를 주기 위해서, 키가 큰 사람들의 세상이 현실이고 그 세상에 익숙해지기만 하면 될 거라고 알려 주기 위해서다. 그렇지만 〈네게는 정말로 장애가 없어〉라는 말을 계속해서 듣는 것은 부담이 될 수 있다. 바버라 스피겔이 장식장에 있는 유리잔을 꺼내 달라고 할 때 으레 아버지에게 부탁했던 이유를 설명했다. 그녀의 어머니는 〈네 스스로도 유리잔을 꺼낼 수 있잖니〉라고 타이르면서 바버라에게 유리잔을 건네주는 대신, 그녀로 하여금 발판 사다리를 질질 끌면서 방을 가로질러 가도록 했다. 바버라가 〈때로는 약간 과할 때도 있었어요〉라고 말했다. 단지 작을 뿐 다른 사람과 똑같다는 생각이 보통 사람처럼 느끼게 해주기는 하지만 사회적인 환경이 그런 생각에 언제나 우호적인 것은 아니며, 소인의 세계를 계속 기피하다가는 고립이라는 혹독한 대가를 치러야 할 수도 있다. 중학교와 고등학교에서는 종종 삶이 더욱 힘들어진다. 평균 신장의 10대들 중에서 1미터가 겨우 넘는 사람과 데이트하려는 아이는 거의 없을 것이다. 바버라가 말했다. 「내가 남성적인 매력을 느낀 사람들은 대부분 키가 유난히 컸어요. 내가 다른 소인과 함께하는 모습을 그려 본 적은 정말이지 한 번도 없었어요. 소인과 결혼할 거라고는 상상도 하지 못했어요. 게다가 두 번씩이나요.」[27]

한 소인과 그 가족에게 적합한 방법이 다른 소인과 그 가족에게도 적합한 방법은 아닐 수 있다. 그리고 대대수 소인의 가족들은 다양한 접근법을 통해 이런저런 요소들을 결합한다. 요컨대 소인 세계와 어느 정도로 소통을 유지하면서 자녀가 비(非)소인 세계에서 편안하게 살 수 있는 방법을 강구하는 한편, 자녀의 특별한 요구와 욕구에 부응하는 의학적인 치료의 가능성도 계속 열어 놓는다. 균형의 정확한 본질은 집집마다 다르다. 조사에 따르면 키가 작은 사람들의 삶이 일반적으로 그들 부모의 삶보다 만족도가 더 높은 것으로 나타나는데, 이는 소인으로 사는 것보다 소인 자녀를 양육하는 일이 감정적으로 더 힘들다는 사실을 암시한다.[28] 또 다른 연구 결과에 따르면, 연골 형성 부전증이 있는 당사자들이 자신의 상태를 〈심각〉하거나 〈치명〉적인 것과는 반대로, 〈심각하지 않게〉 여길 가능성이 그들의 친인척에 비해서 네 배나 높았다.[29] 아무리 문제가 산더미처럼 많아도 자신의 정체성은 대부분의 경우에 다른 사람의 정체성보다 더 옹호될 수 있는 것처럼 보이는 듯하다. 물론 수입과 교육의 차이도 중요한 요인이며, 실제로 단지 키가 작을 뿐인 누군가를 보살피는 경우보다 소인인 동시에 지적 장애가 있다거나 중증 골격계 질환이나 건강 문제가 있는 아이를 양육하는 편이 훨씬 더 힘든 도전임은 분명한 사실이다. 소인증은 직접적인 당사자에게 한층 더 무거운 짐이라고 생각하는 그 가족들이 행복 목록에서 그들 자신에게도 낮은 순위를 매기는 경향이 있다는 점은 흥미로운 일이며 주목할 필요가 있다.

우리는 여전히 〈장애〉와 〈비장애〉라는 이분법의 틀에 사람들을 맞춘다. 공식적으로 장애가 있는 사람들에게 사회 원조와 법적 보호, 전용 주차 공간 등을 인정해 준다. 그럼에도 어디서부터 장애로 인정할 것인지 기술하기는 쉽지 않다. 키가 165센티미터인 사람이 180센티미터가 되고 싶어 한다고 해서 장애인은 아니다. 하지만 키가 120센티미터인 경우에는 중대한 문제에 직면한다. 수많은 소인들이 심각한 육체적 장애를 경험하고, 의학적인 문제들을 제쳐 놓더라도 단신은 불이익을 수반한다. 소인증은 미국 장애인법의 적용을 받으며, 해당 법령에 따르면 소인은 〈정형외과적으로 장애와 관련〉이 있다고 분류된다. 하지만 LPA에서는 비록 현재는 입장을 바꾸었지만 소인증을 장애로 분류하는 것에 오랫동안 반대하는 입장을 고수했다.[30] 슈퍼마켓에서 높은 선반에 진열된 상품을 꺼낼 수 있도록 수단을 제공해야 한다고 규정하는 법은 어디에도 없다. 정책 입안자들은 소인이 이용할 수 있도록 높이를 낮추어 주유기나 현금인출기를 설치하라고 요구하지만 그때뿐이다. 운전을 하고 싶지만 키가 작아서 하지 못하는 사람들을 위한 대체 장비를 마련하기 위해서 연방 정부가 예산을 사용하는 일도 없을 것이다. 연골 형성 부전성 소인 폴 스티븐 밀러는 클린턴 내각에서 평등 고용 추진 위원회의 위원으로 재직 중에 〈광범위한 장애 인권 운동을 전개하는 하나의 조직으로서 LPA가 진정 활발한 전국적인 수준의 플레이어가 아니라고 말하는 것은 타당하다. 요컨대 나는 그들이 진정한 전국적인 수준의 플레이어가 되어야 한다고 생각한다〉[31]고 주장했다. 이러한 움직임은 이제 LPA가 방향 전환을 앞두고 있음을 보여 준다. 그리고 그들을 지지하는 한 세대 젊은 인권 운동가 조 스트라몬도와 게리 아널드는 그들이 주축이 되어 유례없이 광범위한 장애에 관한 정의와, 장애 정도에 따른 유례없이 광범위한 복지 혜택을 구축하고자 하고 있다.

로즈메리 갈랜드 톰슨은 그녀의 저서 『놀라운 육체*Extraordinary Bodies*』에서 〈육체적인 장애는 배타적인 담론으로 이루어진 법적, 의학적, 정치적, 문화적 화술에 의해 만들어진다〉[32]고 주장한다. 그럼에도 지극히 키가 작은 사람들이 할 수 없는 대부분의 일은 사회적인 태도가 아니라, 대다수 인간들이 키가 큰 사람에게 적합하도록 만드는 물리적인 방식에 의해 결정된다. 즉 일부 소인들의 눈에는 장애를 둘러싼 고상한 미사여구가 달갑지 않은 잡동사니처럼 보일 수 있다. 소인 자녀를 둔 한 어머니는 〈나는 장애인 전용 주차 허가증을 요구할지 말지 결정할 수 없었어요. 혹시라도 우리 딸아이가 자신에게 장애인이라는 낙인이 찍혔다고 생각하지 않을까요? 학교에는 화장실에서 사용할 특수 발판 의자를 신청해야 할까요? 편의 시설과 관련된 문제는 끝이 없어요. 하지만 이런 문제들을 겪는다고 해서 장애라고 할 수 있을까요?〉[33]라며 걱정을 드러냈다. 소인 여배우 린다 헌트는 한때 다음과 같은 글을 썼다. 「어쨌거나 소인증은 암이나 심장마비와 다르다. 치명적이지 않을뿐더러 심지어 질병도 아니다. 그럼에도 육체적인 제약을 초래하고 피할 수도 없다. 당신은 소인증을 극복할 수 없다. 소인증이 당신의 일부인 까닭이다. 그렇지만 소인증이 당신의 전부는 아니며 그건 중요한 차이다.」[34]

대중은 소인을 묘사하는 데 사용되는 다양한 단어들의 미묘한 차이를 여전히 이해하지 못한다. (네바다에 있는 도시 리노를 부각시키기 위해 떠들썩한 광고와 함께 1957년에 개최된) 최초의 LPA 모임은 〈미국의 난쟁이 Midgets of America〉라는 이름으로 불렸다. 갓 출범한 이 조직의 명칭은 모든 유형의 소인들이 환영받는다는 느낌을 가질 수 있도록 1960년에 〈미국의 소인들Little People of America〉로 바뀌었다.[35] 난쟁이를 의미하는 〈미지트midget〉라는 단어는 당초 호기심의 대상인 소인들을 묘사하기 위해 만들어졌으며, 귀찮은 작은 날벌레를 의미하는 〈미즈midge〉라는 말에서 유래되었다. 오늘날 이 단어는 지극히 모욕적인 말―〈깜둥이nigger〉나 〈스페인어를 쓰는 놈spic〉, 〈호모 자식faggot〉 등에 상당하는 소인을 가리키는 욕설―로 간주되며, 내가 직접 들은 바에 의하면 혹시라도 그들의 아이가 이런 호칭으로 불릴까 봐 많은 어머니들이 전전긍긍했다.[36] 하지만 보통 사람들은 난쟁이라는 말이 모욕이라는 사실을 모르고, 그 말을 사용하는 대다수 사람들도 나쁜 의도 없이 그 말을 사용한다. 설령 사용자가 그 말이 낙인을 찍는 말임을 모를지라도 부적절한 단어를 사용한다는 것 자체가 편견의 증거일까? 세계적으로 유명한 서커스 사업가 바넘의 사이드 쇼에서 가장 인기 있던 작은 스타들은 비례가 맞는, 즉 평균 신장을 가진 사람과 비슷한 신체 비율을 가진 소인들, 즉 〈드워프dwarf〉였다.[37] 〈드워프〉라는 용어는 골격계 이상보다 뇌하수체 이상으로 키가 작은 사람들을 가리키는 말로 빈번히 사용되었다. 2009년 경제면 기사에 〈미지트〉라는 단어를 사용했을 때 「뉴욕 타임스」는 LPA로부터 격렬한 항의를 받았고, 결국 인쇄 편람을 개정했다.[38] 하지만 〈드워프〉라는 용어는 그 자체로 부담스러운 연상 작용을 유발한다. 바버라 스피겔은 연골 형성 부전증이 있는 두 아이가 있고 그들의 정체성에 대해 자긍심을 가지고 아이들을 키우려고 노력했다. 그리고 그녀의 첫째 딸이 유치원의 같은 반 아이들에게 자신의 키에 대해 어떻게 설명해야 할지 물었을 때 바버라는 〈네가 《드워프》라고 말해〉라고 대답했다. 딸아이가 자신의 허리에 양손을 걸치고 대꾸했다. 「하지만 나는 판타지에 등장하는 가짜가 아니잖아요!」[39]

최근에 기자 린 해리스가 단신인 사람들은 어떻게 불리는 것을 선호하는지 묻는 질문에 베티 아델슨은 〈대부분의 사람들은 그냥 그 사람의 이름으로 불리는 것을 선호하죠〉[40]라고 대답했다.

1992년에 보스턴에서 레베카 케네디가 태어났을 때 의사들은 그녀가 태변(태어나기 이전의 대변)을 먹은 것이 아닌지 의심했고 그녀는 곧장 집중 치료실로 옮겨졌다.[41] 그녀의 머리가 비교적 크고 팔다리가 짧다는 사실을 알아차린 의사는 레베카의 부모인 댄과 바버라 케네디 부부에게 그 갓난아이에게 〈소인증 아니면 뇌 손상〉이 있을 거라고 통보했다. 뇌 손상이 있을지도 모른다는 말에 너무 놀랐기 때문에 엑스레이 촬영에 근거해서 3일 후에 내려진 연골 형성 부전증 진단은 오히려 커다란 위안을 주었다. 병원에 있는 사람들은 레베카에 대해 긍정적이었다. 댄의 설명이다. 「한 세대

이전의 부모들이었다면 부정적인 관점에서 앞날을 바라보았을 거예요. 하지만 우리는 무척 긍정적인 관점에서 바라보았죠. 어쩌면 지나치게 긍정적이었는지도 모르겠군요. 우리는 주로 〈아무 문제 없습니다. 딸아이가 태어났다는 사실을 즐기세요. 그녀를 데리고 집으로 가세요〉라는 이야기를 많이 들었어요.」 댄이 만난 의사들은 그동안 장애를 가진 사람들이 이끌어 내고자 투쟁해 온 태도의 변화를 보여 주고 있었다. 그렇지만 대부분의 장애에는 보살핌이 필요하고, 의사들은 부모들이 눈앞의 어려움을 대수롭지 않게 여길 경우 덩달아 그들에게 적절한 호의를 베풀지 않는 경향이 있다.

　5개월 동안은 매사가 순조로운 듯 보였다. 그때 레베카가 그녀의 가녀린 육체를 완전히 장악한 호흡기 바이러스에 걸렸다. 결국 그녀는 한 달이 넘도록 집중 치료실 신세를 졌고 기관절개술을 받았다. 그 뒤로 2년 동안 레베카는 산소호흡기를 달고 지내야 했고, 케네디 가족은 간호사들과 함께 살았다. 레베카가 두 살 반이 되어서야 그녀의 기도가 충분히 발달해서 절개했던 기관을 봉합할 수 있었고 그 뒤로는 비교적 건강한 아이로 자랐다. 댄이 회상했다. 「소인증은 큰 문제가 아니었지만 그때 일처럼 항상 다른 것들이 문제였죠. 우리는 기관절개술을 받고 야간에는 간호사의 간호를 받은 2년이라는 세월이 레베카의 이후 성격 발달에 어떤 영향을 끼쳤을지 늘 궁금해요. 하지만 아직까지는 알 수 없는 것 같아요.」

　레베카가 아팠을 때 댄은 LPA를 찾았고 루스 리커를 소개받았다. 「루스는 번듯한 직장에 다녔어요. 나중에 알고 보니까 우리와 같은 대학에 다녔더군요. 그녀는 똑똑하고 재미있는 사람이었어요. 나는 레베카가 커서 그녀처럼 사는 모습을 보면 무척 행복할 것 같았어요.」 루스의 권유를 받아들여 케네디 가족은 LPA 행사에 참가하기 시작했다. 댄은 인터넷이 막 등장했을 때 루스와 공동으로 LPA 웹사이트를 개발했으며 수년 동안 해당 웹사이트를 지속적으로 관리하고 보완했다.

　레베카는 무언가를 배우는 데 약간의 어려움이 있는데, 댄은 연골 형성 부전증이 있는 사람들에게서 심심치 않게 나타나는 합병증, 즉 청력 손실을 그 원인으로 꼽는다.[42] 내가 댄을 인터뷰할 때 레베카는 열 살 반이었고 댄은 레베카가 머지않아 사춘기가 되고 힘든 시기가 찾아올 거라고 예상했다. 「레베카는 거울에 비친 자신의 모습을 좋아합니다. 그렇지만 나는 안이하게 생각하지 않아요. 나는 소인증에 대한 그녀의 불만이 아직까지는 최고조에 이르지 않았다고 생각해요. 내가 이야기했던 모든 소인 어른들은 거의 예외 없이 20대에 이르러서야 자신의 정체성에 자긍심을 갖게 되었고 아무것도 바꾸지 않기로 했다고 하더군요. 반대로 그들의 10대 시절은 지옥이었어요. 레베카는 지금도 친구가 많지 않아요. 앞으로도 한동안은 더욱 힘들어지기만 하겠죠.」

댄은 『작은 사람들: 딸의 시선으로 세상을 보는 법을 배우다Little People: Learning to See the World Through My Daughter's Eyes』라는 책을 쓰기 시작했다. 「나는 소인증이 차이를 암시하는 하나의 상징이라고 생각합니다. 우리는 그 차이를 가치 있게 생각하거나, 두려워하거나, 기회만 주어지면 근절시키려고 하죠.」 저술에 필요한 조사를 하면서 댄은 많은 것을 배웠고 이는 레베카에게도 도움이 되었다. 그는 레베카가 자신의 차를 이용할 수 있도록 차에 장애인 스티커도 부착했다. 척추가 압착된 사람에게는 먼 거리를 걷는 것이 오히려 해롭다는 사실을 알게 되었기 때문이다. 「LPA의 대표를 지낸 리 키첸스가 내게 말하더군요. 〈지금 장애인 스티커를 달고 다니는 편이 그녀가 서른 살이 되어서 스쿠터를 타는 것보다 낫습니다.〉」 댄은 자신의 책에서 사람들이 딸에 대해 아무런 망설임 없이 이런저런 질문들을 던지면서 〈레베카가 공공재산이라는 식으로, 부모는 세상 사람들에게 그녀에 관해 설명할 의무가 있다는 식으로 무언의 메시지〉를 보낸다고 불만을 토로한다. 소인 자녀를 둔 부모들은 그들의 의사와 상관없이 종종 가족을 다양성의 상징으로 세상에 전시하도록 강요받는다고 느낀다. 댄이 말했다. 「나는 이런 현실에 맞서 싸우면서 스스로 보다 나은 사람이 되었다고 생각합니다. 그럼에도 내가 인내심이 많다고는 생각하지 않아요. 솔직히 말해서, 당신의 삶이 외부 세력의 지배를 받는 경우 당신은 시류에 따르는 수밖에 없어요. 이런 상황은 확실히 내게 인내심을 길러 주었죠.」

200가지가 넘는 유전 질환이 유난히 작은 키를 유발한다.[43] 소인 중 대략 70퍼센트가 연골 형성 부전증이다. 이외에도 소인증을 유발하는 질환에는 가성 연골 무형성증, 선천성 척추골단 이형성증SED, 이영양성 형성이상 등이 있다. LPA에서는 의학적 질환 때문에 키가 145센티미터나 그 이하인 사람을 소인으로 규정한다. 여기에는 키가 145센티미터 이상이지만 소인증 증세가 있는 사람이나, 유전적인 변화가 없음에도 영양 실조나 부모의 약물 남용, 무지 등으로 소인증이 생긴 아동들은 공식적으로 포함되지 않는다. 그럼에도 LPA는 일반적으로 이런 사람들을 환영한다. 연골 형성 부전증에 의한 소인 여성의 평균 신장은 120센티미터이며 남성은 127센티미터다. 저신장으로 분류되는 사람은 미국에만 20만 명이 넘으며, 결합조직을 전공한 유전학자 빅터 맥쿠식Victor McKusick은 전 세계적으로 수백만 명이 넘을 것으로 추산했다.[44] 이 사람들이 전문가의 도움을 받기 위해서는 상당히 먼 거리를 움직여야 할 수도 있다. 게다가 의료 비용도 가히 충격적이다. 흔히 보험은 이들 가족이 직면하는 부담의 극히 일부만 분담해 줄 뿐이다. LPA의 의료 자문단에는 20여 명의 외과 의사가 활동하고 있으며 그들은 각종 모임에서 소인들에게 전문적인 조언을 제공한다.

연골 형성 부전증을 일으키는 원인은 과민성 유전자이며, 보통 사람들의 뼈가 사춘기를 끝으로 성장이 멈추도록 만드는 유전자와 동일한 유전자다.[45] 연골 형성 부전 과정은 단 하나의 뉴클레오티드* 변형에 의해 조

---

* 핵산의 구성 성분.

기에 시작된다. 애컨(Achon, 연골 형성 부전증이 있는 사람을 가리키는 은어)
은 보통 체구와 유사한 크기의 몸통에 비해 팔다리가 짧고, 유독 큰 머리
는 앞이마가 불룩하게 도드라졌다. 중도 장애를 초래하는 선천성 척추골
단 이형성증이 있는 사람은 연골 형성 부전증이 있는 사람보다 키가 작은
편이다. 대체로 다리가 안쪽으로 굽는 내반족, 구개 파열, 넓은 미간, 작은
입, 갈비뼈가 척추보다 더 빠르게 성장함으로써 발달하는 술통형 가슴 등
이 특징이다. 이영양성 형성이상은 내반족과 구개 파열을 특징으로 한다.
또한 이른바 〈히치하이커의 엄지손가락〉 형태를 가진 손가락 관절은 관
절의 반대쪽으로 많이 젖혀지지 않으며 유연성도 떨어진다. 〈콜리플라워
귀〉라고도 불리는 그들의 부풀어 오른 귀는 대체로 프로 권투 선수에게 생
기는 석회화된 귓바퀴와 형태가 유사하다. 이영양성 소인들의 경우에는
등이 너무 심하게 굽어서 걷지 못하는 경우도 많다. 이 질환은 열성 유전자
에 의해 발현되므로 일반적으로 당사자들은 모르지만 부모가 모두 열성
유전자를 보유했을 가능성이 많다. 다양한 수치들이 제시되지만 대략 신
생아 2만 명 중 한 명꼴로 연골 형성 부전증을 가지고 태어난다.[46] 한편 소
인증을 유발하는 질환은 1만 명 중 한 명이 가지고 있으며 이들 중 일부는
해당 질환 때문에 목숨을 잃는다.

　신생아는 본래 머리와 체구에 비해 팔과 다리가 짧기 때문에 소인증
증세는 청각 장애의 경우와 마찬가지로 즉각적으로 발견되기도 하고, 서
서히 발견되기도 한다. 대부분의 소인은 두 살이나 그 이전에 소인증 진단
을 받는다. 작은 체구만큼이나 기도 또한 위험할 정도로 좁아서 가쁜 호흡
이나 호흡 장애, 수면 장애 등이 생길 수 있다. 연골 형성 부전증이 있는 영
유아는 뇌간 압착으로 뇌 하부에 압력이 생겨서 정상적인 뇌 기능이 방해
받아 목숨이 위태로워질 수 있다. 연골 형성 부전증의 치사율에 관한 한 연
구에 따르면 생후 4년 안에 사망할 확률이 2퍼센트가 넘었다. 더불어 아동
기와 청소년기, 청년기에 사망할 확률도 크게 증가했다.[47] 소인 신생아는

다른 평범한 신생아들보다 체온이 다소 높고, 체내에 탄산가스가 축적되기 때문에 땀이 많다. 안면 기형 때문에 수시로 재발하는 치명적인 귓병과 뇌수종은 문제를 더욱 복잡하게 만들기도 한다.[48] 그 밖의 발생률이 낮은 몇몇 질환은 지적 장애와 관련이 있는데 요오드 부족, 자궁 내 성장 억제, 심리 사회적 박탈에 의해 유발되는 소인증이 여기에 포함된다.[49] 소인은 일반적으로 인지 발달이나 지능 발달은 빠른 속도로 진행되지만 상대적으로 발달이 늦은 폐 기관으로 인해 산소 부족에 시달릴 수 있고, 선천적으로 빈발하는 귓병 탓에 청력이 손실될 수 있다. 또 사회의 낙인을 만회하는 데 집중적으로 에너지를 사용하느라 학교생활에 어려움을 겪을 수 있다.[50]

조기 진단은 중요하다. 적절한 예방 치료를 통해서 여러 가지 심각한 합병증을 피할 수 있기 때문이다. 연골 형성 부전증이 있는 아동은 엑스레이와 정밀 검사를 통해 신경과 골격 발달 과정을 관찰해야 한다. 그들은 치궁(齒弓)에 비해 턱이 너무 빈약해서 복합적인 치과 치료가 필요할 수 있다.[51] 척주관*이 너무 비좁아서 그 안을 지나는 신경들이 눌리는 경우도 있다. 이 경우 허약 체질이나 무감각, 통증 등이 수반될 수 있다. 기도가 좁기 때문에 마비가 일어날 위험도 훨씬 높다. 소인 아동의 척추 만곡이 조기에 치료되지 않는 경우 흔히 곱추로 일컬어지는 척추후만증으로 발전할 수도 있다. 유아에게 골격 이형성증이 있는 경우에는 앉은 자세로 있도록 두지 말아야 하는데 머리가 너무 무거워서 척추가 무게를 지탱하지 못하기 때문이다. 또한 등 쪽이 휘어진 의자에도 앉히지 말아야 한다. 자동차에 태울 때도 아이의 턱이 가슴을 짓누르지 않도록 등 쪽에 패드를 덧대 주어야 한다.[52]

연골 형성 부전증이 있는 대다수 영유아들은 목의 근육량에 비해 머리가 너무 무겁기 때문에 쭈그리고 앉았을 때 몸을 제대로 가누지 못한다.

---

* 척추뼈 구멍이 이어져서 이룬 관.

그들 중 기는 법을 배우는 아이들은 오직 5분의 1에 불과하다. 배를 깔고 눕거나 그 반대로 누워 기어갈 때도 항상 머리를 바닥에 대고 중심을 잡은 채 다리만 움직여서 추진력을 얻는다. 예컨대 거미처럼 기기, 통나무처럼 구르기, 군인처럼 포복하기, 엉덩이로 내닫기 등은 그 생생한 명칭들이 암시하는 것만큼이나 그에 어울리는 각각의 동작들과 관련이 있다. 연골 형성 부전증이 있는 아이들은 걸을 준비가 되었을 때 대체로 잭나이프처럼 몸을 반으로 접어서, 머리를 바닥에 대고서 다리를 먼저 곧게 편 다음에 상반신을 들어서 완전히 선 자세가 되도록 일어난다. 근육 긴장도가 낮을 가능성이 있고, 관절이 특출하게 너무 뻣뻣하거나 무를 수 있다. 소인들은 아동기에 또는 그 이후의 발달 단계에서 이처럼 그리고 그 밖에도 많은 독특한 행동들을 보여 주며, 관절이나 골격계 문제 때문에 체조나 하이 다이빙, 곡예, 충돌이 발생하는 격한 스포츠는 피해야 한다. 그들에게는 수영이나 골프 등 비교적 격하지 않은 스포츠가 적당하다.[53] 소인 아동은 비슷한 연령대의 보통 아이들과 비교했을 때 절반 정도의 식사량이 적당하기 때문에 체중 문제로 씨름하는 경우가 많다. 아울러 이 문제는 LPA에서 각종 교육 자료와 공개 토론회를 통해 설파하려고 노력하는 문제이기도 하다.[54]

성인기에 이르면 소인들은 만성적인 척추 문제와 알레르기, 부비강* 문제, 관절염, 류머티즘, 청각 장애, 척추 기형, 불면증, 만성 경부통, 팔이나 다리의 마비나 약화 등을 겪을 수 있다. 그들은 일생을 살아가면서 비슷한 연령대의 보통 사람들보다 수술을 받게 될 확률이 훨씬 높다. 대다수 소인 성인들이 겪는 문제 중 하나는 골격계 질환이다. 이형성증은 일반적으로 척주관 협착증, 관절 기형과 퇴화, 디스크 문제 등과 관련이 있다. 연골 형성 부전증이 있는 성인의 경우에는 하체의 전격통(電擊痛)이나 약화, 마비, 쑤심, 저림 등의 증상들을 완화하기 위해 외과적인 수술로 협착한 척

---

* 두개골 속의, 코 안쪽으로 이어지는 구멍.

추의 압력을 줄여 줄 필요가 있다. 척추 만곡은 기동성은 물론이고 심장이나 폐에 영향을 미치는 물리적, 신경학적 합병증을 유발할 수 있다. 소인들 사이에서 보편적인 수술로는 척주관 협착증으로 인한 마비와 통증을 예방하기 위한 요추 수술, 사지 약화를 개선하는 경추 수술, 휜 다리를 교정하는 외과적 골절술, 뇌수종 예방을 위한 션트 삽입, 장애성 무호흡증을 치료하기 위한 조정 등이 있다.[55]

레슬리 팍스가 앨라배마 헌츠빌 고등학교 3학년이 되면서 크리스 켈리와 어울려 다니기 시작하자 그녀의 부모는 그다지 달갑지 않았다.[56] 그들이 상상했던 딸의 미래에 소인과의 로맨틱한 관계는 들어 있지 않았다. 그 소인이 자신의 이름을 내건 라디오 쇼에서 디제이를 보는 유명 인사라고 하더라도 마찬가지였다. 레슬리가 말했다. 「나는 전형적인 둘째였고 특별할 것이 전혀 없었어요. 그렇게 그 사람과 일종의 사랑에 빠졌죠. 나는 학생 자치회에 속해 있었고 그는 여러 파티를 돌면서 디제이를 했어요. 부모님은 처음부터 〈애당초 시작도 하지 말아라. 그 사람은 이혼한 전력에 애도 있고 소인이야. 게다가 고작 디제이 따위나 하고 있잖아. 뭐 하나 내세울 만한 것이 없어〉라는 식이었어요.」 레슬리는 자신이 스타와 사귄다고 생각했지만 그녀의 부모는 생각이 달랐고, 그녀가 고등학교 3학년 때 집에서 독립시켰다. 그로부터 몇 달 뒤 레슬리와 크리스는 결혼식을 올렸다.

크리스의 부모는 아직 어리던 그에게 원숭이의 뇌하수체로 만든 성장 호르몬 주사를 비롯해서 시장에 소개되는 새로운 모든 〈치료법〉을 시도했다. 주사를 맞은 덕분에, 혹은 주사를 맞았음에도 크리스는 키가 145센티미터까지 자랐다. 연골 형성 부전증이 있는 사람치고는 키가 큰 편이었지만 그는 자신의 소인증을 치료될 수 있는 의학적 질병으로 보기를 단호하게 거부했다. 레슬리의 설명이다. 「그는 디제이이자 혼자서 재담하는 희극 배우가 되었는데 대중의 인정을 받을 때 비로소 자신에게 만족했기 때문이에요. 그에게 딱히 필요가 없었던 것은 일대일의 관계였어요.」 크리스와 전처 사이에 태어난 두 아이들은 모두 평균 키였다. 크리스와 결혼하고 이삼 개월 만에 임신한 레슬리가 초음파 검사를 하러 갔다. 「병원 사람이 〈7개월 된 아기치고는 머리가 너무 크네요. 그런데 또 대퇴골은 7개월치고 너무 짧아요. 도대체 어떻게 된 영문이지?〉라고 하더군요.」 정작 레슬리는 어떻게 된 영문인지 정확히 알고 있었다. 「나는 엄청나게 충격을 받았어요. 한편으로는 미리 알아서 다행이었어요. 아들이 태어나기 전까지 슬퍼할 시간이 있었기 때문이죠.」 레슬리는 남편에게 그와 닮은 아이가 태어날 거라는 사실에 자신이 얼마나 절망하고 있는지 차마 이야기할 수 없었다.

이른 사춘기를 거친 말괄량이였던 레슬리는 늘 비뚤어진 자아상을 가지고 있었다. 「나는 초등학교 3학년 때부터 이미 성징이 나타났고 사람들로부터 놀림을 받았어요. 내 몸이 정상이 아니라는 사실이 늘 수치스러웠죠.」 그녀는 크리스를 만날 때 이미 과체중이었고, 그와 결혼한 이후로는 체중이 더 불었으며, 아들 제이크를 낳았을 때는 고도비만에 약간의 우울증도 있었다. 「제이크를 병원에서 집으로 데려오면서 〈그동안 해보았던 보모 노릇 중에서 최악이로군. 도대체 이 아이의 진짜 엄마는 언제나 자기 아이를 데리러 올까?〉라고 생각했던 기억이 나는군요.」 레슬리의 부모는 소인 손자가 생겼다는 사실에 질겁했지만 시간이 흐르면서 태도가 부드러워졌다. 소아과 간호사로 일하던 레슬리의 어머니는 버밍엄 아동 병원에서 소인을 대해 본 경험이 있는 한 신경학자를 레슬리에게 소개해 주었다. 레슬리가 원래부터 만나고 있던 담당 소아과 의사는 제이크의 잦은 구토가 일반적인 현상이라고 설명하면서 그가 웅크리고 잘 경우 자세를 곧게 펴주라고 조언했다. 「그런데 이 전문의는 다르게 말했어요. 〈제이크가 잘 때 머리를 뒤로 젖혀서 목이 아치 모양이 되지 않나요? 소인에게는 그 자세가 숨 쉬기 가장 편하고 수월하기 때문에 그런 거니까 굳이 머리를 똑바로 해주려고 하지 마세요.〉 그때까지 내가 전혀 몰랐던 사실이었죠.」

크리스는 그 동네의 의사들과 마찬가지로 아들의 문제를 그다지 대수롭지 않게 여겼던 반면에, 레슬리의 부모는 노골적으로 레슬리의 삶을 재앙으로 간주했다. 제이크와 관련된 문제들의 해법을 모색하는 과정에서 레슬리와 크리스는 점점 소원해졌고, 제이크가 두 살 때 두 사람은 결국 이혼했다. 아직 어렸던 제이크가 때때로 울면서 말했다. 「나는 작은 사람이 되고 싶지 않아요.」 레슬리도 울고 싶기는 마찬가지였다. 그녀가 말했다. 「부모가 자기 때문에 괴로워한다는 사실을 아이가 눈치 채게 하는 게 잘못일까요? 부모는 아이의 상태가 희망이 없다고 생각하면서도 그 사실을 아이가 모르길 원해요. 그렇다고 그 아이가 자신의 현실을 부정하길 바라지도 않죠. 나는 제이크에게 두세 번 정도 이렇게 물었어요. 〈이 문제에 대해 아빠와 이야기한 적 있니?〉 〈아뇨, 나는 나처럼 되고 싶지 않아서 우는 거예요. 다시 말해 아빠처럼 되고 싶지 않다고요. 하지만 그렇게 말하면 아빠가 상처를 받잖아요.〉」

제이크는 배우는 속도가 느렸다. 그의 관심은 학문보다 사회 쪽에 있었다. 제이크가 초등학교 3학년을 마쳤을 때 레슬리는 그가 너무 뒤처지는 것은 아닌지 걱정이 되었다. 사설 기관을 통해 테스트한 결과 학습 장애가 있는 것으로 나타났고 따라서 그녀는 그를 마그넷 스쿨*로 전학시켜 특수교육을 받도록 했다. 하지만 제이크는 특수교육을 싫어했다. 레슬리가 말했다. 「제이크는 활동적이에요. 텔레비전을 보면서 이런저런 것들을 따라 했죠. 무척 외향적인 아이예요. 그 아이는 생각도 있고 말도 잘하지만 종이에다 무언가를 쓰는 것은 통 못해요. 소인 아동의 소근육 운동 기능 향상을 위해 무료로 작업 치료**를 받을 수 있어요. 하지만 담당 소아과 의사가 보내 주어야 해요. 나는 어떻게 신청하는지 방법도 몰랐어요.」

---

* 학군에 관계없이 특수교육이 필요한 학생들을 위해 운영되는 공립학교 시스템.
** 일상생활의 활동들을 치료적 목적으로 사용하는 것.

제이크가 아직 어릴 때 크리스는 재혼했다. 그리고 얼마 있지 않아서 그의 새로운 아내 도나가 임신했다. 레슬리도 그랬지만 도나 역시 자신이 평범한 아이를 갖게 될 거라고 생각했고, 그녀의 갓난아이가 연골 형성부전증이라는 진단을 받고서 깜짝 놀랐다. 도나가 전화해서 조언을 구하자 레슬리는 격분했다. 「나는 이를테면 이런 생각이 들었어요. 〈당신은 정말 몰염치한 여자로군요. 나는 양육비를 받아 내기 위해서 그를 고소까지했어야 했다고요. 그가 당신과 어울리느라 가진 돈을 모두 탕진하고 있었기 때문이죠. 그런데 이제 와서 나에게 한다는 소리가 당신을 도와 달라고요?〉」하지만 앤디라는 그 아기를 직접 만났을 때 레슬리는 자신이 해줄 역할이 있음을 깨달았다. 「나는 기도하기 시작했어요. 〈이 아기는 제이크의 유일한 형제가 될 거야. 과거는 과거로 묻어 두고 이 상황을 헤쳐 나가야 해.〉 그리고 나는 정말로 그렇게 했어요.」레슬리는 도나를 품으로 받아들였고, 그녀에게 버밍엄에 있는 의사를 소개했으며, 앞으로 일어날 정형외과적인 문제들에 대해 경고를 해주었다. 레슬리가 말했다. 「1년 전에 크리스와 도나가 찾아와 묻더군요. 〈우리는 만약에 대비해서 유지를 정리하고 있어. 혹시라도 우리 두 사람에게 무슨 일이 생기면 당신이 앤디를 맡아주겠어? 우리는 진심으로 당신이 그 아이를 맡아 주었으면 해.〉 나는 마구 눈물이 났어요. 〈오, 하느님, 그럴게. 그렇게 할게.〉」

레슬리와 크리스는 양육과 관련한 입장이 매우 다르다. 제이크가 내게 말했다. 「아버지가 걱정하는 쪽이라면, 어머니는 〈물론이지, 너는 어린이 야구를 할 수 있어. 물론 진짜 야구도 하게 될 거야. 다른 사람들과 전혀다를 게 없어〉라고 이야기하는 쪽이에요.」레슬리가 말했다. 「나에게 집착할 때도 많았어요. 〈엄마, 어디 가?〉〈화장실에 가는 거야. 45초 후에 나올게.〉하지만 그 45초 동안 제이크는 거의 패닉 상태에 빠져 있었죠. 나는 〈엄마 뱃속에서 그만 나와! 엄마 뱃속에서 나온 지가 언제야! 이제 그만좀 떨어져!〉라고 말했죠. 어쨌거나 제이크에게는 〈괜찮아, 너는 할 수 있어〉라고 말해 줄 사람이 필요해요.」 레슬리가 열두 살이던 제이크를 데리고 가족 행사에 참석했을 때 제이크를 아무런 감독도 받지 않고 혼자서 복도를 돌아다니도록 내버려 두었다고 가족들에게 질책을 받았던 이야기를 들려주었다. 「나는 그들에게 〈제이크도 이제 중학교 1학년이에요. 제발 어떤 대우가 그 나이에 맞는지 생각해 주세요. 체구만 보고 판단하지 말라고요〉라고 말했죠.」

결국에는 사춘기의 전형적인 문제들이 불거졌다. 제이크는 〈나는 다른 사람들이 상기시키기 전에는 나 자신을 작은 사람이라고 여기지 않아요. 그럼에도 대부분의 경우에는 사람들이 내게 그 사실을 떠올리게 만들죠〉라고 말했다. 레슬리가 설명했다. 「모든 사람이 제이크를 사랑해요. 제이크는 인기가 무척 많아요. 이런 식이죠. 〈그래, 댄스파티에 너와 함께 갈게. 우리는 친구로 같이 가는 거야.〉 친구들도 모두 제이크를 좋아하고 제이크는 제일 먼저 무대로 나와서 춤을 추죠. 지난 2년 동안 제이크를 상담했던 두 상담사 모두 〈모든 아이들이 제이크처럼 자존감을 가졌으면 좋겠군요〉라고 말했어요. 하지만 제이크는 여자 친구를 원하는 고통스러운 단계로 접어들고 있어요.」

레슬리는 제이크가 열세 살 때 그를 LPA 모임에 데려가기로 결심했다. 그녀가 말했다. 「우리는 아는 사람이 한 명도 없었어요. 제이크는 이런저런 계획을 세웠어요. 〈거기 있는 사람들을 모두 친구로 만들어야지. 춤도 출 거야. 이것도 하고 저것도 하고 또 다른 것도 해야지.〉 하지만 막상 그곳에 도착하자 제이크도, 나도 압도되었죠.」 나중에 제이크가 내게 말하기를 〈평상시에 나는 내 키를 이용해서 사람들과 대화를 시작하고 그들을 친구로 만들었어요. 하지만 처음 그 모임에 갔을 때 내가 가진 거라고는 나 자신밖에 없었어요〉. 그 주에 제이크는 키가 큰, 그들 중 대다수가 소인의 형제인 사람들하고만 친구가 되었다. 레슬리가 그에게 조언했다. 「키가 큰 사람들하고만 너무 어울리는구나! 이제 키가 작은 친구들을 사귀어 보는 건 어떠니?」하지만 그는 아직 준비가 되어 있지 않았다. 이듬해는 달랐다. 레슬리가 말했다. 「제이크가 진정한 10대가 되었죠. 나는 몰래 무도회장에 가서 제이크의 눈에 띄지 않도록 벽에 찰싹 달라붙어 있었어요. 그리고 보았죠. 〈제이크가 춤을 추고 있어! 게다가 블루스잖아!〉」제이크는 자기보다 한참 나이가 많은 소녀에게 나이를 속이다가 레슬리에게 딱 걸리기도 했다. 소인증이 있는 경우 워낙 나이를 짐작하기가 힘들고 게다가 제이크는 키도 비교적 컸다. 레슬리가 말했다. 「나는 〈굳이 짚고 넘어가자면 너는 열여덟 살이 아니야〉라고 말해 주었죠. 하지만 한편으로는 제이크가 그 거짓말을 멋지게 해내서 좋았어요.」제이크가 LPA를 무척 좋아하기는 하지만 레슬리는 그가 자신의 실제 세계에서 행복을 찾는 것도 중요하다고 생각한다. 내게 〈키가 작다는 사실이 나의 전부는 아니에요〉라고 했던 제이크의 말처럼 말이다.

이 책 전반에 등장하는 치료 대 수용을 둘러싼 영원불변의 문제는 레슬리 팍스에게 특별한 의미가 있었다. 내가 그녀를 만났을 때 그녀는 위우회 수술을 막 받고 난 뒤였다. 그녀는 몸무게가 이미 16킬로그램이나 감소한 상태였고 추가로 45킬로그램 정도가 더 빠지길 바랐다. 그녀가 말했다. 「비만은 내가 짊어져야 할 십자가였어요. 소인증은 제이크가 짊어져야 할 십자가죠. 나는 내가 그를 포기하고 있다는 끔찍한 죄책감에 시달려 왔어요. 나 자신도 아직 그렇지 못한데 어떻게 내 아이에게 〈자아를 수용할 줄 알아야 하고 자신의 정체성을 받아들여야 한다〉라고 말할 수 있겠어요. 제이크와 관련해서 내게 중요한 문제는 키가 크는 게 아니에요. 그렇지만 만약 그런 유전자를 조정하는 연구에서 임상 실험을 한다면 나는 기꺼이 동참할 거예요. 나는 내 몸에 대해 유감이 많기 때문에 제이크를 위한 치료법에 대해서도 열린 마음을 갖고 있어요. 그럼에도 내게 중요한 문제라고 해서, 그 문제로 제이크를 옭아매고 싶지는 않아요. 안타깝게도 이 두 가지 메시지를 동시에 전달하기란 거의 불가능해요.」

대다수 소인들이 대중의 조롱 때문에 괴로워하고 심각한 제약과 건강 문제에 직면할 수 있음에도, 그들이 쾌활한 어린이라는 낡은 생각은 좀처럼 바뀌지 않는 것 같다.[57] 최근 연구에 따르면 이 같은 현상은 생물학적으로 소인증과 관련된 특징이라기보다 그들의 사회적 상황을 편하게 해주려는 일종의 보상일 가능성이 높다.[58] 그럼에도 많은 소인들이 그들을 둘러싼 이런 관점이 그들의 삶에 존재하는 팍팍함을 하찮게 보이도록 만든다고 생각한다. 소인의 초기 정서 발달은 상당히 긍정적으로 나타난다. 전반적인 행복이라는 기준에서 보통 사람들과 비교했을 때 소인들은 비교적 행복한 어린 시절을 보낸다.[59] 하지만 자신이 왜 그토록 다른지 묻는 질문이 시작되면서 부모들은 힘든 시기를 맞는다. 자세한 내용을 완곡하게 표현하는 행위는 그 아이를 조롱하는 행위만큼이나 독이 될 수 있다. 인류학자 조앤 애블론Joan Ablon이 『차이를 안고 사는 것Living with Difference』에 쓴 글에 따르면 〈과보호는 대다수 부모들이 한 번쯤 그 희생양이 되는 함정이다〉.[60] 소인 아이들은 흔히 자신이 어린아이 취급을 당한다고 불만을 토로한다. 캘리포니아를 거점으로 하는 소인 재단의 설립자 리처드 크랜들은 그의 소인 자녀를 둔 부모들을 위한 지침서에서 이렇게 조언한다. 「유모차를 타는 보통 연령이 지났음에도 유모차를 이용하고 싶은 유혹에 굴복하지 말라. 물론, 당신이 한 걸음을 옮길 때마다 당신의 아이는 네 걸음을 걸어야 할지도 모르고, 그 때문에 쇼핑센터에서 당신의 속도가 느려질 수도 있다. 하지만 애초에 30분 일찍 도착해서 아이의 속도에 맞춰 함께 걸어 다니는 편이 그 아이를 아기처럼 유모차에 태워 다니는 것보다 훨씬 낫다.」[61] LPA와 유사한 단체인 영국의 〈제한된 성장 협회RGA〉는 2007년도에 실시된 조사 결과를 요약하면서 소인 아이들은 그들을 평범한 사람처럼 대할수록 보다 많은 자신감을 갖게 되고, 그 결과 어른이 되어서도 보다 많은 성취를 보이게 된다고 주장했다.[62]

사춘기가 되면 소인들은 평균 키의 다른 형제들과 비교했을 때 보다 높은 수준의 우울증과 낮은 수준의 자존감을 보이기 시작한다.[63] 소인 부모를 둔 소인일 경우보다 보통 키의 부모를 둔 소인인 경우에 우울증의 강도가 더 높은 듯 보이며, 이 같은 결과는 최선의 온갖 노력에도 불구하고 소인으로 살아가는 고통을 직접적으로 아는 부모가 자녀의 경험에 보다 잘 공감하고 민감하게 반응할 수 있음을 의미한다. 좀 더 깊이 들어가자면 이런 상황은 수직적 정체성을 갖고 성장하는 것과 수평적 정체성을 갖고 성장하는 것의 차이를 보여 준다. 자신과 비슷한 외모를 가진 어른들 사이에서 성장하는 소인 아이들은, 평균 신장과 비율을 가진 가족들에게 둘러싸여 성장하는 아이들과 비교할 때, 평범함과 관련해서 훨씬 자기 긍정적인 개념을 내면화한다. 10대들의 키가 완전히 자라면서 소인과 다른 또래들의 차이가 더욱 뚜렷해진다. 이 시기에는 평균 키를 가진 사람들의 세계에서 만족하며 살아왔던 많은 소인들이 다른 소인들과 접촉할 필요성을 절감하기 시작하는데, 소인들끼리는 그들의 외모가 관능적으로 이상할 것이 없기 때문이다. LPA나 유사 단체들은 축복이 될 수도 있지만 마찬가지로 시련이 될 수도 있다. 조앤 애블론의 지적에 따르면 그동안은 자신의 모든 문제를 소인증 탓으로 돌려왔지만 이제는 개인적인 결점을 받아들이는 법을 배워야 하는 사람들에게 LPA 모임에 참석하는 일은 정신적 외상을 초래할 수 있다.[64]

소인들은 그들이 성숙해지고 실제 나이보다 더 어려 보이지 않게 되면서 타인의 시선을 점점 더 많이 받게 된다. 한 최근 연구에 따르면, 연골 형성 부전증이 있는 성인은 〈자부심이 부족하고, 교육 수준도 낮으며, 연간 소득도 적고, 배우자를 만날 가능성도 적다〉.[65] 소득 통계는 소인에 대한 제도화된 차별의 증거를 보여 준다. 해당 연구 자료에 따르면 통계학적으로 보았을 때 대부분의 조건이 비슷할 가능성이 많은 소인들의 다른 가족들 중 4분의 3이 연간 5만 달러 이상의 수입을 올리는 반면, 소인들은 3분의 1도 되지 않는 숫자만이 그만큼의 수입을 올리는 것으로 나타났다.[66] 대학생 나이가 된 LPA 회원들 중 대다수가 대학에 다니지만 예상컨대 LPA를 벗어나서는 그 수치가 현격하게 떨어질 것이다. 연골 형성 부전증이 있고 현재 존스 홉킨스 병원에서 소아 정형외과 의사로 일하는 마이클 에인 Michael Ain이 의과대학 지원자로서 자신의 경험을 회상했다. 「사람들이 가장 잘 이해해 줄 거라고 생각되는 분야 중 한 곳이지만 정작 그곳에서 일하는 사람들은 편견이 무척 심했어요. 의사들은 내게 〈자네는 의사가 될 수 없네. 아예 지원하지도 말게〉라고 말했죠. 나를 맨 처음 면담한 사람은 내가 키가 작기 때문에 환자들의 존경을 받지 못할 거라고 말했죠.」[67] 편견의 수준은 정말로 믿기 어려울 정도다. LPA의 대표를 지낸 루스 리커가 한번은 그녀의 아파트에 세 들어 사는 세입자와 저녁을 먹으러 나갔는데 식당 종업원들이 그 세입자에게만 말을 걸면서 이렇게 물었다. 「저 손님에게는 뭐를 드릴까요?」 리커가 내게 말했다. 「나는 번듯한 직장을 가진 사람이에요. 고등교육도 받은 사람이죠. 내가 아파트의 소유주이고 그녀가 임대료를 내는데도 그들은 나를 완전히 무능력한 사람처럼 취급하더군요.」[68]

LPA의 회원이 아닌 소인들 중 일부는 그들이 비회원으로 있음으로써 하나의 정치적 견해를 보여 준다고 생각한다. 「마이애미 헤럴드」의 스포츠 기자이자 소인인 존 울린은 〈당신이 남들과 다르고 당신에게 자신의 정체성을 결정할 능력이 있다면 LPA를 상대로도 자연히 저항하려는 욕구가 생기기 마련이다〉[69]라는 말로써 LPA와 자신의 문제를 정리했다. 「뉴스데이Newsday」에는 또 다른 소인의 말이 인용되었는데, 그는 〈믿거나 말거나 소인에게 가장 어려운 일은 처음으로 다른 소인을 만나는 것이다. 소인은 거울 속 자신의 모습에서 소인을 보지 않는다. 자신이 보고 싶은 것만 보기 때문이다. 하지만 길을 걷다가 다른 소인을 만나는 경우 마침내 진실을 보게 된다〉[70]고 말했다. LPA 회원들은 흔히 그런 중상자들을 향해 자신의 소인증을 받아들이지 못하고 자기혐오에 빠진 사람들이라고 비난한다.

실제로 울린은 자신이 LPA 모임에서 그곳의 오랜 회원이며 자신보다 어린 한 여성의 안내를 받았다고 설명하면서 〈그녀는 자아 수용적인 태도에 있어서 나보다 한 생애는 앞서 있었다〉라고 말했다.

1973년에 비벌리 찰스가 태어나던 날 의사들이 그녀의 어머니 재닛에게 딸이 앞으로도 항상 키가 작을 거라고 설명했다.[71] 하지만 교육도 많이 받지 못했고 그때까지 소인증에 대한 경험도 거의 전무했던 재닛은 그녀의 딸이 얼마나 작을지 이해하지 못했다. 그녀가 이 소식을 남편 — 베트남전 참전 용사이며 부상으로 평생 휠체어 신세를 지고 있던 — 에게 전하자 그가 〈크든 작든 상관 말고 늘 똑같이 사랑해 줍시다〉라고 말했다. 그 뒤로 몇 개월 동안 재닛은 비벌리의 발달 상태를 확인하기 위해 일주일에 한 번씩 아동 병원에 데려갔다. 하지만 비벌리는 먹는 것도 시원치 않았고, 체중도 무자비하게 그대로였다. 재닛이 말했다. 「의사는 그녀의 체중이 줄어들지 않는 한 걱정할 필요가 없다고 말했는데 3개월째부터 진짜로 체중이 줄기 시작했고 나는 이성을 잃었어요.」 나중에 밝혀졌지만 비벌리의 코는 완전히 막혀 있었다. 그녀는 숨 쉬는 것과 먹는 것을 동시에 할 수 없었고, 따라서 젖을 먹는 문제가 늘 그녀를 괴롭혔다.

찰스 가족이 사는 펜실베이니아 랭커스터의 의사들이 그녀에게 허시에 있는 전문가들을 소개했다. 그 전문가들 중 한 명은 독일에 있는 병원에서 치료를 받아 보라고 추천하면서 자신이 재닛과 비벌리가 그곳에 갈 수 있도록 기금을 모아 보겠다고 제안했다. 재닛이 내게 말했다. 「나는 더럭 겁이 났어요. 우리 딸이 거의 성장하지 않았다는 사실을 알면 그들이 딸을 뺏어갈지도 모른다는 생각이 들었죠.」 비벌리의 소인증은 성장 호르몬 결핍에 따른 결과일 가능성이 무척 높다. 이형성증이 의심되는 특징적인 증상이 없기 때문이다. 하지만 허시의 의사들은 더 이상 그들이 할 수 있는 것이 없다고 설명했다. 그들 중 누구도 그곳에서 두 시간도 채 걸리지 않는 곳에 위치한 존스 홉킨스 병원이 소인증 분야에서는 가장 뛰어난 병원이라고 말해 주지 않았을 뿐더러, 비벌리와 같은 유형의 소인증은 성장 호르몬 주사를 시기적절하게 사용할 경우 호전될 가능성이 있다고 말해 주지도 않았다.

얼마 안 있어 비벌리에게 심각한 학습 장애가 있음이 드러났다. 재닛은 매일 비벌리와 함께 스쿨버스에 올랐다. 그녀가 혼자 있지 않도록 하기 위해서였다. 그녀는 초등학교에 다닐 때도 외톨이였고, 고등학교에 다닐 때는 더 한층 끔찍했다. 비벌리가 내게 말했다. 「다른 아이들이 나를 놀리고 또 놀렸어요.」 특히 한 소년이 집요하게 그녀를 괴롭혔다. 재닛이 말했다. 「나는 원래 폭력을 좋아하지 않아요. 그렇지만 비벌리에게 이렇게 조언했어요. 〈다음에 그 녀석이 또 괴롭히면 그 녀석의 코에 있는 힘껏 주먹을 날려 주렴.〉」 소년의 부모가 재닛을 찾아와서 따졌다. 「당신 딸 어디 있어요? 당신 딸이 우리 아들의 코피를 터뜨렸다고요!」 재닛이 소파에 앉아 있는 키가 1미터 남짓한 비벌리를 가리켰다. 아이들은 더 이상 비벌리를 괴롭히지 않았다.

고등학교를 졸업한 뒤에도 비벌리는 계속 부모님과 함께 살면서 처음에는 구세군 상점에서 일했고 나중에는 출판사에서 일했다. 비벌리가 스물일곱 살 되던 2001년에 재닛은 텔레비전에서 〈미국의 작은 사람들 LPA〉이라는 단체가 언급되는 것을 보았다. 그녀는 LPA에 대해 들어 본 적도 없었고 소인들의 커뮤니티가 있다는 사실도 전혀 몰랐다. 그때까지 그녀와 비벌리가 만났던 다른 소인이라고는 랭커스터 시내의 식료품점에서 일하는 나이 든 부부가 전부였다. 재닛은 그 지역 LPA 지부의 책임자에게 전화를 걸어 〈내 딸 문제로 할 이야기가 있어요. 프렌들리 식당에서 점심을 먹으면서 이야기 좀 할까요?〉라고 말했다. 재닛이 비벌리의 〈재탄생〉이라고 부르는 것이 시작되는 순간이었다. 비벌리가 말했다. 「나는 더 이상 외롭지 않았어요.」 재닛과 비벌리는 LPA 지부 모임에 늘 함께 참석했고 이듬해에는 처음으로 전국 대회에도 참가했다.

내가 찰스 가족을 만났을 때 비벌리는 그녀의 서른 번째 생일을 불과 며칠 앞두고 있었고, 여전히 부모님과 함께 살고 있었다. 나는 그녀의 어린 아이처럼 순수한 정서에 감명을 받았다. 우리가 이야기를 나누는 동안 비벌리는 어머니의 무릎에 웅크리고 앉아 있었다. 일하는 날을 제외하고는 두 사람이 절대 떨어지지 않는다고 재닛이 내게 설명했다. 「나는 어디든 비벌리를 절대로 혼자 보내지 않아요. 엘리자베스 스마트의 유괴 사건을 보세요. 나는 어떤 위험도 감수하고 싶지 않았어요.」

1950년대의 뉴잉글랜드에서는 소인증이 수치스러운 것으로 여겨졌다.[72] 그 영향으로 레슬리 스나이더의 모친은 자신이 소인 아기를 낳았다는 사실을 알았을 때 신경쇠약에 걸렸고 3년 동안 정신병원 신세를 졌다. 레슬리가 말했다. 「당시 어머니의 나이는 서른여덟이었어요. 원래 체질적으로 너무 연약한 분이었기 때문에 그 상황을 아예 받아들이질 못했어요. 따라서 나를 보려고도, 안아 주려고도 하지 않았죠. 내가 태어나면서 어머니는 나락으로 떨어졌어요.」 레슬리의 아버지도 별반 나을 게 없었다. 「의사들이 아버지에게 내가 소인이 될 거라고, 그리고 어머니가 매클린 정신병원으로 보내질 거라고 말한 것이 최후의 결정타였어요. 결국 아버지는 자기 부모에게 돌아갔고, 나는 메인 주(州) 여기저기를 전전하면서 외할머니와 두 이모의 손에서 자랐죠.」

레슬리의 기억에 따르면, 그녀의 어머니는 병원에서 집으로 돌아왔을 때 〈주어진 상황에서 최선을 다했어요. 하지만 어머니는 내가 소인이라는 사실을 전혀 받아들이지 못했어요. 우리가 쇼핑을 갔을 때 누가 한마디라도 하거나 째려보기라도 하면 어머니는 《오, 하느님! 어째서 내가 이런 일을 당해야 하나요?》라고 한탄했어요〉. 레슬리의 아버지는 그들과 거리를 두었다. 그녀와 가장 가까운 사람은 보모들이었고 그들 중 대다수는 메인 주로 이주해 온 프랑스계 캐나다인이었다. 「그들은 정말 훌륭하고 다정한 프랑스계 가톨릭 가정에서 성장한 사람들이었죠. 나는 그들을 따라 교회에 가고는 했어요. 부모님은 정통 유대교도였는데 말이죠. 그들이 없었다면 내 인생이 어떻게 되었을까요? 정말 생각도 하기 싫어요.」

열한 살이 되도록 레슬리는 다른 소인을 만난 적이 한 번도 없었다. 그리고 그해에 그녀의 어머니는 LPA에 대해 알게 되었고 레슬리를 데리고 지역 모임에 참가했다. 열여섯 살에는 처음으로 전국 모임에 참가했다. 레슬리가 말했다. 「LPA에서는 우리에게 항상 회보를 보내 주었고 그때마다 즐거운 한때를 보내고 있는 젊은이들 사진들이 함께 왔어요. 사진 속 인물은 늘 같은 사람이었어요. LPA 안에는 옆에서 구경하는 사람이 있고, 조용히 동참하는 사람이 있으며, 적극적으로 가담하는 사람들도 있어요. 어쨌든 나는 그들 모두와 어울렸죠.」 레슬리는 끔찍한 고등학교 생활을 보냈다. 「만약 내가 보통 키를 가진 사람이었다면 고등학교 생활이 딱 LPA에서의 생활 같았을 거라고 생각해요.」 레슬리는 진지한 교제를 시작하고 싶은 마음이 있었지만 단 일주일 만에 장기적인 교제를 시작할 만큼 누군가를 깊이 알게 된다는 것이 좀처럼 쉽지 않았다. 레슬리가 말했다. 「생각할 시간이 조금 더 있었다면 어쩌면 그대로 끝나지 않았을지도 모르는 상태로 관계가 끝나는 경우가 많아요. 나 역시 한 멋진 남자와 끝낸 적이 있었는데 각자의 관심사 차원에서 우리 사이에는 몇 광년에 달하는 거리가 있었죠.」

레슬리는 무엇이 그녀의 어머니를 그처럼 극한 상황까지 몰고 갔는지, 그리고 오랜 투병 생활을 하도록 만들었는지 오랫동안 아무런 설명도 듣지 못했지만 어느 정도는 계속 짐작하고 있었다. 그리고 자신의 존재 때문에 어머니가 정신병자가 되었다는 생각은 그녀에게 무거운 짐이 되었다. 그녀가 말했다. 「그런 이유 때문에 나는 아동의 조기 발달과 대상관계 이론*에

---

* 마음은 바깥으로부터 획득한 요소들, 즉 다른 사람의 기능 측면들이 내재화된 것이라는

관심이 많아요. 내가 아이를 갖지 않는 것도 어쩌면 그 때문인지 모르겠어요. 한편으로 나는 아직 풀리지 않은 화가 많아요.」

LPA에서 가장 가깝게 지내는 친구들 중 대다수가 캘리포니아에 살았기 때문에 그녀는 UCLA에 지원했고 합격했다. 그녀는 치료 전문가를 구하고, 항우울증 약물 치료도 받았으며, 그때 이후로 계속해서 항우울증 약을 복용하고 있다. 「치료를 받으면서 그 오랜 세월 동안 내가 평범한 삶과 무척 거리가 먼 삶을 살았음을 깨달았어요. 어느 순간 〈와우! 이런 게 보통 사람들이 느끼는 감정인가?〉라는 생각이 들었죠.」

우리가 만났을 때 레슬리는 거의 오십에 가까운 나이였고 자기 인생과 이미 화해한 상태였다. 그녀가 말했다. 「나는 내 인생이 다르기를 원하지 않았을 거라는 생각을 자주 해요. 소인이 아니었다면 할 수 없었던 멋진 경험도 했어요.」 레슬리는 배우 더스틴 호프만이 소인과 관련된 프로젝트를 진행할 때 그와 친구가 되었다. 폴 스티븐 밀러와 9년 동안 연인 관계였고 그로 인해 클린턴 행정부의 고위 공무원들도 많이 알게 되었다. 「나는 이전까지와 또 다른 삶을 살았어요. 내가 학교로 돌아가기까지 폴이 정말 많은 도움을 주었어요.」 우리가 만났을 때 레슬리는 지방 정부 내에서 시민 평등권을 보호하는 데 중요한 역할을 하던 〈앨버커키 장애 인권 보호 및 옹호 시스템〉을 운영하고 있었다. 레슬리가 말했다. 「때때로 나는 내 인생에서 무엇이 보다 커다란 영향을 끼쳤는지 궁금해요. 소인증일까요? 아니면 나 자신과 주변에 있는 다른 사람들의 우울증일까요? 슬픔에 비하면 차라리 소인증은 극복하기 쉬웠어요.」

폴과 헤어진 이후로 레슬리는 역시 소인이면서 예술가인 브루스 존슨과 연인 관계를 유지하고 있다. 그녀가 말했다. 「소인이 아니었다면 나는 브루스와 함께하지 못했을 거예요. 나를 여기까지 이끌어 주었는데 소

가정을 바탕으로 한 심리학적 설명 체계.

인이라는 사실을 내가 어떻게 유감스럽게 생각할 수 있겠어요?」 브루스의 가족은 레슬리의 가족과 반대였다. 개방적이고 수용적이었다. 그가 태어났을 때 의사는 그의 부모에게 〈아이를 집으로 데려가서 보통의 다른 아이들과 똑같이 키우세요〉라고 조언했고 그들은 의사의 조언대로 따랐다. 그럼에도 그는 〈다른 소인들을 보고 있노라면 종종 나는 우리가 어른인 체하고 있다는 생각이 듭니다. 자기 자신의 모습을 진심으로 받아들이는 일은 평생의 과제입니다〉라고 고백했다. 브루스는 중도 장애인이다. 「만약 다시 태어난다면 소인이 아니었으면 좋겠어요. 소인으로 사는 것이 너무 힘들었기 때문입니다. 나는 레슬리보다 더 많은 합병증과 수술을 거쳤고 이제는 지쳤어요. 소인이라서 가장 좋았던 점은 그녀를 만난 겁니다. 하지만 소인이 아니었더라도 그녀를 사랑했을 거예요.」

대다수 소인들은 소인에게 벨트를 채운 다음 술에 취해 있는 경우가 보통인 평균 신장의 참가자들로 하여금 그 소인을 매트리스나 그 밖의 완충재가 설치된 곳으로 가능한 멀리 던지도록 하는 일종의 〈스포츠〉, 즉 난쟁이 던지기에 거세게 반대한다.[73] 지금 이 시점까지도 난쟁이 던지기를 법으로 금지한 곳은 프랑스와 플로리다, 미시간, 뉴욕, 일리노이 스프링필드의 몇몇 도시들이 전부다. 특히 플로리다와 프랑스의 금지령은 수차례에 걸친 법률 개정에도 그대로 존속되었다.[74] 뉴욕에서는 1990년에 금지령이 발효된 이후로 가끔씩 법 집행이 이루어졌다. 2002년 3월에는 롱아일랜드의 한 술집에서 열린 난쟁이 던지기 대회에 참가했던 사람들에게 경찰이 소환장을 발부했다. 2008년 2월에는 스태튼 섬의 한 술집 주인에 의해 〈난쟁이 볼링〉 모임이 계획되었다가 지방신문에서 난쟁이 던지기를 변형한 게임(소인 한 사람을 스케이트보드에 태운 채 레인으로 밀어 보내서 볼링 핀을 쓰러뜨리는 방식)도 불법이라고 보도하자 취소되었다.[75] 2005년에 증권 거래 위원회가 증권 거래인들에게 배포된 경품을 조사하는 과정에서, 다국적

기업인 피델리티 인베스트먼트가 그 회사의 최우수 직원 중 한 명을 위해 열어 준 남자들만의 16만 달러짜리 호화 파티에서 난쟁이 던지기를 한 사실이 드러났다.[76]

오늘날에도 소인을 물건 취급하는 행태가 여전하다는 사실은 정말 충격적이다. 소인들이 공통적으로 골격계 질환을 겪는다는 점을 고려할 때 그 같은 행태는 특히 흉포해 보인다. 충격에 의해 해당 질환이 더욱 악화될 수 있기 때문이다. 난쟁이 던지기 대회의 소인들은 흔히 사정이 어려운 경우가 많고 해당 대회에 참가함으로써 매력적인 야간 소득을 올릴 수 있다. 소인 중에는 당사자가 원하는 방식으로 생활비를 벌 수 있도록 해야 한다고 이의를 제기하는 사람들도 있으며, 그들은 프로 풋볼 선수들도 자신의 몸을 해치기는 마찬가지라고 지적한다.[77] 하지만 그들을 제외한 대부분의 사람들은 그런 행위가 자신의 몸을 던지도록 허락한 당사자에게 해가 될 뿐 아니라, 대중들이 소인을 인간 이하의 존재로 인식하도록 만들고, 그 결과 조롱의 대상으로 여기는 분위기를 고착시킴으로써 소인 커뮤니티의 다른 모든 사람들에게도 해가 된다고 믿는다. 난쟁이 던지기에 반대하는 사람들은 실제로 던져지는 것은 소인들 중 일부에 불과하지만 그 행위 자체는 모든 소인을 집어던질 수 있음을 암시한다고 주장하면서 집어던지는 대상이 여성이나 심지어 애완견만 되었어도 절대로 용납되지 않았을 거라고 지적한다.

LPA 회원 중 몇몇은 뉴욕 브로드웨이에서 열리는 라디오시티 크리스마스 특별 공연에서 소인이 요정 역할을 하는 것도 무척 모욕적이라는 의견을 피력한다. 이와는 별개로 대다수 소인들에게 라디오시티나 그와 유사한 극장들은 쉽게 돈을 벌 수 있는 기회를 제공한다. 게다가 소인 배우들은 극히 예외적인 경우—대표적으로 피터 딘클리지가 있는데 그는 「스테이션 에이전트」와 「미스터 후아유」에 출연했고, HBO 드라마 「왕좌의 게임」에서 맡은 역으로 에미 상을 수상했다—를 제외하고는 보통 사람 역할을 맡기기 위해서 그들을 캐스팅하는 경우는 거의 없다고 지적한다. 그러한 소인 배우들 중 한 사람이 내게 말했다. 「옛날 스페인 속담에 이런 말이 있어요. 〈내 배만 부를 수 있다면 사람들이 비웃든 말든 나는 상관하지 않는다.〉」 소인 배우 마크 포비넬리는 〈대본을 처음 받으면 나는 빠르게 대본을 넘겨 가면서 내가 어느 대목에서 누군가의 발목을 물게 되는지, 또는 누군가의 아랫도리에 주먹을 날리게 되는지, 키가 큰 남자와 싸우게 되는지 확인합니다〉라고 말했다. 2009년에 LPA는 라디오시티의 신인 배우 모집자들이 LPA 대회에 참석하지 못하도록 금지했다. 소인 자녀가 있는 어떤 사람이 말했다. 「내 딸은 라디오시티에서 공연을 한 적이 있는데 그 일을 무척 좋아했어요. 그녀는 원래 소아 종양학 간호사였어요. 자신이 생업으로 요정을 연기하게 될 거라고는 그때까지 한 번도 생각해 본 적이 없었죠.」 LPA의 권익 옹호 위원회 의장이자 미시간 주립 대학에서 생명윤리학 박사 과정을 밟고 있는 조 스트라몬도Joe Stramondo는 〈대체로 소인증이 있는 사람이 소인증이 있는 사람을 묘사할 때 부정적으로 묘사되는 경우가 많아요. 이런 현상이 문제를 더욱 복잡하게 만들죠〉라고 말했다.[78]

고정관념은 쉽게 변하지 않는다. NBC 방송국의 리얼리티 쇼 「셀레브리티 어프렌티스」에서 미식축구팀 러닝백 허셜 워커는 〈올 세제〉에 대한 바이럴 광고*를 만들라는 과제를 받았다. 그가 말했다. 「소인을 이용하면 어떨까? 욕조에서 올 세제로 그들을 씻겨서 빨래처럼 널어 말리는 거야.」 조앤 리버스가 대꾸했다. 「그들을 우리 집 테라스에 널 수 있어.」 소인 자녀를 둔 아버지 지미 코르페이는 이런 유명인들이 사람들을 부추겨서 자기 딸에게 손가락질하고 비웃게 만들고 있다고, 또한 그런 일이 소인에게 비일비재하게 일어나며 그때마다 그들이 얼마나 힘들어하는지 모른다고

---

* 인터넷 등의 매체를 통해 기업이나 기업의 제품을 홍보하는 광고 기법. 바이러스처럼 확산된다고 해서 이러한 이름이 붙었다.

설명했다. 코르페이가 말했다. 「내가 허셜 워커가 했던 말과 똑같은 논조로 흑인에 대해서 말했다고 상상해 보세요.」 그는 미국 연방 통신 위원회에 불만을 제기했다.[79]

인도네시아 플로레스 섬에서 소인으로 추정되는 종족의 유골이 발견되었을 때[80] 해당 유골을 묘사하는 데 사용된 지극히 경멸적인 논조와 관련해서 알렉산더 첸슬러는 「가디언The Guardian」지에 다음과 같은 글을 썼다. 「언론은 처음에 이들 고대 소인 종족을 보도하면서 그들이 〈인류〉의 한 종족이라고 소개했다. 하지만 그들을 〈그것〉이나 〈생물체〉라고 부르면서 갈수록 그들과 우리 현대 인류 사이에 철저하게 거리를 두었다. 소인 종족이 석기를 만들거나 성냥 없이 불을 지필 줄 알았으며 조직적인 수렵대를 운용했음이 명백했고, 그런 점에서 우리가 흔히 계산대에서 보는 대부분의 사람들보다 뛰어났음에도 말이다.」[81] 오늘날 중앙아프리카의 아카족이나 에페족, 음부티족은 일반적으로 키가 142센티미터 이상 자라지 않는다. 보통 그들을 지칭할 때 사용되는 〈피그미〉라는 단어는 모욕적인 의미를 담고 있지만 그들의 다른 문제에 비하면 문젯거리도 아닐 수 있다. 이들 아프리카 피그미족은 흔히 노예로 살면서 죽을 때까지 혹사당하고, 미수로 그친 종족 대학살의 표적이 되기도 했으며, 심지어 〈주술력〉을 얻고자 하는 침략자들에게 잡아먹힌 적도 있다.[82]

난쟁이를 의미하는 〈미지트midget〉라는 단어를 없애는 문제와 관련해 린 해리스가 『살롱Salon』에 기고한 2009년도 기사는 이른바 학식 있고 세련된 독자들로부터 예사롭지 않은 반응을 이끌어 냈다. 어떤 사람은 〈그냥 써라. 그 단어에 무신경해질 정도로 얼굴이 두꺼워질 필요가 있다. 잠깐, 얼굴이 두껍다는 것은 소인이라는 뜻으로 사용하는 《드워프》 아닌가? 내 생각에 《미지트》는 피부가 얇을 것 같은데. 참 안됐다. 그렇게 생겨 먹은 것은 정말 피곤한 일이다〉라고 썼다. 또 어떤 사람은 이렇게 말했다. 「나는 상대방이 누구든 또는 어떤 집단이든 그들이 어떻게 불리기를 선호하는지 알려 주면 그들의 의사를 전적으로 존중한다. 하지만 그들이 내게 〈반드시〉 허용된 단어만 사용해야 한다고 말한다면 나는 웃기지 말라고 말해 줄 것이다.」[83]

애나 아델슨은 1974년에 뉴욕 베스 이스라엘 병원에서 태어났고, 그녀의 부모 베티와 솔은 처음 그녀를 보았을 때 기뻐서 어쩔 줄 몰랐다.[84] 베티는 간호사가 애나를 씻기기 위해 데려가기 전에 몇 분 동안 그녀를 안아 볼 수 있었다. 다음 날 아침과 오후 내내 베티는 간호사가 아기를 데려오지 않는 이유를 이해할 수 없었다. 그녀가 자꾸 부탁하자 마침내 한 간호사가 애나를 데려왔지만 마지못해 그녀의 부탁을 들어 주는 듯 보였다. 그날 저녁에 솔이 그들의 네 살배기 아들 데이비드와 함께 있기 위해 집으로 돌아가자 산부인과 의사가 베티에게 와서 말했다. 베티가 당시를 회상했다. 「그 의사가 내게 〈아기에게 헐러 증후군*이 있을 가능성이 반반인데 만약 헐러 증후군인 경우 지능 발달 지연과 조기 사망에 이를 수 있습니다〉라고 하더군요. 의사가 나간 병실에서 나는 혼자 밤새도록 울었어요.」

다음 날 베티와 솔이 애나와 집으로 돌아가려던 참이었다. 병원의 신생아학자가 그들에게 애나가 〈연골 형성 부전증이라고 불리는 어떤 것〉이 있다고 설명했다. 그는 〈혹시 집안에 키가 작은 사람이 있나요?〉라고 물었다. 베티가 〈우리 조부모님이 동유럽 출신이에요. 키가 작은 친척들이 무척 많죠〉라고 대답했다. 다시 신생아학자가 물었다. 「키가 작으면서 머리가 큰 사람은요?」 베티가 〈저요. 제가 큰 치수의 모자를 써요〉라고 대답했다. 그러자 의사는 굳은 표정으로 〈애나는 키가 작을 겁니다〉라고 말했다. 베티가 물었다. 「얼마나 작은데요?」 「150센티미터 이하로요.」 그는 잠재적

---

* 대사 기능의 결함으로 지능 장애, 복부 돌출, 뼈의 변형, 두부의 이상 거대화 등이 나타나는 증후군.

인 합병증에 관한 아무런 정보도 더 이상 주지 않았고, 연골 형성 부전증이 있는 여성이 대체로 150센티미터보다는 120센티미터에 가깝다는 말도 언급하지 않았다. 베티는 뉴욕 대학에 있는 의학도서관을 찾아가 관련 자료들을 읽었다. 그리고 소아과 내분비학자인 그녀의 육촌에게 편지를 보냈고 회신이 왔다. 〈인간 성장 재단과 LPA 같은 단체들이 있습니다. 소인증을 가진 사람들 중에도 행복하게 사는 사람들이 많습니다. 아마도 애나의 소인증은 애나 본인보다 어머니를 더 힘들게 할 겁니다.〉

베티는 브루클린에 있는 그들 동네를 남편 솔과 함께 산책하면서 장애인을 만날 때마다 눈물을 흘리고는 했다. 그녀가 말했다. 「우리는 세상을 살아가면서 각자의 전쟁을 치르지만 그런 전쟁은 당신이 문을 닫기만 하면 그만이에요. 곧바로 편안해지죠. 하지만 이 전쟁에는 닫을 문이 없었어요. 나는 소인 자녀를 키우는 다른 가족들을 만나고 싶었고, 소인으로 행복하게 살아가는 어른도 만나고 싶었죠. 그런 사람들을 만나기 전까지 나는 끊임없이 흔들렸어요. 마침내 그런 사람들을 만났고 그제야 한숨 돌릴 수 있었어요.」 애나가 생후 4개월이 되었을 때 베티와 그녀의 가족은 존스 홉킨스 병원에 가서 스티븐 코피츠Steven Kopits 박사를 만나기에 이르렀다. 「그는 애나를 안아 올리면서 헝가리 사람 특유의 억양으로 〈아기가 정말 예쁘군요!〉라고 감탄했어요. 또한 우리가 알아야 할 부분과 조심해야 할 부분에 대해 꼼꼼하게 설명해 주었죠. 그리고 우리 동네의 소아과 의사에게 보여 줄 장문의 소견서를 써 주었고, 사후 관리를 위해 다음에 언제 또 와야 하는지 약속도 잡았어요. 존스 홉킨스 병원에 갔을 때 나는 의학적인 문제는 여기서 해결될 수 있겠다는 확신이 생겼어요.」 2002년에 코피츠 박사가 숨을 거두었을 때 이형성증 소인 자녀를 둔 어떤 어머니는 내게 보낸 편지에서 〈나는 아버지의 장례식보다 그분의 장례식에서 더 많이 울었어요〉라고 회상했다. 한 연골 형성 부전증 소인의 어머니는 편지에 〈스티븐 코피츠 박사는 내가 일평생 만난 사람들 중에서 가장 위대한 사

람이었어요〉라고 썼다.[85]

1970년대에는 존스 홉킨스 병원의 무어 클리닉에서 연례행사로 소인과 그 가족들을 위한 토론회가 열렸다. 베티는 애나가 생후 10개월이 되었을 때 이 토론회에 처음 참가했다. 「수영장에 온통 그런 사람들 천지였어요. 이전까지 전혀 본 적이 없는 신체적 기형을 가진 사람들이었죠. 어른이고 애고 할 것 없이 외모와 체격이 모두 제각각이었어요. 게다가 하나같이 수영복을 입고 있었죠! 나는 걱정스럽게 그들을 지켜보다가 눈살을 찌푸렸고 그런 나 자신이 당황스러워서 아예 눈을 감았어요. 나는 마음이 진정될 때까지 그들을 좀 더 지켜봤어요. 그날 행사가 끝날 무렵에는 그들에게도 이름이 생겼고 내가 아는 사람들이 되었죠. 30년 세월이 흐른 지금은 그들 중 대다수가 내 친구가 되었어요. 나 역시 소인증에 대해서 보다 깊이, 잘 이해하게 되었죠.」

인권 운동가로서 베티 아델슨의 경력은 그 일이 있고 나서 바로 얼마 뒤부터 시작되었다. 애나가 다섯 살일 때 무어 클리닉의 한 사회복지사가 소인 자녀를 둔 몇몇 부모들을 주말 세미나에 초대했다. 그들이 다른 부모들에게 멘토 역할을 할 수 있도록 준비를 시키기 위함이었다. 베티와 솔도 이 세미나에 참석했고, 동부 지역에 사는 20명가량의 다른 가족들도 곧이어 합류했으며, 그들은 〈소인 자녀를 둔 부모들〉이라는 단체를 결성했다. 베티와 세 명의 어머니들은 소인증을 가진 아기가 태어나자마자 그 가족들을 집에 초대하고 도와주기 위해 관련 분야의 여러 병원과 클리닉에 편지를 보냈다. 베티가 말했다. 「우리는 정보도 제공하고 병원도 소개하면서 그들을 도왔어요. 하지만 아마도 가장 중요한 사실은 그들에게 비슷한 길을 조금 먼저 여행한 다른 사람들을 소개했다는 점일 거예요.」

베티는 많은 부모들을 도왔지만 그들 중에는 그녀의 도움을 거부하는 사람도 있었다. 그녀는 임신 7개월째에 자신이 소인 아기를 임신했다는 사실을 알게 된 한 여성의 이야기를 떠올렸다. 「나는 〈소인 아기를 키우는 일이 마냥 장미 정원 같지는 않겠지만 좋은 면도 많아요〉라고 말했어요. 하지만 끝내 그녀로부터 전화가 오지 않았어요. 그래서 그다음 날 그녀에게 전화를 걸었죠. 그랬더니 〈우리 부부는 낙태를 하기로 했어요〉라고 하더군요.」 베티는 LPA 회원 중에 소인 아기를 입양하고 싶어 하는 사람들도 있다고 설명했다. 그러자 그녀가 말했다. 「남편과 나는 두 번째 결혼한 사람들이에요. 우리는 둘 다 무척 멋진 사람들이죠. 스키도 좋아해요. 우리 둘 사이에 문제가 있었던 적도 있지만 지금의 우리 생활은 우리 두 사람만으로도 더 없이 완벽해요. 따라서 우리는 이런 문제로 골치를 썩고 싶지 않아요.」 베티로부터 이 만남에 대한 이야기를 듣고서 내가 물었다. 「소인 아기를 임신하고 있다는 사실을 미리 알았더라면 당신도 낙태를 고려했을까요?」 그녀의 눈에 눈물이 고였다. 「희망하건대 아니었기를 바라요. 진심으로요.」

당시에 베티는 소인 자녀를 둔 부모들이 직면하는 이런저런 장애물들을 익히 알고 있었다. 하지만 그녀의 딸 애나는 활기차고 사교적이었다. 베티가 말했다. 「나는 집에서 가까운 몬테소리 유치원을 찾아갔어요. 애나는 자기가 해야 할 일은 모두 스스로 했어요. 그녀는 애완용 게르빌루스 쥐를 길렀고 그 쥐와 노는 걸 좋아했어요. 엄마하고 마냥 붙어 있으려고 하지도 않았죠. 그녀 스스로 선을 그었어요.」 몬테소리 유치원으로부터 애나를 받아들일 수 없다는 통보가 왔다. 그녀가 계단에서 굴러 넘어질 수도 있다는 것이 그 이유였다. 오랫동안 편지를 주고받은 끝에 유치원 원장이 기존의 입장을 철회했다. 하지만 그때는 아델슨 가족이 그 지역에 있는 유대 교회의 부속 유치원에 그녀를 등록시키기로 이미 결정한 뒤였다. 애나가 다니게 될 유치원의 원장은 오리엔테이션에서 〈혹시라도 아이에게 특별한 도움이 필요할 경우 우리에게 알려 주시면 돕겠습니다!〉라고 말했다. 애나는 그곳에서 잘 지냈다.

애나는 12살 때부터 채식주의자가 되었다. 또한 생식권(生殖權) 보장을 요구하는 가두시위에도 참가했고, 케리와 오바마를 위한 초인종 누르기 운동에 동참하고자 펜실베이니아에도 다녀왔다. 중학교 때는 학교에서 그녀가 스키 여행에 함께 가는 것을 허락하지 않자 친구들을 모아 교장실 앞에서 피켓 시위를 벌였다. 베티가 그 사건을 떠올리며 웃으면서 말했다. 「그게 애나예요. 그녀를 보고 있으면 어떻게 즐겁지 않을 수 있겠어요?」

사춘기가 되면서 애나는 공부에 집중하는 데 어려움을 느꼈다. 그래도 전반적으로는 좋은 성적을 유지했다. 그 무렵 그녀는 자신이 동성애자라고 공표했다. 베티가 말했다. 「애나가 대학에 다닐 때였어요. 그녀는 내게 전화해서 자신이 동성애자라고 밝혔어요. 다음 날 나는 그녀에게 긴 편지를 썼어요. 내가 가장 중요하게 생각하는 문제는 그녀가 사랑하는 대상이 남자인가, 여자인가 하는 것이 아니라 그녀가 제대로 된 사랑을 하고 또 받는 거라고 말했어요. 그녀가 뜨거운 열정을 경험하고, 누군가가 그녀에게 그리고 그녀가 그 사람에게 강렬한 감정을 느낀다는 사실을 발견했을 때의 경이로운 놀라움과, 행운과, 진심을 경험하는 것이 중요하다고 말해 주었죠. 나는 내 반응이 그녀에게 얼마나 중요할지 잘 알았고, 동성 간의 사랑도 이성 간의 사랑만큼이나 진실하고 정당하다는 내 믿음을 그녀에게 솔직하게 말해 줄 수 있어서 기뻤어요.」 애나의 아버지와 오빠도 마찬가지로 그녀의 선택을 지지했다.

애나가 자신의 소인증을 받아들이기까지는 그녀가 자신의 성 정체성을 받아들이는 것보다 더 오랜 시간이 걸렸다. 그녀는 청소년기로 들어서면서 더 이상 LPA 행사에 참가하지 않았다. 보통 키의 가족과 친구들이 있는 세상만으로 충분하다고 느꼈기 때문이다. 하지만 스물다섯 살이 되어 약간의 망설임이 있었지만 다시 돌아왔다. 그리고 금방 그녀가 속한 지부의 대표가 되었고, 인종이나 종교, 장애 정도, 성적 취향 때문에 대다수의 소인들과 구분되는 소인들을 위해 전국 대회 프로그램에 〈차이 안에서의 차이〉라는 세미나를 편성해 넣었다. 그녀는 샌프란시스코에서 열린 2004

년 대회에서 이 세미나를 처음으로 시작했고, 성적 소수인 참석자들을 포용함으로써 보수적인 회원들이 다수인 LPA 안에서 새로운 전기를 마련했다. 그 이후로 그녀는 대부분의 대회에서 이 모임을 주관했다.

애나가 아직 10대일 때 베티는 자신이 알게 되고 사랑하게 된 소인들에게 경의를 표하고 그들을 칭송하기 위해서 두 권의 책—하나는 대중적인 독자들을 위한 책이고 다른 하나는 학문적인 독자들을 위한 책이었다—을 쓰기로 결심했다. 애나는 그 프로젝트가 자신에 관한 것이 아닌 한 좋은 생각이라고 말했다. 그리고 서류철이 여기저기에 산더미처럼 쌓여 있는 베티의 서재를 보고는 빨간 리본으로 포장한 서류 캐비닛을 선물해서 그녀를 놀라게 했다. 캐비닛과 함께 받은 카드에는 〈엄마부터 정리 좀 해요!〉라고 적혀 있었다. 최종 원고가 완성되어 갈 무렵 애나는 거의 서른 살이 되었고, 그녀에 관한 이야기도 넣고 싶다는 어머니의 요청을 수락했다. 베티가 쓴 귀중한 책 『소인들의 삶』 후기에는 애나에 대한 이야기가 무척 꼼꼼하고 다정하게 언급되어 있다.

이 책을 비롯해 베티가 쓴 수많은 학술 논문들은 어쩌면 소인이었을지 모를 역사적인 인물들을 밝혀내고, 이집트 왕조와 고대 그리스부터 현재에 이르기까지 소인들의 역할을 보여 주는 증거들을 살펴봄으로써 소인의 역사를 체계화하는 데 도움이 되었다. 소인들의 역사는 시련과 학대에 관한 이야기가 대부분이다. 남들과 다른 그들의 육체는 역사 전반에 걸쳐 원죄의 증거로, 신의 뜻을 암시하는 전조로, 비웃음이나 자선, 처벌의 근거로 묘사되었다.[86] 구약성서의 레위기는 오직 온전한 육체를 가진 남자만이 사제가 될 수 있다고 규정하는데 이는 고대부터 규범적인 외모를 중시했다는 표시다.[87] 베티가 말했다. 「내가 하려던 작업과 관련한 선례들을 찾아보았어요. 이전에 나온 대부분의 책들은 『괴물』이나 『빅토리아 시대의 괴기스러운 사람』, 『기이한 인간』 같은 제목을 갖고 있더군요. 나는 소인의 역사가 인류의 역사만큼 오래 되었다고 생각해요. 하지만 그들이 어땠죠?

그들의 삶이 어땠나요? LPA가 결성되기 전까지 소인들은 거의 서로를 모르고 살았어요. 예외라고는 쇼에 나오는 소인들이나, 조금 더 시간을 거슬러 올라가서 때때로 왕과 왕비가 왕궁에 모아 놓은 소인들이 전부였죠.」

베티는 오랫동안 LPA 권익 옹호 위원회에서 지도자로서의 역할을 수행했다. 그리고 2009년에 이르러 신세대의 열정에 감명을 받은 그녀는 자신이 횃불을 넘겨줄 때라고 생각했고, 그해에 LPA 대회 만찬에서 집행 위원회는 그녀에게 2009년도 탁월한 봉사상을 수여했다. 당시 베티 부부 집으로부터 불과 몇 블록 떨어진 곳에 자신의 여자 친구와 행복하게 살고 있던 애나가 감동적으로 수상을 발표했다.

베티가 말했다. 「그녀는 내가 바라던 대로 제대로 된 사랑을 하고 또 받고 있어요. 만약 애나가 보통 키를 가졌더라면 내 삶이 지금보다 단조로웠을까요? 아마도 그랬을 거예요. 나는 애나가 내게 주어진 선물이라고 생각해요. 만약 누군가가 내게 〈베티, 레즈비언 소인 자녀를 낳아 볼래요?〉라고 말했다면 나는 그 사람 말을 무시했을 거예요. 하지만 애나가 누구예요? 그녀는 우리 가족의 주춧돌이에요. 그녀의 삶이 그처럼 가파른 길이 아니었더라면 더 좋았겠죠. 하지만 한편으로는 그 가파른 길을 그녀가 우아하게 올라왔다는 사실이 대견해요.」

소인인 마사 언더코퍼가 야후의 토론 그룹인 〈소인 자녀를 둔 부모들과 소인증〉에 이메일을 보냈다. 「나는 안전하고 쉽게 사용할 수 있는 시스템을 하나 개발했습니다. 바로 명함이에요. 먼저 한쪽에는 〈맞아요, 나는 나에 대한 당신의 행동을 눈치 챘어요〉라고 적습니다. (무슨 이유에서인지 사람들은 우리를 대하는 그들의 태도를 우리가 눈치 채지 못한다고 생각해요.) 다른 한쪽에는 〈당신이 내게 상처를 주려고 그런 행동이나 말을 한 것이 아닐 거라고 생각합니다. 그럼에도 당신의 언행은 이해가 되지 않았을 뿐더러 상처가 되었습니다. 만약 소인증이 있는 사람에 대해 좀 더 알고 싶다면 여기http://www.lpaonline.org를 방문해 보세요〉라고 적는 겁니다.」[88] 한 소인이 인터넷상에 다음과 같은 글을 올렸다. 「나는 소형 MP3를 사서 음악을 듣기 때문에 다른 사람이 나에 대해서 뭐라고 수군거리든 전혀 들리지 않는다. 요컨대 나는 나만의 작은 세상에 살면서 내가 하고 싶은 것은 무엇이든지 할 수 있다.」[89] 소인들에게 인터넷은 가치를 매길 수 없을 정도로 소중한 매체가 되었다. 나이가 지긋한 한 소인은 내게 〈오늘날의 젊은 소인들 세대는 나라면 상상도 하지 못했을 교류 능력을 가졌습니다〉라고 말했다.

해리 위더는 소인 커뮤니티에서도 가장 활력 넘치는 행동주의자였다.[90] 그는 신체적인 장애 때문에 목발을 짚고 다녔고, 동성애자였으며, 청력도 거의 상실했다. 자제력을 잃는 경우도 종종 있었다. 그는 홀로코스트에서 살아남은 부모의 유일한 자식이었다. 그는 고압적이고 다른 사람을 힘들게 하는 타입이라고 말할 수 있었고, 그의 행동주의에는 항상 분노가 어려 있었지만 언제나 활기가 넘쳤다. 쉰일곱 살에 그는 뉴욕 택시에 치여서 사망했다. 내가 도전에 관한 그의 장황한 설명을 들려주자 사람들은 웃으면서 구약성서의 욥기를 떠올렸다. 하지만 그는 자신의 약점이 명예로운 왕관이 될 거라고 생각했고, 자신의 무척 개방적인 성격으로부터 굽힐 줄 모르는 용기를 이끌어 냈다. 내가 기억하기로 그는 LPA에 있는 소인 동성애자들은 낙인 찍히는 것이 두려워서 그들의 성 정체성을 공개하지 못하지만 자신은 다른 사람들의 생각에 개의치 않는다고 말했다. 「동성애자가 요정으로 불린다는 점에서 요정인 동시에 소인인 나는 나 자신만의 불가사의한 동화 속 인물인 셈이다. 주디 갈랜드가 어디에 해당할지는 아무도 모를 일이다.」

해리는 대다수 소인들이 수용의 정치학을 너무 간절히 바라는 까닭에 그들 자신이 장애인이라는 사실을 부정한다고 불만을 표시했다. 「그들이 장애인이라는 사실도 인정하지 않는 마당에 동성애자라는 사실을 인정할 턱이 있을까요?」 그의 부모가 전쟁을 통해 얻은 경험에서 해리는 자신의 정체성을 외면해서는 자신을 실질적으로 보호할 수 없다는 사실을 깨달았다. 그 같은 믿음을 통해서 그는 높은 자존감을 성취했다. 그의 장례식에서 87세의 노모 샬럿 위더 부인은 그곳의 엄청난 애도 열기와 수많은 유명 인사들 때문에 깜짝 놀랐다. 뉴욕 시의회 대변인과 주 상원 의원, 무수히 많은 고위 관리들이 장례식에 참석했다. 샬럿은 한 기자에게 자신에게는 해리의 공을 차지할 자격이 없다고 밝혔다. 실제로 그녀는 해리가 선을 넘지 않도록 자주 그를 만류했다. 때로는 그의 건강이 염려되었기 때문이고, 때로는 세상의 낙인에 대한 불쾌감 때문이었다. 그녀는 〈해리를 보호하고 싶은 마음이 굴뚝같았지만 그 아이의 선의를 막을 수는 없었다〉고 회상했다.

소인을 향한 무자비한 시선은 초자연적인 존재로서 그들이 동화에서 차지하는 상징적인 위치에 의해 더욱 증폭되며, 이는 다른 장애나 특별한 도움이 필요한 집단과 달리 유독 소인에게만 부과되는 짐이다. 「뉴욕 타임스」는 한 소론에서 〈잔인한 전통 문화〉를 다루었는데 해당 문화에서는 소인들이 〈추한 롬펠슈틸킨츠*〉로 불린다.[91] 조앤 애블론의 글에 따르면 〈소인들은 특별한, 심지어 마술적인 신분에 따른 역사적, 문화적인 짐을 짊어진다. 따라서 보통 사람들은 소인에게 강한 호기심을 보이고, 믿기지 않는 듯한 시선을 보내기 일쑤이며, 심지어 우연히 마주친 소인의 사진을 찍으려는 경우도 있다〉.[92] 소인을 향한 이런 이상한 경외감은 경멸만큼이나 그들을 불안하게 만들 수 있다. 무엇보다 이런 경외감은 차이를 부각시킨다. 영국인 소인 앤 라모트는 자신이 소인임을 떠올리는 횟수나, 자신에게 치아가 있다는 사실을 떠올리는 횟수가 비슷하다고 설명했다. 소인증은 단순히 그녀의 일부일 뿐 의도적으로 의식하지 않는다는 뜻이다. 그럼에도 그녀는 자신의 소인증이 그녀가 만나는 사람들 대다수의 관심사임을 인정

---

* 독일 만화에 나오는 난쟁이.

해야 했다.[93]

테일러 반 퍼튼은 백만 명 중 한 명이 채 되지 않는 비율로 발생하는 척추골단 이형성증*이 있다.[94] 이 질환의 특성상 그는 소인치고 비교적 키가 커서 135센티미터이며, 연골 형성 부전증이 있는 사람에게 공통적인 독특한 안면 구조를 갖고 있지 않다. 테일러는 태어날 때 키가 53센티미터, 몸무게는 3.9킬로그램이었다. 수치만 보아서는 전혀 소인증을 의심할 수 없었다. 두 번째 생일을 맞았을 때까지도 그의 키는 상위 10퍼센트 안에 들었다. 하지만 그에게는 반복되는 문제가 있었다. 테일러의 어머니 트레이시가 기저귀를 갈려고 다리를 쳐들면 그는 아파서 비명을 지르기 일쑤였고, 대략 한 살 때부터는 걷기 시작했지만 걷기를 몹시 불편해하는 기색이 역력했다. 그는 누군가에게 안겨서 옮겨지는 쪽을 항상 더 좋아했다. 테일러의 아버지 칼튼이 말했다. 「문제가 있는 게 분명했습니다.」 하지만 테일러가 두 살 반이 되도록 내분비학자들이나 정형외과 의사들은 무엇이 문제인지 알아내지 못했다. 테일러의 부모는 그를 데리고 스탠퍼드 대학에 있는 유전학자에게 검사를 받으러 갔고, 그 유전학자는 그들 가족에게 UCLA의 소인증 전문가를 소개했다. 그리고 마침내 UCLA에서 테일러의 부모는 처음으로 아들의 정확한 진단명을 알게 되었다.

내가 만난 열여섯 살의 테일러는 이미 사지 연장술을 받은 뒤였고, 심각한 척추 문제를 앓았으며, 흉곽이 폐를 압박하고 있었고, 의사들이 양쪽 고관절을 인공 관절로 바꿀 것을 권유하고 있는 상태였다. 테일러는 〈총 40주 동안, 요컨대 16년 중 거의 일 년 동안 깁스를 했어요〉라고 말했다. 그는 자신이 살아 있는 한은 어느 정도의 고통을 겪게 될 거라는 조짐이 서서히 드러나는 중이라고 설명했다.

---

* 선천적인 유전성 소인증으로 성장 연골의 형성이상에 의해 발생함.

칼튼 반 퍼튼의 어머니는 노스캐롤라이나의 한 체로키 가정에서 열한 명의 자녀들 중 한 명으로 태어났다. 그녀 가족이 인디언 보호구역으로 들어가지 않기로 함에 따라 체로키 부족은 그들을 거부했다. 유색 인종이라는 이유로 그들은 백인 사회에서도 배척을 당했다. 그녀는 땅바닥이 그대로 드러난 집에서 자랐고 그녀의 어머니는 소변으로 바닥을 소독하고는 했다. 대학에서 그녀는 칼튼의 아버지인 카리브해 지역 출신의 흑인을 만났다. 결혼과 동시에 칼튼의 아버지는 캘리포니아에 일자리를 구했다. 미국을 가로질러 여행하는 동안 수많은 호텔에서 남자는 흑인이고 여자는 흑인이 아니라는 이유로 그들이 같은 방에 묵는 것을 허락하지 않았다. 칼튼이 말했다. 「부모님의 이야기는 내게 테일러의 아버지로 살아가는 데 필요한 토대를 만들어 주었습니다. 어머니가 호텔에 들어가면 직원들은 그녀를 백인으로 보았어요. 그렇지만 어머니 생각에 자신은 흑인이었죠. 우리가 우리 자신을 바라보는 시각과 세상이 우리를 바라보는 시각 사이에는 때때로 커다란 차이가 존재합니다.」

테일러의 진단명이 나왔을 때 퍼튼 가족은 그의 삶을 평범하게 만들 방법을 고민했다. 트레이시가 말했다. 「우리는 긍정적인 마음가짐을 길러 주는 책들로 생각을 채웠어요. 내 주된 관심은 테일러에게 자존감을 길러 주는 것이었죠. 어쩌면 우리가 지나치게 열정적이었는지도 몰라요. 지금의 테일러가 자만심의 경계에 있기 때문이죠. 어디를 가든 테일러는 친구들을 사귀었고 그 친구들은 마치 보디가드처럼 진심으로 테일러를 보호하고자 했어요. 나는 그가 라커나 쓰레기통에 갇혀 고통받는 모습을 상상했었어요. 하지만 실제로 그런 일은 한 번도 일어나지 않았죠.」 테일러가 그 이야기를 듣고 웃었다. 「라커에 갇힌 적이 유일하게 한 번 있었는데 그렇게 하는 대가로 친구들이 10달러를 주었기 때문이에요. 그리고 당시에는 그럴 만한 가치가 있었어요.」

칼튼의 직장 문제 때문에 그들은 다시 동부로 이사했고 테일러는 보스턴 지역에 있는 초등학교를 다녔다. 테일러는 본인의 표현에 따르자면 〈학교의 유명 인사〉였다. 그의 남동생 알렉스가 내게 말했다. 「테일러 형은 거의 왕이나 다름없었죠.」 테일러는 대략 열 살이 되기 전까지 눈에 확 띌 정도로 잘생긴 아이였고 신체 비율도 딱히 소인스럽지 않았다. 그가 말했다. 「그 무렵부터 사람들이 나를 빤히 쳐다보기 시작했어요. 교통사고 현장을 지날 때 사람들이 사고 현장을 보려고 속도를 늦추면서 혹시 죽은 사람이 있는지, 누군가가 피를 흘린 흔적이 있는지 살펴보는 것과 똑같은 자연스러운 호기심이죠. 어쩔 수 없는 현상이에요.」 테일러가 5학년을 마칠 즈음에 퍼튼 가족은 캘리포니아 샌디에이고 인근으로 이사했다. 중학교에 적응하는 과정은 그다지 나쁘지 않았다. 얼마 뒤에 그들 가족은 기존에 살던 집에서 몇 킬로미터 떨어진 포웨이에 집을 샀고 다시 학군이 바뀌게 되었다. 테일러가 말했다. 「그 때문에 나는 화가 났어요. 사회적으로 발달이 지체된 시기였죠. 중학교 1학년쯤 되면 누구나 그들만의 친구가 있어요. 나는 〈내가 굳이 왜 다시 애를 써야 돼?〉라는 식이었죠. 그리고 그때부터 거울을 보면서 이렇게 중얼거리기 시작했어요. 〈저 부분은 정말 마음에 안 들어. 다리는 짧고, 두껍고, 휘었고, 비례도 맞지 않아. 팔이며, 손이며, 발톱도 마음에 안 들어.〉」

한번은 한 차례의 수술이 끝나고 테일러에게 강력한 진통제가 처방되었다. 그가 말했다. 「나는 곧 약에 취해서 정신이 몽롱해질 거라는 사실을 알았어요. 그런 상태를 즐겼죠. 대마초도 많이 피웠고, 엑스터시나 환각제, 환각 버섯도 많이 복용했어요.」 트레이시는 화가 났지만 그다지 놀라지는 않았다. 그녀가 말했다. 「테일러는 우리에게 무척 화가 나 있었고 우리를 응징하기로 작정했죠.」

테일러의 생활에서는 영성이 항상 강조되었다. 독실한 기독교 신자인 칼튼은 매주 빠짐없이 교회에 나가고 칼튼 데이비드라는 이름으로 기독교 음악 앨범을 내기도 했다. 그가 말했다. 「나는 하느님의 존재를 믿어요.

그분이 쓸모없는 것을 만들었을 리가 없다고 생각합니다. 테일러가 그처럼 무거운 짐을 져야 한다는 사실은 안타까운 일이에요. 하지만 나는 우리에게 무거운 짐이 지워지는 것은 우리가 그 무게를 감당할 수 있기 때문이라고 믿어요.」 테일러가 덧붙여 설명했다. 「나는 태어나면서 줄곧 교회에 다녔고 지금도 다니고 있어요. 한참 화가 나 있던 시기에는 내가 기독교와 맞지 않는다고 생각했어요. 100퍼센트의 사랑과 권능을 가졌음에도 사람들이 썩어서 곪아터지도록, 개개인이 이런 고통을 안고 태어나도록 놔두는 그런 꼭두각시 조종자는 없을 것 같았어요.」 시간이 흐르면서 테일러의 화도 풀렸다. 「내 문제를 해결해 줄 수 있는 사람은 없어요. 다만 수긍해 줄 수 있을 뿐이에요. 나는 마약을 끊었어요. 그 뒤로 작년 고등학교 2학년 때는 내 입장에서 과분할 정도로 정말 멋진 학생들과 함께 네 개의 AP* 수업을 들었어요.」

테일러가 나중에 한 말에 따르면 그는 자신이 진정으로 원하는 것이 있으면 어떻게든 항상 이루어 냈다. 「하지만 그렇게 하려면 대다수의 다른 사람들보다 한 걸음이나 두 걸음 더 걸어야 해요. 육체적으로도 무척 고통스러워요. 특히 다리와 관절이 그렇죠. 나는 헬스와 수영을 해요. 건강과 외모를 관리하기 위해서예요. 친구들과 하이킹이라도 가면 등짝은 끊어질 것처럼 아프고 엉덩이는 금방이라도 떨어져 나갈 것 같아요. 수시로 휴식을 취해야 하죠. 하지만 친구들은 〈야, 테일러, 뭐해? 어서 가자!〉라고 재촉해요. 나는 거의 죽을 지경이죠. 그래도 대부분의 사람들은 잘 모르는 것 같아요. 누군가가 난쟁이 농담을 하는 경우 나는 억지로 웃어야 해요. 전혀 재미없는 농담이라고 생각하지만 그들이 일부러 내게 상처를 주려는 것도 아니고, 내가 〈코미디 센트럴〉 방송국과 성전을 벌일 것도 아니기 때문이에요. 초등학교 때는 어릿광대처럼 행동했고, 중학교 때는 꿔다 놓은

---

* 우수한 학생들에게 미리 대학 교양과정 수업을 들을 수 있도록 하는 제도.

보릿자루처럼 지냈지만 이제는 그 둘의 균형을 맞추려고 해요. 사람들은 내 입장이 되어 사는 게 어떤지 전혀 몰라요. 하지만 보통 사람으로 사는 것이 어떤지 모르기는 나도 마찬가지죠.」

테일러는 여생을 혼자서 지내고 싶어 한 적이 있었다. 하지만 지금은 누군가를 찾고 싶어 한다. 그가 자신의 미래를 다른 관점에서 보게 되기까지는 그의 할아버지가 영감을 주었다. 테일러가 말했다. 「그분이 어떤 일을 당했고 어떻게 저항했는지 생각해 보세요. 내가 얻은 깨우침 ─ 나는 이것을 일종의 깨우침이라고 생각하고 싶어요 ─ 은 소인증이 내가 하는 모든 행동의 한 가지 요인이 될 수는 있지만 그렇다고 소인증을 증오하거나, 소인증이 실제로 초래하는 한계 그 이상으로 한계를 두지 말아야 한다는 사실이에요.」

소인들은 datealittle.com, littlepeoplemeet.com, lpdate.org, shortpassions.com 같은 데이트 사이트를 만들었다. 한 소인이 말했다. 「소인들은 시기를 놓쳐서 기본적인 원칙을 습득하지 못한 경우가 많습니다. 한마디로 순진하죠. 극장에 가도 팔걸이 너머로 몸을 기댄 채 자연스럽게 팔을 둘러 데이트 상대의 가슴에 손을 얹지도 못합니다. 첫 번째 이유는 아예 데이트 상대가 없을 가능성이 높기 때문이죠. 두 번째 이유는 팔이 충분히 길지 않기 때문입니다.」[95] 이런 문제는 비단 사회적인 규범뿐 아니라 다른 영역까지 확대될 수 있다. 그리고 존 울린이 보다 구체적으로 이러한 문제를 기술했다. 「우리들 대다수는 성관계를 가질 때 어려움을 겪는다. 이를테면 팔이 너무 짧거나 뻣뻣해서 파트너를 안지 못할 수 있다. 또는 소인들이 흔히 겪는 척추 신경의 손상 때문에 발기가 되지 않거나, 오르가슴을 내키면 오고 아니면 마는 손님쯤으로 여길 수 있다.」[96] 소인들은 같은 소인이 아닌 보통 신장을 가진 상대와 사귀려고 할 경우 자신이 어떻게 느끼게 될지 먼저 잘 판단해야 한다. LPA 웹사이트에 올라온 한 여성의 글을 보면 그녀는 남자 친구와 성관계를 갖는 동안에 그와 키스를 할 수도 없거니와 눈을 맞출 수 없다고 불만을 토로했다.[97] 해리 위더가 말했다. 「키가 비슷한 사람들의 입장에서 은밀한 부위는 몸의 아래쪽에 위치하고, 그곳에서 성적 매력을 느끼기 때문에 그쪽으로 손을 뻗어야 합니다. 하지만 내 입장에서 보았을 때는 그 반대예요. 나는 매일같이 온종일 사람들의 아랫도리를 쳐다보고 다녀야 하기 때문에 내 기준에서는 누군가의 얼굴을 보면서 오히려 특별한 친밀감을 느끼죠. 그럼에도 보통 신장을 가진 파트너와 관계를 갖는 경우에는 파트너의 상반신보다 하반신에 더 집중해야 한다는 느낌을 받았고 그 때문에 문제가 있었어요.」[98]

자신과 비슷한 소인을 사귈 것인지 아니면 보통 신장의 사람을 사귈 것인지 결정하는 일은 대다수의 소인들에게 정치적인 문제다. 어떤 사람들의 주장에 따르면 보통 신장의 사람과 결혼하는 소인들은 그들 자신이 소인이라는 사실을 받아들이지 못하고, 자신과 키가 비슷한 짝을 찾는 소인들이 선택할 수 있는 배우자 숫자를 감소시킨다.[99] 소인과 그렇지 않은 사람이 결혼하는 경우 우울증의 정도는 소인에게서 약간 더 높게 나타난다.[100] LPA에 소속된 소인들 거의 대부분이 배우자로 또 다른 소인을 선택하던 때도 있었지만 오늘날에는 보통 신장인 사람과 결혼하는 소인들도 점점 늘어나고 있다. 그리고 예전에는 LPA 안에서 이런 조합으로 결혼하는 경우 낙인이 찍혔지만 지금은 훨씬 개방적인 분위기로 바뀌었다. 하지만 LPA를 벗어나서 보면 아직까지도 대다수 소인들이 배우자로 소인을 선택한다.[101]

울린은 그의 아내를 만나기 전에 쓴 글에서 이렇게 말했다. 「나는 내가 절대로 결혼할 수 없을지 모른다는 두려움—두려움이 내가 느낀 무자비한 감정을 완전하게 보여 주는 것은 아니지만—을 느꼈다.」[102] 이 장에 관련된 조사를 진행하는 과정에서 나는 젊고 매력적인 한 소인 여성의 어머니와 친구가 되었다. 어느 날 나는 그 소인 여성과 잘 어울릴 것 같은 어떤 사람을 소개하고 싶다고 제안했다. 그러자 감정을 억제하는 데 누구보다 뛰어났던 그 어머니가 눈물을 흘렸다. 그녀가 말했다. 「내 딸은 서른 살이 넘었어요. 이제껏 살아 오면서 그런 제안을 한 사람은 당신이 처음이에요. 내게는 보통 키를 가진 아들도 있는데 만나는 사람들마다 하나같이 그 아이에게 자신의 딸이나 친구를 소개해 주고 싶어 했어요. 그럼에도 내 딸을 성적인 존재로 생각해 준 사람은 아무도 없었어요.」

출산은 또 다른 문제를 초래한다. 많은 소인 여성들의 경우에 아기가 나올 수 있을 정도로 골반이 충분히 열리지 않기 때문에 궁극적으로 모든 출산은 제왕절개를 통해 이루어진다. 그리고 제왕절개를 할 경우 마취를 해야 하는데 그 자체만으로도 소인들은 많은 위험을 감수해야 한다.[103] 아이를 임신한 상태 역시 소인 부모들에게는 육체적으로 많은 스트레스를 유발한다. 소인들의 사생활이 전혀 보장되지 않는 문제가 중요한 화두로 부각되고 있듯이, 소인 부모들은 그들의 생식능력과 출산 경험에 관련된 질문을 자주 받는다. 그런 경우를 당한 한 어머니가 온라인상에 자신의 경험담을 올렸다. 「일반적으로 듣는 가장 기이한 질문 중 하나는 〈이 아기가 당신 아기 맞습니까?〉라는 것이다. 아이를 데리고 있는 상대방이 누구든 나라면 그런 질문을 던질 엄두조차 내지 못하겠지만 정작 나 자신은 일주일에도 몇 번씩 그런 질문을 받는다.」[104] 아델슨은 〈소인 부부가 아이를 갖기로 결정하는 경우 그 결정은 그들 자신의 인생에 대한 긍정이자, 자식이 살아갈 인생에 대한 절대적인 믿음을 의미한다〉[105]고 썼다. 실제로, 이미 친자식이 있든 없든 많은 소인들이 보통 키의 친부모가 포기한 소인 아이들을 입양하는 것도 바로 그런 이유다.

그러나 많은 보통 키의 부모들이 아이를 포기하라는 강력한 권유에도 불구하고 소인증이 있는 아이를 포기하지 않고 있다.[106] 클린턴 브라운 3세가 태어나던 당시를 회상하며 그의 아버지 클린턴 시니어가 말했다. 「나는 그 아이의 팔과 다리가 이상할 정도로 곧게 펴져 있고, 체격도 너무 왜소하다는 사실을 대번에 알 수 있었어요. 충격으로 거의 넋을 잃었죠.」 커튼이 클린턴의 어머니 셰럴의 시야를 가리고 있었지만 그녀의 청각까지 가리지는 못했다. 아기의 울음소리가 들리지 않았고 의사나 간호사도 아무런 말이 없었기 때문이다. 셰럴이 〈도대체 무슨 일이에요?〉라고 절규하듯이 외치자 의사들 중 한 명이 가라앉은 목소리로 대답했다. 「아기에게 문제가 있어요.」 셰럴은 아기를 확인하고, 안아 주고 싶었지만 그 의사가 곧장 아기를 데리고 나갔다. 잠시 후에 한 의사가 와서 그녀의 아들이 이영양성 형성이상증에 의한 끔찍한 기형이며, 살기 힘들 것 같다고 설명했다. 그 의사는 그녀의 아들처럼 증상이 심한 아이들은 일반적으로 보호시설로 보내진다고 설명하면서, 아이의 얼굴을 보지 않는 편이 포기하기가 보다 수월할 수 있으므로 그녀가 직접 관여하지 않아도 클린턴을 어디로 보낼지 그들이 알아서 하겠다고 제안했다. 셰럴은 격분해서 그 의사에게 말했다. 「그 아이는 내 아이예요. 당장 내 아이를 보여 주세요.」 의사들도 클린턴의 예후에 대해 명확히 알지는 못했다. 전 세계에서 겨우 몇 천 명만이 변형성 소인증을 가진 것으로 알려졌기 때문이다. 당시를 회상하며 셰럴이 말했다. 「변형성 소인증과 관련해 그들이 갖고 있던 정보는 두 단락이 전부였어요. 우리의 남은 인생이 어떻게 될 것인지에 관한 두 단락이었죠.」

마침내 셰럴이 클린턴을 보았을 때 그는 인큐베이터 안에 있었고 그녀가 할 수 있는 일이라고는 클린턴의 발가락을 만져보는 것이 고작이었다. 그녀가 발가락을 만지자 클린턴이 눈을 떴다. 파란색의 아름다운 눈이 보였다. 그리고 장차 그녀가 변형성 소인증의 단서로 알게 될 모든 특징들도 보였다. 손바닥 아래쪽에서 솟아나온 히치하이커의 엄지손가락과 납작한 코, 콜리플라워 귀, 구개 파열 등이었다. 그는 척추측만증과 내반족도 있었고, 왜소한 다리는 비행기의 동체와 바퀴를 연결하는 착륙 장치마냥 몸통 아래에 대롱대롱 모여 있었다. 반면 머리는 엄청 컸다. 셰럴이 말했다. 「이런 특징이 비교적 적게 나타나는 아이들도 있지만 클린턴은 가능한 모든 증상을 갖고 있었어요. 이를테면 일종의 고급 패키지 같았죠.」 클린턴 시니어가 말했다. 「우리는 클린턴을 병원에 남겨 둔 채 집으로 왔어요. 집 앞에 도착해서 보았던 셰럴의 표정이 아직도 생생합니다. 공허함 그 자체였어요. 그런 기분 아시죠?」 그들은 각자의 일터로 복귀했다. 클린턴 시니어는 케이블 TV 회사의 기술자로, 셰럴은 콜센터에서 자신이 맡고 있는 일로 돌아갔다. 클린턴은 생후 2주 만에 제대 헤르니아*를 치료하기 위해 생애 첫 수술을 받았다. 한 달 뒤에 브라운 부부가 클린턴을 집으로 데려왔을 때 그는 너무나 왜소해서 클린턴 시니어가 한 손으로 안을 수 있을 정도였다.

클린턴을 집으로 데려온 뒤로 셰럴은 그를 다른 평범한 아기처럼 대하려고 노력했다. 「어릴 때 나는 인생이 모종의 일정표대로 흘러간다고 생각했어요. 고등학교를 졸업하고 직장이 생기고 결혼하는 것처럼요. 하지만 일단 클린턴 같은 아이가 생기면 〈내가 믿었던 그 모든 게 어떻게 된 거지?〉라는 생각이 들게 돼요.」 클린턴이 생후 11개월 되었을 때 셰럴은 스티븐 코피츠 박사를 만났다. 셰럴이 말했다. 「바로 그 순간부터 클린턴에게 일어나는 모든 일을 그가 통제했어요. 그가 없었다면 클린턴은 걷지도 못했을 거예요.」 클린턴 시니어가 거들고 나섰다. 「의기소침해서 그의 사무실에 들어갔더라도 나올 때는 새로운 희망에 부풀어서 밝은 표정으로 나오게 되죠.」 다시 셰럴이 말했다. 「그는 클린턴 같은 아이들을 환자로 대하지 않았어요. 자식처럼 대했죠. 어떤 의사도 그렇게까지 환자를 대하지는 않아요. 그리고 그렇게 하려는 의사도 없어요. 이 세상에 그런 천사는 두 번 다시 없을 테니까요.」

---

* 폐쇄되지 않은 제대 내에 복부 내장이 탈출한 것으로, 일종의 내장 변위에 속하는 선천성 기형.

코피츠 박사는 환자들을 위한 장기적인 수술 프로그램을 개발한 것으로 유명했다. 환자의 여러 가지 문제를 한방에 모두 해결하려는 실현 불가능한 희망으로 단발적인 수술을 하는 대신에, 장래에 확실한 이점을 보장하고 그다음에 있을 수술을 용이하게 해주는 수술들을 여러 차례에 걸쳐 단계적으로 했다. 결과적으로 그는 클린턴 브라운 3세에게 스물아홉 번의 수술을 실시했다. 셰럴이 말했다. 「소아과 의사에게 클린턴이 자라면 어떤 모습일지 물어본 적이 있었어요. 그랬더니 그 의사는 내게 서커스하는 사람들에 관한 책을 주더군요. 나는 코피츠 박사를 찾아갔고 그가 말했어요. 〈귀를 활짝 열고 들어요. 클린턴은 아주 잘생긴 청년이 될 거라우.〉」 코피츠 박사의 대기실은 기다리는 시간이 길기로 악명 높다. 일상적인 방문이 하루 온종일 걸리는 경우도 허다했기 때문이다. 셰럴이 말했다. 「나는 열 시간이라도 분명히 기다렸을 거예요. 그는 〈죄송합니다, 지금은 이 환자를 봐야 해서요〉라고 말하고는 했어요. 나는 그가 우리 아이에게 도움이 필요할 경우에도 다른 가족에게 똑같이 이야기할 거라는 사실을 알았어요.」

클린턴이 거의 세 살이 되었을 때 6개월간 계속되던 수술이 끝나자 코피츠 박사는 직원들 중 물리치료사 한 명을 그에게 붙여 주었고 클린턴은 걸음마를 시작했다. 코피츠 박사는 클린턴의 내반족과 정강이뼈, 무릎 관절, 고관절을 집중적으로 치료했다. 클린턴은 열한 번에 걸쳐서 척추 수술과 구개 파열 수술, 서혜부 헤르니아를 치료하는 수술 등을 받았다. 그리고 전신 깁스를 한 상태로 똑바로 누워서 목과 척추가 움직이지 않도록 두개골에 네 개의 핀으로 고정된 동그란 금속 보형물을 한 채로 6개월을 지냈다. 셰럴이 말했다. 「나는 한 달이든 두 달이든 클린턴이 회복될 때까지 병원에서 함께 있었어요.」 셰럴이 일하던 콜센터에서는 그녀에게 추가 휴가를 제공했다. 클린턴의 수술 프로그램을 위해서는 브라운 부부 두 사람의 보험 증서가 모두 필요했다. 그렇게 했어도 보험 적용을 받지 못하는 금액이 여전히 엄청났다. 「〈6백만 불의 사나이〉라고 들어 봤죠?」 셰럴이 자신의 아들을 가리키며 말했다. 「당신과 이야기하는 그 아이가 〈백만 불의 소인〉이랍니다.」

변형성 소인증이 열성 유전자에 의해 나타나는 특징이고 따라서 셰럴과 클린턴 시니어가 다시 아이를 가질 경우 변형성 소인증을 갖고 태어날 확률이 4분의 1이었기 때문에 그들은 더 이상 아이를 갖지 않기로 했다. 클린턴 시니어가 말했다. 「처음에 집을 계약할 때 보통은 6개월마다 기간을 연장하기로 하잖아요. 하지만 클린턴 같은 아이가 있는 집은 그렇게 멀리 내다볼 수가 없습니다.」 셰럴이 말했다. 「사람들 앞에 나서는 게 가장 어려워요. 맨 처음에 접하게 될 부정적인 말이나 시선 말이에요. 나는 항상 마음 한편으로 상대방이 누구든 클린턴과 나를 마주칠 경우 그 사람에게도 학습경험이 될 거라고 생각했어요. 우리끼리 가벼운 농담을 하기도 했어요. 클린턴은 〈엄마, 저기 저 사람 좀 봐요. 나를 빤히 쳐다보고 있어요〉라고 말하고는 그들에게 친절한 미소와 함께 손을 흔들어 주었죠.」 이번에는 클린턴 시니어가 말했다. 「어떤 상점에 갔을 때예요. 한 꼬마가 우리 주위를 계속 맴돌더군요. 그러자 열두 살이던 클린턴은 다음 진열대 골목으로 먼저 뛰어가서 그 꼬마가 지나갈 때를 기다렸다가 불쑥 뛰쳐나와 겁을 주었어요. 그 꼬마는 완전히 겁에 질렸고 결국 울음을 터뜨렸죠. 내가 〈그건 옳지 못한 행동이야〉라고 타이르자 클린턴이 〈그래도 아빠, 속은 후련해요〉라고 하더군요. 나는 〈좋아, 이번 한 번만 봐줄게〉라고 말했죠.」

클린턴이 말했다. 「어릴 때 나는 내가 작다는 사실이 무척 억울했어요. 남들과 똑같은 기회를 누리지 못해서 화가 났죠. 전쟁터에서는 맞서 싸우거나 뒤로 물러나거나 둘 중 하나예요. 그들이 소인 앞에서 어떻게 행동해야 할지 모르는 것은 그들의 문제였지만, 그들이 어떻게 행동해야 할지 가르칠 방법을 모른다는 것은 내 문제였어요.」 클린턴 시니어가 덧붙여서 말했다. 「한번은 클린턴이 〈내가 보통 신장을 갖고 태어났더라면 정말 좋았을 텐데, 그렇지 않아요?〉라고 말했죠. 당시 그 아이는 열한 살이었고 병실에 있었어요. 나는 눈물을 참을 수 없어서 병실을 나와야 했습니다. 나 자신이 정말 무력하게 느껴졌죠. 내가 다시 병실로 돌아가자 클린턴이 말했어요. 〈아빠, 괜찮아요. 나는 해결책이 있어요.〉」

「나는 스포츠를 무척 좋아했고 운동선수가 되고 싶었어요. 우리는 길에서 하키를 하고는 했는데 친구들이 하나같이 엄청나게 커지고 나를 밀쳐대기 시작하면서 나는 더 이상 게임을 할 수 없었어요. 어린 시절에 내가 놓친 것들 중 가장 큰 부분이죠.」 움직이지 못하거나 수술받는 기간이 길어지면 클린턴은 집에서 혼자 공부했다. 그는 공부가 주된 기분 전환 수단이었고 열심히 공부했다. 「나는 다른 할 일이 없었어요. 그래서 거의 모든 과목에서 학교 진도보다 앞서 나갔어요. 나는 학문적으로 정말 뛰어난 사람이 되기로 했어요. 어떤 분야에서는 최고가 되어야 했으니까요.」 고등학교를 졸업하고 클린턴은 호프스트라 대학에 입학했다. 그리고 가족들 중 최초로 대학생이 되었다. 그는 금융 및 재무를 전공하기로 결심했고, 자발적으로 친구들에게 상담을 해주었으며, 신입생을 위한 오리엔테이션 운영을 도왔다. 「평생을 대학에서 지내던 것처럼 살았으면 좋겠어요. 나는 규모가 크고 남성적인 남학생 사교 클럽에 속해 있고, 캠퍼스의 모든 여학생들과 친구로 지내요. 여기저기서 데이트도 했어요. 정말 재미있게 지내고 있죠.」

손가락에 관절이 없기 때문에 클린턴은 셔츠 단추를 잠글 때만큼은 여전히 도움이 필요했다. 하지만 그 점을 제외하고는 모든 면에서 지극히 독립적이 되었고, 면허증과 특별히 그에게 맞춰 제작된 자동차도 있다. 클린턴 시니어가 말했다. 「클린턴이 우리에게 자신이 운전하는 중이라고 말했을 때가 기억나요. 내 친구 중 한 명이 롱아일랜드 고속도로에서 클린턴을 보았다고 말했어요! 내가 그랬죠. 〈롱아일랜드 고속도로에서 승합차를 운전하는 클린턴을 보았다고?!〉 나는 클린턴의 일정을 확인하고 몰래

학교를 찾아갔어요. 내가 학교에 와 있다는 사실을 그 아이가 모르게 하고 싶었고 그래서 후미진 곳에 주차했죠. 나는 교수가 술에 취했거나 성인 군자라고 생각했어요. 교수와 학생들이 클린턴을 위해 운전석과 운전대를 개조했기 때문이에요. 물론 클린턴은 곧장 그 차를 운전하고 나갔고요. 나는 아무 말도 하지 않았어요. 아니, 아무 말도 할 수가 없었어요. 그저 놀라울 따름이었죠.」

셰럴이 말했다. 「클린턴은 호프스트라 대학에 처음 갔을 때 그들을 만났고 지난 4년 동안 내내 그들과 어울려 다녔어요. 함께 술집이나 이런저런 곳들을 다녔어요. 어느 날 그 아이에게 〈술집에서는 높은 스툴 의자에 어떻게 올라앉니?〉라고 묻자 〈친구들이 나를 들어서 앉혀 줘요〉라고 대답하더군요. 그 아이에게 말했어요. 〈너는 키가 90센티미터고 네 친구들은 180센티미터야. 네가 맥주 두 잔을 마시는 것은 그 친구들이 네 잔을 마시는 것과 똑같단다.〉 나는 클린턴이 술을 마시고 운전할까 봐 걱정이 되었어요. 한번은 술집을 지나다가 그곳에 주차된 그의 차를 발견했어요. 클린턴이 몰고 다니는 차는 이런저런 개조가 되어 있어서 쉽게 알아볼 수 있어요. 마음 같아서는 그 술집 안으로 들어가 보고 싶었지만 그러면 안 된다는 생각이 들었어요. 그래서 클린턴에게 세 개의 문자 메시지를 남겨 놓고 집에서 전화기 옆에 앉아 그의 전화를 기다렸어요. 클린턴과 같은 학교에 다녔던 아이의 엄마에게 이 이야기를 했더니 그녀가 내게 말했어요. 〈클린턴이 술집에도 다니고, 당신은 정말 운이 좋군요.〉 나는 속으로 〈그래요, 만약 클린턴이 태어났을 때 그런 말을 들었더라면, 클린턴이 대학교 친구들과 어울려 다니면서 술을 마시고 음주운전을 할까 봐 걱정하게 될 거라는 이야기를 들었다면 정말 좋아했겠죠〉라고 생각했어요.」

클린턴은 그의 키가 작다는 이유로 사회적인 규범을 무시해도 된다고 생각하는 사람들에게 경계 긋는 법을 배웠다. 그가 말했다. 「예전에는 진짜로 속상해했어요. 울기도 했죠. 하지만 지금은 그냥 그 사람에게 곧장 다가가요. 엄마는 항상 〈착하게 굴어라, 착하게 굴어라〉라고 하시죠. 하지만 때로는 착하게 행동할 수 없는 상황도 있어요. 예를 들어서, 내가 어떤 사람이 앉아 있는 테이블 옆을 지나가요. 그럼 그 사람이 자기 친구에게 속삭이죠. 〈오! 세상에, 저 난쟁이 좀 봐.〉 그럼 나는 〈두 번 다시 그런 식으로 말하지 마!〉라고 하면서 그가 마시고 있던 맥주를 그 사람 무릎에 쏟아 버리죠. 단, 아이들한테는 아무리 호통을 쳐도 소용이 없어요. 전혀 달라지는 게 없어요. 그래서 나는 그 부모를 찾아가요. 〈들어봐요. 왜 당신은 당신 아이에게 예의를 갖추도록, 품위 있게 행동하도록 가르치지 않나요?〉 그리고 세련된 사람들이 모이는 장소라고 해서 크게 나을 것도 없죠.」

일 년 뒤 클린턴과 함께 맨해튼의 미드타운에 위치한 한 고급 레스토랑에 갔을 때 나는 다시 이 대화를 떠올렸다. 그 식당은 그가 자신의 사무실 근처에서 고른 장소였다. 우리가 정해진 테이블로 가면서 사람들을 지나치는 동안, 곁눈질로 힐끗거린 몇 사람들을 제외하고는 모두 하던 대화를 멈추고 우리를 주시했다. 설령 내가 호랑이꼬리여우원숭이를 데리고, 또는 마돈나와 함께 나타났어도 그 정도로 시선을 끌지는 못했을 터였다. 그 시선이 적대적이지는 않았지만 편한 것도 분명 아니었다. 게다가 내가 이를테면 샌디에이고 부둣가에서 복합 장애가 있는 아이의 휠체어를 밀면서 겪었던 경험과도 완전히 달랐다. 친절한 연민도 받아들이기가 쉽지 않을 수 있지만 그래도 깜짝 놀라서 빤히 쳐다보는 것보다는 낫다.

열여덟 살 때 클린턴은 재무 분야에 관련된 자신의 첫 여름 아르바이트를 구했다. 그리고 일주일에 5일, 편도로 한 시간 반씩, 스쿠터와 기차, 지하철을 번갈아 타면서 금융 투자회사인 메릴 린치 맨해튼 사무실까지 혼자서 출퇴근했다. 「나는 교육이라는 무기고에서 내가 취할 수 있는 것은 모두 취하고 싶어요. 부모님은 지나칠 정도로 내 걱정을 많이 해요. 부모님 걱정을 덜려면 내가 육체적으로나 경제적으로 독립해야 한다고 생각해요. 나는 병원에서 오랜 시간을 보냈고 따라서 부모님이 내게는 최고의 친구였어요. 이제는 제약이 없어요. 거리낄 것도 없죠. 나는 해보고 싶은 것이 많아요.」

클린턴의 생활에서 가장 큰 문제는 기동성이다. 먼 거리는 스쿠터를 타고 이동한다. 하지만 걷는 것은 그 거리에 상관없이 늘 고통스럽다. 굳이 비교하자면 테일러 반 퍼튼보다 훨씬 빨리 고통을 느낀다. 「나는 엉덩이와 무릎, 그 밖의 관절이 무척 부실해요. 뼈와 뼈 사이에 연골이 없어요. 날씨가 추워지면 상태가 더 악화되죠.」 이런 상태에도 불구하고 그가 민첩하게 몸의 방향을 바꾸는 모습은 무척 인상적이었다. 그는 굽혀지지 않는 손가락을 꼬아서 포크와 나이프를 잡을 수 있었다. 「나는 스스로 많은 것을 알아냈어요. 한때는 피자나 샌드위치를 집어서 손등에 올려놓고 먹기도 했어요. 글을 쓸 때는 두 손가락을 사용해요. 만약 지금 한 가지 바꿀 수 있는 것이 있다면 보통 사람처럼 걷고 싶어요. 그렇지만 나는 춤을 추면서 밤을 새기도 해요. 남들이 하는 것은 다 하고 있죠.」 실제로 LPA에서 처음 만났을 때도 클린턴은 춤을 추고 있었다. 그는 내가 잠자리에 들고 난 한참 뒤까지 무도회장에 남아 있었다. 다음 날 그는 다리가 아파서 절뚝거리고 다녔지만 무척 행복해했고, 무도회장에서 보통 신장을 가진 유일한 사람이라는 점을 들어서 나를 놀리기도 했다. 「당신은 마치 소인처럼 눈에 확 띄더군요.」

메릴 린치에서 클린턴이 했던 여름 아르바이트는 법무팀에서 서류를 작성하는 일이었고 클린턴은 보다 비중 있는 일을 하기로 결심했다. 대학을 졸업하고 그는 아메리카 캐피탈 매니지먼트 코퍼레이션 뮤추얼 펀드에 채용되었다. 그곳에서 손익계산서와 기술 분석 보고서를 작성했고, 실시간 주식 시세를 취합했으며, 중개인들이 특정 인터넷 주식의 추세를 파악하도록 도왔다. 이 회사에 근무하는 동안 그는 지하철의 부적절한 접근성 때문에 불편을 겪었다. 그리고 뉴욕 시 교통국 이사회에서 주관하는 공개 토론회에서 발언할 수 있는 기회를 얻었다. 맨해튼 미드타운에 마련된 토론

회장에 도착했을 때 나는 한 무리의 사람들을 발견했다. 클린턴을 지지하기 위해서 모인 그의 친구들과 친척들이었다. 클린턴이 침착하고 자신감 있는 태도로 입을 열었다. 「나는 뉴욕에 거주하는 모든 장애인의 대변자로 여러분 앞에 섰습니다. 그리고 미국 장애인법과 시민권에 대한 침해 실태와 더불어, 휠체어를 타고 다니는 시민들이 뉴욕 시 지하철과 기차를 이용할 때 직면하는 노골적인 위험에 관한 이야기를 하고자 합니다. 이 이야기를 하는 취지는 뉴욕 시 교통 체계의 현주소를 보여 주고, 현재 상황이 해당 시설을 이용하는 사람들에게 어떤 의미가 있는지 알리고, 그 해결책을 찾기 위함입니다. 진정한 평등을 구현하고 이 문제를 바로잡는 과정에서 나는 여러분이 나의 팀 동료가 되어 주기를 바랍니다.」 나중에 함께 아침 식사를 하는 자리에서 셰릴은 그녀였다면 절대로 그런 일을 할 수 없었을 거라고 털어놓았다.

셰릴은 자신이 다른 상황을 원했던 것은 아닐지 종종 생각한다고 말했다. 「클린턴이 태어났을 때 간호사들 중 한 명이 울음을 터뜨리면서 〈오, 정말 유감이에요. 왜 하필 당신이죠? 당신처럼 친절한 사람도 없는데〉라고 하더군요. 나는 〈우리면 안 될 이유도 없잖아요?〉라고 대답했어요. 하지만 그럴 수 있었다면 바꾸었을까요? 지금 같아서는 절대로 바꾸지 않을 거예요.」 클린턴 시니어도 동감을 표시했다. 〈나는 직장에서 젊은 신입 사원들과 함께 일해야 합니다. 그리고 그들이 게으름을 피우거나 어떤 특정한 일을 못하겠다고 투덜거릴 때 나는 내 아들이라고는 말하지 않은 채 내가 아는 어떤 사람이 있는데 그 사람은 아침에 옷을 챙겨 입고 밖으로 나가서 신선한 공기를 마시기까지 꼬박 30분이 걸린다고 이야기해요. 〈여러분은 두 손과 두 팔, 머리가 있습니다. 여러분은 자신이 가질 수 있는, 신이 주신 모든 도구를 가졌으면서도 그 도구를 썩히고 있어요.〉」 그가 잠시 숨을 돌린 다음에 내게 말했다. 「혹시 그거 알아요? 나 역시 그 도구를 썩히고 있던 때가 있었어요. 나는 클린턴에게 그 같은 교훈을 배웠어요.」

셰럴과 클린턴 시니어 두 사람은 그들의 아들에게—그가 보여 준 용기와 학문적·직업적 성취, 너그러움에 대해—일종의 경외감을 가지고 있다. 셰럴이 말했다. 「클린턴을 지금의 그로 만들기 위해서 우리가 한 것은 아무것도 없어요. 그럼 나는 뭘 했냐고요? 그에게 사랑을 주었어요. 그게 전부예요. 며칠 전에는 사회적으로 우리보다 훨씬 높은 지위에 있고, 교육도 훨씬 많이 받은 어떤 부부가 전화해서 소인 자녀를 양육하는 것이 감당이 안 된다고 하소연했어요. 그들은 텍사스에서 정치계에 종사하는 사람들이었고, 소인 자녀가 낙인이 되어 그들에게 피해를 줄 거라고 생각했어요. 그래서 아기를 포기하고 입양을 보내기로 했다고 하더군요. 하지만 그건 단지 구실에 불과해요. 그들은 원래부터 그렇게 할 생각이 있었던 거예요. 그런 선택은 애초에 내가 하고자 했던 선택과 정반대였어요. 며칠 전 클린턴이 집에 와서 말했어요. 〈엄마, 오늘 맨해튼에서 지팡이를 든 맹인 남자를 보았어요. 사람들이 그 옆을 급하게 오가는데 그는 혼자였어요. 나는 불쑥 눈물이 날 것 같았고 그 사람이 너무 안쓰러워서 그에게 가야 할 목적지까지 안내해 주겠다고 했죠.〉 클린턴은 마음속에 항상 그런 등불을 갖고 있었어요. 그리고 우리는 그 등불을 맨 처음 본 운 좋은 사람들이죠.」

아직까지 관련 유전자가 발견되지 않은 희귀한 유형의 소인증도 많지만, 주된 유형의 소인증인 경우 유전자의 위치가 확인되었고 해당 유전자들 중 상당수가 서로 밀접한 연관이 있는 것으로 드러났다.[107] 예를 들어, 연골 형성 부전증은 대부분의 경우 제3섬유아세포 성장 촉진 인자 수용체 FGFR3의 우성 돌연변이에 의해 발생한다. FGFR3의 또 다른 돌연변이는 상대적으로 가벼운 연골 형성 부전증을 유발한다. 마찬가지로 동일 단백질의 또 다른 돌연변이는 치명적인 골격계 이형성증인 치사성 이형성증을 초래한다. 연골 형성 부전증이 우성이기 때문에 둘 다 연골 형성 부전증인 소인 부부가 아이를 갖는 경우 그 아이가 소인일 확률은 50퍼센트이고, 평균 신장일 확률은 25퍼센트, 이중(二重) 우성인자를 보유할 확률도 25퍼센트이다. 이중 우성인자를 보유한 아이들은 대체로 유아기에 사망한다. 그 밖에도 수많은 골격계 이형성증 환자가 출생과 동시에, 또는 직후에 목숨을 잃는다.[108] 연골 형성 부전을 유발하는 유전자의 발견으로 의사들은 해당 질환의 기제를 보다 깊이 이해하게 되었고, 그 결과 출산 이전에도 이중 우성인자에 대한 진단이 가능해지면서 예비 부모들은 결국 태아의 사망이라는 비극적인 결말로 끝날 것이 분명한 임신에 직면해서 낙태를 선택할 수 있게 되었다. 하지만 동일 과정은 사람들에게 연골 형성 부전증이 있다는 것만 제외하면 건강한 태아에 대해서도 선택권을 제공했다.

　이중 우성인자를 가진 유전자는 1994년 존 바스무트John Wasmuth에 의해 발견되었다. 이 발견을 필두로 선천성 척추골단 이형성증, 가성 연골 무형성증, 변형성 소인증 등을 유발하는 유전자들이 속속 발견되었다.[109] 바스무트는 자신의 발견이 자칫 악용될까 봐 걱정했다. 그는 연구 결과를 발표하는 기자 회견장에 LPA의 간부들을 대동했다. 그날 기자 회견장 단상에 바스무트와 함께 있었던 레슬리 스나이더의 회상에 따르면, 그는 〈자신의 발견이 암시하는 바를 알았고, 그 소식이 발표되는 바로 그 순간에 그와 함께 단상에 서 있는 우리─행복하고, 건강하고, 장성한─를 세상에 보여 주고 싶어 했다〉. 바스무트는 유전자 검사가 오직 이중 우성인자를 확인하는 용도로만 사용되어야 한다는 견해를 밝혔다.[110] 소인증이 희귀한 증상이기 때문에 표준 유전자 검사에서는 소인증에 관련된 검사를 하지 않는다. 하지만 IVF, 즉 체외수정이나 양수 천자, CVS(융모막 채취) 등의 시술을 이용하는 사람들은 연골 형성 부전증 검사나 착상 전 검사를 요청할 수 있다. 대부분의 경우에 소인증은 초음파 검사를 통해서 임신 말기에 발견된다. 최근 설문 조사에서는 응답자 중 4분의 1이 자신의 아이가 소인으로 태어날 것이 예상되는 경우 낙태를 선택하겠다고 대답했다. 더욱 놀라운 점은 설문 조사에 참가한 의료 전문가들 중에서 동일한 선택을 하겠

다고 대답한 사람이 50퍼센트가 넘는다는 사실이다.[111]

  그 이후로 유전자 검사의 문제점은 소인들 사이에서 뜨거운 논란의 대상이 되어 왔다. 유전자 검사를 해서 보통 키를 가진 아이가 태어날 것 같으면 아이를 지우고 소인 아이만 낳겠다는 뜻을 밝힌 부부도 등장했다.[112] 매사추세츠 대학의 다르섹 생하비Darshak Sanghavi 박사는 그러한 선택을 하는 것도 소인의 권리라고 옹호하면서 〈대다수 부모들은 자신과 비슷한 아이가 태어나면 가족 간의 유대나 사회적인 유대가 강화될 거라는 감상적인 믿음을 갖고 있다〉[113]고 썼다. LPA의 권익 옹호 위원회 의장인 베티 아델슨과 조 스트라몬도 「뉴욕 타임스」에 보낸 편지에서 그 같은 요구를 거부하는 의사들이야말로 〈강압적인 우생학을 적극적으로 실천하고 있는 셈이다〉라는 입장을 전달했다.[114] 한 소인 부부는 오로지 이중 우성인자를 가진 아이를 피할 목적으로 착상 전 유전자 검사를 의뢰했음에도, 여러 병원에서 〈건강한〉 임신을 지원하고 있으며 소인증이 없는 배아만 착상시킬 거라는 말을 들었다고 설명했다.[115] 본인도 연골 형성 부전증이 있고 남편도 마찬가지인 캐럴 깁슨은 〈나를 닮게 될 아이를 가질 수 없다고 말할 자격이 있는 사람은 아무도 없다. 그렇게 말하는 것은 정말 주제넘은 짓에 불과하다〉[116]고 주장했다. 이런 논쟁에 지친 많은 소인들은 개발도상국에서 친부모에게 거부당하기 일쑤인 소인 아이를 입양하는 방법을 선택한다.

  지니 푸스와 그녀의 남편에게는 연골 형성 부전증을 앓는 두 명의 자녀가 있다.[117] 한 명은 친자녀이고 다른 한 명은 입양했다. 지니가 말했다. 「가장 끔찍한 악몽은 우리 친아들이 내게 〈엄마 잘못이에요〉라고 말하는 거예요. 남편이나 나였다면 부모에게 그런 말을 할 수 없을 거예요. 우리 부모 세대에는 소인 자녀가 태어나는 것이 단순한 우연이었기 때문이죠. 하지만 우리 아들이 〈엄마는 유전자 검사에 대해 알았고 사전에 검사도 했으면서 나를 소인으로 만들었잖아요〉라고 말한다면 우리는 할 말이 없을 거예요.」 지니와 그녀의 남편이 소인 아이를 입양하기로 한 데는 이유가 있었다. 그녀의 설명이다. 「나는 소인증이 육체뿐 아니라 정신에도 영향을 준다고 생각해요. 소인들 사이에는 그들이 동성 친구든, 평생의 반려자든, 또는 다른 변형된 관계든 상관없이 즉각적인 유대가 존재해요. 남편을 처음 만났을 때 우리에게는 신체적인 특징 그 이상의 어떤 공통점이 있었어요. 인생 경험이었죠. 남편은 한참 내전 중이던 베이루트에서 자란 반면에 나는 보스턴에서 자랐기 때문에 우리는 성장 환경이 무척 달랐어요. 그럼에도 단지 소인이라는 이유로 우리에게는 비슷한 구석이 있었죠.」

많은 소인들이 충만하고 풍요로운 삶을 산다. 그리고 대체로 소인증은 장애라기보다 불편인 듯 보인다. 한편 의학계는 결코 만만치 않은 도전에 직면하고 있다. 출산 전 진단이 증가하는 추세와 관련해 사람들은 상대적으로 부유한 부모는 고가의 검사를 선택하는 반면 가난한 부모는 소인 아이라도 무조건 낳는 수밖에 없기 때문에 그로 인해 심각한 인구학적 불균형이 초래될 수 있다는 우려를 나타냈다.[118] 연골 형성 부전증을 가진 인권 운동가 톰 셰익스피어는 BBC 라디오와의 인터뷰에서 이런 현안들을 언급하면서 〈나는 장애에 대해 모순된 감정을 가졌다. 나는 장애가 비극─전통적인 관점─이라고 생각하지 않는다. 그렇다고 비극과 전혀 무관─장애를 바라보는, 어떤 면에서, 급진적인 관점─하다고 생각하지도 않는다. 나는 장애를 하나의 곤경이라고 생각한다〉[119]고 말했다. 그는 출산 전 검사를 통해 임신을 하거나 피하려고 하는 데 따른 문제들도 지적했다. 요컨대 자신이 소인 아이를 갖게 될 거라는 사실을 일찍 알았을 때의 장점은 예비 부모가 그 사실을 받아들이고, 만약 슬픔이 그 부모가 느끼는 감정 중 하나라면 출산 전에 그 같은 슬픔을 갈무리하거나 아니면 낙태를 선택할 수 있다는 점이다. 반면에 몰랐을 때의 장점은 선택의 문제가 부모에게 끔찍하고 엄청난 중압감을 부과할 수 있다는 측면에서 예비 부모들이 그 같은 짐을 짊어지지 않아도 된다는 점이다.

유전자 검사 문제와 관련해 LPA에서는 성명을 통해 그들의 입장을 밝혔는데 여기에 그 일부를 소개한다. 「우리 소인은 생산적인 사회 구성원이며, 비록 우리가 여러 가지 문제에 직면하고 있지만 그 문제들 대부분은 (다른 장애를 가진 사람들의 경우와 마찬가지로) 환경적인 문제이며, 소인만의 독특한 관점으로 사회의 다양성에 기여할 수 있는 기회를 우리가 무척 중요하게 여긴다는 사실을 세상에 알려야 한다. LPA의 구성원들은 공통적으로 자아 수용과 자긍심, 공동체 의식, 문화 의식을 갖고 있다.」[120] 소인이면서 LPA에서 이 성명서를 만든 유전학 전문 상담사 에리카 페이즐리 Ericka Peasley는 유전자 정보가 인간의 다양성을 없애는 데 이용되지 않기를 바라는 희망을 강조했다. 그녀가 말했다. 「치명적인 질병인 경우에, 결국에는 아기가 죽게 될 거라는 사실을 알면서 10개월 내내 임신 상태를 유지하도록 강요하기보다 가족들에게 조기에 결정할 수 있는 기회를 주는 것은 정말 현명한 처사예요. 하지만 우리는 연골 형성 부전증이나 그 밖의 독립적으로 생존이 가능한 골격계 질환이 있는 사람들도 건강하고 생산적인 삶을 살 수 있다고 생각해요. 아울러 낙태를 선택하는 사람들의 권리에 이의를 제기하려는 것은 아니지만, 아이가 오래 살지 못할 거라는 이유만으로 낙태를 선택하는 것은 현명한 판단이 아닐 수 있다는 인식을 심어 주고 싶어요.」[121] 오늘날에는 진단 과정에서 유전자 검사가 일반적으로 행해지고 그 결과 가족들은 그들이 무엇을 기대하고, 무엇을 해야 하는지 알 수 있게 되었다. 예를 들어, 모르쿠오 증후군이 있는 아이는 시력과 청력의 퇴화가 있는지 세심하게 관찰될 필요가 있다.[122] 가끔은 이런 아이들 중에 목을 가누지 못하는 아이도 있는데 그런 경우 위쪽에 있는 척추뼈 몇 개를 연결하면 척추 신경이 심각하게 훼손되는 문제를 예방할 수 있다. 너무 조기에 활성화되어 뼈가 자라지 못하도록 해서 연골 형성 부전증을 유발하는 유전자를 비활성화하는 방법을 연구하는 학자들도 있다. 그들의 연구가 해당 유전자를 없애지는 못하겠지만 활동성을 억제함으로써 해당 유전자의 표현성을 근절할 수는 있을 것이다.[123]

「뉴욕 타임스」에 기고한 글에서 버지니아 헤퍼넌은 소인증을 〈소중한 유산, 즉 낙인이자 장애인 동시에 자긍심의 원천이며 복잡하고, 권위적이고, 지극히 독점적인 문화의 구성원이 되기 위한 전제 조건이며 청각 장애와 유사한 하나의 특징〉[124]이라고 설명했다. 에리카 페이즐리가 말했다. 「어릴 때는 소인으로 살고 싶지 않다는 생각을 한 적이 없었어요. 다만 사람들이 왜 그런 식으로 나를 쳐다보는지 이해가 되지 않았고 끊임없이 상처를 받았죠. 나이가 들면서 목에 문제가 생겼고 그로 인해서 만성 통증이 생겼어요. 우리는 이제 연골 형성 부전증이 있는 경우 수명도 감소한다는 사실을 알아요. 당신은 이런 독특한 소인의 시각을 세상에 보태는 일이 과연 지금의 이런 질환과 함께 올 수 있는 실질적인 장애나 고통보다 더 중요한지 알고 싶을 거예요. 우리 중 누군가는 수술과 고통이 없고 단지 키만 작을 뿐이라면 얼마든지 소인으로 살겠다고 이야기할지도 몰라요. 하지만 소인으로 산다는 것은 그 모든 장애와 고통을 떠나서 생각할 수 없어요. 전부가 아니면 아무것도 아닌 셈이죠.」

뉴욕에 사는 프랑스 여성 모니크 뒤라스는 그녀의 러시아인 남자 친구 올레그 프리고프와 함께 임신 5개월 차에 초음파 검사를 받으러 갔다.[125] 당연히 아무 이상도 없을 거라고 생각했고, 검사도 5분이면 될 거라고 예상했다. 당시를 회상하며 모니크가 말했다. 「우리는 아들인지 딸인지 알려고 기다렸고, 어떻게 되어 가는지 묻자 직원이 말했어요. 〈담당 의사에게 직접 확인하세요.〉 마침내 의사를 만났을 때 그 의사는 아이의 팔다리와 머리 크기가 균형이 맞지 않는다고 설명하더군요. 그럼에도 그다지 진지한 경고는 아니었어요.」 모니크의 담당 산부인과 의사는 전문 기관에서 추가로 초음파 검사를 받아 보라고 제안했고, 그들이 초음파 검사를 받기 위해 찾아간 의사도 태아의 머리가 크다는 사실을 확인했다. 하지만 올레그도 머리가 무척 크다는 사실을 확인한 그 의사는 여름휴가 잘 보내라며 그들을 안심시켰다.

그들이 여름휴가에서 돌아왔을 때 모니크는 임신 7개월째가 되었다. 그녀의 산부인과 의사가 재차 초음파 검사를 제안했고 이번에는 다른 의사가 검사를 진행했다. 그 의사는 부부에게 유전학 상담 전문가를 소개해 주면서 아이에게 골격 이형성증이 있을 가능성이 있다고 설명했다. 모니크가 말했다. 「나는 전문 의학 용어를 사용하는 그녀에게서 약간 냉정하면서도 무척 낯선 느낌을 받았어요. 별안간 수많은 걱정이 나를 무겁게 짓누르는 것 같았죠.」 유전학 전문 상담사가 말했다. 「아이에게 문제가 있다는 것이 나쁜 소식이라면 좋은 소식도 있어요. 문제가 무엇인지 우리가 정확히 알고 있다는 겁니다. 연골 형성 부전증은 매우 보편적인 소인증의 유형이고, 소인증을 유발하는 다른 질환과 비교해서 합병증도 거의 없어요. 그럼에도 뇌수종이나 경부 수질 압박, 척주관 협착증, 억제성 폐 질환과 폐색성 폐 질환, 중이염, 경골 만곡증 등의 위험은 있습니다.」 모니크는 거의 기절할 것 같았다. 그녀가 내게 설명했다. 「나는 그런 사실을 직시하고 싶지 않았어요. 그 즈음에는 이미 임신 8개월째였죠. 나는 〈이 모든 연구들이 하나같이 다 싫어. 차라리 아무것도 몰랐더라면 좋았을 텐데〉라는 생각이 들었어요. 한편으로는 〈좀 더 일찍 알았더라면〉 하는 생각도 들었어요. 나를 담당했던 산부인과 의사는 어떠한 조언도 해주려고 하지 않았어요. 다시 말해서 전혀 도움이 되지 않았다는 뜻이죠. 그녀는 내게 LPA를 찾아가 보라고 했어요. 그녀가 한 말은 그게 전부였죠.」

모니크는 프랑스에서 알고 지냈던 의사들에게 조언을 구했다. 「하나같이 그들은 피할 수 있는 문제를, 골칫거리를, 차이를 떠안지 말라고 말했어요. 그들은 우리가 낙태를 해야 한다고 생각했죠.」 뉴욕의 유전학 전문 상담사가 그들에게 유전학적 배경 지식을 갖춘 심리학자를 소개했다. 「그 심리학자는 내가 어떤 선택을 하든지 언제고 후회하는 순간이 있을 거라고 말했어요. 그 말이 내 반발심을 크게 자극했어요. 〈나는 결코 후회할 결정을 하고 싶지 않아〉라고 생각했죠. 그 점만큼은 지극히 명백했고, 매우 확고한 생각을 갖고 있었어요.」

낙태 가능성에 대해서 올레그가 말했다. 「우리 가족의 경우에는 의문의 여지도 없었어요. 우리 가족은 러시아 정교회에서 가톨릭으로 개종했고 신앙심이 깊었어요. 어머니가 모스크바에서 팩스를 보내 다시 생각해 보라고 하시더군요. 하지만 모니크한테는 말하지 않았어요. 이 문제를 결정할 사람은 어머니가 아니었기 때문입니다.」 모니크가 말했다. 「올레그는 다른 사람들이 어떻게 생각하든 상관하지 않아요. 반면에 나는 모든 사람의 의견을 알고 싶어 해요. 사람들의 의견을 꼼꼼히 들어 보고 그다음에 선택을 하죠. 그것이 내가 매사를 처리하는 방식이에요. 그리고 마침내 우리는 낙태를 선택했어요. 프랑스에서는 임신 개월 수에 상관없이 언제든 낙태를 할 수 있어요. 나는 뉴욕을 떠나 가족들과 보다 가까이 있을 필요가 있었어요. 그들은 이 아기를 낳는 것에 반대했고 내게는 그들의 지지가 필요했어요.」

마침내 올레그와 모니크는 프랑스로 건너갔고, 모니크의 고향인 리옹의 한 병원을 방문했다. 그들은 프랑스 중동부에서 복잡한 출산 전 유전학 문제를 전담하다시피 하는 시니어 의사와 약속을 잡았다. 모니크가 말했다. 「그녀는 경험이 무척 풍부했고, 그녀를 만난 사람들은 거의 대부분 낙태를 선택했어요. 우리는 자리에 앉아 그녀와 이야기를 시작했고 조금 있자 한 조수가 수술에 필요한 서류들을 잔뜩 들고 왔어요. 그런데 그 순간에 갑자기 이런 생각이 들었어요. 〈내가 여기서 무슨 짓을 하고 있는 거지?〉 몸이 떨렸어요. 의사가 〈하고 싶지 않은데 꼭 해야 할 이유는 없어요〉라고 위로했죠. 나는 더럭 겁이 났어요. 올레그가 〈아이를 낳고 싶다면 그렇게 해요. 괜찮아요〉라고 말했어요. 나는 낙태를 하기 바로 직전까지 가서야 내가 진정 어떻게 하기를 원하는지 깨달았어요. 불현듯 내가 아이를 낳게 될 거라는 사실이 분명해졌어요.」 모니크는 이 이야기를 하는 내내 눈물을 흘렸고 이야기가 끝날 즈음에는 미소를 짓기 시작했다. 그리고 〈갑자기 무척 분명해졌죠〉라는 말을 되풀이했다.

모니크와 올레그는 뉴욕에 있는 집으로 돌아갔다. 「그때부터 우리는 연골 형성 부전증에 관해 우리가 배울 수 있는 모든 것을 배우기 위해 시간과 싸웠어요.」 그들은 친구의 친구인 리사 헤들리와 그녀의 딸 로즈를 만났다. 모니크가 말했다. 「이제는 우리가 의도적으로 시작한 것이기 때문에 심지어 정형외과적인 문제나 다른 합병증이 존재한다는 사실을 알았을 때조차 전혀 두렵지 않았어요. 우리를 상담했던 그 심리학자가 틀렸어요. 나는 내 결정에 대해 후회하지 않았어요. 물론 그 당시에는 내게 선택권이 없기를 바랐어요. 하지만 지금은 선택권이 나에게 있었다는 사실이, 우리에게 이 아이가 생긴 것이 단순히 내게 닥친 어떤 사건이 아니라 내가 내린 긍정적인 결정의 결과라는 사실이 얼마나 기쁜지 몰라요.」

내가 모니크와 올레그를 처음 만난 것은 아나톨이 네 살 때였다. 모니크가 말했다. 「우리는 아나톨에게 그 아이와 비슷한 소인 동생을 만들어 주려고 했어요. 하지만 그럴 수 없었죠. 아나톨에게 소인증이 생긴 것은 단순한 우연이기 때문이에요. 어쨌거나 우리는 아나톨이 이를테면 이방인처럼 외로움을 느끼지 않도록 하기 위해서 노력해야 해요. LPA하고도 접촉할 계획인데 그들과 인간적인 관계가 만들어질 경우 계속해서 관계를 지속시켜 나갈 거예요.」 모니크는 프랑스의 의술을 신뢰하는 열렬한 애국자다. 사회적인 환경과 관련해서는 미국에 대해서도 마찬가지다. 그녀와 올레그는 아나톨을 데리고 자주 존스 홉킨스 병원의 소인 정형외과 의사 마이클 에인 박사를 찾는다. 모니크가 말했다. 「롤모델로서 그를 만나는 것은 아나톨에게 유익하다고 생각해요.」 그녀는 에인 박사의 환자들이 거의 뚜렷이 구별되는 소인들이라는 점과, 에인 박사가 어쩌면 그들이 의뢰하게 될지도 모를 수술에 매우 정통하다는 점도 좋아한다. 그녀는 아나톨이 장애가 있는 친구와 장애가 없는 친구를 모두 사귈 수 있는 기회를 모색하는 중이다.

모니크가 말했다. 「나는 차이를 장점으로 개발하는 데 관심이 많아요. 아나톨에게도 바로 그 부분에 대해 많은 이야기를 할 거예요. 〈좋아, 너는 남들과 달라. 어떻게 해야 그 점이 네게 이득이 되게 할 수 있을까?〉 나는 아나톨의 체격이, 무척 작은 그 모습이 좋아지기 시작했어요. 아나톨이 〈나는 키도 크고 힘도 센 사람이 되고 싶어요. 스파이더맨처럼요〉라고 하더군요. 나는 〈아나톨, 너는 스파이더맨이나, 엄마나 아빠처럼 키가 크지는 않을 거야. 그렇지만 힘도 무척 세고 키도 무척 작은 사람이 될 수 있단다〉라고 말했어요. 그러자 그가 말했죠. 〈나는 다르고 싶지 않아요.〉 나는 〈그래, 이제부터가 시작이로구나〉라는 생각이 들었죠.」 유럽의 많은 곳에서는 여전히 집단적이고 동질적인 특성이 중요한 정체성으로 간주된다. 이를테면 가톨릭이나 프랑스인, 백인처럼 말이다. 반면에 차이는 가능한 한 피하고 싶은 대상이다. 사지 연장술이 유럽 남부에서 특히 인기가 많았다는 사실은 놀라운 일이다.[126] 모니크가 말했다. 「나는 어떤 한 훌륭한 학교에서 발행한 인쇄물을 보고 있었는데 끝부분에 이런 문구가 있더군요. 〈우리는 장애가 있는 아이들을 환영합니다.〉 프랑스 학교에서는 절대로 볼 수 없는 문구예요. 단언컨대 뉴욕은 가장 살기 좋은 도시이고 아울러 지금이 최고의 황금기예요. 만약 내가 우리 할머니, 할아버지 세대였다면 소인의 부모로 살고 싶지 않았을 거예요.」

프랑스에 사는 그녀의 가족과 모니크 사이에는 여전히 벽이 존재한다. 모니크의 설명이다. 「그곳에서는 미학적인 부분이 무엇보다 중요해요. 어머니는 여전히 〈불쌍한 아나톨〉이라는 식으로 생각해요. 나는 어머니가 아나톨을 사랑한다는 것을 알아요. 그럼에도 어머니가 보기에는 내 삶 전체가 너무 이상한 거예요. 내 선택을 존중하지만 이해는 할 수 없는 거죠. 그런 연유로 내가 꾸린 가정은 나를 낳아 준 가족으로부터 나를 멀어지게 만들었어요.」

나는 몇 년 뒤에 당시 거의 일곱 살이던 아나톨과 소인으로 사는 것에 관한 이야기를 나누었다. 아나톨에게는 이제 막 그보다 키가 커진 남동생이 있었다. 나는 그 문제로 혹시라도 아나톨이 힘든 시기를 보내고 있는지 궁금했다. 그가 잠시 생각하고 나서 대답했다. 「아니에요, 내 손이 닿지 않는 물건들을 동생이 대신 꺼내 줄 수 있어서 좋아요.」 하지만 그는 동생과 같이 사용하는 방에서 자신이 이층 침대의 위쪽을 사용하는 것에 상당한 자부심을 보였고 학교에서 자신이 얼마나 앞서 있는지 설명했다. 모니크가 말했다. 「아나톨은 요령이 있어요. 게다가 꽤 독립적이죠. 다른 아이들도 당신이 생각하는 것보다 무척 친절해요. 가끔 놀리는 경우도 있지만요.」 그녀가 웃었다. 「하지만 아나톨은 착한 아이고 사람들한테서 호감을 이끌어 내는 능력이 있기 때문에 어쩌면 그 아이의 삶이 우리가 걱정하는 것처럼 그렇게 힘들지 않을 것 같기도 해요.」

소인에게는 체형이 곧 기능이다. 그들의 육체적인 능력은 체형에 의해서 결정된다. 소인들은 두 가지 문제에 대해 불만을 제기한다. 사람들이 그들을 바라보는 태도의 문제와, 세상이 그들의 키에 맞춰져 있지 않은 문제다. 그리고 ELL 즉 확장된 사지 연장술을 둘러싼 논쟁만큼 이 두 가지 문제가 뒤죽박죽인 곳도 없다. 이 시술은 성장이 가장 왕성한 나이에 시작된다. 일반적으로 여덟 살에서 아홉 살 사이다. 시술을 받는 아동에게 진정제가 투여된 상태에서 하퇴골에 약 4센티미터 간격으로 금속제 나사못이 삽입된다. 살 안쪽에 있는 뼈 형태가 겉에서도 잘 보이게 하기 위함이다. 그다음에는 양쪽 하퇴골을 각각 10조각 정도로 부러뜨린다. 무릎 아래로는 뼈가 더 이상 제구실을 할 수 없기 때문에 다리 바깥쪽에 커다란 죔쇠가 부착되어 돌출된 나사로 고정된다. 대략 한 달 후에는 실제로 뼛조각들이 서로를 향해 자라면서 뼈가 붙기 시작한다. 그리고 이 뼛조각들이 거의 서로 맞닿을 즈음에 죔쇠를 조정해서 뼛조각들을 다시 떼어 놓고 다리를 늘린다. 뼈가 부러진 상태로 계속 유지되는 것이다. 이 과정이 대략 2년 동안 정기적으로 반복되면서 뼈는 끝없이 부러졌다 붙었다를 되풀이하고 인대와 근육, 신경이 계속 늘어난다. 무릎 아래쪽이 완전히 치료되면 그다음에는 하완과 대퇴부, 상완 순으로 동일한 과정이 반복된다.[127] 사지 연장술을 받는다는 것은 아동기의 끝 무렵부터 사춘기의 대부분을 온몸의 섬유질이 산산이 절단된 상태로 엄청난 고통 속에서 보내야 한다는 의미다. 즉 치료가 진행되는 내내 몸을 감싸고 있는 거대한 쇠붙이와 팔과 다리에 돌출되어 있는 금속 나사들과 함께 몇 년을 지내야 한다는 뜻이다. 그렇지만 그 효과는 확실하다. 사지 연장술을 받음으로써 키가 35센티미터는 더 커질 수 있기 때문이다. 키가 117센티미터인 것과 152센티미터인 것 사이에는 엄연한 차이가 있다. 그리고 그 차이 때문에 괴물처럼 보일 수도 있고, 보통 사람처럼 보일 수도 있다. 사지 연장술은 보통 8만 달러에서 13만 달러의 비용이 든다.[128]

ELL은 성형을 위한 의료 행위인 동시에 기능을 위한 의료 행위이다. 그럼에도 ELL을 선택한 사람들 중 상당수는 이 시술의 성형적인 측면에 관한 논의를 기피한다. 회의론자들은 ELL이 복잡하고 고통스러울 뿐 아니라 심각한 부작용도 많고, 시술을 받지 않아도 소인들이 사회에서 제 역할을 비교적 잘해 낼 수 있다는 점을 감안할 때 불필요하다고 주장한다. 인공 와우 이식 수술에 반대하는 사람들과 마찬가지로 ELL에 반대하는 사람들은 수술 그 자체가 그들에게 치료를 받을 필요가 있는 상태임을 암시하는 낙인을 찍을 수 있다는 이유로 시술에 반대한다.

정치적인 견해와 의학적인 견해를 구분하기가 굉장히 어려울 때가 종종 있다. ELL 수술을 받은 사람들은 ELL에 대해서 대체로 좋게 이야기하는 경향이 있으며, 이 수술이 자존감을 높여 준다고 주장하는 연구 논문도 꽤 있다. ELL 수술을 받은 한 소인이 설명했다. 「항상 위를 보고 있는 자세는 힘들어요. 목에 무리가 갈 뿐 아니라 정신 건강에도 해로워요.」 이 같은 반응은 ELL과 관련해 자기만족적인 뉘앙스를 풍긴다. 짐작컨대 수술을 선택한 사람들은 자존감을 높일 필요가 있었고 그래서 수술을 받았을 것이다. 여기에 더해서 그들이 몇 년에 걸친 오랜 세월을 헌신한 시술을 하찮게 말하기도 어려울 것이다. 그럼에도 이 수술을 가장 맹렬하게 반대하는 사람들 중 일부는 해당 수술을 받고 나서 합병증을 겪은 사람들이다.

LPA 내에서도 2002년 전국 대회에 ELL 분야에서 미국을 선도하는 외과의 드로 페일리Dror Paley 박사를 초빙하기로 했다가 회원들의 반대로 결정을 번복하는 과정에서 이 문제를 둘러싼 갈등이 구체화되었다.[129] 어릴 때 사지 연장술을 시술받고 노골적인 지지자가 된 질리언 뮐러는 〈초보 부모들이 할 수 있는 가장 중요한 일은 그들의 아이를 받아들이고, 그 아이가 자기 자신을 받아들이도록 가르치는 것이다. 자녀에게 자신이 나이가 들면 부모가《고쳐》줄 병이 있다고 믿으면서 자라게 해서는 안 된다〉[130]고 주장했다. 그러나 한편으로는 그 수술이 사람들에게 키가 작아 생기는 불이익을 당하지 않고 살도록 도와줄 수 있다고 말한다. 그녀는 자신이 시술을 받은 것에 매우 만족한다. LPA의 한 간부가 말했다. 「우리는 수술받을 당사자가 진정한 대화를 나눌 수 있는 나이가 될 때까지, 스스로 판단할 수 있는 나이가 될 때까지 기다려야 합니다. 그리고 그들에게 어떤 결정을 내리기 전에 먼저 심리학자를 만나서 수술에 대한 솔직하고 광범위한 대화를 해보라고 조언해야 합니다.」[131] 하지만 인공 와우 이식 수술의 시기를 늦추어야 한다는 주장과 마찬가지로 이 주장에는 심각한 약점이 있다. 해당 수술이 자연스러운 성장이 진행되는 시기, 즉 아동기가 끝나 갈 무렵부터 사춘기 초기에만 가능하다는 점이다. 다시 말해서 언어 습득은 끝났지만 완전히 성숙해지기에는 너무 이른 시기라는 점이다.

어떤 의사들은 사지 연장술이 소인증으로 인한 척추 질환과 그 밖의 정형외과적인 문제를 예방하는 데 도움이 될 수 있다고 주장했고, 이는 시급한 논의가 필요한 주제다.[132] 그동안은 딸에게 ELL 수술을 시킬 생각이 없었던 댄 케네디가 자신의 솔직한 속내를 밝히며 이렇게 썼다. 「사지 연장술은 상완이 길어지는 효과 자체만으로도 소인에게 상당한 이점을 제공한다. 〈화장실에서 자신의 엉덩이를 스스로 닦을 수 있다는 사실보다 더 중요하게 생각될 만한 것이 과연 무엇이 있겠는가?〉」[133] ELL 수술을 선택하는 사람들의 사정이 모두 다르기 때문에 수술에 따르는 위험과 보상을 일반화해서 말할 수 없다. 아울러 ELL이 비교적 새로운 기술인 까닭에 장기적으로 어떠한 결과가 도출될지도 불명확하다. 다른 정형외과 수술에 비하면 합병증 발생률─가벼운 합병증부터 심각하고 영구적인 합병증에 이르기까지─도 높다.[134] ELL 수술을 받지 않더라도 이 수술이 대상으로 삼는 소인들은 다양한 정형외과적 문제들에 직면하는데, 해당 수술을 받음으로써 그렇지 않아도 어려운 상황이 더욱 악화될 수 있다.

어떤 아이들은 자신의 차이를 호의적으로 쉽게 받아들이는 것 같다. 하지만 어떤 아이들에게는 그 차이가 거의 참을 수 없는 대상이 되기도 한다. 마찬가지로, 자신의 아이가 자신과 다르다는 사실을 극복할 수 있는 부모도 있지만 그렇지 않은 부모도 있다. 아홉 살의 나는 동성애자가 되지 않을 수 있다면 어떤 대가라도 지불했을 것이고, 내 병을 치료해 줄 수 있는 사지 연장술 같은 수술이 있었다면 결코 마다하지 않았을 것이다. 마흔여덟 살이 된 지금에는 스스로 내 몸을 손상시키지 않았다는 것이 정말 다행스럽다. 요는 아홉 살 때 가졌던 편견 중에서 무엇이 시간이 흐르면서 바뀔 아홉 살짜리 편견인지, 또는 어른이 될 때까지 지속될 진정한 속마음인지 아는 것이다. 부모의 태도가 아이의 사고방식을 결정짓는 경우가 비일비재하기 때문에 의사는 그런 표막을 꿰뚫어 보려고 노력해야 하고, 해당 수술을 받게 될 당사자의 이해관계를 명확히 볼 줄 알아야 한다. 한 어머니가 내게 말했다. 「내 딸은 자신이 소인이라는 사실을 무척 혐오했어요. 우리가 집에 초대한 소인들을, 사랑스러운 그 사람들을 가리키면서 〈저 사람들처럼 되느니 차라리 죽겠어요. 그들은 괴물이에요. 나는 그들이 싫어요〉라고 말했죠. 그녀는 그들 세계의 일원이 되길 원하지 않았어요. 우리는 그녀의 생각을 바꾸려고 무척 노력했어요.」하지만 그녀의 딸은 단호했고, 사지 연장술을 시술받고 만족했다. 아동에게 행해지는 선택적 수술에 관한 글을 쓰면서 의료 윤리학자 아서 프랭크Arthur Plank는 『헤이스팅스 센터 보고서*Hastings Center Report*』에서 〈치료 가능성은 치료할 것인가 말 것인가 하는 문제를 피할 수 없게 만든다〉[135]라고 주장했다.

치료를 위한 수술은 절제술에서 유래했다. 그리고 이러한 수술의 확장된 모델이 현대적인 의료 개입이다. 정형외과 수술에 관한 묘사가 등장하는 것은 고대 그리스 시대까지 거슬러 올라가지만 정형외과 수술이라고 인정할 수 있는 수준의 수술이 활용되기 시작한 것은 18세기의 프랑스 외과 의사 니콜라 앙드리Nicolas Andry에 의해서였다.[136] 잘 알려진 대로 미셸 푸코는 그의 저서 『감시와 처벌*Discipline and Punish*』 도입부에서 박해의 모델로 앙드리의 『정형외과학*Orthopaedia: or, the Art of Correcting and Preventing Deformities in Children*』(1743)에서 가져온 이미지를 사용했다. 그 이미지는 단순히, 곧은 말뚝에 묶여 있는 휜 나무만을 보여 준다. 푸코는 ELL을 사회가 순응을 강요하면서 가하는 일종의 고문이라고 여긴 듯 보인다. 세상이 소인을 더 많이 포용하도록 만드는 일은 숭고한 소명일지 모른다. 그렇지만 소인을 세상에 맞추는 편이 훨씬 쉽다. 문제는 세상을 수용하는 소인들 때문에 사회적인 불평등이 심화되고 있는가, 과연 그들에게 세상이 소인들을 포용하도록 압력을 가하기 위해 수술을 거부해야 할 도덕적인 의무가 있는가 하는 것이다. 개인적으로 만족스러운 삶을 살고자 하는 소인에게 이러한 요구는 너무 지나친 것일 수 있다.

인간 성장 호르몬HGH은 골격계 이형성증이 있는 사람들의 키가 더 자라게 해주지는 않지만, 뇌하수체 소인증이 있는 사람들 사이에서는 오랫동안 사용되어 왔다. 최근에는 키가 충분히 크지 않아서 더 크고 싶은 일반인이나, 자녀가 키가 작아서 사회적 불이익을 당하지 않도록 하려는 부모를 둔 일반인들 사이에서 인간 성장 호르몬이 미적인 용도로 사용되는 경우가 급격히 증가했다. ELL과 마찬가지로 이런 호르몬요법은 성장기에, 일반적으로 10대 초반에 행해져야 한다. 정상적으로 작동하는 뇌하수체 시스템 안에서 호르몬요법이 효과가 있는지는 논란의 여지가 있지만 몇몇 연구에 따르면 추가로 10센티미터는 더 클 수 있다고 한다. 최근에 FDA는 〈이유를 알 수 없는 저신장증〉에 대해, 예컨대 성장이 끝난 시점의 키가 남자는 157센티미터, 여자는 147센티미터 이하인 경우에 성장 호르몬인 휴마트로프를 사용할 수 있도록 허용했다.[137] 당연한 이야기지만 어떤 사람의 키가 최종적으로 얼마가 될지는 커 봐야 알 수 있다. 하지만 그때 가서 휴마트로프를 사용하기에는 너무 늦기 때문에 이 모든 과정은 통계와 추측을 기반으로 한다. 결정적인 성장기에 맞추어서 휴마트로프로 치료하는 데 드는 비용은 1만 2천 달러에서 4만 달러 사이다. 일부 부유한 부모들은 지극히 보통 키를 가진 자녀를 위해 성장 호르몬을 찾기도 하는데, 부모로서 자녀의 키를 정말 크게 만들어 주는 것이 자녀에게 베푸는 일종의 은혜라고 믿는 까닭이다.[138]

키가 크면 장점이 많다. 선거에서는 키가 큰 사람들이 많은 표를 얻고, 최근 조사에 따르면 키가 180센티미터 이상인 남자들이 그렇지 않은 남자들보다 평균적으로 12퍼센트나 많은 연봉을 받는다.[139] 영화나 광고, 패션쇼에서도 키가 큰 사람들이 미(美)의 상징이다. 고대 이래로 균형 잡힌 비율이 미의 정수로 칭송되어 왔다. 기원전 1세기에 쓴 글에서 로마의 건축가 비트루비우스는 그리스 조각가들이 이 비율을 완벽하게 이해하고 있으며 만국 공통의 이상형을 표현했다고 평가했다. 그는 〈원래 인간의 육체는 턱에서 시작해 이마의 맨 윗부분 즉 머리카락이 나기 시작하는 경계에 이르는 얼굴이 전체 키의 10분의 1에 해당하게 설계되었다〉[140]는 말로 시작해서 소인과 전혀 다른 신체 유형을 제시한다. 영어에는 〈당당하고 자신감 있다stand tall and proud〉처럼 큰 키를 칭송하는 표현과, 〈부족하다fall short of〉〈모자라다come up short〉〈쥐꼬리만 하다paltry〉〈작고 연약하다 puny〉처럼 작은 키를 비하하는 표현이 가득하다. 소인을 의미하는 〈dwarf〉를 동사―대부분의 경우에 경멸적인 의미로 사용된다―로 사용하는 것은 어떤 경우에도 문제를 해결하는 데 도움이 되지 않는다. 윌리엄 새파이어는 「뉴욕 타임스」에 쓴 글에서 〈명왕성이 어째서 왜소행성이라고 불리는 새로운 범주로 재분류되고, 전 세계 모든 교과서에 그런 수치스러운 형용사와 함께 불리게 되었는지〉[141] 설명했다. 소인들의 삶을 조사한 저널리스트 존 리처드슨은 다음과 같은 글을 썼다. 「소인들은 절대로 주류 사회에 동화되지 않을 것이다. 영화배우들이 도톰한 입술과 계란형 얼굴을 가진 한, 여성들이 〈키가 크고, 까무잡잡하고, 잘생긴〉 상대를 꿈꾸는 한, 소인들은 영원히 다른 존재일 수밖에 없다.」[142]

키키 팩은 니스트 이형성증을 가지고 태어났다.[143] 좀처럼 드문 변종 소인증으로 발전하는 이 무작위 변이는 II형 교원 섬유 결핍을 그 특징으로 하며, 안구를 채우고 있는 투명한 젤과 연골에서 변이가 시작되고, 지극히 작은 키를 비롯해서 비대한 관절, 납작한 코, 초근시, 청력 손실, 그리고 연골이 중요한 역할을 하는 모든 신체 부위의 만곡 등의 증상을 유발한다. 키키는 〈구멍이 숭숭 나 있는 스위스 치즈 같은 연골〉을 가졌으며 그 결과 유사 관절염 증세와 관절 강직 증세를 보이고, 가운데가 볼록한 술통 모양의 몸통, 커다란 손과 넓은 발, 그녀를 담당한 의사들 중 한 명이 〈녹아내리는 아이스크림 같다〉고 묘사한 엉덩이를 가졌고, 뼈는 부자연스러울 정도로 얇고 끝이 뭉툭하다. 그녀가 태어났을 당시에는 이 병이 발견되지 않았다. 하지만 생후 1개월이 되어 그녀의 어머니 크리시 트레파니가 그녀를 데리고 의사에게 갔을 때 몸무게가 줄어 있었다. 의사는 크리시에게 키키의 젖 먹는 습관을 철저하게 기록할 수 있도록 모유 수유를 중단하고 젖병을 사용하라고 지시했다. 그 뒤로 몇 주 동안은 끔찍한 일의 연속이었다.

키키가 〈성장 장애〉 진단을 받았을 뿐 아니라 생사의 갈림길에 놓였기 때문이다. 그녀는 팩 부부의 집에서 차로 갈 수 있는 거리에 위치한 미시간 대학 병원으로 보내졌고, 그녀를 담당한 의사들은 그때—당시에는 전 세계적으로 200건의 사례가 보고되었을 뿐이었다—까지 그들 중 누구도 니스트 이형성증을 직접 본 적이 없었음에도 엑스레이 사진을 통해 그녀의 특이하게 생긴 뼈를 확인하고 정확한 진단을 내렸다.

그 뒤로 몇 달 동안 유전학자를 비롯해 다양한 여러 전문가들의 방문이 줄줄이 이어졌다. 크리시가 회상했다. 「나는 그녀가 앞으로 어떻게 될지 아는 누군가와 이야기를 하고 싶었을 뿐이에요. 하지만 아무도 없었죠.」 키키는 심각한 근시로 드러났고 생후 2개월 만에 안경을 맞추었다. 크리시가 그때를 떠올렸다. 「그녀의 작은 얼굴에 맞는 안경을 찾기 위해 안경점을 네 군데나 돌아다녀야 했어요. 마침내 만난 한 여자 분이 기껏 안경을 조절해 주었지만 키키가 계속 울고불고 앙탈을 부렸어요. 그런데 어느 순간에 갑자기 그녀가 울음을 멈추었고 눈이 말똥말똥해지더군요. 그녀의 얼굴에서 〈눈이 보여요〉라고 말하는 듯한 표정을 읽을 수 있었어요.」 귀의 내부 구조 중 일부가 연골로 되어 있는 까닭에 키키에게는 심각한 청력 장애도 있었고 생후 6개월째에 보청기를 맞추었다. 크리시가 말했다. 「보청기를 다는 건 완전히 별개의 또 다른 모험이었죠. 6개월 된 아이에게 보청기를 달아 준다고 생각해 보세요. 우리는 수많은 보청기를 잃어버렸는데, 보청기가 그냥 잃어버리고 말 정도로 저렴한 물건은 아니잖아요.」 하지만 그 즈음부터 키키의 발육이 시작되었고, 건강한 다른 아이들만큼은 아니었지만 그녀의 상태를 고려할 때 나름대로 속도를 유지하고 있었다.

크리시의 부모는 키키의 진단 결과에 몹시 속상해했다. 「어머니가 이야기하길, 내가 그 사실을 알렸을 때 아버지는 곧장 골프 연습장에 가서 하염없이 공 한 바구니를 다 치셨다고 하더군요. 그리고는 집으로 돌아와서 조사를 시작했고 미네소타에 있는 니스트 모임을 찾아내셨죠.」온 가족이 그들을 만나러 미네소타로 날아갔다. 크리시가 말했다. 「키키와 똑같은 병에 걸린 어른을 만난다는 사실에, 충격받을 만반의 준비를 하고 있던 기억이 나요. 마침내 그녀를 만났어요. 그녀는 무척 훌륭한 사람이었고, 어떤 질문에도 굉장히 친절하고 성의 있게 대답해 주었어요. 결과적으로 나와 우리 부모님에게 정말 유익한 만남이었죠.」

삶을 꾸려 나가기가 너무 고되었지만 크리시는 시에서 탈출구를 찾았다. 시에는 통제가 있고, 무력한 상황에서도 꾸준하게 읽기 좋은 형태로 되어 있기 때문이다. 크리시가 말했다. 「우리는 키키가 살 수 있을지 확신이 없었어요. 장차 그녀가 어떤 수술을 받게 될지에 대해서도 전혀 몰랐죠. 그녀의 척추에 문제가 생길지도 몰랐어요. 척추 디스크가 연골로 되어 있잖아요. 키키는 두 살이 되도록 걸음마를 시작하지 않았고, 단순히 일어서는 법을 배울 때도 관절염에 걸린 사람처럼, 여든 살 할머니처럼 보였죠.」 크리시는 니스트에 걸린 사람들이 자존감과 의지가 강하다고 설명했다. 그녀가 덧붙여 말했다. 「게다가 상당히 똑똑해요. 아마도 태어난 첫날부터 스스로 문제를 해결하면서 자랐기 때문일 거예요. 키키의 유치원 선생님들도 그녀가 자신이 원하는 바를 늘 알고 있고, 항상 훌륭한 자아상을 갖고 있다고 말했어요.」

내가 키키를 만났을 때 그녀는 5학년이었고 거의 열한 살이었다. 우리는 거실에서 이야기를 나누었고 그녀의 옆에는 목발이 놓여 있었다. 그녀는 등을 곧게 유지하기 위해서 바로 얼마 전에 부목을 댄 상태였다. 청바지 차림이던 크리시나 나와 달리 그녀는 파티 드레스 차림에 커다란 부츠를 신고 나왔다. 그녀는 체질적으로 축제를 좋아하는 듯 보였다. 그녀가 말했다. 「아침에 일어나면 온 몸이 뻣뻣해요. 주먹을 쥘 수 없을 정도예요. 학교에 도착한 뒤에도 여전히 손이 덜 풀려서 필기를 하지 못해요.」 그녀는 실내에서 세발자전거를 타고 다닌다. 나중에 커서 수의사나 록스타가 될 거라고 단언했다. 크리시가 말했다. 「나는 정말로 언젠가는 그녀가 그렇게 될 거라고 믿어요. 진심으로 하려고만 한다면요.」 둘 다 작은 상태로 함께 할 수 있다는 이유로 키키가 애완용 치와와를 사 달라고 한 적이 있었다. 하지만 돈이 넉넉지 않은 관계로 치와와 대신 햄스터 한 마리를 얻었다.

내가 그 집에 머무르는 동안 키키와 그녀의 오빠 조시가 말다툼을 벌였다. 키키가 발로 걷어찬 물건에 조시가 맞은 것이다. 그녀가 〈그 물건을 옮기려고 그랬어〉라고 변명하자, 조시가 〈그냥 허리를 숙여서 옮기면 되잖아!〉라며 화를 냈다. 키키는 〈싫어, 다시 일어나려면 굉장히 힘들단 말이야〉라고 소리쳤다. 조시는 정당한 화를 내고 있었지만 키키는 멍한 표정을 짓고 있었다. 자신의 차이를 어느 정도까지 이점으로 이용하고 있는지 의식하지 못하는 장애 아동들에게서 발견되는 표정이었다. 그녀가 말했다. 「가끔씩 오빠는 내가 관심을 지나치게 많이 끈다고 생각해요. 그럼 나는 〈그건 내 잘못이 아니야〉라고 설명하려고 하죠.」 조시가 〈아니, 네 잘못이 맞아〉라고 끼어들었다. 키키가 비난조로 내게 설명했다. 「때때로 우리는 서로에게 미워한다고 대놓고 말하기도 해요.」 잠시 이야기를 멈추었던 그녀가 팔짱을 끼면서 꽤 단호한 어조로 다시 입을 열었다. 「사실 우리는 서로를 무척 소중하게 생각해요.」

크리시는 키키의 친부인 케일럽과 이혼했다. 키키가 초등학교 2학년 때였다. 크리시가 말했다. 「키키 아버지는 키키에게 내가 생각하는 것만큼 많은 건강관리가 필요하지 않다고 생각했어요. 키키가 수술을 받을 때조차 케일럽은 병원에 오지 않았어요. 나는 그가 두려웠던 거라고 생각해요. 지난 10년 동안 나는 물 위에 겨우 요만큼 뜬 채로 간신히 숨만 쉬면서 살았어요. 모든 휴가는 미시간 대학 병원에서 보냈죠.」 그녀가 끝없이 반복되는 키키의 진찰 일정을 설명했다. 일 년을 기준으로 키키는 정형외과 의사를 네 번에서 여섯 번, 안과 의사를 한두 번, 청력학자와 이비인후과 의사를 각각 최소 두 번을 만나고, 류머티즘 전문의는 정기적으로 만난다.

또한 지속적으로 물리치료를 받을 뿐 아니라 크리시와 함께 매일 스트레칭 운동을 한다. 크리시가 말했다. 「결정할 것들이 너무 많아요. 그녀는 통증에 시달리고 있는데 고관절을 대체하는 수술을 하면 도움이 될 수 있지만 또 너무 일찍 수술을 하면 다른 부분의 성장이 방해받을 수 있어요. 그럼 언제 수술을 할 수 있을까요? 니스트 이형성증이라는 병이 너무 희귀한 탓에 충분한 정보가 없어요. 실제로 그 부분이 가장 문제죠.」크리시가 한숨을 쉬었다. 「예전에 마라톤을 했었는데 어떤 사람이 조언하기를, 코스를 달리는 내내 미소를 지으면 고통이 느껴지지 않을 거라고 하더군요. 정말로 효과가 있더라고요. 그래서 지금 이 상황에도 똑같은 요령을 적용하고 있어요.」

키키의 엄마가 된 것은 크리시에게 계시나 다름없는 일이었다. 「나는 어릴 때 수줍음이 무척 많았어요. 혹시 1킬로그램 정도 과체중은 아닌지, 머리와 화장이 제대로 되었는지 고민하는 10대였죠. 그리고 내 삶에 키키가 들어왔고 〈그녀의 앞날이 절대로 확실하지 않다는 사실을 뻔히 아는데 어떻게 내 삶이 확실하기를 바랄 수 있을까?〉라는 생각이 들었어요. 나는 왜 그토록 확실성에 집착해 왔을까? 심지어 서로 성질을 내서 화가 머리끝까지 났을 때조차 나는 그녀가 지닌 어떤 힘을 느껴요. 과거의 나는 항상 수줍음이 무척 많았고 외모에 신경을 많이 썼어요. 나 자신이 그다지 만족스럽지 않았어요. 하지만 이제는 내게 키키가 생겼고 이 아이는 대부분의 극한 상황에서도 무한한 자존감을 보여요. 내게는 경이로움의 원천이죠.」크리시가 나중에 보낸 편지에서 다음과 같이 말했다. 「나는 〈용기〉라는 단어에 대해 생각해요. 그 단어를 어떻게 하나의 만트라*로, 한 음절로, 한 비트로 말할 수 있을까요? 그녀는 나보다 훨씬 〈용기〉가 있어요.」

크리시는 케일럽과 이혼하고 나서 몇 년 뒤에, 키키가 다리에 대수술

---

* 짧은 음절로 이루어진, 사물과 자연의 근본적인 진동으로 되어 있다는 소리나 주문.

을 받고 나서 불과 몇 달 뒤에 유방암 진단을 받았고 수술과 화학요법, 방사선 치료를 받아야 했다. 크리시가 말했다. 「누가 더 자주 병원에 가는지를 두고서 키키와 둘이 농담을 주고받던 적이 있었어요. 키키와 오래 지내다 보니 암을 이겨 내는 일은 오히려 쉬웠어요. 〈암은 내가 처리하고 극복해야 할 또 다른 문제에 불과해. 계속 움직이자〉라는 식이었죠. 아이들에게도 내가 암에 걸렸다는 사실을 숨기지 않았어요. 그 이야기를 듣고 조시가 더 많이 놀랐어요. 키키는 언제나 그랬듯이 현실을 직시했어요. 〈지금까지는 항상 엄마가 나를 의사 선생님에게 데려다 주었지만 이제는 내가 엄마를 의사 선생님에게 데려갈게〉라고 했죠. 내가 종양 절제 수술을 받고 회복실에 누워 있을 때는 내 이마에 물수건도 얹어 주고, 오렌지도 잘라서 입에 넣어 주었답니다.」

키키는 화학요법을 시작하기 전에 크리시가 머리를 삭발해야 한다는 사실을 알고는 자신이 직접 해주겠다고 나섰다. 그리고 크리시의 삭발이 끝나자 자신도 삭발을 하겠다고 선언했다. 크리시가 만류했지만 그녀는 꿈쩍도 하지 않았다. 키키가 말했다. 「엄마는 내 수술 뒷바라지를 하느라 고생이 많았어요. 그 일 때문에 엄마가 암에 걸린 게 아니었으면 좋겠어요. 나는 남들과 다르다고 느끼면서 오랫동안 지내 왔기 때문에 그렇게 느끼는 것이 얼마나 힘든지 잘 알아요. 그래서 나도 엄마처럼 머리를 깎아서 엄마 혼자만 다르지 않도록 해주고 싶었어요.」

4장

다운증후군

장애와 어떤 식으로든 관련이 있는 사람은 누구나 에밀리 펄 킹슬리가 1987년에 쓴 「네덜란드에 오신 것을 환영합니다Welcome to Holland」라는 현대판 우화를 접하게 된다.[1] 실제로는 계속 반복해서 접하게 된다. 이를테면 이 책을 쓰기 시작했을 때 내게 이 이야기를 소개해 준 사람들이 수백 명에 달했다. 구글을 검색하면 백혈병부터 두개골 기형에 이르기까지 모든 사례를 통틀어서 이 이야기를 포스팅한 웹사이트가 5,000개가 넘는다. 〈디어 애비〉*에서는 매년 10월마다 이 이야기를 포스팅한다. 이 이야기는 의사부터 장애를 가진 신생아의 부모에 이르기까지 장애와 관련된 모든 사람들의 보편적인 쟁점을 다룬다. 또한 포크송과 성악곡으로 작곡되기도 했다. 아울러 다양한 학회의 주제로 다루어지고 있으며, 『영혼을 위한 닭고기 수프』 시리즈 중 한 권에 소개되기도 했다. 장애인 자녀의 이름을 이를테면 〈홀랜드 애비게일〉처럼 이 이야기에서 가져와 지은 부모들

---

* 애비게일 반 뷰렌이 독자의 질문에 답하는 형식으로 진행되는 인생 상담 칼럼의 제목이며, 여기서는 웹사이트를 가리킴.

도 있었다. 고백용으로 유명한 영시(英詩) 「당신을 얼마나 사랑하느냐고요?」가 연애의 상징이라면 이 이야기는 장애의 상징이다. 많은 사람이 내게 이 이야기 덕분에 희망과 힘을 얻었고 좋은 부모가 될 수 있었다고 말했다. 한편으로는 이 이야기가 지나치게 희망적이고 그릇된 기대를 심어 준다고 주장하는 사람들도 있었고, 특별한 도움이 필요한 아이들의 특별한 기쁨을 제대로 표현하지 못했다고 주장하는 사람들도 있었다. 여기에 전문을 소개한다.

나는 장애인 자녀를 기른 경험에 대해 설명해 달라는 요청을 종종 받아요. 그런 특별한 경험을 공유하지 못한 사람들이 해당 경험을 이해할 수 있도록, 어떤 느낌인지 상상할 수 있도록 도와 달라는 거죠. 장애인 자녀를 키운다는 것은 이를테면 이런 거예요…….

출산을 앞두고 있을 때는 휴가를 이용해서 이탈리아로 떠나는 굉장히 멋진 여행을 준비하는 과정과 비슷해요. 당신은 여행 안내서를 잔뜩 구매해서 여러 가지 신나는 계획들을 세워요. 콜로세움을 구경하고, 미켈란젤로의 다비드 상을 감상하고, 베니스에서 곤돌라를 탈 계획을 세우죠. 어쩌면 간단한 이탈리아어 문장도 몇 개 배워 두려고 하겠죠. 그 모든 과정이 즐겁기 그지없어요.

기대감에 들떠서 몇 개월을 기다린 끝에 마침내 그날이 와요. 당신은 짐을 꾸리고 자, 출발이에요. 몇 시간 뒤에 비행기가 착륙하죠. 여자 승무원이 들어와서 말해요. 〈네덜란드에 오신 것을 환영합니다.〉

당신은 깜짝 놀라서 물어요. 「네덜란드요? 네덜란드라니 무슨 말인가요? 내가 가려던 곳은 이탈리아라고요! 나는 이탈리아에 있어야 해요. 이탈리아에 가는 것은 평생의 꿈이란 말이에요.」하지만 비행 계획에 변화가 있었어요. 어쨌든 비행기는 네덜란드에 착륙했고 당신은 그곳에 머물러야 하죠.

중요한 점은 그들이 역병과 기아, 질병이 가득한 끔찍하고, 역겹고, 더러운 곳에 당신을 데려다 놓지는 않았다는 거예요. 단지 장소가 다를 뿐이에요. 따라서 당신은 밖으로 나가 새로운 여행 안내서를 구입해야 해요. 그리고 완전히 새로운 언어를 배워야 하죠. 그리고 어쩌면 절대로 만나지 못했을 전혀 새로운 사람들을 만나게 될 거예요.

여기는 단지 다른 곳일 뿐이에요. 이탈리아보다 시간이 느리게 흐르고 호화롭지도 않은 곳이죠. 그곳에 한동안 있으면서 한숨을 돌린 당신은 주위를 둘러봅니다. ……그리고는 깨닫기 시작해요. 네덜란드에는 풍차가 있어요. ……튤립이 있어요. 게다가 렘브란트의 작품도 감상할 수 있죠. 하지만 당신의 지인들은 바쁘게 이탈리아를 오가고. ……그곳에서 얼마나 멋진 시간을 보냈는지 하나같이 자랑을 늘어놓아요. 그리고 당신은 여생 동안 〈맞아요, 나도 원래는 그곳에 가려고 했어요. 내가 계획했던 게 바로 그거예요〉라고 말하겠죠.

이탈리아에 가지 못한 아픔은 절대로 사라지지 않을 거예요. ……그런 꿈을 잃는다는 것은 상실감이 엄청나거든요.

하지만…… 만약 이탈리아에 가지 못했다는 사실을 슬퍼하면서 여생을 살아간다면 당신은 네덜란드의…… 지극히 특별하고 무척 사랑스러운 것들을 즐길 마음의 여유를 얻지 못할 거예요.

700만에서 800만에 이르는 미국인들이 지적 장애를 갖고 있다. 미국인 10가구 중 1가구가 지적 장애의 직접적인 영향을 받는다.[2] 21번 염색체가 일반인보다 하나 더 많은 세 개라서 발생하는 다운증후군은 가장 보편적인 유형의 지적 장애다. 미국에서는 대략 800명 중 한 명꼴로 다운증후군을 갖고 태어나고, 이 비율을 미국 전체 인구로 환산하면 40만 명이 넘는다.[3] 다운증후군 태아를 임신했던 사례까지 포함하면 이 수치는 훨씬 올라간다. 다운증후군인 태아들 중 40퍼센트 이상이 임신 중에 유산되거나 사산아로 태어나기 때문이다.[4] 다운증후군은 지적 장애를 비롯해 심장 질환(다운증후군의 경우 발병 확률이 대략 40퍼센트이다), 관절 손상, 갑상선 질환, 소화계 기형, 백혈병, 알츠하이머병의 조기 발병(다운증후군의 경우 발병 확률이 최소 25퍼센트로, 60세 이상의 노인보다 훨씬 높다), 소아지방변증, 저신장, 비만, 청력 및 시력 문제, 불임, 면역 결핍, 간질, 작은 구강, 혀 돌출 등의 문제를 수반할 수 있다. 또한 낮은 근긴장도는 기동성과 조정력 발달에 영향을 미치고, 구강 근육의 낮은 근긴장도는 언어 능력에도 영향을 끼친다.[5] 지능 발달이 더디다는 점을 제외하면 다운증후군이라고 해서 반드시 이 모든 특징이 전부 나타나는 것은 아니다. 예컨대 대부분의 암에 대해서는 일반적으로 낮은 발병률을 보이고 동맥 경화도 없다.[6] 다운증후군인 사람은 뇌가 작고, 대부분의 뇌 영역들이 퇴화되어 있으며, 대뇌피질에도 신경이 거의 없다. 또한 시냅스의 밀도가 낮고, 신경을 감싸는 발달 과정인 수초 형성이 느리다.[7] 우울증이나 정신병, 파괴적인 행동 장애, 불안, 자폐 등에 노출될 위험도 많다.[8] 다운증후군은 인류의 역사와 더불어 모든 인간 집단에서 항상 존재해 온 듯하다. 심지어 침팬지와 고릴라에게서도 다운증후군이 발견되었다.[9]

다운증후군에 대한 원시적이고 가장 신뢰할 만한 유형의 태아기 검사는 양수 천자 검사다.[10] 이 검사를 위해 의사는 주사 바늘을 이용해서 28g 상당의 양수를 채취하는데 양수에는 태아 세포가 떠다니기 때문이다. 그리고 이 태아 세포가 다양한 질병 검사를 위해 분석된다. 유산의 위험이 있다는 이유로, 태아를 바늘로 찌르는 모양새라는 이유로 양수 천자 검사를 기피하는 사람들도 있다. 한편 융모막 채취 검사는 양수 천자 검사보다 조기에 실행될 수 있지만 유산의 위험이 훨씬 높다.[11] 임신 2기, 즉 4~6개월 차에 행해지는 〈3중 검사〉는 친모의 혈액을 이용해서 다운증후군에 관련된 단백질과 호르몬을 검사한다.[12] 1988년에 도입된 이 검사로 해당 질환의 약 3분의 2에서 4분의 3이 걸러진다. 또 다른 호르몬을 검사하는 4중 검사를 할 경우 정확성은 5분의 4까지 높아진다.

초음파 검사는 1970년대 이래로 선천적 결손증을 검사하기 위해 사용되어 왔으며, 영상화 기술과 스캔 결과를 분석하는 능력이 보다 정교해지면서 다운증후군을 진단하는 지극히 신뢰할 수 있는 방법이 되었다. 융모막 채취 검사가 이루어지는 것과 거의 비슷한 임신 초기에 실시되는 목덜미 반투명 검사는 초음파 검사 중 하나로, 태아의 목 뒤에 축적되는 양수의 양을 측정한다. 태아에게 다운증후군이나 다른 이상이 있는 경우 이 양수의 양이 증가하는 현상을 응용한 방법이다. 임신 말기에는 3차원 초음파 검사를 통해 보다 정확한 정보를 얻을 수 있다. 검사의 정확성이 비슷하다는 전제하에서 새로운 비(非)침입성 혈액 검사들이 기존의 기술들을 대체하기도 한다. 이를테면 친모의 혈류에서 태반에 있는 정보 전달 물질 즉 RNA를 찾아내는 검사나, 혈류에서 21번 염색체의 잔량을 측정하는 검사 등이 있다.[13] 하지만 어떤 기술도 장차 예상되는 신체적, 정신적 장애가 얼마나 심각할지 확실히 알려 줄 수 없다.

곧 태어날 아기를 기다리면서 에밀리 펄 킹슬리와 그녀의 남편 찰스는 양수 천자 검사를 포기하기로 결정했다.[14] 태아가 다칠 가능성이 너무 높아 보였기 때문이다. 에밀리가 말했다. 「그리고 만약 양수 천자 검사를 했더라면 나는 낙태를 했을 테고, 이제는 내 인생에서 가장 고된 동시에 가장 풍요로운 경험이 된 어떤 것을 놓쳤을 거예요.」 제이슨 킹슬리는 1974년에 뉴욕 시 북쪽에 있는 웨스트 체스터 카운티에서 태어났다. 담당 의사가 찰스에게 그런 아이는 보호시설로 보내는 것이 맞다고 설명하면서 그들 부부에게 아이를 만나지 말라고 권했다. 그 의사는 〈이런 몽고증* 환자〉는 논리적으로 이야기를 하거나, 생각하거나, 걷거나, 대화하는 법을 절대로 배우지 못한다고 설명했다. 에밀리는 계속 안정을 취했고, 아기를

---

* 다운증후군을 가리키는 예전 용어.

집으로 데려가지 않기로 잠정적으로 결심한 상태에서 젖이 나오지 않도록 하는 약물을 복용했다. 에밀리가 당시를 회상했다. 「의사들은 제이슨이 우리를 전혀 알아보지도 못할 거라고 말했어요. 창의적으로 행동하지도 못하고 상상력도 없을 거라고 말했죠. 당시에 나는 『이상한 나라의 앨리스』로 유명한 저자 루이스 캐럴의 초판들을 수집하고 있었어요. 그토록 좋아하던 길버트와 설리번의 음반들을 제쳐 놓고 말이에요. 이 아이와 함께 가지고 놀려고 준비했던 소품도 여러 상자가 있었어요. 하나같이 정교하고 멋진 것들이었죠. 한번은 텔레비전을 켰는데 문득 이 세상에서 나 혼자만 불행하다는 생각이 들었어요. 나를 제외한 모든 사람들이 완벽한 삶을 살고 있었어요. 나는 희망이 없었고, 5일 동안 내내 울기만 했죠.」

당시는 윌로브룩의 끔찍한 상황이 알려지고 나서 얼마 되지 않았을 때였고, 따라서 에밀리와 찰스는 그들의 아이를 보호시설에 맡긴다는 생각에 견딜 수가 없었다. 당시는 양육 논쟁이 한창 뜨겁던 1970년대이기도 했다. 그리고 사람들은 이런저런 중병에 걸린 아이들에게 통찰력과 아낌없는 친절을 통해 일종의 구원을 주고자 했다. 제이슨이 태어난 병원의 한 사회복지사가 〈조기 개입〉이라는 새롭고 실험적인 프로그램이 있으며, 다운증후군 아이들이 어느 정도의 기초적인 능력을 익히는 데 그 프로그램이 도움이 될지도 모르겠다고 언급했다. 에밀리가 말했다. 「적어도 시도는 해봐야 했어요. 설령 그 시도가 가슴 아프고 비참한 결과로 이어지더라도 그때 가서, 다른 사람에게 전해 들은 이야기가 아니라 우리 자신의 경험에 근거해서 시설에 맡겨도 될 터였죠.」 그렇게 해서 에밀리와 찰스는 제이슨을 집에 데려왔고 그가 생후 10일째 되었을 때 〈지적 장애 연구소〉를 찾아갔다. 에밀리가 회상했다. 「나는 품 안에 10일 된 아기를 안고 주차장에 서 있었는데 연구소 간판이 걸린 문 쪽을 향해 발걸음을 옮길 수가 없었어요. 마치 몸이 마비된 것 같았죠. 주차를 마친 찰스가 그곳에 서 있는 나를 보고는 내 팔꿈치를 잡고 건물 안으로 질질 끌고 들어갔어요.」

연구소에서 만난 의사는 그들 부부가 분만실에서 들은 이야기와 거의 정반대로 말했다. 긍정적인 자극을 충분히 받을 경우 아이에게 어떤 변화가 생길지는 아무도 모르는 일이기 때문에 제이슨에게 모든 유형의 자극을 주기 시작하라고, 특히 감각에 자극을 주라고 조언했다. 찰스와 에밀리는 파스텔 톤으로 고상하게 꾸며 놓았던 아기 방을 다 뜯어냈다. 그런 다음 눈부신 빨간색으로 벽을 다시 칠하고, 그 위에 스텐실 기법을 이용해서 녹색과 자주색으로 꽃을 추가했다. 에밀리는 동네 슈퍼마켓에서 크리스마스 장식으로 사용했던 눈송이 모양의 거대한 레이스를 얻었고, 그것도 방에 걸었다. 천장에는 스프링으로 이런저런 소품들을 매달아서 그 소품들이 항상 움직이고 까딱거리게 만들었다. 에밀리는 〈그 방에서 걷기만 해도 속이 울렁거릴 정도였어요〉라고 술회했다. 항상 음악이 흐르도록 방에 라디오와 전축도 가져다 놓았다. 그들은 제이슨에게 밤낮으로 말을 걸었다. 근긴장을 높이기 위해 제이슨의 팔과 다리를 움직여서 스트레칭과 가벼운 운동도 시켰다. 6개월 동안 에밀리는 매일 울면서 잠이 들었다. 당시를 회상하며 그녀가 말했다. 「내가 흘린 눈물로 제이슨이 익사할 정도였어요. 나는 이런 상상을 했어요. 예컨대 무척 정교한 핀셋을 개발해서 그 핀셋을 들고 제이슨의 몸 안으로 들어가는 거예요. 그다음에는 제이슨의 몸 안에 존재하는 모든 세포에서 불필요한 염색체들을 하나씩 전부 뽑아내는 거죠.」

제이슨이 생후 4개월이던 어느 날, 에밀리가 대략 800번째로 〈저기 꽃이 보이니?〉라고 묻자 제이슨이 팔을 뻗어서 꽃을 가리켰다. 그녀가 말했다. 「어쩌면 단순히 팔을 펴는 행동일 수도 있었어요. 하지만 나는 〈오케이, 알았어요〉라고 받아들였죠. 내게는 일종의 메시지였어요. 〈나는 으깨 놓은 한 덩어리의 감자가 아니에요. 사람이에요.〉」에밀리는 득달같이 찰스를 불렀다. 그러고는 〈이제 됐어!〉라며 환호했다. 그 이후의 단계는 거의 황홀할 정도였다. 에밀리와 찰스는 거의 날마다 제이슨에게 새로운 경험을 시켜 주려고 노력했다. 에밀리는 몇 센티미터 크기로 된 각기 다른 천―테리 직물, 벨벳, 인조 잔디 등―들로 누비이불을 만들어서 제이슨이 움직일 때마다 새로운 느낌을 받도록 해주었다. 제이슨이 생후 6개월 때는 커다란 로스팅 팬을 준비해서 그 안에 40봉지의 젤리를 채운 다음, 제이슨이 그 안에서 꿈틀거리고, 생소한 질감을 경험하고, 젤리를 먹기도 할 수 있도록 했다. 브러시로 제이슨의 발바닥을 간지럽혀서 발을 웅크리게 만들기도 했다. 제이슨은 에밀리와 찰스가 애초에 바랐던 것보다 학습능력이 뛰어났다. 지적 장애를 가진 사람들 대부분이 그렇듯이 말할 때 억양이 거의 없었지만 그 상태로도 충분히 의사소통을 할 수 있었다. 제이슨은 에밀리에게 알파벳을 배웠다. 숫자도 익혔다. 또한 에밀리가 1970년부터 내내 작가로 일하고 있던 유아용 프로그램 「세사미 스트리트Sesame Street」를 보면서 스페인어 단어도 배웠다.

제이슨은 대다수의 평범한 또래 아이들보다 빠른 네 살부터 글을 읽기 시작했고, 어느 날에는 알파벳 블록을 조합해서 〈샘의 아들〉이라는 제목을 만들기도 했다. 여섯 살이 되자 제이슨은 4학년 수준의 읽기 능력을 갖게 되었고 기초적인 수학도 할 수 있게 되었다. 킹슬리 부부는 다운증후군 아이를 갓 출산한 가족들에게 조언하는 일을 시작했다. 「그들의 아이에게 어떠한 잠재력도 없다는 말을 듣지 않도록 하는 일은 우리의 열정적인 사명이 되었어요. 우리는 다운증후군인 아이가 태어나면 24시간 안에 그 아이의 부모를 만나서 〈앞으로는 더 열심히 노력해야 할 겁니다. 하지만 그 일이 불가능하다고 말하는 사람들의 말은 절대로 곧이듣지 마세요〉라고 말했어요.」일곱 살이 된 제이슨은 12개의 언어로 1부터 10까지 셀 수 있었다. 영어는 물론이고 수화도 배웠으며, 머지않아 바흐를 모차르트나 스트라빈스키와 구분할 수 있게 되었다. 에밀리는 제이슨을 데리고 순회에 나섰다. 그들은 다운증후군 아동의 부모는 물론이고 산부인과 의사와 간호사, 심리학자 앞에서 강연을 했다. 제이슨이 일곱 살이던 해에만 그들은 104번의 강연을 했다. 에밀리는 자신이 다운증후군을 이겼다고 느꼈고 승리자로서 당당한 삶을 살았다.

에밀리는 제이슨을 「세사미 스트리트」에 정식 게스트로 출연하도록 했고, 제이슨은 자신의 상태는 인정하지만 스스로 낙인을 찍지는 않으면서 다른 아이들과 어울림으로써 대중에게 신세대적인 수용 방식을 보여 주었다. 에밀리는 그들의 경험을 토대로 해서 시나리오를 썼다. 그리고 그때까지는 다운증후군 배우들이 텔레비전에 출연한 적이 전무했음에도 제작자들에게 자신의 작품을 위해 다운증후군 배우들을 캐스팅해야 한다고 주장했다. 제이슨은 자신을 모델로 한 캐릭터의 목소리 연기를 맡았다. 제인 폴리는 제이슨과, 마찬가지로 다운증후군이며 조기 개입 치료를 받은 또 한 명의 친구를 주인공으로 해서 특집 프로그램을 제작했다. 두 소년은 결국 『우리도 끼워 주세요*Count Us In*』라는 책까지 발간하게 되었고, 제이슨은 이 책에서 자신의 부모에게 그가 부모를 알아보지도 못하고, 말을 하지도 못하게 될 거라고 단언했던 산부인과 전문의에 대해 언급했다. 또한 그는 〈장애가 있는 아기에게 충만한 삶을 꾸려 나갈 수 있는, 절반이 빈 잔 대신 절반이 채워진 잔을 경험할 수 있는 기회를 주세요. 당신이 가진 장애보다는 능력을 생각하세요〉[15]라고 썼다. 제이슨은 다운증후군 최초로 유명인이 되었다. 그리고 그의 명성은 수평적 정체성으로서 다운증후군의 등장을 알렸다. 30년이 지나서 에밀리는 장애가 있는 사람들을 주류 매체의 카메라 앞으로 이끈 공로를 인정받아 미국 보건복지부로부터 특별 공로상을 받았다.

에밀리는 자신의 아이가 인간으로서 기준 이하라는 말을 들었다. 그 말이 사실이 아닌 것으로 드러났을 때 그녀가 다운증후군을 둘러싼 기존의 모든 가정에 의문을 제기한 것은 당연한 일이었다. 그리고 제이슨은 기존의 상식을 깨뜨렸고 모두의 예상을 뒤엎었다. 다운증후군인 다른 사람들보다 더 많이 배울 수는 있었지만 그런 그에게도 한계는 있었다. 그는 미묘한 차이 즉 뉘앙스를 이해하지 못했다. 자신이 읽고 있는 내용을 이해하는 능력보다 글 자체를 읽는 능력이 뛰어났다. 에밀리가 말했다. 「나는 내가 불필요한 염색체를 제거할 수 없다는 현실을 알았어요. 하지만 다운증후군 아이들이 어떤 능력을 가졌는지 어쩌면 아무도 모를 수 있다고 진심으로 생각했어요. 다운증후군 치고 제이슨은 이례적인 능력을 보여 주었어요. 그럼에도 그 아이가 여덟 살이 될 무렵 세상은 그를 따라잡았고, 추월했어요. 그러면서 나는 그 아이가 절대로 할 수 없는 수많은 것들을 깨닫기 시작했어요. 마치 훈련된 물개처럼 해왔던 그 모든 것들이 정말 굉장하기는 했지만, 현실 세계에서는 다양한 언어로 숫자를 세는 지능이 사회 지능*만큼 중요하지 않아요. 그리고 제이슨에게는 그런 사회 지능이 없었어요. 결과적으로 나는 다운증후군을 이긴 것이 아니었어요.」

제이슨은 낯선 사람들을 포용하려고 했는데 그들이 친구가 아니라는 사실을 이해하지 못했다. 한번은 제이슨이 캠프장에 가고 싶어 한 적이 있었다. 그리고 그가 캠프에 들어간 지 일주일 만에 에밀리는 한 통의 전화를 받았다. 다른 아이들이 제이슨을 좋아하지 않을뿐더러, 그가 계속 아무나 붙잡고 포용하려고 해서 싫어한다는 내용이었다. 심지어 제이슨이 캠프를 나가지 않으면 자신의 아이를 데려가겠다고 으름장을 놓은 부모들도 있다고 했다. 축구를 할 때도 자신이 어느 편인지 잊어버리거나 팀이라는 개념 자체를 이해하지 못했다. 한때는 그의 친구였던 보통 아이들이 제이슨을 보며 낄낄거리기 시작했다. 제이슨은 계속 유아용 장난감을 가지고 놀았으며, 자기 나이의 절반밖에 안 되는 아이들을 위해 만들어진 만화를 보았다. 기적이 끝나가는 것 같았다. 제이슨은 텔레비전 스타도 될 수 있었고, 성공한 작가도 될 수 있었지만 일상생활에서는 전혀 제구실을 하지 못

---

* 사회적 관계 혹은 인간관계에서 타인을 이해하고 동시에 그 관계 속에서 적절하게 대처하고 행동하는 능력.

했다. 에밀리가 말했다. 「믿을 수 없을 정도로 끔찍했어요. 다시 예전으로 되돌아가는 것 같았어요.」 괴롭기는 제이슨도 마찬가지였다. 어느 날 에밀리가 밤에 그를 침대에 눕히고 이불을 덮어 주자 그가 말했다. 「나는 이 얼굴이 싫어요. 평범한 새로운 얼굴을 살 수 있는 상점이 어디 없을까요?」 또 어떤 날은 〈이 다운증후군 역할이 정말 지겨워 죽겠어요. 이 역할은 도대체 언제 끝나요?〉라고 물었다. 에밀리가 해줄 수 있는 일이라고는 그의 이마에 키스해 주고 잘 자라고 말해 주는 것뿐이었다.

에밀리는 다시 강연을 시작했다. 사람들이 자녀를 보호시설에 위탁하지 않게 하려는 의지는 여전했다. 그녀는 자신이 제이슨을 사랑하며, 제이슨 역시 그녀를 사랑한다고 말하고자 했다. 그럼에도 자신의 이야기를 듣기 좋게 포장할 생각은 없었다. 그녀가 「네덜란드에 오신 것을 환영합니다」를 쓴 것도 이 무렵이었다. 제이슨을 키우는 일은 그가 태어났을 때 들었던 것처럼 지옥은 아니었다. 그렇다고 이탈리아도 아니었다. 제이슨은 틀을 깸으로써 유명해졌다. 하지만 그를 보다 높은 곳으로 계속해서 이끌어야 할 것인지, 아니면 그가 편안하게 여기는 자리에 그냥 머물게 할 것인지, 다시 말해서 보다 많은 것을 성취하면 그의 삶이 보다 행복해질 것인지, 아니면 그러한 성취가 단순히 허황된 계획에 불과한지는 좀처럼 판단하기 어려운 문제였다.

사춘기에 이르자 제이슨의 학교 친구들은 파티를 벌이기 시작했지만 초대를 받지 못한 제이슨은 텔레비전이나 보면서 우울하게 토요일 저녁을 보내기 일쑤였다. 에밀리는 다운증후군 자녀를 둔 다른 부모들에게 전화를 걸어 〈혹시 그쪽 아이도 토요일 밤에 우리 아이처럼 혼자 있지 않나요?〉라고 물었다. 그렇게 해서 제이슨이 열네 살 때 킹슬리 가족은 그들의 집에서 한 달에 한 번씩 음식과 탄산음료, 춤이 있는 파티를 열기 시작했다. 에밀리가 〈아이들은 자신을 보통 사람처럼 느꼈어요. 그 파티를 정말 좋아했죠〉라고 말했다. 위층에서는 부모들이 앉아 서로의 공통된 경험에 관한 이야기를 나누었기 때문에 실제로는 두 개의 파티가 열린 셈이었다. 내가 에밀리를 만났을 때는 매달 열리는 파티가 15년째 이어지고 있었다. 그녀는 노래방 기계를 장만했고 아이들─대다수는 실질적으로 더 이상 아이가 아니었다─은 즐거운 시간을 보내고 있었다. 에밀리가 말했다. 「나는 사람들에게 늘 이렇게 말해요. 〈다른 사람들과 융화되려고 노력하세요. 하지만 한쪽 발은 다운증후군 커뮤니티에 단단히 딛고 있어야 해요. 바로 이곳에서 당신 자녀의 궁극적인 우정이 형성될 것이기 때문이에요.〉」

제이슨은 특수반에 다녔지만 고등학교 졸업 시험도 통과했다. 에밀리는 뉴욕 아메니아에 있는 중등 과정 이후의 교육 프로그램을 찾아냈고, 이 프로그램에서는 학습 장애가 있지만 대체로 다른 문제는 없는 젊은이들이 사무직이나 그 밖의 직업에 관련된 기술들을 비롯해 돈 관리와 시간 관리, 요리, 가사 등을 배웠다. 제이슨의 성적이나 시험 점수는 다른 대다수 지원자들보다 훨씬 앞서 있었다. 에밀리가 말했다. 「제이슨이 이 학교에 지원한다는 사실을 알게 된 학부모들이 경기를 일으켰어요. 그들은 그 학교가 〈저능아들의 학교〉로 전락할 거라고 생각했어요. 나는 교장을 찾아가서 〈이 학교의 입학 기준이 무엇인가요? 눈이 어떤 모양인지, 얼마나 귀엽게 생겼는지 하는 것인가요? 만약 그렇다면 나랑 같이 복도로 나갑시다. 당신이 퇴학시켜야 할 아이들을 내가 금방 찾아 줄게요〉라고 따졌어요.」 에밀리가 소송도 불사하겠다고 위협한 다음에야 제이슨은 비로소 입학 허가를 받을 수 있었다. 나중에 제이슨은 학교 행정부로부터 〈모범적인 학생〉이라는 평가를 받았다.

그럼에도 여전히 많은 문제들이 남아 있었다. 제이슨은 운전을 하고 싶어 했다. 그는 『우리도 끼워 주세요』에서 〈남자애들은 운전을 재미있다고 생각하고 여자애들은 섹시하다고 생각한다. 자동차를 몰고 다니면 여자 친구를 사귈 수 있다〉고 말했다. 그는 충분히 나이가 들면 사브에서 나온 빨간색 터보 컨버터블을 갖고 싶다고 말했다. 이 이야기를 하면서 에밀리는 깊은 좌절감을 느끼는 듯 잠시 이야기를 멈추었다. 「당신이라면 당신 아이에게 너는 절대로 운전을 못하게 될 거라고 어떻게 말하겠어요? 나는 이렇게 말했어요. 〈너는 반응 속도가 다른 사람들보다 느리단다.〉 신체적인 문제를 이유로 들었죠. 그렇다고 제이슨이 바보는 아니잖아요. 그 아이가 운전을 할 수 없는 이유는 요컨대 판단력이 없기 때문이에요. 그렇지만 사실대로 그렇게 말할 수는 없잖아요?」 제이슨의 삶은 인구 통계학적으로도 고독하다. 다운증후군인 대다수 다른 사람들에 비해 너무 똑똑하기 때문이다. 그들은 제이슨의 언어 능력이나 말재간, 장난을 따라가지 못한다. 반면에 장애가 없는 사람들에 비하면 제이슨은 충분히 똑똑하지 않다. 에밀리가 〈그 아이에게는 친구가 없어요〉라고 말하면서 엄청난 자부심과 깊은 유감이 뒤섞인 표정을 지었다.

제이슨이 가족과 개 한 마리, 하얀색 말뚝 울타리가 포함된 자신의 인생 청사진을 설명했다. 그는 그와 마찬가지로 다운증후군인 일종의 여자친구도 있다. 에밀리는 제이슨에게 정관 절제 수술을 받게 했다. 대다수 다운증후군 남성이 불임이지만 아닌 사람도 있기 때문이다. 에밀리가 말했다. 「정자 한 마리만 있어도 임신이 될 수 있어요. 우리는 정신 능력이 어느 정도인지 불확실한 소녀에게 피임의 책임을 떠맡기고 싶지 않았어요. 만약 제이슨이 누군가와 결혼해서 가정을 꾸리길 원한다면 성대한 결혼식을 올리게 해줄 거예요. 그렇지만 제이슨이 좋은 부모가 되는 것은 별개의 문제예요. 나는 제이슨이 부모 노릇을 해낼 수 있을 거라고 생각하지 않아요.」

찰스의 꿈은 그의 아들이 독자적으로 사는 것이었고 그래서 제이슨에게 아파트를 마련해 주었다. 제이슨의 첫 직장은 반스앤노블이었고, 재활용될 잡지의 표지를 뜯어내는 일이었다. 그 일이 견딜 수 없을 정도로 지겨웠던 그는 계속해서 자신이 보기에 재미난 일거리를 만들어 냈다. 그리고 관리자가 그건 그의 일이 아니라고 지적하자 〈나는 독자적인 성인이고 내 일은 내가 결정해요〉라고 대답했다. 비록 정확히 잘못된 상황에 적용되었지만, 찰스와 에밀리가 강조한 바로 그 정신이 드러나는 장면이었다. 그 뒤로 그는 곧 해고당했다. 그가 다음으로 구한 직장은 화이트 플레인스 공공 도서관이었다. 제이슨은 자기만의 독특한 방식으로 비디오테이프를 선반에 정리했고 아니나 다를까 도서관 직원은 기존의 그들 방식을 고집했다. 그는 그 문제로 계속해서 언쟁을 벌였고 결국 도서관에서도 또 다시 해고를 당했다.

에밀리의 설명이다. 「제이슨은 디즈니 영화에 숨겨진 메시지를 사람들에게 알려 주는 가게를 열고 싶어 해요. 이를테면 당신은 줄을 서서 기다려요. 그가 말하죠. 〈다음 손님!〉 당신이 앞으로 나가서 〈제이슨, 「노트르담의 꼽추」에 숨겨진 의미를 설명해 줄 수 있나요?〉라고 물어요. 그럼 그가 대답하죠. 〈그 안에 숨겨진 의미는 사람의 내면이 중요하다는 겁니다. 착한 사람인지 아닌지가 중요해요. 그 사람이 아름다운지 그렇지 않은지 보다 더 중요하죠. 자, 50달러 내세요. 다음 손님!〉 사람들이 이미 그런 사실을 알고 있으며, 어쨌거나 그런 사실을 알려고 가게를 찾는 사람도 없다고 설명해도 그 아이는 알아듣지를 못해요. 아주, 아주 기본적인 부분에 대해서 제이슨은 아무것도 몰라요.」 에밀리가 두 손을 들어 보인 다음 슬픈 표정으로 내게 말했다. 「대다수 부모들의 주된 역할은 그들 자녀에게 무엇이든 할 수 있다는 생각을 심어 주는 거예요. 하지만 나의 주된 역할은 제이슨이 포기하도록 만드는 거죠. 간단히 말해서 〈너는 그다지 똑똑하지 않기 때문에 네가 하고 싶은 일을 할 수 없어〉라고 말하는 거예요. 그렇게 말해야 한다는 사실이 얼마나 싫을지 짐작되세요?」

제이슨이 스무 살 때 그의 아버지는 암 진단을 받았고 3년 뒤에 세상을 떠났다. 제이슨은 무척 의기소침해졌다. 에밀리도 마찬가지였다. 에밀리는 제이슨에게 치료 전문가를 구해 주었고, 나중에 가서는 찰스가 이사회 대표로 있던 웨스트 체스터 ARC(이 단체의 이름은 약자이며 원래는 〈지적 장애인 시민 협회〉라는 의미다)에 의지했다. 그녀는 사회복지사가 집으로 찾아와서 독립적인 생활 능력을 가르치고 도와주는 가정 내 훈련 프로그램, 즉 레즈햅ResHab을 신청했다.[16] 하지만 복잡한 요식행위 때문에 이리저리 치이던 그녀가 결국 위원회 앞에서 눈물을 흘리며 말했다. 「우리 아이는 스스로를 파괴하고 있어요. 이 모든 일을 나 혼자 해나가는 것은 불가능해요.」 마침내 제이슨에게 일주일에 20시간씩 집으로 찾아오는 사회복지사가 생겼다. 에밀리가 말했다. 「사회복지사는 정말 큰 도움이 되었어요. 하지만 그것으로는 충분하지 않다고 느끼기 시작했어요. 나는 제이슨이 똑똑하기는 하지만 보다 많은 체계와 감독이 필요하다는 사실을 인정할 수밖에 없었어요. 그 아이는 순순히 날마다 규칙적인 시간에 건강에 좋은 음식을 먹지도 않았고, 일찍 일어나서 제때에 출근하지도 않았어요.」

에밀리는 제이슨을 공동 생활 가정에 보내기로 결정했다. 그녀가 말했다. 「패배감이 들었어요. 우리는 제이슨을 다운증후군이지만 그런 시설이 필요 없는 사람으로 만들려고 정말 열심히 노력했거든요. 하지만 나는 우리 자신이 만들어 낸 어떤 이상(理想)보다는 무엇이 제이슨에게 최선인지 생각해야 했어요.」 에밀리는 한 지역 시설의 대기자 명단에 제이슨을 올리면서 사실상 불가능한 기간인 8년을 기다려야 한다는 사실을 알게 되었다. 그녀가 말했다. 「제이슨 같은 장애 아동을 키울 때 장애 아동 그 자체는 최소한의 문제일 뿐이에요. 공공 기관의 관료주의가 내 숨통을 조이고 있을 때 제이슨은 오히려 옆에서 나를 위로해 주었어요.」 공공 기관을 상대로 싸울 수단이 없는 사람들은 좀처럼 공공서비스를 이용할 수 없다. 즉 공공 기관을 상대로 싸워서 그들이 제공하는 서비스를 이용하려면 대체로 교육과 시간, 돈이 필요하다. 원래 이런 공공서비스가 생긴 취지가 그 세 가지가 부족한 사람들에게 도움을 주기 위해서라는 점을 생각하면 가슴 아픈 아이러니가 아닐 수 없다.

어느 날 에밀리는 뉴욕 하츠데일에서 매물로 나온 집을 발견했고 그 집을 공동 생활 가정으로 사용하면 완벽할 것 같았다. 방이 세 개라서 제이슨과 그와 친한 친구 두 명이 함께 생활하기에 충분했다. 큰 버스 정류장도 가까웠고, 길 건너편에는 슈퍼마켓과 은행, 약국도 있었다. 에밀리는 그 집을 매입해서 ARC에 운영을 위탁했다. 지금은 지적 장애와 발달 장애 뉴욕 주 사무소가 에밀리로부터 이 집을 임대하여 그녀의 주택 상환금에 해당하는 임대료를 지불하고 있다. 제이슨은 에밀리가 그동안 내내 주최해 온 파티에서 만난 두 명의 절친한 친구와 함께 이곳에 입주했다. 이 세 사람은 사회보장 장애연금을 받으며, 이 돈은 그대로 ARC로 들어가서 ARC에서 그 집을 유지하고 관리하는 데 사용한다.

에밀리가 말했다. 「그들은 서로를 무척 아껴요. 그들 스스로를 자칭 삼총사라고 부르죠.」 제이슨은 지역 라디오 방송국에서 일하며 그 일에 매우 만족한다. 「나는 뒤로 한 발짝 물러나 있는 입장이에요. 제이슨을 있는 그대로 인정해 주는 것이 궁극적인 역할이죠. 그리고 있는 그대로의 제이슨은 정말 멋져요. 그 아이가 무엇을 성취하든 그건 그 아이가 계속해서 그 일에 매진한 결과예요. 제이슨에게 쉬운 일이란 없어요.」 그녀가 잠시 말을 멈추었다. 「어려움에 직면해서도 항상 자존감을 잃지 않았어요. 나는 진심으로, 정말로 그 아이를 무척 존경해요. 제이슨을 보고 있으면 한편으로 마음이 아프기도 해요. 자신이 하지 못하는 일을 거의 모든 사람이 하고 있다는 사실을 인지할 만큼 똑똑하고, 아울러 자신이 다르다는 사실을 인지할 만큼 똑똑하기 때문이에요.」

설령 독립적으로 사는 데 필요한 기술을 전혀 익히지 못하더라도 아이는 자신만의 경험과 역사를 축적해 간다. 에밀리가 말했다. 「제이슨이 내게 어떤 특정한 비디오를 원한다고 말해요. 그럼 나는 이렇게 말하고는 했죠. 〈너는 그런 것보다 좀 더 수준 있는 것을 볼 만큼 똑똑한 아이야.〉 그때는 내가 계속해서 밀어붙이면 제이슨이 이 세상에서 보다 나은 삶을 살게 될 거라고 믿었어요. 하지만 지금은 〈제이슨이 좋아하는 것이 그런 거라면 내가 굳이 그를 말릴 자격이 있을까?〉라고 생각해요. 따라서 내가 직접 「용감한 토스터의 모험」 같은 비디오를 사주지는 않더라도 제이슨이 자기 돈으로 사겠다고 하면 그를 괴롭히지 않아요. 튤립과 풍차는 넘쳐 날 정도로 많지만 피렌체 우피치 미술관에는 갈 수 없죠. 단지 그뿐이에요.」

불과 몇 년 뒤에 제이슨은 다시 우울해졌고, 에밀리는 제이슨을 역사 상 가장 높은 수준의 고기능 다운증후군 아이로 만들려고 했던 자신의 원래 시도를 걱정스럽게 되돌아보았다. 그녀가 말했다. 「만약 뒤늦게라도 완벽한 깨달음을 얻었다면 내가 다르게 행동했을까요? 제이슨의 지성은 우리 관계를 더할 나위 없이 돈독하게 만들어 주었고 나는 그 부분을 절대로 포기하지 않을 거예요. 하지만 저기능 다운증후군 아동들이 보다 행복하고, 자신이 다운증후군인 것을 부당하다고 생각하면서 괴로워하지 않는다는 점은 인정해요. 그런 아이들은 여러 가지 면에서 보다 수월하게 살아요. 하지만 그렇게 사는 것이 더 행복할까요? 제이슨은 대화를 나누면서 자신의 지성을 과시할 때 무척 즐거워해요.」 나는 그들의 책이 재발간되어 제이슨과 그의 친구가 낭독회를 하고 있는 반스앤노블 서점을 찾았다. 제이슨은 청중의 질문에 능숙하고 당당하게 대답했다. 에밀리는 흥분한 표정이었고 제이슨도 마찬가지였다. 제이슨의 지성에서 비롯된 그들의 즐거움이 두 사람 모두에게 기쁨이 되었다. 제이슨의 이야기를 듣기 위해 그곳을 찾은 다운증후군 자녀의 부모들도 희망에 부풀어 흥분한 표정이었다. 제이슨이 책에 사인을 해주는 동안 사람들은 그에게 경외심을 가지고 다가갔다. 그와 에밀리는 영웅이었고, 제이슨은 영웅이 되는 것을 좋아했다. 나는 그의 외로움을 이해할 수 있었지만 자부심도 느낄 수 있었다.

한번은 내가 에밀리의 집에 있을 때 그녀가 제이슨에게 전화해서 그와 룸메이트들에게 오페라 「펜잔스의 해적들」을 보여 주겠다고 제안했다. 잠깐의 정적이 흐르고 나서 그녀가 애석하다는 듯이 이야기하는 소리가 들렸다. 「그래, 알았어. 그럼 나 혼자 가야겠구나.」 다운증후군을 둘러싼 가장 통속적인 믿음 중 하나는 그들이 엄청나게 다정하다는 것이다. 그리고 그들은 실제로 그렇다. 하지만 생각이 단순하기 때문에, 보통의 아이라면 예닐곱 살짜리도 알아챘을 에밀리의 실망스럽다는 뉘앙스는 제이슨에게 전혀 전달되지 않았다. 그녀가 말했다. 「제이슨은 자신을 전혀 성찰할 줄 몰라요. 자신이 왜 그런 감정을 느끼는지조차 이해하지 못하죠. 그로서는 다른 사람의 속마음을 헤아리거나, 내가 속으로 어떤 생각을 하고 있는지 추측하는 일이 거의 불가능해요.」 몇 년이 지나고 나서 그녀가 다시 이 문제를 언급했다. 「사실, 어떻게 보면 그는 진정한 의미에서 자기 성찰적인 최초의 다운증후군 아이예요. 다운증후군이고 자기 성찰적이라는 사실은 축복이 아니에요. 사람들은 자신의 내면을 볼 때 자신에게 부족한 면을 봐요. 그런 맥락에서 제이슨은 자신의 부족한 점들이 얼마나 두드러져 보이겠어요? 얼마 전에는 제이슨이 만약 다운증후군이 아니었다면 자신이 어떤 일을 할 수 있었을지 이야기하더군요. 하지만 나는 절대로 그런 상상을 하도록 나 자신을 용납하지 않았어요. 내게는 너무 위험한 상상이기 때문이죠.」

대부분의 기록된 역사에서 다운증후군은 풍차나 튤립과 어울려 보내는 휴가로 비유되지 않았다. 〈백치〉를 고칠 수 있다는 개념은 19세기 초에 장 이타르Jean Itard가 아베롱의 야생 소년을 훈련시키려던 시도에서 유래했다.[17] 이후에 이 이론은 그의 제자이며, 파리에 있는 양육원 〈호스피스 데 인큐라블〉의 원장이던 에두아르 세갱Édouard Séguin에 의해 더욱 발전했으며, 그는 지적 장애인에 대한 평가 시스템을 체계화하고 최초로 조기 치료에 따른 장점에 주목했다. 그는 〈만약 백치에 대한 교육이 유아기부터 일찍 이루어지지 않는다면 다른 어떤 신묘한 과정이 있어서 그에게 지성이라는 황금의 문을 열어 줄 수 있겠는가?〉라고 주장했다. 19세기 중반에 세갱은 미국으로 건너가서 장애인을 보살피고 교육하는 시설들을 설립하고, 그들이 대체로 육체노동을 통해 시민 생활에 동참할 수 있도록 도

왔다.[18]

세갱이 그처럼 일대 변화를 불러왔음에도 사람들은 인지 장애인이 단지 멍청할 뿐 아니라 사악하며 정직하지도 않다고 주장했다. 정직성을 문제 삼는 이런 주장은 여자들이 소인 아이를 낳는 원인이 그들의 음탕한 본성 때문이라는 근거 없는 주장을 연상시킨다. 기형과 장애는 실패의 증거로 여겨졌다. 새뮤얼 하우의 『매사추세츠 주 의회에 제출된 1848년 보고서Report Made to the Legislature of Massachusetts』에는 이러한 초기의 우생학적이고 비인간적인 시각이 잘 드러나 있다. 「이 부류에 속한 사람들은 대중에게 항상 짐이다. 게으르고, 흔히 타인에게 해를 끼치며, 주(州)의 물질적인 번영에 엄청난 부담을 준다. 그들은 단지 쓸모없는 존재가 아니다. 그보다 더 나쁘다. 그들은 하나같이 주위의 도덕적인 공기를 오염시킨다는 점에서 유퍼스 나무*와 비슷하다.」[19]

다운증후군을 설명한 최초의 인물은 1866년에 존 랭던 다운John Langdon Down이었다. 그는 자신의 피험자들을 눈꼬리가 치켜 올라간 얼굴이 몽고인을 닮았다고 해서 〈몽고인〉 또는 〈몽고 백치〉라고 불렀다.[20] 다운은 인류가 흑인에서 동양인으로, 다시 백인으로 진화했으며, 백인이 몽고증 즉 다운증후군으로 태어나는 것은 실질적으로 원시 동양인 조상의 모습으로 회귀하는 현상이라고 주장했다.[21] 그리고 다운증후군을 진화로 인정했다는 점에서 당시에는 이 주장이 혁신적인 견해로 여겨졌다.[22]

1900년에 들어서면서 이민자들이 들이닥치고, 그동안 세갱이 훈련시킨 지적 장애인들이 했던 일을 그들이 대체하기 시작했다. 이민자들이 보다 효율적으로 일했기 때문이며, 원래는 지적 장애인을 교육할 목적으로 설립된 보호시설이 효율을 지향하는 산업사회에서 이제 그들을 배제하는 수단으로 이용되었다. 의학 교과서에는 사람들을 〈백치〉나 〈정박아〉, 〈정

---

* 자바 및 그 근처 섬에서 나는 무화과나뭇과(科)의 독이 있는 나무.

신박약자〉로 분류하는 방법들이 기술되었다. 우생학자들은 지적 장애와 범죄의 연관성에 관한 허위 보고서를 제출했고, 지적 장애인을 불임화하는 조치에 우호적인 법안들이 속속 제정되었다.[23]

비교적 최근인 1924년에도 실제로 이런 다운증후군 아동들이 생물학적으로 몽고인종에 속한다고 주장하는 자료를 발표한 영국인 과학자가 있었다. 1930년대에 들어서 마침내 이러한 관점에 이의를 제기하는 사람이 등장했다. 영국인 의사 라이오넬 펜로즈Lionel Penrose였다. 그는 혈액 검사를 통해 백인 다운증후군이 유전학적으로 동양인이 아니라 보통의 백인 인종에 가깝다고 증명했다. 펜로즈는 또한 다운증후군을 유발하는 가장 주된 위험 요소가 친모의 연령이며 위험성이 반등하는 기준점이 35세라고 밝혔다. 한편 올리버 홈스는 1927년 대법원 판결문에서 〈타락한 자식이 범죄를 저지를 때까지 기다렸다가 사형시키는 대신, 또는 그들이 자신의 저능함 때문에 굶주리게 방치하는 대신, 사회가 나서서 명백한 부적응자들이 자손을 번식하지 못하도록 막을 수 있다면 세상 모두에게 이익이다. 3대(代)가 정박아였으면 그것으로 충분하다〉[24]고 썼다. 다수의 장애와 결점을 가진 사람들에게 적용되지만 특히 지적 장애인에게 초점이 맞추어진 강제 불임법은 이후로 거의 50년 동안이나 폐지되지 않았다. 그리고 마침내 1958년에 이르러 프랑스 유전학자 제롬 르쥔Jérôme Lejeune이 〈세계 유전학 회의〉에서 해당 질환이 원래는 두 개뿐인 21번 염색체가 세 개라서 발생한다는 증거를 제출했다. 다운증후군의 학명은 〈3염색체성 21trisomy 21〉이다.[25]

정신분석가 에릭 에릭슨Erik H. Erikson(그는 〈정체성 위기〉라는 용어를 만들었다)은 그의 친구 마거릿 미드의 조언대로 1944년에 그의 아들 닐을 태어난 지 며칠 만에 보호시설로 보냈으며, 자신의 다른 자녀들에게까지 닐의 존재를 비밀로 했다.[26] 〈백치〉를 낳았다는 사실이 알려지면 자신의 명성에 금이 갈까 봐 두려웠기 때문이다. 그는 아들이 기껏해야 2년밖에 살지 못할 거라는 이야기를 들었지만 실제로 닐은 20년을 살았다. 장애 아동을 순전한 비극으로 보는 관점은 자주 인용되는 사이먼 올샨스키의 표현, 부모의 〈만성적인 비애〉에서 절정에 이르렀다.[27] 그러한 목소리를 낸 사람이 올샨스키만은 아니었다. 1961년에 정신분석가 앨버트 솔닛Albert Solnit과 메리 스타크Mary Stark는 다운증후군 아이를 낳은 생모에게 〈육체적인 휴식과, 기대에 미치지 못하는 아이에 대한 자신의 생각과 감정을 정리할 기회, 두려움의 대상이자 원치 않는 아이에 대한 의료진의 현실적인 설명과 투자 등이 필요하며, 이런 단계들을 통해서 생모는 지적 장애아를 낳은 트라우마를 최소화하고 극복할 수 있다〉[28]고 주장했다.

극작가 아서 밀러와 그의 아내인 사진작가 잉게 모라스는 1966년에 그들의 다운증후군 아이를 보호시설에 맡기고 나서 거의 아무에게도 그 아이의 존재에 대해 이야기하지 않았다.[29] 1968년에 윤리학자 조지프 플레처Joseph Fletcher는 종합 월간지 『애틀랜틱 먼슬리*The Atlantic Monthly*』에 다음과 같이 썼다. 「다운증후군 아이를 눈앞에서 치워 버리는 것에 죄책감을 느낄 하등의 이유가 없다. 〈치워 버린다〉는 것이 요양원에 숨긴다는 의미든, 보다 책임이 무거운 치명적인 방법을 의미하든 그건 상관없다. 물론 애석한 일이다. 또한 끔찍한 일이다. 하지만 죄책감을 느낄 필요는 없다. 진정한 죄책감은 인간에게 죄를 저질렀을 때만 생기는 것이며 다운증후군은 인간이 아니기 때문이다.」[30] 윌로브룩, 즉 1960년대와 1970년대 초까지 존재했던 그 끔찍한 요양원은 오직 한 가지 목적에서 만들어졌다. 지적 장애가 있는 아이는 인간이 아니라고 설득당한 부모들이 그들의 자녀를 혐오스럽기 짝이 없는 환경에 버리기 위함이었다.

지적 장애인에 대한 편견이 고조되던 와중에도 다른 한편에서는 장애인을 도우려는 새로운 운동이 일어나기 시작했다. 장애인에게 박애주의에 입각한 처우를 보장해야 한다는 주장과, 조기교육을 둘러싼 기존 개념에 대한 어쩌면 계몽주의 시대 이후로 가장 커다란 변화가 동시에 등장했다. 역사적으로 조기교육은 주로 어머니들의 영역이었는데, 여기에 어떤 전문성을 보태야겠다는 생각이 등장한 것은 19세기에 독일에서 최초의 유치원들이 문을 열면서부터였다.[31] 19세기 말에 마리아 몬테소리Maria Montessori는 자신이 로마에서 지적 장애인들을 도우면서 배운 것들을 보통 아이들을 가르치는 데 적용했다.[32] 곧 유럽 전역에 유치원이 우후죽순으로 생겨나기 시작했다. 미국에서는 뉴딜 정책으로 교사에게 보조금이 지급되면서 유치원이 급증했고, 이후로 2차 세계 대전을 준비하는 과정에서 어머니들을 일터로 불러내기 위해 더욱 늘어났다. 이와 동시에 특히 가난한 사람들을 대상으로 유아기 사망률을 낮추려는 노력도 병행되었다. 우생학에 반대하여 행동주의라는 새로운 사조도 등장했는데 이들은 인간이 태어나는 것이 아니라 만들어지는 것이며, 교육을 통해 어떤 사람도 될 수 있다고 주장했다. 이제 초기의 정신적 외상이 어떤 식으로 건강한 발달 과정에 지장을 초래하는지 조사하는 일이 정신분석학의 새로운 연구 주제가 되었고, 이 연구의 지지자들 중 일부는 가난한 사람과 장애인에게서 나타나는 단점들이 구조적인 무능함 때문이 아니라 초기의 박탈감에 의한 결과는 아닌지 의문을 제기하기 시작했다.[33]

1935년에 사회보장법에는 장애인을 치료하는 데 필요한 수준으로 연방 정부의 주(州) 기금을 조정한다는 조항이 포함되었다.[34] 곧이어 조사관들은 고무적이고 풍요로운 환경이 빈곤 계층의 아동들에게 그들의 명백히 불리한 처지를 극복하는 데 얼마나 도움이 되는지 조사에 착수했다. 이와 관련해 애착 이론의 창시자 존 볼비John Bowlby는 아동이 건강하게 성장하는 데 어머니의 세심한 보살핌이 무엇보다 중요하다고 주장하면서, 오늘날에는 너무나 명백해서 불과 60년 전만 하더라도 지극히 급진적이었다는 사실을 좀처럼 상상하기 어려운 통찰력을 보여 주었다.[35]

우생학은 홀로코스트가 일어나면서 결국 신뢰를 잃었다. 한편, 2차 세계 대전이 끝나고 장애인 참전 용사들이 급증하면서 장애인에 대한 사회적인 편견이 전반적으로 완화되었다. 1946년에 미연방 교육국이 특수 아동부를 신설함에 따라 장애 아동들에게 보다 양질의 교육이 제공되었지만 그들은 여전히 주류 사회로부터 격리되었다. 다운증후군 자녀가 있는 앤 그린버그는 1949년에 『뉴욕 포스트New York Post』 신문에 자신과 비슷한 걱정을 가진 다른 부모들을 찾는다는 광고를 냈다. 그리고 1년 뒤에 그들은 오늘날 ARC라고 알려진, 지금까지 이 분야에서 가장 독보적인 단체 중 하나인 〈지적 장애인 시민 협회〉를 설립했다. 대부분의 부모들은 다운증후군을 전적으로 천성적인, 즉 타고나는 문제라고 생각한다. 요컨대 자녀가 다운증후군인 것은 유전적 변이 때문이고 따라서 부모가 할 수 있는 일이 없다고 생각한다. 하지만 그린버그는 양육적인 측면을 중시하는 부모 인권 운동가였다. 다시 말해서, 자녀가 다운증후군인 것은 유전적 변이 때문이 맞지만 거기에는 분명 부모가 할 수 있는 일이 있을 거라고 믿었다.

존 F. 케네디는 대통령이 되자 지적 장애와 그 잠재적인 예방법을 연구하는 위원회를 신설했다.[36] 장애인을 주류 사회로 통합시키는 문제가 화두로 부상했고, 여기에는 『새터데이 이브닝 포스트Saturday Evening Post』에서 케네디 대통령의 여동생 유니스 케네디 슈라이버가 그들의 여동생 로즈메리에 대해 언급하면서 지적인 명문가에도 지적 장애 아동이 태어날 수 있다고 강조한 일도 한몫했다.[37] 그녀는 안타까운 심정으로 대다수 지적 장애인들이 처한 빈곤한 생활환경에 대해 언급했다. 그리고 변화를 갈망한 그녀의 비전은 사회적 불평등 문제가 시민권 운동을 계기로 다시 도마 위에 오르면서 의미 있는 형태로 나타났다. 태생적으로 열등한 존재로 오랫동안 묘사되어 왔던 흑인들이 그들에 대한 부당한 평가에 반대하여 봉기했을 때, 다른 사회적 소수자들에게도 그들과 똑같이 행동할 수 있는 문이 열렸다. 1965년에 만들어진 헤드 스타트Head Start 프로그램은 사람들이 빈곤하게 사는 이유가 딱 그 수준에 걸맞는 그들의 선천적인 무능함 때문이 아니라, 그들이 적절하고 건설적인 조기 자극을 받지 못했기 때문이라는 신념을 표방했다.[38] 이 프로그램은 보건과 교육, 사회복지를 통합했고, 부모들을 교육해서 자녀 문제와 관련해 그들이 적극적인 협력자가 되도록 했다.

　1960년대 말에 이르자 헤드 스타트의 신념이 지적 장애를 가진 사람들에게, 특히 다운증후군 아동들에게도 적용되었다. 다운증후군인 사람들도 다양한 분야에서 자신의 능력을 발휘할 수 있을 뿐 아니라 단순히 다운증후군 진단을 받았다는 이유로 신생아의 능력을 미리 단정 짓는 행위는 불합리하다는 사실이 명백해졌다. 이에 따라 그러한 아동들이 태어났을 때 그들의 삶을 무가치하게 여기는 행위는 부당하며, 그들에게 보다 나은 삶을 제공하고 또 추후에 발생할 수 있는 비용을 피하기 위해서라도 그들의 능력을 극대화해야 한다고 생각하게 되었다. 경제 논리를 적용하더라도 조기 개입이 치료보다 훨씬 나았다. 1973년에 미국 의회는 닉슨 대통령의 거부권 행사에도 불구하고 재활법을 통과시켰다. 그리고 이 재활법은 〈자격을 갖춘 미국의 어떤 장애인도 단지 장애인이라는 이유만으로, 연방 정부의 재정 지원을 받는 어떤 프로그램이나 활동에 대해 참여가 거부되거나, 혜택이 제한되거나, 차별의 대상이 되지 말아야 한다〉[39]고 규정했다. 예산이 삭감된 레이건 대통령 시절에도 장애 아동을 위한 프로그램은 계속해서 가동되었다. 당시에는 이미 장애인들이 사회 안에서 견고하게 자리를 잡았고, 대중의 광범위한 공감을 얻고 있었던 까닭이다. 복지 문제는 1990년에 미국 장애인법이 통과되면서, 그리고 〈연방 정부의 재정 지원을 받는 프로그램〉이라는 한계가 사라짐으로써 1973년의 보호 조치가 더욱 확대되면서 승리의 방점을 찍었다. 다운증후군 아동의 부모들은 이해 당사자인 장애인들의 지지를 받아 인간의 자격을 둘러싼 개념들을 바꾸는 기회로 활용했다. 그 결과 오랫동안 무가치하게 여겨져 왔던 삶의 유효성을 입증했다. 만약 인종적 소수자와 극빈자가 지원과 존중을 받을 자격이 있다면, 다운증후군과 그 밖의 비슷한 질병을 가진 사람도 마찬가지일 터였다. 또한 조기에 도움을 받는 것이 그러한 다른 집단들에게 최선이라면, 지적 장애를 가진 사람들에게도 마찬가지일 터였다.

조기 개입EI은 이제 예컨대 저출생체중, 뇌성마비, 다운증후군, 자폐 등 광범위한 질환을 대상으로 하여 해당 질환을 가진 영유아들에게 실시되는 연방 정부 프로그램이 되었고, 이런 그룹에 속한 아동들의 기능 수준을 획기적으로 높였다. 세 살 이전의 아동에게 제공되는 조기 개입 서비스에는 물리요법, 작업 치료, 영양 상담, 청력과 시력 관련 서비스, 간호 지원, 언어 치료, 보조 공학 기기 교육 등이 있으며, 장애가 있는 자녀에게 적절히 대응하는 데 어려움을 겪는 부모들을 위한 지원과 교육 서비스도 있다. 조기 개입 서비스에서는 특히 모든 유형의 감각 자극이 중시된다. 그리고 병원 측은 조기 개입 서비스에 대해 부모들에게 고지할 의무가 있다. 사회 경제적인 수준과 상관없이 때로는 가정방문이나 때로는 특수 시설을 통해서 모든 사람이 조기 개입 서비스를 이용할 수 있다. 조기 개입 서비스는 일종의 부모 교육 프로그램이기도 하며, 부모들에게 장애인 자녀를 집에서 키우는 문제를 긍정적으로 검토하도록 도와준다. 장애 유형에 따라 아동에게 제공되는 조기 개입 서비스의 질은 주(州)마다 커다란 차이가 있다. 예를 들어서 뉴욕 주는 다운증후군에 관련된 조기 개입 서비스가 특히 훌륭하고, 이런 소문을 들은 사람들은 구체적으로 해당 서비스를 제공받기 위해 뉴욕 주로 이사하기도 한다.[40]

조기 개입은 순전히 천성보다 양육이 중요하다는 개념의 발로(發露)이며, 정신분석이나 시민 평등권, 우생학이나 불임화 정책, 차별 등을 모두 초월한 공감의 궁극적인 승리다. 그리고 연방 정부 정책, 부모 행동주의 그리고 심리학이라는 이상한 조합으로부터 발전했다. 요컨대 비장애 아동에 대한 이해의 변화와 조기 일반교육에 관한 새로운 이론의 결과물이었다. 조기 개입 서비스는 다양한 형태의 조기 개입 프로그램들이 이제는 흔히 볼 수 있는 이름들로 세분화되면서 오늘날에도 끊임없이 발전하고 있다.[41]

다운증후군의 치료와 수용 문제는 계속해서 부모들이 주도했다. 그들은 의사에게 자녀의 신체 질병을 비장애인 아동이 병에 걸렸을 때처럼 신중하게 치료하도록 요구함으로써, 다운증후군으로 진단받은 장애인의 기대 수명이 비약적으로 증가하는 결과를 가져왔다. 〈조기 개입〉은 광범위한 치료 계획을 의미하는 궁극적으로 애매하고 계속 진화하는 용어지만 그럼에도 장애인의 생명을 근본적으로 다시 생각하게 만드는 문구가 되었다. 과학과 생물학적 치료법이 교착상태에 빠져 있는 사이에 장애의 사회적 모델이 거침없는 승리를 쟁취한 셈이다. 장애 아동의 특별한 요구에 대처하자면 수많은 구체적인 기술도 매우 중요하지만 요는 비장애 아동과 마찬가지로 장애 아동도 관심과 교류, 자극, 희망과 더불어 성장한다는 사실이다.

제이슨 킹슬리가 태어나기 불과 몇 년 전인 1970년에 일레인 그레고리에게 딸 린이 태어나자 산부인과 의사는 린의 아버지에게 〈따님이 몽고증 백치입니다〉라고 통보했다.[42] 일레인은 비록 스물세 살이었지만 이미 2년 6개월 된 아들 조이가 있었고 따라서 린을 마지막으로 더 이상 아이를 갖지 않기로 했다. 그녀는 조기 개입 프로그램에 대해서 전혀 들어 본 적이 없었다. 일레인이 말했다. 「린은 아주 오랫동안 아기로 있었어요. 12개월이 다 되어 가도록 똑바로 앉지도 못했죠. 걸음마도 거의 두 살이 다 되어서야 배웠어요.」 일레인은 〈국립 장애인 협회YAI〉라는 사회복지 기관을 찾아갔고, 그곳에서 한 의사에게 린과 함께 할 수 있는 간단한 체조 몇 가지를 배웠다. 그리고 2년 뒤에 그녀가 다시 그곳을 방문하자 그들이 혹시 시간제로 그곳에서 일할 수 있는지 물어 왔다. 그들에게 수시로 발작을 일으키는 중도 장애인 소녀가 있어서 가까운 곳에 거주하는 간호사가 필요했기 때문이다. 일레인이 말했다. 「그렇게 해서 린은 일주일에 두 번, 한 번에 두 시간씩 브루클린 최초의 유치원에 다녔고, 바로 그곳에서 나도 내가 할 수 있는 일을 배웠어요.」 그녀는 조기 개입이라는 새로운 분야에 대해서 부쩍 관심을 갖게 되었고, 마침 린이 다니던 학교의 프로그램을 운영해 달라는 요청을 받았다.

제이슨 킹슬리도 그랬지만 린에게도 초기 형태의 조기 개입 조치가 커다란 효과를 발휘했다. 그녀는 스페셜 올림픽에 체조 선수와 스케이트 선수로 참가했다. 인지 기능보다 운동 기능이 항상 더 뛰어났기 때문에 일레인은 그녀를 일반 학교의 여가 활동 프로그램에 등록했다. 그렇지만 교육 프로그램에는 등록하지 않았다. 그에 따라 린은 걸스카우트에 가입했고, 다른 평범한 아이들과 함께 수영도 배웠다. 일레인이 말했다. 「하지만 그녀는 항상 자기보다 어린 아이들하고 어울렸어요. 자신은 열 살인데도 여섯 살짜리하고 어울렸죠. 그 아이에게는 여섯 살 수준이 맞았던 거예요.」

일레인은 때때로 아들 조이의 성취에 대해서도 자신이 똑같이 칭찬할 필요가 있음을 상기해야 했다. 린은 거의 두 살이 되도록 걷지를 못했지만 체격이 너무 작아서 나이에 비해 훨씬 어려 보였다. 일레인이 말했다. 「우리 집에 오는 사람마다 〈린이 걷고 있어!〉라며 감탄했어요. 그런데 어느 날 조이가 내게 와서 〈엄마, 나 좀 봐요〉라고 하더니 내 앞에서 왔다 갔다 하는 거예요. 그러고는 〈나도 걸을 줄 알아요〉라고 하더군요. 그 일이 있은 뒤로 나는 사람들에게 〈우리 집에 오면 딸아이만 보지 말고 아들도 보아 주고 같이 칭찬해 주세요〉라고 부탁했어요.」

린의 상태 때문에 어쩔 수 없이 그녀에게 관심이 집중되었음에도 여동생에 대한 조이의 태도는 대체로 긍정적이었다. 일레인이 조이의 학교 친구 중 한 명이 조이에게 여동생이 정신지체아라고 말했던 일화를 들려주었다. 그 친구는 모욕을 주려고 던진 말이었지만 조이는 그 친구의 의도를 알아차리지 못했다. 그는 순순히 〈그래, 맞아〉라고 대답하고 그 말이 어떤 의미인지 조곤조곤 설명하기 시작했다. 일레인이 말했다. 「나는 조이가 그런 말을 알아야 한다고 일찍부터 생각했어요. 나중에라도 충격을 받지 않으려면 반드시 알아야 했어요. 그리고 조이가 그 사실을 받아들이는 과정은 내게 진정한 눈을 뜨게 만드는 사건이었죠. 예컨대 그 과정은 린이 갈색 머리카락과 갈색 눈을 가졌다고 설명하는 것과 비슷했어요.」 오랜 세월이 흐르고 조이와 그의 아내는 아들을 낳을 때마다 산부인과 의사로부터 유전학자를 만나 보라는 조언을 들었다. 조이는 의사의 조언에 동의하면서도 그때마다 자신은 설령 아이가 다운증후군이라고 하더라도 낳고 싶다는 뜻을 분명히 했다. 일레인이 말했다. 「나는 그 이야기를 듣고 무척 놀랐어요. 조이가 진심으로 여동생의 삶을 비관적으로 보지 않는다는 사실을 그때 알았어요.」

어른이 된 린은 최저임금을 받으면서 카페테리아에서 일하고 보호시설에서 생활한다. 내가 그레고리 가족을 만났을 때 그녀는 그곳에 대략 10년째 거주하고 있었다. 린은 초등학교 1학년 수준의 읽기 능력을 지녔고, 계산기를 이용해서 기초적인 산수를 할 줄 안다. 일레인은 만약 오늘날 시행되는 것 같은 조기 개입 프로그램이 있었다면 린이 지금보다 얼마나 더 뛰어난 능력을 보여 주었을지 종종 궁금하다고 말했다. 내가 일레인을 만났을 때 그녀와 린은 조이와 그의 아내, 그리고 두 명의 어린 조카들과 함께 디즈니월드에 갔다가 막 돌아온 뒤였다. 일레인이 말했다. 「린은 고모 역할을 톡톡히 했어요. 놀이기구를 탈 때마다 조카들을 챙겼죠. 조카들에게 셔츠도 사주었어요. 정말 대견했죠. 아이들도 고모를 무척 좋아했어요. 아이들은 고모와 함께 놀았고, 고모도 아이들과 함께 즐겼어요. 린은 조카들을 정말 좋아해요. 나는 원래 린이 교사나 의사가 되기를 바랐어요. 결과적으로는 카페테리아 직원이 되었죠. 하지만 지금 그 일은 그녀에게 완벽한 직업이에요. 린은 급여로 받는 수표를 정말 좋아해요. 수표를 받으면 은행에 가서 현금으로 바꾸고 예금통장에 넣죠. 그런 다음에는 자신의 이름으로 개인 수표를 사용해요. 개인 수표를 사용하는 것은 그녀에게 무척 의미 있는 일이죠. 그런 이유로 나도 그녀가 하는 일을 좋아하게 되었어요.」

　2008년에 은퇴할 때까지 일레인 그레고리는 국립 장애인 협회YAI—
린이 두 살 때 일레인이 방문했던 사회복지 기관—의 사무차장으로 일했
다. YAI에서 일레인의 업무 중 하나는 다른 부모들에게 조기 개입 프로그
램에 대해 소개하는 것이었다. 그녀가 말했다. 「부모들은 하나같이 그들
의 자녀를 돕고 싶어 해요. 먹고살기가 바쁘다거나 약물중독 문제가 있는
부모라고 해서 다를 게 없어요. 마음만은 모두 똑같죠. 하지만 조기 개입
프로그램이 무료인 까닭에 사람들은 일단 하고 보자는 식이에요. 그리고
사회복지사가 떠나고 나면 아이들과 예전의 생활을 되풀이하기 일쑤죠.」
YAI에서는 장애인이 있는 가족들에게 정신과 상담과 일시적인 위탁 서비
스를 제공한다. 전국적으로 매일 2만 명이 이 서비스를 이용한다. 또한 일
레인은 출산 전에 다운증후군 진단을 받은 부모들과 상담하는 일도 했다.
「그들은 임신 4개월 차에 진단을 받기 때문에 일주일이나 이주일 만에 낙
태를 할 것인지 결정해야 해요. 나는 그들에게 수많은 장점과 약간의 어려
움에 대해 설명해요. 그러면 부모들은 그들에게 일어난 일을 좀처럼 인정
하지 못하면서도 결국 아이를 받아들이죠. 이 두 가지, 즉 부모로서의 상실
감과 대부분의 경우에 결국에는 사랑할 수밖에 없는 실질적인 아이는 완
전히 별개예요.」

　조기 개입 프로그램을 수료한 장애 아동의 이후 교육과 관련해서 두
가지 핵심적인 변화는 〈주류화〉와 〈융화〉이다. 조기 개입 프로그램과 달
리 이 두 가지 접근법은 비장애 아동들에게 영향을 끼친다. 1970년대와
1980년대에는 부모들이 주류화 교육을 지지했고 따라서 장애인 학생들이
대체로 일반 학교 안에 마련된 전용 교실에서 공부할 수 있었다. 1990년대
에는 융화를 지향하는 변화가 일어났고, 그에 따라 장애인 학생들도 보통
은 특별한 도움을 받으면서 다른 비장애인 학생들과 같은 교실에서 수업

을 받았다.[43] 이 분야에서 가장 최근에 제정된 법은 1990년 장애인 교육법 IDEA이며, 이 법은 모든 장애인 학생들이 최소한의 제한만 존재하는 환경에서 무료로 적절한 공교육을 받아야 한다고 규정한다.[44] 장애 아동을 일반 학교로 통합시킨 이 조치는 미국의 교실 풍경에 변화를 가져왔다. 지적 장애가 있는 아동들이 장애가 너무 심각해서 불가능한 경우를 제외하고는 일반적으로 특수교육과 여러 다른 종류의 교육이 어정쩡하게 뒤섞인 교실에서 수업을 받게 된 것이다. 다시 말해서 지적 장애가 있는 아동들은 최소한의 제한만 존재하는 환경에 적응하려고 온갖 시행착오를 겪은 다음에야 비로소 특수학교에 갈 수 있게 되었다.

이러한 교육철학을 둘러싼 논쟁에는 두 가지 근본적인 질문이 존재한다. 장애 진단을 받은 아동에게 무엇이 최선이고, 일반 아동(장애 진단을 받지 않은 아동)에게 무엇이 최선인가 하는 것이다. 어떤 부모들은 같은 교실에서 공부하는 장애 아동들이 수업 분위기를 흐트림으로써 나머지 학생들이 진도를 나가지 못하도록 발목을 잡는다고 불만을 토로했다. 반대로 펜실베이니아 주립 대학 장애학 프로그램의 공동 책임자이며 다운증후군 아들이 있는 마이클 베루베는 융화가 〈실질적으로 모든 아동에게〉 이롭다고―장애가 있는 친구들과 같은 교실에서 공부함으로써 몸이 아픈 사람에 대해 만연한 불신과 불편한 감정이 해소되고, 건강한 신체를 가진 학생들이 보다 인정 넘치는 사람으로 성장할 수 있기 때문에―주장한다.[45] 한편 주류 사회에 융화된 다운증후군 아이들은 그들의 언어 발달을 도와줄 훌륭한 모델이 생기고, 다양한 행동 규범을 배우고, 그들의 한계에 바탕을 둔 예측 가능한 환경에 있을 때보다 훨씬 많은 잠재력을 깨닫는 경향이 있다. 통합 교육은 다운증후군인 사람들에게 최소한의 감독을 받는 일자리를 구하는 데 필요한 준비를 갖추어 줌으로써 그들이 과거의 보호 작업장에 구속되지 않도록 도와준다. 이는 그들이 비교적 독립적으로 살아가는데도 많은 도움을 준다. 대체로 공립학교는 의무적으로 융화 프로그램을 실시하지만 사립학교에서는 해당 정책을 채택하지 않음으로써 여전히 마찰을 빚는다.

융화 프로그램에도 위험은 있다. 다운증후군인 사람이 융화 프로그램에 참가하는 경우 동료들로부터 대체로 따돌림을 당하고, 다운증후군이 아닌 사람들은 해당 질환이 있는 사람들과 오직 일정 수준까지만 관계를 형성하려고 하기 때문이다. 전국 다운증후군 협회NDSS의 공동 설립자 중 한 명인 아든 몰턴이 말했다. 「학교 감독관과 교장, 교사들이 이런 문제를 인식하고 경각심을 갖는다면 융화 프로그램이 멋지게 성공할 거라고 생각합니다.」 마찬가지로 전국 다운증후군 협회의 공동 설립자 중 한 사람인 베치 굿윈이 덧붙여 설명했다. 「하지만 당사자인 아동도 중요해요. 융화 프로그램에 합류하지 말아야 할 아동들도 있기 때문이죠. 예일 대학에 들어가면 안 되는 학생들이 있는 것과 똑같은 이치예요. 순수주의는 결국 외로운 아이를 만들 뿐입니다. 사춘기는 그 자체만으로도 충분히 힘든 시기예요. 평범한 사춘기 아이의 단짝 친구가 장애인일 수 있다고 생각하는 것은 어리석은 일이죠. 특별한 이유는 없어요. 그냥 세상이 그런 식으로 돌아가지 않을 뿐이에요.」

베치 굿윈은 젊고 건강했으며, 그녀의 딸 카슨이 1978년에 뉴욕에서 다운증후군으로 태어났을 때 다른 합병증이 있을 거라고는 생각하지 않았다.[46] 당시는 개인 병원을 찾은 부모들은 일반적으로 해당 아동을 보호시설로 보내라는 조언을 듣고, 전문 병원을 찾은 부모들은 집으로 데려 가라는 말을 듣던 시절이었다. 베치의 관점에서 이러한 차이는 환자와 개인적인 인간관계를 맺은 의사들이 실패작이라고 보는 대상을 스스로 수치스럽게 여기는 데서 비롯되었다. 그녀의 산부인과 의사는 〈새로 건강한 아이를 낳도록 하고 이 아이에 대해서는 잊읍시다〉라고 말했다. 베치의 남편 바튼 굿윈은 카슨을 포기할 가능성을 열어 두고 있었다. 아내인 베치를 장애의 세계에 빼앗길까 봐 두려웠기 때문이다. 무섭기는 베치도 마찬가지였다. 하지만 선택을 해야 한다는 자체가 더 두려웠다. 그녀는 어릴 적 친구이자 사회복지사인 아든 몰턴에게 전화해서 의사들이 아이를 보호시설로 보내라고 한다고 설명했다. 아든은 보호시설로 보내는 일만큼은 절대로 하지 말아야 한다고 조언했다. 하지만 머지않아 베치는 다운증후군 아동과 그 가족들이 이용할 수 있는 자원이 절대적으로 부족한 현실을 절감했다. 그리고 그때까지 실내 장식가로 일하던 그녀는 2~3개월 뒤에 자신과 비슷한 상황에 있는 부모들을 위해 단체를 결성하기로 결심하고 아든에게 도움을 요청했다. 아든이 당시를 회상했다. 「나는 전문가였고 그녀는 부모의 관점에서 생각했어요.」 이렇게 해서 1979년에 전국 다운증후군 협회가 설립되었다.

전국 다운증후군 협회의 첫 번째 프로젝트는 3염색체성 21에 관련된 연구를 하는 모든 과학자들이 참가하는 회의를 개최하는 것이었다. 그 전까지는 이런 모임이 전혀 없었고 따라서 연구가 분산되어 있었기 때문이다. 당시 미국에서 다운증후군 연구에 투자되는 총 비용은 연간 대략 2백만 달러였다. 지금은 1천 2백만 달러에 육박하고 있지만 다운증후군 발병 인구를 감안하면 여전히 적은 돈이다. 베치는 워싱턴에 가서 국립 보건원 원장을 만났다. 그 원장이라는 사람은 양수 천자 검사 덕분에 조만간 다운증후군이 아예 태어나지 않게 될 거라고 말했다. 25년이 지나서 그녀가 비꼬듯이 말했다. 「그는 천주교 신자를 만난 적이 없었나 봐요.」

카슨이 두 살 때 베치는 두 번째 임신을 했고 양수 천자 검사를 고려했다. 그녀는 카슨이 다운증후군으로 태어날 거라는 사실을 미리 알았더라도 자신이 과연 낙태를 선택했을지 확신하지 못했다. 「나는 내가 왜 양수 천자 검사를 하려고 하는지 알 수 없었어요. 낙태를 하려고 그랬을까요? 솔직히 잘 모르겠어요. 적어도 미리 알고는 싶었어요. 하지만 어떤 이유에서인지 뱃속의 아기가 주사 바늘을 넣지 못하도록 계속 방해했고, 우리는 제대로 된 검사 결과를 얻지 못했어요. 일반적으로 임신 22주차에 양수 천자 검사를 하는데 태아는 24주면 완전한 생명체가 돼요. 나는 시간이 흐를수록 그 검사가 점점 더 꺼림칙하게 느껴졌어요. 결국 바튼에게 〈당신이 내일 당장 이혼하겠다고 해도 어쩔 수 없어요. 하지만 나는 검사를 계속하지 않겠어요. 어찌 되었든 지금 뱃속에 있는 아이를 낳겠어요〉라고 말했죠.」 베치의 아들은 건강한 아이로 태어났고 그 뒤에 태어난 아들도 마찬가지였다. 베치가 말했다. 「우리 아이들은 정말 사이좋게 지내요. 산부인과 의사가 내게 또 다른 경고도 했는데 내 결혼 생활이 파탄에 이를 것이고, 나중에 태어나는 아이가 힘들어할 거라고 했어요. 나는 다운증후군 형제가 있는 아이들이 거의 모든 경우에 그렇지 않은 아이들에 비해 훨씬 세심하고 사려 깊게, 어쩌면 훨씬 성취감을 느끼면서 자란다고 진심으로 믿어요.」

굿윈 가족은 뉴욕 시에 사는 것을 좋아했지만 카슨이 열한 살이 되었을 때 베치는 어른스럽게 판단할 수 없는 사람의 독립심을 기르기에 뉴욕은 그다지 좋은 곳이 아니라고 생각했다. 「그래서 찾아낸 곳이 길모퉁이마다 경찰관이 배치되어 있는 코네티컷 주 그리니치였어요. 그곳은 카슨 같은 여자아이가 돌아다니기에 놀라울 정도로 안전한 마을이었어요.」 카슨은 성품이 온화하고 사교적이다. 그녀의 남동생들이 고등학교에 다닐 때 그녀는 춤을 무척 좋아했다. 베치가 말했다. 「나는 그녀의 방에서 팔이 뻗어 나와 동생 친구들 중 한 명을 붙잡고 춤을 추는 광경을 지켜보고는 했어요. 그때 카슨에게 붙잡혀 춤을 추었던 아이들 중 몇 명은 어른이 된 지금도 〈카슨이 아니었다면 절대로 그런 스텝을 배우지 못했을 거예요〉라고 이야기해요.」

내가 카슨을 만난 것은 그녀가 포장할 때 항상 토마토를 봉지 맨 아래에 둔다는 이유로 〈홀 푸드〉에서 막 실직한 뒤였다. 베치가 말했다. 「단언하건대 그게 도넛이었다면 분명히 맨 위에 놓았을 거예요. 그녀는 토마토를 좋아한 적이 없어요.」 카슨은 다른 사람들이 자신과 다르게 생각하고 다르게 느낀다는 사실을 이해하지 못한다. 예컨대 그녀는 자신의 어머니가 브리트니 스피어스보다 존 콜트레인을 더 좋아하는 사실이 당혹스럽다. 그녀는 정확히 어떻게 다른지는 모르지만 자신이 다운증후군이라서 남들과 다르다는 사실을 안다. 베치의 설명에 의하면 춤을 그토록 좋아하는 이유도 바로 그 때문이다. 「그녀는 자신을 남들과 동등하게 느끼도록 만들어 주는 일이면 뭐든지 좋아해요.」

최근 30년 동안 전국 다운증후군 협회는 협회의 설립 계기가 되었던 바로 그 소녀와 더불어 성장했다. 카슨이 태어난 이래로 이 협회는 과학 연구 보조금으로 수백만 달러를 지급했으며, 지적 장애인을 위해 보다 나은 교육 전략을 연구하는 사회과학자들을 지원했다. 일 년에 한 번씩 회의를 주최해서 과학자들이 부모들에게 그들의 연구를 소개하는 자리도 마련한다. 해마다 미국 전역의 200개 지역에서 버디워크Buddy Walk 행사도 개최하고 있는데, 이 행사에서는 다운증후군인 사람들이 자신의 친구 한 명과 함께 걸으면서 기금도 모으고 다운증후군에 대한 인식도 높인다. 전국 다운증후군 협회는 이 버디워크 행사를 통해 이제 일 년에 대략 오십만 달러의 기금을 조성한다. 또한 그들은 다운증후군인 사람과 그 가족들을 위한 커뮤니티도 구축한다.

전국 다운증후군 협회는 그동안 험난한 바다를 항해해야 했다. 어떤 사람들은 다운증후군을 치료하거나 호전시키는 방법을 연구하는 단체가 정작 다운증후군인 사람들에게 필요한 어떠한 약속도 제공하지 않는다고 우려를 나타냈다. 한편 낙태에 반대하는 장애 인권 운동가들은 선택적 임신 중절수술이 장애인의 삶을 평가절하시켰다고 오랫동안 주장해 왔는데, 그들 중 몇몇 사람들은 낙태에 반대해서 강력한 입장을 표명하라고 전국 다운증후군 협회의 대표를 설득하려고 나서기도 했다. 전국 다운증후군 협회는 사람들이 다운증후군 자녀를 포기하지 않고 키우기를 바라지만 법적으로 강요하길 바라지는 않는다.

로널드 레이건이 1984년에 베이비 도우 개정안에 서명하고 장애 아동에 대한 치료를 외면하거나 중단하는 행위를 아동 학대로 규정하기 이전까지, 근본적으로 부모와 의사들은 그들이 원할 경우에 장애 아동을 죽게 내버려 둘 수 있었다.[47] 프린스턴 대학의 윤리학자 피터 싱어Peter Singer는 임신 기간에 상관없이 임신 중절수술을 하거나, 친모가 원하는 경우 신생아에게 유아 살해를 자행하는 것도 여성의 권리라고 주장했다. 그는 원치 않는 아이를 지우는 대부분의 여성들이 결국에는 자신이 원하던 아이를 낳게 될 것이며, 유산시킨 아이(불만족스러운 삶을 살았을 것이 분명한 아이)가 잃어버린 행복은 그 뒤에 태어날 건강한 아이의 행복에 의해 상쇄될거라는 공리주의적 주장을 내세워서 자신의 입장을 변호했다.[48] 비록 극단적이기는 하지만 싱어의 견해는 다운증후군 사람들에 대한 만연한 평가절하와 그들의 삶이 다른 사람이나 본인 자신에게도 불만족스러울 것이라는 전제를 보여 준다. 한 어머니가 정신과 의사로부터 다운증후군 아들과 어떻게 지내는지 질문을 받은 일을 설명했다. 그녀가 〈매우 잘 지내요〉라고 대답하자 곧장 그 정신과 의사는 그런 식의 방어적인 태도는 좋지 않다고 지적했다.[49] 미국 장애인 협회 회장인 마르카 브리스토는 〈싱어의 핵심 비전은 결국 종족 대학살을 옹호하는 셈이다〉라고 말했다.[50]

2000년에 이르면서 태아 선별검사에 대한 장애 인권 단체의 반대 운동이 구체화되었다. 장애학자 에이드리언 애시Adrienne Asch와 에릭 파렌스Erik Parens는 이 문제와 관련한 그들의 매우 영향력 있는 논고에서 〈태아기 진단은 장애인에 대한 사회의 차별이 아닌, 장애 그 자체가 해결되어야 할 문제라는 의학적 모델을 강화한다. 선택적 임신 중절수술을 수반하기 마련인 태아기 유전자 검사는 윤리적으로 문제가 있으며, 잘못된 정보에 의해 선택되고 있다〉고 썼다. 그리고 몇 년 뒤에 애시는 〈낙태를 야기하는 검사에 대해 무비판적으로 옹호하는 연구자들이나 전문가들, 정책 입안자들은 장애에 관한 잘못된 정보에 근거하여 행동하면서 현재 장애를 안고 살아가는, 또는 미래에 장애를 안고 살아갈 모든 사람의 상황을 더욱 악화시킬 수 있는 주장을 내놓는다〉고 썼다.[51] 조지 W. 부시 행정부에서 대통령 생명 윤리 자문 위원회 의장을 맡았던 레온 카스Leon Kass는 미국의 의료계가 태아기에 진단된 질병을 〈치료〉하고자 하면서 해당 질병을 갖고 태어날 아기를 배려하기보다는 〈살인〉에 의존한다고 주장했다.[52]

소위 하위 부류로 치부되는 인간의 출생을 억제하는 것은 그들의 존엄성을 평가절하하는 행위이다. 그리고 다운증후군으로 판명된 태아를 상습적으로 낙태하는 사회는 다운증후군을 심각한 불행으로 믿는 것이 분명하다. 물론 그러한 사회의 구성원들이 다운증후군인 사람들을 혐오하거나 학살하길 원한다는 뜻은 아니다. 실제로 자신이 다운증후군 아이를 임신할 경우 낙태를 선택할 많은 사람들이 다운증후군인 사람들에게 친절을 베풀려고 애쓴다. 하지만 나는 개인적인 경험을 통해 친절이 얼마나 지독한 편견이 될 수 있는지 알고 있다. 따라서 동성애자라는 이유로 나를 동정하는 사람과 함께 시간을 보내는 것을 좋아하지 않는다. 설령 그러한 동정이 그들의 따뜻한 마음을 보여 주고, 깍듯한 예의와 함께 제공될지라도 상황은 달라지지 않는다. 애시의 주장에 따르면 여성들이 장애가 있다고 판명된 태아를 낙태하는 이유는 그 아이를 낳음으로써 불행해질 삶 때문이고, 그런 경우의 불행은 극단적인 우월주의의 산물이며, 그러한 우월주의는 얼마든지 해소될 수 있다. 영국 뉴캐슬 대학의 재니스 매클로플린Janice McLaughlin은 〈여성들에게 강요된 선택을 애석해하는 행위는 해당 여성이 잘못했다고, 또는 차별의 적극적인 가담자라고 주장하는 행위와 같을 수 없다. 그보다는 그 같은 선택을 강요받은 여성도 희생자임을 상기시킨다〉[53]고 말했다. 그렇지만 그런 여성들의 행동이 사회의 실태를 단지 반영하기만 하는 것은 아니다. 그들의 행동이 그런 사회를 만들기도 한다.

태아에게 장애가 있다는 이유로 낙태가 증가할수록 그 밖의 많은 것들이 사라질 가능성도 그만큼 높아진다. 사회적 합의를 이끌어 내려면 인구 수가 중요하다. 장애를 가진 사람이 많아야 장애인의 권리에 관한 논의도 계속될 수 있는 것이다. 요컨대 장애인 인구가 감소하면 장애인에게 제공되는 편의도 감소한다는 뜻이다.

매년 미국에서 다운증후군으로 태어나는 5,500명의 아이들 가운데 대략 625명이 출산 전에 진단을 받았음에도 낙태를 하지 않기로 선택한 친모에게서 태어난다.[54] 태아 검사에서 다운증후군 진단을 받은 임신부 티어니 템플 페어차일드를 안심시키면서 한 의사는 〈당신이 일어나길 바라는 거의 모든 일이 일어날 겁니다. 다만 약간의 시간적인 차이가 있을 뿐이에요〉[55]라고 설명했다. 이 말은 사실이 아니다. 다운증후군인 사람에게는 시간적인 차이는 고사하고 아예 일어나지 않는 일들이 부지기수다. 그럼에도 그 의사의 설명은 그들 부부가 아이를 포기하지 않기로 결정하는 데 도움이 되었고, 그들 부부는 그다음 임신부터 아예 양수 천자 검사를 받지 않았다. 페어차일드는 〈나는 선택권이 있었고 낙태하지 않는 쪽을 선택했다. 그렇다면 나는 선택적 임신 중절을 옹호하는 사람일까? 아니면 낙태에 반대하는 사람일까? 미국의 정당들은 우리에게 선택적 임신 중절을 옹호하든지, 낙태에 반대하든지 둘 중 하나만 하라고 강요한다. 그렇게 보았을 때 나는 낙태하지 않는 쪽을 선택했고 그럼에도 내게 선택권이 있었다는 사실에 감사한다〉[56]고 썼다.

청각 장애나 소인증과 마찬가지로 다운증후군 역시 하나의 정체성이나 재앙이 될 수 있고, 또는 두 가지 모두가 될 수도 있다. 소중하게 간직하거나, 뿌리를 뽑아야 할 대상이 될 수도 있다. 다운증후군 당사자와 그를 돌보는 사람 모두에게 풍요롭고 보람 있는 경험이 될 수도 있고, 무익하고 기운 빠지는 모험이 될 수도 있다. 또는 이 모든 요소들이 한데 뒤섞인 어떤 것이 될 수도 있다. 일레인 그레고리는 〈다운증후군 아기를 기르기로 결정한 다음에 후회하는 부부를 한 번도 본 적이 없다〉고 말했다. 태아 검사에서 다운증후군 진단을 받은 어머니들에게 현재 다운증후군 자녀를 키우고 있는 가족들과 연결해 주려는 활발한 움직임도 있다. 많은 부모들이 그들의 회고록에서 다운증후군 자녀를 키우는 보람을 다루면서 다운증후군 그 자체보다는 세상 사람들의 태도가 더 불만이라고 주장했다.[57] 물론 다운증후군 아이를 원하지 않는 사람들은 회고록을 쓰지 않기가 쉽다. 사회 경제적인 지위가 낮아서 좋은 치료를 받기 위해 넘어야 하는 장벽이 부담스러운 사람들도 마찬가지다.

내가 직접 관찰한 바에 따르면 장애 아동을 보살피면서 심오하고 진정한 즐거움을 경험하는 부모들도 있지만 자신의 절망을 감추기 위해 자녀의 장애를 긍정적으로 해석하려는 부모들도 있으며, 때로는 이러한 시도가 앞서 언급한 것 같은 경험을 가져다주기도 한다. 내가 만난 사람들 중에는 사람들이 이야기하는 즐거움이 모두 진짜라고 주장하는 장애 인권 운동가도 있었고, 그 누구도 진정한 즐거움을 경험하지 않는다고 생각하는 심리학자도 있었다. 요는 이러한 스펙트럼의 양 극단에 위치한 사람은 단지 소수에 불과하며 대부분의 사람들이 그 중간에 넓게 포진하고 있다는 점이다.

데어드레 페더스톤은 아이를 원하지 않았고 따라서 자신이 불임이라는 사실을 알았을 때 오히려 기뻤다.[58] 하지만 1988년에 덜컥 임신하게 되자 그녀는 어쩔 수 없다고 느꼈고, 일이 흘러가는 대로 내맡기기로 했다. 당시 그녀는 서른여덟 살이었지만 양수 천자 검사를 하고 싶은 마음이 없었다. 그녀가 말했다. 「나는 인력으로 어떻게 할 수 없는 부분이 존재한다고 믿어요. 뱃속에 있는 아기가 9개월 동안 그 안에서 혼자 있어야 한다면 혼자 있게 내버려 두어야 해요. 그 아이의 환경에 이런저런 것들을 찔러 넣으면 안 돼요.」 그녀의 남편 윌슨 매든은 양수 천자 검사를 하길 원했다.

「남편이 계획 세우는 것을 워낙 좋아해서 그를 위해 검사를 받기로 했어요. 하지만 검사하기 전날 밤에 남편에게 물었어요. 〈만약 아이에게 이상이 있으면 어떻게 하지?〉 남편이 〈설령 그렇다 하더라도 달라지는 것은 없을 거야〉라고 하더군요. 그래서 내가 말했어요. 〈만약 문제가 있다고 판명되면 그 순간 이 아이는 없는 거야. 당신도 잘 알듯이 나는 누군가의 엄마가 되고 싶지 않아. 심지어 평범한 아이의 부모가 될 용기조차 없어. 혹시라도 아이에게 문제가 있다고 하면 나는 두말없이 아이를 지울 거야. 당신도 그럴 준비가 되어 있지 않다면 양수 천자 검사를 받으라고 나를 밀어붙이지 않는 편이 나을 거야.〉」

결국 그들은 양수 천자 검사를 포기했다. 데어드레가 말했다. 「하느님께 정말 감사해요. 내 인생에서 최악의 실수를 저지를 뻔 했거든요. 우리에게는 우리가 알지 못하는 어떤 것을 평가할 권리가 없어요.」 보석 세공사이자 스타일리스트인 데어드레는 그녀의 딸 캐서린이 태어나기 전날까지 패션쇼를 준비하기 위해 액세서리 작업을 해야 했다. 그날 오후에 의상 검토 작업을 마친 그녀는 퇴근해서 태국 음식을 먹었다. 그리고 그날 밤 배가 아프기 시작했고, 윌슨은 진통이 시작되었음을 직감했지만 그녀는 저녁에 먹은 태국 음식 때문이라고 우겼다. 다음 날 아침 10시에 조산사가 데어드레의 집에서 캐서린을 받았고, 그녀에게 얼른 소아과 의사를 만나 보라고 조언했다. 그리고 소아과 의사는 외견상으로 캐서린이 다운증후군임을 확인해 주었다. 데어드레가 말했다. 「나는 캐서린이 앞으로 내가 만날 사람들 중 가장 다정한 사람이 될 거라는 사실을 진작 알아보았어요. 하지만 윌슨은 무척 힘들어했어요. 그런 상황에서는 아버지들이 항상 더 힘들어하는 것 같아요. 9개월 동안 아이와 육체적인 교감을 나누지 않았기 때문일 거예요.」 이튿날 소아과 의사가 확정 진단을 위해 그들 부부에게 유전자 검사를 권유했다. 데어드레가 말했다. 「눈물이 나서 얼굴을 따라 흘러내리고 있었는데 캐서린이 내게 손을 뻗었어요. 그녀의 눈에서도 눈물이 한 방울 흘러내렸고 그녀는 내 눈물을 닦아 주었어요. 태어난 지 겨우 23시간밖에 되지 않은 아기가 말이죠.」

캐서린은 린 그레고리와 카슨 굿윈이 태어났던 조기 개입 이전의 세상 과는 무척 다른 세상에 태어났고, 윌슨은 부모로서 가능한 모든 치료 방법 을 확인해야 한다고 생각했다. 데어드레가 말했다. 「초기에 우리를 힘들게 했던 것 중 하나는 그녀가 일주일에 세 번씩 언어 치료와 작업 치료, 물리 요법, 두개 천골 요법*을 받아야 한다는 점이었어요. 그녀의 일정이 너무 빡빡해서 내가 외출을 할 수 없을 정도였죠. 다른 누가 내게 의지해서 살 고 있다는 사실에 적응하는 일을 제외하고는 아마도 그 점이 유일한 문제 였던 것 같아요. 나는 윌슨에게 〈당신이 감당하기에 너무 벅차다면 떠나도 좋아. 나는 당신을 원망하지도, 나쁜 사람이라고 생각하지도 않을 거야. 하지만 그렇게 하고 싶은 게 아니라면 마냥 화만 내고 있을 수는 없어〉라 고 말했어요.」 윌슨이 〈도망치고 싶다고 생각한 적은 한 번도 없었습니다. 다만 그 모든 상황을 받아들이는 것이 데어드레보다 느렸을 뿐이죠〉라고 설명했다.

데어드레는 스스로 생각하기에도 자신이 놀라웠다. 「나는 내가 어떤 식으로든 남들과 다른 아이를 건사할 능력이 없는 부모일 거라고 확신했 어요. 그래서 내가 그녀를 사랑한다는 사실만으로도 안심이 되었죠. 캐서 린이 무척 사랑스러웠어요. 내 친구들은 하나같이 그들이 완벽하다고 생 각하는 아이를 낳았지만, 시간이 흐르면서 그 아이의 한계나 문제와 타협 해야 했어요. 반면에 나는 모든 사람이 재앙이라고 생각하는 아이를 낳았 어요. 내 여정은 그녀의 놀라운 점들을 하나씩 발견해 나가는 것이 전부였 죠. 처음부터 그녀에게 결점이 있음을 알고 시작했기 때문에 그 이후로는

---

* 두개골이나 천골을 조작하여 두통이나 강직 상태를 호전시키고 일반적인 신체 기능을 향상시키는 치료법.

하나같이 좋은 의미에서 놀랄 일밖에 없었어요. 그녀는 내가 여태껏 만난 사람들 중에서 가장 다정하고, 친절하고, 사려 깊고, 세심한 사람이에요. 유쾌한 아이기도 하고요. 항상 밝은 면을 봐요. 그녀의 그런 면 중에서 어디까지가 성격 때문이고 어디까지가 다운증후군 때문인지는 모르겠어요. 한편 어떤 일을 하지 않겠다고 일단 결심하면 절대로 생각을 바꾸지 않아요. 다운증후군의 전형적인 특징이기도 하죠.」

특별한 보살핌이 필요한 아이의 어머니는 필연적으로 예언자가 된다.「한 지인이 울먹이며 전화를 해와서는 〈방금 내 아이가 다운증후군이라는 사실을 알게 되었어요. 도대체 어쩌면 좋을까요?〉라고 묻더군요. 내가 〈당신은 어떻게 하기를 원해요?〉라고 묻자 그녀가 〈내 아이잖아요. 나는 낳고 싶어요〉라고 대답했어요. 나는 〈내 이야기를 들어 봐요. 다운증후군 아이를 임신하게 된 것은 그때까지 내게 일어난 일 가운데 최고의 축복이었어요. 하지만 만약 내 아이가 다운증후군이라는 사실을 미리 알았더라면 나는 그 아이를 낳지 않았을 테고, 정말 최악의 실수를 저질렀을 거예요. 당신도 우리 아이를 만나 보았지만 우리는 정말 행복하게 지내고 있어요〉라고 말했어요.」내게 이 이야기를 들려주고 나서 그녀가 덧붙여 말했다.「다운증후군은 차라리 수월해요, 적어도 캐서린은 수월해요. 모르긴 몰라도 자폐였다면 전혀 달랐을 거예요. 내가 그녀의 삶을 보다 수월하게 만들어 줄 수 있을까요? 어떻게든 그렇게 할 수 있을 거예요. 어떠한 마법을 부려서 그녀를 보통 사람처럼 만들려고 할까요? 아니요, 나는 절대로 그렇게 하지 않을 거예요. 어느 시점에는 그녀가 나와 다른 생각을 갖게 되고 안면 수술이나, 그녀가 성장했을 즈음에 개발되어 있을 그 밖의 다른 일반화 수술을 하고 싶어 할 수도 있겠죠. 만약 그녀가 그러한 선택을 한다면 나는 그녀의 선택을 지지하게 될까요? 그런 때가 온다면 아마도요. 하지만 기본적으로 나는 그녀가 자기 본연의 모습에 충분히 행복할 정도로 인간적으로 강하고 자부심도 강한 아이로 자랐으면 좋겠어요.」

데어드레는 에밀리 펄 킹슬리의 초기 경험에 지대한 영향을 준 지독한 편견을 겪지 않아도 되었다. 데어드레가 말했다. 「아이를 포기하는 부모들은 여전히 있어요. 뱃속의 아이에게 장애가 있음을 알고 낙태를 선택하는 부모들이 여전히 있어요. 나는 그들의 선택을 비판하고 싶은 마음이 없어요. 라이머콩을 싫어하는 사람이 있으면 좋아하는 사람도 있기 마련이니까요. 내가 보기에 정말 터무니없는 정치적인 호들갑도 많아요. 하지만 자기와 다르다는 이유로 아이를 조롱하는 짓을 막을 수만 있다면 설령 그것이 정치적인 호들갑이라도 대환영이에요. 나는 우리가 역사적으로 그 어느 장소나 어느 때보다 편견에 대해 관대하지 않다고 생각해요.」 그녀가 캐서린이 다니던 트라이베카 공립학교를 방문했을 때 일을 들려주었다. 다섯 살짜리 한 여자아이가 그녀에게 말했다. 「캐서린이 아직 뱃속에 있을 때 아주머니가 알을 깨뜨렸고 그래서 캐서린이 괴상하게 태어났다고 들었어요.」 데어드레가 〈그 알이 망가지면 아예 아기가 생길 수조차 없단다〉라고 설명했다. 그러자 여자아이는 〈그럼 캐서린은 고장 난 게 아니에요?〉라고 물었다. 데어드레가 말했다. 「그래, 캐서린은 고장 나지 않았단다. 약간 다를 뿐이야.」 운동장을 둘러본 다음 다시 데어드레가 말했다. 「저기 있는 저 작은 여자아이 보이니? 저 아이는 머리가 빨간색 곱슬머리인데 너는 금발이잖아. 저 남자아이를 봐. 저 아이는 흑인이지만 그 아이의 엄마, 아빠는 백인이야. 그들은 이탈리아인이고 그의 여동생은 여전히 그의 여동생이야. 하지만 그들은 생물학적으로 아무런 관계가 없단다.」 옆에 있던 부모들 중 한 사람이 거들고 나섰다. 「나는 한국인이고 내 남편은 백인이란다.」 그러자 또 다른 사람이 〈나는 남자랑 결혼하지 않았단다. 내 배우자는 여자야. 그러니까 우리 아이도 다르단다〉라고 말했다. 이 무한한 다양성의 세상을 살아가는 캐서린은 비정상이 유일한 정상이라는 점에서 다양성의 또 다른 형태에 불과했다. 데어드레가 말했다. 「다운증후군 아이와 함께 있는 사람을 종종 마주칠 때가 있는데 내가 〈우리 딸도 같은 상황이에요. 이제 여덟 살이죠〉라고 말하면, 십중팔구는 〈축하해요. 클럽에 가입하신 걸 환영해요〉라고 대답하죠. 내 생각에 우리 같은 상황에 있는 사람들 중 상당수가 행운으로 여기는 것 같아요.」

어머니로서 데어드레는 놀라울 정도로 인내심이 강하다. 나는 그녀가 캐서린과 협상하는 모습을 여러 번 목격했는데 그녀는 직접적인 대립을 피하면서도 능숙하게 캐서린을 구슬렸다. 캐서린은 부적절한 옷을 입으려고 하는 경향이 있다. 이를테면 날씨가 추울 때 여름용 원피스를 입겠다고 고집을 피우는 식이다. 「나는 〈그 원피스 밑에, 아니면 그 위에 바지를 입으렴〉이라고 조언해요. 때때로 그녀는 노숙인 쉼터에서 지내는 사람들처럼 옷을 입기도 해요. 그녀의 특기인 셈이죠. 그럼 나는 어떻게 이야기하냐고요? 나는 그녀에게 자존감을 길러 주어야 해요. 그녀의 자존감을 짓밟는 것은 내 일이 아니에요.」 사회제도와의 어쩔 수 없는 전쟁에서 유머 감각을 유지하기란 더더욱 힘든 일이었다. 윌슨이 말했다. 「캐서린이 자기 반에서 가장 우둔한 아이가 되지 않도록 하는 것이 중요해요. 어쩌면 무조건적인 100퍼센트의 융화가 최선이 아닐 수도 있어요. 그래서 우리는 장애 아동을 위한 캠프를 눈여겨보고 있죠.」 캐서린의 교육 문제와 관련해 데어드레는 암호랑이 같은 본능을 보여 준다. 「캐서린이 맨 처음에 다녔던 유치원은 그녀에게 전혀 맞지 않았어요. 그래서 둘째 날 바로 전학 신청을 했어요. 그녀에게 교육은 숨 쉬는 것 이상으로 정말 중요한 문제예요. 나는 교육 위원회를 찾아갔어요. 하지만 이리저리 휘둘리기만 할 뿐 성과가 없었어요. 참다못한 어느 날 나는 일주일 동안 캐서린을 돌봐 줄 보모를 고용한 다음, 내 컴퓨터와 어댑터, 전원 코드들, 휴대전화, 충전기, 며칠간 입을 옷가지와 책들을 챙겨서 가방에 넣었어요. 그렇게 가방을 싸들고 다시 교육 위원회를 찾아가서 〈여기 교육 위원회의 특수 아동 문제 상담사를 만나러 왔어요〉라고 말했죠. 「죄송해요. 담당자가 지금 자리에 없는데 나중에 다시 오시겠어요?」 「아니요, 그냥 여기 있을게요. 어쨌거나 문제될 것은 없어요. 7일 정도는 기다릴 준비를 하고 왔거든요. 그분이 시간이 날 때까지 여기 앉아서 기다릴게요. 어떤 식으로든 그분을 재촉하고 싶지는 않아요.」 나는 그곳에 앉아 가방에서 이런저런 물건들을 꺼냈어요. 사람들이 지켜보는 앞에서 속옷가지들을 들춰 그 밑에 있는 충전기를 꺼내고 옷가지들은 도로 집어넣었죠. 4시간 반 만에 어떤 사람이 다가오더니 〈무엇을 도와 드릴까요?〉라고 묻더군요.」 2월 말에 캐서린은 새로운 학교에 다니고 있었다. 데어드레가 말했다. 「나는 그런 일을 전혀 불쾌하게 생각하지 않아요. 다만 어떤 특정한 요구가 관철될 필요가 있을 때 분명하게 내 의사를 표시하는 편이죠.」

5년이 지난 뒤에 데어드레에게 캐서린의 교육이 어떻게 되어 가고 있는지 물었다. 「캐서린에게 학교에서 어떤 단어들을 배웠는지 묻고 있었는데 그녀가 최근에 〈기회〉와 〈불완전한〉이라는 단어를 배웠다고 하더군요. 내가 〈불완전한〉이 무슨 뜻인지 묻자 그녀는 잠시 골똘히 생각하더니 마침내 〈엄마요〉라고 대답했어요.」 데어드레가 웃음을 터뜨렸다. 「나는 엄마 노릇이 무엇인지 내가 잘 모른다는 사실을 사람들이 알게 되는 것을 두려워하지 않아요. 내가 능숙한 엄마가 아니라는 점은 이미 오래전에 인정한 사실이에요. 문제는 어떻게 배워 나가느냐 하는 거예요. 때때로 나는 나 자신이 훌륭한 엄마라고 생각해요. 때로는 형편없는 엄마라고도 생각하죠. 단언컨대 나는 내가 엄마 노릇을 제대로 하고 있다고 이야기한 적이 단 한 번도 없어요. 한 남자의 아내 노릇도 간신히 해내고 있음을 알거든요.」

다운증후군으로 태어난 사람은 발달이 느리고 지적 성숙도도 보통 사람에 비해 떨어지지만 그럼에도 일반적으로 꾸준한 발달 과정을 거친다. 보통의 아이가 다양한 발달 과정을 거치는 동안 그 아이를 상대할 수 있는 사람이라면 누구나 다운증후군 아이도 상대할 수 있다. 다운증후군 아기는 다른 사람과 눈을 맞추기까지 오래 걸리고, 눈을 맞춘 상태를 지속하기까지도 오래 걸리며, 모방 행동을 보이기까지도 오래 걸린다. 두세 살이 되어야 말을 시작하고, 서너 살이 되어야 두세 단어로 된 문장을 사용한다. 다운증후군 아이들은 대체로 기본적인 문법을 이해하지 못한다. 한 번은 다운증후군인 사람들을 돕는 일을 하는 어떤 사람에게, 같은 다운증후군인데 이 사람이 저 사람보다 더 똑똑한 이유가 무엇인지 물은 적이 있었다. 그러자 그녀가 말했다. 「다운증후군이 아닌 사람들 가운데 어떤 사람이 다른 사람보다 더 똑똑한 이유는 뭐라고 생각하세요?」 비슷한 이유로 다운증후군인 사람들 중에는 다운증후군이 특별히 〈중증〉인 사람도 있다. 3염색체성 21을 연구하는 유전학자 데이비드 패터슨David Patterson은 최근 발표한 논문에서 〈21번 염색체의 유전자는 우리가 다운증후군이라고 인식하는 특징들을 유발할 때 단독으로 작용하지 않는 것이 확실하다. 즉 이 유전자는 다른 염색체에 들어 있는 유전자들과 협력해서 작용하는 것이 틀림없다. 다운증후군인 사람들에게서 폭넓은 다양성이 관찰되는 이유도 바로 이 때문인 듯하다〉[59]고 주장했다.

다운증후군인 사람들은 대개 따뜻하고, 사교적이며, 다른 사람을 기쁘게 해주길 원하고, 냉소적인 것과 거리가 멀다.[60] 하지만 여러 대규모 연구에 따르면 다운증후군 중 많은 사람들이 또한 완고하고, 반항적이며, 공격적이고, 때때로 몹시 불안해한다.[61] 그들 중 일부는 신체적인 문제를 겪기도 하지만 상당수가 주의력결핍과잉행동장애나 반항성 장애 같은 행동 문제를 겪는다. 상대적으로 증상이 가벼운 경우에도 우울증이나 뚜렷한 불안증을 보이는 경향이 있다. 다운증후군을 바라보는 대중의 이미지가 전혀 근거 없는 것은 아닌 셈이다. 요컨대 다운증후군으로 살아가기란 결코 쉬운 일이 아니다. 최근의 광범위한 조사에 따르면 다운증후군 아동들은 일반적으로 〈자기 자신에 대해 덜 이상화된 자아관〉을 가졌으며, 〈반복적으로 실패를 경험함으로써 불안과, 궁극적으로는 우울증이나 그 밖의 다른 문제 행동들과 관련이 있는 《학습된 무력감》을 느낀다〉.[62]

다운증후군인 사람들은 비교적 정력적이지도 않고 일관성 있는 행동을 보이기 때문에, 이를테면 조울증이나 자폐증 환자들처럼 지극히 정력적이고 혼란스러운 장애가 있는 사람들에 비해서 보호자의 수고가 덜하다. 또한 아동이든 성인이든 모두 신체적, 성적 학대를 받을 가능성이 높은 고위험군이다.[63] 한편 다운증후군이면서 행동 문제까지 있는 사람들은 가족에 의해 외부 시설에 위탁되는 경우가 훨씬 많다.[64] 그렇지만 그런 시설에서도 그들이 잘 적응할 가능성은 별로 없는데 그들이 유급 보조원을 힘들게 할 뿐 아니라 공공장소에 데리고 나갈 수도 없기 때문이다. 그리고 당연한 결과지만 그로 인해 야기되는 문제들은 그들의 행동 기저에 존재하는 증상들을 더욱 악화시킨다.

다운증후군에 수반되는 증상을 치료하는 수많은 치료법이 존재하지만 그들 중 어느 것도 다운증후군 자체를 치료하지는 못한다. 잉여 염색체를 억제하거나 제거할 수가 없는 까닭이다. 그럼에도 유전자 치료를 통해 이 같은 목적을 달성하기 위한 예비 작업이 진행 중이다.[65] 1940년대 이후로 다운증후군을 치료하기 위해 비타민 식이요법이나, FDA의 승인을 받지 않은 항히스타민제와 이뇨제 등이 사용되기도 했다. 그러나 그 어느 것도 효과가 입증되지는 않았다. 오히려 어떤 치료법들은 부수적인 역효과를 내는 것으로 알려졌다.[66] 성형수술을 이용해서 다운증후군인 사람의 외모를 보통 사람처럼 만드는 방법도 있다.[67] 이런 수술에는 혀를 짧게 하는 수술―침을 흘리지 않게 하고, 언어 능력을 향상시키고, 호흡을 보다 편안하게 해주는 효과가 있다고 한다―처럼 경우에 따라서는 실용적인 수술부터 코 성형이나 목에 있는 과도한 지방을 제거하는 수술, 위로 치켜 올라간 눈꼬리의 형태를 다듬는 수술까지 광범위한 미용성형이 포함된다. 전국 다운증후군 협회와 그 밖의 여러 단체들은 불필요한 고통을 초래할 뿐 아니라 심지어 다운증후군 버전의 사지 연장술처럼 잔인하다는 이유로 이러한 방법들에 반대하면서, 외관상 다운증후군처럼 보이는 사람들을 향한 편견에 불쾌감을 표시한다.[68] 그들은 다운증후군의 얼굴 생김새를 바꾸는 대신, 교육을 통해 다운증후군의 얼굴을 대하는 대중의 반응을 바꾸고자 한다.

와코비아 은행의 투자 자문역을 맡고 있는 미셸 스미스는 완벽주의자다.[69] 그리고 그녀와 같은 완벽주의자에게는 장애 아동을 키우는 일이 결코 쉽지 않다. 하지만 그녀는 자신의 완벽주의를 모성애로 승화시켰다. 장애 아동을 양육하는 완벽한 방법이라는 것이 존재했다면 아마도 미셸 스미스는 분명히 그 방법을 찾아냈을 것이다. 심지어 그녀는 완벽주의를 포기하는 일조차 완벽하게 해냈다.

임신 15주차에 미셸은 혈청 알파태아단백* 검사를 받으러 갔다. 그리고 그녀의 산부인과 의사는 검사 결과로 보건대 태아가 다운증후군일 가능성이 무척 높으므로 추가로 양수 천자 검사를 받아 보라고 권유했다. 당시를 회상하며 그녀가 말했다. 「양수 천자 검사는 일고의 가치도 없는 문제였어요. 남편과 상의할 필요조차 느끼지 못했죠. 그리고 철저하고 총체적인 부정의 단계에 돌입했어요. 이전까지 항상 그래 왔던 대로라면 나는 좋은 옷을 입고, 좋은 미용실에 다니고, 번듯한 직장을 가진 지극히 경쟁적인 뉴욕의 엄마들 중 한 사람이 되었을 거예요. 혹시라도 장애인을 만나면 너무 끔찍해서 그냥 고개를 돌렸을 거예요. 그런데 임신 기간 중에 이상한 일들이 일어났어요. 한번은 우연히 텔레비전을 켰는데 다운증후군 남자가 나오는 「터치드 바이 엔젤Touched by an Angel」이라는 드라마가 하고 있었어요. 또 한번은 홈디포 쇼핑몰에 갔는데, 당시는 임신 8개월째였어요, 어떤 다운증후군 소녀가 엄마나 아빠도 없이 혼자서 곧장 내게로 걸어오더니 대뜸 내 배 위에 손을 얹는 거예요. 그때부터 나는 누군가 나를 믿고 뱃속의 아기를 주었다고 확신하게 되었죠.」

---

* 태생기에 생성되고 생후부터 감소하는 태아 혈청 단백.

미셸이 아들 딜런을 낳았을 때 아기치고는 목이 약간 두껍다고 생각한 조산사가 미셸의 피검사 결과를 확인했다. 한 시간 뒤에 다시 나타난 그녀는 미셸에게 아들이 다운증후군임을 알렸다. 미셸이 말했다. 「직원들이 내 배 위에 올려 주자 딜런이 무시무시한 눈으로 나를 바라보았어요. 그리고 그 순간 마치 그 아이가 현자(賢者)이고 내가 아이처럼 느껴졌죠. 딜런은 이처럼 정말 아름다운 방식으로 내게 위협을 주었어요.」

미셸은 비관적으로 생각하지 않기 위해 마음을 다잡았지만 처음에는 마음처럼 쉽지 않았다. 아기는 그녀의 내면에 잠재된 모든 두려움과 불안을 각성시켰다. 딜런을 병원에서 집으로 데려올 때 그녀는 뒷문을 통해 아파트로 들어갔다. 혹시라도 경비원이 말을 걸까 봐 두려웠기 때문이다. 딜런을 데리고 엘리베이터에 타서는 무심결에 그의 진단명을 내뱉었다. 그녀가 말했다. 「거기에 있던 모든 사람이 우리를 째려보는 것 같았어요. 하지만 그건 전적으로 〈나만의〉 생각이었죠.」

미셸의 설명에 따르면 남편 제프는 다운증후군 아기를 받아들이지 못했다. 그녀가 말했다. 「사람들은 결혼하기 전에 자녀에 관한 이야기를 나눠요. 때로는 재정 문제나 종교 문제에 대해서도 이야기를 나누죠. 하지만 특별한 요구를 가진 아이를 임신하는 경우에 대비해서 미리 상의하는 사람들이 과연 몇 명이나 될까요?」 제프는 만약 미셸이 양수 천자 검사를 했더라면 그 모든 일이 일어나지 않았을 거라고 주장했다. 미셸이 말했다. 「아니에요, 결과는 똑같았을 거예요. 그리고 남편은 지금과 크게 다르지 않았을 거예요.」 제프의 우울증은 8개월간 지속되었고 마침내 그가 자리를 털고 일어나기 시작했을 때 미셸은 이혼을 결심했다.

딜런을 낳은 직후에 미셸은 다운증후군 영유아의 치료법을 조사하기 시작했다. 그녀는 「네덜란드에 오신 것을 환영합니다」를 읽었고, 그 이야기는 그녀에게 힘이 되어 주었다. 「나는 딜런을 낳고 첫 2주 만에 열한 권의 책을 읽었어요. 그런 다음에는 다른 어머니들을 만났죠. 그들은 지금까지도 내게 신의 은총 같은 존재예요. 우리 네 사람은 모임을 만들었고 〈다운증후군의 엄마들〉이라고 이름을 지었어요. 그들은 그런 상황에서 만나지 않았더라도 친구로 삼았을 그런 여성들이에요.」 미셸은 그들에게 조기 개입 프로그램을 이용하는 방법과 그에 관련된 모든 것을 배웠다.

미셸은 세계무역센터 건물에 있는 조기 개입 프로그램 센터를 찾아냈다. 그리고 딜런이 태어난 지 3개월 만에 9/11 테러가 발생했다. 그곳에 있던 조기 개입 프로그램 센터도 그대로 사라졌다. 그에 따른 대책을 찾으려고 노력하는 과정에서 미셸은 자신의 내면에 잠자던 투사의 본능이 깨어나는 것을 느꼈다. 「기관에서 일하는 공공서비스 책임자는 우리가 법적으로 마땅히 누릴 자격이 있는 것을 제공하는 역할과, 주 정부의 예산을 절약해야 하는 역할 사이에서 아주 얇은 외줄을 타고 있어요. 내 상담 결과가 나쁘게 나오자 모임의 어머니들 중 한 명이 말했어요. 〈오, 가엾은 초보 같으니. 자, 여기로 전화해 봐요.〉 그렇게 나는 전문 변호사를 선임했고 두 번째 상담에 그를 대동하고 갔어요. 만약 내가 가난했거나 다운증후군 아동 문제에 대해 잘 몰랐다면, 심지어 내가 모르고 있다는 사실조차 몰랐다면 과연 어땠을까요?」

머지않아 딜런은 조기 개입 프로그램이 짚어 내지 못했던 문제가 있는 것으로 드러났다. 그는 장발증(腸發症)이 계속 재발해서 병원을 수없이 들락거려야 했다. 생후 11개월 동안 응급실을 마흔한 번이나 찾았다. 미셸이 말했다. 「나는 응급실에 일종의 상용 고객 카드가 있었어요. 내가 전화하면 직원들이 목소리를 알아들을 정도였어요.」 딜런은 세 차례에 걸쳐 대수술을 받아야 했다. 컬럼비아 대학 병원의 의료진은 그가 생존할 가능성을 2퍼센트로 보았다. 제프와 미셸은 딜런과 함께 9주 동안 줄곧 집중 치료실에서 살다시피 했다. 미셸이 회상했다. 「딜런의 몸에는 기계가 자그마치 14개나 매달려 있었어요. 그런데도 직원들이 15번째로 투석기를 가지고 오더군요. 나는 병실에 앉아 딜런을 바라보며 생각했어요. 〈이제 그만

떠나렴. 괜찮아. 엄마도 더 이상은 버티지 못하겠구나.〉 나는 아이가 죽어
가는 모습을 지켜볼 자신이 없다고 말하면서 엄청난 죄책감을 느꼈어요.
신부님이 종부성사를 위해 하루에 네 번씩 들렀어요. 그 병원 2층에는 우
리 아들에게 깊은 연민을 느끼던 여성들도 있었어요. 그들은 매일 우리 병
실을 찾아와서 그를 위해 묵주기도를 해주었죠.」 딜런이 생사의 갈림길에
서 싸우는 동안 다운증후군은 부수적인 문제가 되었다. 이 무렵 제프도 처
음에 보였던 부정적인 태도를 극복했다. 그 같은 태도 변화는 결혼 생활을
유지하기에는 너무 늦었지만 아들한테는 아니었다. 미셸이 말했다. 「제프
는 딜런을 거의 잃을 뻔한 순간이 되어서야 얼마나 그 아이를 사랑하는지
깨달았어요. 지금은 두 사람이 떨어질 수 없는 사이가 되었죠. 제프가 딜
런을 얼마나 좋아하는지 몰라요.」

딜런은 결장 중 55센티미터를 제거하고 심장에 생긴 구멍을 메운 다
음 한 살이 되어서야 건강을 되찾았다. 그 이후로 적어도 신체적으로는 늘
건강했다. 미셸이 〈딜런은 약간의 방귀 문제가 있어요. 고약한 냄새를 풍
기죠. 하지만 그까짓 냄새 좀 난다고 무슨 대수겠어요?〉라고 말했다. 딜런
은 조기 개입 프로그램에 잘 적응했다. 「예전의 나는 아들이 다니는 유치
원에 장애 아동이 있을 경우에, 그 장애 아동 때문에 다른 아이들까지 피
해를 입는다고 싫어했을 그런 사람들 중 한 명이었어요. 그래서 다른 어머
니들에게 더할 나위 없이 상냥하게 대하죠. 딜런이 다니는 유치원의 원장
님은 융화를 생활 방식의 하나로서 중시해요. 딜런이 유치원에 들어간 지
2주가 되었을 때 그녀가 전화해서 말했어요. 「딜런은 방귀 문제가 심각해
요. 냄새가 난다 싶으면 어김없이 딜런이고, 방귀를 뀌기 전에는 이미 낌새
부터가 달라요. 만약 지금처럼 그가 냄새를 풍기는 다운증후군 꼬마로 남
는다면 아무도 그와 같이 놀려고 하지 않을 거예요.」 정말 잔인할 정도로
너무 솔직하더군요. 결국 우리는 〈비에노〉라는 약을 찾아냈어요. 방귀를
조절해 주는 효소로 만든 약이었죠.」 미셸은 그래도 딜런의 상냥함이 결국

에는 승리할 거라고 믿는다. 「딜런의 증조 외할머니는 귀여운 강아지를 길렀어요. 그 강아지와 친해지고 싶었던 딜런은 손에 들고 있던 가장 좋아하는 퍼즐 조각을 강아지에게 선물했죠. 지금도 그는 자신이 가장 좋아하는 물건들을 사람들에게 나누어 줘요. 정말 꾸밈없는 아이예요.」

미셸에게는 변하고자 하는 열정이 있다. 「예전의 내 생활은 이를테면 AM 라디오에서 FM 방송을 들으려고 애쓰는 식이었어요. 그런데 신기하게도 이런 일이 일어났고 내가 어떤 일을 할 수 있는지 알게 되었죠. 딜런을 키우면서 나로서는 전혀 능숙하지 않은 특징들을 하나하나 개발해야 했어요. 이전까지의 나는 피상적으로 인생을 살았고, 오직 내 자아와 내 것, 내 이미지에만 집착했어요. 게다가 다른 사람을 평가하길 좋아했고 지극히 비판적이었죠. 하지만 지금의 내가 누구를 평가할 수 있겠어요? 우리는 우리의 모든 재능과 소질을 공유해야 하지만 그보다 먼저 우리가 어떤 재능이나 소질을 가졌는지 알아야 해요. 이제 나는 내가 가진 재능을 이용해서 단지 돈을 벌려고 하기보다는 사람들을 도와야 해요.」

미셸은 이제 막 가시밭길로 들어선 부모들에게 상담을 해주면서 그들에게 다운증후군이라는 이유로 아이를 포기하지 말라고 격려한다. 그 같은 격려에도 불구하고 다운증후군 아이를 포기하고 입양시킨 부부가 딱 한 번 있었는데 그 일로 그녀는 엄청난 충격을 받았다. 내가 그녀의 패기와 영성, 목적의식을 공유하지 않는 사람들에 관한 질문을 하자 그녀가 말했다. 「그들은 하나같이 그런 것들을 공유하고 있어요. 장애 아동의 부모라면 자연스러운 현상이죠. 누구에게나 저절로 솟구쳐 나오는 거예요. 나는 그런 여성들에게 강력한 힘과 용기를 느껴요. 그리고 그들에게 늘 이렇게 조언하죠. 〈나는 당신 스스로도 자신이 무슨 짓을 하고 있는지 모른다는 사실을 잘 알아요. 그러니 나를 믿어요. 당신은 이 아이에게 완벽한 엄마예요.〉」 그녀가 잠시 이야기를 멈추고 빙그레 웃었다. 「어쩌면 그들은 내 뺨을 갈기고 싶을지도 모르겠네요.」

다운증후군의 95퍼센트는 유전적인 요인이 아니라 자연 발생적인 유전자 변이에 의해 나타나며, 대체로 생식능력이 없다.[70] 다운증후군은 태아기 검사를 탄생시킨 가장 주된 유전자 이상 중 하나였기 때문에, 그리고 태아기에 발견될 수 있는 가장 보편적인 유전자 이상이기 때문에 항상 낙태 논쟁의 중심에 있었다. 오늘날의 통계 자료에 따르면 태아가 다운증후군이라는 진단을 받은 예비 어머니들 중 대략 70퍼센트가 낙태를 선택한다.[71] 그럼에도 지난 40년간 거의 모든 다른 유전자 이상에 비해서, 다운증후군 인구가 훨씬 급격하게 증가했다는 사실은 참 아이러니한 일이다. 본인의 의사와 상관없이 어쩌면 보호시설에 수감되어 10년 남짓 살다가 생을 마감했을지 모를 사람들이 이제는 책을 읽고, 글을 쓰고, 직장에 다닌다. 적절한 교육과 의료 서비스 덕분에 60세를 넘기는 사람들도 많아졌다. 다운증후군인 미국인의 평균 수명은 50세에 가까우며, 이는 1983년에 조사된 수준의 두 배에 달한다.[72] 장애인을 위한 사회 시설이 늘어나면서 다운증후군인 사람들의 사회참여도 활발해졌다. 장애인 고용 지원을 통해 많은 고기능 다운증후군 인력들이 직업을 가질 수 있게 되었고, 사회의 전반적인 관용 덕분에 가족과 함께 식당이나 가게를 찾는 경우 정중한 대접을 받을 가능성도 훨씬 높아졌다. 최근 캐나다의 한 연구팀에서 다운증후군 자녀가 있는 부모들을 상대로 만약 선택 가능한 치료법이 존재한다면 자녀를 치료하겠는가라는 설문을 실시했다. 그 결과 응답자 중 4분의 1 이상이 치료하지 않겠다고 대답했고, 나머지 응답자 중 3분의 1은 잘 모르겠다고 대답했다.[73]

선택적 유산의 증가로 다운증후군 인구의 대대적인 감소가 예상되었지만 태아기 검사가 도입된 이래로 해당 질환을 갖고 태어나는 신생아의 비율은 매년 증가하거나 일정한 수준을 유지했다. 하지만 이런 아이들이 인구 비례에 따라 고르게 분포되는 것은 아니다.[74] 다운증후군 아이를 낳는 어머니들 중 80퍼센트는 35세 미만의, 태아기 검사를 하지 않은 대체로 가난한 여성들이다.[75] 반면 부유한 사람들은 설령 자신이 위험군에 속하지 않더라도 태아기 검사를 하려는 경향이 짙다. 연구에 따르면, 산달까지 임신을 유지하는 사람들 가운데 물질적으로 풍요롭지 않은 사람들은 자녀에 대해 완벽주의자가 아니거나 기대가 별로 없는 사람일 가능성이 높고, 따라서 다운증후군 자녀의 영원한 의존성을 보다 쉽게 받아들인다.[76] 다운증후군 아동의 입양 문제를 전문적으로 다루는 기관들도 있다. 이러한 기관의 한 책임자가 말했다. 「마음 같아서는 자신의 아기를 포기하고 우리에게 보낸 사람들의 명단을 보여 주고 싶군요. 그런 사람들의 명단을 모두 공개한다면 아마도 『후즈 후 인 아메리카Who's Who in America』 같은 긴 인명사전이 될 겁니다.」 점점 더 많은 여성들이 태아기 검사를 선택하고 다운증후군 진단을 받으면 낙태를 감행함으로써 다운증후군 인구가 감소하는 요인으로 작용하고 있다면, 노산(老産) 인구의 증가는 다운증후군 인구가 늘어나는 요인으로 작용하고 있다. 과거 10세 전후에 사망했던 다운증후군인 사람들이 오늘날에는 60세까지 살게 되면서 전 세계적으로 다운증후군 인구가 증가하는 추세다. 요컨대 2000년에서 2025년이 되면 미국의 다운증후군 인구는 두 배로 늘어나서 대략 80만 명이 될 전망이다.[77]

미국 산부인과 학회는 2007년에 모든 임신부에게 임신 1기 즉 1~3개월 사이에 목덜미 반투명 검사를 하도록, 그리고 결과가 좋지 않게 나온 사람들은 임신 중기에 유전 상담이나 양수 천자, 융모막 채취 중 선택해서 검사를 받도록 권장했다.[78] 하지만 장애 인권 단체들은 이러한 실행안에 반대하는 입장이다. 보수적인 칼럼니스트이며 다운증후군 아들이 있는 조지 월은 이 실행안을 가리켜 〈수색 및 섬멸 작전〉[79]이라고 불렀다. 온건파는 다운증후군 아동을 양육하는 일에 대해 사람들이 보다 잘 알 필요가 있다고 주장했다.[80] 다운증후군을 진단하는 새로운 혈액 검사 중 하나를 개발한 스탠퍼드 대학 교수 스티븐 퀘이크Stephen Quake는 〈이런 검사가 다운증후군이 태어나지 못하도록 가로막는 대대적인 결과로 이어질 거라고 지레짐작하는 행위는 아주 역겹고 지나친 단순화다. 내 아내의 사촌은 다운증후군이지만 정말 훌륭한 사람이다. 다운증후군 아기를 임신했다고 모든 사람이 낙태를 선택하는 것은 아니다〉[81]라고 주장했다. 그럼에도 불구하고 장애 인권 운동가들은 다운증후군 아기를 기꺼이 낳고자 하는 여성들도 태아 검진이 쉬워지면 왠지 낙태를 해야 할 것 같은 압박을 느낄 수 있다고 우려했다. 또한 건강보험이 없는 사람의 경우에는 태아기 검사를 받기가 훨씬 어렵고, 그로 인해 다운증후군이 가난한 자들의 질병이 될 거라고 걱정하는 사람도 있었다.[82]

한편 마이클 베루베는 태아기 검사가 보편화되어 다운증후군 자녀를 키우는 부모들의 의료 비용과 교육 비용에 대한 보험 적용이 중단되면, 다운증후군 자녀를 키우는 일이 부자들만의 영역이 될 수 있다고 지적한다.[83] 태아기 검사의 존재는 이 검사를 이용하고 그 결과에 따라서 행동하도록 강요한다. 한 연구에 따르면, 태아기 검사를 이용하지 않거나 장애아가 태어날 거라는 사실을 알고도 아이를 낳고자 하는 여성들은 〈태아기 검사를 이용할 수 없는 여성들보다 더 많은 책임이 있고, 더 많은 비난을 받아야 하며, 장애아를 낳은 데 따른 동정이나 사회적 지원을 받을 자격이 없다고 여겨졌다〉.[84] 이처럼 상반된 인구 통계학적 추정은 서로의 논리를 상쇄할 뿐 아니라, 때로는 부담인 동시에 사치라고 여겨질 수 있는 다운증후군 같은 질병을 둘러싸고 있는 혼란을 암시하는 듯 보인다. 마이클 베루베는 〈우리가 보유한 기술이 우리의 사회적 욕구에 부응하는가, 아니면 그 기술에 부응해서 우리의 사회적 욕구가 만들어지는가에 따라 엄청난 차이가 발생한다〉고 주장했다. 아울러 한 신문사와의 인터뷰에서 이렇게 덧붙였다. 「미국 아동 건강과 인간 개발 연구소가 다운증후군을 검사하는 새로운 방법을 개발하는 데 사용한 천오백만 달러는 해당 질환을 가지고 살아가는 사람들에게 훨씬 중요한 생화학 연구에 투자되어야 했을지도 모른다.」[85]

태아기 검사와 다운증후군인 사람에 대한 지원이 서로 배타적이 되어서는 안 된다. 인공 와우 이식 수술이 수화의 종말을 불러오면 안 되는 것과 같은 이치다. 또한 전염병을 예방하는 백신이 전염병에 걸린 환자들의 치료를 방해하지 말아야 하는 것과 같은 이치다. 하지만 실용적인 경제성을 추구하는 현대 의학에서는 1온스(약 28g)에 해당하는 예방이 일반적으로 1톤의 치료만큼 가치가 있기 마련이다. 그리고 태아기에 다운증후군을 진단하는 기술이 상용화되자 관련 분야에 대한 연구 기금이 감소했다. 오랫동안 불가능하게 여겨졌던 다운증후군의 주요 증상을 치료할 수 있는 길이 이제 막 열렸음을 감안할 때 정말 안타까운 일이었다.[86] 2006년에 알베르토 코스타Alberto Costa는 다운증후군과 유사한 상태의 생쥐들을 상대로 한 실험에서 우울증 치료제인 프로작이 대뇌에 있는 해마 부위의 손상된 발달 상태를 정상화할 수 있다고 증명했다. 이후에 그는 비슷한 생쥐들을 가지고 알츠하이머병 치료제인 메만틴이 다운증후군에게 학습 장애를 유발한다고 생각되는 신경전달물질계를 진정시킴으로써 기억력을 높여 준다는 사실을 알아냈다.[87] 2009년에는 캘리포니아 대학 샌디에이고 캠퍼스의 신경 과학부 학과장 윌리엄 모블리William C. Mobley 교수가 앞서 사용된 것과 비슷한 상태에 있는 생쥐의 뇌에 부신수질 호르몬인 노르에피네프린 수치를 높여 주면, 평범한 다른 생쥐들 수준의 학습능력이 생긴다는 사실을 증명했다.[88] 2010년에는 록펠러 대학의 폴 그린가드Paul Greengard 교수가, 마찬가지로 알츠하이머병과 관계가 있는 베타-아밀로이드 단백질 수치를 낮춤으로써 생쥐들의 학습능력과 기억력을 정상화하는 데 성공했다.[89]

모블리 교수가 말했다. 「다운증후군을 이해하고 치료하는 우리 능력에 그동안 상전벽해와 같은 변화가 있었어요. 정보의 폭발도 있었죠. 2000년까지만 하더라도 제약 회사들은 다운증후군 치료법을 개발할 엄두조차 내지 못했어요. 하지만 지금 나는 치료법을 개발하고자 하는 최소 네

군데의 제약 회사들과 접촉하고 있어요.」 스탠퍼드 대학 다운증후군 연구
와 치료 센터의 공동 책임자 크레이그 가너Craig C. Garner는 「뉴욕 타임스」
에 기고한 글에서 〈다운증후군은 한때 희망도, 치료법도 없는 질병으로 여
겨졌고 사람들은 《뭐하러 시간을 낭비해?》라고 생각했다. 하지만 지난 10
년간 신경 과학 분야에는 일대 혁명이 일어났고 이제 우리는 인간의 뇌가
놀라울 정도로 유연하고, 융통성이 있으며, 얼마든지 치료될 수 있음을 인
식하게 되었다〉고 설명했다.

농인과 인공 와우 이식 수술이나, 소인과 사지 연장술의 경우와 마찬
가지로 다운증후군에도 또 다른 쟁탈전이 존재한다. 다만 이번에는 정체성
의 문제라고 하기보다는 과학의 문제다. 다운증후군인 사람이 보통 사람
처럼 될 수 있다면 다운증후군 아기를 낙태하는 문제와 관련해 우리가 조
금 더 신중해져야 하지 않을까? 코스타가 말했다. 「유전학자들은 다운증
후군이 종국에는 사라질 거라고 생각해요. 따라서 굳이 치료법을 개발하는
데 투자할 이유가 없다고 생각하죠. 우리는 조기 선별 방법을 장려하는 사
람들과 이를테면 경주를 하고 있는 셈이에요. 그리고 조속한 시일 내에 우
리가 다른 대안을 내놓지 못할 경우 이 분야 전체가 붕괴될 수 있죠.」[90]

안젤리카 로만-지미네즈는 스물일곱 살이던 1992년에 그녀의 딸 에
리카를 낳았다.[91] 에리카가 첫 아이였기 때문에 양수 천자 검사를 하는 문
제는 아예 고려조차 하지 않았다. 하지만 에리카가 태어났을 때 안젤리카
는 무언가 잘못되었음을 직감했다. 「의사의 팔을 붙잡고 〈제발 무슨 일인
지 알려 주세요〉라고 애원했던 기억이 나요. 남편의 표정에서 무언가 잘못
되었음을 직감했죠.」 의사가 아기에게 〈가벼운 다운증후군〉 증세 — 당연
하지만 신생아를 보고 다운증후군이 얼마나 심각한지, 또는 덜 심각한지
알 수 있는 방법 같은 것은 없다 — 가 있다고 설명했다.

의사들이 입양을 제안했지만 안젤리카는 전혀 그럴 의향이 없었다.

그럼에도 주변 사람들에게 어떻게 말해야 할지 고민스러웠다. 「부모님에게 전화를 했어요. 하지만 〈아이를 낳았는데……〉라며 말끝이 흐려지는 것은 어쩔 수가 없더군요. 아버지께서 〈손가락은 열 개 다 있니? 발가락도 열 개 다 있지?〉라고 물으셨어요. 내가 〈예, 그럼요〉라고 대답하자, 〈그럼 됐다. 다른 문제는 다 헤쳐 나갈 수 있단다〉라고 하시더군요. 부모는 어떤 경우에도 자식을 무조건적으로 사랑한다는 말을 자주 들을 거예요. 바로 그런 경우였죠.」 그녀가 알던 신부님이 말했다. 「하느님께서 당신에게 이 아이를 보내신 데는 이유가 있습니다. 내가 지금까지 지켜본 바로 당신이 직면하는 모든 일은 당신이 감당할 수 있는 것들이었습니다. 이번에도 마찬가지예요.」

모든 사람이 친절하게 반응할 만큼의 품위가 있었던 것은 아니다. 안젤리카가 말했다. 「거의 죽음으로 여기는 친구들도 많았어요. 나는 〈왜?〉라는 생각에서 헤어날 수가 없었어요. 왜 하필 우리에게 이런 일이 일어난 거지? 하지만 그때 문득 깨달았죠. 〈잠깐만, 우리 아이는 살아 있잖아. 우리의 사랑과 관심이 필요하다고.〉 나는 그래도 지인들에게 아기가 태어났다고 알리는 카드를 보내고 싶었어요. 그래서 이제 우리 생활이 어떻게 바뀌었는지 설명하는 편지를 동봉해서 카드를 보냈죠.」 안젤리카는 천주교 신자였음에도 맨해튼 아래쪽에 위치한 트리니티 교회에서 사무직으로 일했고, 동료 중 한 명이 다운증후군 자녀를 키우고 있었다. 「그녀는 전화로 한 시간 넘게 나와 통화하면서 어떤 책을 읽어야 할지 추천해 주었어요. 80년대 이전에 나온 책들은 무조건 피하라고 조언했죠. 또 부모들을 지원하는 단체가 있으니 가입하라고 알려 주었어요. 그제야 나는 〈왜?〉라는 생각에서 벗어났어요.」 제인 폴리가 제이슨 킹슬리를 그녀의 TV 프로그램에 출연시킨 바로 그해에 에리카가 태어난 것도 도움이 되었다. 불과 몇 년 전만 하더라도 좀처럼 볼 수 없었던 다운증후군인 사람들이 눈에 띄게 많이 늘어났기 때문이다.

6주가 채 지나기도 전에 안젤리카는 에리카를 조기 개입 프로그램에 등록했다. 「장애를 가진 아이가 태어나는 순간 부모의 원대한 꿈과 희망은 산산이 부서지죠. 에리카가 한 살 때 나는 혹시 그녀가 센터에 있는 다른 아이들보다 뒤처지지는 않는지 늘 신경을 썼어요. 그녀는 물건을 움켜잡는 데, 다시 말해 대 근육과 소 근육 운동 기능에 문제가 있었어요. 그러던 어느 날 그녀가 근육 조정력을 발휘해서 치리오스 시리얼 한 알을 집었고 나는 뛸 듯이 기뻤어요. 몇 년 뒤에 에리카는 청력이 나빠져서 고막 튜브*를 해야 했어요. 물론 우리는 최선의 치료를 해주고 싶었어요. 들을 수 없는데 어떻게 말을 배울 수 있겠어요? 그런데 담당 의사가 〈그래도 완벽해지지는 않을 겁니다〉라고 하더군요. 나는 속으로 생각했어요. 어떻게 감히 그런 소리를 할 수 있지? 절대로 완벽해질 수 없기는 자기도 마찬가지잖아.」

에리카의 발화 능력을 개발하는 일은 늘 진행 중이었다. 「그녀가 자신이 원하는 물건을 가리키면 우리는 〈네가 원하는 것을 말해 보렴〉 하고 그녀를 격려해요. 한번은 에리카가 학교에 입학하기 위해 평가를 받는데, 심리학자가 혹시 에리카가 아침에 자신의 침대를 정리하는지 묻더군요. 나는 〈아니요, 아침에는 모두 정신없이 바빠요. 그래서 내가 정리하고 나가죠〉라고 대답했고, 그녀는 〈기회가 주어지지 않음〉 난에 체크를 하더군요. 지금은 에리카에게 항상 기회를 주려고 노력해요. 자기 스스로 외투 지퍼를 올리게 한다든가 운동화 끈을 묶도록 하죠. 이제는 자기 이름과 집 주소, 전화번호 정도는 쓸 수 있어요.」

다운증후군인 대다수 사람들이 그렇듯이 에리카에게 판단력이 부족한 것도 문제다. 안젤리카가 말했다. 「우리는 그녀에게 〈이건 위험하고 저

---

* 삼출성 중이염에 대해서 삼출액의 배출과 중이의 환기를 목적으로 경고막적으로 삽입되는 작은 튜브.

건 아니야〉라고 가르치려고 노력해요. 그녀는 사람을 너무 쉽게 믿어요. 〈낯선 이 불안〉*이라는 개념 자체가 없어요. 누군가를 처음 만나면 악수를 해야 한다고 가르치기 위해 〈만나는 사람마다 전부 다 포옹할 수는 없단다. 사람들이 모두 착하기만 한 것은 아니기 때문이야〉라고 설명해야 했어요.」 그녀가 진지한 표정을 지었다. 「아무도 에리카에게 전화를 하지 않아요. 파티에 초대하는 친구도 거의 전무하죠. 우리는 에리카를 장애가 있는 다른 아이들과 함께 발레나 음악 수업 같은 프로그램에 등록했어요. 나는 장애를 가진 그 아이들이 에리카의 진정한 친구라고 생각해요. 그녀에게 그녀가 겪는 것과 똑같은 일들을 겪는 단짝 친구가 생겼으면 좋겠어요. 나는 평범하지 않은 소녀들을 위한 걸스카우트도 조직했어요. 여기에는 자폐증 소녀도 있고, 다운증후군 소녀도 있고, 휠체어를 타고 다니는 소녀도 있어요.」

걸스카우트 일은 안젤리카의 시간을 많이 잡아먹는다. 「내게는 둘째 딸 레아도 있어요. 아직 10대 초반인데 가끔 남들이 자신을 어떻게 볼지 걱정해요. 〈내게 장애인 언니가 있다고 해도 그들이 날 받아 줄까요?〉 그럼 우리는 〈부끄러워할 게 전혀 없단다. 하느님이 우리에게 언니를 보내주셨기 때문이야〉라고 가르쳐요.」 에리카는 자신이 부끄러운 존재로 여겨질 수 있다는 사실을 아는 기색이 전혀 없다. 「그녀는 자신이 다른 아이들처럼 빨리 달릴 수 없다는 사실을 알아요. 또 다른 사람들처럼 줄넘기를 할 수 없다는 사실도 알죠. 하지만 그 이유를 물은 적은 한 번도 없었어요. 에리카는 〈네가 내게 잘 대해 주면 나도 네게 잘 대해 줄게〉라는 식이에요. 내 마음 한쪽에서는 그녀가 지각 능력이 있기를 바라요. 그렇지만 다른 한쪽에서는, 글쎄요, 만약 지각 능력이 생긴다면 그녀는 더 이상 행복해하지 않을 거예요.」

---

* 유아가 낯선 사람에게 보이는 정서적, 행동적 표현.

안젤리카는 자신에게 닥친 일에서 처음부터 의미를 찾고자 깊이 열중했고, 마침내 에리카의 장애를 자신의 도덕적 성장을 위한 기회로 여기게 되었다. 에리카가 아홉 살 때 안젤리카는 유방암에 걸렸다. 그녀가 말했다. 「에리카를 키우면서 나는 암에 맞설 정도로 강해졌어요. 그녀 덕분에 이만큼 강한 사람이 된 거예요.」 트리니티 교회는 그라운드제로*에서 불과 몇 블록 떨어져 있었기 때문에 9/11 테러가 발생했을 때 안젤리카도 현장에 있었다. 혼돈의 한가운데서도 그녀는 냉정을 유지했고, 그 때문에도 그녀는 에리카에게 감사한다. 그녀가 말했다. 「하느님께서 차라리 일찌감치 우리에게 이런 일들이 일어나게 하신 것은 어쩌면 다른 사람들을 돕고, 그 경험을 통해 성장하는 것이 우리의 소임이기 때문일 거예요. 내가 생각하는 지금의 내 소임은 사람들을 교육하고, 그들을 우리 집에 초대해서 대화를 나누는 거예요. 내게는 오는 비행기들을 막을 재간이 없었어요. 같은 이유로 내 병이나 에리카의 다운증후군을 막을 수도 없었죠. 누구도 미래가 오지 못하게 막을 수는 없어요.」

자신의 회고록 『애덤을 기다리며*Expecting Adam*』에서 마사 벡은 〈고등학교 생물 시간을 떠올려 보라. 그러면 모든 종(種)이 각각의 염색체 숫자에 의해 정의된다고 배운 기억이 날 것이다. 애덤은 잉여 염색체가 있기 때문에 노새와 당나귀가 다르듯이 나와 다르다. 애덤은 또래의 《보통》 아이들보다 할 수 있는 일이 단순히 적은 것이 아니다. 다른 일을 한다. 그는 일의 우선순위가 다르고, 취향이 다르고, 통찰력도 다르다〉고 말한다. 또한 그녀는 아들이 자신의 삶에 초래한 변화들에 대해서도 언급한다. 「그 아이가 살아가면서 보여 주는 직접성과 즐거움은 하버드 스타일의 탐욕스러운 성취를 조용한 절망처럼 보이게 만든다. 애덤은 내가 나아가는 속도를 늦

---

* 2001년 9월 11일 알카에다의 테러로 초토화된 뉴욕의 세계무역센터 자리.

추어 주었고 덕분에 나는 자체로 아무런 즐거움도 없는 꼬리표나 성과를 얻고자 난해한 요구들로 가득한 미로 속에서 발버둥치지 않게 되었다. 그 대신 내 바로 앞에 있는 것을, 그 안에 존재하는 신비로움과 아름다움을 인지하게 되었다.」[92]

다운증후군 아동은 전문가들이 〈동안〉이라고 부르는, 즉 아기 얼굴의 특징을 계속해서 유지하는 경향이 있다. 이런 아이들은 〈작고 오목한 코와 함몰된 콧대, 작은 이목구비, 넓은 이마, 짧은 턱, 두툼한 볼과 둥근 턱선, 그에 따른 둥근 얼굴형〉을 가졌다. 최근의 한 연구에 따르면, 부모가 그들의 다운증후군 자녀에게 이야기할 때 사용하는 음역과 음 높이의 변동 폭이 보통의 부모들이 영유아나 어린아이에게 말할 때 사용하는 목소리 패턴과 유사한 것으로 나타났다. 따라서 다운증후군 아동이 초기 발달 단계에 그대로 머무르는 현상은 어쩌면 그들의 무의식적이고 아무 의미 없는 생물학적 안면 구조에 반응하면서 자신이 거기에 반응하고 있다는 사실조차 모르는 부모들에게서 비롯된다고 할 수 있다.[93] 지적 불균형 때문에 다운증후군 자녀에게 느끼는 부모의 친밀감이 어느 정도 제약을 받기는 하지만, 다수의 연구 결과에 따르면 다운증후군 자녀의 아버지가 자녀와 보내는 시간은 대다수 아버지가 보통 자녀와 보내는 시간보다 훨씬 많은 것으로 나타난다.[94]

또 다른 연구에 따르면, 보편적으로 아이들은 아무런 장애가 없는 형제보다 다운증후군 형제에게 더 친절하고, 더 관대하며, 덜 적대적으로 행동한다.[95] 그런 아이들은 흔히 배려심이 많고 또한 조숙하다. 이러한 보편적인 특징들은 모두 사실이다. 물론 지적 장애 아동의 형제들은 사회로부터 배척을 당하거나 감정적, 심리적인 문제를 겪을 위험도 높다. 다운증후군과 다운증후군이 아닌 형제의 관계는 돈독한 동시에 다정하며, 건강한 형제들 간에 존재하는 것 같은 변덕도 없다. 그럼에도 그들이 함께 하는 놀이는 무척 계급적이고 상대적으로 웃음소리가 적을 수 있다. 하지만 콜건 레밍은 『뉴스위크Newsweek』에 그녀의 다운증후군 남동생에 관한 이야기를 언급하면서 〈내 남동생은 자신의 장애를 의식하지 않는다. 10대인 그는 스포츠와 플레이스테이션을 좋아하고, 자신의 헤어스타일에 약간은 지나칠 정도로 신경을 쓰며, 약간은 지나칠 정도로 자신감이 넘치고, 만나는 모든 사람들에게 친절하고, 주변 사람들을 배가 아플 정도로 웃게 만든다. 그는 평범한 다른 소년들과 전혀 다를 게 없다. 케빈은 《특별한 도움》이 필요치 않다. 다만 기회가 필요할 뿐이다〉[96]라고 말했다.

　장애인의 형제가 보여 주는 반응은 장애를 은폐하거나 환영하는 쪽일 수 있으며, 두 가지 반응이 뒤섞여서 나타나기도 한다. 어떤 태도를 취하는가 하는 문제는 그 가족의 가족 역동성과 관련이 있으며, 장애 아동의 장애 정도와도 관련이 있다. 다운증후군이지만 당당하게 뛰어난 능력을 발휘하는 사람들의 이야기에 집중하기란 오히려 쉬운 일이다. 그리고 그런 경우에 부모는 주어진 장애의 한계 내에서 그들의 자녀가 얼마나 똑똑하고 성공했는지 보면서 커다란 기쁨을 얻는다. 하지만 보통 아이들과 비교했을 때 다운증후군 아이들이 성취할 수 있는 것이 얼마나 적은지 생각하면, 지성과 성취를 가치의 척도로 정해서 일반화하는 행위는 그들의 정체성을 부정하는 셈이다. 일반적인 기준에서 다운증후군은 그다지 명석하지 않고 많은 것을 성취할 수도 없지만, 진정한 미덕을 지녔고 개인적인 성취를 이룰 수 있다. 다운증후군 자녀를 둔 대다수 부모들이 그들의 자녀가 얼마나 뛰어난 능력을 가졌는지에 관한 이야기로 대화를 시작했던 까닭에, 나는 어떻게 만나는 사람들마다 한결같이 뛰어난 능력을 가진 다운증후군 자녀를 두었을까라는 의문이 들었다. 그리고 그들의 자녀와 직접 이야기를 나누고 나서 다운증후군임을 감안할 때 이례적으로 지적이고 정말 뛰어난 아이들도 있지만, 대부분은 몇 가지 장점이 있을 뿐이지만 한껏 고무된 부모들이 그러한 장점을 일반화했다는 사실을 알게 되었다. 이 경우 부모는 자녀가 탁월한 능력을 지녔다고 생각하면서 정작 자녀가 보여 주는 실질적인 수준의 성취는 보지 못하는 경우가 많다.

이런 부모들은 예외 없이 그들의 자녀가 자신을 기쁘게 해주기 위해 열심히 노력한다고 말했다. 어떠한 생각에 사로잡혔을 때는 고집스럽고 완고한 면이 있지만 다운증후군 아동에게는 이 책에서 소개된 다른 대표적인 장애와 달리 어떤 열정이 있었고, 그 열정은 그들의 부모를 한없이 감동시켰다. 요컨대 다운증후군 아동이 다정한 성격을 가졌음은 이미 잘 알려진 사실이지만 그들이 노련한 배우라는 사실은 상대적으로 덜 알려진 특징이다.

애덤 델리-보비는 다운증후군 중에서도 저기능의 끝에 있으며 자폐증 진단까지 받았다.[97] 스물여섯 살의 나이에도 그녀는 정신연령이 네댓 살 수준이었고, 더구나 제이슨 킹슬리가 반스앤노블에서 사람들에게 이야기하는 모습을 지켜본 나로서는 그들 두 사람이 같은 질병이라는 사실이 도무지 믿기지 않았다.

애덤의 어머니 수전 안스텐-러셀은 자신의 임신 사실을 알았을 때 스물두 살이었고 뉴욕 이타카에 살고 있었다. 「당시는 70년대 말이었고, 사람들은 대안적인 생활 방식에 관심이 많았어요. 나는 내가 아이를 원한다는 사실을 알았고, 다른 할 일이 있었던 것도 아니었기 때문에 아이를 낳기로 했어요.」 그녀의 부모는 서둘러 그녀를 결혼시켰다. 그녀의 새신랑 얀 델리-보비에게 다운증후군 조카가 있었음에도 그들 부부는 유전자 검사를 할 생각은 전혀 못했다. 애덤은 태어난 지 하루 만에 다운증후군 진단을 받았다. 수전이 말했다. 「애덤을 포기하고 입양 보내려는 생각은 단 한 순간도 하지 않았어요. 나는 과하다 싶을 정도로 금방, 어떻게 하면 이 난관을 좋은 기회로 삼을 수 있을지 생각하기 시작했어요. 스스로에게 슬퍼할 시간도 주지 않았죠. 부모님이 비극이라고 생각했기 때문에 나는 정반대로 만들어야 했어요. 그때만 해도 정말 어렸어요. 스물두 살이었으니까요.」 수전은 애덤의 이름으로 보족적(補足的) 소득 보장*을 신청했다. 그리고 첫 번째 수표가 도착하자마자 코넬 대학의 학습과 아동이라는 대학원 과정에 등록했다. 탁아소에서 자원봉사 일도 시작했고, 조기 개입 프로그램에도 관여하게 되었다.

수전은 조사와 공부를 통해 어떠한 희망도 발견할 수 없었다. 그녀가 말했다. 「평범한 아이는 많은 것을 스스로 배워요. 부모가 어떻게 하든 알아서 배우죠. 하지만 애덤의 경우에는 이를테면 부모가 입에 넣어 주어야 해요. 그렇게 하더라도 부모의 기대 수준에는 4분의 1 정도밖에 따라오지 못하죠.」 애덤이 처음으로 미소를 보여 주고 얼마 지나지 않아서 물리치료사가 그에게 전에 없던 경련 증세가 있음을 알아차렸고, 수전은 뇌 사진을 찍기 위해 애덤을 입원시켰다. 검사 결과, 애덤에게 지속적인 근간대(筋間代) 경련이 있음이 확인되었고 그대로 방치할 경우 심각한 지적 장애가 초래될 수 있었다. 수전과 얀은 애덤에게 6개월 동안 스트레스와 관련이 있는 부신피질 자극 호르몬 주사를 맞도록 했다. 신경과 전문의도 찾아갔다. 애덤이 주사 맞는 것을 너무 힘들어하는 듯 보였기 때문이다. 애덤의 상태를 살펴본 신경과 전문의가 말했다. 「어떤 식으로든 치료가 되려면 애덤 스스로 이겨 내야 할 겁니다. 두 분이 할 수 있는 정말 최선의 선택은 기도하는 것뿐이에요.」

수전의 회상이다. 「그 동네에는 〈패밀리〉라고 부르는 매우 견고한 공동체가 있었어요. 그리고 각각의 회원들에게는 공동체의 지도자가 지어 준 이름이 있었죠. 예컨대 〈자유〉, 〈감사하는 마음〉, 〈인기 있는 사람〉, 〈바다〉, 〈체류〉 같은 이름이었어요. 그들이 우리를 위해 힐링 모임을 갖기 시작했어요. 그들에게는 경이로운 연못이 딸린 경이로운 전원이 있었고, 우리는 그곳에서 나체로 아기들과 시간을 보냈어요. 수영하는 사람들도,

---

* SSI. 미국 정부가 가난한 노인, 장애인에게 지급해 주는 소득.

대화를 나누는 사람들도 있었죠. 그들은 어떤 사람이 이 세상에 머물지 말지를 결정하는 것은 그 사람의 영혼이라고 말했어요. 비록 신생아라도 이 세상에 머물기로 약속을 해야 하는데 애덤은 처음 이 세상에 왔을 때 마음의 결정을 하지 않은 거였죠.」

수전이 애덤을 데리고 다시 의사를 찾았을 때 근간대 경련은 이미 완치된 상태였다. 하지만 애덤은 고질적인 상기도(上氣道) 감염이 있었고, 왼쪽 귀가 거의 들리지 않는 상태였다. 시력도 매우 나빴는데 그나마 한쪽 눈은 사시 증세까지 보였다. 한동안 그는 한쪽 눈에 안대를 했고 나중에는 두꺼운 안경을 썼다. 애덤이 첫 번째 생일을 맞았을 때 수전의 어머니가 강아지 인형을 선물했고 그는 다른 무엇보다 그 인형을 좋아했다. 수전이 말했다. 「아무튼 그때부터 애덤의 온갖 기이한 행동들이 시작되었어요. 그 아이는 물건을 손에 들고 쳐다보는 것을 굉장히 좋아했어요. 나는 그 점을 이용해서 정말 사악하게 굴기로 했죠. 요컨대 그 강아지 인형을 거실 반대편에 갖다 두는 거예요. 그랬더니, 맙소사, 애덤이 기고 또 기어서 인형을 잡는 거예요. 내가 인형을 다른 곳으로 옮겨다 놓으면 애덤이 다시 쫓는 식이었죠. 그다음에는 그 강아지 인형을 아예 투명한 상자에 넣어서 애덤이 그 안에 있는 인형을 발견하고 꺼내는 법을 깨우치도록 했어요.」

수전과 얀은 둘째 아이를 가졌다. 수전이 말했다. 「마침내 애덤에게 친구가 생길 터였죠.」 말수가 적고, 의심이 많으며, 예쁘고, 진지한 티건은 오빠를 극진하게 챙겼다. 애덤은 처음에 공립학교를 다녔고 티건이 늘 그를 보살폈다. 그녀가 말했다. 「선생님들이 오빠가 하는 이야기를 이해하지 못할 때면 내가 중간에서 선생님들을 이해시켰어요. 나는 아침마다 오빠가 있는 교실에 찾아가서 함께 시간을 보내고는 했어요. 그 때문에 수업에 늦을 때도 있었어요. 놀림을 당하는 당사자인 오빠보다 지켜보던 내가 더 화를 냈어요. 대부분의 경우에 오빠는 자신이 놀림당하고 있다는 사실도 몰랐을 거예요.」 티건은 항상 친구들을 집으로 초대해서 오빠를 소개했다.

「오빠를 대하는 태도를 보면서 그 친구의 품성을 파악했어요.」

이 무렵 수전은 얀과 이혼하고, 애덤을 다른 학교로 전학시키기 위해 애쓰고 있었다. 그녀가 말했다. 「조기 개입 프로그램의 어두운 이면은 부모들이 기대하고 압박하도록 만든다는 거예요. 제이슨 킹슬리나 TV 프로그램 「삶은 계속된다Life Goes On」에 나오는 아이처럼 경탄스러운 아이들을 보기 때문이죠. 지금이야 애덤이 가진 잠재력의 최대치에 도달했다고 생각하지만, 당시에는 애덤이 다른 아이들처럼 잘 해내지 못하는 원인이 내가 다른 부모들보다 부족하기 때문이라고 느꼈어요. 여기 이타카의 몇 안 되는 다운증후군 아동 중에서도 애덤이 제일 늦었어요.」 수전은 계속해서 융화 프로그램에 의지했다. 다른 사람들이 모두 그랬기 때문이다. 하지만 애덤은 자신이 그 프로그램과 전혀 맞지 않는다는 것을 알았다. 그러던 어느 날 그가 수학 시간에 옷을 다 벗어던지는 사건이 일어났다. 수전이 말했다. 「아이들은 자신이 성취감을 느낄 수 있는 곳에, 친구들이 있는 곳에 있어야 해요. 맞아요, 아이들은 롤모델이 필요해요. 하지만 스스로 롤모델이 될 필요도 있어요.」 수전의 부모가 가벼운 지적 장애인부터 중증 지적 장애인까지 모두 참가할 수 있는 여름 캠프를 찾아낸 뒤로 애덤은 매년 그 여름 캠프에 참가하고 있으며, 그곳에서 그의 상대적인 기능 수준은 다른 아이들을 도와주기에 충분하다.

수전은 그다지 독실하지 않은 유대교 가정에서 자랐다. 하나의 문화로서 유대교 영향을 받기는 했지만 신앙으로서는 별로 아는 것이 없었다. 어느 날 티건이 유대교에 대해 좀 더 배우고 싶다고 말했다. 수전은 가까운 유대교 회당에 가서 티건을 주일학교에 등록하고, 티건과 애덤을 데리고 정기적으로 예배를 보러 다녔다. 수전이 말했다. 「애덤은 정해진 틀 안에서 이루어지는 일을 정말 좋아해요. 일정과 의식 절차, 노래를 무척 좋아하죠. 유대교는 바로 그 자체에 고난과 신비주의적인 요소를 모두 아우르고 있기 때문에 우리와도 무척 잘 맞아요.」 그녀는 유대 철학을 자주 인용하는데, 특히 출애굽기 37장 9절에서 가져온 〈하느님은 대화 속에 존재한다〉는 탈무드적 관점을 자주 인용한다. 「유대교 율법에 보면 황무지에 거대한 성막*을 짓는 사람들의 이야기가 등장해요. 그들은 서판(書板)을 보관하는 궤 위에 서로 마주보도록 두 명의 천사를 배치하는데, 바로 거기가 즉 천사들이 마주한 공간이 하느님이 계시는 곳이기 때문이에요. 애덤이 태어났을 때 나는 목적의식을 갖게 되었어요. 그 뒤로는 항상 목적의식을 가지고 살아요. 하느님은 우리들 사이에 존재해요. 애덤이 태어나고 나는 곧바로 그 사실을 깨달았지만 유대교를 통해 구체적으로 말할 수 있게 되었죠.」[98]

애덤은 딱 바르 미츠바를 받을 수 있을 만큼의 히브리어를 외웠다. 애덤의 바르 미츠바가 있은 직후에 수전은 오래된 교회의 녹음실에서 일하는 와스프** 음향 엔지니어 윌리엄 워커 러셀 3세를 만났다. 그는 수전이 애덤을 대하는 모습을 보고 사랑에 빠졌다. 그가 당시를 회상했다. 「수전이 〈나는 두 아이의 엄마예요. 게다가 한 아이는 다운증후군이라서 영원히 나와 함께 살아야 해요. 우리 둘만의 시간은 없을 거예요〉라고 말했죠.」 6개월 뒤 수전과 윌리엄은 결혼식을 올렸다. 윌리엄이 말했다. 「애덤은 처음부터 나랑 똑같이 옷을 입고 싶어 했어요. 내게는 최고의 찬사였지만 그렇게 하고 사람들 앞에 나서기에는 무척 당혹스러웠죠. 이를테면 이런 식이에요. 내가 청바지를 입고, 갈색 가죽 벨트를 하고, 갭에서 나온 흰색 옥스퍼드 셔츠를 입어요. 그럼 애덤도 완전히 똑같이 입었죠. 어쨌거나 나는 우리가 한 가족이 되었음을 알았어요.」

수전과 윌리엄의 결혼과 때를 같이해서 애덤의 사춘기가 시작되었다. 사춘기는 평범한 열네 살짜리 소년에게도 힘든 시기지만 여러 가지 면에

---

* 이동식 성전.

** WASP. 앵글로색슨계 미국 신교도를 줄인 말로 흔히 미국 주류 지배 계급을 뜻한다.

서 네 살 반 수준인 아이에게는 훨씬 더 힘든 시기다. 수전이 말했다. 「윌리엄은 과격한 남성호르몬이 분출되는 경험을 했어요. 애덤이 갑자기 집 안을 엉망으로 만들려고 작정했기 때문이에요. 화재경보기를 울리기도 했어요.」 윌리엄의 설명이 이어졌다. 「애덤은 이를테면 자신의 능력을 실험하는 중이었어요. 일반적으로 네 살짜리가 말썽을 피우면 부모는 그 아이를 번쩍 안아서 아이의 방으로 데려가요. 하지만 수전은 애덤을 그런 식으로 번쩍 들어서 옮길 수가 없어요. 그래서 그녀만의 대화 방법을 개발했어요. 믿기지 않을 정도의 인내심을 발휘해서 시간이 얼마가 걸리든 상관없이 애덤을 설득했죠. 그런데 한번은 애덤이 발길질을 해대면서 여기저기 침을 뱉었어요. 결국 내가 나섰죠. 녀석의 뒤로 가서 끌어안고는 번쩍 들어 이층의 자기 방으로 데려갔어요. 그때 보았던 애덤의 표정이 아직도 생생하군요. 〈방금 무슨 일이 일어난 거지?〉 하는 표정이었죠. 그런 행동을 보인 시기는 비교적 금방 끝났어요.」

수전은 원래부터 춤추는 것을 좋아했고, 그래서 춤이 일종의 의사소통이라는 믿음에서 시작된 접촉즉흥*을 배웠다. 〈댄스 뉴잉글랜드〉라는 이름의 한 단체는 일주일에 한 번씩 사람들에게 술이 없는 안락한 환경에서 맨발로 자유롭게 춤출 수 있는 기회를 마련한다. 수전은 애덤과의 의사소통이 대부분 비언어적인 형태로 이루어졌음을 오래전부터 알았기 때문에 이 커뮤니티에 특히 공감했다. 수전이 말했다. 「보통의 다운증후군인 사람들은 지극히 사교적이고 외향적이에요. 하지만 애덤은 약간 달라요. 내가 지금 하고 있는 것 같은 형태의 춤을 좋아하는 주된 이유는 굳이 말을 하지 않고도 사람들과 교류하고 접촉할 수 있는 기회를 제공하기 때문이에요.」 여름마다 그 단체는 메인 주(州)에 위치해 있고 옷을 입지 않아도 되는 호수 근처의 장소를 임대해서 2주 내내 댄스 축제를 개최한다. 그리

---

* 접촉을 통해 즉흥적으로 춤을 추는 기술.

고 이 축제에서는 공동체 의식과 봉사활동이 강조된다. 애덤도 매일 두 시간씩 주방에서 일을 도왔다. 수전은 〈축제에 참가한 모든 사람이 보라색 옷을 입어요. 성적 소수자들에게 경의를 표하기 위해서죠. 우리에게는 너무나 유익한 축제예요. 애덤에게는 그해에 배운 것들이 하나로 합쳐지고 그럼으로써 그다음 해를 준비하는 시간이죠〉라고 말했다.

중학교 3학년 때 티건은 감염성 단핵증에 걸렸고 한동안 학교를 쉬면서 집에서 어머니의 간호를 받았다. 수전이 회상했다. 「어느 날 티건이 난데없이 〈나는 어디에 살든 집에 항상 오빠를 위한 공간을 만들어 둘 거예요〉라고 하더군요. 그 말을 듣고 애덤의 주변에서 그를 도와주는 사람들에 대해 생각하게 되었어요. 그리고 티건이 자발적으로 그 무리에 끼어 있음을 알았어요. 그녀는 순전히 자신의 의지로 그 무리에 합류했죠.」 티건의 생각은 언제나 분명했다. 그녀가 말했다. 「어떻게 보면 항상 내가 누나였어요. 가끔은, 특히 어떤 날 밤에는 오빠를 보살펴야 한다는 사실이 짜증스러울 때도 있었어요. 하지만 오빠가 없었으면 하고 바란 적은 한 번도 없었어요. 오빠가 고마움을 표현하는 행위는 단순한 고마움의 표시라고 하기보다는 사랑의 표현이에요. 나는 오빠가 나를 사랑한다는 사실을 알아요. 그리고 그걸로 충분해요. 세상을 다 준다고 하더라도 오빠의 사랑과 바꾸지 않을 거예요.」

윌리엄은 기존의 가족 역동성 때문에 가끔씩 고민에 빠졌다. 그가 설명했다. 「수전과 애덤이 항상 주된 2인조예요. 수전과 내가 이야기하고 있을 때 애덤이 끼어들면 우리의 대화는 중단되고 말죠. 그 때문에 화가 난 적도 여러 번 있었어요.」 윌리엄이 이 가족에 합류하면서 느낀 가장 심각한 갈등은 소리였다. 브로드웨이 쇼 노래는 애덤에게 일생일대의 즐거움이다. 우리가 만난 지 얼마 지나지 않았을 때 애덤이 나를 위해 노래를 불러 주겠다고 했다. 그의 노래는 열정적이었지만 마치 냉장고 돌아가는 소리를 확대한 것처럼 단조롭게 웅웅거렸다. 평소에도 그는 자신이 제일 좋아하는 테이프를 반복해서 들으면서 큰 소리로 따라 부른다. 윌리엄은 귀로 먹고사는 음향 엔지니어다. 결국 애덤은 적어도 윌리엄이 운전하는 차 안에서만큼은 노래를 하지 않기로 합의했다. 윌리엄 역시 집에 있는 동안 소리에 대처하는 방법을 찾아냈다. 티건에게 애덤과 사는 것이 어떤지 설명해 달라고 부탁하자 그녀는 간단히 〈느려요〉라고 대답했다. 윌리엄이 동의하고 나섰다. 「모든 것이 애덤 중심으로 돌아가죠. 네 살짜리 아이와 놀아 주려면 자신의 문제는 전부 포기해야 하는 것과 마찬가지예요. 나는 가족 중 누구도 내게 너트를 30초 만에 조여야 한다고 강요하지 않는다는 사실을 깨달았습니다. 5분 만에 조여도 결국에는 똑같죠. 애덤은 내게 선(禪)을 가르치는 스승이에요.」

애덤은 직업학교를 졸업하고 근로 프로그램에 들어가서 라벨과 인지를 붙이고 봉투 붙이는 일을 했다. 하지만 그 일이 잘 풀리지 않자 무료 급식소에서 자원봉사 일을 시작했고, 그곳에서 소금과 후추를 내놓고 스푼과 포크를 냅킨으로 싸는 일을 했다. 수전이 말했다. 「다른 사람에게 도움이 되는 것은 애덤이 중요하게 생각하는 가치 중 하나예요. 다운증후군 자녀가 있는 어머니들 중 한 명이 내게 말하기를, 그녀는 아들을 데리고 외출할 일이 있을 때 아들에게 애덤처럼 행동하겠다는 다짐을 받는다고 하더군요. 〈애덤은 항상 미소를 잃지 않을뿐더러 엄마 말을 잘 듣는단다. 따라서 네가 애덤처럼 행동하겠다고 약속하면 널 데리고 갈게〉라고요. 그리고 그 아들이 떼를 쓰려고 할 때마다 이렇게 말한다고 하더군요. 〈지금 애덤처럼 행동하고 있지?〉 그럼 정말 효과가 있대요. 애덤이 롤모델이 되고 있는 거죠. 애덤보다 훨씬 똑똑한 아이에게 말이에요.」

안식일에는 텔레비전이나 비디오를 볼 수 없기 때문에 애덤은 헤드폰으로 브로드웨이 뮤지컬을 듣는다. 금요일 저녁 식탁에서는 애덤이 기도를 한다. 그 과정에서 손을 씻는 의식도 거행한다. 저녁 식사를 마친 다음에는 느긋하게 미네랄 목욕을 즐긴다. 애덤은 목욕을 굉장히 좋아하지만 피부가 곰팡이균에 쉽게 감염되는 체질이라서 일주일에 금요일 하루만 목욕을 할 수 있다. 수전이 말했다. 「배변 훈련은 여전히 문제인데 우리는 애덤에게 일정한 시간에 맞춰 용변을 보도록 하고 있어요. 애덤이 자신의 몸에서 보내는 신호에 보다 귀를 기울일 수 있도록 바꾸고 싶은데 아직은 가끔씩 사고를 치기도 해요. 우리는 애덤의 정신연령에 맞추어서 그를 대하고 있어요.」

나는 실제로 몇 살의 〈정신연령〉을 의미하는지 궁금했다. 수전이 대답했다. 「여섯 살짜리 아이를 지도하는 수준이나 여섯 살짜리가 할 수 있는 일들을 생각해 보세요. 애덤에게 필요한 것이 딱 그 수준이죠. 어쩌면 다섯 살에 가까울 수도 있겠네요. 어떻게 보면 네 살에 가까울 수도 있어요. 여섯 살짜리 아이는 일반적으로 애덤보다 글을 잘 읽고, 전화를 이용할 줄도 알고, 응급 상황에서 어떻게 행동해야 하는지도 아니까요. 설령 집에 불이 나더라도 텔레비전을 보는 중이라면 애덤은 꼼짝도 하지 않을 거예요. 못 견딜 정도로 정말 뜨거워지면 혹시 모르겠네요. 신호등이 녹색일 때 길을 건너야 한다는 사실은 알지만, 먼저 주위를 살피고 혹시라도 모퉁이를 돌아 나오는 자동차가 있는지 조심해야 한다는 사실은 몰라요. 애덤을 다른 사람에게 맡겨야 하는 경우에 나는 〈10년째 다섯 살인 사람을 상상해 보세요〉라고 설명해요. 애덤은 집안일도 잘 도와줘요. 요컨대 다섯 살짜리 아이가 배우기에는 절대로 시간이 부족했을 것 같은 일들도 정말 많이 한답니다.」 티건이 거들고 나섰다. 「만약 보통의 여섯 살짜리 아이들을 한자리에 모아 놓는다면 정말 다양한 능력을 보여 줄 거예요. 도시에서 전문직에 종사하는 부모 밑에서 자란 아이는 컴퓨터를 잘 하겠죠. 또 어떤 아이는 시골에서 자란 덕분에 온갖 야생식물이나 숲에서 길 찾는 방법에 훤하겠죠. 여섯 살 수준으로 충분히 오래 있다 보면 정확히 그 수준에서 할 수 있는 일이 점점 늘어나요. 일종의 횡적인 발전이죠. 오빠가 보여 주는 행동들이 바로 그래요.」

수전은 이제 애덤과 함께하는 그녀의 삶이 토해 내는 모순을 굳이 해결하려고 애쓰지 않는다. 「애덤이 태어났을 때 나에게 가장 중요한 문제는 애덤을 의사소통이 가능한 수준으로 만드는 일이었어요. 이제는 말을 하지 않는 사람도 얼마든지 의사소통을 할 수 있다는 사실을 알아요.」 한번은 수전이 애덤의 생일을 맞아 뮤지컬 영화 「지붕 위의 바이올린」에 나오는 펠트 모자를 사주었다. 브로드웨이 컴필레이션 음반도 사주었는데 애덤은 뮤지컬 영화 「코러스 라인」의 「원One」이라는 곡을 가장 좋아했다. 이타카에서 보낸 마지막 날에 애덤이 내게 보여 줄 것이 있다고 말했고, 나는 거실에 앉아서 기다렸다. 그는 수전에게 그녀의 모자 중 하나를 찾아 쓰도록 하고는 CD 플레이어를 켜고, 어머니와 함께 「코러스 라인」에 등장하는 마이클 베넷의 춤을 모방해서 간단한 공연을 펼쳤다. 모자를 들고 빙글빙글 돌거나 박자에 맞추어 킥 동작도 보여 주었다. 암만 해도 애덤 스스로 그런 동작들을 익힌 듯 보였으며, 그는 수전에게 최소한의 도움만을 받아 가면서 약간은 어색하지만 그럼에도 매력적으로 전체적인 공연을 끝냈다. 이 개인적인 공연을 보면서 나는 커뮤니케이션 수단으로서 춤을 대하는 수전에게 감명을 받았다. 그리고 그들의 성취는 가족의 정이라는 생각이 들었다. 행복은 유동적인 개념이라는 수전의 진심 어린 믿음이 그 방을 사랑으로 가득 채우고 있는 듯 보였다.

미국의 지적 장애인들 중 대략 4분의 3이 부모와 함께 산다.[99] 한 연구는 〈자녀가 성장하는 동안 그들을 보살피고자 하는 부모의 자연스러운 욕구는 자녀의 성장이 센티미터 단위로 느리게 진행될 때 특히 강해진다. 하지만 그 가족들이 더 이상 양육의 짐을 감당할 수 없다고 판단할 때는 지적 장애인을 보호시설에 언제든 위탁할 수 있어야 한다. 이 경우 장애인의 권리는 일상의 보살핌을 제공하는 당사자들의 의사에 반(反)할 수 없다〉[100]고 지적한다. 다운증후군 아동이 위탁 시설에 맡겨질 가능성은 그 아동이 해당 가정에 어느 정도로 지장을 초래하는지의 문제와 직결되는 장애 정도에 따라, 그리고 장애 아동을 양육하는 데 따른 스트레스를 극복하고 해당 자녀와 관계를 구축하는 부모의 능력에 따라 달라진다.[101] 보다 힘든 상황에 있는 형제에게 초점이 맞춰지면서 마찬가지로 부모의 관심이 필요한 다른 형제들이 관심을 받지 못할 수도 있다. 어쩌면 이들은 자신의 형이나 여동생이 위탁 시설에 맡겨졌다는 사실 때문에 몹시 괴로워하고, 차라리 자신이 나가 살고 싶다고 느낄 수도 있다.[102]

한 연구 결과에 따르면 거의 75퍼센트에 달하는 부모들이 장애가 있는 자녀를 보호시설에 위탁한 것에 죄책감을 느낀다고 밝혔다. 그들 중 절반은 〈끊임없이〉 또는 〈매일〉 죄책감에 시달린다고 말했다. 많은 사람들이 위탁을 부모로서 실패라고 여긴다. 보호시설에 위탁한 장애 아동이 일시적으로 집을 방문하는 경우 그 가족들은 반가움과 스트레스를 동시에 경험한다. 그리고 해당 장애 아동이 다시 시설로 돌아갈 때 안타까움과 함께 위안을 느낀다. 여기에 더해서 장애 아동을 소규모 시설에 맡긴 경우에는 일반적으로 소규모 시설이 보다 인간적임에도 불구하고 부모의 죄책감은 더욱 커진다. 소규모 시설은 환경이 가정과 유사하고, 이러한 환경적인 유사성은 부모에게 자녀를 시설로 보내기로 한 그들의 결정을 지속적으로 재고하도록 부추긴다. 장애 아동을 보살피는 직원들의 숫자가 너무 적어서 오히려 부모가 보다 경쟁력을 갖는 경우도 있다. 부모들이 가장 빈번하게 하는 이야기 중 하나는 위탁이 기능적인 면에서 그들의 삶을 편하게 해주었지만 감정적으로는 전혀 그렇지 않다는 것이다. 그럼에도 일단 위탁한 장애 아동을 부모가 다시 집으로 데려가는 경우는 거의 없다. 이러한 경향은 부모들이 어떠한 선택을 하든지 그들의 결정을 그대로 고수한다는 의미다. 연구자들은 부모가 그들의 자녀를 위탁한 다음에는 위탁을 긍정적으로 생각한다고 주장한다. 마찬가지로, 장애 아동을 집에서 키우기로 결정한 부모들도 그들의 결정을 긍정적으로 생각한다고 주장한다. 어느 정도는 아이를 위탁함으로써 실제로 보다 행복해질 사람들이 위탁을 선택할 가능성이 높고, 집에서 아이를 보살핌으로써 보다 행복해질 사람들이 집에서 아이를 키우는 경향이 많다는 것이다. 궁극적으로 이 같은 현상은 인지적 불협화를 해결하려는 시도와도 관련이 있다. 사람들은 내면의 불협화를 피하기 위해 그들의 결정에 맞추어 태도를 조정하기 때문이다.[103]

위탁은 하룻밤 만에 끝나는 결정이 아니라 일단의 과정이다. 일시적인 위탁과 주 중이나 주말 프로그램을 통한 예비 격리는 부모들에게 위탁이 어떤 느낌인지 실제로 체험하도록 도와준다. 또한 약간의 양육 부담을 완화해서 부모들이 위탁 결정을 유예할 수 있도록 도와주기도 한다. 위탁을 현실로 받아들이고 정신적으로 점점 적응해 가는 것과는 별도로 부모들은 적당한 시설을 수배하고, 그들이 선호하는 시설에 지원하는 방법을 찾아내야 하는 현실적인 문제에 부딪힌다. 이 문제를 개선하고자 애써 온 어떤 사람이 한 어머니의 사례를 들려주었다. 그녀는 당초 〈그런 곳에는 도저히 내 아이를 맡길 수 없었어요!〉라고 말했다. 그렇지만 불과 2년 뒤에 그녀는 자신이 그토록 혐오하던 바로 그런 환경에 자신의 아들을 위탁했다. 또 다른 어머니는 〈그동안의 어떤 통화보다 지역 센터에 전화할 때가 가장 떨렸어요〉라고 말했다.[104] 많은 다운증후군 아동들이 열여덟 살에서 스물한 살 사이에 보호시설에 위탁되는데 보통의 아이들도 그 나이가 되면 집에서 독립한다. 이와 관련해 일부 전문가들은 보통 사람과 비슷한 인생 과정을 밟아가는 편이 다운증후군 아동에게 여러 면에서 유리하다고 주장한다.[105]

오늘날 보호시설에 위탁되는 장애 아동과 장애 청소년의 비율은 4분의 3 정도가 감소했지만 전체적으로 위탁된 숫자는 오히려 증가했는데 그만큼 수명이 늘어났기 때문이다. 39개의 주(州)에는 대규모 주립 보호시설이 여전히 남아 있지만 대부분은 보다 작고, 친밀하며, 커뮤니티를 기반으로 하는 보호시설에 자리를 내주었다.[106] 절반이 넘는 부모들이 하나의 시설만 방문한 뒤에, 때로는 이런 시설들이 제공하는 서비스의 질이 얼마나 다양한지는 모른 채 지리적인 이유만으로 그곳에 자녀를 위탁한다.[107] 「뉴욕 타임스」는 2011년에 뉴욕 주 곳곳의 보호시설에서 자행되는 끔찍한 학대 실태를 보도했다. 이 신문은 〈보호시설 내 환자들을 성적으로 학대하거나, 구타하거나, 조롱한 직원들이 해고되는 경우는 거의 없었다. 심지어 이러한 위반 행위가 상습적으로 행해지는 경우에도 결과는 마찬가지였다. 공문서 기록에 따르면 주립과 사립을 막론하고 2009년에 이런 보호시설을 상대로 제기된 학대 혐의는 약 1만 3천 건에 달하지만 그중에서 법적 처벌을 받은 경우는 채 5퍼센트도 되지 않았다. 자신의 보살핌 아래에 있는 환자들을 학대한 혐의로 고발된 직원들에게 법적인 제재를 가하려는 시도는 한 가지 장애물 때문에 보다 복잡해진다. 즉, 희생자들이 일반적으로 말을 할 수 없거나 극단적인 인지 장애를 가졌다는 점이다. 지방 경찰들도 바로 그 점을 들어서 관련 사건들에 대한 기소가 제대로 이루어지지 않는다고 설명한다. 발달 장애인은 그들의 삶에 적극적으로 개입하려는 가족이 없는 경우가 많고, 따라서 그들을 변호해 줄 사람도 없다〉[108]고 전했다. 이런 학대 문제는 위탁 결정을 앞두고 고민하는 가족들에게 길고 어두운 그늘을 드리운다. 미국에서 지적 장애인에게 머물 곳과 치료를 제공하는 비용은 평균적으로 일인당 하루 380.81달러지만 실제 금액은 주(州)마다, 심지어 카운티마다 커다란 차이가 있다.[109]

과거에는 가족들이 보호시설에 위탁된 자녀와 감정적으로도 분리되어야 한다는 조언을 들었지만 오늘날에는 계속해서 긴밀한 관계를 유지하는 가족들이 많다. 집을 벗어난다고 해서 가족이라는 울타리까지 벗어나지는 않는 것이다. 대부분의 가족들은 최소한 매달 자녀를 방문하고 전화통화는 그보다 훨씬 자주 한다. 많은 가족들이 자녀가 〈갑작스러운 환경 변화에 의한 트라우마〉를 최소화하고 점진적으로 변화에 적응해 나가도록 〈같이〉 있어 주고자 한다. 이와 관련해 일레인 그레고리는 〈부모는 그들이 여전히 주위에 같이 있어 줄 수 있을 때 성인 자녀를 공동 생활 가정으로 독립시켜야 한다〉고 조언했다. 「나는 종종 끔찍한 이야기를 듣는데 쉰 살이 된 자식과 함께 사는 부모들에 관한 이야기예요. 그런 상태로 부모가 세상을 떠나면, 자식은 쉰 살이 되어 한 번도 배운 적 없는 일을 하도록 강요하는 새로운 환경에 적응해야 합니다.」 사회생활에서 은퇴한 노부모들 중에는 노인들이 소외되고 아무런 목적의식 없이 살아가는 세상에서 다운증후군 자녀를 데리고 살면서 보살피는 일은 오히려 위안을 준다고 이야기하는 사람들도 많다. 하지만 부모가 자녀보다 오래 살지 않는 한, 아니면 형제나 친구 중 누가 바통을 이어받아 그들을 보살피지 않는 한, 대다수 다운증후군인 사람들은 어떤 식으로든 궁극적으로 외부의 도움을 받게 될 것이다. 그들 중 완전히 독립적으로 살 수 있는 사람은 거의 없기 때문이다. 부모와 함께 사는 다운증후군인 사람들 중 대략 4분의 3은 그들 부모가 사망하는 경우 보호시설에 수용된다.[110]

똑같은 다운증후군이라도 가정에서 잘 성장하는 사람이 있고 외부 시설에서 잘 성장하는 사람이 있으며, 이러한 차이는 그 사람의 성격과 가족의 특징을 보여 준다. 집에서 산다는 것은 친숙한 환경과 원칙적으로 보다 많은 사랑을 의미한다. 그렇지만 성인이 되어서도 부모와 함께 사는 다운증후군인 사람들은 친구와 어울릴 기회가 부족하고, 따라서 상당한 외로움을 겪을 수 있다. 그런 사람들은 나이가 들수록 집 밖에서 할 일이 줄어들고, 사람을 사귀는 기술도 배우지 못하는 경향이 있다. 펜실베이니아 시골에서 건설 노동자로 일하는 한 아버지는 자신의 딸이 고등학교를 무사히 졸업해서 무척 행복하다고 말했다. 딸은 한때 치어리더였고, 동창회 간부였으며, 늘 친구들에게 둘러싸여 지냈다. 하지만 고등학교를 졸업하자 친구들은 다른 도시에 있는 대학으로 진학하거나 저마다 바쁘게 살았고 결국 그 아버지는 매일 자신의 트럭에 딸을 태우고 다녀야 했다. 그녀는 일주일에 몇 시간 월마트에서 일하는 것을 제외하고는 다른 사회생활을 전혀 하지 않았다. 오로지 일 년에 두 번 열리는 ARC 댄스 축제만 기다리면서 살았다.[111] 최근 연구에 따르면 집에서 부모와 함께 살아가는 다운증후군 성인 가운데 겨우 4분의 1 정도만 자신의 친구로 부모의 사회적 인맥이 아닌 사람을 꼽을 수 있었다.[112]

부모들이 쓰는 회고록과 더불어서 다운증후군인 사람들이 직접 회고록을 쓰는 경우도 갈수록 늘어나고 있으며, 이들은 자기 권리 주장 운동에서 중요한 한 축을 담당하고 있다. 오늘날에는 미국에만 800개 이상의 장애인 자기 권리 주장 운동 단체들이 존재하며 이러한 단체의 구성원들은 국회의원이나 사례별 사회복지사, 부모에게 그들 자신의 권리를 주장한다. 대다수의 단체들은 1968년 스웨덴에서 발족한 국제 장애인 자기 권리 주장 운동 단체 〈피플 퍼스트People First〉의 기치 아래 조직되었다. 이 단체는 1973년에 밴쿠버에서 최초로 북아메리카 모임을 개최했으며, 〈우리에게 선택권을!〉이라는 이름의 이 콘퍼런스는 〈지적 장애〉를 가진 사람들이 결집하는 계기가 되었다. 피플 퍼스트는 전 세계 43개국에 지부를 운영하고 있으며, 회원 수만 대략 1만 7천 명에 이르는 것으로 추산된다. 그들의 웹사이트에는 다음과 같이 설명되어 있다. 「우리는 만약 우리가 우리 모임에서 우리들끼리 말하는 법을 배울 수 있다면, 우리에게 중요한 어떤 문제를 다른 누구에게 이야기하는 법도 배울 수 있다고 믿는다. 우리는 우리 부모에게, 공공서비스 제공자에게, 사례별 사회복지사에게, 시의회와 시장에게 우리 생각을 주장할 수 있다. 국회의원이나 입법 위원회, 정부 관료, 심지어 대통령에게도 주장할 수 있다. 때로는 이해하는 데 어려움을 겪을지라도 사람들은 우리 이야기에 귀를 기울일 것이다. 우리가 하려는 말이 무엇인지 우리가 안다는 사실을 그들도 알기 때문이다.」[113] 지적 장애를 가진 사람들이 이 정도로 대규모의 단체를 결성한다는 것은, 조력자가 있었다는 사실을 감안하더라도 정말 놀라운 일이다. 특히 불과 몇 십 년 전에 해당 질환을 어떻게 보았는지 생각하면 더욱 그렇다.

1960년대 말까지는 다운증후군인 사람이 어떤 분야에서 명성을 얻은 적이 없었다. 하지만 그 이후로는 해당 질환을 가진 배우와 운동가, 작가, 예술가 등이 줄지어 등장했다. 다운증후군인 사람이 쓴 최초의 주요 저서는 1967년 영국에서 발간된 『나이젤 헌트의 세상: 몽고증 소년의 일기The World of Nigel Hunt: The Diary of a Mongoloid Youth』였다.[114] 헌트의 아버지는 학교의 교장이었고, 아내와 함께 헌트를 다른 보통 아이처럼 교육하려 했다. 따라서 그에게 자신이 교장으로 있는 학교의 일반 학생을 대상으로 한 수업을 듣게 했다. 헌트의 책은 어머니의 병과 죽음을 둘러싼 가슴 저린 이야기와 함께 그의 일상생활을 기술한다. 제이슨 킹슬리와 미첼 레비츠가 쓴 『우리도 끼워 주세요』는 그들의 생활을 다룬 대체로 즐겁고 가끔은 유머러스한 이야기이며, 그들이 직면했던 특별한 도전들에 대해 묘사한다.[115] 다운증후군인 윈디 스미스는 2000년 펜실베이니아 공화당 전당대회에서 연설을 하면서 자신이 조지 W. 부시에게 보냈던 편지를 큰 소리로 낭독했다. 이후에도 그녀는 미국 보건복지부 산하 지적 장애인 대통령 직속 위원회에서 계속 활동했다. 이와 관련해 사람들은 그녀를 단순히 선거에 이용하려는 부시 진영의 교묘한 술수가 아닌지 의혹을 제기했고, 어떤 비평가는 그들의 행보를 가리켜 〈내가 본 정치적 연극 가운데 가장 역겨운 짓〉이라고 일침을 가했다.[116]

다운증후군이면서 오랫동안 가장 많은 세간의 주목을 받은 사람은 TV 프로그램 「삶은 계속된다」에 출연했던 크리스 버크였다. 물론 그 밖에도 주목을 받은 사람들은 많다. 섬유 조형물 예술가이자 2005년에 세상을 떠난 주디스 스콧도 있고, 텔레비전 연속극 「미국 10대의 비밀 생활」에 출연한 젊은 배우이자 비벌리힐스 고등학교의 풋볼 선수인 루크 짐머맨도 있다. 독일에서는 배우 롤프 (보비) 브리데로의 팬들이 상당히 많다. 로런 포터는 폭스 영화사의 히트작 「글리Glee」에 다운증후군 치어리더로 출연하고 있으며 〈페이스북〉에 그녀의 팬들이 만든 카페도 있다.[117] 아든 몰턴이 크리스 버크와 함께 있을 때 사람들이 다가와서 크리스에게 사인을 요청했던 일을 설명했다. 그녀가 말했다. 「정말 믿기 힘든 일이었죠. 그는 장애인이기 이전에 스타였어요.」 낙수 효과도 명백했다. 한 침착한 젊은 여성이 자신을 소개하면서 내게 이렇게 말했다. 「나는 다운증후군이에요. 크리스 버크와 똑같죠.」

그동안의 연구에 따르면 다운증후군 아동은 보통의 아동과 다른 학습 체계를 가진 듯 보인다. 그리고 다운증후군인 사람이 이를테면 유난히 뛰어난 단기 시각 기억처럼 그들의 장점을 이용해서 보다 많이, 잘, 빨리 배울 수 있는 방법에 주목하는 새로운 연구들이 진행 중이다.[118] 그들은 소리 정보보다 시각 정보를 처리하는 능력이 더 뛰어나기 때문에 가능한 한 일찍부터 책을 읽도록 가르치는 것은 특히 중요하며, 그들의 언어 발달에 미치는 영향도 다른 평범한 아이들과 비교했을 때 훨씬 크다. 마이클 베루베나 마사 벡 등 회고록을 쓴 많은 부모들이 그들의 아이에게 IQ 테스트로는 발견할 수 없는 형태의 지능—놀라울 정도로 선뜻 그들 자녀의 접근을 허락하는 통찰력과 재능의 섬, 심지어 지혜의 섬—이 있다고 주장한다.

그렉 파머는 자신의 아들 네드에 관한 회고록에서 네드가 비장애인들과 어울리고 대화하기를 좋아한다고 말한다. 그는 네드를 다른 지적 장애인들과 똑같이 취급하려는 사람들을 지극히 혐오한다. 오랫동안 파머 부부는 아들에게 그가 다운증후군이라는 사실을 비밀로 했고, 마침내 그들이 그 사실을 털어놓았을 때 네드는 〈좀처럼 믿기지 않는군요〉라고 말했다. 그렇지만 자신의 한계를 이해하지 못하는 네드의 태도 역시 그가 세상으로 나갈 준비가 되어 있지 않음을 보여 주는 여러 지표들 중 하나였다. 다른 많은 다운증후군 사람들처럼 네드도 뛰어난 재능—그는 다양한 악기를 연주할 뿐 아니라 훌륭한 시인이다—과, 분명한 한계—그는 마을을 가로질러 운행되는 버스를 탈 때마다 길을 잃는다—를 복합적으로 보여 준다. 그렉 파머는 자신이 가끔씩 아들을 어린아이 취급한다는 사실을 인정한다. 그런 점에서 그는 자기 비판적이며, 네드를 끊임없이 어린아이 취급하는 바깥세상에 대해서도 마찬가지다. 또한 네드가 보다 복잡한 수준의 인간관계를 원함에도 그를 사랑스럽고 재미있게만 보는 사람들의 한결같은 시선에 대해서도 불만을 제기한다. 네드가 직접 썼으며, 그의 세련된 언어적 재능과 순수함, 열망을 보여 주는 시를 여기에 소개한다.[119]

「소녀」

소녀는 깔끔하고, 달콤하다.
간절히 만나 보고 싶은 그런 사람이다.
내가 사랑하는 건 10대 소녀다.
그들은 하늘에서 내려온 천사다.
나는 소녀에게 열광하고, 사랑에 열광한다.
소녀는 비둘기의 날개 같다.
내가 커서 어른이 되면, 어른이 되었다고 생각되면
내가 붙잡고 싶은 모든 소녀들을 찾아내야지.
그들 한 명 한 명에게 키스를 해줘야지.
이 세상에 소녀가 없었다면 나는 소녀를 무척 그리워했을 것이다.

다운증후군에게도 연애 감정과 성적인 욕구가 있다. 다운증후군 남성은 대다수가 불임이지만 다운증후군 여성은 보통 여성과 똑같이 생식능력을 가졌다. 부모는 자녀의 성적인 행동이 그들 스스로 보살필 수 없는 아이의 출산으로 이어질까 봐 늘 걱정한다. 다운증후군인 사람들이 직면하는 그다음 한계는 결혼이다. 「삶은 계속된다」에서 크리스 버크가 연기한 캐릭터는 다운증후군 여성과 결혼했는데 그들은 크리스 부모의 집 차고 위에 있는 방에서 살았다.[120]

톰과 캐런 로바즈 부부는 하버드 경영 대학원에서 만났으며 출세 지향적인 월스트리트 타입의 사람들이었다.[121] 1980년대 중반 결혼 6년차에 접어들면서 그들은 아이를 갖기로 했다. 캐런은 순조롭게 임신했다. 그러나 그들 부부는 다운증후군 아들을 맞을 준비가 전혀 안 되어 있었다. 톰의 실망은 이만저만이 아니었다. 캐런이 남편을 격려했다. 「우리는 데이비드를 다른 평범한 아기와 똑같이 키울 거예요. 혹시라도 사람들이 어떻게 말할지 몰라서 당황하면, 축하해 달라고 알려 주면 돼요.」

톰이 말했다. 「한동안 정신없이 울기만 했어요. 그때 생판 모르는 사람이 병원에 있는 우리에게 전화를 걸어 〈당신은 혼자가 아니에요〉라고 하더군요. 바로 그 순간 우리는 처음으로 희망을 갖기 시작했습니다.」 전화를 걸었던 여성은 맨해튼 부모 지원 그룹의 회장 바버라 챈들러였다. 캐런이 말했다. 「내가 〈다운증후군 아이를 키우는 과정에도 과연 즐거움이라는 것이 존재하기는 할까요?〉라고 물었던 기억이 나요. 그녀가 대답했죠. 〈그럼요, 즐거움은 존재해요. 단 상심도 존재해요.〉」 그녀의 솔직한 답변이 캐런에게 필요한 힘을 주었다. 로바즈 부부는 어퍼 웨스트사이드에 있는 소아과 의사를 찾아갔다. 그 의사가 말했다. 「당신들이 할 수 있는 일이 없습니다.」 톰과 캐런은 충격을 받았다. 톰이 물었다. 「그 말은 우리가 고민할 필요조차 없다는 뜻인가요?」 그들은 다시 유전적 결함 문제를 전문적으로 다루는 의사를 찾아냈다. 그 여의사는 아기에게 가능한 모든 형태의 자극을 주라고 조언했다. 뉴욕 주 조기 개입 프로그램에서 파견된 물리치료사들이 이들 부부를 방문했다. 언어치료사는 구강 운동 기능의 증진을 위해 음식을 먹이고 씹도록 하는 데 주력했다. 로바즈 부부는 지원 단체에 가입했다. 캐런이 말했다. 「그 단체에서 만난 사람들 중 몇 명은 이제 우리의 가장 절친한 친구가 되었어요. 우리는 조기 개입 프로그램 이후의 선택권에 관한 안내 책자를 제작하기로 했어요. 우리 중에는 변호사도 있었고, 투자 은행가도 있었어요. 어떻게 자료를 조사해야 할지도 알았죠.

공립학교와 사립학교, 교구 부속학교에 전화를 걸어서 정보를 취합하기만 하면 될 터였어요. 하지만 예상처럼 간단하지는 않았어요. 공립학교의 충격적인 관료주의에 직면했죠. 어느 사립학교에 전화했을 때는 이런 일도 있었어요. 내가 〈그 학교에서 장애 아동을 받아 준다고 들었어요〉라고 말하자 〈예, 맞아요〉라고 하더군요. 나는 〈다행이네요, 그럼 우리 아이에 관한 이야기를 할게요. 우리 아이는 다운증후군이에요〉라고 말했어요. 그러자 대뜸 상담원이 말했죠. 〈아, 그런 장애는 곤란해요.〉 계속해서 나는 교구 부속학교에도 전화를 걸었어요. 그리고 재차 〈불가합니다〉라는 답변을 들었죠. 우리가 어떻게 했을 것 같아요?」

결국 캐런과 맨해튼 부모 지원 그룹은 4만 달러의 기금을 조성해서 쿡 재단을 설립했다. 오늘날 〈쿡 센터Cooke Center〉라고 불리는 이 재단은 장애 아동의 교육적 융화 사업에 중점을 둔, 뉴욕 시에서 가장 큰 단체 중 하나가 되었다. 그들은 사회 경제적 배경이 다른 모든 아이들에게 처음부터 개방적인 입장을 취했다. 또한 특정 종교색을 띠지는 않았지만, 캐런 로바즈가 천주교 뉴욕 대교구의 특수교육 책임자를 설득해 교실로 사용할 장소를 제공받은 것을 계기로 뉴욕 대교구와는 협력 관계를 유지했다. 대교구에서 제공한 공간은 두 개의 커다란 공중화장실이었고, 맨해튼 부모 지원 그룹의 회원 중 한 명이 이곳을 교실로 개조했다. 토건업자인 그는 재료비만 받고 개조 공사를 해주었다. 캐런이 말했다. 「만약 20년 전에 쿡 센터가 지금 모습을 갖추기까지 이만큼 시간이 걸릴 거라고 이야기한 사람이 있었다면 나는 그 사람이 미쳤다고 했을 거예요. 하지만 우리는 다양한 사람들을 만났고 우리끼리 똘똘 뭉쳤어요. 우리에게는 하나의 사명이 있었으니까요. 야망이 있는 사람이라면 끊임없이 거부당하는 감정적인 상처쯤은 얼마든지 극복할 수 있어요. 그리고 그 상처를 딛고 우리가 이루어낸 것을 보면서 사람들은 깊이 매료되죠.」

그들은 두 명의 특수교육 교사를 채용했다. 캐런의 표현에 따르면 〈화장실 하나당 한 명〉이었다. 처음 시작할 때부터 쿡 센터의 방침은 그들의 자녀가 평범하게 성장하는 다른 학생들과 함께 시간을 보내야 한다는 것이었다. 따라서 그들은 자녀를 공립학교에 등록해서 일부 과목을 배우게 하고, 쿡 센터에서는 그 외의 것들을 가르쳤다. 데이비드도 계속해서 쿡 센터와 공립학교를 같이 다녔으며 뉴욕 시 최초로 일반 학교의 수업에 융화된 장애 아동이 되었다. 캐런이 말했다. 「양쪽 세계에 모두 자리가 있어야 해요. 당시에는 이미 제이슨 킹슬리와 그의 부모님이 무수히 많은 문을 열어 놓은 뒤였어요. 우리는 그들의 발자취를 따라 걷기만 하면 되었죠. 아직 어릴 때는 일반 학교의 교실에서 우리 아이들이 훨씬 더 많이 융화될 수 있어요. 모든 아이들이 단순히 색에 대해 배우거나 사회성 기술 정도만 배우기 때문이죠. 하지만 진도가 나갈수록 점점 더 차이가 벌어지고 우리 아이들은 생활 기능에 보다 집중할 필요가 있죠. 우리 아이들이 어떻게 다른 보통 아이들과 함께 체육을 할 수 있겠어요? 아니면 현금인출기에서 어떻게 돈을 찾을 수 있겠어요? 다른 아이들에게는 자연스러운 일을 우리 아이들은 노력해서 배워야 해요. 따라서 우리는 우리 아이들에게 교육뿐 아니라 일상생활에서도 융화될 수 있도록 도와주는 기능들을 가르치는 데 주력해요.」

데이비드가 일곱 살 때 로바즈 가족에게 둘째인 크리스토퍼가 총명하고 건강한 상태로 태어났다. 그런데 생후 13개월이 되자 발작을 일으키기 시작했고, 발작이 거의 끊임없이 지속되고 멈추지 않는 치명적인 질병, 즉 간질 지속증으로 발전했다. 캐런이 말했다. 「나는 계속 〈좋아, 단순히 발작 정도라면, 우리는 이미 다운증후군도 겪어 보았고 이 정도는 얼마든지 극복할 수 있어〉라고 생각했어요. 하지만 단순한 발작 정도가 아니었죠.」 크리스토퍼는 인지 장애와 정신지체, 언어 장애, 운동신경 문제 등을 보였다. 「나는 데이비드 때문에 운 적이 한 번도 없었어요. 하지만 크리스토퍼를 생각하면 계속 눈물이 났어요. 어떻게 우리 집에만 이런 일이 두 번이나 일어날 수 있을까 싶었죠.」후에 크리스토퍼는 좌우 대뇌 반구 사이에서 두 반구를 연결하는 활꼴의 신경 다발인 뇌량 일부의 발육부전 진단을 받았다. 정상적인 뇌량은 크리스토퍼의 뇌량보다 대략 만 배 정도 크다. 이 증후군은 캐런이 임신 3개월 차에 접촉한 바이러스 때문에 유발되었을 가능성이 높았다.

캐런이 말했다. 「다운증후군의 경우에는 앞서 수많은 아이들이 거쳐 갔기 때문에 적어도 길은 있었어요.」크리스토퍼는 탁월한 재능도 가졌지만 두드러진 결함도 있다. 내가 로바즈 가족을 만났을 때 크리스토퍼는 컴퓨터로 하는 카드놀이를 막 스스로 깨우친 뒤였다. 데이비드라면 아마도 배울 수 없었을 것이다. 데이비드는 지극히 감성적이다. 반면 크리스토퍼는 다른 사람에게 크게 관심을 보인 적이 전혀 없었고, 특별한 날인 줄 모른 채 크리스마스를 보내는 경우도 있었다. 캐런이 말했다. 「5년여에 걸쳐 크리스토퍼는 매주 발작을 일으켰어요. 우리 부부는 집을 비워야 할 때마다 혹시라도 무슨 일이 일어날까 봐 전전긍긍했어요. 그런 이유로 다운증후군 아이를 키우는 것과는 전혀 다른 방식의 중압감을 주었어요.」

크리스토퍼의 문제가 표면으로 나타나기 시작했을 때 캐런은 셋째를 임신했고 그가 18개월 되었을 때 케이트가 아무런 장애 없이 태어났다. 어릴 적 케이트는 크리스토퍼와 어울리기 힘들다고 생각했고 따라서 아홉 살의 나이 차이에도 불구하고 데이비드와 친하게 지냈다. 캐런이 말했다. 「케이트가 자신을 뛰어넘고 있다는 사실을 알았을 때 데이비드는 자꾸 그녀와 경쟁하려고 했어요. 항상 친절하게 굴지도 않았죠.」로바즈 부부가 집에서 이런 가족 역동성 문제로 씨름하는 사이에도 그들이 계속해서 감독하던 쿡 센터는 꾸준히 성장하고 번창했다. 내가 방문했을 때 쿡 센터는 설립된 지 20년이 되었고 직원이 186명이나 되었다. 톰이 융화에 관한 이야기를 꺼냈다. 「사회와 격리되어서는 그 사회의 일원이 되는 법을 배울 수 없습니다. 친구에게 배우는 것도 선생님에게 배우는 것 못지않게 많아요.

어쩌면 더 많을지도 모르죠.」 캐런이 〈특수교육은 얼마든지 많은 곳에서 행해질 수 있는 일단의 서비스예요. 하지만 먼저 실천이 전제되어야 해요. 아이들을 단순히 일반 교실에 넣어 놓은 채 교사를 훈련시키지 않거나, 부수적인 지원이 없으면 안 돼요. 우리 쿡 센터의 모토는 《모든 아이들이 융화될 때 우리 모두는 더 많은 것을 배운다》예요. 요컨대 보통 아이들도 공감하는 법을 배우고 다양성을 존중하게 되죠〉라고 말했다. 쿡 센터는 이제 차터스쿨의 장애 아동 프로그램을 지원하고, 공공 분야에서 교육을 실시하며, 보조 교사들에게 융화와 관련된 교육을 실시한다. 또한 장애 아동에게 일자리를 제공하기 위해 여러 기업들과 공조한다.

내가 다시 로바즈 가족을 만났을 때 데이비드는 스물세 살이었고, 국제 다운증후군 협회 설립을 위한 기금 마련 행사를 끝낸 뒤였다. 미디어 그룹인 〈뉴스 코퍼레이션〉과 스포츠 전문 잡지사인 〈스포츠 일러스트레이티드〉에서 인턴 과정도 수료한 상태였다. 톰이 말했다. 「그들은 잡지 인쇄가 끝나면 인쇄된 잡지를 컴퓨터에 저장하는 일을 시켰어요. 아무도 그런 일을 하려고 하지 않았지만 데이비드는 그 일을 굉장히 좋아했죠.」 그는 감독을 받는 환경에서 반(半)독립적으로 살고 있었다. 제이슨 킹슬리와 마찬가지로 그 역시 다운증후군 세계의 외로운 선구자이다. 캐런이 말했다. 「능력이 뛰어난 아이들은 자신이 보통 사람과 다르다는 자의식도 강해요. 데이비드는 오래전부터 자신에게 직장과 아파트, 아내가 생겼으면 좋겠다고 말하고는 했어요. 지금도 그렇고요. 그러면 우리는 그중 두 가지는 도와줄 수 있지만 세 번째는 스스로 알아서 해야 한다고 이야기하죠.」

데이비드의 최대 장점은 성격이다. 캐런이 말했다. 「나는 매력적이라는 이유 하나 만으로도 데이비드가 무척 잘될 거라고 입버릇처럼 말해 왔어요. 그 아이가 그 파란 눈으로 당신을 쳐다보기만 하면……」 그녀는 데이비드의 얼굴을 떠올린 듯 고개를 살짝 흔들면서 미소를 지었다. 「만약 어떤 사람 친척이 아프다는 이야기를 들으면 데이비드는 다음번엔 이렇게 물을 거예요. 〈당신 아버지는 괜찮으세요?〉 전화로 통화하는 경우에는 늘 〈누구누구는 어떻게 지내요?〉라고 묻죠. 상대가 이모라면 〈사촌들은 어떻게 지내요?〉라고 묻겠죠. 데이비드는 사랑이 넘치는 아이예요.」 톰이 동감을 표하며 설명했다. 「IQ 테스트는 두 가지 영역을 검사합니다. 수학적 추론 능력과 언어 능력이죠. 하지만 감성이나 공감 지능이라는 것도 엄연히 존재해요. 데이비드는 대인 관계에서 다른 사람이 어떤 감정인지 느끼는 특별한 감각이 있어요. 무슨 생각을 하는지는 잘 몰라도 그 사람의 감정 상태는 잘 알죠. 우리 모두는 자기 자신에게 장점과 단점이 있음을 깨닫습니다. 내 경우에는 농구를 절대로 잘 할 수 없을 거예요. 자신이 보통 사람과 다르다는 것을 깨달을 때 마음이 아플까요? 아니면 그냥 어떻게든 자신의 정체성으로 받아들이는 법을 배우게 될까요?」

고등학교를 졸업하자 데이비드가 받을 수 있는 공교육이 더 이상 없었다. 캐런은 〈중등 과정 이후의 교육 프로그램이 거의 전무해요〉라고 말했다. 그러던 중 마침내 펜실베이니아에 데이비드가 다닐 수 있는 학교가 생겼고, 그는 스물한 살에 생전 처음으로 집에서 떨어져 살게 되었다. 하지만 그 생활은 데이비드 본인은 물론이고 부모에게도 쉽지 않았다. 내가 로바즈 가족을 만났을 때 데이비드는 바로 얼마 전에 어긋난 로맨스 때문에 격심한 충격을 받아서 항우울제인 〈이펙서〉를 복용하고 있었다. 그는 같은 학교에 다니던 다운증후군 소녀를 좋아했다. 하지만 데이비드가 관심을 갖기 시작했을 때 그녀는 이미 그의 친구 중 한 명과 사귀고 있었다. 그리고 그들 두 사람에게 거부당하자 데이비드는 불안 증세를 보이며 무기력 상태에 빠졌다. 그는 친구가 지나칠 정도로 많았다. 톰의 증언에 의하면 그에게는 〈매일같이 정리하는 롤로덱스*〉가 있을 정도였다. 캐런이 말했다. 「데이비드는 휴대전화의 달인이고 사람들과 연락하는 것을 무척 좋아

---

* 두꺼운 명함 파일의 일종.

해요. 하지만 체계화의 신봉자이기도 하죠. 그 체계에 따르면 당신은 아마 화요일 밤에 연락할 사람으로 배정되고 매주 화요일마다 데이비드의 전화를 받게 될 거예요. 우리 부부는 일요일과 수요일에 배정되어 있죠. 〈데이비드, 다른 요일에도 우리에게 전화할 수 있을 것 같니?〉라고 물으면 〈아니요, 엄마는 일요일과 수요일이에요〉라고 대답하죠. 그 같은 엄격함이 그에게 안정감을 주는 데 도움이 되는 것 같아요. 나 또한 어떤 날에 무슨 일을 해야 할지 계획하는 편인데 데이비드가 나를 닮은 것 같아요.」

우리는 치료 문제로 화제를 돌렸다. 톰이 말했다. 「다운증후군 커뮤니티에 깊이 연관된 사람들과 이야기를 나누다 보면, 다운증후군을 치료하려는 행동이 과연 타당한지에 관한 폭넓은 관점을 발견하게 됩니다. 어떤 사람들은 치료를 언급하는 행위 자체가 다운증후군으로 살아가는 사람들의 존엄성을 떨어뜨린다는 이유로 아예 언급조차 하지 않으려고 해요. 심지어 간단히 요술 지팡이를 흔들어서 자녀를 보통 사람으로 만들 수 있다고 하더라도 그렇게 하지 않겠다고 말하는 사람들도 있죠.」 톰 본인에게 요술 지팡이가 생긴다면 어떻게 하겠느냐고 물었다. 그가 말했다. 「지금 그대로의 데이비드에게서 다운증후군만 없앨 수 있다면요? 나는 당장에 그렇게 할 겁니다. 다운증후군으로 세상을 살아가는 것이 너무 힘들다고 생각하기 때문이에요. 그 아이가 보다 행복하고 편안하게 살기를 바랍니다. 그런 이유로 나는 데이비드를 위해서 요술 지팡이를 휘두를 겁니다. 하지만 인간의 다양성은 이 세상을 보다 나은 곳으로 만들어요. 따라서 만약 다운증후군이 모두 치료된다면 그 또한 엄청난 손실이겠죠. 개인적인 바람과 사회적인 바람이 정반대로군요. 문제는 전체로 따졌을 때 상처받는 것보다 배우는 것이 더 많은가 하는 점입니다.」

캐런이 고개를 끄덕였다. 「톰의 말에 동감해요. 만약 내가 데이비드를 치료할 수 있다면 그를 위해 치료를 선택할 거예요. 한편으로 나는 다운증후군 아이를 키우면서 우리 자신도 정말 많이 성장했다고 생각해요. 우리에게는 늘 분명한 목표가 있었어요. 데이비드가 갓 태어난 23년 전이었다면 내가 지금의 위치에 이를 수 있을 거라고 절대로 믿지 않았을 거예요. 그리고 결국 여기까지 왔죠. 데이비드를 위해서라면 나는 한순간의 망설임도 없이 치료를 선택하겠죠. 반면에 우리 자신을 위해서라면 이제껏 경험한 것들을 그 무엇과도 바꾸지 않을 것 같아요. 그런 경험이 지금의 우리를 만들었고, 지금의 우리가 어쩌면 다른 삶을 살았을 우리보다 훨씬 낫기 때문이에요.」

5장
자폐증

의학 발전의 특징은 질병의 감소다. 이제는 무수한 전염성 질병들이 백신으로 예방되거나 항생 물질로 치료될 수 있다. 예컨대 에이즈 바이러스도 많은 경우에 항레트로바이러스 요법으로 제어될 수 있다. 치명적인 암도 영구적으로 완화될 수 있다. 친모가 바이러스에 노출될 경우 태아에게 청각 장애가 생길 수 있다는 사실이 밝혀지면서 건청인 부모에게서 태어나는 청각 장애 아동의 숫자가 줄었을 뿐 아니라, 인공 와우 이식 수술은 기능적인 차원에서 청각 장애인의 숫자를 감소시켰다. 뇌하수체 소인증 치료법은 소인 인구의 감소를 불러왔다. 다운증후군은 조기 진단이 가능해지면서 일부 부모들을 낙태로 이끌기도 했지만 동시에 전보다 훨씬 효과적으로 대처할 수 있게 되었다. 정신분열증은 신경 이완제로 완화된다. 신동과 범죄의 비율은 시대와 상관없이 일관된 비율을 보여 준다. 이상하게도 자폐만 유독 증가 추세에 있는 듯 보인다.

일부 전문가들은 이를 단지 우리가 예전보다 자주 자폐증 진단을 내리기 때문이라고 주장한다. 하지만 1960년에 신생아 2,500명 중 한 명꼴이던 자폐 아동의 비율이 오늘날 88명 중 한 명꼴로 증가한 이유로서, 개선된 진단법은 충분한 설명이 될 수 없다. 우리는 자폐증이 왜 증가하는지 모른다. 사실 자폐증이 정확히 무엇인지도 모른다. 자폐증은 이미 알려진 생물학적 실체가 아닌 일단의 행동이라는 점에서 〈질병〉이 아니라 일종의 〈증후군〉이다. 이 증후군은 지극히 변덕스러운 일단의 증상과 행동을 모두 망라한다. 그럼에도 우리는 뇌의 어느 부분에서 해당 증후군을 유발하는 작용이 일어나는지, 왜 발생하는지, 무엇이 기폭제 역할을 하는지 거의 아는 것이 없다. 게다가 외적인 징후 말고는 자폐 여부를 판단할 방법도 없다.[1] 노벨상 수상자 에릭 캔들Eric Kandel 교수는 〈자폐증을 이해할 수 있다면 인간의 뇌도 이해할 수 있을 것이다〉[2]라고 말했다. 이는 우리가 인간의 뇌를 이해해야만 비로소 자폐증을 이해할 거라는 사실을 완곡하게 표현한 것이다.

자폐 아동의 부모는 하나같이 인권 운동가다. 에이즈의 위협이 절정에 달했을 때 이후로 이처럼 기금 마련과 연구에 적극적인 운동은 없었다. 이 단체들은 대다수가 이를테면 〈SafeMinds(Sensible Action For Ending Mercury-Induced Neurological Disorders)〉처럼 머리글자로 된 간단한 이름을 가졌으며, 인과 이론과 행동요법의 개선, 적절한 교육, 장애 급여, 복지 혜택, 감독 및 보호를 받는 주거 시설 등을 요구한다.[3] 자폐아를 둔 부모들의 모임 〈큐어 오티즘 나우〉는 국회를 압박해서 「2006 자폐증 퇴치 법안」을 통과시키고, 향후 5년 동안 자폐증과 관련 질환 연구에 십억 달러의 예산을 배정하도록 했다.[4] 국립 정신보건 연구소 소장 토머스 인셀Thomas Insel 박사는 〈우리는 백악관으로부터 자폐증과 관련해서 많은 전화를 받는다. 아마도 다른 질병과 관련된 전화 통화를 모두 합쳐도 그보다는 적을 것이다〉[5]라고 말했다. 1997년에서 2011년 사이에만 자폐증을 다룬 서적과 논문의 한 해 발간 부수가 여섯 배 이상 증가했다.[6]

자폐증은 〈파괴적인 질환〉으로 간주된다. 행동뿐 아니라 감각 경험, 운동 기능, 균형 감각, 공간 지각, 내면 의식 등 거의 모든 면에 영향을 끼치기 때문이다.[7] 자폐증은 사회적인 기능의 붕괴에서 기인하기 때문에 지적 장애 그 자체는 자폐증이 아니다.[8] 같은 자폐증이라도 사람마다 증상이 다르게 나타나며, 자폐증의 주된 증상에는 언어 능력의 부재나 지체, 서투른 언어 외적 의사소통 능력, 팔을 퍼덕이는 등의 자기 자극적 행동을 포함한 반복 행동, 최소한의 눈 맞춤, 친구를 사귀는 일에 대한 무관심, 즉흥적이거나 창의적인 놀이의 결여, 부족한 공감 능력이나 통찰력 및 사교성, 호의적인 감정을 표현하는 능력의 부족, 고지식함, 고도로 집중된 관심, 회전하는 원형 물체나 반짝이는 물건에 대한 집착 등이 있다. 자폐가 있는 아동이나 성인은 대체로 사고하는 방식이 지극히 구체적이다. 따라서 은유나 유머, 반어법, 비꼼 등을 이해하는 데 어려움이 있다. 그들은 강박적이거나 틀에 박힌 행동을 보이기 쉽고, 겉보기에 무작위적인 대상에 집착하며, 장난감을 가지고 놀기보다 크기나 색깔별로 정리하기를 좋아한다. 자폐인은 자기 손을 물어뜯거나 머리를 찧으면서 자학적인 행동을 하기도 한다. 이러한 행동은 감각기능의 저하가 원인일 수 있다. 많은 자폐 아동이 사물을 가리키는 능력을 개발하지 못한다. 따라서 자신이 가리키고 싶은 것이 있을 경우 누군가의 손을 붙잡고 직접 그 대상에게 가야 한다. 반향언어증*이 있어서 보통은 의미를 명확히 이해하지 못하면서도 단어나 문장을 따라 하는 경우도 있다. 자폐인 사람들은 말을 하더라도 말투에 억양이 없을 수 있으며, 흔히 자신을 매료시킨 딱히 범위가 정해져 있지 않은 여러 대상에 대해 다른 사람에게 장황한 이야기를 반복한다. 독특한 식사 습관과 극심한 편식도 흔한 일이다. 사람들이 붐비는 장소나 다른 사람과의 접촉, 형광등이나 깜빡거리는 조명, 소음으로 인한 감각 과부하에 지극히 민감한 반응을 보일 수도 있다. 자폐가 있는 사람들 중에는 옷에 달린 상표처럼 사소한 것에 참을 수 없을 정도로 자극을 받는

---

* 들은 단어나 문장을 즉시 혹은 일정한 시간이 지난 후에 그대로 반복하는 증상.

사람도 많다. 또한 대다수 사람들을 즐겁게 해주는 어떤 것에 오히려 당혹감을 드러내는 사람도 많다. 자폐 아동은 대체로 일찍부터 자폐 징후를 (주변 사람들이 인지하든 말든) 보이지만, 대략 3분의 1가량은 정상적으로 성장하다가 대체로 16개월에서 20개월 사이에 퇴행 현상을 보인다.[9] 증상이 발현되는 정도가 모두 제각각인 까닭에 자폐증은 하나의 스펙트럼으로 정의되며, 해당 스펙트럼에는 다양한 수준으로 발현되는 가지각색의 증상들이 포함된다.

　장애를 낯설지만 조용한 기쁨이 가득한 아름다운 장소로 설득력 있게 묘사한 「네덜란드에 오신 것을 환영합니다」를 비꼬면서, 한 어머니는 자폐 아동의 양육 경험을 교전 지역 한가운데에 인정사정없이 내동댕이쳐지는 것에 비유해서 「베이루트에 오신 것을 환영합니다」[10]라는 글을 썼다. 이 생지옥은 자폐 아동이 보여 주는 극단적인 증상들과 전혀 무관하지 않다. 예컨대 이러한 증상들에는 걸핏하면 벽에 대소변을 칠하는 괴벽, 미친 듯한 극도의 흥분 상태에서 며칠씩 잠을 자지 않는 능력, 다른 사람과 교류할 줄 모르는 심지어 말을 걸 줄도 모르는 명백한 무능력, 닥치는 대로 폭력을 행사하려는 성향 등이 포함된다. 이런 이례적인 신경학적 상태, 즉 자폐증에는 치료법이 없다. 그럼에도 교육이나 약물 치료, 식이요법, 생활 방식의 변화 등을 통해 자폐 아동의 압박감이나 불안감, 육체적 또는 감각적 문제를 덜어 줄 수는 있다. 동일한 치료라도 사람마다 치료 효과가 다르게 나타나는 이유를 밝혀낸 사람은 아직 없다. 더욱 좌절스러운 측면은 어떤 종류의 치료에도 반응을 보이지 않는 자폐 아동이 일반적으로 상당히 많음에도, 이를 확인하는 유일한 방법이 실제로 장시간 치료를 가한 후 결국 효과가 없음을 알고 포기하는 것뿐이라는 점이다. 그나마 가장 효과가 있다고 알려진 치료법들은 믿기 어려울 정도로 노동 집약적이고 어마어마하게 많은 비용이 든다. 한편 자폐에서 벗어난 〈탈출〉에 관련된 수많은 이야기들은 부모들로 하여금 거의 불가능에 가까운 기적을 위해 싸우도록 만든다. 그 결과 부모들은 거의 미치기 직전까지, 또는 파산 직전까지 자신을 밀어붙일 가능성이 높고, 그럼에도 자녀의 문제 행동은 고쳐지지 않을 가능성이 높다. 대다수 부모들은 치료할 수 없는 질환을 궁극적으로 받아들이고, 치료할 수 있는 질환을 치료하는 데 헌신하려고 하지만 자폐증은 그들의 〈평온을 위한 기도〉조차 외면한다.

자폐를 둘러싼 고정관념 중 하나는 해당 증후군이 사랑하는 능력을 갉아먹는다는 것이다. 나는 받은 애정을 돌려줄 수 없는 자녀를 부모가 얼마나 사랑할 수 있을지에 관심을 가지고 이 분야의 연구를 시작했다. 일반적으로 자폐 아동은 외부 신호의 영향력이 제한된 세상에서 사는 듯 보인다. 그들은 부모를 편안하게 여기지 않을뿐더러 교류하려고 하지 않으며, 부모를 흐뭇하게 해줄 동기를 느끼지도 않는 듯하다. 감정 결핍과 표현 부족의 경계가 종종 불분명하다는 점에서 자폐 아동을 돌보는 일은 심히 좌절스러운 경험일 수 있다. 자폐가 어느 정도에 이르면 사람들의 말을 알아듣고 이해할 수는 있지만 자기 목소리를 내거나 이해시킬 수는 없는지, 그런 상태에 이르면 전체적으로 어느 정도까지 인식 영역이 결여되는지 우리는 대체로 알 수 없다. 자폐증인 사람을 얼마나 사랑할 것인가 하는 문제는 파스칼의 논리와 관련이 있다. 다시 말해서, 애정을 받아들일 수 있음에도 받지 못한다면 그들은 당연히 괴로워할 것이다. 반대로 받아들일 수 없음에도 많은 애정이 주어지는 것은 낭비일 수 있다. 그나마 두 번째 경우가 조금 더 나을 것이다. 문제는 감정이 공짜가 아니라는 점이다. 자신이 준 사랑만큼 티가 나지 않는 자녀를 사랑하려면 다른 사랑보다 더 지독한 희생이 필요하다. 하지만 자폐증의 악명에도 불구하고 대부분의 자폐 아동은 적어도 궁극적으로는 불완전하게나마 다른 사람에게 애착을 느낀다.

자폐를 바라보는 또 다른 방식도 있다. 신경 다양성의 기치 아래 모인, 대다수가 자폐 범주에 속해 있는 일단의 사람들은 자폐가 장애이기도 하지만 귀중한 정체성이라고 선언했다. 정체성과 질병 사이의 갈등은 이 책에 소개된 대다수의 질환에서 공통적으로 나타난다. 하지만 다른 어떤 경우도 자폐증의 경우처럼 갈등이 극단적이지 않다. 몹시 낙담한 부모에게 자폐가 역경이 아니라는 견해를 피력하는 행위는 일종의 모욕처럼 보일 수 있다. 하지만 보다 긍정적인 시각으로 자녀의 차이를 바라보는 부모들도 있다. 신경 다양성 운동가들은 그들의 존엄성 보장을 위해 로비를 벌인다. 그리고 그들 자신이 보다 광범위한 자폐 커뮤니티를 대변한다고 생각하면서, 자폐증을 완전히 근절시킬 수 있다는 이유로 치료를 거부한다. 그러한 치료법이 아직 존재하지도 않는다는 점에서 추상적이기는 하지만 그들의 주장은 우리가 이미 갖고 있는 제한된 의료 개입 수단을 언제 어떻게 사용할 것인가 하는 문제와 관계가 있다.[11]

벳시 번즈와 제프 한센은 애초에 자녀를 한 명만 낳을 계획이었다.[12] 하지만 그들의 딸 씨씨가 두 살 가까이 되었을 때 벳시는 둘째 아이를 갖길 원했고, 결정을 내림과 거의 동시에 임신을 하게 되었다. 벳시가 양수 천자 검사를 앞두고 있을 당시를 회상했다. 「제프에게 〈혹시라도 아이에게 이상이 있으면 어떻게 하지?〉라고 묻자, 제프는 〈설령 그렇더라도 사랑해야지〉라고 말했어요. 그렇게 우리는 설령 아이에게 장애가 있더라도 사랑하기로 약속했어요. 우리에게 장애가 있는 아이가 이미 있다는 사실을 까맣게 모른 채 말이죠.」

씨씨는 유아치고 잠이 많지는 않았지만 착한 아기였고 혼자서도 잘 놀았다. 반면에 새로 태어난 둘째 몰리는 손이 많이 가는 아기였다. 하지만 붙임성도 더 많았다. 시간이 흐르면서 제프와 벳시는 씨씨가 말을 하지 않는 것이 걱정되었다. 그녀는 절대로 〈우유〉를 달라고 말하는 법이 없었다. 대신 컵을 내밀었다. 담당 의사는 아직 초보 엄마라서 걱정이 많은 거라며 벳시를 안심시켰다. 얼마 후에 영어 교사이던 제프가 미네소타 고등학교로 직장을 옮기면서 그들 가족은 미니애폴리스 외곽의 세인트루이스 파크로 이사했다. 씨씨가 세 살 때 벳시는 어머니회에 가입했고, 다른 어머니들이 그들 자녀에 대해 이야기하는 것을 들었다. 그녀가 말했다. 「등골이 서늘해질 정도로 충격을 받았어요. 무언가 단단히 잘못되어 있었죠.」 벳시는 그 지역 보건 부서에 조기 개입 평가를 요청했다. 평가관은 〈씨씨가 내 보석에만 관심을 보일 뿐 얼굴에는 관심을 보이지 않는 것을 보니 문제가 있는 게 분명하군요〉라면서 〈당신이나 당신 남편이 무언가를 잘못해서 그녀가 이런 행동을 보이는 것은 아니에요. 내가 《자폐증》이라는 단어를 사용하더라도 놀라지 않았으면 좋겠군요〉라고 말했다. 자폐에 관한 책을 찾아보려고 제프는 공공 도서관에 갔다. 그가 말했다. 「자폐에 관련된 책들을 대출하려고 책상에 우르르 내려놓았을 때 불쌍하다는 듯 바라보던 사서의 눈빛을 절대로 잊지 못할 겁니다.」

자폐증에서는 조기 개입이 무엇보다 중요하기 때문에 벳시는 즉시 씨씨를 공립 유아원에 데려갔고, 그곳에서는 장애 아동 몇 명이 보통 아이들과 같은 교실에서 생활하고 있었다. 씨씨는 언어 치료와 작업 치료, 물리치료, 음악 치료를 받았다. 그럼에도 그녀의 단절된 태도는 심해지기만 했고, 자해 행동과 불면 증세까지 보였다. 그들은 네 살이던 씨씨를 데리고 지역의 신경과 전문의를 찾았고, 의사는 〈이런 고급 조기 개입 프로그램에도 불구하고 그녀가 말을 하지 않는다면 앞으로도 절대 말을 하지 않을 테고, 따라서 차라리 그녀가 말을 하지 않는 것에 익숙해지는 편이 나을 겁니다. 그녀는 중증 자폐예요〉[13]라고 말했다.

씨씨는 평생 네 차례 말을 했고 상황에 적합한 말이었다. 씨씨가 세 살 때였다. 벳시가 쿠키를 건네주자 그녀는 그 쿠키를 도로 내밀면서 〈엄마가 먹어요〉라고 말했다. 제프와 벳시는 감격스러운 시선을 교환하면서 그들의 세상이 변하기를 손꼽아 기다렸다. 하지만 이후로 1년 동안 씨씨는 더 이상 말을 하지 않았다. 그러던 어느 날 벳시가 텔레비전을 끄려고 일어서

자 씨씨가 〈텔레비전을 더 보고 싶어요〉라고 말했다. 그리고 3년 뒤, 학교에서 스스로 불을 켜고는 〈누가 불을 켠 채로 놔두었지?〉라고 혼잣말을 했다. 그다음은 인형극을 하는 사람이 씨씨의 반을 방문한 어느 날이었다. 그가 〈애들아! 커튼이 무슨 색이지?〉 하고 묻자 씨씨가 〈보라색이요〉라고 대답했다. 이런 문장을 만들고 전달하는 능력은 침묵 아래로 맑은 정신이 오락가락하고 있음을 암시한다. 벳시가 말했다. 「씨씨가 말을 하지 않는 이유는 일종의 교통 정체 때문이라는 생각이 들어요. 내부의 배선 문제로 생각이 입 밖으로 나오지 못하는 거죠.」 애초부터 말을 하지 못하는 아이를 키우는 과정은 괴롭지만 단순하다. 하지만 네 차례나 말을 한 적이 있는 아이를 키우는 것은 끔찍한 어둠 속을 헛되이 헤매는 과정이나 다름없다. 앞선 몇 번의 경우처럼 말을 할 수 있을 정도로 적절한 개입을 통해 씨씨의 교통 정체를 완전히 해소할 수는 없을까? 씨씨에게 이야기를 할 때는 그녀가 모든 말을 다 알아들을지도 모른다는 사실을, 또는 우리의 말이 그녀에게는 횡설수설하는 것처럼 들릴지도 모른다는 사실을 염두에 두고 유동적인 태도를 유지해야 한다.

벳시가 말했다. 「나는 그녀가 문자를 사용하기 직전의 단계일지도 모른다고 생각해요. 그녀 내면의 어딘가에 아직 개척되지 않은 지성을 갖고 있다고 믿어요. 그녀의 영혼이 갇혀 있다는 점이 걱정이에요.」 씨씨는 어릴 때 IQ가 50인 것으로 평가되었다. 요컨대 그녀를 가장 최근까지 치료한 한 치료 전문가는 그녀가 지적 장애는 아니라고 생각한다. 내가 씨씨를 만났을 때 그녀는 열 살이었고, 한꺼번에 여러 개의 크레용을 쥐고 탁자와 종이에 선을 긋는 놀이를 가장 좋아했다. 종이가 끝나고 탁자가 시작되는 지점에서 감각의 변화를 느낄 수 있기 때문이다. 그런데 잠깐 동안 그녀가 갑자기 그림을 그리기 시작했다. 눈과 입이 있고 모자를 쓴 길쭉한 얼굴들이었다. 그녀의 놀이는 그렇게 끝이 났다. 벳시가 말했다. 「어떤 변화가 일어나고 있었어요. 그녀가 말을 할 때 어떤 변화가 일어나는 것처럼 말이죠.」[14]

씨씨가 처음으로 마취를 한 것은 아주 어릴 때 치과 치료 때문이었다. 벳시는 불현듯 만약 씨씨가 마취 상태에서 그대로 죽음을 맞는다면 보다 편하지 않을까 하는 생각이 들었다. 벳시가 당시를 회상했다. 「어머니는 〈씨씨를 불행에서 벗어나게 해주고 싶은 마음이 커서 그런 거야〉라고 말했어요. 그렇지만 대체로 씨씨는 불행해하지 않았어요. 내가 그랬죠. 나는 제정신이 아니었어요. 씨씨가 마취에서 깨어났을 때 그녀의 창백한 피부와 은색에 가까운 금발 머리, 뾰족 솟은 광대뼈를 우두커니 바라보았어요. 그리고 어느 정도는 그녀와 나의 관계가 새로운 국면으로 발전할 거라는 사실을 깨달았죠. 그녀는 앞으로도 계속 그런 상태로 남아 있을 터였어요.」 씨씨가 어느 정도로 사람들을 인지하는지, 또는 사람들과 가까워지려고 하는지는 명확치 않다. 벳시가 말했다. 「때로는 내가 마치 가구처럼 느껴져요. 심지어 그녀가 내게 찰싹 달라붙어 있을 때조차 단순히 그녀에게 깊이 파고드는 느낌이 필요하기 때문일 수 있다는 생각이 들어요. 〈엄마, 사랑해요〉가 아니라 〈아, 따뜻해〉나 〈기댈 수 있어서 좋아〉 같은 이유 때문인 거죠. 씨씨가 나를 알아보는지도 잘 모르겠어요.」

벳시는 자신의 인생에서 이 시기에 관한 『틸트Tilt』라는 소설을 썼다. 이 소설에서 그녀는 씨씨와의 일상적인 생활을 묘사했다. 「그 행동 치료 전문가는 씨씨가 성질을 부린다고 해서 먹을 것을 주면—우리는 그녀가 찬장 옆에 서서 손바닥으로 나무 문짝을 때리기 때문에 먹을 것을 원하고 있음을 알아차린다—성질을 부린 것에 오히려 상을 주고, 그녀의 행동을 묵인하는 꼴이 된다고 조언했다. 하지만 세상이 끔찍하게 혼란스러울 때 먹을 것을 탐하지 않을 여자가 어디 있을까? 그녀는 이를테면 달덩이 같은 어린아이가 되어 갔다.」 또 다른 대목에서는 이런 이야기가 나온다. 「나는 다시 그녀가 있는 욕실로 돌아간다. 그녀가 욕조 속에서 행복한 기색으로 작은 갈색 덩어리들을 이리저리 밀치면서 논다. 그것들이 물속에서 풀리기 시작한다. 그 작은 갈색 덩어리의 정체는 똥이다. 오, 신이시여! 제발 나를 도와주세요. 욕조에서 나오라고 그녀에게 연신 비명에 가까운 소리를 지른다. 그 순간에 나는 어째서 그녀가 그 상황을 이해할 수 있다고 생각한 걸까? 그녀는 여전히 생글생글 웃고 있다. 그녀를 욕조 밖으로 홱 잡아당기자 몸무게를 이기지 못하고 그녀가 쓰러지면서 욕조 옆으로 미끄러지고 그녀의 머리와 내 손에 똥이 묻는다. 그녀는 여전히 웃고 있다. 똥을 흘려 보내야 하기 때문에 그녀를 다시 욕조에 들어가게 할 수 없다. 세면대에서 씻기기에는 그녀의 덩치가 너무 크다. 하는 수 없이 수건들을 바닥에 깐다. 세면대에서 수건을 적셔와 그녀의 머리 위에 짜주면서 물이 그녀의 옆구리로 흘러내리는 모습을 바라본다. 그러다 문득 그녀의 다리에 있는 상처가 아직 아물지 않았음을 발견하고는 〈정말 대단해, 상처가 아물지 않아서 그 속으로 똥이 들어갔어〉라고 혼자 생각한다.」[15]

제프와 벳시는 씨씨의 행동에 맞추어 집을 재정비해야 했다. 그녀의 손이 닿지 못하도록 선반을 1.8미터 높이로 옮겨 달았다. 냉장고에도 맹꽁이자물쇠를 채웠는데 씨씨가 음식에 종종 이상한 짓을 하고는 했기 때문이다. 잠을 자지 않거나 자해를 했던 까닭에 씨씨는 자주 병원에 입원했다.[16] 씨씨를 시설에 맡기라는 의사들의 제안이 이어졌다. 벳시는 최악의 우울증에 빠졌고 결국 그 때문에 병원 신세까지 져야 했다. 나중에는 〈다른 사람들이 내 대신 결정해 주었으면 좋겠어요〉라고 말했다. 벳시의 입원이 끝나갈 무렵이었다. 제프가 몰리의 목을 조르고 있는 씨씨를 발견했다. 사회복지사들이 씨씨가 석 달 동안 지낼 장소를 마련해 주었다. 벳시가 회상했다. 「그들은 씨씨가 영원히 그곳에 있게 될 거라고 말하지 않았어요. 그러느니 차라리 내가 죽고 말 거라는 사실을 알았던 거죠. 2000년 1월 1일, 씨씨는 영원히 우리 집을 떠났어요.」 당시 그녀는 일곱 살이었다.

시설 책임자는 벳시와 제프에게 최소한 한 달은 방문하지 말고 기다려 달라고 제안했다. 씨씨가 적응할 수 있도록 배려하기 위함이었다. 씨씨는 충분히 잘하고 있는 듯 보였음에도 벳시는 딸을 시설에 맡겼다는 사실을 감당하지 못했고 몇 주 뒤 씨씨의 생일날에 결국 다시 병원에 입원했다. 벳시가 말했다. 「그녀와 관련된 물건들을 치우는 것이 그녀를 저버리는 행위처럼 느껴졌어요. 그래서 우리는 맹꽁이자물쇠와 높이 달아 놓은 선반을 우리가 함께 살던 때를 기념하기 위해 그대로 놔두었어요.」 벳시는 장애 아동의 어머니들을 위한 지원 모임에 가입해 있었는데, 그곳의 회원들이 로비를 벌여서 그들의 커뮤니티 내에 공동 생활 가정을 설립했다. 내가 씨씨를 처음 보러 갔을 때 그녀는 이 공동 생활 가정에서 2년째 머물고 있었다. 그녀와 함께 거주하는 소녀들 중 한 명은 뇌성마비였는데 엄마를 만났다가 헤어질 때마다 울음을 터뜨렸다. 벳시가 말했다. 「여동생과 이야기하면서 〈씨씨는 나와 헤어질 때도 우는 법이 없어〉라고 한탄했어요. 그러자 동생은 〈만약 씨씨가 울면 언니 기분이 어떨지 생각해 봐〉라고 하더군요.」 씨씨 같은 자녀를 둔 부모들은 그들의 사랑이 자녀에게 무용지물일까 봐 두려워하고, 그들의 사랑이 부족해서 자녀를 완전히 파괴할까 봐 두려워한다. 그리고 그들 입장에서 어느 쪽이 더 나쁜지 우열을 가리기 힘들다. 씨씨를 외부 시설에 위탁한 지 3년이 지났을 때 벳시가 말했다. 「나는 내가 씨씨에게 가는 것을 싫어한다고 인정해요. 그럼에도 정해진 날 중 한 번이라도 그녀를 보지 않으면 엄청난 죄책감을 느껴요. 우리 어머니 모임의 회원 중 한 분이 그러더군요. 〈한 번이라도 빼먹으면 영원히 가지 않게 될까 봐 두려워서 그런 거예요.〉」

점심을 먹기로 하고 만났을 때 그녀가 변명하듯 내게 말했다. 「나는 휴대전화를 켜 놔야 해요. 씨씨가 병원에 있고 병원 직원들이 전화를 할지도 모르기 때문이에요.」 나는 유감이라고, 그럴 때면 정말 힘들 것 같다고 위로했다. 그녀가 말했다. 「오히려 그 반대예요. 그럴 때나 한 번씩 엄마로서 그녀에게 도움이 된다는 느낌이 들거든요. 대부분의 경우에는 나와 체형이 비슷한 사람이면 누구나 나를 대신할 수 있어요.」

이후에 잠깐 씨씨는 자폐에서 벗어나는 듯 보였다. 「어느 날 헤어지면서 〈자, 엄마에게 키스해야지〉라고 말하자 씨씨가 내 얼굴에 자신의 얼굴을 비볐어요. 그 모습을 보고 놀라서 직원들 중 한 명이 〈씨씨가 엄마에게 키스를 하고 있어!〉라고 외쳤어요. 그녀가 다른 사람에게는 그런 행동을 하지 않는다는 사실을 나는 전혀 몰랐어요. 우리가 흔히 말하는 키스는 아니었지만 분위기는 한없이 부드러웠고 진짜 키스와 다를 게 없었죠. 그녀의 볼에 키스하는 순간은 한없이 부드럽고 소중해서 마치 거기에 없는 어떤 존재에게 키스를 하는 것 같아요. 이를테면 그녀처럼요.」

벳시의 설명이다. 「그녀에게 소리와 감각은 채널이 잡히지 않은 라디오 수신기라고 할 수 있어요. 예컨대 윙윙거리는 소리, 요구, 손거스러미, 전화 통화, 휘발유 냄새, 속옷, 계획, 선택 등 세상이 그녀의 눈에 비치는 방식이 그렇다는 거예요. 씨씨는 발에 딱 맞는 신발을 좋아해요. 단지 그런 감촉을 느끼려고 봄에 부츠를 신는 경우도 종종 있어요. 흑인 특유의 머리카락을 가지고 노는 것도 좋아해요. 감자튀김도 좋아하는데 바삭한 느낌과 짭짤한 맛을 좋아하죠. 누구나 그렇지 않나요? 입 안이 얼얼할 정도로 매운 것들도 좋아해요. 이런저런 물건들 밑에 숨으면서 무척 재미있어 하죠. 몸이 흔들거리는 느낌도 좋아하고, 자동차를 타고 가면서 차창 밖을 보는 것도 무척 좋아해요. 한때는 팔꿈치 안쪽에 있는 연한 살갗을 좋아해서 사람들 뒤를 따라가 그 부분을 만지기도 했어요. 그녀의 감각 문제를 생각했을 때 내가 할 일은 그런 행동을 약간 제지하는 정도가 전부예요. 내게도 그녀와 비슷한 구석이 있기 때문이죠. 이를테면 나는 낙엽 밟는 소리를 굉장히 좋아해요. 얇은 얼음을 밟을 때 그 얼음이 깨지면서 내는 소리도 마찬가지로 좋아하죠. 내게는 너무 가까이 가면 지나치게 오래 붙잡고 있게 될까 봐 두려운 것들이 있어요. 예를 들어, 어머니가 갖고 있던 정말 멋지고 부드러운 비버 코트 같은 것들이죠. 하지만 절대로 가까이 하고 싶지 않은 것들도 정말 많아요. 이를테면 닭살이 돋을 정도로 리무진을 싫어하는데 리무진이 길면 길수록 더 싫어해요. 하지만 항상 정리해서 말을 하려고 노력했고, 사람들이 어떻게 결혼하는지, 어떻게 헤어지는지, 서로를 고자질하도록 놔두는지 이해하려고 노력했어요. 씨씨는 그런 부분에 대해 전혀 상관하지 않아요. 지능을 〈억지로〉 놓아 버려요. 그녀를 이해하려면 우리가 직감적인 수준으로 후퇴해야 해요. 그게 유일한 방법인 까닭이죠.」

씨씨는 발화를 이용하지는 않지만 대신 이런저런 신호들을 이용해서 독특한 방식으로 〈더 많이〉, 〈부탁해요〉, 〈이제 갈 시간이에요〉, 〈밖으로〉, 〈물〉, 〈주스〉 같은 표현을 한다. 벳시가 방문하면 씨씨는 자신의 외투와 부츠를 가져와 밖으로 나가고 싶다는 의사를 표현한다. 대신, 밖에 나가고 싶지 않을 때는 벳시의 외투를 받아서 단호하게 바닥에 내려놓는다. 벳시가 말했다. 「그녀는 어떤 행동을 할 때 그 행동이 어떤 의미를 갖는지 알아요. 우리는 그녀의 언어를 배워야 해요. 물론 그녀의 언어가 우리에게 혼란스러울 수 있어요. 하지만 우리의 언어도 그녀에게 혼란스럽기는 마찬가지잖아요.」

씨씨에게서 친밀감의 중립 지대를 찾기란 어려운 일이다. 벳시는 씨씨와 수영하면서 보내는 시간을 특히 즐긴다. 하지만 수영을 하려면 공공장소인 수영장에 가야 하는데, 씨씨에게는 공공장소에서 자신의 행동을 조절하는 능력이 없다. 내가 그들을 방문하고 난 뒤에, 어느 날 벳시와 씨씨는 세인트루이스 파크 레크리에이션 센터에 있는 수영장을 찾았다. 그들은 폐장 한 시간 전에 도착했고 그 시간에도 수영장에는 많은 가족들이 있었다. 씨씨는 수영장에 도착하자마자 수영복 아랫도리를 풀어 내리고 물속에서 대변을 보았다. 자신의 대변을 가지고 놀던 그녀는 아예 옷을 홀딱 벗은 채 그녀를 붙잡으려는 사람들을 피해 요리조리 뛰어다녔다. 한 어머니가 비명을 질렀다. 「앗, 더러워! 더러워!」 곧이어 어머니들이 전부 그들의 아이를 물 밖으로 끌어내기 시작했다. 덩달아 구조 대원들도 호루라기를 불면서 고함을 질러 댔다. 한편 이 모든 혼돈의 중심에 있던 씨씨는 배

꼽을 잡으며 웃고 있었다.

나는 씨씨의 열 번째 생일을 맞아 제프와 벳시, 몰리를 따라 그녀가 지내는 공동 생활 가정을 방문했다. 케이크도 가져갔지만 안전상의 이유로 초는 빼놓았다. 가족들이 쇼핑백에서 선물을 꺼냈다. 하지만 씨씨는 쇼핑백을 제일 좋아했고 그 안에 들어가서 나오려고 하지 않았다. 쇼핑백을 제외하고 그녀가 좋아한 유일한 물건은 리본이었다. 그녀는 리본들을 계속해서 꼬았다 풀기를 반복했다. 제프가 말했다. 「자신의 일상적인 틀을 깨뜨리기 때문에 어쩌면 씨씨는 이런 파티가 괴로울 수도 있어요. 그런 측면에서 본다면 이 파티가 과연 누구를 위한 것인지 모르겠어요.」 솔직히 말하자면, 그들의 목적은 그들이 여전히 씨씨를 사랑하고 있으므로 그녀를 잘 보살펴야 한다고 그곳 직원들에게 알리는 것이었다. 제프가 회의적인 어조로 말했다. 「우리가 방에 들어서는 모습을 보면서 씨씨는 속으로 무슨 생각을 했을까요? 〈어라, 그 사람들이 또 왔네〉는 아닐까요?」

벳시가 의료 개입을 제안하는 사람들의 지속적인 공격에 대해 설명했다. 「그들은 〈비타민 요법은 시도해 보셨나요?〉 〈청능 훈련은 시도해 보셨나요?〉 〈혹시 음식 알레르기인 것 같지는 않나요?〉라고 물어요. 그래요, 우리는 청능 통합 훈련도 시도해 보았어요. 그 끔찍한 비타민 요법도 시도해 보았어요. 감각 통합*도 시도해 보았고요. 당연히 배제 식단도 시도했죠. 밀과 옥수수를 끊어서 글루텐 섭취를 막고 유제품도 끊었어요. 카제인도 없앴죠. 땅콩버터도 먹지 않아요. 부모는 아이가 변하기를 바라는 마음에서 이런 시도를 하지만 실제로는 그 아이를 고문하는 행동에 불과해요. 결국에 내게 남은 것은 그녀를 포기했다는 죄책감뿐이에요. 물론 내가 할 수 있는 모든 시도를 한 것은 아니에요. 그렇다고 러시아 쪽에 알아보았더라면, 내 목을 잘랐더라면, 씨씨에게 채찍질을 했더라면, 제물을 바쳤더라

---

* 자신의 신체와 외부 환경에서 제공되는 다양한 감각을 조직화하는 신경학적 과정.

면, 루르드 성지를 방문했더라면 혹시 무엇이 달라졌을까요? 나는 장애아를 둔 부모들이 연구 센터를 설립하거나 일주일에 48시간씩 치료에 헌신했다고 이야기하는 책들도 읽었어요. 하지만 그런 일을 할 수 없거나, 혹시 그런 일을 해내더라도 아이가 정상으로 돌아올지 확신이 없는 사람들에게는 정말 어려운 일이에요. 씨씨는 워낙에 지금의 그런 아이예요. 그리고 나는 그녀의 특성을 이해하고, 어떻게 하는 것이 그녀를 편안하게 해주는지 또는 그렇지 않은지 알려고 노력할 수 있을 뿐이에요. 내가 할 수 있는 일이라고는 그것이 전부예요.」

씨씨는 주기적으로 폭력성이 악화되었다. 공동 생활 가정의 직원들에게 물건들을 집어던지거나 일부러 바닥에 세게 부딪히거나 자신을 물어뜯었다. 의사들은 약물 치료를 통해 이 같은 증세를 치료하고자 했다. 내가 그녀를 알고 지낸 9년 동안 씨씨는 아빌리파이, 토파맥스, 쎄로켈, 프로작, 아티반, 데파코트, 트라조돈, 리스페달, 아나프라닐, 라믹탈, 베나드릴, 멜라토닌, 호메오패딕 약제인 캄스 포르테 등을 복용했다. 그녀를 만날 때마다 새로운 약물 처방이 내려지고 있었다. 우리가 만난 지 2~3년이 되었을 무렵에는 씨씨의 파괴적인 행동이 이해할 수 없을 정도로, 공동 생활 가정에서 일하는 직원이 감당할 수 없다고 느낄 만큼 악화되고 있었다. 한번은 벳시와 공동 생활 가정의 직원 한 명이 씨씨를 데리고 병원 응급실을 찾았다. 그런데 응급실 간호사가 응급실에 입원하려면 정신과 주치의의 승인이 날 때까지 기다려야 한다고 설명했다. 벳시가 말했다. 「알겠어요. 하지만 그녀가 버틸 수 있을지는 모르겠군요.」90분이 지나자 씨씨가 자판기에 주먹질을 하기 시작했다. 그리고 다시 2시간이 지났다. 마침내 차례가 되어 주치의와 상담 중이던 벳시는 대기실에서 들려오는 절박한 비명 소리 때문에 상담을 중단해야 했다. 씨씨가 유리창을 깨려고 했던 탓에 경비원이 벽에 완충재를 덧댄 방으로 그녀를 데려갔던 것이다. 씨씨가 문으로 돌진해서 자해를 하려고 했기 때문에 예의 그 간호사와 간호조무사 한 명,

경비원 한 명이 그녀를 그 방에서 나가지 못하게 하려고 애쓰고 있었다. 그들은 무장한 보안 요원까지 두 명을 불러서 밖에 앉아 지키도록 했다. 벳시는 기가 막혔다. 「와우, 정말 잘되었네요. 이 상황에 우리에게 필요한 것이 바로 그거예요. 권총 말이에요.」 씨씨는 병원에 8일간 입원했고 그동안 의사들은 그녀의 약물 치료를 놓고 내내 고민했다. 하지만 그녀가 이미 복용한 적이 있는 약을 제외하자니 남은 선택의 여지가 거의 없었다. 그들은 공동 생활 가정에 전화해서 물었다. 「그녀에게 시리얼을 먹여도 괜찮을까요? 하루에 열 그릇도 먹을 기세예요.」 퇴원할 때 그녀는 몸무게가 4.5킬로그램이나 불었지만 행동 문제와 관련해서는 어떠한 의미 있는 진전도 없었다.

한편 씨씨의 다른 가족들은 그들의 삶을 무겁게 짓누른 제프의 조울증과도 싸워야 했다. 벳시는 공동 생활 가정 직원들에게 어떠한 상황에서도 제프가 정상일 거라 속단하지 말라고 경고해야 했다. 「그의 위신을 떨어뜨리거나 창피하게 만들려는 의도는 아니었어요. 나는 제프를 사랑해요. 하지만 공동 생활 가정 직원들에게 반드시 경고해야만 했어요. 제프를 위해서가 아니에요. 씨씨를 위해서죠. 그는 씨씨가 자폐증 진단을 받지 않았다면 자신의 조울증도 발병하지 않았을 거라고 생각해요. 참 순진한 생각이죠. 그렇지만 나 역시 내가 가진 우울증에 대해 똑같이 생각해요. 이 모든 것이 씨씨를 사랑한 결과예요.」 씨씨를 공동 생활 가정에 위탁한 이후로 3년 동안 제프는 복합적인 조증 사건으로 두 차례 병원 신세를 졌다. 같은 기간에 벳시는 우울증으로 세 차례 입원했다. 제프가 말했다. 「세상 어딘가에는 우리와 다른 뇌 구조를 가진 사람이 존재할지도 모르고, 그런 사람이라면 어쩌면 이 모든 상황을 감당할 수 있을지 모르겠어요. 하지만 우리 부부는 결국 정신병을 얻고 말았죠.」

벳시는 씨씨에게 보통의 10대들처럼 옷을 입히길 싫어한다. 그래서 씨씨는 오래전부터 줄곧 작업복을 유니폼처럼 입고 있다. 공동 생활 가정에서 씨씨는 에멧이라는 중증 자폐증 소년과 친구가 되었다. 씨씨와 마찬가지로 에멧도 끊임없이 괴로워하고, 잠을 못 자고, 때때로 폭력성을 드러내고, 집중적인 약물 치료를 받았다. 어느 날 씨씨의 방에 들어서던 벳시는 에멧이 바지와 기저귀도 벗은 채 그녀와 함께 있는―〈이를테면 탐구하고 있는〉―모습을 목격했다. 그 와중에 씨씨는 창문 옆에서 이리저리 뛰어다니고 있었다. 원래 관리자는 아이들만 남겨 둔 채 자리를 비울 수 없었지만 다른 곳에서 급한 일이 생겨 불려간 사이에 기회가 찾아온 것이다. 벳시가 말했다. 「씨씨와 에멧이 로맨스를 생각하지는 않을 거예요. 그래도 친밀함이나 쾌락에 대해선 생각하겠죠. 그들은 고된 삶을 살아가고, 어쩌면 그런 데서 소소한 행복을 찾을 수 있을지도 모르겠어요.」 하지만 공동 생활 가정의 직원들은 그러한 부분에 대해 좀처럼 인내심을 보여 주지 않을 것이며, 임신 가능성은 모든 당사자들에게 두려운 일이다.

벳시가 말했다. 「사람들은 자꾸 〈어떻게 그런 일을 감당할 수 있는지 모르겠군요〉라고 말해요. 하지만 어느 날 아침에 일어나서 문득 〈더 이상은 감당할 수 없을 것 같아〉라고 선언할 수 있는 문제가 아니잖아요.」 나는 더 이상 감수하지 않기로 그냥 결정해 버리고 그 상태로 방치하는 사람도 있다고 설명했다. 그러자 그녀는 〈그런 이야기를 들으면 마치 갈퀴로 누가 내 속을 긁는 것 같아요〉라고 말했다. 어느 날 학교에서 돌아온 몰리가 밤에 〈하느님이 정말로 못하는 일이 없다면 어째서 언니의 자폐증을 거두지 않나요?〉라고 물었다. 제프가 말했다. 「어쩌면 언니는 지금 그대로의 모습으로 살아갈 운명을 타고났을 거야.」 몰리가 알았다는 듯 말했다. 「아빠의 지금 그 모습도, 엄마도 하느님의 뜻이군요. 이 탁자의 생김새도 그렇고, 모든 게 하느님의 뜻이에요.」 벳시가 〈그리고 언니도 마찬가지고!〉라고 덧붙였다. 후에 벳시가 내게 말했다. 「나는 좋은 날에는 씨씨를 보면서 하느님의 은총을 느껴요. 궂은 날에는 하느님께 아량을 갈구하죠. 자폐라는 것이 원래 그래요. 그런 것이 자폐죠. 나는 씨씨를 통해 선(禪)을 수양

해요. 씨씨는 왜 자폐증이 있을까요? 자폐증이 씨씨에게 있기 때문이에요. 씨씨처럼 산다는 것은 어떤 것일까요? 씨씨 자신이 되는 거예요. 다른 누구도 씨씨가 될 수 없고, 따라서 우리는 씨씨처럼 사는 것이 어떨지 절대로 알 수 없어요. 내가 아무리 노력해도 이런 사실은 바뀌지 않아요. 어쩌면 바꾸려는 시도 자체가 무모한 짓인지도 모르겠어요.」

　　스위스 정신과 의사 오이겐 블로일러Eugen Bleuler는 1912년 〈사고가 논리와 현실 모두와 이혼한〉 상태라고 묘사하면서 〈자폐증〉이라는 단어를 최초로 사용했다.[17] 오늘날 자폐증으로 분류되는 증후군은 오랫동안 〈소아 정신분열증〉[18]의 일부로 간주되었다. 1943년에 이르러서 오스트리아 출신의 미국인 정신과 의사 레오 카너Leo Kanner가 자폐증을 뚜렷이 구별되는 별도의 질환으로 규정했다.[19] 카너가 〈자폐〉라는 단어를 선택한 이유는 그가 연구했던 아동들의 극단적인 고립 상태를 강조하기 위함이었다. 그는 〈진정한 모성애의 부족〉이 자폐증을 유발한다고 믿었다. 이 주제와 관련해서 영향력 있는 정신분석가 마거릿 말러Margaret Mahler가 보다 세밀한 연구를 진행했다. 비뚤어진 욕망을 가진 여성들이 기형이나 그 밖의 문제가 있는 아이를 낳는다는 개념, 즉 상상주의는 소인증이나 기타 신체적 기형에 관련된 분야에서는 폐기된 지 이미 오래다. 그렇지만 정신과 진단 분야에서는 지속적으로 사용되었고, 성격 형성에 중요한 초기 경험에 관한 프로이트의 설명과도 자연스럽게 맞아떨어졌다. 애정이 없는 부모가 자녀를 자폐아로 만든다는 카너의 이론은 〈냉장고 엄마〉라는 개념을 탄생시켰다. 정작 카너 자신은 나중에 가서 자폐가 선천적일 수 있다고 인정했다.[20] 그 뒤로 영향력만큼이나 논란을 몰고 다니던 20세기 중반의 심리학자 브루노 베텔하임Bruno Bettelheim은 〈그 아이가 태어나지 않았더라면 하고 바라는 부모의 바람이 유아 자폐증을 유발한다〉[21]라고 주장했다.
　　1954년부터 자폐증을 연구해 온 이사벨 래핀Isabelle Rapin이 말했다.

「우리는 자폐증이 고도로 지적이지만 정서장애가 있는 아이들이 겪는 난해하고 희귀한 정신 질환이라고 배웠다. 어머니 때문에 발병한다고 믿었고, 정신분석 차원에서 즉 유리공을 깨뜨려서 나비가 날 수 있도록 하려는 목적에서 자폐증을 다루었다. 아무도 고기능 자폐의 존재를 믿지 않았다.」[22] 자폐인 아들이 있는 버나드 림랜드Bernard Rimland 박사는 1964년에 『소아 자폐증Infantile Autism』이라는 책을 발표하면서 자폐증에 관한 완전한 생물학적 해석을 제시했다.[23] 1965년에는 자폐아를 둔 부모들이 모여서 〈미국 자폐 아동 협회〉를 설립했다. 그들은 처음 개최된 모임에서 모두 작은 냉장고 모양의 이름표를 달았다.[24] 유명한 자폐 지식인 템플 그랜딘의 어머니 유스테시아 커틀러가 말했다. 「자폐아의 어머니로서 사과를 받고 싶었어요. 우리는 마땅히 사과를 받을 자격이 있었어요. 물론 아이들의 아버지들도 마찬가지고요.」[25]

1944년에 오스트리아의 소아과 의사 한스 아스퍼거Hans Asperger는 카너가 추적 관찰했던 아이들과 비슷한 네 명의 아이들에 대한 사례 연구를 발표했다.[26] 하지만 영어권 정신의학계에서 카너가 매우 영향력 있는 목소리를 갖게 된 반면에 아스퍼거의 논문은 잘 알려지지 않았고, 1981년까지도 오직 독일어로 된 논문만 있었다. 카너와 마찬가지로 아스퍼거 역시 자신의 환자들이 얼마든지 호전될 수 있다고 믿었다. 또한 그들이 보유한 장점도 발견했다. 그들에게는 흔히 창의성과 지극히 세련된 예술적 취향, 나이를 초월한 통찰력 등이 있었다. 아스퍼거는 그가 관찰 기록한 이러한 장점들이, 자녀를 압박하다가 그들에게 실망하는 순간 곧바로 손을 떼버리는 상위 중산층 사람들에게 고통을 유발하는 원인이라고 생각했다.

아스퍼거 증후군 아이들은 흔히 그 방식이 독특하기는 하지만 유년기 초기에는 말을 많이 한다. 아울러 대체로 정상적인 인지 발달을 보이며, 다소 서투르기는 하지만 사람을 사귀는 일에 관심을 갖기도 한다. 아스퍼거 증후군인 한 젊은 남자가 웹사이트에 올린 설명에 따르면 공감은 〈다른 사람이 느끼는 감정을 성공적으로 추측하는 행위〉이다. 아스퍼거 증후군은 흔히 기본적인 사회적 기술이 없다. 아스퍼거는 〈꼬마 교수들〉이라는 말로 자신의 환자들을 지칭했다.[27] 그리고 이 꼬마 교수들은 전형적인 자폐증을 가진 사람들에 비해 자신의 상태를 보다 잘 인지하는 경향이 있으며, 그 결과 임상 우울증으로 이어지는 경우가 많다. 일반적으로 그들은 대화를 주도할 때보다 수동적으로 따라갈 때 보다 편안하게 느낀다. 오늘날 미국 정신의학회는 아스퍼거 증후군 진단을 없애는 방향으로 나아가고 있다. 다시 말하면 아스퍼거 증후군인 사람도 단순히 자폐 범주의 질환에, 예컨대 중증 자폐인 사람과 아동기 붕괴성 장애 같은 그 밖의 관련 진단을 받는 사람들을 모두 아우르는 영역에 속하게 되는 것이다. 이러한 변화는 자폐를 비롯한 여러 관련 진단명 사이에 명확한 경계를 긋기가 거의 불가능함을 인정한 결과이다.[28]

말문이 열린 사람들을 가리켜서 고기능 자폐라고 이야기하는 사람도 있지만 극단적인 사회적 장애를 가진 사람들이 단지 말을 많이 한다고 해서 항상 도움이 되는 것은 아니다. 대다수 자폐인이 세상과 단절된 것처럼 보이는 것과 달리 아스퍼거 증후군은 지극히 사교적으로 보일 수 있다. 이를테면 다른 사람에게 지나치게 가까이 서 있거나 불특정한 주제를 가지고 끊임없이 떠드는 식이다. 한 연구원은 아스퍼거 증후군인 사람을 인터뷰했던 경험을 언급하면서 자신이 보기에는 그 사람이 그냥 괜찮았다고, 즐거운 대화를 나누었다고 설명했다. 하지만 그들은 일주일 뒤에도 똑같은 대화를 나누었다. 그리고 그다음 주에도 똑같은 대화를 나누었다. 한 임상의가 자동차들이 붐비는 도로 한가운데로 뛰어들어서 자칫 자동차에 치이거나 사고를 초래할 뻔했던 환자의 이야기를 들려주었다. 환자의 어머니가 〈도로에 내려 서기 전에는 꼭 좌우를 모두 살피라고 했잖아〉라고 책망하자 그 아들은 〈양쪽을 모두 보기는 보았어요〉라고 대답했다. 내가 만난 한 정신과 의사는 수학 천재이고, IQ가 140이며, 말도 잘 하는, 하지만 사회적으로 장애가 있는 환자에 대해 설명했다. 어느 날 맥도널드에 간 그 환자는 주문을 받는 예쁜 아가씨가 오늘은 어떤 메뉴를 원하는지 묻자 이렇게 말했다. 「당신의 사타구니를 만지고 싶어요, 부탁해요.」 경찰이 신고를 접수하는 동안에도 그는 완전히 어리둥절한 상태였다. 자신은 그녀의 질문에 대답했을 뿐이고 게다가 〈부탁해요〉라고까지 말했기 때문이다.[29]

자폐 범주에 해당하는 어른들 중에서도 이를테면 작가이자 교수이며 가축 관리 설비 디자이너인 템플 그랜딘이나, 〈자폐인 자기 권리 주장 네트워크〉의 설립자 아리 네이멘 같은 유명한 사람들은 엄청나게 탁월한 능력을 발휘하고, 대인 관계도 능숙하다.[30] 그럼에도 그들 두 사람은 내게 그들의 성취가 학습을 통해 얻어진 기술이라고, 내가 그들과 향유하는 사회적 상호 교류가 끝없는 연구의 결과라고 설명했다. 그랜딘의 설명에 따르면, 〈내 지성은 오직 이미지에만 접근하도록 되어 있는 인터넷 검색엔진처럼 작동한다. 따라서 나는 머릿속에 있는 인터넷에 사진을 많이 저장하면 할수록 새로운 상황에서 행동하는 법에 관한 보다 많은 견본을 갖게 된다〉.[31] 자폐 범주에 해당하는 많은 사람들은 마치 연극하듯이 웃거나 우는 행동을 가장 먼저 배운다. 자서전 『내 눈을 봐Look Me in the Eye』의 저자 존 엘더 로비슨은 사람들의 표정을 읽고 그들처럼 표정을 짓기 위해 몇 시간씩 사람들의 표정을 외웠다고 설명한다. 「나는 심지어 그 사람의 눈을 본다는 것이 어떤 의미인지도 몰랐다. 그럼에도 사람들이 내게 그렇게 하기를 기대했고 나 또한 그들의 기대를 알았지만 그렇게 하지 못하는 나 자신 때문에 수치심을 느꼈다. 나는 나이가 들면서 〈정상인〉처럼 연기하는 법을 배웠다. 그리고 보통 사람들을 저녁 내내, 어쩌면 그보다 더 오래 속일 수 있을 만큼 연기를 잘 하게 되었다.」[32] 자폐인 사람들은 그들 나름의 독특한 패턴이 있어서 약점과 장점도 모두 제각각이다. 그 결과 어떤 분야에서는 지극히 뛰어나지만 다른 분야에서는 젬병일 수 있다. 또한 같은 자폐 범주나 스펙트럼에 속해 있더라도 장애가 가장 심한 쪽에 있는 사람과 가장 가벼운 쪽에 있는 사람의 차이가 엄청나서, 때로는 이들을 계속해서 같은 스펙트럼 구조에 준해서 설명하는 것 자체가 납득하기 어려운 경우도 있다.

20대 때 나는 자폐가 있는 한 남자와 친구가 되었다. 그는 일곱 살까지 말을 하지 않았고, 전혀 웃기지 않은 것들을 보면서 웃었으며, 사회적인 세부 규칙들을 무시했다. 그럼에도 합리적이었고, 체계적이었으며, 셈이 빛의 속도만큼이나 빨라서 초단기 주식거래를 통해 큰돈을 벌었다. 마치 사진을 찍는 것처럼 기억력이 정확했으며 훌륭한 미술품들을 수집했다. 한번은 주말에 그의 집을 방문하자 그는 CD 플레이어에 필립 글래스의 싱글 앨범을 넣어 놓고, 그의 음악이 충분히 지루하지 않다는 듯이 주말 내내 틀어 놓았다. 또 한번은 내가 로스앤젤레스에 갈 거라고 언급하자 그곳에서 방문할 모든 곳을 어떻게 찾아가야 하는지 자세한 방법을 알려주겠다고 자청했다. 그는 한때 자신이 그 도시에 매료된 적이 있었고 그래서 꼬박 넉 달 동안 하루에 10시간씩 운전하면서 로스앤젤레스를 돌아다녔다고 설명했다. 내게 상처를 준 어떤 일을 그가 인정하길 거부한 뒤로 우리 사이는 소원해졌다. 나는 그가 겉치레 때문에 사회적 규범을 따르지 않는다고 단정했다. 그리고 나중에 가서야 애초에 치료할 수 있는 대상이 아닌 신경학적 질병에 의해 우리 우정이 깨졌음을 알았다.

시인 제니퍼 프랭클린은 중증 자폐 장애가 있는 딸 애나 리비아 내시에게서 자신의 표현 능력에 필적하는 뮤즈를 발견했다.[33] 애나에 관한 시에서 제니퍼는 페르세포네를 잃은 상실감으로 세상에 겨울을 가져온 그리스 신화의 데메테르 이야기를 끌어들였다. 여기에 그 시를 소개한다.

내가 마지막 사람이었어
너의 비명을 들은, 원하지 않았기 때문이야

그것이 사실이기를. 너는 고통으로
비명을 지르는데 태양은

나뭇잎 사이로 계속 빛나고 있었어.
그건 옳지 않아. ……

너의 어미가 아닌 사람들은 모두

나를 위로하려고 애썼지. 나는
웃지 않겠다고 맹세를 했어.

대대적인 파괴가 주는 충격적인 참신함 속에서도
나는 깨닫지 못했단다

이 약속을 지키는 것이
얼마나 쉬운지.

애나는 장난감을 가지고 노는 방식이 특이했다. 먼저 장난감을 받으면 마치 목록을 작성하듯이 그 장난감을 하나하나 꼼꼼하게 살핀 다음에 자신의 뒤에 놓았다. 그리고 자신의 유아용 침대에서 잠이 깨면 혼자서 작게 찍찍거리는 소리를 냈다. 하지만 절대로 장난감을 돌아보지는 않았다. 제니퍼는 계속해서 소아과 의사와 상담을 했고 의사는 걱정하지 말라는 말만 되풀이했다. 애나가 막 두 살이 되었을 무렵 제니퍼는 〈엄마와 나〉 수업을 신청했고, 수업 첫날에 그동안 자신이 애나와 소통했던 것보다 다른 아이들이 자신과 훨씬 많이 소통하고 있음을 알아차렸다. 제니퍼가 말했다. 「그녀의 관심을 끌기 위해서 내가 끊임없이 과장되게 행동한다는 사실을 문득 깨달았어요.」 그녀는 애나를 데리고 다시 소아과 의사를 찾았다. 예상대로 의사는 그녀에게 아무런 문제가 없는 것 같다고 말했다. 하지만 제니퍼가 〈아이가 이전보다 말수가 줄었어요〉라고 설명하자 태도가 돌변했고 애나를 즉시 소아과 신경 전문의에게 보냈다. 코넬 대학 메디컬 센터의 임상 전문의는 애나가 충분히 많은 애착을 보이기 때문에 자폐증 진단을 내릴 수 없다고 설명하면서 PDD-NOS, 즉 〈일반적인 범주에서 벗어난 전반적 발달 장애Pervasive Developmental Disorder Not Otherwise Specified〉라고 진단을 내렸다(비평가들은 PDD가 〈의사가 진단을 내리지 못했다Physician Didn't Decide〉는 의미라고 주장한다). 그 의사는 〈오늘은 곧바로 집에 가지 말고 여기에 머물면서 자폐증에 대해 좀 더 알아보세요. 자폐증은 이런 게 아니에요〉라고 조언했다. 제니퍼는 이 반쪽짜리 진단을 〈심각한 민폐〉로 묘사했다.

제니퍼의 남편 게럿은 종양학자였으며 따라서 죽음이나 질병에 익숙했다. 반면 매사가 항상 계획대로 진행되어야 한다고 생각하던 제니퍼는 완전히 눈앞이 캄캄했다. 그녀는 자신의 시에 이렇게 썼다. 「나는 / 한순간에 너를 잃었을 뿐 아니라 / 무한한 가능성도 내팽개쳤어 / 어쩌면 네 것이 되었을 수도 있었던 그 무한한 가능성을 말이야.」 제니퍼는 자폐 아동 교육에 관련된 조사를 시작했고 애나가 조기 개입 서비스를 받을 수 있도록 했다. 여기에 더해서 제니퍼와 게럿은 자비로 시간당 200달러씩 지불하면서 애나가 일주일에 4시간씩 전문 상담사에게 행동 치료를 받게 했다. 그 상담사는 주 정부로부터 보수를 받아 애나를 도와주는 지역 치료사들에게도 교육을 실시했다. 제니퍼와 게럿은 매사추세츠에 갖고 있던 여름 별장을 팔았고 그 돈은 한 푼도 남김없이 모두 치료사들에게 들어갔다. 제니퍼도 다른 치료사들과 함께 매주 20시간씩 교육을 받았다. 애나의 울화 행동은 한번 시작되면 45분씩이나 지속되었고, 그럴 때마다 제니퍼의 팔은 온통 멍과 손톱자국으로 뒤덮였다.

애나는 집에서 이루어지는 체계적이고 집중적인 행동 개입 프로그램에 반응을 보이는 듯 보였다. 하지만 뉴욕 시에는 그 같은 시스템으로 운영되는 학교가 아직 없었다. 결국 네 살이던 애나는 뉴저지 가필드에 학생이 24명에 불과하고 교사가 26명인 리드 아카데미에 입학했다. 게럿은 일 때문에 계속 뉴욕에 머물렀고 제니퍼만 뉴저지로 이사해서 애나를 보살폈다. 리드 아카데미는 UCLA의 신경 심리학자 이바 로바스O. Ivar Lovaas가 최초로 개발한 응용 행동 분석,* 즉 ABA 시스템을 사용한다.[34] 로바스는 동물을 훈련시킬 때와 비슷하게 긍정적인 강화와 냉정한 육체적 처벌을 복합적으로 운용했다. 이제는 대부분의 ABA 프로그램이 포상 정책만 사용한다. 아이가 바람직한 행동을 할 때마다 보상을 제공하는 식이다. 반대로, 바람직하지 않은 어떤 행동(이를테면 머리를 찧은 행동이나, 팔을 퍼덕이는 행동, 몸을 흔드는 행동, 괴성을 지르는 행동 같은 〈전형적인 행동〉)을 하는 경우에는 이를 제지하고 바람직한 행동을 하도록 유도한다. 긍정적인 행동을 할 때마다 아이는 자신의 스티커 보드에 붙일 스티커를 받으며, 스티커가 일정 수 쌓이면 특별한 선물을 선택할 수 있다. 일곱 살이 되자 애나는 어느 정도 언어 능력을 갖추었지만 좀처럼 자신의 능력을 사용하려고 하지 않았다. 그리고 그녀가 두서없이 웅얼거리기 시작하면 선생님은 이런저런 지시—손뼉을 치거나, 뒤돌아서 서 있거나, 자신의 머리를 만지는 것처럼—를 하면서 그녀를 제지했다. 지시를 적절히 이행하는 경우 그녀는 웅얼거리는 내부 기제에서 벗어나는 듯 보였고 그러면 스티커 한 장을 받았다. 더 나아가서 그녀는 〈너는 어디에 사니?〉〈몇 살이야?〉〈학교가 어디야?〉 같은 질문에도 대답을 해야 했다. 그녀의 선생님은 그녀에게 때때로

---

* 환경에 적응하는 인간 행동의 원리를 이용하여 바람직한 행동을 향상시키거나 문제 행동을 감소시키기 위해 사용되는 중재 전략.

책을 읽거나, 노래를 하거나, 발표를 하도록 시켰고 이런 일에는 항상 보상이 뒤따랐다. 스티커를 다 모을 때마다 그녀에게는 다시는 전형적인 행동을 하면 안 된다는 조건과 함께 무엇이든 원하는 대로 할 수 있는 5분이 주어졌다. 애나의 요구는 그때그때 달랐다. 어느 때는 과자를 원했고, 어느 때는 업어 달라고 요구했다.

제니퍼는 집에서도 체계를 유지했다. 그녀가 말했다. 「내가 간섭하지 않는 유일한 시간은 그녀가 잠자리에 들기 전 자기 방에 있을 때예요. 그녀에게 책을 10권쯤 읽어 주고 잘 자라고 이야기한 다음에는 그녀가 웅얼거리면 웅얼거리는 대로 그냥 내버려 둬요.」 내가 제니퍼를 만났을 때 애나는 리드 아카데미를 거의 만 3년째 다니고 있었다. 그동안 애나는 엄청나게 발전했다. 더 이상 자해 행동을 하지 않았고 슈퍼마켓에도 갈 수 있었다. 예전에는 매일 제니퍼를 할퀴고 그녀의 머리카락을 잡아 뜯었지만 이제는 한 달에 한 번 정도만 그런 행동을 보였다. 말도 훨씬 잘했다. 애나 스스로도 이런 긍정적인 변화를 즐기는 눈치라서 제니퍼도 안심했다. 그녀가 말했다. 「우리 집의 응용 행동 분석 시스템이 수준 이하였던 초기에 나로서는 애나가 울거나 성질부리는 모습을 마냥 지켜보고 있는 것이 세상에서 제일 힘들었어요. 하지만 이제 그녀는 학교에서 절대로 울지 않아요. 적절하게 행해지기만 한다면 응용 행동 분석 시스템은 전혀 비인간적이지 않아요.」

애나가 오후 4시에 집에 오면 제니퍼는 밤 9시까지 내내 스티커 보드와 보상 시스템을 활용해서 그녀를 돌본다. 애나가 잠자리에 들고 난 뒤에도 긴장이 풀리지 않아 잠을 청할 수 없는 제니퍼는 독서를 하거나 글을 쓰거나 영화를 보면서 자신을 추스른다. 「나는 밤을 거의 새다시피 하면서 밤에 혼자 할 수 있는 일들을 해요. 게다가 밤에는 내 처지에서 절대로 향유할 수 없는 평범한 활동을 하는 사람들과 부딪힐 필요도 없어요.」 제니퍼는 새벽 5시에 일어나서 애나에게 아침을 만들어 주고, 스쿨버스가 올

때까지 그녀와 이런저런 훈련을 한다. 그러고 나면 기진맥진해서 다시 침대로 올라가 4시가 되어 애나가 올 때까지 휴식을 취한다. 「처음에는 이런 생활이 무척 창피했어요. 하지만 이제는 내가 살기 위해서는 이렇게 할 수밖에 없다는 사실을 받아들이게 되었죠.」

제니퍼는 우울증에 빠졌고, 스스로를 주체하기 힘들었고, 자살 충동까지 느꼈다. 「하지만 애나를 포기할 수 없어요. 그녀가 자신을 낳아 달라고 부탁한 것은 아니잖아요. 일부러 이런 문제가 일어나게 만든 것도 아니고요. 그녀는 정말 연약한 존재예요. 내가 아니면 누가 그녀를 돌보겠어요?」리드 아카데미에서 애나의 생활이 막 시작되었을 때 제니퍼는 애나가 〈다른 또래 친구들과 구별할 수 없을 정도로〉 똑같아지고 일반 학교에도 갈 수 있게 되기를 바랐지만 그런 일은 좀처럼 일어날 것 같지 않았다. 〈똑같아지는 것〉은 부모들이 누누이 내거는 슬로건이지만 현실이 되는 경우는 거의 없다. 애나는 남들과 다르다는 이유로 놀림을 당한다. 아이러니한 사실은 그러한 놀림에 무관심한 태도가 그녀가 일반 학교에 다닐 준비가 되지 않았음을 알려 준다는 점이다. 제니퍼가 말했다. 「나는 애나 리비아가 자신이 놀림을 당하고 있다는 사실 정도만 알아도 정말 좋겠어요.」

제니퍼는 임신 초기에 입덧이 정말 심해서 낙태를 고려한 적도 있었다. 그녀가 말했다. 「인정하기 힘들지만 〈낙태를 했더라면 모두에게 더 낫지 않았을까?〉라고 생각한 적도 몇 번 있었어요.」그녀가 프랑스를 여행하면서 레에지드타약에 있는 선사시대 박물관을 방문했던 일을 들려주었다. 「아기를 안고 있는 한 어머니의 유골을 보았어요. 그들이 그런 독특한 자세로 매장된 것에 고고학자들은 혼란스러웠겠지만 나는 아니었어요. 〈나도 우리 애나 리비아와 함께 저렇게 그냥 사라질 수 있다면 좋을 텐데〉라고 생각했죠. 물론 내가 애나를 다치게 할 일은 절대로 없을 거예요.」

자폐증과 관련된 무능력이 때로는 끔찍한 수준의 고통―자폐가 있는 당사자는 물론이고 돌보려는 주변 사람들의 고통―으로 발전하기도 한다. 자폐 아동의 아버지 스콧 시는 이러한 경험을 『슬레이트 Slate』에서 다음과 같이 묘사했다. 「바닥에서 엉망이 된 바지와 기저귀를 발견하는 순간 당신은 이미 늦었음을 직감한다. 선명한 붉은색이 문과 몰딩, 벽에 덕지덕지 묻어 있다. 모퉁이를 돌면서 침실이 범죄 현장임을 깨닫는다. 도끼 살인 사건이라도 벌어졌을까? 실상은 최악의 상태인 당신의 딸이 있을 뿐이다. 사방이 똥이다. 마치 페인트처럼 번들거리는 핏자국과 검게 응고된 피딱지, 황갈색 똥, 직경이 90센티미터는 됨 직한 토사물의 한가운데 서 있는 당신의 딸은 한 손에 귀퉁이가 잔뜩 접혀 있는 『패밀리 서클』 잡지를 들고, 다른 한 손은 텔레비전을 향해 뻗어 있다. 그녀는 완전히 발가벗은 채 스타킹만 신고 있으며 그 스타킹 역시 발목 높이까지 피로 흥건하게 젖어 있다. 양손에서는 핏물이 뚝뚝 떨어지고 얼굴은 식인종처럼 하고서 그녀가 몹시 착잡한 표정을 짓는다. 당신이 흠뻑 젖은 스타킹을 벗길 때 그녀가 균형을 잡으려고 애쓰면서 당신의 네모난 등에 핏물로 된 손도장이 생긴다. 따뜻한 물로 샤워를 하는 동안 그녀는 채굴 작업을 진행한다. 장에 남아 있는, 프렌치 롤빵처럼 단단하게 굳은 숙변을 파내는 것이다. 행동심리학자나 위장병 전문의, 생활 기술 전문가 같은 사람들은 하나같이 그들만의 전략과 치료법, 영상 자료, 식이요법, 기능성 오일, 시간표 등을 제안한다. 그녀는 당신이 원하는 것―적절한 배변 행동―을 분명히 안다. 그리고 가끔은 정확히 당신이 바라는 대로 행동하기도 한다. 그럴 때는 화장실에 들어가 변기에 앉고 마무리까지 한다. 이런 경우는 전체로 볼 때 5퍼센트 정도에 불과하다. 변기에서 소프트볼 크기의 거대한 용변이 발견된다. 당신과 딸은 서로 환호성을 지르면서 마치 무지개나 유성을 바라보듯이 경외감을 가지고 변기에 있는 똥을 바라본다. 그 정도로 당신과 딸은 흥분한다.」[35]

예일 대학의 아동 연구 센터 대표 프레드 폴크마르Fred Volkmar가 자신의 환자들 중 한 명에 대해 이야기한다. 그는 스물다섯 살의 수학 천재이고, 그가 현재의 그 자리에 이르기까지 어머니의 극진한 보살핌이 크게 작용했음에도, 어머니에게 이렇게 물었다. 「어머니가 왜 필요해요? 왜 가족이 있어야 하죠? 나는 잘 모르겠어요.」 나중에 그의 어머니가 말했다. 「그 아이는 너무 머리로만 모든 것을 생각해요. 그런 이야기를 들으면 내 기분이 어떨지 전혀 모르죠.」 영국의 정신분석가 줄리엣 미첼Juliet Mitchell의 논평에 따르면, 〈극단적인 경우에 우리는 자신의 존재를 인정받지 못해서 야기되는 격렬한 감정에 스스로 숨이 막힌다. 하지만 당신이라는 존재는 사라지는 것이 아니다. 더 나아가서 상대방의 마음속에 당신은 애초부터 존재하지 않기 때문에 사라질 수조차 없다. 다른 사람에 대한 당신의 인식이 당신에 대한 다른 사람의 인식과 관련이 있다는 심리적인 등가를 보여 주는 증거는 어디에도 없다〉.[36]

아일랜드 신화에 따르면 아이가 태어나면 누군가 그 아이를 데려가고, 대신 그 자리에 바꿔친 요정 아이를 놓아두는 경우가 있다고 한다.[37] 바꿔친 그 요정 아이는 원래 아이와 생김새가 완전히 똑같지만 가슴이 없다. 그래서 혼자 있기를 좋아하고, 요정의 집을 떠올리게 해주는 한 조각의 나무에 집착하며, 보통 사람처럼 말하는 대신에 음산한 소리를 내거나 혼자 흥얼댄다. 그리고 아이가 바뀌었음을 모르는 어머니가 자신을 어루만지거나 사랑을 표현할라치면 비웃음을 던지고, 침을 뱉고, 온갖 기이한 행동으로 앙갚음을 한다. 유일한 해결책은 그 요정 아이를 모닥불에 던져 버리는 것이다. 마르틴 루터는 〈그런 바꿔친 아이는 영혼이 없기 때문에 단지 한 조각의 《고깃덩어리》에 불과하다〉[38]고 썼다. 맥길 대학의 역학(疫學)과 교수 월터 스피처Walter O. Spitzer는 국회에서 자폐증에 관한 진술을 하면서, 자폐증이 있는 사람들을 〈육체는 살아 있지만 영혼은 죽어 있다〉[39]고 묘사함으로써 2001년에 이르러 다시 이 신화를 언급하는 듯 보였다. 자폐증을 옹호하는 사람들은 스피처의 비유에 당연히 이의를 제기했다. 어맨다 백스는 〈타인에 의해 기대되는 어떤 모습의 혼령이라는 관점에서 누군가를 판단하는 행위는 장애인들에게 일종의 정서적 폭력으로 작용한다〉[40]고 말했다. 어맨다 백스 같은 신경 다양성 운동가들은 다른 세계에서 〈길을 잃은 듯〉 보이는 아이가 실제로는 그 다른 세계에 만족하고 있을지도 모른다고 주장하려는 것일 터이다. 물론 이러한 견해가 의사소통이 가능한 자폐인들에 의해 제시되고, 자폐의 주요한 특징 중 하나가 공감의 결여라는 점에서 다른 자폐인들을 대신해서 자폐인의 권리를 옹호하는 그들의 주장이 의심스러울 수 있다. 하지만 자폐인으로서 자기 권리를 주장하는 사람들은 부모들도 자녀가 원할 거라는 추측에 근거해서 치료를 결정한다는 점을 정확하게 지적한다. 부모들은 자녀가 자폐에서 벗어날 수 있도록 도와주려고 온갖 노력을 하지만 결국 실패한다. 여기에 더해서 그들 자녀가 자폐증의 특징을 버리도록 돕는 과정에서 종국에는 자녀가 〈치료〉받는 것을 싫어했으며, 있는 모습 그대로 더 행복해했다는 사실을 깨닫는다.

두 명의 자폐증 자녀를 둔 낸시 코기는 자신의 운명과 그다지 우호적인 관계가 아니었다.[41] 그녀는 전적으로 자신의 책임 하에서 직접 자식들을 돌보았지만 그에 따라 지불해야 했던 상당한 대가에 대해서도 냉정을 잃지 않았다. 그녀가 말했다. 「지금까지 19년 동안 아이들의 권리를 대변하고 아이들을 위해 싸우면서 나는 성격이 완전히 변했어요. 싸움을 거는 데 주저함이 없어졌어요. 따지기도 좋아하죠. 내 앞을 막는 것은 절대로 용납 못해요. 해야 할 일이 있으면 꼭 해야 하고, 원하는 것이 있으면 꼭 가져야 하죠. 예전에는 전혀 이렇지 않았어요.」 그동안 나는 끔찍한 상황에서도 밝은 면을 보려고 애쓰는 가족들을 많이 만났던 터라 끔찍하고 넌더리가 난다는 낸시의 거침없는 주장에서, 만약 어떤 아이가 태어날 줄 미리 알았더라면 낳지 않았을 거라고 솔직하게 말할 수 있는 그녀의 능력에서 신선한 어떤 것을 느꼈다.

낸시의 어머니는 생후 18개월이던 피오나에게 약간은 이상한 점을 발견했고, 어느 날 미용실에서 자폐 아들이 있는 한 여성과 이야기를 나누었는데 그 아들의 이야기에서 자신의 손녀와 비슷한 점을 발견했다. 그녀는 낸시에게 전화를 걸어서 〈소아 신경과 의사와 약속을 잡아 놓았으니 피오나를 데려가서 의사를 만나 보기만 해도 내가 정말 안심이 될 것 같구나〉라며 설득했다. 당시 둘째를 임신한 지 18주째이던 낸시는 어머니의 장단에 맞추어 주는 데 의미를 두기로 했다. 하지만 피오나를 딱 보자마자 의사가 말했다. 「PDD, 즉 전반적 발달 장애입니다.」 낸시는 충격에 휩싸였다. 그녀가 말했다. 「일주일이면 끝날 수 있는, 해결될 수 있는 문제가 아니었어요.」 피오나는 전형적인 자폐증의 특징들을 보였다. 사람들과 완전히 단절되었을 뿐 아니라 자기 스스로 언어 능력을 개발하고 있는 조짐도 없었다. 그녀는 다른 사람과의 신체 접촉을 싫어했고, 옷을 입고 있는 것조차 싫어했다. 낸시가 말했다. 「모든 음식은 지하실에 넣고 문을 잠가 두어야 했어요. 그렇게 하지 않으면 피오나가 모조리 벽에 집어던질 판이었거든요. 집에 불을 지를 수도 있었어요.」 생후 32개월째부터 피오나는 매사추세츠 대학의 조기 개입 프로그램에 다니기 시작했다. 「대략 3시가 되면 몸이 떨려오기 시작했어요. 3시 30분쯤에 그녀가 집에 올 거라는 사실을 알았기 때문이죠. 나는 차라리 그녀가 돌아오지 않기를 바랐어요. 육아 도우미가 집에 오면 나는 그대로 방에 들어가서 꼼짝도 하지 않았어요. 소리도, 빛도, 사람도 없는 어두운 옷장 바닥에 하염없이 앉아 있고만 싶었죠.」

둘째인 루크가 두 살 때였다. 낸시는 여름을 맞아서 그녀의 언니와 케이프 코드 해변에 앉아 있었고 그때 언니가 말했다. 「너에게 또 다른 문제가 생겼구나.」 낸시는 몹시 경악했다. 그녀가 말했다. 「피오나를 겪은 뒤였기 때문에 아들은 완전히 정상처럼 보였어요.」 말은 그랬지만 낸시는 그녀의 언니와 달리 평범한 아이를 키워 본 경험이 전무했다. 「갑자기 내 생활이 온통 검사와 또 다른 검사의 연속이 되었어요.」 그녀의 남편 마커스는 회계사였다. 「남편은 직업상 매일 국세청 업무를 다뤄요. 그래서 고지식하고 터무니없는 관료주의에 익숙하죠. 보험회사나 각종 청구, 학교 교육에 관련된 재정 문제 등을 다루는 노하우와 인내심도 있어요. 그런 일이 남편의 몫이라면 아이들을 돌보는 일은 내 몫이었죠. 보스턴 아동 병원에서 검사를 받느라 내가 몇 년째 매사추세츠 파이크 고속도로를 오르락내리락하고 있는지 아세요? 우리 아이들이 열일곱 살과 열아홉 살이 된 지금까지도 여전히 그 짓을 하고 있어요.」

두 아이 모두 자폐증 범주 진단을 받았지만 자폐가 겉으로 나타나는 방식은 둘이 제각각이다. 피오나는 여덟 살 때 2층 창문에서 뛰어내렸다. 으깬 감자를 만들고 싶었고, 차고의 정문 열쇠만 찾으면 감자를 구해 요리를 할 수 있을 거라고 생각했기 때문이다. 지도를 받으면서 결과적으로 피오나는 언어 능력을 개발했지만 그녀의 문법과 정서는 특이했다. 낸시가 말했다. 「딸아이가 테이블에 있을 때 내가 다른 사람과 이야기를 하고 있으면 그녀는 혼자 중얼거려요. 나는 교향악단 연주회에도 가고, 오페라에도 가고, 여자 친구들과 함께 연극도 해요. 그리고 그럴 때면 피오나에게도 표를 사줘요. 그녀가 옷을 갖춰 입는 것을 굉장히 좋아하고 음악도 좋아하기 때문이에요. 그녀는 웅얼거리듯이 말하고 기이한 구석이 있어요. 다른 사람들과 어울리는 법은 전혀 몰라요. 그렇지만 사람들을 방해하거나 귀찮게 하지는 않아요.」 루크는 다정한 아이였지만 사춘기를 겪으면서 돌변했다. 유치원 때부터 줄곧 항우울제인 클로미프라민을 복용했고 증상이 악화되면서 사춘기에 들어서는 리스페달과 팍실을 복용했다. 낸시가 말했다. 「루크는 기본적으로 불안에 시달려요. 행동이 지나칠 정도로 빠른 아이는 아니죠. 그리고 자기가 관심이 있을 때만 말을 해요. 그래 봤자 비디오나 영화, 동물에 관련된 것들이죠. 상식은 전혀 없어요. 자신에게 욕을 하면 설령 그 아이가 네 살짜리라 하더라도 곧장 달려들어서 곤죽을 만들어 놓을 거예요. 그 아이는 화를 내다가도 2분만 지나면 사랑스러운 아이로 변해요. 정말 귀여운 아이로 변하죠.」 피오나는 보조 교사를 대동하고 1학년부터 8학년까지 일반 학교를 다녔다. 하지만 루크는 지적 장애와 파괴적인 행동 때문에 일반 학교에 다닐 수 없었다.

낸시는 분노를 표출하는 경향이 있지만 한편으로는 절망을 느끼기도 한다. 그리고 아이들이 아직 어렸을 때는 그 절망이 표면에 훨씬 가까이 있었다. 「나는 새벽 3시에 일어나서 그 모든 일이 단순히 악몽이 아님을 새삼스레 깨닫고는 했어요. 그러고 나면 아침에 마커스를 보면서 〈간밤에 당신은 어떻게 그렇게 편히 잠을 잘 수가 있어?〉라고 따졌죠. 우리 부부 문제만 놓고 본다면 지금의 우리에게는 결혼할 때보다 훨씬 적은 것이 남아 있어요.」 마커스는 직장에서 늦게까지 — 낸시가 보기에는 필요 이상으로 — 일했다. 불과 몇 블록 떨어진 거리에 사는 낸시의 어머니는 어떻게 지내는지 안부를 묻기만 할 뿐 직접 만나러 오지 않았다. 한편 그녀의 시어머니는 완전히 왕래를 끊었다. 낸시가 말했다. 「아무도 팔을 걷어붙이고 우리를 도와주려고 나서지 않았어요. 누구도 우리 아이들을 사랑하지 않았죠. 물론 그 아이들이 딱히 호감을 느낄 만한 대상은 아니지만 그래도 마치 그런 것처럼 행동해 준 사람이 있었다면 아마도 도움이 되었을 거예요.」

낸시와 마커스는 〈매스 헬스〉라는 추가 보험 유형에 가입되어 있었고, 이 보험에서 비상근직 육아 도우미를 고용하도록 보조금이 지급되었다. 그런데 매스 헬스의 예산이 삭감되면서 코기 가족에게 지급되던 보조금이 중단되었다. 결국 낸시와 마커스는 자비를 들여서 육아 도우미를 고용했는데 그 비용도 만만치 않았다. 피오나가 열네 살이 되자 낸시는 그녀를 기숙학교에 입학시키기로 했다. 그리고 그들 부부는 입학 허가를 받아내기 위해 필사적인 투쟁을 해야 했다. 「남편이 감정을 주체하지 못하고 눈물을 흘리면서 〈우리가 더 이상 어떻게 해야 우리 딸에게 무엇이 필요한지 당신이 이해할 수 있을지 나는 정말 모르겠습니다〉라고 말했어요. 이제껏 남편이 우는 모습을 딱 두 번 보았는데 그때가 한 번이었어요.」 루크는 열다섯 살이 되어 역시 그 학교에 입학했다. 낸시가 말했다. 「우리는 이제 막 걸음마를 배운 아기처럼 많은 감독이 필요한 두 아이에 대해서 이야기하고 있는 거예요. 어쨌거나 그렇게 해서 우리 아이들은 1년에 281일을 학교에서 지내게 되었죠.」

루크는 예쁜 소녀들을 좋아하지만 소녀들의 관심을 끌기 위한 그의 서투른 행동은 거절당하기 일쑤다. 그럼 낸시는 거절당한 아들이 괴로움을 떨쳐내도록 잘 설명해야 한다. 그는 자제력이 부족하고 무서울 정도로 힘이 세다. 낸시와 마커스가 결혼식에 참석해야 해서 아이들을 이전에도 돌보아 준 적이 있는 보모에게 맡겼을 때였다. 루크가 그 보모의 두 살짜리 아들을 집어 들어서 방의 반대편으로 던져버렸다. 낸시가 말했다. 「작년에는 루크가 할머니를 때렸어요. 할아버지에게는 입 닥치라고 하기도 했죠.」 코기 가족은 케이프 코드에 있는 한 비치 클럽의 회원이었고 낸시 역시 어릴 때부터 계속 이 비치 클럽을 이용하고 있었다. 그런데 내가 그들을 만난 그해에 낸시는 루크가 수영장에서 한 소녀에게 외설적인 행동을 했기 때문에 더 이상 비치 클럽을 이용할 수 없다는 통보를 받았다. 실제로는 단순히 대화를 트려고 했던 루크의 서투른 시도가 부른 참사였다. 낸시는 비치 클럽 측에 루크가 뇌의 독특한 생명 활동 때문에 자제력이 약하다고 해명하는 편지를 썼다. 하지만 결과는 달라지지 않았고, 루크는 그 비치 클럽에 다시는 들어갈 수 없게 되었다. 낸시는 〈우리는 나환자 요양소에서 지내는 데 익숙해요. 그렇지 않아요?〉라고 말했다.

낸시는 끊임없이 분노를 표출하지만 아이들에 관한 이야기를 할 때면 말투가 부드러워진다. 그녀가 말했다. 「우리 아이들은 굉장히 다정하고, 사랑스럽고, 귀여워요. 피오나의 경우에 어릴 때는 별로 그렇지 않았어요. 하지만 이제 우리는 나란히 소파에 앉아서 그녀를 쓰다듬거나 안아 주기도 해요. 그녀가 잠자리에 들 때면 나는 이불을 당겨 주고 뽀뽀를 하면서 사랑한다고 말했어요. 그런 다음에는 〈엄마한테도 《사랑해요》라고 말해 보렴〉이라고 말했죠. 그럼 그녀는 내가 했던 말을 그대로 따라서 〈사랑해요〉라고 말했어요. 하지만 얼마 안 있어 그녀도 그 말이 무슨 뜻인지 깨달았고 자발적으로 내게 그 말을 해주었어요. 한번은 내가 소파에서 잠이 든 적이 있었는데 그녀가 담요를 가져와서 나를 덮어 주고 뽀뽀를 해주더군요. 피오나는 우리가 기대했던 것보다 훨씬 잘하고 있어요. 사람들이 〈당신은 우쭐할 만해요〉라고 말하는데 우리는 정말로 그럴 만해요.」 낸시는 누군가 피오나의 상태를 악용하지는 않을까 늘 걱정이 되었고, 결국 두 아이 모두에게 불임화 수술을 시키기로 결정했다. 낸시가 슬픈 표정으로 말했다. 「우리 입장에서 바랄 수 있는 최선은 누군가의 할머니 할아버지가 되지 않는 거예요. 남편은 가끔씩 〈다음에라도 또 나랑 결혼해 주겠어?〉라고 물어요. 그럼 나는 〈그래, 하지만 이 아이들은 빼고〉라고 대답하죠. 지금 알고 있는 것을 예전에 알았다면 우리는 다른 결정을 내렸을 거예요. 내가 우리 아이들을 사랑하냐고요? 그럼요. 아이들을 위해서 무슨 일이든 하겠냐고요? 당연하죠. 피오나와 루크는 내 자식이에요. 그래서 내가 이 모든 일을 감수하는 거예요. 그리고 나는 그 아이들을 사랑해요. 하지만 두 번 다시 되풀이하고 싶지는 않아요. 혹시라도 그렇게 하겠다는 사람이 있다면 그 사람은 거짓말을 하는 거라고 생각해요.」

말을 하지 않는 자폐인들 중에는 언어 능력 자체가 아예 없고 따라서 말을 이해하지도, 표현하지도 못하는 사람들이 있는 듯하다. 예컨대 어떤 사람들은 발화와 관련된 안면 구강 근육을 제어하는 데 문제가 있어서 키보드의 도움을 받는다. 발화 대신 키보드를 이용해서 직접 타이핑을 하는 식이다. 생각하는 내용을 일련의 언어로 표출하는 무의식적인 과정이 제대로 이루어지지 않는 사람들도 있다. 또한 지적 장애가 너무 심해서 언어 능력 자체를 개발할 수 없는 사람들도 있다. 사실 언어와 지적 장애의 관계는 여전히 혼란스럽다. 언어 장애의 이면에 무엇이 숨겨져 있는지 누구도 정확히 알 수 없다.[42] 비영리 단체인 〈오티즘 스픽스Autism Speaks〉의 부대표를 역임했고 〈자폐증 과학 재단〉의 설립자이자 대표인 앨리슨 테퍼 싱어가 자신의 열한 살짜리 딸에게 마침내 언어 능력이 생겼다고 내게 자랑하면서 이렇게 말했다. 「그렇다고 〈당신은 내가 어떤 식으로 생각하는지 이해하지 못하는 것 같아요〉라는 식으로 말할 수 있게 되었다는 것은 아니에요. 〈주스가 먹고 싶어요〉 정도의 말을 할 수 있게 되었다는 뜻이죠.」[43]

　미키 브레스나한이 그녀의 아들이 말하는 내용을 해독하는 어려움에 대해 설명했다. 아직 어려서 어휘가 많이 부족하기는 했지만 그녀의 아들은 울 때마다 〈로봇〉이라는 말을 되풀이했다. 그녀가 로봇 장난감도 사주고, 로봇이 등장하는 영화도 보여 주었지만 그는 괴로울 때마다 계속 〈로봇〉이라고 외쳤다. 2년이 지나고 몇몇 치료 전문가들을 거친 다음에야 미키는 그녀의 아들이 척추후만증 치료를 위해 수술을 받았고 그때 척추를 따라 금속봉이 설치되었는데 그 때문에 자신이 로봇이 되었다고 여긴다는 사실을 알게 되었다. 그녀가 말했다. 「아들은 자신의 생각을 표현할 줄 몰랐고 나는 아들의 생각을 알아차리지 못했죠. 그 아이는 정상 지능을 가진 것으로 확인되었어요. 하지만 생활 능력은 무척 떨어져요. 그 아이가 스스로 옷을 입을 줄 모르지만 천재라면 그게 무슨 뜻일까요? 그가 스스로 옷을 입지 못한다는 뜻이에요.」 그녀의 아들은 제한적인 발화 능력을 가졌으며 아주 제한적인 경우에만 그 능력을 발휘할 수 있다. 「그 아이는 흥분했을 때만 말을 할 수 있어요. 신경학적으로 그렇대요. 그리고 갈수록 더 자주 흥분하는데 그러면 말을 할 수 있기 때문인 것 같아요. 한편으로 그는 어렸을 때보다 지금이 더 안쓰러워요. 결혼을 하거

나, 자식을 낳거나, 할아버지가 되거나, 집을 사지도 못할 거잖아요. 어른
이 되어서 하는 모든 일들은 그 사람에게 인생의 풍미를 제공해요. 하지
만 아무리 수평선 저 너머까지 둘러보아도 그 아이에게는 아무것도 없어
요.」 또 다른 어머니가 열세 살짜리 자신의 아들에 대해 언급하면서 〈만
약 그 아이가 청각 장애라면, 그래서 수화를 배울 필요가 있다면 나는 수
화를 배울 거예요. 그렇지만 지금의 그 아이가 사용하는 언어를 배울 방
법은 전무해요. 그 아이도 자기 언어에 대해 모르기 때문이죠〉라고 말했
다.[44]

　　캐나다에 사는 자폐증 소녀 칼리 플라이슈만은 이전까지 한 번도 말
을 한 적이 없다가 열세 살이던 2008년에 갑자기 타이핑을 하기 시작했다.
그녀의 부모는 그녀가 글을 읽거나 그들의 말을 이해할 수 있다는 사실조
차 몰랐다. 그녀의 아버지가 말했다. 「우리는 기절할 정도로 놀랐어요. 그
녀의 내면에 우리가 한 번도 만난 적이 없지만 의사 표현이 분명하고, 지적
이고, 감성적인 사람이 있음을 깨달았죠. 심지어 전문가들도 그녀에게 중
증 인지 장애라는 딱지를 붙인 상황이었어요.」 그녀가 가장 처음에 쓴 글
중 하나는 〈자폐증과 관련해 한 가지만 말하자면 나도 이런 식으로 행동
하는 내가 싫지만 어쩔 수 없다는 것이다. 그러니 너무 화내지 말고 우리
를 이해해 주었으면 좋겠다〉였다. 나중에는 〈자폐인으로 산다는 것은 정
말 힘들다. 아무도 나를 이해하지 못하기 때문이다. 내가 말을 하지 못하
고 남들과 다르게 행동한다는 이유로 사람들은 나를 멍청이라고 단정 짓
는다. 나는 사람들이 그들과 다르게 보이거나 다를 것 같은 존재들을 두
려워한다고 생각한다〉고 썼다. 한 아버지가 칼리에게 편지를 써서 그의
자폐 자녀가 어떤 점을 알아주길 원할지 묻자 칼리는 이렇게 답장을 보냈
다. 「내 생각에 그는 당신이 생각하는 것보다 자신이 더 많은 것을 안다는
사실을 알아주길 바랄 거예요.」 그녀의 부모도 예상하지 못했던 자폐 탈
출 과정에 대해 묻자 그녀는 〈행동 치료가 도움이 되었다고 생각해요. 행

동 치료를 받음으로써 생각을 정리할 수 있게 되는 것 같아요. 안타깝지만 행동 치료가 나를 정상으로 만들어 줄 수는 없어요. 믿음이 도움이 되었어요. 그리고 기적이 일어났고 타이핑을 하게 되었죠. 내가 자폐라는 사실을 잊는 데는 엄마 아빠의 도움도 컸어요〉[45]라고 회신했다.

해리와 로라 슬래트킨은 맨해튼의 어퍼 이스트사이드에 있는 우아한 집에 산다.[46] 해리는 향수 회사의 경영 간부이고, 사교적인 멋쟁이 신사이며, 엘튼 존과 오프라 윈프리 같은 유명 인사들의 향수를 만든 사람이다. 한편 로라는 향기가 나는 양초 사업을 성공적으로 운영 중이다. 슬래트킨 부부는 그들의 재력 덕분에 다른 가족들이 투쟁을 통해 쟁취해야 하는 서비스를 받을 수 있었고, 유명한 자폐 인권 운동가이자 독지가가 되었다. 1999년에 슬래트킨 부부에게 쌍둥이가 태어났다. 알렉산드라는 평범하게 성장하는 듯 보였지만, 데이비드는 생후 14개월부터 복도를 이리저리 뛰어다니면서 로라가 보기에 이상한 방식으로 키득거렸다. 병원을 소개받느라 헛되이 2주를 보내고 나서 데이비드는 최종적으로 전반적 발달 장애 진단을 받았다. 흔히 의사들은 부모가 받을 충격을 완화하기 위해 이 진단명을 사용하는데 로라 역시 해당 진단명을 듣고 용기를 냈다. 「발달 장애라는 말이 그다지 끔찍하게 들리지 않았어요. 결국 발달을 하기는 하는데 시간이 걸린다는 말처럼 들렸거든요.」 하지만 그녀는 또 다른 의사를 찾아갔고 데이비드가 사실은 자폐증일 수 있음을 알게 되었다. 「그 말은 비수가 되어 내 가슴을 후볐고 이후의 우리 삶을 영원히 바꾸어 놓았죠.」

조기 개입 프로그램에 따라 치료 전문가들이 데이비드를 돌보기 위해서 집으로 찾아왔고 로라는 강박적일 정도로 자폐에 관한 책을 읽기 시작했다. 로라가 말했다. 「모든 일이 빠르게 진행되고 있었고 우리는 한치 앞도 내다볼 수가 없었어요. 그러던 어느 날 밤이었어요. 나는 일기장에 생각나는 대로 글을 써 내려가고 있었죠. 데이비드가 말을 하게 될까? 학교는 갈 수 있을까? 친구들을 사귈 수 있을까? 결혼은 하게 될까? 데이비드에게 어떤 일들이 일어날까? 나는 와락 울음을 터뜨렸고 그러자 해리가 말했어요. 〈로라, 울지 마. 우는 행동은 데이비드에게 아무런 도움이 되지 않아. 우리 모두에게도 도움이 되지 않아. 지금은 당신의 모든 힘을 발휘해서 건설적인 일을 할 때야.〉 그리고 그다음 날 아침부터 우리는 행동에 착수했어요.」

그들은 뉴욕 자폐증 센터를 설립해서 교육과 커뮤니티 봉사활동을 제공하고 의학 연구에 투자를 했다. 그 과정에서 그들의 모든 인맥을 동원했다. 그리고 뉴욕에 응용 행동 분석 프로그램을 제공하는 학교가 없음을 깨닫고 뉴욕 시 교육감을 만나 해당 프로그램을 제공하는 학교를 설립하고 싶다고 설명했다. 그들은 열린 교육의 가치를 믿었기 때문에 그 학교가 공교육 제도의 일부가 되기를 원했다. 2005년에 할렘가에 있는 일반 공립학교 PS 50과 같은 건물에 뉴욕 자폐증 센터 차터스쿨이 개교했고, 그 학교의 교장과 교사들은 슬래트킨 부부와 마찬가지로 자폐증 자녀를 둔 어머니 일레인 래니어에 의해 일일이 선발되었다. 뉴욕 시에서는 이 학교에 매년 학생 한 명당 8만 1천 달러의 보조금을 지급한다. 학생과 교사의 비율은 일대일이다. 쾌적한 인테리어와 햇볕이 잘 드는 이 학교는 공교육 제도 안의 오아시스 같은 존재다. 교장인 제이미 팔리아로는 PS 50의 8학년들이 이 차터스쿨 학생들과 함께 일하는 프로그램을 도입했는데, 이제는 차터스쿨에서 소화할 수 없을 정도로 많은 학생들이 참가 신청을 하고 있다. 또한 이 차터스쿨의 대기자 명단에는 1,000명 이상의 가족들이 등록되어 있다.

로라와 해리는 헌터 대학에 50만 달러를 기부해서 교사들이 자폐 아동을 대하는 법을 배우는 교육 과정을 개설했다. 충분히 훈련된 교사들이 늘어나서 비슷한 학교들의 네트워크가 형성되고, 뉴욕의 모든 자폐 아동들이 어떤 프로그램을 들을지 선택할 수 있게 되기를 바라는 마음에서였다. 로라는 〈나쁜 교육과 우수한 교육의 차이는 해당 교육을 받은 사람이 독립적으로 살 수 있느냐 없느냐의 차이예요〉라고 말했다. 여기에 더해서 슬래트킨 부부는 코넬과 컬럼비아 대학과 공조해 자폐인에게 최고 수준의 조기 개입 프로그램과 지속적인 의료 서비스를 제공하는 최첨단 센터를 설립했다. 또한 자폐 어른을 위한 복지시설의 개선 방안을 연구하고 적절한 직업 훈련을 제공하고자 〈트랜지셔닝 투 어덜트후드〉라는 최고의 두뇌 집단을 조직했다.

이러한 프로그램들을 만드는 와중에도 슬래트킨 부부에게는 그들이 돌보아야 할 데이비드가 있었다. 로라가 말했다. 「비록 당시에는 깨닫지 못하지만 첫해는 희망의 해예요. 이때는 자신의 아이가 아주 경미한 자폐증이고 따라서 조만간 자폐증에서 탈출할 거라고 상상하죠.」 첫해가 끝나갈 무렵 로라가 데이비드의 치료사에게 물었다. 「당신이 여태껏 만났던 다른 아이들과 비교했을 때 데이비드의 상태가 어느 정도인지만이라도 알고 싶어요.」 그러자 그는 〈내가 만난 아이들 중 당신 아이가 가장 중증이라고 할 수 있습니다〉라고 대답했다. 로라가 내게 설명했다. 「그 치료사는 내가 그런 사실을 모르고 있다는 것을 미처 몰랐어요. 그날은 내가 모든 희망을 잃은 날이고 인생 최악의 날이었죠. 나는 우리 아이가 점점 나아지고 있으며 어쩌면 말도 할 수 있을 거라고, 일반 학교에도 갈 수 있을 거라고 생각했어요. 내가 잘하고 있다고 생각했죠. 나는 데이비드에게 조기에 치료를 받도록 했고, 전국 최고의 의사들과 최고의 교사들을 구해 주었고, 일주일에 40시간씩 이전까지는 누구도 받은 적이 없었던 치료를 받게 했어요. 제대로 된 교육만 받는다면 대다수 아이들이 놀라운 진전을 보일 수 있어요. 실제로도 우리는 그 같은 성과를 차터스쿨에서 날마다 직접 목격하죠. 하지만 데이비드는 그런 아이들 중 한 명이 되지 못할 터였어요. 나는 모든 희망을 접었어요. 이전의 내 삶은 완전히 막을 내렸죠. 그날부터 나는 〈자폐증 때문에 심하게 뒤틀린〉 언어를 사용해야 했어요. 이런 미래를 두 팔로 감싸 안아야 했고 새롭게 타협해야 했죠.」

슬래트킨 부부는 모든 유형의 의료 개입을 시도했다. 그러던 중 한 치료 전문가가 그들 부부에게 데이비드가 원하는 대로 하게 해주라고 조언했다. 로라가 말했다. 「데이비드는 한때 부엌에서 식탁 주위를 뛰어다니길 좋아했어요. 그러자 그 치료사는 〈그럼 데이비드와 같이 뛰세요〉라고 말했죠. 자폐 아동은 당신에게 그들의 세계로 들어오라고 요구해요. 하지만 나는 그들을 그 세계에서 꺼내 주고 싶었어요.」 그 이후의 시기는 절망 그 자체였다. 데이비드는 말을 배우지 못했을 뿐 아니라 궁극적으로는 이해력이 전무한 듯 보였다. 그는 몸짓을 통해서도, 또는 대다수 자폐 아동에게 효과가 있는 그림을 주고받는 방법을 통해서도 의사소통을 할 수 없었다. 차터스쿨을 설립했을 때 로라와 일레인은 각자의 아이들이 그 학교에 다니게 될 거라고 생각했다. 하지만 공립학교는 의무적으로 추첨을 통해 학생들을 선발해야 했고, 그들의 아이들은 모두 추첨에서 떨어졌다. 그 일로 일레인은 크게 낙심했지만 슬래트킨 부부는 설령 세상에서 가장 좋은 학교에 다니더라도 데이비드가 자폐에서 벗어날 가능성이 거의 없음을 알고 있었다.

데이비드는 매일 밤 2시 30분에 일어나 자기 방에서 팔짝팔짝 뛴다. 로라가 말했다. 「어느 날 밤 데이비드가 극도의 흥분 상태를 보였어요. 나는 남편을 돌아보면서 〈데이비드 같은 아이들을 위한 보호시설이 있다는데 우리도 그런 곳을 알아보아야 하지 않을까? 계속 이렇게 살 수는 없잖아〉라고 말했어요. 그러자 해리가 격한 반응을 보였어요. 그러고는 〈두 번 다시 그런 말 하지 마. 나는 내 아들을 어디에도 보내지 않을 거야〉라고 말했죠. 하지만 어느 날 나는 해리 역시 더 이상 이 상황을 주체할 수 없는 지경에 도달했음을 알았어요. 그래서 남편에게 말했죠. 〈내가 알아볼게.〉」

데이비드는 한시도 조용할 때가 없었다. 로라가 설명했다. 「데이비드는 리스페달을 복용하는데 이 약에는 강한 진정제 작용이 있어요. 그의 과잉 활동을 억제하는 데는 전혀 효과가 없어요. 그럼에도 공격적인 행동을 억제하는 데는 도움이 되는 것 같아요. 데이비드는 아주 장기간 이 약을 복용하고 있는데 혹시라도 그 약을 끊으면 어떻게 될지 정말 모르겠어요. 한번은 텔레비전을 그만 보게 하려고 하는데 마치 마약중독자에게 헤로인을 끊게 하는 것 같았어요. 해리가 멧돼지 잡는 활을 사서 데이비드를 등 뒤에서 쏴버리자고 제안할 정도였죠.」

데이비드는 자라면서 점점 더 폭력적이고 파괴적이 되어 갔다. 다큐멘터리 영화 「자폐증의 일상Autism Every Day」에서 해리는 눈물을 글썽이면서 그들의 주말 별장에 있는 문을 모두 잠가야 했던 일을 설명한다. 「데이비드가 혹시라도 연못에 들어가지 못하게 하기 위해서였어요. 하지만 정말로 그가 그랬으면 하고 바란 적도 가끔 있었어요. 그 아이가 이 모든 일을 겪으면서 평생을 살게 하고 싶지 않았기 때문이죠.」 데이비드의 쌍둥이 누나도 결국 〈학교가 끝나도 집에 오고 싶지 않아요. 데이비드가 있는 집에 들어가는 것조차 싫어요. 데이비드가 내는 소음도 더 이상 듣고 싶지 않아요〉라고 말하는 지경에 이르렀다. 해리가 말했다. 「우리가 이야기하고 있는 이 어린 사내아이는 자기가 싼 똥을 먹거나 벽에 칠하고, 한숨도 자지 않고 꼬박 6일을 버티고, 로라를 하도 세게 꼬집어서 병원까지 가게 만들고, 누이의 머리카락을 한 움큼씩 잡아 뜯는 그런 아이예요.」[47]

로라가 보호시설을 진지하게 검토하기 시작했다. 「데이비드를 시설에 맡기는 것은 정말 엄청나게 고통스러운 일이 될 거예요. 하지만 나는 결국에는 그가 시설로 들어가게 될 거라는 사실을 알아요. 다만 그 때가 언제일지의 문제예요.」 로라는 5번가에서 약간 떨어진 자신의 거실에 앉아서 평온한 동시에 슬픈 표정으로 고개를 숙인 채 이 같은 당위성을 설명했다. 「나는 데이비드에게 매일 아침과 점심을 만들어 줘요. 사랑을 담아서 아침을 만들죠. 그래서 보호시설의 환경이 더욱 걱정이에요. 그곳에서 일하는 사람들은 데이비드가 바삭하게 구운 베이컨을 좋아하고, 버터를 많지 않게 아주 약간만 곁들인 파스타를 좋아한다는 사실을 전혀 모를 거예요.」

행동주의가 자기 성찰에 방해가 될 수도 있지만 로라 슬래트킨은 그녀의 아픔을 달래고자 통찰력 있게 행동주의를 선택했다. 그녀가 말했다. 「나는 내 아들이 다니지도 않는 이 학교를 위해서 일해요. 그리고 어쩌면 그에게 전혀 도움이 되지 않을지도 모를 연구를 후원하죠. 또한 어쩌면 그가 들어가지도 않을 보호시설을 디자인하기 위한 두뇌 집단도 갖고 있어요. 이런 일들을 하는 이유는 내가 우리 아이를 도와서 해줄 수 있는 일이 거의 없기 때문이고, 내가 어떤 가족들의 바람을, 한때는 내게도 있었지만 우리한테는 절대로 실현되지 않을 그 바람을 실현시킬 수 있음을 확인함으로써 기분이 나아지기 때문이에요.」

일부 임상의들이 〈자폐증들〉이라고 언급할 정도로 매우 다양한 증상들을 제외하고는 우리는 달리 자폐증을 설명할 방법이 없다.[48] 또한 자폐증의 원인과 메커니즘도 모른다. 흔히 자폐증을 묘사할 때 이용되는 변이 유전자의 〈특발성〉은 기본적으로 현재 단계에서는 불가해한 증상이다. 연구원들은 자폐증의 모든 부수적인 증상들을 촉발하는 소위 〈핵심 장애〉에 대해 수많은 가설들을 내놓았다. 가장 일반적인 가설 중 하나는 다른 사람의 생각이 자신의 생각과 다름을 인지하지 못하는 〈심맹(心盲)〉이다.[49] 한 아이에게 사탕 봉지를 보여 주고 그 안에 무엇이 들어 있을 거라고 생각하는지 묻는다. 그 아이는 사탕이 들었을 거라고 대답한다. 아이에게 사탕 봉지를 열어서 그 안에 사탕 대신 연필이 들어 있음을 보여 준다. 이번에는 똑같은 아이에게 만약 그 사탕 봉지를 닫아서 다른 아이에게 보여 주면 그 아이가 어떻게 대답할 거라고 생각하는지 묻는다. 이 경우 자폐 없는 아이들은 자신이 그랬듯이 다른 아이도 똑같이 속을 거라고 생각한다. 하지만 자폐가 있는 아이들은 다른 아이가 그 봉지에 연필이 들었다는 사실을 알 거라고 생각한다. 최근 수많은 영상 검사를 통해 드러난 바에 따르면, 일반적으로 직접 행동을 취하거나 다른 사람의 행동을 관찰할 때 활성화되는 거울 신경이 자폐증 환자의 경우에는 그들이 무언가를 직접 할 때만 활성화된다. 즉 다른 사람의 행동을 관찰할 때는 비활성 상태를 유지하는 것이다.[50] 이러한 현상은 심맹 가설을 뒷받침한다. 런던 대학 부속 단과대학의 유타 프리스Uta Frith 박사는 자폐가 있는 사람들은 인간이 외부 정보를 체계화하고 학습하도록 도와주는 중앙 응집성이 부족하다는 이론을 제시했다.[51] 융통성 부족을 주장하는 사람들도 있다. 또한 자폐인들의 주된 문제가 주의력의 과도 각성이나 비활성 상태라고 전제하는 사람들도 있다.[52] 이러한 주장들이 모두 사실일 수도 있겠지만, 아직은 어떤 한 가지 주장으로 다른 주장에서 언급된 현상들을 모두 설명하는 것이 불가능하다.

회고록 『바보가 되다Send in the Idiots』에서 자신도 자폐를 겪고 있는 저자 캠란 나지어는 〈자폐인의 문제는 그들이 심지어 자기 자신에게도 압도된다는 점이다. 일반적으로 그들은 보통 사람에 비해 보다 세부적인 것들에 주목한다. 내가 아는 어떤 사람은 건물을 한 번만 둘러보고도 기억을 통해 그 건물의 세부 사항—사무실 위치뿐 아니라 엘리베이터의 통로나 복도, 계단 위치까지—을 그릴 수 있다〉고 말한다. 그가 묘사한 어떤 여성은 생전 처음 듣는 음악을 한 번만 듣고도 처음부터 끝까지 그대로 연주할 수 있었다. 그는 또한 〈동시에, 자폐인은 정보를 분류하거나 처리하는 능력이 지극히 제한적이다. 그리고 입력되는 양에 비해 출력되는 양이 적기 때문에 필연적으로 일종의 정체 현상이 발생한다. 그 결과 다른 사람들과 관련되지 않은 단순한 일에 집중하려고 한다〉고 설명한다.[53] 아스퍼거 증후군 진단을 받은 존 엘더 로비슨은 〈기계는 한 번도 내게 잔인하게 굴지 않았다. 나를 속이지도 않았고, 마음에 상처를 주지도 않았다. 기계와의 관계에서는 언제나 내가 결정권자였다. 나는 기계와 함께 있을 때 안심이 되었다〉[54]고 회상한다.

뇌 영상 검사는 자폐증의 기제(機制)를 밝히는 데 거의 도움이 되지 않았지만 그럼에도 해당 기제의 생물학적 기질 중 일부를 밝혀냈다. 예일 대학에서 진행된 한 연구에 따르면, 자폐증이나 아스퍼거 증후군인 어른이 사람의 얼굴을 인식하는 과정에서 활성되는 뇌 영역은 자폐증이 아닌 보통 사람들이 사물을 인식할 때 활성되는 영역과 일치하는 것으로 드러났다.[55] 반면 무언가에 집착을 보이는 자폐인은 사람의 얼굴이나 사물을 대다수 보통 사람들이 사람의 얼굴을 인식하는 뇌 영역에서 인식했다. 요컨대 자폐인 소년은 자신의 어머니를 인식할 때나 평범한 찻잔을 인식할 때 동일한 뇌 영역에 불이 들어왔다. 그렇지만 그 소년은 일본 만화 캐릭터 디지몬에 집착했고 디지몬 캐릭터를 볼 때, 대다수 보통 사람들이 친밀한 관계를 처리할 때 사용하는 뇌 영역에 갑자기 불이 들어왔다.[56]

밥과 수 레어는 장애 아동을 입양할 생각이 없었다. 하지만 1973년에 밥이 유타 대학에서 객원교수로 재직할 때 그들 부부는 그 지역의 누구에게도 선택받지 못한 한 혼혈 아이를 알게 되었다.[57] 그들은 그 아이를 가족의 일원으로 받아들이기로 결정했다. 당시 그들에게는 이미 그들이 직접 낳은 백인 아들과 입양한 혼혈 딸이 있었다. 유타 주에는 최종적인 입양 결정을 내리기 전까지 1년의 유예기간을 갖도록 하는 규정이 있었지만 레어 부부의 변호사는 무시해도 되는 규정이라고 설명했다. 수가 내게 말했다. 「우리는 이런저런 정황을 보다 꼼꼼히 따졌어야 했어요.」

그들 가족이 뉴욕 주 북부에 위치한 툴리로 돌아온 이후로 벤에게 무언가 문제가 있음이 분명해졌다. 밥이 말했다. 「벤은 마치 물 풍선 같았어요. 우리가 안아 올려도 그는 몸에 힘을 주지 않았고 따라서 몸이 축 늘어졌죠.」 레어 부부는 유타 아동 및 가정 복지국에 전화를 걸어 벤의 의료 기록을 요청했다. 그렇지만 몇 개월이 지나도록 회신이 없어서 그들은 재차 변호사를 통해 해당 기관에 연락을 취했다. 그러자 그 기관은 벤을 유타

주로 다시 데려오라고 제안했다. 「뭐라고요?」 수가 말했다. 「나는 벤이 마치 스웨터라도 되는 양 〈이런! 에잇, 내 아들에게 하자가 있네. 다시 반품해야지〉라고 말하는 것은 상상도 할 수 없었어요.」 소아과 의사가 벤에게 다양한 검사를 실시했다. 마침내 그는 수와 밥에게 아들을 그냥 집으로 데려가서 사랑으로 잘 보살펴 주라고 조언했다. 밥은 실험심리학자였고 이후로도 그 분야의 연구를 계속하기는 했지만 벤을 돌보는 일이 그의 주된 관심을 차지했다. 이전까지 체육 교사로 일하던 수는 특수교육학 박사 학위를 따기 위해 시러큐스 대학에 들어갔다.

지역 학교는 벤의 입학을 거부해서 그의 삶을 비참하게 만들었다. 그리고 레어 부부는 관할 지역구를 상대로 소송을 제기했다. 수가 관계자들에게 말했다. 「당신들은 우리 아이의 피부색이 갈색이라는 이유로 당신들 건물에 들어가지 못하게 할 권리가 없어요. 자폐가 있다는 이유로 당신들이 이 아이를 거부할 수 있다고 생각하는 근거가 무엇인가요?」 학교 수업이 벤의 수준에 맞춰 조정되기는 했지만 그는 언어 능력이 거의 없고 발화 능력이 없었음에도 학교 수업을 무조건 따라가야 했다. 발화를 할 수 없는 사람은 손글씨로 의사소통을 할 수 있다. 근육을 통제할 수 없어서 손글씨를 쓸 수 없는 사람은 대신 타이핑을 하면 된다. 심지어 타이핑을 할 수 없을 정도로 근육을 통제할 수 없는 사람도 다른 방법을 찾으면 된다. 벤은 〈촉진적 의사소통 방법facilitated communication〉, 줄여서 FC를 배웠다.[58] 이는 타이핑을 할 때 방향성에 영향을 주지 않는 최소한의 물리적 힘으로 다른 사람이 그의 팔에 지지대 역할을 해줌으로써 그가 키보드를 사용할 수 있게 하는 방법이다. 촉진적 의사소통 방법을 이용해서 표현된 내용이 정말로 장애인 본인의 생각인지, 아니면 촉진자의 생각인지를 둘러싼 열띤 논쟁에도 불구하고 벤의 부모는 벤이 FC를 이용해서 발언하는 내용을 통제한다고 확신한다.

커갈수록 벤이 머리를 바닥에 찧거나, 칼로 자신을 베거나, 창문 밖으로 머리를 내놓는 경우가 잦아졌다. 수가 말했다. 「벤의 그런 행동은 일종의 의사소통 방식이에요. 최선의 방식은 아니지만, 마약을 이용하거나 술에 취해 스노모빌을 운전함으로써 부모에게 무언가를 말하려는 아이들도 있잖아요.」 벤이 아직 10대였을 때 밥과 수는 그를 전자 제품 매장인 라디오색에 데려간 적이 있었다. 그는 유난히 라디오색 매장을 좋아했다. 벤은 에스컬레이터를 타고 있다가 공황 상태에 빠졌다. 에스컬레이터가 끝나는 곳에 책상다리를 하고 앉아서 비명을 지르며 자신의 머리를 쥐어박기 시작했다. 사람들이 몰려들었다. 항상 FC 키보드를 가지고 다니던 수가 키보드를 꺼내 건네주자 벤이 〈나를 때려 주세요〉라고 썼다. 수가 그때를 회상하며 말했다. 「나는 〈오냐, 그래. 안전 요원까지 있는 대형 매장의 한가운데서 흑인인 너를 백인인 나에게 지금 때려 달라는 거지?〉라는 생각이 들었어요. 그 사이에 벤이 다시 〈전축처럼요〉라고 썼어요.」 그녀는 문득 전축 바늘이 떠올랐다. 곧장 벤의 어깻죽지를 손꿈치로 때리면서 이렇게 말했다. 「재생 끝!」 벤이 자리에서 일어났고 그들은 다시 평온하게 매장을 가로지르며 걸어갔다.

고등학교에 들어가자 벤은 끔찍할 정도로 행동 문제를 보이기 시작했다. 수가 말했다. 「나는 벤의 교육 보조원이 처음부터 마음에 들지 않았어요. 윌리라는 그 사람은 뚱뚱하고 지저분했을 뿐 아니라 바지도 항상 운동복만 입었어요. 하지만 어쩌면 내가 지나치게 비판적일지 모른다고 생각하고 넘어갔죠. 그런데 얼마 후 그가 세 살배기 친딸을 강간한 혐의로 체포되었어요. 한편 벤은 윌리가 자신을 아프게 한다고 키보드에 썼고, 자신의 언어치료사에게 구체적인 부분까지 설명했어요. 그 언어치료사가 교장으로 하여금 경찰을 부르게 하기에 충분할 정도로요. 윌리는 〈벤이 요사이 힘들어하는 것 같으니 함께 체력단련실에 가서 웨이트트레이닝 좀 하겠습니다〉라고 말하고는 했어요. 그리고 바로 그곳에서 다른 사람이 망을 보는 가운데 벤을 강간한 거죠. 우리는 벤을 데려와서 한동안 집에 머물도록 했어요. 그 일을 자기 잘못으로 여기지 않도록 확실히 하려고 신경을 썼죠.」학교로 돌아간 벤은 그의 상황에 특화된 교육 보조원의 도움으로 반 친구들과 의미 있는 관계를 발전시켰다. 고등학교 3학년 때는 FC 키보드를 이용해서 학교신문에 칼럼을 썼다. 졸업반 무도회 때는 비장애인 소녀를 초대했고, 그녀도 (그녀의 남자 친구는 약간 유감스러워했겠지만) 그의 제안을 수락했다. 그리고 그 무도회에서 무도회 킹에 선발되었다. 졸업식에서는 그가 졸업장을 받으러 걸어 내려오자 자리에 있던 모든 사람들이 기립했다. 그 순간을 설명하면서 수와 밥 두 사람 모두 눈물을 흘리기 시작했다. 「졸업식에는 수천 명이 있었어요. 그리고 그들 모두가 자리에서 일어나 벤에게 박수를 보냈죠.」

나는 벤을 도와줄 뿐 〈치료〉는 하지 않기로 한 레어 부부의 빠른 결정에 감명을 받았다. 수가 말했다. 「한번은 벤의 누나가 내게 물었어요. 〈만약 벤이 정상이었다면 어땠을지 궁금한 적 없어요?〉 나는 〈글쎄, 나는 벤 혼자만 놓고 보면 그가 정상이라고 생각해〉라고 대답했어요. 그렇다면 그에게 지금의 모든 행동 문제가 없었으면 하고 바란 적이 없냐고요? 당연히 있죠. 그가 말을 더 잘했으면 하고 바란 적이 있냐고요? 당연하죠.」 벤이 FC 키보드를 이용해서 하는 말들은 대부분 수수께끼 같다. 한동안 그는 계속해서 〈그리고 당신은 울 수 있어요〉라는 말을 썼다. 하지만 그가 왜 그런 말을 하는지 아무도 이해할 수 없었다. 또 한번은 그가 〈나는 이러한 요동치는 감정과 변덕스러운 가해 행동을 멈추고 싶다. 나는 화를 내고, 그러면 바보처럼 보인다〉라고 썼다. 밥이 콘퍼런스에 가서 치료에 목을 매는 부모들에게 둘러싸이는 일에 대해 설명했다. 「내년에는 모든 게 나아질 거라는 식이에요. 전부 헛소리죠. 우리는 〈아뇨, 지금 이 순간부터 나아질 겁니다. 우리 아이들에게 가능한 한 좋은 환경을 만들어 줍시다〉라고 말하는, 말하자면 전위예술가 같은 존재였어요.」

벤이 고등학교를 졸업하자 밥과 수는 그가 그들 집에서 약 10킬로미터 떨어진 곳에 집을 구하도록 보증금을 내주었다. 벤은 사회보장 연금으로 자신의 집세와 생활비 대부분을 감당했다. 그리고 공예품 전시회에서 자신이 만든 나무 탁자를 팔아서 돈을 벌었다. 정식 훈련을 받은 도우미나, 그를 돌보는 조건으로 그 집을 함께 사용하는 일종의 세입자 같은 사람들이 항상 그와 함께했다. 벤이 물을 좋아하는 까닭에 레어 부부는 그에게 수영할 장소를 구해 주고, 온수 욕조도 사주었다. 10여 년 뒤에 수의 어머니가 세상을 떠나면서 레어 가족은 유산을 받게 되었고 그들은 그 돈으로 3개월 동안 유럽으로 캠핑 여행을 떠났다. 수가 말했다. 「우리는 각자 자신이 하고 싶은 일을 한 가지씩 골랐어요. 벤은 충분히 많은 물이 있는 장소를 발견할 때마다 수영을 하겠다고 했죠. 결과적으로 그는 지중해에서도 수영을 했고, 에게해(海)에서도, 수영장과 호수, 강에서도 수영을 즐겼어요. 아테네에서 찍은 벤의 사진이 있는데 아테네에서 가장 높은 어느 돌담 꼭대기에 앉아 있을 때 찍은 사진이죠. 사진 속의 벤은 작은 드럼채를 가지고 돌을 두드리면서 더 이상 즐거울 수 없다는 듯한 표정을 짓고 있어요.」

그들이 유럽에서 돌아왔을 때 밥은 알츠하이머병 진단을 받았고, 이 연구를 위해 그를 인터뷰했을 때는 병이 상당히 진행된 상태였다. 밥이 수를 제외하고는 처음 2년 동안 누구에게도 자신이 알츠하이머병에 걸렸다는 사실을 알리지 않았음에도 벤은 〈아빠가 아파〉라고 했다. 그리고 수가 속상해한다는 것을 알고 〈엄마가 힘들어해〉라고 타이핑했다. 마침내 밥은 가족들을 앉혀 놓고, 벤이 한 말이 맞지만 그렇다고 아빠가 금방 죽는 것은 아니라고 설명했다. 밥의 알츠하이머병 진단에 직면해서 레어 부부는 벤이 그들에게 끼친 심오한 영향을 새삼스레 깨달았다. 밥은 〈벤이 없었더라면 나는 지금과는 분명히 다른 식으로 그 소식을 받아들였을 겁니다〉라고 말했다. 수가 말했다. 「나는 말로 확실히 표현될 수 없는 생각이나 감정을 이해하려고 노력하면서 사람들의 마음을 헤아리는 부분에서 벤에게 많이 배웠다고 생각해요. 그 사람의 생각과 감정이 혼란스럽게 뒤엉켜 있을 때조차 그를 한 인간으로 대해야 한다는 것을 배웠어요. 어떻게 그들을 안심하도록, 사랑받고 있으며 괜찮을 거라고 느끼게 할 수 있을까요? 나는 벤을 키우면서 어떻게 해야 하는지 요령을 배웠어요. 그 덕분에 밥에게 그런 것들이 필요하게 되었을 때 나는 이미 준비가 되어 있었죠.」

자폐증은 대뇌 반구 간의 연결 부족이나 지엽적인 연결 과잉과 관련이 있다. 보통 사람의 뇌에서 과부하가 걸리지 않도록 해주는 소위 〈신경 가지치기〉 현상이 자폐증이 있는 사람에게서는 나타나지 않는 듯 보인다. 많은 자폐 아동이 태어날 때는 정상인보다 작은 뇌를 갖고 있지만 생후 6개월에서 14개월이 되면 대다수가 정상인보다 큰 뇌를 갖게 된다. 자폐 아동의 뇌가 10퍼센트에서 15퍼센트까지도 커지는 경우가 종종 있는데 이러한 문제는 아이들이 성장하면서 저절로 해결되는 것 같다. 인간의 뇌는 사고가 이루어지는 회색 물질과, 사고를 이 영역에서 저 영역으로 전달하는 백색 물질로 구성된다. 자폐증인 경우에는 백색 물질을 생산하는 뇌 영역에서 염증이 관찰된다. 백색 물질이 너무 많이, 그리고 너무 빨리 생산되면서 끔찍한 소음을 초래한다. 이를테면 당신이 전화를 걸 때마다 통화하고자 하는 사람의 목소리뿐 아니라 해당 회선을 사용하는 수백 명의 목소리가 동시에 들릴 때 느낄 수 있을 소음이다. 결국 수화기 저쪽에 있는 사람이 아무리 분명하게 말을 하더라도 대화는 불협화음 속에 묻혀 버릴 것이다. 자폐증의 경우에는 또한 소뇌와 대뇌피질, 변연계*에서도 신경의 손상이 관찰된다. 자폐증 유전자는 아주 중요한 발달 시기에 뇌의 신경전달물질 수치에 영향을 준다.[59]
〈자폐증〉은 포괄적인 용어인 것 같다. 자폐 행동을 유발할 수 있는 원

---

* 인체의 기본적인 감정, 욕구 등을 관장하는 신경계.

인이 지극히 다양하기 때문이다. 이를테면 간질이 뇌 구조의 유전적인 결함이나 머리 부상, 세균 감염, 종양, 뇌졸중 같은 원인에 의해 유발되거나, 치매가 알츠하이머병이나 뇌혈관의 퇴화, 헌팅턴 무도병, 파킨슨병에 의한 결과일 수 있는 것과 비슷하다. 기존에 알려진 다양한 유전자들이 뇌에서 하나의 네트워크를 형성하면서 기능적으로 서로 연결되어 있기는 하지만, 단일 유전자나 일단의 동종 유전자가 자폐증을 유발하지는 않는다. 자폐증과 관련된 유전자가 활성화되려면 항상 또는 때때로 환경적인 기폭제가 필요한지, 만약 그렇다면 그 기폭제가 무엇인지는 아직 분명치 않다.[60] 학자들은 잠재적으로 성장에 영향을 끼칠 수 있는 다양한 요인들을 연구해 왔다. 예컨대 태아기 호르몬, 풍진 등을 유발하는 바이러스, 플라스틱이나 살충제 같은 환경 유해 물질, 백신, 신진대사의 불균형, 진정제의 일종인 탈리도마이드나 간질약인 밸프로에이트 같은 약물 등이다.[61] 자폐증은 자연 발생적인 유전자 변이에 의한, 혹은 단순한 유전병일 수 있다. 일례로 자폐증은 친부의 나이와 밀접한 연관이 있는데, 아버지의 나이가 많은 경우 정자에서 생식 계열의 새로운 변이가 자연 발생적으로 일어날 가능성이 높다는 점을 꼽을 수 있다. 최근 연구에 따르면 30대 아버지를 20대 아버지와 비교했을 때 자폐증 발병률은 4배가 더 높았고, 이후의 연령대에서는 더욱 심화되는 것으로 나타났다.[62] 일부 연구자들은 자폐증이 임신 기간 중에 발생하는 임부와 태아의 유전적인 불친화성 때문에 초래된다는 이론을 제시하기도 했다.[63] 〈동류(同類) 교배〉 이론을 제기하는 사람들도 있다. 그들은 오늘날처럼 유동적이고 인터넷이 활성화된 시대에는 특정 유형의 성격을 가진 사람들—예컨대 〈체계적인 것에 지나치게 집착하는 사람들〉—이 비슷한 사람을 배우자로 만나고, 따라서 가벼운 자폐 성향을 가진 이들 두 사람이 그런 특성이 보다 심화된 자녀를 낳는다고 주장한다.[64]

자폐증이 있는 사람의 뇌에서 어떤 일이 일어나는지 안다면 어떤 유전자들이 연루되었는지 규명하는 데 도움이 될 것이다. 마찬가지로 어떤 유전자들이 연루되었는지 안다면 뇌에서 무슨 일이 일어나고 있는지 알아낼 수 있을 것이다. 하지만 각각의 경우에 대해 단편적인 지식밖에 없는 우리로서는 어느 것도 제대로 규명할 수 없다. 현재로서는 거의 200개에 달하는 유전자가 자폐증과 관련이 있을 것으로 추정되며, 몇몇 증거에 따르면 자폐증 발현에 적어도 예닐곱 가지의 유전자가 필요하다.[65] 때로는 상위 유전자나 변이 유전자가, 때로는 환경적인 요소들이 주요 유전자 발현에 영향을 준다.[66] 유전자형(당신이 어떤 유전자를 보유하고 있는가)과 표현형(당신이 어떤 행동이나 증상을 보이는가)의 관계가 밀접할수록 차이를 식별하기는 쉬워진다. 하지만 자폐증은 경우에 따라 동일한 유전자형을 공유하지만 표현형을 공유하지 않는 경우도 있고, 표현형은 공유하지만 유전자형을 공유하지 않는 경우도 있다. 유전자 연구를 통해 자폐증의 〈가변적인 침투도(浸透度)*〉가 증명되었다.[67] 즉 어떤 사람은 위험 유전자로 알려진 유전자를 보유했음에도 자폐가 아닐 수 있으며, 반대로 어떤 사람은 위험 유전자로 알려진 유전자가 없음에도 자폐일 수 있다.

일란성 쌍둥이 중 한 명이 자폐인 경우 다른 한 명도 자폐일 확률은 증상의 경중에는 차이가 있겠지만 60~90퍼센트에 이른다.[68] 이러한 사실은 자폐증이 유전적 질환이라는 강력한 논거를 제시한다. 일란성 쌍둥이는 눈동자 색깔이나 다운증후군 같은 질환을 항상 공유하지만 공유되지는 않는 특성들도 많으며, 자폐증은 인지 장애 중에서도 특히 쌍둥이 간의 상호 연관성이 높다. 요컨대 정신분열증이나 우울증, 강박 장애 등에 비해 쌍둥이 형제 중 한 명이 발병하면 다른 한 명도 발병할 확률이 높다.

일란성이 아닌 이란성 쌍둥이 중 한 명이 자폐인 경우 다른 한 명도 자폐일 확률은 20~30퍼센트이다. 이란성 쌍둥이는 유전자가 일치하는 것

---

* 어떤 유전자를 갖는 개체의 집합 중에서, 그 유전자의 효과를 특정한 표현형으로 표현하는 개체의 빈도를 백분율로 나타낸 지표.

이 아니라 성장 환경이 거의 비슷할 뿐이다. 쌍둥이가 아니더라도 형제 중에 자폐인이 있는 경우 다른 형제도 자폐일 확률은 보통 사람들보다 20배 정도 높다.[69] 심지어 아무런 영향을 받지 않더라도 가까운 친척 중에 자폐인이 있는 사람은 잠재적으로 자신의 사회성에 문제를 느낄 가능성이 있다.[70] 이 모든 사실은 자폐증에 강력한 유전적 요인이 존재하지만 유전자 하나만으로 모든 자폐증 사례를 설명할 수 없음을 암시한다.

하나의 변종 유전자에 의해 유발되는 일반적인 질병도 있다. 예를 들어, 헌팅턴 무도병에 걸린 사람은 하나같이 변종 헌팅턴 유전자를 보유한 셈이다. 이런 측면에서 자폐증은 헌팅턴 무도병과 정반대다. 수백 가지의 서로 다른 유전적 변형이 자폐증 성향을 유발할 수 있기 때문이다. 대다수 자폐인에게서 단일 〈희귀 유전자 변종〉이 나타나는 경우는 거의 없으며, 상당수가 여러 종류의 변형된 유전자를 동시에 보유하고 있다. 게놈 즉 유전체에는 상대적으로 보다 쉽고 빈번하게 돌연변이를 일으키는 영역인 핫스폿이 가득하다. 일례로 유방암 같은 일부 질환은 적은 수의 특정 유전자 변이와 관련이 있고, 각각의 변이는 특정 염색체의 특정 영역에서만 발생하며, 이러한 변종 유전자를 보유한 여성은 해당 유전자를 빈번하게 재생산하기 때문에 관련 질환을 유발하는 유전자를 추적하기가 쉽다. 반면에 자폐증을 유발하는 유전자는 찾아내기가 쉽지 않다. 일반적으로 유전되지 않으면서 자폐를 유발하는 희귀 유전자 변종이 수없이 존재하기 때문이다. 이 변종들은 유전체 곳곳에 분산되어 존재한다.[71] 예일 대학 신경 유전학 프로그램의 공동 책임자 매튜 스테이트Matthew State는 〈자신이 연구하는 유전체의 특정 부분에서 자폐증과 연관점을 찾았다고 주장하는 것은 자신이 스타벅스 근처에 산다고 이야기하는 것이나 다를 게 없다. 집 근처에 스타벅스 하나쯤 없는 사람이 어디 있을까?〉[72]라고 말했다.

국립 정신보건 연구소 소장 토머스 인셀은 〈인간의 뇌가 정상적으로 발달하려면 5,000가지의 유전자가 필요하고, 개념적으로는 이들 유전자 중 어느 것도 잘못될 수 있으며, 그 결과로 자폐증이 유발될 수 있다〉[73]고 설명했다. 콜드 스프링 하버 연구소 마이클 위글러Michael Wigler 박사의 주장에 따르면 단일 변이는 자폐증 발생 사례와 단 1퍼센트의 연관성도 없으며, 자폐증에 관련된 많은 유전자들이 여전히 더 파악될 필요가 있다.[74] 예컨대 언어 능력이 손상되어도 사회적인 능력은 손상되지 않는 것 같은 복합적인 자폐 증상들이 독립된 수많은 유전적 형질들에 의해 발현되는지, 아니면 다수의 유전자에 의한 하나의 유전적 형질이 뇌의 여러 영역으로 확산되어 자폐증의 전형적인 특징들을 낳는지는 명확치 않다. 자폐증과 관련된 대부분의 유전자는 다면발현성(多面發現性)을 갖는데 이는 해당 유전자들이 다수의 형질을 발현한다는 뜻이다.[75] 이러한 형질들 중 일부는 일반적으로 자폐증과 함께 발생하는 이를테면 주의력결핍과잉행동장애ADHD나 간질, 위장병 같은 질환과도 관련이 있다.[76] 자폐증과 관련된 대부분의 유전자는 상대적으로 작은 효과 크기를 가지며, 이는 하나의 유전자가 자폐증에 걸릴 확률을 10~20퍼센트 남짓 높일 수 있음을 의미한다. 요컨대 발병 위험이 높은 대다수 대립 유전자들처럼 발병 확률을 10배씩 높이거나 하지 않는다.

유전자 질환은 대체로 특정한 하나의 유전체가 비정상적인 구조를 갖기 때문에 발병한다. 하지만 어떤 경우에는 특정 유전자가 아예 결여되어 있기도 한다. 또한 특정한 하나의 유전자에서 재조합된 유전자가 너무 많은 경우도 있다. 예를 들어, 〈I am happy〉라는 문장을 유전체 내 하나의 염기서열이라고 가정해 보자. 가장 흔한 유전자 질환 모델은 〈I am harpy〉나 〈I ag happy〉, 또는 이와 비슷한 유형으로 잘못된 문장이 될 것이다. 하지만 드물게는 〈I m hpy〉라는 문장이나 〈I amamamamamam happpppy〉라는 문장이 나올 수도 있다. 위글러와 그의 동료 조너선 세밧 Jonathan Sebat은 이 같은 복제수 변이에 주목했다.[77] 모든 유전체에는 모계 쪽에서 받은 하나와 부계 쪽에서 받은 하나, 이렇게 두 개가 한 쌍으로 된 염색체가 존재하며 이것이 유전학의 기본 원칙이다. 그럼에도 부모로부터 받은 하나의 유전자나 일단의 유전자 조합에 대해 실질적으로 3개나 4개, 또는 12개의 유전자가 재조합되기도 한다. 반대로 유전자 결실(缺失)의 경우에는 동일한 조건에서 오직 하나의 유전자만 재조합되거나 재조합 과정이 아예 누락되기도 한다. 보통 사람은 양성 변이의 형태로 최소 12개의 복제수 변이를 갖는다. 한편 유전체 내의 특정 위치는 인지 장애와 관련이 있는 듯 보이며 이러한 위치에서 일어나는 유전자 증폭은 정신분열증, 조울증, 자폐증에 대한 취약성과 관련이 있다. 하지만 동일한 위치에서 발생하는 유전자 결실은 오직 자폐증하고만 관련이 있다. 위글러는 자신의 자폐증 피험자들 중 상당수에게서 경우에 따라서는 27개에 이를 정도로 대규모의 유전자 결실이 있음을 발견했다. 세밧은 현재 자폐증과 유전자 증폭을 보이는 사람이 자폐증과 유전자 결실을 보이는 사람과 동일한 증후군을 보이는지에 관해서 연구 중이다. 그리고 이미 몇 몇 의미심장한 연관성도 찾아냈다. 예를 들면, 유전자 결실이 있는 사람이 동일 영역에 잉여 유전자가 있는 사람들보다 일관되게 머리가 크다는 사실이다.[78]

궁극적인 목표는 이러한 유전자에 관한 지도를 만들고, 각각의 기능을 설명하고, 모형 시스템을 개발하고, 분자와 세포의 메커니즘을 규명하고, 끝으로 이런 결과물을 실질적으로 응용할 방법을 고안하는 것이다. 우리는 희귀 유전자 변종에 대해 여전히 알아 가고 있는 중이다. 요컨대 우리가 아는 것은 빙산의 일각에 불과하다. 위글러가 지적한 바에 따르면, 이러한 정보들을 모두 알아낸 뒤에도 늘 수학을 따르지는 않는 유전자의 상호작용을 밝혀내기 위해 계속해서 씨름을 벌여야 할 것이다. 그는 〈개인적인 성격과 장애 사이에는 어떤 상호작용이 존재하는 것 같다. 당신과 내가 비슷한 장애를 가졌을 수는 있지만 우리의 선택은 다를 것이다. 두 살짜리 아이가 자신이 다룰 수 있거나 없는 것을 선택한다는 말이 이상하게 들리겠지만 어쩌면 그 아이들은 실제로 그러한 선택을 하고 있을지도 모른다. 똑같이 빈곤한 환경에서 함께 자란 형제라도 한 명은 사제가 되고 다른 한 명은 도둑이 될 수 있지 않은가? 나는 그들이 겉으로 드러나지 않게 그러한 선택을 하고 있을 수 있다고 생각한다〉고 주장했다.

UCLA 신경 행동 유전학 센터의 공동 책임자 대니얼 게슈윈드Daniel Geschwind는 〈우리는 현재 암 유전학이 25년 전에 도달했던 위치에 있다. 유전학의 20퍼센트 정도를 알고 있을 뿐이다. 그렇지만 관련 연구가 정신 분열증이나 우울증 연구에 비해 얼마나 늦게 시작되었는지 감안하면 상당한 진전을 거둔 셈이다〉[79]라고 말했다. 자폐증은 설명되지 않은 일단의 증상을 아우르는 포괄적인 범주다. 특정한 기제를 보이는 자폐증의 아류형이 발견될 때마다 해당 질환은 자폐증으로 불리지 않고 고유한 진단명이 부여된다. 이를테면 레트 증후군도 자폐 증상을 수반한다. 페닐케톤증, 결절성 경화증, 신경 섬유종증, 대뇌피질의 국소 장애에 의한 간질, 티모시 증후군, 취약 X 증후군, 주버트 증후군 등도 대체로 그렇다. 이런 진단을 받는 사람들은 일반적으로 〈자폐 유형의 행동〉을 보이는 것으로 묘사되지만 그 자체가 자폐는 아니다. 자폐가 행동에 의해 규정된다고 보았을 때 앞에서 언급된 원인으로 자폐 행동을 보이는 사람들을 〈자폐가 아니다〉라고 설명하는 것은 어폐가 있는 듯 보인다.

얼마 전까지도 학자들은 이런 희귀 증후군들에 대해서 오직 제한된 노력만을 기울였다. 이제는 이러한 증후군들에 관심이 쏠리고 있는데, 만약 우리가 왜 이런 증후군들이 자폐 행동을 유발하는지 이해할 수 있다면 자폐증의 보다 커다란 메커니즘에 접근할 수 있을 거라는 생각 때문이다.

장기이식 시술을 할 때 일반적으로 사용되는 면역 억제제 라파미신을 결절성 경화증에 걸린 성체 쥐에게 투약하면 발작을 억누르고, 학습 장애와 기억력 문제를 개선하는 데 효과가 있다.[80] 어쩌면 이 약을 동일한 질환이 있는 인간에게 투약해도 비슷한 효과가 있을 터다. 이 연구와 관련해

UCLA의 알치노 실바 박사는 〈기억을 위해서는 유용한 정보를 저장하는 일만큼이나 사소한 세부적인 내용을 폐기하는 것도 중요하다. 우리가 알아낸 바에 따르면 돌연변이 쥐는 중요한 데이터와 그렇지 않은 데이터를 구별하는 능력이 없다. 그리고 우리는 그 쥐의 뇌가 학습을 방해하는 아무런 의미 없는 소음들로 가득 차 있을 거라고 생각한다〉[81]고 주장했다. 이런 주장은 많은 자폐인들이 설명하는 감각적 경험을 떠올리게 한다. 어쩌면 〈소음〉이 자폐증의 주된 메커니즘일 수 있다는 뜻이다.

취약 X 증후군과 레트 증후군은 둘 다 단일 유전자 변이다. 취약 X 증후군은 특정 단백질을 암호화하는 단일 유전자가 변이를 일으키고, 그 결과 뇌에서 단백질 합성을 중단시키는 핵심 물질이 차단됨으로써 발생하는 질환이다. 해당 변이가 지적 장애와 행동 장애를 유발하는 메커니즘은 아직 밝혀지지 않았지만 현재까지의 이론은 이런 장애를 과도한 단백질 생산에 따른 결과로 본다. 인공적으로 취약 X 증후군 변이를 일으키도록 유도된 쥐들은 단백질을 과잉 생산하고, 학습 문제와 사회적인 기능의 손상을 보인다. 취약 X 증후군의 한 가지 치료법은 뇌에서 단백질 합성을 부추기는 주된 자극제인 〈mGluR5 수용체〉를 차단하는 것이다. 실제로 해당 목적으로 만들어진 약은 취약 X 증후군에 걸린 쥐의 과도한 단백질 양을 감소시켰고, 발작을 억제했으며, 행동을 정상화했다. 레트 증후군의 유전학과 메커니즘은 취약 X 증후군의 그것과 다르지만 인공적으로 레트 증후군 변이가 유도된 쥐들은 해당 변이로 인해 영향을 받은 한 경로만 목표로 하는 약에 대해서 비슷한 효과를 보였다.[82]

취약 X 증후군이나 레트 증후군에 걸린 쥐들을 상대로 한 연구의 충격적인 결과 중 하나는 심지어 성체 쥐도 약물 치료를 통해 해당 증후군의 놀라운 반전을 보여 주었다는 점이다. 취약 X 증후군이나 레트 증후군 치료제는 이제 인간을 대상으로 초기 임상 실험 단계에 있으며,[83] 적어도 한 화합물의 예비 임상 자료에 따르면 해당 화합물이 취약 X 증후군 아동의 사회참여 행동에 긍정적인 효과가 있는 것으로 보인다.[84] 최근의 생명과학 연구는 쥐를 상대로 한 실험에서 흥미로운 발견의 연속이었다. 물론 쥐를 상대로 얻어 낸 실험 결과를 그대로 인간에게 적용하기는 다소 무리가 있을 것이다. 그럼에도 이 같은 발견은 발달 장애가 뇌에 단단히 고착된 질환이고 따라서 되돌릴 수 없다는 전제에 대한 중대한 도전이다. 만약 발달 장애가 세포 경로의 기능이 손상된 결과라면 일부 자폐 증상들은 유전자를 변경하지 않고도 해결이 가능할 것이다. 다시 말해 자폐 증상은 일반적으로 되돌릴 수 없는 뇌 발달을 보여 주는 예가 아니라, 대체로 유연한 뇌 기능을 보여 주는 증거일 수 있다. 하지만 일반적인 기능이 손상된 채 발달한 누군가의 뇌가 손상되었던 기능을 실행하도록 만든다고 해서 자폐 증상이 완전히 사라지지 않을 것은 분명하다. 자폐 연구 재단인 〈오티즘 스픽스〉의 연구실장 제럴딘 도슨Geraldine Dawson이 말했다. 「당신은 그들의 자동차에서 고장 난 엔진을 수리해 주었지만 여기에 더해서 그들에게 운전하는 법도 가르쳐 주어야 한다.」[85]

2012년에 위글러와 콜드 스프링 하버 연구소의 다른 과학자들은 취약 X 변이의 영향을 받은 유전자와, 특발성 자폐증이 있는 일부 아동의 손상된 유전자 사이에서 연관성을 발견했다.[86] 이들의 발견은 취약 X 증후군에 효과가 있는 약물 치료가 자폐라는 보다 큰 부분 집합에 대해서도 도움이 될 수 있음을 암시한다. 위글러와 세밧은 보다 많은 각각의 희귀 유전자 변종들이 어떠한 작용을 하는지 결국에는 밝혀질 거라고 믿는다. 어떤 변종들은 효소를 무력화하거나 복제할 테지만 약을 이용해서 무력화된 효소를 대체하거나 과잉 복제를 억제할 수 있을 것이다. 또 어떤 변종들은 신경전달물질 수치에 영향을 주거나, pH 또는 시냅스 환경을 바꿀지도 모르지만 그러한 결과를 되돌리는 일도 어쩌면 가능해질 것이다. 위글러는 〈만일 자폐증을 치료하는 약물 치료법이 더 늘어나지 않는다면 오히려 그게 더 놀라울 것이다. 우리는 절대로 모든 유전자의 비밀을 알아내지는 못할 것이다. 그리고 모든 환자들에게 효과가 있는 치료법을 개발하지도 못할 것이다. 하지만 우리는 그들 중 일부에게라도 효과가 있는 치료법을 찾아야 한다〉고 말했다.

케임브리지 대학의 자폐증 연구원 사이먼 배런-코언Simon Baron-Cohen의 전제에 따르면, 여성은 공감할 줄 알고 타인을 잘 이해하는 반면 남성은 체계적이고 사실에 기반을 둔 기계적인 정보를 조직화하는 데 능숙하다.[87] 이러한 관점에서만 보면 자폐증은 인지 부분에서 남성성—공감이 부족하고 시스템에 집착하는—이 과도하게 표현된 결과다. 배런-코언은 태아기에 예외적으로 높은 수준의 테스토스테론 수치가 어느 정도까지 뇌 구조에 영향을 주어 자폐증을 초래할 수 있는지 연구했다.[88] 여아보다 남아를 임신했을 때 자궁 내의 안드로겐* 수치가 더 높다는 점을 고려하면, 남아는 이 수치가 조금만 더 증가해도 여아에 비해 쉽게 자폐증에 걸리게 될 것이다. 이 같은 측면은 자폐증이 여성보다 남성에게 2배나 많은 이유를 부분적으로 설명해 준다.

자폐가 있는 사람들은 실제로 시스템에 집착하는 경우가 많다. 그들 중에는 불가사의한 능력을 보이는 사람들도 상당수 있다. 어떤 사람은 서번트 증후군이라고 하여 일상생활의 대다수 영역에서 독립적으로 생활하지 못하지만 특정 영역에서 비범한 능력을 보인다. 그리고 이런 능력은 이를테면 즉흥적으로 모든 해의 부활절 날짜를 끝없이 열거하는 능력처럼 비교적 사소한 경우도 있지만, 한 치의 오차도 없이 정확한 도면을 그리거나, 복잡한 설계도를 암기하거나, 비행기로 도시 위를 한 바퀴 돌고는 완벽한 로마 지도를 만드는 능력처럼 매우 유용한 경우도 있다. 이런 능력이 태아기의 테스토스테론 수치와 관련이 있는지 여부는 여전히 논란의 여지가

---

* 여성보다 남성에게서 많이 분비되는 호르몬으로, 주로 테스토스테론과 디하이드로테스토스테론을 가리키며, 태아의 발달 시 남성화 효과를 낸다.

있지만 이런 능력을 보이는 사람들에게는 일종의 남성성이 존재한다.[89]

극단적인 트라우마가 자폐와 비슷한 행동을 촉발할 수도 있다. 즉 출산 전후의 상처로 인해 자폐처럼 보이는 경우도 있다. 차우셰스쿠* 시대에 루마니아 고아원에서 데려온 극도로 방치된 아동들은 종종 자폐와 비슷한 행동을 보였지만, 관찰 결과 그들은 비단 다른 사람뿐 아니라 물질세계와도 단절되어 있었다.[90] 브루노 베텔하임은 홀로코스트 생존자였다. 그는 다하우 수용소에 있던 다른 수감자들에게서 자폐와 비슷한 퇴행 현상을 발견했고, 이를 토대로 모든 자폐가 학대와 관련이 있다는 잘못된 결론을 내렸다. 그의 주장이 틀리기는 했지만 그럼에도 학대가 자폐와 관련된 증상을 악화시킬 수 있음은 분명하다.[91]

자폐증이 부모와 의사를 혼란스럽게 해서 다른 질병이 간과되거나 치료 받지 않고 지나가는 경우도 정말 많다. 하버드 의과대학의 마거릿 보면Margaret Bauman 교수는 자신의 자폐증 환자들 중 한 명이 수년 동안 돌발적인 뒤틀림과 몸부림 증상을 겪었다고 설명했다. 당시만 하더라도 이런 증상들은 당연히 자폐증에 의한 증상으로 여겨졌고, 대개는 해당 증상과 관련해 아무런 조치도 취해지지 않았다. 하지만 위장병 전문의에게 검사를 받아 본 결과 그 환자에게는 식도 궤양이 있는 것으로 밝혀졌다. 식도 궤양을 치료하자 몸을 뒤틀던 증상이 사라졌다.[92] 예일 대학의 프레드 폴크마르가 아홉 살짜리 한 소년에 대한 이야기를 들려주었다. 그 소년은 연필을 쥘 수 없을 정도로 운동 근육 문제가 무척 심각했다. 3학년이 되어 소년의 친구들이 필기체를 배우고 있을 때 폴크마르는 그에게 노트북을 주자고 제안했다. 하지만 담임교사는 그 소년에게 〈목발〉을 주는 행위라며 반대했다. 폴크마르가 말했다. 「다리가 없는 사람에게 목발을 주는 것

---

* 루마니아의 독재자. 1960년대 말부터 1970년대 초까지 한 가정에서 네 명 이상의 아이를 낳도록 강제하는 법령을 제정함.

은 당연한 일이고, 선행이란 바로 그런 것 아닐까요?」

자폐인들 중 대략 3분의 1은 자폐증에 더해서 최소한 하나 이상의 정신 질환 진단을 받는다. 그리고 이러한 비율은 보통 사람들 중 약 10퍼센트가 정신 질환 진단을 받는 것과 비교된다. 그럼에도 자폐증을 더욱 복잡하게 만드는 이런 요인들에 대한 치료가 제공되지 않는 경우가 허다하다. 자폐인 다섯 명 중 한 명은 질병으로서 우울증을 앓고, 대략 18퍼센트는 불안증에 시달린다.[93] 캠란 나지어의 자폐인 친구 엘리자베스는 부모로부터 우울증 성향을 물려받았다. 나지어가 슬픔에 잠겨 말했다. 「의사들은 그녀에게 항우울제를 처방하거나 우울증 확정 진단을 내리길 꺼렸어요. 정말 그 모든 것이 그녀의 자폐증에서 비롯된 일일까요?」[94] 그녀는 결국 자살을 선택했다.

존 시스텍과 포샤 이버슨은 〈큐어 오티즘 나우〉를 설립했는데, 이 단체는 〈오티즘 스픽스〉와 통합되기 전까지 대표적인 사설 자폐증 연구 재단이었다.[95] 또한 이 단체는 세계 최대의 오픈 리소스 유전자은행인 〈자폐증 유전자 연구 거래소〉를 설립하고, 수많은 선구적인 자폐증 유전학자들을 선발했다. 포샤가 말했다. 「조악한 양육 환경이 자폐증을 유발한다는 믿음은 자폐증이 처음 설명된 이후로 50년 동안 변변한 연구가 전혀 이루어지지 않았음을 의미해요. 우리 아들 도브가 자폐증 진단을 받았을 때만 하더라도 자폐증은 현미경 아래가 아니라 수면 아래에 있었어요. 자폐증에 대해 알려진 게 거의 없었죠. 내 생각에 나는 과학을 잘하는 것 같지 않아요. 하지만 만약 집에 불이 나면 설령 3층에 있어도 결국은 뛰어내리게 되는 것 같은 절박함에서 마치 과학을 배우듯이 자폐증을 공부했어요.」 그녀는 연구원들이 자폐증의 직격탄을 맞은 가족들과 보다 자주 접촉하기를 바랐다. 「우리가 할 수 있는 가장 효과적인 일은 데이터 그 자체가 되는 것이었어요.」

칼리 플라이슈만과 마찬가지로 포샤의 아들 도브 시스텍도 정상적인 지능—오랫동안 침묵 속에 유폐되어 있던 정신—을 가진 것으로 드러났다. 그가 아홉 살 때였다. 포샤가 글자 〈s〉를 가리켜 보라고 하자 그는 그렇게 했고 곧바로 그녀는 아들이 글을 읽을 줄 안다는 사실을 알아차렸다. 그녀가 말했다. 「정말 놀랐어요. 자폐 아동이 사고를 할 수 있다는 사실을 모르는 경우에는 그들이 글을 읽을 수 있을 거라는 생각도 하지 않잖아요.」 그녀는 도브가 자기 의사를 표현할 수 있음을 알고서 그동안은 왜 가만히 있었는지 물었다. 그러자 도브가 말했다. 「듣고 있었어요.」 그럼에도 그의 교육 문제는 여전했다. 그에게는 일대일 보살핌이 필요했지만 인지 능력은 정상이었던 까닭이다. 포샤가 말했다. 「사람들은 행동 지체가 있으면서 지능이 높은 사람이 있을 수 없다고 생각하지만 실제로는 얼마든지 가능하답니다.」

포샤 이버슨은 자폐를 둘러싼 가장 심오한 수수께끼를 연구해 왔다. 즉 겉으로 관찰되는 자폐인의 행동과 그 내면에서 일어나는 현상의 관계를 연구했다. 「자폐인 중에는 굳이 의사소통을 할 이유를 느끼지 못하는 사람들이 있는 것 같아요. 장담할 수는 없지만 그런 것 같아요. 다른 사람들이 자신을 이해해 주기를 절실하게 바라는 사람들도 있어요. 나는 아들에게서 장애와 인격 사이에 존재하는 커다란 틈을 발견해요. 대체로 그 아이는 자신이 원하는 대로 행동하지 못해요. 그가 보여 주는 행동은 자신이 원해서 나오는 행동이 아니죠. 아침에 일어나자마자 도브는 시끄럽게 칭얼거리거나 손을 파닥거릴 때가 많아요. 그럴 때면 마치 화학 물질이 폭주하는 것 같아요. 화학 물질이 그를 지배하는 거예요. 하지만 그럴 때조차 그는 이전보다 훨씬 행복해 보여요. 그가 무언가를 이야기하고 있다는 사실을 내가 알아차리지 못했던 때보다 훨씬 행복해하죠. 비록 제한된 커뮤니케이션이지만 그래도 커뮤니케이션이란 삶과 죽음을 나눌 정도로 중요한 차이잖아요.」

자폐 증상이 매우 다양하다는 점을 고려할 때, 또 그런 증상들이 한 사례에서 모두 나타나는 경우는 거의 없으므로 자폐 진단은 지극히 까다로운 작업이다. 최외곽에서는 거의 정상 상태와 다를 바 없는 〈자폐 스펙트럼〉 개념 때문에 더 어렵다. 게슈윈드는 〈자폐는 IQ나 몸무게, 키와 무척 비슷하다. 이를테면 표준 몸무게를 들 수 있다. 그 기준에서 몇 킬로그램이 더 나가면 매력을 잃게 될 것이다. 하지만 거기서 더 나아가 비만이된다면 건강까지 위협을 받는다〉[96]고 설명했다. 누구에게나 어느 정도씩 마음의 장애가 있기 마련이며, 그 범주가 얼마나 정상 상태에 가까운지 규명하는 작업은 복잡한 문제다. 이사벨 래핀이 말했다. 「교실에는 이분법만 존재하고, 단지 그 때문에 흑백논리가 적용되지 않는 차이를 지닌 학생들이 둘로 나뉜다. 그리고 그 결과에 따라 자신에게 적합한 교실에 배정되거나 아니면 센터로 보내진다. 이런 방식은 생물학이 아니다. 그냥 정치일 뿐이다.」[97]

단순히 그 자체만으로는 자폐 진단을 내리기에 충분치 않음에도 무수히 많은 설문지와 문진표가 존재한다. 예컨대 자폐 행동 체크리스트ABC, 아동기 자폐 평정 척도CARS, 대중적인 유아기 자폐 체크리스트CHAT, 7시간에 걸쳐 진행되는 사회 기능 및 커뮤니케이션 장애 진단용 문진DISCO, 자폐증 진단용 인터뷰 개정판ADI-R, 고도의 신뢰성을 갖춘 자폐 진단용 관찰 기준 개론ADOS-G 같은 테스트들이다.[98] 기본적으로 발화를 하는 사람과 하지 않는 사람에게 모두 적용되는 일관된 도구를 찾는 것은 불가능하다. 게다가 이러한 테스트들은 하나같이 테스트를 주도하는 사람에 따라 결과가 달라질 수 있다. 일례로 ADOS 테스트에서 관찰자는 먼저 자신에게 피험자 아이를 달래서 상상 놀이에 끌어들일 능력이 있는지 알아야한다. 내가 살펴본 관찰자들 중에는 엄청난 활력과 상상력을 갖춘 사람들도 있었지만 단지 바보처럼 웃기만 하거나, 고압적이거나, 너무 지쳐서 상상력을 발휘하지 못하는 사람들도 있었다. 또한 관찰자는 피험자 아이가 할 수 없는 것(자폐증)과 하기 싫어하는 것(성격이나 기분 문제)을 구별할 수 있어야 한다. 같은 사람이라도 자폐 증상의 정도가 항상 일정하지는 않기 때문에 테스트 방식도 그날그날 달라져야 한다. 아울러 점점 더 많은 어른들이 자폐 증상을 보인다는 점을 고려하면 이런 테스트들도 다양한 연령대의 사람들에게 효력을 가져야 한다. 그러나 자폐증이 발달 장애라는 이유로 세 살 이전에 증상이 시작된 경우가 아니면 자폐증 진단을 받지 않는다. 다시 말해서 세 살 이후에 시작된 자폐와 유사한 증상들은 발달 장애가 아닌 것으로 간주된다.

그동안의 의학계는 많은 경우에 부모들의 통찰력을 묵살하기 일쑤였다. 20세기 초에 내과 의사로 일하던 어거스트 비어August Bier는 〈현명한 어머니의 진단이 서투른 의사의 진단보다 대체로 더 정확하다〉[99]고 말했다. 부모가 자녀를 관찰할 때의 밀착성은 의사가 관찰할 때 보이는 전문성만큼이나 강력할 수 있으며, 이 두 가지 요소가 서로 대립하는 경우에는 모두에게 재앙이 된다. 대체로 오늘날의 의학계는 질병 모델과 들어맞지 않는 부모들의 시각을 받아들일 준비가 되어 있지 않다. 대다수 부모들에게 자폐증 진단은 저승의 삼도천 강을 건너 지옥으로 들어가는 경험이나 다를 게 없다. 하지만 캐슬린 자이델—장애 인권 운동가이고, Neurodiversity.com의 설립자이며, 열 살에 아스퍼거 증후군 진단을 받은 젊은이의 어머니이다—같은 어떤 사람들에게는 해당 진단이 일종의 계시가 되기도 한다. 그녀가 말했다. 「나는 자폐증 진단이 삶에 대한 인식을 정립하는 데 도움이 된다고 생각해요. 우리는 이전에는 이해할 수 없었던 것들을 이해할 수 있게 되었어요. 또한 스스로를 유용한 존재라고 느끼게 되었죠. 한편으로는 해당 진단을 받고서 아들에 대한 기대감이 확 줄어드는 것을 느꼈어요. 그렇지만 그런 식으로 생각하는 것은 바람직하지도, 건강하지도 않다고 판단했죠. 신은 여러 가지 다양한 방식으로 인간의 뇌를 만들어요. 대용량의 데이터를 처리하는 크레이 슈퍼컴퓨터는 정말 복잡하고, 밀도 높은 작업에 사용되는데 가동할 때 무척 많은 열이 발생하고 따라서 수랭식 냉각장치가 있어야 해요. 무척 특별한 종류의 TLC도 필요하죠. 제대로 기능을 발휘하려면 이런 주변 환경이 필요하다는 이유로 크레이 컴퓨터에 하자가 있다고 할 수 있을까요? 절대 아니죠! 크레이 슈퍼컴퓨터는 정말 멋진 컴퓨터예요! 우리 아들의 경우도 마찬가지예요. 비록 도움과 관심이 필요하기는 하지만 정말 놀라운 아이죠.」[100]

마빈 브라운의 어머니 아이실다는 자신이 어떻게 할 수 있는 것과 할 수 없는 것을 설명하면서 자신이 어떻게 할 수 없는 일에 대해서는 화를 내지 않는다고 말했다.[101] 흔히 사람들은 〈단순한 지혜〉의 모태가 된 거친 환경을 미화하거나, 자신이 얻은 지혜를 실제보다 더 단순화하거나 더 현묘한 것처럼 묘사함으로써 〈단순한 지혜〉를 가르치려 든다. 하지만 아이실다 브라운은 아들의 상태에 대해 그동안 내가 만났던 그 어떤 어머니들보다 평화로운 상태를 유지하는 듯 보였다. 일평생 어떠한 선택도 하지 않음으로써 수용하는 재능을 갖게 된 것이다. 그녀는 아들을 위해 양질의 복지를 요구했지만 그러한 복지 혜택이 자신의 아들을 다른 사람으로 바꾸어줄 거라고 기대하지 않았다. 자폐 아동의 양육을 둘러싼 중산층이나 부유층의 이야기는 대체로 공허한 싸움이 끊임없이 계속되는 일종의 대하소설이다. 반면에 나는 아이실다의 묵인하는 태도와 그에 따른 필연적인 귀결로서 그녀의 행복을 존중한다.

아이실다는 사우스캐롤라이나에서 가난한 아프리카계 미국인 농부 집안의 10남매 중 한 명으로 자랐다. 그리고 1960년대에 뉴욕으로 와서 가정부 일을 구했다. 일찍 결혼한 그녀는 서른 살에 다섯 자녀의 어머니가 되었다. 마빈은 그중 넷째였다. 아이실다의 설명에 따르면 마빈은 두 살 때까지만 하더라도 지금과 달랐다. 「마빈은 세 살 때 말을 하기 시작했는데 갑자기 멈추었고 그 뒤로는 다섯 살 때까지 말을 하려는 시도조차 하지 않았어요.」마빈은 거의 네 살이던 1976년에 자폐증 진단을 받았다. 아이실다가 그때를 회상했다. 「마빈은 우는 일이 없었어요. 마냥 행복해했고, 여기저기 뛰어다니며 놀았죠. 다만 그는 무척 일찍 일어났어요. 매일같이 새벽 2시에 일어났죠. 마빈이 일어나면 나도 일어나야 해요. 그 아이는 절대로 가만히 있는 법이 없어요. 나로서는 그냥 적응하는 수밖에 없었어요.」가정부 일로 생계를 유지한다는 것은 결코 녹록한 일이 아니었지만 아이실다는 마빈과의 삶이 그녀에게 허락한 하루 서너 시간만 잠을 자면서 몇 년에 걸쳐 그 일을 했다. 그녀가 말했다. 「나는 너무 지치지 않게 해달라고 기도했어요. 나를 올바른 길로 인도해 주고, 옳은 일을 하도록 도와주고, 내게 힘을 주고, 마빈을 받아들일 수 있게 해달라고 기도했어요. 하루하루를 살아가기 위해서는 바로 그러한 것들이 필요하기 때문이에요.」

아이실다는 집에서 한 시간 거리에 위치한 브롱크스 북쪽 야코비 병원의 자폐 아동 프로그램에 마빈을 등록했다. 이 프로그램에 참가하는 아이들이 대부분 야코비 근처의 공립학교에 다녔고, 마빈 또한 멀리 다니는 것을 싫어했기 때문에 아이실다는 가족들을 설득해서 학교 근처로 집을 옮겼다. 마빈은 손을 파닥거리기도 했지만 다른 식의 반복적인 행동도 많이 했다. 언어 능력은 극히 제한적이었다. 아이실다는 심지어 마빈이 열 살 때 남편이 그녀를 떠났을 때도 마빈에게 변함없고 세심한 어머니가 되어 주었고, 똑같은 학교와 똑같은 아파트 등 그녀의 능력이 허락하는 한도 내에서 최대한의 연속성을 유지하려고 노력했다. 그녀가 말했다. 「마빈은 슬프면 〈나는 무척 슬퍼요〉라고 말해요. 행복하면 행복하다고 이야기하죠. 화가 났을 때도 〈나 화났어!〉라고 말해요. 그러면 나는 아들을 진정시키면서 쓰다듬어 줘요. 그런 다음에는 〈그냥 좀 앉아서 마음을 느긋하게 가져봐〉라고 타이르죠. 나는 어떻게 해야 마빈을 진정시킬 수 있는지 알아요.」독실한 여호와의 증인인 아이실다는 그녀의 종교 커뮤니티에 의지했다. 「교회는 우리에게 가장 큰 안식처였고, 지금도 그래요. 교회 사람들은 정말, 정말 큰 힘이 되어 주었어요. 마빈을 모르는 사람이 없을 정도예요. 마빈도 그들을 모두 알죠.」

　마빈이 나이가 들면서 한편으로는 그를 돌보기가 수월해졌다. 무엇보다 예전에 비해 잠을 많이 잤다. 스스로 할 수 있는 것들도 늘었다. 하지만 자신의 상태에 관한 자의식도 강해졌다. 마빈이 20대가 되면서 아이실다는 가정부 일을 포기하고 뉴욕 마운트 버넌에서 노인들 돌보는 일을 시작했다. 일 자체도 약간은 편해졌다. 그녀는 전문가들에게 마빈이 공동 생활 가정에 가서도 잘 지낼 거라는 조언을 듣고 그가 지낼 곳을 찾아냈다. 마빈을 공동 생활 가정으로 데려가기 전에 그녀가 말했다. 「네가 싫으면 다시 오는 거야.」 그리고 주말마다 집에 데려오겠다고 약속했다. 마빈은 처음부터 그곳에 가는 것을 싫어했지만 그녀는 그래도 시도는 해 봐야 한다고 주장했다. 그해가 저물어가도록 마빈은 공동 생활 가정에서 전혀 행복해질 기미가 보이지 않았고 결국 그녀는 마빈을 다시 집으로 데려왔다. 그로부터 5년 정도 지났을 때였다. 브롱크스의 한 종일 프로그램에 다니던 마빈을 극도의 혼란에 빠뜨린 사건이 발생했다. 현장에 있던 다른 사람들이 들려준 증언에 따르면 종일 프로그램의 교사들 중 한 명이 마빈을 자극했다. 그리고 그 교사는 마빈이 전혀 폭력성을 보이지 않았음에도 경찰을 불렀고 경찰은 그에게 수갑을 채워 정신병원으로 데려갔다. 그녀의 아들이 정신병원에 수감되었다는 이야기를 듣고 아이실다는 곧장 병원으로 달려가서 그를 꺼내왔다. 마빈은 잔뜩 겁에 질렸고 극도의 혼란 상태에 빠졌다. 아이실다는 격분했다. 「나는 시장과 장관을 비롯해서 관련된 모든 사람에게 편지를 썼어요. 예전에 내가 가정부로 일했던 집의 어떤 사람이 내가 편지를 쓰도록 도와주었죠. 그들에게 주 전체의 관심이 쏟아졌어요. 그리고 해당 프로그램에 대한 조사가 실시되었죠.」 겁이 나서 가만히 있던 다른 사람들도 그녀와 똑같이 행동에 나섰고, 결국 그 사건의 책임자인 여성은 해고되었다. 아이실다는 마빈을 새로운 종일 프로그램으로 옮겼고,

마빈은 그곳에서 취업을 준비했다. 그는 감독 하에 서점과 배달 회사에서 일했으며 경비원 일도 배웠다.

우리가 만났을 때 아이실다는 62세였고 자녀를 양육하기 시작한 지 43년째였다. 그녀가 말했다. 「마빈은 지금도 많은 감독이 필요해요. 그럼에도 나를 부를 때는 〈친구〉라는 호칭을 사용해요.」 이렇게 이야기하면서 그녀는 내심 자랑스럽고 만족스러운 표정으로 수줍게 미소를 지었다. 아이실다는 이제 지역 사회의 중요한 자원이 되었다. 그녀는 다른 수많은 부모들을 만났고, 한때 마빈이 도움을 받았던 센터에서 상영할 목적으로 마빈에 관한 영상 자료도 만들었다. 「이렇게 말하고 싶네요. 〈여러분은 지금 내 아들을 보고 있습니다. 그리고 이제 여러분의 아이가 뛰어다니기는 하지만 말을 하지는 않는 모습을 보게 될 겁니다. 제 아들도 그랬어요. 혹시라도 여러분이 포기한다면 여러분의 아이에게는 어떤 기회도 없을 거예요〉라고요.」 잠시 이야기를 멈춘 그녀가 환하게 웃었다. 「그동안 걸어온 길을 돌아보면서 하느님께 〈그토록《먼》길을 걸어오는 동안 나를 이끌어 주셔서 감사합니다〉라고 기도했어요.」

미국 자폐증 협회는 150만 명 정도의 미국인이 자폐 범주에 해당될 거라고 추산한다.[102] 질병 통제 센터CDC는 21세 미만 자폐 인구가 56만 명에 달한다고 말한다. 미국 교육부의 발표에 따르면 미국에서만 자폐증 발병률이 매년 10퍼센트에서 17퍼센트씩 증가하고 있으며, 향후 10년 뒤에는 자폐 인구가 4백만 명에 이를 것으로 전망된다. 최근의 한 연구 결과에 따르면, 전 세계 인구 중 1퍼센트 이상이 자폐 범주에 속한다. 이 같은 자폐 인구의 급증은 확대된 자폐 범주와도 일부 관련이 있다.[103] 한때는 분열형 장애나 지적 장애로 분류될 수도 있었던 사람들이, 아울러 한때는 특이한 사람으로만 여겨질 뿐 자폐 진단까지는 받지 않았을지도 모를 사람들이 이제는 자폐 범주로 분류된다. 부모들의 적극적인 지원은 자폐 아동들이 다른 질환을 앓는 아동들에 비해 보다 나은 복지 혜택을 누리도록 하는 데 도움이 되었다. 어떤 특정한 진단 범주에 보다 나은 복지 혜택이 제공될 경우 이를 이용하기 위해 전적으로 부합되지 않는 아동에게도 해당 진단을 적용하려는 의사들이 등장하기 마련이다. 게다가 자녀의 장애 때문에 부당하게 가해지는 비난을 피하고자 한때는 자폐증이라는 꼬리표를 기피했던 부모들도 이제는 자녀가 특수교육 혜택을 받을 수 있도록 기꺼이 그 같은 꼬리표를 달아 주려고 한다. 일례로 캘리포니아에서는 진단명을 바꿔치기하는 경우가 빈번하다.[104] 캘리포니아 주 정부는 지적 장애가 감소한 것과 때를 같이해서 자폐증 관련 복지사업이 지난 20년간 12배나 증가했다고 발표했다. 자폐증 연구자 로라 슈라이브만Laura Schreibman의 계산에 따르면 자폐증 환자 한 명에게는 평생 총 5백만 달러의 비용이 든다. 심지어 전액 보험 혜택을 받는 부모들에게도 연간 막대한 부대 비용이 발생한다.[105] 한편 대다수 보험회사들은 의학적 치료보다는 교육 전략에 가깝다는 이유로 응용 행동 분석 같은 노동 집약적인 치료법에 대한 보험금 지급을 거부한다. 그리고 이에 대해 능력이 되는 많은 부모들은 보험회사나 학교 이사회, 지역 정부를, 또는 그들 모두를 고소한다. 심각한 장애가 있는 자녀를 양육하는 일은 그 자체만으로 부모들의 진을 완전히 빼놓기 일쑤다. 여기에 더해서 이러한 소송들은 그들을 한계까지 몰아붙인다.

그렇다면 자폐증 자체도 증가하고 있을까? 이 문제에 대해 상상도 할 수 없을 만큼의 많은 시간과 에너지가 투입되었고 그럼에도 여태껏 어떠한 합의도 도출되지는 않았지만 진단율과 발병률 둘 다 증가했다고 결론을 내리는 편이 타당할 것 같다. 내가 이 책을 준비하던 10여 년 동안 책에서 어떠한 질병들을 다루는지 알게 된 사람들은 자폐증에 맞서 싸우는 지인들을 소개하겠다고 제안했고, 그런 사람들의 숫자가 자폐증을 제외한 다른 질병과 싸우는 사람을 소개하겠다는 사람들보다 적어도 10배는 많았다. 국립 정신보건 연구소 소장 토머스 인셀의 설명에 따르면, 1970년대에 한 자폐 아동이 보스턴 아동 병원에 수용되었을 때만 하더라도 그 병원 원장은 두 번 다시 자폐 아동을 볼 기회가 없을지도 모른다고 판단해서 직원들에게 그 아동을 잘 관찰해 두라고 지시했다고 한다. 오늘날 인셀이 사는 거리에는 아홉 가구가 있는데 이 중 두 가구에 자폐 아동이 있다. 국립정신보건 연구소의 전임 소장이자 하버드 대학 교무처장을 지낸 스티븐 하이먼이 말했다. 「자폐 진단율의 증가는 비낙인화와 폭넓은 교육에 따른 결과예요. 그렇다면 이런 결과가 발병률의 증가는 없다는 뜻일까요? 아니에요. 다만 발병률의 증가를 알아차리기 어려울 뿐이죠.」[106] 오늘날의 자폐증 기준을 검토한 일부 연구에 따르면, 자폐증 진단이 언제나 약간의 추측에 근거하는 측면이 없지 않다는 점을 인정하더라도 과거에는 자폐가 아니라고 여겨졌을 사람도 오늘날의 기준을 적용하면 자폐로 간주될 수 있음이 밝혀졌다.[107]

퇴행성 자폐증이 실제로는 퇴행과 거리가 멀다고 주장하는 과학자들도 많다. 다시 말해서, 특정 유전자형을 보유한 아동들은 발달 단계에서 이미 징후들을 보이기 시작하지만 자폐증은 치아나 머리카락처럼 일정한 때가 되어야 나타난다는 것이다.[108] 하지만 퇴행 현상을 보이는 자녀를 둔 많은 부모들은 거의 정반대되는 주장을 내놓는다. 즉 특정한 환경적인 요인이 퇴행 현상을 초래한다는 것이다. 아이들이 면역 주사를 맞는 시기와 정확히 일치해서 이런 퇴행 현상이 발생한다는 점을 들어 많은 부모들이 그들 자녀가 백신 때문에, 특히 홍역-볼거리-풍진MMR 백신과 수은 기반의 방부제 티메로살이 함유된 백신 때문에 자폐증에 걸렸다고 주장한다.[109] MMR 백신은 1970년대에 미국에 도입되었고, 1980년대에 이르러서 광범위하게 사용되었다. 이 백신은 한 살 이전에는 모체 면역으로 인해 효과가 없기 때문에 대략 생후 13개월째에 접종된다. 1998년에 영국의 로열 프리 병원의 위장병 전문의 앤드루 웨이크필드Andrew Wakefield는 의학 전문지 『랜싯The Lancet』에 MMR 백신과 자폐 아동의 위장병 사이에 연관성이 있다는 논문을 발표했다.[110] 웨이크필드와 그의 동료들이 제시한 관련 사례는 단지 12건에 불과했다. 그럼에도 기자들은 그들의 주장을 집중적으로 다루었고, 많은 부모들이 자녀에 대한 백신 접종을 거부했다. 영국의 홍역 예방접종 비율이 92퍼센트에서 80퍼센트 이하로 떨어졌고 그 결과 홍역 발병률이 치솟기 시작했다. 1998년에 잉글랜드와 웨일스에서 홍역에 걸린 아동 숫자는 56명에 불과했고 사망자는 단 한 명도 없었다. 그러나 2008년에 이르러서는 영국 전역에서 총 5,088명의 아이들이 홍역에 걸렸고 그들 중 2명이 사망했다.[111]

　　수많은 인구 통계학적 연구들이 백신과 자폐증의 연관성을 증명하는 데 계속해서 실패했다. 질병 통제 및 예방 센터에서 지휘한 한 연구는 14만 명의 아동들을 추적 조사했지만 끝내 아무런 연관성을 밝혀내지 못했다.[112] 일본에서 실시된 한 연구에 따르면 예방접종을 하지 않은 아동들의 자폐증 발병률이 실제로는 더 높은 것으로 나타나기도 했다. 마침내 웨이크필드가 백신 제조사들을 상대로 소송을 제기하려던 변호사의 사주를 받았음이 드러나면서, 그리고 관련 사례로 제시되었던 총 12명의 피험자 중 11명이 그 소송과 관련이 있음이 밝혀지면서, 또한 웨이크필드가 해당 연구를 대가로 영국 법률 구조 공단으로부터 돈을 받았음이 알려지면서 13명의 공동 저자들 중 10명이 공식적으로 해당 연구 논문에서 자신의 이름을 철회했다. 뒤이어 『랜싯』의 편집자도 웨이크필드의 논문에 〈치명적인 결함〉이 있다고 설명하면서 해당 논문을 게재한 것에 대해 공식 사과했다.[113] 그리고 2010년에 영국 종합 의료 협의회의 조사가 이루어진 이후에는 해당 저널에서 이 논문이 전적으로 철회되었다. 백신이 자폐증과 무관하다는 증거들이 속속 등장했음에도 웨이크필드의 조수들은 은폐 의혹을 제기하면서 새로운 논란을 야기했고, 그 결과 백신 문제는 계속해서 집중 조명을 받았다. 아동에게 일상적으로 운용되는 모든 백신에서 티메로살을 제거한 이후에도 자폐증 발병률이 줄어들지 않자 어떤 사람들은 이 문제가 백신과 면역 체계에 대한 백신의 잠재적인 공격이 복합적으로 작용한 결과이거나, 단순히 지나치게 많은 예방접종에서 비롯된 결과라고 주장하기도 했다.[114]

자폐로 인한 자녀의 퇴행 현상은 부모들에게 그 자녀의 선천적인 장애를 인지하는 경우보다 훨씬 극심한 정신적 외상을 초래하는 것 같다. 그 결과 부모들은 자폐가 본격적으로 발병하기 이전에 함께 놀고 웃던 아이를 되찾을 수 있다는 생각에 사로잡힌다. 자폐증의 퇴행 현상에 관련된 정보의 상당 부분은 자녀의 발달 과정에 관한 부모들의 직접적인 증언을 통해 얻어진다. 퇴행 현상을 보이는 아이들은 일반적으로 생후 약 16개월부터 언어 능력을 잃기 시작한다. 내가 만났던 한 아이는 자폐인 형제가 있었고 따라서 고위험군으로 간주되어 진찰을 받았다. 생후 6개월이던 그 아이는 밝게 웃었고, 잘 놀았으며, 진찰 과정을 즐겼다. 하지만 대략 1년 뒤에 다시 똑같은 의사를 만났을 때 그 아이는 의사에게 전혀 주의를 기울이지 않는 듯 보였다. 게다가 웃거나 미소를 짓지도 않았고 다른 사람의 존재를 의식하지도 않았다. 그는 무기력하고 멍해 보였다. 일부 연구자들은 그런 퇴행 현상이 과연 기능 상실에 따른 결과인지, 혹시 유아기의 초기 사교성이 성숙한 사교성과는 다른 뇌 영역에 의존하기 때문인 것은 아닌지 의문을 제기했다. 그럼에도 대다수 연구자들은 자폐증 사례의 20퍼센트에서 50퍼센트 정도가 퇴행 현상과 관련이 있다고 추정해 왔다.[115]

기자 데이비드 커비는 그의 저서 『상해의 증거Evidence of Harm』에서 자폐증과 백신을 둘러싼 진화된 가설을 소개하면서 백신이 자녀에게 해를 끼친다고 확신하는 부모들과, 백신 개발에 관여하는 과학자나 정책 입안자 간의 견해 차이를 전한다.[116] 그들은 상대의 동기가 금전적인 이해의 충돌이나 의도적으로 왜곡된 과학이라고 믿는다. 예방접종 피해 국가 보상 프로그램은 청구인들의 변호사가 인과관계를 뒷받침할 만한 타당한 과학적 근거를 내놓지 못한다는 이유로, 백신이 아이들에게 자폐증을 유발했다고 주장하는 5,000건 이상의 배상 청구를 묵살하고 있다. 이러한 소송과 관련된 논쟁에서는 흔히 폭언이 오가기 일쑤다. 오티즘 스픽스의 공동 설립자인 밥과 수전 라이트의 딸 케이티 라이트는 그녀의 아들이 예방접종을 받은 뒤로 자폐 징후를 보이기 시작했으며, 백신 부작용 치료를 받고 나서 어느 정도 회복되었다고 주장했다. 또한 그녀의 부모와 그들이 지원하는 과학자들이 〈실패한 전략〉을 버리고 그녀의 관점을 수용해야 한다고 주장했다. 그녀의 주장과 관련해 라이트 부부는 오티즘 스픽스 웹사이트에 딸의 〈개인적인 관점은 우리의 관점과 다르다〉고 명시하는 글을 게재했다.[117] 백신 논쟁은 한때 『플레이보이』의 섹시한 화보 페이지를 장식했던 여성 코미디언 제니 매카시가 가담하면서 절정으로 치달았다.[118] 비평가들은 매카시가 이 성전을 계기로 언론으로부터 상당한 관심을 받았으며, 논쟁에 가담함으로써 꽤 많은 돈을 벌었다고 비꼬았다.

2008년 3월 애틀랜타 연방 청구 법원은 수두 백신이 아이의 잠재된 미토콘드리아 장애를 악화시켜 자폐 유형의 증상을 유발했다고 주장하는 해나 폴링 사건에서 원고의 손을 들어 주었다.[119] 백신 접종에 반대하는 사람들은 이 사건을 진작 구현되었어야 할 정의로 받아들였다. 어떤 사람들은 그들의 운동을 초기 금연운동과 비교하기도 했다. 『셰이퍼 오티즘 리포트Schafer Autism Report』잡지의 설립자이자 자폐증 청년의 양아버지인 레니 셰이퍼는 〈1950년대와 1960년대에 폐암과 심장 질환이 유행병처럼 확산되었을 때도 담배 회사들은 담배가 이러한 질병들과 아무런 관련이 없음을 보여 주는 완벽한 학술적 자료들을 갖고 있었다〉[120]고 말했다.

반대로 많은 신경 다양성과 자폐 인권 운동가들은 백신 논쟁으로 상처를 받았으며, 백신 논쟁이 과학적으로 근거가 없을뿐더러 자폐인들에 대한 모욕이라고 생각한다. 캐슬린 자이델이 말했다. 「배심원들이나 판사들은 이런 이야기를 듣고 그들의 마음이 기우는 쪽으로 결정을 내려요. 하지만 그들의 마음이 항상 정의로 기운다는 보장은 없잖아요.」

유행병 연구를 통해 예방접종과 자폐증 사이에 아무런 상관관계가 없음이 밝혀졌다. 하지만 이것이 백신에 의해 촉발되는 취약성으로부터 모든 아이들이 안전하다는 뜻일까? 퇴행 현상을 보인 자녀를 둔 한 어머니는 〈소아과 의사가 아들에게 예방접종을 하고 24시간도 지나지 않아서 백혈구 수치가 31,000까지 치솟았어요. 결국 아들을 병원에 입원시켰고 의사는 패혈증이라고 말했죠. 그런데 병원에서 퇴원한 뒤로 아들은 사람들과 잘 어울리지 못했어요. 사교성이 뚝 떨어진 거예요. 마치 병원에 입원할 때의 아이와 퇴원할 때의 아이가 다른 것 같았죠〉라고 설명했다. 포샤 이버슨의 말대로, 〈이런저런 증거를 들이대면서 다른 사람의 경험을 반박할 권리는 누구에게도 없다〉. 인셀이 말했다. 「내가 보기에 중요한 것은 음식 알레르기나 천식, 당뇨병, 자폐증, 소아 조울증 등이 증가하고 있다는 점이에요. 이런 질환들은 지난 10년간 40배로 증가했죠. 나는 이 모든 것을 설명해 주는 보다 포괄적인 어떤 요인이 있는 것은 아닐지 궁금해요. 그게 뭔지는 나도 모릅니다. 하지만 환경적인 요인이 아닐까 생각해요.」 안타깝게도 현대 생활에는 후보로 거론될 만한 환경적인 변수들이 너무나 많다. 이를테면 휴대전화나 항공 여행, 텔레비전, 비타민 영양제, 식품 첨가물 등이다. 많은 부모들이 주위에 널린 중금속이 그들의 자녀에게 피해를 주었다고 믿는다.[121] 또한 그 밖의 다른 광범위한 물질을, 특히 연간 생산량이 3백만 톤이 넘는 플라스틱을 만들 때 사용되는 에스트로겐 기반의 인공 고분자화합물 비스페놀-A 같은 물질을 탓하는 사람들도 있다.[122] 대부분의 유전학자들은 이러한 의문들이 아직 완전히 해결되지 않았으며, 어쩌면 앞으로도 오랫동안 해결되지 않을 수 있음을 인정한다.

하지만 널리 인정된 유전학 이론에 역행하는 결과를 보여 주는 연구 사례도 있다. 2011년에 스탠퍼드 대학의 심리학자 요아힘 홀마이어 Joachim Hallmayer 교수와 그의 동료들은 일란성과 이란성 쌍둥이들의 자폐증 실태를 조사하고, 수치화를 이용해서 그들이 연구한 전체 사례들 중 유전적 특징에 의해 자폐증이 결정된 사례가 단지 38퍼센트에 불과함을 증명했다. 그에 반해 환경적인 요인이 주된 원인으로 드러난 사례는 전체 사례의 58퍼센트에 달했다. 특히 일란성 쌍둥이들의 동시 발병률이 예상보다 낮았는데 이는 유전적 특징이 전부는 아님을 암시한다. 반대로 이란성 쌍둥이들의 동시 발병률은 예상보다 높았으며 이는 환경—어쩌면 태아기의 환경—의 영향이 매우 크다는 사실을 암시한다.[123] 캘리포니아 대학 샌프란시스코 캠퍼스 유전자 연구소의 책임자이며 이 연구를 계획한 닐 리슈Neil Risch 교수는 〈우리는 유전적인 요소가 없다고 주장하려는 것이 아니다. 오히려 그 반대다. 그렇지만 자폐증 범주에 속하는 대다수 사람들에게 단순히 유전적인 원인만 있는 것은 아니다〉[124]라고 설명했다. 의학 전문지 『일반 정신의학Archives of General Psychiatry』의 편집자 조지프 코일Joseph Coyle은 이 연구를 〈게임 체인저〉*라고 묘사했다.[125] 같은 시기에 동일한 잡지에 논문을 게재한 또 다른 별도 그룹은 임신 전이나 임신 기간 중에 항우울제인 세로토닌 재흡수 억제제를 복용한 산모의 아이가 자폐증에 걸릴 위험이 높다는 사실을 밝혀냈다.[126] 이러한 자료들이 하나같이 예비 자료에 불과하고 전체 자폐 건수의 70퍼센트가 유전에 의한 결과임을 보여 주는 데이터가 훨씬 많지만 그럼에도 주류 과학계는 환경 위험의 심각성을 재고할 필요가 있을 것이다.[127]

프린스턴 대학을 우수한 성적으로 졸업한 마크 블랙실은 비즈니스 컨설팅 회사의 창업주이며, 예방접종이 자폐증을 유발한다는 주장을 지지하는 가장 지적인 옹호자 중 한 명이다.[128] 그와 그의 아내 엘리스는 열 번의 체외수정과 열 번의 유산, 두 번의 자궁 외 임신을 경험했다. 그러다 마침내 두 딸을 낳았다. 둘째 딸 미카엘라는 생후 1년 동안 아무 탈 없이 잘 자

---

* 어떤 일에서 결과나 흐름의 판도를 뒤바꿔 놓을 만한 중요한 역할을 한 인물이나 사건.

라는 듯 보였다. 하지만 그녀가 두 살을 앞두고 있을 때 엘리스는 무언가 잘못되었다는 생각이 들기 시작했다. 그리고 두 살하고 9개월이 되었을 때 미카엘라는 자폐 진단을 받았다. 마크가 말했다. 「나는 그다지 사교적이지 않았어요. 어쨌거나 중요한 것은 일이잖아요. 미카엘라는 순한 아이였습니다. 내가 슬픔에 대처한 방식은 배울 수 있는 모든 것을 적극적으로 파고드는 거였어요. 신경 과학을 공부하는 전문학교에도 다닐 뻔 했죠. 나는 신경 과학에 푹 빠져 있었어요.」

내가 마크를 만났을 때 미카엘라는 12살이었고 자폐 아동치고는 커다란 진전을 보이고 있었다. 마크가 그녀를 돌보는 열 사람의 이름을 열거했다. 그는 치료 전문가들과 보모는 물론이고 그녀의 허약한 육체적 건강을 돌보기 위해 의사도 고용했다. 그 모든 도움을 다 누릴 수 있는 사람이 그다지 많지 않다는 사실을 마크 자신도 잘 알고 있었다. 그럼에도 그는 심한 좌절감을 느꼈다. 「미카엘라는 처음에 중증 자폐증 진단을 받았어요. 말도 못했죠. 지금은 세상과 어울리고, 다정하고, 무척 사교적입니다. 언어 능력은 여전히 아스퍼거 증후군 수준에는 못 미치지만 거의 근접하고 있죠. 그럼에도 그녀는 지미니 크리켓*과 피노키오 이야기만 하려고 합니다. 그녀가 그 이야기에서 벗어나게 하는 것이 우리 부부의 일이에요. 제발 그녀가 지미니 크리켓 말고 다른 주제에 대해서도 이야기하길 바랄 뿐이에요.」

마크는 행동주의 철학에 심취해 있다. 그가 내게 말했다. 「나는 자폐증이 뇌에 생긴 발진이라고 생각해요. 사람들은 이를테면 자폐증이 백신과 수은에서 비롯된다는 주장처럼 정치적으로 그들과 맞지 않는 생각을 가진 사람들을 비난해요. 하지만 우리는 바보스럽게도 자폐증이 유행병이라고 믿어요. 즉 자폐증이 환경적인 요인에 의해 발생한다고 생각하죠. 나

---

* 피노키오가 나무 인형에서 사람이 되도록 멘토가 되어준 귀뚜라미.

는 자폐증을 둘러싼 해법들이 마음에 들지 않아요. 과학 이론도 만족스럽지 않기는 마찬가지고요. 자폐를 연구하는 연구소들도 마음에 들지 않습니다. 유전학 연구는 비참할 정도로 실패했어요. 질병 통제 센터의 역할은 백신 안정성을 유지하는 거예요. 그리고 이를 위해서 그들이 원하는 결과를 제공하는 쓰레기 같은 연구들을 양산할 뿐입니다.」 마크는 그가 공동 집필했으며, 자폐 아동이 태어나 처음 자른 머리카락과 이후에 자른 머리카락에서 수은의 함유량이 감소하는 정도를 보여 준 연구를 언급했다. 그리고 이 연구가 자폐 아동이 다른 아이들만큼 효율적으로 수은을 배출할 수 없음을 보여 준다고 주장했다. 그는 『신경 독성학*NeuroToxicology*』 같은 명성 있는 의학 전문지에 상호 심사 논문을 발표하기도 했다.[129] 그가 인용하는 많은 과학적 근거가 철저하게 반박되고 그가 폄하하는 과학적 이론이 탄탄한 경험적 토대를 가진 듯 보인다는 점을 제외하면, 그의 열정과 마주해서 생각이 바뀌지 않기는 좀처럼 어려운 일이다. 과학 이론은 늘 수정되기 마련이다. 하지만 콜드 스프링 하버 연구소 대표 브루스 스틸먼Bruce Stillman이 지적했듯이 과학은 회의에서 의논할 문제가 아니다. 그리고 그 점은 이 분야의 과학도 마찬가지인 듯 보인다.

마크가 말했다. 「나는 풋볼 팀에서 주장을 맡았었고, 학생회 대표였으며, 국가 장학생이었습니다. 부모님에게는 자랑스러운 아들이었죠. 자폐인의 자기 권리 주장과 관련한 일은 일종의 사명일 뿐 다른 사람을 이기거나, 그들보다 많은 돈을 벌거나, 보다 나은 지위를 얻기 위함이 아니에요. 만약 당신이 내가 하려고 선택한 일을 한다면 절대로 고상한 사회에 낄 수는 없을 겁니다. 다만 해방감을 느낄 수 있을 뿐이에요. 나는 〈뉴욕 타임스〉가 어떻게 생각하든 상관하지 않습니다. 단지 옳은 일을 하면서 세상에 나의 흔적을 남기고 싶을 뿐이에요.」

미국법은 의료 서비스와 조화되지 않는 교육 서비스를 제공한다. 교육은 정부의 책임인 반면에, 의료 서비스는 개인의 책임이고 상당 부분이 보험회사에 의해 통제된다. 이런 이유로 일부 옹호론자들은 자폐증 치료를 의료가 아닌 교육의 영역으로 편입시키고자 한다. 지금까지는 교육 차원의 개입이 의료 차원의 개입보다 더 효과가 있는 듯하며, 따라서 오늘날에는 대다수의 치료가 학교를 중심으로 이루어진다. 다운증후군이나 다른 많은 장애와 마찬가지로 자폐증도 가능한 한 조기에 검사하고 대처하는 방법이 최선이다.

조기 개입 서비스를 위해서는 조기 검사가 필요하다. 아미 클린Ami Klin과 예일 대학 병원의 동료들은 자폐증 성인들과 자폐가 아닌 성인들로 하여금 「누가 버지니아 울프를 두려워하랴?Who's Afraid of Virginia Woolf?」라는 영화를 보도록 하는 실험을 했다. 그리고 컴퓨터 트래킹 시스템을 이용해서, 자폐가 없는 사람들과 달리 자폐인 사람들은 논쟁을 벌이는 주인공들 사이에서 시선을 이리저리 옮기지 않는다는 사실을 알아냈다.[130] 이같은 연구 결과에 근거해서 그들은 유아에게 다른 아이들과 어머니들이 등장하는 비디오를 보여 주었다. 그러자 정상적인 발달 과정을 보이는 유아들은 등장인물의 눈에 초점을 맞춘 반면에, 자폐 위험군 유아들은 전체적인 대상이나 그들의 입에 초점을 맞추었다. 조기 치료가 효과적인 만큼 조기 진단이 매우 중요하다는 광범위한 의견 일치가 있음에도 정작 어떻게 조기 치료가 이루어져야 하는지에 대한 합의는 아직 없는 실정이다.[131] 캘리포니아 대학 샌프란시스코 캠퍼스의 심리학자 브리나 시겔Bryna Siegel은 『자폐 아동의 학습을 돕는 법Helping Children with Autism Learn』에서 〈자폐증 치료법에 관한 그림은 치료법을 바라보는 다양한 관점 때문에 한없이 복잡해진다. 발달적, 행동적, 교육적, 인지적, 의학적 관점 등이 그것이다. 이처럼 제각각 다른 관점을 가진 의사들은 대체로 서로의 용어를 이해하지 못한다〉[132]고 썼다.

미국인 행동심리학자 찰스 페스터Charles Ferster는 동물이 훈련을 통해 학습하듯이 사람도 똑같은 방식으로 학습할 수 있다고 주장한 최초의 인물이었다.[133] 1960년대에 들어서 이 개념은 행동 개입으로 발전했고 오늘날에는 자폐증 치료에, 특히 응용 행동 분석ABA에 이용된다.[134] 이러한 행동 치료는 아동을 관찰하고, 해당 아동의 부정적이거나 강박적인 행동을 정확히 짚어 내고, 그러한 행동을 긍정적인 대체 행동으로 발전시키는 데 중점을 둔다. 바람직한 행동에는 확실한 보상이 주어진다. 예를 들어, 말로 하면 아동은 자신이 원하는 것을 얻을 수 있다. 부정적인 행동에 대해서는 어떠한 보상도 없다. 즉 짜증을 내서는 어떠한 것도 얻을 수 없다. 현재 행동 치료는 널리 이용되고 있다.[135] 이러한 교육의 상당 부분이 자폐 아동의 입장에서는 냉혹하게 느껴질 수 있기 때문에 지속적인 관리가 필요하며, 그럼에도 많은 부모들이 행동 치료의 절대적인 필요성에 공감한다. 요컨대 수많은 건청인 부모들이 농인 자녀와 의사소통할 수 있는 언어를 필요로 하는 상황과 비슷하다.

이 밖에도 효과적인 치료법으로는 자폐인의 행동에서 배우는 방법이 있다. 스탠리 그린스펀Stanley Greenspan 박사는 자폐 아동과 함께 바닥에 앉아서 교감을 쌓는 방식인 〈관계에 기초한 발달적, 개인적 차이DIR®/Floortime™ 모델〉을 개발해서 언론으로부터 엄청나게 많은 관심을 받았다.[136] 또한 자폐 아동의 독특한 과민증을 치료하는 청각 통합 훈련과 감각 통합 치료도 있다.[137] 언어 치료는 자폐 아동에게 언어를 사용하도록 유도하고 정확한 조음(調音)을 하도록 도와준다. 이 분야에 대한 아무런 배경 지식도 없던 인도의 소마 묵호파디야이라는 여성은 그녀의 아들을 치료하기 위해 〈빠른 프롬프팅 방법RPM〉*을 개발했고, 말을 전혀 할 줄 몰랐던 그녀의 아들은 이제 타이핑을 이용해서 시를 쓴다.[138]

---

* 자폐 아동이 스스로 정확한 대답이나 행동을 하지 못하는 경우 적극적으로 도와주는 방법.

맹도견과 비슷한 봉사견은 자폐가 있는 아동과 어른 모두에게 대체로 광장히 소중한 존재이며, 공황 발작을 일으키지 않도록 도와주고, 물리적인 지향점을 제공하고, 자폐인과 사회를 정서적으로 이어준다.[139] 한 어머니는 봉사견을 집에 데려온 후에 그녀의 아들 칼렙이 보여 준 변화에 기뻐하며 어쩔 줄을 몰랐다. 「칼렙은 그 어느 때보다 평온하고, 현실 세계와 가까이 있는 것 같아요. 또한 매사에 더 능숙해진 것 같아요. 칼렙과 츄이는 24시간 내내 함께 붙어 있어야 해요. 그렇게 함으로써 서로가 서로의 영원한 동반자임을 알 필요가 있어요.」 칼렙이 학교에 봉사견을 데려갈 수 있도록 허가해야 하는지의 문제를 둘러싼 변론 취지서에서 그녀는 〈츄이가 생긴 이후로 칼렙은 예전에 비해서 화내는 시간이 줄었고, 숙제를 꼬박꼬박 챙겼으며, 매일 여섯 시간에서 여덟 시간씩 잠을 잘 수 있게 되었다. 그리고 집을 나서서 학교는 물론이고 다른 공공장소에 갈 때 겪는 어려움도 덜해졌다〉[140]고 주장했다.

자폐가 있는 사람들이 대다수 음식물에 들어가는 글루텐이나 카제인, 그 밖의 물질에 내성이 없는 경우가 있기 때문에 자녀의 식단을 조정하는 부모들도 있다.[141] 항우울제의 일종이며 프로작과 졸로프트, 팍실이 함유된 SSRIs, 즉 세로토닌 재흡수 억제제는 그동안 일부 자폐인들의 불안증을 치료하기 위해 사용되었으며 그 효과는 그때그때 다른 듯 보인다.[142] 한편 전체의 5분의 1에서 3분의 1에 달하는 자폐인들이 간질을 일으키는데 그들은 항발작 약물 치료의 도움을 받는다.[143] 주의력결핍과잉행동장애에 일반적으로 사용되는 흥분제가 자폐인을 진정시키기 위한 용도로 처방되기도 하며, 다양한 진정제와 할돌이나 멜라릴 같은 항정신병 약들도 마찬가지다.[144]

이러한 치료들로 얻어지는 결과에는 일관성이 없음에도 치료에 드는 노력과 비용은 엄청나다. 게다가 자폐인이 발화와 실용적인 기술, 일정 수준의 사회적 인식능력을 개발하고 유지한다고 하더라도 자폐로부터 완전히 탈출하는 것은 불가능하다. 즉 자폐 특유의 인지 특성은 그대로 남아 있을 것이다. 캠란 나지어는 대다수 자폐 아동의 두드러진 특징을 자폐가 있는 어른들에게서도 발견했다고 설명했다. 「나는 이해가 되기 시작했어요. 대화는 일종의 공연이고 일련의 병치에 불과해요. 내가 당신에게 어떤 말을 한다고 쳐요. 내가 한 말의 어떤 문장도, 어떤 주제도, 어떤 관점도, 또는 그 어느 것도 당신이 수용할 수 있는 어떤 것과 관련이 없어요. 그리고 내 이야기가 끝나면 이번에는 당신이 어떤 말을 하죠. 자폐인들은 이런 식으로 소위 대화라는 것을 진행해요.」[145] 그럼에도 이러한 통찰력들은 자폐증에 관련된 일부 난제들을 해결할 뿐 자폐증 자체를 없애지는 못한다.

브루스 스페이드는 런던에서 27년간 사진작가로 일했다.[146] 그가 평생에 걸쳐 찍은 자폐증 아들 로빈의 사진에서는 불가사의한 아름다움을 바라보는 그의 시선이 느껴진다. 그는 때로는 형언할 수 없을 정도로 괴로워하고, 때로는 활기가 넘치고, 때로는 화를 내고, 때로는 카메라에 매료되어 어쩔 줄 모르는 아들의 인간적인 모습을 사진으로 깊이 있게 담아냈다. 로빈은 무척 상냥한 아이다. 브루스가 말했다. 「로빈에게는 아내 해리엇과 내가 논병아리 행동이라고 부르는 패턴이 있어요. 혹시 뿔논병아리가 교미 춤을 추는 모습을 본 적이 있는지 모르겠군요. 뿔논병아리는 교미 춤을 출 때 물가에 선 채로 머리를 흔들면서 아주 높은 소리를 내요. 만약 로빈이 당신과 눈을 맞추고, 머리를 흔들고, 중간 중간에 〈여기 봐요, 나를 봐요〉라고 말한다면, 그리고 당신 앞에서 논병아리 흉내를 낸다면 당신에게 신호를 보내는 거예요. 당신을 받아들인다고 신호를 보내는 거죠.」 하지만 로빈은 절대로 지칠 줄 몰랐고 그래서 주변 사람의 진을 빼기도 했다. 그리고 점점 커갈수록, 힘이 세질수록 한번 분노가 폭발하면 걷잡을 수 없는 상태가 되었다. 그가 길거리에서 울화 행동이라도 하면 브루스나 해리엇은 진정될 때까지 그를 깔고 앉아 있어야 했다. 그들은 둘째 아이―브루스의 표현에 따르면 〈어떻게 노는지 아는 아이〉―를 가져 볼까 생각도 했었지만 너무 힘들어서 그 문제를 진지하게 고려할 수조차 없었다.

아홉 살에 로빈은 기숙학교에 들어갔다. 브루스가 말했다. 「로빈이 기숙학교에 들어가든지, 아니면 내가 직장을 그만두고 실업 수당으로 생활하면서 그를 돌보아야 했어요.」 이듬해 여름방학에 집에 온 로빈은 항상 배가 고팠고 그의 어머니는 〈안 돼〉라는 말을 하지 못했다. 「해리엇이 계속해서 로빈에게 먹을 것을 주었어요. 자동차 뒷좌석에 과자 봉지가 가득했죠.」 로빈은 먹는 것을 좋아하는 만큼 체중도 놀라운 속도로 불어났다. 몸무게가 거의 136킬로그램에 육박하고 있었다. 브루스가 〈그 문제 때문에 우리는 거의 이혼할 뻔 했습니다〉라고 설명했다. 마침내 로빈은 몸집이 너무 불어나서 걷는 것을 걱정해야 할 지경이 되었다. 머지않아 발톱이 살 속으로 파고들기 시작했다. 그 와중에 해리엇이 바람을 피웠다. 브루스가 말했다. 「우리는 정말 심하게 다투었어요. 화해할 수준을 벗어났죠. 해리엇은 입버릇처럼 〈지금 당장 이혼해〉라고 말하지만 우리가 이혼하는 일은 절대로 없을 겁니다. 우리 중 누구도 혼자서는 지금 이 상황을 감당할 수 없기 때문입니다.」

그 즈음에 로빈의 학교가 문을 닫았다. 학생 한 명이 학교에서 도망쳤다가 죽었고 그 과정에서 어떤 부모라도 걱정하지 않을 수 없는 부적절한 감독 실태가 드러났기 때문이다. 영국에서 로빈처럼 폭력적인 학생을 받아 주는 학교는 딱 두 곳밖에 없다. 브루스와 해리엇은 요크셔의 헤슬리 빌리지 앤 칼리지를 선택했다. 이 학교는 단 70여 명의 자폐인을 위해 21 헥타르에 달하는 면적에 그 나름의 작은 호텔과 마을 공터, 술집, 작은 식당, 미용실, 우체국, 제과점까지 갖춘 이를테면 빅토리아 시대풍의 농장이었다. 학교에 들어간 바로 첫날이었다. 새로운 간병인 중 한 명이 산책을 가자고 제안하자 로빈은 그에게 박치기를 날린 다음 그 위에 올라타서 그가 정신을 잃을 때까지 주먹질을 했다. 그 뒤로 몇 개월 동안 자해 행위가 이어졌다. 하도 세게 머리를 박아서 문을 뚫고 나갈 정도였고 그 때문에 머리가 괜찮은지 수시로 엑스레이 사진까지 찍어야 했다. 피가 나도록 피부를 긁기도 했다. 하지만 차츰 그곳 생활에 익숙해졌고 폭력성도 잦아들었다.

　로빈은 왕성한 성욕을 가졌다. 브루스가 말했다. 「로빈은 자위행위를 많이 해요. 사람들의 코를 쳐다보려고 하는데 그러면 흥분이 되는 모양이에요. 내가 보기에 콧구멍에 집착하는 것 같아요. 내 콧구멍을 쳐다보고 싶어 할 때도 있어요. 가끔은 그 아이가 만족할 때까지 그냥 내버려 두기도 합니다. 그래 봤자 잠깐이죠. 굳이 못하게 하고 싶지 않아요. 그 아이의 인생에 즐거울 일이 그렇게 많은 것도 아니고, 그나마 내가 해줄 수 있는 일이잖아요. 게다가 그 아이가 내 아들이라거나, 그런 행동이 성적인 행위와 관련이 있다는 생각만 하지 않으면 그다지 어려운 일도 아니고요. 하지만 로빈이 콧구멍에 집착하게 만들고 싶은 마음은 없어요. 그래서 너무 자주 허락하지는 않으려고 해요. 헤슬리 칼리지에 여학생이 한 명 있어요. 그녀를 보면 녀석의 걸음걸이가 빨라지죠. 그 여학생이 무척 시끄러운 편이고 자신은 시끄러운 것을 좋아하지 않으면서도 로빈은 그녀와 같은 방에 있으면 무척 수줍어한답니다.」

　이제 로빈은 헤슬리에 있을 때 더 행복한 듯 보였지만 그럼에도 괴상한 행동은 계속되었다. 내가 브루스를 만나기 몇 달 전이었다. 봄방학을 이용해서 집에 온 로빈이 도통 잠을 이루지 못했다. 불면 증상이 꼬박 4일 동안 지속되자 브루스와 해리엇은 의사를 찾아갔고 의사는 수면제를 처방했다. 수면제를 복용한 로빈은 대략 3시간 정도 잠을 잤다. 잠에서 깨어난 그는 몸부림을 쳤고 완전히 정신이 나간 듯 보였다. 해리엇이 로빈의 침대에 앉아 그를 진정시키려고 했다. 그러자 로빈은 그녀의 손을 움켜잡고 힘줄이 끊어질 만큼 세게 물었다. 브루스가 말했다. 「해리엇은 병원에 가야 했어요. 충격에 휩싸여 몸을 떨었고, 거의 제정신이 아니었어요. 정말 끔찍한 밤이었죠.」 그들 부부는 로빈을 다시 학교로 데려다 주었다. 하지만 집에 오는 일이 그가 감당할 수 없을 정도로 그렇게 큰일이었는지 의아했다. 브루스가 말했다. 「그 뒤로 지지난 주에도 또 집에 왔었는데 그때는 마냥 다정하고 애정이 넘쳤어요. 함께 즐거운 시간을 보냈죠. 지저분해진 접시들을 직접 식기 세척기에 넣기도 했답니다. 그건 엄청난 발전이에요. 우리는 마치 케임브리지 대학에서 일등을 한 자녀를 둔 부모처럼 뿌듯했어요.」

『벚꽃 동산The Cherry Orchard』에서 체호프는 〈특정한 어떤 질병에 대해 수많은 치료법이 제시된다는 것은 해당 질병이 불치병임을 의미한다〉[147]라고 지적했다. 그리고 자폐증에는 낙관론부터 돌팔이 의사의 수법에 이르기까지 지극히 다양한 치료법들이 제시된다. 효과가 의심스러운 이러한 치료법들의 목록은 병세의 호전을 가져오는 치료법 목록보다 훨씬 길다. 또한 자녀의 완전한 회복이라는 환상을 가진 부모들은 일단의 기괴한 방법들을 마치 돌파구처럼 과장해서 선전하는 대담한 공상가들에게 휘둘리기 일쑤다. 베리 닐 코프먼과 사마리아 라이트 코프먼은 1980년대에 그들의 아들을 치료하기 위해 옵션 치료법과 그에 관련된 선 라이즈Son-Rise 프로그램을 개발했고, 해당 프로그램을 통해 아들의 자폐증이 완전히 치료되었다고 주장한다. 그러나 한 시사 해설가는 그 소년을 치료했던 의사들이 애초에 그 소년에게 자폐증이 있었는지 의심을 나타냈다고 주장한다.[148] 이 프로그램은 부모들이 초기 상담을 받는 데만 2천 달러가 들고, 일주일짜리 정식 프로그램에 참가하기 위해서는 11,500달러를 지불해야 한다. 뉴욕의 한 정신과 의사는 자폐 아동이 문제 행동을 보일 때 부모가 물리적으로 제지를 가하는 소위 〈안아 주기 치료법〉을 고안했는데, 이 치료법은 자폐 아동과 부모 모두의 긴장 상태를 더욱 고조시키는 듯 보인다.[149] 한편 서점에는 이를테면 몽골에서 주술사들 덕분에 자폐증에서 벗어난 것으로 추정되는 소년의 이야기 『말을 타는 소년The Horse Boy』 같은 책들이 넘쳐난다.[150] 성공적으로 자폐를 극복하고 있는 자녀를 둔 모든 부모들은 실제로는 〈내가 잘한 것〉 같은 제목이 보다 잘 어울릴 만한 오만한 책을 무조건 써야 한다고 느끼는 듯 보인다. 대체로 그런 부모들은 그들 자녀의 자폐증 〈탈출〉과 관련해서 어쩌면 아주 우연히 맞아떨어진 전략을 일반화한다.

이러한 최소한의 검증만을 거친 행동적이고 개념적인 방법들은 상당히 많은 시간과 돈이 낭비되기는 하지만 자폐 아동에게 실질적인 물리적 위험을 가하지는 않는다. 하지만 킬레이트화* 치료는 장기적으로 해를 끼칠 가능성이 높고, 단기적으로는 불필요한 고통을 유발할 가능성이 한층 더 높다.[151] 원래 킬레이트화 반응을 이용한 치료는 1차 세계 대전 당시 부상당한 군인들의 몸에서 중금속을 제거하기 위해 개발되었다. 요컨대 인공으로 합성된 화합물을 투약—일반적으로는 정맥주사를 통해 투약되지만 때로는 근육주사를 이용하거나 직접 복용하기도 한다—해서 몸 안의 금속 성분들이 서로 결합하고, 이것들이 다시 혈액이나 소변, 머리카락으로 배출되도록 하는 것이다. 킬레이트화 치료는 일부 백신에 사용되는 수은 기반의 방부제가 자폐증을 유발한다는 가설을 신봉하는 사람들이 추천하는 치료법이다.[152] 광범위한 연구에도 그 효험을 뒷받침할 아무런 증거가 나타나지 않았음에도 미국의 자폐 아동 12명 중 한 명이 킬레이트화 치료를 받은 것으로 추산된다. 그리고 해당 치료를 받는 과정에서 최소한 한 명의 자폐 아동이 저칼슘혈증—칼슘 수치가 치명적인 수준으로 감소해서 심부전을 초래하는 증상—으로 사망했다.[153] 두통이나 메스꺼움, 우울증을 경험한 자폐 아동은 훨씬 많다. 반면에 킬레이트화 치료를 통해 자폐증이 기적적으로 호전되었다고 주장하는 부모들도 있으며, 이들의 진실된 주장은 흔히 지하에서 행해지고 대체로 아무런 규제도 받

---

* 엽록소, 시토크롬, 헤모글로빈과 같은 유기화합물 속에 금속 원자가 결합되는 반응.

지 않는 화학적 〈해독〉 치료의 급증으로 이어졌다. 현재 특허출원 중이며 루프론―그 어떤 약물 치료보다 몸에 지대한 변화를 초래하는 화학적 거세 약물―을 이용하는 한 〈치료〉는 태아기의 높은 테스토스테론 수치가 자폐를 유발할 수 있다는 점을 근거로, 해당 수치를 낮춤으로써 정상적인 사춘기를 가져올 수 있다고 주장한다.[154] 그 효과를 증명할 만한 어떠한 증거도 없었지만 아버지와 아들로 이루어진 한 팀이 이 치료법을 옹호하고 나섰다. 그들의 행보가 환자들을 위험하게 만들 수 있다고 생각한 메릴랜드 의사 협회를 비롯한 여섯 주(州)에서 아버지의 의사 면허를 정지했고, 의사가 아닌 아들은 무면허 의료 행위로 기소했다. 그 밖의 다른 육체적 의료 개입―이를테면 자폐 아동을 고압 산소실에 넣거나, 돌고래와 같은 수조에 있게 하거나, 남조류를 먹이거나, 비타민을 대량으로 투여하는 등의 치료법―은 비록 언제든 위험성이 존재하고, 사람들을 혼란에 빠뜨리고, 엄청난 비용이 들 수는 있지만 일반적으로 해를 끼치지도 도움이 되지도 않는다.[155]

에이미 울프는 나와 처음 만난 자리에서 그녀의 딸 앤절라에 대해 다음과 같이 이야기했다.[156] 「앤절라는 말을 하지 않아요. 대소변을 가리지 못할 때도 많죠. 지금은 24시간 보살핌을 받는 시설에서 지내고 있어요. 굉장히 아름답고 또 우리를 사랑해요. 하지만 주변의 도움이 없이는 어쩌면 단 일 분도 살아갈 수 없을 거예요. 그녀는 산책을 좋아하고 자주 해요. 단추를 채우는 일은 못해요. 그럼에도 은식기를 구분할 수는 있어요. 포크를 이용해서 음식을 먹고, 스푼을 사용하는 것은 서툴러요. 나이프로 음식을 자르는 일은 못해요. 빨대가 필요한 경우도 많죠. 두려움과 자의식이 거의 없어서 잠시라도 눈을 떼면 차들이 붐비는 도로를 걸어 다니기 일쑤예요. 그녀는 자신이 표현할 수 있는 것보다 더 많은 것을 알고, 다른 사람들이 알지 못하는 것을 이해해요. 이런저런 것들에서 즐거움을 찾기도 해요. 가끔은 사람들과 거리를 둘 때도 있어요. 가끔은 생기가 넘치고 사람들과 많은 접촉을 할 때도 있고요. 나를 보고 무척 반가워할 때도 있는데 그럴 때면 더 이상 바랄 것이 없을 정도예요. 그녀는 사람들을 좋아해요. 한 번에 너무 많은 사람을 좋아하지 않을 뿐이에요. 싫어하는 것도 있어요. 의사와 치과 의사, 신발 가게, 미용실, 대규모 파티, 깜짝 파티, 일상의 변화 등은 싫어해요. 전반적으로 그녀는 지금의 생활에서 평온함을 느끼는 것 같아요. 열네 살 때까지는 장난이 아니었죠.」

1972년에 스무 살의 에이미는 자신이 자라온 뉴욕의 번잡한 도시 생활에서 벗어나 뉴멕시코 타오스의 대안 공동체로 들어갔다. 그곳에서 치유사이자 침술가인 남자와 결혼했고 1979년에 임신했다. 앤절라는 태어나자마자 문제가 있음이 분명했다. 그녀는 뒤틀린 골격과 고관절 탈골, 내반족으로 보이는 증상을 치료하기 위해 전신 교정기를 착용했다. 앤절라의 몸은 근육 긴장도가 낮아 근육이 단단하지 않고 고무 같아서 마치 헝겊 인형처럼 팔다리를 제자리에 잡아 주지 못했다. 두 살이 거의 다 되도록 걷지도 못했다. 말을 할 줄은 알았지만 배우는 속도가 무척 느렸고, 측은할 정도로 말랐다. 타오스에서는 거의 아무런 지원도 없었다. 에이미가 회상했다. 「항우울제조차도 없었어요. 공공서비스라고는 전무했어요. 인터넷도 없었고, 치료 전문가도 없었죠. 옥외 화장실과 건조 중인 살구, 인디언 부락, 유르트*, 히피족, 고대 라틴아메리카 문화, 아메리카 원주민의 종교의식 등이 있을 뿐이었어요. 게다가 앤절라와 나는 그동안 내가 그토록 소중하게 여겼던 공동체와 상당히 소원해진 상태였어요.」 그녀의 남편은 자칭 치료 전문가였음에도 자신의 아이에게 장애가 있는 현실을 감당하지 못하고 결국 도망쳤다.

앤절라가 세 살 때 에이미는 남편과 이혼하고 뉴욕으로 돌아와서 다

---

* 몽골, 시베리아 유목민의 전통 텐트.

시 시작했다. 그 즈음 앤절라는 어느 정도 말을 했고, 〈반짝 반짝 작은 별〉 노래도 암송할 수 있었다. 길에서 자기 집 차를 보고 구분할 줄도 알았다. 배변 훈련도 시작한 상태였다. 그렇지만 그때부터 조금씩, 조금씩 모든 것이 사라졌다. 그녀는 언어 능력을 잃었고 대소변을 가리지 못하게 되었다. 근육 긴장도 역시 개선되지 않았다. 에이미는 오랫동안 약물을 남용했고 자제력을 잃었다. 에이미가 회상했다. 「앤절라가 네 살 무렵이었어요. 나는 술이 취한 채 그녀를 뒷좌석에 태우고 차를 운전하고 있었어요. 유아용 보조 의자에 앉아 있는 그녀의 입에 보드카를 들이부었죠. 그대로 제방으로 돌진해 롱아일랜드 해협에 같이 빠져 죽으려고 했어요.」

　　하지만 그녀는 자살 대신에 〈익명의 알코올중독자〉 모임에 가입했고 그때 이후로 술을 마시지 않고 있다. 부모님의 도움을 받아서 그녀는 치료법을 찾기 시작했다. 앤절라는 절대로 다른 사람을 공격하지는 않았지만 가끔씩 자해 행동을 보였다. 그럼에도 대부분의 경우에는 단지 〈통제할 수 없고, 때때로 지극히 괴로워하며, 전반적으로 이해할 수 없는 아이〉일 뿐이었다. 앤절라가 일곱 살 때 에이미의 한 동료가 자폐 아동의 치료와 관련해 놀라운 성과를 거두어 온 키요 키타하라라는 일본 여성을 소개했다. 그녀는 도쿄 외곽에 위치한 키치조지에 학교도 설립했다. 에이미는 보스턴에서 그녀를 만났다. 키타하라의 통역사가 말했다. 「키타하라 씨께서 〈당신의 짐을 우리가 지겠습니다〉라고 하십니다. 키타하라 씨는 6개월 안에 앤절라가 말을 하도록 만들 수 있습니다. 하지만 먼저 그녀를 일본으로 데려와야 합니다.」 그래서 에이미와 그녀의 어머니는 앤절라를 도쿄로 데려갔고, 〈히가시 학교〉에 등록시켰다. 에이미는 학교 구내로 들어가는 것이 물리적으로 금지되었고, 가시철조망을 두른 담장을 통해서 체육 시간에만 그녀를 볼 수 있었다. 에이미가 당시를 떠올렸다. 「나는 도쿄에 머무르면서 매일같이 그 담장을 통해 딸아이를 지켜보았어요. 그녀는 괜찮아 보였어요. 그들은 롤러블레이드를 엄청나게 많이 타게 시키더군요.

그러던 중 우리는 그들이 배변 훈련이라는 명목으로 물을 주지 않는다는 사실을 알았어요. 갑자기 모든 게 무척 비밀스럽고 수상쩍게 보였죠. 그런 낌새를 알아차리기까지 5개월이 걸렸고, 그런 다음에는 내 소중한 아이를 되찾아서 곧장 그곳을 떠났어요.」 나중에 보스턴에도 히가시 학교가 세워졌지만, 장애 학생들에 대한 이 학교의 육체적 학대와 폭행 의혹이 끊이지 않고 있다.[157]

에이미는 건강한 아이를 갖고자 하는 생각에 집착했다. 「나는 아이를 한 명 더 갖고 싶은 마음이 간절했어요. 지금의 아이와 다른 아이요. 노아가 생기기 전까지 나는 끊임없이 정신적인 고통에 시달렸어요. 하지만 노아를 낳기로 하면서 그동안의 상처를 치료하는 데 도움이 되었죠.」 그녀는 막상 자신이 임신했다는 사실을 알고서 덜컥 겁이 났고, 그녀의 표현에 따르면 〈거의 필사적으로 검사를 받았다〉. 한편 에이미의 부모는 자비로 공동 생활 가정을 지어서 나소 카운티 정신 건강 협회에 관리를 위탁했고, 열한 살이던 앤절라는 노아가 태어나기 직전에 이 시설로 들어갔다. 내가 노아를 만났을 때 그는 고등학생이었고, 음악치료사로 자폐 아동들을 위한 자원봉사를 하고 있었다. 에이미가 말했다. 「여섯 살 때부터 노아는 시각 장애인을 보면 길을 건너가서라도 도와주었어요. 그는 영적으로 열린 마음을 가졌고 내가 아직까지 연연해하는 그 모든 분노로부터 자유롭죠.」 노아도 그녀의 말에 동의했다. 「나는 많은 인내심과 수용적인 태도를 배웠어요. 만약 어떤 사람이 엄마 옆에서 〈지체〉라는 말을 사용하면, 맙소사, 엄마는 쓸데없이 바보처럼 굴어요. 불과 5초 전에 만난 사람에게도 다짜고짜 불같이 화를 내죠.」

에이미가 말했다. 「꿈속에서는 여전히 그녀가 늘 내게 말을 해요. 언어 능력을 포기하기까지 정말 힘들었어요. 올해 들어서는 대소변을 가리는 일도 그냥 포기하게 되었죠. 이런 일들을 포기하는 것은 지속적인 경험이에요. 절대로 끝이 없죠. 나는 분노를 억제해야 해요. 음주 욕구도 억제

해야 하고요. 나에게 그녀를 죽이라고, 자신이 죽이는 일을 도와주겠다고 제안하는 친척들도 겪어 보았어요. 어리석은 치료법을 제시한 사람들도 만났어요. 욕조에 넣는 물품부터 배앓이 약이나 『착한 당신이 운명을 이기는 힘』 같은 책을 주는 사람들도 있었어요. 헛소리도 엄청나게 많이 들었죠. 또한 우리 사회의 급여 체계가 조직된 방식에서 극심한 부당함을 목격하기도 했어요. 현장에서 환자를 직접 상대하는 사람들은 정말 정열적이고, 너무나 많은 경우에 전문적이고, 훌륭해요. 하지만 그들이 받는 보수는 식당 종업원들의 급여보다 별반 나을 게 없답니다. 그 사회가 얼마나 훌륭한지 보여 주는 척도 중 하나는 그 사회가 아픈 사람들을 얼마나 잘 보살피는가 하는 거예요. 그런 측면에서 보았을 때 우리 사회는 정말 형편없죠.」 마치 선거 운동이라도 하는 사람처럼 에이미가 열변을 토했다. 「나는 지속적인 두통을 느끼고 그 두통은 다른 모든 것을 압도해요. 시간 감각도 없어요. 똑같은 일상이 계속해서 반복될 뿐이에요. 심지어 내 나이도 잊었어요. 이렇게 살다 보면 나이나 계산하고 앉아 있을 수가 없기 때문이에요.」

자폐로 인한 장애는 널리 알려진 반면, 자폐인들에게 우리에게는 없는 중대한 능력이 있을 수 있다는 사실은 상대적으로 잘 알려져 있지 않다. 이를테면 공간적 사고 능력 평가 같은 특정한 인지 테스트에서는 자폐인들이 그렇지 않은 사람들보다 더 뛰어난 능력을 보이는 경향이 있다.[158] 자폐증인 딸이 있으며 국립 정신보건 연구소에서 자폐증 책임자로 일하는 조이스 청Joyce Chung은 〈자폐를 유발할 수 있는 어떠한 능력을 제거하면 우리를 인간적으로 흥미롭게 만들어 주는 다른 특징들도 같이 제거될까? 어쩌면 자폐를 유발하는 유전자 구조가 창의성과 다양성도 낳을 것이다〉[159]라고 말했다. 덴마크 통신 회사의 중역이자 자폐 아동의 아버지인 소킬 손은 자폐인에게 기업의 프로젝트를 배정하는 전문 에이전시를 코펜하겐에 설립하고, 그들이 동정 차원에서 채용되어야 할 부족한 사람들이 아니라 훌륭한 기술을 보유한 인재로서 당당히 고용될 수 있음을 증명했다.[160]

괴상한 천재라는 개념이 자폐증인 사람들을 일반인처럼 객관화하는 데 사용될 수도 있다. 존 엘더 로비슨의 글에 따르면, 〈서번트*로 산다는 것은 장점과 단점이 뒤섞인 축복이다. 요컨대 레이저 같은 집중력에는 종종 대가가 뒤따르고, 그 결과 뛰어난 능력을 보이는 특정 영역을 제외한 다른 분야에서는 지극히 제한된 능력을 보이기 십상이다. 내 디자인 중 일부는 경제적으로나 기능적으로 정말 걸작이었다. 실제로 많은 사람들이 내게 이 작품들이 창조적인 천재성의 결과물이라고 극찬했다. 그리고 오늘날에 이르러 나는 이 작품들을 전혀 이해하지 못한다. 그럼에도 내 이야기는 전혀 슬프지 않다. 내 지능이 사라지거나 죽은 것이 아니기 때문이다. 다만 배선이 바뀌었을 뿐이다. 나는 내 지성이 과거와 다름없이 지금도 똑같은 능력을 가졌으며 다만 집중력이 보다 광범위하게 배열된 상태라고 확신한다〉.[161] 나는 템플 그랜딘이 똑같이 말하는 것을 들은 적이 있었다. 또한 주말 내내 필립 글래스의 CD를 틀었던 내 친구는 자신의 사회적 능력이 향상되면서 순수한 수학적 사고가 약해졌다고 말했다. 치료는 그 나름의 질병일 수 있다. 요컨대 누군가의 잘못되었다고 생각되는 어떤 면을 없애는 경우 그 사람의 타고난 재능도 함께 사라질 수 있다.

내가 템플 그랜딘을 처음 만났을 때 그녀는 60세였고, 자폐가 아닌 사람들에게 자폐인으로서 자신의 생각을 설명하는 능력으로 유명했다.[162] 소를 다루고 오늘날 미국의 대다수 도축장에서 사용되는 가축 관리 설비를

---

* 전반적으로는 정상인보다 지적 능력이 떨어지지만 특정 분야에서만은 비범한 능력을 보이는 사람.

디자인하는 그랜딘은 자신이 주로 두려움을 느끼며, 놀람 반사 반응이 과도하게 발달해서 포식자로부터 동물을 보호하는 것 같은 일을 한다고 설명했다. 「나는 그림을 보듯이 생각해요. 그렇게 하는 편이 내가 동물을 알아 가는 데 도움이 될 수 있겠다고 생각했죠. 보다 동물의 입장에서 생각할 수도 있고요.」 그녀는 축산업이 비효율적인 동시에 비인간적인 데 놀랐다. 그녀의 일관된 목표는 동물을 다루는 방식을 개선하는 것이고, 이 목표를 달성할 가장 효율적인 방법이 도축 환경을 개선하는 것이라고 믿는다.

1950년대 초에 자폐증 진단을 받은 어린 템플은 자폐증이 촉발할 수 있는 모든 증상을 보였고, 그녀의 어머니 유스테시아 커틀러는 자식에게 자폐증이 생기게 만든 냉정한 여자라는 의미로 〈냉장고 엄마〉라는 말을 들어야 했다. 유스테시아는 템플의 이상한 행동에는 비교적 잘 대처했지만 감정적인 냉기에는 그렇지 못했다. 그녀의 회고록에 따르면, 〈템플이 짜증을 내면 진정시키기가 어렵고, 똥을 싸서 문질러 놓으면 냄새가 지독하다. 하지만 그뿐이다. 그렇지만 나를 거부하는 태도는 가슴이 미어지게 만든다. 신은 우리의 귀에 《생육하고 번성하라》고 속삭이면서도 이러한 혼란을 남기셨다〉.[163] 템플이 회상했다. 「두 살 반이던 나는 방에 악취를 풍기거나, 양탄자 보푸라기를 주워 먹거나, 비명을 지르는 등 정형 행동을 보이면서 앉아 있고는 했어요.」 그녀의 어머니는 템플을 돕고자 행동 치료 규칙을 직접 고안해서 유모와 함께 지속적으로 그 규칙을 적용했다. 나를 만난 자리에서 유스테시아는 〈몰아의 상태로 지옥의 변방에 있는 아이들을 밖으로 *끄집어내야 합니다*〉[164]라고 말했다. 템플은 미술 수업을 들었고 투시도를 그리는 일에 재능을 보였다. 유스테시아는 이 같은 장점을 계속해서 육성하고자 할 수 있는 모든 일을 했다. 템플이 회상했다. 「사람들은 다른 사람이 원하는 어떤 것을 성취해서 인정받기를 원해요. 하지만 어린아이에게는 같이 무언가를 하고 교감을 나누면서 일주일에 38시간씩 함께 있을 수 있는 사람이 필요해요. 그 시간을 어떻게 보내든 그것은 그다지 중요하지 않다고 생각해요.」

　　그녀는 자신이 받은 관심에 대해 많은 고마움을 표시했다. 「그 뒤로 사람들은 나 같은 아이들에게 관심을 기울였어요. 나는 15년에 걸쳐 끊임없이 공황 발작을 일으켰고 그 때문에 모두를 힘들게 했죠. 30대 초반에 항우울제를 찾지 못했다면 나는 스트레스와 관련이 있는 대장염 같은 건강 문제로 산산조각이 났을 거예요. 나는 무척 운이 좋았어요. 대학에 다니면서 정말 훌륭한 멘토들을 만났거든요.」 그녀가 잠시 이야기를 중단하더니 깜짝 놀랐다는 표정으로 나를 바라보았다. 「내 말은, 어머니가 나를 대학에 보내는 대신 보호시설에 넣었다면 어떻게 되었을까요? 정말 상상조차 하기 싫어요.」 유스테시아는 하나에서 열까지 자기 스스로 방법을 찾아야 한다는 사실을 깨달았다. 대화를 나누던 중에 그녀가 갑자기 〈왜 의사들은 나만큼도 알지 못했을까요?〉라며 답답함을 표시했다. 사춘기가 된 템플은 어느 날 어머니에게 〈나는 누구도 사랑할 수 없어요〉라고 말했다. 자신의 회고록에서 유스테시아는 〈사춘기는 모든 아이에게 충분히 힘든 시기이지만 특히 자폐 아동의 사춘기는 악마가 만들어 낸 시기이다〉라고 썼다. 다행히도 템플이 다니던 기숙학교에는 교장이 저렴하게 구매한 학대받은 말들이 가득한 마구간이 있었고, 템플은 그 말들을 돌보면서 즐거움을 찾았다.

　　템플의 성취를 유스테시아가 인정하기까지는 오랜 시간이 걸렸다. 「선천적으로 주어지는 개념이나 본능적으로 체득되는 어떠한 단서도 없이, 비록 확신할 수는 없었지만 유일한 지침인 이성적 지성에 의지해서, 그녀는 〈당신이 맞닥뜨린 얼굴들을 직시해야 한다〉는 사실을 느리지만 오랜 세월에 걸쳐 스스로 터득했어요. 그처럼 엉성하게 만든 마스크로 무장한 채 어쨌거나 우리를 직시하려고 했다는 점에서 그녀가 얼마나 씩씩하고 용감한지 모르겠어요. 자폐증은 우리 모두의 내면에 있는 것이 과장돼서 나타난 결과예요. 그리고 이제 자폐증을 연구하는 일은 내게 나쁜 기억을 잊기 위한 일종의 의식이 되었어요.」 그렇다고 낙심의 순간이 전혀 없었던 것은 아니다. 「그녀는 자신의 비범한 성취에도 불구하고, 내가 〈삶〉이라고 부르는 꿈들 중 일부가 그녀의 능력 밖에 있다는 사실을 알아요. 그리고 바로 그 이유로 내가 〈그녀의〉 꿈을 이해해 주기를 원해요. 그녀의 꿈은 사람들에게서 잊혀지지 않는 거예요. 일종의 명성을 추구하는 그녀의 열망은 명백히 실재해요. 반면에 사랑은 너무 불안정하고 불가사의해서 의지할 수 없다는 식이죠.」

템플은 수천 명의 부모들로부터 편지를 받으며 그들에게 조언을 아끼지 않는다. 그녀가 말했다. 「이런 아이들 중 일부는 자폐에서 벗어날 수 있도록 부모가 확 끌어내 주어야 해요. 부모가 다소 강압적이지 않으면 그들은 마냥 표류하게 될 거예요.」 템플은 행동 치료와 의학적 치료를 비롯해서 글을 읽고 쓸 수 있게 만드는 모든 치료를 옹호하는 입장이다. 「어떤 아이는 월마트에서 마치 자신이 록 콘서트장의 스피커 안에 있는 것처럼 느낄 수 있고 그래서 발작을 일으킬 수 있어요. 그 아이는 만화경을 보듯이 세상을 보는 거예요. 주변 소리가 점점 커졌다가 작아지기도 하고, 온갖 잡음으로 가득하죠. 나는 이런 아이들이 이를테면 화면이 뭉개져 나오는 HBO 채널을 보고 있다고 생각해요. 하지만 뭉개진 화면 속에서도 아주 가끔은 이미지가 보이잖아요.」 템플은 자폐인들이 고기능을 발휘할수록 보다 행복해질 거라고 굳게 믿는다. 또한 자폐 아동이 자신의 능력에 어울리는 기술을 개발해야 한다고 믿는다. 「지질학을 정말 좋아하는 아이가 있다고 쳐요. 그런데 그 아이의 흥미를 더욱 발전시켜서 하나의 경력으로 개발하는 대신, 부모와 교사들, 치료 전문가들이 하나같이 그 아이의 사회적 기능 훈련에만 매달리면 어떻게 되겠어요? 물론 사회적 기능 훈련도 정말 중요해요. 다만 거기에만 매달리지는 말아야 해요. 그 아이의 재능을 외면하는 셈이잖아요.」 템플 그랜딘은 자신의 성공이 자폐증 덕분이라고 말한다. 「천재도 비정상이기는 마찬가지예요.」 자신을 과장하지 않으면서도 템플은 세상 사람들이 병이라고 부르는 것을 발판으로 삼아 탁월한 능력을 과시했다.

자폐의 특정 측면을 찬양하는 이 모든 행위가 신경 다양성 운동이다. 가장 선구적인 자폐 자선단체로는 〈큐어 오티즘 나우〉가 있었고, 나중에 이 단체는 〈오티즘 스픽스〉와 통합되었다. 자폐증 치료에 반대하는 주장은 우주여행에 반대하는 것과 약간 비슷한 면이 있지만 그럼에도 신경 다양성을 강조하는 사람들은 〈자폐증을 지금 치료하지 말라〉고 외친다. 다른 모든 정체성 정치학과 마찬가지로 이러한 주장은 편견에 반대하여 벼려지고 연마된 견해이며, 그럼에도 근본적인 진실을 밝히는 일과 진실 자체를 창조하려는 시도 사이의 좁은 경계선에서 외줄타기를 하고 있다. 보수주의자들은 자폐인의 이례적인 사회 논리를 수용하도록 요구하는 것이 더 큰 사회를 구성하는 원칙 자체를 흔든다고 불평한다. 한편 신경 다양성 운동가들은 자폐 행동에 사회적 일관성이 부족하다는 통념에 이의를 제기하면서 자폐 행동이 단지 다를 뿐 똑같이 유효한 체계를 가졌다고 주장한다. 그들은 사회정의를 그들 나름대로 정의하고 이를 위해 투쟁한다.

토머스 인셀은 〈정신분열증이나 조울증, 자폐증을 누구나 걸릴 수 있는 질병으로 인지하는 것이 중요하며, 그럼에도 이러한 질병에 맞서 싸울 수 있는 사람이 있다는 사실이 중요하다〉고 말했다. 자폐인이면서 국제 자폐증 네트워크의 공동 설립자인 짐 싱클레어는 〈자폐증은 한 개인이 《가진》 어떤 것이나, 사람을 그 안에 가두고 있는 《껍질》이 아니다. 자폐증 뒤에 숨어 있는 정상적인 아이 같은 것은 없다. 자폐는 그 자체로 하나의 존재 방식이며 그 사람의 구석구석까지 철저하게 스며든다. 그 사람의 모든 경험을, 모든 감각과 지각, 사고, 감정, 만남을, 존재의 모든 측면을 물들인다. 자폐증과 자폐가 있는 당사자를 분리하기란 불가능하다. 설령 가능하다고 하더라도 자폐증이 분리되기 이전과 이후의 사람이 절대로 같을 수 없다〉[165]고 주장했다. 대부분의 장애 세계에서 정치적으로 올바른 전문 용어는 사람과 그 사람의 병을 분리해서 지칭하는 방식이다. 다시 말해서 〈청각 장애인〉보다는 〈청각 장애가 있는 사람〉, 〈소인〉보다는 〈소인증이 있는 사람〉이라고 부르는 식이다. 자폐인의 권리를 주장하는 사람들 중 일부는 이 같은 〈특정한 수식어가 붙은 자아〉 개념에 이의를 제기하면서 〈자폐증이 있는 사람〉보다 〈자폐인〉이라는 표현을 선호한다. 또 어떤 사람들은 〈자폐적인 (사람들에게) 사회적인 보호시설이 제공되어야 한다〉는 문구처럼 〈자폐적인〉이라는 형용사를 명사 대신 사용하기를 좋아한다. 싱클레어는 〈자폐증이 있는 사람〉이라는 표현이 남자를 가리켜 〈남성다움을 가진 사람〉이라고 하거나, 천주교도를 가리켜 〈천주교를 가진 사람〉이라고 묘사하는 방식과 비슷하다고 주장했다.[166]

많은 신경 다양성 운동가들은 기존의 치료법이 자폐인을 위한 조치인지 아니면 그들 부모의 편의를 위한 조치인지 의문을 제기한다. 유별난 성벽으로 인해 불안정하기는 하지만 자폐 아동이 그러한 자신의 성벽을 포기하기까지 얼마나 많은 고통을 겪어야 할까? 이사벨 래핀은 그녀의 성인 환자들에 대해 〈실제로 우리와는 무척 다른 요구를 가진 사람들에게 우리의 성공 가치관을 강요하지 말아야 한다〉[167]라고 주장했다. 자폐증 딸이 있는 조이스 청은 〈우리는 아이의 병을 자기애적 손상으로 받아들이지 않기 위해 노력해야 했다〉고 밝혔다. 다시 말해서 자폐증은 부모가 아니라 아이에게 발생한 어떤 것이다. 본인 스스로도 아스퍼거 증후군이고, 〈부적당한 행성〉이라는 자폐인과 그들의 가족을 위한 토론장이며 회원 수가 4만 5천 명에 달하는 웹사이트를 운영하는 알렉스 플랭크는 〈자폐인과 가장 밀접한 조직은 부모들로 구성된 조직이라고 할 수 있다. 그럼에도 특히 부모들이 그들의 자녀를 어릴 때의 자신과 똑같이 만들고자 하는 성공 개념을 가진 경우에 이들의 우선순위와 자폐인의 우선순위는 동일하지 않을 것이다〉[168]라고 말했다. 아스퍼거 증후군이면서 대학 시절에 이미 유명한 인권 운동가가 된 아리 네이멘은 자신을 묘사할 때 〈아스퍼거 증후군인 사람Aspie〉이라는 단어를 일상적인 용어처럼 사용한다. 그가 말했다. 「우리 사회는 그동안 정규분포곡선의 관점에서 사물을 바라보는 추세로 발전해 왔어요. 나는 정상인 상태에서 얼마나 벗어나 있을까요? 보다 정상인 상태가 되기 위해 내가 무엇을 할 수 있을까요? 그렇다면 정규분포곡선의 정점에는 무엇이 있을까요? 평범함이에요. 단지 차이에 불과한 어떤 것을 계속해서 질병처럼 이야기하려고 고집한다면 미국 사회는 결국 평범해질 수밖에 없는 운명인 거죠.」[169]

2007년 12월에 뉴욕 대학 아동 연구 센터는 그들의 치료 프로그램을 소개하면서 몸값을 요구하는 쪽지 형태의 시리즈 광고를 제작했다. 어떤 광고는 왠지 음산한 투로 〈우리가 당신의 아이를 데리고 있다. 우리는 그가 앞으로 살아 있는 동안은 자신을 보살필 수 없도록, 또는 사회와 교류할 수 없도록 확실히 만들어 주겠다. 이것은 단지 시작에 불과하다〉라고 선언했다. 곧이어 〈자폐증으로부터〉라는 서명이 떴다. 또 다른 광고는 〈우리가 당신의 아이를 데리고 있다. 우리는 이 아이의 사회적 교류 능력을 파괴해서 철저하게 격리된 삶으로 몰아갈 것이다. 이제 당신의 결정만 남았다〉라는 말과 함께 〈아스퍼거 증후군으로부터〉라는 서명이 되어 있었다. 당시 이 센터의 의사로 있던 해럴드 코플러위츠Harold Koplewicz는 정신 건강 문제가 있음에도 치료를 받지 못한 아이들이 유능한 전문가들의 손에 맡겨지기를 바라는 마음에서 이 같은 광고를 제작했다. 하지만 이 광고는 자폐 범주의 장애를 가진 사람들 중 일부를 포함해서 수많은 사람들로부터 모욕적이고 오명을 씌운다는 비판을 받았다. 자폐 인권 운동가들이 이 광고에 반대하는 캠페인의 선봉에 섰다. 그리고 그 중심에 아리 네이멘이 있었다. 〈자폐인 자기 권리 주장 네트워크〉 회원들에게 보낸 메모에서 그는 〈지극히 모욕적인 이 광고 캠페인은 장애를 둘러싼 가장 구태의연하고, 모욕적이며, 정형화된 이미지에 의지해서 부모들에게 뉴욕 대학 아동 연구 센터의 서비스를 이용하도록 겁을 준다. 자폐증이나 아스퍼거 증후군 진단을 받은 사람들이 때때로 특정 유형의 사회적 교류에 어려움을 겪는 것은 사실이지만 사회적 교류 능력이 전혀 없는 것은 아니며, 우리의 정체성에 대한 적절한 지지와 인정, 수용만 있으면 우리는 스스로 성공하고 번영할 수 있다〉[170]고 썼다.

네이멘은 항의 서한 보내기 운동을 시작했고, 미국의 주요 장애인 단체들에게 자신을 지지해 달라고 호소했다. 항의 서한 보내기 운동은 빠르게 확대되었고, 머지않아 「뉴욕 타임스」와 「월스트리트 저널The Wall Street Journal」, 「워싱턴 포스트」에서도 이 문제를 다루었다.[171] 코플러위츠는 이 같은 저항에 몹시 충격을 받았다. 그럼에도 12월 17일에 그가 해당 광고를 계속 내겠다는 입장을 발표하자 저항은 한층 더 거세졌고 결국 이틀 뒤에 그는 광고를 내렸다. 신경 다양성 운동과 장애 인권을 지지하는 광범위한 커뮤니티가 일궈 낸 값진 승리였다. 한편 큰 낭패를 경험한 코플러위츠는 온라인상에서 시민 공청회를 열었고, 여기에는 400명이 넘는 시민들이 참가했다.

아리 네이멘은 사회적인 능력이 없는 사람이 아니다. 그러나 이와 관련해 그가 기울이는 노력은 누구라도 충분히 느낄 수 있을 정도다. 그가 말했다. 「자폐인에게 〈신경 전형인〉 방식의 사회 교류는 제2언어와 비슷해요. 유창하게 말할 수 있을 정도로 배우는 것은 얼마든지 가능하지만 절대로 모국어를 사용할 때만큼 편하지는 않죠.」 고등학생 때 네이멘의 지적 능력과 사회적 장애, 이례적인 학습 방식은 그가 장애인인 동시에 천재로 여겨졌음을 의미했고, 그를 둘러싼 이러한 인식은 그가 어떤 수업을 들어야 할지 결정하는 데 문제를 초래했다. 네이멘이 말했다. 「세상에는 아스퍼거 증후군을 가진 사람들의 머리가 무척 명석하다는 선입견이 있어요. 하지만 어떤 사람이 학문적으로 명석하든 그렇지 않든 우리는 그 사람의 인간적인 차이와 신경학적 다양성을 인정하고 존중해야 합니다. 일반인과의 관계라는 측면에서 볼 때 아스퍼거 증후군이면서 노벨 경제학상을 수상한 버논 스미스나, 역시 아스퍼거 증후군이면서 퓰리처상을 받은 팀 페이지 같은 인물이 있다는 건 정말 다행한 일이에요. 이들이야말로 신경 다양성의 타당성을 인정하고 존중하는 것이 옳다는 것을 보여 주는 실제 사례잖아요. 하지만 어떤 특별한 재능을 보일 때만 그 사람의 차이를 인정해야 한다고 말하는 것은 심각한 잘못입니다.」 2010년에 스무 살의 네이멘은 오바마 대통령에 의해 국가 장애인 위원회 의원에 임명되었다. 한편 그의 임명을 둘러싸고 맹렬한 비난이 쏟아졌는데 사람들은 그가 자폐증을 긍정적으로 생각하기 때문에 자폐 아동의 치료에 배정되는 예산이 감소할 거라고 주장했다.[172]

〈신경 다양성〉이라는 용어는 어머니와 딸이 아스퍼거 증후군이며, 그녀 자신도 자폐 범주에 속해 있는 오스트레일리아의 사회학자 주디 싱어 Judy Singer에 의해 처음 사용되었다. 그녀의 설명이다. 「나는 유대교 회당인 시너고그에서 열린 연수회에 참가한 적이 있었는데 그곳에서 기존의 십계명을 개선해서 새로 만들어 보라는 과제를 받았어요. 그리고 나는 〈명예의 다양성〉을 첫 번째 계율로 내놓았죠.」[173] 싱어와 미국인 저널리스트 하비 블룸은 생각이 비슷했고, 따라서 이 용어를 처음 사용한 사람은 싱어였지만 1998년에 공식적인 자리에서 처음으로 이 용어를 사용한 사람은 블룸이었다.[174] 싱어가 말했다. 「우리는 둘 다 심리 치료가 시들해지고 신경학이 부각되고 있음을 알았어요. 그리고 나는 신경학의 해방 운동적인 측면―페미니즘과 게이 인권 운동이 그들의 지지자들을 위해 했던 일을 신경학적으로 다른 사람들을 위해서 행하는 것―에 관심이 있었죠.」 이 운동은 자폐의 범주가 확대되면서, 그리고 자폐인들 간에 커뮤니케이션이 증가하면서 더욱 가속화되었다. 싱어가 말했다. 「인터넷은 달리 교제 능력이 없는 사람들을 위한 이를테면 인공 보철물 같은 장치였어요.」 언어나 사회적인 규칙 때문에 곤란을 겪는 사람들에게 실시간으로 작동하지 않는 커뮤니케이션 방식은 하늘이 내린 선물이다.

　수년 동안 〈자폐증 디바〉라는 이름으로 인터넷상에서 블로그를 운영한 카밀 클락은 아스퍼거 증후군 진단을 받았고, 신경 다양성을 위해 중요한 목소리를 내왔으며, 자폐증과 이분 척추증을 앓고 있으며 몸은 어른이지만 정신은 아직 어린아이인 자식을 둔 어머니다. 그녀가 말했다. 「자폐 아동은 부모를 사랑해요. 자폐 아동의 부모는 아이가 어떻게 애정을 표현하는지 식별하는 법을 배워야 하고, 아이가 다른 보통의 아이들처럼 애정 표현을 하지 않더라도 이를 감정적으로 받아들이지 말아야 합니다. 청각 장애가 있는 아이는 아마도 부모에게 절대로 〈사랑해요〉라는 말을 하지 않을 테고, 반대로 청각 장애가 있는 부모는 절대로 그런 소리를 듣지 못하겠죠. 하지만 그렇다고 해서 청각 장애 아동이 부모를 사랑하지 않는다는 뜻은 아니에요. 대다수의 아스퍼거 증후군과 자폐인은 단지 다른 사람과 함께 있을 뿐임에도, 보통의 사회적 신경 전형인들이 대규모 파티를 주최하면서 느끼는 정도의 부담을 느낀답니다.」[175] 다른 사람과 시선이 마주치면 불안을 느끼는 자폐인도 많다. 〈뉴로다이버서티닷컴neurodiversity.com〉의 설립자 캐슬린 자이델은 아들의 요구를 존중하는 한 수단으로 자신의 시선을 아들이 아닌 다른 곳에 두는 법을 배웠다고 설명했다. 그리고 반대로 그녀의 아들은 신체적 접촉이 그녀에게 중요함을 깨닫고 가끔씩 포옹을 해주었다.

　클락은 신경 다양성 개념이 자폐증의 범주를 훌쩍 뛰어넘는다고 생각한다. 그녀는 내게 보낸 편지에서 이렇게 말했다. 「조울증이나 정신분열증, 난독증, 투렛 증후군* 등을 가진 사람들도 신경 다양성에 〈서명〉해야 합니다. 자폐 아동의 부모들은 자신이 할 수 있는 것과 할 수 없는 것을 냉철하

---

* 신경 장애로 인해 자신도 모르게 끊임없이 몸을 움직이거나 욕설 비슷한 소리를 내는 증상.

게 판단해야 하고, 그들의 아이가 언젠가는 〈정상〉이 될 거라고 기대하지 말아야 해요. 자폐인도 있는 모습 그대로 소중한 사람이에요. 자폐 특징이 보다 불명확해져야만 가치 있는 사람이 되는 건 아니에요.」 짐 싱클레어는 〈사람들이 서로 교류하는 방식은 모두 제각각이다. 당신이 정상이라고 생각하는 것들을 계속해서 요구해 보라. 그러면 당신은 좌절과 실망, 분개, 어쩌면 분노와 증오까지 발견하게 될 것이다. 반대로 선입견 없이 새로운 어떤 것을 배우겠다는 열린 마음으로 정중하게 접근한다면, 상상도 할 수 없었던 또 다른 세상을 발견하게 될 것이다〉[176]라고 썼다. 한 운동가는 자폐인을 〈치료〉하려는 시도가 암을 치료하려는 시도보다는 왼손잡이를 치료하려는 시도와 비슷하다고 지적했다.

많은 신경 다양성 운동가들이 유전자 검사를 할 경우 선택적 낙태로 인해 〈대학살〉이 초래될 거라고 우려를 나타낸다. 〈자유를 갈망하는 아스퍼거 증후군들Aspies For Freedom〉이라는 웹사이트를 공동 개발한 아스퍼거 증후군 남성 개러스 닐슨은 〈내가 늙어서 더 이상 나 같은 사람이 태어나지 않는다는 사실을 알게 되고 싶지 않다〉[177]라고 말했다. 이 책에 소개된 대부분의 다른 질환과 마찬가지로 낙태 문제는 정체성과 질병 모델 사이의 갈등을 보여 주는 상징적인 문제다. 네이멘의 주장에 따르면 〈우리는 자폐증이 장애가 아니라고, 또는 질병이 아니라고 주장하는 것이 아니다. 자폐인에게 교육 기회를 주라는 것이다. 자폐인이 번창하고, 그들 방식대로 헤쳐 나갈 수 있는 기회를 주라는 것이다〉. 자이델이 말했다. 「자폐인들이 대개 경험하는 문제에 도움이 될 치료법이 유전자 연구를 통해 만들어질 수 있다는 가능성을 나는 한 번도 배제한 적이 없어요. 나는 우리의 경쟁자들이 이를테면 구강 근육 기능 장애나 세로토닌 물질대사장애를 치료하고, 고질적인 불안증을 완화하고, 자극에 지나치게 민감한 체질을 바꾸고, 공격적인 성향을 억제하는 데 어떤 성과를 거둔다면 쌍수를 들어 환영이에요. 그럼에도 나의 주된 관심은 어떻게 하면 지금 이 시점에서 자폐 범주에 속해 있는 사람들의 삶을, 즉 당장 내 아이가 포함된 집단의 삶을 긍정적으로 만들 수 있을까 하는 거예요.」

중증 자폐를 가진 자녀의 부모 중에는 분명하게 자신의 권리를 주장하는 자폐인들을 가리켜 진짜 자폐가 아니라고 일축하는 사람들도 있다. 바로 여기에 가장 중요한 아이러니가 존재한다. 진단율의 증가는 유행병의 존재를 주장하는 데 매우 중요하다. 즉 연구 자원을 얻어내는 데 매우 중요하다. 그리고 비록 고기능 자폐인들을 진단 대상에 포함시킴으로써 자폐인의 숫자가 증가하기는 했지만 일반적으로 그들은 그러한 연구에 반대하는 사람들이다. 유행병은 없다고 주장하는 『낯설지 않은 아이들 *Unstrange Minds*』의 저자이며 조이스 청의 남편이기도 한 로이 리처드 그린커는 〈자폐 스펙트럼의 양쪽 끝에는 과학에 반대하는 반(反)과학적인 시각이 존재한다. 신경 다양성을 주장하는 사람들은 과학자들이 자폐증을 치료하려는 것에 분노한다. 반면에, 백신 사용에 반대하는 사람들은 그들이 보기에 꼭 해내야 할 연구를 과학자들이 하지 않고 있는 것에 분노한다. 그들의 전제는 너무 달라서 서로 진솔한 대화를 나누는 일 자체가 불가능하다. 인식론적, 철학적 토대가 너무나 다른 까닭에 서로 대화를 할 수 없다〉[178]고 말했다.

토머스 인셀은 〈내가 아는 한 자폐 커뮤니티는 가장 양극화되고 분열된 커뮤니티이다. 나는 자폐 아동에게는 명백히 어떤 심각한 문제가 있다고 생각한다. 그리고 자폐 아동을 그냥 있는 그대로 받아들여야 한다고 주장은 비단 자폐 아동뿐 아니라 그렇게 주장하는 사람 스스로를 지극히 경시하는 행위라고 생각한다. 과연 그들은 암 환자나 전염병 환자에게도 똑같이 주장할 수 있을까? 단언컨대 우리는 이런 경우들과 마찬가지로 뇌장애가 있는 사람에 대해서도 그 같은 주장을 삼가야 한다. 대부분의 부모들은 그들의 자녀가 최대한 인생을 즐기면서 살아가길 원한다. 그러나 그건 배변 훈련 없이는 불가능한 일이다. 말을 할 줄 몰라도 마찬가지다〉라고 말했다.

『셰이퍼 오티즘 리포트』의 편집자 레니 셰이퍼는 내가 신경 다양성에 대해서 언급하자 이렇게 말했다. 「그들에 대해서는 다루지 말아 주세요. 신경 다양성을 주장하는 사람들은 언론으로부터 많은 관심을 받고 있기는 하지만 단지 시끄러운 소수에 불과해요. 그들은 자폐증의 진정한 실체를 하찮아 보이게 만들고 있어요. 자폐가 병이 아니라고 주장하는 행위는 맹인이 구걸할 때 사용하는 깡통에서 돈을 훔치는 짓이나 다를 게 없어요. 정치적, 사회적 변화를 이끌어가는 사람들에게 자폐는 문제가 아니라고 생각하게 만드는 짓입니다. 자폐 연구에 대한 재정 지원을 스스로 깎아 먹는 꼴이죠.」 다른 비평가들은 한층 더 격렬한 반응을 보인다. 자폐증 자녀를 둔 존 베스트는 〈혐오스러운 자폐증〉이라는 블로그의 주인이다. 최근에 그는 이 블로그에 〈신경 다양성을 주장하는 멍청이가 백신 접종을 고민하다〉라는 제목과 함께 자신의 입으로 자위 중인 원숭이 사진을 게재했다. 신경 다양성과 유전학에 반대하는 〈자폐증 시대〉라는 블로그는 포토샵으로 이미지를 합성해서, 백신 가설을 지지하지 않는 앨리슨 싱어와 토머스 인셀 등이 명절 음식으로 아기를 먹고 있는 추수감사절 카드를 게재했다.[179]

자이델은 자폐증이 〈아이의 영혼을 앗아간다〉는 인셀의 주장에 대해 〈과장되고 낙인을 찍는 주장〉이라고 비난했다. 그녀의 설명이다. 「〈과도한 수용적 태도〉 때문에 아이에게 필요한 치료를 무시했거나, 적절한 교육 기회를 박탈했거나, 대소변도 가리지 않고 제멋대로 행동하도록 방치했거나, 최선을 다해 의사소통하는 법을 배우게 하지 않았거나, 자폐증의 원인과 그에 관련된 구체적인 문제들의 치료법을 개발하려는 연구를 방해한 부모들의 구체적인 사례들을 그가 인용했던가요? 요컨대 레니 셰이퍼 같은 사람들이 이런 허수아비들을 조종해서 〈저런, 신경 다양성을 옹호하는 사람들은 자폐 아동들이 한쪽 구석에서 죽어 가도록 봐두고, 그 아이들에게 도움이 될 만한 어떤 일도 하지 않으려고 한다〉라고 떠들게 하는 거예요. 정말 터무니없는 소리죠. 정상적인 생각을 가진 부모라면 누구도 그렇게 내버려 두지 않아요.」

한편 자이델의 반대편에서는 두 명의 자폐증 자녀를 둔 키트 와인트롭이 〈우리 아이들에게 발달 이상이 있다고 해서 내가 그 아이들을 있는 모습 그대로 사랑하지 않는다는 뜻은 아니다. 다른 질병이 그들의 미래와 행복을 위협하더라도 나는 그들이 사회 구성원으로서 제 기능을 발휘하고, 가능한 한 《정상인》으로 살아가도록 도와주기 위해서 최선을 다 할 것이다. 나에게 《정상인》이라는 의미는 《내가 바라는 대로 행동하도록 훈련된, 마치 쿠키를 찍어내듯 찍어낸 판에 박힌 로봇 아이》가 아니다. 이를테면 《자폐증이 없는 대부분의 사람들처럼 독립적이고 목적의식이 있는 삶을 살아갈 수 있다. 즉 말을 할 수 있고, 의사소통을 할 수 있으며, 인간관계를 형성하고 유지할 수 있다》는 의미다〉[180]라고 주장했다.

일부 자폐인들은 자폐증의 여러 양상을 찬양하는 운동가들이 그들을 대변한다는 사실을 알고 분개한다. 자신의 블로그를 통해 신경 다양성 운동과 전쟁을 벌이고 있는 자폐인 남성 조녀선 미첼은 〈자폐 범주에 속하는 사람들 중에는 사회에 불만을 가진 사람들이 많으며, 신경 다양성을 주장하는 사람들은 이처럼 취약한 청중들에게 접근한다. 자폐인들은 자신이 쓸모없다고 느끼고 자존감도 낮은 편인데 신경 다양성이 매력적인 탈출구를 제공하는 것이다. 중증 자폐인 자녀를 둔 부모들에게도 마찬가지다. 그들은 그들의 자녀를 결함이나 장애가 있는 아이가 아닌 다른 모습으로 보기를 원한다〉[181]고 말했다. 물론 보다 광범위한 장애 인권 운동이 과학을 편협한 시각으로 바라보고 있을 수도 있다. 주디 싱어가 말했다. 「나는 장애 인권 운동과 사이가 틀어졌는데 이런 운동들이 사회학적인 방향을 지향했기 때문이에요. 그들은 생물학을 혐오하는 천지창조론자들과 거의 다를 게 없었어요.」 그럼에도 신경 다양성 운동가들은 거의 대부분의 경우에 생물학을 부정하지 않는다. 〈신경〉이라는 접두사가 붙은 것만 보더라도 그들의 주장이 생물학을 아우르고 있음이 분명하다. 요컨대 그들이 탐구하는 것은 생물학의 의미이다.

이러한 반목의 상당 부분은 사랑을 둘러싼 엇갈린 관점에서 기인한다. 응용 행동 분석 전략을 옹호하거나 백신 가설을 지지하는 사람들은 그들의 관점을 받아들이지 않는 부모들이 대체로 그들의 자녀를 망치고 있다고 믿는다. 반면에 대다수 신경 다양성 운동가들은 응용 행동 분석 전략이 비인간적이라고, 백신 가설이 모욕적이라고 생각한다. 클락은 응용 행동 분석 전략이 동물한테나 어울릴 뿐이라고 주장한다. 자이델은 자폐증에 걸린 자녀를 백신의 희생자로 묘사하는 부모들이 그들의 자식을 폄하하고 있다고 믿는다. 「나는 자폐인들이 유해 물질에 중독되어 있다는 잘못된 통념이 급증하면서 우리 아이에게 장기적이고, 심각한 정신적 파장이 미칠까 봐 정말로 걱정돼요. 그 같은 생각은 과학적으로도 오류일 뿐 아니라 상징적인 측면에서도 몹시 불쾌해요.」

자폐 인권 운동가가 자폐인의 특징을 보인다고 해서, 예컨대 독특하고, 외골수이며, 세부적인 것에 집착하고, 듣는 사람이 어떻게 받아들일지 생각하지 않고 말하는 경향이 있으며, 합리적이고 지적으로 납득할 만한 이유가 제시되지 않는 한 자신의 입장을 고집한다고 해서 비난하는 것은 순진한 행동이다. 이런 특징들은 자폐인을 그들이 원하는 것보다 설득력이 부족한 운동가로 만들고, 그 결과 일반적으로 그들의 행동주의는 그들이 지닌 개인적인 매력에 상당히 의존한다. 신경 다양성 운동에 반대하는 사람들이 보여 주는 공격성은 말로 다 설명하기 어려울 정도다. 셰이퍼는 신경 다양성 운동가들이 〈우리를 악마로 간주해요. 사랑을 나누어 주는 존재는 더더욱 아니죠. 하지만 우리는 절대로 그런 사람들이 아니에요〉라고 한탄한다. 그럼에도 『상해의 증거』를 둘러싸고 야후에 올라온 토론 목록들을 살펴보면 반대자들이 〈게으름뱅이〉이고, 〈백신 미개인〉이며, 〈싸구려 매춘부〉이고, 〈황금만능주의자〉이며, 〈악의적으로 홍보를 과장〉하는 〈고상한 파시스트 결벽증 환자〉라고 비난하는 쪽은 오히려 신경 다양성 운동에 반대하는 사람들이다.[182]

국립 정신보건 연구소의 소아 신경과 전문의 세라 스펜스Sarah Spence는 〈우리가 중증 자폐인들의 근원적인 증상을 약간이라도 완화하는 경우 그들은 보다 행복해 보인다. 당신이 의사라면 그들도《그들의 세상》안에 있는 것을 좋아하지 않는다는 사실을 느낄 수 있을 것이다. 그들은 그 세상에서 벗어나고 싶어 한다. 우리도 신경 다양성의 정치학을 수용하고 싶지만 과학과 의료 지원이 정치학보다 우선이다〉[183]라고 말했다. 사이먼 배런-코언은 〈자폐증은 장애인 동시에 차이다. 우리는 한편으로 차이를 존중하고 소중하게 여기는 가운데 장애를 완화할 방법을 찾아야 한다〉[184]고 말했다.

자폐라는 범주성 질환에 대해 흑백 정책을 강요하려는 시도에는 태생적인 결함이 존재한다. 의사소통을 할 수 없어서 좌절하는 자폐인이 있는가 하면, 완전히 무관심한 자폐인도 있는 듯 보인다. 발화가 너무 어렵거나 불가능한 현실을 받아들이고 키보드나 다른 보조 장치를 이용해서 의사소통하는 자폐인도 있다. 또한 주의 깊은 관찰을 통해 그런대로 충분한 능력을 개발하는 자폐인도 있다. 부족한 사회적 기능 때문에 엄청난 충격에 빠지는 자폐인도 있고, 친구를 사귀는 일에 대체로 관심이 없는 자폐인도 있으며, 그럼에도 자신만의 방식으로 친구를 사귀는 자폐인도 있다. 자폐증 때문에 철저하게 무너진 사람도 있고, 자폐증을 자랑스럽게 여기는 사람도 있으며, 단순히 실질적인 삶의 일부로 받아들이는 사람도 있다. 사회적인 환경이 영향을 끼치기도 한다. 자주 멸시를 당하는 사람은 응원을 받는 사람에 비해 스스로를 좋게 생각할 가능성이 적다. 하지만 개인적인 성격의 문제도 있다. 어떤 자폐인들은 낙천적이고 자신감에 차 있으며, 어떤 자폐인들은 내성적이고 우울하다. 여기에 더해서 자폐증이 있음에도 신경 전형인이나 보일 듯한 성격과 전적으로 똑같은 성격을 보여 주기도 한다.

스티븐 하이먼은 〈자폐의 정도는 물론 중요하다. 자신이 생각하고 느끼는 방식 때문에 고통과 장애를 경험하든 그렇지 않든, 지금 모습 그대로 행복하든 그렇지 않든, 특정한 수준은 그것을 성취할 수 있는가와 상관없이 당신의 평생 목표가 된다〉고 말했다. 인셀은 〈중도 장애인들에게는 신경 다양성 차원의 접근법이 위험하다. 그렇지만 자폐 범주에서 그들과 정반대 쪽에 있는 사람들에게는 동일한 접근법이 스스로 자신을 인정하도록 하는 데 도움이 될 것이다. 그러한 접근법이 우리에게 그들의 독특함을 인정하도록 종용하듯이 말이다. 신경 다양성을 주장하는 사람들의 말을 내가 제대로 이해한 것이라면, 자폐인을 있는 그대로 인정하는 행위에는 그들이 잠재력을 발휘할 수 있도록 도와주겠다는 의미도 들어 있다〉고 말했다. 애나의 어머니 제니퍼 프랭클린은 신경 다양성을 주장하는 것에 분노하면서 이렇게 말했다. 「만약 애나 리비아가 어른이 되어 배변 훈련을 하는 대신 기저귀를 차겠다고 주장한다면 나는 그녀가 원하는 대로 할 거예요. 요컨대 신경 다양성 운동에 동참할 수 있을 정도로만 그녀의 의식이 발달했으면 좋겠어요. 애나가 치료사에게 〈내게 이런 일을 겪게 하다니 엄마는 정말 못됐어요〉라고 불평할 수 있는 수준이 된다면 나는 임무를 완수했다는 느낌이 들 것 같아요.」

그랜딘은 자폐인과 사회 모두가 타협을 해야 한다고 주장한다. 그녀는 의사소통을 할 수 없고, 대소변을 가리는 데 문제가 있으며, 빈번하게 자해 행위를 하는 사람들의 고통에 대해 설명했다. 그녀가 말했다. 「언어 장애를 동반하는 가장 심각한 형태의 자폐증 정도는 예방할 수 있으면 좋을 것 같아요. 하지만 모든 자폐증 유전자를 제거한다면 과학자나 음악가, 수학자도 모두 사라지고 결국에는 무미건조한 공무원들만 남게 되겠죠. 나는 마음속으로 상상을 하고는 해요. 그 상상 속에서는 원시인들이 모닥

불 주위에서 이야기를 나누고, 한쪽 구석에는 아스퍼거 증후군인 남자가 있어요. 그는 돌멩이를 다듬어서 인류 최초로 창날을 만들고, 그 창날을 막대기에 묶는 방법을 고안해서 거기에 사용할 동물의 힘줄을 자르고 있죠. 사회적인 사람들은 기술을 개발하지 않아요.」

중도 장애 자폐인이 겪는 것 같은 문제가 없는 사람들만 신경 다양성 커뮤니티에서 활동적인 행보를 보인다는 주장에 반박해서,〈오티스틱스닷오알지Autistics.org〉의 웹마스터 세 명은 그들 세 사람 중 누구도 배변 훈련을 완전히 소화하지 못했으며 심지어 한 명은 말을 하지도 못한다는 내용의 성명서를 발표했다. 그들은〈우리는 팔을 파닥거리고, 손가락을 튕기고, 머리를 흔들고, 몸을 비틀거나 비비고, 손뼉을 치고, 깡충깡충 뛰고, 꽥꽥 소리를 지르고, 흥얼거리고, 비명을 지르고, 쉭쉭 소리를 내고, 경련을 일으킨다〉[185]면서도 그러한 행동이 그들의 행복을 방해하지는 않는다고 주장했다. 신경 다양성 운동가 어맨다 백스는「나의 언어로In My Language」라는 비디오에서 그녀의 관점을 설명했다. 그녀도 반복 행동을 보이고 말을 하지 않는다. 그녀의 설명이다.「내가 생각하거나 사물에 반응하는 방식이 표준적인 개념과 너무 다르게 보이는 까닭에 어떤 사람들은 이런 방식을 아예 사고로 여기지도 않는다. 사람들이 내가 의사소통을 한다고 이야기할 때는 오로지 내가 그들의 언어로 무언가를 타이핑하고 있을 때뿐이다. 나 같은 사람은 기이하고 종잡을 수 없는 존재로 공공연하게 묘사된다. 아무도 그들 스스로 혼동을 일으키고 있다는 사실을 인정하지 않는다. 다양한 개성이 인정될 때 비로소 정의와 인권도 보장될 수 있을 것이다.」[186]

아스퍼거 증후군 진단을 받았고 워싱턴 대학에서 일하는 제인 메이어딩이 말했다.「만약 자폐 범주에 속하는 사람들이〈모두 세상 밖으로 나와서〉제도의 유연성을 높이고 그 결과 우리의〈특별한 요구〉가 받아들여진다면, 이 세상은 다른 모든 사람들에게도 한층 더 안락하고, 개방적인 곳이 될 것이다. 그리고 그런 세상에서는 남들과 다른 학습 방식을 가진 아이들도 독특한 머리 색깔이나 질감을 가진 아이들처럼 정상으로 여겨질 것이다. 모든 사람이 〈각자의 목소리를 지닌〉 세상이 될 것이다.」[187] 조이스 청은 그녀의 딸이 명확히 발음할 수 없는 어떤 것을 가지고 씨름하다가 결국 포기할 때가 되면 〈엄마, 아무래도 내게 자폐증이 있어서 그런 것 같아요〉라고 말한다고 설명했다. 20년 전에도 자폐인이 그 정도로 말하는 것이 가능했을까? 그리고 그처럼 자아 수용적인 자의식을 갖는다는 것이 성숙함이나 자폐로부터의 해방, 심지어 자폐에 대한 승리의 표시가 될 수 있을까? 로이 리처드 그린커는 〈사람들이 내 딸 문제로 나를 동정하는데 나는 그들이 어떤 감정으로 그러는지 이해되지 않는다. 자폐증은 숨겨야 할 질병이 아니라 타협해야 할 하나의 장애이다. 그 가족이 비난받아야 할 오명이 아니라 또 다른 형태의 존재 방식이다〉[188]라고 썼다.

자폐증 자녀가 있는 어머니 케이트 모비어스는 〈아직은 에이단에게 《유레카!》라고 외칠 만한 어떤 일도 일어나지 않았다. 자폐증 뒤에 숨은 완벽한 아이가 한 번도 모습을 드러내지 않았다. 대신 나는 새로운 나를 발견했고, 자신감을 되찾았으며, 에이단을 있는 그대로 볼 뿐 아니라 스스로도 돌아볼 줄 알게 되었다〉[189]고 썼다. 캐슬린 자이델이 말했다. 「〈불치〉라는 단어는 무척 파괴적으로 들려요. 하지만 자폐증이 영속성을 갖는다는 뜻으로도 볼 수 있어요. 이 보석을 다양한 측면에서 바라본다고 해서 엄청난 난관에 직면한 사람들의 곤경을 하찮게 본다는 뜻은 아니에요. 나는 전체적인 그림을 보려는 거예요. 그 그림의 아름다운 부분까지 포함해서요. 자폐증은 이를테면 꿈을 꾸는 능력처럼 우리 인간성의 일부예요. 신은 모든 가능성을 보여 주고, 자폐증은 우리 세상에 존재하는 수많은 가능성 중 하나예요. 다시 말해서 인간의 조건 중 한 부분이죠. 경우에 따라서는 어떤 몸 상태일 수도 있고요.」

청각 장애의 경우 의학과 행동주의 둘 다 전력 질주를 하고 있다. 하지만 자폐의 경우에는 두 가지 모두 느릿느릿 걷고 있다. 진보적인 바깥세상의 시각에서 보더라도, 청각 장애와 달리 자폐증은 아직 하나의 문화로 정립되지 않았다. 자폐증에는 언어학자들이 인정할 만한 공식적인 언어가 없다. 자폐인의 교육을 담당하는 (MIT를 이런 학교로 치지 않는다면) 오랜 역사를 가진 대학도 없다. 청각 장애인들이 문화라고 주장하는 것―청각 장애인 전용 극장, 청각 장애인 사회의 관례, 청각 장애인 클럽 등―에 상응하는 시설이나 비슷한 시설들이 자폐인에게는 아직 없다. 과학의 복잡성 때문에 자폐증은 의학적 진보가 정체성 정치학을 제치고 승리하기까지 아직 시간적인 여유가 있기는 하지만, 청각 장애 모델을 지켜보면서 신경 다양성을 옹호하는 사람들은 그들이 의학과 경주를 벌이고 있음을 분명히 알 수 있을 것이다. 그리고 이 경주에서 그들이 가진 최고로 유리한 점은 상대의 속도가 거북이처럼 느리다는 것이다. 게다가 자폐증에는 자폐인들이 남긴 지극히 현실적인 업적이라는 유리한 점도 있다. 비록 학문적으로는 안전하지 못한 방법이지만 오늘날의 자폐증 기준을 소급해서 적용한다면, 모차르트나 아인슈타인, 한스 크리스티안 안데르센, 토머스 제퍼슨, 아이작 뉴턴을 비롯해 수많은 위대한 공상가들이 자폐증 진단을 받게 될 것이다.[190] 예컨대 헬렌 켈러를 빼놓고 세상을 설명해도 대다수 사람들은 그녀의 빈자리를 크게 느끼지 않을 것이다. 하지만 앞서 언급한 특별한 천재들을 빼놓고 세상을 설명해 보라. 그 세상은 무척이나 빈곤해질 터이다.

빌 데이비스는 브롱크스에서 자랐고, 길거리 갱단에 들어갔다가 나중에는 조직범죄에 손을 댔다.[191] 1979년 어느 날 스무 살의 한 모델 지망생이 그가 관리하던 나이트클럽으로 걸어 들어왔다. 빌이 말했다. 「그녀가 꽃병에 있는 카네이션 한 송이를 꺼내 내 옷깃에 꽂으면서 말했어요. 〈나와 함께해요!〉 그 뒤로 우리는 지금까지 계속 함께하고 있답니다.」 10년 후에 빌과 제이는 펜실베이니아 랭커스터로 이사했고, 그곳에서 딸 제시를 낳았다. 그리고 5년 뒤에는 아들 크리스토퍼가 태어났다. 제이는 집에서 아이들을 돌봤고 빌은 술집에서 일했다. 두 살이 되자 크리스토퍼가 더이상 말을 하지 않았다. 그리고 두 살 반이 되자 한쪽 구석에서 고개를 한없이 주억거리고 있었다. 제이는 무언가 단단히 잘못되었음을 직감했고, 어느 날 아침 운전면허도 없으면서 크리스토퍼를 데리고 필라델피아에 있는 아동 병원 〈시쇼어 하우스〉에 다녀오겠다고 선언했다. 그리고 그곳에서 만족스러운 대답을 얻지 못하자 이틀 뒤에는 〈볼티모어에 있는 《케네디 크리거》에 갔다 올게. 그리고 거기도 도움이 되지 않으면 아래쪽으로 뉴저지 해던필드까지 내려가서 《밴크로프트 스쿨》에도 가볼 거야〉라고 말했다. 빌이 아내에게 〈운전면허도 없이 그렇게 여기저기 운전하고 다닐수는 없어〉라고 상기시켰다. 바로 그다음 주에 그녀는 운전면허 시험에 합격했다. 빌이 말했다. 「그녀가 언급했던 병원들은 전국에서도 실력이 가장 좋기로 유명한 곳들이었죠. 하지만 아내는 언제 어떻게 그런 사실을 알을까요? 그 와중에 운전면허 시험은 또 어떻게 준비했을까요?」

크리스토퍼는 잠을 자지 않았다. 또 양손을 파닥거렸다. 자해도 했다. 똥을 자기 몸에 바르거나 부모에게 던졌다. 자신의 살을 물어뜯거나 눈을 찌르기도 했다. 몇 시간씩 계속해서 천장의 선풍기를 노려보았다. 제이는 크리스토퍼에게 친밀감을 포함해서 그가 어렵게 여기는 것들에 대한 끝없는 인내와 점진적인 접근법이 필요할 거라는 사실을 직감했다. 그녀와 빌은 매사를 세분화했다. 빌이 말했다. 「이를테면 이런 거죠. 〈너를 만져도 되겠니?〉 〈오, 정말 고맙구나. 너는 정말 멋져.〉 크리스토퍼는 한 블록도 끝까지 걸으려고 하지 않았어요. 그래서 나는 그 아이를 데리고 블록의 반 정도 가면 〈정말 많이 왔구나!〉라고 말하고는 했죠.」

크리스토퍼는 인과관계를 이해하는 데 어려움을 느꼈다. 그는 자동차의 흔들림을 좋아했고 그래서 신호등에 빨간불이 들어와서 자동차가 멈출 때마다 괴성을 질렀다. 제이는 빨간색과 녹색 카드를 만들어서 자동차가 빨간불에 다가갈 때마다 그에게 빨간색 카드를 보여 주고, 다시 출발할 때 녹색 카드를 보여 주었다. 크리스토퍼가 연관성을 이해하고 나자 괴성도 멈추었다. 제이는 아들에게 시각적인 정보를 흡수하는 능력이 있음을 깨닫고 플래시 카드와 부호들을 이용한 시스템을 만들었다. 그녀가 말했다. 「나는 크리스토퍼가 보는 것을 항상 같이 보았어요.」 그녀는 행동 분석가인 빈센트 카본의 연구에 관심을 갖게 되었고, 차를 운전해서 펜실베이니아에 있는 그의 사무실을 찾아갔다.[192] 카본이 〈부인, 제가 좀 나가 봐야 하는데요〉라면서 양해를 구하려고 하자 그녀가 말했다. 「아직 이해를 못하신 것 같은데 도와주겠다고 약속하기 전에는 절대로 보내드릴 수 없어요.」 한 시간여를 버티던 그가 마침내 자신의 다음 강좌를 들으라고 허락했다. 그녀는 그곳에서 일주일 동안 머물면서 강의를 들었고, 그 뒤로 몇 년 동안 그에게 배운 방법론을 변형해서 몇몇 유용한 치료법을 개발했다. 그녀의 변형된 치료법에 많은 관심을 갖게 된 카본은 랭커스터로 연구팀을 보내서 그녀가 크리스토퍼를 어떻게 대하는지 관찰하게 했다. 크리스토퍼가 여섯 살이 되면서 제이는 다른 자폐 아동들을 받기 시작했다. 그녀는 말을 하지 않는 어떤 소년이 시계를 좋아한다는 사실을 깨닫고 이런저런 시계들을 사다 주면서 흥미를 부추겼다. 그러던 어느 날 갑자기 그 소년이 혼잣말을 했다. 「잘했어, 후안.」 마침내 말문이 열린 것이다.

제이는 자신의 기술을 전파하기 위해 프랭클린 마샬 대학과 러트거스 대학의 학생들을 모집해서 집에서 직접 그들을 가르치고 지도했다. 또한 크리스토퍼의 방에 카메라를 설치하고 학생들을 촬영해서 그들의 실수를 바로잡아 주었다. 그들을 여러 학회와 훈련 프로그램에도 데려갔다. 그들이 대학원에 지원하는 경우에는 추천서도 써주었다. 크리스토퍼가 어른이 되었을 즈음에는 제이가 그동안 가르친 학생들이 40명을 넘었다. 그리고 그 지역의 다른 가족들이 그녀가 하는 일에 대해 알게 되면서 그녀는 그들의 집에도 학생들을 파견했다.

제이는 만약 크리스토퍼가 다섯 살까지 말을 배우지 못한다면 이후로도 절대 말을 하지 못하게 될 거라는 사실을 그대로 받아들이지 않았다. 그리고 크리스토퍼는 일곱 살이 되자 단어들을 말하기 시작했다. 열 살 때부터는 짧은 문장들을 사용했다. 미국의 역대 대통령 사진과 그들의 이름을 연결할 줄 알게 되었고, 제이가 개발한 숫자 게임을 통해서 산수와 돈 세는 법도 배웠다. 내가 처음 찾은 크리스토퍼의 방은 온갖 교재들로 가득했다. 그가 숫자 세는 법을 배울 때 사용하는 구슬이 신발 가방들에서 와르르 쏟아졌다. 집에서 만든 500여 장의 플래시 카드가 들어 있는 상자도 있었다. 악기도 사방에 있었다. 여러 층으로 된 선반에는 동전부터 플라스틱 「세서미 스트리트」 괴물에 이르기까지 온갖 잡동사니가 든 통들이 놓여 있었다. 여기에 더해서, 족히 400개는 되어 보이는 비디오테이프들이 방 여기저기에 쌓여 있거나, 선반에 꽂혀 있거나, 다른 물건들 밑에 혹은 옆에 박혀 있었다. 마치 이제는 전설이 된 알렉산드리아 도서관의 시청각 자료실을 보는 것 같았다.

새로운 학생이 들어오면 제이는 으레 이런 제안을 했다. 「자, 여기 상금으로 이백 달러를 둘게요. 이제 당신은 옆방으로 들어갈 거예요. 그 방에는 우리가 미리 숨겨 둔 어떤 것이 있어요. 그것이 무엇인지, 어디에 있는지 당신이 알아내는 거예요.」 그리고 그 신입 학생이 어두운 방으로 들어가면 다른 학생들이 괴성을 지르거나 딸깍거리는 소음을, 또는 무의미한 어떤 소리를 낸다. 신입 학생이 점차 좌절하다가 마침내 폭발한다. 「도대체 이게 무슨 짓인지 모르겠군요! 원하는 게 뭐예요?」 그러면 제이가 〈기운을 내요. 찾기만 하면 이백 달러를 줄게요!〉라고 재촉한다. 결국 신입 학생이 포기하고 방을 나오면 제이가 설명한다. 「자폐 아동의 삶이 바로 그래요.」

빌은 제이의 헌신을 지켜보면서 자극을 받았고, 주 정부로부터 치료 비용을 받아내기 위한 협상을 맡았다. 빌이 말했다. 「지역 학교 관계자들은 〈우리 아들은 주당 40시간의 치료가 필요해요〉라고 말하는 감정적인 부모들을 상대했고 그때마다 〈죄송합니다(당신이 졌어요)〉라고 말했어요. 하지만 나는 〈자, 에스리지 대 콜린스의 판례에 따르면……〉 하는 식으로 접근했죠. 그들은 나를 싫어했어요. 하지만 나는 뉴욕에서 아일랜드 갱들과 함께 자랐어요. 랭커스터의 교사들을 무서워할 리가 없었죠.」 만약 학교에서 제공하는 것보다 빌과 제이가 집에서 실시하고 있는 프로그램이 크리스토퍼에게 보다 적절하다고 판명될 경우 주 정부는 그들 부부의 프로그램에 드는 비용 일체를 부담해야 했다. 빌은 일 년치 예산을 뽑았다. 교재를 만드는 데 얼마가 드는지, 연수 프로그램에 얼마나 드는지, 학생들을 교육하는 데 얼마가 드는지 비용을 산출했다. 그러는 사이 치료법의 개발은 가족 프로젝트가 되었다. 크리스토퍼의 누나 제시는 똑같은 두 개의 악기를 이용했다. 탁자 아래에서 이를테면 트라이앵글을 연주한 다음 크리스토퍼에게 탁자 위에서 똑같은 악기를 골라 연주하도록 했다. 제이가 제시에게 이미 그 같은 훈련의 메커니즘을 설명한 터였다. 그리고 데이비스 가족의 요구를 검증하기 위해 주 정부에서 파견된 심리학자가 처음 그들을 방문해서 여덟 살이던 제시에게 물었다. 「지금 뭘 하고 있는 거니?」 제시가 대답했다. 「소리에 따른 변별 자료를 수집하고 있어요.」 이 심리학자는 교육 위원회에 〈데이비스 가족은 나보다 아는 게 많습니다. 그냥 그들이 원하는 것을 주세요〉라고 보고했다.

그럼에도 데이비스 가족은 건강보험이 없었기 때문에 엄청난 치료 비용을 자비로 지불해야 했다. 크리스토퍼는 체조 수업과 발화 수업을 들었고, 수시로 병원에서 진찰을 받았으며, 저소득층 의료보장 제도의 적용을 받지 않는 의사들에게 상담도 받았다. 빌이 말했다. 「네 곳에서 바텐더로 일하면서 때로는 일주일에 2,500달러씩 벌었어요. 하지만 하늘에 맹세코 집세를 내기에도 부족했어요. 형편이 정말 어려워졌을 때는 술집에서 모금 행사를 벌였어요. 필라델피아 야구팀인 필리스에 야구공을 부탁하고, 하키스틱을 얻으러 플라이어스 하키 팀도 찾아갔죠. 그리고 내가 일하던 바에서 이런 것들을 팔아서 한 번에 6천 달러를 모으기도 했어요.」

대다수 자폐인처럼 크리스토퍼도 장(腸) 문제가 있다. 그는 큰일을 보는 것이 너무나 고통스러웠기 때문에 가능한 한 오랫동안 볼일을 보지 않고 버티려는 경향이 있었다. 빌이 말했다. 「그래서 대장에 대변이 쌓이고, 그렇게 쌓인 대변이 어느 순간에 폭발하죠. 그러면 크리스토퍼는 〈목욕〉이라고 말하면서 나를 껴안아요. 나는 그를 씻기고 방을 청소하죠. 오, 하느님! 정말 더럽기 짝이 없어요. 오래 묵은 설사가 뒤범벅되어 쌓여 있는데 크리스토퍼는 그 똥 무더기를 밟고 올라가서 다시 오줌을 싸요. 정말 끔찍해요. 하지만 그게 일상이에요.」 갑자기 그 공간이 지저분한 동시에 사랑으로 가득 채워진 것처럼 느껴졌다. 빌의 설명에 의하면, 가혹한 어린 시절을 보낸 제이에게는 아이들을 완벽한 가정에서 키우는 것이 숙원이었다. 그가 말했다. 「그런 그녀가 집에서 키우기를 포기한 거예요. 엄청난 결심이었죠.」

크리스토퍼가 아홉 살 때 데이비스 부부는 그가 학교 제도 안으로 들어갈 때라고 판단했다. 학교 측은 제이가 크리스토퍼를 가르칠 교사에게 교육을 실시하는 것에 동의했다. 그를 담당할 교사가 여름방학을 이용해서 집에 찾아왔다. 아직은 크리스토퍼의 입학 허가가 나기 전이었다. 제이가 말했다. 「그녀는 개방적이었고, 배우는 데 매우 열심이었고, 다정한 사람이었어요. 그녀라면 같이 일할 수 있을 것 같았어요.」 그해 가을에 크리스토퍼는 학교에 들어갔고 그의 반에는 두 명의 다른 남학생과, 제이에게 교육을 받은 교사와, 네 명의 보조 교사가 배치되었다.

크리스토퍼가 학교에 다니기 시작한 직후부터 제이가 피곤하다는 말을 하기 시작했다. 빌이 말했다. 「제이는 아침 6시에 일어나서 새벽 3시에 잠자리에 들었어요. 항상 무언가를 쓰거나, 인터넷 검색을 하거나, 전화 통화를 하거나, 여기저기를 찾아다녔죠. 그래서 그녀가 〈당신이 크리스토퍼를 챙겨 줄래요?〉라고 처음 말했을 때 정말 깜짝 놀랐어요.」 결국 그녀는 의사를 찾아갔고, 마흔다섯 살이라는 이른 나이에 포도송이만한 악성 자궁암이 있으며 암세포가 이미 폐와 척추로 전이되었음을 알게 되었다. 그녀의 콩팥 중 하나는 기능을 정지한 상태였고 약간의 심장마비 증세도 있었다. 내출혈 때문에 피가 부족해서 5시간 동안 응급 수혈을 받기도 했다.

내가 제이를 만났을 때 그녀는 살날이 불과 몇 개월밖에 남지 않은 상황이었다. 간호사가 집으로 찾아와서 화학 치료를 해주고 있었다. 제이는 남은 시간을 조금이라도 연장하고자 화학 치료를 선택했다. 머리카락이 빠지고 다소 수척했지만 그녀는 여전히 아름다웠고, 남자다운 빌과 대조적으로 온화했다. 나는 그녀의 상태 때문에 방문을 망설였지만 그녀가 고집을 피웠다. 그녀가 내게 말했다. 「나는 정말 운이 좋아요. 크리스토퍼가 학교에 다니게 되었잖아요. 그는 매사를 자기 스스로 해나갈 준비가 되었어요. 그 아이에게 필요한 것이 생기면 빌이 확실하게 챙겨줄 거예요. 나는 크리스토퍼가 보는 것을 항상 같이 보았지만 빌은 그가 느끼는 것을 같이 느꼈어요. 나는 내가 해야 했던 일을 했어요.」 학생들이 크리스토퍼를 어떻게 가르치는지 관찰하기 위해 설치했던 폐쇄 회로 텔레비전이 여전히 작동했기 때문에 그녀는 위층의 크리스토퍼 방에서 일어나는 일들을 누워서도 확인할 수 있었다. 제이가 말했다. 「내게는 정말 이상한 경험이었어요. 모든 게 순식간에 일어났죠. 내가 죽어 가고 있는 일이나 크리스토퍼가 학교에 다니게 된 일 말이에요. 나는 크리스토퍼보다 딸아이와 남편이 걱정이에요. 솔직히 말해서 크리스토퍼는 기본적으로 행복한 아이예요. 다만 감정을 개념화하는 데 서툴러요. 그래서 그 아이에게 앞으로는 내가 옆에 없을 거라는 사실을 이해시키는 데 애를 먹고 있기도 하죠.」

크리스토퍼는 공격적으로 변했고 주된 공격 대상은 빌이었다. 크리스토퍼는 아버지를 물고, 주먹으로 때리고, 머리로 들이받았다. 그러던 어느 날 그가 자신의 비디오테이프들을 한 아름 가지고 아래층으로 내려와서 비디오테이프와 어머니를 안은 채 그녀의 치료용 침대에 웅크리고 누웠다. 내가 도착했을 때 제이는 막 약물 치료를 받고서 우울한 상태였다. 크리스토퍼가 떼를 쓰면서 소리를 지르고, 자신을 비롯해 모든 대상에게 연신 주먹을 날렸다. 빌은 한 손으로 제이의 손을 잡은 채 다른 한 손으로 크리스토퍼의 성난 이마를 펴주면서 〈아빠 좀 제발 때리지 마〉라며 타일렀다. 그때 갑자기 크리스토퍼가 제이에게 특유의 굵은 목소리로 〈사랑해요〉라고 말하면서 그녀의 가슴에 얼굴을 묻었다.

나를 만나고 열흘 뒤인 10월의 어느 조용한 오후에 제이는 세상을 떠났다. 그녀는 갖고 있던 교재들을 그동안 도움을 받았던 대학들에 기증했다. 빌이 말했다. 「그것들을 모두 기록으로 남긴다 하더라도 별로 소용이 없을 겁니다. 정말 중요한 것은 글로 기록할 수 있는 어떤 것이 아니라 제이 그 자체였기 때문이죠.」 그녀가 숨을 거두기 직전에 랭커스터 시에서는 그녀의 공로를 인정해서 레드 로즈 어워드를 수여했다. 며칠 뒤에는 그동안 교육의 우선순위를 놓고 데이비스 가족과 대치하던 〈중재 기구〉에서 제이 데이비스 장학금을 신설하고, 매년 10개의 가정을 선발하여 그들이 전국 자폐 콘퍼런스에 참여할 수 있도록 비용을 지원하겠다고 발표했다. 한편 프랭클린 마샬 대학에는 제이 데이비스 인턴 프로그램이 신설되었고, 펜실베이니아 주립 대학에는 제이 데이비스 부모 장학금을 신설되었다. 그리고 〈자폐 연구 기구〉에서는 제이 데이비스 메모리얼 어워드를 신설했다.[193]

빌은 슬픔을 꿋꿋하게 이겨 냈다. 그가 말했다. 「크리스토퍼가 자폐증 진단을 받은 날부터 우리의 결혼 생활은 완전히 변했어요. 좀처럼 부부 관계를 갖지도 않았어요. 특별히 다정하거나 로맨틱한 순간도 별로 없었어요. 어쩌다가 단둘이 저녁을 먹으러 나가도 크리스토퍼에 관한 이야기를 나누었어요. 그마저도 일 년에 한 번 정도가 고작이었죠. 이 일이 다른 일들을 완전히 집어삼킨 거예요. 크리스토퍼가 일을 하지 못하거나 결혼을 하지 못한다고 해서 무슨 상관이 있겠어요? 크리스토퍼는 크리스토퍼일 뿐입니다. 그 아이는 우리에게 그를 어떻게 대해야 하는지, 그가 어떻게 배우는지, 그가 자신의 인생을 살아가도록 하기 위해 우리가 어떻게 해야 하는지 알려 주었어요. 며칠 전에는 밤에 크리스토퍼를 데리고 예전에 제이와 셋이서 자주 다니던 곳으로 드라이브를 갔는데 그가 울음을 터뜨렸어요. 엄마 생각이 났던 거죠. 우리 아들은 퍼즐이 아닙니다. 나는 그 아이가 어떤 사람인지 정확히 알아요.」 문신하기를 항상 좋아했던 빌은 크리스토퍼의 장애를 자신의 몸에 새기기 시작했다. 그는 가슴에 〈자폐증〉이라는 단어를 새겼고, 〈미국 자폐증 협회〉의 상징인 자폐증 퍼즐 리본을 엄청난 크기로 새겼으며, 〈자폐증 해제Unlocking Autism〉를 상징하는 〈U〉와 〈A〉, 열쇠도 새겼다.

나는 한동안 빌과 연락을 하지 못했다. 그리고 우리가 다시 만났을 때 빌이 말했다. 「제이는 크리스토퍼를 무척 엄하게 몰아붙였어요. 그리고 그녀가 세상을 떠나자 크리스토퍼가 〈학교 다니기 싫어!〉라고 하더군요. 나는 〈만약 그 아이가 정말로 원하는 것이 하루 종일 텔레비전을 보는 거라면, 굳이 다른 그 모든 일을 하도록 다그칠 필요가 있을까?〉라고 생각했죠.」 빌은 크리스토퍼를 무단결석시킨 혐의로 기소되었다. 게다가 제이의 병원비로 재정적인 위기를 맞아서 그들 가족은 결국 집까지 잃게 되었고 한동안 랭커스터에 있는 공원 벤치를 전전하며 살았다. 제이가 세상을 떠난 지 18개월이 된 시점부터 크리스토퍼는 분별력을 보이기 시작했다. 우선 똥을 묻히는 일이 없어졌다. 그리고 세상에 자신의 규칙과 다른 규칙이 존재하며 그 규칙을 반드시 준수해야 한다는 사실을 깨닫기 시작했다. 마치 그를 커뮤니케이션의 세계로 이끌어 내기 위해서는 까다로운 어머니의 애지중지하는 관심이 필요했고, 그로 하여금 그 목적을 이해하도록 만들기 위해서는 아버지의 힘든 상황이 필요했던 것 같았다. 다시 말해서 어머니는 그에게 언어 능력을 주었고, 아버지는 그가 그 능력을 사용하도록 만든 것 같았다.

나는 크리스토퍼의 언어 능력을 확신하는 빌의 주장에 항상 회의적이었다. 크리스토퍼가 불과 이삼십 개의 단어를 아주 가끔씩만 이해했고, 대부분의 경우에 명사로만 말을 했으며, 간단한 구(句) 정도만 기억했기 때문이다. 하지만 가장 최근에 그들을 방문했을 때 그가 이런저런 복잡한 항목들을 컴퓨터에 입력하는 모습을 보고서 나는 깜짝 놀랐다. 내가 거기에 앉아 있는 동안 그는 이베이에 로그인해서 비디오를 검색했다. 실제로는 수많은 단어들을 알았지만 단지 그것들을 활용해서 다른 사람들과 교류하려는 의지가 없었던 것이다. 그의 감정능력도 마찬가지로 성장했다. 내가 들어서자 그는 손바닥을 파닥거리면서 고음을 냈다. 처음에 나는 그 같은 행동이 단순히 경계의 의미일 거라고 생각했다. 하지만 내가 소파에 앉자 그가 내 옆에 몸을 웅크리고 앉았다.

템플 그랜딘은 한때 자신을 〈화성의 인류학자〉라고 설명했다. 신경학자 올리버 색스가 자신의 책 제목으로 도용한 표현이기도 하다.[194] 하지만 크리스토퍼는 인류학자들이 가득한 방에 덩그러니 있는 한 명의 화성인과 비슷하다. 빌이 말했다. 「나는 크리스토퍼가 모든 것을 느낄지도 모른다고 생각해요. 그래서 그에게 모든 것을 이야기하고, 더불어 내가 그를 진심으로 전적으로 사랑한다고 말해요. 혹시 모르잖아요.」 사랑과 박수와 존경을 받고자 하는 열망이 인간의 본성이라고 단정한다면 신경 전형인의 편견일까?

동일한 일단의 문제를 둘러싸고 완전히 상반된 두 개의 허구가 존재한다. 첫 번째 허구는 자폐증 자녀를 둔 부모들의 기적 같은 이야기다. 이런 이야기의 가장 극단적인 형태에서는, 마치 부모의 과감한 용단 덕분에 꽁꽁 언 겨울을 무사히 넘기고 제비꽃이 만발한 봄 들녘에서 춤을 추듯이, 고통에서 탈출하여 완전히 말을 할 줄 알게 되고, 남의 시선 따위는 신경

쓰지 않는 신선하고 황홀한 매력을 발산하는 아름다운 소년 소녀들이 묘사된다. 헛된 희망을 주는 이런 이야기에는 자폐증과 싸우고 있는 가족들의 이야기는 정작 쏙 빠져 있다. 두 번째 허구의 줄거리는 자폐 아동이 전혀 나아지는 기미가 없음에도 그 부모가 아이를 치료하려고 하기보다 축복해 주고 주어진 상황에 전적으로 만족한다는 내용이다. 이런 이야기는 많은 가족들이 직면하는 어려움을 호도하고, 자폐증의 근본적인 문제를 애매하게 만들 수 있다. 요컨대 대다수 자폐인들의 삶에 불가사의한 측면들이 존재한다면, 자폐증 자녀를 둔 대다수 부모들의 삶은 명백히 힘든 삶이다. 경우에 따라서는 견딜 수 없을 정도로 힘들 수도 있다. 사회적 편견 때문에 이러한 어려움이 가중되기는 하지만 그럼에도 전적으로 사회적 편견 때문이라고 주장하는 것은 순진한 발상이다. 애정을 이해할 수 있도록 표현하지 않는 자녀를 양육하는 일은 사람을 황폐하게 만든다. 밤새도록 깨어 있어서 지속적인 감독이 필요하고, 괴성을 지르고 짜증을 부리지만 이유를 알아내려 해도 의사소통이 불가능한, 또는 선천적으로 화가 많은 아이를 양육하는 일도 마찬가지다. 혼란스럽고, 견디기 힘들고, 진이 빠지고, 보람이 없는 일이다. 그럼에도 구체적인 상황에 맞추어서 치료와 수용을 병행함으로써 이 같은 문제를 완화할 수는 있다. 치료하고자 하는 충동에만 이끌리거나 수용하고자 하는 충동에만 이끌리지 않는 것이 무엇보다 중요하다.

장애의 세계에는 자식을 살해하는 사건이 무척 많은 것 같다. 자폐증 자녀를 살해하는 사람들의 일반적인 주장은 자녀를 고통에서 구원해 주고 싶었다는 것이다. 하지만 자폐 인권 운동에 이의를 제기하는 사람들에게, 이런 이야기들은 자폐인도 삶을 영위할 정당한 권리가 있음을 뒷받침할 명분을 마련하는 문제가 얼마나 시급한지 보여 줄 뿐이다.

1996년에 샤를-앙투안 블레는 여섯 살의 나이에 친모에게 살해되었고, 그를 살해한 친모는 징역을 사는 대신 사회 복귀 훈련 시설에서 1년 동안 봉사한 후에 〈몬트리올 자폐증 협회〉의 일반인 대표가 되었다. 1997년에는 케이시 앨버리가 열일곱 살의 나이로 역시 어머니에 의해 목욕 가운 허리끈으로 목이 졸려서 사망했다. 그녀가 다리에서 뛰어내리라는 어머니의 요구를 거부한 뒤에 일어난 일이었다. 그녀의 어머니는 경찰에게 〈그녀는 부적응자였다. 사람들은 그들과 다르다는 이유로 그녀를 두려워했다. 내가 좀 더 일찍 결단을 내렸어야 한다고 생각한다. 나는 오래전부터 그녀를 죽이고 싶었다〉고 밝혔다. 그녀는 교살 혐의로 18개월의 징역형을 선고받았다. 1998년에는 피에르 파스키우가 익사했는데 그를 익사시킨 범인도 그의 어머니였다. 그녀는 집행유예 3년을 선고받았다. 1999년에는 제임스 조지프 커밍스 주니어가 마흔여섯 살의 나이로 아버지가 찌른 칼에 목숨을 잃었다. 커밍스 시니어는 5년의 징역형을 받았다. 같은 해에 열세 살의 대니얼 레브너는 어머니가 지른 불에 산 채로 타 죽었으며, 불을 지른 어머니에게는 6년의 징역형이 선고되었다. 2001년에는 여섯 살이던 게이브리얼 브릿이 아버지에게 교살되었다. 그의 아버지는 아들의 시체를 호수에 유기했고 양형 거래를 통해 4년의 징역형을 받았다. 역시 2001년에 야드비가 미스키비츠는 열세 살이던 아들 자니 처키를 교살하고 정신병원에 수감되었다. 그 사건을 담당했던 한 검시관은 그녀가 〈우수함을 판단하는 《엄격한 기준》을 가졌지만 더 이상 그 기준에 맞추어 살 수는 없을 것〉이라고 말했다. 2003년에 스무 살이던 안젤리카 오리에마가 물에 빠져 숨졌는데 범인은 친모인 이오아나였다. 그녀의 어머니는 이전에도 그녀를 감전사시키려 시도한 전력이 있었다. 안젤리카의 어머니는 〈나는 병적으로 걱정에 시달렸다〉고 말했다. 그녀는 사회봉사 3년 명령을 받았다. 같은 해에 테런스 코트렐은 자신의 어머니와 교회 사람들이 그에게 퇴마 의식을 치르던 중에 질식해서 숨졌다. 이웃 주민은 〈그들은 거의 두 시간 동안 계속 압박을 가했어요. 그는 거의 숨을 쉴 수조차 없었죠. 그녀는 악마가 아들의 몸을 통해서 말을 하기 시작했다고 말했어요. 그녀의 아들은 원래 말을 하지 못했는데《나를 죽여라, 나를 데려가라》고 외쳤다는 거예요. 그녀는 교회에서 퇴마 의식이 아들을 치료하는 유일한 방법이라는 말을 들었다고 했어요〉라고 증언했다. 테런스의 어머니는 기소되지 않았다. 하지만 퇴마 의식을 주도했던 목사는 2년 6개월의 징역형과 벌금 1,200달러를 선고받았다. 역시 같은 해에 다니엘라 도스는 열 살이던 아들 제이슨을 교살하고 보호관찰 5년을 선고받았다. 비탄에 빠진 그녀의 남편은 〈그 일이 일어나기 전까지 그녀는 누구나 원할 만한 최고의 엄마였습니다〉라고 말했다. 2005년에는 서른여섯 살의 패트릭 마크로를 친모가 목을 졸라 숨지게 했고 2년의 집행유예를 받았다. 같은 해에 젠 네일러는 스물일곱 살이던 자폐증 딸 세라를 총으로 쏴서 살해하고는 집에 불을 질러 스스로 목숨을 끊었다. 「신시내티 인콰이어러」지는 〈두 사람 모두 절망 속에서 죽음을 선택했다〉고 보도했다. 2006년에는 크리스토퍼 드그룻이 불에 타서 숨졌다. 그의 부모는 그를 집 안에 가두어 놓고 불을 질렀다. 부모에게는 각각 6개월의 징역형이 선고되었다. 같은 해인 2006년에 호세 스테이블은 칼로 아들 율리시스의 목을 벤 다음 경찰에 자수하면서 〈더 이상은 견딜 수가 없었다〉고 말했다. 호세 스테이블은 3년 6개월간 징역을 살았다. 2007년에는 다이앤 마시가 다섯 살이던 아들 브랜든 윌리엄스를 죽였다. 검시관은 그녀의 아들이 두개골 복합 골절과 타이레놀 피엠정 과용으로 사망했다고 밝혔다. 그의 어머니가 벌을 줄 때마다 그를 뜨거운 물에 담갔던 탓에 사망한 아들의 다리는 온통 화상으로 인한 상처투성이였다. 그의 어머니는 10년의 징역형을 선고받았다. 2008년에는 제이컵 그라브가 아버지가 쏜 총에 맞아 숨졌고 그의 아버지는 정신이상을 이유로 무죄를 주장했다.[195]

대다수 판결 내용들이 암시하듯이 법원은 자식 살해 사건을 불행한 사건이지만 자폐 아동을 키우는 데 따른 중압감을 고려할 때 납득할 만한 행동이라는 입장을 보여 왔다. 대체로 형벌이 가벼웠을 뿐 아니라 법정이나 기자들 모두 이타적인 동기였다는 살인자의 진술을 인정하는 경우가 많았다. 츠비아 레프는 열여섯 살이던 자폐증 아들에게 독약을 먹이고 〈나는 아들이 서서히 무뇌 인간으로 자라는 모습을 볼 수 없었다〉고 주장했다. 이에 판사는 관대한 처벌을 종용하면서 〈그녀에게 진짜 형벌은 자신이 저지른 범죄의 그림자 속에서 평생 따라다닐 기억을 안고 살아가야 한다는 것이다〉라고 말했다. 샤를 블레 살해 사건과 관련해 몬트리올 자폐증 협회의 대표는 〈인정할 수는 없지만 이해는 가는 행동이다〉[196]라고 말했다. 로라 슬래트킨의 설명에 따르면 〈우리가 대화를 나누었던 많은 부부들이 《우리는 모두 그처럼 감추어진 어두운 생각을 갖고 있다》[197]고 주장했다〉. 자폐 아동을 키우는 어머니인 캐미 맥거번은 「뉴욕 타임스」의 기명 논평 페이지에 쓴 글에서 〈마치 신화 같은 회복 이야기에서 내가 걱정하는 부분은 우리가 불가능에 가까운 높은 기준을 설정해 둠으로써 자폐 아동을 키우는 50만 명에 달하는 부모들이 실패했다고 느낄 수 있다는 점이다〉[198]라고 지적했다. 그녀의 계속된 주장에 따르면, 자폐 아동이 커다란 진전을 보일 수는 있겠지만 그럼에도 그들에게 완벽한 회복을 기대하는 행동은 〈위험한 감정의 세계〉로, 살인도 불사할 수 있는 세계로 들어가는 셈이다.

하지만 〈이타주의〉라는 말로 아동을 장례식의 주인공으로 만드는 행위를 모두 설명하기에는 무리가 있다. 한 정량적 연구에 의하면 장애 아동을 살해하는 부모들 중 거의 절반이 아예 징역형을 선고받지 않는다. 자폐증 성인 남성 조엘 스미스가 자신의 블로그에 이런 글을 올렸다. 「감기에 걸린 사람을 죽이면 그 사람을 감기의 고통에서 구해 줄 수 있다. 그러나 보다 적절한 방법은 감기에 걸린 사람에게 의료 서비스와 휴식, 충분한 음료, 연민 등을 제공하는 것이다. 술 취한 운전사가 애초에 그 같은 결과를 의도하지는 않았음에도 무고한 아이를 죽이면 종신형을 선고받는 것처럼, 자식을 계획적으로 살해하는 부모들도 명백히 동일한 처벌을 받아야 한다.」[199]

2008년에 캐런 매캐런 박사가 세 살이던 그녀의 딸 케이티를 교살한 이유를 설명하는 대목에서 장애를 질병으로만 보고 정체성으로 간주하지 않는 데 따른 위험이 여실히 드러난다. 그녀가 말했다. 「자폐증은 나를 껍데기만 남겨 놓았다. 어쩌면 이렇게 해서 그녀를 고칠 수 있을지도 모른다. 천국에서 그녀는 완전한 모습일 것이다.」[200] 매캐런의 친구 중 한 명이 말했다. 「캐런은 단 하룻밤도 쉬지 않았어요. 책이란 책은 모조리 다 읽었습니다. 정말 열심히 노력했어요.」[201] 하지만 케이티 매캐런의 친할아버지는 이런 식의 합리화에 분개했다. 그는 〈어떤 신문들은 그 사건이 케이티의 고통을 끝내기 위함이었다고 보도했다. 하지만 분명히 단언컨대 케이티는 전혀 고통스럽게 살지 않았다. 아름답고, 소중하고, 행복한 어린 소녀였다. 그녀는 하루하루 넘치는 사랑을 받았고 자신이 받은 사랑을 포옹이나 키스, 웃음으로 돌려주었다. 나는 내 손녀딸의 목숨을 빼앗은 짓을 용서한다고 암시하는 글들을 보면서 명백한 혐오를 느낀다〉고 썼다. 그는 또 다른 자리에서 〈만약 자폐인을 《옹호》하는 사람들이 이 정도라면 《적대》하는 사람들은 도대체 어느 정도일지 도무지 상상조차 할 수 없다〉고 말했다.[202]

장애 인권 단체 〈아직 죽지 않은 사람들〉의 연구 분석가 스티븐 드레이크Stephen Drake는 〈6월 9일, 「시카고 트리뷴」지는 매캐런 사건을 다루었다. 기사의 제목은 《친딸 살해가 자폐증의 희생자들에 관한 관심을 불러일으키다》였다. 기사의 요지는 너무나 명백했다. 희생자에 대한 묘사나 비탄에 잠긴 가족 구성원들에 대한 언급보다 캐런 매캐런을 동정하는 언급과 자폐증 자체에 대한 부정적인 언급이 훨씬 더 많은 지면을 차지하고 있었다〉고 썼다. 「인클루전 데일리 익스프레스」의 편집자 데이브 레이놀즈 역시 드레이크와 비슷한 논조의 표지 기사를 썼다. 「매번 이런 사건이 있을 때마다 그 이웃들과 가족의 구성원들은 살인자를 다정하고 헌신적인 어머니로 묘사했다. 각각의 사건에서 살인자는 자녀가 가진 장애의 절망적인 희생자이자, 충분히 적절한 지원을 제공하지 못한 사회보장제도의 희생자로 그려졌다.」레이놀즈는 치료 프로그램의 보조금을 타내기 위해 이런 살인 사건들이 이용된다고 한탄하면서 이런 사건들은 〈자폐 아동이 부모와 사회 모두에게 끔찍한 짐이라는 생각을 공고하게 만든다. 어떤 경우에도 아동을 살해하는 행위는 정당화될 수 없으며 살인자를 동정해서도 안 된다. 이들 여성들에게는 살인 말고도 선택할 수 있는 대안이 얼마든지 있었기 때문이다〉라고 우려를 표시했다.[203]

사람들은 자폐 아동에 대처하기 위해 부모들이 선택할 수 있는 대안이 얼마든지 많다는 레이놀즈의 주장에 격렬하게 반대했다. 실제로, 자식을 해친 부모들 중 상당수는 처음에 그들의 아이를 맡길 시설을 구하려고 노력했다. 그렇지만 위탁 시설을 구하는 것조차 결코 쉬운 일이 아니었다. 다섯 살이던 아들을 죽이고 자신도 자살하려다 실패한 하이디 셸턴은 〈가족은 물론이고 교육제도를 포함한 이 사회의 모든 사람이 한결같이 제이크를 거부했고, 나는 내 아들이 이런 세상을 살아가도록 마냥 지켜보고만 있을 수 없었다〉[204]고 말했다. 스물여섯 살 된 아들, 아내와 함께 동반 자살을 하려다 실패한 존 빅터 크로닌은 자살 소동을 벌인 다음에야 비로소 아들을 위탁 시설에 맡길 수 있었다. 그의 아내가 말했다. 「죽음의 문턱까지 가기 전에는 아무 데도 갈 곳이 없어요. 그런 다음에야 리처드 같은 사람들을 위해 만들어진 시설에 들어가는 거예요.」[205] 만약 우리가 이런 부모들에게 일말의 책임감을 느낀다면, 그리고 흔히 이런 살인 사건에 대해 보여 주는 연민이 우리가 책임감을 느낀다는 사실을 암시하는 것이라면, 우리는 보다 완성형에 가까운 전략을 준비해서 그들과 그들의 자녀에게 보다 효율적인 도움을 제공할 수 있을 것이다. 우리는 자녀를 한시적으로 위탁할 수 있는 시설과 만족스러운 무료 보호시설이 필요하다. 또한 자식을 죽여서라도 자폐의 덫에서 벗어나고자 하는 충동으로부터 부모들을 해방시켜 줄 긍정적인 자폐 이야기도 필요하다.

자폐 아동의 부모는 대체로 잠자는 시간을 빼앗긴다. 보살핌의 대가로 빈곤해지는 경우도 다반사다. 대개 지속적으로 감독할 필요가 있는 자폐 아동의 끊임없는 요구에 짓눌린다. 부부가 이혼하거나 별거하는 경우도 생긴다. 자녀가 어떤 서비스를 받게 될 것인지 결정하는 보험회사나 의료 서비스 제공자, 교육 당국과 끝이 보이지 않는 싸움을 벌이기도 한다. 위급한 일을 처리하느라 너무 자주 결근해서 직장을 잃을 수도 있다. 아이가 이웃집 물건을 훼손하거나 폭력적인 까닭에 주변 사람들과의 관계가 원만치 못할 수도 있다. 스트레스는 사람을 극단적인 행동으로 이끈다. 그리고 극단적인 스트레스는 우리 사회의 가장 엄격한 금기를 범하도록 이끈다. 바로 자신의 아이를 죽이는 행위다. 자폐증 자녀를 죽이는 행위가 사랑에서 우러난 행위라고 주장하는 사람들이 있는가 하면, 증오나 분노에서 비롯된 행위라고 인정하는 사람들도 있다. 아들을 죽이려다가 미수에 그친 데브라 윗슨은 경찰에게 〈나는 그 아이가 《엄마, 사랑해요》라고 말해 주기를 기대하면서 장장 11년을 기다렸어요〉[206]라고 말했다. 열정은 혼란스럽다. 그리고 대다수 이러한 부모들은 매우 압도적인 감정에 휩싸여서 그 같은 행동을 한다. 따라서 그들의 감정을 사랑이나 증오 둘 중 하나로 분류하는 것은 해당 감정의 크기를 축소하는 모양새밖에 되지 않는다. 하지만 부모 스스로도 자신이 느끼는 감정이 어떤 것인지 모르기는 마찬가지다. 다만 그 감정이 얼마나 강렬한지 알 뿐이다.

미국에서 살해된 자폐 아동들 중 절반 이상이 부모에 의해 살해되고 자식을 살해한 부모들 중 절반가량이 이타적인 행동이었다고 주장한다.[207] 하지만 사회가 그들의 주장을 수용할 경우 해로운 영향을 초래할 수 있다는 사실은 이미 곳곳에서 확인되었다. 이를테면 범죄학자들은 생명윤리학자들이 〈이타주의〉라는 단어를 사용하는 횟수가 늘어나면서 자식을 대상으로 한 살인뿐 아니라, 이미 폭력적인 성향을 가진 부모들의 죄의식을 덜어 주어서 아동 학대가 증가하는 결과를 초래했다고 주장한다.[208] 이타주의를 동기로 내세워 세간의 이목을 끄는 모방 범죄도 빈번하게 발생한다. FBI 범죄 심리 분석관들의 주장에 따르면, 그런 사건의 진짜 동기는 힘과 통제권을 갈망하는 욕구인 경우가 많다.[209] 법정이 이런 범죄에 대해 관대함을 보이는 것은 사회 전체에, 그리고 다른 부모들에게 자폐인의 삶이 다른 보통 사람의 삶보다 가치가 없다고 말하는 셈이다. 그리고 이런 식의 추론은 우생학과 마찬가지로 지극히 위험하다.

6장

정신분열증

다운증후군의 트라우마는 출생 이전부터 다운증후군 문제가 현실이 되고, 그 결과 부모 자식 간의 유대를 초기 단계에서 약화시킬 수 있다. 자폐증의 문제는 자폐증이 유아기에 시작되거나 발견되기 때문에 이미 부모와 유대 관계가 형성된 시점에서 아이에게 변화가 찾아온다는 점이다. 정신분열증이 충격적인 이유는 해당 질환이 늦은 사춘기나 성인 초기에 발병하는 까닭에, 부모의 입장에서 그동안 10년 넘게 알아 왔고, 사랑했으며, 심지어 이전과 거의 똑같아 보이는 아이를 영원히 잃을 수 있다는 사실을 받아들여야 하기 때문이다. 처음에 거의 모든 부모는 정신분열증이 침습성 질환이라고, 사랑하는 아이에게 한 꺼풀 가면이 씌워졌다고, 그래서 어떻게든 일시적 피정복 상태에서 아이를 구출해야 한다고 믿는다. 하지만 보다 그럴듯한 현실은 정신분열증이 알츠하이머병처럼 무언가 더해지는 것이 아닌 대체와 결실(缺失)의 질병이라는 것이다. 요컨대 이전까지 알던 사람을 가면으로 덮어 가리는 것이 아니라 그 사람의 일부를 제거하는 것이다. 그럼에도 정신분열증에 걸린 사람은 정신 질환 증세가 전혀 없던 어린 시절의 일들을 기억하기 때문에, 특히 끈질긴 개인사에 관련된 과거의 흔적들이 계속 유지된다. 따라서 부모에게 과거의 트라우마는 물론이고 그가 했던 또는 하고자 했던 옳은 일에 대해 이야기할 것이다. 또한 사촌들의 이름을 알고 일정 수준의 기술을 계속 유지할 것이다. 어쩌면 테니스의 백핸드 실력도 여전히 훌륭하고, 놀라거나 누군가를 무시할 때 한쪽 눈썹만 추켜올리는 기술도 여전할 것이다. 아울러 다른 부분에서도 지속성을 유지할 것이다. 이를테면 유머 감각도 그대로이고, 브로콜리를 싫어하는 것, 가을 낙조를 유난히 좋아하는 것, 볼펜을 선호하는 것도 그대로일 것이다. 여기에 더해서 자신의 성격 중 상냥함을 포함해서 가장 기본적인 부분들을 그대로 유지할 것이다.

정신분열증에 대한 배신감은 사라지는 것들과 그렇지 않은 것들이 비논리적으로 뒤섞임으로써 비롯된다. 정신분열증은 다른 사람과 교류하거나 사랑하거나 신뢰하는 능력을, 합리적인 이성을 자유자재로 사용하는 능력을, 전문적인 맥락에서 제 기능을 수행하는 능력을, 자신의 몸을 스스로 보호하는 기초적인 능력을, 광범위한 영역의 자기 인식이나 분석의 명료성을 뺏어갈 수 있다. 널리 알려진 대로 정신분열증 환자는 그들이 외부에서 들리는 소리라고 잘못 인지하는 목소리들이 존재하는 다른 세상에 빠져든다. 자신의 내면에서 생성된 이런 관계가 진짜 외부 세계의 그 어떤 교류보다 훨씬 현실적이고 중요하게 된다. 이 내면의 목소리는 일반적으로 잔인하고, 특이하고, 부적절한 행동을 부추긴다. 이런 목소리를 듣는 사람은 대체로 겁에 질려 있고 거의 언제나 피해망상적인 태도를 보인다. 때때로 환각은 환영(幻影)뿐 아니라 심지어 냄새로도 나타나고, 실질적인 위협으로 가득한 세상을 지옥으로, 절대로 벗어날 수 없는 위협 때문에 고통에 겨워 몸부림치는 지옥으로 만들기도 한다. 많은 정신분열증 환자들이 이상하리만치 망상에 집착한다. 희미해지는 실제 세상은 그들을 떠날 수도 없고 찾아오는 이도 없는 유해하고 고독한 행성에서의 영원한 삶으로, 지독한 고독 속으로 몰아 넣는다. 정신분열증을 앓는 사람들 중 5~13

퍼센트가 자살한다.[1] 하지만 일견 이 정도 문제는 아주 사소한 축에 든다. 정신분열증을 앓다가 자살한 남동생이 있는 한 여성이 말했다. 「결과적으로 어머니는 로저의 죽음은 극복했지만 그가 생전에 남긴 흔적까지 극복하지는 못했어요.」[2]

꿈을 현실로 인지하는 것보다 더 불행한 일은 거의 없다. 우리 모두는 자는 동안에 찾아온 공포의 그림자에서 벗어나 새 날을 맞이할 때 황홀한 안도감을 느낀다. 정신병은 자아를 현실과 구분하는 개인의 능력을 저해하는 주된 요소다. 정신분열증 환자의 경우에는 상상과 현실을 가로막은 막의 투과성이 너무 좋아서 생각을 하는 것과 경험을 하는 것이 특별히 다르지 않다. 초기 단계에서 정신분열증 환자들은 우울증 증세를 보이는 경우가 많다. 정신병 자체가 사람을 우울하게 만들 뿐 아니라 정신분열적 사고가 갖는 극단적인 특성 때문이다. 자살 가능성도 이 시기가 가장 높다. 정신분열증 후기로 접어들면 감정적인 능력이 전체적으로 감소하고 멍하거나 감정이 없는 사람처럼 보이기도 한다.

정신분열증 환자들을 인터뷰하면서 나는 그들이 자기 연민을 느끼지 않는다는 인상을 받았다. 우울증이나 다른 정신 질환에 걸린 사람들—수시로 불평을 늘어놓고, 한때는 나 자신도 속했던 집단—과는 완전히 대조적이었다. 초기 단계에 있는 사람들은 공포나 슬픔에 사로잡혔지만 오랫동안 정신분열증을 앓고 있는 사람들은 그렇지 않았다. 그들은 특정한 환영(幻影)을 호소하거나 사람 구실을 못하는 것에 죄책감을 드러냈지만 놀랍게도 해당 질환 자체를 욕하지는 않았다. 한때는 멋진 삶을 추구했던 사람들도 많았다. 그럼에도 뛰어난 미모의 한 여성은 어쩌면 지금 한창 관심을 쏟고 있었을지도 모른다는 부모의 주장과 달리 연애에 전혀 무관심했다. 고등학교 때 인기가 무척 많았다는 다정한 성격의 한 젊은 친구는 평생의 우정이 그에게 얼마나 커다란 즐거움을 줄 수 있었을지에 대해서 그의 부모와 달리 내게 어떠한 이야기도 할 수 없었다. 처음 정신병 증세를 보이기 직전까지 하버드 대학에서 뛰어난 성적을 냈던 한 남자는 간발의 차이로 놓친 출세에 대해 그의 부모와 달리 한 번도 언급하지 않았다. 그들은 정신분열증 때문에 그 같은 삶과 완전히 단절되어서 아예 그러한 삶 자체를 의식하지 않는 듯 보였다. 그들은 자신의 병에 대해서 금욕적이고 고상한 태도를 보여 주었고, 그러한 태도가 내게는 늘 감동적이었다.

내가 해리 왓슨을 처음 만났을 때 그는 정신분열증에 관한 나의 고정 관념을 뒤흔들어 놓았다.[3] 38세에 상당히 준수한 외모를 가진 그는 무척 상냥하고 개방적이었으며, 말도 매우 느긋하고 재미있게 했다. 사전에 이야기를 듣지 않았다면 그에게 어떤 문제가 있다는 사실을 전혀 알아채지 못했을 정도였다. 그는 파티 중이었다. 재주가 많은 이부(異父) 누나 파멜라가 주최한 파티였다. 선천적으로 기품이 있고 종종 재기를 번득이는 그의 어머니 키티도 함께였다. 그들 세 사람은 로맨틱 코미디 영화의 고전 「필라델피아 이야기」에 출연했어도 어울릴 것 같았다. 키티가 나중에 말했다. 「그는 그 파티가 자신이 실제로 느끼는 것보다 더 재미있기를 바라는 것 같아요. 또 그렇게 만들려고 굉장히 열심히 노력해요. 다음 날은 침대에서 거의 일어날 수 없을 정도죠.」

파멜라와 해리는 어머니가 같다. 키티다. 그리고 해리에게는 그의 생부인 빌과 그의 전처 사이에서 태어난 두 명의 이복 누이가 있다. 그는 유일한 아들이자 이들 4남매 중 막내로 1969년 캘리포니아에서 태어났고, 응석받이로 귀하게 자랐다. 키티가 말했다. 「해리는 야구를 잘했어요. 그런데 열 살 때였어요. 그는 코치가 자기에게 투수를 시키려고 한다고 말하면서 〈내가 그런 종류의 압박감을 이겨 낼 수 있을 것 같지 않아요〉라고 하더군요. 열 살짜리 꼬마가 그런 말을 하는 게 이상하지 않나요? 심지어 그 나이에 자신에게 무언가 문제가 있는 것처럼 느껴진다고 말하기도 했어요.」 소설가이자 저널리스트인 파멜라가 〈이런 식의 이야기를 자주 들겠지만 해리는 정말 장래가 유망한 아이였어요. 운동도 잘했고, 카리스마가 넘쳤으며, 모든 아이들이 따라 하려는 그런 아이였어요. 그런데 그가 열두 살 때 어머니와 해리의 아버지 즉 나한테는 의붓아버지가 이혼했어요. 같은 해에 나 역시 대학교에 진학하면서 집을 떠났죠. 어릴 때 해리는 아버지에게 나약하게 굴지 말라는 이야기를 내내 들으면서 자랐어요. 그래서 자신이 이상하다는 사실을 인정하는 대신 그냥 숨기기로 한 거예요〉라고 설명했다. 고등학교를 졸업할 때까지 해리의 주위에는 여전히 친구들이 많았고 그는 평범한 10대처럼 보였다. 키티가 말했다. 「해리는 자신의 상태를 실제보다 좋게 말하려고 하는 경향이 있어요. 그래서 심지어 정신분열증 진단을 받은 이후에도 그를 담당한 치료 전문가들조차 해리의 상태가 얼마나 심각한지 잘 몰랐어요. 그에게 필요한 만큼의 치료를 제공하지 못한 거죠. 지금도 해리는 자신이 정상처럼 행동하면 세상이 자신을 보다 정상인처럼 대해 줄 거라고 생각해요. 요컨대 필요한 만큼의 도움을 받고 있지 않다는 뜻이에요.」

파멜라가 말했다. 「우리는 아주 오랫동안 아무것도 몰랐고, 그래서 해리에게 적절한 치료법을 찾아 주려는 어떤 시도도 하지 않았어요. 그 결과는 재앙 그 자체였죠. 의붓아버지가 소개한 그 탐욕스럽고, 무능하고, 비윤리적인 정신과 의사의 손에 해리를 맡겨둔 채 아무도 상황이 얼마나 심각한지 몰랐던 거예요. 한참이 지나서 다른 병원에서 입원 치료를 받게 되면서 그 의사가 사기꾼이었다는 사실을 알았고 해리는 마음에 상처를 받았어요. 그쪽으로는 어떤 치료 전문가도 신뢰할 수 없게 되었죠.」 가족의 정신병을 인정하기까지는 점진적인 단계들이 필요할 수 있다. 파멜라의 설명이다. 「꽤 오랫동안 나는 해리의 잘못된 이야기나 행동을 금방 잊어버렸어요. 내가 스물네 살이고 해리가 열여덟 살 때였어요. 해리가 굉장히 우울해하고 비밀이 많아졌죠. 어머니는 내게 크리스마스 때 집에 와서 그와 이야기 좀 해보라고 했어요. 나는 방문을 잠그고 꼬박 여섯 시간 동안 이야기를 나누었어요. 그는 사람들이 자신을 동성애자로 여긴다고 말했어요. 여자 친구도 , 친구들도, 어머니나 그의 아버지도 하나같이 자신을 동성애자로 생각한다고 믿었죠. 나는 〈말도 안 돼! 아무도 너를 동성애자라고 생각하지 않아〉라고 말했어요. 어쨌거나 그는 속내를 솔직하게 털어놓았고 마음이 가벼워진 듯 보였어요. 나도 그에게 도움이 되었다는 생각에 무척 뿌듯했죠. 하지만 당시를 돌아보면 그건 무척 복잡하고 장기간에 걸쳐 지속된 환영이었어요. 이미 본격적인 치료가 절실히 필요한 상황이었죠.」

해리는 롤린스 대학에 입학했고, 철학과 심리학을 함께 공부했다. 키티의 설명에 따르면 〈자신에게 일어나고 있는 현상을 이해하려는 노력이었음이 분명했다〉. 이듬해 크리스마스에 파멜라와 해리는 해리의 아버지와 이복형제들을 만나러 팜스프링스에 갔다. 파멜라가 말했다.「해리가 믿기지 않을 정도로 적대감을 보였어요. 어느 날 밤에는 갑자기 이복 누나들 중 한 명과 환각제를 먹었다고 외쳐 댔죠. 그는 환각제 소동을 벌인 이 여행을 통해서 자기 뇌가 항상 그런 식이라는 것을 깨달았어요. 요컨대 정신분열증을 인정한 셈이죠.」 괴상한 행동을 보인 몇 번의 사소한 에피소드가 있기는 했지만 1992년에 대학을 졸업할 때까지 해리는 잘 견디고 있는 듯 보였다.

대학을 졸업한 지 4년이 되었을 때 그는 스스로 만들어 낸 과대망상에 빠져서 처음으로 극도의 정신분열 증세를 보였다. 그리고 1996년 봄에 샌프란시스코에 있는 랭리 포터 정신병원에 입원했다. 키티가 말했다.「우리는 스크래블 게임을 시작했어요. 제정신이 아닌 사람하고 딱히 무슨 말을 해야 할지 몰랐어요. 한번은 길가에 있는 밴을 가리키면서 그 차에 FBI의 특수 장비가 실려 있다고 하더군요. 게다가 간호사가 자신을 독살하려고 한다고 생각해서 약도 먹지 않으려고 했어요. 해리가 입원한 뒤에 그아이의 아파트에 간 적이 있었는데 집 안이 완전히 혼돈 그 자체였어요. 마치 그 아이의 머릿속을 보는 것 같았죠.」

해리는 랭리 포터 정신병원에 10일 동안 입원했다. 병원에서 퇴원한 다음에 컴퓨터 프로그램을 만드는 회사에 취직했다. 키티가 말했다. 「한 동안은 모든 게 순조로웠는데 어느 날 자기 아파트에 도청 장치가 설치되었다고 말했어요. 그동안 복용하던 약들 중 하나를 끊은 상태였죠. 내가 〈그럼 밤에는 우리 집에 와서 지내렴〉하고 권했더니 〈거기에도 도청 장치가 되어 있어요. 송신기가 어디에 설치되었는지 알려 줄게요〉라고 하더군요. 그리고는 나를 세탁실로 데려가서 한 곳을 가리키며 거기에 송신기가 있다고 말했죠. 나는 그 아이를 억지로 끌다시피 해서 다시 랭리 포터 정신병원에 데려갔어요. 이후로 수년 동안 똑같은 과정이 반복되었죠. 병원에서 퇴원할 때마다 채 3일도 되지 않아서 해리의 자기기만이 점점 더 심해짐을 느낄 수 있었어요.」해리는 그 전쟁에서 패색이 짙었다. 파멜라가 말했다. 「안타깝지만 그 즈음에는 이미 목소리들이 그를 휘어잡고 있었어요. 24시간 내내 말을 거는 목소리들하고 어떻게 경쟁이 되겠어요? 아이에게 정신 질환이 있다는 사실을 부모가 일찍 알아차리는 것이 정말 중요해요. 만약 우리가 보다 일찍 (이를테면 해리가 열다섯 살 때) 어떤 문제가 있다는 사실을 알았다면 그 뒤로 어떻게 달라졌을지는 아무도 모르는 일이잖아요? 하지만 그는 서른 살에 이미 충분히 속수무책이고, 한창 환영에 시달리고, 그 환영들을 믿는 상태가 되어서야 치료를 위해 다시 우리에게 돌아왔죠.」

키티는 그해에 끝없는 나락으로 추락하는 기분을 경험했다. 그녀가 말했다. 「캘리포니아 내퍼에 해리 아버지 소유의 별장이 있었어요. 그런데 1997년에 해리가 주말을 보내러 갔다가 그곳에 아예 눌러앉은 거예요. 거의 1년이 지난 어느 날 그가 있는 곳을 찾아갔는데 나를 보자마자 〈젠장, 여기는 왜 왔어요?〉라고 버럭 소리를 질렀어요. 악마에게 영혼을 빼앗긴 사람 같았어요. 내가 〈아버지와 나는 네가 다시 도시로 돌아가서 정기적으로 의사에게 진찰도 받고, 엄마와 함께 살면서 약물 치료도 받아야 한다고 생각해〉라고 설명하자 그는 대뜸 〈싫어요〉라고 말했어요. 그래서 내가 다시 말했죠. 〈네가 돌아가지 않는다면 우리는 너를 내쫓을 테고, 그럼 너는 거리에 나앉게 될 거야.〉 나는 해리가 내 말을 거부해서 깜짝 놀랐어요. 그래서 혹시라도 불행한 일이 일어나지 않도록 사설탐정을 고용해서 그를 미행하게 했죠. 자신이 FBI의 추적을 받고 있다는 망상에 빠진 아이에게 그림자처럼 따라다니는 사설탐정을 붙인 거예요. 해리는 내가 밉다고 소리를 질러 댔지만 결국 48시간 후에 집으로 돌아왔어요.」 파멜라가 당시를 회상했다. 「해리는 음주 문제도 있는데 내퍼에 머무는 동안 마냥 술을 마셨어요. 의식을 잃을 때까지 테킬라를 몇 병씩 마셨어요. 살아 있는 것이 신기할 정도예요. 술을 마시면서 해리는 극심한 우울증에 시달렸어요. 그럴 때면 차를 운전해서 금문교를 찾기도 했어요. 뛰어내릴 생각으로 다리 난간에 올라선 적도 몇 번 있었어요. 본인 말에 따르면 한번은 정말 거의 뛰어내릴 뻔했다고 하더군요. 하지만 해리는 모험가 타입이 아니에요. 사람들이 걱정하는 만큼 자살 성향은 없어요.」

내퍼에서 돌아온 몇 달 동안 키티는 해리를 집으로 데려와서 무척 안심이 되었지만 한편으로는 그의 광기를 옆에서 지켜보면서 계속 스트레스를 받았다. 키티가 말했다. 「나는 사람들을 집으로 초대하고는 했는데 언제 해리가 나타날지 몰라서 속을 졸였어요. 그는 약을 잘 복용하지 않았고 그래서 다시 입원해야 했어요. 나는 평소에 아들의 방을 둘러보고는 했는데 보통의 중독자들 방과는 정반대였어요. 방 안에서 술병마저 발견하지 못했더라면 정말 걱정했을 거예요.」 해리는 곧 자신의 아파트로 다시 돌아갔다. 키티는 〈초인종을 눌러도 해리가 문을 열어 주지 않기 때문에 보통은 내가 직접 문을 따고 들어가요. 현관문을 열고 들어가면 아주 가파른 계단이 있고, 계단 위에서 그가 모습을 드러내죠. 해리가 나를 계단에서 밀어 넘어뜨리지는 않을 거라는 확신이 있었지만 그래도 막상 그가 소리를 지르면 무서웠어요〉라고 설명했다. 파멜라가 말했다. 「해리는 엄청나게 뚱뚱하고, 무척 적대적인 동시에 화를 자주 냈고, 당최 다른 사람 말을 믿으려고 하지 않았어요. 너무나 분명하게 경멸적인 태도를 드러냈기 때문에 말을 건다는 것 자체가 정말 끔찍했어요. 마치 말년의 짐 모리슨처럼 변해 갔죠. 집 안에 숨어 있으려고만 했고, 샐러드용 접시에 파스타를 가득 담아 먹으면서 텔레비전을 끼고 살았어요. 그가 어떤 식으로든, 어떤 형태로든, 또는 어떻게든 사회 구성원으로서 자기 역할을 해내는 모습은 좀처럼 상상하기가 어려웠어요.」

내퍼에서 돌아온 지 3년째 되었을 때 키티는 당시 서른두 살이던 아들에게 새롭게 출발할 기회를 주고 싶었고, 그가 새롭게 출발할 장소로 하버드 의과대학 부속 정신병원인 맥린을 선택했다. 파멜라가 말했다. 「해리를 샌프란시스코 밖으로 끌어내서 맥린 병원에 입원하게 만든 일 자체가 놀라운 성과였어요. 나는 어머니가 어떻게 그렇게 했는지 지금도 잘 모르겠어요. 해리는 샌프란시스코의 그 비좁은 동굴에서 나오려고 하지 않았고, 어머니에게는 억지로 강요할 수 있는 법적 권한이 없었기 때문에 그를 설득하는 수밖에 없었거든요.」 해리는 장기 입원 환자로 등록했다. 그리고 새로운 약물 치료를 시작했고, 그때 이후로 지금까지 계속 만나고 있는 치료 전문가에게 치료도 받기 시작했다. 해리는 키가 그다지 크지 않음에도 몸무게가 100킬로그램이나 나갔다. 의사들은 비만이 똑똑한 방식도 아니고 건강에도 좋지 않다고 그를 설득했고 6개월이 지나자 그는 스스로 규정식을 먹고 달리기를 시작했다. 그가 맥린의 잔디밭을 가로질러 질주하면 다른 환자들이 영화 「록키」의 주제곡을 흥얼거리고는 했다.

키티가 말했다. 「그 엄청난 지방 덩어리를 질질 끌면서 달리는 것은 결코 쉬운 일이 아니었어요. 그러다가 문득 깨달았어요. 〈왜 그곳에는 피트니스센터가 없지?〉」 키티는 피트니스센터를 짓기 위해 기금을 모았다. 운동 기구를 고르는 일은 해리가 도왔다. 키티가 이 일을 시작한 데는 물론 피트니스의 효과를 믿은 이유도 있었다. 하지만 그녀가 해리의 상태를 지속적으로 확인하고 있다는 사실을 해리가 눈치 채지 못하게 하면서 병원을 왕래하기 위한 핑계를 만들려는 이유도 있었다. 이제는 한 달에 약 700명의 방문객이 이 피트니스센터를 이용한다. 해리는 처음 맥린에 들어갔을 때보다 27킬로그램을 감량했다. 파멜라가 말했다. 「해리는 매일 달리기를 해요. 자기에게 병이 있다고 스스럼없이 이야기하죠. 솔직히 말해서 혹시라도 해리가 샌프란시스코를 떠나기 전에 누가 이런 시나리오를 제시했다면 불가능할 정도로 낙관적으로 보였을 거예요.」 그럼에도 그가 처음으로 정신병 증세를 보였을 때부터 맥린에 들어가기까지의 세월은 해리에게 결코 적잖은 타격을 주었다. 파멜라가 말했다. 「시간적인 손실만이 아니었어요. 15년 동안 정신병을 앓은 뇌도 예전의 상태가 아니었죠. 그는 심한 뇌 손상을 입었어요. 하지만 당신은 그가 여전히 똑똑하고, 말도 잘하고, 유쾌하다는 사실을 알 수 있을 거예요. 만약 그런 일들을 겪지 않았더라면 얼마나 흥미롭고 역동적인 삶을 살았을지도 짐작할 수 있을 거예요. 그는 실제로 아무 것도 할 수 없을 만큼 아프지만, 한편으로는 자신이 얼마나 많은 것을 놓치고 있는지 알 정도로 상태가 좋기도 해요. 또한 다른 사람에게 그 목소리들이 진짜라고 말하면 안 된다는 것을 알 만큼의 상태는 되지만, 그 목소리들을 진짜라고 믿을 만큼 상태가 좋지 못해요. 언젠가 그가 말하길 〈위원회〉에서 자기에게 끔찍한 결정을 내릴 것 같다고 하더군요. 나는 〈세상에, 그 목소리들의 정말 한심한 한 가지가 뭔지 아니? 엄청 진부하고 생각이 없다는 점이야. 생각해 봐. 위원회라고? 정말 싸구려 텔레비전 쇼도 그보다는 낫겠다〉라고 말했어요. 그리고 우리는 함께 웃었죠. 해리와 나는 그가 아직 극복하지 못한 진짜 난관에 대해서도 이야기해요. 그가 진심으로 그 목소리들을 듣지 않으려고 하지 않는다는 문제죠. 그 목소리들은 해리에게 겁을 주기도 하지만 오랜 친구이기도 해요.」 키티가 간단히 덧붙였다. 「해리는 실제 세상에 남을 것인지, 아니면 다른 세상으로 돌아갈 것인지 결정해야 하는 힘든 시기를 보내고 있어요.」

해리는 이제 케임브리지에 있는 아파트에서 혼자 산다. 매일 한 시간씩 달리기를 하고, 텔레비전을 보고, 영화관이나 카페에도 무척 자주 간다. 치료 전문가도 만난다. 물고기에도 관심이 많아서 집에 해수 어항과 담수 어항이 모두 있다. 직업도 있다. 맥린의 직업 교육 프로그램 중 일부인 온실에서 일한다. 그렇지만 해리의 세상에서는 어느 것도 오랫동안 안정적이지 않다. 나는 나중에 키티를 방문했다가 해리가 온실에서 일하는 것을 그만두었다는 이야기를 들었다. 그녀가 말했다. 「그는 더 이상 나아가기를 멈추었고 작은 세상에 갇혀 버렸어요.」

키티는 해리를 도우면서 발생하는 끊임없는 요구에 지쳐갔고, 비록 모두가 부러워할 만큼 해리를 성공적으로 키웠음에도 잦아들 줄 모르는 좌절감 때문에 타격을 입었다. 파멜라가 말했다. 「내게 아이가 생기면서 나는 무척 해방감을 느꼈어요. 매일같은 이런 생활을 감당할 자신이 없었거든요.」 내게 이렇게 말하면서 파멜라가 휴대전화를 우리 사이에 있는 테이블에 올려놓았다. 「나는 우리 아이들 때문이기도 하지만 해리를 위해서도 항상 전화기를 챙겨요. 해리는 자신이 환영을 본다는 생각이 들고, 환영에서 벗어나기 위해 이야기할 상대가 필요할 때마다 내게 전화해요. 해리에게서 전화가 없다는 것은 그가 별 탈 없이 잘 지내고 있다는 뜻이죠.」 키티는 이런 상황이 나름 장점이 있다고 생각하면서도 한편으로는 불만족스럽다. 그녀가 말했다. 「나는 파멜라가 동생을 지금보다 조금 더 챙겼으면 좋겠어요.」 동시에 그녀는 해리를 돌보는 일과 관련해 자신이 할 수 있는 한 오래, 많은 짐을 짊어지고 가야 한다고 생각했다. 「해리는 무척 외로운 아이지만 누군가 친구라도 되어 주려고 하면 곧장 그 사람에 대해 편집증적인 생각을 해요. 그래도 한번은 해리가 달리기를 하러 나갔는데 어떤 남자가 〈해리, 해리〉하며 불렀다고 하더군요. 그 사람은 해리가 즐겨 다니는 식당에서 팬케이크를 만드는 사람이었고 한동안 대화를 나누었어요. 해리는 〈마치 내가 지역 사회의 일원이 된 것 같았어요〉라고 말했죠.」 해리와 그의 어머니는 서로 농담을 주고받기도 한다. 키티가 입원 환자들 방을 리모델링한다면서 계속 맥린에 한 발을 담그고 있자 해리가 그녀에게 말했다. 「와, 엄마, 내가 엄마에게 완전히 새로운 취업 기회를 제공한 것 같네요.」

격려와 압박을 병행하면서 그 사이에서 균형을 유지하기란 거의 불가능한 일이다. 파멜라가 말했다. 「해리는 지금 이 순간 그가 할 수 있는 거의 모든 것을 하고 있어요. 어떤 면에서 나는 우리가 쌍둥이 같아요. 그가 여태껏 들려준 이야기 중에서 내 경험에 근거해서 추론할 수 없다고 생각되는 것이 거의 없었어요. 나는 소설가예요. 하지만 해리도 그 나름의 소설가예요. 그는 다른 세상을 창조해요. 때로는 다른 세상에서 살기도 하죠. 등장인물들도 있어요. 행성도 등장해요. 그는 탁월한 미적 감각을 지녔고 그 미적 감각이 그에게 환영을 불어넣죠. 환영은 무척 위험하고, 무섭고, 외로운 세상이지만 그 안에는 아름다운 순간들도 존재해요. 단지 포기하지 않았다는 사실 자체만으로도 어머니는 정말 인정을 받을 만해요. 의붓아버지는 자리를 지키면서 싸울 수 없었어요. 그에게는 너무 괴로운 일이었던 거죠. 하지만 그 덕분에 어머니 안에 잠자고 있던 전사가 깨어났어요. 어머니와 의사들, 그리고 다른 누구보다 해리뿐이었어요. 알고 보면 해리는 대단한 투지를 지녔어요. 내게는 영웅이에요. 이를테면 그는 15년째 베트남 전쟁을 치러 온 셈이에요. 그럼에도 여전히 자리를 털고 일어나서 즐거운 일을 찾고 있잖아요. 내가 해리였어도 그처럼 삶을 헤쳐 갈 용기가 있었을까요? 내 생각은 〈글쎄요〉예요.」

해리가 아프기 전까지 키티는 오랫동안 마치 불사신처럼 운이 좋은 삶을 살았다. 그녀가 말했다. 「나는 정신 질환의 세계로 질질 끌려들어가기 전까지 무척 제멋대로 세상을 살았어요. 지금은 항상 사람들을 도와주거나 조언을 해주고 의사들을 찾아 주고 있어요. 나는 지나온 시간이 인격을 형성하는 과정이었다고 확신해요. 솔직히 말하자면, 그래도 제멋대로 굴면서 행복하게 사는 편이 더 좋기는 해요.」그녀는 해리가 그녀의 삶을 피곤하게 만든 것에 죄책감을 느낀다는 사실을 알았고 그래서 죄책감을 덜어 주려고 노력한다. 해리를 보살피는 데 얼마나 많은 시간과 심력을 소모하는지 그녀에게 물었다. 그녀의 눈에 눈물이 고였다. 어깨를 으쓱이며 그녀가 억지로 미소를 지었다. 그러고는 마치 죄를 짓는 듯한 투로 말했다. 「내게 있는 전부요, 모조리 다요. 정말 이렇게까지 말하고 싶지 않았어요.」

정신분열증은 크게 양성 증후─정신병에 의한 환각─와, 음성 및 인지 증후─정신분열과 동기 부재, 무뎌진 감정, 언어 능력 상실(무언어증이라고 불린다), 침잠, 왜곡된 기억, 포괄적 기능 감소─로 나뉜다.[4] 어떤 전문가는 내게 정신분열증이 〈자폐증에 환각을 더한 것〉이라고 설명했다. 부적절하기는 하지만 전혀 명쾌하지 않은 표현은 아니다. 여기에 한 여성 환자가 자신의 양성 증후에 관해 설명한 내용을 소개한다. 「나는 잠시도 쉴 수가 없었다. 끔찍한 이미지들이 나를 공격했기 때문이다. 이미지들이 너무나 생생해서 나는 실제로 물리적인 감각마저 느낄 수 있었다. 그럼에도 나는 내가 정말로 그 이미지들을 보았다고 단언할 수 없다. 그 이미지들은 어떠한 의미도 없었다. 차라리 느낌에 가까웠다. 예를 들자면 이렇다. 입속에 새들이 가득하고, 나는 그것들을 이빨로 잘근잘근 씹어 먹고 있으며, 새들의 깃털과 피, 부러진 뼈 때문에 질식할 것 같다. 또는 내가 이전에 우유병 안에 매장한 사람들이 눈앞에 있는데, 그들의 육신이 부패하고 있으며 나는 썩은 시체들을 먹고 있다. 또는 내가 고양이 머리를 게걸스럽게 먹고 있는 사이에 그 고양이가 나의 주요 장기를 갉아먹는다. 하나같이 섬뜩하고 참아 넘기기 어려운 이미지였다.」[5]

여기에 대조적인 또 다른 환자를 소개한다. 이 환자는 음성 및 인지 증후와 관련된 경험을 묘사한다. 「나는 나 자신을 포함한 모든 대상과 연결된 감정의 끈을 잃어버리기 일쑤다. 그 뒤에 남는 거라고는 주위에서 일어나는 일이나 내면에서 일어나는 일에 관한 추상적인 지식밖에 없다. 심지어 내 모든 삶의 중심을 관통하는 이 질병에 대해서도 나는 제삼자의 관점에서 볼 수 있을 뿐이다. 나는 타고난 재능과 함께 적절한 교육을 받은 인간이 서서히 퇴보하는 것보다, 그리고 자신이 퇴보하고 있음을 전적으로 의식하고 있는 것보다 더 끔찍한 일은 없다고 생각한다. 그런데 바로 그런 일이 나에게 일어나고 있다.」[6] 노벨상 수상자 에릭 캔들은 어떻게 정신분열증이 즐거움에 대한 욕구를 앗아 가는지 설명했다. 그가 말했다. 「저녁을 먹으러 나갈 때마다 언제나 멋진 시간을 보내지만 정작 본인은 저녁을 먹으러 외출하는 것에 전혀 흥미가 없는 사람을 상상해 보라.」[7] 쾌락 욕구의 원칙에 따르면 우리는 항상 희열을 추구하고 고통을 피하려고 한다. 하지만 정신분열증이 있는 사람에게는 이 원칙이 적어도 절반은 사실이 아니다.

미국의 여류 시인 에밀리 디킨슨은 정신병에 빠져드는 이 같은 과정을 놀라울 정도로 명확하게 묘사했다.

나는 내 정신의 갈라짐을 느꼈다
마치 뇌가 둘로 나뉘는 것 같았다

나는 쪼개진 조각들을 솔기솔기 맞추려고 노력했다
하지만 그럴 수 없었다.

이후의 생각을 이전의 생각과 결합시키려 애썼다
하지만 그 결과는 마치 바닥에 널려 있는 공들처럼

소리 없이 더 복잡해지기만 했다.[8]

대부분의 사람들이 정신분열증을 단지 갑작스러운 분열 정도로 경험하지만 실제로 정신분열증은 심지어 태어나기도 전에 우리의 뇌에 각인되는 발달 장애에 가까운 듯 보인다. 정신분열증은 자폐증과 달리 퇴행성이다. 자폐증은 비록 다양한 증상을 수반하고 잘 낫지 않기는 하지만 일반적으로 시간이 흐른다고 해서 심신을 더욱 약화시키지도 않는다. 사춘기 이전과 아동기에는 정신분열증 증세가 드물게 나타난다. 하지만 일반적인 진행 과정에 따르면 이 질환은 예측 가능한 다섯 단계를 거쳐 전개된다. 〈병이 생기기 이전 단계〉인 사춘기까지는 증상이 없다. 그럼에도 최근 연구는 걷거나 말을 시작하는 게 늦거나, 혼자서 놀려고 하거나, 학교 성적이 나쁘거나, 사회 불안 증세가 있거나, 단기 구두(口頭) 기억력이 떨어지는 등의 증상이 있을 수 있다고 지적한다. 그다음은 〈전구증상 단계〉인데 이 단계는 보통 4년 동안 지속되며, 서서히 양성 증후들이 나타나기 시작한다. 이 단계의 청소년이나 20대 초반의 젊은이들은 인지와 지각, 자유의지, 운동 기능 등의 변화를 경험한다. 그리고 머릿속에서 이상한 생각들이 잠깐씩 번쩍인다. 또한 비논리적인 믿음의 진위 여부를 가늠하는 데 어려움을 겪는다. 의심과 경계심도 부쩍 많아진다. 장차 정신분열증에 걸리는 사람들 중 일부는 흥미롭게도 심지어 어릴 때부터 현실 세계에 무관심하다가 서서히 정신병에 빠져드는 듯 보인다. 대부분의 경우에는 극적인 발병 양상을 보인다. 이를테면 충격적인 경험에 반응해서 나타나기도 하고, 아무런 명백한 계기 없이 자신도 모르는 사이에 갑자기 나타나기도 한다. 이때가 되면 본격적인 〈정신병 단계〉로 접어들었음을 의미한다. 환각이나 기이한 이를테면 통제나 사고 주입, 사고 전파, 사고 탈취와 관련된 환영들이 시작된다. 일반적으로 이 단계는 15세에서 30세 사이에 진행되고 대략 2년간 지속된다.[9]

성숙 과정에서 어떤 변화가 정신병을 촉발하는지 아직은 아무도 모른다. 다만 세 가지 유력한 가능성이 존재할 뿐이다. 첫 번째는 10대에 호르몬이 급증하면서 뇌의 유전자 발현에 변화가 생기는 것이다.[10] 두 번째 가능성은 사춘기에 이루어지는 수초(髓鞘) 형성이, 즉 뇌가 신경 줄기를 피복으로 감싸서 신경 줄기의 기능을 극대화하는 과정이 잘못되는 것이다.[11] 세 번째는 시냅스의 제거, 즉 가지치기 과정이 제대로 이루어지지 않는 것이다.[12] 뇌가 정상적으로 발달할 경우 유아기에 새로운 세포들이 뇌 안에서 이동하고, 스스로 자리를 잡고, 시냅스를 형성한다. 이러한 시냅스는 필요한 숫자보다 많이 생성되고, 사춘기에 이르러서 이제껏 반복—특정 개인에게는 유용할 듯 보이는 과정—을 통해 강화된 시냅스들만이 영구적인 신경 구조체가 된다. 그리고 이 과정에서 건강하지 않은 뇌는 가지치기를 너무 많이, 혹은 너무 적게 하거나, 잘못된 위치에서 하고 있을 것이다.

일단 정신분열증이 발병한 다음에는 〈점진적 단계〉에서 보다 많은 변화가 발생하고, 약물 치료를 통해 효과적으로 통제되는 경우를 제외하면 병이 더욱 악화된다. 환자의 정신병적 행동이 반복되면서 질환은 더욱 악화되고 5년 안팎의 시간이 흐르면 병이 자리를 잡고 〈만성 및 후유증 단계〉로 접어든다. 이 단계에 이르렀다면 뇌의 회색질이 회복 불가능한 손상을 입은 것이다. 양성 증후들은 어느 정도 경미해지는 경향이 있지만 음성 증후는 갈수록 두드러진다. 환자들은 장애를 겪고 증상이 지속적으로 나타난다. 처음 정신병적 행동을 했을 때 항정신병 약을 복용한 환자들 중 80퍼센트 이상이 효과를 보이는 반면, 5단계에서 치료를 받은 환자들은 불과 50퍼센트만 유사한 효과를 보인다.[13]

1953년에 재니스 리버가 태어났을 때 그녀의 어머니 코니는 산모의 혈압이 치명적인 수준으로 상승할 수 있는 전자간증을 앓았고, 출산 과정 역시 순탄치 않았다.[14] 처음부터 재니스는 사람들과 어울리기를 싫어하는 듯 보였다. 코니는 재니스가 자폐증일지도 모른다고 생각했다. 소아과 의사는 그녀에게 지적 장애가 있다고 주장했다. 그녀가 수학에 타고난 재능이 있음이 명백해지자 이번에는 자폐증이라는 꼬리표를 붙였다. 그리고 스물두 살 때 대학 졸업반이던 재니스가 정신병 발작을 일으켰다. 아버지 스티브가 그녀를 집으로 데려왔다. 집에 도착하자 그녀는 자신이 좋아하는 물건들을 전부 창밖으로 내던졌다. 어떤 목소리가 그녀에게 그렇게 하라고 시켰기 때문이었다. 코니가 자신의 주치의를 불렀고 그 의사는 주말에 먹도록 초기 항정신병 약인 멜라릴을 처방했다. 월요일이 되어 재니스는 정신과 의사를 만났고 정신분열증 진단을 받았다.

코니는 정신분열증에 관한 모든 것을 배우려고 결심했지만 정보가 그다지 많지 않았다. 그래서 그녀와 남편 스티브는 정신분열증 모임에 참가하고자 컬럼비아 대학을 찾았고 그곳에서 NARSAD, 즉 미국 정신 건강 연구 협회에 대해 알게 되었다.[15] 미국 정신 건강 연구 협회는 과학적 연구를 지원하기 위해 당시에 총 5만 달러의 기금을 모은 상태였다. 코니는 곧 이 협회의 대표가 되었고 거의 20년 동안 대표로 일했다. 그녀가 대표직에서 물러나면서 투자 기금 회사를 운영하던 스티브가 대표직을 이어받았다. 리버 부부는 미국 정신 건강 연구 협회를 정신 질환과 뇌 연구에 보조금을 지급하는 세계에서 가장 큰 사설 단체로 육성했다. 2011년까지 이 단체는 3,000건 이상의 보조금을 지급했고 31개국의 과학자들에게 지급한 누적 금액이 거의 3억 달러에 육박했다.[16] 리버 부부는 매년 1,000여 건의 연구 신청서를 검토한다. 그들은 달리 연구비를 지원받을 곳이 없는 젊은 연구원들의 독창적인 연구를 집중적으로 검토한다. 뉴욕 프레스비테리언 병원 원장 허버트 파데스는 〈과학에 관한 한 대다수 노벨상 수상자들이 리버 부부에게 배워야 할 정도였다〉[17]고 말했다.

코니와 스티브는 마치 세상을 구원하려는 사람들처럼 미국 정신 건강 연구 협회 일로 바쁘게 지냈다. 재니스의 정신과 의사들 중 한 명이 그녀에게 부모님이 그렇게 바빠도 괜찮은지 묻자 재니스가 말했다. 「내가 원하는 만큼 엄마를 자주 볼 수는 없지만 엄마가 무슨 일을 하고 있는지 알아요. 엄마는 나와 다른 사람들을 위해 헌신하고 있어요. 인류를 위한 일이죠.」 스티브는 그들의 헌신이 그들 부부의 인생에서 재니스가 얼마나 중요한지 그녀에게 알려 줄 뿐 아니라, 환자로서 느끼는 중압감을 일부나마 덜어 준다고 생각했다. 그가 말했다. 「그녀는 도전의 상징이었고, 이러한 접근 방식은 그녀가 도전 그 자체가 되는 것보다 유익했습니다.」 처음에 리버 부부는 딸의 삶을 바꿀 과학적 돌파구를 찾기까지 10년 정도 걸릴 거라고 예상했다. 하지만 막상 그렇게 되지 않자 그들은 재니스를 직접적으로 돕고자 했고, 2007년에 컬럼비아 대학에서 재활 서비스를 제공하는 리버 클리닉을 열었다. 재니스는 그곳에서 정신분열증 환자들에게 대인 민감성과 그 밖의 실용적인 기술을 가르치는 종일 프로그램을 듣는다. 그녀가 직면한 진행성 정신병을 고려했을 때 재니스는 놀라운 성취를 보였고 지금은 독립적으로 살고 있다.

코니는 수천 명의 부모들에게 자문을 제공했다. 그녀가 말했다. 「나는 수많은 교재에 내 이름을 올려놓았어요. 그리고 우리 전화번호를 전화번호부에 항상 공개했어요. 그렇게 하는 것이 옳다고 생각했어요. 누구나 우리를 찾을 수 있고, 그들에게 힘이 될 수 있다면 나는 그렇게 할 거예요.」 그녀가 미소를 지었다. 「물론 이를 악용하는 사람도 있지만 그래도 나는 그들의 이야기에 귀를 기울여요.」

〈정신분열증〉은 〈자폐증〉과 마찬가지로 포괄적인 용어다. 1908년에 이 용어를 처음 사용한 스위스의 심리학자 오이겐 블로일러는 〈정신분열증들〉이라는 복수형으로 표현했다.[18] 1972년에 저명한 신경학자 프레더릭 플럼Frederick Plum은 아무도 정신분열증의 병인(病因)을 이해하지 못했고,

앞으로도 이해하지 못할 거라는 의미에서 〈정신분열증은 신경 병리학자들의 무덤이다〉[19]라고 말한 것으로 유명하다. 하지만 오늘날 우리는 자폐증보다 정신분열증에 대해 더 많이 알고 있다. 정신분열증이 생물학(유전자형)의 하위 유형으로 분류되어야 할지, 행동 양식(표현형)의 하위 유형으로 분류되어야 할지는 확실치 않다. 정신분열증에서 나타나는 유전자형과 표현형의 다양함에도 불구하고, 이 질병의 어떤 특정한 유형이나 경로도 유전자 표지*와 연관성이 없다. 요컨대 유전자 결함이 없는 사람들도 정신분열증이 생길 수 있으며, 유전자 결함이 있는 사람들도 정신분열증이 발병하지 않을 수 있다. 유전자 결함은 취약성을 암시하는 지표에 불과할 뿐이지 장차 해당 질병이 발병할 거라는 보증수표가 아니다. 다시 말해서, 결함이 있는 유전자를 가진 가족의 한 구성원이 정신분열증에 걸려도 동일한 유전자 결함을 가진 다른 구성원은 조울증이나 심한 우울증 정도로 그칠 수 있다는 뜻이다.[20]

정신분열증은 명백히 가족력과 관련이 있다. 장차 정신분열증에 걸릴지 가늠할 수 있는 가장 믿을 만한 예측 변수는 해당 질환에 걸린 직계 가족이 있는가 하는 것이다. 하지만 정신분열증에 걸리는 사람들 중 대다수는 그런 직계 가족이 없다.[21] 정신과 개업의이자 하버드 대학 교수인 데버러 레비Deborah Levy는 〈첫 번째 진실, 대부분의 정신분열증 환자들에게는 정신분열증을 앓는 부모가 없다. 두 번째 진실, 정신분열증 발병률이 줄어들지 않고 있으며 오히려 지역에 따라서는 실제로 증가하고 있다. 세 번째 진실, 정신분열증 환자들은 2세를 갖는 비율이 무척 낮다. 그렇다면 정신분열증을 초래하는 유전자가 없어지지 않고 계속해서 나타나는 현상을 우리는 어떻게 설명할 수 있을까? 한 가지 가능한 해석은 정신분열증 유전자를 보유하고 전달하는 사람들의 대다수가 정신분열증 증세를 보이지 않는

---

* 유전적 해석에 지표가 되는 특정 DNA 영역 또는 유전자.

다는 것이다〉[22]라고 설명했다. 일란성 쌍둥이 형제가 둘 다 정신분열증에 걸릴 확률은 50퍼센트보다 아주 살짝 더 높을 뿐이다. 즉 일란성 쌍둥이는 서로 굉장히 많은 취약성을 공유하지만 그 취약성에 의한 결과는 절대로 예정되어 있지 않다. 쌍둥이 형제 중 건강한 쪽의 자녀와 정신분열증이 있는 쪽의 자녀가 정신분열증에 걸릴 위험성은 똑같이 높다.[23] 우리가 정신분열증 감수성 유전자를 갖고 있어도 이 유전자가 발현되지 않고 있다가 자녀에게 그대로 유전될 수 있고, 이 유전자를 물려받은 우리 자녀에게서 정신분열증이 나타날 수 있는 것이다. 무엇이 정신분열증 유전자를 가진 사람에게서 해당 질환의 발병을 억제하는지는 아무도 모른다. 정신병을 유발하는 메커니즘 중 하나는 신경전달물질, 특히 도파민의 불균형이다.[24] 정신분열증 환자의 뇌에서는 전두 피질과 해마의 부피 감소와 선조체*의 조절 장애가 나타난다.[25] 어쩌면 유전적 특징들이 주위 환경과 뒤섞여서 생화학적인 변화가 일어나고, 이 변화가 뇌 구조에 퇴행 현상을 유발할 수 있을 것이다.[26] 새로운 연구들은 유전적 취약성이 기생충에 의해 발현될 수도 있다고 암시한다.[27]

인간은 누구나 3만 여 개의 유전자로 구성된 유전체 지도가 있지만 이 유전자들이 발현되는 방식은 염색체가 배열된 방식에 따라, 그리고 외부 과정이 유전자 발현을 억누르는 또는 활성화하는 방식에 따라 달라진다. 무수히 많은 생화학적 작용이 언제, 어떻게 유전자가 활성화될 것인지, 또는 되지 않을 것인지, 된다면 어느 정도까지 될 것인지를 결정하고, 보호 유전자가 과발현되면서 정신분열증 유전자가 발현되지 않을 수도 있다. 자폐증의 경우처럼, 정신분열증 사례 중 상당수는 단일 유전자 변이로 설명되기보다 이른바 다수의 〈개별적 변이〉—그중 상당수는 〈복제 개수 변이〉이다—가 각각의 경우에서 해당 질환을 유발한다고 할 수 있

---

* 대뇌 기저핵의 신경회로 중 하나.

다. 복제 개수 변이는 부모가, 특히 아버지가 노년에 낳은 자녀에게서 훨씬 빈번하게 발생한다.[28] 또 다른 메커니즘으로 자연 발생적인 유전자 변이가 있다. 대부분의 다운증후군을 유발하는 것과 동일한 현상이다. 최근 들어서는 정신분열증이나 자폐증, 조울증 등에서 어떤 자연 발생적인 유전자 결함이―이 결함이 복제 개수의 변화일 수도 있고 단일 유전자 변이일 수도 있지만―발견된다는 주장이 제기되고 있다.[29] 정신 질환은 하나의 단일 스펙트럼 상에 있을까? 일단의 분리된 질병체는 아닐까? 예일 대학 정신의학과 학과장이면서 탁월한 학술지 『생물학적 정신의학Biological Psychiatry』의 편집자인 존 크리스털John Krystal 교수는 〈격자 구조에 훨씬 가까울 거라고 생각한다〉[30]고 말했다.

유전자 결함의 실질적인 작용을 알아내는 최선의 방법은 결함이 있는 유전자를 실험용 쥐의 유전체에 인위적으로 이식하는 것이다. 그런 다음에 정신분열증에 걸린 인간과 비슷한 행동을 보이는지 관찰하고, 해당 유전자가 두뇌 발달에 어떻게 영향을 미치는지 연구하는 것이다. 물론 실험용 쥐들이 환각을 느끼는지 알 수 있는 방법은 없다. 그럼에도 유전자를 이식한 어떤 쥐들은 고립적이거나, 지나치게 공격적이거나, 비사교적으로 변한다. 이성(異姓) 쥐를 동료로 받아들이기를 거부하거나 낯선 쥐를 보고 움츠러드는 쥐들도 있다. 또한 많은 쥐들이 음식으로 보상받는 일을 하길 거부하고, 보통의 쥐들이 열심히 임하는 일들을 포기한다. 요컨대 정신분열증에 걸린 사람들이 보이는 의욕 상실과 놀랍도록 유사하다.[31] 이 방대한 연구 방식 중 일부를 구상하고 직접 설계하고 있는 에릭 캔들 박사는 그가 〈정신분열증에 관한 패러다임의 변화〉[32]라고 칭하는 어떤 사실을 알아냈다. 즉 대다수 질병들은 하나의 유전자가 지속적으로 발현되는 방식에 의해 발생한다. 그리고 그 유전자의 스위치를 내리면 해당 증상도 사라진다. 하지만 정신분열증은 비록 일단의 유전자 때문에 발병할 수는 있지만 해당 유전자의 스위치를 내려도 증상이 완화되지 않는다. 일단 발병하면 이후로는 스위치를 내려도 저절로 작동하는 것이다.

2011년에 나는 생명공학 회사의 경영 간부와, DNA 구조를 발견해서 프랜시스 크릭과 공동으로 노벨상을 수상했고 정신분열증에 걸린 아들이 있는 제임스 왓슨과의 대화에 참여한 적이 있었다. 그 경영 간부는 정신분열증 연구가 분산되어 있고 중구난방이라고 주장했다. 그리고 자기에게 모든 학자들이 공동으로 연구하고 서로 지식을 나누어서 모두에게 이득이 되도록 만들 원대한 계획이 있다고 밝혔다. 그는 4억 달러의 연구 기금을 조성해서 해당 프로젝트에 착수함으로써 돌파구를 제시하고자 했다. 그러자 왓슨이 말했다. 「우리는 아직 공동 작업이 유익한 단계의 근처에도 와 있지 않습니다. 아직 모르는 것이 너무나 많기 때문입니다. 우리는 다른 학자들이 참고할 만한 어떤 사실도 알아낸 것이 없어요. 우리에게는 혜안이 필요합니다. 고상함이 아니에요. 만약 나에게 당신이 말한 4억 달러가 있다면 나는 젊고 똑똑한 과학자들 백 명을 발굴해서 그들에게 4백만 달러씩 주겠습니다. 내 선택이 옳다면 그들 중 한 명은 성과를 내놓을 겁니다.」

내가 만난 정신분열증 환자의 가족들은 하나같이 유전적 변덕을 겁내고 있었다. 한 남자는 정신분열증에 걸린 형제가 있고 그래서 앞으로 태어날 그들의 자식에게 정신분열증이 생길 가능성이 높다는 이유로 여자 친구가 청혼을 거절했다고 말했다. 메리엘런 월시는 정신분열증 환자의 가족과 지인들을 위한 그녀의 지침서에서 〈정신분열증의 역사는 비난의 역사다〉[33]라고 썼다. 그리고 정신분열증 환자의 어머니들은 그동안 이러한 비난의 예봉을 견뎌 냈다. 프로이트는 유년 시절의 트라우마가 정신분열증을 낳는다고 암시하지도 않았고, 정신이상에 대한 정신분석을 옹호하지도 않았다. 그럼에도 그를 추종하는 정신분석가 프리다 프롬-라이히만Frieda Fromm-Reichmann은 1948년에 지극히 불쾌한 용어 〈정신분열증을 만드는 모성〉[34]을 제시했다. 그리고 그녀의 뒤를 이어서 가족 전체가 비난을 받아야 한다는 정신분열증 이론들이 속속 등장했다. 어떤 저자는 〈정신분열증 환자의 역할은 부부 사이의 감정적 대립을 조율하는 데 실패한 중재자와 비슷하다〉[35]고 썼다. 또 다른 저자 그레고리 베이트슨은 〈걱정이 많고, 아이가 사랑을 표현하면 오히려 움츠러드는 어머니를 둔 아이에게〉 정신분열증이 생기기 쉽다고 주장했다.[36] 이러한 사고는 가족 구성원 모두의 정신 병리학적 증상이 한 명의 구성원에게서 정신병으로 나타났다는 식의 개념에 기초한 체계 지향적인 가족 치료를 불러왔다.[37]

국립 정신보건 연구소 소장 토머스 인셀은 1950년대 이래로 가장 주목할 만한 진전은 〈비난과 수치심〉[38]의 종식이라고 말했다. 그렇지만 정신분열증에 맞서 싸우는 사람들을 직접 만나본 경험에 의하면, 비난과 수치심은 여전히 활개를 치고 있다. 전국 설문 조사에 따르면, 〈가족 체계 이론〉이 전문가들 사이에서 유행이 지난 지 20년이 넘은 시점인 1996년에도 설문에 응한 사람들 중 57퍼센트가 여전히 정신분열증이 부모의 행동에 의해 야기된다고 믿는 것으로 드러났다.[39] 자기 계발서 열풍을 일으키면서 순식간에 베스트셀러가 된 『시크릿 The Secret』 같은 책은 정신 건강이 단순히 긍정적인 사고의 문제라고 주장한다.[40] 〈크리스천 사이언스〉*와 19세기 미국의 다양한 형이상학 운동에 이러한 믿음의 이전 형태들이 명시되어 있는데, 윌리엄 제임스는 이러한 믿음을 〈건강한 정신을 가진 사람들의 종교〉라고 부르면서 〈용기와 희망, 신뢰의 극복 효능〉을 찬양하고, 〈의심과 두려움, 걱정에 대한 상대적인 경멸〉을 옹호했다.[41] 이러한 개념은 건강한 사람들이 개인적인 용기를 통해 건강한 삶을 누린다고 암시하기 때문에 인기가 있다. 하지만 건강하지 않은 사람들에게 결함이 있는 절제력과 나약한 성격이 정신병의 원인이라는 암시는 일종의 고문이다.

어머니들이 비난을 자신의 것으로 받아들이면 정작 정신분열증 환자

---

* 물질세계는 실재가 아니며 기도만으로 질병을 치유할 수 있다고 믿는 기독교 교파.

에게 가장 필요한 지원을 제공하는 과정에 지장이 초래된다. 정신분열증 아들이 있는 생명윤리학자 퍼트리샤 베클러Patricia Backlar는 〈나는 가끔씩 내 가슴에 주홍 글씨 《S》가 새겨진 것 같다는 느낌이 들었다. 그 《S》는 정신분열증 자식을 둔 부모라는 의미겠지만 수치심도 주는 것 같다〉[42]고 썼다. 또 다른 어머니는 〈한 세대의 모든 정신 건강 전문가들이 가족 때문에 정신분열증이 유발된다고 믿도록 교육을 받았다. 그들 중 일부는 여전히 우리의 아들딸을 치료하고 있다. 그리고 여전히 잘못된 치료법을 적용하고 있다〉[43]고 썼다. 〈치료 인권 센터〉의 설립자인 정신과 의사 풀러 토리E. Fuller Torrey는 비난 문제가 터무니없다고 생각한다. 그는 〈자식을 키워 본 부모라면 단순히 이 아이보다 저 아이를 편애함으로써, 또는 아이에게 모순적인 메시지를 주입함으로써 정신분열증 같은 질환을 유발할 정도로 부모의 영향력이 크지 않다는 사실을 안다〉[44]고 썼다.

1990년대에 롱아일랜드 유대인 병원의 의사들이 정신분열증에 관련된 유전자 연구를 위해 필립과 보비 스미더스를 병원에 입원시키라고 설득하자 그들의 어머니는 이를 거절했다.[45] 그녀는 〈그렇게 한다고 우리에게 무슨 득이 있나요?〉라고 반문했다. 새로운 천 년의 첫 번째 10년이 시작될 무렵 필립과 보비, 그리고 정신분열증에 걸리지 않은 그들의 형 폴은 모두 30대였고, 폴의 아내 프리다는 그녀의 자녀들이 해당 질환에 얼마나 취약한지 알고 싶었다. 그리고 프리다가 막상 범위를 넓혀서 가족들을 조사하기 시작하자 곳곳에서 정신 질환이 발견되었다. 폴의 숙모는 〈산후 우울증〉으로 성인으로서의 모든 기간을 보호시설에 수용되어 있었고, 한 삼촌은 〈머리〉가 아팠으며, 〈기벽이 있는〉 많은 사촌들은 좀처럼 사람 구실을 하지 못했다. 폴과 프리다는 고등학교 때 만난 커플이었지만 프리다가 폴의 아버지를 만난 적은 결혼하기 전에 딱 한 번뿐이었다. 폴이 자신의 가족과 거리를 두고 살았기 때문이다. 프리다가 말했다. 「보통 사람이라면 폴의 형제들이 둘 다 이상하게 행동하기 시작했을 때 그들의 어머니가 의사에게 정신분열증 가족력이 있다고 말했을 거라고 생각하겠죠. 하지만 그들 가족은 그렇게 하지 않았고 그 때문에 그 두 사람이 정신분열증 진단을 받기까지는 몇 년이 걸렸어요.」

비밀주의는 고치기 힘든 습관이다. 폴이 말했다. 「해마다 우리는 프리다의 가족과 추수감사절을 보내고, 우리 가족과는 나중에 따로 추수감사절 파티를 합니다. 양쪽 가족이 한자리에 모이면 나와 어머니는 동생들에 대해 방어적인 태도를 취하고, 프리다의 가족들은 아픈 우리 가족들을 보면서 속상해합니다. 나는 심지어 가까운 친구들하고도 이 문제를 상의하지 않아요. 그렇지만 현실을 부정하려는 것은 아닙니다. 단지 그 문제에 대해 이야기하고 싶지 않을 뿐이에요. 물론 나는 동생들과 감정적인 유대가 있어요. 매일 동생들을 생각하죠. 그들과 실질적인 어떤 관계를 맺고 있냐고요? 글쎄요, 딱히 그렇지는 않아요. 동생들에게는 고도의 집중적인 치료가 필요해요.」

폴과 프리다는 현재 두 명의 아들이 있는데 그 아이들에게 정신분열증이 찾아올까 봐 공포 속에서 하루하루를 살고 있다. 그들은 한때 정자 기증자를 이용하는 방법도 고려했지만 그렇게까지 할 수는 없었다. 폴이 〈우리는 유전학적 주사위를 굴리고 있는 셈이에요〉라고 말했다. 프리다는 두려움 때문에 계속해서 정신적으로 피폐해지고 있는 것 같다고 설명했다. 그녀가 덧붙였다. 「어떤 면에서 우리는 아이들을 고문하고 있어요. 한번은 어떤 기사를 읽었는데 정신분열증이 생기는 사람들한테는 일정한 특징이 있다고 하더군요. 우리는 아이들의 옷을 홀딱 벗겼어요. 그리고는 혹시 아이들에게 물갈퀴라도 달렸는지 샅샅이 검사했죠. 또 겨울에 태어난 사람들 중에 정신분열증 환자가 더 많다고 주장하는 사람도 있었어요. 그래서 우리는 혹시라도 임신할 경우 아기가 여름에 태어나도록 날짜를 맞추었어요. 바보같죠. 나도 알아요. 하지만 어떤 측면에서는 그런 것들이 많은 위안을 주기도 해요. 부모들은 하나같이 그들의 아이가 가장 똑똑하고 운동도 가장 잘하기를 원해요. 하지만 우리는 그런 것에 정말로 전혀 관심이 없어요. 오로지 건강하기만 하면 돼요.」 2008년에 폴과 프리다는 정신분열증의 유전적 특징에 관한 연구에 동참하기로 합의했다. 프리다가 말했다. 「우리는 항상 전화기 옆에 딱 붙어서 지내요. 정신분열증을 유발하는 유전자가 무엇인지 알아내기를 기다리는 거죠. 우리 아이들을 검사할 수 있게 되길 기다리는 거예요.」

1668년에 존 버니언은 〈그들에게…… 미친 사람의 이성을 치료하게 하라. ……따라서 그 사람이 할 수 있는 것을…… 그가 갈망하는 이름과 명성을 주어라. 그러면 그는 아마도 정오가 되도록 침대에 누워 있을 것이다〉[46]라고 썼다. 버니언의 시대에서 현대에 이르도록 나아진 것은 아무것도 없다. 수세기 동안 정신분열증에 대한 치료는 효과가 없거나 원시적이었거나 둘 다였다. 같은 맥락에서 19세기에는 발치술이 추가되었고, 20세기 중반에는 뇌엽 절리술*이 도입되었다.[47]

1950년에 소라진이 처음 개발된 이래로, 항정신병 약물의 발달은 정신분열증의 양성 증후를 치료하는 데 기적적인 돌파구 역할을 해왔다.[48] 하지만 안타깝게도 음성 증후에 대해서는 이 약물들의 효과가 무시해도 될 정도로 미미하다. 에모리 대학의 신경 촬영학과 학과장 헬렌 메이버그 Helen Mayberg 교수가 말했다. 「어찌 보면 불난 집을 구매한 경우와 비슷하다. 당신은 소방차를 불러서 그 집에 물을 있는 대로 퍼부을 것이다. 그리고 불은 진화될 것이다. 하지만 불길이 사라져도 여전히 문제들이 남는다. 새까맣게 탄 잔해가 남고, 연기로 인한 피해도 있고, 사방에 물도 흥건하고, 집은 언제 무너질지 모르는 상태가 된다. 당장은 그 집에서 살 수 없는

―――――――――

* 정신 질환을 치료하려는 목적으로 뇌의 일부를 절단하는 수술.

것이다.」[49]

정신분열증에 의한 손상은 사라지지 않는다. 그리고 그 손상을 완화하기 위한 기술에도 나름의 어려움이 존재한다. 소라진은 뇌엽 절리술이 그랬던 것처럼 개성을 말살한다. 새로운 약일수록 그나마 조금 낫기는 하지만 약을 복용하지 않으려는 정신분열증 환자들의 숫자를 보면, 환자들이 이런 약을 얼마나 싫어하는지 알 수 있다. 1970년대에 구소련 정부는 고문과 정신 제압을 위해 항정신병 약을 사용했고, 동일한 약을 이용해서 정신적인 장애를 유발할 수 있었다. 이런 식의 고문에서 살아남은 한 생존자가 상원 청문회에서 구소련의 정신약리학 남용 행태를 고발했다. 「고문을 당하면 개성이 사라지고, 정신이 흐려지고, 감정이 파괴되고, 기억이 없어집니다. 그 사람을 독특하게 만드는 미묘한 특성들이 모두 지워지는 겁니다. 나는 죽음을 두려워하지만 이런 고문을 당하느니 차라리 총에 맞는 편이 낫습니다.」[50] 재닛 고트킨이라는 환자는 당시에 미국의 정신의학 시스템 안에서 치료를 받는 일에 대해 비슷한 논조로 설명했다. 「나는 나의 자아와 사고, 인생과 단절되었고 각종 약물과 정신의학적 속임수의 포로가 되었다. 곰처럼 무거운 육신은 바깥세상에서 굽은 길을 갈 때마다 느려지고 휘청거리기 일쑤다. 이 약들은 치료나 도움이 아닌 고문과 통제를 위한 용도다.」[51] 또 다른 환자는 〈턱에 있는 근육들이 미친 듯이 날뛰어서 이를 꽉 물어야 하는데 그러면 턱이 잠겨서 욱신거린다. 또 척추가 뻣뻣해져서 머리나 목을 움직이기 힘들고, 때로는 등이 활처럼 휘어서 서 있을 수조차 없다. 고통이 온몸 구석구석을 헤집는다. 고통이 쉴 새 없이 밀려오면 왠지 걷거나 서성거려야 할 것 같다. 하지만 일어나서 서성거리기 시작하는 순간 곧바로 정반대의 생각이 든다. 앉아서 쉬어야 할 것 같다〉[52]고 했다. 이들의 설명은 예전의 항정신병 약이나 신경 이완제에 관한 내용이지만 오늘날의 약물 부작용 역시 본질적으로 다르기보다는 정도에 차이가 있을 뿐이다.

말콤 피스는 내가 그의 가족들을 만나기 시작했을 때 52세의 나이로 세상을 떠났는데 그때까지도 사망한 이유가 확실치 않았다.[53] 세상을 떠나기 전에 보낸 마지막 12년은 그의 성년 인생에서 최고의 시간이었다. 그리고 어느 날 그가 편안해 보이는 자세로 몸을 웅크린 채 싸늘하게 죽어 있는 모습을 그가 있던 공동 생활 가정의 한 간호사가 발견했다. 남동생인 더그가 말했다. 「그는 고도비만이었는데 약이 주된 원인이었어요. 또한 평생을 골초로 살았어요. 자연사로 보기에는 아직 젊은 나이였기 때문에 경찰이 찾아왔어요. 그들은 대체로 현장 상황에만 근거해서 자살 가능성을 배제했죠.」

말콤 집안에는 형제자매와 사촌들을 합해서 말콤 세대만 17명이고, 그들 중 네 명이 심각한 정신 질환을 앓고 있다. 가족들 대부분이 그 문제에 대해 이야기하기를 싫어했다. 하지만 말콤이 사망할 당시 85세였던 그의 어머니 페니 피스는 가족들의 그 같은 태도에 오히려 경멸적인 태도를 보였다. 그녀가 말했다. 「나는 그 문제를 많은 사람들과 늘 이야기해요.」

고등학교 때까지 말콤은 정신분열증을 짐작케 하는 어떠한 증상도 보이지 않았다. 말콤의 어머니가 당시를 회상했다. 「말콤은 정말 뛰어난 운동 선수였어요. 브리지 게임과 크리비지 게임을 정말 잘했죠. 아, 그렇지! 경쟁심도 강한 아이였어요. 스키도 좋아했고, 좋아하는 것들이 정말 많았어요. 우리는 어떤 눈치도 못 챘어요.」 1975년 겨울, 프랭클린 피어스 대학 1학년 때부터 그는 목소리를 듣거나 피해망상적인 환상을 보기 시작했다. 3월에는 룸메이트가 말콤의 집에 전화해서 무언가 끔찍이 잘못되었다고 알렸고, 말콤의 부모는 그를 집으로 데려왔다. 페니가 〈우리는 그 아이가 횡설수설하는 모습을 보면서 문제가 있음을 직감했어요〉라고 말했다. 더그가 말했다. 「형은 완전히 통제 불능 상태였고 자기가 왜 그러는지도 몰랐어요. 모르기는 우리도 매한가지였죠.」 그해 11월에 말콤이 아버지를 공격했다. 더그의 설명이다. 「부모님은 형을 코네티컷 하트퍼드에 있는 최고의 사설 정신병원인 생활 연구소로 보냈습니다. 말 그대로 감금이었죠. 병원에서는 형에게 계속해서 진정제를 먹였어요. 겉모습은 예전 그대로였지만 그 안에서 형은 귀신이 되어 있었고 우리는 다가갈 수조차 없었어요. 그 모든 게 진정제를 너무 먹였기 때문이었죠. 다른 환자들도 마치 영화 「살아 있는 시체들의 밤」에 나오는 좀비들 같았어요.」 말콤은 주변의 만류에도 불구하고 자신이 직접 서류에 서명하고 곧바로 퇴원했다. 그의 부모는 그를 다시 병원에 넣기 위해 법적 절차를 밟았다. 그는 수년 동안 수십 차례에 걸쳐서 수용되고 재수용되기를 반복했다.

말콤은 병원에 있지 않는 동안에는 부모와 함께 살았다. 말콤의 다른 동생인 피터가 〈부모님은 형이 건강해질 수 있도록 애정을 쏟았어요〉라고 말했다. 하지만 말콤은 약을 꾸준히 복용하지 않았다. 여동생 폴리가 말했다. 「오빠는 일단 자신이 괜찮아졌다고 생각되면 〈더 이상 이 약들을 먹을 필요가 없어〉라고 생각했어요. 그런 다음에는 다시 망가지고 불같이 화를 냈죠. 이런 과정이 계속 반복됐어요.」 그는 약을 먹지 않으면 피해망상에 빠졌다. 피터가 말했다. 「형은 자기에게 가까이 다가오는 사람을 보면 〈아, 나를 병원에 처넣어서 억지로 항정신병 약을 먹이려고 하는군〉이라고 생각했어요. 물론 형의 생각이 틀린 것은 아니었죠.」

가족들 모두가 가능한 한 정상적인 상태를 유지하려고 노력했다. 더그가 〈우리가 할 수 있는 일이라고는 형에게 무엇이 현실인지 다정하게 말해주는 것이 전부였어요〉라고 말했다. 폴리가 회상했다. 「그냥 웃긴 경우도 있어요. 이를테면 오빠가 엄마에게 마틴 루서 킹이 암살당했을 때 어디 있었냐고, 엄마가 그 범인이 아니라고 증명할 수 있냐고 물었던 일이 생각나요.」 때로는 시심(詩心)이 살짝 드러나기도 했다. 한번은 입원 수속 와중에 무슨 생각을 하는지 질문을 받고 이렇게 답했다. 「나는 섹스나 프렌치 키스를 좋아하지 않아요. 인도양 밖에는 가스가 있고, 북극에는 다이아몬드가 있죠.」 정신이상에도 불구하고 한편으로 그는 한결같은 중앙 응집성*도 보여 주었다. 페니가 말했다. 「말콤은 사라지지 않았어요. 여전히 동물을 좋아했고 카드 게임도 좋아했어요. 또 자신이 아프기 전에 사귀었던 친구들도 그리워했죠.」 폴리가 말했다. 「오빠를 오빠답게 만드는 요소는 항상 그 자리에 있었어요. 다만 우리가 항상 찾을 수 있는 곳에 없었을 뿐이었죠.」

말콤의 입원 주기가 갈수록 짧아졌다. 더그가 말했다. 「〈약물 치료를 계속 받아야 한다〉는 이야기가 해마다 계속 나왔지만 말콤 형이 약물 치료를 거부했어요. 그는 약을 복용하지 않은 상태에서 자신이 보다 자유롭다고, 살아 있다고 느꼈어요. 이를테면 마약에 취한 것과 비슷한 상태를 보였죠. 그러다 보니 제정신이 아닐 때가 대체로 많았어요. 그렇지만 누구라도 걸어 다니는 좀비처럼 살기보다는 의식이 있는 상태로, 사는 것처럼 살고 싶지 않을까요? 그는 그 중간에서 적절한 타협점을 찾으려고 했어요.」 아버지가 암에 걸리자 피터는 자신이 보다 적극적으로 개입해야 할 때라고 판단했다. 피터가 말했다. 「나는 형이 나에게 어떤 사람인지 본질을 명심하면서 변해 버린 형의 모습 때문에 그걸 잊지 않으려고 노력했어요.」

최초의 항정신병 약물 중 하나인 클로자핀은 백혈구 숫자를 감소시켜서 〈과립구(顆粒球) 감소증〉이라는 혈액병을 유발할 수 있다는 이유로 1975년에 시장에서 퇴출되었다. 하지만 연구원들은 결과적으로 클로자핀이 가장 효과적인 정신분열증 치료제이며, 부작용의 위험을 감수할 만큼 대다수 환자들에게 효능이 탁월하다는 사실을 알아냈다. 마침내 1990년에 클로자핀이 다시 시장에 나오자 말콤도 이 약을 복용하기 시작했다. 피터가 말했다. 「항상 형에게는 내가 사랑하기에 충분할 만큼 진정한 형의 모습이 남아 있었습니다. 그럼에도 때로는 그 모습이 충분히 많다기보다

---

* 인지 체계가 의미를 이용해서 정보를 통합하는 경향성.

는 쥐어짜야 할 정도밖에 되지 않았어요. 그런데 클로자핀을 복용하면서 진정한 형의 모습이 돌아왔어요. 원래의 미소와 웃음, 유머 감각 모두요. 그 사람의 본모습을 안다면 그 사람이 원래의 모습을 되찾도록 이끌어 줄 수도 있어요.」 인간관계에 있어서도 말콤은 예전과 다름없이 사람들을 배려했다. 폴리가 〈오빠는 항상 다른 사람들을 걱정했어요〉라고 말했다. 더그는 말콤의 현실에 대해서 많은 연민을 나타냈다. 「형은 늘 자신이 사람들을 부당하게 대했다고 생각했습니다. 우리는 처음에 형의 치료를 담당했던 의사가 2002년에 보낸 편지를 발견했어요. 30년이 지났음에도 그 편지에는 〈친애하는 말콤 씨에게. 내가 아는 한 아닙니다. 당신은 누구에게도 상처를 주지 않았습니다. 건강하시길, 코프 박사로부터〉라고 쓰여 있더군요.」 페니는 〈그런 면에서 말콤은 전혀 변하지 않았어요. 나는 말콤이 아프다고 해서 조금도 덜 사랑하거나 한 적이 없어요. 그렇다고 더 사랑하지도 않았어요. 늘 한결같았죠〉라고 말했다.

39세에 말콤은 프레이밍햄에 있는 보호시설로 옮겼고, 스톱 앤 숍의 식료품 코너에서 포장하는 일을 했다. 더그가 말했다. 「형이 그런 일을 할 수 있다는 것 자체로 정말 굉장한 사건이었죠. 우리는 길거리로 뛰어 나가 춤이라도 출 기세였죠.」 말콤은 약 5년 동안 클로자핀을 복용하면서 잘 지냈지만 갑자기 그 모든 것이 다시 무너지기 시작했다. 더그의 설명이다. 「형은 약을 만지작거리기만 했어요. 결국에는 다시 입원해야 했죠. 형을 만나러 병원을 방문하자 의사가 말했어요. 〈말콤 씨는 이제 퇴원해도 됩니다. 아무 문제도 없을 거예요.〉 나는 형을 프레이밍햄으로 데려갔고 그날 저녁에 형은 자살을 시도했어요. 세탁용 세제를 마셨죠.」 가족들은 서둘러서 말콤을 병원에 다시 입원시켰다. 피터가 말했다. 「겨우 타이드를 마시고 자살하려고 했다는 것은 정말 말도 안 돼요. 그래도 상상력이 흥미롭기는 해요. 〈내 몸에서 이 질병을 깨끗이 씻어내겠어!〉라는 거잖아요.」

폴리의 첫 번째 남편과 피터의 첫 번째 아내는 말콤을 무서워하면서 과민한 반응을 보였고 그로 인해 결혼 생활에 갈등이 불거지면서 결국에는 두 커플 모두 이혼했다. 그럼에도 말콤의 조카들은 하나같이 그를 사랑했다. 피터가 말했다. 「그에게는 그만의 특별하고 강력한 영적인 어떤 면이 있었어요. 정신분열증 증세가 도졌을 때를 제외하면 평소에는 별다른 괴벽이 없었습니다. 그의 상태가 좋을 때면 우리는 정말 즐거운 시간을 보냈습니다.」 프레이밍햄에서 말콤은 비교적 행복하게 지냈다. 그는 수십 년 동안 직접 운전하기를 거부했지만 클로자핀을 복용한 뒤로 그 같은 태도에 변화가 일어났고 피터는 그에게 포드 레인저 자동차를 선물했다. 피터는 〈얼굴 가득 환한 표정을 지은 채 대리점에서 차를 운전하고 나오는 형의 모습을 본 그날이 내 평생 최고의 날 중 하나였죠〉라고 회상했다. 말콤은 프레이밍햄 시설 안에서도 인기가 많았다. 그와 함께 지내는 수용자 중 한 명이 피터에게 말했다. 「아침마다 말콤은 로비로 내려와서 〈모리스, 오늘은 어디로 데려다 줄까?〉라고 물어요.」 피터의 설명이다. 「형은 자신의 붉은색 트럭에 사람들을 태워 주는 일이 자신의 임무라고 생각했어요. 일종의 택시 서비스 같은 것이었죠.」

말콤의 죽음은 아무도 예상치 못한 일이었다. 피터가 말했다. 「물론 정신분열증도 수명을 단축시키지만 정신분열증 환자들이 복용하는 약도 수명을 단축시킵니다. 비록 그 약이 환자들에게 도움을 주기는 하지만요. 적어도 형은 주어진 여건 속에서 자신이 도달할 수 있는 최선의 상태에 있었어요. 형의 죽음은 그가 누린 삶의 질 때문이라고 할 수 있어요.」

말콤은 정신분열증의 유전학적 특징을 연구하는 맥린 연구에 자원한 상태였다.[54] 그가 사망한 뒤에 연구원들이 그의 뇌를 연구하고 싶다는 뜻을 밝혔다. 그리고 페니가 그 뜻을 받아들였다. 더그는 추도식에서 자신이 했던 추도사를 기회가 있을 때마다 반복했다. 「말콤 형은 자신의 병 때문에 대학을 졸업하지 못했습니다. 하지만 마침내 하버드에 들어갔고 이제 신경 과학자들을 가르칠 것입니다.」 검시관이 혈액 샘플을 채취했다. 불법 행위가 있었는지 확인하기 위한 형식적인 조치였다. 몇 개월 후에 피스 가족은 클로자핀이 말콤의 삶을 구원해 준 동시에 끝내기도 했다는 사실을 알게 되었다. 피터가 내게 편지를 보내왔다. 「우리는 클로자핀 때문에 죽을 수 있다는 사실조차 몰랐지만 그 문제에 대해 조금씩 알아 가고 있습니다. 말콤 형의 경우에는 간이 해독 작용을 못하는 바람에 시간이 흐르면서 클로자핀의 독성이 누적된 것으로 보입니다.[55] 어떤 사람은 우리에게 독성이 누적되고 있지는 않은지 확실히 하기 위해서 간 기능을 주기적으로 검사했어야 하며, 그렇게 하는 것이 표준적인 관행이라고 말했습니다. 따라서 형이 목숨을 잃게 된 것은 어쩌면 의료 과실 때문일지도 모르겠어요. 어쨌거나 우리는 누구의 과실을 따지지는 않을 겁니다. 지나치게 사용할 경우 클로자핀은 확실히 심장 부정맥이나 혼수상태, 호흡 정지를 유발할 수 있습니다. 이제 우리는 최후의 비극과 함께 남겨졌습니다. 우리가 말콤 형에게 강요했던, 그가 그토록 저주하고 인생의 대부분을 온 마음을 다해 저항했던 약물 치료가 그를 죽였다는 사실이죠. 우리가 그의 삶을 기리면서 추도식을 하기 전에 사인(死因)을 몰랐던 것은 어쩌면 다행입니다. 만약 그 사실을 알았다면 우리는 엄청난 충격을 받았을 테고, 추도식에서 일어나 노래를 부르는 행위 자체가 불가능했을 테니까요.」

1960년대의 해방 운동은 정신 질환의 개념 자체에 이의를 제기했다. 예컨대 미셸 푸코는 정신이상이 스스로 정신이 온전하다고 주장하는 사람들에 의한 파워플레이*가 아니라는 통념에 논리 정연한 공격의 포문을 열었다.[56] 어빙 고프먼Erving Goffman은 정신병원이 사람들을 정신병자로 만든다고 주장했다.[57] 로널드 라잉R. D. Laing은 〈정신분열증이라는 《질환》〉은 존재하지 않는다. 하지만 그 같은 꼬리표는 사회적 현실이자 정치적인

---

* 아이스하키에서 페널티 박스에서 상대 팀보다 수적인 이점을 가진 상황.

사건〉이며, 정신분열증을 〈살 수 없는 환경에서 살아남고자 인간이 개발한 특별한 전략〉이라고 주장하면서 〈정신이상이 반드시 고장을 의미하는 것은 아니다. 어쩌면 돌파구일 수도 있다. 노예화나 실존주의적 죽음이 될 수도 있지만 해방이나 개선이 될 가능성도 있다〉고 설명했다.[58] 미국인 정신과 의사 토머스 사즈Thomas Szasz는 정신분열증이 모두 허구라는 개념을 지지하는 유력한 옹호자가 되었다.[59]

해방 운동의 마지막 세대는 〈탈시설화(脫施設化)〉라고 불리는 대대적인 사회적 실험을 지켜보았다. 이 실험에 의한 결과로 극심한 정신 질환을 앓는 사람들이 대규모 주립 시설에서 쫓겨났고, 미국에서 장기 보호 간호를 받는 정신분열증 환자의 숫자가 1950년에 50만 명 이상에서 오늘날 4만 명 안팎으로 감소했다.[60] 이 해방 운동은 타당한 낙관주의와 경제적인 편의성, 경직된 이데올로기라는 흥미로운 조합에 의존한다. 예전의 정신분열증 치료법이 비인간적이었다면 오늘날의 치료법은 대체로 변변치 못하다. 주립 시설이 문을 닫으면서 지역 시설이 해당 서비스를 제공해야 했음에도 주립 시설에 투입되던 기존의 자금과 인력이 지역 시설로 넘어가지 않은 까닭이다. 게다가 연방 정부의 지침은 믿기지 않을 정도로 모호하고, 정부의 감독은 사실상 없는 것이나 마찬가지다.

사회를 통제하는 하나의 장치로서 치료를 바라보는 이 같은 시각은 포괄적인 의료 정책을 제시하고자 노력하는 사람들을 극도로 화나게 만들었다. 정신분열증을 둘러싼 사회 현실을 비판한 비평가 중 어쩌면 가장 유명한 풀러 토리는 〈제정신이 아닐 수 있는 자유는 환상에 불과한 자유이며, 명료하게 생각하지 않으려고 하는 사람들이 명료하게 생각할 수 없는 사람들을 상대로 벌이는 잔인한 장난이다〉[61]라고 주장했다. 1990년에 베렐 시저 판사는 〈치료받을 권리가 치료받지 않을 권리〉가 되었으며, 그 결과 〈우리는 수많은 사람들이 조용한 절망 속에서 살아가게 만들었고, 그들을 사랑하고 돌보는 사람들의 정신적, 감정적 건강을 파괴했고, 장애인에게 궁극적인 손상과 심지어 파멸을 초래함으로써 그들의 가족들까지 파괴했다〉[62]고 신랄하게 비난하는 글을 썼다.

치료 전문가이자 『정신병원 밖으로Out of Bedlam』의 저자 앤 브레이든 존슨Ann Braden Johnson 박사는 〈정신 질환이 신화라는 신화〉[63]에 대해 불만을 표시하면서, 탈시설화가 정신 질환자에 대한 견해가 변하면서 등장한 정치학의 결과였고, 그러한 견해의 변화는 생물학적 정신의학이 등장함으로써 일어났으며, 생물학적 정신의학의 등장은 정신보건과 관련한 예산을 보호 간호가 아닌 다른 분야에 사용하는 것이 합리적인 상황을 낳았다고 주장한다. 거의 전면적인 시설화가 파멸을 가져올 정도였다면 거의 전면적인 탈시설화도 해롭기는 마찬가지다. 정신분열증 연구자 낸시 안드레아센Nancy Andreasen은 예전의 주립 병원들이 〈독자적인 소규모 공동체였고, 그 안에서 환자들은 가족처럼 함께 살면서 병원의 농장이나 주방, 세탁소에 취직해서 생산적인 일을 할 수 있었다〉[64]고 지적한다. 새로운 시스템의 오류 중 하나는 질서를 만들려는 의욕이다. 존슨은 〈내가 만나는 환자들은 대부분의 기존 프로그램에 쉽게 적응하지 못한다. 어쩌면 그들에게 맞는 프로그램이 애초에 존재하지 않을지도 모른다. 프로그램을 만든 공무원들 대부분이 환자를 치료하는 모습은 고사하고 환자를 만나본 적이 전혀 없기 때문이다〉라고 썼다. 공감 부재의 문제는 어쩌면 그들을 받아들일 준비가 되어 있지 않은 공동체가 공동체의 일원이 되는 법을 모른다고 그들을 되돌려 보내는 모든 시스템에 존재한다. 약물 치료에 대한 지원 부재와 일관성 없는 접근법이 흔히 급속한 퇴보를 야기함에도 이런 관행을 저지하려는 가족 구성원들의 시도는 법 앞에서 좌절을 겪는다. 정신분열증에 걸린 자식을 둔 어떤 노부가 말했다. 「당국은 길 잃은 외톨이 동물처럼 사는 게 각자의 선택인 동시에 권리라고 주장해요. 그렇다면 빠른 자살은 불법이고 느린 자살은 괜찮은 이유가 도대체 뭘까요?」[65]

메들린 그라몬트의 동생 윌리엄이 괴상한 행동을 시작하자 그들의 아버지는 현실을 부정했다.[66] 윌리엄은 대학 수능 시험에서 수학 만점을 받고 하버드 대학 2학년으로 입학 허가도 받았다. 하지만 3학년 말이 되자 결국 학교를 떠나야 했다. 메들린이 〈아버지는 굴욕적으로 받아들였어요〉라고 말했다. 윌리엄은 뉴햄프셔에 있는 가족 소유의 별장에서 지냈다. 「윌리엄은 생마늘을 먹으면서 근근이 지냈고, 집 안 곳곳에 칼들을 놓아두었어요. 잠도 맨바닥에서 잤죠. 아버지는 별장이 있는 동네에서 멀리 떨어진 산속에 동생이 머물 작은 집을 구해서 그가 다른 사람들 눈에 띄지 않도록 했어요. 실제로 지난 30년 동안 아버지가 동생을 만난 적은 고작 세 번이 전부예요.」 일주일에 한 번씩 윌리엄은 동네 잡화점까지 내려왔는데 보통은 수건 한 장으로 몸을 가린 상태였고 연신 혼자서 중얼거렸다. 동네의 10대 아이들이 그를 조롱하고는 했다. 그의 아버지는 그가 약간 괴짜일 뿐이라는 입장을 고수했지만 그의 누이는 걱정이 되었고, 독재자 같은 아버지가 나이가 들어서 기력이 약해지자 마침내 동생을 찾아갔다. 그녀가 말했다. 「크고 작은 쥐들이 사방을 기어 다녔고, 마요네즈가 뚜껑이 열린 채 썩고 있었어요. 곳곳에 깨진 접시 조각들이 널려 있었고요. 침실은 정말 구역질이 날 정도였어요. 그는 나를 신기한 듯 쳐다봤지만 언어 능력을 상실한 상태였어요. 작은 소리로 끽끽거리기만 했죠.」

그렇게 윌리엄 문제는 메들린의 손으로 넘어왔다. 그녀는 법적 보호권을 청구했고, 정신분열증 진단을 받아 냈으며, 윌리엄을 보호시설로 데려갔다. 그곳에서 그는 가장 기초적인 수준의 언어를 다시 사용하기 시작했다. 그녀가 말했다. 「한번은 윌리엄에게 꽃다발을 가져다주었어요. 백합이었죠. 그러자 그가 몸을 숙여서 꽃향기를 음미하더군요. 그 뒤로는 매번 방문할 때마다 꽃다발을 가져갔어요. 지금도 그래요. 나는 2주나 3주에 한 번씩 그를 데리고 외출해요. 그는 아직도 먼저 대화를 시작하지도 못하고, 말도 거의 하지 않지만 갈수록 이해력이 좋아지는 것 같아요. 그는 52세에 처음으로 치료를 받기 시작했어요. 아버지가 보여 주었던 식의 부정이 그를 산 채로 집어삼켰기 때문에 지금의 그는 속이 텅 빈 난파선에 불과해요. 인생의 대부분이 사라진 거죠. 꼭 그럴 필요가 없었는데도 말이에요.」

뇌는 세포체로 이루어진 회백질과, 세포체와 연결되고 시냅스를 형성하는 축색돌기가 모인 백질과, 유동체로 채워져서 뇌척수액의 순환을 가능하게 해주는 뇌실로 구성된다. 뇌 조직이 줄어들면 뇌실이 커지는데 측뇌실이 확대되는 것이 정신분열증의 주요한 특징이다.[67] 시냅스 연결의 과다 현상이 자폐증의 특징이라면 정신분열증의 특징은 시냅스 연결의 부족 현상이다. 또 정신분열증 환자는 시냅스를 형성하는 수상돌기와, 정신 활동을 통제하는 뇌세포의 일종인 중간 뉴런의 숫자가 비교적 적다.[68] 정신분열증의 양성 증후는 소리와 감정의 지각 작용이 이루어지는 측두엽의 이상과 관련이 있는 듯 보인다.[69] 반면 음성 증후는 인지와 집중과 관련된 전두엽과 전전두엽의 손상에서 비롯되는 듯하다.[70]

정신분열증에 대한 유전적 취약성은 태아기 환경의 차이를 비롯해서 촉발성 트라우마의 영향을 받는다. 산과(産科)적 합병증이나 진통 또는 분만 과정의 합병증은 태아의 뇌 발달에 부정적인 영향을 끼치고, 정신분열증 환자들일수록 과거에 그러한 경험을 한 경우가 많다. 임신 기간 중에 임부(妊婦)가 풍진이나 인플루엔자 같은 병에 걸리는 경우에도 위험이 증가한다.[71] 정신분열증에 걸리는 사람들 중 겨울에 태어난 사람의 비율이 높은 것도 어쩌면 임신 중기의 임부가 겨울에 바이러스에 감염될 확률이 높은 사실과 관련이 있을 것이다. 임신 기간 중에 스트레스를 받는 것도 정신분열증과 상관관계가 있었다. 예를 들어, 임신 중에 전쟁을 겪거나 배우자가 사망한 여성이 낳은 자녀가 정신분열증에 걸릴 확률이 훨씬 높다. 네덜란드에서는 2차 세계 대전 중에 발생한 기근 때문에 20년 후에 정신분열증이 극적으로 증가했다.[72] 과학자들은 산전(産前) 스트레스가 태아의 신경 발달을 저해하는 호르몬 분비로 이어진다고 주장해 왔다. 스트레스 때문에 임부의 도파민 시스템이 활성화될 수 있고 그 결과 태아의 도파민 시스템에 조절 장애가 발생할 수 있다는 것이다.[73]

유년 시절의 두부 외상 같은 산후(産後) 사건들도 정신분열증 발병 가능성을 높인다.[74] 장기간의 스트레스도 중요한 역할을 한다. 개발이 덜 이루어진 환경에서 도시로 넘어간 이주자—급작스럽게 생소한 환경에 직면하는 사람들—의 경우에 위험성이 특히 높다.[75] 생후에 정신병 증상을 악화시키는 가장 한결같은 환경 요인은 특히 사춘기에 이루어지는 알코올이나 각성제인 메스암페타민, 환각제, 코카인, 마리화나 같은 기분 전환 약물의 남용이다.[76] 일본에서는 전후 복구 과정에서 생산성을 높이기 위해 노동자들에게 메스암페타민을 제공했고 그로 인해 정신병이 유행병 수준으로 급증했다. 해당 약물을 끊음으로써 회복된 사람도 많았지만 일시적인 재발을 겪거나 지속적인, 심지어 영구적인 장애를 겪는 사람도 있었다.[77] 1980년대에 약 5만 명의 스웨덴 징집병을 대상으로 실시된 한 중요한 연구에 따르면 마리화나를 50회 이상 피운 사람들이 정신분열증에 걸릴 확률이 6배나 높은 것으로 나타났다.[78] 예일 대학 정신과 의사 시릴 수자Cyril D'Souza의 설명이다. 「약물 남용과 정신병의 관계는 흡연과 폐암의 관계와 유사한 듯 보인다. 약물 남용이 간접적인 원인이 될 수는 있지만 직접적인 원인은 아니라는 의미다. 그럼에도 일부 연구가 암시하는 대로라면 만약 대마초가 없어지면 전 세계의 정신분열증 발병률이 최소한 10퍼센트는 감소할 것이다.」[79]

정신분열증인 경우에는 유전자 환경의 특정 조합에 의해 신경전달물질 도파민이나 글루탐산염, 부신수질 호르몬인 노르에피네프린, 세로토닌, 감마아미노뷰티르산 등의 실조(失調)가 발생하고, 단일 도파민 경로에서만 과도한 활동이 일어나게 된다.[80] 그리고 이런 현상은 정신병과 그 밖의 양성 증후를 촉발한다. 인공적으로 너무 많은 도파민이 분비되는 경우 건강한 사람에게도 정신분열증 증상이 나타날 수 있다. 이런 경우에는 도파민 분비를 억제하면 증상이 완화된다. 반대로 도파민 경로가 지나치게 비활성 상태가 되면 인지 장애와 그 밖의 음성 증후가 나타난다. 항정신병 약은 특정 영역에서 과도한 신경전달물질을 처리하지 못하도록 뇌 능력을 차단한다. 요컨대 항정신병 약을 이용해서 해당 영역의 신경전달물질 수치를 뇌의 다른 영역에서 통제된 상태에 있는 신경전달물질의 수준과 동일하게 만드는 것이다. 효과적인 항정신병 약은 하나같이 도파민 수치를 낮추어 주지만 도파민 수치를 낮춘다고 해서 그 자체로 모든 정신분열증 증세를 완화시키기에 충분한 것은 아니다. 따라서 새로운 연구는 글루탐산염과 그 밖의 신경전달물질의 수용체에 영향을 미치는 약물에 주목한다. 컬럼비아 대학의 아니사 아비-다르감Anissa Abi-Dargham 박사는 어떤 도파민 수용체가 과도한 자극을 받는지, 어떤 수용체가 적정 수준 이하의 자극을 받는지 기술하면서 약물 치료가 지향해야 할 보다 구체적인 목표를 제시한다.[81]

　비화학적 개입이 의미 있는 부수적 역할을 할 수 있다. 즉 약물 치료가 듣지 않는 증상을 통제하는 데 심리 치료가 도움이 될 수 있다. 이와 관련해 사람들에게 기존의 생각과 행동을 바꾸도록 교육하는 인지 행동 치료CBT가 가장 확실한 실적을 보여 주고는 있지만 그 밖의 다양한 심리 치료법도 제각각 유력한 옹호자들을 보유하고 있으며, 법학 교수 엘린 삭스Elyn Saks의 경우에는 정신분열증과의 싸움에서 다른 결점을 보완하고도 남을 그녀의 정신분석 경험을 감동적으로 묘사했다.[82] 뇌를 어떻게 활용하느냐에 따라 그 사람의 두뇌 활동에 변화가 생기고, 정신분열증에 걸린 사람을 일정 시간 동안 이성적인 상태로 만들 수 있다면 그에 따른 긍정적인 효과는 상당히 많다. 이러한 논리는 뇌졸중으로 언어 능력을 상실한 사람이 언어 치료로 말하는 법을 다시 배울 수 있는 것과 마찬가지로 정신병에 걸린 사람도 훈련을 통해 정신병에서 어느 정도 벗어날 수 있다는 주장에 근거한다.

정신분열증이 뇌 회색질의 점진적인 손실과 관련이 있기 때문에, 조기에 해당 증상을 발견하고, 치료하고, 건강하게 유지한다면 정신분열증으로 인한 병적인 상태를 제한하고, 사람들이 회복 불가능한 장애에 빠지는 것을 막을 수 있다는 논리가 성립한다. 컬럼비아 대학 정신의학과 학과장이자 뉴욕 주 정신 질환 연구소 책임자인 제프리 리버먼Jeffrey Lieberman은 〈20세기 대부분의 기간 동안 이 분야에 팽배했던 치료 허무주의는 더 이상 정당하지 않다. 오늘날의 인류는 어디서 어떻게 적당한 치료를 신속하게 받을지 아는 한, 역사상 그 어느 때보다 정신 질환을 치료하기에 좋은 시대를 살고 있다〉[83]고 말했다. 자폐증과 마찬가지로 정신분열증에서도 조기 발견과 개입이 핵심이며, 오늘날의 〈국제 조기 정신병 학회〉도 이러한 생각을 토대로 하여 탄생했다.[84] 자폐증에서는 조기 행동 개입이 자폐 증상의 발현을 약화시킬 수 있다. 이를테면 조기 행동 개입을 통한 훈련이 뇌의 실질적인 발달 과정에 영향을 미치는 듯 보인다. 정신분열증의 경우에도 조기 개입이, 그래 봤자 생후 18개월이 아닌 만 18세에 가깝지만, 비슷한 결과를 보장할 수 있다. 예일 대학 정신의학과 교수 토머스 맥글라샨Thomas McGlashan은 정신병 증세가 처음 나타났을 때 조기 진단과 약물 치료를 실시함으로써, 만약 해당 조치가 없다면 정신분열증으로 발전하는 특징이 있는 뇌 변성을 실질적으로 완화할 수 있다고 주장했다.[85]

치료의 불완전함을 고려하여 오늘날에는 훨씬 더 조기에 개입하려는 움직임이, 즉 정신병이 발병하기 이전인 전구증상 단계에서 예방하려는 움직임이 점점 더 두드러지고 있다. 환자들은 리버먼이 〈험프티 덤프티* 상황〉[86]이라고 부르는, 다시 말해 〈우리의 현재 도구로는 정신분열증에 걸린 사람을 고치기보다 정신분열증에 의한 병적인 상태가 발생하지 않도

---

* 루이스 캐럴의 동화 『이상한 나라의 앨리스』에 등장하는 달걀 캐릭터의 이름. 균형을 잃으면 깨져서 복구할 수 없는 상황을 일컫는다.

록 사전에 예방하는 편이 더 쉬운〉 상황에 있다. 코넬 대학 정신의학과 학과장 잭 바처스Jack Barchas가 지적하듯이, 어떤 사람을 보다 오랫동안 정상적으로 기능하게 만들수록 그 사람의 입장에서는 그만큼 정신적으로 의지할 수 있는 보다 탄탄한 역사가 생기는 셈이다. 따라서 단지 정신분열증이 시작되는 시기를 늦추기만 하더라도 가치가 있을 것이다.[87] 전문가들은 전구증상(前驅症狀) 단계임을 암시하는 일단의 증상들을 정리했는데 의심, 특이하고 불가사의한 또는 기이한 사고방식, 행동 방식의 극단적인 변화, 기능 감소, 학교나 직장 생활에서 보이는 무능력 등이다.[88] 하지만 이런 증상들 대부분이 평범한 사춘기 증상이기도 하다는 점이 우리를 혼란스럽게 만든다. 전구증상 단계인 것으로 확인된 피험자들을 추적 조사한 연구에 따르면 이들 중 실제로 정신분열증이 생긴 사람은 단지 3분의 1에 불과하다. 2003년부터 맥글라샨은 전구증상 단계임이 분명한 사람들에게 올란자핀 성분의 항정신병 약(자이프렉사)을 처방했고, 그 결과 정신분열증의 발병률이 다소 감소했다. 동시에 이 약은 어쩌면 정신분열증 환자로 넘어가지 않았을지도 모를 많은 사람들을 비만하고 둔하게, 눈빛을 흐리멍덩하게 만들었다.[89] 그는 〈긍정적인 결과는 극히 미미할 뿐이고, 부정적인 결과는 명확하다〉고 말했다. 이런 수학적 계산으로 우리가 어떻게 해야 할지 알아내기란 불가능한 일이다. 강력한 약물 치료로 정신병이 발병하지 못하게 막을 수는 있지만, 지금 당장은 단지 무뚝뚝할 뿐인 사람에게 해당 약물을 사용하기에는 바람직하지 않은 부작용이 너무나 많을뿐더러, 현재로서는 정신분열증과 부작용 가운데 어느 쪽이 더 나쁠지 판단할 수 없기 때문이다.

영국과 오스트레일리아에서 행해진 연구는 인지 행동 치료와 그 밖의 비생물학적 치료가 증상의 발현을 완화하거나 늦출 수 있음을 보여 준다.[90] 항산화제나 오메가3 지방산 같은 신경 보호제가 부작용 없이 정신병의 발병을 늦추기도 한다.[91] 맥글라샨은 〈어떤 개입 방식을 선택하든 그것은 중요하지 않은 것 같다. 정신적 인지 행동 치료도 약물 치료만큼이나 효과가 있었다. 어떤 치료를 선택하든 정신병 환자들로 하여금 현실 세계에 집중하고, 교류하고, 정신병 증상이 겉으로 나오지 못하도록 맞서게 할 수만 있다면, 정신병의 진행 속도를 늦추어서 극심한 경우에만 발현되도록 할 수 있다. 다시 말해서, 뇌에서 학습에 의해 만들어진 관계가 유실되지 않도록 하는 데 해당 치료가 일조한다고 할 수 있을 것이다〉[92]라고 설명했다. 정신분열증에 걸릴 위험이 높은 사람의 가족들은 어떤 점을 주의해서 관찰해야 하는지 배워야 하고, 의사들 또한 불과 며칠 만에 정신병이 급격하게 악화될 수 있기 때문에 환자들을 수시로 만나야 한다. 정신병이 발병하기 전에 항정신병 약을 복용하는 것은 바람직하지 않지만 불안과 우울증에 대해서는 공격적으로 대처하는 것이 옳다.

2012년 봄에 정신과 질병의 분류 기준인 정신장애 진단 및 통계 편람 제5판DSM-5 ─〈진단과 통계 매뉴얼〉이라는 뜻으로 정신의학계에서는 일종의 성서로 취급된다─에 전구증상 단계를 그 자체로 질병으로, 즉〈정신병 위험 증후군〉이나〈약화된 정신병 증후군〉으로 분류하려는 대대적인 움직임이 등장했다가 백지화되었다.[93] 이 같은 분류법이 통과되었다면 의사들은 환자를 보다 공격적으로 치료하는 데 따른 방어막과 보상을 얻게 되었을 터였다. 하지만 최종적으로 입안자들은 개개인의 정신병 발병 가능성 정도를 수치화하는 작업이 불가능하기 때문에 불필요하거나, 정신병자라는 낙인을 찍거나, 해로운 치료 행위가 성행할 가능성이 너무 많다고 판단했다. 정신분열증 발병 가능성이 높은 사람에게 적극적인 의료 개입과 집중 관찰을 하는 것은 이치에 맞는 일이지만, 그 과정에서 발생할 수 있는 낙인 문제를 무시할 수 없었으며, 여기에 더해서 자아상과 의료보험 문제도 존재했다. 맥글라샨은〈그럼에도 나의 최종 결론은《정신병 위험 증후군》이 실질적인 정신 질환으로 다루어져야 한다는 것이다. 정신병 위험 증후군은 실제로 존재하며 그대로 방치될 경우에 매우 위험할 수 있다〉고 주장했다. 이에 반해서 존 크리스털은 〈정신 질환 치료를 조기에 받으면 받을수록 자신에게 무슨 문제가 있는지 잘 모를 수 있다. 조기 개입은 거의 누구나 항상 선호하지만, 한편으로는 때때로 선호라는 말이 무색할 정도로 굉장히 힘든 치료법이기도 하다. 정신장애 진단 및 통계 편람에서는 그 시대에 유행하는 문제를 다룰 뿐이다. 이를테면 치마의 길이처럼 말이다. 그렇지만 우리는 우리의 의료 시스템이 두 가지 상반된 방식으로 이용될 수 있음을 명심해야 한다. 즉, 선량한 의사들은 환자가 정말 아픈 것처럼 보이면 그 환자가 보험 혜택과 치료를 받을 수 있도록 환자의 증상에 대해 거짓말을 하려고 할 것이며, 질이 나쁜 의사들은 이 점검표에 근거해서 환자들을 괴롭히려고 들 것이다〉[94]라고 지적했다.

조기에 정신병을 간파하더라도 평생 치료하는 일은 또 다른 문제가 될 수 있다. 리버먼이 신참 의사였을 때 치료했던 한 환자에 관한 이야기를 들려주었다. 「그는 스물한 살이었고, 아이비리그 학교에 다녔는데, 과 내에서 일등이었고, 인기도 많았으며, 운동도 잘했어요. 탁월함은 마치 그의 운명처럼 보였죠. 그런 학생에게 정신병 증상이 나타났어요. 나는 정신분열증 진단을 내리고 그에게 약물 치료를 실시했습니다. 그는 거의 완전히 회복되었죠. 그는 학교로 돌아가기를 원했고, 약물 치료를 싫어했던 까닭에 약을 끊었어요. 하지만 병이 재발해서 병원으로 돌아왔고, 우리는 치료를 했고, 그는 건강을 되찾아 다시 학교로 돌아갔지만 또 재발했어요. 우리는 다시 치료를 시작했고, 곧 차도를 보였어요. 그런데 그가 또 돌아왔습니다. 그리고 이번에는 차도가 없었어요. 다시는 회복하지 못했죠.」[95]

조지 클락은 MIT의 물리학자이며 이론 천체 물리학을 연구한다. 그는 친절할 뿐 아니라 무척 지적이다. 그의 아내 샬럿은 고된 삶을 버텨내면서 단단함을 갖추었고, 마치 자기 주변에서 약점을 찾아내고 그 약점을 용서하는 것이 그녀의 습관인 양, 비판적인 동시에 동정심이 많다. 아울러 밝은 파란 눈에 동그란 금속테 안경을 썼고, 단정하게 빗은 새하얀 머리색을 지녔으며, 이야기할 때 자신의 손을 적절히 이용해서 구두점을 대신했다. 우리가 만났을 때 그들 부부는 모두 80대였고, 나는 샬럿이 무거운 짐을 받아 주어서 조지가 얼마나 고마워하는지도 알게 되었다.

조지와 샬럿이 1980년에 결혼했을 당시 두 사람에게는 각자 문제아 딸이 한 명씩 있었다.[96] 조지에게는 당시 열아홉 살이고 4년 전에 정신분열증 진단을 받은 재키가 있었다. 재키와 동갑인 샬럿의 딸 일렉타는 종잡을 수 없고 이해할 수 없는 부분이 많았지만 이후로 18년이 더 지나도록 정신분열증 진단을 받지 않았다. 샬럿이 말하기를, 일렉타는 내내 이상했지만 재키는 한때 앞날이 무척 기대되는 아이였기 때문에 자신보다는 조지가 더 힘들었을 거라고 했다. 「일렉타를 낳던 날 그녀가 다르다는 사실을 곧바로 알았어요. 활기가 없었죠. 마치 설탕 봉지 같았어요.」 샬럿은 다른 아이들에게 그랬던 것처럼 일렉타에게도 똑같은 어머니가 되고자 했지만 그녀와 일정한 관계를 쌓기까지는 많은 노력이 필요했다. 「그녀는 무엇이든 쉽게 잊었어요. 다른 아이들은 그녀를 무서워했죠. 그녀에게서 이상한 어떤 면을 본 거예요.」 일렉타의 친부가 미국 국제 개발처에 근무했기 때문에 그녀의 가족은 파키스탄에 거주했다. 다른 형제들은 국제 학교에서 잘 적응했지만 다섯 살이던 일렉타는 새로운 환경에 그다지 잘 적응하지 못했다. 1년 뒤에 아버지의 근무지가 요르단으로 바뀌었다. 일렉타 역시 암만에 있는 미국인 학교로 옮겼고, 가정교사가 생겼으며, 샬럿에게 공부를 배웠다. 샬럿이 말했다. 「그녀는 여덟 살이 되어서야 글을 깨우쳤어요. 그나마도 읽는 데 도통 관심이 없었어요. 아니, 어떤 것에도 관심이 없었죠.」

일렉타가 아홉 살 때 그녀의 친부가 심장마비로 갑작스럽게 사망했고, 샬럿은 가족을 이끌고 워싱턴 DC로 이사했다. 4학년으로 편입한 일렉타는 학교에서 괴롭힘을 당했다. 샬럿이 그녀를 특수학교로 전학시켰고 잠깐 동안은 이 특수학교가 도움이 되었다. 열네 살이 되자 그녀는 완전히 통제 불능 상태가 되었다. 샬럿이 당시를 회상했다. 「이런 표현을 써서 미안하지만, 그녀는 빌어먹게도 눈만 맞으면 상대가 누구든 그 짓을 하고 다녔고 성적 불량으로 퇴학까지 당했어요. 그래서 나는 그녀를 기숙학교로 보냈어요. 그 학교에 다니면서 그녀는 무척 우울해했죠. 하지만 나는 〈네가 여기에 있으면 내가 우울해져. 무슨 일이 있어도 고등학교는 졸업해야 돼〉라고 못을 박았어요. 그렇게 해서 그녀는 고졸 학력 인증서를 받았어요. 그러더니 헤어 디자이너가 되겠다고 하더군요. 나는 〈웬 헤어 디자이너?〉라고 생각했어요. 하지만 그녀는 그 일을 좋아했고 실력도 있었어요. 그때가 그녀 인생에서 최고의 시절이었죠. 그리고 서서히, 아주 서서히 그녀가 미쳐갔어요.」

쾌청한 10월의 어느 날 아침에 샬럿이 당시 서른일곱 살이던 일렉타에게 전화를 걸자 그녀가 말했다. 「전화로는 말 못해요.」 그래서 샬럿은 〈그럼 집에 와서 커피라도 한 잔 하렴〉이라고 권했다. 집에 찾아온 일렉타가 다시 〈집 안에서 말하기 곤란해요〉라고 말했다. 샬럿이 〈그럼 산책을 가자꾸나〉라고 말했다. 그러자 일렉타가 인도에서도 이야기할 수 없기는 마찬가지고, 도로 한가운데를 걷는 동안에만 이야기할 수 있다고 설명했다. 결국 샬럿은 일렉타와 함께 도로 한가운데서 자동차들을 피하면서 MIT의 마피아가 조지를 쫓고 있으며, 조지도 마피아의 일원인 것 같다는 일렉타의 이야기를 들어야 했다. 몇 달 뒤에 샬럿은 전화를 한 통 받았다. 일렉타의 친구가 체육관에서 태아처럼 웅크린 채 울고 있는 그녀를 발견하고 전화를 한 것이었다. 그 친구가 일렉타를 응급실로 데려갔고 그곳의 의사들이 심전도 검사를 하려고 했다. 일렉타가 갑자기 비명을 지르면서 몸부림을 치기 시작했다. 결국 그녀는 정신 병동으로 옮겨졌고 마침내 그곳에서 정신분열증 진단을 받았다. 그녀는 알코올중독이기도 했다.

그 뒤로 여러 해에 걸쳐서 일렉타의 정신병은 약물 치료를 통해 호전되었지만 그녀는 끊임없는 부작용에 시달렸다. 체중이 풍선처럼 불어나서

136킬로그램이 넘었다. 샬럿이 말했다. 「그녀는 잘 걷지도 못해요. 한때는 가족 중에서 가장 예뻤는데 말이죠.」 발음도 느려졌고 잠도 무척 오래 잤다. 그녀는 역시 정신분열증 환자인 태미를 만났고 두 사람은 연인으로 발전했다. 10년째 클로자핀을 복용하고 있던 2006년 초부터 일렉타의 상태가 악화되기 시작했다. 샬럿이 당시를 회상했다. 「그녀에게 〈너 약을 먹지 않는구나, 그렇지?〉라고 물은 기억이 나는군요. 그녀는 굉장히 공격적인 말투로 〈나는 더 이상 약을 복용할 필요가 없어요〉라고 대답했죠.」 10월이 되자 그녀는 집으로 찾아가도 문을 열어 주지 않았고 전화도 불통이었다. 그녀의 여자 친구인 태미도, 샬럿도 도대체 어찌 되어 가는 영문인지 알 수가 없었다. 샬럿이 말했다. 「그녀가 내 신용카드를 갖고 있었기 때문에 나는 고지서가 나오기를 목이 빠지게 기다렸어요. 카드 사용 내역을 확인하면 그녀가 어디에 갔었는지, 아직 살아 있는지 정도는 알 수 있을 테니까요. 하지만 만 달러에 달하는 카드 고지서를 받는 순간 나는 그 카드를 해지시켜야 했죠.」

샬럿은 마침내 판사를 설득해서 경찰이 일렉타의 집을 강제로 열도록 했다. 「싱크대 하수구는 꽉 막혀 있었고, 사방에 널브러진 음식에는 구더기가 꿈틀대고 있었어요. 나는 일렉타를 보호시설로 보내기 위해 다시 법원을 찾아가야 했고, 막상 병원에 들어가기는 했지만 아무도 그녀에게 샤워를 시킬 수 없었어요. 결국 간호사 두 명이 그녀를 붙들고 나서야 씻길 수 있었죠. 그리고 차츰 약물 치료의 효과가 나타났어요. 그녀는 스스로 씻기 시작했고 나중에는 우리를 보면서 행복해했어요.」 이제 쉰 살이 된 일렉타는 그 사건 이후로 일을 하지 않았다. 샬럿이 말했다. 「일렉타는 여전히 머리를 깎을 수 있지만 예전 솜씨는 아니에요. 나는 가끔 그녀를 부추겨서 내 머리를 깎게 해요. 태미의 머리도 깎아 줘요. 머리를 깎는 일은 그녀의 일부를 살아 있게 해주죠.」

샬럿과 조지는 오랫동안 연락하지 않았지만 어린 시절부터 친구였다.

그리고 샬럿이 미망인이 되고 조지가 이혼했을 때 다시 만났다. 그들은 일부러 재키와 일렉타가 그들과 함께 살기에는 좁은 집을 구했다. 샬럿이 말했다. 「재키는 아름답고, 무척 열정적이고, 인기가 많았어요. 아버지를 닮아서 일찍부터 뛰어난 지적 능력을 보여 주었죠. 훌륭한 플루트 연주자였고, 체스 챔피언이기도 했어요.」 재키가 열다섯 살 때였다. 불과 1년 전까지만 해도 그녀에게는 너무나 쉬웠던 수학이 갑자기 이해할 수 없게 변했다. 조지는 그녀에게 오히려 한때는 그녀가 자신에게 설명해 주었던 1차 방정식도 이해시킬 수 없음을 깨달았다. 그가 MIT의 수석 치료 전문가를 찾아가자 그 전문가는 재키가 정신분열증이라고 설명했다. 이를 계기로 재키의 어머니가 조지와 재키를 버리면서 진작부터 흔들렸던 그들의 결혼 생활도 막을 내렸다.

샬럿과 조지가 다시 만났을 때 재키는 열아홉 살이었고 공동 생활 가정에서 막 쫓겨난 뒤였다. 샬럿이 말했다. 「그 당시에 나는 조지와 재혼하는 문제를 놓고 고민하고 있었어요. 그리고 내가 결혼할 준비가 되었다고 판단했죠. 재키는 소라진을 복용해야 했어요. 하지만 실제로는 약을 화장실 변기에 버리고 있었죠. 내가 조지의 집으로 이사한 첫날이었어요. 저녁 식사를 하는 자리에서 재키가 주방 반대편으로 접시를 집어던졌죠. 내 식탁에서 그런 짓을 한 사람은 이전이든 이후든 한 번도 없었어요.」 샬럿은 기본 원칙을 정하기 시작했다. 재키가 스무 살이 된 직후에 샬럿이 이제 침대를 정리하는 일 정도는 스스로 하라고 말하자 그녀가 화를 냈다. 재키가 고함을 지르자 조지가 듣고서 아래층으로 내려왔다. 샬럿이 말했다. 「조지는 힘이 무척 세요. 하지만 재키도 만만치 않았죠. 조지가 그녀의 양 손목을 붙잡았어요. 그러자 재키가 조지의 얼굴에 침을 뱉었어요. 그래도 놓아 주지 않자 마침내 그녀는 〈아빠, 대체 내가 무슨 잘못을 했다고 이러는 거예요?〉라고 말했어요.」 몇 개월 후에 재키는 자신과 소원해진 친모를 놀래 주려고 매사추세츠에서 뉴욕까지 히치하이크를 해서 그녀의 집을 찾아갔다. 그녀의 친모가 여행하는 동안 별일 없었는지 묻자 그녀는 〈단지 다섯 차례 강간을 당했을 뿐〉이라고 말했다. 샬럿이 말했다. 「물론 어떤 말을 믿어야 할지는 절대로 알 수 없어요. 무슨 일이 있었는지 모르기는 당신만큼이나 그녀도 마찬가지예요.」 그 뒤로 오랫동안 재키는 정신병의 정도에 따라 정신병원과 공동 생활 가정, 그 밖의 보호시설을 수시로 드나들었다. 그리고 마침내 클로자핀이 등장했다. 샬럿이 말했다. 「클로자핀을 복용하면서 그녀는 정말 상냥하게 변했어요.」

내가 재키를 만났을 때 그녀는 마흔아홉 살이었고, 15년째 클로자핀을 복용하는 중이었으며, 일곱 명의 다른 여성들과 공동 생활 가정에서 생활하고 있었다. 그녀는 자신이 〈클럽〉이라고 지칭하는 종일 프로그램에서 일과를 보냈다. 그녀의 사례별 사회복지사가 판단해서 필요할 경우 그녀는 며칠에서 몇 주씩 병원에 입원했다. 대다수 정신분열증 환자와 달리 재키는 항정신병 약을 복용하면서도 체중이 불지 않았다. 그녀는 테니스를 치고, 매일 1.6킬로미터씩 수영을 하며, 요가를 한다. 우울증과 게으름을 보이는 일렉타와는 정반대였다.

매주 토요일마다 샬럿과 조지는 재키와 일렉타를 집에 초대한다. 일렉타는 보통 태미를 데려온다. 때때로 재키는 〈클럽〉이나 공동 생활 가정에서 함께 어울리는 여성을 데려온다. 샬럿이 말했다. 「다행히도 재키와 일렉타는 다른 정신분열증 환자들을 좋아하듯이 서로를 좋아해요. 나는 더이상 그들의 어머니가 되고 싶지 않다고 말하고 싶지 않아요. 하지만 여든한 살 정도가 되면 자식을 마치 다섯 살짜리 철부지인 양 돌보지 말아야 할 때가 와요. 설령 내가 그렇게 한다고 해서 자식들이 행복해할지도 의문이고요. 일렉타는 자신이 건강했을 때 기억이 남아 있고 그래서 좀처럼 행복해하지 못해요. 재키는 반대예요. 자신이 행복했다고 느끼기에는 건강할 때의 기억이 너무 없죠.」

나는 샬럿과 점심을 먹으러 갔다. 나를 보자마자 재키가 적극적이고,

진지한 태도로 질문을 쏟아냈다. 한편 일렉타는 해우(海牛)처럼 거대하고, 행동이 느렸고, 유순했다. 재키는 특별한 이유 없이 단어들을 바꿔서 사용했다. 예를 들어 자신의 자동차를 가리켜 〈비자〉라고 부르는 식이었다. 그녀는 릴케의 시를 아무런 감흥 없이 굉장히 빠른 속도로 암송한 후에 식사를 시작했고, 샬럿이 알아들을 수 있게 다시 들려 달라고 하자 〈못해요. 너무 가슴 아픈 시예요〉라고 대답했다. 그리고는 자신이 욕조에서 어떻게 시를 외우는지 내게 자랑스럽게 설명했다. 「차가운 물에 몸을 담그고 시를 암송해요.」 또한 정신 질환을 치료하는 데 육체적인 운동이 얼마나 중요한지도 설득력 있게 설명했다. 그런 다음 이렇게 덧붙였다. 「나는 일렉타와 테니스를 칠 때 그녀가 언제 속임수를 쓰려고 하는지 알 수 있어요. 그녀는 미래에 대해서도 이런 식으로 미리 계획하려고 해요. 하지만 그건 속임수예요.」

곧이어 상황이 진정한 혼돈 양상으로 전개되었다. 내가 재키에게 그녀의 약물 치료에 대해 묻자 그녀는 정맥류가 생기는 게 싫어서 자신은 피임약을 먹을 수 없다고 말했다. 그녀가 말했다. 「하지만 나는 아버지의 영혼 말고는 그 어떤 남자도 나를 임신하게 만들 수 있을 거라고 생각하지 않아요. 아버지가 쓴 성경에 그렇게 나와 있어요. 나는 예수그리스도가 2,000개비의 담배를 나누어 주면서 책임감을 느꼈던 것과 똑같은 책임감을 느껴요. 예수그리스도가 나누어 준 것은 빵이 담긴 냄비 몇 개가 아니었어요. 내 생각에는 담배였어요. 그래서 그녀가 나와 아버지의 영혼 사이에서 태어난 딸들을 계속해서 죽이는 거예요. 그 딸들 중 한 명은 나보다 열 살이 많아요. 다른 한 명에게는 음료수를 사 먹도록 1달러 25센트를 주었죠. 나는 여자가 없이 아이를 낳는 편이 더 낫다고 생각해요. 대부분의 사람들은 그들이 동성애자라는 사실을 인정하지 않아요. 하지만 그들은 동성애자예요. 나는 그들이 하나같이 게이라고 생각해요.」

이야기를 마친 그녀가 나를 유심히 쳐다보다가 문득 〈오이 좀 더 드릴까요?〉라고 하면서 오이가 담긴 접시를 내밀었다. 나는 오이를 몇 개 더 받았다. 그녀가 말했다. 「나는 지금 듣고 있는 종일 프로그램을 정말 좋아해요. 그리고 시(詩)하고도 진정한 교감을 느껴요. 나는 예술 행위를 하는 게 좋아요. 요즘이 내 인생에서 가장 행복해요.」 우리의 대화는 매끄럽게 정신병 세계를 넘나들다가 다시 현실 세계에 안착했다. 하지만 재키는 자신이 오락가락했음을 모르는 것이 분명했다. 나중에 샬럿이 말했다. 「그녀는 왔다 갔다 해요. 그녀 자신을 포함해서 사람들에게 해가 되지는 않는 것 같아요. 그럼에도 그녀에게 익숙해지려면 약간의 노력이 필요하죠.」

일렉타는 침습적인 망상 문제를 거의 겪지 않는다. 샬럿이 말했다. 「재키가 앓는 병을 정신분열증이라고 한다면, 내 생각에 일렉타는 자신이 갖고 있지 않은 병 때문에 약물 치료를 받고 있는 것 같아요. 물론 그녀도 정신분열증이 있어요. 정말로요. 다만 그만큼 다른 증세라는 거예요.」 일렉타는 확연한 음성 증후를 보였다. 그녀가 말했다. 「나는 마냥 무기력하게 느껴요. 식료품을 사러 가려고 해도 정말 큰 결심을 해야 해요. 그래 봤자 한 달에 한 번이 고작이에요. 그래서 유통 기한이 지난 것도 자주 먹어요.」 일렉타에게 그녀가 약물 치료를 거부하고 그래서 무척 아팠던 시기에 대해 묻자 그녀의 눈에서 눈물이 샘솟았다. 그녀는 〈기분이 고조되는 느낌을 다시 느끼고 싶었어요〉라고 말했다.

재키가 끼어들었다. 〈내가 도와줄게! 잠깐 기다려〉라고 말하고는 그녀가 최근에 쓴 시를 가지러 달려갔다. 어떤 시는 거의 횡설수설하는 수준이었지만 어떤 시에는 이런 구절이 들어 있었다.

그리고 내가 연인을 찾아
그녀를 얼마나 사랑하는지 알려 주고자
했을 때, 내가 찾은 것은
공허함과 광란과

더불어 매 4초마다 내 목소리를

집어삼키는 시끄러운

소리뿐이었다.

〈시끄러운 소리〉는 이성적인 정신에서 어떤 시도를 하려고 할 때마다 끊임없이 들려오는 침습적인 목소리다. 그리고 그런 이성적인 정신에서 만들어진 이 시는 자신이 아버지의 아이를 400명이나 임신했다고 믿는 사람의 작품치고는 놀랍도록 충만한 자기 인식을 보여 준다. 나는 그리스 신화에서 오레스테스를 뒤쫓는 복수의 여신 에리니에스들을, 외면화된 끝없는 고문이 주는 무의미한 고통을 떠올렸다. 나는 샬럿에게 〈정말 정신없이 바쁘겠어요〉라고 위로를 건넸다.

그녀가 말했다. 「때때로 삶은 선택의 문제가 아니에요.」

끔찍하게 싫은 약물 치료를 계속하기로 한 환자의 단호한 결심이 실패로 돌아가는 경우, 환자가 궁리해 냈을지 모를 위장막에도 불구하고 대개는 그 가족 구성원들이 가장 먼저 그 사실을 알아차리고 개입한다. 부모는 항상 그들의 애정이 자식에게도 비슷한 감정을 불러일으키길 갈망한다. 자폐증인 사람들과 마찬가지로 정신분열증을 가진 사람들도 흔히 감정적인 애착이 없는 것으로 묘사되지만 이는 사실이 아니다. 데버러 레비는 〈무디어진 애정이나 감정적인 진공 상태가 정신분열증의 정형화된 이미지처럼 되었지만 이러한 감정이 언제나 무딘 상태로 있는 것은 아니며, 대부분의 경우에는 전혀 무디지 않은 상태로 있을 때가 많다〉[97]고 주장했다. 정신분열증 전문가 래리 데이비슨과 데이비드 스테이너는 〈어쩌면 다른 사람들에게 목석처럼 또는 마음이 없는 사람처럼 보이거나, 어쩌면 감정적으로 자기 자신에게도 극도의 거리감을 느낄 수 있지만 정신분열증이 있는 사람들은 애정과 인간적인 교류에 대한 열망을 지속적으로 표출하며, 이러한 모습은 그들이 텅 빈 껍데기에 불과하다는 이미지와 완전히 반대다〉[98]라고 썼다. 애정의 반그늘이 그들의 단절된 세상까지 덮어 주지는 못하는 것 같지만 그럼에도 대다수 정신분열증 환자들에게 위안을 준다는 사실을 부모들은 알아야 한다.

부모나 친구, 의사 등 다른 사람과 신뢰할 만한 인간관계를 구축한 환자일수록 약물 치료를 받아들일 가능성이 훨씬 높다. 맥린에서 주로 어린 환자들을 돌보고 있는 진 프레이저Jean Frazier 박사의 설명이다. 「우리 환자들 중 약 40~50퍼센트는 약물 치료에 순순히 응하지 않습니다. 환자들은 수시로 나를 찾아와서 〈프레이저 박사님, 나는 기분이 많이 나아졌고 이제 약물 치료를 그만하고 싶어요〉라고 말해요. 그런 경우 내가 그들의 요구에 응하지 않더라도 그들은 어떻게든 약을 끊을 게 분명합니다. 그래서 나는 〈재발할 위험성이 높기 때문에 약물 치료를 중단하는 것은 현명한 판단이 아니라고 생각하네. 그렇지만 어쩌면 이 시점에서 그 부분을 확실히 해두는 것도 중요하겠지〉라고 말합니다. 그런 다음 약물 치료를 일주일에 약 30퍼센트씩 차츰 줄여 가는 계획을 제시하죠. 그와 함께 이렇게 다짐을 받습니다. 〈나는 자네가 필요하다고 생각하기 때문에 자네의 판단을 존중하려는 걸세. 하지만 자네가 환각을 느끼기 시작하면 자네나 혹은 자네 부모님이 즉시 내게 연락을 주겠다고 약속하게. 그리고 만약 그런 일이 발생할 경우 곧바로 다시 약물 치료를 받겠다고 약속하게.〉 한편으로는 가족에게 환자가 자살을 생각할지도 모른다고 미리 주의를 줍니다. 대부분의 이런 환자들은 거의 증상이 재발하고, 결국에는 그들에게 정말로 약물 치료가 필요하다고 깨닫습니다. 일종의 학습 과정인 셈이죠. 약효가 완전히 사라지면 환자가 자신의 상태를 아예 인식하지 못하겠지만 약효가 떨어지기 시작하는 시점에는 자신에게 무언가 문제가 있다는 사실을 인지합니다. 그럼 겁을 먹게 되고, 바라건대 나에게 말을 하는 거죠.」[99]

한 정신분열증 환자의 어머니는 아들의 의사가 그에게 슬로건을 써서 냉장고에 붙여 놓도록 했다고 말했다. 그녀는 《《나는 좋은 사람이며 다른 사람들도 내가 좋은 사람임을 알고 있다》는 이 슬로건이 아들에게 엄청난 영향을 주었어요〉[100]라고 설명했다.

뉴저지의 조지 마르콜로는 고등학교 시절에 친구들이 굉장히 많았다.[101] 10대 때 그는 마리화나를 상습적으로 피웠고, 졸업반이 되어서는 환각제인 LSD까지 복용했다. 처음 LSD를 복용하고 불과 몇 주 만에 그는 또 LSD를 복용하기로 했고 이번에는 한 알이 아닌 네 알을 복용했다. 그가 당시를 회상했다. 「그 뒤로 느낌이 이를테면 약간 이상했어요. 내 생각에 병에 걸린 것은 어쩌면 이미 그 전이었겠지만 LSD 때문에 더 빨리 진행된 것 같아요.」 대학에서 조지는 뛰어난 물리학자였다. 그의 아버지 주세페가 〈조지는 우리 가족 중에서 가장 똑똑한 아이예요〉라고 말했다. 조지가 자신의 기억을 되짚었다. 「1991년 11월 1일이었어요. 보스턴 칼리지에 다닐 때였죠. 아침에 눈을 떴는데 마치 LSD에 취해 있는 것 같았어요. 물론 LSD를 먹었다거나 다른 이상한 짓을 한 것도 아니었어요. 그 느낌은 이후로 8년 동안이나 계속되었어요.」 조지는 학교에 있는 의사를 찾아갔고 그 의사는 증상이 곧 없어질 거라고 말했다. 당시에는 조지도 그 말에 수긍했다. 이제는 분개하는 입장이다. 「만약 어떤 사람이 〈약을 하지도 않았는데 마치 약에 취한 것 같다〉고 말한다면, 그리고 내가 의사라면 〈검사를 해보는 편이 좋을 것 같습니다〉라고 할 거예요.」

그는 부모나 친구에게 자신의 문제를 털어놓길 꺼렸다. 「나는 그 사람들이 내가 미쳤다고 생각할까 봐 두려웠어요. 약 대신 술을 마시고 마리화나를 피웠죠. 모든 것이 왜곡되었고 음식은 정말 맛이 없었어요. 만약 그때 약물 치료를 받았더라면 이후의 8년을 피할 수 있었을 겁니다.」 이런 증상에도 불구하고 그는 물리학에서 평점 3.7 이상을 유지했다. 조지가 말했다. 「하지만 병이 점점 더 악화되었죠. 목소리들이 갈수록 또렷해졌어요.」

그는 월스트리트에 있는 신생 닷컴 기업에 취직했다. 몇 달 후에 그는 출근하기를 그만두었고, 그의 부모는 어떤 말이나 행동으로도 그를 다시 회사에 다니도록 설득할 수 없었다. 조지의 부모는 그가 고등학교에 다닐 때 이혼했고 그는 어머니인 브리짓과 함께 살았다. 브리짓이 내게 〈젊은이들이 대학을 졸업하면 누군가가 그들에게 시동을 걸어 주어야 해요. 그들이 스스로 인생을 꾸려 나가야 한다고 깨닫지 못하기 때문이죠. 그리고 나는 조지가 그런 젊은이들 가운데서도 극단적인 경우라고 생각했어요. 그가 걱정도 되었지만 때로는 화가 났어요. 하지만 정작 진짜 문제를 보지 못했어요〉라고 설명했다. 상황은 점점 더 이상해져만 갔다. 주세페가 당시를 회상했다. 「조지는 밖에 걸어 다니는 이웃들이 무슨 생각을 하는지 안다고 말했어요.」 브리짓이 곤혹한 표정을 지었다. 「그때까지도 나는 정신병이라는 생각을 전혀 못했어요.」

마르콜로 부부는 조지에게 의사를 만나 보도록 종용했고 약 4개월이 지나자 그는 오래전부터 목소리가 들렸다고 털어놓았다. 브리짓이 말했다. 「나는 너무 겁에 질려서 정신분열증이라는 단어조차 생각나지 않았어요.」 마르콜로 가족이 사고(思考)장애가 있는 사람들을 치료해 온 프린스턴 대학 정신과 의사 데이비드 네이선David Nathan을 알게 되기까지는 이후로도 몇 달이 더 걸렸다. 그는 곧바로 조지의 병이 얼마나 심각한지 알아보고 그에게 약을 처방했다. 조지는 대학을 졸업하고 월스트리트에서 잠깐 근무한 이래로 직장에 다닌 적이 없었다.

조지는 알약을 입속 한쪽에 숨기고 있다가 부모가 보지 않을 때 뱉어냈다. 한번은 병이 재발한 동안 연속으로 세 번이나 자동차 사고를 냈다. 10년이 지난 다음에야 마침내 그는 약물 치료를 받아들였다. 그에게 들리던 목소리들도 완전히 사라지지는 않았지만 다소 시들해졌다. 그가 말했다. 「때로는 그 목소리들이 비난조의 이야기를 하지만 그냥 무시해요. 어떤 목소리는 얼간이 같아요. 내가 앞에서 다른 목소리와 무슨 이야기를 했는지 모르는 새로운 목소리하고 이전에 했던 것과 똑같은 대화를 나누다가 그냥 끝나버리는 경우도 있죠. 처음에 나는 그 목소리들이 내 주변에 있는 사람들이라고 생각했어요. 그러다가 그 목소리들이 자신이 하겠다고 이야기한 것조차 행동으로 옮기지 못한다는 사실을 깨달았어요. 그래서 지금은 그 목소리들이 하는 이야기를 듣고, 서로 대화도 나누지만 목소리들이 어떤 행동을 보여 줄 거라고 생각하지는 않아요. 당신에게 이야기하는 이 순간에도 그 목소리들을 무시할 수 있어요. 약물 치료로도 이 목소리들을 사라지게 만들 수 없었지만 대처하기는 한결 수월해졌어요. 함께 대화하는 것이 즐거운 목소리도 있고 견딜 수 없는 목소리도 있어요. 목소리가 들리는 현상 자체는 싫지만 목소리들이 전부 사라진다면 어떤 목소리는 분명히 그리울 겁니다.」

조지는 몇 년 전에 아버지 주세페의 집으로 이사했고, 아버지는 생활의 초점을 거의 전적으로 둘째 아들에게 맞추었다. 주세페가 말했다. 「나는 다른 일에 정신을 팔 여력이 없어서 데이트도 하지 않습니다. 조지를 위해 내가 해야 할 일을 해야 하죠.」 조지의 형은 주세페가 세상을 떠나면 자신이 조지를 돌볼 거라고 했다. 우리가 만났을 때 서른다섯 살이던 조지는 클로자핀을 복용했고 혈액 검사도 주기적으로 받았다. 그가 말했다. 「나는 예전보다 훨씬 나아졌어요. 사람들이 많은 곳에 가면 여전히 약간의 피해망상이 나타나지만 사회의 일원으로서 제 역할을 수행할 수 있습니다. 부모님은 내가 약을 꼬박꼬박 먹는지 항상 예의 주시하고, 내 행동도 세심하게 관찰합니다. 나는 그다지 많은 활동을 하지 않아요. 보통은 하루 종일 목소리들과 이야기를 나누죠. 아버지가 집에 있을 때 목소리들과 이야기를 나누는 경우에는 아버지를 피해서 다른 방으로 갑니다. 내가 혼자 중얼거리는 모습을 설령 아버지라도 다른 사람에게 보여 주고 싶지 않아요.」 주세페는 그 나름대로 목소리들에 대처하는 법을 알아냈다. 그는 〈조지가 그 목소리들과 이야기하면서 웃어요. 그럼 내가 《조지, 나도

끼워주렴, 다들 무슨 이야기를 하는지 알고 싶구나》라고 말을 걸고, 우리
는 그에 관해 가벼운 농담을 주고받아요〉라고 설명했다. 브리짓이 말했
다. 「그다지 고상한 대화 같지는 않아요. 사람들이 흔히 길모퉁이에 서서
나누는 대화처럼 말이에요. 조지가 혼자 중얼거리는 소리를 들으면 화가
치밀어 오르지만 심호흡을 하면서 참아요. 절대로 그만하라고 강요하지
않아요.」

조지는 매주 네이선 박사를 만나는데 그때마다 주세페가 동행해서 진
찰하는 내내 동석한다. 조지 역시 이 방식을 좋아한다. 모든 것을 두 번씩,
예컨대 아버지와 의사에게, 설명해야 하는 수고를 덜 수 있기 때문이다. 조
지가 말했다. 「약을 복용하고 의사를 만나는 것 말고는 내가 할 수 있는 일
이 별로 없습니다. 단지 나쁜 일이 최대한 덜 일어나기를 바랄 뿐이에요.
내 병 때문에 부모님은 분명 많은 스트레스를 받을 겁니다. 그게 내 잘못
이 아니라는 사실은 알지만 마음이 무거워지는 것은 어쩔 수 없어요.」

주세페가 말했다. 「조지가 아파서 내 생활이 어떻게 변했든지 상관하
지 않아요. 다만 조지가 놓치고 있는 것들을 생각하면 눈물이 납니다. 조지
의 삶이 어떠해야 했는지, 어떤 것이 될 수 있었는지, 어떤 것이 빠져 있는지
같은 부분들을 생각하죠.」 브리짓이 말했다. 「조지는 정말 멋진 아이예요.
예의 바르고, 친절하고, 점잖아요. 보다 나은 삶을 누릴 자격이 있어요. 처
음에 나는 〈조지가 앞으로 정상적인 삶을 살 수 없을 거야〉라고 생각했어
요. 그러다가 이런 생각이 들었죠. 〈정상적인 삶이라는 게 뭐지? 어떤 사람
이 정상적인 삶을 사는 거야? 우리는 여기서 뭘 하고 있는 거지?〉 나는 우
리 아들 셋이 지금까지 성취한 것을 무척 대견하게 여겨요. 맏아들은 재주
가 많고 의지가 강해요. 막내아들은 자신이 하는 일에 정말 능숙하죠. 그렇
지만 조지는 정말 존경할 만해요. 머릿속이 항상 그렇게 어지러운데도 그
가 살아가는 모습을 보세요. 어떤 면에서는 가장 대견스러운 아이예요.」

조기 개입 운동의 등장과 함께 양성 증후에 대처하기 위한 생물학적 치료법과 음성 및 인지 증후를 개선하기 위한 심리 사회적인 방법을 제안하는 회복 운동이 등장한다.[102] 회복 운동은 삶의 질을 개선하는 데 중점을 두고 있으며 여기에는 임상 조건이 열악한 사람들의 삶도 포함된다. 아울러 제 기능을 못하는 사람들에게도 최대한 개발되어야 할 능력이 있기 마련이라고 강조한다. 사례 관리를 통해서, 지속적인 정신병 증상이나 인지 능력의 퇴화, 사회적 제한 등으로 고통받는 환자들에게 그들의 건강보험 문제를 처리하고, 의사들과 진료 약속을 잡고, 그들이 기거할 장소를 확보해 줄 누군가가 배치된다. 환자들은 그들의 단점이 용인되고 옹호되는 일자리를 찾는 데 도움을 받으며, 일부는 직무 능력을 개발하기 위해 재활 훈련도 받는다. 사회성 기술 훈련을 통해 다른 사람들과 보다 용인 가능한 방식으로 교류하는 법도 배운다. 기억력과 판단력, 주의력을 높이기 위해 컴퓨터를 활용한 두뇌 운동도 한다. 환자들이 어떻게든 사회라는 직물의 일부로 짜여 들어가는 것이 무엇보다 중요하다. 아들이 최근 정신분열증 진단을 받은 한 어머니는 주유소에 갔다가 그곳에서 일하는 10대 소년을 보면서 느낀 점을 설명했다. 그녀가 말했다. 「2년 전이었다면 나는 그 소년이 정말 불쌍하고, 목적 없는 삶을 살면서 인생을 낭비한다고 생각했을 거예요. 하지만 이제는 〈아, 우리 아들이 저 소년처럼만 살 수 있다면 얼마나 좋을까〉 하고 생각해요.」[103]

마니 캘러핸의 여동생 노라는 가수 에릭 클랩튼과 오랜 세월에 걸쳐 끊임없이 대화를 나누고 있다.[104] 마니는 한동안 노라와 함께 살았는데 어느 날이었다. 당시 임신 8개월째이던 마니는 막 자신의 방에서 나오려다가 당시 스물네 살이던 노라가 손에 가위를 들고 문가에 서 있는 모습을 발견했다. 마니가 당시를 떠올렸다. 「내가 〈여기서 뭐하니?〉라고 물었어요. 그러자 그녀가 〈내가 왜 여기에 있지? 당신은 누구야?〉라고 말했어요. 그때가 아침 7시였는데 나는 곧장 부모님께 전화를 걸어 말했어요. 〈어머니, 아버지, 지금 바로 노라를 데리고 집으로 갈게요.〉」 이후로 몇 년 동안 노라는 어머니와 함께 살았고, 약물 치료를 받다가 말다가 하길 반복하면서 마침내 약물 치료에도 더 이상 뚜렷한 효과가 없는 지경에 이르렀다. 마니가 말했다. 「결과적으로 어머니에게는 뇌졸중이 왔어요. 어머니는 원래 고혈압이 위태로운 수준이었기 때문에 노라가 뇌졸중을 유발했다고 할 수는 없었지만 그렇다고 도움이 되지도 않았어요. 그러던 중에 노라가 어머니를 밀어 넘어뜨려서 어머니의 어깨가 부러지는 사고가 일어났어요. 결국 내가 메인 주(州)에 가서 노라의 후견인 자격을 신청했죠. 나는 하루에 최소한 네 번에서 다섯 번씩 노라의 대화 상대가 되어 주거나 노라와 관련된 일을 해요.」 쉰세 살이 된 노라는 이제 정부의 보조를 받는 시설에서 지내지만 여전히 언니에게 자신이 에릭 클랩튼과 나눈 대화에 대해 이야기한다. 그럼에도 고통을 주기도 하고 받기도 한 그녀의 자아 안에는 예전 모습이 상당 부분 그대로 남아 있었다. 마니가 말했다. 「그녀는 사람을 꿰뚫어 보는 능력이 있어요. 우리는 사회질서라는 테두리 안에 살면서 어쩌면 가면을 쓰고 그 뒤에 숨는 법을 배운 것 같아요. 정신분열증이 있는 사람들은 그런 가면을 꿰뚫어 보는 것 같고요. 그 모든 호전적인 태도와 조화롭지 못한 행동에도 불구하고, 그녀 역시 그럭저럭 살아가려고 노력할 뿐이에요. 우리와 다를 게 없죠. 나는 노라를 저버릴 수 없어요. 앞으로도 나는 그녀의 검소하고 작은 아파트를 찾아갈 거예요. 엄청난 고통을 겪고 있음에도 그녀에게는 여전히 투지가 남아 있어요. 여전히 일상생활에서 품위를 잃지 않으려고 노력하죠. 예컨대 이쪽에는 작은 꽃을 배치하고 저쪽에는 예쁜 어떤 것을 놓는 식이에요. 그런 창의적인 일을 할 때 보여 주는 꼼꼼한 손길은 전혀 사라지지 않았어요.」

컬럼비아 대학의 제프리 리버먼은 우리가 이미 도구를 가졌음에도 전혀 활용하지 못한다면서 상당한 좌절을 드러냈다. 그가 말했다. 「문제는 사람들이 그들의 고질적인 불모지 안에서, 그들의 방 어딘가에 갇혀서, 담배를 피우면서, 아무것도 하지 않으면서, 고작 한 달에 한 번 처방을 받기 위해 의사를 만나러 가면서, 정신병 환자가 되어 간다는 것입니다. 이제 우리에게는 의학적으로나 사회적으로 사람들을 도와줄 방법이 생겼어요. 하지만 자원의 한계와 의식 부족, 낙인 문제 때문에 대부분의 사람들이 도움을 받지 않습니다.」[105] 리버먼의 설명에 따르면, 정신분열증 환자들 가운데 약물 치료에 아무 반응이 없어서 치료가 불가능하고 영구적인 입원이 필요한 경우는 오직 소수에 불과했다. 이외의 환자들은 강도 높은 병원 치료와 지역 사회로부터 적절한 도움을 받아 나아질 수 있었다. 「우리 병원에 있는 사람들 중에는 가족이 그들을 원치 않거나 다시 받아 줄 형편이 안 되는 사람들이 있어요. 그들은 독립적으로 살아갈 능력이 없고, 우리는 그들에게 감독자가 있는 보호시설을 구해 줄 능력이 없어요. 결국에는 그들을 노숙인 쉼터로 떠미는 수밖에 없습니다.」 미국의 정신분열증 환자들 중 15만 명이 노숙인이다.[106] 어느 해를 막론하고 정신분열증 환자 다섯 명 중 한 명은 노숙인으로 지낸다. 그들은 곧 약물 치료를 중단하고 그 결과 보다 강도 높은 치료를 위해 다시 병원으로 돌아간다. 이런 악순환은 의학적으로 환자들에게 유익하지 않을뿐더러 경제적으로도 주 정부에 도움이 되지 않는다.

2008년도 〈약물 사용과 건강 실태에 관한 전국 조사〉에 따르면 심각한 정신 질환을 치료하는 주된 걸림돌은 비용이다.[107] 미국의 정신분열증 환자들 중 외래 진료를 받는 사람은 절반에도 미치지 못한다. 약물 치료를 처방받는 사람도 절반이 조금 넘을 뿐이다. 그리고 치료를 받지 못하는 사람들 중 절반에 달하는 사람들이 비용과 보험 문제를 탓한다. 진 프레이저 박사에게 정신분열증 환자들을 치료하면서 감정적으로 진이 빠졌던 적이 있었는지 묻자 그녀가 말했다. 「내가 감정적으로 진이 빠지는 이유는 관리

의료* 때문이에요. 이미 승인된 항정신병 약물의 투여량을 늘리려고 할 때마다 서류를 한 장씩 더 작성해야 하는 문제는 내가 제공할 수 있는 의료 서비스의 질에 엄청난 영향을 주고 있어요.」[108] 미국은 정신분열증 치료를 위해 일 년에 800억 달러의 비용을 지출하는데, 환자들—적절한 치료를 지속적으로 받도록 지원할 경우 이들 중 대다수는 광란의 지옥으로 떨어지는 일도 피하고, 대체로 납세자들이 부담하는 값비싼 입원 치료와 수용 생활도 피할 수 있을 것이다—에게 적극적인 복지 프로그램을 실시함으로써 비용을 줄일 수 있다.[109] 하지만 지금의 관행대로라면 지원 단체를 조직하거나, 커뮤니티 센터를 만들거나, 웹사이트를 구축하거나, 조언으로 가득 찬 회고록을 쓰는 일은 모두 가족들의 몫이다.

가족은 정신분열증 환자가 자기 자신이나 다른 사람에게 〈심각한〉 위험을 초래할 때만 그 환자를 보호시설에 수용할 수 있으며, 정신분열증 환자들이 적어도 다섯 명 중 한 명꼴로 자살을 시도한다는 통계에도 불구하고 이런 위험성을 증명하기란 결코 쉽지 않다.[110] 약물 치료를 중단한 후에 경범죄로 수감된 한 정신분열증 남자가 자신의 감방에서 변기 속에 있는 똥을 먹었다. 하지만 인간이 인간의 배설물을 먹는다고 해서 목숨을 잃지는 않으며, 따라서 그 남자가 자기 자신에게 어떤 위험도 초래하지 않았다는 이유로 판사는 그가 보호시설에 수용되는 것을 불허했다.[111] 매사추세츠 주의 정신 건강부(部) 의료 감독관으로 일했던 케네스 덕워스는 〈하버드 의대에 입학하는 것보다 주립 병원에 입원하기가 훨씬 힘들다〉[112]고 진술했다. 환자 가족들은 의료 서비스를 받기 위해 마치 관례처럼 증상에 대해 거짓말을 해야 한다.

정신분열증 환자들 중에서 절반에서 3분의 2에 달하는 숫자가 가족과 함께 살거나 부모를 주된 보호자로 삼고 있는 현실이지만, 최근의 한

---

* 세분화된 미국의 건강관리 제도를 총체적으로 관리하며 제공하는 의료 시스템.

조사에 따르면 이런 가족들 가운데 그 같은 방식이 적절하다고 생각하는 사람은 겨우 3퍼센트에 불과하다.[113] 리버먼의 설명이다. 「문제는 환자의 가족들이 지쳐 간다는 겁니다. 가장 큰 이유는 그들이 가족이라는 이유로 정신분열증 환자를 위해 엄청난 희생을 감수하지만 정작 당사자는 어떠한 고마움도 느끼지 않는 듯 보이기 때문이에요.」[114] 가족은 환자에게 치료 센터가 되어야 하고, 병원에게는 외래환자 중 한 명이 되어야 하고, 환자를 감독하는 눈이 되어야 할 뿐 아니라 환자가 먹을 음식을 만들거나, 뒷정리를 하거나, 환자를 달래거나 제지하는 일련의 손이 되어야 한다. 요컨대 환자의 훈련을 위해 또는 안식처가 되기 위해, 서로가 맞물려 있는 그럼에도 끊임없이 변화하는 시스템을 가진 조직이 되어야 한다. 이러한 시스템을 구축하기 위해 가족 구성원들은 흔히 직장 생활에 충실하지 못하거나 아예 포기하고, 그 결과 경제적인 어려움을 겪고, 이 세계 사람들이 아픈 가족과의 〈끊임없는 접촉〉이라고 부르는 상태에서 비롯되는 스트레스에 직면한다. 가난한 정신분열증 환자들을 위해 일하는 컬럼비아 대학 공중위생학부 에즈라 수서Ezra Susser 박사는 〈윤리적인 차원에서, 환자의 가족들이 실제로 할 수 있는 것보다 더 많은 일을 하도록 강요받는다고 느끼는 상황을 만들지 않도록 정말 세심한 주의가 필요하다〉[115]고 말했다. 가족이 개입함으로써 정신분열증 환자의 삶이 나아질 수는 있지만, 그들의 삶을 정신병이 없었다면 누렸을지도 모를 수준으로 끌어올리는 것은 불가능하다. 아울러 그 정도로 관심을 기울이는 데 따른 가족의 희생과, 그러한 희생을 통해 얻을 수 있는 이득을 둘러싼 충분한 비교가 있어야 할 것이다.

세계보건기구WHO는 어느 나라가 정신분열증이 있는 사람을 치료하는 데 최선의 결과를 보여 주는지 알아보기 위해 최근에 방대한 조사를 실시했다. 최선의 단기적인 결과를 보여 준 곳은 의료 수준이 대체로 지극히 평범하다고 알려진 나이지리아와 인도였다.[116] 이 같은 결과는 이들 사회에 구축된 가족의 지원 구조가 원동력인 듯 보인다. 인도 출신의 시릴 수자가 말했다. 「미국에서 처음 교육받을 때 나는 자신의 아들이나 딸을 병원에 맡기고 그냥 가 버리는 부모들을 이해하기가 정말 어려웠어요. 예컨대 약물 치료나 약물 복용량, 의료 접근성, 사회 경제적 상태 같은 그 밖의 모든 조건들이 동일하다고 가정했을 때, 의미 있는 가족 관계를 유지하는 사람들이 치료에 효과를 보이는 경향이 있어요.」[117] 친족 관계를 바탕으로 한 사회 발전 구조가 서구 사회의 건강한 사람들에게 과연 바람직할지는 논란의 여지가 있다. 그렇지만 확장된 가족들 간에 이루어지는 노동 분담은 정신 질환이 있는 사람에 대한 높은 수준의 보살핌을 가능하게 한다. 세네갈에서는 어떤 사람이 정신병원에 입원하면 일반적으로 그 사람의 가족들 중 한 사람이 함께 병원에 동행하고 그 사람이 퇴원할 때까지 같이 있는다.[118] 이런 관행은 정신병 환자에게 자신이 사회라는 직물의 영원한 일부라고 느끼도록 만들고 안심시킨다.

반대로 서양에서는 가족들이 흔히 정신분열증 환자의 권리를 박탈한다. 정신분열증 환자 중에는 자신의 상태를 인지할 수 있는 능력이 없고 따라서 강력한 조치가 필요한 사람도 있다. 반면 그렇지 않은 사람도 있다. 이런 사람들은 자신의 상태를 누구보다 잘 알고 있으며, 가족들에게 자신과 소통하는 법을 제안하기도 한다. 정신적으로 문제가 있는 아이를 출산함으로써 사회적으로 낙인이 찍히는 현상이 감소하면서 지난 20년간 정신분열증 환자의 가족들을 위한 지원 단체도 급증했다. 〈덴버 사회 지원 그룹〉의 설립자이며 본인도 정신분열증을 겪는 에소 리트는 〈건설적인 비평만 하라. 모든 갈등을 정신분열증 탓으로 돌리지 말라. 단순히《아픈》사람으로 간주하는 대신, 가족 내에서 우리의 역할을 찾아 달라〉[119]고 간청한다. 한 지원 단체의 웹사이트는 〈환영을 공동 탐구라는 개념으로 이해하라. 정신분열증이 있는 사람이 흥분하기 시작하면 더 이상 몰아붙이지 말라〉[120]고 제안한다.

외부 사람들이 보기에는 정신분열증의 양성 증후가 가장 불안감을 조장하고 충격적이지만 가족들에게는 아들이나 딸의 적대감이나 위생 개념의 결여, 무관심 등에 대처해야 하는 음성 증후가 보다 버거운 짐이 되는 경우도 많다. 이런 부분들이 성격적인 결함이 아니라는 사실을 늘 기억한다는 것은 결코 쉬운 일이 아니다. 한 정신분열증 환자의 아버지는 〈다정하고, 똑똑하고, 유쾌했던 아들이 이제는 굉장히 아플 뿐 아니라 무뚝뚝하고, 냉정하고, 잔인하고, 다른 사람에게 모욕을 줄 정도로 무례하게 변했어요. 차라리 원래부터 그랬다면 그 아이를 싫어하기가 쉬웠을 겁니다〉라고 말했다. 25년이 지난 뒤에도 그 아버지는 여전히 이 문제로 힘들어하고 있었다. 한 어머니가 말했다. 「한순간에 무례한 이방인으로 돌변하는 아들을 어떻게 한결같이 사랑할 수 있겠어요? 이런 아이들은 죽어도 땅속이 아니라 부모의 가슴속에 묻혀요.」[121] 1980년대 초에 매사추세츠에서 정신분열증 환자의 가족들이 설립한 〈정신적으로 아픈 사람들의 가족 공동체〉라는 한 행동 단체는 〈정신적으로 아픈 아이는 다른 세상을 살며, 그 세상은 부모들이 의식적으로든 또는 무의식적으로든 겁을 먹게 만든다〉[122]고 지적했다. 정신분열증은 격려나 사랑만으로 치료될 수 없지만 방치될 경우 극도로 악화될 수 있다.

망상성 정신분열증을 앓는 남자인 말콤 테이트는 가족들이 그에게 치료법을 찾아 주려고 그렇게 끈질기게 노력했음에도, 가족에게 16년 동안 살해 위협을 가했다. 그는 병원에 입원했다가 곧바로 퇴원하길 반복했고, 스스로는 절대로 약을 복용하지 않았다. 결국 1998년 12월에 어머니와 누이가 사우스캐롤라이나의 집에서 그를 자동차에 태워 데리고 나가던 도중 누이가 그를 총으로 쏴서 죽이고 눈물을 흘렸다. 재판 과정에서 그녀는 〈언젠가 말콤이 제정신을 잃고 나와 내 딸을 해칠까 봐 두려웠고, 달리 선택의 여지가 없었다〉고 진술했다. 그녀는 결국 무기징역을 선고받았다.[123]

로즈메리 바글리오의 가계(家系)는 정신분열증 환자로 가득하다. 그녀의 삼촌은 2차 세계 대전에 참전했다가 약간 〈미쳐서〉 돌아왔다.[124] 그는 보스턴 외곽에 아일랜드 사람들이 주로 사는 몰든에서 노동자계급인 로즈메리의 가족과 함께 살았고, 평범한 여느 소녀들처럼 로즈메리도 삼촌 방에 올라가서 노는 것을 좋아했다. 상태가 좋을 때면 삼촌은 피아노 음악을 틀어 놓고 조카들에게 아일랜드 식 스텝 댄스를 보여 주었다. 한편 상태가 나쁠 때는 자신의 환영과 논쟁을 벌였다. 그리고 로즈메리가 20대 후반이었을 때 열일곱 살이던 남동생이 정신병 증세를 보였다. 로즈메리가 어머니에게 무언가 잘못되었다고 말했지만 어머니는 그녀의 말을 들으려고 하지 않았다. 조니가 이런저런 물건들을 박살내기 시작했을 때 그를 매사추세츠 종합병원에 데려간 사람도 로즈메리였다. 로즈메리가 당시를 회상했다. 「어머니는 가족을 제외하고 아무도 동생을 방문하지 못하게 했어요. 우리는 동생이 정신병에 걸렸다는 사실을 아무에게도 알리지 않았어요. 결국 조니는 사람들과 완전히 연락이 끊기게 되었죠.」

로즈메리는 결과적으로 총 9명의 자녀를 낳았다. 셋째 아들 조이는 그녀의 가족 전체를 통틀어 첫 번째 아들이었다. 그녀가 말했다. 「조이는 아름다운 담적색 머리와 연한 갈색 눈, 보조개를 가졌고, 정말 귀여운 아이였어요. 모두의 사랑을 받았죠.」 고등학교 때부터 조이에게 문제가 생기기 시작했다. 부모는 그가 마약에 손대기 시작한 것은 아닌지 의심했다. 성적은 곤두박질쳤고 밤에 잠을 자지 않았다. 「결국 조이가 열일곱 살 때 내가 〈아빠와 엄마는 너를 병원에 데려가서 검사를 받아 보려고 해. 도대체 무슨 문제가 있는지 알아야겠어〉라고 말했어요. 조이는 잔뜩 겁을 먹었죠.」 바로 그날 처음으로 그에게서 실질적인 발작 증세가 나타났다. 로즈메리가 말했다. 「우리 부엌에는 식기를 보관하는 유리창이 달린 진열장이 있었고 수납장도 전부 유리로 되어 있었어요. 그런데 집에 와보니 유리란 유리는 전부 깨져 있었고, 여기저기 핏자국이 있었어요.」

조이는 팔의 동맥이 절단되어 병원에서 치료를 받고 있었다. 로즈메리가 병원에 도착하자 조이가 〈엄마, 미안해요. 정말 미안해요〉라고 말했다. 그녀가 울자 조이는 〈누이들 중 누군가가 여기에 있는 것보다는 차라리 내가 여기에 있는 편이 낫다〉고 판단했다. 그는 한 달 동안 병원에 머물렀다.

로즈메리는 그녀의 어머니가 조니에게 그랬듯이 강제로 격리하는 짓 따위를 되풀이하지 않겠다고 다짐했다. 「나는 무척 슬펐어요. 하지만 조이는 단지 아플 뿐이었죠. 나는 현실을 있는 그대로 받아들이려고 노력했어요.」 조이는 고등학교를 졸업하고 사진관에 취직했다. 그러던 어느 날 로즈메리에게 전화 한 통이 걸려 왔다. 조이가 차들이 다니는 도로를 헤집고 다니면서 알아듣지 못할 말을 외쳐 대고 있다는 내용이었다. 조이의 입원 치료가 끝났을 때 로즈메리는 그에게 사회 복귀 훈련 시설을 찾아 주려고 결심했지만 일 년도 되지 않아서 정신병이 재발했다. 몰든 시에서 정신 건강 복지 업무를 담당하는 기관인 〈트라이 시티 오써러티〉에서는 조이가 자신의 이름과 주소를 안다는 이유로 입원할 정도로 많이 아프지는 않다는 입장을 고수했다. 그는 몰든의 황량하고 바위투성이인 산비탈 지역에 살고 있었다. 그럼에도 로즈메리는 그가 다른 형제들을 해칠까 봐 그를 집에 받아 주지 않았다. 「당신이라면 아픈 한 명의 아이를 위해 다른 여덟 명의 자녀를 희생하겠어요? 게다가 조이는 마음이 무척 여린 아이인데 혹시라도 누굴 해치기라도 하면 그 뒤로 어떻게 살아가겠어요? 나는 그를 보호하기 위해서라도 어쩔 수 없었어요.」

그녀는 조이에게 담배 값을 대주기로 약속했다. 그의 상태를 계속 확인하기 위해서였다. 그리고 한 번에 한 갑만 살 수 있는 돈을 주어서 그가 매일 그녀 집에 들르도록 만들었다. 그녀가 말했다. 「나는 늘 조이가 밥은 먹고 다니는지 확인한 다음에 약속한 돈을 줘서 보냈어요.」 한편 그녀의 남편 살은 아들의 병을 받아들일 수 없었다. 30년이 지났음에도 나와 인터뷰를 할 때 로즈메리는 아들 이야기를 하는 것을 들으면 남편이 크게 낙담할 거라고 말하면서 그녀의 딸 집에서 만날 것을 고집했다. 로즈메리가 내게 말했다. 「추수감사절이 다가오고 있었고 무척 추운 날이었어요. 나는 법원 서기에게 〈오늘 안으로 판사를 꼭 만나게 해주세요〉라고 말했어요.」한편 조이에게는 법원에 와서 담배 값을 받아 가라고 일러둔 상태였다. 그녀가 조이를 판사 앞으로 데려갔다. 「조이의 스니커즈 운동화는 밑창이 다 닳아서 거의 없다시피 했어요. 또한 밤새도록 맨바닥을 뒹굴어서 몸도 무척 지저분했죠. 나는 판사에게 말했어요. 〈당신이라면 당신 아들이 이렇게 산다는 것을 알면서도 다른 사람에게 추수감사절 음식을 대접할 수 있겠어요?〉 그제야 판사는 조이를 수용 시설로 보내도록 결정했어요.」

상태가 안정된 후에 조이는 몰든에서 8킬로미터 남짓 떨어진 서머빌에서 당시 80대이던 살의 노부모와 함께 지냈다. 맑은 정신 상태를 유지하기 위해 조이는 몰든에 있는 병원에 와서 매일 프롤릭신 주사를 맞아야 했다. 로즈메리가 말했다. 「첫날 그는 버스를 타고 몰든에 왔어요. 한참을 내내 기다렸지만 아무도 없었고 결국 다시 버스를 타고 서머빌로 돌아갔죠. 그는 3일에 걸쳐 주사를 맞으러 병원을 찾아갔어요. 하지만 담당자가 아파서 자리에 없었고 아무도 그 사실을 우리에게 알려 주지 않았죠. 그러는 동안 조이는 전혀 주사를 맞지 못했어요. 4일째 되던 날 마침내 그는 환각을 느끼기 시작했죠. 살 부모님의 집 뒷마당에서 동물처럼 기어 다녔어요. 할아버지가 뒷문에 나와서 〈조이야, 안으로 들어와, 할아버지가 도와줄게〉라고 말했어요.」하지만 조이는 할아버지를 무자비하게 공격했고 결국 할아버지는 뇌 수술까지 받아야 했다. 할아버지가 숨졌더라면 조이는 살인죄로 기소되었을 것이다. 조이는 정신병으로 브리지워터 주립 병원에 1년 동안 수용되었다.

로즈메리가 말했다. 「조이는 아팠어요. 그런데 병원에서 조이의 보험 기간이 거의 끝나간다는 것을 알았어요. 바로 다음 날 조이는 기적적으로 완쾌했고 퇴원하게 되었죠. 나는 〈만약 당신들이 오늘 한 짓 때문에 누군가 어떤 해를 입게 된다면 나는 이 문제를 법정으로 가져가서 당신들을 빈털터리로 만들어버릴 거예요〉라고 경고했죠.」 조이는 다른 병원으로 옮겨졌고 마침내 정말 퇴원할 정도로 충분히 완쾌되었다. 당시 그는 20대 중반이었다. 로즈메리는 조이를 다시 집으로 받아들일 만큼 마음이 열려 있었지만, 조이를 집에 받아 줄 경우 그가 아무 데도 갈 곳이 없는 사람들에게 주어지는 혜택을 받지 못할 터였다. 마침내 그녀는 조이에게 그녀의 삼촌 조니와 함께 사회 복귀 훈련 시설에 둥지를 틀도록 했다. 조이는 나이가 들면서 다른 수용자들의 사진을 찍어 주는 데 열중했고, 그들의 적막함과 그들이 그런 적막함을 보여 줄 때 드러나는 상냥함을 사진에 담아내어 놀라운 이미지를 보여 주었다. 또한 어릴 때부터 소질을 보였던 그림도 그렸다. 조이가 주로 치료를 받았던 정신과 의사는 지금도 그가 그려 준 그림을 자신의 사무실에 걸어 두고 있다. 내가 그 그림을 살펴보자 그녀가 말했다. 「그 그림을 자세히 보세요. 조이의 귀에 있는 남자가 보일 거예요. 그에게 속삭이던 목소리의 주인공이죠.」

2007년 4월 5일에 조니가 목에 고기 조각이 걸려서 질식사했다. 이틀 후에는 조이가 폐암 진단을 받았다. 로즈메리가 울면서 말했다. 「조이가 폐암 진단을 받자마자 우리는 그를 집으로 데려왔고, 그 이후로는 정말 참혹했어요. 조이는 매일같이 화학 치료를 받았어요. 암세포가 뇌에서도 발견되었고 또 다른 화학 치료가 시작되었죠. 나중에는 폐에서 다시 암이 발견되었어요. 하지만 조이는 한마디도 불평하지 않았어요. 조이가 내게 말하더군요. 〈엄마, 어쩌면 나는 가망이 없을지도 모르겠어요. 내가 병마와 싸우면 싸우게 놔두세요. 그리고 내가 영원히 잠이 들어도 그대로 잠을 자도록 내버려 두세요.〉 그리고 정말 그렇게 되었어요. 조이는 그 자리에서 내 옆에 앉은 채 영면에 들었어요.」 조니와 조이는 나란히 묻혔다.

내가 살을 만난 것은 조이가 세상을 떠난 지 6개월째 되었을 때였다. 그는 몰골이 말이 아니었다. 수척해지고 슬픔에 잠긴 그는 몸무게가 50킬로그램으로 줄어 있었다. 로즈메리는 이야기할 것들이 넘쳐났지만 살은 슬픔에 빠져 완전히 내성적으로 변했다. 로즈메리가 물었다. 「내가 살을 보다 나아지게 만들 수 있을까요? 못해요. 그럼 내가 그를 살고 싶어 하도록 만들 수 있을까요? 아니, 못해요. 나는 조이를 위해 32년 동안 싸워 왔어요. 그 과정에서 매 순간 그를 보호하고 그를 위해 싸웠어요. 그럼에도 그를 구해 줄 수 없었어요. 그를 구할 수 없었어요.」

조니가 질식사하기 6개월 전, 로즈메리는 어릴 때 그녀가 살던 부모님 집에 대해 취소 불가능한 신탁을 설정했다. 「사회 복귀 훈련 시설의 운영이 더 이상 불가능하고, 그들 두 사람은 살아 있는데 우리가 그렇지 않을 경우에 대비한 조치였어요. 그들이 길거리로 내몰리지 않도록 하려는 조치였죠. 어쨌거나 신탁은 설정되었고, 따라서 그럴 가능성이 농후하지만 우리 손주들 중 누가 정신분열증에 걸리더라도 적어도 노숙인이 될 걱정은 없어요. 우리는 다음 차례가 누구일지 기다리고 있을 뿐이에요.」

정신분열증 환자들의 자기 권리 주장 운동은 농인의 인권 운동이나 LPA의 정책, 신경 다양성 운동과 다르다. 자기 권리 주장 운동을 제외한 이러한 운동의 주체들은 자신의 상태를 명확히 알고 있기 때문이다. 그리고 그들은 흔히 주류 사회를 존중하지 않는다고 비난을 받는다. 이를테면 소인은 키가 크다는 것이 어떤 것인지 실제로 알 수 없고, 자폐증이 있는 사람은 사회 지능이 주는 즐거움을 이해하지 못한다는 논리다. 그럼에도 그들은 자신의 상태에 대해 일반적으로 온전한 이해력을 가졌다. 정신분열증의 결정적인 특징은 해당 질환이 환영을 일으키고 따라서 정체성에 관한 요구가 복잡해진다는 점이다. 정신분열증에 의해 어떤 감각이 지배당하는 사람들이 과연 자아를 수용하고 있을까? 아니면 정신분열증의 한 증상인 부정이라는 거미줄에 갇혀 있을까? 정신분열증 자체의 환영은 자신에게 질병이 없다고 믿는 〈질병 불각증(不覺症)〉으로 인해서 한층 더 복잡해진다.[125] 제임스 1세 시대의 희곡 『정직한 창녀*The Honest Whore*』에서 토머스 데커는 〈당신이 미쳤음을 깨닫지 못한다는 사실이 당신이 미쳤다는 확실한 증거다〉[126]라고 썼다.

정신분열증 환자의 자기 권리 주장은 존재론적인 측면에서 곤란한 문제를 제기한다. 환자 자신의 현재 경험보다 더 진정한 자아가, 정신분열증 증상을 보이는 자아를 제외하고 또 다른 참된 자아가 있는가? 하는 것이다. 엘린 삭스는 자신의 정신분열증에 관한 회고록에서 〈우리는 자아를 선택하려고 하지 말아야 한다〉[127]고 썼다. 정신분열증 아들을 둔 한 아버지가 말했다. 「나는 아들의 상태가 호전되면 아들에게 목소리가 들리지 않게 될 거라고 생각했습니다. 하지만 상태가 호전된다는 의미는 단지 예전만큼 그 목소리에 귀를 기울이지 않게 된다는 뜻이었습니다.」 나는 정신병 환자에게 통찰력을 강조하는 행위가 마치 범죄자에게 회개를 강요하는 행위 같다는 생각이 가끔씩 든다. 상궤에서 벗어난 사람들의 자기 인식과 후회는 그들의 행동이 암시하는 것과는 별개로 그들이 우리와 비슷한 사람이라고 암시하며, 우리는 그러한 사실에서 위안을 얻는다. 하지만 행동을 바꾸지 않는 한 그들의 자기 인식과 후회는 거의 아무런 도움이 되지 않는다. 정신분열증이 있음에도 끝까지 살아남은 사람들에게는 일반적으로 지능이 보다 나은 삶의 결과물과 관련이 있지만, 높은 IQ를 가진 정신분열증 환자들이 상대적으로 낮은 IQ를 가진 정신분열증 환자들보다 자살 확률이 훨씬 높다.[128] 심지어 특정한 종류의 자기 치료를 성실하게 받고 있는 사람들에게도 통찰력은 보다 낮은 자존감과 보다 많은 압박을 야기한다. 여기에 더해서 환영을 보는 사람들은 더 이상 환영을 보지 않는 사람보다 자살할 가능성이 상대적으로 낮다. 물론 환영을 보는 사람들 중에도 자살을 명령하는 환각 때문에 자살을 저지르는 사람들이 있다. 주류 사회가 정신분열증 환자들에게 기대하는 통찰력은 그들이 세상의 기대에 부응해서 행동할 수 있도록 도와준다. 그렇다고 오해하면 곤란하다. 존 크리스털은

〈당신은 당신과 교류하는 사람들 중에서 목소리가 들리지만 그 목소리에 귀를 기울이지 않을 정도로 통찰력이 있는 사람이 얼마나 많은지 모른다. 나는 내가 만나는 환자들에게 경외감을 느낀다. 그들 중 상당수가 지속적인 환각에도 불구하고 믿기지 않을 정도로 훌륭하게 자신의 역할을 해내고 있기 때문이다. 그들은 자신에게 일어나고 있는 일을 이해함으로서 스스로를 구제할 수는 있지만 행복해질 수는 없다〉[129]고 말했다.

『뉴요커』는 최근 린다 비숍이라는 여성에 관한 기사를 다루었다. 병원 기록에 따르면 정신병이 있는 이 여성은 〈지극히 밝고, 무척 유쾌하며, 자신에게 정신병이 있음을 철저하게 부정한다〉.[130] 그녀는 자신이 정신적으로 아프다고 설명하는 어떤 서류에도 서명하기를 거부했다. 이 기사에 따르면 〈정신병 증세가 나타나면 그녀는 자신을 지독하게 불공평한 세상 속의 영웅으로 여겼고, 이 역할은 그녀에게 신념과 목적의식을 제공했다〉. 결국 린다는 자신이 하느님의 뜻을 실천하고 있다고 믿으면서, 그리고 자신의 광기 속에서 평화를 찾은 것이 분명한 모습―크리스털의 똑똑한 다른 환자들보다 여러 가지 면에서 더 행복한 모습―으로 폐가에서 굶어 죽었다.

매드 프라이드Mad Pride 운동은 자결권이 인간의 기본권이며, 정신분열증이 있는 사람이나 다른 정신 질환을 앓는 사람에게도 자결권이 확대되어야 한다고 믿는다. 정신병에 걸린 사람들을 하나로 묶는 행위는 어쩌면 다른 커뮤니티에 속해 있지 않기 쉬운 사람들에게 수평적 정체성 의식을 고취한다. 그리고 이런 단체의 구성원들은 항정신병 약에 대한 의존도를 최소화하고, 자신의 치료와 관련해 직접 주도권을 행사하고자 한다. 초기 운동가들 중 한 명인 주디 체임벌린은 〈자발적인 것이 아니라면 그것은 더 이상 치료가 아니다〉[131]라고 주장했다. 개브리엘 글레이저는 「뉴욕타임스」에서 〈게이 인권 운동가들이 동성애자를 의미하는 《퀴어queer》라는 단어를 낙인이 아닌 일종의 명예 훈장으로 바꾸어 놓은 것처럼, 정신병과 관련해서 자기 권리를 주장하는 사람들도 그들 자신을 가리켜 미쳤다고 떳떳하게 말한다. 그들은 생산적인 삶을 영위하는 데 정신병이 전혀 문제가 되지 않는다고 주장한다〉고 말했다. 매드 프라이드 운동은 최근에 오스트레일리아와 남아프리카공화국, 미국에서 지지자들뿐 아니라 관음증적인 태도를 고수하던 대중들까지 거리로 이끌어낸 시위들을 비롯해 전 세계적으로 다양한 사건들에 영향을 주었다.[132] 매드 프라이드의 노스캐롤라이나 지부 〈애슈빌의 근본적인 정신 건강 단체〉의 발기인 중 한 명이 말했다. 「과거에는 당신에게 정신병이라는 꼬리표가 따라붙었고, 사람들이 그 사실을 알아낼 경우 직업적으로나 사회적으로 사형선고를 받는 것이나 마찬가지였다. 이제 우리는 대화로써 그 모든 문제를 바꾸어 나가려고 한다.」[133]

매드 프라이드 운동의 지지자들은 다양한 방식의 건강 증진 행위를 지지한다. 〈마인드프리덤 인터내셔널〉의 수장이자 정신분열증 진단을 받은 데이비드 옥스는 운동과 동료들과의 상담, 식이요법, 오지 트래킹 등으로 자신의 병을 다스린다. 그는 약물 치료를 거부하고, 다른 사람들에게도 정신병 기관에 저항하라고 촉구한다. 강제로 약물 치료를 받았던 어린 시절에 대해 그는 〈그들이 내 마음의 성당에 철거용 쇳덩이를 휘둘렀다〉고 설명했다. 그 이후의 활동에 관해서는 〈인간의 정신은 기이하고, 독특하고, 정복되지 않으며, 이상하고, 제지할 수 없고, 경이롭다. 따라서 실제로 매드 프라이드 운동은 소위 정상 상태라는 개념에 맞서 인간다움을 회복하려는 운동이다〉라고 설명했다. 〈캘리포니아 정신 건강 의뢰인들 네트워크〉의 샐리 진먼은 〈데이비드는 정신병 환자의 생존 운동에서 말콤 엑스 같은 존재다. 그는 세상 사람들에게 있는 그대로의 순수한 진실을 설파한다〉고 말했다.

옥스는 기관이 그의 주장에 주목하게 만들었다. 그리고 그가 정신 질환의 생물학적 모델에 저항하기 위해 단식투쟁을 벌였을 때 미국 정신의 학회가 이들 시위자들을 만났다. 하지만 타협점을 찾지 못했고, 결국 미국 정신의학회는 〈주목할 만한 과학적, 임상적인 진전에도 불구하고 소수의 개인들과 단체들이 정신과 뇌, 행동에 영향을 끼치는 장애의 현실과 임상적 타당성에 집요하게 의혹을 제기하고 있다는 것은 정말 안타까운 일이다〉라는 성명을 발표했다.[134] 보다 최근에는 약물 치료에 반대하는 운동가 피터 브레긴이 〈환자들이 보여 주는 명백한 호전은 실제로는 장애, 즉 정신 능력의 상실을 의미한다〉[135]고 주장하면서 항정신병 약을 사용하는 것에 반대하는 캠페인을 추진했다.

정신 질환의 생물학적 본질을, 사실상 정신 건강의 생물학적 본질을—그러한 상태가 어떻게 정의되든 상관없이—부정하는 것은 터무니없을 뿐 아니라 심지어 감상적이다. 하지만 데이비드 옥스와 샐리 진먼을 단지 미쳤을 뿐이라고 치부하는 것도 안타까운 일일 것이다. 그들과 푸코나 영국인 정신과 의사 랭의 관계는 토머스 재퍼슨과 루소, 또는 레닌과 칼 마르크스와 비슷하다. 생각이 행동의 전제 조건이기는 하지만 새로운 개념을 만들어 내는 철학자들이 직접 행동에 나서는 경우는 거의 없다. 매드 프라이드 운동은 정신병자들이 정신병원을 인수한다는 케케묵은 농담을 글자 그대로 보여 준다. 매드 프라이드 운동가들은 그들이 억압의 멍에를 벗어 던지고 있다고 믿는다. 그들은 심각한 병도 병이지만 압제적인 예속 때문에 고통을 겪는다. 문제는 그들이 정신 건강의 본질에 대해 잘못된 주장을 펼치지 않으면서 예속에 대처할 수 있는가 하는 점이다.

대부분의 매드 프라이드 운동 옹호자들이 정신 질환을 치료하는 주된 치료 수단으로 약을 권장하는 전문 의료진의 태도를 비난하고 있음에도, 많은 환자들이 제 기능을 발휘하기 위해 약에 의존한다. 그리고 그들은 약물 치료를 받을지 말지 스스로 선택할 권리를 지지한다. 아울러 그러한 약물을 복용해야 하는 사람들을 위해서 부작용을 완화하는 데 보다 많은 노력을 기울여야 한다고 주장한다. 약물 치료와 관련해 일종의 〈임신 중절 찬성파〉 같은 입장을 보이는 인권 운동가들도 있다.[136] 요컨대 정신분열증을 약물로 치료하는 데는 신경 장애와 신진대사장애, 장기 복용에 의한 중독, 당뇨병, 혈액 질환, 급격한 체중 감소 등의 위험이 뒤따르고, 따라서 정신 질환이 생기면서 초기에 대대적인 상실감을 경험하는 대다수 환자들은 약물 치료가 얼마나 많은 부작용을 감수할 가치가 있는지 스스로 결정할 수 있을 터이다. 인권 운동가 윌 홀은 그의 『정신과적 약물을 끊거나 금단증상에 의한 피해를 줄이는 지침서*Harm Reduction Guide to Coming off Psychiatric Drugs and Withdrawal*』에서 〈약물 치료를 부추기는 제약 회사들의 선동과, 약물 치료에 반대하는 일부 인권 운동가들의 행동 강령으로 양극화된 사회에서 우리는 사람들에게 피해를 줄이는 접근법을 제안해서 그들이 스스로 판단하도록 돕는다〉[137]고 말했다.

영국의 소설가 클레어 앨런은 〈정신병이 최초로 발병하는 순간 환자가 서명하는 모종의 합의서가, 예컨대 정신병에서 탈출해서 《정상적인》 세계로 다시 돌아가더라도 그 사이에 어떤 일이 있었는지 절대로 언급하지 않겠다는 계약서가 존재하는 것 같다. 정신 질환에 따라오는 낙인은 환자들의 경험을 강탈하고, 몇 개월이나 몇 년 동안 또는 회복과 재발을 반복하는(대부분이 이 경우에 해당한다) 동안 그들이 사실상 아예 존재하지 않았다고 세뇌한다. 매드 프라이드 같은 단체가 자존감 문제를 검토할 필요성에 주목한다는 것이 경이롭지 않은가?〉라고 썼다. 이 책에 기술된 다른 자존감 운동과 마찬가지로 매드 프라이드의 자존감 운동은 난치성 질환에 걸린 사람들이 그들의 완전함과 가치를 느낄 수 있도록 그들을 지지한다. 또한 육체적, 정서적 건강으로 이어질 수 있는 효과적인 자기 치료 방식을 개발하라고 강조한다. 매드 프라이드 운동가들은 정신병에 걸리기 이전의 상태에 다시 귀를 기울이기보다, 정신적으로 아픈 사람들이 실용적이고 진실한 현재의 삶을 구축하기 시작하는 데 필요한 구체적인 조치들에 주목한다. 앨런의 주장에 호응해서 한 온라인 논객이 말했다. 〈내 주치의에 따르면 나는 미쳤다. 하지만 나는 나 자신을 자랑스럽게 여긴다. 광기가 내 일부가 아닌 체하는 것은 어리석은 짓이다.〉[138] 이카로스 프로젝트 단체는 그들의 웹사이트에 〈우리는 흔히 정신병이라고 진단되고 정신병자라는 꼬리표가 붙는 경험에 의해 영향을 받은 사람들로 구성된 네트워크다. 우리는 이런 경험들이 질병이나 장애가 아니라 양성과 보호가 필요한 정신병의 선물이라고 생각한다〉[139]고 설명한다.

자신에게 어떤 질환이 있든 자신을 있는 그대로 받아들일 이유는 얼마든지 많지만 이를 방해하는 장애물이 특히 정신분열증의 경우에는 어마어마하게 많다. 내가 만난 사람들 중에는 정신분열증에서 어떤 의미를 찾은 사람들도 있었지만 그러한 의미를 찾았다고 해서 기뻐하는 사람은 아무도 없었다. 옹호자들의 감동적인 진술에도 불구하고 매드 프라이드 운동은 자폐증 권리 운동에는 한참 못 미친다. 나는 이 차이가 정신분열증에서는 고통이 끊임없이 계속되는 이유도 있지만 정신분열증의 발병 시점이 늦은 이유가 더 크다고 생각한다. 자폐증이 있는 사람은 자폐증이 없는 자신을 상상하거나 상상될 수 없다. 요컨대 자폐증이 그들의 본성 중 하나인 셈이다. 정신분열증이 있는 사람들은 상황이 다르다. 정신분열증을 빼고 그들 자신을 상상하거나 상상될 수 있다. 정신분열증 환자들 대다수는 그들의 인생 중 처음 20년 동안은 정신분열증을 겪지 않기 때문이다. 만약 그들이 〈건강〉을 사실로 가정한다면 이는 접근 불가능한 픽션을 개념화하는 행위가 아니라 익숙한 과거를 개념화하는 행위다. 매드 프라이드 운동이 해당 운동을 지지하는 사람들에게 긍정적인 영향을 주고, 철학적으로도 풍부한 함축적 의미가 있는 것은 사실이지만, 음성 증후와 항정신병 약이 그들을 멍하게 만들기 전까지 대다수 정신분열증 환자들은 고통으로서 정신병을 경험한다.

매드 프라이드 운동의 필요성을 인식했던 클레어 앨런은 〈사람은 자신에게 주어진 카드로 플레이를 해야 하며 그 과정에서 현재의 자기 모습이 완성된다. 하지만 진심으로 자신의 아이에게, 또는 파트너에게, 또는 친구에게 정신 건강 문제가 생기기를 바라는 사람이 어디 있겠는가? 내가 나의 경험과 친구들의 경험, 병동에서 보아 온 것으로부터 인지하는 현실은 희망 없음, 즉 절망이다〉라고 말했다. 예일 대학 학제간 생명 윤리 센터의 앨리슨 조스트Alison Jost 교수는 매드 프라이드 운동을 장애 인권 운동과 비교하기 쉬운 것 같다고 썼다. 그녀는 계속해서 이렇게 말했다. 「하지만 사실, 우리 사회가 아무리 낙인이 없어져도 정신 질환은 항상 고통을 유발할 것이다.」[140]

월터 포레스트의 아들 피터는 고등학교 2학년 때 정신분열증이 생겼고, 형제들과 지극히 공격적인 논쟁을 벌이다 육체적으로 제압당하곤 했다.[141] 월터가 말했다. 「그는 생각나는 대로 말하는 것 같았어요. 원래는 인기남이었는데 이후에 사소한 사회 적응 문제가 생겼고, 이제는 우리가 그 아이를 잡아 바닥에 쓰러뜨려야 했어요.」 몇 주 후에 차 안에서 피터가 〈아버지, 운전대를 그런 식으로 잡지 말아요. 안 그러면 차에서 내리겠어요〉라고 말했다. 월터는 당황했다. 그가 말했다. 「피터가 독특한 유머 감각을 가졌던 탓에 나는 무슨 말인지 골똘히 생각해야 했어요. 며칠 뒤 피터는 학교에 있는 정신과 의사 선생님을 찾아갔고 완전히 무력한 상태가 되어 버렸습니다.」

피터의 이상은 급성 질환으로 발전했다. 그의 아버지는 피터의 상태가 하루가 다르게 악화되고 있음을 느꼈다. 어느 날 밤 피터가 숨어 있다가 아버지를 공격했고 창문 밖으로 밀어 떨어뜨리려고 했다. 피터는 급기야 부엌칼로 아버지를 공격했고 월터는 경찰을 불러야 했다. 피터는 6개월 동안 격리 병동에 수감되었다. 대다수 부모들과 마찬가지로 월터는 아들의 문제가 시간이 지나면 사라질 성질의 것이 아니라는 사실을 차츰 인식하면서 괴로워했다. 월터의 설명이다. 「우리에게 가장 많은 도움을 주었던 의사가 〈당신에게는 그동안 스타 쿼터백이 있었던 거예요. 그는 이제 트럭에 치였고 팔다리가 모두 부러졌죠. 이제 당신의 희망은 그가 다시 스타 쿼터백이 되는 것이 아니라 다시 걷는 겁니다〉라고 설명했어요.」 피터는 현재 수용 시설에서 지내고 있으며 일 년에 4번씩 아버지를 만나러 온다. 월터가 말했다. 「나는 피터를 데리고 나가서 저녁을 먹어요. 피터는 하룻밤을 자고 다음 날 돌아갑니다. 우리 관계에 과연 긍정적인 면이라는 것이 존재할까요? 유쾌한 순간이 있을까요? 아니요, 없습니다. 나는 그 아이가 식료품 가게에서 포장하는 일처럼 최저임금을 받는 일이라도 하길 바라고, 그래서 그가 자신의 가치를 더하기 위해 어떤 노력을 했다고 느끼기를 바랍니다. 하지만 그가 더 나아질수록 문제가 더 부각되고 우리는 더욱 슬픔에 빠집니다. 〈어쩌면 지금보다 더 나았을 텐데〉라는 식의 생각이 우리를 더욱 비통하게 만들기 때문입니다. 솔직히 말해서 그가 죽었다면 차라리 나았을 겁니다. 피터 자신에게도 주변 사람들에게도 더 나았을 겁니다. 이런 식의 이야기가 정말 끔찍하게 들릴 겁니다. 하지만 그의 삶은 그 자신에게도, 그리고 다른 모든 사람들에게도 정말 정말 힘들어요. 이런 식의 피해를 줄 거라면 그냥 트럭으로 그를 완전히 깔아뭉개지 말아야 할 이유가 있을까요?」

월터가 한참 창밖을 응시했다. 「그리고 나는 이제 눈물을 흘리겠죠. 내게는 아들이 사실상 죽은 거나 마찬가지예요. 즐거움은 우리가 같은 인간에게, 특히 자식들에게 줄 수 있는 몇 안 되는 선물 중 하나지만 나는 피터에게 어떠한 즐거움도 줄 수 없었어요.」

정신분열증 환자들은 기피와 조롱의 대상이며 오해를 산다. 〈미친〉이나 〈정신병자〉, 〈머리가 돈〉 같은 표현을 사용해서 낙인을 찍는 행위도 거의 전혀 줄어들지 않았다. 정신분열증에 대한 한 세대의 인식을 형성한 영화 「뻐꾸기 둥지 위로 날아간 새One Flew Over the Cuckoo's Nest」가 1975년에 오리건 주립 병원에서 촬영될 때 영화 제작자는 실제 정신병 환자들을 엑스트라로 기용할 기회가 있었지만, 그들이 〈정신 질환자에 대한 대중적인 이미지에 부합할 정도로 충분히 이상하게 보이지 않는다〉는 이유로 고사했다.[142] 정신 질환자들은 미국 장애인법의 보호를 받아야 함에도 불구하고 사실상 거의 아무런 보호도 받지 못한다. 외래환자 프로그램과 입원 시설의 숫자는 턱없이 부족하고, 정신분열증 환자들이 독립적으로 살아갈 수 있는 환경이 충분하게 갖추어진 것도 아니다. 1990년에 미국에서 실시된 한 연구에 따르면, 정신 질환이 있는 것으로 알려진 사람이 세를 얻으려고 할 경우에 집주인들 중 40퍼센트가 곧장 거부했다.[143] 정신분열증이 있음을 감추지 않고서는 기본적으로 취직도 할 수 없다. 설령 몇 년 동안 해당 증상이 나타나지 않고 있더라도 달라지는 것은 없다.[144] 정신분열증이 있는 사람들 중 오직 10~15퍼센트만이 상근직으로 일한다. 그럼에도 직장에서 일하는 데 따른 이점은 막대하다. 한 중견 연구원은 〈내가 살펴본 어떤 식의 치료법도 직장에서 일하는 것만큼의 효과는 없었다〉고 주장했다.[145] 집주인들은 그들 집 근처에 치료 시설이나 수용 시설이 들어서는 것에 강력히 반대한다. 국립 정신보건 연구소의 제임스 벡James Beck이 이러한 세태를 직설적으로 거론했다. 「만성적인 정신분열증 환자들을 치료하는 과정에서 많은 사람들이 인내심을 발휘하지 못한다. 의사나 간호사조차 상태가 호전되지 않는 환자는 치료하기를 꺼린다.」[146]

불안정한 행동을 보이기는 하지만 정신분열증이 있는 대다수의 사람들은 이방인에게 위험한 존재가 아니다. 일반적으로 약물 남용과 관련된 경우에 정신분열증 환자는 보통 사람들보다 살인을 저지를 가능성이 5배에서 18배가 높은 것으로 나타난다. 하지만 약물 남용 사례를 포함하더라도 실제로 살인을 저지르는 경우는 0.3퍼센트에 불과하다.[147] 1998년도 연구 자료에 따르면 약물 남용과 무관한 정신병 환자들의 폭력성은 일반 대중과 비슷하지만 가족에게 폭력이 행해지는 경우는 다섯 배가 많다.[148] 정신분열증 환자와 함께 사는 가족들은 네 명 중 한 명꼴로 신체적인 상해나 상해 위협을 경험한다.[149] 그럼에도 정신분열증 환자의 폭력은 환각에 의한 반응이거나 불특정한 이방인을 상대로 행해지기 때문에 비행기 추락 사고에 버금가는 운명의 검은 손길을 느끼게 하고, 이는 비록 자동차 사고보다 비행기 사고가 훨씬 드물게 발생함에도 치명적인 자동차 사고보다 우리를 더욱 두렵게 만든다.

2011년에는 정신분열증 환자가 저지른 두 건의 살인 사건이 세간의 이목을 끌었다. 디숀 제임스 채플이 그를 돌보아 주던 사회복지사 스테퍼니 몰턴을 살해한 사건이 하나였고,[150] 다른 하나는 재러드 러프너가 애리조나 주(州)에서 6명을 살해하고 다른 13명에게—그중 한 명은 미국 하원의원 개브리엘 기퍼즈였고 그녀는 현장에서 중상을 입었다—부상을 입히면서 한바탕 난리를 피운 사건이었다. 이들 두 사람은 사건이 발생하기 이전부터 잠재적으로 폭력적인 성향을 보였고, 따라서 이들의 이야기는 시스템의 실패를 보여 준다.

디숀 채플이 어릴 때 그의 어머니 이베트는 그가 커서 성직자가 될 거라고 생각했다. 하지만 열아홉 살이 되면서 그가 변하기 시작했다. 이베트가 회상했다. 「그는 악마가 자신에게 이런저런 일들을 하라고 속삭인다고 말했어요. 저주와 마법에 관련된 이야기도 자주 했죠.」 스물한 살이 되자 그는 몸에 벌레가 기어 다닌다며 시도 때도 없이 샤워를 했다. 목소리가 자꾸 깨우는 통에 잠을 잘 수도 없었다. 그럼에도 그는 부작용을 이유로 약물 치료를 거부했다. 그리고 폭행죄로 다섯 번째 체포된 다음에야 그의 문제는 비로소 정신 건강부(部)로 이관되었다. 2006년 11월에 이루어진 다섯 번째 체포는 그동안 그를 길러 준 의붓아버지가 그를 해고한 것이 발단이 되었다. 디숀은 의붓아버지의 왼쪽 눈두덩이 뼈에 세 군데나 골절상을 입혔다. 경찰의 보고서에 따르면 경찰들이 도착했을 때 디숀의 의붓아버지는 〈수건으로 자신의 머리를 감싸고 있었고 입에서는 피가 철철 흐르고 있었다〉.

디숀은 그의 폭력 전과에도 불구하고 같은 주(州) 안에서 보호시설을 이곳저곳 전전했으며 결국에는 공동 생활 가정에 들어갔는데 그곳의 직원들 중 누구도 그의 과거 전력에 대해 충분한 고지를 받지 못했다. 그리고 스테퍼니 몰턴이라는 자그만 젊은 여성은 예산 문제로 추가 지원을 받을 수 없었기 때문에 혼자서 7명의 정신분열증 환자들을 보살폈다. 시스템은 그녀나 그녀를 공격한 사람에게 아무 쓸모가 없었다. 2011년 1월 20일, 디숀 채플은 스테퍼니 몰턴을 폭행하고 칼로 찔러서 죽인 다음 반나체 상태로 그녀의 시신을 교회 주차장에 유기했다. 그녀의 어머니가 말했다. 「그녀가 그 일을 한 이유는 오로지 사람들을 돕기 위해서였고 따라서 죽임을 당할 이유가 전혀 없었어요.」 이베트 채플이 스테퍼니의 가족들에게 깊은 사의를 표했다. 그녀는 아들이 치료를 받게 하려고 오랫동안 노력해 왔다고 설명했다.

디숀 채플과 달리 재러드 러프너는 한 번도 보호시설에 수용된 적이 없었다.[151] 하지만 기퍼즈 하원 의원의 만남과 대화 행사가 열리고 있던 투손 슈퍼마켓에서 광란의 사태가 일어나기 전에도 재러드의 주변에 있던 수십 명은 그의 정신 상태가 불안정함을 알고 있었다. 피마 대학에 다니던 바로 그 이전 해부터 그의 행동이 급격히 기이해지고 위협적으로 돌변했다. 그를 제지하기 위해 경찰이 다섯 번이나 출동할 정도였다. 총기 난사가 발생하기 몇 달 전에 그를 알던 한 학생은 〈우리 반에 정신적으로 불안정한 학생이 있는데 나는 그가 소름끼치게 무섭다. 그는 마치 학교에 자동화기를 들고 와서 뉴스에 나올 사람처럼 생겼다〉고 말했다.

2010년 9월에 재러드 러프너는 학교에서 정학을 당했고 정신적으로 건강이 회복되지 않으면 학교로 돌아올 수 없다는 통보를 받았다. 그를 담당했던 한 교수가 「월스트리트 저널」에서 〈그는 정신적인 문제가 있는 게 분명했다. 다른 사람들이 Y 언어로 말할 때 그는 X 언어로 말했다〉고 설명했다. 정학을 당하고 2개월 뒤에 재러드는 총을 구매했다. 그리고 2개월 뒤에 광란을 일으켰다. 당시에 그와 함께 살고 있던 부모는 〈어쩌다가 이런 일이 일어났는지 이해가 되지 않는다〉는 말밖에 할 수 없었다.

사건 발생 후 4개월이 지난 2011년 5월에 연방 지방법원의 래리 번스 판사는 재러드가 재판을 받기에 정신적으로 부적합한 상태라고 판결했다. 당시 「뉴욕 타임스」의 보도에 따르면 〈22세의 러프너 씨는 재판 중에 의자를 연신 앞뒤로 흔들었고, 중간에 자신의 손에 얼굴을 묻었으며, 갑자기 격분해서 《그녀가 내 눈앞에서 죽었다고요. 당신들은 반역자야》라고 말하면서 판사의 말을 가로막았다〉. 법원에서 선임한 정신과 의사는 재러드가 〈환영과 괴상한 생각, 환각 등을 겪고 있다〉는 사실을 알아냈다. 결국 번스 판사는 그에게 강제로 약물 치료를 받게 했다. 그러자 재러드의 변호사가 〈러프너 씨에게는 자신이 원치 않는 항정신병 약을 강제로 복용하지 않고 육체적으로 온전한 상태를 유지할 수 있는 정당한 권리가 있다〉고 주장했다. 그리고 항소심에서 재러드는 약물 치료를 면제받았다. 그는 잠을 자지 않고 50시간씩 버텼고, 발에 있는 상처가 아물 틈도 없이 계속 달리기를 했으며, 음식을 먹지 않았다. 교도소 측에서는 그가 자기 자신에게 위협이 된다는 이유로 약물 치료를 재개했고 번스 판사도 교도소 측의 의견을 지지했다.

재러드가 자기 자신을 위험에 빠뜨릴 수 있다는 이유로 약물 치료가 재개되기는 했지만 만약 그가 재판을 받을 수 있을 정도로 상태가 호전된다면 재판 결과는 치명적일 터였다.[152] 전국 형사 변호인 협회의 대표를 역임한 신시아 후야르 오어는 〈어떤 사람에게 사형을 구형하거나 살인죄를 묻기 위해 그 사람이 재판을 받을 수 있는 상태가 되도록 도와주는 행위가 과연 윤리적이고 적절한가?〉라고 이의를 제기했다. 교도소 측에서 고용한 심리학자는 재러드가 그녀를 만날 때마다 걷잡을 수 없을 정도로 흐느껴 울고 얼굴을 감싸 쥔다고 설명했다. 결국 그는 자신의 죄를 인정하고 사형을 면했지만 그가 저지른 범죄와 질병은 형사 사법제도에 의한 그 어떠한 처벌보다 더 무거운 형벌이다.[153] 디숀 채플과 마찬가지로 재러드 러프너도 끊임없는 괴로움에 시달릴 것이 불을 보듯 뻔하기 때문이다.

미국에서 정신분열증 환자들의 숫자가 가장 많은 시설은 로스앤젤레스 카운티 교도소다.[154] 정신 질환을 앓는 사람들 중 교도소에 있는 사람은 병원에 있는 사람보다 최소한 세 배가 많다. 미국에는 정신 질환이 있는 거의 30만 명에 달하는 사람들이 교도소에 수감되어 있으며, 그들 중 대다수는 만약 적절한 치료를 받았더라면 죄를 저지르지 않았을 사람들이다. 이들 외에도 55만 명에 달하는 사람들이 집행유예 상태에 있다.[155] 이들 중 강력 범죄를 저지른 사람은 극히 소수에 불과하며, 대다수가 예컨대 사회적 통념에 무감각한 사람이 피해가기 어려운 잡다한 위반 행위 때문에 교도소 생활을 한다. 그리고 그들을 상대하는 것은 의사가 아니라 경찰이며, 교도소 간수이며, 다른 죄수다. 매사추세츠 교정국의 발표에 의하면, 2011년에 매사추세츠 교도소에 수감된 전체 수감자들 중 4분의 1이 정신과 치료가 필요했고, 이는 1998년의 15퍼센트보다 증가한 수치였다.[156]

정신 건강 시스템에서 절약하는 비용과 형벌 제도에서 가중되는 부담을 비교하면 푼돈을 아끼려다 천 냥을 잃는 식의 예산 편성이라는 사실이 너무나 명백해진다. 이를테면 디숀 채플과 재러드 러프너를 상대로 한 소송은 납세자들에게 수십 만 달러의 비용 부담을 초래할 것이다. 이 비용 중 극히 일부만 진작 사용되었어도 희생자들이 여전히 살아 있지 않을까 하는 의문이 생기는 것은 어쩔 수 없다. 신체장애가 있는 사람을 보호시설에 수용하는 행위는 도덕적인 신념에서 이루어져야 하는 것도 맞지만, 심각한 정신 질환이 있는 사람을 적절히 치료하는 행위는 모두에게 두루 이득이 된다. 요컨대 정신 질환 문제와 관련해서는 도덕적 신념만으로 불가능한 문제에 대해 경제 논리로 접근할 수 있을 터이다.

「다른 어린 여자아이들이 엄마의 하이힐을 신어 보려고 할 때 나는 압박 붕대를 칭칭 감고 다녔어요. 내 눈에는 그게 더 멋져 보였어요.」[157] 수전 웨인리치가 자신의 어린 시절을 회상했다. 수전은 습관적으로 입술을 깨물었기 때문에 입술에 딱지가 생기거나 상처가 터져서 피가 나기 일쑤였다. 자신의 습관을 창피하게 생각한 수전이 어머니 봅 에번스에게 물었다. 「왜 나는 입술 깨무는 행동을 멈출 수 없을까요?」 봅은 단순히 〈그러면서 크는 거란다〉라고 그녀를 위로했다. 수전의 정신분열증은 1973년에 그녀가 로드아일랜드 디자인 스쿨에 들어갈 때까지 완전히 모습을 드러내지 않았다.

수전이 말했다. 「나는 무언가가 잘못되었다는 사실을 내내 알고 있었어요. 하지만 그 사실을 다른 사람들도 분명히 알게 된 것은 내가 대학 1학년 때였죠.」 대학교 1학년 때 그녀의 아버지가 어머니를 떠났다. 수전은 〈그 사건이 계기가 되어 증상이 표면으로 나타나기 시작했어요〉라고 설명했다. 학업을 계속할 수 없었기 때문에 그녀는 프로이트의 학설을 신봉하는 정신분석가와 상담을 시작했고, 그는 치료 과정에서 어린아이 상태로의 퇴행 요법을 실시했다. 하지만 안타깝게도 퇴행 현상은 수전의 여러 증상 가운데 하나였고, 그녀는 퇴행 현상을 보다 깊이 파고들 것이 아니라 그로부터 벗어날 필요가 있었다. 그녀가 말했다. 「그에게 지나칠 정도로 의존했어요. 기본적으로 나는 낮에는 집에 있다가 밤에만 밖으로 나가서 산책을 하거나 달을 연구했어요. 기이하게 변형된 시체들과 피투성이의 얼굴들, 나무에 매달린 시체들도 보였어요. 내 눈에는 실제 사람들이 하나같이 왜곡되어 보였어요. 팔이 없거나 다리가 없는 식이었어요. 1월의 어느 날에는 아스팔트 위의 얼룩들과 덤불 사이에 버려진 비닐봉지들 때문에 엄청난 위협을 느꼈던 기억이 나요.」

대학교 2학년 때 수전은 로드아일랜드 디자인 스쿨에서 유리 세공과로 과를 옮겼다. 그녀는 〈불과 가까이 있고 싶다는 생각이 몹시 강했어요〉라고 말했다. 3학년 1학기가 되자 학교 측에서 그녀에게 자퇴를 권유했다.

「나는 완전히 무너졌어요. 담뱃불로 몸에 화상을 입히고 주먹으로 창문들을 깨뜨렸죠. 하지만 상태가 조금 괜찮을 때는 브라운 의학 도서관에 가서 도대체 내게 무슨 문제가 있는지 찾아보고, 또 찾아봤어요.」 수전은 그해에 세 차례나 병원에 입원했다. 의사들은 그녀가 평생 약물 치료를 받아야 한다고 설명하면서도 무슨 문제가 있는지는 말해 주려고 하지 않았다. 그러자 수전도 병원에 부모님의 연락처를 제공하길 거부했다. 「무슨 일이 일어나고 있는지는 몰랐지만 내게는 가족을 보호해야 한다는 정말 강력한 의지가 있었어요. 나는 내가 아기 젖가슴과 어른 젖가슴을 모두 가졌으며, 아기 젖가슴이 점차 사라지면 그 자리에 어른 젖가슴이 생길 거라고 믿었어요. 하지만 만약 어머니가 내 아파트에 와서 하룻밤을 같이 지내게 되면 작은 남자들과 여자들이 내 젖가슴에서 나올 거라고 생각했어요. 남자들은 큰 낫을 가지고 다니고 여자들은 마대 자루를 갖고 다녔어요. 그들이 어머니를 해칠 게 분명했죠. 나는 어머니가 그들을 보게 될까 봐, 그리고 내 안의 악마에 대해 알게 될까 봐 두려웠어요. 절대로 그런 일이 일어나도록 놔둘 수 없었어요.」

그녀는 대학교 2학년 여름에 남동생이 여행을 간 동안 그의 고양이를 맡아 주었는데 그 고양이가 녹색 합성수지로 된 낡은 안락의자 밑으로 몸을 숨겼다. 「나는 그 의자에 벼룩이 들끓는다고 생각했고 어느 순간 그 벼룩은 정자로 바뀌었어요. 그래서 페인트 통을 꺼내 의자를 전부 하얀색으로 칠하고 부엌칼을 가져와 의자를 찌르기 시작했죠.」 그녀는 수개월 동안 목욕을 하지 않았고 양치질도 10년 동안 하지 않았다. 「나는 마치 동물 같았어요. 머리카락은 엉키고 떡이 졌죠. 칼로 몸을 그어서 상처를 내고 벽에 피를 발랐어요.」

1979년에 결국 수전에게 어쩌면 평생이 될지도 모를 입원 치료가 필요하다고 판단한 정신과 의사가 전화해서 수전이 어떤 종류의 보험에 가입되어 있는지 물어보기 전까지 봅은 〈정신분열증〉이라는 단어도 들어본 적이 없었다. 수전이 말했다. 「그 전화가 어머니의 안에 있던 어떤 것을 폭발하게 만들었어요. 어머니는 로드아일랜드로 찾아와 나를 차에 밀어 넣었어요. 나를 그 의사와 강제로 떼어 놓았죠.」 봅은 곧장 수전을 데리고 그녀를 입원시켜야 한다고 말했던 의사에게 찾아갔다. 어쩌면 약물 치료의 부작용 때문에 수전은 안면에 털이 진하게 자랐는데 그대로 자라도록 내버려 두고 있었다. 봅이 당시를 회상했다. 「그토록 귀엽고 사랑스러운 아이로 자라기를 바랐던 딸아이의 얼굴에 털이 숭숭 자라 있는 모습을 보니 정말 어처구니가 없었어요.」 수전이 말했다. 「나는 그 털이 무슨 의미인지 이야기해 주는 정말 모든 종류의 환영을 보았어요. 주로 턱 아래쪽에 자랐는데 무척 굵고, 거칠고, 남성적인 털이었죠.」 봅은 수전을 곧바로 최고의 정신병원이자 자동차로 가기에 거리도 가까운 케토나의 포 윈즈 병원으로 데려가기로 결정했다. 수전은 그 병원의 원장인 샘 클락스브룬과 면담을 했다. 수전이 말했다. 「지금도 그날 그 사무실에 앉아 있을 때 기억이 생생해요. 다윗의 별도 생각나요. 예전에 내가 부츠에도 새겨 놓고 녹색 셔츠에도 그려 놓았던 것들이었어요. 별 안에는 담배가 타고 있죠. 그는 내게 무엇이 잘못되었는지 말해 주었어요. 진단명도 알려 주었죠.」 수전은 결국 포 윈즈 병원에 입원했다.

수전의 아버지는 그 즈음에 이미 그녀의 인생에서 완전히 사라졌다. 그와 이별한 뒤에 봅은 곧바로 재혼했다. 그녀가 말했다. 「나는 계속해서 내 인생을 살아가고 싶었어요. 친구들에게도 〈수전에게 문제가 있는데 이혼이 일종의 기폭제가 된 것 같아〉라고만 말했어요. 나는 그녀로부터 자유로운 인생을 살고자 하는 마음이 정말 간절했고, 그녀를 대신 맡아 줄 누군가가 생겼을 때 정말 크게 안도했어요. 내가 그런 마음을 가졌던 게 자랑스럽다고 말하는 것은 절대 아니에요. 다만 당시의 내 심정이 그랬다는 거예요. 나는 수전이 무척 아팠을 당시에 지금 그녀의 상태와 비슷한 누군가를 알았다면 좋았을 거라는 생각이 들어요. 그랬다면 나도 희망을 가질 수 있었을 테니까요.」

　수전은 포 윈즈 병원에서 4개월 동안 있다가 퇴원했고, 다시 6개월간 입원했다가 결국 1980년에 사회 복귀 훈련 시설로 들어갔다. 그곳에서 9개월간 지낸 그녀는 스물네 살이 되어 집으로 돌아왔다. 밥이 말했다. 「퇴근해서 집에 돌아오면 수전은 어딘가에 숨어서 틀어박혀 있기 일쑤였어요. 불러도 대답도 하지 않죠. 수전의 주치의인 샘 클락스브룬 박사는 〈그녀에게 나가서 독립하라고 이야기해야 합니다〉라고 조언했어요. 나는 〈하지만 어떻게 그래요?〉라고 말했죠. 그러자 〈그냥 이렇게만 이야기하세요. 만약 그녀가 호전될 수 있다면 당신이 이 세상의 그 어떤 일도 마다하지 않을 거라고. 하지만 지금 이렇게 지내는 것은 그녀에게 도움이 되지 않는다고 말이에요〉라고 하더군요. 그렇게 나는 그녀에게 나가서 독립하라고 말했어요. 내가 여태껏 살면서 해야 했던 일 가운데 가장 힘든 일이었던 것 같아요.」 그녀가 눈물을 흘렸다. 「수전은 자살하겠다는 메모를 남겨 둔 채 떠났어요. 그러고는 샘에게 전화했고 다시 포 윈즈 병원으로 들어갔어요.」

　포 윈즈에 관한 수전의 이야기는 서사시를 방불케 했다. 「그곳은 정신병 환자들의 유토피아였어요. 오리들이 여기저기 뛰어다녔고 닭장도 있었어요. 나는 소나무 숲을 거닐면서 시간을 보내고는 했어요. 만약 보험회사에서 이런 이야기를 듣는다면 기겁할 거예요. 샘 박사님의 치료 방법은 믿기지 않을 정도로 훌륭했어요. 나는 이를테면 아기였고 그는 나를 안아 주고, 포옹해 주었어요. 억수같이 퍼붓는 빗속에서 돌개구멍에 빠진 나를 꺼내 주었죠.」 클락스브룬은 정신병이 아닌 환자들 중 육체적 질병이 말기에 이른 환자들을 위한 호스피스 프로그램을 시작하면서 그들에게 정신병 환자들이 생활하는 병동을 함께 쓰도록 했다. 수전이 말했다. 「정신병 환자가 분명하고 현실 세계에서 살지 않는 나 같은 사람도 있고, 죽음이라는 가장 지엄한 현실에 직면한 사람들도 함께 있는 거예요. 그 과정에서 나처럼 혼란을 겪는 사람도 어느 정도 죽음을 이해하게 되었고, 죽음은 다시 내 안에 현실이 파고들도록 만들었어요. 여기 있는 나는 지극히 자기 파괴적인 사람이지만 그 사람들은 살고자 하는 마음이 간절했죠. 그래서 나는 이런 의문이 들었어요. 과연 내가 살고 싶은 것일까? 아니면 죽고 싶은 것일까? 그리고 내가 살고 싶어 한다는 사실을 깨달았어요.」

수전은 감정적으로도 되살아나기 시작했다. 「내가 마침내 처음으로 사랑을 느꼈을 때가 기억나요. 지금은 상대가 누구였는지조차 생각나지 않아요. 어쩌면 샘 박사님이었겠죠. 누군가를 사랑한다는 것이 어떤 느낌인지 느끼기 시작했을 뿐이었어요. 그 느낌이 황홀했는지는 모르겠어요. 다만 어린 소녀가 낚시를 갔는데 개복치가 미끼를 문 상황과 비슷한 느낌이었던 것 같아요. 개복치가 반대쪽에서 낚싯줄을 잡아당기는 느낌과 비슷했죠. 그 오랜 세월을 격리된 채로 세상과 단절되어 있었지만 약물 치료를 통해 일부 증상들이 사라졌고, 정신병이 완화되면서 내 마음속에 다른 것들을 채울 수 있는 공간이 생겼어요. 이후로도 여러 차례 정신병 발작이 있었고 그 동안은 사랑에 관련된 경험은 별로 없었어요. 그럼에도 병이 조금씩 나아질 때마다 공감이나 유대감과 관련된 경험은 계속 확대되었죠.」 수전은 작품 활동을 계속했고, 클락스브룬은 그녀가 작업실로 사용할 수 있도록 별관의 일부를 개조했다. 그녀가 말했다. 「내 작품에는 어두운 면이 존재해요. 하지만 중요한 것은 창조성이고, 창조성에서는 생명력을 불어넣는 작업이 관건이죠.」

가장 집중적인 치료 단계가 끝나자 수전은 병원에서 제안한 일자리를 수락했고 그로 인해 다양한 혜택이 주어졌다. 보험회사에서 그녀가 안면의 털을 제거하도록 전기 분해 요법* 비용을 지불하게 된 것도 이런 혜택 중 하나였다. 그녀가 스물여섯 살 때였다. 「보다 넓은 세상으로 나아가기 위해 준비하는 것은 여전히 힘든 일이었어요. 나는 대통령이 누구인

---

* 모근 등을 전기로 파괴하는 성형법.

지도 몰랐어요. 내 자아는 구멍이 숭숭 뚫린 스위스 치즈 같았죠. 여전히 수많은 파괴적인 환영들이 나를 괴롭혔어요. 육체적으로 나 자신을 돌보는 일에 관련된 아주 기초적인 사항들도 몰랐어요.」 그녀는 치료 전문가인 제니어 로즈를 만나기 시작했고 그들의 관계는 그 뒤로 20년간 지속되었다. 「그녀는 내게 시간표를 만들라고 했어요. 그리고 나는 이 시간표에 〈기상하기〉나 〈양치질하기〉처럼 구체적인 일들을 적었어요. 평범한 하루가 어떤 것이어야 하는지 전혀 몰랐기 때문이에요.」 로즈는 밥에게도 상담을 해주기로 동의했다. 밥이 말했다. 「상담은 내게 커다란 도움이 되었어요. 나는 내내 울거나 내가 생각하는 것을 이야기하면 됐거든요. 어쨌거나 수전의 병은 내 병이 아니었어요. 수전의 병이었죠. 그리고 내가 집착을 버리기 시작하자 그녀의 상태도 호전되기 시작했어요.」

30대 후반에 이르러서 수전은 꽤 안정적인 상태가 되었다. 정신분열증 치료제인 자이프렉사가 그녀의 삶에 〈혁신〉을 가져왔다. 그녀는 하루에 13시간을 잤고 일관된 상태를 유지했다. 최종적으로 그녀는 약을 진정 효과가 비교적 약한 아빌리파이로 바꾸었다. 수전이 말했다. 「나는 마치 번개처럼 성장하고 있어요. 당신이 오늘 여기서 보고 있는 내 모습은 5년 전과 비교하면 전혀 달라요. 발전적인 측면이나 육체적, 시각적, 언어적인 측면에서 완전히 다른 모습이죠. 나는 매 단계에서 정신분열증의 잔여 증상들을 모두 근절하기 위해 정말 열심히 노력했어요. 여기저기서 유발되는 사소한 증상들을, 예컨대 감각의 과도한 자극이나 약간의 피해망상, 오인, 사고와 시각적 세계의 왜곡 등을 간헐적으로 겪기는 하지만 그 증상들이 하루나 이틀을 넘기지는 않아요. 어떤 사람들은 스트레스를 받으면 허리가 나가고 요통이 와요. 내 경우에는 정신이 나가죠. 하지만 이젠 금방 제정신으로 돌아와요.」

잃어버렸던 그 모든 것을 다시 만회하는 과정에서 어쩌면 가장 힘들었던 것이 로맨스였다. 내가 수전을 만났을 때 그녀는 오십에 가까운 나이였지만 그때까지도 딱히 이렇다 할 만한 성적인 경험이 없었다. 「나는 사랑을 경험하고 싶어요. 하지만 과연 내가 사랑이 무엇인지 알고 있을까요? 지금까지 내게 사랑이란 어머니였어요.」 그녀가 웃었다. 「불쌍한 어머니는 데이트를 주선하는 회사에, 그것도 동시에 세 곳에 나를 등록했어요. 이런저런 사람들을 만나느라 나는 녹초가 될 지경이었죠. 그럼에도 나는 그런 부분도 발전적인 측면에서 성장에 필요한 하나의 과정이라고 여겼어요. 정신분열증은 내 안에 있는 어떤 것을, 나 자신의 또 다른 면을 발견할 수 있는 능력을 주었어요. 정신분열증이 아니었다면 가질 수 없었을지도 모를 능력이죠.」

수전은 오랫동안 자리를 비워 온 아버지하고도 연락을 시도했다. 어느 날 그녀가 최근에 아버지와 수십 년 만에 처음으로 통화를 했다고 말했다. 그녀가 말했다. 「나는 아버지에게 사랑한다고 말했어요. 비록 나를 버린 아버지였지만 왠지 그렇게 말해야 할 것 같았어요. 나는 아버지에게 여든 번째 생일에 맞추어 편지를 썼어요. 아버지의 죄책감을 덜어 주려고 생각했죠. 내가 정신분열증에서 빠져나오는 데 도움이 된 한 가지 재능을 아버지에게 물려받았다는 사실을 알려 주고 싶었어요. 바로 예술적인 재능이에요. 아버지는 내게 창조성을 물려주었어요. 일주일 뒤에 아버지한테서 전화가 왔어요. 우리는 대합조개를 잡는 방법이나 아버지가 그곳에서 하는 자질구레한 일에 대해 지극히 피상적인 대화를 나누었어요. 그리고 어느 순간 아버지가 약간 울먹이더니 불쑥 〈나는 너희 모두를 버리고 떠난 나 자신을 절대로 용서할 수 없을 거야〉라고 했어요. 나는 곧장 자동차를 운전해서 아버지에게 달려가고 싶은 마음을 억누르려고 안간힘을 썼어요. 그리고 다시는 아버지에게 전화하지 않기로 결심했죠. 우리는 닮은 점이 너무 많았어요.」

궁극적으로 봅은 자신의 딸을 받아들이고, 이해하고, 결국에는 자랑스럽게 여기게 되었다. 그녀는 여행 업계에서 일하는데 그녀의 수입을 전부 수전에게 준다. 그리고 수전은 그녀의 다채롭고, 기이하며, 아름다운 작품들을 판매해서 벌어들이는 수익금의 대부분을 포 윈즈 병원에 기부한다. 그녀는 공개 연설도 시작했다. 봅은 그녀가 뉴욕의 그랜드센트럴 역에서 열린 정신 건강 만찬 행사에서 연설하는 모습을 지켜보았다. 봅이 말했다. 「도무지 믿기지가 않았어요. 그 자리에는 얼추 잡아도 300명 정도가 있었어요. 얘는 수전이잖아요. 내 말은, 이런 일이 어떻게 가능한 거죠?」 수전과 봅의 유대는 정말 단단하기 이를 데 없다. 봅이 말했다. 「수전이 내가 경험했던 그 누구보다 이상한 사람인 것은 이론의 여지가 없어요. 그녀를 구해 준 것이 무엇이었을까요? 나는 그녀의 예술적 재능이 도움이 되었다고 생각해요. 클락스브룬 박사도 분명 도움이 되었어요. 형제들과 나의 지원도 도움이 되었을 거예요. 하지만 다른 무엇보다 수전 본인의 노력이 가장 컸다고 생각해요. 수전의 내면에는 언제든 밖으로 나올 기회만 엿보고 있는 어떤 존재가 있잖아요. 나는 나 자신도 상을 받을 자격이 있다고 생각해요. 정말 그렇게 생각해요. 그렇지만 수전은 훨씬 더 큰 상을 받을 자격이 있어요. 수전이 과거에 겪었던 그런 일들을 겪어야 했던 것을 생각하면 정말 마음이 아파요. 하지만 한편으로는 그녀가 그런 일을 겪지 않았더라면 현재의 그녀가 되지 못했을 거라는 생각도 들어요. 그리고 현재의 그녀는 누구보다 경이롭고, 매력적이고, 아름다운 여성이에요. 그녀는 〈엄마, 중요한 건 자신이 어떤 카드를 들고 있느냐 하는 거예요〉라고 말하고는 했어요. 나는 유쾌하지 않은 것들과 함께 살아가는 법을 배운다면 어느 순간 갑자기 그것들이 유쾌하게 변할 것이라는 사실을 마침내 내가 받아들이게 되었다고 생각해요.」

정신분열증이 있는 사람들의 환영이 항상 잔인한 것만은 아니다. 어떤 어머니는 〈우리 아들이 십자말풀이를 하고 있었는데 목소리들이 자꾸 답을 알려 준다면서 몹시 화를 냈어요〉라고 말했다. 한 젊은 인도 남자가 적어도 나한테는 몹시 긍정적으로 보이는 자신의 환영에 대해 언급했다. 「나는 나뭇잎들이 내게 속삭이는 사랑의 시(詩)가 들린다.」〈끔찍한 목소리는 사라지고 내가 좋아하는 목소리는 남아 있게 만드는 약을 찾을 수 있으면 좋겠다〉고 말한 사람도 있었다. 정신분열증 환자와 목소리의 관계는 애정이나 심지어 진정한 절박함에 의해 조정되기도 한다. 샌프란시스코의 한 어머니는 〈목소리들이 비록 상냥하지는 않지만 그럼에도 아들의 친구들이다. 그들의 관계는 지극히 사적인 문제이며, 아들은 목소리들을 이해한다. 아들의 정신과 의사는 아들에게 목소리들을 친절하게 대하고, 그들에게 말을 할 때도 마치 어린아이에게 이야기하듯이 하라고 조언했다〉고 말했다.[158]

정신분열증이 고대 세계에서도 묘사되었으며 〈정신분열증〉이라는 용어도 이미 1세기 전에 만들어졌지만 정신분열증의 신비는 계속해서 갖가지 오해들을 낳고 있다. UCLA 정신의학과 교수 마이클 포스터 그린 Michael Foster Green이 쓴 글에 따르면, 〈어떤 질병이 불가사의하고 불가해하게 보일 때 사람들은 두 가지 극단적인 반응 중 하나를 보이는 경향이 있다. 즉 해당 질병에 낙인을 찍거나 낭만적으로 묘사하는 것이다. 어느 쪽이 더 나쁜지는 알 수 없다〉.[159] 한 번도 3도 화상을 경험한 적이 없는 사람은 3도 화상을 입었을 때 어떤 느낌인지 알기 힘들 것이다. 하지만 1도 화상을 경험한 적이 있다면 3도 화상으로 인한 고통을 어느 정도는 추측할 수 있을 것이다. 예컨대 우울증은 일반적인 감정의 극단적인 형태다. 하지만 정신분열증은 근본적인 차이가 있다. 실존주의적인 독일인 정신과 의사 칼 야스퍼스 역시 정신병과 정상적인 사고 사이에 존재하는 〈심연(深淵) 같은 차이〉[160]를 확인했다. 정신분열증 환자는 일반적으로 자신이 아는 것을 표현할 능력이 없으며, 설령 그런 능력이 있다고 하더라도 적절한 언어를 이용해서 풀어 내는 것이 불가능하다. 우리는 단지 비유를 통해서만 정신병의 끔찍함을 유추할 수 있을 뿐이다.

정신분열증이 있는 형제나 아들, 딸, 친구를 사랑하는 사람이라면 누구나 그 사람이 비록 어쩌다 발현된 유전체 때문에 정신분열증에 시달리고는 있지만, 한편으로 그 사람이 그들 경험의 총체라는 사실을 안다. 동생의 정신분열증에 관해 쓴 책에서 제이 뉴지보른은 〈보수를 받는 전문가들은 로버트를 단순히 고깃덩어리로 이루어진 배로 간주한다. 그리고 왜 그런지는 모르지만 그 배 안에서 (나쁜) 화학물질이 한때 폭동을 일으켜서 그를 환자로 만들었고, 이제는 그들이 다른 (좋은) 화학물질을 그 배에 들이붓듯이 함으로써 로버트로부터 그가 여전히 풍부하게 갖고 있는 것 즉 인간성을 강탈한다. 이처럼, 로버트와 비슷한 삶을 살아가는 사람들에게 그들의 생물학적 상태에 맞춰 인간성이 축소되고 있는 마당에 어떻게 그러한 모든 시도에 대해 반대의 목소리를 내지 않을 수 있겠는가?〉[161]라고 주장한다. 조울증 장애가 있는 작가 앤디 베어먼의 설명에 따르면 〈정신 질환은 그 사람과 분리시켜 치료될 수 없다. 정신 질환과 환자가 불가분의 관계인 까닭이다. 방금 나는《정신 질환은 어디서 끝나고 어디부터가 나인가?》라는 질문의 답을 제시했다. 내 경우에 정신 질환과 나는 하나다. 적과 친구가 된 셈이다. 내가 치료에 성공한 이유는 나와 내 장애를 둘 다 고려하고, 그 둘 사이에 따로 구분을 두지 않기 때문이다〉.[162]

때때로 우리는 약물 반응에 따라 소급해서 판단하는 편법을 제시한다. 예컨대 만약 데파코트를 복용하고 상태가 호전되었다면 그 사람은 조울증에 걸린 것이 틀림없다. 자이프렉사를 먹고 상태가 확 나아졌다면 아마도 정신분열증일 것이다. 하지만 이런 방식이 아무리 유용할지라도 거기에 전적으로 의지하는 행위는 여전히 모순적일 뿐 아니라 입증되지 않은 이론에 매달리고, 정신 질환에서 불분명한 역할을 하는 신경전달물질에 집착하는 꼴이다. 정신 질환의 본질에 대한 환원주의적인 사고─정신 질환을 화학적으로 완벽하게 설명할 수 있다는 주장─는 연구비를 지원하는 사람들을 만족시키고, 그에 기초한 연구가 환자들에게 도움이 될 수도 있다. 하지만 정직하지 못한 것도 사실이다. 정신분열증은 어떤 여지도 남겨 두지 않는다. 즉, 일단 정신분열증이 발병하면 정신분열증이 곧 환자 자신이 되는 것이다.

전형적인 정신분열증이 끔찍한 질병이기는 하지만 한편으로는 자기 자신이나 자녀가 어떤 질병을 앓고 있는지 앎으로써 이상하리만치 편안해 질 수 있다. 요컨대 범주화가 정체성을 형성하는 것이다. 여기에 더해서 정신분열증을 가졌거나 치료하는 사람들의 공동체도 존재한다. 하지만 정신분열증은 아주 미세하고, 때로는 당혹스러울 정도로 단계적인 변화를 거쳐 진행된다. 정신장애 진단 및 통계 편람 제3판DSM-3의 초안을 작성하는 데 참여했던 정신분석가 리처드 프리드먼Richard C. Friedman은 〈정신병 진단에서 문제는 우리가 아날로그에서 디지털 모델로 넘어왔으며, 이 디지털 모델 안에서는 모든 것이 복잡한 단계를 가진 문제가 아니라, 마치 《0》과 《1》처럼 수많은 《예》와 《아니오》의 문제가 되었다는 데 있다. 환자들을 세분화하면 그에 따른 장점도 많지만 그동안의 임상 경험에 비추어 보았을 때 인간의 정신은 그런 식으로 작용하지 않는다. 우리는 수많은 층으로 이루어진 지속적인 현상들을 다룰 필요가 있다〉[163]고 설명했다.

아무도 샘 피셔에게 무슨 문제가 있다고 딱 꼬집어서 말할 수 없었다.[164] 내가 그를 만난 것은 그가 서른세 살 때 한 정신과 의사를 통해서였다. 그 의사는 그가 정신분열증이라고 생각했다. 하지만 또 다른 임상의는 그를 아스퍼거 증후군이라고 진단했다. 샘은 확실히 감정 장애가 있고, 주기적인 격심한 우울증과 이따금씩 경조증을 경험하며, 정신병은 아니지만 과도한 자존감과 자만심을 느낀다. 그의 기만적인 사회적 상호 작용은 그에게 경계성 인격 장애가 있음을 암시한다. 그는 불안증과 공포증이 있으며, 지나치게 강박적이고 자기도취적인 성격장애, 장기간 계속되어 온 외상 후 스트레스 장애 등을 보인다. 요컨대 그는 마치 갈라쇼처럼 하나의 뇌에 집약된 다수의 완전한 정신병 증상을 보여 준다. 그가 말했다. 「나를 진정으로 이해하는 사람은 아무도 없어요. 내가 너무 이상해서 그래요.」

샘은 예정일에 맞추어 태어났음에도 출생 당시 체중이 채 2.2킬로그램도 되지 않았고 황달 증상이 있었다. 그는 좀처럼 먹으려고 하지도 않았다. 의사들은 그가 죽을까 봐 걱정했고, 샘은 그의 부모 패트리샤와 윈스턴과 함께 어린 시절을 필라델피아 병원에서 보냈다. 필라델피아 아동 병원의 의사들은 뇌종양과 신장 질환을 의심했다. 샘에게는 외과적인 수술이 필요한 척추측만증과 고환이 음낭으로 내려오지 않은 즉 불강하 고환 문제도 있었다. 그는 기어 다니지도 못했고, 늦게까지 걸음마를 시작하지도 못했다. 그의 어머니가 회상한 바에 따르면, 초기 표준화 검사에서 그는 〈어학의 천재였고, 퍼즐을 풀 때는 사실상 지진아에 가까웠다〉.

샘은 유치원에 다닐 때 처음으로 정신과 의사를 만났고, 그 의사는 샘이 〈깊은 구렁의 가장자리를 걷고 있다〉고 말했다. 초등학교에서 샘은 수학을 할 수 없었고, 몸의 근육을 통제하는 조정력이 부족해서 글을 쓰거나 그림을 그릴 수도 없었다. 패트리샤가 당시를 회상했다. 「윈스턴과 나는 〈요즘은 계산기가 있잖아. 또 운동을 못하고 그림을 못 그린다고 해서 그게 무슨 대수겠어〉라고 서로를 위로했어요. 샘은 짧은 문장으로 완벽하고 유창하게 말했어요. 또 꽃 가게에서는 정말 잘 알려지지 않은 식물의 이름까지 모두 알았어요. 우리에게는 그런 모습이 무척 멋져 보였죠. 이제 와서 돌이켜 보면 그건 멋지지 않은 무언가가 있다는 신호였던 것이 분명했어요. 하지만 당시 우리는 대부분의 경우에 결점이 장점을 제압한다는 전문가들의 계속된 경고에도 불구하고, 그의 장점이 단점을 능가할 거라고 확신했어요.」

초등학교 4학년 때는 상급생들 몇 명이 샘을 담장에 묶어 놓고, 선생님이 발견하기 전까지 25분 동안 비명을 지르게 내버려 두었다. 다른 학생들이 그를 발로 차서 넘어뜨리는 바람에 계단에서 구른 적도 한두 번이 아니었다. 부모가 그를 공립 특수학교로 전학시켰지만 그 학교에서도 적응하지 못하기는 마찬가지였다. 패트리샤가 말했다. 「샘은 난독증의 정반대 경우 같았어요. 글을 읽거나 해독하는 데는 아무 문제가 없었지만 그 외에는 다른 어떤 일도 할 줄 몰랐어요.」

샘은 자신이 동성애자임을 깨달았지만 고등학교 때까지 절대적으로 비밀로 했다. 그러던 중 학교 샤워실에서 일이 벌어졌다. 샘은 그 일을 〈강간 미수〉라고 표현했고, 비통한 표정으로 〈그 암캐 같은 지도교사가 《그는 3학년이고 너는 단지 2학년일 뿐이야. 따라서 그 일과 관련해 아무런 조치도 없을 거야》라고 말했죠. 그 일로 내 인생은 적잖이 망가졌어요〉라고 원망했다. 샘은 그 사건이 너무 간과되었다고 생각하지만 그의 아버지는 지나치게 과장되었다고 생각한다. 윈스턴은 누군가가 발가벗은 채 그에게 추파를 던졌을 뿐일 거라고 설명했다. 실상이야 어쨌든 샘은 커다란 충격을 받았고, 목소리들을 듣기 시작했다. 샘이 말했다. 「그 목소리들은 고등학교 때 내 적들의 말소리였고, 나는 지극히 평화로운 성격에서 무척 호전적으로 변했어요.」

부모가 그를 정신과 의사에게 데려갔지만 약물 치료는 시작부터 결코 순탄하지 않았다. 윈스턴이 말했다. 「모반은 아무런 약효가 없었어요. 아티반은 효과가 있었어요. 리스페달은 재앙이었고요. 샘의 근육 조정력을 엉망으로 만들었죠. 프롤릭신도 실패작이었어요. 샘이 계속해서 헛구역질을 했어요. 그다음에는 멜라릴을 복용했어요. 요컨대 약물 치료는 많은 시간과 노력이 필요한 일이었습니다.」

고등학교 3학년이 되어 샘은 처음으로 어정쩡한 자살 시도를 벌였다. 윈스턴은 〈샘이 욕조에서 익사해 죽으려고 하는 순간에 내가 끄집어냈어요. 샘은 자신의 코를 움켜쥐고 있었던 모양이에요〉라고 말했다. 샘은 한동안 나아지는 듯 보였지만 3년 뒤 경찰과 마찰을 빚으면서 병원에 수용되었다. 윈스턴의 설명이다. 「경찰이 혼잣말을 하고 있는 샘을 발견하고 불러 세우자 샘이 〈나는 누군가를 죽이고 싶다〉고, 아니면 〈나는 나 자신을 죽이고 싶다〉고 말했나 봐요. 결국 샘은 보호 구치소에 수감되었고 그곳에서 폭발했죠. 무려 여덟 사람이 달려들어서 그를 구속하고, 정신분열증 약인 할돌을 주사했어요. 나는 속수무책이었죠. 샘이 연신 〈나 좀 어떻게 해주세요. 제발 죽여 주세요〉라고 외치고 있었어요. 정말 끔찍했어요.」

그 뒤로 샘은 스스로 〈뚱뚱한 돼지 샘 시절〉이라고 부르는 시기로 돌입했다. 샘이 말했다. 「나는 지독한 인종 차별주의자였고 모든 사람을 증오했어요. 스물두 살 때부터 스물네 살까지 하루에 여덟 번씩 오로지 정크푸드만 먹었어요. 아이스하키에 집착했죠. 이제 와 생각하면 내가 어쩌다가 그처럼 끔찍하고, 역겹고, 불쾌하기 짝이 없는 돼지가 되었는지 모르겠어요. 어쨌든 당시의 나는 정말 돼지나 다름없었죠.」

윈스턴과 패트리샤는 샘을 데리고 매사추세츠에 있는 재활 시설인 굴드 농장을 방문했고, 그곳에서 하룻밤을 묵은 샘은 계속 집으로 돌아가겠다고 고집을 피우면서 그곳에 있는 사람들이 〈자신보다 심지어 더 뚱뚱하고 더 상태가 좋지 않다〉고 주장했다. 피셔 부부는 난감했다. 샘은 인간이 자기 행동을 인지함으로써 자신의 행동을 바꿀 수 있다는 프로이트의 학설이 꼭 모두에게 적용되는 것은 아님을 보여 주는 한 예다. 그는 자신에게 어떤 문제가 있는지 알고 있으며 그래서 자신이 굴드 농장에 있는 다른 환자들보다 낫다고 생각했지만 자신의 어떤 문제도 스스로 다스릴 능력이 없었고 그래서 애초에 그 농장으로 보내진 것이다.

어릴 때 식물학에 몰두하고, 돼지 시절에 하키에 집착했던 샘은 전성기의 로큰롤에 집착했고 로큰롤에 대한 열정을 윈스턴과 공유했다. 그는 거의 모두에게 잊힌 지 오래된 레코드판을 수집하고, 자신이 주문한 레코드판을 받는 순간이 진정한 행복을 느끼는 유일한 시간이라고 생각했다. 하지만 어느 날 레코드 전문 업체 〈프린스턴 레코드 익스체인지〉의 직원 중 한 명에게 주먹질을 한 뒤로 그곳 출입이 금지되었다. 무슨 일이 생기든지 그 뒷수습을 하는 것은 대개의 경우 윈스턴의 몫이다. 「샘과 함께하는 시간을 좋아하기는 하지만 그래도 둘이 보내는 시간이 너무 많아요. 샘에게는 친구가 나밖에 없기 때문이죠. 우리는 얼마나 더 오래 이런 관계가 지속될지 나 자신도 장담할 수 없는 상태가 되어 가고 있어요. 만약 우리가 어떻게든 샘을 굴드 농장에 머물게 했더라면, 샘은 자기 스스로 삶을 개척하지 않으면 결국에는 병원에서 일생을 보내야 한다는 경험으로부터 깨달음을 얻었을 거예요. 하지만 우리는 그에게 어떤 일을 강요할 만큼 용기가 없었어요.」

윈스턴과 패트리샤는 샘이 다른 사람에게 관심을 보이면 언제나 지지하려고 노력한다. 하지만 안타깝게도 이러한 노력이 그에게 가장 문제가 되는 몇몇 장애들을 유발하는 것 같다. 윈스턴이 말했다. 「한번은 레코드 가게에 있을 때였어요. 그곳에는 혼성 그룹 나이프의 앨범 표지가 있었는데 샘이 그들을 무서워했죠. 나는 가까스로 그 혼성 그룹의 리드 싱어 전화번호를 알아냈고, 샘은 그와 전화 통화를 하는 사이가 되었어요. 하지만 늘 그렇듯이 샘은 너무 자주 전화를 했어요. 그런 경우에 보통은 아내나 여자 친구 같은 사람이 〈제발 이 꼬마가 전화 좀 그만하게 해주세요, 정말 미치겠어요〉라고 말하죠. 결국 그 일은 샘에게 그가 무서워했던 가수의 음반을 탐험하고, 그 가수에 대해 알게 되고, 그와 친구가 된 일종의 이상적인 순간에서 스스로를 끔찍하게 느끼도록 만든 악몽이 되었죠.」

샘은 록 밴드를 조직하고 앨범 표지를 제작하면서 시간을 보낸다. 그 과정에서 직접 그림을 그리고, 노래 목록을 만들고, 음악이나 연주자 등에 관한 해설과 가사를 쓴다. 샘이 말했다. 「나는 사랑이나 증오, 복수에 관한 가사를 써요. 그리고 내 가사는 하나같이 동성애를 지향하죠.」 샘과 나는 그가 작업한 앨범 표지들을 보면서 몇 시간을 보냈다. 샘이 한 앨범 표지에 쓴 글이다. 「궤도에서의 망각. 영국 군인으로 사는 인생, 우주 공간, 이상한 현상, 섹스 등이 지닌 냉혹한 현실, 그리고 가끔씩 찾아오는 기쁨.」 또한 그는 직접 전자 기타를 연주하기도 하며, 기타도 세 개나 갖고 있다.

샘의 또 다른 집착 대상은 군인이다. 그가 말했다. 「그들은 나를 이해해 주는 유일한 집단이죠. 그들은 내 눈을 똑바로 쳐다보면서 내가 스스로를 허약하지 않게 느끼도록 해주려고 해요. 그들은 내 존재 가치를 믿어 주는 것 같아요. 도대체 어떤 노력도 하지 않는 부모님과는 사뭇 다르죠.」 윈스턴은 이런 샘의 집착이 불합리하다고 여기지 않는다. 「샘의 환상은 보호받는 것이고, 그래서 내게 군인을 만나게 해달라고 졸랐어요.」 누군가는 사람들을 향한 샘의 이러한 동경을 다 받아 주고 그래서 그 사람들이 결국 화를 내게 만드는 것이 과연 현명한 행동인지 의문을 제기할 수 있겠지만, 샘의 고통스러운 현실에 동참하는 윈스턴의 행동은 감응성 정신병*의 또 다른 형태였다. 윈스턴이 말했다. 「지금 이 신문사에서 일자리를 찾았을 때 나는 육군 기지인 포트 딕스에 관한 보도를 할 수 있겠다는 생각이 들었어요. 그리고 군인들은 우리에게 기지 구경을 시켜 주었죠. 샘은 그들과 사진도 찍고, 직접 얼굴을 보면서 이야기도 나누었어요.」 샘은 외국 군인들에게도 관심이 많다. 윈스턴이 말했다. 「예를 들어 영국을 여행하는 경우에 우리는 브리스틀로 향하는 기차에 올라 샘을 자유롭게 놔둡니다. 그러면 머지않아 샘은 군인을 만나서 만족스러운 대화를 나누죠.」 패트리샤는 이 모든 윈스턴의 방식에 대해 지극히 양면적인 태도를 보였지만 그녀가 일에 매달리는 동안에 샘과 날마다 함께 지내는 사람이 남편인 까닭에 남편의 방식을 따랐다. 그녀가 말했다. 「샘의 정신과 의사는 내가 윈스턴을 강력하게 나무라야 한다고 말해요. 하지만 윈스턴의 다정함을 어떻게 나무랄 수 있겠어요?」

샘은 군인들에게 전화를 한다. 윈스턴은 샘에게 영국 육군의 안내 책자도 구해 주었다. 샘이 말했다. 「나는 군인들이 겁에 질려 있다는 것을 알

---

* 가족 등 밀접한 두 사람이 동일하거나 유사한 정신장애를 가짐.

아요. 그들이 스스로 중요한 어떤 임무를 수행한다고 생각하는 것도 알아요. 영국인 소년과 남자들은 정말 멋져요. 멋지기 그지없는 장밋빛 피부를 가졌죠. 내가 처음으로 사랑에 빠진 상대도 영국인 군인이었어요. 몹시 고통스러운 경험이었죠. 첫눈에 반한 사랑이었기 때문이에요. 우리는 한 시간 동안 대화를 나누었고 그와 평생을 함께하고 싶었어요. 그럼에도 우리는 두 번 다시 만나지 않았어요. 그의 이름은 깁스 병장이었어요. 나는 스물일곱 살이고 그는 서른세 살이었어요. 그에게 키스를 하고 싶었지만 그가 기관총을 들고 있어서 단념했어요. 그를 만나고 난 이후로 상심이 무척 컸어요. 게다가 그 일이 일어난 지 얼마 지나지 않아 우리가 처음으로 길렀던 고양이가 죽었어요. 정말 힘든 시기였죠.」 윈스턴이 설명했다.「하이드파크 근처에 있는 커다란 정부 건물들 중 한 곳의 정문을 지키는 남자가 있었어요. 샘은 이 남자와 딱 20분 대화를 나누었을 뿐이고, 그 사람의 성이 깁스라는 것밖에 몰랐어요. 샘에게는 이 남자가 꿈속의 영웅이 되었죠. 마치 그들이 완전한 관계라도 맺은 것처럼 말이에요.」

패트리샤가 말했다.「우리는 군인에 대한 샘의 집착이 어디에서 비롯되는지 알아요. 그것은 성적인 집착이고 지극히 일반적인 현상이죠. 하지만 한편으로는 자신이 전쟁터에서 산다는 생각과, 전쟁에서 살아남는 것이 어떤 것인지 군인들이 잘 알 거라는 생각 때문이기도 해요. 나는 그들이 샘과 이야기를 한다는 게 믿기지 않지만 그럼에도 그들은 실제로 대화를 나눠요. 정작 그런 관계를 해치는 원흉은 계속해서 전화를 걸어 대는 샘의 행동이에요. 그래서 나는 〈전화를 할 때마다 기록하고, 언제 전화를 다시 걸어도 괜찮은지 스케줄을 관리해야 돼〉라고 조언해요. 또 네 페이지 분량의 전화비 고지서를 받고 〈네가 전화를 조금은 너무 지나치게 많이 하고 있다는 생각이 들지 않니?〉라고 말해요. 그럼 샘이 폭발하죠. 〈아니요, 그렇지 않아요. 전혀 그렇지 않다고요. 그들은 상관하지 않아요.〉」 마침내 패트리샤가 단호한 태도를 취하면서 〈이제 더 이상 이런 전화를 거는 것은 금지야〉라고 말하자 샘이 그녀에게 주먹을 날렸다. 윈스턴이 경찰을 불렀다. 그럼에도 그들은 보다 엄격한 제한을 가함으로써 오히려 상황이 악화되는 것은 아닐지 여전히 걱정하고 있다.

윈스턴의 설명이다. 「샘과 나는 해마다 몬트리올에 갔어요. 샘을 데리고 블랙워치 군인들이 백파이프 연주하는 모습을 보러 가고는 했죠. 6년 전이었어요. 샘이 블랙워치 군인과 이야기를 나눌 수 있는지 물었죠. 그리고 블랙워치에서 군인 한 명을 보내 주었는데 알고 보니 그도 동성애자였어요. 그 군인과 샘은 계속 연락을 주고받았고, 이듬해에 다시 그곳을 방문했을 때 샘은 그에게 자신의 동정을 주기로 결심했어요. 나는 샘에게 예방약을 챙겨 주었어요. 그 군인은 샘을 대중목욕탕 같은 곳으로 데려갈 터였죠. 전화기 옆에 앉아 기다리면서 나는 그 일이 샘에게 끔찍한 경험이 될지, 아니면 경이로운 경험이 될지 생각했어요. 하지만 결과는 그 어느 것도 아니었어요. 그 군인이 책임질 일을 벌이지 않기로 한 거예요. 이제 그는 샘이 그동안 만났던 다른 모든 사람과 마찬가지로 샘의 적이 되었죠.」

나는 프린스턴에서 샘과 점심을 먹기로 했고 그 자리에서 그를 처음 만났다. 그와 패트리샤가 함께 요리한 음식을 준비해 왔다. 요리는 그들 모자 간에 행해지는 가장 평화로운 공동 행위였고, 그들이 준비해 온 음식은 맛있었다. 샘이 〈올 겨울은 내 인생 최악의 겨울이었어요. 나는 여섯 번이나 자살을 시도했어요〉라고 선언했다. 같이 식탁에 있던 패트리샤가 〈생각만 한 거지. 실제로 시도하지는 않았잖아〉라고 지적했다. 샘이 말했다. 「실제로 손목에 칼을 댄 적도 있어요. 나는 두 번의 신경쇠약을 겪었어요. 약물 치료에 무척 민감하죠.」 패트리샤가 〈그리고 술에도 예민하지〉라고 맞받았다. 윈스턴이 거들었다. 「그리고 마약에도 그렇고.」 다시 패트리샤가 〈그리고 사람들에게도, 그리고 인생에도〉라고 덧붙였다. 샘은 부모님에게 용돈도 받을 뿐 아니라 정부로부터 약간의 보족적(補足的) 부가급—장애 급여—도 받는데 영국으로 이사를 가려고 계획 중이다. 「하지만 엄마는 그동안 늘 심술만 부렸어요. 마치 불운의 화신처럼 굴었어요. 〈너는 절대로 영국에 갈 수 없어! 꿈도 꾸지 마!〉 엄마에게 듣는 이야기라고는 매번 이런 것뿐이에요. 나는 올해 영국에 가지 않으면 내 인생이 망가질 거라고 엄마에게 이야기했어요. 그리고 그 이야기를 수도 없이 했지만 엄마는 당최 신경도 쓰지 않아요.」

갈피를 못 잡는 듯 보이는 이들 부부에게서 실제로는 깊은 애정과 통찰력이 느껴졌다. 윈스턴이 〈나는 《정상》이라는 말을 믿지 않아요. 그건 단지 극단적인 요소들의 평균을 낸 것에 불과하죠〉라고 설명했다. 패트리샤가 말했다. 「샘은 제대로 된 레코드가 우편으로 도착하면 자신의 문제가 해결될 거라고 생각해요. 어쩌면 영국에 가면 자신의 상태가 나아질 거라고 생각할지도 모르죠. 하지만 정작 그의 문제는 여과 장치의 부재와 자제력의 부재, 무엇이든 꾸준히 계속하는 능력의 부재예요. 나머지는 현실적인 문제예요. 예컨대 샘에게는 친구가 없어요. 직업도 없죠. 우리는 샘의 의존성을 보여 주는 증거에 불과해요. 샘은 자신이 원하는 어떤 것을 우리가 안 된다고 말하면 곧장 〈엄마는 내가 내 인생을 살게 내버려 두지 않아〉라고 불평해요. 우리가 〈엄마 아빠한테 네가 네 인생을 살아가도록 도와주는 것보다 더 큰 바람은 없단다〉라고 타이르면 〈엄마 아빠는 나를 길거리로 내쫓고 싶은 거야〉라고 말해요. 상황을 분석하는 샘의 능력은 나와 차이가 없어요. 하지만 샘의 병은 치료가 불가능하죠. 그중에서도 특히 환각 증상은 치료가 절대로 불가능해요.」

그날 프린스턴을 떠나오기 전에 나는 샘에게 잘 있으라는 인사를 하러 갔다. 나는 〈샘, 고마워. 생판 모르는 사람을 집으로 오게 해서 갖가지 질문을 받는다는 게 얼마나 힘든 일인지 나도 잘 알아〉라고 말했다. 그러자 놀랍게도 샘이 내게 포옹을 해주었고, 내 눈을 바라보면서 〈당신은 전혀 낯선 사람 같지 않았어요〉라고 말했다. 그 순간 방 안에는 지극히 감동적인 교감 능력이 반짝였고, 그가 그동안 보여 주던 정신병 아래에 숨겨져 있던 어떤 자아가 내게 와 닿는 것 같았다. 하지만 그 자아는 곧바로 다시 사라졌고 내가 전혀 들어본 적 없는, 어쩌면 존재하지 않을지도 모를 레코드에 관한 독백 속에 묻혀 버렸다.

샘의 의사들 중 한 명이 내게 설명하기를, 어쩌면 그는 우리가 도식화할 수 없는 방식으로 이루어진 태아기의 발달 과정에서 일부 비롯된 신경 증후군일지 모른다고 했다. 진단에 관한 주제가 나오자 패트리샤는 언성을 높이면서 비웃음인지 억제된 흐느낌인지 알 수 없는 반응을 보였다. 그녀가 말했다. 「최근 들어서 부쩍 힘들었어요. 고성을 지르거나 문을 쾅 닫는 횟수도 많았고, 혈압이 치솟는 경우도 잦았어요. 나는 맞서 싸우든지 피하자는 주의지만 우리는 싸우지도, 그렇다고 피하지도 말아야 해요. 실제로도 정말 지쳤을 때를 제외하고는 거의 대부분의 경우에 그렇게 하려고 노력해요. 가장 최근에 샘을 치료한 정신과 의사가 샘의 사례를 학회에서 발표하고 돌아와 〈그 자리에 있던 모든 의사들이 샘에게 체계가 필요하다는 데 동의했습니다〉라고 말했어요. 나는 마치 〈당신은 나를 뭐로 생각하는 거죠? 내가 바보인 줄 알아요?〉라고 말하듯이 그를 빤히 노려보았어요. 그의 제안은 고려할 가치도 없었어요. 도대체 샘과 체계라니요! 나는 그 의사에게 우리 집에 와서 직접 체계를 만들어 보라고 제안하고 싶었어요. 요컨대 우리는 그 체계라는 것을 만들기 위해 알려진 모든 시도를 해보았어요.」

그들의 진전은 진전을 기대하길 단념한 데서 시작되었고, 그렇게 함으로써 나름의 평화를 유지한다. 패트리샤가 말했다. 「문제는 우리가 점점 늙어가고 있다는 거예요. 게다가 어떤 내용을 넣을지 몰라서 아직 유언장을 작성하지도 못했어요. 우리가 죽고 나면 샘을 돌보아 줄 사람이 아무도 없어요. 나의 최대 바람은 샘이 쉰다섯 살을 넘겨서 간병인이 딸린 요양 시설에 들어갈 수 있을 때까지 우리가 살아 있는 거예요. 결국에는 내가 80대가 되어도 지금의 이 생활을 계속해야 한다는 거죠. 남편에게는 특히 힘든 일이겠지만 나에게도 힘든 일이기는 마찬가지예요. 하지만 샘의 입장에서는 더더욱 힘들겠죠. 샘은 우리가 한때 포기 상태였다는 사실을 알아요. 분명히 알고 있을 거예요. 샘은 정말 지극히 민감해요. 부디 그가 우리의 절망감을 눈치 채지 못했으면 좋겠어요.」

　가족은 다양한 난관에 직면해서 함께 헤쳐 나가고, 서로의 차이에도 불구하고 사랑하려고 노력하며, 거의 모든 난제 속에서 희망의 메시지와 성장의 기회, 깨달음을 발견한다. 때로는 정신분열증이나 다른 관련 정신 질환의 경우에도 그러한 보상이 주어질 수 있을 것이다. 그럼에도 정신분열증은 유독 아무런 보람이 없는 트라우마의 범주로 분류될 수 있다. 청각 장애의 다채로운 농문화나, 소인들의 LPA를 중심으로 한 권한 부여, 많은 다운증후군 아이들의 지극한 다정함, 자폐증 권리 보호 단체들의 자아실현, 비록 매드 프라이드 운동이 있기는 하지만 정신분열증의 세계는 이런 부분들 중 그 어느 것에도 해당 사항이 없다. 어떤 질병은 문제도 있지만 동시에 다채로운 정체성이기도 한 까닭에 치료가 망설여지는 경우가 있지만 정신분열증은 거의 무조건적으로 치료가 절실하다. 정신분열증이 존재하지 않았다면 이 조사를 하는 과정에서 내가 만난 부모들 중 상당수가 행복해졌을 것이다. 마찬가지로 그들의 자녀도 행복해졌을 것이다. 내가 보기에 그들의 고통은 끝이 없으며, 특이하게도 그 어떠한 보상도 없다.

7장
장애

일레인 파울러 팔렌시아, 「기차 여행Taking the Train」[1]

누군가는 그의 상황이 나아질 거라고 말한다
산에 가면
그래서 우리는 아침 기차를 탄다,
오후의 불꽃 속에서
밝고, 온통 하얗게 칠해진 도시에 도착하기를 바라면서.
그에게 필요한 모든 것이 내게 있으니:
그가 1년 내내 원하는 크리스마스 사탕과
예쁜 그림이 실린 잡지들,
그의 물병과 특별한 모양의 스푼까지.
조용하고 행복하게, 내 아들이 잠든다.
그의 반쪽짜리 가슴이 부풀었다가 꺼진다
침묵의 기도 속에서, 그의 숨소리가 보글보글 끓는다
갓 태어난 송아지의 숨소리처럼 연약하게.

기차가 바위와 졸참나무 숲에 구멍을 뚫는다

장장 네 시간 동안, 갑자기 오른쪽으로,

산산이 쪼개진 바다의 강렬한 눈이 반짝거릴 때까지.

이 길은 산으로 가는 길이 아니다

그런데 사람들은 왜 하나같이 스페인어로 말할까?

한때는 나도 스페인어를 알았다

유니폼을 입은 승무원이 몸짓으로 자신의 요구를 말한다

우리 승차권에 구멍을 뚫기 위해서, 하지만

내 지갑에는 두 장의 지도만 있을 뿐이다

텍사스의 해안을 보여 주는.

승무원이 기차를 세운다. 우리에게 어떤 일이 일어날 게 분명하다.

적갈색으로 반짝이는 높이 솟은 역이

야자나무의 녹색 그늘 안에서 어렴풋이 모습을 드러낸다.

우리 객차에서 세 줄의 좌석이 비워졌다.

그들이 서 있던 자리에는 바닥에 모래가 쌓여 있다.

나는 내 가방을 찾아야 한다.

그 안에는 여러 개의 칼과 카메라 한 개가 있다

우리에게 일어나는 일을 기록하기 위해 준비한.

우리 앞줄에 있는 좌석이

비워진다.

우리 뒷줄에 있던 좌석도

비워졌다, 그곳에 있던 모든 사람들이 가 버렸다.

모래가 소리 높여서, 내 발목을 부른다.

나는 옆 칸에서 가방을,

스프링 장치가 된 손잡이에 녹이 나서 날이 바스러진 칼들과,

모래가 가득한 카메라를 찾는다.

다섯 좌석만 남아 있을 뿐이다.

우리 열의 다른 한쪽에는, 짙은 색 머리의 또 다른 여성이

담요로 단단히 덮어 준다

또 다른 지적 장애 소년의 무릎을.

나는 스페인어 한 문장을 떠올린다:

「내 아들 어디 있어요?」

한 젊은 여성이 대답한다:

사람들이 기차에서 내려 주었어요.

기차가 다시 움직이기 시작한다, 빠르게.

객차의 모래가 무릎까지 차올랐다.

밖에는, 사막이 지평선까지 펼쳐진다.

끝없이 펼쳐진 사구의 어딘가에서

내 아들이 혼자서 기어간다,

신발도 없이.

우리는 일상에서 매일 아침

이 기차를 탄다

그리고 우리가 각자 갈라지는 지점까지 동행한다.

〈장애〉라는 단어는 관절이 약해져서 오랜 시간을 걷는 일이 그 자체로 하나의 시련인 노인이나 팔다리를 잃고 돌아온 재향군인을 가리키는 말이다. 또한 한때는 정신적으로 지체가 있다고 분류되었을 사람들과 감각 기관이 심각하게 훼손된 모든 사람들에게 사용되는 말이기도 하다. 중복 장애란 한 가지 이상의 기능 장애를 보이거나, 하나 이상의 질병으로 인한 장애가 있는 사람을 의미한다. 중도 장애는 정도가 심한 장애를 가리킨다. 중도 중복 장애(MSD: Multiple severe disability)란 압도적으로 많은 난관에 직면한 사람들을 의미한다.[2] 중도 중복 장애가 있는 사람들 중에는 움

직임이나 운동을 제어하지 못하고, 언어적 사고와 자기 인식을 하지 못하는 사람들도 있다. 외모는 다른 사람들과 큰 차이가 없지만 자신의 이름조차 모르거나, 애정을 표현하지 못하거나, 두려움이나 행복 같은 기본적인 감정을 드러내지 않을 수 있다. 또한 스스로 음식을 먹지 못할 수도 있다. 그럼에도 명백한 사실은 그들이 인간이고, 대체로 사랑을 받는다는 것이다. 이러한 아동들을 향한 애정에는 잠재적인 호혜 같은 이기적인 동기가 없다. 그리고 이 같은 애정을 보이는 사람들은 시인 리처드 윌버의 〈사랑하는 데는 다 이유가 있다〉[3]는 말에 동의하지 않는다. 그들은 아이의 성취보다 존재 자체에서 아름다움이나 희망을 발견한다. 부모의 역할에는 대체로 자녀를 변화시키고, 교육하고, 보다 나은 사람으로 만들기 위한 어느 정도의 투쟁이 수반된다. 하지만 중도 중복 장애인은 어쩌면 아무것도 될 수 없을지 모른다. 그리고 어떤 가능성이나 당위성, 장래성이 아닌 오로지 현실적인 부분에 대한 부모의 관여에는 어쩔 수 없는 순수함이 존재한다.

중도 중복 장애를 판단하는 기준이 모호해서 명백히 정의된 한 가지 질병보다 관련 통계 자료들을 수집 및 분석하기가 지극히 어려움에도, 미국에서만 해마다 대략 2만여 명이 중도 중복 장애를 가지고 태어난다.[4] 과거에는 유아기를 넘기지도 못했을 많은 사람들이 오늘날에는 의학의 발달로 훨씬 오래까지 생존한다. 이미 알려진 고통과 그들을 책임질 사람들에게 미칠 결과에도 불구하고, 중도 중복 장애 아동의 생명을 연장하는 일이 언제나 우선시되어야 하는지를 둘러싼 논의가 활발하다. 30년 전까지만 하더라도 부모들은 중도 장애 자녀를 포기하라는, 일반적으로 죽게 놔두라는 조언을 들었다. 하지만 최근 20년 안팎에는 자녀에게 중도 장애가 있더라도 계속 키우면서 사랑해 주라는 말을 듣는다. 대부분의 주(州)에서는 중도 중복 장애 아동을 돌보기 위해 직장을 포기해야 하는 가족들에게 보족적 부가급을 지급할 뿐 아니라 일시적 위탁이나 재택 서비스도 제공한다. 중도 중복 장애가 있으면서 어느 정도의 학교 교육이 가능한 아동들은 보다 포괄적인 시스템을 이용할 수 있다. 이러한 복지 혜택들이 단순히 친절을 베푸는 차원에서 제공되는 것은 아니다. 인생 전체를 놓고 보았을 때 고기능 환자에게 사회적으로 보다 적은 비용이 들기 때문이다. 장애인에게 직업 재활 프로그램으로 1달러를 지출할 때마다 사회보장국은 7달러를 절약하는 효과를 거둔다.

데이비드와 세라 해든은 20대 초반에 결혼했고 뉴욕에서 소위 잘나갈 준비를 마쳤다.[5] 데이비드는 뉴욕에서 가장 큰 법률 사무소 중 하나인 데이비스 폴크에서 일했고, 세라는 이내 첫째 아들 제이미를 임신하게 되었다. 1980년 8월에 그가 태어난 지 3일 만에 한 인턴이 병실로 찾아와서 〈아드님이 방금 호흡곤란을 일으켰는데 우리도 원인을 모르겠습니다〉라고 말했다. 제이미에게서 어떤 문제도 발견할 수 없었던 의사들은 해든 가족에게 제이미의 호흡이 멈추면 알람이 울리는 무호흡 감시 장치를 가지고 퇴원하도록 했다. 그리고 알람이 울리지 않았기 때문에 데이비드와 세라는 제이미에게 문제가 없다고 생각했다. 제이미가 3개월쯤 되었을 때였다. 소아과 의사는 제이미의 머리 크기가 정상적인 성장 곡선에서 벗어났다고 설명하면서 두개골 봉합—유아의 두개골에서 유연한 부분—이 너무 이른 시점에 닫힌 것은 아닌지 확인하기 위해 엑스레이 촬영을 제안했다. 두개골 봉합 상태는 괜찮았다. 세라가 당시를 회상했다. 「우리는 〈휴!〉하고 안도했어요. 제이미의 머리가 더 이상 커지지 않고 있다는 사실은 무시한 채 말이죠.」

몇 주 뒤에 의사가 그들에게 신경과 전문의를 만나 보라고 조언했다. 그들은 적당한 때를 봐서 컬럼비아 프레스비테리언 병원에 찾아갔고, 신경과 전문의는 제이미의 망막에 희고 검은 색소가 있다고 말한 다음, 〈초대형 문제가 생긴 것 같군요. 아이를 더 낳을 생각이었다면 보류하세요. 이 아이는 눈이 보이지 않아요. 게다가 어쩌면 심각한 지적 장애를 겪게 될 테고,

오래 살지 못할 수도 있습니다〉라고 설명했다. 그때 의사에게 전화가 왔고 그는 수화기 반대편에 있는 사람에게 말했다. 「지금 초대형 문제가 있는 부부를 만나고 있어요. 보다 행복한 상태로 (의사가 〈행복〉이라고 말하자 그들 부부는 기대감에 부풀어서 몸을 앞으로 당겼다) 당신과 다른 이야기를 하고 싶었는데 말이에요.」 데이비드와 세라는 진찰실에서 묵묵히 걸어 나왔다.

다음 날 아침 세라가 데이비드에게 말했다. 「내가 왜 지금 이런 이야기를 하는지 나 자신도 잘 모르겠지만 제이미에게 세례를 받게 해주어야 한다는 생각이 강하게 들어.」 그들 부부는 교회에 다니지 않은 지 무척 오래되었지만 전화번호부를 뒤져서 가까운 곳에 있는 교회를 찾아냈다. 세라가 말했다. 「당시에는 왜 그런 생각이 들었는지 몰랐어요. 하지만 지금 와서 돌이켜 보면 제이미에게 영혼이 있음을 깨달았던 것 같아요. 나는 내 머리를 쓰다듬으면서 〈하느님은 당신만의 신비한 방식을 갖고 계십니다〉라고 말하는 어떤 사람에게 화가 나서 발끈했어요. 삶이 신비스럽다고 믿지만 그래도 어떤 특정한 신의 구체적인 이유 때문에 우리에게 이런 상황이 주어졌다고 생각하지는 않아요. 그럼에도 우리는 교회에서 위안을 얻었어요.」 데이비드가 말했다. 「세라가 제이미에게 세례를 받게 해주자고 했을 때였습니다. 우리에게는 그때가 시작이었죠.」

그 시점에서 세라가 받아들인 것은 제이미가 장님이라는 사실이 전부였다. 그녀는 제이미의 지적 장애가 시력이 없는 문제와 관련이 있다고 생각했고 그의 뇌가 더 이상 성장하지 않고 있다는 사실을 인정하지 못했다. 신경과 전문의를 만나고 한 달 뒤에 그녀와 데이비드는 제이미를 데리고 뇌전도 검사를 받으러 갔다. 그리고 뇌전도 기사가 전극을 설치하면서 제이미의 두개골을 아프게 찔러댔다. 데이비드의 설명이다. 「바로 그 순간에 우리는 아이의 대변자가 되었습니다. 우리는 〈하지 말아요, 빌어먹을! 우리 아이에게 그러지 말라고요〉라고 외쳤어요. 그때가 처음이었어요. 나는 언제나 예의 바른 사람이었고 규칙을 따랐어요. 제이미는 그런 나를 훨씬 훌륭한 변호사로 만들었어요. 내게 지적인 논쟁과 상반되는 열정에서 우러난 변호 기술을 개발하도록 만들었죠. 우리가 지극히 개인적인 성향임에도 인터뷰에 응한 이유는 인터뷰도 제이미를 대변하는 행동의 일부인 까닭입니다. 그리고 처음 병원을 방문하기 시작한 이래로 제이미는 항상 이 분야의 개척자였고, 우리는 그런 그 아이가 무척 자랑스럽기 때문입니다.」

제이미는 두 살 때 스스로 몸을 일으켜 앉을 수 있었지만 세 살이 되자 그 능력마저 잃어버렸다. 그리고 열한 살 때까지만 해도 몸을 구를 수 있었지만 그 이후로는 불가능해졌다. 말을 한 적도 없고 스스로 음식을 먹은 적도 없다. 처음에는 소변을 볼 수 있었지만 이내 그에 관련된 신경 작용이 멈추었고, 평생 도뇨관을 삽입한 채로 살아야 했다. 세라가 말했다. 「제이미에게 지적 장애가 있다는 사실을 알았을 때 나는 두려웠어요. 그동안은 헬렌 켈러 식의 비전을 갖고 있었거든요. 예컨대 만약 내가 올바른 열쇠를 찾는다면, 제이미의 손에 충분히 오랫동안 신호들을 보내기만 한다면, 제이미도 말하는 법을 배우게 될 거라고 생각했었어요. 제이미의 선생님들도 하나같이 〈맞아요, 바로 그거예요, 엄마가 해야 할 일이 바로 그런 거예요. 많이 해주면 해줄수록 더 좋아요. 제이미의 잠재력을 최대한 끌어내요!〉라고 조언했어요. 하지만 그들의 조언은 한편으로 정말 멋진 충고였지만 다른 한편으로는 엄청난 죄책감을 심어 주었죠.」

의사들이 제이미의 병이 예외적인 경우라고 확신했기 때문에 그가 네 살 때 해든 부부는 아이를 한 명 더 낳기로 결정했다. 그리고 그들의 딸 라이자는 완벽하게 건강한 상태로 태어났다. 4년 뒤에 그들 부부는 라이자가 언젠가 제이미를 보살피게 되었을 때 그녀를 도와줄 다른 형제가 있으면 좋을 거라는 판단에서 다시 샘을 낳았다. 샘이 생후 6주가 되었을 때였다. 세라가 그를 침대에 눕히고 있었는데 갑자기 그가 씰룩거리기 시작했고 세라는 곧 샘이 경련을 일으키고 있음을 알아차렸다.

세라는 〈진단명이 있으면 예측을 할 수 있고, 예측을 할 수 있으면 한

결 마음이 놓이죠〉라고 설명했다. 하지만 좀처럼 진단명이 나오지 않았다. 단지 제이미와 샘이 동일한 증후군을 앓고 있다는 사실만 이내 밝혀졌을 뿐이었다. 해든 부부는 병원 신문과 『이례적인 부모Exceptional Parent』 잡지에 광고를 싣고, 비슷한 병을 앓는 다른 아이들이 있는지 수소문했다. 또 제이미와 샘에게 뉴욕 대학 병원과 보스턴 아동 병원, 매사추세츠 안과 및 이과 전문 병원에서 일련의 정밀 검사도 받게 했다. 존스 홉킨스 병원의 의사들에게 자문도 구했다. 하지만 제이미와 샘이 겪는 증상들의 조합은 유일무이한 경우인 듯 보였고, 따라서 무엇이 이들 형제에게 최선의 치료법일지, 그들의 상태가 어디까지 악화될지, 그들이 언제까지 살 수 있을지 아무도 예측할 수 없었다.

샘은 제이미보다도 허약했다. 그는 뼈가 쉽게 부러지는 체질이라서 다리에 늘 골절상을 달고 살았다. 그리고 결국 전면적인 척추 고정 수술까지 받게 되었다. 제이미보다 훨씬 일찍부터 튜브를 통해 음식물을 섭취했기 때문에 항상 구토를 했다. 두 살 때는 경련이 계속되어 6주 동안 병원에 입원했다. 병원에 입원할 때까지만 해도 그는 제이미보다 높은 인지 능력을 보였지만 6주 뒤에는 그 능력마저 사라졌다. 데이비드와 세라는 그야말로 일에 파묻혔다. 세라가 말했다. 「사람들은 계속해서 〈왜 도움을 구하지 않아요?〉라고 물어요. 하지만 도움을 받으려고 치면 도움받아야 할 부분들이 너무나 많아서 아예 엄두가 나지 않았어요.」 그녀가 라이자에게 샘이 제이미처럼 될 거라고 설명하자 라이자가 말했다. 「그럼 샘을 도로 물리고 다른 아기를 달라고 해요.」 세라에게는 정말 듣고 있기 힘든 말이었다. 그녀도 똑같은 생각을 하고 있었기 때문이다. 그녀가 말했다. 「단순히 우울증 때문이었어요. 샘을 사랑하지 않아서 그런 게 절대로 아니에요. 그 시기에는 산더미처럼 쌓이는 빨래를 그날그날 해치우는 것이 나의 최대 목표였지만 그 목표를 항상 달성하지는 못했어요.」 샘의 진단명이 나온 지 이삼 개월이 지났을 때 세라의 상태는 최악이었다. 그녀가 말했다. 「나는 주방 바닥에 주저앉아 갈등했어요. 그대로 제이미와 샘을 데리고 차고로 가서 자동차에 시동을 걸고 다 같이 일산화탄소를 마시고 죽고 싶었죠.」

하지만 아이들을 키우면서 즐거움도 있었다. 세라가 말했다. 「만약 그 병이 제이미의 동생들에게도 생길 수 있다는 것을 알았더라면 우리는 위험을 감수하지 않았을 거예요. 그렇지만 이제는 설령 어떤 사람이 우리에게 〈이 모든 경험을 깨끗이 지워버릴 수 있다〉고 하더라도 나는 그렇게 하지 않을 거예요. 샘은 제이미의 동생으로 태어나서 많은 혜택을 누렸어요. 나는 샘을 돌보면서 이전처럼 전전긍긍하지 않아요. 나름의 방법을 터득한 거죠. 게다가 샘은 사랑스러운 아이였어요. 제이미는 투사에 가까워요. 자신의 권리를 지키려고 하는 타입이에요. 반면에 샘은 그냥 안기는 타입이죠. 샘은 항상 내게 우디 앨런의 영화 「슬리퍼Sleeper」에서 나왔던 사랑의 구(球)를 떠올리게 해요.」 데이비드가 동의하고 나섰다. 「샘이 어릴 때 그와 세라가 어딘가에서 함께 춤을 추고 있는 사랑스러운 사진이 있어요. 샘은 그냥 서 있다시피 했고 세라가 샘을 잡고 춤을 추었어요. 샘은 금방이라도 넘어질 것 같았죠. 그럼에도 세라와 샘은 최고의 댄스 커플이던 프레드 아스테어와 진저 로저스 같았습니다. 둘이 함께하는 모습은 정말 멋졌어요. 나는 완전히 넋을 잃을 정도였죠. 시각 장애에다 지적 장애도 있고 말도 하지 못하는 데다 걷지도 못하는 아이가 다른 사람에게 긍정적인 영향을 준 거예요. 샘에게는 사람의 마음을 열고 감동을 주는 능력이 있어요. 우리가 흉내 낼 수 없는 능력이죠. 샘의 이 능력이 우리가 끝까지 버틸 수 있었던 이유 중 하나예요. 샘이 그토록 많은 사람에게 감동을 주었다는 사실이 경이로울 따름입니다.」

제이미가 거의 아홉 살이 되었을 때 세라는 그를 들어서 욕조에서 꺼내 주려고 하다가 허리 디스크에 걸렸다. 게다가 세 아이가 한꺼번에 수두에 걸렸다. 제이미와 샘은 항상 기저귀를 착용했는데 기저귀를 가는 것조차 힘들었다. 데이비드가 말했다. 「전업주부는 모두 상을 받아야 한다고 생각해요. 특히 세라는 퍼플 하트 훈장*을 16개 정도는 받아야 해요. 우리에게는 경련을 일으키면 급히 병원으로 데려가야 하는 샘이 있었고, 네 살이던 딸도 있었고, 도무지 어디로 튈지 알 수 없는 제이미까지 있었어요. 우리가 감당할 수 있는 수준이 아니었죠.」 1989년 6월에 그들은 집에서 40분쯤 떨어진 코네티컷 북쪽의 성인용 보호시설에 제이미를 긴급 위탁할 수 있는 자격을 얻었다. 그리고 데이비드와 세라는 대규모 보호시설을 자가 보호 형태로 교체하고자 코네티컷 주 정부를 상대로 진행 중이던 집단소송에 동참했다. 데이비드가 자랑스럽게 설명했다. 「제이미가 코네티컷의 담당 부서로 하여금 그들이 여덟 살짜리 아이에게 제공할 수 있는 최선의 지원이 한 번에 60명이나 되는 인원을 수용하는 성인 보호시설밖에 없다는 사실을 인지하게 만든 겁니다. 그들도 당혹스러워했어요.」 이 소송에 관한 기사가 제이미의 사진과 함께 「하트퍼드 신문Hartford Courant」에 실렸고, 1991년에는 하트퍼드 지적 장애인 시민 협회HARC에서 공동 생활 가정을 설립했다. 해든 부부는 샘을 이 공동 생활 가정에 보내기로 했다. 그리고 매일 그곳을 방문했다. 라이자가 초등학교에 입학하고, 두 아들과도 따로 지내게 되자 세라는 두 아들과 의사소통하는 최선의 방법이 신체접촉이라는 데 착안해서 마사지 학교에 다니기로 했다. 이후로 그녀는 15년 동안 마사지 치료사로 일했다.

공동 생활 가정에 들어간 지 2년이 지나서 샘이 일상적인 목욕을 할 때였다. 그를 보살필 책임이 있는 직원이 그렇게 하는 것이 금지되어 있음에도 샘을 혼자 놔둔 채 약을 가지러 가면서 자리를 비웠다. 평소 목욕을 할 때 샘은 골반을 가로질러 안전띠를 매고 욕조 크기에 맞는 의자에 앉는다. 하지만 아마도 안전띠 채우는 것을 잊었거나 아니면 벨크로가 저절로 풀렸을 것이다. 여직원이 자리를 비운 시간은 채 3분도 되지 않았지만 그

---

* 미국에서 전투 중 부상을 입은 군인에게 주는 훈장.

녀가 돌아왔을 때는 샘은 이미 물속에 잠겨 있었다. 데이비드는 사무실에서 전화를 받고 곧바로 세라에게 전화했다. 그녀는 라이자를 기숙학교에 태워다 주는 중이었다. 세 사람이 응급실에서 만났다. 데이비드가 말했다. 「의사가 왔는데 그의 표정을 보고 알았어요. 세라와 나는 충격으로 망연자실했고, 라이자는 누군가의 실수 때문이라는 것을 알고서 몹시 화를 냈어요.」 세라가 말했다. 「우리는 아이들이 차라리 죽었으면 좋겠다고 이야기하고는 했었어요. 하지만 그러다가도 실제로 그런 일이 일어날까 봐 겁에 질리기도 했죠. 샘에게는 그 편이 최선이었어요. 지금도 나는 샘이 그리워서 미칠 지경이고, 내 입장에서는 명백히 비극적인 죽음이에요. 하지만 샘은 오랫동안 너무나 힘든 싸움을 하고 있었어요. 나는 샘이 더 좋은 곳으로 갔을 거라고 굳게 믿고 있어요.」

해든 부부는 그날 밤에 제이미를 살피러 공동 생활 가정에 갔다. 그 자리에는 샘을 혼자 욕조에 남겨 두었던 직원도 있었다. 세라가 말했다. 「그녀는 소파에 앉아서 충격으로 마냥 흐느껴 울었어요. 나는 그녀를 포옹해 주면서 〈마르비카, 당신이 아니었더라도 우리 중 누구라도 똑같은 실수를 할 수 있었어요〉라고 위로했어요. 물론 그녀는 샘을 혼자 욕조에 남겨 두지 말았어야 해요. 하지만 매 순간 조금도 방심하지 않기란 지극히 어려운 일이에요. 우리는 모두 실수를 저질러요. 시도 때도 없이 실수를 저지르죠. 만약 샘이 계속 우리 집에 머물렀다면 나 역시 혹시 수건이라도 가지러 가면서 샘을 혼자 남겨 두었을지도 몰라요. 환자를 직접적으로 보살피는 이런 지극히 고된 일을 할 적격자를 채용하고 그들을 계속 잡아 두기란 정말 어려워요. 보수도 형편없어요. 그런 사람들의 실수를 범죄라고 몰아붙여서 무슨 도움이 되겠어요? 나는 이처럼 상대적으로 생색도 나지 않는 분야에 들어오려는 사람들의 의욕을 꺾을 수 있는 어떤 일도 하고 싶지 않았어요. 게다가 우리는 제이미가 있기 때문에 앞으로도 그 공동 생활 가정에 계속해서 드나들어야 했어요. 그곳에서 일하는 직원들은 모두 밤

낮으로 우리 아이들을 돌보아 주었고 그 덕분에 우리도 살 수 있었어요.」

그 직원은 과실치사 혐의로 기소되었다. 데이비드가 회상했다. 「우리는 검사에게 말했어요. 〈우리는 검사님이 이 사건과 관련해 기소하지 않기를 원합니다. 이 여성은 결국 직장을 잃게 될 겁니다. 다시는 비슷한 직장을 구하지도 못하게 되겠죠. 이 사건으로 인한 문제는 본질적으로 모두 해결되었습니다.〉 우리 부부는 연민에 호소했고, 가능한 한 빨리 각자의 치유에 필요한 시간을 벌고 싶었어요.」 마르비카는 결국 집행유예 5년을 선고받았고, 집행유예 조건에 다시는 환자를 직접적으로 보살피는 일에 종사하지 못한다는 조항이 포함되었다. 판결이 끝나자 데이비드는 샘이 평소에 목에 두르고 침받이로 사용했던 큰 손수건 하나를 그녀에게 건넸다. 그가 말했다. 「그녀는 비통함에 대성통곡했고, 그녀의 울음소리가 법원의 대리석 복도를 가득 메웠어요.」

샘의 장례식을 촬영한 비디오테이프는 샘은 물론이고 데이비드와 세라, 라이자, 제이미를 향한 사람들의 각별한 애정을 보여 주는 기념물이다. 데이비드가 말했다. 「나는 샘이 죽는 모습을 상상한 적이 있었어요. 일종의 안도감을 느끼게 될 거라고 생각했죠. 물론 안도감도 있었어요. 하지만 극심한 상실감을 맛보았고, 만약 시간을 되돌려서 샘을 살려 낼 수 있다면 무슨 짓도 마다하지 않을 심정이 되었죠. 그런 감정을 느낄 거라고는 전혀 예상치 못했어요.」 4년 뒤에 마침내 샘의 유골을 매장하게 되었을 때 세라가 말했다. 「여기에 나의 분노도, 같은 아이를 두 번씩이나 도둑맞아서 느끼는 분노도 함께 묻고 싶어요. 한 번은 내가 애초에 원했던 아이를 도둑맞았고, 한 번은 내가 사랑했던 아들을 도둑맞았죠.」

내가 처음으로 제이미를 방문했을 때 당시 20대 초반이던 그는 첫눈에 보기에도 기력이 없어 보였다. 그럼에도 그의 방은 무척 아기자기하게 꾸며져 있었다. 사진 액자와 포스터가 벽들을 장식했고, 침대에 깔린 이불의 무늬도 멋졌으며, 옷장에는 멋진 옷들이 걸려 있었다. 나는 시각 장애인의 방에 시각적으로 만족감을 주는 물건들을 골라 놓은 것이 왠지 별나다는 생각이 들었다. 하지만 세라의 설명은 달랐다. 「그건 존중의 제스처예요. 제이미를 돌봐 주는 사람들에게 우리가 제이미를 무척 소중하게 생각하고 있으며, 따라서 그들도 그렇게 대해 주기를 바란다는 메시지를 보내는 거죠.」 제이미는 키가 크고 뼈도 굵은 편이기 때문에 그를 침대에 눕히거나 침대 밖으로 내려 줄 때 도르래가 사용된다. 그를 편안하게 해주려면 엄청난 수고가 필요했다. 처음 그를 보았을 때 나는 그가 사람을 불편하게 만드는 능력은 있지만 즐겁게 만드는 능력은 없을 것 같은 인상을 받았다. 하지만 그 방에 세라와 데이비드, 그리고 그들의 아들과 함께 있으면서 나는 반짝이는 인간애를 지켜보는 것 같았다. 세라가 내게 말했다. 「샘이 세상을 떠난 이후로 제이미가 한층 더 성숙해졌어요. 어쩌면 우리가 변했기 때문일 수도 있지만요.」

　이후에 제이미를 계속 방문하면서 나는 가끔씩 그가 눈을 뜨고 사람을 응시하는 것처럼 보일 때가 있음을 알게 되었다. 그는 울거나 미소를 짓기도 했으며, 때때로 일종의 웃음을 터뜨리기도 했다. 그의 어깨에 내 손을 얹어 놓는 법도 배웠다. 신체 접촉이 그의 주된 의사소통 수단인 까닭이다. 라이자가 직장에 2주간 휴가를 냈고, 혹시라도 그가 이해할 수 있을지 모른다는 생각에서 그에게 『나니아 연대기』를 읽어 주었다. 그런 행동이 어딘지 모르게 이상하게 보였지만 여동생의 목소리와 존재가 그를 편안하게 해줄 수 있을 것 같았고, 그의 본질적인 자아를 인정하는 것이 그녀에게도 좋을 거라는 생각이 들었다. 데이비드가 말했다. 「제이미는 남에게 잘 보이거나 무언가를 성취하고 이루려고 하지 않는 원초적인 상태예요. 순수한 존재죠. 전적으로 무의식적인 상태라는 점에서 제이미는 인간 그 자체예요. 내 경우에는 그런 생각이 제이미를 보살피면서 소모되는 에너지를 충분히 축적하는 데 도움이 되는 것 같아요.」

　공동 생활 가정 직원들이 노조를 결성하고 파업을 하자 세라가 말했다. 「나는 그들의 희망과 바람을 열렬히 지지해요. 하지만 그들이 얼마나 쉽게 그 일을 그만둘 수 있는지 지켜보면 마음이 아파요. 나는 그들이 제이미에게서 등을 돌릴 수 없을 정도로, 이를테면 내가 그를 사랑하듯이 그를 사랑해 주길 원해요. 이 일도 하나의 직업이라는 점에서 그들은 비교적 일을 잘하고 있고, 제이미를 좋아하기도 하지만 제이미를 사랑하지는 않아요. 그리고 그런 점 때문에 나는 그들을 좀처럼 신뢰할 수 없어요. 특히 내게는 샘이 당했던 사고의 망령이 있잖아요.」 몇 년 후에 제이미가 약간 더 멀리 떨어진 공동 생활 가정으로 이사했을 때 세라가 내게 편지를 보냈다. 「우리가 미들타운에 가는 것은 고래 구경을 가는 것하고 비슷해요. 그 먼 길을 가서 고작 제이미가 잠든 모습을 지켜보거나, 〈한 시간 전에 도착했으면 좋았을 텐데요. 아까는 제이미가 한창 즐거운 시간을 보냈거든요!〉라는 이야기에 만족해야 할 때가 많아요. 심한 경우에는 그가 어떤 불편을 겪고, 그 원인을 해결하려고 애쓰는 모습을 뒤로 하고서 걱정으로 요동치는 바다에 빠진 채 그냥 집으로 돌아와야 할 때도 있어요. 우리는 이를테면 2주 전에 그랬던 것처럼 우리가 그곳을 방문했을 때 제이미의 의식이 수면 위로 〈부상(浮上)〉해 있고, 자신이 살아 있는 것을 그가 기쁘게 생각한다고 느낄 수 있는 멋진 시간을 갖고 싶어요.」

세라와 데이비드가 한 명이 힘들어했다가 나아지면 다른 한 명이 힘들어하는 식인 그들 결혼 생활의 역학 관계에 대해 설명했다. 그들은 교대로 서로에게 힘이 되어 준다. 데이비드가 말했다. 「서로를 이끌어 주기 위해서는 많은 노력이 필요합니다. 하지만 그런 게 바로 동반자의 관계죠.」 내가 해든 부부를 만났을 때 그들은 막 게슈탈트 심리요법을 시작한 뒤였고, 그들의 첫 번째 과제는 크레용으로 그들의 연대기를 작성하는 것이었다. 세라가 말했다. 「내 자신의 연대기를 채워 가고 있었고, 세 아이들이 태어난 순간을 그리게 되었죠. 그런데 거기서부터는 그냥 아무것도 더 이상 채우고 싶지 않았어요. 눈물이 나기 시작했죠. 인생을 계획대로 살아가지 못할 위기에 처한 채, 실제로 다른 무엇을 느낄 여유가 전혀 없다는 사실이 몹시 슬펐어요. 우리는 삶이 계속 굴러가도록 만들기 위해 정말로 많은 것을 참아야 했어요.」

앨런 로스는 『가족의 이례적인 아이The Exceptional Child in the Family』에서 부모들이 〈하나같이 그들의 자녀가 부모보다 높은 수준의, 아니면 적어도 비슷한 수준의 사회 문화적인 성취를 이루길 기대한다〉고 설명한다. 그는 계속해서 〈자녀가 이러한 기대에 부응하지 못하는 경우 일반적으로 부모는 현실에 맞추어 자신의 행동을 수정해야 하며 이를 위해 도움을 받을 필요가 있다. 요컨대 《보통 아이》에 대한 그들의 이미지와 《그들의 자녀》라는 현실 사이에 존재하는 불일치에 대처하는 법을 배워야 한다〉고 설명한다.[6] 대체로 이러한 갈등은 자녀의 장애 정도보다 부모의 대처 능력이나, 가족 내 건강한 구성원 간의 역학 관계, 부모가 그들 가족을 바라보는 외부의 시선에 부여하는 중요도 등과 상관이 있다. 부모의 수입과 자녀에게 집중하는 데 할애할 수 있는 시간, 그리고 외부의 지원은 하나같이 중요한 요소다. 아마도 가장 은밀하게 찾아오는 스트레스는 친구들과 소원해지거나 또는 친구들의 동정이나 몰이해로 부모가 스스로 그들과 담을 쌓으면서 뒤따라올 수 있는 사회적 고립일 것이다. 건강한 자녀의 탄생은 일반적으로 부모의 사회적 인맥을 확대하지만, 장애가 있는 자녀의 탄생은 대개 부모의 인맥을 제한한다.

모아애착에 관한 권위자 수전 올포트Susan Allport는 비장애인의 세계에서는 〈부모가 무력한 자녀에게 일방적으로 보살핌을 제공하는 것이 아니라 부모와 자녀가 함께 세심하게 조율되고 무자비하게 선택된 번식과 생존의 춤을 춘다. 신생아는 태어날 때부터 그 춤의 스텝을 알고 있지만 다른 모든 사교 댄서와 마찬가지로 파트너가 있어야 한다. 부모들 또한 호르몬에 의해, 그리고 출산 행위를 통해 부모로서 행동할 준비가 되어 있지만 그들의 행동이 계속되기 위해서는 적절히 반응하는 파트너가 필요하다〉[7]고 설명한다. 이 개념은 모아애착을 다룬 다른 논문에서도 반복해서 등장한다. 진화 생물학자 세라 허디Sarah Blaffer Hrdy는 〈모성에 의한 헌신이 외부적인 신호에 반응해서 조금씩, 서서히 예민해지지 않는 포유류는 아마도 없을 것이다. 양육 행위는 연구되고, 강화되고, 유지되어야 한다. 양육 행위 자체가 육성을 필요로 하는 것이다〉[8]라고 설명한다. 이 분야의 탁월한 의학 저서인 『애착 안내서Handbook of Attachment』에서 캐럴 조지와 주디스 솔로몬은 모아애착이 〈직선적이고 일방적이기보다는 상호 교류적〉[9]이라고 주장한다. 그렇다면 중도 중복 장애로 흔히 식욕이나 고통, 그리고 배고픔과 불편함이 해소되었을 때의 만족감밖에 표현할 줄 모르는 자녀와 상호 교류한다는 것은 어떤 것일까?

그럼에도 중도 중복 장애 자녀에 대한 부모의 애착은 전혀 새삼스러운 현상이 아니다. 모든 사랑이 그렇듯이 이러한 애착은 어느 정도 투사행위다. 우리는 자식에게 묘한 매력이 있기 때문에 자식을 사랑하고, 보살핌을 받았기 때문에 부모를 사랑한다고 생각한다. 하지만 부모에게 외면을 당하고도 여전히 부모를 사랑하는 자식도 많고, 마음이 닫힌 자식을 보면서도 좋아 어쩔 줄 모르는 어머니와 아버지도 많다. 소아과 의사 캐리 크놀Carrie Knoll이 완전전뇌증(完全前腦症) 진단을 받은, 뇌가 속이 빈 채 껍데기만 남아서 아주 원시적이고 무의식적인 생존 기능만 유지하는 질병을 가진 딸을 둔 부부에 대해 언급했다.[10] 그녀는 〈그들 부부는 전혀 동요하지 않고 그들의 딸이 보통 아기와 다를 바 없다는 입장을 보였다〉고 썼다. 그 아이는 태어난 지 몇 주 만에 세상을 떠났다. 크놀은 계속해서 〈그들에게 위로의 말을 전하려고 전화했을 때 나는 그들이 자식을 잃은 여느 부모들과 똑같이 몹시 슬퍼하고 있음을 알게 되었다. 그들에게는 그녀가 단지 자식일 뿐이었다〉고 썼다.

그들의 딸 메이지가 태어난 날 루이스 윈스럽과 그의 아내 그레타는 매우 기뻤다.[11] 다음 날 저녁, 메이지는 젖을 먹고 엄마의 가슴 위에서 그대로 잠이 든 것처럼 보였다. 간호사는 그녀를 자도록 내버려 둔 채 나가려고 했지만 힘든 분만으로 불편했던 그레타가 〈아기를 다시 데려다 놓으면 안 될까요?〉라고 말했다. 아기를 데리고 환하게 불이 켜진 병원 복도로 나온 간호사는 호흡곤란으로 아기가 파랗게 변했음을 발견했다. 메이지는 이후로 24시간 동안 경련을 일으켰다. 산소 부족 때문에 경련을 일으키는지, 아니면 경련 때문에 호흡을 멈추었는지 확실치가 않았다. 경련이 멈추었을 즈음에는 뇌간 출혈이 무척 심했다. 이 출혈은 뇌 손상에 의한 증상이었든지 또는 뇌 손상을 초래한 원인이었을 것이다. 루이스가 내게 말했다. 「완전히 좋은 상태와 죽은 상태 사이에는 무수히 많은 단계의 회색 지대가 존재해요. 물론 아기가 단순히 잠든 것이 아님을 우리가 조금 더 일찍 눈치 챘더라면 좋았겠죠. 하지만 그 차이를 알아채기란 불가능한 일이었어요.」

메이지가 괜찮을지 루이스가 의사에게 물었다. 의사가 대답했다. 「나라면 그녀에게 하버드 교수직을 주지는 않을 겁니다.」 루이스와 그레타는 격분했다. 루이스가 말했다. 「의사라는 사람이 딸에게 극심한 지적 장애가 있을 수 있다는 말을 부모인 우리에게 어떻게 그런 식으로 전할 수 있는지 도무지 믿기지 않았어요.」 그들은 다음으로 청력학자를 찾아갔고 메이지가 장차 잘 들을 수 없게 될 거라는 설명을 들었다. 루이스가 말했다. 「나는 감정을 그다지 잘 드러내는 편이 아닌데 의사의 이야기를 듣고 있자니 자꾸 눈물이 났습니다. 그러자 그가 말했어요. 〈당신은 강해져야 합니다. 그렇지 않으면 이 상황을 헤쳐 나갈 수 없을 테고 그러면 당신의 딸도 마찬가지예요. 당신 자신을 위해 강해질 수 없다면 딸을 위해서라도 강해지도록 하세요.〉 나는 정신을 가다듬었어요. 눈물을 그치고 〈그래, 내가 강해져야 해〉라고 생각했죠.」 그럼에도 루이스는 그를 피하려는 다른 부모들의 태도에 상처를 받았다. 「장애가 있는 아이를 데리고 센트럴파크에 가면 사람들은 당신을 투명인간으로 취급해요. 절대로 당신에게 와서 그들의 아이를 당신 아이와 함께 놀게 하자고 제안할 생각이 없어요. 나는 그들이 어떻게 생각하는지 알아요. 메이지가 태어나기 전까지는 그런 사람들 중 한 명이었기 때문이죠.」

루이스와 그레타는 계속해서 둘째 딸 제닌을 낳았고 그녀는 건강했다. 루이스가 말했다. 「우리가 제닌을 대하는 방식은 메이지를 대하는 것과 또 달라요. 나는 우리가 메이지에게 지나치게 많은 에너지를 소모하면서 제닌에게는 충분한 관심을 기울이지 못하는 게 걱정입니다. 하지만 한편으로 우리는 모든 사람이 건강하게 성장하는 것은 아니라는 사실을 몸소 체득했기 때문에 제닌이 얼마나 기적적인 존재인지 실감하면서 많은 감동을 받고, 그녀의 모든 사소한 행동에 더 많이 흥분하죠.」 힘겹게 나아가고 있음에도 윈스럽 부부에게는 약간의 이점도 있었다. 계속해서 루이스의 설명이다. 「우리는 저기 어딘가에 누군가가 존재한다는 것을 알 수 있어요. 다른 사람들은 메이지를 아주 잠깐 만나보고 우리가 미쳤다고 생각하지만 우리는 메이지와 충분히 많은 교감을 해요. 내가 어떤 대상을 사랑할 수 있다고 상상했던 것 그 이상으로 우리는 그녀를 많이 사랑해요. 나는 지금도 그때 호흡을 멈추지 않은 메이지의 환영에 사로잡혀 있어요. 우리가 딱 하루 동안 알았던 메이지의 모습이죠. 메이지가 차라리 죽었으면 우리 모두를 위해서 더 좋았을 거라고 생각한 적도 한 번인가 두 번 정도 있었어요. 그런 생각의 어디까지가 메이지의 좌절감과 고통에 대한 연민에서 비롯되었는지, 그리고 어디까지가 이기적인 어떤 것에서 비롯되었는지 모르겠어요. 하지만 그건 내 공상 속에서 일어나는 일들에 불과해요. 실제 꿈속에서 만나는 메이지는 거의 언제나 건강하고 나와 이야기도 나누죠.」

다운증후군 형제가 있는 철학자 소피아 이사코 웡Sophia Isako Wong

은 〈무엇이 부모로서의 삶을 살아갈 가치가 있게 만들까? 다시 말해서 부모는 자녀를 키우면서 그들이 감수하는 희생의 대가로 어떤 보상을 기대할까?〉[12]라는 질문을 던졌다. 20세기 전반의 일반적인 인식은 장애 아동의 가족들이 기대할 수 있는 것이란 아무것도 없다는 것이었다. 그리고 부모가 겪는 감정적인 현실은 재활 상담사 사이먼 올샨스키가 제시한 유명한 개념 〈만성적인 비애〉로 요약되었다.[13] 프로이트의 『애도와 멜랑콜리아 Mourning and Melancholia』에 등장하는 감정적인 어휘에 의지해서, 정신의학계는 장애 아동의 탄생을 〈죽음〉이라는 용어로 지칭했다.[14] 가끔씩 긍정적인 감정을 표출하는 부모들의 행동은 그들의 분노와 죄책감을 감추고, 장애인 자녀를 해치고 싶은 그들의 강렬한 욕구를 감추려는 과장된 노력 정도로 여겨졌다. 이 분야의 1988년도 보고서는 〈발달 장애 분야의 연구원들과 공공서비스 제공자들은 전반적으로 장애인의 가족들이 만성적인 비애로 얼룩진 일련의 격심한 위기에 휘말려 있다고 생각한다. 따라서 장애인 가족에 대한 지원이 그들 가족에게 드리워진 비극의 치명적인 장막을 걷어 낼 수 있을 것으로 보인다〉고 결론지었다.

웡의 질문에 대한 대답은 가족마다 다를 뿐 아니라 시기에 따라서도 다르다. 이 책에서 살펴본 많은 다른 정체성 집단과 마찬가지로 장애인 집단도 급진적인 사회 발전을 가져왔고, 〈치명적인 장막〉[15]을 다소나마 걷어 냈다. 여러 연구에 따르면 장애 아동의 부모들은 그들이 스스로 진술하는 것보다 훨씬 많은 스트레스를 받는다.[16] 장애가 있다는 것이 어떤 것인지 단지 상상할 수밖에 없는 사람들의 입장에서는 감히 상상도 못할 만큼 두려운 일이지만, 장애가 삶의 불가피한 현실인 사람들의 입장에서는 중도 장애 아동을 양육하는 데 따른 노동 집약적인 경험도 결국에는 일상적인 일이 될 수 있다. 비록 다운증후군이나 자폐증, 정신분열증의 경우에는 위탁 문제를 피할 수 없어 보이기는 하지만 요컨대 시간이 흐를수록 받아들이는 사람의 입장에서는 중도 장애나 상대적으로 덜 무거운 장애나 큰 차이가 없어지는 것이다.

중도 장애가 있는 사람들은 극심한 건강 위기나 끔찍한 발작을 겪지만 그들을 보살피다 보면 대체로 주기가 생기고, 인간의 본성은 리듬이 있는 것에 언제나 적응하기 마련이다. 보살피는 일에 능숙해질 수 있다는 뜻이다. 극단적이지만 일정한 스트레스는 상대적으로 덜 극단적이지만 일정치 않은 스트레스보다 대처하기가 훨씬 수월하다. 다운증후군 자녀의 부모 노릇이 정신분열증이나 자폐증 자녀의 부모 노릇보다 더 수월한 이유 중 하나도 그 때문이다. 즉 다운증후군 자녀의 부모는 그날그날 자신이 누구를 상대하는지 알고, 부모에 대한 요구도 비교적 변화가 적은 편이다. 반면에 정신분열증 자녀의 부모는 자신이 장차 어떤 괴상함과 부닥치게 될지 예측할 수 없다. 자폐증 자녀의 부모는 어떤 파국의 순간이 들이닥칠지 예측할 수 없다.

부모의 허황되거나 무지한 기대는 독이나 다름없지만 장애에 대한 구체적인 진단은 큰 도움이 된다. 제롬 그루프먼 교수는 『뉴요커』에 기고한 글에서 〈언어는 청진기나 메스만큼이나 의사가 의료 행위를 하는 데 반드시 필요한 요소다. 의사가 하는 모든 말 중에서도 환자의 병에 부여하는 병명은 다른 어떤 말보다 큰 무게를 갖는다. 병명이 곧 환자의 정체성이 되는 까닭이다〉[17]라고 주장했다. 섣부른 예측 때문에 빚어진 슬픔이 아무런 예측도 못해 빚어진 혼돈보다 훨씬 낫다. 앞으로 나아갈 길이 명확하기만 하면 대다수 사람들은 그 길을 받아들일 것이다. 또한 아는 게 힘인 까닭에 끔찍한 예측일지라도 예측이 가능한 증후군은 아무것도 알 수 없는 증후군에 비해서 훨씬 고상하게 인내될 것이다. 정체성은 확신에 의한 결과물이다.

폴과 크리스 도너번은 1990년대 중반에 결혼했고, 폴이 첨단 기술 분야에 종사하게 되면서 그들은 샌프란시스코 만안(灣岸) 지역인 베이 에리어로 이사했다.[18] 직후에 크리스가 리엄을 임신했다. 분만은 순조로웠고 리엄의 몸무게도 3.6킬로그램으로 정상이었다. 하지만 리엄이 눈을 뜨지 않자 의사들은 걱정했고, 검사 결과 리엄의 안구가 겨우 완두콩 크기만 하다는 사실을 알아냈다. 크리스가 회상했다. 「그때부터 우리의 내리막길 달리기가 시작되었죠.」 리엄은 막힌 장을 뚫기 위해 즉시 수술을 받아야 했다. 그리고 채 일주일도 지나기 전에 다시 심장 수술을 받았다. 심장 수술을 받고 나자 이번에는 혈전이 생겨서 거의 죽을 뻔한 고비를 넘겼다. 생후 6주가 되었을 때 리엄은 이미 여섯 번의 대수술을 받았고 병원비가 백만 달러를 넘었다. 이 비용은 폴의 든든한 보험회사에서 지불되었다.

폴이 말했다. 「우리는 리엄이 시력을 잃게 될 거라는 사실 말고는 아무것도 몰랐어요. 리엄의 상태가 나아질지, 아니면 호전될지, 또는 어떤 일이 벌어지고 있는지 전혀 몰랐죠. 특별한 도움이 필요한 아이를 위해서 부모가 세우는 목표 중 하나는 장차 그 아이가 자신의 잠재력을 발휘하도록 어떻게 도와줄 것인가 하는 거예요. 따라서 그 아이가 실제로 어떠한 잠재력을 가졌는지 아는 게 도움이 되죠. 하지만 우리는 아는 것이 전혀 없었어요. 아는 게 없다는 것은 어떻게 보면 정말 고약한 일이에요. 목표를 달성하기는 고사하고 착수하기도 어렵기 때문이죠. 하지만 또 어떻게 보면 좋은 점도 있어요. 우리 같은 경우에는 워낙 아는 것이 없어서 끊임없이 노력했으니까요.」 결과적으로 리엄은 중도 중복 장애가 있는 대다수 아이들을 포괄적으로 아우르는 진단명인 차지증후군CHARGE syndrome 진단을 받았다. CHARGE는 머리글자로 만들어진 단어다. C는 안검 홍채 맥락막 선천적 결손증coloboma을 즉 눈 구조 중 한 곳에 구멍이 있음을 의미하고, H는 심장 결함heart defects을, A는 후비공 폐쇄증atresia of the choanae(코와 목구멍을 연결하는 통로가 막힌 증상)을, R은 성장과 발달 지체retardation를, G는 생식기genital와 비뇨기 이상을, E는 귀ear의 이상과 청각 장애를 의미한다. 리엄은 시각 장애가 있기는 하지만 안검 홍채 맥락막 선천적 결손증 때문은 아니며 청각도 극히 정상이다. 하지만 그는 CHARGE 증후군의 다른 대부분의 진단 기준을 만족시켰고, 해당 진단 기준에 포함되지 않은 다른 증상도 있었다. 그럼에도 폴의 주장에 따르면 〈어디가 잘못되었는지 묻는 질문에 간단하게 대답할 수 있게 만든 참 편리한 진단명이다〉.

리엄은 먹기를 거부하거나 먹어도 곧장 토했다. 폐에 물이 고이면서 폐렴도 걸렸다. 코로 관을 삽입해서 급식을 했음에도 처음 1년 동안은 체중이 전혀 늘지 않았다. 그는 화가 나면 숨을 참았고 곧 의식을 잃었다. 이런 행동은 고통을 호소하는 그만의 커뮤니케이션 방법 중 하나였고 수시로 반복되었다. 그 결과 폴과 크리스는 리엄에게 50여 차례에 걸쳐 심폐소생술을 실시해야 했다. 폴이 말했다. 「나와 절친한 한 친구가 〈리엄을 언제 시설로 보낼 생각인가?〉라고 물었어요. 나는 내게 그 질문을 해준 친구가 고마웠어요. 물론 마음에 상처를 받긴 했지만 중요한 문제였죠. 그제야 나는 리엄을 시설로 보내지 않겠다는 결심을 하게 되었고, 그것이 내 결정이었어요. 인생에는 자연스러운 행로가 있어요. 열여덟 살이나 스물두 살이 되면 리엄은 어떤 식이 되던 다른 가정을 꾸려서 독립할 거예요. 우리의 역할은 그에게 최선의 삶을 제공하고, 그가 어떤 잠재력을 지녔든 자기 잠재력을 발휘하도록 도와주는 거예요.」

생후 첫해를 거의 다 보냈을 무렵 리엄의 체중은 겨우 6.3킬로그램에 불과했다. 그리고 외과 수술을 통해 취식관이 삽입되고 3개월이 지나자 3.6킬로그램이 늘었다. 그는 뇌수종을 완화하기 위해 션트를 영구적으로 이식해야 했다. 또 척수가 뇌간을 압박했기 때문에 외과 의사들이 척수를 낮춰서 뇌간의 자세를 바로잡아 주어야 했다. 심장의 승모판*이 닫히기 시작했기 때문에 심장 수술도 받았다. 또한 영구 이식했던 션트를 다시 제거하는 수술도 받아야 했다. 그는 생후 18개월이 지날 무렵까지 무려 열

---

* 좌심실과 좌심방 사이의 판막.

다섯 차례나 수술을 받았다. 폴은 병원에서 출근했다가 병원으로 퇴근했다. 크리스는 내내 병원에서 지냈다. 당시 이야기를 하던 중에 그녀가 울기 시작했다. 「내 기억에 그때는 울 수도 없었어요.」 그녀가 변명하듯 말했다. 「내내 위기의 연속이었거든요.」

폴과 크리스는 처음에 언제가 될지는 모르지만 리엄이 걷고, 말도 하게 될 거라고 생각했다. 리엄이 두 살이 되면서 그들은 리엄이 영구적인 장애를 갖게 될 거라는 사실을 알았지만 그래도 어느 정도는 나아질 거라고 기대했다. 하지만 그 이듬해를 보내면서 폴은 리엄의 삶이 점점 더 수월해지기는 고사하고 갈수록 힘들어질 수 있음을 깨달았다. 그가 말했다. 「딱 한 번 완전히 무너져서 울음을 터뜨렸던 적이 있습니다. 바로 첫날 밤이었어요. 지금도 이를테면 화요일에 다른 사람의 6개월 된 아이가 벌떡 일어서는 모습을 보면서 누군가는 한없이 눈물을 흘리고 있을 거라고 생각해요.」 크리스가 말했다. 「조기 개입 프로그램에서 일하는 사람들은 생명의 은인이에요. 그리고 당신이 준비가 되었다고 판단되면 당신에게 자신의 놀이 집단으로 들어가라고 조언하죠. 나는 지금 여기가 내 놀이 집단이라는 사실을 받아들일 준비가 되어 있지 않았어요.」 폴의 설명에 따르면, 도너번 부부가 처음으로 리엄에게 바라는 목표를 정했을 때 그 분량이 문서로 30장이나 되었다. 「이듬해에 우리는 세 가지 목표를 세웠어요. 우리는 지금도 리엄이 걷고, 말하고, 먹을 수 있기를 희망해요.」

내가 처음 리엄을 만났을 때 그는 아름다운 눈으로 먼 곳을 응시하고 있는 듯 보였는데, 갑자기 신경질적으로 자신의 한쪽 눈에서 간단히 안구를 꺼냈다. 크리스가 리엄의 안구를 다시 끼워 주면서 말했다. 「리엄에게 인공 안구를 만들어준 남자는 예술가나 다름없어요. 그는 폴과 내 눈을 면밀히 연구해서 엄마와 아빠의 눈을 닮은 안구를 만들었어요. 인공 안구는 미적인 용도와 더불어서 안와(眼窩)가 건강하게 발달하도록 하려는 용도도 있어요.」 일곱 살이던 리엄은 휠체어에 앉아 있었고, 나로서는 그가 주위의 자극에 얼마나 반응하는지 가늠하기가 어려웠다. 폴이 리엄의 귓가에 입을 대고 조용히 노래를 부르기 시작했다. 「리엄이라네, 멋진 리엄, 나는 너를 사랑하지, 리엄, 리엄, 리엄, 리엄.」 리엄이 미소를 지었다. 그 미소가 노래 내용에 대한 답례인지, 살가운 의사소통 방식에 대한 반응인지, 약간 기형적으로 생긴 자신의 귀에 입김이 닿아서 보인 단순한 반응인지 구분하기는 불가능했지만 확실히 폴은 자신의 아이를 미소 짓게 만들 줄 알았고, 두 사람 모두 그걸로 만족했다.

자신의 아이가 4년에 걸쳐 스무 차례나 수술이 필요하게 될지는 아무도 모르는 일이다. 어떤 수술을 해야 할지의 문제는 한 번에 한 가지씩 수술을 해나가면서 해결된다. 그 길을 직접 가보지 않은 부모들의 입장에서는 그 길의 점진적인 측면을 이해하기가 힘들 것이다. 아울러 그 모든 의료 개입으로 누적된 부작용이 잔혹한 결과로 이어질 수 있음에도 단 하나의 수술이라도 거부하면 곧장 살인 행위로 비쳐질 수 있다. 폴이 연이은 수술에 회의를 느낀 적도 있었다고 인정했다. 하지만 그는 늘 리엄이 긍정적인 성격임을 알았고, 그와 크리스는 긍정적인 사람만이 의술의 도움도 받을 수 있다고 믿는다고 말했다. 폴은 〈리엄의 미소 덕분에 그 힘든 나날을 버틸 수 있었어요〉라고 말하면서 내게 리엄이 생후 17개월 때 찍은 사진을 보여 주었다. 사진 속의 리엄은 비강에 취식관이 뱀처럼 삽입된 상태로 거의 죽어 가고 있었다. 그럼에도 그는 실제로 미소를 짓고 있었고 더할 나위 없이 행복한 듯 보였다.

리엄이 태어나고 몇 년 뒤에 폴과 크리스는 또 아이를 갖기로 했다. 그들은 태아의 심장 사진을 찍었다. 심장에 이상이 있을 경우 그 아기에게 리엄과 똑같은 증후군이 있다는 단서가 될 것이었기 때문이다. 그럼에도 그들은 어떤 결과가 나오더라도 아기를 포기하지 않기로 이미 결심한 상태였다. 다만 미리 마음의 준비를 하고 싶었다. 그들의 첫째 딸 클라라는 건강하게 태어났다. 그리고 몇 년 뒤에 둘째 딸 엘라가 태어났고 그녀도 마찬가지로 건강했다.

　리엄이 나이가 들면서 점점 무거워지자 폴은 집에서 도와야 할 일이 늘어났고 그래서 약간은 느슨한 직장으로 자리를 옮겨 매일 오후 5시까지 집에 와서 리엄에게 두세 시간씩 물리치료를 했다. 도너번 부부는 그들이 제도와 가족, 리엄에게 그리고 그들 자신에게 무엇을 기대할 수 있는지 배워야 했다. 폴과 크리스는 리엄의 문제를 위주로 전체적인 삶을 이끌어가지 않기로 신중하게 결정했다. 폴이 말했다. 「다니던 직장을 그만두고 특수교육을 공부하는 부모들도 있어요. 하지만 그런 시대는 끝났어요. 우리에게는 우리의 삶이 있고, 지금의 이런 상황도 우리 삶의 일부일 뿐이에요. 우리 부부의 결혼관에 의하면 항상 아내와 내가 먼저예요. 부모의 결혼 생활이 건강하지 않으면 아이들의 삶도 절대로 건강할 수 없습니다.」 크리스가 덧붙였다. 「어쩌면 이런 우리가 부모로서 자격 미달이라고 생각하는 사람도 있을 거예요. 나는 모든 가능성을 전부 다 확인한 것은 아니에요. 어쨌거나 내게는 충분한 정보도 없고요. 혹시 진단이 잘못된 것은 아닐지 다른 병원을 전전하지도 않아요. 하지만 그게 현실이에요.」

　도너번 부부는 종종 집에서 리엄이 커피 테이블 밑에 있도록 내버려 둔다. 리엄이 테이블 밑으로 미끄러져 들어가면 그들은 테이블 위로 리엄의 손이 닿을 수 있는 곳에 장난감들을 대롱거리게 올려놓는다. 한번은 그들 집에서 파티를 할 때였다. 그들과 비교적 최근에 알게 된 어떤 사람이 〈저기요, 당신 아이가 커피 테이블 밑에 있어요. 아이는 괜찮은 거죠?〉라고 물었다. 그런 경우에 폴과 크리스는 기꺼이 상황을 설명한다. 아이들이 궁금해할 때도 절대로 설명을 마다하지 않는다. 폴이 말했다. 「이를테면 내가 〈그 아이는 앞을 보지 못한단다〉라고 말해요. 아이들은 으레 〈예?〉라는 반응을 보이죠. 나는 〈좋아, 너는 네 코로 무엇을 보니?〉라고 물어요. 아이들이 〈그게 무슨 말이에요?〉라고 되묻죠. 그럼 나는 〈바로 그런 거야. 코에는 사물을 보는 감각 자체가 없어. 마찬가지로 리엄은 보는 일 자체를 아예 하지 않는단다. 완전히 우주 미아인 셈이지〉라고 설명해요. 십중팔구 그 아이들은 집에 가서 〈엄마, 엄마는 코로 무엇을 봐요?〉라고 묻죠.」 폴은 일곱 살짜리 리엄이 〈아름다운 영혼과 적절한 지성, 좌절스러울 정도로 부적절한 육체〉를 가졌다고 말했다. 리엄은 기지는 못했지만 도움을 받아 앉을 수 있었고, 나무 바닥 위에서 햇빛이 내리쬐는 자리로 자신의 몸을 끌어당길 수도 있었다. 그러다 보니 도너번 부부의 집에는 양탄자가 없었다. 리엄의 근육은 대체로 너무 약해서 거의 제 역할을 하지 못했지만 어떤 힘줄은 반대로 지나치게 팽팽해서 손바닥을 쫙 벌리거나 다리를 쭉 펼 수가 없었다. 그럼에도 큰 공을 살살 던져주면 얼마든지 잡을 수 있었다. 리엄이 씹지를 못했기 때문에 그가 먹을 음식은 모두 죽처럼 만들어야 했다. 폴이 말했다.「나도 리엄처럼 초콜릿 푸딩을 원 없이 먹어 보고 싶어요.」

우리가 함께 있는 동안에 문득 리엄이 울기 시작하자 폴이 말했다. 「저 녀석이 저렇게 우는 이유는 자기에게 관심이 집중되지 않아서 그런 거예요.」 폴은 리엄의 이름을 거론하기만 하면 그가 자신도 포함되어 있다고 느끼게 만들기에 충분하다고 생각했다. 한편 크리스는 리엄에게 상황을 판단하는 능력이 있다고 주장했다. 그녀가 말했다.「리엄은 그에게 지적 능력이 있음을 암시하는 행동들을 보여줘요. 그와 많은 시간을 함께하는 사람만 알 수 있죠. 리엄의 선생님이나 특수 교육 보조원은 리엄이 그처럼 못되게 구는 것을 오히려 좋아해요. 그가 생각한다는 증거니까요.」 리엄은 우스갯소리를 들으면 웃고, 특정 텔레비전 프로그램을 좋아하는 듯 보인다. 특히「세서미 스트리트」와「아메리칸 아이돌」을 볼 때면 조용히 만족스러운 표정으로 누워 있다. 폴은 그를 하키에 열광하게 만들려고 애쓰고 있다. 그가 말했다.「중요한 것은 후천적으로 학습된 특성입니다.」 리엄은 스스로 옷을 입지는 못하지만 폴이나 크리스가 옷을 입혀줄 때 팔을 쭉 뻗어야 한다는 것을 배웠다. 폴이 말했다.「물론 가르치는 양에 비해서 실제로 배우는 것은 훨씬 적어요. 하지만 그게 리엄이죠.」

내가 리엄을 만났을 때 그는 특수 주간학교에 다니고 있었다. 폴과 크리스는 그가 학교 환경을 보다 많이 경험하길 원했다. 크리스가 말했다. 「직접 부딪혀보지 않고는 리엄이 무엇을 할 수 있는지 알 수 없어요.」 그렇지만 도너번 부부는 장애 아동을 키우는 다른 많은 부모들과 달리 기성 사회에 맞서 적극적으로 싸우지 않았다. 리엄에게 휠체어를 사용하게 해주려고 1년 동안 싸워도 별 소득이 없자 그들은 자비로 휠체어 값을 지불했다. 또한 정말 마음에 드는 집을 발견해서 구입하고 싶었지만 그 지역의 사회복지사가 전혀 도움이 되지 않는다는 사실을 알았고, 결국 지금 사는 동네의 사회복지 서비스가 좋다는 이유로 현재의 집을 선택했다. 폴이 말했다. 「리엄이 당장 이번 주 화요일에 보스턴 마라톤 대회를 뛰지는 못할 겁니다. 다음 주 목요일이 된다고 해서 하버드 법대에 들어가지도 못하겠죠. 그렇다고 우리가 리엄의 권리와 그에게 필요한 것을 위해서 투쟁하지 않는다는 뜻은 아니에요. 다만 그동안 우리가 추구한 방식이 경쟁적이거나 부정적인 대신 협동적이었을 뿐이에요. 나는 한 아이가 가진 의존성 덕분에 나머지 두 아이의 자립성에 관해 많은 것을 배웠어요. 우리의 두 딸은 그들이 원하는 것은 무엇이든 할 수 있어요. 그리고 나는 그들이 자랑스러울 거예요. 정말 큰 짐을 덜은 거죠.」

도너번 가족은 독실한 천주교 집안이다. 폴은 일요일마다 두 딸을 데리고 성당을 찾는다. 가끔은 리엄을 데려가기도 한다. 리엄 문제로 한창 힘들었던 처음 몇 년 동안 폴과 크리스 부부는 날마다 미사에 참석했다. 폴은 〈리엄이 병원에 있을 때 그 덕분에 견딜 수 있었습니다. 당시에는 신앙보다 어떤 의식에 더 가까웠죠〉라고 회상했다. 크리스가 말했다. 「종교 생활은 일종의 체계였어요. 진을 쏙 빼놓을 게 분명한 하루하루를 차분하게 마주하는 나름의 방법이었어요.」 폴은 자신을 인내하도록 만들어 줄 10가지 원칙을 정해 두고 있었는데 그중 첫 번째가 〈신념을 갖자〉였다. 그는 이 원칙이 지극히 포괄적인 의미라고 설명했다. 「신념이 꼭 종교일 필요는 없어요. 그렇지만 내 경우에는 종교였어요. 나는 하느님의 원대한 뜻을 믿습니다. 물론 십자가가 쓰러진 적도 몇 번 있었어요. 하지만 우리는 그때마다 십자가를 다시 일으켜 세웠어요. 그 과정에서 내 신념은 더더욱 의미를 갖게 되었죠. 신념이 점점 더 진짜가 되어 갔어요.」 리엄을 성당에 데려가는 데는 사회적 노림수도 있다. 폴의 설명이다. 「우리 성당에 다니는 아이들은 하나같이 완벽해요. 따라서 꼭 표준을 만족시키는 존재만 있는 게 아니라는 사실을 알 필요가 있어요. 리엄은 그 증거인 셈이죠.」

도너번 가족과 함께 보낸 주말이 끝나갈 무렵에 크리스가 자신의 새해 결심이 만족스러운 결과로 이어질 것 같다고 언급했다. 내가 어떤 결심을 했었는지 묻자 그녀가 말했다. 「실제로는 당신도 그 계획의 일부예요. 나는 내가 두려워하는 일을 하기로 결심했어요. 이 인터뷰를 통해서, 이를테면 나 자신과 우리 생활의 지극히 고된 부분에 관한 이야기를 당신에게 털어놓음으로써 우리의 경험을 세상과 나눌 수 있겠다고 생각했어요. 그래서 무조건 해보기로 결정했고 그렇게 하기를 잘했다는 생각이 들어요. 이번 일 덕분에 나는 그 모든 경험을 이렇게 활짝 펼쳐놓고 되돌아볼 수 있었고, 그 과정이 얼마나 힘들었는지 새삼 느낄 수 있었어요. 아울러 내가 우리 아들을 얼마나 끔찍이 사랑하는지도 다시금 깨달았어요.」

장애 아동을 양육하는 문제는 고립을 초래하기도 하지만 새로운 네트워크와 새로운 경험을 제공하기도 하며, 이 문제에 대응하는 방법은 최근 수십 년 동안 체계화되어 왔다. 장애 아동을 양육하는 문제는 부부 간의 역학 관계를 분명하게 만든다. 친구 관계도 마찬가지다. 부부나 친구 간에 진실한 관계가 구축되지 않은 부모에게는 장애 아동을 양육하는 일이 한층 더 힘들 수 있다. 한 연구 결과에 따르면 〈사회적 고립은 덜 긍정적인 마음, 격심한 우울증, 애정 부족 등과 밀접한 관련이 있었다〉.[19] 부모들은 지원 단체나 보호 단체, 의학 연구에 동참함으로써 그들의 경험을 재구성하는 데 도움을 얻을 수 있다. 자기 자녀를 돌보아 주는 사람들과 사회적인 친분을 쌓는 것도 도움이 된다. 고정된 외부의 현실을 수용해야 하는 사람들이 앞으로 나아가는 유일한 길은 내부의 현실을 조정하는 방법뿐이다. 다수의 대응 전략들이 선(禪)의 단순함을 권한다. 혼돈을 해소하려고 하는 대신에 혼돈 속에서 아름다움과 행복을 찾으라는 것이다. 내 친구의 예를 들자면, 그녀는 남편이 자신의 요구를 만족시킬 수 없음을 깨닫고 자신의 요구 사항을 바꾸었다. 그들 부부는 함께 오래도록 행복하게 살고 있다.

공감과 연민은 당신이 여전히 당신 자신과 가족을 위해서 의미 있는 삶을 꾸려 나갈 수 있다는 믿음과 함께할 때 최선의 효과를 발휘한다. 이런 상태를, 즉 자기 스스로 자신의 인생 경로를 결정하는 것을 지칭하는 용어가 〈내적 통제 소재internal locus of control〉[20]이며, 이와는 반대로 자신이 외부 환경과 사건에 완전히 종속되어 있다고 느끼는 상태를 가리키는 용어로 〈외적 통제 소재external locus of control〉가 있다. 내적 통제 소재 상태를 유지하기 위해서는 자신의 생활 방식과 우선순위를 적극적으로 일치시키고자 노력해야 한다. 예컨대 자신의 생활 방식과 우선순위를 일치시키는 데 실패한 남자는 자신에게 가장 중요한 일이 남편이나 아버지로서의 역할이라고 생각하면서도 직장에서 일주일에 100시간씩 일한다. 역설적으로 들릴 수도 있겠지만 흔히 장애 아동의 부모들은 그들에게 통제권이 없다는 사실을 확실히, 긍정적으로 받아들임으로써 오히려 상황이 통제된다는 느낌을 얻는다. 일반적으로 가장 중요한 것은 자신의 경험보다 훨씬 커다란 어떤 대상에 대한 믿음이다. 가장 보편적으로 의지할 수 있는 대상으로 종교가 있지만 다른 방법도 많다. 신의 존재나 인간의 선의지, 정의 등을 믿을 수도 있으며 단순히 사랑을 믿을 수도 있다.

여기에는 닭이 먼저인지, 달걀이 먼저인지 보여 주려는 연구들도 많다. 긍정적인 경험이 어느 정도의 긍정적인 인식을 낳고, 또 반대로 긍정적인 인식이 어느 정도의 긍정적인 경험을 낳는지는 알 수 없는 노릇이다. 비통함을 숭고함으로 포장하는 행위는 대응 전략의 하나일 뿐이다. 하지만 자칫 장애 아동을 양육하는 경험이 단순히 의미 면에서 풍요로울 뿐 아니라 다른 양육 경험보다 선호할 만한 것처럼 보일 정도로 경이로움의 수준을 격상시키는 부모나 장애학자도 있다. 장애 아동이 가족의 따뜻한 난로가 되고, 가족 구성원들이 모두 이 난로 주위에 모여서 다 함께 노래를 부른다는 식이다. 이런 감상적인 생각은 파괴적일 수 있다. 게다가 그렇지 않아도 힘든 시기를 보내고 있는 부모들에게 그들의 괴로운 경험 전반에 대한 죄책감과 패배감을 가중시켜서 그들을 더욱 상심하게 만들 수도 있다. 그럼에도 이런 감상적인 생각의 모태가 된 지독한 편견의 역사를 고려한다면 그들을 쉽게 용서할 수 있을 것이다.

맥스 싱어는 한쪽 눈동자가 왼쪽으로 고정된 상태로, 그리고 다른 한쪽은 동공이 확대된 상태로 태어났다.[21] 수재나와 피터 싱어 부부가 아들을 데리고 맨 처음 찾아간 신경과 전문의는 그들에게 뉴욕의 잘나가는 소아 신경과 전문의를 소개했다. 소개를 받아 찾아간 의사는 맥스를 살펴보더니 피터를 돌아보면서 말했다. 「지금이라도 사랑스러운 아내와 집으로 돌아가서 다른 아기를 만드세요. 이 아이에게 아무것도 기대할 것이 없습니다. 이 아이가 장차 걷거나 말을 하거나 당신을 알아볼 수 있을지도 의심스럽고, 사람 구실을 하거나 사고를 할 수 있을지조차 확실치 않군요.」 의사는 맥스가 소뇌와 유체로 채워진 부분까지 뇌 전체가 선천적으로 기형인 댄디-워커 증후군이라고 설명했다. 다른 의사들은 기존의 진단명을 약간 순화했다. 즉 맥스가 댄디-워커 증후군의 아류인 주버트 증후군이라고 했다. 하지만 가장 최근의 검사를 통해 맥스는 사실상 주버트 증후군이 아닌 것으로 판명되었고, 지금의 의사는 보다 포괄적인 댄디-워커 증후군으로 복귀했다. 한편 수재나는 〈그렇지만 이 시점에서 진단명이 무엇이든 실제로 무슨 차이가 있겠어요?〉라며 시큰둥해했다.

수재나는 진단명이 나온 날을 그녀의 인생에서 최악의 날 중 하나로 꼽았다. 그녀가 말했다. 「맥스에게 무언가 문제가 있음을 곧장 파악함으로써 우리에게 어떤 이점이 있었는지 모르겠어요. 다만 그 때문에 맥스에게 애착을 갖기까지 과정이 늦어졌을 뿐이죠.」 다음으로 싱어 부부는 맥스를 데리고 시신경 전문의를 찾아갔다. 그의 눈에 무슨 문제가 있는지 알아보기 위해서였다. 그 의사는 맥스가 볼 수 있다는 사실을 알아냈다. 그 밖의 모든 문제는 여전히 의문으로 남았다. 수재나가 말했다. 「맨 처음에 만난 의사는 우리에게 맥스가 식물인간이 될 거라고 말했어요. 그다음에 만난 의사는 맥스에게 약간의 지적 장애가 있을 수 있다고 말했죠. 하지만 우리는 그들의 진단명만 있을 뿐 그것들이 무슨 의미인지 아무런 예측도 할 수 없었고, 부검을 하기 전에는 무슨 문제가 있는지 정확히 알 수 없을 거라는 이야기까지 들었어요. 불확실한 기대를 안고 산다는 것은 정말 힘든 일이에요.」

수재나는 맥스가 아직 어린 동안에는 그의 문제를 공개적으로 논의하지 않기로 했다. 「나는 장차 어떤 일이 일어날지 몰랐어요. 그리고 사실상 확실한 것은 아무것도 없음에도 맥스가 사람들이 자신에 대해 무언가 아는 것처럼 느끼기를 원치 않았어요.」 수재나는 예술 에이전트이며, 솔 르윗과 로버트 맨골드를 포함하여 많은 유명한 예술가들의 작품을 대행해 왔다. 그녀가 말했다. 「나는 예술계 행사에 맥스를 데리고 다니지 않았어요. 아들을 꽁꽁 숨겨 두고 있었던 거죠. 지금은 그렇게 비밀로 했던 행동이 후회돼요. 그렇게 함으로써 우리는 둘 다 외로웠거든요.」 맥스가 생후 3개월이 되었을 때 싱어 부부는 베로니카라는 이름을 가진 트리니다드 출신의 유모를 고용했고, 그녀는 이후로 20년 동안 그들 가족과 함께 지냈다. 「그녀는 이를테면 또 다른 부모 같았는데, 어쩌면 그 이상이었어요. 만약 우리 부부와 그녀 중에서 한 명을 선택해야 했다면 맥스는 그녀를 선택했을 거예요. 그녀는 언제나 맥스의 곁을 지켰어요. 인내심이 바닥을 드러내는 경우도 없었죠.」 주위의 조언을 받아들여서 싱어 부부는 둘째를 가지려고 노력했지만 유산이 되풀이되었다. 마침내 그들은 입양하는 쪽을 선택했다. 수재나와 피터가 그들이 선택한 입양 알선 기관에 앉아 있는데 베로니카로부터 맥스가 열이 나서 학교를 조퇴하고 왔다는 연락이 왔다. 수재나는 미팅을 포기하고 맥스를 의사에게 데려갔다. 「맥스는 자주 아픈 편이 아니에요. 장애가 있다는 점을 제외하면 실제로 무척 건강한 편이죠. 하지만 입양 알선 기관은 실제로도 그렇지만 맥스에게 손이 너무 많이 가서 우리가 다른 아이를 입양하더라도 그 아이에게 필요한 것을 줄 수 없을 거라고 했어요. 입양 신청이 거절된 거였죠. 맥스를 형제로 둔다는 것이 입양될 그 아이에게 어쩌면 힘든 일이었을지 모르겠어요. 그럼에도 나는 두 아이 모두에게 많은 이점이 있었을 거라고 생각해요.」

맥스는 다른 사람이 옆에서 팔을 잡아 받쳐 주면 걸을 수 있다. 수재나가 말했다. 「맥스가 걷기를 멈추고 다리를 꼬아 버린 채 걷지 않기로 결심하면 사실상 그를 움직이게 하기가 불가능해요. 하지만 영화를 보러 가거나 시간에 맞춰 텔레비전을 보러 가고 싶을 때는 실질적으로 달릴 수도 있어요.」 맥스는 혼자서 화장실을 사용할 수 있으며, 왼쪽 팔과 오른쪽 다리의 움직임도 자유롭다. 수재나가 〈맥스는 지금보다 훨씬 많은 일을 할 수 있어요. 그럼에도 다른 사람의 도움을 받으려고 하죠〉라고 설명했다. 그는 사람들의 말을 이해할 수 있지만 발화 능력이 없다. 발화 능력과 이해 능력 둘 다 없는 경우에 비하면 여러 가지 측면에서 언어를 이해하는 능력이 엄청난 장점처럼 보일 수도 있지만, 한편으로는 발화를 하지 못하는 문제와 복합적으로 작용해서 나름의 좌절감을 유발한다. 이해는 했지만 대꾸를 할 수 없는 상황이 사람을 미치게 만드는 것이다. 맥스는 고개를 끄덕이거나 가로저을 수 있다. 피터와 수재나는 맥스가 수화를 배울 수 있지 않을까 하는 기대로 2년간 ASL 협회에도 다녔다. 하지만 얼마 가지 못해서 맥스에게는 수화에 필요한 운동제어 능력이 부족한 것으로 드러났다. 그는 수화로 〈더 많이〉, 〈끝났어요〉, 〈음악〉, 〈미안해요〉 등의 표현을할 수 있다. 기본적으로 언어 보조 장치를 사용하길 싫어하지만 말하는 기계—타이핑이나 그 밖의 기호들을 소리로 바꿔 주는 장치—를 사용하도록 강요받는 경우 그는 상당히 복잡한 문장도 만들 수 있다. 또한 간단한단어들을 읽을 수 있으며 자신의 완전한 성과 이름을 쓸 수도 있다.

수재나가 말했다. 「맥스는 거의 모든 것에서 재미를 발견해요. 그야말로 호기심 덩어리죠. 무척 큰 개를 제외하고는 무서워하는 것도 없어요. 적응을 잘하고, 자신이 무척 사랑받고 있음을 알아요. 특수학교에 다니는 까닭에 학교에서 외면이나 놀림을 당한 적도 없어요. 게다가 맥스는 다른 사람을 기겁하게 만들 수 있는 어떠한 신체적인 기형도 없어요. 그 덕도 많이보았죠. 솔직히 말해서 나는 어릴 때 외모가 그렇게 뛰어나지 않았어요.그럼에도 나는 그가 정말 잘생겼다고 생각해요. 맥스는 정이 무척 많아요.근육을 조정하는 능력이 없어서 키스를 하지는 못하지만 자주 힘껏 포옹을 해주죠. 베로니카와 함께 다 같이 앉아 있을 때면 맥스는 항상 그녀에게 팔을 두르고 있어요. 그리고 우리가 웃기라도 할라치면 맥스는 곧장 그녀의 표정을 살폈어요. 그녀도 웃고 있는지 확인하는 거죠. 그 정도로 정이 많아요.」

아홉 살 때 맥스가 처음으로 특수 아동을 위한 여름 캠프에 참가했고,수재나는 매일 캠프에 전화해서 그에게 별일이 없는지 확인했다. 결국 다른 캠프 참가자가 그녀의 전화를 받고 친절한 조언을 건네기에 이르렀다.「맥스는 지금 마음껏 즐거운 시간을 보내고 있어요. 캠프에 와 있는 동안은 우리 부모님도 항상 나를 내버려 둔답니다. 어쩌면 아주머니도 그런 부분을 고려해 보아야 할 것 같아요.」 후에 맥스는 히브리 특수학교에서 운영하는 여름 캠프에 참가했다. 싱어 부부는 적극적으로 유대교 율법을 따르지는 않는 유대인이지만 장애 아동을 위한 여름 캠프는 대개 종교 단체에 의해서 운영된다. 수재나가 말했다. 「나는 종교를 그다지 탐탁지 않게 여겨요. 하지만 여름 캠프는 나를 위한 것이 아니라는 사실을 깨달았죠. 맥스는 매년 그 여름 캠프에 참가하고 훨씬 성숙해져서 돌아와요. 그곳에서 믿기지 않을 정도로 많은 것들을 배우죠.」

맥스는 비교적 사회에 잘 적응했고 독립심도 강하다. 스페셜 올림픽에 처음 참가하기 위해 버스를 탔을 때는 오히려 그가 수재나를 밀쳐 냈다. 그녀가 말했다. 「나는 그 같은 맥스의 행동에 오히려 뿌듯함을 느꼈어요. 처음부터 나는 이 아이가 세상에서 자기가 최고라고 생각하기를 바랐거든요. 그런 점에서 나는 성공했더랬어요. 물론 때로는 그렇게 부추기지 않았으면 좋았을지 모른다는 생각도 들어요. 맥스가 너무 교만해질 수 있으니까요. 어쨌거나 나는 그랬어요.」 그녀가 미소를 지었다. 「장애가 있는 아이를 키운다는 것은 어떤 경우에도 결코 즐거운 일이 아니에요. 하지만 맥스만 본다면 그 아이는 우리에게 많은 기쁨을 선사했어요. 맥스가 태어났을 때 나는 맥스와 내게 성공이란 어떤 의미일지에 관해 생각을 바꿔야 했어요. 맥스의 입장에서는 그의 행복이 곧 그의 성공이고, 내 입장에서는 나의 행복이 곧 나의 성공이죠. 나는 그 아이가 학교에서 조금만 더 열심히 노력했으면 좋겠어요. 그냥 시간을 죽이면서 만족하기보다 더 많은 것을 성취하려고 했으면 좋겠어요. 하지만 어쩌면 그 아이는 건강하게 태어났더라도 결국에는 그런 타입의 아이가 되었을 거예요. 맥스의 기본적인 기질은 나를 많이 닮았어요. 어쩌면 그래서 내가 맥스의 그런 면을 좋아하는지도 모르고요. 맥스는 자신감이 있고 공정한 아이예요. 기본적으로 늘 행복하고 기꺼이 순응하고자 하죠.」

맥스는 짐 캐리 영화를 좋아하고, 유머 감각이 있으며, 클래식 음악 애호가다. 수재나가 말했다. 「나를 낳아 준 아버지가 엄청난 오페라 광이에요. 내 이름을 「피가로의 결혼」에서 따왔을 정도죠. 한번은 어떤 사람이 내게 체칠리아 바르톨리의 CD를 선물했어요.[22] 내가 그 CD를 틀었더니 맥스가 넋을 잃고 듣더군요.」 수재나는 맥스를 데리고 메트로폴리탄 오페라 극장과 카네기홀에서 열린 체칠리아 바르톨리의 공연을 보러 갔다. 그들은 바르톨리가 헌터 칼리지에서 기자 회견하는 것도 보러 갔다. 그녀의 레코드에 사인을 받으러 간 적도 있었다. 수재나가 말했다. 「맥스는 그녀의 열성팬이에요. 체칠리아 바르톨리는 피가로라는 이름의 개도 있었고, 오랫동안 맥스에게 정말 잘 대해 주었어요.」 바르톨리는 자신의 앨범과 심지어는 자신의 사진에도 사인을 해서 맥스에게 주었다. 한편 수재나에게도 늙고 심술궂은 개가 있었는데 맥스가 열두 살 때 죽었다. 「나와 맥스를 제외하고는 아무도 그 개를 별로 좋아하지 않았어요. 특히 맥스는 그 개를 형제처럼 아꼈어요. 맥스가 캠프에 가려고 할 때 내가 〈맥스, 엄마는 새로운 개를 무척 갖고 싶어. 그래도 괜찮을까?〉라고 물었어요. 그러자 그는 〈안 돼, 안 돼〉라는 말만 되풀이했어요. 마침내 내가 〈새로운 개에게 체칠리아 바르톨리의 이름을 따서 이름을 짓는다고 생각해 봐〉라고 꼬드기자 곧장 〈좋아요〉라고 하더군요. 우리는 새로운 개를 데려왔어요. 수컷이라서 이름은 바르톨리라고 짓고 실제로는 바트라고 부르죠.」

처음 싱어 가족을 만났을 때 맥스는 스무 살이었다. 수재나가 말했다. 「특히나 맥스 같은 경우에는 사춘기가 정말 쉽지 않아요. 한때는 나의 작은 천사였던 아이가 더 이상 존재하지 않게 되죠. 적어도 어릴 때의 모습은 아니게 되는 거예요. 맥스는 여자를 좋아해요. 특히 예쁜 여자를 좋아하죠. 하지만 그들과 꼭 적절한 관계에 있는 것은 아니에요. 나름의 친구들이 있지만 그들이 진정한 친구라고 말하지는 못할 것 같아요. 맥스는 우리 같은 사람과 자신의 차이를 인지하고 있고 그래서 더욱 모든 사람에게 의지하려고 하죠.」

그해 초에 상황이 급변했고 악화되었다. 피터와 수재나는 영문을 알 수 없었다. 맥스가 너무 못되게 굴어서 그들은 그를 신경과 전문의에게 데려갔고 의사는 그에게 약물 치료를 처방했지만 상황은 점점 더 악화되기만 했다. 나중에야 그들은 베로니카가 여름이 지나면 자신이 떠날 거라고 맥스에게 계속해서 이야기해 왔다는 사실을 알게 되었다. 그녀는 그때까지 이 사실을 수재나나 피터에게 언급하지 않고 있었다. 맥스의 입장에서는 무엇이 문제인지 알릴 방법이 없었던 것이다. 「그때가 사고할 수 있고, 반응할 수 있고, 사랑할 수 있고, 우리가 가진 것과 똑같은 감정을 가졌지만 우리에게 말을 할 수 없는 아이를 키우면서 가장 힘들었던 순간 중 한 번이었어요. 나는 그처럼 끔찍한 두려움과 슬픔을 표현할 수 없는 상황을 상상도 못했어요. 우리가 그 문제에 대해 잘 설명하자 그도 결국에는 받아들였어요. 맥스가 캠프에서 돌아올 때에 맞춰 우리는 새로운 사람을 구했고 맥스도 그녀를 잘 따랐어요. 맥스는 내가 걱정했던 것보다 훨씬 잘 적응했고 어떤 면에서 우리보다도 잘 적응했어요. 나는 울고 또 울었어요.」

베로니카가 그만둔 이유는 20년 동안 일하면서 지친 이유도 있었지만 그것이 전부는 아니었다. 맥스가 너무 자라서 한번씩 그를 옮기기가 물리적으로 너무 힘들어졌고, 고향인 트리니다드로 돌아가고 싶은 마음도 있었고, 언젠가는 맥스가 공동 생활 가정으로 들어가게 될 거라는 생각이 들어 끔찍했기 때문이었다. 수재나가 말했다. 「맥스가 공동 생활 가정으로 들어가는 문제를 이야기할 때마다 그녀는 눈물을 흘렸어요. 나는 〈그 방법이 그에게 최선이라는 것을 알잖아요〉라고 말하면서 계속 그녀를 위로했어요. 물론 그녀도 알고 있었죠. 나는 맥스가 대략 다른 아이들이 대학에 들어갈 나이 정도가 되면 집에서 내보내야 한다고 생각했어요. 40대에 이른 자식이 노부모와 함께 사는 모습을 보는 것처럼 가슴 아픈 일도 없는 것 같아요. 나는 주변에 가까이 있으면서 맥스가 과도기를 잘 넘길 수 있도록 도와주고 싶어요. 언젠가 피터와 내게 무슨 일이 생겨도 맥스가 갑작스럽게 혼돈 속으로 내던져지는 일이 없도록 하기 위함이에요.」

맥스처럼 신체적으로 장애가 있는 사람을 보살필 수 있으면서 환자가 말을 할 수 없음에도 계속 말을 걸어 주고, 환자의 높은 이해 수준에 대응할 수 있는 직원들이 준비된 보호시설을 찾아내기란 결코 쉽지 않다. 맥스의 부모는 마침내 적당해 보이는 보호시설을 찾았지만 내가 그들을 만났을 때까지도 여전히 새로 짓는 중이었고 그들은 마냥 기다리고 있었다. 맥스를 공동 생활 가정에 보내는 문제와 관련한 수재나의 태도는 자못 담담하다. 「맥스가 시설로 들어가도 빈자리가 그다지 크게 느껴지지는 않을 거예요. 여름 캠프에 갔을 때도 그랬거든요. 피터와 나는 맥스와 떨어져 있을 때 더 잘 지내요. 주말에는 도우미가 오지 않아요. 그런데 피터가 하루 종일 골프라도 치는 날이면 내가 맥스와 온종일 붙어 있어야 해요. 내게 일이 있을 때도 피터가 똑같은 문제에 직면하죠. 내 생각에 우리가 소위 빈 둥지 문제를 겪을 것 같지는 않아요. 맥스가 평범한 아이였다면 상황이 무척 달랐겠죠. 그렇게 생각하면 나는 그다지 슬퍼하지 않는 나 때문에 슬퍼져요.」

나는 건강한 자녀를 둔 어머니들의 환상에 대해 들은 적이 있다. 그들은 자신의 아이가 영원히 상냥하고, 연약하고, 부모에게 적당히 의지하면서 사춘기에 반란을 일으키거나 어른이 되어 부모에게 무심해지지 않는 것을 최고의 바람으로 꼽았다. 하지만 그들에게 조언하건대, 당신의 바람을 경계할지어다. 장애 아동은 영원히 그들 부모의 책임이다. 지적 장애인의 85퍼센트는 부모와 함께 살거나 부모의 간접적인 보살핌을 받으면서 살고, 부모가 거동이 불편해지거나 세상을 떠나기 전까지는 이 같은 구조가 가장 보편적이다.[23] 하지만 부모가 늙어감에 따라 이러한 구조는 부모에게 커다란 걱정거리로 작용할 수 있다. 어떤 부모들은 처음에 열정을 가지고 시작했다가 특별한 주의를 요구하는 자녀에게 점점 압도되고, 중년이나 그 이후에 가서 절망감을 느끼기 시작한다. 원래는 자녀를 포기하고 입양을 보내려고 했다가 그 자녀에게 차츰 사랑을 느끼는 부모들도 있다.

한편 장애인의 기대 수명은 점점 늘어나는 추세다. 1930년대에는 보호시설에 수용된 지적 장애인 남자의 평균 사망 연령이 대략 15세였고, 여자는 22세였다. 1980년에 이르러 이 수치는 남자의 경우 58세가 되었고 여자는 60세로 급증했다.[24] 다만 움직일 수 없는 장애를 안고 태어난 사람들의 경우에는 그보다 일찍 죽는다. 장애 아동을 양육하는 일에 이력이 나기 전이고, 감정적인 유대가 형성되기 전이며, 애초에 상상했던 건강한 아이에 대한 환상이 아직 완전히 깨지기 전인 부모들에게 초기의 스트레스는 흔히 그들을 압도한다. 그럼에도 지적 장애가 있는 성인 자녀의 노부모들을 대상으로 표본조사를 실시한 한 연구에 따르면, 조사에 응한 노부모들 중 거의 3분의 2가 보호자 역할이 그들에게 목적의식을 갖게 만든다고 느꼈고, 성인 자녀와 함께 삶으로써 외로움을 덜 느낀다는 사람도 절반이 넘었다.[25]

미시간 주 앤아버에 위치한 크레이지 위즈덤 서점의 주인 빌 지린스키와 루스 섹터 부부는 1994년에 그들의 첫 아이인 빨간 머리의 아들을 기꺼이 맞이했고 샘이라고 이름을 지었다.[26] 샘은 건강하게 태어났지만 생후 2~3개월 만에 상황이 달라졌다. 그는 당최 먹으려고 들지 않았고, 근육량이 부실했으며, 정상적인 발달 단계를 밟지 않고 있었다. 앉거나 몸을 뒤집지도 못했다. 소아과 의사는 처음에 샘이 바이러스에 감염되었다고 생각했다. 하지만 6개월째에 실시한 신경 검사와 내분비 검사를 통해 그에게 심각한 장애가 있음이 드러났다. 그 소아과 의사는 샘이 그리 오래 살지 못할 것 같다는, 그의 질병이 퇴행성일 것 같다는, 신경계의 탈수초* 증세 때문에 감각과 인지 기관, 운동 능력에 손상이 있을 것 같다는, 어쩌면 〈식물인간〉처럼 살게 될 것 같다는 〈예감〉이 든다고 설명했다. 루스의 설명에

---

* 미엘린이나 미엘린을 생성하는 올리고덴드로글리아 시반 세포 등의 병적 변화에 의해 신경세포 돌기를 피복하는 미엘린이 탈락하는 현상.

따르면 의사의 이 같은 정보는 〈아무 짝에도 쓸모가 없었다〉.

빌과 루스는 무엇이 잘못되었는지 원인을 찾기 위해서 총력을 기울였다. 빌이 말했다. 「6개월 동안 우리는 우리 아들이 단지 성장이 느릴 뿐이라고 생각했어요. 하지만 어느 주말에 그 아이 앞에 완전히 다른 인생 여정이 펼쳐져 있음을 받아들여야 했죠.」 그들 부부는 소아과 의사들을 잇달아 만났지만, 〈건강한 아기들을 치료하는 의사〉에게 잘못 찾아왔다는 이야기만 들었다. 마침내 루스가 그녀의 목록에 들어 있던 한 소아과 의사에게 전화를 걸었고, 아들의 상태를 설명하자 전화를 받은 간호사가 〈우리 웨인블랏 박사님이 바로 그 같은 환자들 전문이에요〉라고 말했다. 그들 부부는 다음으로 신경과 전문의를 찾아갔고, 그렇게 만난 컬럼비아 프레스비테리언 병원의 데럴 데 비보 박사와 그 뒤로 오랫동안 인연을 이어가게 되었다. 빌이 당시를 회상했다. 「우리가 〈샘이 정상적인 생활을 할 수 있을까요? 여전히 가능할까요?〉라고 묻자 데 비보 박사는 부드러운 어조로 〈아마도 그렇지 않을 겁니다〉라고 말했어요. 나는 우리가 치료할 수 없는 어떤 것과 싸우고 있음을 알게 되었죠.」

빌은 자신의 누이도 뇌성마비였기 때문에 자신이 장애 아동을 돌보는 훈련이 되어 있다고 생각했다. 루스가 말했다. 「샘이 태어난 순간에 장애 진단을 받았더라면 또 달랐을 거예요. 처음 6개월 동안 쌓은 유대감이 결정적이었죠. 그때까지 나는 샘에게 무척 헌신적이었어요. 나는 지금도 분명히 기억해요. 병원을 쫓아다니던 그 몇 주 동안 나는 장차 내가 다시 즐거움을 느낄 수 있을까 하는 의문이 들었어요. 다른 한편으로는 그 아이를 위해 내 인생을 희생하길 원했고, 그 아이가 호전될 수 있다면 기꺼이 모든 것을 포기할 거라는 사실도 알았어요. 내게는 그 두 가지 상반된 생각이 지극히, 그리고 완전히 새로운 느낌이었죠.」

샘은 절대로 걷거나, 말하거나, 먹거나, 듣지도 못할 터였다. 그는 위 영양관G-tube을 통해 영양을 공급받았고, 휠체어를 타고 다녔으며, 종종 발작을 일으켰다. 열 살이 거의 다 되도록 몸무게도 14.5킬로그램에 불과했다. 만성 위식도 역류질환과 통증도 그를 괴롭혔다. 그의 상태는 진단 불가능한 퇴행성 신경 대사장애로 결론지어졌다. 빌이 말했다. 「여러 해에 걸쳐 샘을 만나거나 그에 관한 이야기를 들은 친척들은 샘을, 그들의 표현을 그대로 옮기자면 〈식물인간〉으로 여겼어요. 1950년대 같은 사고방식이었죠. 그에 비하면 항상 샘을 이해하는 것은 아니었지만 보다 많은 친구들과 친척들은 겉으로 보이는 게 전부가 아니라는 사실을 알았어요. 당시 우리 친구들 중 20퍼센트는 샘과 실제로 함께 시간을 보내면서 그를 이해하게 되었어요. 그들은 샘과 눈을 맞추고, 함께 게임을 하거나 책을 읽었죠. 샘은 의식이 없다고 생각하면 없는 아이였고, 있다고 생각하면 있는 아이였어요.」 샘이 어머니를 알아보는 것 같냐는 사람들의 질문에 루스는 그가 많은 사람들을 알아본다고 설명했다. 샘은 시각적인 것들을 좋아했다. 물놀이를 좋아했고, 재활 승마도 좋아했다. 빌이 말했다. 「말을 타고 있으면 샘의 얼굴에 미소가 피어올라요. 그리고 샘이 기분이 좋으면 세상의 모든 것이 한없이 풍요로워지죠.」 샘의 가족사진 중에는 보육 교사 중 한 명의 결혼사진이 있다. 그녀는 샘에게 결혼식에서 반지를 운반하는 역할을 부탁했고, 사진 속 샘은 휠체어에 단단히 몸을 고정한 채 벨벳 쿠션으로 받친 반지를 들고 있었다. 루스가 당시를 회상했다. 「샘은 주말 내내 끔찍하게 아팠어요. 발작이 계속되었기 때문에 약을 먹어야 할 정도였죠. 하지만 결혼식 당일이 되자 완전히 기운을 되찾았고 표정도 밝아졌어요. 결혼식이 특별한 어떤 일이라는 사실을 알고 있다는 게 느껴졌죠.」

샘의 장애와 관련해서 밝혀진 것이 거의 없었기 때문에 재발 위험성 또한 예측이 불가능했다. 그럼에도 빌과 루스는 둘째 아이를 갖기로 결정했다. 줄리아나는 처음에 건강해 보였다. 하지만 생후 4개월쯤 되면서 잘 먹지 못하는 패턴이 시작되었다. 5개월째에 루스와 빌은 그녀를 웨인블랏 박사에게 데려갔다. 내가 그들 가족을 처음 만났을 때 줄리아나는 거의 일곱 살에 가까웠고, 샘보다는 장애가 약간 덜한 듯 보였다. 난청도 무척 심했지만 청능을 완전히 상실한 상태는 아니었다. 많이 걷지 못하고 무척 힘들어하기는 했지만 어쨌거나 걸을 수도 있었다. 외과 수술로 복부를 관통해서 곧장 위로 삽입되는 위 영양관 대신 비강을 통해 위에 영양관을 삽입해서 상대적으로 덜 침습적인 방법으로 영양분을 공급받았으며, 차츰 요령을 터득한 루스는 줄리아나가 영양관을 잡아 뽑을 때마다 관을 다시 삽입했다. 발작 장애도 없었고 샘보다 안정적인 상태처럼 보였다. 그럼에도 샘과 마찬가지로 체구가 몹시 작았다. 내가 그녀를 만났을 당시 그녀는 일곱 살이었지만 마치 두 살짜리처럼 보였다. 빌이 말했다. 「줄리아나는 요정 같아요. 다른 행성에서 온 매력적이고 재미있는 꼬마 소녀 같죠. 샘처럼 그녀도 무척 민감하고, 비록 인지 능력은 제한적인 발달을 보이지만 정서적으로는 지속적으로 성장했어요. 샘과 줄리아나는 대부분의 경우에 나이에 걸맞은 정서적 반응을 보여요. 애정과 시기, 흥분, 애착, 슬픔, 공감, 욕구, 바람 같은 감정을 보이죠.」

루스는 아이들이 오래 살지는 못할 거라는 느낌을 빌보다 훨씬 강하게 받았다. 줄리아나의 상태가 안정적인 듯 보인 반면에 샘의 질병은 명백히 진행 중이었고 상태가 갈수록 더 악화되었다. 샘은 평균적으로 일주일에 이틀 동안은 상태가 좋았다. 그리고 사흘 동안은 몇 시간씩은 위가 아프거나, 가벼운 발작 증세를 보이거나, 구역질을 했다. 나머지 이틀 동안은 그야말로 암담한 상태가 되었고, 거의 하루 종일 보살핌을 받아야 했다. 루스가 말했다. 「나는 우리 생활이 항상 비참하기만 한 것은 아니라는 사실을 사람들이 알아주기를 바랐어요. 내게는 샘이 멋지게 보였어요. 늘 멋져 보였죠. 샘이나 줄리아나 같은 아이를 포기한다고 해서 그 아이의 부모들을 나무랄 수 없어요. 그런 아이를 키우는 것이 너무나 힘든 일이기 때문이에요. 그럼에도 나 자신이 그런 생각을 한 적은 한 번도 없었어요.」 한번은 가족들이 롱아일랜드의 바닷가 근처에 있는 빌의 부모님 댁에서 다 함께 여름을 보낼 때였다. 갑자기 샘의 상태가 악화되어 그들은 그 동네의 소아과 의사를 찾아갔다. 의사는 뉴욕 주에서 생명유지장치 사용을 거부함으로써 아이를 떠나보내기는 쉬운 편이지만 일단 그 장치를 연결하고 나면 다시 떼기가 사실상 불가능하다고 설명했고, 루스 부부는 그에게 몹시 화가 치밀었다. 빌이 말했다. 「우리는 그녀의 조언이 모욕적으로 느껴졌어요. 그녀는 샘이 바로 여기에, 이 세상에 머물기를 바라는 우리의 생각을 전혀 이해하지 못했어요.」 빌과 루스는 한참을 그냥 걸었다. 그들 부부가 어떻게 해야 할지 결국에는 샘이 알려 줄 거라고 생각한다고 루스가 말했다. 루스의 설명이다. 「다른 사람들 기준에 따르면 샘은 이미 믿기지 않을 정도로 장애로 얼룩진 삶을 살고 있었어요. 하지만 우리는 샘과 9년을 함께 지냈어요. 그가 기쁨이나 사랑을 느낄 수 있고, 자신의 주변 환경을 즐길 수도 있으며, 학교에 다니는 것을 재미있어 한다는 사실도 알았어요. 그리고 만약 그런 부분들이 정말 사실이라면 그를 죽게 내버려 두는 건 부당하다는 생각이 들었죠.」

몇 년 전 빌과 루스는 입양을 하기로 결정했고, 공교롭게도 그들이 여자아이를 소개받은 시점과 맞물려서 샘의 병이 악화되었다. 입양 절차를 마무리하려면 두 사람 중 한 명이 과테말라에 다녀와야 했다. 그들은 과테말라에 다녀오는 일을 계속 미루었다. 하지만 샘은 35일 동안이나 병원에 입원해 있는 상태였고, 그들의 새 딸은 마냥 기다리고 있었다. 마침내 그들은 루스가 과테말라에 다녀오는 동안 빌이 병원을 지키기로 했다. 루스가 말했다. 「정말 발걸음이 떨어지지 않았어요. 그래도 샘은 나를 기다려 주었어요. 내가 돌아온 다음 날 세상을 떠났죠.」

샘이 세상을 떠난 지 2년이 되어 다시 빌과 루스를 방문했을 때도 그들은 롱아일랜드에 있었다. 입양된 딸 릴라는 두 살이었음에도 벌써 줄리아나보다 체격이 컸다. 줄리아나는 일곱 살이었지만 체중이 10킬로그램도 채 되지 않았다. 예비 입양 기관의 사회복지사들은 평범한 아이가 그들의 가정환경에서 힘들어할 거라고 우려를 표시했지만 이 경우에는 해당되지 않는 이야기인 듯 보였다. 루스가 말했다. 「우리가 릴라를 사랑하는 방식은 줄리아나를 사랑하는 방식과 전혀 달라요. 나는 그 두 가지 방식 사이에서 끊임없이 곡예를 하고 있으며, 한편으로는 오히려 줄리아나가 그다지 관심을 받지 못한다는 생각이 들어요. 릴라가 워낙에 사람들의 관심을 끌기 때문이에요. 일단 그녀는 말을 할 수 있을 뿐 아니라 사교적이고 무척 재미있어요. 그렇더라도 혹시 나는 줄리아나에게 너무 많은 관심을 쏟고 있는 것은 아닐까요? 정말 쉬운 일이 없어요.」 빌이 말했다. 「대부분의 경우에 사람들은 릴라에게 많은 관심을 보여요. 그러면 줄리아나는 물끄러미 그 모습을 지켜보죠. 그 과정에서 지속적으로 모든 것을 유심히 살피고 판단해요. 사람들이 여동생에게 지대한 관심을 보이는 광경을 그녀가 물끄러미 쳐다보고 있으면 나로서는 정말 마음이 아파요.」

샘과 달리 줄리아나는 휠체어에 묶여 있지도 않았고, 작은 체구만큼이나 인지 장애도 경미했다. 일곱 살처럼 보이는 소녀라면 이상하게 보였을 행동도 아직 두 살이 안 된 듯 보였기 때문에 이상함이 덜했다. 이를테면 비강에 삽입된 영양관을 제외하면 그녀는 딱히 이상한 구석이 없어 보였다. 빌과 루스는 줄리아나가 듣지 못하는 거리로 멀어지기를 기다렸다가 그녀가 앞으로 얼마나 오래 살는지 전혀 가늠할 수가 없다고 설명했다. 나는 그녀가 사람들의 말을 이해할 수 있는지 물었다. 그러자 빌이 가족을 데리고 신경과 전문의를 방문했을 때 일을 들려주었다. 요컨대 그가 샘의 죽음에 관련된 메모를 소리 내서 읽자 줄리아나가 느닷없이 울음을 터뜨렸다는 것이다. 「줄리아나의 반응이 꼭 말을 이해했기 때문이라고 할 수는 없지만 무언가를 느낀 것은 분명했어요. 부모의 감정을 읽었거나 목소리에서 떨림을 느낀 거예요. 우리 부부는 그녀 앞에서 그녀를 자극할 수 있는 어떤 이야기도 하지 않으려고 늘 조심해요. 정상적인 인지 능력을 가진 게 분명한 아이 앞에서 조심하는 것과 마찬가지예요.」

줄리아나는 내가 롱아일랜드를 방문한 지 2년 뒤에 샘과 거의 비슷한 나이에 세상을 떠났다. 그녀는 상태가 계속 악화되었다. 숨을 거두기 직전에는 보행 능력을 비롯해 그 밖의 거의 모든 운동 제어 능력을 상실했고 나중에는 앉지도 못했다. 한번은 빌이 내게 보낸 이메일에서 이렇게 말했다. 「그럼에도 줄리아나는 자신의 삶을 전적으로 불만족스럽게 여기지 않는 것 같아요. 그녀는 때때로 좌절하기도 하고, 자기 연민에 빠져서 울기도 합니다. 하지만 그녀에게는 어떤 지혜와 명상적인 체념의 분위기가 있어요. 그녀에게 정말 필요한 것이죠. 그렇다고는 해도 그녀는 여전히 육체적인 고통에 시달리고 있으며 그녀의 고통은 그녀 자신뿐 아니라 우리 모두를 고통스럽게 만듭니다.」 내가 그래도 잘하고 있는 거라고 격려하자 그는 이렇게 답장했다. 「나는 내가 아는 사람들에게 혹시라도 중도 장애를 가진 아이가 태어날 경우 그들 대부분이 하나같이 잘 대처할 거라고 생각합니다. 나는 그렇게 믿어요. 그리고 그런 믿음이 보다 나은 세상을 만든다고 생각해요.」

줄리아나가 세상을 떠난 다음에 빌이 말했다. 「나는 보다 편한 길을 선택할 수도 있었어요. 하지만 이제는 알만큼 알기에 기회만 주어진다면 또 샘을 원할 겁니다. 다시 줄리아나를 원할 거예요. 이 아이들과 함께 경험했던 사랑을 과연 무엇과 바꿀 수 있을까요? 샘은 내 인생에서 그 누구보다 가까웠던 사람이에요. 나는 샘과 침대에 마주 누워 그 아이의 눈을 바라보면서 그동안 내가 함께했던 그 누구보다 많은 시간을 보냈어요. 줄리아나하고도 그냥 어울려 놀면서, 순수하게 사랑을 주면서 정말 많은 시간을 보냈어요. 따라서 이런 문제는 여느 부모들에게 그들이 사랑하는 자녀를 약간은 추상적인 의미에서 〈보다 나은〉 아이와 맞바꾸겠냐고 묻는 거나 마찬가지예요. 기회만 주어진다면 나는 얼마든지 그 모든 과정을 되풀이할 겁니다.」 루스가 깊이 공감한다는 눈빛과 함께 팔을 뻗어서 빌의 손을 잡았다. 「나는 우리가 신의 존재를 믿기 때문에 지금 같은 관점을 갖게 된 것은 아니라고 실제로 생각해요. 사람들은 상투적인 말로 우리를 위로하려고 해요. 〈하느님은 당신이 감당할 수 있는 만큼만 주십니다〉라는 말처럼요. 하지만 샘이나 줄리아나 같은 장애아는 애초에 부모에게 선물이 될 운명으로 태어나지 않아요. 그럼에도 그 아이들이 우리에게 선물인 이유는 우리가 그들을 선택했기 때문이죠.」

　　그동안 중도 장애 아동의 형제들에 대해서 광범위한 연구가 이루어졌지만 아직 결정적인 결과물은 없는 실정이다. 한 연구에 따르면 중도 장애인 형제가 있는 사람들은 〈그들이 장애인 형제와 함께 삶으로써 보다 책임감 있고, 관대하고, 사람들의 장점을 보고, 멋진 유머 감각을 개발하고, 유연한 태도를 기를 수 있었다고 생각했다〉. 그럼에도 한편으로는 〈곤혹감이나 죄책감, 고립감, 장애인 형제의 미래에 대한 걱정 등을〉 드러내기도 했다. 장애 아동의 형제들을 조사한 또 다른 연구는 그들의 〈평범하고 오래된 속상함〉에 대해 우울증 진단을 내릴 수 있을지 검토했으며, 그들이 다른 또래들에 비해 일반적으로 덜 행복하기는 하지만 어떤 진단을 내릴 만큼 정신적 문제를 겪는 것은 아님을 밝혀냈다. 대체로 장애가 보다 명백하거나 심각할수록 비장애인 형제의 입장에서는 대처가 훨씬 수월하다. 장애가 명백하거나 심각한 아동에 대해서는 사람들이 애초에 정상적인 면을 기대하지 않는 까닭이다. 그렇지 않고 처음에는 정상인처럼 보이다가 나중에 가서 그렇지 않음이 드러나는 경우에는 보다 많은 설명이 필요하다. 요컨대 장애 아동의 형제에게는 최악의 장애가 최선의 적응 환경을 제공하는 듯하다. 어떤 연구에 따르면 〈이러한 결과는 장애 아동의 두드러진 장애에 대해 그 가족들만이 느끼는 명확성과 편안함과 밀접한 관련이 있는 듯 보였다〉. 한편 친구들에게 단순한 설명밖에 할 수 없는 어린 형제들 사이에서는 진단명이 커다란 차이를 만든다고 주장하는 연구도 있다. 요컨대 명백한 진단명이 없는 장애 아동의 형제는 훨씬 어려운 싸움을 해야 했다.[27]

한창 장애 아동을 보호시설에 수용하던 시절, 그 같은 행위를 합리화하는 가장 보편적인 논리는 장애 아동을 집 안에 두면 부모의 에너지와 관심이 해당 장애 아동에게 지나치게 편중되면서 비장애 아동을 곤란하게 만들고 따라서 건강한 다른 형제들에게 부당하다는 것이었다. 하지만 보다 최근 연구에 따르면 건강한 형제들은 부모가 장애인 형제를 보호시설로 보낼 때 오히려 불안을 느낀다. 앨런 숀은 그의 저서 『쌍둥이*Twin*』에서 그의 누이가 보호시설로 보내졌을 때 그가 경험한 아픔을 자세하게 묘사한다.[28] 이제는 장애인 형제가 함께 집에 있는 편이 비장애인 형제에게도 이득이라는 주장이 훨씬 더 설득력을 갖는다. 물론 그렇게 하는 편이 장애 아동을 위해서도 보다 나은 선택일 수 있다. 다만 이런 문제를 논의할 때 조차 장애 아동보다는 비장애인 형제의 이득이 우선적으로 고려된다는 점이 놀라울 따름이다.

존과 이브 모리스 부부의 연애사는 코넬 대학의 한 파티에서 두 사람이 만난 순간부터 시작되었고 당시 두 사람은 모두 대학생이었다.[29] 그들은 일찍 결혼했고 결혼과 동시에 샌디에이고로 이사했다. 이브가 말했다. 「나는 우리 두 사람 말고는 다른 누구도 원치 않았어요. 심지어 자식도 원치 않았어요. 그 정도로 남편이 좋았어요.」 그녀는 서른 살이 되어서야 아기를 가졌다. 「자유를 포기하고 싶지 않았어요. 하지만 겪어보니까 내가 자유보다는 엄마 노릇을 훨씬 좋아한다는 사실을 알겠더군요.」

이브와 존은 독실한 모르몬교도를 그들의 산부인과 의사로 선택했고, 그 의사는 지역 병원들이 산모들에게 다섯 명 중 한 명꼴로 제왕절개수술을 권하는 세태를 개탄했다. 앨릭스를 낳기 전 그는 존과 이브에게 자신은 〈자연의 섭리가 그 정도로 엉망이라고 생각하지 않는다〉고 설명했다. 그들은 의사의 열정에 마음이 이끌렸다. 산통이 시작되자 태아의 심장 박동을 보여 주는 외부 모니터가 이브에게 부착되었다. 후에 그녀의 모니터 그래프를 분석한 의사들은 해당 그래프가 난산(難産)을 암시했고 이브가 즉시 제왕절개수술을 받았어야 했다고 말했지만, 그들의 의사는 당시에 그 사실을 알아차리지 못한 것 같았다. 마침내 분만이 끝났을 때 앨릭스는 〈사실상 사망한 상태〉였다. 그녀의 아프가 점수*는 0이었고, 피부색도 위험을 경고하는 짙은 보라색이었다. 그녀는 곧장 신생아 집중 치료실NICU로 보내졌다. 존이 말했다. 「평범한 부모 노릇에 대한 기대는 그 자리에서, 바로 내 눈앞에서 산산조각이 나버렸죠.」

분만 직후 의사들은 앨릭스의 상태에 대해 성급하게 결론을 제시하지 않으려고 신중을 기했다. 어쩌면 나쁜 소식이 그들 부부와 신생아의 유대감 형성에 악영향을 끼칠 수 있었기 때문이거나, 책임 소재 문제가 있었기 때문이거나, 그들 스스로도 그녀의 문제가 어느 정도인지 또는 얼마나 심각한지 예측할 수 없었기 때문일 수도 있었다. 그녀가 뇌성마비라는 것 정도는 금방 알아냈을 법했음에도 의사들은 수개월이 지나도록 해당 진단명을 존과 이브에게 알리지 않았다. 뇌성마비는 태아기에, 또는 출생 직후에, 또는 생후 3년 안에 대뇌에 손상을 입으면 생길 수 있는 장애다. 또한 그 양상과 정도도 제각각이라서 잠재적인 운동력 손상의 범위도 넓다. 유아기에 앨릭스는 역류 증상으로 식도의 표피가 늘 벗겨진 상태였기 때문에 이브가 젖을 먹이려고 할 때마다 모유가 식도를 자극해서 비명을 질렀다. 하지만 모리스 부부는 그때까지도 앨릭스의 장애가 어느 정도인지 전혀 몰랐다. 존이 말했다. 「자칫했으면 정말 큰 일을 겪을 수도 있었다는 사실을 직시하기까지 우리 부부는 많은 시간이 걸렸습니다.」 그러자 이브가 덧붙였다. 「나는 한때 치어리더였어요. 학교 성적도 좋았고 그래서 코넬 대학에도 들어갔죠. 부모님은 나를 사랑했고, 학대한 적도 물론 없었죠. 나는 순탄한 삶을 살았고, 오히려 순탄치 않은 삶을 상상하기가 힘들었어요.

---

* 신생아의 심장 박동수, 호흡 속도 등을 보여 주는 수치.

그런 습관 때문에 나는 아주 오랫동안 현실을 부정했어요. 하지만 앨릭스에게 일어나는 일을 직면하면서 세상의 그 무엇보다 그녀를 사랑하게 되었죠.」

존은 법적인 책임 문제를 다루는 데 배경 지식이 풍부한 변호사다. 그와 이브는 앨릭스가 생후 18개월이 되었을 때 의사와 병원을 상대로 소송을 제기했다. 2년 뒤 그들은 합의에 도달했고, 여기에는 배상금을 일괄 지급하고 법원의 감독 아래 연금을 지급하는 조항 등이 포함되었다. 연금에 대한 감독은 꼼꼼하게 이루어졌고 그에 따라 존과 이브는 연간 지출 경비를 보고해야 했다. 곧바로 그들은 주문 제작된 유모차와 휠체어 밴을 구입하고, 앨릭스를 시간제로 돌보아 줄 보모로 에리카 런딘이라는 젊은 여성을 고용했다. 존이 말했다. 「에리카는 우리에게 정확히 딸 같은 존재는 아니었어요. 그저 그런 친구도 아니었고, 단순히 우리 일을 해주는 사람도 아니었습니다. 그 모든 관계를 초월한 존재였어요.」 내가 에리카를 만났을 때 그녀는 갓 결혼한 상태였다. 신부 들러리였던 앨릭스는 드레스를 멋지게 차려 입고 휠체어를 타고서 결혼식에 참석했다. 이브가 말했다. 「우리는 무슨 일이 있어도 에리카와 계속 함께할 거예요. 그녀도 아이를 가졌으면 좋겠어요. 그리고 그녀가 아이를 낳으면 내가 그녀의 아이들을 돌볼 겁니다. 우리 관계를 계속해서 유지해 나갈 거예요.」 에리카는 1.6킬로미터 남짓 떨어진 곳에 존과 이브가 소유한 집에서 산다. 존이 말했다. 「〈아이는 한 마을 사람들이 다 같이 키운다〉는 말이 있잖아요? 나는 앨릭스가 그녀를 잘 아는 사람들로 두 겹, 세 겹 둘러싸인 마을을 만들고 싶어요.」 앨릭스가 두 살 때 존과 이브에게 아들이 태어났다. 그들은 아들의 이름을 존이 가장 좋아하는 가수의 이름을 따서 딜런이라고 지었다. 딜런의 상냥하고, 건강하고, 열정적인 성격은 그들 부부의 아픔을 다소나마 덜어 주었다. 이브가 말했다. 「내 조언은 다른 아이를 가져 보라는 거예요. 그러면 평범한 아이를 키우는 것이 어떤 느낌인지 알 수 있을 거예요.」

존과 이브의 중요한 프로젝트 중 하나는 샌디에이고 포인트 로마 지역에 그들 자신의 집을 짓는 일이었고, 그들은 저축한 돈과 앨릭스의 보상금 중 일부로 이 집을 지었다. 이브가 직접 설계한 그 집은 바다가 보이는 언덕에 자리 잡고 있다. 모든 복도와 모퉁이가 휠체어가 다니기에 넉넉할 정도로 충분히 넓고, 움직이는 느낌을 무척 좋아하는 앨릭스를 위해서 거실 한쪽에는 커다란 그네도 있다. 지붕에는 온수 욕조도 있는데 이제는 앨릭스를 옮기기가 너무 힘들어져서 거의 사용되지 않지만 그녀는 어릴 때 이 욕조를 매우 좋아했다. 앨릭스는 모든 편의 시설이 갖춰진 그녀만의 욕실을 비롯해 그녀가 떨어지지 않도록 붙박이 형태로 제작된 침대가 있는 인체 공학적인 침실, 버튼을 누르면(그녀는 어쩌다 우연히 그 버튼을 누를 수 있을 뿐이다) 작동시킬 수 있는 분수와 조명, 음향, 진동 장치 등이 잔뜩 구비된 〈감각의 방〉이 있다. 공을 많이 들인 티가 나고 주인의 손길이 느껴지는 그 집은 아름답지만 사치스럽지 않고, 널찍하고, 안락해 보이며, 실용적이다. 기둥으로 사용된 나무에는 가지가 그대로 노출되어 있고, 부엌 찬장은 문이 버드나무 가지로 되어 있는데 이브가 그녀의 어머니 집 근처에서 직접 채집한 것들로 만든 것이다.

이 집은 또한 엄연한 사실에 대한 체념을 나타내기도 한다. 이브가 설명했다. 「앨릭스가 여섯 살이 될 무렵에 우리는 그녀의 상태를 있는 그대로 인정하게 되었어요. 그녀가 달라지지 않을 거라는 사실을 인정한 거죠. 그 뒤로 우리는 구체적인 물리치료를 중단하고 그녀에게 새로운 것을 가르치려고 노력했어요.」

이브는 뇌성마비 자녀를 둔 여성들로 구성된 어머니회에 일찍부터 가입했지만 본인을 위해 의사를 만난 적은 한 번도 없었다. 그녀가 설명했다. 「소송을 시작한 후로 나는 가끔씩 그녀가 차라리 일찍 죽었더라면 하는 마음이 들었어요. 물론 의사를 만나 볼 생각도 했었어요. 하지만 이곳에서는 소송을 제기하면 원고가 의사와 상담한 자료를 피고 측이 요구할 수 있었고 나는 내가 그러한 감정을 느낀다는 사실을 다른 사람이 알게 되는 것을 원치 않았어요. 나는 와스프가 모여 사는 동네에서 자랐는데 그곳 사람들은 하나같이 개성이 없고 정해진 방식대로 행동했어요. 나는 앨릭스와 집에서만큼은 무척 편하게 지내요. 하지만 그녀가 예측 불가능한 상태라서 온 가족이 다 같이 외식을 나가거나 하지는 않아요. 나는 존이 친구들을 초대하거나 생일 파티가 있을 때, 또는 나와 함께 우리 부모님을 만나러 갈 때 앨릭스가 최상의 상태이기를 원해요. 하물며 당신이 있는 지금도 그녀가 최상의 모습을 보여 주길 바라요.」 그녀의 표정이 애절했다. 「가끔씩 몹시 슬플 때가 있어요. 친구들이 그들의 짓궂은 딸에 대해서 불평을 늘어놓을 때면 나는 〈내게는 딸이 없으니 얼마나 다행이야〉라고 말하는 나를 발견해요. 물론 내게도 딸이 있기는 하지만 그녀는 이를테면 전혀 다른 존재잖아요. 앨릭스 같은 딸을 키우는 것이 어떤 느낌인지 아무도 이해하지 못해요. 심지어 나도 지금 당장의 느낌을 알 뿐이에요. 그게 전부죠. 당신이 우리를 인터뷰하러 왔을 때 나는 속으로 이렇게 생각했어요. 〈좋아, 당신이 과거나 미래에 관한 질문을 하지 않겠다고 한다면 기꺼이 인터뷰하지. 내가 분명히 아는 거라고는 현재밖에 없으니까.〉」

모리스 부부는 나를 만나기 직전에 에리카를 두 아이의 후견인으로 임명하고 재산 상속 문제도 정리를 마친 상태였다. 스물다섯 살이 되면 딜런은 앨릭스에 대해 최우선적인 법적 책임을 지게 될 터였다. 물론 그와는 별도로 앨릭스에게는 소송을 통해 확정된 연금에서 보모를 고용하기에 충분한 돈이 항상 지급될 터였다. 이브는 장차 딜런이 짊어질 역할에 대해 걱정이 많았다. 그녀가 말했다. 「나는 딜런에게 존이 지금 맡고 있는 것 같은 역할을 떠안기고 싶지 않아요.」 열여섯 살인 딜런은 자신이 누나를 사랑하며, 언제나 그녀를 기꺼이 지켜 줄 거라고 단언했다. 딜런이 내게 말했다. 「누나는 내가 야구 경기를 할 때마다 한 번도 빼놓지 않고 구경을 왔어요. 나는 지금의 이런 환경에서 태어났고, 그로 인해 내 삶의 모든 면에서 영향을 받았어요.」 딜런의 코치는 누군가를 힘들게 보살핀 적이 없는 사람이라면 절대로 보여 줄 수 없는 성숙함을 언급하면서 딜런이 장애 아동과 관련이 있음을 눈치로 알 수 있었다고 말했다.

이브는 외과적인 수술로 앨릭스에게 위 영양관G-tube을 삽입하는 문제와 관련해 계속해서 반대하는 입장을 고수했다. 내가 앨릭스를 만났을 때 당시 열여덟 살이던 그녀는 위 영양관을 삽입하지 않은 채였고, 대신 역류 현상을 방지하기 위해 네 시간마다 음식을 섭취해야 했다. 앨릭스의 장애는 뇌성마비 환자들 중에서도 특히 심각하다. 이브와 같은 어머니회에 속한 여성들의 다른 뇌성마비 자녀들은 하나같이 걸을 수 있을 뿐 아니라 최소한 가장 기초적인 수준의 말은 할 수 있다. 게다가 대학에 다니는 사람도 있고, 동네 슈퍼마켓에서 포장 일을 하는 사람도 있다. 존이 말했다. 「축복은 대체로 좋은 측면과 나쁜 측면이 뒤섞여서 옵니다. 그 아이들은 자신이 사회생활에 적합하지 않다는 사실을 알아요. 자신이 남자 친구나 여자 친구가 없다는 사실을 알고, 자신을 향한 다른 아이들의 비웃음을 의식하죠. 하지만 앨릭스를 괴롭히려고 하는 사람은 아무도 없잖아요. 앨릭스가 극심한 중도 장애이고 무력한 까닭에 설령 네 살짜리 코흘리개 악동일지라도 그녀를 보면서 절대로 낄낄대지 않아요. 우리 이야기를 하자면, 우리는 그녀가 혹시라도 경련을 일으킬까 봐 걱정하지만 학교 뒤에서 마리화나를 피울까 봐 걱정하지는 않아요. 부모의 본질적인 역할은 다를 게 없어요. 항상 자녀를 뒷바라지하고, 애정을 쏟고, 제공할 수 있는 최선의 기회를 제공하는 거죠. 나는 우리가 딜런에게 하듯이 앨릭스에게도 똑같이 하고 있다고 생각합니다.」

존과 이브는 딸에게 필요한 일을 해주는 일상에 익숙해졌다. 한때는 의식적으로 해야 했던 일들을 무의식적으로 하게 되었다. 앨릭스는 현재 의학적으로 그 어느 때보다 안정적인 상태다. 한편으로는 그녀가 자라면서 과거에 그들 가족이 즐겨 했던 일들이, 이를테면 같이 수영하러 가거나 그녀를 안고 집 근처를 산책하는 일 등이 불가능해졌다. 아울러 존과 이브가 차츰 나이가 들어감에 따라 앨릭스를 침대에 올려 주거나 내려 주는 일이, 또는 화장실에 데려갔다가 데려오는 일이 특히 힘들어졌다. 이브가 말했다. 「감정적으로는 보다 수월해졌지만 육체적으로 무척 힘들어졌어요.」 무기력함을 암시하는 특징은 젖먹이의 천진난만함으로 해석되기도 하지만 그 사람이 어른 몸을 가진 경우에는 동일한 특징이 이질적으로 보이기도 한다. 예컨대 제어되지 않는 혀와 대롱거리는 팔과 다리, 홀쭉하고 뒤틀린 몸, 뭉친 근육 등이 그것이다. 제멋대로인 몸놀림에도 불구하고 앨릭스의 옷차림은 늘 완벽하다. 이브의 설명이다. 「나는 사람들에게 이야기할 거리를 주려고 노력해요. 그래서 앨릭스에게 매니큐어도 칠해 주고, 머리도 길게 길러 주고, 예쁜 옷을 입히죠. 그러면 사람들은 앨릭스에게 어떤 문제가 있는지 거론하는 대신에 〈우와, 손톱이 정말 예쁘구나!〉라고 말해요.」 이브의 입장에서 무엇보다 부담스러운 것은 동정이다. 정말 많은 경우에 그들의 사회적 관계가 이 동정으로 대체된다. 「나는 사람들의 동정 어린 시선이 싫어요. 〈당신은 정말 좋은 엄마예요〉라고 말하는 사람들이 싫어요.」

모리스 부부와 일주일을 보내는 동안 나는 그들이 얼마나 많은 일들을 해야 하는지, 그리고 그 일들을 그들 자신의 생활에 지장을 받지 않고 해나가는 모습을 지켜보면서 압도당하는 느낌이었다. 존은 달리기 취미가 있고 앨릭스는 바람이 얼굴에 와 닿는 느낌을 좋아하기 때문에 존은 그녀를 가벼운 유모차에 태우고 매일 8킬로미터를 달린다. 이브는 앨릭스를 휠체어에 태워 부두로 산책을 다닌다. 또한 해마다 앨릭스에게 그녀의 휠체어까지 전부 가리는 핼러윈 의상을 만들어 준다. 어느 해에는 앨릭스가 우주선을 탄 외계인이 되었고 또 어느 해에는 아이스크림 트럭이 되기도 했다. 가장 최근에는 크리스피 크림 도넛 유통센터가 되었다. 이브는 예술가가 되기 위해 훈련을 받았고 따라서 그녀가 만든 핼러윈 의상들은 하나같이 기가 막혔다. 존과 이브는 육아와 관련해서 역할 분담이 상당히 잘 되어 있다. 존의 방식이 보다 탄력적이라면, 이브는 앨릭스에게 맞추는 편이다. 어느 날 오후 이브가 말했다. 「앨릭스가 울어도 존은 크게 마음 아파하지 않아요. 그녀 곁에 누운 채 15분 정도 실컷 울도록 내버려 두면서 함께 있어 주기만 해요. 내 경우에는 그녀를 달래려고 노력하는 편이죠.」 이브의 설명에 의하면 앨릭스를 달랠 수 있는 경우에는 그녀의 노력이 도움이 된다. 하지만 대체로 앨릭스를 달랠 수 없는 경우가 많고, 그런 경우 존의 침착함이 훨씬 효과를 발휘한다. 이틀에 한 번꼴로 앨릭스를 목욕시키는 일까지 포함해서 앨릭스의 개인위생은 이브의 담당이고, 존은 그가 집에 있는 한 대부분의 경우에 앨릭스의 식사를 책임진다. 앨릭스는 단단한 음식을 씹지 못하며 액체 상태의 음식을 삼킬 때마다 질식할 위험이 있다. 존은 하루에 다섯 번씩 그녀에게 고단백질 영양제를 일종의 미음 같은 라이스 시리얼과 섞어서 먹인다. 때로는 여기에 이유식 한 덩어리를 첨가하기도 한다. 아침마다 존과 이브는 5시 30분에 일어나서 앨릭스를 학교에 보낼 준비를 한다. 그녀를 깨워서 옷을 입히는 데 약 40분 정도가 소요된다. 그런 다음에는 밥을 먹여야 한다. 6시 30분에 스쿨버스가 도착한다. 자가용으로 직접 등교시키는 편이 훨씬 수월할 테지만 그들 부부는 그녀가 스쿨버스 안의 사회적 분위기를 경험하길 원한다. 앨릭스는 열여덟 살이 되면서 더 이상 건강 보건 기구HMO*의 소아과 시스템이 적용되지 않았고, 그래서 내가 방문했을 때는 이브가 앨릭스를 데리고 새로운 지역 보건의와 신경과 전문의 등을 방문하고 있었다. 며칠 후에는 휠체어 용품점 직원이 방문해서 그때까지 앨릭스가 사용하던 휠체어를 살펴보았고, 어떻게 조정해야 그녀가 보다 편하게 사용할 수 있을지 결정하기 위한 가족회의

---

* 회원제 민간 건강 유지 단체로 소속 회원은 종합적인 의료 서비스를 중앙 의료 센터에서 받을 수 있음.

가 열렸다. 그들이 새로운 휠체어를 주문하기로 결정하기까지는 겨우 세 시간 남짓이 걸렸을 뿐이다.

앨릭스가 아직 어릴 때 이브는 꾸준히 일기를 썼지만 자신이 쓴 내용을 절대로 다시 읽지는 않았다. 존이 말했다. 「우리가 그녀에게 기대했던, 언젠가 그녀가 하게 되기를 바랐던 모든 것들을 기억합니다. 또한 그녀가 스스로 몸을 뒤집고 고개를 가누도록 가르치던 매 순간을 기억해요.」 이브가 최근에 정형외과 의사와 나눈 대화에 대해 언급했다. 그 의사는 앨릭스가 나이가 들면 음식을 삼키는 일이 다시 힘들어질 거라고, 궁극적으로는 위 영양관G-tube이 필요하게 될 거라고 설명했다. 이브가 말했다. 「나는 우리가 어떤 단계에 도달했다고, 다시 말해 앨릭스의 상태가 더 호전되지도 악화되지도 않을 거라고 생각했어요. 그러나 절대로 안심할 수 없죠.」 존이 동감하면서 말했다. 「나는 지역의 뇌성마비 환우회 이사회에 들어와 달라는 제의를 수차례 받았어요. 사람들이 기부 요청을 받을 때 흔히 사용하는 〈벌써 회사 이름으로 기부했어요〉라는 표현 아시죠? 나는 이미 집에서 기부하고 있어요. 만약 모든 부모가 자식에게 오직 한 가지만 바랄 수 있다면 무엇을 바랄까요? 하버드 대학에 보내는 것일까요? 아닙니다. 자식의 행복이에요. 그리고 앨릭스는 대부분의 시간을 행복하게 지내요. 요컨대 내게 딱 한 가지 소원이 있었다면 그녀가 행복해지는 것이었을 테고 나는 이미 그 소원을 이룬 셈이에요.」

중도 장애 분야에는 보통 세간의 이목을 주목시키는 대대적인 스캔들이 없는 편이지만 〈애슐리 치료법〉은 세상을 뒤흔들어 놓았다.[30] 애슐리 엑스(Ashley X. 그녀는 지금까지 성이 노출된 적이 한 번도 없다)는 1997년에 겉보기에 아주 건강하게 태어났다. 생후 3개월 즈음에 이르러 그녀가 짜증을 내는 듯하자 부모는 배앓이를 하는 거라고 생각했다. 하지만 결국 그녀는 뇌성마비와 마찬가지로 정체를 알 수 없는 원인에 의한 정적 뇌 병변, 즉 지속적 뇌 질환으로 판명되었다. 그리고 이 질환은 애슐리에게 매우 제한된 기능만을 허락했다. 그녀는 장차 절대로 말을 하거나, 걷거나, 스스로 음식을 먹거나, 스스로 몸을 뒤집지도 못할 터였다. 단지 잠을 자거나, 잠에서 깨거나, 숨을 쉬는 것 정도만 그리고 미소를 짓는 정도만 할 수 있었다.

자신과 가족의 사생활을 보호하려는 노력의 일환으로 그녀의 아버지는 어떤 대중매체와도 직접적으로 접촉하기를 거부했다. 아울러 자신을 가리켜서 AD, 즉 애슐리의 아버지라고 언급했다. 나와 전화 통화를 하면서 그는 자신과 아내가 위 영양관 수술 개념에 대한 본능적인 거부감 때문에 처음에는 애슐리의 위 영양관 삽입을 반대했다고 설명했다. 그가 말했다. 「애슐리는 음식물을 씹을 수도 없거니와 병을 사용할 때도 늘 곤란을 겪었습니다. 우리 부부는 딸아이가 충분한 영양 섭취를 할 수 있도록 하루에 여덟 시간씩 씨름했습니다.」 결국 그들은 위 영양관 삽입 수술을 선택했다. 애슐리는 뇌 기능이 손상되었지만 외부 자극에 전혀 반응하지 않은 것은 아니었다. 그녀의 부모도 서면 진술을 통해 다음과 같이 말했다. 「애슐리는 우리가 곁에 있는 것을 좋아하고, 우리 목소리를 좋아한다. 그녀에게 달콤한 말을 속삭이면 으레 환하게 미소를 짓는다. 그녀는 풍성한 음악을 좋아하고, 야외 산책과 포근한 날에 하는 수영, 그네 타기 등을 좋아한다.」 애슐리의 부모는 그녀를 〈베개 천사〉라고 부르기 시작했다. 그녀가 보통은 베개를 괴고 누운 채 어떠한 말썽도 일으키지 않는다는 이유였다. 그들은 중도 중복 장애가 있는 다른 사람들을 지칭할 때도 그 용어를 사용하자고 제안했다.

애슐리가 유아기에서 아동기로 접어들자 그녀를 돌보는 일이 더욱 힘들어졌다. 그녀의 부모는 매 시간마다 그녀의 자세를 바꾼 다음 등을 베개로 받쳐 주어야 했다. 애슐리의 아버지가 내게 설명했다. 「우리는 그녀가 잘 보호되고 있는지 확인하고, 배가 덮이도록 윗도리도 당겨 주어야 합니다. 침도 닦아 주어야 하죠. 그 밖에도 할 일이 많아요. 기저귀도 갈아 주어야 하고, 튜브를 이용해서 음식도 먹여야 하고, 옷도 입히고, 목욕도 시키고, 이도 닦아 주고, 스트레칭도 해주고, 같이 놀아 주기도 해야 합니다.」이 모든 일들이 애슐리가 커가면서 갈수록 힘들어졌다. 애슐리의 아버지가 말했다. 「그녀를 안은 상태로 일하는 부분에서 문제가 생기기 시작했습니다. 마음 같아서는 그녀를 안아서 옮기고 싶었지만 실제로 그렇게 하자니 몸이 먼저 아파 왔습니다. 커져 가는 체격과 늘어나는 몸무게가 그녀의 최대 적이라는 생각이 서서히 고개를 들기 시작했고, 그 문제와 관련해서 무언가 조치를 취해야겠다는 생각은 구세주의 현신이나 다름없었어요.」애슐리가 여섯 살 때였다. 애슐리의 어머니가 자신의 어머니에게 조언을 구했고, 그녀는 즉 애슐리의 할머니는 키가 과도하게 자라지 않도록 호르몬 치료를 받았던 이웃 사람의 사례를 상기시켰다. 키가 177센티미터를 넘는 경우 여성으로서 매력이 떨어진다고 여겨지던 1950년대에는 호르몬을 이용해서 키가 자라지 못하도록 억제하는 시술이 결코 특별한 일이 아니었다.

애슐리의 소아과 주치의는 애슐리의 아버지와 어머니에게 시애틀 아동 병원의 내분비과 전문의 대니얼 건서Daniel Gunther 박사를 만나 보라고 제안했다. 몇 주 뒤에 그들 부부와 만난 자리에서 건서 박사는 에스트로겐 수치를 조절할 경우 성장판이 닫히고, 그 결과 성장이 둔화될 수 있다고 인정했다. 한편 애슐리는 재채기만 나와도 꼬박 한 시간을 울 정도로 조금만 불편해도 쉽게 화를 냈기 때문에 그녀의 아버지는 그녀가 생리와 그로 인해 유발될 수 있는 통증으로 장차 힘들어할 거라는 생각이 들었다. 그는 자궁 절제술을 제안했다. 여기에 더해서, 그녀가 베개에서 몸을 돌리거나 휠체어에 몸을 고정할 때 가슴이 방해가 될 거라는 생각에 이르렀고 그래서 사춘기에 가슴으로 발달하는 가슴 돌기를, 딸아이의 가슴에 있는 작은 아몬드 모양의 분비샘을 제거해 달라고 요구했다. 이 모든 조치는 그녀를 들어 옮기기 쉬운 사람으로 만들어 줄 터였다. 그리고 그의 주장대로라면 결과적으로 그녀의 혈액 순환과 소화력, 근육 상태가 개선되고, 반면에 상처나 감염은 줄어들 거라는 사실을 의미했다. 영원히 어린아이의 모습으로 살게 된 애슐리는 그녀의 아버지가 〈애슐리의 정신적인 발육 단계와 잘 어울리는 육체〉라고 부르는 몸을 갖게 될 터였다.

애슐리의 어머니와 아버지는 이 방법이 생존에 적합한 절차라고 시애틀 아동 병원의 윤리 위원회를 설득해야 했고, 이를 위해서 애슐리의 아버지는 파워포인트로 프레젠테이션을 준비하는 정성까지 보였다. 윤리 위원회는 이 문제를 논의하는 데 많은 시간을 할애했다. 윤리 위원회를 이끈 더글러스 디에케마Douglas Diekema 박사의 설명이다. 「그들 부모의 요청에는 두 가지 주요한 측면이 있었어요. 우리는 성장을 억제하도록 허락해야 하는지, 그리고 자궁 절제술을 허락해야 하는지 검토했습니다. 첫 번째 쟁점은 이런 일련의 조치를 취한다고 해서 과연 질적인 측면에서 이 어린 소녀의 삶이 개선될 수 있는가 하는 점이었습니다. 두 번째 쟁점은 해당 치료 과정에 존재하는 잠재적인 위험이 무엇이고, 일정한 이점이 예상됨에도 그 이점을 추구하지 말아야 할 정도로 위험이 심각한가 하는 점이었죠. 윤리 위원회는 이런 식의 치료로 인해 어린 소녀에게 잠재적으로 어떤 문제가 발생할 수 있는지 예측하려고 고심했습니다. 애슐리 같은 처지에 있는 사람이라면 자신의 키가 남들보다 30센티미터 정도 더 작다고 해서 과연 신경이나 쓸까요? 우리가 내린 결론은 애슐리 같은 상황에서는 키가 거의 아무런 의미가 없다는 것이었습니다.」[31] 건서 박사가 말했다. 「시술을 허락하는 것이 옳은 결정이라고 위원회를 설득한 것은 결국 애슐리와 그녀의 부모 사이에 존재하는 명백한 유대와 사랑이었어요.」[32]

2004년에 시애틀 아동 병원의 의사들은 당시 여섯 살 반이던 애슐리에게 자궁 절제술과 양쪽 유방 절제술을 실시했다. 자궁 절제를 위해 애슐리의 배를 개복한 의사들은 내친김에 그녀의 맹장도 제거했다. 언젠가는 맹장염이 발병할 게 분명한데 맹장염 증상이 있어도 그녀가 해당 증상을 알릴 수 없을 거라고 예상했기 때문이다. 애슐리는 성인이 되어도 120센티미터의 키에 몸무게는 28킬로그램에 불과할 것이다. 또한 생리를 할 일도 없고, 가슴이 자라지 않기 때문에 가족력에도 불구하고 유방암에 걸리지 않을 것이다. 그녀의 부모는 〈예상했던 모든 면에서 수술은 성공적이었다〉고 술회했다.

애슐리의 아버지가 건서 박사와 디에케마 박사에게 이 실험적인 시도에 대해 논문을 쓰도록 권유했고, 그해 10월에 의학 저널인 『소아과 및 청소년 의학Archives of Pediatrics & Adolescent Medicine』에 그들의 논문이 소개되었다.[33] 그리고 거센 후폭풍이 뒤따랐다. 펜실베이니아 대학의 생명 윤리 센터 아서 카플랜Arthur Caplan 교수는 그들의 행위를 〈사회적 실패 ─ 미국 사회가 중도 장애 아동과 그들의 가족을 돕기 위해 당연히 해야 할 일을 하지 않는 현실 ─ 로 인한 약학적 해법〉[34]이라고 규정했다. 그는 보다 적절한 지원이 있었다면 애슐리의 부모가 그처럼 극단적인 행동을 하도록 내몰리지 않았을 거라고 주장했다. 페미니스트와 장애 인권 운동가 등이 미국 의사 협회의 본사 앞에 모여 항의하면서 그들에게 공식적인 비난 성명을 발표하라고 요구했다. 한 블로거는 〈만약 《애슐리》가 《정상적인》 아이였고 부모가 외과 수술로 그녀를 불구로 만들려고 했다면 그 부모는 마땅히 그들이 있어야 할 자리인 감옥으로 보내져야 할 것이다. 그리고 이 사건에 관련된 《의사들》은 면허가 취소되어야 할 것이다〉라는 글을 게재했다. 〈그들은 그녀를 한 번에 여러 토막으로 조각내서 차라리 죽이는 편이 나았을 것이다. 편하기로만 치자면 그렇게 하는 편이 훨씬 나았을 것이다〉라고 비난하는 블로거도 있었다.[35] 장애 행동주의의 페미니스트적 대응이라는 의미의 프리다FRIDA라는 단체는 〈소녀들이, 특히 장애가 있는 소녀들이 불구화와 중성화의 손쉬운 대상으로 간주되는 세태를 감안할 때 《애슐리 치료법》의 최초 수혜자가 어린 소녀였다는 사실이 전혀 놀랍지 않았다〉는 입장을 발표했다.[36] 또 캐나다 일간지 「토론토 스타」에는 〈맞춤형

장애인〉이라는 제목의 비난 기사가 게재되었다.[37]

장애 아동을 키우는 다른 부모들도 공격에 가세했다. 장애 인권 교육 및 옹호 기금 기구의 홍보부장이자 장애 아동의 어머니인 줄리아 엡스타인은 〈베개 천사〉라는 용어를 〈극단적인 어린애 취급〉이라고 칭했다.[38] 어떤 어머니는 〈우리 아들은 열한 살이지만 걷지도, 말을 하지도 못한다. 그 밖에도 못하는 것투성이다. 앞으로도 그 아이를 들어 옮기는 것이 쉬워질 일은 절대로 없을 것이다. 그럼에도 건강한 조직과 기능상 문제가 없는 기관을 제거하는 행위가 나는 여전히 이해되지 않는다〉고 밝혔다. 또 어떤 부모는 이렇게 말했다. 「150센티미터 안팎의 키에 50킬로그램 남짓한 무게가 나가고, 육체적인 장애가 있는 성인을 돌보는 일은 공원에서 산책하는 일과 전혀 다르다. 그리고 그 사실을 증명하는 과정에서 나의 요추 추간판*은 너덜너덜해졌다. 하지만 외과 수술로 아이의 성장을 억제하는 방법이 용인 가능한 의료 행위라고 상상하니 나는 진심으로 위가 아플 지경이다. 그들의 논리대로라면 그냥 사지를 절단해 버리지 못할 이유가 무엇이겠는가? 실제로도 그녀는 자신의 팔이나 다리를 사용할 일이 없지 않은가?」[39] 성장 억제 행위를 둘러싼 이러한 비판들은 어떤 점에서 소인증을 앓는 사람들에게 행해지는 사지 연장술을 바라보는 태도하고도 일맥상통하는 부분이 있다.

대중의 반발은 애슐리의 아버지와 어머니는 물론이고 병원의 관리자들을 당혹스럽게 만들었다. 애슐리의 아버지가 말했다. 「정말 극단적이고 폭력적이었습니다. 이메일을 통해 위협을 가하는 사람들도 있었어요.」 연방 정부에서 운영하는 감시기구 〈워싱턴 장애 인권 보호 및 옹호 시스템〉은 본인의 의사와 상관없이 중성화 수술을 하려면 법원의 명령이 필요하며, 따라서 해당 병원이 법을 어겼다고 판결했다. 해당 기구의 발표가 있

---

* 척추뼈의 추체(推體)와 추체 사이에 있는 편평한 판 모양의 물렁뼈.

은 후 시애틀 아동 병원은 제3자를 선임해서 성장 제한 치료법을 권유받는 모든 장애인의 권리를 보호하기로 합의했다. 전체적으로 보았을 때 이 문제가 단순한 의학 윤리만의 문제가 아니라고 주장하는 시사 해설가들 사이에서 논란은 이후로도 계속 이어졌다. 2010년 후반에 〈시애틀 성장 억제와 윤리 특별 조사 위원회〉에서는 불안정한 타협에 근거해서 다음과 같은 새로운 지침을 발표했다. 「성장 억제의 이점과 위험이 일반적으로 부모가 그들의 중도 장애인 자녀를 위해 내리지만 합리적인 사람들이라면 동의하지 않을 다른 결정들의 이점이나 위험과 유사하다는 점에서, 성장 억제는 윤리적으로 용인 가능한 결정으로 간주될 수 있다. 그럼에도 임상의와 의료 기관은 단지 부모가 원한다는 이유만으로 성장 억제 치료법을 제공하지 말아야 하며, 적재적소에 적법성을 만족시키는 기준이나 철저한 의사 결정 절차, 윤리 자문단이나 위원회의 개입 같은 안전장치를 둘 필요가 있다.」[40]

생명 윤리를 주로 다루는 학술지 『헤이스팅스 센터 리포트』에 기고한 글에서 이 특별 조사단의 일원은 애슐리 치료법에 가해지는 공격에 불만을 표시하면서 〈개인적인 의학적 결정을 침해하는 이 주목할 만한 견해에는 제3자에게 행해지는 위해와 관련해 그 어떤 타당한 주장도 들어 있지 않다. 단지 모든 사람이 하나의 도덕적 또는 정치적 관점을 공유하지는 않는다는 사실에 대한 감정적인 고뇌를 담고 있을 뿐이다. 이러한 기준에 따르면 청각 장애 아동에게 인공 와우를 이식하거나, 내반족이나 척추 측만증을 외과적인 수술로 치료하거나, 치명적인 불치병으로 생명이 경각에 달린 아동 환자에게 소생술을 실시하지 말아 달라고 요구할 생각이 있는 부모들은 그들의 결정이 다른 누군가에게는 불쾌감을 유발할 수 있음을 유념해야 한다〉고 주장했다. 그렇지만 동일한 학술지의 같은 호(號)에서 또 다른 저자는 〈만약 성장 억제 치료법이 장애가 없는 아동에게 행해지지 말아야 한다면, 장애가 있고 없음을 떠나서 모든 아동에게 똑같이 행

해지지 말아야 한다. 그렇지 않으면 장애 아동에 대한 차별이 될 터이다〉라고 주장했다.[41]

애슐리 같은 사례들이 유발하는 윤리 문제는 지난 50년을 거쳐 오면서 더욱 복잡해졌다. 정체성을 바꾸려는 행위도 문제이고, 의학적인 또는 사회적인 의무를 무시하는 행위도 문제다. 애슐리의 아버지는 자신의 입장을 설명하고자 웹 페이지를 개설했다. 개설 이후로 지금까지 그의 웹 페이지는 거의 300만 건 이상의 조회수를 기록했고, 나와 이야기를 주고받던 시점에도 그는 블로그를 운영하는 데 일주일에 약 10시간 정도를 할애하고 있었다. 항의자들이 시끄럽기는 하지만 소수에 불과하다고 설명하면서 그는 받는 이메일 가운데 약 95퍼센트가 그들 부부를 지지한다고 밝혔다. 뉴스 전문 채널인 MSNBC에서 7,000명 이상에게 실시한 설문 조사에 따르면 응답자들 중 59퍼센트가 해당 치료법을 지지하는 것으로 나타났다.[42] 애슐리의 부모는 〈베개 천사와 관련된 직접적인 경험이 있는 1,100명 이상의 보호자들과 가족들이 기꺼이 시간을 내서 이메일로 우리를 지지한다는 뜻을 밝혀 왔다. 만약 애슐리 같은 자녀를 둔 부모들 중에 이 치료법이 그들 자녀의 삶을 질적으로 개선할 거라고 믿는 사람들이 있다면 그들은 자녀에게 이 치료법을 제공하는 데 있어서 성실하고 결연해야 할 것이다〉라고 설명했다. 하지만 논란 이후로 애슐리 치료법은 사용할 수 없게 되었다.

건서 박사가 말했다. 「자칫 오용될 수 있다는 이유로 치료법의 유용함에도 불구하고 해당 치료법을 이용할 수 없다는 주장은 그 자체로 〈위험한 비탈길〉이다. 오용의 여지가 있다는 이유로 가능한 치료법을 사용하지 못한다면 우리가 실행할 수 있는 의술은 극히 적어질 것이다.」[43] 「뉴욕 타임스」에 기고한 글에서 프린스턴 대학의 윤리학자 피터 싱어 교수는 이렇게 말했다. 「애슐리의 삶에서 중요한 것은 그녀가 고통을 겪지 말아야 하며, 즐길 수 있는 것은 무엇이든 즐길 수 있어야 한다는 점이다. 여기에 더해서 그녀가 소중한 이유는 현재의 그녀 모습 때문이 아니라, 그녀의 부모와 형제들이 그녀를 아끼고 사랑하기 때문이다. 인간의 존엄성을 둘러싼 고상한 대화가 애슐리 같은 아동들이 그들 자신과 가족 모두를 위한 최선의 치료를 받는 데 방해가 되지 말아야 한다.」[44]

애슐리의 아버지와 대화를 나누면서 나는 그가 애슐리를 사랑하고, 애슐리 치료법에 대해 철석같은 믿음이 있음을 확신하게 되었다. 이 책을 쓰면서 나는 장애인 자녀가 성장하고, 보살피기 어려울 정도로 덩치가 너무 커져서 어쩔 줄 몰라 하는 가족들을 수없이 만났다. 장애 인권 운동가들은 흔히 애슐리의 존엄성 상실을 언급했지만, 나는 그녀와 비슷한 상태의 다른 장애인들을 침대 밖으로 옮기기 위해 도르래를 이용해서 쇠사슬로 들어 올리거나, 근긴장을 유지하기 위해 쇠로 된 기립 자세 보조기구에 집어넣거나, 샤워를 시키기 위해 줄로 만들어진 장치에 의지해서 옮기는 모습들을 수없이 지켜보면서 어떠한 존엄성도 발견할 수 없었다. 또한 아서 카플랜 교수나 다른 사람들은 장애인의 가족들에게 보다 나은 사회적 지원이 필요하다고 주장했지만, 애슐리의 부모가 그 같은 치료법에 동의한 이유는 줄이나 도르래를 마련하거나 간호사를 고용할 재원이 부족했기 때문이 아니다. 애슐리를 그들 스스로 직접 옮기면서 친밀감을 느꼈기 때문이다. 대부분의 인간—아이든 어른이든 또는 육체적으로 장애가 있든 없든 간에—은 기계적인 보조 장치보다 인간과의 접촉을 선호한다. 이러한 친밀감이 수술적 개입을 정당화하는지 아닌지는 논란의 여지가 있다. 그럼에도 이런 친밀감을 깎아내리고, 보조 장치를 이용할 수 있도록 보다 많은 기회를 제공하는 것이 무엇보다 중요하다고 주장하는 것은 핵심을 비껴가는 행동이다.

일부 운동가들은 해당 시술이 애슐리를 위한 조치가 아니라 그녀 부모의 삶에서 스트레스를 줄이기 위함이었다고 주장했다. 하지만 그 두 가지 요소는 서로 분리될 수 없는 것이다. 애슐리 부모의 삶이 보다 수월해진다면 그들 입장에서 애슐리에게 보다 침착하고 긍정적인 관심을 쏟을 수 있을 테고, 그 결과 그녀의 삶도 보다 나아질 것이다. 그리고 그녀가 고통을 덜 느끼면 부모의 삶도 더욱 나아질 것이다. 그들은 음(陰)과 양(陽)의 관계이며, 그들의 삶도 마찬가지다. 또한 특정한 수술에 동의한 선택보다 더욱 중요한 사실은 애슐리의 부모가 애슐리와 헤어지지 않았다는 것이며, 여기에 더해서 그럴 의사를 내비친 적도 없었다는 것이다. 애슐리는 자동차를 타고 드라이브하는 것과 사람 목소리를 좋아한다. 다른 사람이 자신을 번쩍 들어서 안아주는 것을 좋아한다. 그리고 애슐리 치료법은 그녀가 공동 생활 가정으로 들어가는 대신 훨씬 더 오랫동안 그 같은 경험을 누릴 수 있음을 의미한다. 정말 많은 경우에 다른 모든 형태의 보살핌을 훨씬 능가한다는 점에서 부모의 보살핌은 어쩌면 그녀의 수명도 더 연장시킬 수 있을지 모른다.

〈변할 수 있다고 변하는 사랑은 사랑이 아니다〉[45]라는 윌리엄 셰익스피어의 말은 사실과 다르다. 사랑은 항상 변한다. 사랑은 유동적이고, 끊임없이 떠돌며, 평생에 걸쳐 서서히 발전하는 일종의 비즈니스다. 우리는 우리 자식들에 대해 잘 모르는 상태에서도 그들을 헌신적으로 사랑하고, 그들을 알아 가면서 사랑하는 방식도 변화한다. 그들을 사랑하지 않게 되는 것이 아니다. 인권 운동가들은 정상적인 키와 성적인 성숙함 등 애슐리가 잃은 것들에 분노한다. 이러한 요소들이 하나같이 자연스러운 생명 주기의 일부이기는 하지만 단지 대다수 사람들에게 일어나는 현상이라는 이유만으로 반드시 중요하다고 할 수는 없다. 육체적 성장과 성적인 성숙을 통해 무엇을 잃고 무엇을 얻었는지, 성장 억제와 자궁 절제술로 무엇을 잃고 무엇을 얻었는지 비교하려면 정교한 도덕적 고등 계산법이 필요하다. 어쨌거나 상당한 인지 능력을 갖춘 사람에게 애슐리 치료법을 행하는 것이 적절하다고 주장한 사람은 아무도 없었다.

하지만 이러한 고등 계산법은 앤 맥도널드 같은 사람의 이야기가 더해지면서 훨씬 더 복잡해진다. 그녀 또한 영원히 걷거나, 말하거나, 스스로 먹거나, 자기 자신을 돌볼 수 없는 베개 천사였다. 그녀는 나이가 들었음에도 여전히 왜소했다. 1960년대에 오스트레일리아 병원에 수용되었을 때 영양 실조를 경험했기 때문이다. 그녀는 『시애틀 포스트 인텔리전서*Seattle Post-Intelligencer*』에 기고한 칼럼에서 다음과 같이 썼다. 「애슐리와 마찬가지로 나 역시 성장 억제를 경험했다. 그리고 어쩌면 이 세상에서 〈거기 있었고, 그 일을 겪었으며, 정말 싫었고, 계속 성장하고 싶었다〉고 이야기할 수 있는 유일한 사람일지도 모르겠다. 나는 의사소통 수단이 생기면서 인생이 바뀌었다. 열여섯 살에 나는 알파벳 보드에 있는 글자들을 하나씩 가리키는 방식으로 철자를 익혔다. 그리고 2년 뒤에는 그렇게 배운 철자를 이용해서 인신보호영장* 사건을 전문으로 다루는 변호사를 고용했고, 14년 동안 지냈던 병원에서 벗어날 수 있었다.」 앤 맥도널드는 결국 과학철학과 미술 분야의 학위를 취득하면서 대학을 졸업했고 세상을 여행했다. 그녀는 〈애슐리는 피터팬으로 살아야 하는 형벌을 선고받았지만 의사소통하는 법을 배우기에는 지금도 늦지 않다. 그녀가 자신의 목소리를 내도록 도와주기 위해 어떤 노력도 하지 않으면서 평생을 베개 위에서 살도록 하는 것은 지극히 비윤리적인 행위〉라고 주장했다.[46]

맥도널드의 사례와 글은 자신의 의사를 표현하지 못하는 사람들의 불가사의한 측면을 보여 준다. 그럼에도 그녀의 성장 억제는 그녀의 부모가 그녀를 무책임하게 떠맡긴 시설의 끔찍한 무지에 의해 초래되었고, 반면에 애슐리의 성장 억제는 그녀를 사랑하고 그녀와 함께하려는 부모에 의해 시행되었다. 맥도널드는 자신의 지능을 드러낼 기회가 없었지만 애슐리는 그에 필요한 모든 지원을 받았다. 맥도널드는 〈나는 그녀가 자신에게 어떤 일이 일어났는지 모르기를 바란다. 하지만 아마도 알고 있을 것

---

* 불법 구금 방지를 목적으로 피구금자의 법정 출두를 명령하는 영장.

같아서 걱정스럽다〉고 썼다. 애슐리가 정신 발달이 불가능하다고 단정한 부분에서 애슐리의 아버지는 실수를 범했다. 뇌의 가장 기본적인 부분에서도 나타나기 마련인 적응성은 단순히 시간만 흘러도 대부분의 경우에 사람들의 뇌가 점차 발전할 수 있음을 의미한다. 이러한 맥락에서 의학 저널 『소아과학*Pediatrics*』에 소개된 한 편지는 〈세 살짜리 장애 아동이 장차 미묘한 뉘앙스를 이해할 정도의 의사소통이 가능할지 확실히 알 수 있다는 발상은 완전히 틀린 생각이다. 그 아이가 양육되고 보살핌을 받는 방식에 따라 많은 것이 달라질 수 있고, 대체로 3년째가 되어도 대다수 부모들은 여전히 너무나 혼란스러워하고 슬퍼하느라 미래를 고민할 틈이 없는 까닭이다〉[47]라고 이의를 제기했다. 애슐리의 이야기를 언급하면서 앨리스 도무랫 드레거는 자신의 어머니에 관한 이야기를, 어머니의 아버지에게 생의 마지막 순간이 다가오자 그녀가 〈혹시라도 아버지가 여전히 볼 수 있을지 모른다는 생각에서〉 아버지의 안경을 닦았던 이야기를 감동적으로 묘사했다.[48]

고기능 장애인들은 필연적으로 저기능 장애인들을 대변하고 따라서 고기능 장애인들의 통찰력은 그만큼 소중하다. 어쨌거나 그들의 상황이 보통 사람들보다는 저기능 장애인의 상황에 가깝기 때문이다. 한때 저기능 장애인이었던 적이 있는 고기능 장애인―예컨대 앤 맥도널드 같은―의 발언은 특별한 무게를 갖는다. 그럼에도 그런 사람들의 일반론적인 주장은 투사 행위에 의해서 흔히 혼탁해진다. 이런 점에서 맥도널드는 애슐리에 관한 이야기를 하고 있기보다는 자기 자신의 이야기를 재구성하고 있는 듯 보인다. 애슐리는 그녀의 부모와, 자신이 그녀의 목소리를 대신했다고 믿는 옹호자들 모두에게 근본적으로 알 수 없는 존재다. 장애 인권 옹호자들은 장애인의 현실을 인정하길 거부하는 세상에 대해 불만을 표하지만, 애슐리의 아버지 역시 비슷한 류의 불만을 토로한다. 요컨대 권력화된 사람들로 이루어진 전제적인 집단이 개인적인 요구를, 아울러 그녀만의 특별한 요구를 받아들이지 못하게 방해한다는 것이다.

애슐리의 아버지는 다음과 같은 글을 썼다. 「한 집단의 안건이나 이데올로기가 모든 장애인들의 목구멍으로 들이밀어지고 있다. 마치 해당 안건이 또는 이데올로기가 장애인에게 개인적으로 도움이 되든 않든 상관없다는 태도다. 이 같은 행위는 어린아이의 행복과 개인의 권리에 대한 굳은 믿음이 존재하는 이 사회를 어지럽힌다. 우리는 애슐리가 수술 뒤로 누리게 된 혜택을 날마다 몸소 체감한다. 그리고 우리의 사례가 애슐리와 똑같은 상황에 있는 다른 아이들에게 어떻게 도움이 될 수 있을지 관심을 갖는다. 실제로 장애를 가진 사람들은 개인적인 느낌에 근거해서 〈애슐리 치료법〉이 그들에게 얼마나 부적절할지 엄청나게 많은 비판을 쏟아냈다. 분명한 사실은 애슐리가 혼자서 블로그를 하거나, 이메일을 보내거나, 결정을 내릴 수 있는 사람들과는 한참 다른 범주의 장애라는 것이다. 어떤 두려움이나 주장 같은 위험한 비탈길이 아니라 깊은 골이 그들을 둘로 가르고 있는 것이다. 뉴턴 물리학은 대부분의 경우에서 주효하지만 극단적인 경우에서는 꼭 그렇지도 않다. 아인슈타인이 지적했듯이, 뉴턴 물리학은 고속에서 그 실효성을 잃는다. 상대성이론이 그 이치를 잘 설명하고 있다. 마찬가지로 장애인 커뮤니티의 이데올로기도 일리가 있다. 그리고 우리는 그들의 이데올로기를 지지한다. 하지만 극단적인 상황에서 그들의 이데올로기는 비참할 정도로 실효성이 없다.」

뇌 과학을 둘러싼 우리의 이해 수준은 그동안 많이 진보했음에도 여전히 원시적인 단계에 불과하다. 우리는 뇌의 적응성과 신경 형성 과정에 대해 여전히 많은 것을 배워야 하며, 침묵의 본질은 언제나 추측의 문제이다. 우리는 너무 많이 추측하거나 너무 적게 추측하는 실수를 범한다. 뇌성마비로 태어나서 현재는 장애 문제와 관련한 컨설턴트와 연설가로 일하는 노먼 쿤이 친절한 의도와, 장애인에게 문제가 있는 치료법을 실시한 결과 사이에 얼마나 큰 차이가 있을 수 있는지 설명했다. 그는 자신이 어릴 때 받았던 물리치료 경험을 유사 강간으로 규정했다. 그의 설명이다. 「세 살 때부터 열두 살 때까지 일주일에 세 번씩, 당시에 나보다 나이도 많고, 훨씬 힘도 세고, 권위도 있던 여자들이 나를 그들의 방으로, 그들의 공간으로, 그들의 홈그라운드로 끌고 갔다. 그들은 내가 입은 옷가지 중 일부를 벗겼고, 개인적인 공간을 침해했다. 그들은 나를 꽉 움켜쥐거나 만졌고 내 몸을 이리저리 조작해서 고통을 가했다. 나는 그들이 하는 대로 순순히 몸을 맡기는 것 말고도 다른 선택권이 있음을 몰랐다. 성적인 행위와는 전혀 거리가 멀었지만 내게는 그들의 행위가 일종의 성폭행이었다. 학대를 상징하는 힘과 지배였다. 치료사에게 강간범과 동일한 의도가 있었던 것은 아닌 것이 분명하지만 그럼에도 보살핌과 정당성 사이에는 엄연히 차이가 존재한다. 많은 사회복지 전문가들은 그들이 사람들을 보살핀다는 이유로 그들의 행동이 필연적으로 정당하다고 생각한다. 그리고 그들 행동의 정당성에 대해 이의를 제기하는 순간 이의를 제기한 사람은 곧장 사람을 보살피는 행위에 대해 문제를 제기하는 것으로 간주된다.」[49]

쿤은 사랑이 그 행동을 꼭 유익하게 만들어 주는 것은 아니라고 주장한다. 우리 모두는 가족 간에 사랑뿐만 아니라 상처 또한 주고받는다. 비단 장애의 세계에만 국한된 이야기가 아니다. 선의(善意)에 걸맞은 충분한 정보가 주어지지 않는다는 점에서 수평적 정체성에 관련된 경우 그 피해는 훨씬 크고 빈번할 가능성이 많다. 내가 동성애자인 까닭에 부모님은 내게, 만약 내가 당신들과 같은 부류의 사람이었다면 주지 않았을 상처를 주었다. 내게 상처를 주고 싶어서가 아니었다. 동성애자로 산다는 것이 어떤 것인지에 대한 충분한 지식이 없었기 때문이다. 그럼에도 부모님의 본질적으로 좋은 의도는 성인이 되기까지 나의 정체성에 결정적인 역할을 했다. 나는 애슐리의 아버지가 자신의 딸에게 해를 끼쳤는지, 또는 도움을 주었는지 확신할 수 없다. 하지만 그의 행동이 선의에 의한 것이라고 믿는다. 부모는 완벽하지 않고 수많은 실수를 범한다. 그리고 나는 선의가 부모의 실수를 감쪽같이 지워 주는 것은 아니지만, 쿤의 주장과는 반대로 적어도 실수의 무게를 줄여 준다고 생각한다. 사랑하는 사람에게 상처받는 일은 끔찍한 경험이다. 그러나 그 사람이 당신을 도와주려고 그랬다는 사실을 알게 된다면 끔찍함이 줄어들 것이다.

〈학살〉이라는 단어가 정체성 운동에서 자주 등장한다.[50] 청각 장애인들은 무수히 많은 청각 장애 아동들이 인공 와우 이식 수술을 받는다는 점에서 이를 학살이라고 주장한다. 다운증후군과 그들의 가족들은 선택적 임신 중절수술을 통해서 학살이 자행된다고 주장한다. 그럼에도 청각 장애가 있거나 다운증후군인 사람들이 죽어야 한다거나 죽도록 내버려 두어야 한다고 제안하는 사람은 아무도 없을 것이다. 자폐증을 앓는 자식을 죽이는 부모들이 간혹 있지만 그들의 행위는 대체로 충격적이고 잘못된 행동으로 여겨진다. 하지만 중도 중복 장애의 경우에는 그 같은 해법이 납득할 만하다고 여기는 사람들이 훨씬 많다. 이런 현상은 중도 중복 장애 아동들이 대체로 극단적인 의료 개입을 통해서만 생존 가능하고, 현대 문명의 발명품이며, 그들을 죽게 놔두는 행동이 〈자연의 이치를 따르는 행위〉로 보일 수 있다는 생각 등이 복합적으로 작용한 결과다.

피터 싱어는 그의 저서 『삶과 죽음의 재고 *Rethinking Life and Death*』에서 오스트레일리아의 소아과 의사 프랭크 샨Frank Shann 박사가 자신이 담당했던 두 아이에 관해서 한 설명을 인용한다. 그들 중 한 아이는 심각한 뇌출혈을 겪었고 그 결과 대뇌피질이 없었다. 따라서 오직 무의식적인 기능만 할 수 있었다. 그 아이의 바로 옆 병상에는 심장 이상만 제외하면 건강한, 하지만 심장 이식을 하지 않으면 죽게 될 아이가 있었다. 식물인간 상태의 소년이 이 아이와 혈액형이 일치했고, 그의 심장이 이 아이를 구할 수 있을 터였지만 그렇게 하려면 그 소년이 법적으로 사망하기 전에 그의 장기를 적출해야 했다. 당연히 불가능한 일이었기 때문에 그 아이들은 몇

주를 넘기지 못하고 둘 다 세상을 떠났다. 샨 박사는 〈대뇌피질이 죽은 경우에는 그 사람도 죽은 것이다. 나는 이 죽은 사람의 몸에서 장기를 적출해 이식하는 것을 합법화해야 한다고 생각한다〉고 말했다. 싱어는 대뇌피질의 소멸을 죽음으로 간주해야 한다는 주장에 동의하지는 않지만 그럼에도 두 아이의 죽음이 비극적인 낭비라고 생각한다.[51] 장애 인권 옹호자라면 비장애인 아이를 살리기 위해 중도 장애인 아이를 죽이는 행위는, 비장애인 아이를 살리기 위해 다른 비장애인 아이를 죽이는 짓과 마찬가지로 상상도 할 수 없는 일이라고 주장할 터이다. 분명한 것은 죽은 사람은 산 사람보다 권리가 많지 않다는 사실이며, 샨 박사는 자신의 이야기에서 첫 번째로 언급된 소년에게 산 사람의 권리가 적용되지 않는다고 생각했다. 이런 생각에 어떤 과학적 소견이 있는지는 모르지만 어쨌거나 숨을 쉬고, 재채기도 하고, 하품을 하며, 심지어 반사적으로 미소까지 짓는 사람을 죽었다고 묘사하는 행위는 왠지 섬뜩한 느낌을 준다.

피터 싱어의 주장에 따르면 중요한 것은 인간임을 의미하는 〈인간성〉이다. 그는 모든 인격체가 인간은 아니라고 제언한다. 고도의 인식능력을 갖춘 지각이 있는 동물도 인격체다. 같은 맥락에서 모든 인간이 인격체는 아니라는 의견도 피력한다. 『실천 윤리학Practical Ethics』에서 그는 〈장애가 있는 아기를 죽이는 행위는 인격체를 죽이는 행위와 도덕적으로 같지 않다. 따라서 잘못이 아닌 경우가 많다〉[52]고 썼다. 다른 지면에서는 〈심각한 결함이 있는 아기를 예컨대 개나 돼지 같은 동물과 비교할 경우, 우리는 합리성과 자의식, 의사소통 측면에서, 그리고 도덕적으로 중요해 보이는 그 밖의 모든 측면에서 동물이 실제로든 잠재적으로든 보다 월등한 능력을 가졌다는 사실을 번번이 깨닫게 될 것이다〉[53]라고 주장했다. 싱어는 사실상 〈나는 생각한다, 고로 존재한다〉라는 말을 뒤집어서 〈생각하지 않는 사람은 존재하지 않는다〉고 주장한다.

거의 모든 사람이 부모의 뜻에 반해서 장애 아동을 죽일 수 없다는 데 동의하지만 부모의 뜻에 반해서 장애 아동을 살려야 할지는 훨씬 난해한 문제다. 1991년에 당시 임신 5개월째이던 칼라 밀러는 산기(産氣)를 느끼고 서둘러 그녀가 다니던 휴스턴의 동네 병원에 갔다. 의사들은 그녀가 〈비극적인 유산〉을 하게 될 거라고 설명하면서 그녀와 그녀의 남편에게 그냥 자연의 순리에 따를 것인지, 어쩌면 아이를 살릴 수 있을지 모르지만 심각한 뇌 손상을 초래할 수 있는 실험적인 수술을 받을 것인지 물었다. 그들 부부는 기도했고, 영웅적인 조치를 포기하기로 결정했다. 그러자 병원 원무과에서 그들에게 몸무게가 500그램 이상으로 태어난 신생아에게는 소생술을 실시하는 것이 병원의 방침이며, 따라서 아기를 살리고 싶지 않다면 그들 부부가 즉시 병원을 떠나야 한다고 통보했다. 하지만 칼라에게 출혈이 있었고, 과다 출혈로 목숨을 잃을 수도 있었기 때문에 그들은 병원에 머물기로 했다. 한편 해당 임신 단계에서 낙태를 허용하는 주(州)가 많았음에도 일단 아기가 세상 밖으로 나오자 칼라에게는 생명유지장치 사용을 거부할 수 있는 권리가 없었다. 그리고 아기의 체중이 630그램을 가리키자 의료진은 신생아의 기도에 튜브를 삽입해서 그녀의 덜 자란 폐에 산소를 공급하기 시작했다. 그녀는 청각 장애가 있었을 뿐 아니라 걷거나 말을 하지도 않았다.

밀러 부부는 그녀를 돌보는 한편, 병원이 그들 부부의 의도에 반하여 행동했고 따라서 그녀를 평생 보살피는 데 드는 재원 조달을 위해 병원이 배상금을 지급해야 한다고 주장하면서 병원을 상대로 잘못된 생명 소송을 제기했다. 1심에서 법원은 밀러 부부의 손을 들어 주고 배상액과 양육 비용으로 4,300만 달러를 지급하라고 판결했지만 이 판결은 항소심에서 다시 뒤집어졌다. 요지는 그들의 아이를 죽지 않게 하는 것이 당국의 정책이었고, 이 정책에 따르면 그녀의 여생을 보살피는 것은 그들 부부의 문제라는 것이었다.[54]

밀러 부부가 제기한 소송은 엄청난 저항을 촉발했고, 17개의 장애인 단체로 구성된 연합체는 법정 조언자에 의한 의견서를 제출하면서 해당 의견서에 〈태어날 때부터 장애가 있는 사람들을 포함해서 대부분의 성인 장애인은 삶을 선택하고 삶에서 의미를 찾는다. 대다수 장애 아동의 부모들은 장애인 자녀의 삶이 의미가 있다고 평가하고 또 그렇게 믿는다〉고 명시했다.[55] 장애 문제와 관련된 뉴스를 전문적으로 다루는 인터넷 신문 「인클루전 데일리 익스프레스」는 〈밀러 부부의 소송이 영아 살해—아기를 죽이는 행위—를, 특히나 영아에게 장애가 있는 경우에는 더더욱 촉진한다고 믿는 장애 인권 옹호자들이 많다〉[56]는 글을 게재했다. 장애 인권 커뮤니티에 속하지 않은 사람들의 의견은 상대적으로 덜 단호했다. 밴더빌트 대학의 소아과학 전문가 엘런 라이트 클레이튼Ellen Wright Clayton 교수는 〈나는 부모의, 특히 이번 경우 같은 자녀를 둔 부모의 의도를 무시하는 행위가 정말 부적절하다고 생각한다〉고 주장했다. 또 보스턴 대학의 보건법과 생명윤리학 전문가 조지 아나스George Annas 교수는 〈엄연한 사실은 무엇이 이런 아이들을 위한 최선인지 아무도 진정으로 모르고, 따라서 지나치게 엄격한 규칙을 두지 말아야 한다는 것이다〉라고 말했다.[57]

이 문제와 관련한 법률적인 언급으로는 1978년에 뉴욕에서 내려진 판결문이 있었다. 이 판결문에서 판사는 〈중대한 결함을 지닌 채 태어나는 것보다 아예 태어나지 않는 쪽이 더 나을지의 문제는 철학자나 신학자에게 넘겨주는 편이 더 적절한 미스터리다. 특히 법률과 인류가 그동안 거의 한결같이 인간의 삶에 부여해 온 절대적인 가치라는 관점에서 보았을 때, 법원은 이 문제를 해결할 자격이 없다기보다는 그러한 자격을 주장할 수 없는 입장에 있음이 분명하다. 법원이 그 같은 자격을 주장하는 행위는 당혹스러운 결과를 가져올 뿐이다〉[58]라고 밝혔다.

영국 국립 오페라단에서 디렉터로 일해 온 줄리아 홀랜더에게는, 대체로 비극적인 결말에서 매력을 찾고자 하는 오페라라는 예술 장르가 삶을 준비하는 데 그다지 나쁘지 않았다.[59] 그녀의 둘째 딸 이모젠을 임신하기도 전에 줄리아는 질병에 대해 깊이 생각해 보기를 원했고, 인도 캘커타에 있는 마더 테레사 호스피스 병원 중 한 곳에서 자원봉사를 하기도 했다. 그리고 마침내 이모젠을 임신했고 모든 것이 순조롭게 진행되는 듯 보였지만 임신 38주째이던 2002년 6월 19일 한밤중에 그녀에게 갑자기 산기가 찾아왔다. 진통이 점점 심해졌다. 줄리아는 당시를 회상하며 〈첫째를 낳을 때도 진통이 오래 지속되었어요. 하지만 이번에 비하면 그때의 24시간은 차라리 장난이었죠〉라고 말했다. 그녀가 조산사에게 전화하자 조산사는 옥스퍼드 대학 병원의 응급실로 가라고 조언했다. 하지만 그 병원의 원무과 직원은 그녀가 조산 센터에 등록되어 있어서 받아 줄 수 없다고 설명했다. 그들이 언쟁을 벌이는 사이에 양수가 터졌고, 직원은 그녀에게 즉시 조산 센터로 갈 것을 권했다. 줄리아의 남자 친구이자 아기의 생부인 제이 아든이 그녀를 자동차에 태우고 40분을 달려서 조산 센터에 도착했고 곧바로 조산사가 호출되었다. 하지만 아기의 심장 박동수가 정상 수치의 절반에 불과하자 조산사는 다시 그들에게 즉시 가까운 병원으로 가라고 말했다. 줄리아는 이미 이때부터 극심한 고통으로 비명을 질렀고, 아기가 스트레스를 받고 있음을 알았기 때문에 자궁구가 3센티미터밖에 열리지 않았음에도 어떻게든 아기를 낳으려고 안간힘을 쓰고 있었다. 그리고 병원에 도착해서 불과 몇 분 만에 아기를 낳았다. 2주 전에 줄리아는 자궁에 출혈이 있었는데, 당시에 이미 이모젠이 세상 밖으로 나올 준비가 끝난 상태였기 때문에 그녀의 머리가 자궁 경부를 막아서 피가 밖으로 배출되지 않고 자궁 안에 그대로 남아 있었다.

자궁 내의 피는 독이나 다름없다. 임신부 100명 중 한 명꼴로 자궁 내 출혈이 발생하고, 출혈에도 불구하고 아기가 건강하게 태어나는 경우도 많다. 하지만 이모젠은 간질 발작을 일으키는 듯 보였다. 줄리아와 제이는 이모젠을 앞서 그들을 거부했던 옥스퍼드 대학 병원으로 옮겼고, 그곳에서 그녀는 집중 치료실보다 한 단계 아래인 신생아 특별 치료실SCBU로 보내졌다. 후에 줄리아는 〈지옥의 변방에서는 아기들이 죽어서 이승과 저승 사이를 떠돈다. 그들은 세상에 태어나도 곧바로 두 발을 모두 이승에 들여놓지 않는다〉라고 썼다. 일주일 후에 이모젠은 눈을 떴고, 열흘 후에는 그녀의 부모와 함께 퇴원했다.

이모젠은 줄리아의 가슴에 착 달라붙지 못했고 항상 괴성을 질렀다. 줄리아가 당시를 회상했다. 「그녀가 괴성을 지르는 데는 아무런 이유가 없었어요. 물론 첫째 딸도 울어요. 하지만 나는 언제든 그녀에게 가서 울음을 그치게 할 수 있죠. 내가 볼 때 그녀가 우는 이유는 대체로 분명해요. 반면에 이모젠에게는 내가 전혀 필요하지 않았고, 내가 무슨 짓을 해도 그녀에게는 위안이 되지 않았어요. 아무것도 해줄 수 없다는 사실이 정말 혐오스러웠어요.」 이모젠을 돌보는 일은 점점 더 힘들어졌다. 그녀는 좀처럼 잠을 자지 않는 듯 보였고, 깨어 있을 때는 항상 소리를 지르는 것 같았다. 그나마 제이가 그녀를 안아 힘차게, 진이 빠지도록 흔들어 주면 적어도 잠깐은 그녀가 조용해지도록 달랠 수 있었지만 몇 주가 지나자 그도 자신의 직장으로 돌아가야 했다. 줄리아가 말했다. 「이모젠이 생후 6주였을 때였어요. 그녀를 침대에 집어던지다시피 하면서 〈네가 싫어! 정말 싫어!〉라고 외쳤던 기억이 나요. 돌이켜 생각해 보면, 대자연이 내게 이 아기를 거부하라고 이야기하는 것 같았어요.」 이해할 수 없을 만큼 현명하고 유보적인 태도를 취하던 의료진은 계속해서 이모젠이 괜찮아질 수 있다고 말했다. 줄리아와 제이는 마사지 치료와 수유 상담, 배앓이 치료, 울음과 수유 다이어리를 작성하는 방법 등을 시도했다. 이모젠은 조용히 있거나 잠을 자는 경우가 종종 있었지만 만족감이나 기쁨을 드러내는 경우는 절대로 없었다. 게다가 이번에는 먹는 족족 토하기 시작했다. 줄리아는 인터넷에서 그녀를 사로잡은 두 가지 통계 자료를 발견했다. 중도 장애 아동을 키우는 부모들 10명 중 8명이 〈한계〉에 도달해 있으며, 영국에서는 그런 부모들 중 16퍼센트가 자식을 돌보길 포기한다는 내용이었다.

줄리아 가족의 상황을 확인 하기 위해 국민 건강보험에서 파견된 직원은 줄리아를 성인(聖人)으로 칭했다. 줄리아가 말했다. 「당연히 그녀의 일은 내가 이모젠을 포기하지 않도록 독려하는 거예요. 국민 건강보험에서는 가능하면 이런 아기들을 떠안지 않으려고 하잖아요. 어쩌면 이모젠이 끊임없이 괴성을 지르는 통에 내가 진짜 성인이 되었을지도 모르죠.」 이런 영웅적 행위의 이면에는 끔찍한 분노가 공존한다. 그녀는 후에 이렇게 썼다. 〈달도, 촛불도 없는 칠흑 같은 밤에 이모젠의 화난 작은 몸을 앞뒤로 흔들고 있다 보면 조금 더 세게 흔들고 싶은 충동을 느낀다. 그녀의 머리를 벽에 처박으려 한다면 느낄 수 있을 그런 느낌으로 말이다. 게다가 그 일은 매우 간단할 것이다. 그냥 조금만 더 세게 흔들기만 한다면 그녀의 무른 두개골이 벽에 부딪쳐서 마치 삶은 계란 껍질처럼 부서질 것이다. 이런 환상을 다른 사람에게 이야기한 적은 없었지만 내가 아무런 거리낌 없이 친자식을 죽이는 상황을 실제로, 진지하게 상상한다는 사실은 나를 몹시 괴롭혔다.〉[60] 아무리 기다려도 감감소식인 이모젠의 미소는 이제 뇌 손상을 암시하는 확실한 증거가 되었다. 그리고 줄리아와 제이가 궁지에서 느꼈던 절망은 폭풍이 되어 그들의 요새를 급습했다.

몇 주 뒤에 줄리아는 정부에서 비용을 지불하고, 대리 간병인이 이모젠을 맡아 주어 주말 휴가를 얻게 되었다. 휴가가 줄 해방감으로 한껏 기대에 부풀어 있던 그녀는 문득 〈문제가 있는 자식을 사랑하는 데 있어서 부모인 자신보다 더 나은〉 누군가에게 딸을 맡긴다는 것이 굴욕적이라는 생각이 들었다. 딱히 진단명이 없었음에도 이모젠에게는 많은 양의 약이 처방되었다. 소아과 의사는 이모젠을 기다리는 〈중대한 문제들〉이 일관성 있는 로드맵을 따르지 않을 거라고 경고했다. 한편 제이는 뒤로 물러나기 시작했다. 줄리아가 말했다. 「자신의 아기를 사랑하지 않는 그에게 몹시 화가 났어요. 그리고 그 일을 계기로 나는 나 자신이 얼마나 믿기 어려울 정도로 그녀를 짝사랑하고 있는지 돌아보게 되었어요.」 모순된 감정으로 가득 찬 이러한 유대는 어쩌면 그녀가 제이에게 주었을지도 모를 사랑까지 모두 독차지했고, 제이는 그들을 떠나겠다고 엄포를 놓기 시작했다. 줄리아는 〈우리는 슬픔이 얼마나 이기적일 수 있는지 재발견하고 있었다〉고 썼다.

제이가 이모젠을 질식시켜 죽이자고 제안했다. 그렇게 하는 편이 그녀의 고통도 덜어 주고 그들 자신도 고통에서 벗어날 수 있다는 주장이었다. 그녀가 죽더라도 유아 돌연사 증후군SIDS 즉 요람사처럼 보일 게 분명할 터였다. 줄리아는 겁에 질렸지만 이모젠이 죽기를 바라는 심정은 그녀도 마찬가지였다. 그녀가 말했다. 「나는 그녀와 함께 살 수도 없었지만, 그녀 없이 살 수도 없었어요. 무엇이 그녀에게 최선이었을까요? 그녀에게도 살 권리가 있었을까요? 〈권리〉라는 말에는 굉장한 무게가 있어요, 그렇지 않아요? 나는 우리가 자식과 인생에 대해 엄청나게 혼란스러워했던 것 같아요.」 줄리아는 아기를 질식시켜 죽이는 편이 현명한 생각일지도 모른다는 결론에 도달했다. 이번에는 제이가 그녀를 만류하고 나섰다. 그녀가 감옥에 갈 경우 그들의 첫째 딸 엘리노어가 엄청난 충격을 받아서 두 살 나이에 고립되고 불행해질 거라는 이유였다. 줄리아는 그럼 그다음으로 어떤 대비를 해야 할지 고민했다. 그녀는 다음과 같이 썼다. 「살아 있는 누군가를 죽은 사람처럼 애도한다는 것은 정말 혼란스러운 일이다. 실제로도 정말 할 짓이 못 되었다.」 그들은 국민 건강보험을 상대로 소송을 제기하는 방안을 논의했다. 어쩌면 줄리아와 제이는 이모젠이 스무 살이 될 때까지 그녀를 돌보는 데 필요한 3백만 파운드를 받아 낼 수 있을지도 몰랐다. 하지만 그렇게 하자면, 비록 명백한 사실이기는 하지만 그들을 조산사에게 보낸 옥스퍼드 대학 병원의 그 직원이 부주의했음을 증명해야 할 뿐 아니라, 그 병원에서 줄리아를 받아 주었더라면 이모젠이 그토록 심한 뇌 손상을 입지 않았을 거라는 사실도 증명해야 할 터였다. 판결이 나기까지 족히 6년은 걸릴 것이다. 줄리아는 소송이 장기전으로 발전할까 봐 두려웠고, 소송에 질 경우 뇌 손상이 있는 아이에 대해 그녀가 재정적으로 전적인 책임을 지게 된다는 사실 또한 두려웠다.

태어난 지 5개월도 되지 않아서 이모젠의 눈이 심하게 깜박거리기 시작했고, 그녀의 부모는 그녀를 소아 신경과 전문의에게 데려갔다. 신경과 전문의가 그녀를 검사한 다음 머뭇거리면서 말했다. 「이모젠이 걷거나 말을 하지 못하게 될 가능성이 있습니다.」 줄리아는 만약 신생아 특별 치료실이 지옥의 변방이라면 그곳은 지옥이라고 느꼈다. 며칠에 걸쳐 추가적인 검사를 진행하기로 했다. 병원 ─ 그녀가 산통을 겪을 때 받아 주지 않았던 바로 그 병원이다 ─ 의 직원은 줄리아가 대부분의 어머니들이 그러듯이 당연히 밤에도 병원에 머무를 거라고 생각했다. 줄리아가 말했다. 「첫날 밤에 나는 정말 악랄하게 행동했어요. 〈나는 병원에 머물지 않을 거예요〉라고 말한 거죠. 이 대단한 병원은 나를 배신했었고, 나는 그들에게 〈엿 먹어요〉라고 말하고 있었어요. 다른 부모들을 지나쳐 걸어 나오면서 나는 그들과 눈도 마주치지 않았어요. 당당하게 그곳을 걸어 나왔죠. 그리고 차를 타고 집으로 와 버렸어요.」 줄리아는 이모젠에게 죽음이 허락되어야 한다는 생각에 집착하게 되었다. 그래서 이모젠의 차트에 혹시라도 소생 절차를 실시하지 말라는 지시를 넣어 달라고 요구했다. 그 주말에는 이모젠을 병원에서 데리고 나와 세례를 받게 했다. 세례를 통해서 그녀는 이모젠을 놓아 주고자 하는 자신의 바람을 재차 확인했다. 생명에 대한 의료진의 끈질긴 집착이 줄리아에게는 거의 사디스트적으로 보였다.

화요일이 되자 신경과 전문의가 줄리아와 제이에게 이모젠의 컴퓨터 X선 체축(體軸) 단층촬영 사진을 보여 주었다. 그녀는 의사의 손가락이 사진의 머리 쪽으로 옮겨감에 따라 〈평범한 계란 모양의 틀 안에 있는 회색 그림자가 점차 줄어들고 대신 검은색으로 변해 가는 것이 보였다. 그의 손가락이 눈이 돌출된 높이에 다다르자 그림자는 완전한 검은색이 되었고,

그 주변으로 마치 도일리*의 주름처럼 보이는 레이스 자락이 보였다. 신경과 의사는 그 검은 부분이 이모젠의 대뇌피질이 있어야 할 자리이며, 레이스 자락처럼 보이는 부분이 찢어진 대뇌피질의 잔여물이라고 설명했다〉고 썼다. 의사는 〈엄밀히 말해서 그녀는 지능이 전혀 없습니다〉라고 말했다.

줄리아가 그 모든 상황을 받아들일 시간이 필요하다고 말하자 신경과 전문의는 이모젠을 일주일 동안 병원에서 맡아 주겠다고 했다. 줄리아는 이 아이가 그녀를 절대로 알아보지도, 알아볼 수도 없으며, 배고픔이나 기껏해야 딱딱함이나 부드러움 말고는 아무것도 느낄 수 없다는 생각에 사로잡혔다. 이제 어떻게 할지 결정하는 문제는 전적으로 줄리아의 몫이었다. 그녀와 제이는 결혼한 사이가 아니었기 때문에 비록 제이가 이모젠의 출생증명서에 아버지로 자신의 이름을 등록했음에도, 시대에 뒤진 영국 법(현대화된 이후로)에 따르면 그에게는 법적으로 아무런 권리가 없었다. 제이는 의사들에게 이모젠이 크리스토퍼 놀란처럼, 요컨대 태어났을 때 산소 결핍으로 락트-인 증후군**이 되었지만 그의 어머니가 온갖 역경에 맞서며 그를 가르치기 시작했고, 결국 어떤 약 하나 덕분에 근육 하나를 사용하게 되어 아름다운 시를 타이핑하기에 이른 소년처럼 될 수 있는지 계속해서 물었다. 줄리아가 말했다. 「신경과 전문의가 〈그녀는 그 소년처럼 될 수 없습니다〉라고 대답했을 때 한편으로는 안심이 되었어요. 의사의 확답을 들은 이후로 제이는 그녀를 돌보지 않기로 확실히 마음을 굳혔어요. 나는 그와 함께하면서 이모젠을 잃든지, 이모젠과 함께하면서 그를 잃든지 둘 중 하나를 선택해야 했죠. 나는 나를 필요로 하는 사람은 이모젠이라는 생각이 들었어요. 그리고 그녀가 나를 필요로 하지 않는다는 명백한 사실을, 나의 이기심이 그녀가 나를 필요로 하도록 만든다는 사실을 직시해야 했어

---

* 가구 위에 덮는 작은 장식용 덮개.
** 의식은 있지만 전신마비로 인하여 외부자극에 반응하지 못하는 상태.

요.」 나중에 줄리아는 〈한때 내가 상상했던 것은 짝사랑조차 될 수 없었다. 그보다는 진공 상태 속에 존재하는 사랑에 가까웠다〉라고 술회했다.

이모젠이 퇴원하기로 한 이틀 전부터 줄리아는 매일 방문하던 병원에 발길을 끊었다. 자신이 방문을 받았는지 아닌지조차 절대로 식별하지 못할 누군가를 보러 간다는 것이 가식처럼 느껴졌기 때문이다. 줄리아는 어두컴컴한 방 침대 위에서 몸을 웅크리고 있었다. 그때 국민 건강보험에서 뇌성마비가 있는 아이를 입양한 적이 있는 한 직원이 그녀를 찾아왔다. 줄리아가 말했다. 「그녀는 매우 철학적이고 현명한 사람이었어요. 그녀에게 〈만약 이미 결심이 선 상황이라면 자기 아이를 버리는 적기가 언제라고 생각하세요?〉라고 물은 기억이 나요. 그녀의 대답은 이랬어요. 〈그런 행동은 그 때가 언제든 간에 항상 끔찍한 일이 될 거예요.〉 그녀의 이야기가 내게 도움이 되었어요. 그리고 자식을 버리기에 완벽한 시기라는 것은 있을 수 없다는 사실을 깨달았죠.」

국민 건강보험에서 나온 그 직원이 떠나자마자 줄리아는 변호사에게 전화를 걸어서 만약 자신이 이모젠을 시설에 버릴 경우 엘리노어까지 잃는 상황에 처할 수 있는지 물었다. 그리고 그렇게 되지 않을 거라는 확신을 갖게 되었다. 그녀는 그 같은 의사를 어떻게 병원 측에 전달해야 하는지 묻고 변호사의 설명을 그대로 받아 적었다. 이모젠이 퇴원하기로 한 날 줄리아는 병원에 가지 않았다. 그녀와 제이는 전화기 옆에 앉아 전화벨이 울리기를 기다렸다. 마침내 간호사가 전화를 걸어와 이모젠이 잘 지내고 있으며, 언제 병원에 올 것인지 물었다. 줄리아가 대답했다. 「우리는 그녀를 데리러 가지 않아요.」 어색한 침묵이 이어졌고, 간호사가 줄리아와 제이에게 상담을 위해 그다음 날 병원에 와 달라고 했다. 병원에서 줄리아는 변호사가 알려준 대로 자신의 뜻을 전했다. 그녀가 말했다. 「나는 이 아이에게 적합한 엄마가 아닙니다.」 상담 의사도 그녀의 결정에 이의를 제기하지 않았다. 줄리아의 표현에 따르면 〈상담은 무척 부드러운 분위기에서 진행되었다〉. 의사는 그들에게 그녀를 해치려고 생각한 적이 있는지 물었고, 그의 말투에서 어떤 대답이 필요한지 충분히 짐작할 수 있었다. 제이가 〈전혀 없었다고 말할 수 없습니다〉라고 대답했다. 그러자 의사가 〈그렇다면 우리가 여러분의 짐을 덜어 드리도록 하겠습니다〉라고 말했다. 병원을 나서기 전에 그들은 마지막으로 이모젠을 보러 갔고, 줄리아가 이모젠을 안은 채 사회복지사에게 〈우리는 정말 그녀를 사랑해요〉라고 말했다. 병원을 나와 집으로 가던 중에도 줄리아는 차를 돌려서 병원으로 되돌아가길 원했지만 제이는 가던 길을 바꾸지 않았다. 그는 〈나를 선택하든지 그녀를 선택하든지 해야 돼〉라고 말했고 집으로 가는 내내 줄리아는 조용히 눈물을 흘렸다. 그리고 집에 도착한 그들은 이모젠의 옷가지와 장난감들, 젖병과 젖꼭지받이, 아기 침대, 소독 장치, 유아용 의자 등을 모두 버렸다.

며칠 후 이모젠의 위탁모가 병원에 왔다. 타니아 빌은 독실한 기독교도였고 이미 장애인 자녀가 있는 싱글맘이었다. 타니아는 후에 「가디언」지에 기고한 수필에서 이렇게 썼다. 「그녀가 있는 방으로 들어가자 이모젠이 아기 침대에 누워 있다. 나는 당혹감과 상실감, 혼란을 느낀다. 그녀의 부모와 나는 서로를 평가한다. 이 작고 아름다운 생명체와 헤어지는 일을 견딜 수 있는 부모가 과연 몇이나 될까? 이모젠에게는 특별한 구석이 있다. 그녀는 의지가 굳다. 그녀는 절대로 사람들에게 외면당하지 않을 것이다. 아기를 앞으로 업을 때 쓰는 천으로 된 포대기는 이제 이모젠의 집이 되었다. 그녀는 내 심장 바로 앞에 누워서 내 손가락을 빤다. 앞으로 몇 개월간 나는 잠자는 시간을 제외하고 항상 그녀를 안고 다닐 것이다.」[61] 타니아와 이모젠이 만난 첫날 제이와 줄리아는 타니아에게 유모차와 유아용 카시트를 선물했다. 줄리아는 타니아에게 깊은 인상을 받았다. 그녀는 타니아가 강인하고 위엄이 있다고 생각했다. 줄리아는 〈그녀가 나를 실패한 한심한 엄마로 여기지 않는다는 느낌을 받았어요. 그 점이 정말 고마웠어요〉라고 설명했다. 영국의 사회복지 사업은 아이가 어릴 때부터 다른 사람에게 위탁되어 보살핌을 받는 경우 그 아이가 입양되어야 한다는 입장을 취한다. 이 같은 입장의 표면적인 이유는 입양이 훨씬 안정적이라는 것이지만, 아이를 입양한 부모에게는 단순 위탁 부모와 달리 정부가 양육비와 관련해 경제적으로 지원할 필요가 없어진다는 점에서 복합적인 동기가 있다고 할 수 있다. 줄리아의 입장에서 보면, 자신의 딸을 사랑해 줄 수 있는 다른 누군가의 능력은 위안인 동시에 모욕이었다. 위탁과 달리 입양은 생모로서 줄리아의 권리가 완전히 말소될 뿐 아니라 그 같은 결정이 철회될 수 없음을 의미했고 그런 점에서 겁나는 일이었다. 줄리아는 이모젠과 연결된 끈을 어떻게든 완전히 놓고 싶지 않았다.

몇 년 뒤에 줄리아가 내게 말했다. 「내 생각에 이제 타니아는 우리가 순수하게 이모젠의 이익을 위해서 이모젠의 일에 개입한다고 생각하는 것 같아요. 한편, 나는 나대로 타니아가 그녀의 어머니가 되어 주기를 바라는 단계에 이르렀고요.」 하지만 타니아는 더 이상 이모젠을 입양하길 원치 않는다. 줄리아는 〈타이밍이 좋지 않았어요〉라고 표현했다. 그녀는 그녀와 타니아가 친구처럼 지낼 수 있기를 바랐지만 그런 일은 일어나지 않았다. 이모젠이 방문하면 제이는 그녀가 웃을 때까지 그녀를 간지럽힌다. 또 그녀를 피아노 의자에 앉혀 놓고 음악을 연주한다. 줄리아가 쓴 글에 따르면, 〈제이의 연주에 반응을 보이면서 이모젠은 소리 지르길 멈춘다. 그리고 눈을 동그랗게 뜨고 입을 헤벌쭉 벌린 채 경외감이라고 부를 수도 있는 표정을 지으면서 마치 음악에 집중하는 사람처럼 자신의 무거운 고개를 치켜든다〉. 줄리아는 장애 아동을 위한 기금 모금 행사를 조직하기 시작했고, 이모젠이 아플 때 다녔던 호스피스에서 활발한 활동을 했다. 자신의 경험을 책으로 발간하기도 했다. 그녀의 가족은 이모젠이 그들과 함께 살게 할 수도 없었지만, 그녀가 그들의 마음속 한가운데 자리 잡지 못하도록 할 수도 없었다.

타니아는 〈나는 그녀의 가족들이 아는 이모젠과 다른 이모젠을 본다.

한번은 그녀가 미소를 지었다. 아주 잠깐이었지만 미소를 지은 게 분명했다. 나는 그녀가 호루라기 소리에 반응하고 웃는다는 사실을 발견했다. 첫 번째 생일에 이모젠은 자신의 의자에 앉아 발로 종을 찼다. 종이 만들어 내는 소리에 미소를 지었고, 죽처럼 으깬 초콜릿 케이크를 보자 입이 벌어졌다. 비록 속도는 느리지만 그녀는 삶이 살아 볼 만한 가치가 있다는 사실을 배워 가고 있다〉고 썼다. 줄리아는 그 미소가 단지 근육의 반사적인 반응이라고 설명했다. 그녀에게는 그녀의 주장을 지지하는 의사들이 있었다. 그녀가 아는 아이와 타니아가 묘사하는 아이가 너무나 다른 까닭에 두 아이는 서로를 없애려는 듯 보였다. 내가 줄리아를 처음 만났을 때만 하더라도 이모젠은 입으로 음식을 먹고 씹을 수도 있었다. 하지만 일 년이 지나자 줄리아가 〈유일한 능력〉이라고 부르던 그 능력마저 상실했고, 영양 삽입관을 통해 음식을 섭취했다. 현재 그녀는 발작성 질환을 앓는 대다수 아동들에게 근육 경직을 완화하기 위해 처방되는 바클로펜을 복용한다. 항경련제 세 개와 소화기 계통 치료를 위한 약 두 개, 수면 치료를 위한 진정제의 일종인 클로랄 수화물도 복용한다. 잠을 잘 때는 그녀의 팔과 다리 형태를 본떠서 만들고, 그녀가 자다가 발작을 일으켜도 팔이나 다리가 부러지지 않도록 사지를 묶을 수 있게 고안된 수면 선반에서 잔다. 또한 일주일에 세 번씩 물리치료를 받는다. 이런 식으로 계속 관리를 받는다는 전제로 이모젠의 수명은 20세까지 보장되었다.

줄리아가 말했다. 「심각한 간질 발작이 몇 번이나 그녀를 죽일 뻔했어요. 이 아이를 파괴하려는 자연의 방식이었어요. 하지만 실패했죠. 경련을 멈추게 할 수 있는 약이 있었거든요. 자신의 아이가 죽기를 바라는 것은 정말 어려운 일이에요. 이런 아이들의 생명을 연장하기 위한 발명품에 어느 정도는 화가 나는 부분도 있어요. 내가 태어났을 때만 하더라도 이런 아이들은 살아남지 못했어요. 게다가 의료 개입을 둘러싼 궤변과 횡포가 가속화됨에 따라 이모젠 같은 아이들이 점점 증가하는 추세예요.」 이와 반대로 타니아는 〈여전히 장애가 심하지만 이모젠은 그녀의 가족과 출생, 위탁 과정을 알고 있으며, 그녀의 할머니나 할아버지라도 방문하는 날이면 몹시 좋아한다〉고 썼다. 타니아의 침착한 분위기는 뒤죽박죽 드라마 같은 줄리아의 성향과 확실히 대비된다. 한번은 엘리노어가 〈엄마, 혹시라도 내게 뇌 손상이 생기면 나도 타니아와 함께 살아도 돼요?〉라고 묻기도 했다. 타니아의 요청에 따라 줄리아는 이모젠의 의료 파일에서 소생술을 금지하는 소인(消印)을 지우도록 했다. 그에 따라 장차 타니아가 이모젠을 입양하기로 결정하지 않는 한 소생술을 실시할지 말지 결정하는 문제는 다시 전적으로 줄리아의 몫이 되었다. 줄리아가 말했다. 「하지만 내가 직접 그 같은 결정을 내리지는 않을 거예요. 너무 잔인해요.」

자신의 경험에 대한 줄리아의 글─처음에는 신문에 기고했고 나중에는 책으로도 발간했는데─은 속죄의 외침이었고 다양한 반응에 직면했다. 그녀가 용감하다고 말하는 독자들도 있었고, 자기 잇속만 차린다고 비난하는 독자들도 있었다. 인터뷰 마지막 날 그녀가 말했다. 「어제 나는 휠체어에 이모젠을 태우고 길거리를 돌아 다녔어요. 휠체어를 밀면서 여섯 블록을 걷기란 정말 악몽 같았죠. 대형차들을 하나같이 인도에 주차해서 우리는 충분한 틈을 찾아 자동차 사이로 다녔고, 그마저도 맞은편에서 오는 사람과 마주치면 아예 찻길로 내려가야 했어요. 여섯 블록을 걷고 난 다음에는 정말로 순교자가 된 기분이었답니다. 그녀가 가까이 있을 때마다 나는 장애 아동의 어머니로 살아가는 실험을 해요. 인도를 걷는 사람들은 길을 비켜주면서 〈정말 불쌍하군요, 내가 당신이 아니라는 게 얼마나 고마운 일인지 모르겠네요!〉라는 표정으로 미소를 지어요. 나는 하루를 마칠 때마다 나 자신이 덕을 수양했다는 생각도 들지만 다른 한편으로는 내가 세상에서 가장 화난 사람이라는 생각도 들어요.」

피터 싱어의 정의에 의하면 이모젠이나 애슐리, 그 밖의 이들과 비슷한 아동들은 인격체가 아니다. 그럼에도 나는 그런 자녀를 데리고 살면서 보살피는 많은 부모들을 만났고 그들은 아이들의 내면에 존재하는 풍부한 인간성에 대해 자주 묘사했다. 어떤 경우에도 그 같은 인간성이 어떤 기준으로 관찰되는지, 어떤 기준으로 그려지거나 투영되는지 확증하는 것은 불가능하다. 싱어는 자녀의 인간성을 믿는 부모들에게 비인격체를 대할 때와 똑같이 자녀를 대해야 한다고 주장하지는 않지만 그런 아이들을 포기해도 된다고 생각하는 사람들에게 도덕적 면죄부를 제공한다. 장애 인권 운동가들이 주장하는 것처럼, 과연 싱어의 주장이 우리를 훨씬 광범위한 범주의 장애인들을 제거하려는 히틀러 식 제안으로 이끌게 될지 확실치 않다. 마찬가지로, 그의 주장이 본인이 주장하듯이 논리적인지도 확실치 않다. 그의 오류는 자기 자신과 과학이 모든 것을 안다는 전제에서 비롯된다.

오스트레일리아의 장애 인권 운동가 크리스 보스윅이 쓴 글에 따르면, 윤리학자에게는 이러한 문제를 숙고하는 것이, 즉 〈《인간》이지만 인간적이지 않은 사람들을 구분하는 일이 무엇보다 중요하다〉. 보스윅은 의사에게 자신이 의식이 있다고 설득하지 못하는 경우에 우리는 그 사람을 식물인간으로 간주한다고 설명한다. 다시 말해서, 문제는 의식 그 자체가 아니라 의식이 있음을 또렷하게 증명하는 것이다. 그는 의식을 대체로 알 수 없는 것으로 간주한다. 같은 맥락에서 미국 의학 전문지 『신경학Archives of Neurology』에 실린, 〈식물인간 상태〉로 판명된 실험군 84명 중 거의 3분의 2에 달하는 환자들이 3년 안에 〈의식을 회복했다〉는 논문에 주목한다. 그리고 〈그러한 증거에 비추어 볼 때 우리는 합리적이고 도덕적이며 윤리적인 저술가들이, 극단적으로 말하자면, 다른 식의 해석이 가능한 것이 훤히 보이는 데이터로부터 어떻게 영구성과 확실성 같은 특성을 추출할 수 있는지 의문을 가져야 한다〉고 주장한다.[62] 보스윅은 설령 인격체가 아닌 인간이 실제로 존재할지라도 우리가 그들을 명확하게 구분할 수 없다고 주장한다. 많은 전문가들이 판단하기에 비인격체처럼 보였지만 결국에는 반짝이는 인간성을 보여 준 앤 맥도널드와 크리스토퍼 놀란을 기억해야 할 것이다. 우리는 증거가 결정적으로 확실치 않은 사건에서 내려지는 사형선고를 개탄하는 것과 동일한 이유로, 당연히 명확해야 할 것으로 여겨지는 이런 문제에 대해서도 신중함을 잃지 말아야 한다.

싱어와 보스윅의 주장을 살펴보는 과정에서 나는 다운증후군인 애덤 델리-보비의 어머니이자 신은 사람의 내면이 아니라 사람과 사람 사이에 존재한다는 유대인식 개념에 매료되어 있던 수전 안스텐을 떠올렸다.[63] 또 두 사람이 수화로 의사소통하는 경우에는 수화가 자연스럽게 등장하지만, 수화를 사용할 능력이 있음에도 격리된 아이들에게는 그 같은 능력이 잠자고 있음을 보여 주는 농문화에 관한 연구가 생각났다. 동생의 정신분열증을 정신이나 인간적인 맥락이 아니라 화학적으로 정의할 수 있다는 제안에 대해 제이 뉴지보른이 보여 준 분노도 떠올랐다. 나는 싱어의 견해 뒤에 숨어 있는 우쭐대는 과학도 싫고, 모든 인간을 항상 똑같이 대해야 한다고 주장하는 사람들의 메스꺼운 감상벽도 싫어한다. 물론 실용적인 해법을 찾아야 하는 것은 맞지만 그러한 해법들을 근사치가 아니라 보다 나은 것으로 생각하는 것은 어리석은 짓이다. 우리는 서로에게 인간성을 부여하지만 이러한 장애 아동에 대해서만큼은 인간성을 부여하기도 하고 보류하기도 한다. 하지만 인간성은 우리에게 알려진 만큼 많은 것이 밝혀지지 않았다. 정신분석가 매기 로빈스가 한번은 이런 말을 했다. 「의식은 명사가 아니다. 동사다. 고정된 어떤 객체처럼 의식을 단정 지으려는 시도는 재앙을 불러올 수 있다.」[64] 타니아는 이모젠에게서 우리가 우아함이라고 부를 수 있는 어떤 요소를, 특징을 보지만 줄리아는 그렇지 않다. 그럼에도 이들 두 여성 중 어느 한 명이 꿈을 꾸고 있다고 주장하는 것은 오만함에서 비롯된 부당 행위를 범하는 꼴이다.

여왕개미의 딸들은 그들의 어머니와 형제들을 돌본다. 종(種)에 따라서는 상대적으로 일찍 태어난 어린 새들이 어미 새를 도와 더 어린 새들을 기르기도 한다.[65] 하지만 전반적으로 인간의 경우를 제외하고는 상호 의존적인 양육 관계가 매우 드물다. 인간의 양육은 일방적으로 작용하는 일시적 관계가 아닌 양방향으로 작용하는 평생에 걸친 관계다. 장년기에 이른 자녀가 무능력해진 노부모를 보살피는 궁극적인 180도 전환이 일어나기 이전에도, 상호 의존적인 관계를 암시하는 징후가 부모의 사회적 지위와 자존감을 결정짓기도 한다. 또한 자녀가 흠모하는 시선으로 부모를 바라보는 초기의 상호 의존적인 관계로 인해서, 자녀의 의존성에 함축된 애정으로 인해서, 갓 말을 배운 자녀가 혀짤배기소리로 하는 달콤한 말들로 인해서, 그 같은 보상에 대한 전망이 흔히 묵살되기도 한다. 중도 복합 장애 아동의 부모들에게는 초기의 상호 의존적인 관계가 드물 수 있으며, 궁극적인 상호 의존적 관계가 불가능할 수도 있다.

하지만 자녀를 돌보는 기쁨은 상호 의존적인 관계에만 있지 않다. 예컨대 프랑스 작가 아니 르클레르는 〈자녀에게 느끼는 심오한 맛〉에 대해 언급했으며, 페미니스트 심리학자 다프네 드 마르네프Daphne de Marneffe는 자녀에게 반응하는 어머니의 능력이 〈자녀에 대한 어머니 자신의 인식뿐 아니라 즐거움과 효율성, 자기표현에도 기여한다〉고 말했다.[66] 한편 이미 오래전부터 정신분석가들은 어머니의 초기 보살핌이 자가 치료의 한 형태라고 주장해 왔다. 프로이트는 〈너무나 감동적인 동시에 본질적으로 너무나 유치하다는 점에서, 부모의 사랑은 마치 자신이 다시 태어난 듯 느끼는 부모의 자기도취에 불과하다〉[67]고 설명한다.

내가 이 장(章)을 위해 인터뷰한 대부분의 부모들은 이러한 공통적인 이해를 토대로 해서 강해진 듯 보이지만 그럼에도 모든 부모가 그렇게 될 수 있는 것은 아닌 것 같다. 일부 장애 인권 운동가나 낙태 반대론자, 종교적 근본주의자 등의 주장에 따르면, 장애인 자녀를 돌볼 의지가 없는 사람들은 애초에 아기를 갖지 말아야 한다. 하지만 현실적으로는 대부분의 사람들이 낙관적인 기대 속에서 부모가 되기로 결정하며, 심지어 최악의 시나리오까지 진지하게 고려하는 사람들조차도 직접 그 상황에 처하기 전까지는 자신이 어떻게 반응할지 충분히 예측할 수 없다.

부모와 자식 간의 관계를 포함해서 모든 인간의 관계에는 모순이 존재한다. 지그문트 프로이트의 막내딸이자 정신분석가인 안나 프로이트Anna Freud의 주장에 따르면, 아이의 요구가 무한정하고 끝이 없기 때문에 어머니는 아이를 절대로 만족시킬 수 없으며, 궁극적으로는 아이와 어머니 모두 그 같은 의존성에서 벗어난다.[68] 하지만 중도 중복 장애가 있는 아동은 그런 무한성을 훌쩍 뛰어넘는 영속적인 요구를 갖는다. 『둘로 찢긴 Torn in Two』이라는 저서에서 영국인 정신분석가 로지카 파커Rozsika Parker는 오늘날처럼 개방적이고 현대적인 사회에서도 어머니의 모순성이 추한 비밀로 간주된다고 개탄한다. 대다수 어머니들은 가끔씩 그들을 찾아오는, 자녀로부터 해방되고자 하는 살인이나 다름없는 열망을 다스리면서 살아간다. 파커는 양육 행위가 어머니에게 두 가지 충동을 유발한다고 주장한다. 무조건 참아 내려는 충동과 밀어내려는 충동이다. 훌륭한 어머니라면 자식을 잘 보살피고 사랑해야 하지만 자식을 숨 막히게 하거나 지나치게 집착하지 말아야 한다. 어머니에게 양육은 이를테면 파커가 〈참견의 스킬라 바위*와 무시의 카리브디스**〉라고 부르는 것 사이를 항해하는 행위다. 파커는 어머니와 자식 간의 완벽한 상호 작용과 동시성이라는 감상적인 생각이 〈어머니로서의 의무에 대한 일종의 슬픔―기분 좋은 완전한 일체감이 언제나 도달 불가능한 목표처럼 보이는 지속적이고 가벼운 후회의 상태―을 유발할 수 있다〉고 제시한다.[69] 완벽이란 수평선 같은 덕목이며, 수평선에 다가가려는 노력은 우리와 수평선 사이의 거리가 결코 줄지

---

* 시칠리아 섬 앞바다의 큰 바위.
** 시칠리아 섬 앞바다의 큰 소용돌이.

않는다는 사실을 보여 줄 뿐이다.

평범한 자녀의 어머니에게 존재하는 모순성의 어두운 부분은 그 자녀가 개별적인 존재로 거듭나는 데 중대한 역할을 하는 것으로 여겨진다. 하지만 평생 독립적으로 살 일이 없는 중도 장애 아동에게는 부모의 부정적인 감정이 전혀 도움이 되지 않고, 따라서 그들의 상황은 감정적으로 완전히 순수한, 소위 불가능한 상태를 요구한다. 건강한 자녀를 둔 부모들과 비교하면서 중도 장애 아동의 부모들에게 부정적인 감정을 갖지 말라고 요구하는 것은 터무니없는 짓이다. 내 경험에 따르면 중도 장애 아동의 부모들은 하나같이 사랑과 절망을 모두 느꼈다. 모순성은 당사자가 보여줄지 말지 스스로 결정할 수 있는 문제가 아니다. 중도 장애 아동의 부모들 중 대다수는 그들이 느끼는 모순성의 한쪽 측면에서 행동하기로 선택했다. 줄리아 홀랜더 역시 모순성의 또 다른 한쪽 측면에서 행동하기로 선택했을 뿐이다. 모순성 자체만 놓고 보았을 때 줄리아의 가족이 느낀 모순성과 다른 가족이 느낀 모순성이 달랐다고 생각하지 않는다. 이 시대는 중도 장애가 있는 자녀와 함께 살면서 그들을 위해 용감하게 희생을 감수하는 부모들이 존경받는 시대이며, 나 또한 이 시대의 다른 사람들과 다르지 않다. 그럼에도 줄리아 홀랜더가 자신에게 솔직했고, 다른 모든 가족들이 한 일을 하나의 선택으로 볼 수 있도록 해주었다는 점에서 나는 그녀를 존중한다.

주

이 주(註)들은 인쇄본에는 압축된 형태로 되어있고 보다 상세한 온라인 본은 http://www.andrewsolomon.com/far-from-the-tree/footnotes 에서 볼 수 있다.

주(註)에 대한 몇 가지 주(註)가 있다. 먼저, 나는 내가 인터뷰한 모든 사람들에게 실명과 가명 중에 어느 쪽을 사용할 것인지 선택하도록 했다. 가명인 경우 주에 명시해 놓았다. 가명으로 인용된 경우에도 사람들의 신원을 최대한 진실하게 전달하려고 노력했지만, 사생활을 보호받길 원하는 사람들의 바람대로 몇몇 개인 정보를 변경했다.

인쇄물에서 인용한 경우에는 모든 출처를 밝혀 놓았고, 그 외의 것들은 모두 내가 1994년에서 2012년 사이에 진행한 개인적인 인터뷰에서 인용한 것이다.

이 책이 훨씬 더 길어지지 않게 하기 위해, 그리고 생략 부호들로 범벅을 만들지 않기 위해, 나는 인쇄물에서 가져온 몇몇 인용문을 요약했다. 요약을 한 부분은 온라인 주에 전문을 실었다.

제사(題辭)

Wallace Stevens, *The Collected Poems of Wallace Stevens* (1990), 193~194쪽을 보라.

1장 아들

1 위니콧의 말은 "Anxiety associated with insecurity," *Through Paediatrics to Psycho-analysis* (1958), 98쪽에서 인용함. 한국어 판은 『소아 의학을 거쳐 정신분석학으로』(이재훈 역, 한국 심리 치료 연구소, 2011).

2 내가 농문화를 조사한 후 쓴 기사는 "Defiantly deaf," *New York Times Magazine* (29 August 1994)이다.

3 〈인공 와우 코퍼레이션〉의 웹사이트(http://www.cochlear.com)에는 기적이라는 단어가 많이 나온다. 예를 들어, 에런과 네케이마 파른스가 2007년 인공 와우 기념행사를 다룬 보고서 "Celebrating the miracle of the cochlear implant"(http://www.hearingpocket.com/celebration1.shtml)를 보라. 이와 상반된 이야기에 대해서는 Paddy Ladd, *Understanding Deaf Culture: In Search of Deafhood* (2003), 415쪽을 보라. 「1990년대에 유전공학은 〈청각 장애 유전자〉를 찾아내려는 과정에 착수했고, 〈최종적 해결〉(나치스 독일에 의한 유대인의 계획적 말살_옮긴이)이라고 부를 만한 방안을 이론적 범위 안으로 가져다 놓았다. 바로 농인들을 완전히 뿌리 뽑는 것이다.」 할란 레인이 청각 장애를 근절하려는 시도를 민족 집단을 학살하려는 시도에 비유한 내용을 담은 기사는 Paul Davies, "Deaf culture clash," *Wall Street Journal* (25 April 2005)이다.

4 인공 와우 이식에 이상적인 나이에 관해 더 알려면 이 책의 2장 청각 장애 편을 보라.

5 아버지를 닮지 않은 아이들이 학대를 당할 위험이 더 높다는 것을 입증한 연구들로 Rebecca Burch and George Gallup, "Perceptions of paternal resemblance predict family violence," *Evolution & Human Behaviour* 21, no. 6 (November 2000)와 Hongli Li and Lei Chang, "Paternal harsh parenting in relation to paternal versus child characteristics: The moderating effect of paternal resemblance belief," *Acta Psychologica Sinica* 39, no. 3 (2007)가 있다.

6 신학자 존 폴킹혼은 그가 디랙에게서 배운 것에 맞추어 코펜하겐 해석을 설명했다. 폴킹혼의 책 *Science and Theology: An Introduction* (1998), 31쪽. 「양자에게 소립자 같은 질문을 하면 소립자 같은 대답을 얻을 것이다. 파동 같은 질문을 하면 파동 같은 대답을 얻을 것이다.」

7 루트비히 비트겐슈타인의 *Tractatus Logico-Philosophicus* (1922) 5부와 6부에서 인용함. C. K. 오그덴이 독일어 원문 〈Die Grenzen meiner Sprache bedeuten die Grenzen meiner Welt〉을 〈내 언어의 한계는 내 세상의 한계를 의미한다〉로 번

역했고 이 문장은 C.K. 오그덴이 영어로 번역한 Ludwig Wittgenstein, *Tractatus Logico-Philosophicus* (1922), 149쪽에 나온다. 한국어 판은 『논리-철학 논고』(이영철 역, 책세상, 2006).

8   제니퍼 스피크가 편집한 『옥스퍼드 속담 사전』(2009)의 〈사과〉 항목. 「사과는 절대로 나무로부터 먼 곳에 떨어지지 않는다. 동양에서 유래한 것으로 보이는 이 속담은 종종 가족 특성의 연속성을 주장하기 위해 사용된다. 16세기 독일어 der Apfel fellt nicht gerne weit vom Baume라고 나온다.」

9   레프 톨스토이의 『안나 카레니나』의 시작 부분은 〈행복한 가정은 모두 비슷하지만 각각의 불행한 가정은 각기 다른 이유로 불행하다〉이다. 이 문장은 책의 첫 문장으로 콘스탄스 가넷이 영어로 번역한 Leo Tolstoy, *Anna Karenina* (2004)의 5쪽에 나온다. 한국어 판은 『안나 카레니나』(박형규 역, 문학동네, 2013).

10   동성애자 아동의 조숙한 발달에 대한 논고는 Richard C. Friedman, *Male Homosexuality: A Contemporary Psychoanalytic Perspective* (1990), 16~17쪽 참조.

11   동성애의 예측 변수 역할을 하는 성별 이례적 색상 선호에 대해 보다 많은 정보를 얻으려면 Vanessa LoBue and Judy S. DeLoache, "Pretty in pink: The early development of gender-stereotyped colour preferences," *British Journal of Developmental Psychology* 29, no. 3 (September 2011)을 보라.

12   잊을 수 없는 마지막 문장은 A. A. Milne, *The House at Pooh Corner* (1961), 179~180쪽에 나온다.

13   Amos Kamil, "Prep-school predators: The Horace Mann School's secret history of sexual abuse," *New York Times Magazine* (6 June 2012)을 보라.

14   〈상처 입고 혼란스러워하는 사람들〉에 관한 인용문은 피터 라핀이 페이스북에 올린 글에서 가져왔다.

15   대리 파트너 치료에 대해 더 많은 정보를 얻으려면 국제 전문 대리 협회의 웹사이트(http://surrogatetherapy.org/)를 보라..

16   동성애자를 비난하는 인용문의 출처는 "The homosexual in America," *Time* (21 January 1966)이다.

17   Hendrik Hertzberg, "The Narcissus survey," *New Yorker* (5 January 1998) 참조.

18   2011년 12월 22일 미시간 주지사 릭 스나이더는 의회 법안 4770 (현재 2011 공법 297), 즉 〈공무원 동거 파트너의 혜택 제한 법령〉에 사인했다. 의회 법안 4770의 원문과 역사에 대해서 미시간 주 입법부 웹사이트(http://www.legislature.mi.gov/

mileg.aspx?page=getobject&objectname=2011-HB-4770)에서 볼 수 있다.

19 우간다에 관해서 Josh Kron, "Resentment toward the West blsters Uganda's an-ti-gay bill," *New York Times* (29 February 2012)와 Clar Ni Chonghaile, "Uganda anti-gay bill resurrected in parliament," *Guardian* (8 February 2012)를 보라. 또한 아래 22번 주에 나오는 스콧 라이블리도 참조하라.

20 이라크의 동성애자 고문 및 살인에 관한 묘사의 출처는 Matt McAllester, "The hunted," *New York* (4 October 2009)이다.

21 This American Life의 에피소드 〈81단어〉 (http://www.thisamericanlife.org/radio-archives/episode/204/81-Words)는 정신장애 진단 및 통계 편람에서 동성애가 제외된 것에 관한 흥미로운 이야기를 들려준다. Ronald Bayer, *Homosexuality and American Psychiatry: The Politics of Diagnosis* (1981)도 보라.

22 Scott Lively, *Redeeming the Rainbow: A Christian Response to the 'Gay' Agen-da* (2009)를 참조했다. 스콧 라이블리는 최근에 우간다의 동성애 인권 단체로부터 고소당했는데, 그 단체는 라이블리가 우간다의 동성애자 박해를 조장했다고 비난했다. Laurie Goodstein, "Ugandan gay rights group sues U.S. evangelist," *New York Times* (14 March 2012)를 보라.

23 대리모를 고용하려는 남자가 레이 블랜차드의 주장에 보인 반응은 "Fraternal birth order and the maternal immune hypothesis of male homosexuality," *Hor-mones & Behavior* 40, no. 2 (September 2001)에 등장하고, Alice Domurat Dre-ger, "Womb gay," *Hastings Centre Bioethics Forum* (4 December 2008)에도 서술되어 있다.

24 마리아 이안돌로 뉴가 임신부들에게 덱사메타손을 투여한 일을 둘러싼 논쟁을 연대순으로 기록한 기사로 Shari Roan, "Medical treatment carries possible side effect of limiting homosexuality," *Los Angeles Times* (15 August 2010) 참조.

25 예로 노스캐롤라이나 주 패트릭 우든 목사가 한 말을 보라. 이 말은 David Kaufman, "Tensions between black and gay groups rise anew in advance of anti-gay marriage vote in N.C.," *Atlantic* (4 May 2012)에 인용되어 있다. 「아프리카계 미국인들은 그들의 시민권 운동이 동성애자들의 이른바 시민권 운동에 마음대로 사용되는 데에 오싹함을 느낍니다. 흑인인 것과 동성애자인 것 사이에 아무런 차이가 없다는 성적소수자 단체들의 말은 모욕이며 분노를 일으킵니다.」

26 Elaine H. Pagels, *Beyond Belief: The Secret Gospel of Thomas* (2003), 53쪽 70장 참조.

27 어머니에 의한 자녀 살해 통계는 James Alan Fox and Marianne W. Zawitz, "Homicide trends in the United States" (2007), 42쪽에 있는 차트 〈Homicide Type by Gender, 1976~2005〉에 나온다. Steven Pinker, "Why they kill their newborns," *New York Times* (2 November 1997)도 보라.

28 눈에 보이는 장애를 지닌 아이를 부모가 거부한다는 내용은 Meira Weiss, *Conditional Love: Parents' Attitudes Toward Handicapped Children* (1994), 152~154쪽에서 논의된다. 심한 화상 흉터를 지닌 아동의 가족이 겪는 적응 문제를 다룬 문헌들에 대한 유용하지만 오래된 리뷰로 Dale W. Wisely, Frank T. Masur, and Sam B. Morgan, "Psychological aspects of severe burn injuries in children," *Health Psychology* 2, no. 1 (Winter 1983)을 보라.

29 미국 질병 통제 예방 센터에서 실시한 최근 연구에 따르면 입양된 아동 다수가 심각한 건강 문제와 장애를 가지고 있다. Matthew D. Bramlett, Laura F. Radel and Stephen J. Blumberg, "The health and well-being of adopted children," *Pediatrics* 119, suppl. 1 (1 February 2007) 참조.

30 〈상업적 우생학〉이라는 용어는 M. MacNaughton, "Ethics and reproduction," *American Journal of Obstetrics & Gynecology* 162, no. 4 (April 1990)에서 처음 사용된 것 같다.

31 Francis Fukuyama, *Our Posthuman Future: Consequences of the Biotechnology Revolution* (2002)을 보라.

32 프로이트가 사랑과 증오 안의 양극성 감정을 탐구한 책은 *The Ego and the Id* (1989)이다.

33 Matt Ridley, *Nature via Nurture: Genes, Experience, and What Makes Us Human* (2003)을 보라.

34 클래런스 대로를 인용한 부분은 *Famous American Jury Speeches* (1925)에 실려 있는 그의 레오폴드-로엡 살인 재판 최종 변론에서 가져왔다. 1050쪽에 다음의 말이 나온다. 「나는 두 가지 중 하나가 리처드 로엡에게 일어났다는 것을 압니다. 조상에게 물려받은 흉악한 범죄 성향이 선천적으로 몸에 배어 있었거나 또는 그가 태어난 후에 받은 교육과 훈련을 통해 범죄가 그에게 다가온 것입니다.」

35 장애 발생 통계는 Paul T. Jaeger and Cynthia Ann Bowman, *Understanding Disability: Inclusion, Access, Diversity, and Civil Rights* (2005), 25쪽에 나온다.

36 Tobin Siebers, *Disability Theory* (2008), 176쪽에서 인용함.

37 특별한 요구를 지닌 아동을 다루는 데 가장 노력이 필요한 시기들이 먼저 상황이

아직 새롭고 혼란스러운 때인 아동의 최초 10년, 또 사춘기를 맞은 두 번째 10년, 그리고 부모가 나이 들고 약해져서 자신들이 죽고 난 후 자녀에게 무슨 일이 일어날지를 몹시 걱정하는 부모 인생의 마지막 10년이라는 생각은 처음과 끝이 위로 향해 있는 알파벳 U자형 곡선으로 스트레스 지수를 표현한다. Carol Ryff 와 Marsha Mailick Seltzer가 편집한 *The Parental Experience in Midlife* (1996)에 들어 있는 Marsha Mailick Seltzer와 동료들이 집필한 장 "Midlife and later life parenting of adult children with mental retardation," 459~532쪽을 보라.

38 Simon Olshansky, "Chronic sorrow: A response to having a mentally defective child," *Social Casework* 43, no. 4 (1962), 190쪽에서 인용함.

39 아론 안토노프스키가 〈긴밀함〉을 광범위하게 다룬 책 *Health, Stress, and Coping* (1980) 참조.

40 Ann Masten, "Ordinary magic: Resilience processes in development," *American Psychologist* 56, no. 3 (March 2001), 227쪽에서 인용함.

41 Bryony A. Beresford, "Resources and strategies: How parents cope with the care of a disabled child," *Journal of Child Psychology & Psychiatry* 35, no. 1 (January 1994) 참조.

42 보살핌을 장기간 시행한 사람의 세포 변질을 발견한 연구로 Elissa Epel et al., "Accelerated telomere shortening in response to life stress," *Proceedings of the National Academy of Sciences* 101, no. 49 (December 2004) 참조.

43 이와 관련한 통계는 Ann P. Turnbull, Joan M. Patterson, Shirley K. Behr가 편집한 *Cognitive Coping, Families and Disability* (1993)에 타마 헬러가 쓴 장 "Self-efficacy coping, active involvement, and caregiver well-being throughout the life course among families of persons with mental retardation"에 나온다. 헬러는 미국 정신 결함 학회 디트로이트 회의에 제출된 논문 B. Farber, L. Rowitz, and I. DeOllos, "Thrivers and nonsurvivors: Elderly parents of retarded offspring" (1987) 으로부터 이 통계를 인용했다.

44 Douglas A. Abbott and William H. Meredith, "Strengths of parents with retarded children," *Family Relations* 35, no. 3 (July 1986) 참조.

45 Ann P. Turnbull, Joan M. Patterson , Shirley K. Behr가 편집한 *Cognitive Coping, Families and Disability* (1993)에 들어 있는 Glenn Affleck and Howard Tennen, "Cognitive adaptation to adversity: Insights from parents of medically fragile infants," 138쪽에서 인용함.

46 Allen G. Sandler and Lisa A. Mistretta, "Positive adaptation in parents of adults with disabilities," *Education & Training in Mental Retardation & Developmental Disabilities* 33, no. 2 (June 1998) 참조.

47 Ann P. Turnbull, Joan M. Patterson , Shirley K. Behr가 편집한 *Cognitive Coping, Families and Disability* (1993)에 들어 있는 Glenn Affleck and Howard Tennen, "Cognitive adaptation to adversity: Insights from parents of medically fragile infants," 139쪽 참조.

48 Miguel de Unamono, *The Tragic Sense of Life in Men and Nations* (1977), 5쪽에 따르면 〈일반적으로 우리의 생각이 우리를 낙천적으로 또는 비관적으로 만들지 않는다. 생리학적인 또는 병리학적인 근원으로부터, 혹은 둘 다로부터 유래했을지 모를 우리의 낙천주의 또는 비관주의가 우리의 생각을 만든다.〉

49 상대적인 행복에 대한 연구는 P. Brickman, D. Coates and R. Janoff-Bulman, "Lottery winners and accident victims: Is happiness relative?," *Journal of Personal & Social Psychology* 36, no. 8 (August 1978) 참조. 이 문제를 중심 주제로 한 책으로 Daniel Gilbert, *Stumbling on Happiness* (2006) 참조.

50 Martha Nibley Beck, *Expecting Adam: A True Story of Birth, Rebirth and Everyday Magic* (1999)을 보라.

51 Clara Claiborne Park, *The Siege* (1967), 267쪽에서 인용함.

52 맥스 A. 머레이 부인이 1959년에 쓴 "Needs of parents of mentally retarded children"에서 인용함. 이 글은 Jan Blacher와 Bruce L. Baker가 편집한 *Families and Mental Retardation* (2002)에 재간행되었다.

53 장애 아동의 부모가 얻을 수 있는 위험과 자원에 대해서 Ann P. Turnbull, Joan M. Patterson, Shirley K. Behr가 편집한 *Cognitive Coping, Families and Disability* (1993)에 들어 있는 Marty Wyngaarden Krauss and Marsha Mailick Seltzer, "Coping strategies among older mothers of adults with retardation: A life-span developmental perspective," 177쪽 참조.

54 예로 Kate Scorgie and Dick Sobsey, "Transformational outcomes associated with parenting children who have disabilities," *Mental Retardation* 38, no. 3 (June 2000)를 보라.

55 예로 Robert M. Hodapp and Diane V. Krasner, "Families of children with disabilities: Findings from a national sample of eighth-grade students," *Exceptionality* 5, no. 2 (1995)와 Rosalyn Roesel and G. Frank Lawlis, "Divorce in

families of genetically handicapped/mentally retarded individuals," *American Journal of Family Therapy* 11, no. 1 (Spring 1983)와 Lawrence J. Shufeit and Stanley R.Wurster, "Frequency ofdivorceamong parents of handicappedchildren," *ERIC Document Reproduction Service* no. ED 113 909 (1975)와 Don Risdal and George H. S. Singer, "Marital adjustment in parents of children with disabilities: A historical review and meta-analysis," *Research & Practice for Persons with Severe Disabilities* 29, no. 2 (Summer 2004)를 보라. 리스달과 싱어의 메타 연구는 〈부부 적응에 끼치는 전반적으로 부정적인 영향을 찾을 수 있다. 하지만 이 영향은 경미하고 장애 아동이 가족의 행복에 해로운 영향을 끼치는 것이 불가피하다고 여긴 초기 가정을 고려할 때 예상치 보다 훨씬 낮다〉고 발견했다.

56 미심쩍어 하는 많은 전문가들은 George H. S. Singer와 Larry K. Irvin이 편집한 *Support for Caregiving Families: Enabling Positive Adaptation to Disability* (1989)에 들어 있는 Jeanne Ann Summers, Shirley K. Behr and Ann P. Turnbull, "Positive adaptation and coping strengths of families who have children with disabilities," 29쪽 참조.

57 Ann P. Turnbull, Joan M. Patterson, Shirley K. Behr가 편집한 *Cognitive Coping, Families, and Disability* (1993)에 들어 있는Janet Vohs, "On belonging: A place to stand, a gift to give"에서 인용함.

58 미국의 시설화를 다루고 장애 아동을 가정에서 돌보려는 가족의 노력에 대한 지지를 모으기 위한 캠페인을 다룬 깊이 있는 탐구를 찾으려면 Joseph P. Shapiro, *No Pity: People with Disabilities Forging a New Civil Rights Movement* (1993)를 보라.

59 제랄도 리베라가 1972년에 스테튼 섬에 있는 윌로브룩 주립 학교의 상태를 조사한 내용이 담긴 DVD 비디오 다큐멘터리는 *Unforgotten: Twenty-Five Years After Willowbrook* (2008)이다.

60 John J. O'Connor, "TV: Willowbrook State School, 'the Big Town's leper colony'," *New York Times* (2 February 1972)에서 인용함.

61 러셀 바튼은 *Institutional Neurosis* (1959), 7쪽에서 〈정신적 욕창〉이라는 용어를 사용했다.

62 Jan Blacher "Sequential stages of parental adjustment to the birth of a child with handicaps: Fact or artifact?," *Mental Retardation* 22, no. 2 (April 1984) 참조.

63 산업화 이전 사회의 장애인 돌봄에 대해서 Lennard Davis, *Enforcing Normalcy: Disability, Deafness, and the Body* (1995), 2~3쪽 참조.

64 아돌프 히틀러의 표현은 Colin Barnes, Geof Mercer, Tom Shakespeare가 편집한 *Exploring Disability: A Sociological Introduction* (1999)에 인용되어 있고 이 것은 M. Burleigh, *Death and Deliverance: Euthanasia in Germany, 1900~1945* (1994)에서 가져온 것이다.

65 유럽과 미국에서 행한 의무적 불임 수술에 대해 Richard Lynn, *Eugenics: A Reassessment* (2001), 34~35쪽을 보라.

66 〈어글리 법〉은 시카고 지방 자치법 36034조(1974년 폐지)이다. 이 법에 대한 자세한 논고는 Adrienne Phelps Coco, "Diseased, maimed, mutilated: Categorizations of disability and an ugly law in late nineteenth-century Chicago," *Journal of Social History* 44, no. 1 (Fall 2010) 참조.

67 흑인 차별 정책과의 비교는 1985년 〈텍사스 주 클레번 시 대 클레번 리빙 센터 주식회사〉 사건에 대한 미 대법원 판결문에서 서굿 마셜 판사에 의해 자세히 설명된다. 그는 판결문에서 정신 질환자들에 대한 〈주가 위임 통치하는 분리와 비하 제도가 곧 드러났고, 이 제도는 악의와 편견에 있어 흑인 차별 정책의 방종함에 필적했고 실제로 유사했다〉고 말한다. 이 판결문 전체는 http://www.law.cornell.edu/supct/html/historics/USSC_CR_0473_0432_ZX.html에서 볼 수 있다.

68 Sharon Snyder and David T. Mitchell, *Cultural Locations of Disability* (2006), 72쪽에서 인용함.

69 장애 아동의 교육적 성취와 성인 장애인의 경제적 지위에 관한 수치들은 Colin Barnes and Geof Mercer, *Disability* (2003), 45~49쪽에 나오는 논의에 근거한다.

70 중중 장애를 지닌 조산아의 안락사를 위한 가이드라인을 설정하라는 영국 왕립 산과학 및 부인학 대학의 제안을 다룬 논고로 Peter Zimonjic, "Church supports baby euthanasia," *The Times* (12 November 2006) 참조.

71 1973년 미국 재활법의 전문은 http://www.law.cornell.edu/uscode/text/29/ 701에서 볼 수 있고 미국 장애인법 (42 USC § 12101)은 http://www.law.cornell.edu/usc-cgi/get_external.cgi?type=pubL&target=101-336에서 볼 수 있다.

72 바이든 부통령의 연설에 대해 "Biden praises Special Olympic athletes," *Spokesman-Review* (19 February 2009)참조.

73 장애법의 보호 기능이 축소되는 것에 대한 학술적 논고는 Samuel R. Bagenstos,

"The future of disability law," *Yale Law Journal* 114, no. 1 (October 2004)을 보라. 또한 예로 〈도요타 자동차 대 윌리엄스 사건, 534 U.S. 184 (2002)〉에 대한 미 대법원 판결문을 참조하라(전문은 http://www.law.cornell.edu/supct/html/00-1089.ZO.html). 이 판결문은 〈중요 생활 활동〉의 〈실체적 한계〉를 구성하는 요소에 대해 좁은 해석을 명했다.

74 Erving Goffman, *Stigma: Notes on the Management of Spoiled Identity* (1986) 참조.

75 Susan Burch, *Signs of Resistance: American Deaf Cultural History, 1900 to World War II* (2004), 7쪽에서 인용함.

76 Michael Oliver, *Understanding Disability: From Theory to Practice* (1996), 35쪽에서 인용함.

77 기대 수명의 변화와 관련된 수치들은 Laura B. Shrestha, "Life Expectancy in the United States," *Congressional Research Service* (2006) 참조.

78 Lennard Davis가 편집한 *The Disability Studies Reader*, 2nd ed. (2006)에 들어 있는 Ruth Hubbard, "Abortion and disability," 93쪽에서 인용함.

79 필립 키처의 표현은 Lennard Davis가 편집한 *The Disability Studies Reader*, 2nd ed. (2006)에 James C. Wilson, "(Re)writing the genetic body-text: Disability, textuality, and the Human Genome Project," 71쪽에 인용되어 있다.

80 Lennard Davis가 편집한 *The Disability Studies Reader*, 2nd ed. (2006)에 들어 있는 Marsha Saxton, "Disability rights and selective abortion," 110~111쪽에서 인용함.

81 Sharon Snyder and David T. Mitchell, *Cultural Locations of Disability* (2006), 31쪽에서 인용함.

82 Adrienne Asch와 Erik Parens가 편집한 *Prenatal Testing and Disability Rights* (2000)에 들어 있는 William Ruddick, "Ways to limit prenatal testing" 참조.

83 Laura Hershey, "Choosing disability," *Ms.* (July 1994)에서 인용함.

84 Elaine Hoffman Baruch, Amadeo F. D'Adamo, Joni Seager가 편집한 *Embryos, Ethics, and Women's Rights: Exploring the New Reproductive Technologies* (1988)에 들어 있는 Ruth Hubbard, "Eugenics: New tools, old ideas," 232쪽에서 인용함.

85 휴먼 게놈 프로젝트에 대한 비판은 Mary Jo Iozzio, "Genetic anomaly or genetic diversity: Thinking in the key of disability on the human genome," *Theological*

Studies 66, no. 4 (December 2005)와 Lennard Davis가 편집한 *The Disability Studies Reader*, 2nd ed. (2006)에 들어 있는 James C. Wilson, "(Re)writing the genetic body-text: Disability, textuality, and the Human Genome Project" 참조.

86 Donna Haraway, *Simians, Cyborgs, and Women: The Reinvention of Nature* (1991), 215쪽 참조.

87 미셸 푸코의 〈비정상적인 개인들에게 나타나는 변화〉에 대한 언급은 *Abnormal: Lectures at the Collège de France, 1974~1975* (2003), 61쪽에 나온다. 〈사회체의 육체적인 강건함과 도덕적인 청결함〉은 *The History of Sexuality*, vol. 1 (1990), 54쪽. (한국어 판은 『성의 역사 1』, 이규현 역, 나남, 2004)에 나온다. 실수에 대한 푸코의 논의는 *Georges Canguilhem, The Normal and the Pathological* (1991)에 그가 쓴 서문 22쪽에 나온다.

88 이 구절에 나오는 인용은 모두 Erik Parens와 Adrienne Asch가 편집한 *Prenatal Testing and Disability Rights* (2000)에 들어 있는 Deborah Kent, "Somewhere a mockingbird," 57~63쪽에서 가져왔다.

89 John Hockenberry, *Moving Violations: War Zones, Wheelchairs and Declarations of Independence* (1996), 36쪽에서 인용함.

90 도움을 주는 행동을 욕설을 퍼붓는 행동에 비유한 로드 미칼코의 말은 *The Difference That Disability Makes* (2002), 20쪽에 나온다.

91 장애인에 대한 〈호의〉의 위험을 언급한 앨런 메이슨의 말은 Nancy Gibbs, "Pillow angel ethics," *Time* (7 January 2007)에 실려 있다.

92 행복 연구 결과 보고서는 David Kahneman et al., "Would you be happier if you were richer? A focusing illusion," *Science* 312, no. 5782 (30 June 2006)이다.

93 Kristjana Kristiansen, Simo Vehmas, Tom Shakespeare가 편집한 *Arguing About Disability: Philosophical Perspectives* (2009)에 들어 있는 Steven R. Smith, "Social justice and disability: Competing interpretations of the medical and social models," 26쪽에서 인용함.

94 〈거식증 옹호〉와 〈폭식증 옹호〉운동에 관한 보다 많은 정보는 Virginia Heffernan, "Narrow-minded," *New York Times*, (25 May 2008)을 보라.

95 Lucy Grealy, *Autobiography of a Face* (1994), 157쪽에서 인용함.

96 Dylan M. Smith et al., "Happily hopeless: Adaptation to a permanent, but not to a temporary, disability," *Health Psychology* 28, no. 6 (November 2009)을 보라.

97 진단 실패 소송을 다룬 기사 Rebecca Allison, "Does a cleft palate justify an

abortion?," *Guardian* (2 December 2003) 참조.

98 Barry Nelson, "Born with just a little difference," *Northern Echo* (2 December 2003)에서 인용함.

99 브루스 바우어의 인용문은 Eric Zorn, "At 15, Lauren is coming forward for kids like her," *Chicago Tribune* (24 April 2003)에서 가져왔다.

100 크리스 윌리스가 소개된 기사인 Chris Dufresne, "Amazing feat," *Los Angeles Times* (8 October 1997) 참조.

101 Joanne Green, "The reality of the miracle: What to expect from the first surgery," *Wide Smiles* (1996)에서 인용함.

102 Alice Domurat Dreger, *One of Us: Conjoined Twins and the Future of Normal* (2004), 55~57쪽에서 인용함. 인용문은 요약되었다.

103 장애에 대한 인내와 사회 경제적 지위 사이의 역관계를 발견한 프랑스의 연구는 Annick-Camille Dumaret et al., "Adoption and fostering of babies with Down's syndrome: A cohort of 593 cases," *Prenatal Diagnosis* 18, no. 5 (May 1998)이다.

104 다양한 사회 경제적 계층 사이의 장애에 대한 태도 차이를 발견한 미국의 연구는 Elizabeth Lehr Essex et al., "Residential transitions of adults with mental retardation: Predictors of waiting list use and placement," *American Journal of Mental Retardation* 101, no. 6 (May 1997)이다.

105 장애 아동을 시설에 맡기는 비율에 있어 인종 차이와 사회 경제적 차이에 관한 연구들로 위의 주 103과 104에서 언급한 연구들과 Jan Blacher가 편집한 *When There's No Place Like Home: Options for Children Living Apart from Their Natural Families* (1994)에 포함된 Jan Blacher, "Placement and its consequences for families with children who have mental retardation"와 Frances Kaplan Grossman, *Brothers and Sisters of Retarded Children: An Exploratory Study* (1972)와 Robert Hanneman and Jan Blacher, "Predicting placement in families who have children with severe handicaps: A longitudinal analysis," *American Journal on Mental Retardation* 102, no. 4 (January 1998)와 Tamar Heller and Alan Factor, "Permanency planning for adults with mental retardation living with family caregivers," *American Journal on Mental Retardation* 96, no. 2 (September 1991)를 참조하라.

106 Jim Sinclair, "Don't mourn for us" (1994)에서 인용함. 이 수필은 http://www. jimsinclair. org/dontmourn.htm에서 볼 수 있다.

107 에이미 멀린스의 인용문은 Susannah Frankel, "Body beautiful," *Guardian* (29 August 1998)에서 가져왔다.

108 빌 섀넌은 Bill O'Driscoll, "Turning the tables," *Pittsburgh City Paper* (29 March 2007)에 소개되었다.

109 오스카 피스토리우스의 올림픽에 대한 포부와 성과에 대해서는 다음을 참조하라. "Oscar Pistorius hopes to have place at London Olympics," *British Broadcasting Corporation* (17 March 2012)와 "Oscar Pistorius makes Olympic history in 400m at London 2012," British Broadcasting Corporation (4 August 2012). 피스토리우스의 이력에 대해서는 Sean Gregory, "The World's 100 Most Influential People 2012: Oscar Pistorius: The Blade Runner," *Time* (18 April 2012)를 보라. 2013년 발렌타인데이에 Reeva Steenkamp를 살해한 혐의로 체포된 후 기소된 것에 대한 남아프리카 언론의 대대적으로 보도는 다음을 참조하라. "Oscar Pistorius held for murder after shooting girlfriend," The *Time* (Johannesburg) (14 February 2013). "A Special Report on Oscar Pistorius," *Mail & Guardian* (2013). 광고 계약 중단에 대해서는 Gareth A. Davies, "Nike severs payment to Oscar Pistorius and suspends its endorsement contract with him," *Telegraph* (21 February 2013)을 보라. 추락한 롤 모델로 언급된 기사는 Eleanor Goldberg, "Amputee Marathoner: Oscar Pistorius Murder Charge Felt Like 'Punch In Stomach'," *Huffington Post* (26 February 2013)을, <대단한 병신Super Crip>으로 치부한 사회적 해석에 대해서는 Eddie Ndopu, "Oscar Pistorius: Salvaging the Super Crip Narrative," *The Feminist Wire* (19 February 2013)과 Jemele Hill, "An Olympic myth," ESPN (21 February 2013)을 보라.

110 Adam Doerr, "The wrongful life debate," *Genomics Law Report* (22 September 2009)를 보라.

111 프랑스 법원 판결 인용문은 Wim Weber, "France's highest court recognises 'the right not to be born'," *Lancet* 358, no. 9297 (8 December 2001)에서 가져왔다. 그 여파를 다룬 기사는 Lynn Eaton, "France outlaws the right to sue for being born," *British Medical Journal* 324, no. 7330 (19 January 2002)이다.

112 Adam Doerr, "The wrongful life debate," *Genomics Law Report* (22 September 2009)와 Ronen Perry, "It's a wonderful life," *Cornell Law Review* 93 (2008)와 〈터핀 대 소르티니 사건, 31 Cal. 3d 220, 643 P.2d 954〉 (3 May 1982)의 판결을 보라. 이 캘리포니아 주 대법원 재판은 청각 장애 아동이 원고로 지명된 소송

이었다. 스탠퍼드 로스쿨 웹사이트(http://scocal.stanford.edu/opinion/turpin-v-sortini-30626)에서 판결문 전문을 볼 수 있다.

113 〈컬렌더 대 바이오 사이언스 연구소 사건, 106 Cal. App. 3d 811, 165 Cal. Rptr. 477 〉 (1980) 참조. 판결문 전문은 http://law.justia.com/cases/ california/calapp3d/106/811.html에서 볼 수 있다.

114 인용문은 〈밀러 대 HCA 주식회사 사건, S.W. 3d 758 〉(Tex. 2003)의 법원 판결문에 나온다. 판결문 전문은 텍사스 주 대법원 웹사이트(http://www.supreme. courts.state.tx.us/historical/2003/ sep/010079.pdf)에서 읽을 수 있다.

115 Nigel Andrews, "Glowing wonder of an Anatolian epiphany," *Financial Times* (15 March 2012) 에서 인용함.

116 Richard P. Hastings et al., "Factors related to positive perceptions in mothers of children with intellectual disabilities," *Journal of Applied Research in Intellectual Disabilities* 15, no. 3 (September 2002)에서 인용함.

117 Kate Scorgie and Dick Sobsey, "Transformational outcomes associated with parenting children who have disabilities," *Mental Retardation* 38, no. 3 (June 2000)을 보라.

118 양육 경험이 지닌 장점을 발견한다는 어머니들에 대한 연구는 Ann P. Turnbull, Joan M. Patterson, Shirley K. Behr가 편집한 *Cognitive Coping, Families, and Disability* (1993)에 들어 있는 Glenn Affleck and Howard Tenne, "Cognitive adaptation to adversity: Insights from parents of medically fragile infants," 138쪽에 서술되어 있다.

119 언급된 연구에 대해서 Glenn Affleck, Howard Tennen, Jonelle Rowe가 편집한 *Infants in Crisis: How Parents Cope with Newborn Intensive Care and Its Aftermath* (1991), 135쪽에 서술되어 있다.

120 Tobin Siebers, *Disability Theory* (2008), 183쪽에서 인용함.

121 로이 맥도널드의 인용은 Danny Hakim, Thomas Kaplan, and Michael Barbaro, "After backing gay marriage,4 in G.O.P.face voters' verdict," *New York Times* (4 July 2011)에서 가져왔다. 재러드 스퍼벡의 인용은 그가 쓴 기사 "NY senator's grandkids made him realise 'gay is OK'," *Yahoo! News* (26 June 2011)에서 가져왔다.

122 더그 라이트와의 사적인 대화에서 인용함.

123 Ann Whitcher-Gentzke, "Dalai Lama brings message of compassion to UB,"

UB Reporter (21 September 2006)을 보라.

124 열반에 대한 서구의 이러한 천진난만함은 로버트 서먼이 2006년에 내게 설명해 준 것이다.

125 Jalāl al-Dīn Rūmī (Maulana), *The Essential Rumi* (1995), 142쪽. 「외면하지 마라. 붕대 감긴 곳을 바라보라. 빛은 상처 난 곳을 통해 네게 들어온다.」

2장 청각 장애

1 〈내가 조만간 농문화에 관한 글을 쓸 계획이 있다〉 이후에 내가 쓴 기사는 "Defiantly deaf," *New York Times Magazine* (29 August 1994)이다.

2 시위자들과 렉싱턴 농문화 센터 관리자들 사이의 상호 영향은 David Firestone, "Deaf students protest new school head," *New York Times* (27 April 1994) 참조.

3 미국의 주립 청각 장애인 학교 색인은 로랑 클레 청각 장애 교육 센터 웹사이트 (http://clerccentre .gallaudet.edu/Clerc_Centre/Information_and_Resources/ Info_to_Go/Resources/ Superintendents_of_Schools_for_the_Deaf_Contact_ Information.html) 참조.

4 건청인 부모에게 태어난 청각 장애 아동의 백분율 수치는 Ross E. Mitchell and Michael A. Karchmer, "Chasing the mythical ten percent: Parental hearing status of deaf and hard of hearing students in the United States," *Sign Language Studies* 4, no. 2 (Winter 2004)에서 가져왔다.

5 성 아우구스티누스의 『줄리언에 반대하여』를 보라. 「우리는 실로 얼마나 많은 것이 우리 자신의 죄와 관련되어 있는지, 어떤 과실의 근원이 결백한 사람들을 때로 장님이나, 때로 귀머거리로 태어나 마땅하게 하는지 인정한다. 귀먹음은 참으로 신앙 자체를 방해하는데 이는 〈믿음은 듣는 것에서 나온다(로마서 10장 17절)〉고 하신 사도의 증언에 의한 것이다.」 이 말은 *Augustini, Sancti Aurelii, Hipponensis Episcopi Traditio Catholica, Saecula IV~V, Opera Omnia, Tomus Decimus, Contra Julianum, Horesis Pelagianea Defensorum, Liber Tertius, Caput IV~10. Excudebatur et venit apud J. P. Migne editorem*, 1865에 나오고, Ruth E. Bender, *The Conquest of Deafness: A History of the Long Struggle to Make Possible Normal Living to Those Handicapped by Lack of Normal Hearing* (1970), 27쪽에 인용되어 있다.

6   귀족 가문의 장애 아동 교육을 주제로 한 책으로 Susan Plann, *A Silent Minority: Deaf Education in Spain, 1550~1835* (1997) 참조.

7   프랑스의 청각 장애인 역사와 아베 드 에페의 업적을 주제로 한 논문으로 James R. Knowlson, "The idea of gesture as a universal language in the XVIIth and XVIIIth centuries," *Journal of the History of Ideas* 26, no. 4 (October~December 1965)와 Anne T. Quartararo, "The perils of assimilation in modern France: The Deaf community, social status, and educational opportunity, 1815~1870," *Journal of Social History* 29, no. 1 (Autumn 1995) 참조.

8   John Vickrey Van Cleve가 편집한 *Deaf History Unveiled: Interpretations from the New Scholarship* (1999)에 들어 있는 Phyllis Valentine, "Thomas Hopkins Gallaudet: Benevolent paternalism and the origins of the American Asylum," 53~73쪽을 보라.

9   마서스 비니어드에 있는 농인 공동체의 상세한 역사에 대해 Nora Ellen Groce, *Everyone Here Spoke Sign Language: Hereditary Deafness on Martha's Vineyard* (1985)을 보라.

10   갈로뎃 대학에 관한 이야기는 Brian H. Greenwald and John Vickrey Van Cleve, *A Fair Chance in the Race of Life: The Role of Gallaudet University in Deaf History* (2010) 참조.

11   알렉산더 그레이엄 벨은 1883년 11월 13일에 미국 국립 과학원에 제출한 논문 "Memoir upon the formation of a deaf variety of the human race"에 자신의 제안을 피력했고 *Memoirs of the National Academy of Sciences* (1884)와 "Historical notes concerning the teaching of speech to the deaf," *Association Review* 2 (February 1900)으로 출판했다.

12   구화법 운동에 대한 토머스 에디슨의 관심은 자신의 청각 장애 경험에서 어느 정도 비롯되었다. 에디슨은 〈독순술, 말하기, 듣기〉 교육을 증진하려는 목적으로 알렉산더 그레이엄 벨이 설립한 기관인 볼타 뷰로의 자문 위원회 회원으로 한동안 일했다. John A. Ferrall, "Floating on the wings of silence with Beethoven, Kitto, and Edison," *Volta Review* 23 (1921), 295~296쪽을 보라.

13   벨과 구화주의의 우세를 다룬 논고는 Douglas C. Baynton, *Forbidden Signs: American Culture and the Campaign against Sign Language* (1996)와 Carol Padden and Tom Humphries, *Inside Deaf Culture* (2005)와 John Vickrey Van Cleve, *Deaf History Unveiled: Interpretations from the New Scholarship* (1999)

참조.

14 조지 베디츠의 인용문은 *Carol Padden and Tom Humphries, Deaf in America: Voices from a Culture* (1988), 36쪽에서 가져왔다.

15 패트릭 부드로는 캘리포니아 주립 대학교 노스리지 캠퍼스 조교수이다. 부드로를 인용한 부분은 모두 2008년에 그와 가진 인터뷰와 그 후의 대화에서 가져왔다.

16 청각 장애인과 시각 장애인의 지성 비교에 관해 아리스토텔레스가 내린 결론은 *The History of Animals and On Sense and the Sensible*에 표명되어 있다. 아리스토텔레스는 〈선천적으로 어느 한 가지 감각이 결여된 경우 시각 장애인이 청각 장애인보다 훨씬 똑똑하다〉고 주장했는데 이유는 〈청능을 통해 이성적인 담론을 배울 수 있기 때문〉이다. 이 인용들은 J. Barnes가 편집한 *The Complete Works of Aristotle: The Revised Oxford Translation* (1984)에 들어 있는 Sense and Sensibilia 437a, 3-17, 694쪽에 나온다.

17 윌리엄 스토키가 쓴 *Sign Language Structure: An Outline of the Visual Communication Systems of the American Deaf*는 원래 1960년에 뉴욕 주립대 버팔로 캠퍼스 인류학과 언어학부에서 출간되었고 *Journal of Deaf Studies & Deaf Education* 10, no. 1 (Winter 2005)에 재출간되었다.

18 대뇌의 좌우 기능 분화와 수화를 다룬 논고로 Oliver Sacks, *Seeing Voices: A Journey into the World of the Deaf* (1989), 93~111쪽과 Kristin A. Lindgren et al., *Signs and Voices: Deaf Culture, Identity, Language, and Arts* (2008)에 들어 있는 Heather P. Knapp과 David P. Corina가 쓴 장 "Cognitive and neural representations of language: Insights from sign languages of the deaf," 77~89쪽 참조.

19 좌뇌 손상이 수화 능력에 끼치는 영향을 주제로 한 논문으로 M. H. Johnson Brain이 편집한 *Development and Cognition* (1993)에 들어 있는 Ursula Bellugi et al., "Language, modality, and the brain" 와 Gregory Hickock, Tracy Love-Geffen and Edward S. Klima, "Role of the left hemisphere in sign language comprehension," *Brain & Language* 82, no. 2 (August 2002) 참조.

20 성인이 되어 수화를 배우는 사람이 뇌의 시각적 부분을 사용하는 경향이 더 많다는 것을 보여 주는 연구로 Madeleine Keehner and Susan E. Gathercole, "Cognitive adaptations arising from nonnative experience of sign language in hearing adults," *Memory & Cognition* 35, no 4 (June 2007)가 있다.

21 〈피터와 늑대〉를 연구한 J.Feijoo, "Le foetus, Pierre et le Loup"는 원래 E. Her-

binet 와 M. C. Busnel가 편집한 *L'Aube des Sens* (1981)에 들어 있었고 후에 Marie-Claire Busnel, Carolyn Granier-Deferre and Jean-Pierre Lecanuet, "Fetal audition," *Annals of the New York Academy of Sciences* 662, Developmental Psychobiology (October 1992)에 인용되었다. 아기가 태내에서 공항 소음에 순응하게 된다는 일본인 음향 연구자 Yoichi Ando와 Hiroaki Hattori의 연구는 "Effects of intense noise during fetal life upon postnatal adaptability," *Journal of the Acoustical Society of America* 47, no. 4, pt 2 (1970) 참조.

22 신생아 언어 선호도에 관한 논고는 Jacques Mehler et al., "A precursor of language acquisition in young infants," *Cognition* 29, no. 2 (July 1988)와 Christine Moon, Robin Panneton Cooper and William P. Fifer, "Twoday-olds prefer their native language," *Infant Behaviour and Development* 16, no. 4 (October~December 1993) 참조.

23 오타와 대학의 유아 심리학자 재닛 워커는 〈비모국어 음소의 지각능력 감소〉를 중점적으로 연구해 왔다. 이 주제를 다룬 그녀의 학술 논문으로 "Cross-language speech perception: Evidence for perceptual reorganisation during the fi rst year of life," *Infant Behaviour & Development* 25, no. 1 (January~March 2002) 와 "Infant-directed speech supports phonetic category learning in English and Japanese," *Cognition* 103, no. 1 (April 2007)가 있다. 전문 용어를 덜 사용하여 자신의 작업을 설명한 글로 "Becoming a native listener," *American Scientist* 77, no. 1 (January~February 1989) 참조.

24 초기 언어 발달에 대한 정보는 Robert J. Ruben, "A time frame of critical/sensitive periods of language development," *Acta Otolaryngologica* 117, no. 2 (March 1997)을 보라. 수화 습득의 초기 신속성에 대한 논고는 John D. Bonvillian et al., "Developmental milestones: Sign language acquisition and motor development," *Child Development* 54, no. 6 (December 1983) 참조. 시간이 갈수록 두뇌의 언어 습득 능력이 감소한다는 연구는 Helen Neville and Daphne Bavelier, "Human brain plasticity: Evidence from sensory deprivation and altered language experience," *Progress in Brain Research* 138 (2002)와 Aaron J. Newman et al., "A critical period for right hemisphere recruitment in American Sign Language processing," *Nature Neuroscience* 5, no. 1 (January 2002)와 Rachel I. Mayberry et al., "Age of acquisition effects on the functional organisation of language in the adult brain," *Brain & Language* 119, no. 1 (October 2011)와

Nils Skotara et al., "The influence of language deprivation in early childhood on L2 processing: An ERP comparison of deaf native signers and deaf signers with a delayed language acquisition," *BMC Neuroscience* 13, no. 44 (임시 출간 3 May 2012)을 참조하라.

25 스물 일곱 살까지 언어를 전혀 배운 적 없는 청각 장애 남자를 주제로 한 책은 Susan Schaller, *A Man without Words* (1995)이다.

26 청각 장애를 지닌 교도소 수감자 추정치는 Katrina Miller, "Population management strategies for deaf and hard-of-hearing offenders," *Corrections Today* 64, no. 7 (December 2002)에서 가져왔다.

27 건청인 부모를 둔 청각 장애 아동의 어휘 습득 진도는 Raymond D. Kent, editor, *The MIT Encyclopedia of Communication Disorders* (2004), 336~337쪽 참조.

28 Douglas Baynton, *Forbidden Signs: American Culture and the Campaign against Sign Language* (1996), 5쪽에서 인용함.

29 어머니는 〈때때로 아이의 의지와 상충되더라도 놀이를 통한 아이의 자연스러운 학습 방식에 적극적으로 개입해야 한다〉는 견해는 Eugene D. Mindel and McKay Vernon, *They Grow in Silence: The Deaf Child and His Family* (1971), 58쪽에 나오는 말로 Beryl Lieff Benderly, *Dancing Without Music: Deafness in America* (1990), 51쪽에 인용되어 있다.

30 이 장에서 재키 로스를 인용한 부분은 모두 1994년 이후로 그녀와 가진 다수의 인터뷰와 대화에서 가져왔다.

31 종종 장애인 교육법이 장애 아동은 반드시 비장애 아동과 함께 교육받아야 한다고 지시하는 것으로 생각되지만, 그 법은 실제로 장애 아동에게 가능한 〈제한이 최소화된 환경〉에서 〈가능한 최대 범위까지 일반 교육 과정 접근권을 보장〉하는 것이다. 2001년 4월 18일~21일 미주리 주 캔자스시티에서 열린 미국 장애 아동 협의회 연례회의에 제출된 논문 Sultana Qaisar, "IDEA 1997 — 'Inclusion is the law'"와 Perry A. Zirkel, "Does Brown v. Board of Education play a prominent role in special education law?," *Journal of Law & Education* 34, no. 2 (April 2005)을 보라.

32 기숙학교의 감소 통계는 Ross E. Mitchell and Michael Karchmer, "Demographics of deaf education: More students in more places," *American Annals of the Deaf* 151, no. 2 (2006)에서 가져왔다.

33 청각 장애 학생에 대한 분리 교육이 〈비윤리적〉이라는 주디스 휴먼의 선언은 "Oberti decision is core of the ED's inclusion position," *Special Educator* (2 November 1993), 8쪽에 나오고, Jean B. Crockett and James M. Kaufmann, *The Least Restrictive Environment: Its Origins and Interpretations in Special Education* (1999), 21쪽에 인용되어 있다.

34 렌퀴스트 판사의 말은 〈교육 위원회 대 롤리 사건, 458 U.S. 176〉 (1982)에 나온다. 판결문 전문을 볼 수 있는 곳은 http://www.law.cornell.edu/ supremecourt/text/458/176이다.

35 청각 장애 아동과 청소년의 고등학교 졸업, 대학 교육, 가능한 급여에 관한 통계는 Bonnie Poitras Tucker, "Deaf culture, cochlear implants, and elective disability," *Hastings Centre Report* 28, no. 4 (1 July 1998)에서 가져왔다.

36 관련 연구들로 E. Ross Stuckless and Jack W. Birch, "The influence of early manual communication on the linguistic development of deaf children," *American Annals of the Deaf* 142, no. 3 (July 1997)와 Kenneth E. Brasel and Stephen P. Quigley, "Influence of certain language and communication environments in early childhood on the development of language in Deaf individuals," *Journal of Speech & Hearing Research* 20, no. 1 (March 1977)와 Kathryn P. Meadow, "Early manual communication in relation to the deaf child's intellectual, social, and communicative functioning," *Journal of Deaf Studies & Deaf Education* 10, no. 4 (July 2005) 참조.

37 헬렌 켈러의 말은 유명하지만 출처가 불분명하기도 하다. 갈로뎃 대학의 끈기 있는 연구 사서들에 따르면, 이 문장은 두 개의 발표된 출처에 표현된 감상들을 뽑아서 하나로 만든 것으로 보인다. Tom Harrington, "FAQ: Helen Keller Quotes," Gallaudet University Library, (2000), http://www.gallaudet.edu/library/research_help/research_help/frequently_asked_questions/people/helen_keller_quotes.html을 보라.

38 Lennard Davis, *My Sense of Silence: Memoirs of a Childhood with Deafness* (2000), 6~8쪽에서 인용함. 인용 부분은 요약되었다. 〈지금도 나는 수화로《우유》를 언급할 때 발성을 통해 그 단어를 이야기할 때보다 훨씬 우유 같은 느낌을 받는다〉는 6쪽에 나오고, 나머지는 8쪽에 있다.

39 청각 장애 발생 수치는 미국 국립 청각 장애 및 기타 소통 장애 연구소의 웹사이트의 〈Quick statistics〉 (http://www.nidcd.nih.gov/health/statistics/quick.htm)에서

가져왔다.

40 Carol Padden and Tom Humphries, *Inside Deaf Culture* (2005), 161쪽에서 인용함.

41 갈로뎃 시위는 대중매체에서 대대적으로 다루어졌다. 대표적인 기사로 Lena Williams, "College for deaf is shut by protest over president," *New York Times* (8 March 1988) 참조. 이후에 〈이제는 농인을 대표로〉 운동에 대해 깊이 있게 다룬 기사들로 Jack Gannon, *The Week the World Heard Gallaudet* (1989)와 Katherine A. Jankowski, *Deaf Empowerment: Emergence, Struggle, and Rhetoric* (1997)와 John B. Christiansen and Sharon N. Barnartt, *Deaf President Now!: The 1988 Revolution at Gallaudet University* (2003)를 참조하라.

42 굴드의 사임을 다룬 기사로 David Firestone, "Chief executive to step down at deaf centre," *New York Times* (22 June 1994) 참조.

43 이 구절은 1994년에 루이스 머킨과 가진 인터뷰와 그 후의 사적인 대화를 바탕으로 했다.

44 엠제이 비엔버뉴를 인용한 부분은 모두 1994년에 그녀와 가진 인터뷰와 그 후의 대화를 바탕으로 했다.

45 청각 장애의 원인이 되는 유전자와 환경적 영향에 관한 더 많은 정보는 Lilach M. Friedman and Karen B. Avraham, "MicroRNAs and epigenetic regulation in the mammalian inner ear: Implications for deafness," *Mammalian Genome* 20, no. 9~10 (September~October 2009)와 A. Eliot Shearer et al., "Deafness in the genomics era," *Hearing Research* 282, nos. 1-2 (December 2011)을 보라.

46 청각 장애 유전학에 대한 정보는 Marc Marschark와 Patricia Elizabeth Spencer가 편집한 *The Oxford Handbook of Deaf Studies, Language and Education* (2003) 안에 들어 있는 Kathleen S. Arnos and Pandya Arti,, "Advances in the genetics of deafness"와 Mustafa Tekin, Kathleen S. Arnos, and Arti Pandya, "Advances in hereditary deafness," *Lancet* 358 (29 September 2001)와 W. Virginia Norris et al., "Does universal newborn hearing screening identify all children with GJB2 (Connexin 26) deafness?: Penetrance of GJB2 deafness," *Ear & Hearing* 27, no. 6 (December 2006) 참조. 또한 유용한 자료로 유전학 연구의 응용에 관한 두 개의 최근 검토 보고서가 있다. Marina Di Domenico et al., "Towards gene therapy for deafness," *Journal of Cellular Physiology* 226, no. 10 (October 2011)와 Guy P. Richardson, Jacques Boutet de Monvel, Christine Petit, "How the genetics of deafness illuminates auditory physiology," *Annual Review of*

Physiology 73 (March 2011) 참조.

47 GJB2 유전자의 코넥신 26 돌연변이가 처음 보고된 논문으로 David P. Kelsell et al., "Connexin 26 mutations in hereditary non-syndromic sensorineural deafness," *Nature* 357, no. 6628 (1997) 참조.

48 증후군성 청각 장애의 종류로 어셔 증후군, 펜드레드 증후군, 바르덴부르크 증후군이 있다. 이 세 가지 증후군에 관한 정보는 미국 국립 청각 장애 및 기타 소통 장애 연구소의 웹사이트(http:// www.nidcd.nih.gov/health/hearing/Pages/Default.aspx)를 참조하라.

49 협간극 결합과 그것이 청각 장애에서 하는 역할에 대한 권위 있는 참고 자료로 *Encyclopedia of Life Sciences (ELS)*에 Regina Nickel와 Andrew Forge가 집필한 항목 "Gap junctions and connexins: The molecular genetics of deafness" (2010)와 H.-B. Zhao et al., "Gap junctions and cochlear homeostasis," *Journal of Membrane Biology* 209, nos. 2-3 (May 2006)을 보라.

50 선택 결혼이 청각 장애 증가를 가져왔다는 논고로 Kathleen S. Arnos et al., "A comparative analysis of the genetic epidemiology of deafness in the United States in two sets of pedigrees collected more than a century apart," *American Journal of Human Genetics* 83, no. 2 (August 2008)와 Walter J. Nance and Michael J. Kearsey, "Relevance of connexin deafness (DFNB1) to human evolution," *American Journal of Human Genetics* 74, no. 6 (June 2004) 참조.

51 위의 주 50번에서 언급한 Arnos의 논문에 히타이트인에 관한 내용이 있다. 보다 자세한 자료는 M. Miles, "Hittite deaf men in the 13th century B.C." (2008)를 보라. 현대 아나톨리아에 사는 히타이트인의 자손들이 여전히 35delG 돌연변이를 갖고 있다는 내용은 Mustafa Tekin, "Genomic architecture of deafness in Turkey reflects its rich past," *International Journal of Modern Anthropology* 2 (2009)을 보라.

52 GJB2 유전자의 발견에 대한 낸시 블로츠의 입장은 Denise Grady, "Gene identified as major cause of deafness in Ashkenazi Jews," *New York Times* (19 November 1998)에서 가져왔다.

53 Humphrey-Dirksen Bauman, *Open Your Eyes: Deaf Studies Talking* (2008), 14쪽에서 인용함.

54 크리스티나 팔머를 인용한 부분은 모두 2008년에 그녀와 가진 인터뷰와 그 후의 사적인 대화에서 가져왔다.

55 사피어-워프 가설은 원래 벤저민 리 워프가 창안한 것이고 그의 저술들은 *Language, Thought, and Reality: Selected Writings of Benjamin Lee Whorf* (1956)에 엮어져 있다. 간편한 요약을 보려면 *The Stanford Encyclopedia of Philosophy* (2003)에 들어 있는 Chris Swoyer, "The linguistic relativity hypothesis" 참조.

56 나는 1994년에 윌리엄 스토키를 만나 인터뷰했다.

57 Lois Bragg가 편집한 *Deaf World: A Historical Reader and Primary Sourcebook* (2001)에 들어 있는 MJ Bienvenu, "Can Deaf people survive 'deafness'?," 318쪽에서 인용함.

58 Charlotte Baker와 Robbin Battison이 편집한 *Sign Language and the Deaf Community: Essays in Honor of William C. Stokoe* (1980)에 들어 있는 Barbara Kannapell, "Personal awareness and advocacy in the Deaf community," 106~116쪽에서 인용함.

59 Carol Padden and Tom Humphries, *Inside Deaf Culture* (2005), 6쪽에서 인용함.

60 에드거 로웰의 〈양/늑대〉 발언은 Beryl Lieff Benderly, *Dancing without Music: Deafness in America* (1990), 4쪽에 인용되어 있다.

61 톰 버틀리의 〈유아어〉 언급은 *A Child Sacrificed to the Deaf Culture* (1994), 84쪽에 나온다.

62 베릴 리프 벤덜리의 〈성전〉 표현은 *Dancing without Music: Deafness in America* (1990), xi쪽에 나온다.

63 〈농인의 눈으로 본 역사〉 전시회에 대해서는 Jean Lindquist Bergey and Jack R. Gannon, "Creating a national exhibition on deaf life," *Curator* 41, no. 2 (June 1998)와 Douglas Baynton, Jack R. Gannon and Jean Lindquist Bergey, *Through Deaf Eyes: A Photographic History of an American Community* (2001)와 "Groundbreaking exhibition charts 'History Through Deaf Eyes'," *USA Today* (February 2006)을 참조하라. 현재 갈로뎃 대학 영어과 교수인 크리스틴 하먼의 인용은 Kristin A. Lindgren 외 다수가 편집한 *Signs and Voices: Deaf Culture, Identity, Language, and Arts* (2008) 안에 그녀가 쓴 논문 "I thought there would be more Helen Keller: History through Deaf eyes and narratives of representation"에서 가져왔다. 인용문은 요약되었다.

64 청각 장애인 성인이 청각 장애인 아동을 입양하는 것에 대한 옹호론의 예로 Lois Bragg가 편집한 *Deaf World: A Historical Reader and Primary Sourcebook* (2001) 안에 들어 있는 Barbara J. Wheeler, "This child is mine: Deaf parents

and their adopted deaf children"을 참조하라.

65 통일교 신자들에 관한 인용은 Edward Dolnick, "Deafness as culture," *Atlantic Monthly* (September 1993)에서 가져왔다.

66 헤프너의 말은 Edward Dolnick, "Deafness as culture," *Atlantic Monthly* (September 1993)에 인용되어 있다.

67 〈농인의 정체성 4단계〉는 원래 Neil S. Glickman와 M. A. Harvey가 편집한 *Culturally Affirmative Psychotherapy with Deaf Persons* (1996)에 들어 있는 Neil S. Glickman, "The development of culturally deaf identities"에 열거되어 있었다. 후에 Kristin A. Lindgren 외 다수가 편집한 *Signs and Voices: Deaf Culture, Identity, Language, and Arts* (2008)에 포함된 Irene Leigh, "Who am I?: Deaf identity issues," 25~26쪽에 인용되었다.

68 이 구절은 2007년에 레이철 밴스와 가진 인터뷰와 그 후의 사적인 대화를 바탕으로 했다. 나오는 이름은 모두 가명이다.

69 크리스틴 L. 존슨은 1994년에 논문 "deology and Practice of Deaf Goodbyes"으로 캘리포니아 대학교 로스앤젤레스 캠퍼스 인류학과에서 박사학위를 받았다. 그녀는 현재 오하이오 주립 대학교 영어학부에 소속되어 있다.

70 〈바이바이〉 교육에 대해 더 많은 정보를 얻으려면 Carol LaSasso and Jana Lollis, "Survey of residential and day schools for deaf students in the United States that identify themselves as bilingual-bicultural programs," *Journal of Deaf Studies & Deaf Education* 8, no. 1 (January 2003)와 Marc Marschark와 Patricia Elizabeth Spencer가 편집한 *The Oxford Handbook of Deaf Studies, Language and Education* (2003), 45쪽을 보라. 일반인에게 유용한 자료인 〈Bilingual bicultural deaf education〉는 로체스터 공과대학 웹사이트(http://library.rit.edu/guides/deaf-studies/education/bilingual-bicultural-deafeducation.html) 참조.

71 Harlan Lane, "Do deaf people have a disability?," *Sign Language Studies* 2, no. 4 (Summer 2002), 375쪽에서 인용함.

72 이 구절은 2010년에 브리짓 오하라와 가진 인터뷰와 그 후의 사적인 대화를 바탕으로 했다. 그녀의 이름과 이 구절에 나오는 다른 이들의 이름은 가명이다. 신원을 알 수 있는 일부 세부 사항은 변경되었다.

73 위스콘신에 있는 가톨릭 기숙학교에서 일어난 학생 학대 사건의 최초 보도는 Laurie Goodstein, "Vatican declined to defrock U.S. priest who abused boys," *New York Times* (25 March 2010)이다. 책에 인용된 부분은 굿스타인의 후속 기사

"For years, deaf boys tried to tell of priest's abuse," *New York Times* (27 March 2010)에서 가져왔다.

74 농인 사회에서 일어나는 성적 학대를 다룬 공연은 Terrylene Sacchetti, *In the Now*이다. 이 연극은 청각 장애 여성 연합회에서 공연되었고 후에 36개 도시에서 순회 공연되었다.

75 이 구절은 2008년에 메건 윌리엄스, 마이클 샘버그, 제이컵 샘버그와 가진 인터뷰 및 그 후의 인터뷰와 사적인 대화들을 바탕으로 했다. 제이컵이 내게 고용되어 이 장에서 필요한 조사를 도왔음을 밝힌다.

76 이 구절은 2008년에 크리스와 바브 몬탄과 가진 인터뷰와 그 후의 사적인 대화를 바탕으로 했다.

77 구화법주의의 대척점에 있는 사람들을 대변하는 저술들로 Humphrey-Dirksen Bauman, "Audism: Exploring the metaphysics of oppression," *Journal of Deaf Studies & Deaf Education* 9, no. 2 (Spring 2004)와 Paddy Ladd, *Understanding Deaf Culture: In Search of Deafhood* (2003) 참조. 이들의 견해를 비판하며 Jane K. Fernandes와 Shirley Shultz Myers가 쓴 두 편의 글 "Inclusive Deaf studies: Barriers and pathways," *Journal of Deaf Studies & Deaf Education* 15, no. 1 (Winter 2010)와 "Deaf studies: A critique of the predominant U.S. theoretical direction," *Journal of Deaf Studies & Deaf Education* 15, no. 1 (Winter 2010)을 참조하라.

78 〈총체적 의사소통〉에 대해서는 Michele Bishop과 Sherry L. Hicks가 편집한 *Hearing, Mother Father Deaf* (2009)와 Larry Hawkins and Judy Brawner, "Educating children who are deaf or hard of hearing: Total Communication," *ERIC Digest* 559 (1997) 참조. 〈정확한 수화 영어〉를 주제로 한 논문으로 Diane Corcoran Nielsen et al., "The importance of morphemic awareness to reading achievement and the potential of signing morphemes to supporting reading development," *Journal of Deaf Studies & Deaf Education* 16, no. 3 (Summer 2011) 참조. 〈동시 의사소통〉에 대해서 Nicholas Schiavetti et al., "The effects of Simultaneous Communication on production and perception of speech," *Journal of Deaf Studies & Deaf Education* 9, no. 3 (June 2004)와 Stephanie Tevenal and Miako Villanueva, "Are you getting the message? The effects of SimCom on the message received by deaf, hard of hearing, and hearing students," *Sign Language Studies* 9, no. 3 (Spring 2009)을 보라. ASL 문법과 구어 문법의 비교

는 Ronnie B. Wilbur, "What does the study of signed languages tell us about 'language'?," *Sign Language & Linguistics* 9, nos. 1-2, (2006)을 보라.

79 게리 몰과의 1994년 인터뷰에서 인용함.

80 벤저민 바한에 대한 일화는 2007년 영화 *Through Deaf Eyes* (2007)에서 59분 19초~1시간 24초 사이에 나온다.

81 이 분야에 대한 유용한 자료로 갈로뎃 대학 웹사이트에 있는 Tom Harrington and Sarah Hamrick, "FAQ: Sign languages of the world by country"를 보라. http://library.gallaudet.edu/Library/Deaf_Research_Help/Frequently_Asked_ Questions_%28FAQs%29/Sign_Language/Sign_Languages_of_the_World_ by_Country.html

82 클라크 덴마크와의 1994년 인터뷰에서 인용함.

83 이 수화들에 대한 논고는 Humphrey-Dirksen Bauman, *Open Your Eyes: Deaf Studies Talking* (2008), 16쪽 참조.

84 벵칼라를 주제로 한 책으로 I Gede Marsaja, *Desa Kolok: A Deaf Village and Its Sign Language in Bali, Indonesia* (2008) 참조. 벵칼라에 퍼져 있는 청각 장애의 유형에 관한 최초 의학 문헌 보고서는 S. Winata et al., "Congenital non-syndro- mal autosomal recessive deafness in Bengkala, an isolated Balinese village," *Journal of Medical Genetics* 32 (1995)이다. 동족 결혼 사회 내의 증후군성 청각 장애에 관한 일반적이고 이해하기 쉬운 논고는 John Travis, "Genes of silence: Scientists track down a slew of mutated genes that cause deafness," *Science News* (17 January 1998)를 보라. 또한 이 주제를 다룬 학술조사에 대한 독단적 인 고찰을 보려면 Annelies Kusters, "Deaf utopias? Reviewing the sociocultural literature on the world's 'Martha's Vineyard situations'," *Journal of Deaf Stud- ies & Deaf Education* 15, no. 1 (January 2010)을 보라.

85 이 복잡한 관계의 그물을 주제로 한 Hildred and Clifford Geertz, *Kinship in Bali* (1975)는 자주 인용되는 책이다.

86 이 구절은 2008년에 에이프릴과 라즈 차우한 부부와 가진 인터뷰와 그 후의 사적 인 대화를 바탕으로 했다.

87 볼타는 본래 왕립 학회에 제출한 "On the electricity excited by the mere contact of conducting substances of different kinds," *Philosophical Transactions of the Royal Society* 90 (1800)을 통해 자신의 1790년 실험 결과를 대규모 과학 공동체 에 발표했다.

88 인공 와우 이식 수술 역사에 관한 일반적인 참고 자료들로 Huw Cooper and Lou- ise Craddock, *Cochlear Implants: A Practical Guide* (2006)와 미국 난청 연구 재단의 〈Cochlear implant timeline〉(http://www .drf.org/cochlear+timeline)와 미국 국립 청각 장애 및 기타 소통 장애 연구소의 〈Cochlear implants〉 (최근 개정 March 2011, http://www.nidcd.nih.gov/health/hearing/coch.asp)를 참조하라. Fan-Gang Zeng et al., "Cochlear implants: System design, integration and evaluation," *IEEE Review of Biomedical Engineering* 1, no. 1 (January 2008)은 과학적 상태에 대한 최근 학술 논문이다. 이식 수술을 둘러싼 윤리적 논쟁을 다룬 논고는 John B. Christiansen and Irene W. *Leigh, Cochlear Implants in Children: Ethics and Choices* (2002)와 Linda R. Komesaroff, *Surgical Consent: Bioethics and Cochlear Implantation* (2007)을 보라.

89 관련 수치들은 위의 주에서 언급한 미국 국립 청각 장애 및 기타 소통 장애 연구 소의 웹사이트(http://www.nidcd.nih.gov/health/ hearing/coch.asp)와 Irene W. Leigh et al., "Correlates of psychosocial adjustment in deaf adolescents with and without cochlear implants: A preliminary investigation," *Journal of Deaf Studies & Deaf Education* 14, no. 2 (Spring 2009)에서 가져왔다.

90 3세 미만의 심각한 청각 장애 아동이 이식 수술을 받는 비율 통계는 Kate A. Bel- zner and Brenda C. Seal, "Children with cochlear implants: A review of demo- graphics and communication outcomes," *American Annals of the Deaf* 154, no. 3 (Summer 2009)에서 가져왔다.

91 이식 수술 분포에 나타나는 인종 및 사회 경제적 차이에 관한 수치는 John B. Christiansen and Irene W. Leigh, *Cochlear Implants in Children: Ethics and Choices* (2002), 328쪽에서 가져왔다.

92 〈인공 와우 코퍼레이션〉의 대표이사가 인공 와우와 관련한 미개발 시장을 언급했 던 인터뷰 기사는 Bruce Einhorn, "Listen: The sound of hope," *BusinessWeek* (14 November 2005)이다.

93 Lorry G. Rubin and Blake Papsin, "Cochlear implants in children: Surgical site infections and prevention and treatment of acute otitis media and meningitis," *Pediatrics* 126, no. 2 (August 2010)에 따르면 인공 와우 이식 수술을 받는 환 자 중 최대 12%에게 수술 후 수술 부위 감염이 발생한다. 다른 합병증으로는 급 성 중이염과 세균성 수막염이 있다. 또한 Kevin D. Brown et al., "Incidence and indications for revision cochlear implant surgery in adults and children," *Laryn-*

goscope 119, no. 1 (January 2009)를 보면 〈재수술률은 아동의 경우 7.3%이고 성인의 경우는 3.8%였다〉. 또한 Daniel M. Zeitler, Cameron L. Budenz and John Thomas Roland Jr, "Revision cochlear implantation," *Current Opinion in Otolaryngology & Head & Neck Surgery* 17, no. 5 (October 2009)에 따르면 〈전체 인공 와우 이식 수술 중 작지만 의미 있는 비율(3~8%)이 재수술을 필요로 한다. 재수술이 필요한 가장 일반적인 증상은 장치 고장(40~80%)이지만 다른 흔한 증상으로 장치의 수행 능력 저하, 상처 합병증, 감염, 부적합한 초기 위치 선정, 전극 돌출이 있다.〉

94 R2-D2 언급은 사적인 대화에서 가져왔다.

95 성년 초기에 인공 와우 이식을 받은 여성의 일화는 Abram Katz, "The bionic ear: Cochlear implants: Miracle or an attack on 'deaf culture'?" *New Haven Register* (18 March 2007)에서 가져왔다.

96 신생아 청각 검사에 대한 미국 보건복지부의 입장은 미국 국립 청각 장애 및 기타 소통 장애 연구소의 자료표 〈Newborn hearing screening〉 (최근 개정14 February 2011)에서 볼 수 있다. http://report.nih.gov/NIHfactsheets/ViewFactSheet.aspx?csid=104.

97 전국 농인 협회의 역사 연대표 (http://www.nad.org/nad-history)에 따르면 〈1999 —전국 농인 협회는 성공적으로 월시 법안(1999년 신생아와 유아 청각 검사와 중재 법안)의 초안을 공동 작성하고 법안의 통과를 밀어붙인다.〉〈2003 — 전국 농인 협회의 옹호 노력의 결과로 신생아와 유아 청각 검사 비율은 90퍼센트에 도달한다.〉

98 만 한살이 되기 전에 이식 수술을 받은 아이들의 향상을 보여 주는 호주의 연구는 Shani J. Dettman et al., "Communication development in children who receive the cochlear implant under 12 months," *Ear & Hearing* 28, no. 2 (April 2007)이다.

99 4살에 이식을 받은 아동이 2살에 이식을 받은 아동보다 구어 발달 속도가 더 느리다는 결과를 얻은 연구는 Ann E. Geers, "Speech, language, and reading skills after early cochlear implantation," *Archives of Otolaryngology — Head & Neck Surgery* 130, no. 5 (May 2004)이다.

100 인공 와우 이식 수술이 뇌 가소성에 미치는 영향을 다룬 논고로 James B. Fallon et al., "Cochlear implants and brain plasticity," *Hearing Research* 238, nos. 1-2 (April 2008)와 Kevin M. J. Green et al., "Cortical plasticity in the first year

after cochlear implantation," *Cochlear Implants International* 9, no. 2 (2008) 참조.

101 어린 시절에 이식 수술을 받은 청소년에 관한 최근 연구는 Alexandra White et al., "Cochlear implants: The young people's perspective," *Journal of Deaf Studies & Deaf Education* 12, no. 3 (Summer 2007)와 Lisa S. Davidson et al., "Cochlear implant characteristics and speech perception skills of adolescents with long-term device use," *Otology & Neurology* 31, no. 8 (October 2010)와 Elena Arisi et al., "Cochlear implantation in adolescents with prelinguistic deafness," *Oto-laryngology—Head & Neck Surgery* 142, no. 6 (June 2010)와 Mirette B. Habib et al., "Speech production intelligibility of early implanted pediatric cochlear implant users," *International Journal of Pediatric Otorhinolaryngology* 74, no. 8 (August 2010) 참조.

102 인공 와우 이식 수술을 받은 아이들의 공개 연설 식별력에 대한 연구는 Susan B. Waltzman et al., "Open-set speech perception in congenitally deaf children us-ing cochlear implants," *American Journal of Otology* 18, no. 3 (1997)이고 이 연구는 Bonnie Poitras Tucker에 의해 "Deaf culture, cochlear implants, and elec-tive disability," *Hastings Centre Report* 28, no. 4 (July 1, 1998)에 인용되었다. 2004년 연구도 유사한 조사 결과를 얻었다. Marie-Noëlle Calmels et al., "Speech perception and speech intelligibility in children after cochlear implantation," *International Journal of Pediatric Otorhinolaryngology* 68, no. 3 (March 2004) 참조.

103 이식 수술을 받은 자녀의 청력과 언어 이해에 대한 부모의 인식 설문 조사는 Gal-laudet Research Institute, *Regional and National Summary Report of Data from the 1999~2000 Annual Survey of Deaf and Hard of Hearing Children and Youth* (2001)이다.

104 해당 리뷰는 *Oxford Handbook of Deaf Studies, Language and Education* (2003), 435쪽 참조.

105 회사 안내 책자 〈어드밴스드바이오닉스를 선택하는 이유〉와 〈최선을 들으세요〉에서 어드밴스드바이오닉스 사(社)는 *Rebuilt: My Journey Back to the Hearing World* (2006)의 저자 마이클 코로스트의 말을 눈에 띄게 인용한다. 〈새롭고 보다 뛰어난 부호화 전략과 소프트웨어가 이용 가능해짐에 따라 생체공학 귀는 장차 향상될 수 있는 더욱 많은 잠재력을 제시하는 것처럼 보였다. 따라서 나는 상상컨대

더 많이, 더 잘 듣게 될 것이다.〉

106 로버트 루벤과의 1994년 인터뷰에서 인용함.

107 청각 장애 정도와 청력 손실 분류 방식은 Richard J. H. Smith et al., "Deafness and hereditary hearing loss overview," *GeneReviews*™ (1999~2012) 참조. http://www.ncbi.nlm.nih.gov/books/NBK1434/.

108 전국 농인 협회의 1993년 입장 표명은 협회 웹사이트에 발표된 것 같진 않지만 전문은 이스라엘 웹사이트(http://www.zak.co.il/d/deaf-info/old/ ci-opinions)를 참조할 수 있다.

109 인공 와우 이식 수술에 대한 전국 농인 협회의 입장 변경은 2000년 10월 6일~7일에 열린 이사회에서 투표에 붙여졌다. National Association of the Deaf, "NAD position statement on cochlear implants," (6 October 2000)을 보라. 인공 와우 수술을 둘러싼 농인 커뮤니티 내의 논쟁에 대한 추가적인 자료들로 Marie Arana-Ward, "As technology advances, a bitter debate divides the deaf," *Washington Post* (11 May 1997)와 Felicity Barringer, "Pride in a soundless world: Deaf oppose a hearing aid," *New York Times* (16 May 1993)와 Brad Byrom, "Deaf culture under siege," *H-Net Reviews* (March 2003)을 참조하라.

110 크리스티나 팔머가 내게 직접 한 말이다. 〈농인 민족성 가설〉을 주제로 한 논문은 Richard Clark Eckert, "Toward a theory of deaf ethnos: Deafnicity≈D/deaf (Ho maemon•Homoglosson•Homothreskon)," *Journal of Deaf Studies & Deaf Education* 15, no. 4 (Fall 2010) 참조.

111 이 구절은 2007년 댄, 낸시, 에마 헤시와 가진 인터뷰와 그 후의 대화를 바탕으로 했다.

112 인공 와우 이식 수술 비용에 관한 수치는 알렉산더 그레이엄 벨 협회 웹사이트 내의 자주 묻는 질문 중 〈인공 와우 이식 수술 비용〉(http://nc.agbell.org/ page. aspx?pid=723)에서 가져왔다. 다른 자료들은 총 금액 5만~10만 달러를 추정한다. 마이애미 대학교 의학 대학원의 〈인공 와우 이식 수술 관련 비용〉(http:// cochlearimplants.med.miami.edu/implants/08_Costs%20Associated%20 with%20Cochlear%20Implants.asp)을 보라.

113 인공 와우 이식 수술로 인해 절감되는 비용에 관한 수치는 두 개의 연구에서 가져왔다. André K. Cheng et al., "Cost-utility analysis of the cochlear implant in children," *Journal of the American Medical Association* 274, no. 7 (16 August 2000)와 Jeffrey P. Harris et al., "An outcomes study of cochlear implants in

deaf patients: Audiologic, economic, and quality-of-life changes," *Archives of Otolaryngology—Head & Neck Surgery* 121, no. 4 (April 1995) 참조.

114 첫 번째 어머니의 말은 "Implants help child emerge from silent world," Associated Press/*Casper Star-Tribune*, (24 April 2006)에서 인용했다. 두 번째 어머니의 말은 Anita Manning, "The changing deaf culture," *USA Today* (2 May 2000)에서 인용했다.

115 이 구절은 2008년에 밥 오스브링크와 가진 인터뷰와 이후의 대화를 바탕으로 했다.

116 로리의 인용은 Arthur Allen, "Sound and fury," *Salon* (24 May 2000)에서 가져왔다.

117 Kristin A. Lindgren 외 다수가 편집한 *Signs and Voices: Deaf Culture, Identity, Language, and Arts* (2008)에 들어 있는 Teresa Blankmeyer Burke, "Bioethics and the deaf community," 69~70쪽에서 인용함.

118 폴라 가필드와 토마토 리치의 말은 Rebecca Atkinson, "'I hoped our baby would be deaf'," *Guardian* (21 March 2006)에서 가져왔다.

119 이 구절은 2008년에 펠릭스, 레이철, 샤론 펠드먼과 가진 인터뷰와 그 후의 대화를 바탕으로 했다. 이름은 모두 가명이다.

120 할란 레인이 인공 와우 이식을 간성 유아에 대한 생식기 수술에 비유한 논문은 "Ethnicity, ethics and the deaf-world," *Journal of Deaf Studies & Deaf Education* 10, no. 3 (Summer 2005)이다.

121 Paddy Ladd, *Understanding Deaf Culture: In Search of Deafhood* (2003), 415쪽을 보라. 「1990년대에 유전공학은 〈청각 장애 유전자〉를 찾아내려는 과정에 착수했고, 〈최종적 해결〉이라고 부를 만한 방안을 이론적 범위 안으로 가져다 놓았다. 바로 농인들을 완전히 뿌리 뽑는 것이다.」

122 할란 레인이 청각 장애를 제거하려는 시도를 인종 집단 말살에 비유한 말은 Paul Davies, "Deaf culture clash," *Wall Street Journal* 25 April 2005 참조.

123 존 B. 크리스티안센과 아이린 W. 리의 보고서에 따르면 설문 조사에 참여한 부모들 중 절반만 자녀의 인공 와우 이식 수술에 앞서 성인 청각 장애인을 만났고, 그들 중 일부는 수술을 고려하고 있다는 사실만으로 부모들에게 적대감을 드러냈다. John B. Christiansen and Irene W. Leigh, "Children with cochlear implants: Changing parent and deaf community perspectives," *Archives of Otolaryngology—Head & Neck Surgery* 130, no. 5 (May 2004)을 참조하라.

124 청각 장애 아동의 부모에게 농인들로부터 청각 장애에 대해 배우도록 요구하는 스웨덴의 관행에 대한 구닐라 프라이슬러의 논고는 Linda Komesaroff가 편집

한 *Surgical Consent: Bioethics and Cochlear Implantation* (2007)에 들어 있는 "The psychosocial development of deaf children with cochlear implants," 120~136쪽 참조.

125 인공 와우를 이식한 젊은이들이 직면하는 사회적 이득과 난관 둘 다를 다룬 연구들로 Yael Bat-Chava, Daniela Martin and Joseph G. Kosciw, "Longitudinal improvements in communication and socialization of deaf children with cochlear implants and hearing aids: Evidence from parental reports," *Journal of Child Psychology & Psychiatry* 46, no. 12 (December 2005)와 Daniela Martin et al., "Peer relationships of deaf children with cochlear implants: Predictors of peer entry and peer interaction success," *Journal of Deaf Studies & Deaf Education* 16, no. 1 (January 2011)와 Renée Punch and Merv Hyde, "Social participation of children and adolescents with cochlear implants: A qualitative analysis of parent, teacher, and child interviews," *Journal of Deaf Studies & Deaf Education* 16, no. 4 (2011)를 참조하라.

126 〈문화적 노숙인들〉이라는 문구는 E. Owens와 D. Kessler가 편집한 *Cochlear Implants in Young Deaf Children* (1989)에 J. 윌리엄 에번스가 쓴 글 "Thoughts on the psychosocial implications of cochlear implantation in children," 312쪽에 나온다. 이 표현은 Harlan Lane, "Cultural and infirmity models of deaf Americans," *Journal of the American Academy of Rehabilitative Audiology* 23 (1990), 22쪽에 인용되어 있다.

127 육체적 강화를 〈사이보그〉라고 부른다는 내용은 Humphrey-Dirksen Bauman이 편집한 *Open Your Eyes: Deaf Studies Talking* (2008)에 들어 있는 Brenda Jo Brueggemann, "Think-between: A deaf studies commonplace book," 182쪽 참조.

128 부모 참가자의 3분의 2가 자녀가 한 번도 인공 와우 사용에 저항한 적이 없다고 답한 연구는 갈로뎃 연구소에서 시행했고 John B. Christiansen and Irene W. Leigh, *Cochlear Implants in Children: Ethics and Choices* (2002), 168쪽에 보고되어 있다.

129 이 구절은 2008년에 바버라 머타스키와 가진 인터뷰와 그 후의 대화를 바탕으로 했다.

130 Lois Bragg가 편집한 *Deaf World: A Historical Reader and Primary Sourcebook* (2001)에 들어 있는 Kathryn Woodcock, "Cochlear implants vs. Deaf culture?,"

327쪽에서 인용함.

131 Irene Leigh, *A Lens on Deaf Identities* (2009), 21쪽에서 인용함.

132 조시 스윌러를 인용한 부분들은 *The Unheard: A Memoir of Deafness and Africa* (2007), 14~15쪽, 100~101쪽에서 가져왔다. 그의 개인 웹사이트 주소는 http://joshswiller .com이다. 또한 그를 인터뷰한 기사 Jane Brody, "Cochlear implant supports an author's active life," *New York Times* (26 February 2008) 를 보라.

133 상어가 유모 세포를 재생한다는 조사 결과를 기록한 최초 논문은 Jeffrey T. Corwin, "Postembryonic production and aging in inner ear hair cells in sharks," *Journal of Comparative Neurology* 201, no. 4 (October 1981)이다. 코윈의 후속 연구 보고서로 "Postembryonic growth of the macula neglecta auditory detector in the ray, Raja clavata: Continual increases in hair cell number, neural convergence, and physiological sensitivity," *Journal of Comparative Neurology* 217, no. 3 (July 1983)와 "Perpetual production of hair cells and maturational changes in hair cell ultrastructure accompany postembryonic growth in an amphibian ear," *Proceedings of the National Academy of Science* 82, no. 11 (June 1985)를 참조하라.

134 조류에서 나타나는 달팽이관 유모 세포 재생을 처음 보고한 논문은 Douglas A. Cotanche, "Regeneration of hair cell stereociliary bundles in the chick cochlea following severe acoustic trauma," *Hearing Research* 30, nos. 2-3 (1987)이다.

135 유모 세포 재생을 자극하기 위해 레티노산을 사용한 초기 실험에 관한 논문으로 M. W. Kelley et al., "The developing organ of Corti contains retinoic acid and forms supernumerary hair cells in response to exogenous retinoic acid in culture," *Development* 119, no. 4 (December 1993) 참조. 레티노산과 송아지 혈청을 쥐에게 주입한 실험은 Philippe P. Lefebvre et al., "Retinoic acid stimulates regeneration of mammalian auditory hair cells," *Science* 260, no. 108 (30 April 1993)을 참조하라.

136 스태커 연구팀에 의한 작업의 예로 Mark Praetorius et al., "Adenovector-mediated hair cell regeneration is affected by promoter type," *Acta Otolaryngologica* 130, no. 2 (February 2010)을 보라.

137 청각 유모 세포의 배양과 생명체로의 도입에 관한 보다 자세한 연구는 Huawei Li et al., "Generation of hair cells by stepwise differentiation of embryonic stem

cells," *Proceedings of the National Academy of Sciences* 100, no. 23 (November 11, 2003)와 Wei Chen et al., "Human fetal auditory stem cells can be expanded in vitro and differentiate into functional auditory neurons and hair cell-like cells," *Stem Cells* 2, no. 5 (May 2009)을 참조하라. 유모 세포 재생과 관련된 연구 단계에 대한 총평으로 John V. Brigande and Stefan Heller, "Quo vadis, hair cell regeneration?," *Nature Neuroscience* 12, no. 6 (June 2009)을 보라.

138 청각 유모 세포의 성장을 촉진할 가능성이 있는 유전자 치료를 다룬 연구로 Samuel P. Gubbels et al.,"Functional auditory hair cells produced in the mammalian cochlea by in utero gene transfer," *Nature* 455, no. 7212 (27 August 2008)와 Kohei Kawamoto et al., "Math1 gene transfer generates new cochlear hair cells in mature guinea pigs in vivo," *Journal of Neuroscience* 23, no. 11 (June 2003) 참조.

139 ATOH1 유전자가 중요 부분을 차지하는 논문은 Shinichi Someya et al., "Age-related hearing loss in C57BL/6J mice is mediated by Bak-dependent mito-chondrial apoptosis," *Proceedings of the National Academy of Sciences* 106, no. 46 (17 November 2009) 참조.

140 변환 채널에 초점을 둔 논문으로 Math P. Cuajungco, Christian Grimm and Stefan Heller, "TRP channels as candidates for hearing and balance abnormalities in vertebrates," *Biochimica et Biophysica Acta (BBA) — Molecular Basis of Disease* 1772, no. 8 (August 2007) 참조.

141 백신 연구자 스탠리 A. 플로트킨이 미국의 풍진과 풍진을 근절하기 위한 시도의 역사를 서술한 논문 "Rubella eradication?," *Vaccine* 19, nos. 25-26 (May 2001) 을 참조하라.

142 마빈 T. 밀러의 말은 Monica Davey, "As town for deaf takes shape, debate on isolation re-emerges," *New York Times* (21 March 2005)에 인용되어 있다.

143 Tom Willard, "N.Y. Times reports on proposed signing town," *Deafweekly* (23 March 2005)에서 인용함.

144 ASL 사용자 수에 대한 통계는 갈로뎃 대학 도서관에서 가져왔다. Tom Harrington, "American Sign Language: Ranking and number of users" (2004)을 보라. http://libguides.gallaudet.edu/content.php?pid=114804&sid=991835.

145 Elizabeth B. Welles, "Foreign language enrollments in United States institutions of higher education, Fall 2002," *Profession* (2004) 참조.

146 아기들에게 수화를 가르치라고 권장하는 대표적인 책으로 Joseph Garcia, *Signing with Your Baby: How to Communicate with Infants Before They Can Speak* (2002)을 보라.

147 〈농신분〉이라는 용어는 *Understanding Deaf Culture: In Search of Deafhood* (2003)을 저술한 영국인 농인 활동가 패디 래드가 만들어 냈다.

148 수화의 가치가 떨어지고 건청인들이 수화를 전용한다고 비난하는 에드나 이디스 세이어스의 인용은 Lois Bragg가 편집한 *Deaf World: A Historical Reader and Primary Sourcebook* (2001), 116쪽에 나온다.

149 Harlan Lane, *The Mask of Benevolence* (1992)에서 인용함.

150 잭 휠러의 말은 미국 난청 연구 재단의 기금 모금 안내 책자 "Let's Talk About Conquering Deafness" (2000)에 나온다.

151 〈청각 장애는 거의 언제나 한 시대만큼의 역사를 갖는다〉는 로런스 호트와 다이앤 게리의 말은 그들의 영화 *Through Deaf Eyes* (2007)에 나온다. 이 영화는 갈로 뎃 대학에서 DVD로 볼 수 있다. 〈전향자들의 문화〉라는 문구가 처음 사용된 곳은 *Open Your Eyes* (2008)에 들어 있는 Frank Bechter , "The deaf convert culture and its lessons for deaf theory," 60~79쪽이다.

152 아마도우 함파테 바의 책 *The Fortunes of Wangrin* (1999)에 아이나 파볼리니가 쓴 서문 ix쪽에 따르면 〈1960년에 말리가 독립한 후, 그는 그해 파리에서 열린 유네스코 총회에 파견된 말리 대표단 일원이 되었다. 바로 이 기회를 통해 그는 《En Afrique, quand un vieillard meurt, c'est un bibliothèque qui brûle(아프리카에서 노인 한 명이 죽는 것은 도서관 하나가 불타서 없어지는 것과 같다)》는 유명한 말과 함께 아프리카 유산 보존을 위한 열정적인 탄원을 했다.〉

153 언어의 소멸 추정치는 Nicholas Evans, *Dying Words: Endangered Languages and What They Have to Tell Us* (2009)에서 가져왔다. 에번스의 말은 Nicholas Evans and Stephen C. Levinson, "The myth of language universals: Language diversity and its importance for cognitive science," *Behavioural & Brain Sciences* 32 (2009), 429쪽에서 가져왔다.

154 수화의 종말에 대한 더 많은 논의는 Lou Ann Walker, "Losing the language of silence," *New York* (13 January 2008)을 보라.

155 내 첫 책은 *The Irony Tower: Soviet Artists in a Time of Glasnost* (1991)이다.

156 Carol Padden, *Inside Deaf Culture* (2005), 163쪽에서 인용함.

3장 소인증

1 　이 장의 많은 부분을 위해 참고한 기본 자료는 Betty M. Adelson, *Dwarfism: Medical and Psychosocial Aspects of Profound Short Stature* (2005)와 *The Lives of Dwarfs: Their Journey from Public Curiosity toward Social Liberation* (2005)이다.

2 　소인을 위한 마을에 대한 제의는 John Van, "Little people veto a miniaturised village," *Chicago Tribune* (16 June 1989)와 Sharon LaFraniere, "A miniature world magnifies dwarf life," *New York Times* (3 March 2010) 참조.

3 　빅터 A. 맥쿠식은 의학 유전학 분야를 창시했고 아미시파의 소인증 분야에서 선두적인 연구를 했다. 엘리스-반 클레벨드 증후군과 연골털 형성 저하증 둘 다에 대한 이해하기 쉬운 입문서로 그가 쓴 보고서 "Ellis-van Creveld syndrome and the Amish," *Nature Genetics* 24 (March 2000)을 보라.

4 　소인증은 종종 출생시에는 분명히 드러나지 않고 반드시 의료적 개입이 필요하진 않기 때문에 병원 기록을 토대로 한 발생 추산은 불충분하며 소인증 전문가들조차 상당히 잠정적으로 수치를 제공하는 경향이 있다. 저명한 유전학 박사 빅터 맥쿠식은 1983년에 베티 아델슨에게 그의 추산에 따르면 소인증을 지닌 사람이 전 세계에 수백만 명은 된다고 말했다. Betty M. Adelson, *The Lives of Dwarfs* (2005), 128~129쪽을 보라. 조앤 애블론은 그 수가 2만에서 10만 사이라고 말하면서 2만에서 2만 5천 명으로 추산하는 소인증 전문가인 유전학자 찰스 스콧을 인용한다. Joan Ablon, *Little People in America: The Social Dimension of Dwarfism* (1984)을 보라. 연골 형성 부전증 환자는 2만 명 중 한 명의 비율로 태어난다고 알려져 있으므로 미국 인구가 3억 1천 8백만 명이라고 볼 때 약 1만 6천 명의 미국인이 연골 형성 부전증을 갖고 있으며, 아델슨이 내게 한 말에 따르면 모든 종류의 골격 이형성증을 포함한다면 그 수는 대략 두 배가 되어 약 3만 명 정도가 된다. 다만 아델슨은 정확히 수치를 알 수 없는 뇌하수체 저하 장애, 터너 증후군, 아동 관절염, 신장병, 다양한 의원성 증상들은 제외했다는 점을 지적했다. Betty M. Adelson, *Dwarfism* (2005), 21~23쪽을 보라. LPA에는 6만 명이 넘는 회원이 있으며 그중 일부는 소인의 가족으로 평균 신장을 가지고 있다. 이 모든 점을 고려하면 LPA에 속한 소인의 비율을 말하기가 불가능하긴 하지만 10퍼센트를 넘을 것으로 보인다.

5 베티 아델슨의 이 말과 뒤에 나오는 말들은 달리 언급이 없으면 2003년과 2012년 사이에 진행한 개인적 인터뷰와 서신 교환에서 가져온 것이다.

6 메리 달튼의 인용은 2010년에 가진 개인적인 인터뷰에서 가져왔다.

7 이 구절은 2003년에 메리 보그스와 가진 인터뷰를 바탕으로 했다.

8 윌리엄 헤이가 장군을 방문한 경험을 술회한 책은 *Deformity: An Essay* (1754) 이다. 16쪽에서 헤이는 자신을 〈5피트도 안 되는〉 꼽추라고 묘사했다. 그는 이 영양성 형성이상을 앓았을 가능성이 높다. 그는 하원 의원이기도 했다. 〈벌레 같은, 전혀 남자답지 않은〉이라는 구절에서 헤이는 성서의 시편 22장 6절 〈그러나 나는 사람도 아닌 벌레요, 사람들의 비방거리, 백성의 모욕거리일 뿐입니다〉를 인용하고 있다. 헤이를 다룬 최근 글로 "William Hay, M.P. for Seaford (1695~1755)," *Parliamentary History* 29, suppl. s1 (October 2010)을 보라.

9 소인이라는 단어가 근본적으로 우스꽝스럽다는 우디 앨런의 견해가 언급된 곳은 Betty Adelson, *Dwarfism: Medical and Psychosocial Aspects of Profound Short Stature* (2005), 6쪽이다. 소인이라는 단어에 대한 앨런의 애호는 *The Complete Prose of Woody Allen* (1991)에 드러나 있는데, 이 책에는 익살맞은 상황에서 이 단어를 사용한 많은 예가 있다.

10 현대의 괴물 쇼를 다룬 학술적 논고로 Michael M. Chemers, "Le freak, c'est chic: The twenty-first century freak show as theatre of transgression," *Modern Drama* 46, no. 2 (Summer 2003)와 Brigham A. Fordham, "Dangerous bodies: Freak shows, expression, and exploitation," *UCLA Entertainment Law Review* 14, no. 2 (2007)을 보라.

11 뉴질랜드에서 열린 포스트 월드컵 난쟁이 던지기 행사에서 신나게 뛰어다니는 모습이 파파라치에 목격된 영국 럭비 선수 마이크 틴들은 결국 해고당했다. 관련 기사로 Richard White, "Mike Tindall gropes blonde," *Sun* (15 September 2011)와 Robert Kitson, "Mike Tindall defended by England after incident at 'dwarfthrowing' bash," *Guardian* (15 September 2011)와 Rebecca English, "After World Cup shame, a £25,000 fine and humiliation for Tindall (and Zara's face says it all)," *Daily Mail* (12 January 2012)을 보라. 2012년 1월에 캐나다의 온타리오 주 윈저 시에 있는 Leopard's Lounge & Broil이라는 클럽에서 열린 난쟁이 던지기 행사를 다룬 기사로 Sonya Bell, "Dwarftossing: Controversial event at Windsor strip club draws 1,000 fans," *Toronto Star* (29 January 2012)을 보라. 적어도 한 명의 성인 연예인은 자신을 〈세계에서 가장 작은 포르노 스타〉라고 홍

보한다. 연관 기사로 Allen Stein, "Stoughton cop resigns after he left beat to see dwarf porn star," *Enterprise News* (20 July 2010)을 보라.

12 바버라 스피겔의 회상은 2003년에 그녀와 가진 인터뷰와 그 후의 대화에서 가져 왔다.

13 새로운 변이와 열성 유전자에 기인하는 골격계 이성형증의 백분율 통계는 Clair A. Francomano, "The genetic basis of dwarfism," *New England Journal of Medicine* 332, no. 1 (5 January 1995)와 William A. Horton et al., "Achondroplasia," *Lancet* 370 (14 July 2007)에서 가져왔다.

14 뇌하수체 소인증에 대한 학술적인 보고 논문으로 Kyriaki S. Alatzoglou and Mehul T. Dattani, "Genetic causes and treatment of isolated growth hormone deficiency: An update," *Nature Reviews Endocrinology* 6, no. 10 (October 2010) 을 보라. 사회 정신적 소인증에 대한 논고로 Wayne H. Green, Magda Campbell, and Raphael David, "Psychosocial dwarfism: A critical review of the evidence," *Journal of the American Academy of Child Psychiatry* 23, no. 1 (January 1984) 와 신문 기사인 "The little boy who was neglected so badly by his mother that he became a dwarf," *Daily Mail* (28 August 2010)을 참조하라.

15 Marie-Hélène Huet, *Monstrous Imagination* (1993), 6~7쪽에서 인용함.

16 존 멀리컨은 말은 Allison K. Jones, "Born different: Surgery can help children with craniofacial anomalies, but it can't heal all of the pain," *Telegram & Gazette* (23 May 1995)에 인용되어 있다.

17 베티 아델슨은 *Dwarfism: Medical and Psychosocial Aspects of Profound Short Stature* (2005), 160쪽에서 자녀가 연골 형성 부전증이라는 소식을 전하는 의사들의 일부 배려심 없는 방식에 대해 서술한다.

18 자신의 아이에 대한 의사들의 태도를 회상한 어머니의 말은 2001년 6월 12일에 야후 토론 그룹에 브렌다라는 이름으로 올라온 게시물에서 가져왔다.

19 아기의 부모에게 〈유감스럽지만 아기가 소인으로 태어났습니다〉라고 말한 의사는 조앤 애블론의 책 *Living with Difference: Families with Dwarf Children* (1988), 17쪽에 인용되어 있다.

20 지니 사전트의 인용은 2001년 9월 4일자 야후 토론 그룹 게시물에서 가져왔다.

21 자신에 대한 부모님의 기대가 낮았다는 맷 롤로프의 회상은 2003년에 가진 개인 적인 인터뷰에서 가져왔다. 이와 유사한 언급은 *Against Tall Odds: Being a David in a Goliath World* (1999), 28쪽에도 나온다.

22 이 구절은 2003년에 에이미와 맷 롤로프와 가진 인터뷰와 그 후의 대화를 바탕으로 했다.

23 롤로프 가의 아이들에 대한 묘사는 Virginia Heffernan, "The challenges of an oversised world," *New York Times* (4 March 2006)에서 가져왔다.

24 이 구절은 2007년에 댄, 낸시, 에마 헤시와 가진 인터뷰와 그 후의 대화를 바탕으로 했다.

25 리사 헤들리가 받은 자료 중 하나는 LPA에서 발행한 John G. Rogers and Joan O. Weiss, "My Child Is a Dwarf" (1977)였다.

26 Lisa Hedley, "A child of difference," *New York Times Magazine* (12 October 1997)에서 인용함.

27 바버라 스피겔의 인용은 2003년에 그녀와 가진 인터뷰와 그 후의 대화를 바탕으로 했다.

28 소인들과 그들의 부모의 삶의 만족도를 비교 평가한 논문은 Alasdair G. W. Hunter, "Some psychosocial aspects of nonlethal chondrodysplasias I: Assessment using a life-styles questionnaire," *American Journal of Medical Genetics* 78, no. 1 (June 1998) 참조.

29 참여자들이 자신의 연골 형성 부전증을 〈심각하지 않게〉 평가하는 경향을 보인 연구는 Sarah E. Gollust et al., "Living with achondroplasia in an average-sized world: An assessment of quality of life," *American Journal of Medical Genetics* 120A, no. 4 (August 2003) 참조.

30 이제 LPA는 작은 키가 종종 수반하는 불능적 상태에 명백히 관심을 갖고 있으며 권익 옹호 분야에 장애 인권를 포함한다. http://www.lpaonline.org/mc/page.do?sitePageId=84634#Disability를 보라.

31 폴 스티븐 밀러의 LPA와 장애에 관한 언급은 Dan Kennedy, *Little People: Learning to See the World Through My Daughter's Eyes* (2003), 6장에 나온다. http://littlepeoplethebook.com/online-edition/chapter-06/ 참조.

32 Rosemarie Garland Thomson, *Extraordinary Bodies: Figuring Physical Disability in American Culture and Literature* (1997), 6쪽에서 인용함.

33 육체적인 편의 시설의 영향과 파문에 대해 걱정하는 한 어머니의 말은 2003년의 개인적인 인터뷰에서 가져왔다.

34 린다 헌트는 Lisa Hedley, "A child of difference," *New York Times Magazine* (2 November 1997)에 반응하여 보낸 편지에서 소인증과 질병을 구분 짓는다.

35 LPA의 역사에 대한 서술로 Joan Ablon, "Dwarfism and social identity: Self-help group participation," *Social Science & Medicine* 15B (1981)와 Betty Adelson , *Dwarfism* (2005), 187~190쪽과 Betty Adelson , *The Lives of Dwarfs* (2005), 319~321쪽을 참조하라.

36 소인들을 묘사하기 위해 사용된 단어들에 대한 논고는 William Safire, "On language: Dwarf planet," *New York Times* (10 September 2006) 참조. 또한 Lynn Harris, "Who you calling a midget?," *Salon* (16 July 2009)을 보라.

37 바넘의 가장 유명한 연기자들은 신체 비율이 맞는 소인들인 찰스 셔우드 스트래튼과 그의 부인 라비니아 범프 워런이었고, 그들은 관객에게 〈장군과 톰 썸 부인〉으로 알려졌다. 스트래튼은 과도한 제목을 가진 자서전 *Sketch of the Life: Personal Appearance, Character and Manners of Charles S. Stratton, the Man in Miniature, Known as General Tom Thumb, and His Wife, Lavinia Warren Stratton, Including the History of Their Courtship and Marriage, With Some Account of Remarkable Dwarfs, Giants, & Other Human Phenomena, of Ancient and Modern Times, Also, Songs Given at Their Public Levees* (1874)을 썼다. 스트래튼의 경력에 대한 간략한 동시대 글은 "Giants and dwarfs," *Strand Magazine* 8 (July~December 1894) 참조. 현대의 분석을 보려면 Michael M. Chemers, "Jumpin' Tom Thumb: Charles Stratton onstage at the American Museum," *Nineteenth Century Theatre & Film* 31 (2004) 참조. 라비니아 워런을 주제로 한 최근 소설 Melanie Benjamin, *The Autobiography of Mrs Tom Thumb* (2011)을 참조하라.

38 문제가 된 기사는 David Segal, "Financial fraud is focus of attack by prosecutors," *New York Times* (11 March 2009)이다. 공공 편집자의 후속 기고 Clark Hoyt, "Consistent, sensitive and weird," *New York Times* (18 April 2009) 참조.

39 2003년에 바버라 스피겔과 가진 인터뷰와 그 후의 대화에서 인용함.

40 베티 아델슨이 호칭에 관해 한 조언은 Lynn Harris, "Who you calling a midget?," *Salon* (16 July 2009)에 인용되어 있다.

41 이 구절은 2003년에 댄 케네디와 가진 인터뷰와 그 후의 대화를 바탕으로 했다. 댄 케네디는 *Little People: Learning to See the World Through My Daughter's Eyes* (2003)의 저자이다.

42 소인들에게 있는 청력 손실과 인지 기능 사이의 연관에 대한 더 많은 정보는 G. Brinkmann et al., "Cognitive skills in achondroplasia," *American Journal of*

Medical Genetics 47, no. 5 (October 1993)을 보라.

43 소인증을 유발하는 질환에 대한 권위 있고 상세한 정보를 얻으려면 미국 국립 희귀 장애 기구 (http://www.rarediseases.org), 국립 의학 도서관의 유전학 홈 레퍼런스 (http://ghr.nlm .nih.gov), 마요 클리닉 (http://www.mayoclinic.com/health/dwarfism/ DS01012)에 자문하라.

44 빅터 맥쿠식의 추산은 Betty M. Adelson, *The Lives of Dwarfs* (2005), 128쪽에 인용되어 있다. 베티 아델슨은 Susan Lawrence, "Solving big problems for little people," *Journal of the American Medical Association* 250, no. 3 (March 1983) 로부터 인용했다.

45 연골 형성 부전증의 유전적 매커니즘을 처음 다룬 논문으로 Clair A. Francomano et al., "Localization of the achondroplasia gene to the distal 2.5 Mb of human chromosome 4p," *Human Molecular Genetics* 3, no. 5 (May 1994)와 R. Shiang, et al., "Mutations in the transmembrane domain of FGFR3 cause the most common genetic form of dwarfism, achondroplasia," *Cell* 78, no. 2 (29 July 1994)와 Gary A. Bellus, "Achondroplasia is defined by recurrent G380R mutations of FGFR3," *American Journal of Human Genetics* 56 (1995), 368~373쪽 참조.

46 연골 형성 부전증 유병률은 Sue Thompson, Tom Shakespeare and Michael J. Wright, "Medical and social aspects of the life course for adults with a skeletal dysplasia: A review of current knowledge," *Disability & Rehabilitation* 30, no. 1 (January 2008)에서 가져왔다.

47 연골 형성 부전증 아동의 사망률이 증가했다는 조사 결과들은 Jacqueline T. Hecht et al., "Mortality in achondroplasia," *American Journal of Human Genetics* 41 no. 3 (September 1987)와 Julia Wynn et al., "Mortality in achondroplasia study: A 42-year follow-up," *American Journal of Medical Genetics* 143A, no. 21 (November 2007)에서 가져왔다.

48 뇌수종의 합병증에 관한 논고는 Glenn L. Keiper Jr et al., "Achondroplasia and cervicomedullary compression: Prospective evaluation and surgical treatment," *Pediatric Neurosurgery* 31, no. 2 (August 1999) 참조.

49 불충분한 요오드 섭취/흡수로 유발되는 소인증인 크레틴병을 다룬 논고는 Zu-Pei Chen and Basil S. Hetzel, "Cretinism revisited," *Best Practice & Research Clinical Endocrinology & Metabolism* 24, no. 1 (February 2010) 참조.

50 소인들이 경험하는 신체적 문제를 좀더 상세하게 다룬 학술적 자료들은 Patricia
    G. Wheeler et al., "Short stature and functional impairment: A systematic re-
    view," *Archives of Pediatric & Adolescent Medicine* 158, no. 3 (March 2004)을
    보라.

51 저신장 아동들이 겪는 치아 문제에 관해서 Heidrun Kjellberg et al., "Craniofacial
    morphology, dental occlusion, tooth eruption and dental maturity in boys of
    short stature with or without growth hormone deficiency," *European Journal of
    Oral Sciences* 108, no. 5 (October 2000) 참조.

52 척추에 압력을 가하고 골관절염이 발생할 위험을 높이는 육체적 활동은 뼈 질환을
    가진 사람들에게 금지된다. Tracy L. Trotter et al., "Health supervision for chil-
    dren with achondroplasia," *Pediatrics* 116, no. 3 (2005)을 보라.

53 Richard Pauli et al., *To Celebrate: Understanding Developmental Differences in
    Young Children with Achondroplasia* (1991)을 보라.

54 LPA가 회원들에게 참가를 권유했던 연구는 Jacqueline T. Hecht et al., "Obesity
    in achondroplasia," *American Journal of Medical Genetics* 31, no. 3 (November
    1988)이다. 이례적인 성장을 하는 아동의 체중 증가를 추적 관찰하는 문제를 다
    룬 연구는 Julie Hoover-Fong et al., "Weight for age charts for children with
    achondroplasia," *American Journal of Medical Genetics Part A 143A*, 19 (Octo-
    ber 2007) 참조.

55 소인증의 의학적 합병증에 대한 유용한 학술 논문으로 Steven E. Kopits, "Ortho-
    pedic complications of dwarfism," *Clinical Orthopedics & Related Research*
    114 (January~February 1976)와 Dennis C. Stokes et al., "Respiratory
    complications of achondroplasia," *Journal of Pediatrics* 102, no. 4 (April
    1983)와 Ivor D. Berkowitz et al., "Dwarfs: Pathophysiology and anesthetic
    implications," *Anesthesiology* 7, no. 4 (October 1990)와 Cheryl S. Reid et al.,
    "Cervicomedullary compression in young patients with achondroplasia: Value
    of comprehensive neurologic and respiratory evaluation," *Journal of Pediatrics*
    110, no. 4 (1987)와 Rodney K. Beals and Greg Stanley, "Surgical correction
    of bowlegs in achondroplasia," *Journal of Pediatric Orthopedics* 14, no. 4 (July
    2005)와 Elisabeth A. Sisk et al., "Obstructive sleep apnea in children with
    achondroplasia: Surgical and anesthetic considerations," *Otolaryngology—
    Head and Neck Surgery* 120, no. 2 (February 1999)을 참조하라.

56 이 구절은 2003년에 레슬리 팍스와 가진 인터뷰와 이후의 대화를 바탕으로 했다.

57 쾌활한 어린이라는 진부한 생각은 드레시와 동료들에게서 전형적으로 보여진다. 톰슨과 동료들은 이들의 생각이 〈구식〉이고 지나치게 좁게 초점을 맞춘다고 여긴다. D. B. Cheek 이 편집한 *Human Growth* (Philadelphia: Lea and Febiger, 1968)에 들어 있는 Philip W. Drash, Nancy E. Greenberg and John Money, "Intelligence and personality in four syndromes of dwarfism," 568~581쪽과 Sue Thompson, Tom Shakespeare and Michael J. Wright, "Medical and social aspects of the life course for adults with a skeletal dysplasia: A review of current knowledge," *Disability & Rehabilitation* 30, no. 1 (January 2008), 1~12 쪽을 보라.

58 조앤 애블론이 진행한 연구들은 소인 아동이 자신들의 사회적 난관에 대한 보상으로 종종 밝은 성격을 개발한다는 결론을 얻었다. *Living with Difference* (1988), 17쪽과 "Personality and stereotype in osteogenesis imperfecta: Behavioural phenotype or response to life's hard challenges?," *American Journal of Medical Genetics* 122A (15 October 2003)을 보라.

59 어린 시절이 비교적 만족스럽다는 조사 결과는 Alasdair G. W. Hunter's three-part report, "Some psychosocial aspects of nonlethal chondrodysplasias," *American Journal of Medical Genetics* 78, no. 1 (June 1998)와 James S. Brust et al., "Psychiatric aspects of dwarfism," *American Journal of Psychiatry* 133, no. 2 (February 1976)와 Sarah E. Gollust et al., "Living with achondroplasia in an average-sized world: An assessment of quality of life," *American Journal of Medical Genetics* 120A, no. 4 (August 2003)와 M.Apajasalo et al., "Health-related quality of life of patients with genetic skeletal dysplasias," *European Journal of Pediatrics* 157, no. 2 (February 1998)을 보라.

60 Joan Ablon, *Living with Difference* (1988), 64쪽에서 인용함.

61 Richard Crandall, *Dwarfism: The Family and Professional Guide* (1994), 49쪽에서 인용함.

62 제한된 성장 협회의 조사는 Tom Shakespeare, Michael Wright and Sue Thompson, *A Small Matter of Equality: Living with Restricted Growth* (2007)을 보라. 부모의 대우와 궁극적인 정서적 적응에 관한 결론은 25쪽에 나온다.

63 청소년의 우울증 발생 증가에 대해 Alasdair G. W. Hunter, "Some psychosocial aspects of nonlethal chondrodysplasias, II: Depression and anxiety," *American*

Journal of Medical Genetics 78, no. 1 (June 1998) 참조. 또한 Sue Thompson, Tom Shakespeare and Michael J. Wright, "Medical and social aspects of the life course for adults with a skeletal dysplasia: A review of current knowledge," *Disability & Rehabilitation* 30, no. 1 (January 2008)을 보라. 헌터의 신중한 의견 표명에 따르면 〈영향을 받지 않은 부모를 가진 청소년이 영향을 받은 부모를 둔 청소년보다 우울증에 걸릴 위험이 훨씬 높다〉(12쪽).

64 LPA 회원이 됨으로써 흔히 겪는 감정적 경험에 대한 조앤 애블론의 서술은 *Little People in America: The Social Dimension of Dwarfism* (1984), "The encounter with LPA," 8장 참조.

65 관련 연구는 Sarah E. Gollust et al., "Living with achondroplasia in an average-sized world: An assessment of quality of life," *American Journal of Medical Genetics* 120A, no. 4 (August 2003)이다.

66 해당 조사는 Betty Adelson, *Dwarfism: Medical and Psychosocial Aspects of Profound Short Stature* (2005), 259쪽 참조.

67 마이클 에인은 리사 헤들리가 만든 다큐멘터리 *Dwarfs: Not a Fairy Tale* (2001)에서 구직의 어려움을 토로한다.

68 루스 리커의 인용은 댄 케네디가 2003년에 내게 들려준 이야기다.

69 존 울린을 인용한 부분은 모두 그가 쓴 기사 "Dwarf like me," *Miami Herald* (24 January 1993)에서 가져왔다.

70 생애 최초로 다른 소인을 보는 경험을 묘사한 소인의 이야기는 Ken Wolf, "Big world, little people," *Newsday* (20 April 1989)에서 가져왔다.

71 이 구절은 2003년에 재닛과 비벌리 찰스와 가진 인터뷰를 바탕으로 했다.

72 이 구절은 2005년에 레슬리 스나이더와 브루스 존슨과 가진 인터뷰와 그 후의 대화를 바탕으로 했다.

73 난쟁이 던지기에 관한 기본 자료는 Alice Domurat Dreger, "Lavish dwarf entertainment," *Hastings Centre Bioethics Forum* (25 March 2008)와 Deborah Schoeneman, "Little people, big biz: Hiring dwarfs for parties a growing trend," *New York Post* (8 November 2001) 참조.

74 뉴욕 주의 〈난쟁이 던지기와 난쟁이 볼링 금지법〉 (1990 NY Laws 2744) 통과에 대한 보도는 Elizabeth Kolbert, "On deadline day, Cuomo vetoes 2 bills opposed by Dinkins," *New York Times*, (24 July 1990)을 보라.
프랑스의 금지와 저항에 대해 더 알려면 유엔 인권 위원회의 보고서 *Views of the*

Human Rights Committee under article 5, paragraph 4, of the Optional Protocol to the International Covenant on Civil and Political Rights, Seventy-fifth session, Communication No. 854/1999, submitted by Manuel Wackenheim (July 15, 2002)와 Emma Jane Kirby의 BBC report "Appeal for 'dwarftossing' thrown out," British Broadcasting Corporation (27 September 2002)를 보라.

플로리다 주의 금지와 저항은 "Dwarf tossing ban challenged," *United Press International* (29 November 2001)과 "Federal judge throwing dwarf-tossing lawsuit out of court," *Florida Times-Union* (26 February 2002)을 참조하라.

75 난쟁이 던지기와 난쟁이 볼링을 한 사람들에 대한 강력한 법적 단속은 Steven Kreytak, "Tickets issued for dwarf-tossing," *Newsday* (11 March 2002)와 Eddie D'Anna, "Staten Island nightspot cancels dwarf-bowling event for Saturday," *Staten Island Advance* (27 February 2008) 참조.

76 피델리티 사의 파티와 미국 증권 거래 위원회가 내린 처벌에 대해 Jason Nisse, "SEC probes dwarf-tossing party for Fidelity trader," *Independent* (14 August 2005)와 Jenny Anderson, "Fidelity is fined $8 million over improper gifts," *New York Times* (6 March 2008) 참조.

77 난쟁이 던지기와 접촉 스포츠와의 비교는 Robert W. McGee, "If dwarf tossing is outlawed, only outlaws will toss dwarfs: Is dwarf tossing a victimless crime?," *American Journal of Jurisprudence* 38 (1993)를 보라. 난쟁이 던지기가 용인되는 행동이라는 견해가 실생활에서 낳는 결과는 매우 최근에 입증되었다. 영국의 한 술집에서 35세의 연골 형성 부전증 남자가 마이크 틴들의 무모한 행각에서 영감을 받은 것으로 보이는 무식한 남자에 의해 억지로 던져져 영구적인 척추 손상을 입었다. 이 사건 소식에 고무된 수많은 소인 유명 인사들이 연대하여 염려의 목소리를 냈다. 뉴스 보도 "Dwarf left paralysed after being thrown by drunken Rugby fan," *Telegraph* (12 January 2012)와 "Golden Globes: Peter Dinklage cites Martin Henderson case," *Los Angeles Times* (16 January 2012)와 Alexis Tereszcuk, "The little couple slam dwarf tossing," *Radar Online* (20 March 2012)를 보라. 또한 Angela Van Etten, "Dwarf tossing and exploitation," *Huffington Post* (19 October 2011)를 보라.

78 라디오시티와 LPA에 대한 논의 그리고 소인 배우들의 인용은 모두 Lynn Harris, "Who you calling a midget?," *Salon* (16 July 2009)에서 가져왔다. 소인들의 연예인 활동에 대한 논쟁에 대해 더 알려면 Chris Lydgate, "Dwarf vs. dwarf: The

Little People of America want respect—and they're fighting each other to get it," *Willamette Week* (30 June 1999)을 보라.

79 허셜 워커와 조앤 리버스의 모욕적인 셀레브리티 어프렌티스 에피소드(시즌 8, 에피소드 6)는 2009년 4월 5일에 방영되었다. 코르페이가 미국 연방 통신 위원회에 셀레브리티 어프렌티스에 대한 불평을 제기한 사실은 Lynn Harris, "Who you calling a midget?," *Salon* (16 July 2009)에 서술되어 있다.

80 호모 플로레시엔시스에 대한 최초의 과학적 연구는 Peter Brown et al., "A new small-bodied hominin from the Late Pleistocene of Flores, Indonesia," *Nature* 431, no. 7012 (27 October 2004)와 Michael J. Morwood et al., "Archaeology and age of a new hominin from Flores in eastern Indonesia," *Nature* 431, no. 7012 (27 October 2004) 참조.

81 Alexander Chancellor, "Guide to age," *Guardian* (6 November 2004)에서 인용.

82 현대 아프리카에서 피그미족이 겪은 역경에 대한 정보는 *Minorities under Siege: Pygmies Today in Africa* (2006)와 African Commission on Human and Peoples' Rights International Work Group for Indigenous Affairs, *Report of the African Commission's Working Group on Indigenous Populations/Communities: Research and information visit to the Republic of Gabon, 15~30 September 2007* (2010)을 보라.

83 난쟁이라는 용어의 사용을 금지하자는 제안에 대한 반응들은 Lynn Harris, "Who you calling a midget?," *Salon* (16 July 2009)에 실려 있다.

84 이 구절은 2003년과 2012년 사이에 베티 아델슨과 가진 인터뷰를 대화를 바탕으로 했다.

85 코피츠 박사의 죽음으로 상실감에 빠진 어머니들의 인용은 Bertalan Mesko, "Dr Steven E. Kopits, a modern miracle maker," *Science Roll* (27 January 2007). http://scienceroll.com/2007/01/27/dr-steven-e-kopits-a-modern-miracle-maker/ 에 독자평으로 게재되었다.

86 신체적 차이에 대한 문화적 해석에 관해 더 많은 정보는 David M. Turner와 Kevin Stagg가 편집한 *Social Histories of Disability and Deformity: Bodies, Images and Experiences* (2006)에 들어 있는 David M. Turner, "Introduction: Approaching anomalous bodies," 1~16쪽을 보라.

87 레위기 21장 16절~24절 "야훼께서 모세에게 말씀하셨다. 〈너는 아론에게 이렇게 일러라. 《너의 후손 대대로 몸이 성하지 않은 사람은 그의 하느님께 양식을 바

치러 가까이 나오지 못한다. 소경이든지 절름발이든지 얼굴이 일그러졌든지 사지가 제대로 생기지 않았든지 하여 몸이 성하지 않는 사람은 아무도 가까이 나오지 못한다. 다리가 부러졌거나 팔이 부러진 사람, 꼽추, 난쟁이, 눈에 백태 낀 자, 옴쟁이, 종기가 많이 난 사람, 고자는 성소에 가까이 나오지 못한다. 사제 아론의 후손으로서 몸이 성하지 못한 사람은 아무도 야훼에 가까이 나와 번제를 드리지 못한다. 몸이 성하지 못한 사람은 그의 하느님께 양식을 바치러 가까이 나오지 못한다. 그러나 하느님께 바친 양식, 곧 더없이 거룩한 것과 보통으로 거룩한 것을 받아먹을 수는 있다. 하지만 그는 몸이 성하지 못한 사람이기 때문에 휘장 안으로 들어가거나 제단 앞으로 나가서 나의 성소를 더럽혀서는 안 된다. 사제들을 거룩하게 하는 이는 나 야훼이다.》》 모세는 이 말씀을 아론과 그의 아들들과 이스라엘 모든 백성에게 일러 주었다"(공동 번역 성서).

88 마사 언더코퍼의 말은 2002년 9월 23일자 야후 토론 그룹에 게재되었다.

89 듣고 싶지 않은 말을 차단하기 위해 MP3 기기를 사용한다는 한 소인의 말은 Tom Shakespeare, Michael Wright and Sue Thompson, *A Small Matter of Equality* (2007)에서 가져왔다.

90 이 구절은 2003년에 해리 위더와 가진 인터뷰와 그 후의 대화를 바탕으로 했다. 그의 장례식에 대해서 Susan Dominus, "Remembering the little man who was a big voice for causes," *New York Times* (1 May 2010) 참조.

91 윌리엄 새파이어는 "On language: Dwarf planet," *New York Times* (10 September 2006)에서 〈잔인한 전통 문화〉와 〈롬펠슈틸킨츠〉를 언급한다.

92 Joan Ablon, *Living with Difference* (1988), 6쪽에서 인용함.

93 앤 라모트의 말은 Tom Shakespeare, Michael Wright and Sue Thompson, *A Small Matter of Equality* (2007), 25쪽에 나온다.

94 이 구절은 2008년에 테일러, 칼튼, 트레이시 반 퍼튼과 가진 인터뷰와 그 후의 대화를 바탕으로 했다.

95 소인들이 연애와 관련해 겪는 어려움을 묘사한 한 소인의 말은 Betty M. Adelson, *Dwarfism* (2005), 241쪽에 나온다.

96 John Wolin, "Dwarf like me," *Miami Herald* (24 January 1993)에서 인용함.

97 소인과 평균 신장인 사이의 성적 부조화에 대한 언급은 2006년 4월 15일자 LPA 대화방에서 가져왔다.

98 해리 위더의 인용은 그와 가진 인터뷰에서 가져왔다.

99 베티 아델슨은 *Dwarfism* (2005), 57~58쪽, 246쪽에서 혼합 신장 결혼에 대한

태도를 서술한다.

100 혼합 신장 결혼에서 소인들이 겪는 우울증 증가에 대한 보고는 Alasdair Hunter, "Some psychosocial aspects of nonlethal chondrodysplasias, II: Depression and anxiety," *American Journal of Medical Genetics* 78, no. 1 (June 1998)와 "Some psychosocial aspects of nonlethal chondrodysplasias, III: Self-esteem in children and adults," *American Journal of Medical Genetics* 78 (June 1998) 참조.

101 LPA 안팎에서의 소인들의 결혼 경향에 관해서는 베티 아델슨과의 사적인 대화에 의존했다.

102 John Wolin, "Dwarf like me," *Miami Herald* (24 January 1993)에서 인용함.

103 연골 형성 부전증 소인의 출산에 관련된 합병증과 마취에 대한 학술적 개관은 Judith E. Allanson and Judith G. Hall, "Obstetric and gynecologic problems in women with chondrodystrophies," *Obstetrics & Gynecology* 67, no. 1 (January 1986)와 James F. Mayhew et al., "Anaesthesia for the achondroplastic dwarf," *Canadian Anaesthetists' Journal* 33, no. 2 (March 1986)을 보라.

104 타인들이 보이는 무례함에 대한 소인 어머니의 말은 Ellen Highland Fernandez, *The Challenges Facing Dwarf Parents: Preparing for a New Baby* (1989)에서 가져왔다.

105 Betty Adelson, *Dwarfism* (2005), 249쪽에서 인용함.

106 이 구절은 2003년과 2010년 사이에 셰릴, 클린턴, 클린턴 브라운 주니어와 가진 인터뷰와 그 외 대화를 바탕으로 했다.

107 소인증의 유전학에 대해 앞서 언급된 학술 자료들과 Clair A. Francomano, "The genetic basis of dwarfism," *New England Journal of Medicine* 332, no. 1 (5 January 1995)와 William Horton, "Recent milestones in achondroplasia research," *American Journal of Medical Genetics* 140A (2006)를 보라.

108 치명적인 골격계 이형성증과 이중 이형 접합성에 대한 더 많은 정보는 Anne E. Tretter et al., "Antenatal diagnosis of lethal skeletal dysplasias," *American Journal of Medical Genetics* 75, no. 5 (December 1998)와 Maureen A. Flynn and Richard M. Pauli, "Double heterozygosity in bone growth disorders," *American Journal of Medical Genetics* 121A, no. 3 (2003)와 Peter Yeh, "Accuracy of prenatal diagnosis and prediction of lethality for fetal skeletal dysplasias," *Prenatal Diagnosis* 31, no. 5 (May 2011)을 보라.

109 연골 형성 부전증 원인 유전자의 발견을 처음 보고한 논문은 Clair A. Francomano

et al., "Localization of the achondroplasia gene to the distal 2.5 Mb of human chromosome 4p," *Human Molecular Genetics* 3, no. 5 (May 1994)와 R. Shiang et al., "Mutations in the transmembrane domain of FGFR3 cause the most common genetic form of dwarfism, achondroplasia," *Cell* 78, no. 2 (29 July 1994)와 Gary A. Bellus, "Achondroplasia is defined by recurrent G380R mutations of FGFR3," *American Journal of Human Genetics* 56 (1995), 368~373쪽 참조. 변형성 소인증 원인 유전자의 발견을 처음 보고한 논문은 Johanna Hästbacka et al., "The diastrophic dysplasia gene encodes a novel sulfate transporter: Positional cloning by fine-structure linkage disequilibrium mapping," *Cell* 78, no. 6 (23 September 1994) 참조. 가성 연골 무형성증의 경우는 Jacqueline T. Hecht et al., "Mutations in exon 17B of cartilage oligomeric matrix protein (COMP) cause pseudoachondroplasia," *Nature Genetics* 10, no. 3 (July 1995) 참조. 선천성 척추골단 이형성증에 대해서는 Brendan Lee et al., "Identification of the molecular defect in a family with spondyloepiphyseal dysplasia," *Science*, New Series 244, no. 4907 (26 May 1989) 참조.

소인증 유전학과 발생 정도에 대한 배경 지식을 얻으려면 Clair A. Francomano, "The genetic basis of dwarfism," *New England Journal of Medicine* 332, no. 1 (5 January 1995)와 R. J. M. Gardner's "A new estimate of the achondroplasia mutation rate," *Clinical Genetics* 11, no. 1 (April 2008)을 보라.

110 출산 전 진단의 올바른 사용에 대한 존 바스무트의 말은 Dan Kennedy, *Little People* (2003), 17~18쪽에 인용되어 있다.

111 연골 형성 부전증의 출산 전 진단에 따른 낙태 여부에 대한 설문 조사는 Jen Joynt and Vasugi Ganeshananthan, "Abortion decisions," *Atlantic Monthly* (April 2003) 참조.

112 존 리처드슨은 자신의 회고록 *In the Little World: A True Story of Dwarfs, Love, and Trouble* (2001), 9쪽에서 보통 키의 태아를 걸러 내려는 부부들에 대해 언급한다.

113 Darshak Sanghavi, "Wanting babies like themselves, some parents choose genetic defects," *New York Times* (5 December 2006)에서 인용함.

114 베티 아델슨과 조 스트라몬도는 2005년에 뉴욕 타임스 편집자에게 보낸 미발표 편지에서 〈강압적인 우생학〉을 언급했다.

115 이 일화는 Andy Geller, "Docs' designer defect baby: Disabled by choice," *New*

York Post (22 December 2006)에서 가져왔다.

116 Carol Gibson, "Babies with made-toorder defects?," *Associated Press* (21 December 2006)에서 인용함.

117 이 구절은 2003년에 지니 푸스와 가진 인터뷰와 그 후의 대화를 바탕으로 했다.

118 소인증에 대한 출산 전 진단이 확산됨으로써 경제적 차이에 따른 장애 부담이 생길 수 있다는 논의는 Amy Harmon, "The problem with an almost-perfect genetic world," *New York Times* (20 November 2005)을 보라.

119 톰 셰익스피어는 2005년 12월 30일에 방송된 BBC 라디오 프로그램 *Belief*에서 장애에 대한 견해를 밝혔다.

120 LPA 성명서는 〈미국의 소인들이 착상 전 유전자 진단에 대하여〉라는 제목으로 2005년에 발표되었고 LPA 웹사이트(http://data.memberclicks.com/site/lpa/LPA_PGD_Position_Statement_2007.doc)에서 볼 수 있다.

121 에리카 페이즐리를 인용한 부분은 모두 2009년에 그녀와 가진 인터뷰에서 가져왔다.

122 모르쿠오 증후군에 대한 더 많은 정보는 Benedict J. A. Lankester et al., "Morquio syndrome," *Current Orthopaedics* 20, no. 2 (April 2006)을 보라.

123 연골 형성 부전증의 유전자 치료에 대한 논고는 R. Tracy Ballock, "Chondrodysplasias," *Current Opinion in Orthopedics* 11, no. 5 (October 2000), 347~352쪽 참조.

124 Virginia Heffernan, "The challenges of an oversized world," *New York Times* (4 March 2006)에서 인용함.

125 다음 구절은 2004년과 2008년에 모니크 뒤라스, 올레그 프리고프, 아나톨 프리고프와 가진 인터뷰와 그 외 대화를 바탕으로 했다. 그들의 이름은 가명이다. 신원을 알 수 있는 일부 세부 사항은 변경되었다.

126 수족 연장술에 관한 지리적 선호도 차이에 대해서는 P. Bregani et al., "Emotional implications of limb lengthening in adolescents and young adults with achondroplasia," *Life-Span & Disability* 1, no. 2 (July~December 1998)을 보라.

127 수족 연장술의 발전과 수족 연장술을 둘러싼 갈등에 대한 논고는 David Lawrence Rimoin, "Limb lengthening: Past, present, and future," *Growth, Genetics & Hormones* 7, no. 3 (1991)와 Eric D. Shirley and Michael C. Ain, "Achondroplasia: Manifestations and treatment," *Journal of the American Academy of Orthopedic Surgeons* 17, no. 4 (April 2009)와 Erik Parens가 편집한 *Surgically*

Shaping Children: Technology, Ethics, and the Pursuit of Normality (2006)에 들어 있는 Lisa Abelow Hedley, "The seduction of the surgical fix" 참조. 수술 방법에 대한 상세한 서술은 S. Robert Rozbruch and Svetlana Ilizarov, *Limb Lengthening and Reconstructive Surgery* (2007)을 참조하라.

128 수족 연장술의 비용은 Betty Adelson, *Dwarfism* (2005), 95쪽에서 언급된다.

129 드로 페일리를 둘러싼 갈등은 Betty Adelson, *Dwarfism* (2005), 90~94쪽에 서술되어 있다.

130 수족 연장술에 대한 질리언 뮐러의 말은 "Extended limb-lengthening: Setting the record straight," *LPA Online* (2002) (http://www .lpaonline.org/library_ellmueller.htm)를 보라.

131 LPA 간부의 말은 Dan Kennedy, *Little People* (2003), 170~171쪽에 나온다.

132 수족 연장술이 갖는 치료 가능성에 대한 논의는 Hui-Wan Park et al., "Correction of lumbosacral hyperlordosis in achondroplasia," *Clinical Orthopaedics & Related Research* 12, no. 414 (September 2003) 참조.

133 Dan Kennedy, *Little People* (2003), 186쪽에서 인용함.

134 수족 연장술의 합병증에 대한 더 많은 정보는 Douglas Naudie et al., "Complications of limb-lengthening in children who have an underlying bone disorder," *Journal of Bone & Joint Surgery* 80, no. 1 (January 1998)와 Bernardo Vargas Barreto et al., "Complications of Ilizarov leg lengthening," *International Orthopaedics* 31, no. 5 (October 2007)을 보라.

135 〈치료〉의 의무에 대한 아서 W. 프랑크의 인용은 "Emily's scars: Surgical shapings, technoluxe, and bioethics," *Hastings Centre Report* 34, no. 2 (March/April 2004)에서 가져왔다.

136 니콜라 앙드리와 정형 의학의 역사에 대한 더 많은 정보는 David M. Turner와 Kevin Stagg가 편집한 *Social Histories of Disability and Deformity: Bodies, Images and Experiences* (2006)안에 Anne Borsay가 집필한 장 "Disciplining disabled bodies: The development of orthopaedic medicine in Britain, c. 1800~1939"을 보라.

137 Mark Kaufman, "FDA approves wider use of growth hormone," *Washington Post* (26 July 2003) 참조.

138 단신에 대한 성장 호르몬 치료를 다룬 논고는 Carol Hart, "Who's deficient, who's just plain short?," *AAP News* 13, no. 6 (June 1997); Natalie Angier, "Short

men, short shrift: Are drugs the answer?," *New York Times* (22 June 2003)와 "Standing tall: experts debate the cosmetic use of growth hormones for children," *ABC News* (19 June 2003)와 Susan Brink, "Is taller better?" and "When average fails to reach parents' expectations," *Los Angeles Times* (15 January 2007) 참조.

139 신장과 수입 사이의 긍정적인 상호 관계를 발견한 연구들로 Nicola Persico, Andrew Postlewaite and Dan Silverman, "The effect of adolescent experience on labor market outcomes: The case of height," *Journal of Political Economy* 112, no. 5 (2004)와 Timothy A. Judge and Daniel M. Cable, "The effect of physical height on workplace success and income," *Journal of Applied Psychology* 89, no. 3 (2004)와 Inas Rashad, "Height, health and income in the United States, 1984~2005," W. J. Usery Workplace Research Group Paper Series, Working Paper 2008-3-1 참조. 일반인을 위해 쓰여진 연구 요약은 "Feet, dollars and inches: The intriguing relationship between height and income," *Economist* (3 April 2008)을 보라.

140 비트루비우스의 인용문은 *The Ten Books on Architecture (De Architectura)* (1960), 72~73쪽에 나온다.

141 William Safire, "On language: Dwarf planet," *New York Times* (10 September 2006)에서 인용함.

142 John Richardson, *In the Little World* (2001), 9쪽에서 인용함.

143 이 구절은 2008년에 크리시와 키키 트레파니와 가진 인터뷰를 바탕으로 했다.

4장 다운증후군

1 에밀리 펄 킹슬리가 쓴 감화를 주는 수필 〈네덜란드에 오신 것을 환영합니다〉가 처음 실린 곳은 Dear Abby 칼럼 "A fable for parents of a disabled child," *Chicago Tribune* (5 November 1989)이다. 스티븐 바톤의 콘서트 밴드 곡에 관한 정보를 보려면 http://www.c-alanpublications.com/Merchant2/merchant .mvc?Screen=PROD&Store_Code=CAPC&Product_Code=11770 참조. 기타 연주자 눈지오 로셀리가 2006년에 발표한 CD 〈네덜란드에 오신 것을 환영합니다〉에 관해서는 http://www.cduniverse.com/productinfo.asp?pid=7245475 참

조. 다른 각색물에 대한 정보는 http://www.gosprout.org/film/prog07/bio.htm 참조. 이 수필은 Jack Canfield, *Chicken Soup for the Soul: Children with Special Needs* (2007)에도 실렸고, 인터넷 도처에서 발견할 수 있다.

2   통계 자료는 지적 장애인 대통령 직속 위원회 (http://www.acf.hhs.gov/programs/pcpid)에서 가져왔다.

3   다운증후군 유병률 추정치는 Jan Marshall Friedman et al., "Racial disparities in median age at death of persons with Down's syndrome: United States, 1968~1997," *Morbidity & Mortality Weekly Report* 50, no. 22 (8 June 2001)와 Stephanie L. Sherman et al., "Epidemiology of Down's syndrome," *Mental Retardation & Developmental Disabilities Research Reviews* 13, no. 3 (October 2007)와 Mikyong Shin et al., "Prevalence of Down's syndrome among children and adolescents in 10 regions," *Pediatrics* 124, no. 6 (December 2009)에서 가져옴.

4   통계 수치는 Joan K. Morris, Nicholas J. Wald and Hilary C. Watt, "Fetal loss in Down's syndrome pregnancies," *Prenatal Diagnosis* 19, no. 2 (February 1999)에서 가져옴.

5   다운증후군과 연관된 건강 문제들에 대한 일반적인 정보를 보려면 Don C. Van Dyke et al., *Medical and Surgical Care for Children with Down's syndrome* (1995)와 Paul T. Rogers and Mary Coleman, *Medical Care in Down's syndrome* (1992)와 Claudine P. Torfs and Roberta E. Christianson, "Anomalies in Down's syndrome individuals in a large population-based registry," *American Journal of Medical Genetics* 77, no. 5 (June 1998) 참조.

6   다운증후군의 종양 저항에 대해 더 많은 정보를 보려면 Henrik Hasle et al., "Risks of leukaemia and solid tumours in individuals with Down's syndrome," *Lancet* 355, no. 9119 (15 January 2000)와 Quanhe Yang et al., "Mortality associated with Down's syndrome in the USA from 1983 to 1997: A population-based study," *Lancet* 359, no. 9311 (23 March 2002)와 Kwan-Hyuck Baek et al., "Down's syndrome suppression of tumour growth and the role of the calcineurin inhibitor DSCR1," *Nature* 459 (25 June 2009) 참조. 다운증후군의 경우에 동맥 경화 위험이 감소한다는 논고는 Arin K. Greene et al., "Risk of vascular anomalies with Down's syndrome," *Pediatrics* 121, no. 1 (January 2008), 135~140쪽 참조.

7 Elizabeth H. Aylward et al., "Cerebellar volume in adults with Down's syndrome," *Archives of Neurology* 54, no. 2 (February 1997)와 Joseph D. Pinter et al., "Neuroanatomy of Down's syndrome: A high-resolution MRI study," *American Journal of Psychiatry* 158, no. 10 (October 2001), 1659~1665쪽 참조.

8 Dennis Eugene McGuire and Brian A. Chicoine, *Mental Wellness in Adults with Down's syndrome* (2006) 참조.

9 Sunny Luke et al., "Conservation of the Down's syndrome critical region in humans and great apes," *Gene* 161, no. 2 (1995)와 Harold M. McClure et al., "Autosomal trisomy in a chimpanzee: Resemblance to Down's syndrome," *Science* 165, no. 3897 (5 September 1969) 참조.

10 태아기 검사의 역사에 대해 더 많은 정보를 보려면, Erik Parens와 Adrienne Asch가 편집한 *Prenatal Testing and Disability Rights* (2000)에 들어 있는 Cynthia M. Powell, "The current state of prenatal genetic testing in the United States" 참조.

11 태아기 검사의 다양한 방식에서 발생되는 상대적인 위험에 관한 논고는 Isabelle C. Bray and David E. Wright, "Estimating the spontaneous loss of Down's syndrome fetuses between the times of chorionic villus sampling, amniocentesis and live birth," *Prenatal Diagnosis* 18, no. 10 (October 1998) 참조.

12 〈3중 검사〉에 대해 더 많은 정보를 보려면 Tim Reynolds, "The triple test as a screening technique for Down's syndrome: Reliability and relevance," *International Journal of Women's Health* 9, no. 2 (August 2010); Robert H. Ball et al., "First- and second-trimester evaluation of risk for Down's syndrome," *Obstetrics & Gynecology* 110, no. 1 (July 2007)와 N. Neely Kazerouni et al., "Triple-marker prenatal screening programme for chromosomal defects," *Obstetrics & Gynecology* 114, no. 1 (July 2009) 참조.

13 새로 개발된 태아기 검사방식을 주제로 한 글로 Roni Rabin, "Screen all pregnancies for Down's syndrome, doctors say," *New York Times* (9 January 2007)와 Deborah A. Driscoll and Susan J. Gross, "Screening for fetal aneuploidy and neural tube defects," *Genetic Medicine* 11, no. 11 (November 2009) 참조.

14 이 구절은 2004년과 2007년에 에밀리 펄 킹슬리와 가진 인터뷰와 추가적인 교류를 바탕으로 했다.

15 Jason Kingsley and Mitchell Levitz, *Count Us In: Growing Up with Down's*

syndrome (1994), 28쪽.

16 뉴욕 주의 상주 훈련 프로그램에 관해서는 http://www .opwdd.ny.gov/hp_ser-
vices_reshab.jsp 참조. 다른 주들도 유사한 프로그램을 가지고 있다.

17 장 마르 가스파르 이타르가 19세기 초에 야생아를 교육하기 위한 자신의 노력을
서술한 책은 D*e l'Education d'un Homme Sauvage, ou Des Premiers Developpe-
mens Physiques et Moraux du Jeune Sauvage de l'Aveyron* (1801)이고, 영어로
출간된 제목은 *The Wild Boy of Aveyron* (1962)이다.

18 세갱의 말은 Jack P. Shonkoff와 Samuel J. Meisels가 편집한 *Handbook of Early
Childhood Intervention* (2000), 9쪽에 인용되어 있다. 세갱에 대한 보다 많은 정
보와 미국의 지적 장애 역사에 대한 저작들을 보려면 Édouard Séguin, *Idiocy and
Its Treatment by the Physiological Method* (1866)와 Steven Noll and James W.
Trent, *Mental Retardation in America: A Historical Reader*, (2004)와 James
W. Trent Jr., *Inventing the Feeble Mind: A History of Mental Retardation in the
United States* (1995)를 참조하라.

19 새뮤얼 하우의 장애인에 대한 비난이 처음 실린 곳은 *Report Made to the Legisla-
ture of Massachusetts, upon Idiocy* (1848)이고 Steven Noll과 James W. Trent가
편집한 *Mental Retardation in America: A Historical Reader* (2004)에 포함되어
있다.

20 존 랭던 다운이 현재 자신의 이름을 딴 증후군을 처음 묘사한 내용은 "Observa-
tions on an ethnic classification of idiots," *London Hospital, Clinical Letters &
Reports* 3 (1866)으로 발표되었고 최근에 *Mental Retardation* 33, no. 1 (February
1995)에 재간행되었다.

21 〈몽골리즘〉 개념의 역사에 대해 참고한 중요한 문헌들로는 주 20에서 언급된 존
랭던 다운의 보고서와 Francis Graham Crookshank, *The Mongol in Our Midst: A
Study of Man and His Three Faces* (1924)와 L. S. Penrose, "On the interaction
of heredity and environment in the study of human genetics (with special refer-
ence to Mongolian imbecility)," *Journal of Genetics* 25, no. 3 (April 1932)와
L. S. Penrose, "The blood grouping of Mongolian imbeciles," *Lancet* 219, no.
5660 (20 February 1932)와 L. S. Penrose, "Maternal age, order of birth and
developmental abnormalities," *British Journal of Psychiatry* 85, no. 359 (New
Series No. 323) (1939)를 참조하라. 현대에 와서 이 주제에 대해 역사적으로 분
석한 문헌으로 Steven Noll과 James W. Trent가 편집한 *Mental Retardation in*

America: A Historical Reader* (2004)에 들어 있는 두 개의 장 Daniel J. Kevles, "'Mongolian imbecility': Race and its rejection in the understanding of a mental disease"와 David Wright, "Mongols in our midst: John Langdon Down and the ethnic classification of idiocy, 1858~1924" 그리고 Daniel J. Kevles, *In the Name of Eugenics: Genetics and the Uses of Human Heredity* (1985)를 참조하라.

22 다운의 견해가 진보적이었다는 논쟁이 제시된 글로 Steven Noll James W. Trent Jr 가 편집한 *Mental Retardation in America: A Historical Reader* (2004)에 들어 있는 David Wright, "Mongols in Our Midst: John Langdon Down and the Ethnic Classification of Idiocy, 1858~1924," 102쪽 참조.

23 인력 시장에서 이민자들이 장애인 노동자를 대체한 것과 지적 장애에 대한 역사적 분류 방식에 대한 논고는 Introduction to Richard Noll, *Mental Retardation in America* (2004), 1~16쪽 참조.

24 Oliver Wendell Holmes, *Buck v. Bell*, 274 US 200 (1927) 참조.

25 Jérôme Lejeune et al., "Étude des chromosomes somatiques de neuf enfants mongoliens," *Comptes Rendus Hebdomadaires des Séances de l'Académie des Science* 248, no. 11 (1959)을 보라. 거의 같은 시기에 별도로 영국의 패트리샤 제이컵스도 동일한 유전자를 발견했다. Patricia Jacobs et al., "The somatic chromosomes in mongolism," *Lancet* 1, no. 7075 (April 1959)을 보라.

26 에릭슨이 자신의 다운증후군 아이를 시설에 보냈다는 내용은 Lawrence J. Friedman, *Identity's Architect: A Biography of Erik H. Erikson* (1999)에 서술되어 있다.

27 Simon Olshansky, "Chronic sorrow: A response to having a mentally defective child," *Social Casework* 43, no. 4 (1962)를 보라.

28 Albert Solnit and Mary Stark, "Mourning and the birth of a defective child," *Psychoanalytic Study of the Child* 16 (1961)에서 인용함.

29 Suzanna Andrews, "Arthur Miller's missing act," *Vanity Fair* (September 2007) 참조.

30 Joseph Fletcher (with Bernard Bard), "The right to die," *Atlantic Monthly* (April 1968)에서 인용함.

31 Ann Taylor Allen, "The kindergarten in Germany and the United States, 1840~1914: A comparative perspective," *History of Education* 35, no. 2 (March 2006)을 보라.

32 몬테소리 교육의 역사와 철학에 대해 더 자세한 정보를 보려면 Gerald Lee Gutek, *The Montessori Method: The Origins of an Educational Innovation* (2004) 참조.

33 장애인 지원과 교육 기관의 역사(지적 장애인 시민 협회도 포함한)와 장애 인권 운동의 성장을 다룬 책으로 Doris Zames Fleischer and Frieda Zames, *The Disability Rights Movement: From Charity to Confrontation* (2001) 참조.

34 1935년 사회보장법의 전문은 http://www. ssa .gov/history/35act.html 참조. 장애인 지원에 필요한 연방 기금은 514(a)항에 승인되어 있다. 「512항에 따른 충당금 총액과 가능한 배정금을 바탕으로 재무부 장관은 장애 아동에 대한 승인된 지원 계획을 보유한 각 주에, 해당 계획을 수행하기 위해 그 분기에 소요되는 총액 중 절반에 해당하는 금액을, 오로지 해당 계획을 이행하는 용도로, 1935년 7월 1일부터 시작되는 분기를 기점으로 매 분기마다 지불해야 한다.」

35 존 볼비의 획기적인 저작들로 *Maternal Care and Mental Health* (1952), *Child Care and the Growth of Love* (1965), 그리고 3부작 *Attachment* (1969)(한국어판 『애착』, 김창대 역, 나남, 2009), *Separation: Anxiety and Anger* (1973), *Loss: Sadness and Depression* (1980) 참조.

36 정신지체에 관한 대통령 자문 위원회의 설립에 관한 기록은 Edward Shorter, *The Kennedy Family and the Story of Mental Retardation* (2000), 83~86쪽 참조. 또한 Fred J. Krause, *President's Committee on Mental Retardation: A Historical Review 1966~1986* (1986)도 참조하라. http://www.acf.hhs.gov/programs/pcpid/docs/gm1966_1986.pdf.

37 Eunice Kennedy Shriver, "Hope for retarded children," *Saturday Evening Post* (22 September 1962)을 보라.

38 Edward Zigler and Sally J. Styfco, *The Hidden History of Head Start* (2010)을 보라.

39 1973년 재활법 504조에서 인용함. 법 전문을 보려면 http://www.access-board. gov/enforcement/rehab-act-text/title5.htm 참조. 쉽게 설명된 보다 많은 정보를 보려면 미국 국립 장애 아동을 위한 제공 센터(NICHY)의 웹사이트(http://nichcy .org/laws/section504) 참조.

40 뉴욕 주가 실시하는 주 전체 조기 중재 프로그램에 관한 설명은 소책자 *The Early Intervention Programme: A Parent's Guide* (http://www.health.ny.gov/publications/0532.pdf) 참조. 뉴욕 주의 종합적인 평가와 중재 기준에 관해서는 Demie Lyons et al., "Down's syndrome assessment and intervention for young chil-

dren (age 0~3): Clinical practice guideline: Report of the recommendations" (2005) 참조.

41 조기 중재에 관해 보다 많은 정보를 보려면 Dante Cicchetti와 Marjorie Beeghly 가 편집한 *Children with Down's syndrome: A Developmental Perspective* (1990)와 Demie Lyons et al., "Down's syndrome assessment and intervention for young children (age 0~3): Clinical practice guideline: Report of the recommendations" (2005)와 Marci J. Hanson, "Twenty-five years after early intervention: A follow-up of children with Down's syndrome and their families," *Infants & Young Children* 16, no. 4 (November~December 2003)와 Stefani Hines and Forrest Bennett, "Effectiveness of early intervention for children with Down's syndrome," *Mental Retardation & Developmental Disabilities Research Reviews* 2, no. 2 (1996)를 참조하라.

42 이 구절은 2005년에 일레인 그레고리와 가진 인터뷰를 바탕으로 했다.

43 장애 아동 교육 개혁의 역사에 대한 논고는 William I. Cohen 외 다수가 편집한 *Down's syndrome: Visions for the 21st Century* (2002)에 들어 있는 Richard A. Villa and Jacqueline Thousand, "Inclusion: Welcoming, valuing, and supporting the diverse learning needs of all students in shared general education environments"를 보라.

44 장애인 교육법의 별칭은 공법 94-142이다. 이 법에 대해 보다 많은 정보를 보려면 US Congress, House Committee on Education and the Workforce, Subcommittee on Education Reform, *Individuals with Disabilities Education Act (IDEA): Guide to Frequently Asked Questions* (2005)를 참조하라.

45 Michael Bérubé, *Life as We Know It* (1996), 208~211쪽 참조.

46 이 구절은 2004년에 베치 굿윈과 가진 인터뷰와 그 후의 대화를 바탕으로 했다.

47 〈베이비 도우〉 법에 관한 보다 자세한 논고는 Kathryn Moss, "The 'Baby Doe' legislation: Its rise and fall," *Policy Studies Journal* 15, no. 4 (June 1987)와 H. Rutherford Turnbull, Doug Guess, and Ann P. Turnbull, "Vox populi and Baby Doe," *Mental Retardation* 26, no. 3 (June 1988) 참조.

48 심각한 장애를 지닌 아기에 대해 유아 살해를 용인해야 한다는 피터 싱어의 주장은 그가 쓴 책 *Practical Ethics* (1993)에 들어 있는 "Taking life: Humans," 175~217쪽 참조. 또한 그의 책 *Rethinking Life and Death: The Collapse of Our Traditional Ethics* (1994)도 참조하라. 장애인의 생명이 지닌 가치에 대한

싱어의 공표와 관련해 장애인들이 보인 반응은 Not Dead Yet's ⟨NDY Fact Sheet Library: Pete Singer⟩ (http://www.notdeadyet.org/docs/singer.html)와 Cal Montgomery, "A defense of genocide," *Ragged Edge Magazine* (July~August 1999) 를 참조하라.

49 다운증후군 아들을 둔 어머니의 일화는 Bryony A. Beresford, "Resources and strategies: How parents cope with the care of a disabled child," *Journal of Child Psychology & Psychiatry* 35, no. 1 (January 1994)에서 인용함.

50 마르카 브리스토를 인용한 문장은 Cal Montgomery, "A defense of genocide," *Ragged Edge Magazine* (July~August 1999)에서 가져왔다.

51 에이드리언 애시와 에릭 파렌스를 인용한 부분은 *Prenatal Testing and Disability Rights* (2000)에 들어 있는 Adrienne Asch and Erik Parens, "The disability rights critique of prenatal genetic testing: Reflections and recommendations" 에서 가져옴. 에이드리언 애시가 쓴 글은 Adrienne Asch, "Disability equality and prenatal testing: Contradictory or compatible?," *Florida State University Law Review* 30, no. 2 (Winter 2003)에서 인용함.

52 레온 카스가 태아기 검사에 이의를 제기한 글은 Ronald Munson이 편집한 *Intervention and Reflection: Basic Issues in Medical Ethics* (2000)에 들어 있는 Leon Kass, "Implications of prenatal diagnosis for the human right to life" 참조.

53 Janice McLaughlin, "Screening networks: Shared agendas in feminist and disability movement challenges to antenatal screening and abortion," *Disability & Society* 18, no. 3 (2003)에서 인용함.

54 추정 수치들의 출처는 Brian Skotko, "Prenatally diagnosed Down's syndrome: Mothers who continued their pregnancies evaluate their health care providers," *American Journal of Obstetrics & Gynecology* 192, no. 3 (March 2005)이다.

55 의사의 말은 Mitchell Zuckoff, *Choosing Naia: A Family's Journey* (2002), 81쪽에서 가져왔다.

56 Tierney Temple Fairchild, "The choice to be pro-life," *Washington Post* (1 November 2008)에서 인용함. 페어차일드의 연설 "Rising to the occasion: Reflections on choosing Naia," *Leadership Perspectives in Developmental Disability* 3, no. 1 (Spring 2003)도 참조하라.

57 다운증후군 자녀를 둔 부모의 회고록으로 Willard Abraham, *Barbara: A Prologue* (1958)와 Martha Nibley Beck, *Expecting Adam* (1999)와 Michael

Bérubé, *Life as We Know It* (1996)와 Martha Moraghan Jablow, *Cara* (1982) 와 Danny Mardell, *Danny's Challenge* (2005)와 Vicki Noble, *Down Is Up for Aaron Eagle* (1993)와 Greg Palmer, *Adventures in the Mainstream* (2005)와 Kathryn Lynard Soper, *Gifts: Mothers Reflect on How Children with Down's syndrome Enrich Their Lives* (2007)와 Mitchell Zuckoff, *Choosing Naia* (2002) 와 Cynthia S. Kidder and Brian Skotko, *Common Threads: Celebrating Life with Down's syndrome* (2001) 참조.

58 이 구절은 2007년에 데어드레 페더스톤과 윌슨 매든과 가진 인터뷰와 그 후의 대화를 바탕으로 했다.

59 William I. Cohen 외 다수가 편집한 *Down's syndrome: Visions for the 21st Century* (2003)에 들어 있는 David Patterson, "Sequencing of chromosome 21/The Human Genome Project"에서 인용함.

60 Brigid M. Cahill and Laraine Masters Glidden, "Influence of child diagnosis on family and parental functioning: Down's syndrome versus other disabilities," *American Journal on Mental Retardation* 101, no. 2 (September 1996) 참조.

61 다운증후군의 정신 병리학에 대해 더 보려면 Ann Gath and Dianne Gumley, "Retarded children and their siblings," *Journal of Child Psychology & Psychiatry* 28, no. 5 (September 1987)와 Beverly A. Myers and Siegfried M. Pueschel, "Psychiatric disorders in a population with Down's syndrome," *Journal of Nervous & Mental Disease* 179 (1991)와 Dennis Eugene McGuire and Brian A. Chicoine, *Mental Wellness in Adults with Down's syndrome* (2006)와 Jean A. Rondal 외 다수가 편집한 *The Adult with Down's syndrome: A New Challenge for Society* (2004)를 참조하라.

62 언급된 조사는 Elisabeth M. Dykens, "Psychopathology in children with intellectual disability," *Journal of Child Psychology & Psychiatry* 41, no. 4 (May 2000)이다. 또한 Elisabeth M. Dykens, "Psychiatric and behavioural disorders in persons with Down's syndrome," *Mental Retardation & Developmental Disabilities Research Review* 13, no. 3 (October 2007)도 참조하라.

63 장애인에 대한 성적 학대는 보호자나 비장애인에 의해 발생할 뿐 아니라 다른 장애인에 의해서도 발생한다. Deborah Tharinger, Connie Burrows Horton and Susan Millea, "Sexual abuse and exploitation of children and adults with mental retardation and other handicaps," *Child Abuse & Neglect* 14, no. 3 (1990)와

Eileen M. Furey and Jill J. Niesen, "Sexual abuse of adults with mental retarda-tion by other consumers," *Sexuality & Disability* 12, no. 4 (1994)와 Eileen M. Furey, James M. Granfield, and Orv C. Karan, "Sexual abuse and neglect of adults with mental retardation: A comparison of victim characteristics," *Behav-ioural Interventions* 9, no. 2 (April 1994)를 참조하라.

64 행동 장애와 부모의 스트레스에 관한 논고는 R. Stores et al., "Daytime behav-iour problems and maternal stress in children with Down's syndrome, their sib-lings, and non-intellectually disabled and other intellectually disabled peers," *Journal of Intellectual Disability Research* 42, no. 3 (June 1998)와 Richard P. Hastings and Tony Brown, "Functional assessment and challenging behaviours: Some future directions," *Journal of the Association for Persons with Severe Handicaps* 25, no. 4 (Winter 2000) 참조.

65 다운증후군에 있어 유전자 치료의 진전에 대한 최근 리뷰를 보려면 Cristina Fillat and Xavier Altafaj, "Gene therapy for Down's syndrome," *Progress in Brain Research* 197 (2012) 참조.

66 분자 교정 치료라고도 알려진 종합비타민제 식이 요법의 주창자이자 여기 참조된 대다수 논문에서 비판의 대상이 된 사람은 헨리 터켈(1903~1992)이다. 그의 치료는 비타민제, 항히스타민제, 이뇨제를 혼합했다. Henry Turkel, "Medical amelioration of Down's syndrome incorporating the orthomolecular approach," *Journal of Orthomolecular Psychiatry* 4, no. 2 (2nd Quarter 1975) 참조. 보충제에 대해 비판적인 논문들로 Len Leshin, "Nutritional supplements for Down's syndrome: A highly questionable approach," *Quackwatch*, (18 October 1998), http://www.quackwatch.org/01QuackeryRelatedTopics/down.html와 Cornelius Ani, Sally Grantham-McGregor and David Muller, "Nutritional supplementa-tion in Down's syndrome: Theoretical considerations and current status," *De-velopmental Medicine & Child Neurology* 42, no. 3 (March 2000)와 Nancy Lobaugh et al., "Piracetam therapy does not enhance cognitive functioning in children with Down's syndrome," *Archives of Pediatric & Adolescent Medi-cine* 155, no. 4 (April 2001)와 William I. Cohen 외 다수가 편집한 *Down's syndrome: Visions for the 21st Century* (2002)에 들어 있는 W. Carl Cooley, "Nonconventional therapies for Down's syndrome: A review and framework for decision making"와 Nancy J. Roizen, "Complementary and alternative ther-

apies for Down's syndrome," *Mental Retardation & Developmental Disabilities Research Reviews* 11, no. 2 (April 2005) 참조. 성장 호르몬에 대한 보다 많은 정보를 보려면 Salvador Castells와 Krystyna Wiesniewski가 편집한 *Growth Hormone Treatment in Down's Syndrome* (1993)를 참조하라.

67 Rolf R. Olbrisch, "Plastic and aesthetic surgery on children with Down's syndrome," *Aesthetic Plastic Surgery* 9, no. 4 (December 1985)와 Siegfried M. Pueschel et al., "Parents' and physicians' perceptions of facial plastic surgery in children with Down's syndrome," *Journal of Mental Deficiency Research* 30, no. 1 (March 1986)와 Siegfried M. Pueschel, "Facial plastic surgery for children with Down's syndrome," *Developmental Medicine & Child Neurology* 30, no. 4 (August 1988)와 R. B. Jones, "Parental consent to cosmetic facial surgery in Down's syndrome," *Journal of Medical Ethics* 26, no. 2 (April 2000)을 보라.

68 얼굴 정상화 수술에 대한 전국 다운증후군 협회의 입장 표명은 "Cosmetic surgery for children with Down's syndrome," http://www.ndss.org/index.php?option=com_content&view=article &id=153&limitstart=6. Mitchell Zuckoff 또한 이 주제에 대해 *Choosing Naia: A Family's Journey* (2002)에서 논하고 있다.

69 이 구절은 2004년에 미셸 스미스와 가진 인터뷰를 바탕으로 했다.

70 백분율 수치는 D. Mutton et al., "Cytogenetic and epidemiological findings in Down's syndrome, England and Wales 1989 to 1993," *Journal of Medical Genetics* 33, no. 5 (May 1996)에서 가져왔다. 다운증후군 유전학에 대한 최근 리뷰를 보려면 David Patterson, "Genetic mechanisms involved in the phenotype of Down's syndrome," *Mental Retardation & Developmental Disabilities Research Reviews* 13, no. 3 (October 2007)를 참조하라.

71 낙태에 관한 통계 수치와 관련해서 내가 참조한 논문은 Caroline Mansfield et al., "Termination rates after prenatal diagnosis of Down's syndrome, spina bifida, anencephaly, and Turner and Klinefelter syndromes: A systematic literature review," *Prenatal Diagnosis* 19, no. 9 (September 1999)이다. 맨스필드가 도출한 92퍼센트는 수년 간 기준이 되어왔다. 그러나 최근 메타 분석에 따르면 맨스필드의 추정치는 부풀려졌고 낙태 비율은 그보다 다소 낮다고 주장된다. Jaime L. Natoli et al., "Prenatal diagnosis of Down's syndrome: A systematic review of termination rates (1995~2011)," *Prenatal Diagnosis* 32, no. 2 (February

2012) 참조.

72 기대 수명에 관한 수치는 David Strauss and Richard K. Eyman, "Mortality of people with mental retardation in California with and without Down's syndrome, 1986~1991," *American Journal on Mental Retardation* 100, no. 6 (May 1996)와 Jan Marshall Friedman et al., "Racial disparities in median age at death of persons with Down's syndrome: United States, 1968~1997," *Morbidity & Mortality Weekly Report* 50, no. 22 (8 June 2001)와 Steven M. Day et al., "Mortality and causes of death in persons with Down's syndrome in California," *Developmental Medicine & Child Neurology* 47, no. 3 (March 2005)에서 가져왔다.

73 언급된 조사에 대해 서술한 기사는 Karen Kaplan, "Some Down's syndrome parents don't welcome prospect of cure," *Los Angeles Times* (22 November 2009)이다. 카플란이 기사에서 인용하고 보도한 논문은 Angela Inglis, Catriona Hippman and Jehannine C. Austin, "Views and opinions of parents of individuals with Down's syndrome: Prenatal testing and the possibility of a 'cure'?"으로 이 논문의 초록이 Courtney Sebold, Lyndsay Graham and Kirsty McWalter, "Presented abstracts from the Twenty-Eighth Annual Education Conference of the National Society of Genetic Counselors (Atlanta, Georgia, November 2009)," *Journal of Genetic Counseling* 18, no. 6 (November 2009)에 출간되었다.

74 인구 추세 통계를 위해 US Centres for Disease Control, "Down's syndrome cases at birth increased" (2009)와 Joan K. Morris and Eva Alberman, "Trends in Down's syndrome live births and antenatal diagnoses in England and Wales from 1989 to 2008: Analysis of data from the National Down's syndrome Cytogenetic Register," *British Medical Journal* 339 (2009)와 Guido Cocchi et al., "International trends of Down's syndrome, 1993~2004: Births in relation to maternal age and terminations of pregnancies," *Birth Defects Research Part A: Clinical and Molecular Teratology* 88, no. 6 (June 2010)를 참조했다.

75 백분율 수치는 미국 국립 다운증후군 협회에서 가져왔다. 태아기 검사 후 의사 결정에 영향을 끼치는 요소들에 대해 더 많이 알아보려면 Miriam Kupperman et al., "Beyond race or ethnicity and socioeconomic status: Predictors of prenatal testing for Down's syndrome," *Obstetrics & Gynecology* 107, no. 5 (May 2006) 참조.

76 다운증후군 아동 출산에 대한 태도에 있어 사회 경제적 차이를 다룬 논문으로 Annick-Camille Dumaret et al., "Adoption and fostering of babies with Down's syndrome: A cohort of 593 cases," *Prenatal Diagnosis* 18, no. 5 (May 1998) 참조.

77 다운증후군 인구 예측은 Jean A. Rondal et al., *Intellectual Disabilities: Genetics, Behaviour and Inclusion* (2004)에 들어 있는 Jean A. Rondal, "Intersyndrome and intrasyndrome language differences"를 참조했다.

78 미국 산부인과 학회의 목덜미 반투명 검사 권장은 "Screening for fetal chromosomal abnormalities," *ACOG Practice Bulletin* 77 (January 2007) 참조. 권장에 대한 언론 보도는 Roni Rabin, "Screen all pregnancies for Down's syndrome, doctors say," *New York Times* 9 January 2007와 Amy Harmon, "The DNA age: Prenatal test puts Down's syndrome in hard focus," *New York Times* (9 May 2007) 참조.

79 George Will, "Golly, what did Jon do?," *Newsweek* (29 January 2007)참조.

80 부모 대 부모 접촉이 태아기 검사를 거친 여성의 낙태 결정에 끼치는 영향을 연구한 논문으로 Karen L. Lawson and Sheena A. Walls-Ingram, "Selective abortion for Down's syndrome: The relation between the quality of intergroup contact, parenting expectations, and willingness to terminate," *Journal of Applied Social Psychology* 40, no. 3 (March 2010)을 보라. 부모 교육 옹호에 대한 논고는 Adrienne Asch, "Prenatal diagnosis and selective abortion: A challenge to practice and policy," *American Journal of Public Health* 89, no. 11 (November 1999)와 Erik Parens와 Adrienne Asch가 편집한 *Prenatal Testing and Disability Rights* (2000)에 들어 있는 Adrienne Asch and Erik Parens, "The disability rights critique of prenatal genetic testing: Reflections and recommendations"와 Lynn Gillam, "Prenatal diagnosis and discrimination against the disabled," *Journal of Medical Ethics* 25, no. 2 (April 1999)와 Rob Stein, "New safety, new concerns in tests for Down's syndrome," *Washington Post* (24 February 2009) 참조.

81 스티븐 퀘이크의 말은 Dan Hurley, "A drug for Down's syndrome," *New York Times* (29 July 2011)에 인용되어 있다. 퀘이크의 작업에 대한 논의는 Jocelyn Kaiser, "Blood test for mom picks up Down's syndrome in fetus," *ScienceNOW Daily News* (6 October 2008)와 Andrew Pollack, "Blood tests ease search for

Down's syndrome," *New York Times* (6 October 2008)와 Amy Dockser Marcus, "New prenatal tests offer safer, early screenings," *Wall Street Journal* (28 June 2011)에도 실려 있다.

82 Babak Khoshnood et al. anticipate an increase in economic stratification of families with Down's syndrome children in "Advances in medical technology and creation of disparities: The case of Down's syndrome," *American Journal of Public Health* 96, no. 12 (December 2006) 참조.

83 베루베의 지적이 실린 기사 Amy Harmon, "The problem with an almost-perfect genetic world," *New York Times* (20 November 2005) 참조.

84 해당 연구는 Karen L. Lawson, "Perceptions of deservedness of social aid as a function of prenatal diagnostic testing," *Journal of Applied Social Psychology* 33, no. 1 (2003)이다. 인용문은 76쪽에 있다.

85 마이클 베루베의 첫 번째 인용문은 *Life as We Know It* (1996), 76쪽에서 가져왔다. 두 번째 인용문은 Amy Harmon, "The problem with an almost-perfect genetic world," *New York Times* (20 November 2005)에서 가져왔다.

86 다운증후군 치료에 있어 약학 분야의 발전에 대한 논고는 Dan Hurley, "A drug for Down's syndrome," *New York Times* (29 July 2011) 참조.

87 프로잭과 관련한 연구는 Sarah Clark et al., "Fluoxetine rescues deficient neurogenesis in hippocampus of the Ts65Dn mouse model for Down's syndrome," *Experimental Neurology* 200, no. 1 (July 2006)이다. 메만틴 연구에 대해서는 Albert C. S. Costa et al., "Acute injections of the NMDA receptor antagonist memantine rescue performance deficits of the Ts65Dn mouse model of Down's syndrome on a fear conditioning test," *Neuropsychopharmacology* 33, no. 7 (June 2008)을 참조하라.

88 Ahmad Salehi et al., "Restoration of norepinephrine-modulated contextual memory in a mouse model of Down's syndrome," *Science Translational Medicine* 1, no. 7 (November 2009) 참조.

89 William J. Netzer et al., "Lowering β-amyloid levels rescues learning and memory in a Down's syndrome mouse model," *PLoS ONE* 5, no. 6 (2010)를 보라.

90 윌리엄 모블리, 크레이그 가너, 알베르토 코스타를 인용한 부분은 Dan Hurley, "A drug for Down's syndrome," *New York Times* (29 July 2011)에서 가져왔다.

91 이 구절은 2007년에 안젤리카 로만-지미네즈와 가진 인터뷰를 바탕으로 했다.

92 Martha Nibley Beck, *Expecting Adam* (1999), 327~328쪽에서 인용함.

93 다운증후군의 〈아기 같은 얼굴〉에 대한 인용문은 부모 목소리의 음조를 연구한 논문에서 가져왔다. Deborah J. Fidler, "Parental vocalizations and perceived immaturity in Down's syndrome," *American Journal on Mental Retardation* 108, no. 6 (November 2003) 참조.

94 다운증후군에 대한 아버지의 적응에 대해 W. Steven Barnett and Glenna C. Boyce, "Effects of children with Down's syndrome on parents' activities," *American Journal on Mental Retardation* 100, no. 2 (September 1995)와 L. A. Ricci and Robert M. Hodapp, "Fathers of children with Down's syndrome versus other types of intellectual disability: Perceptions, stress and involvement," *Journal of Intellectual Disability Research* 47, nos. 4-5 (May~June 2003)와 Jennifer C. Willoughby and Laraine Masters Glidden, "Fathers helping out: Shared child care and marital satisfaction of parents of children with disabilities," *American Journal on Mental Retardation* 99, no. 4 (January 1995) 참조.

95 장애 아동을 형제자매로 둔 아이들의 경험에 대한 매우 많은 연구가 있다. 이 주제에 집중하는 연구자들로 Brian G. Skotko, Jan Blacher and Zolinda Stoneman가 있다.

96 Colgan Leaming, "My brother is not his disability," *Newsweek Web Exclusive* (1 June 2006)에서 인용함.

97 이 구절은 2007년에 수전 안스텐, 애덤 델리-보비, 티건 델리-보비, 윌리엄 워커 러셀 3세 와 가진 인터뷰와 그 후의 교류를 바탕으로 했다. 수전의 미술 작품을 보려면 http://fineartamerica.com/ profiles/susan-arnstenrussell.html 참조.

98 출애굽기 37장 9절 〈그룹들이 그 날개를 높이 펴서 속죄소를 덮으며 그 얼굴을 서로 대하여 속죄소를 향하였더라.〉

99 통계 수치는 Tamar Heller, Alison B. Miller and Alan Factor, "Adults with mental retardation as supports to their parents: Effects on parental caregiving appraisal," *Mental Retardation* 35, no. 5 (October 1997)에서 가져왔다. 또한 Clare Ansberry, "Parents devoted to a disabled child confront old age," *Wall Street Journal* (7 January 2004)도 참조하라.

100 Arnold Birenbaum and Herbert J. Cohen, "On the importance of helping families," *Mental Retardation* 31, no. 2 (April 1993)에서 인용함.

101 장애 정도와 시설 위탁과의 관계는 Jan Blacher and Bruce L.Baker, "Out-of-home placement for children with retardation: Family decision making and satisfaction," *Family Relations* 43, no. 1 (January 1994) 참조.

102 Frances Kaplan Grossman, *Brothers and Sisters of Retarded Children: An Exploratory Study* (1972) 참조.

103 다운증후군 아동의 시설 위탁과 가족에 관한 논의를 위해 다음과 같은 논문들을 참고했다. Bruce L. Baker and Jan Blacher: "Out-of-home placement for children with mental retardation: Dimensions of family involvement," *American Journal on Mental Retardation* 98, no. 3 (November 1993)와 "For better or worse? Impact of residential placement on families," *Mental Retardation* 40,no. 1 (February 2002)와 "Family involvement in residential treatment of children with retardation: Is there evidence of detachment?," *Journal of Child Psychology & Psychiatry* 35, no. 3 (March 1994)와 "Out-of-home placement for children with retardation: Family decision making and satisfaction," *Family Relations* 43, no. 1 (January 1994) 참조.

104 첫 번째 어머니의 인용문은 Jan Blacher, *When There's No Place Like Home: Options for Children Living Apart from Their Natural Families* (1994), 229~230쪽에서 가져왔다. 두 번째 어머니의 인용문은 Jan Blacher and Bruce L. Baker, "Out-of-home placement for children with retardation: Family decision making and satisfaction," *Family Relations* 43, no. 1 (January 1994)에서 가져왔다.

105 Zolinda Stoneman와 Phyllis Waldman Berman가 편집한 *The Effects of Mental Retardation, Disability, and Illness on Sibling Relationships* (1993)을 보라.

106 보호 시설에 거주하는 아동과 젊은이의 숫자 및 비율의 감소에 관한 수치는 K. Charlie Lakin, Lynda Anderson and Robert Prouty, "Decreases continue in out-of-home residential placements of children and youth with mental retardation," *Mental Retardation* 36, no. 2 (April 1998)에서 가져왔다. 50개 주 중 39개 주에서 16명 이상의 인원을 위한 시설의 운영 자금을 지원하고 있다는 내용은 발달 장애 프로젝트에 관한 주 별 상황 보고서인 "Top Ten State Spending on Institutional Care for People with Disabilities" (at http://www.centreforsystemschange.org/view.php?nav_id=54) 〈Alaska, District of Columbia, Hawaii, Maine, Michigan, New Hampshire, New Mexico, Oregon, Rhode Island, Ver-

mont, and West Virginia no longer fund state-operated institutions for 16 or more persons〉를 참조했다. 다운증후군과 여타 형태의 지적 장애를 지닌 사람들의 기대 수명이 증가한다는 논고는 Matthew P. Janicki et al., "Mortality and morbidity among older adults with intellectual disability: Health services considerations," *Disability & Rehabilitation* 21, nos 5-6 (May~June 1999) 참조.

107 가족들이 위탁 전에 방문하는 시설의 수와 시설 평가 기준에 관한 정보는 Jan Blacher and Bruce L. Baker, "Out-of-home placement for children with retardation: Family decision making and satisfaction," *Family Relations* 43, no. 1 (January 1994)에서 가져왔다.

108 Danny Hakim, "At state-run homes, abuse and impunity," *New York Times* (12 March 2011)에서 인용함.

109 위탁 추세와 공공 비용 통계에 관한 정보는 Robert W. Prouty et al., editors, "Residential services for persons with developmental disabilities: Status and trends through 2004," Research and Training Centre on Community Living, Institute on Community Integration/UCEDD College of Education and Human Development, University of Minnesota, (July 2005)와 K. Charlie Lakin, Lynda Anderson and Robert Prouty, "Decreases continue in out-of-home residential placements of children and youth with mental retardation," *Mental Retardation* 36, no. 2 (April 1998)와 K. Charlie Lakin, Lynda Anderson and Robert Prouty, "Change in residential placements for persons with intellectual and developmental disabilities in the USA in the last two decades," *Journal of Intellectual & Developmental Disability* 28, no. 2 (June 2003)에서 가져왔다.

110 다운증후군 자녀를 위안으로 삼는다는 부모들에 관해서 Tamar Heller, Alison Miller and Alan Factor, "Adults with mental retardation as supports to their parents: Effects on parental caregiving appraisal," *Mental Retardation* 35, no. 5 (October 1997)와 ClareAnsberry, "Parents devoted to a disabled child confront old age," *Wall Street Journal* (7 January 2004) 참조. 부모 사망 후 시설로 옮겨지는 다운증후군인 사람의 수치는 Marsha Mailick Seltzer and Marty Wyngaarden Krauss, "Quality of life of adults with mental retardation/developmental disabilities who live with family," *Mental Retardation & Developmental Disabilities Research Reviews* 7, no. 2 (May 2001)에서 가져왔다.

111 다운증후군 딸의 사회생활이 줄어든다는 아버지의 이야기는 사적인 대화에서 가

져왔다.

112 해당 연구는 Marty Wyngaarden Krauss, Marsha Mailick Seltzer and S. J. Good-man, "Social support networks of adults with mental retardation who live at home," *American Journal on Mental Retardation* 96, no. 4 (January 1992)이다.

113 〈피플 퍼스트〉에 관해 보다 많은 정보를 보려면 "History of People First" (http://www.peoplefirstwv.org/aboutpeoplefirst/history.html)을 참조하라. 미국 내의 자기 권리 주장 단체 수와 사용된 인용문은 "People First Chapter Handbook and Toolkit" (2010), http://www.peoplefirstwv .org/images/PF_of_WV_Chapter_Handbook_final.pdf에서 가져왔다.

114 Nigel Hunt, *The World of Nigel Hunt: The Diary of a Mongoloid Youth* (New York: Garrett Publications, 1967)을 보라.

115 Jason Kingsley and Mitchell Levitz, *Count Us In: Growing Up with Down's syndrome* (1994)을 보라.

116 윈디 스미스의 2000년 공화당 전당대회 연설 원고는 ABC News 웹사이트(http://abcnews.go.com/Politics/story?id=123241&page=1) 참조. 〈역겨운 정치적 연극〉이라는 표현은 Tom Scocca, "Silly in Philly," *Metro Times* (9 August 2000)에서 인용함.

117 크리스 버크와의 인터뷰는 Jobeth McDaniel, "Chris Burke: Then and Now," *Ability Magazine* (February 2007)을 보라. 버크의 개인 웹사이트 주소는 http://www.chrisburke.org이다. 보비 브리데로의 웹사이트 주소는 http://www.bobby.de이다. 주디스 스콧의 쌍둥이 자매 조이스 스콧이 주디스에 대해 쓴 회고록 *EnTWINed* (2006) 참조. 또한 John M. MacGregor, *Metamorphosis: The Fiber Art of Judith Scott: The Outsider Artist and the Experience of Down's Syndrome* (1999)를 참조하라. 로런 포터와의 인터뷰는 Michelle Diament, "Down's syndrome takes centre stage on Fox's 'Glee'," *Disability Scoop* (12 April 2010) 참조.

118 다운증후군에 있어 단기 기억과 정보 처리에 관한 더 많은 정보는 Jean A. Rondal et al., *Intellectual Disabilities: Genetics, Behaviour and Inclusion* (2004)에 들어 있는 Robert M. Hodapp and Elisabeth M. Dykens, "Genetic and behavioural aspects: Application to maladaptive behaviour and cognition"을 보라.

119 Greg Palmer, *Adventures in the Mainstream: Coming of Age with Down's syndrome* (2005) 참조. 네드 팔머의 시는 같은 책 40쪽에, 인용문은 98쪽에 나온다.

120 콜키(크리스 버크)와 어맨다(안드리아 프리드먼)의 결혼 생활 이야기는 4시즌 3

화에서 시작된다. 〈Premarital Syndrome〉 (방송일 4 October 1992, http://www.tvguide.com/tvshows/life-goes-on-1992/episode-3-season-4/premarital-syndrome/202678) 참조. 이 사랑 이야기의 배경 설명을 보려면 Howard Rosenberg, "There's more to 'life' than ratings," *Los Angeles Times* (18 April 1992), and "They'll take romance," *People* (6 April 1992)를 참조하라.

121 이 구절은 2007년에 톰과 캐런 로바즈와 가진 인터뷰와 그 후의 대화를 바탕으로 했다.

5장 자폐증

1   자폐증 유병률에 대한 역사적 정보와 일반적인 자폐증에 관한 정보를 위해 내가 참조한 문헌은 Laura Schreibman, *The Science and Fiction of Autism* (2005)이다. 2012년 3월 30일에 미국 질병 관리 본부는 자폐증 발병률 추정치를 1:110에서 1:88로 올렸다. Jon Baio, "Prevalence of autism spectrum disorders: Autism and Developmental Disabilities Monitoring Network, 14 sites, United States, 2008," *Morbidity & Mortality Weekly Report (MMWR)* (30 March 2012) 참조.

2   내가 2007년에 에릭 캔들과 가진 인터뷰에서 인용함. 그는 Eric Kandel, "Interview: biology of the mind," *Newsweek* (27 March 2006)에서도 이에 대해 말했다.

3   세이프마인즈 연합의 웹사이트(http://safeminds.org)에 따르면 세이프마인즈 (SafeMinds)는 〈수은으로 인한 신경 장애를 끝내기 위한 현명한 행동(Sensible Action for Ending Mercury-Induced Neurological Disorders)〉을 의미한다.

4   〈자폐증 퇴치 법안〉의 전문은 http://thomas.loc.gov/cgi-bin/bdquery/z?d109:S843 참조. 〈2011 자폐증 퇴치 재인증 법안〉(공법 112-132)은 http://thomas.loc.gov/cgi-bin/query/z?c112:H.R.2005 참조. 해당 법안을 추진하는 데 부모 변호 단체들이 한 역할에 대해서는 Ed O'Keefe, "Congress declares war on autism," *ABC News* (6 December 2006) 참조. 〈큐어 오티즘 나우〉와 〈오티즘 스픽스〉의 2007년 합병에 대해서는 〈오티즘 스픽스〉의 2007년 2월 5일자 언론 보도 자료 "Autism Speaks and Cure Autism Now complete merger" (http://www.autismspeaks.org/about-us/press-releases/autism-speaks-and-cure-autism-now-complete-merger)을 보라.

5   사적인 대화에서 인용함.

6 자폐증에 관한 책과 영화의 놀라운 급증은 전세계 도서관 자료 통합 목록인 월드 캣을 보면 생생히 알 수 있다. 1997년으로 자폐증을 검색하면 1,221건의 결과가 나오고 2011년으로 검색하면 7,486건의 결과가 나온다.

7 자폐증(⟨299.00 Autistic Disorder⟩), 아스퍼거 증후군(⟨299.80 Asperger's Disorder⟩), 비전형 전반적 발달 장애 (⟨299.80 Pervasive Developmental Disorder Not Otherwise Specified⟩)를 진단하는 기준은 *Diagnostic and Statistical Manual of Mental Disorders DSM-IV-TR*, 4th ed. (2000), 70~84쪽 참조.

8 자폐증에 대한 신뢰할 만하고 기본적인 소개를 보려면 Shannon des Roches Rosa et al., *The Thinking Person's Guide to Autism* (2011) 참조.

9 자폐증의 퇴행증상과 관련한 추정 수치들은 C. Plauché Johnson et al., "Identification and evaluation of children with autism spectrum disorders," *Pediatrics* 120, no.5 (November 2007)와 Gerry A. Stefanatos, "Regression in autistic spectrum disorders," *Neuropsychology Review* 18 (December 2008)와 Sally J. Rogers, "Developmental regression in autism spectrum disorders," *Mental Retardation & Developmental Disabilities Research Review* 10, no. 2 (May 2004) 와 Robin L. Hansen, "Regression in autism: Prevalence and associated factors in the CHARGE study," *Ambulatory Pediatrics* 8, no. 1 (January 2008) 참조.

10 에밀리 펄 킹슬리가 1987년에 발표한 수필 ⟨네덜란드에 오신 걸 환영합니다⟩는 인터넷 도처와 Jack Canfield, *Chicken Soup for the Soul: Children with Special Needs* (2007)에서 볼 수 있다. 수전 르주시들로가 이 글에 대한 반박으로 쓴 ⟨베이루트에 오신 걸 환영합니다⟩ 또한 직접 발표했고 웹사이트(http://www.bbbautism.com/beginners_beirut.htm)와 몇몇 인터넷 사이트에서 찾을 수 있다.

11 신경 다양성에 대해 내가 전에 쓴 기사 "The autism rights movement," *New York* (25 May 2008) 참조.

12 이 구절은 2003년에서 2012년 사이에 벳시 번즈와 제프 한센과 가진 수많은 인터뷰와 기타 교류를 바탕으로 했다.

13 씨씨의 담당 의사는 과도하게 비관적이었던 것 같다. 자폐 아동의 90 퍼센트가 9세 즈음 이면 기능적 언어를 구사하게 된다는 결론을 얻은 2004년 논문 Catherine Lord et al., "Trajectory of language development in autistic spectrum disorders," *Developmental Language Disorders: From Phenotypes to Etiologies* (2004) 참조.

14 시몬스 재단을 통해 자폐증 연구에 선두적인 기부를 해오고 있는 짐 시몬스와 나

눈 사적인 대화에 따르면, 그의 딸이 열이 났을 때 자폐 증상이 사라지고 그녀가 평소보다 훨씬 잘 기능할 수 있었다고 한다. 다른 신체적 상태가 자폐 증상의 발현에 무언가 영향을 끼칠 수 있고 씨씨의 경우처럼 영구적이지 않고 갑작스러운 변환의 기초가 될 수 있다는 점을 주제로 하는 연구가 진행 중이지만 현재는 그 발상을 치료에 사용할 만큼 충분한 지식이 없다. 열과 행동 개선 사이의 상호 관계에 대한 논고를 보려면 L. K. Curran et al., "Behaviours associated with fever in children with autism spectrum disorders," *Pediatrics* 120, no. 6 (December 2007)와 Mark F. Mehler and Dominick P. Purpura, "Autism, fever, epigenetics and the locus coeruleus," *Brain Research Reviews* 59, no. 2 (March 2009)와 David Moorman, "Workshop report: Fever and autism," Simons Foundation for Autism Research (1 April 2010) (http://sfari.org/news-and-opinion/workshop-reports/2010/workshop-report-fever -andautism) 참조.

15 엘리자베스 번즈를 인용한 첫 번째 부분은 그녀가 2003년에 쓴 소설 *Tilt: Every Family Spins on Its Own Axis*, 96쪽에서 가져왔고, 두 번째 부분은 43~44쪽에서 가져왔다.

16 자폐증이 있는 가족 구성원을 가진 사람들이 평균 이상의 정신 질환 발병률을 보인다는 연구로 Mohammad Ghaziuddin, "A family history study of Asperger syndrome," *Journal of Autism and Developmental Disorders* 35, no. 2 (2005)와 Joseph Piven and Pat Palmer, "Psychiatric disorder and the broad autism phenotype: Evidence from a family study of multiple-incidence autism families," *American Journal of Psychiatry* 156, no. 14 (April 1999) 참조.

17 옥스퍼드 영어 사전 (제2판, 1989)는 오이겐 블로일러의 1913년 논문 "Autistic thinking," *American Journal of Insanity* 69 (1913), 873쪽에 나오는 다음 문단을 예시한다. 「보다 면밀히 들여다보면 모든 정상인들 사이에 사고가 논리와 현실 둘 다로부터 단절된 중대한 경우를 많이 발견한다. 나는 정신분열적 자폐라는 개념을 수용하여 이러한 형태의 사고를 자폐적이라고 불렀다.」

18 〈소아 정신분열증〉이라는 용어는 1930년대에 만들어졌고 유아기에 나타나는 넓은 범위의 인지 장애를 가리키는 말로 막연하게 사용되었다. 벨뷰 병원 아동 정신과 의사인 로레타 벤더가 자신의 임상 관찰에 대한 다수의 보고서를 출간하며 이 용어를 널리 퍼트렸다. 이 용어의 부적절한 응용에 대한 염려를 표한 현대의 문헌으로 Hilde L. Mosse, "The misuse of the diagnosis childhood schizophrenia," *American Journal of Psychiatry* 114, no. 9 (March 1958)을 보라. Robert F.

Asarnow와 Joan Rosenbaum Asarnow은 "Childhood-onset schizophrenia: Editors' introduction," *Schizophrenia Bulletin* 20, no. 4 (October 1994)에서 진단의 역사를 살피고 있다.

19 레오 카너의 독창적인 1943년 보고서 "Autistic disturbances of affective contact"는 그의 논문 선집인 *Childhood Psychosis: Initial Studies and New Insights* (1973)에 포함되어 있다.

20 1943년에 카너는 자폐 아동의 어머니가 지녔다고 여겨지던 냉담함에 주목했지만 자폐증이 선천적일 가능성도 열어두었다. "Autistic disturbances of affective contact," *Childhood Psychosis: Initial Studies and New Insights* (1973), 42쪽 참조. 1949년까지 카너는 보다 충실하게 부모 비난 이론을 발전시켰다. 냉장고라는 용어가 두 번 나오는 그의 1949년 논문 "Problems of nosology and psychodynamics in early childhood autism," *American Journal of Orthopsychiatry* 19, no. 3 (July 1949) 참조. 그러나 자폐의 신경학적 근거에 대한 이해가 진전됨에 따라 카너의 귀인은 변했다. 그의 동료 에릭 쇼플러, 스텔라 체스, 레온 아이젠버그의 회상록 "Our memorial to Leo Kanner," *Journal of Autism & Developmental Disorders* 11, no. 3 (September 1981), 258쪽에 따르면 〈《냉장고 엄마》라는 용어가 생겨나는 데 큰 역할을 했던 바로 그 사람이 1971년 미국 자폐 아동 협회 연례회의에서 그 용어가 암시하는 자녀의 자폐증에 대한 엄마의 책임은 이제 부적절하고 잘못된 것으로 입증되었다고 회원들에게 설명했다.〉

21 Bruno Bettelheim, *The Empty Fortress: Infantile Autism and the Birth of the Self* (1967), 125쪽에서 인용함.

22 이자벨 래핀과의 2009년 인터뷰에서 인용함.

23 Bernard Rimland, *Infantile Autism: The Syndrome and Its Implications for a Neural Theory of Behaviour* (1964) 참조.

24 냉장고 이름표 일화는 Laura Schreibman, *The Science and Fiction of Autism* (2005)를 참조했다. 84~85쪽에 따르면 〈이 최초 참석자들이 작은 냉장고 모양의 이름표를 착용했다는 소문이 널리 퍼져 있다.〉

25 Eustacia Cutler, *A Thorn in My Pocket* (2004), 208쪽에서 인용함.

26 아스퍼거의 원논문은 2차 대전 중 독일에서 발표되었다. Hans Asperger, "Die 'autistischen psychopathen' im kindesalter," *Archiv für Psychiatrie & Nervenkrankheiten (European Archives of Psychiatry and Clinical Neuroscience)* 117, no. 1 (1944), 76~136쪽 참조. 유타 프리스가 1981년에 이 논문을 영어로 번

역하고 〈아동기의 《자폐적 정신병》〉이라는 제목을 붙였다. 이 번역본은 나중에 *Autism and Asperger Syndrome* (1991)에 편입되었다.

27 〈꼬마 교수〉라는 별칭이 등장한 최초의 전문 문헌은 Hans Asperger, "Die 'au-tistischen psychopathen' im kindesalter," *Archiv für Psychiatrie & Nerven-krankheiten (European Archives of Psychiatry and Clinical Neuroscience)* 117, no. 1 (1944)이다. 118쪽 원문 〈Die aus einer Kontaktstörung kommende Hilflo-sigkeit dem praktischen Leben gegenüber, welche den 《Professor》 charakterisi-ert und zu einer unsterblichen Witzblattfigur macht, ist ein Beweis dafür.〉

28 자폐 스펙트럼 장애에 관해 DSM-5 진단 기준을 개정해야 한다는 제안에 대해서 Claudia Wallis, "A powerful identity, a vanishing diagnosis," *New York Times* (2 November 2009)와 Benedict Carey, "New definition of autism will exclude many, study suggests," *New York Times* (19 January 2012)를 보라. DSM 변경에 대한 학문적 논고는 Mohammad Ghaziuddin, "Should the DSM V drop Asperger syndrome?," *Journal of Autism & Developmental Disorders* 40, no. 9 (September 2010)와 Lorna Wing et al., "Autism spectrum disorders in the DSM-V: Better or worse than the DSM-IV?," *Research in Developmental Dis-abilities* 32, no. 2 (March~April 2011)를 보라.

29 아스퍼거 증후군인 사람들의 사회적 기능 부족에 관한 일화는 모두 사적인 대화에서 가져왔다.

30 템플 그랜딘의 이야기가 처음으로 큰 주목을 받은 것은 올리버 색스의 책 *An An-thropologist on Mars* (1995) (한국어 판 『화성의 인류학자』, 이은선 역, 바다출판사, 2005)에 실린 동명 수필과 그랜딘의 자서전 *Thinking in Pictures: And Other Reports from My Life with Autism* (1995) (한국어 판 『나는 그림으로 생각한다』, 홍한별 역, 양철북, 2005)를 통해서였다. 그녀가 출연한 텔레비전 프로그램으로 2006 BBC 다큐멘터리 *The Woman Who Thinks Like a Cow*, 와 HBO 전기 영화 *Temple Grandin* 참조. 자폐인 자기 권리 주장 네트워크 공식 웹사이트(http://www.autisticadvocacy.org/) 참조. 아리 네이멘과의 인터뷰는 Claudia Kalb, "Erasing autism," *Newsweek* (25 May 2009)를 참조하라.

31 2004년에 내가 그녀와 가진 인터뷰에서 인용함. 그랜딘은 이전에 자신의 자서전 *Thinking in Pictures: And Other Reports from My Life with Autism* (1995), 31쪽에서 이 관념을 사용했다.

32 John Elder Robison, *Look Me in the Eye: My Life with Asperger's* (2007), 2쪽에

서 인용함.

33 이 구절은 2008년에 제니퍼 프랭클린과 가진 인터뷰와 그 후의 교류를 바탕으로 했다. 시를 인용한 부분은 그녀의 책 *Persephone's Ransom* (2011)에서 가져왔다.

34 응용행동분석에 대한 기본 자료는 Laura Ellen Schreibman, *The Science and Fiction of Autism* (2005)를 참조했다. 이바 로바스의 작업으로 "Behavioural treatment and normal educational and intellectual functioning in young autistic children," *Journal of Consulting & Clinical Psychology* 55, no. 1 (February 1987)와 "The development of a treatment-research project for developmentally disabled and autistic children," *Journal of Applied Behaviour Analysis* 26, no. 4 (Winter 1993) 참조.

35 Scott Sea, "Planet autism," *Salon* (27 September 2003)에서 요약하여 인용함.

36 사적인 대화에서 인용함. 줄리엣 미첼은 자신의 책 *Mad Men and Medusas: Reclaiming Hysteria* (2000)에서 자폐증에 관해 썼다.

37 바꿔친 아이 비유를 사용한 최근의 예를 보려면 Portia Iversen, *Strange Son: Two Mothers, Two Sons, and the Quest to Unlock the Hidden World of Autism* (2006), xii~xiv쪽 참조. 장애에 대한 반응의 역할을 한 바꿔친 아이 전설에 대한 학술적 논고는 D. L. Ashliman, "Changelings," *Folklore & Mythology Electronic Texts* (University of Pittsburgh, 1997) (http://www.pitt.edu/~dash/changeling.html)와 Susan Schoon Eberly, "Fairies and the folklore of disability: Changelings, hybrids and the solitary fairy," *Folklore* 99, no. 1 (1988) 참조. 두 명의 자폐인 활동가의 시각을 보려면 Amanda Baggs, "The original, literal demons," *Autism Demonized* (12 February, 2006) (http://web.archive.org/web/20060628231956/http://autismdemonized.blogspot.com/)와 Ari Ne'eman, "Dueling narratives: Neurotypical and autistic perspectives about the autism spectrum," 2007 SAMLA Convention (Atlanta, Georgia, November 2007) (http://www.cwru.edu/affil/sce/Texts_2007/Ne'eman.html)을 참조하라.

38 마르틴 루터의 주장은 *Werke, Kritische Gesamtausgabe: Tischreden* (1912~21), vol. 5, 9쪽에 나온다. 이 말은 D. L. Ashliman, "German changeling legends," *Folklore & Mythology Electronic Texts* (University of Pittsburgh, 1997) (http://www.pitt.edu/~dash/changeling.html)에 인용되어 있다.

39 Walter Spitzer, "The real scandal of the MMR debate," *Daily Mail* (20 Decem-

ber 2001)에서 인용함.

40 어맨다 백스의 개인 웹로그(Autism Demonized, 2006)에서 인용함.

41 이 구절은 2007년에 낸시 코기와 가진 인터뷰를 바탕으로 했다. 이름은 모두 가명
   이다.

42 자폐증과 관련한 언어 장애와 언어 발달에 관한 리뷰로는 P. Fletcher와 J. F.
   Miller가 편집한 *Language Disorders and Developmental Theory* (2005)에 들
   어 있는 Morton Ann Gernsbacher, Heather M. Geye and Susan Ellis Weismer,
   "The role of language and communication impairments within autism"와 Gerry
   A. Stefanatos and Ida Sue Baron, "The ontogenesis of language impairment in
   autism: A neuropsychological perspective," *Neuropsychology Review* 21, no.
   3 (September 2011) 참조. 자폐증과 구강 근육 기능에 관한 논고는 Morton Ann
   Gernsbacher et al., "Infant and toddler oral-and manual-motor skills predict
   later speech fluency in autism," *Journal of Child Psychology & Psychiatry* 49,
   no. 1 (2008) 참조.

43 앨리슨 테퍼와 2007년에 가진 인터뷰에서 인용함.

44 미키 브레스나한을 인용한 부분은 2008년 인터뷰에서 가져왔고, 익명의 어머니를
   인용한 부분은 2008년에 있었던 사적인 대화에서 가져왔다.

45 칼리 플라이슈만과 그녀의 아버지를 인용한 부분은 John McKenzie, "Autism
   breakthrough: Girl's writings explain her behaviour and feelings," *ABC News*
   (19 February 2008)와 Carly Fleischmann, "You asked, she answered: Carly
   Fleischmann, 13, talks to our viewers about autism," *ABC News* (20 February
   2008)에서 가져왔다.

46 이 구절은 2008년에 슬래트킨 부부와 가진 인터뷰와 이후의 교류를 바탕으로 했다.

47 영화 「자폐증의 일상Autism Every Day」에 나오는 장면이다.

48 〈자폐증들〉이라는 용어가 최초로 제시된 논문 Daniel H. Geschwind and Pat
   Levitt, "Autism spectrum disorders: Developmental disconnection syndromes,"
   Current Opinion in Neurobiology 17, no. 1 (February 2007) 참조.

49 〈심맹〉 가설을 제시한 책 Simon Baron-Cohen, *Mindblindness: An Essay on Au-
   tism and Theory of Mind* (1995) 참조.

50 자폐증의 거울 신경 기능 장애에 관한 논고는 Lindsay M. Oberman et al., "EEG
   evidence for mirror neuron dysfunction in autism spectrum disorders," *Cogni-
   tive Brain Research* 24, no. 2 (July 2005)와 Lucina Q. Uddin et al., "Neural

basis of self and other representation in autism: An fMRI study of self-face recognition," *PLoS ONE* 3, no. 10 (2008) 참조.

51 〈약한 중앙 응집성〉 가설이 제시된 책 Uta Frith, *Autism: Explaining the Enigma* (2003) 참조.

52 각성 가설들을 다룬 논문은 Corinne Hutt et al., "Arousal and childhood autism," *Nature* 204 (1964)와 Elisabeth A. Tinbergen and Nikolaas Tinbergen, "Early childhood autism: An ethological approach," *Advances in Ethology, Journal of Comparative Ethology*, suppl. no. 10 (1972) 참조. 다수의 인정받는 자폐증 연구자들이 틴버겐의 추측에 이의를 제기했다. 예로 Bernard Rimland et al., "Autism, stress, and ethology," *Science*, n.s., 188, no. 4187 (2 May 1975)를 참조하라.

53 캠란 나지어를 인용한 부분은 그가 쓴 책 *Send in the Idiots: Stories from the Other Side of Autism* (2006), 68쪽과 69쪽에서 가져왔다.

54 John Elder Robison, *Look Me in the Eye: My Life with Asperger's* (2007), 12쪽에서 인용함.

55 예일 대학의 안면 인식 연구 보고서는 Robert T. Schultz et al., "Abnormal ventral temporal cortical activity during face discrimination among individuals with autism and Asperger syndrome," *Archives of General Psychiatry* 57, no. 4 (April 2000) 참조.

56 디지몬 마니아에 관해 언급한 논문은 David J. Grelotti et al., "fMRI activation of the fusiform gyrus and amygdala to cartoon characters but not to faces in a boy with autism," *Neuropsychologia* 43, no. 3 (2005) 참조.

57 이 구절은 2008년에 밥, 수, 벤 레어와 가진 인터뷰와 이후의 교류를 바탕으로 했다.

58 〈촉진적 의사소통 방법〉에 관한 영향력 있는 책으로 Douglas Biklen, *Communication Unbound: How Facilitated Communication Is Challenging Traditional Views of Autism and Ability/Disability* (1993) 참조.

59 자폐증의 뇌 발달에 대한 보다 많은 정보는 Stephen R. Dager et al., "Imaging evidence for pathological brain development in autism spectrum disorders," *Autism: Current Theories and Evidence* (2008)와 Martha R. Herbert et al., "Localization of white matter volume increase in autism and developmental language disorder," *Annals of Neurology* 55, no. 4 (April 2004)와 Eric Courchesne et al., "Evidence of brain overgrowth in the first year of life in autism," *Journal of the American Medical Association* 290, no. 3 (July 2003)와

Nancy J. Minshew and Timothy A. Keller, "The nature of brain dysfunction in autism: Functional brain imaging studies," *Current Opinion in Neurology* 23, no. 2 (April 2010)와 Eric Courchesne et al., "Brain growth across the life span in autism: Age-specific changes in anatomical pathology," *Brain Research* 1380 (March 2011)를 참조하라.

60 자폐증 유전학의 과학적 상태에 관한 유용한 최근 리뷰로 Judith Miles, "Autism spectrum disorders: A genetics review," *Genetics in Medicine* 13, no. 4 (April 2011)와 Daniel H. Geschwind, "Genetics of autism spectrum disorders," *Trends in Cognitive Sciences* 15, no. 9 (September 2011) 참조.

61 자폐증에 영향을 끼치는 태아기 인자들에 대한 논고는 Tara L. Arndt, Christopher J. Stodgell and Patricia M. Rodier, "The teratology of autism," *International Journal of Developmental Neuroscience* 23, nos 2-3 (April~May 2005) 참조.

62 부모의 나이와 자폐증의 연관에 관한 보다 많은 정보를 보려면 Abraham Reichenberg et al., "Advancing paternal age and autism," *Archives of General Psychiatry* 63, no. 9 (September 2006)와 Rita M. Cantor et al., "Paternal age and autism are associated in a family-based sample," *Molecular Psychiatry* 12 (2007)와 Maureen S. Durkin et al., "Advanced parental age and the risk of autism spectrum disorder," *American Journal of Epidemiology* 168, no. 11 (December 2008) 참조.

63 유전적 불친화성 가설에 대해 Andrew W. Zimmerman와 Susan L. Connors가 편집한 *Maternal Influences on Fetal Neurodevelopment* (2010)에 들어 있는 William G. Johnson et al., "Maternally acting alleles in autism and other neurodevelopmental disorders: The role of HLA-DR4 within the major histocompatibility complex" 참조.

64 동류 교배 가설에 대해 보다 많이 알려면 Simon Baron-Cohen, "The hyper-systemizing, assortative mating theory of autism," *Progress in Neuropsychopharmacology & Biological Psychiatry* 30, no. 5 (July 2006)와 Steve Silberman, "The geek syndrome," *Wired* (December 2001) 참조.

65 새로운 다중심 형제자매 연구는 자폐적인 피실험자에게서만 나타나는 279개의 유전자 돌연변이를 발견했다. Stephen Sanders et al., "De novo mutations revealed by whole-exome sequencing are strongly associated with autism," *Nature* 485, no. 7397 (10 May 2012) 참조.

66 유전자 발현에 미치는 영향들에 대한 논고는 Andrew Zimmerman이 편집한 *Autism: Current Theories and Evidence* (2008)에 들어 있는 Isaac N. Pessah and Pamela J. Lein, "Evidence for environmental susceptibility in autism: What we need to know about gene x environment interactions" 참조.

67 가변적인 침투도를 주제로 한 논문으로 Dan Levy, Michael Wigler et al., "Rare de novo and transmitted copy-number variation in autistic spectrum disorders," *Neuron* 70, no. 5 (June 2011) 참조.

68 일란성 쌍둥이의 자폐증과 유전자 일치에 관한 수치들은 Anthony Bailey et al., "Autism as a strongly genetic disorder: Evidence from a British twin study," *Psychological Medicine* 25 (1995)에서 가져왔다.

69 이 20~30 퍼센트 통계는 미국 질병 관리 본부에서 도출한 일반 인구의 위험률과 대비한 수치이다. 거듭되는 갱신에도 100명 중 1명 선에 머물고 있는 자폐증 유병률을 인정한다고 했을 때, 자폐인의 형제가 자폐인이 될 위험이 5명 중 1명이라는 통계와 비교하면 이 수치가 나온다. Brett S. Abrahams and Daniel H. Geschwind, "Advances in autism genetics: On the threshold of a new neurobiology," *Nature Review Genetics* 9, no. 5 (May 2008) 참조.

70 자폐인의 직계 가족과 확대 가족들에게 나타나는 자폐적 특징, 즉 광범위한 자폐증 표현형에 관한 연구로 Nadia Micali et al., "The broad autism phenotype: Findings from an epidemiological survey," *Autism* 8, no. 1 (March 2004)와 Joseph Piven et al., "Broader autism phenotype: Evidence from a family history study of multiple-incidence autism families," *American Journal of Psychiatry* 154 (February 1997)와 Molly Losh et al., "Neuropsychological profile of autism and the broad autism phenotype," *Archives of General Psychiatry* 66, no. 5 (May 2009) 참조.

71 자폐증 연관 유전자가 유전체 곳곳에서 발생하는 현상에 대한 학술적 논고는 Joseph T. Glessner et al., "Autism genome-wide copy number variation reveals ubiquitin and neuronal genes," *Nature* 459 (28 May 2009) 참조.

72 매튜 스테이트와 2009년에 가진 인터뷰에서 인용함.

73 토머스 인셀과 2010년에 가진 인터뷰에서 인용함.

74 마이클 위글러와 조너선 세밧과 2008년에 가진 인터뷰에서 인용함.

75 다면 발현성과 자폐증에 대한 보다 많은 배경 지식은 Annemarie Ploeger et al., "The association between autism and errors in early embryogenesis: What is

the causal mechanism?," *Biological Psychiatry* 67, no. 7 (April 2010) 참조.

76 자폐증 관련 유전자와 동반 질환들을 연관 짓는 연구로 Daniel B. Campbell et al., "Distinct genetic risk based on association of MET in families with co-occurring autism and gastrointestinal conditions," *Pediatrics* 123, no. 3 (March 2009)을 보라.

77 Jonathan Sebat et al., "Strong association of de novo copy number mutations with autism," *Science* 316, no. 5823 (April 20, 2007) 참조.

78 유전자 결실과 머리 둘레 지름 증가 사이의 연관에 관한 조녀선 세빗의 연구는 시몬스 재단이 언론에 배포한 보도 자료 "Relating copy-number variants to head and brain size in neuropsychiatric disorders" (http://sfari.org/funding/grants/abstracts/relating-copy-number-variants-to-head-and-brain-size-in-neuropsy-chiatric-disorders)를 참조하라.

79 대니얼 게슈윈드와 2012년에 가진 인터뷰에서 인용함. 게슈윈드가 자폐증 유전학에 관해 쓴 최근 논문으로 "Autism: Many genes, common pathways?," *Cell* 135, no. 3 (31 October 2008)와 "The genetics of autistic spectrum disorders," *Trends in Cognitive Sciences* 15, no. 9 (September 2011) 참조.

80 라파미신의 효과에 대한 연구들로 Dan Ehninger et al., "Reversal of learning deficits in a Tsc2+/- mouse model of tuberous sclerosis," *Nature Medicine* 14, no. 8 (August 2008)와 L.-H. Zeng et al., "Rapamycin prevents epilepsy in a mouse model of tuberous sclerosis complex," *Annals of Neurology* 63, no. 4 (April 2008)을 보라.

81 2008 UCLA 언론 보도 자료 "Drug reverses mental retardation in mice" (http://www.newswise.com/articles/drug-reverses-mental-retardation-in-mice)에서 인용함.

82 〈mGluR 수용체〉가 자폐증에서 하는 역할에 대한 논고는 Mark F. Bear et al., "The mGluR theory of fragile X mental retardation," *Trends in Neurosciences* 27, no. 7 (July 2004)와 Randi Hagerman et al., "Fragile X and autism: Inter-twined at the molecular level leading to targeted treatments," *Molecular Autism* 1, no. 12 (September 2010) 참조. 유전자가 조작된 쥐들의 비정상 행동이 mGluR 길항제 투여 후에 개선되었다는 결과를 얻은 연구로 Zhengyu Cao et al., "Clus-tered burst firing in FMR1 premutation hippocampal neurons: Amelioration with allopregnanolone," *Human Molecular Genetics* (지면보다 온라인에서 먼저

발표됨, 6 April 2012)를 보라.

83 레트 증후군의 약물 치료에 대한 임상 실험 결과 예비 보고서로 Eugenia Ho et al., "Initial study of rh-IGF1 (Mecasermin [DNA] injection) for treatment of Rett syndrome and development of Rett-specific novel biomarkers of cortical and autonomic function (S28.005)," *Neurology* 78, meeting abstracts 1 (25 April 2012)을 보라.

84 취약 X증후군의 약물 치료 가능성에 대한 논고는 Randi Hagerman et al., "Fragile X syndrome and targeted treatment trials," *Results and Problems in Cell Differentiation* 54 (2012), 297~335쪽을 보라. 취약 X증후군에 대한 새로운 연구에 참가할 지원자 모집에 대해서 "Clinical trials of three experimental new treatments for Fragile X are accepting participants," FRAXA Research Foundation (March 22, 2012)을 보라.

85 제럴딘 도슨이 2012년 알렉산드리아서밋(Alexandria Summit)에서 한 발표 "Translating Innovation into New Approaches for Neuroscience"에서 인용함.

86 Ivan Iossifov et al., "De novo gene disruptions in children on the autistic spectrum," *Neuron* 74, no. 2 (April 2012)와 이 연구에 대해 콜드 스프링 하버 연구소가 배포한 언론 보도 자료 "A striking link is found between the Fragile-X gene and mutations that cause autism" (http://www.cshl.edu/Article-Wigler/a-striking-link-is-found-between-the-fragile-x-gene-and-mutations-that-cause-autism)를 보라.

87 사이먼 배런-코언이 자신의 〈공감/체계〉가설을 논한 글로 "The extreme male brain theory of autism," *Trends in Cognitive Science* 6, no. 6 (June 2002)와 "Autism: The empathizing-systemizing (E-S) theory," *Annals of the New York Academy of Sciences* 1156 (March 2009)와 "Empathizing, systemizing, and the extreme male brain theory of autism," *Progress in Brain Research* 186 (2010) 참조.

88 높은 수치의 태아기 테스토스테론과 자폐적 특징과의 연관에 관한 논고로 Andrew Zimmerman이 편집한 *Autism: Current Theories and EvidenceAndrew* (2008)에 들어 있는 Bonnie Auyeung and Simon Baron-Cohen, "A role for fetal testosterone in human sex differences: Implications for understanding autism"와 Bonnie Auyeung et al., "Foetal testosterone and autistic traits in 18 to 24-month-old children," *Molecular Autism* 1, no. 11 (July 2010) 참조.

89   서번트 증후군을 평생 연구한 대롤드 트레퍼트가 쓴 단 두 개의 보고서인 Pasquale
      J. Accardo 외 다수가 편집한 *Autism: Clinical and Research Issues* (2000)에 들어
      있는 "The savant syndrome in autism"와 "The savant syndrome: An extraordi-
      nary condition. A synopsis: Past, present, future," *Philosophical Transactions of
      the Royal Society*, Part B 364, no. 1522 (May 2009)를 보라. 완벽한 로마 지도를
      만든 사람은 스티븐 윌트셔이고 지도는 그의 웹사이트(http://www.stephenwilt-
      shire.co.uk/Rome_Panorama_by_Stephen_Wiltshire.aspx)에서 볼 수 있다.

90   Michael Rutter et al., "Are there biological programming effects for psycho-
      logical development?: Findings from a study of Romanian adoptees," *Develop-
      mental Psychology* 40, no. 1 (2004) 참조.

91   브루노 베텔하임이 자폐 아동을 수용소 수감자들에 비유한 내용은 그의 책 *The
      Empty Fortress* (1972), 66~78쪽에 나온다.

92   마거릿 보먼의 임상 경험에 대한 논고는 Rachel Zimmerman, "Treating the body
      vs. the mind," *Wall Street Journal*, 15 February 2005 참조.

93   동반 질환으로 우울증과 불안증을 진단받은 자폐인의 백분율 통계는 로니 즈웨
      이겐봄이 2009년에 콜드 스프링 하버 연구소에서 발표한 내용을 참조했다. 동
      반 정신 질환의 빈도가 높다는 사실을 밝혀낸 연구들로 Luke Tsai, "Comorbid
      psychiatric disorders of autistic disorder," *Journal of Autism & Developmen-
      tal Disorders* 26, no. 2 (April 1996)와 Christopher Gillberg and E. Billstedt,
      "Autism and Asperger syndrome: Coexistence with other clinical disorders,"
      Acta Psychiatrica Scandinavica 102, no. 5 (November 2000)와 Gagan Joshi et
      al., "The heavy burden of psychiatric comorbidity in youth with autism spec-
      trum disorders: A large comparative study of a psychiatrically referred popu-
      lation," *Journal of Autism & Developmental Disorders* 40, no. 11 (November
      2010) 참조.

94   Kamran Nazeer, *Send in the Idiots: Stories from the Other Side of Autism*
      (2006), 161~162쪽에서 인용함.

95   이 구절은 2008년에 존 시스텍, 포샤 이버슨과 가진 인터뷰를 바탕으로 했다.

96   2011년에 게슈윈드와 나눈 사적인 대화에서 인용함.

97   이자벨 래핀이 2009년 콜드 스프링 하버 연구소에서 한 발표에서 인용함.

98   자폐 진단 도구들에 대한 논고는 Laura Schreibman, *The Science and Fiction of
      Autism* (2005), 68쪽 참조.

99 어거스트 비어를 인용한 문장은 Victoria Costello, "Reaching children who live in a world of their own," *Psychology Today* (9 December 2009)에서 가져왔다. 독일어 원문은 *Eine gute Mutter diagnostiziert oft viel besser wie ein schlechter Arzt* 이고 웹사이트(http://dgrh.de/75jahredgrh0.html) 참조.

100 2008년에 캐슬린 자이델과 가진 인터뷰에서 인용함. 캐슬린 자이델은 2009년부터 내게 고용되어 이 책을 쓰는데 필요한 조사, 인용, 참고 문헌과 관련해 나를 도와주었음을 밝힌다.

101 이 구절은 2005년에 아이실다 브라운과 가진 인터뷰를 바탕으로 했다. 이름은 가명이다.

102 자폐 발생 추정치는 미국 자폐증 협회의 웹사이트(http://www.autism-society.org/)에서 인용함.

103 자폐 유병률에 대한 최근 연구를 보려면 Gillian Baird et al., "Prevalence of disorders of the autism spectrum in a population cohort of children in South Thames: The Special Needs and Autism Project (SNAP)," *Lancet* 368, no. 9531 (15 July 2006)와 Michael D. Kogan et al., "Prevalence of parent-reported diagnosis of autism spectrum disorder among children in the US, 2007," *Pediatrics* 124, no. 5 (2009)와 Catherine Rice et al., "Changes in autism spectrum disorder prevalence in 4 areas of the United States," *Disability and Health Journal* 3, no. 3 (July 2010) 참조.

104 캘리포니아의 진단명 바꿔치기를 다룬 논고는 Lisa A. Croen et al., "The changing prevalence of autism in California," *Journal of Autism and Developmental Disorders* 32, no. 3 (June 2002) 참조. 또한 Marissa King and Peter Bearman, "Diagnostic change and the increased prevalence of autism," *International Journal of Epidemiology* 38, no. 5 (October 2009)도 보라.

105 자폐인을 평생 부양하는 데 드는 추정 비용은 Laura Ellen Schreibman, *The Science and Fiction of Autism* (2005), 71쪽에서 가져옴. 또한 Michael Ganz, "The lifetime distribution of the incremental societal costs of autism," *Archives of Pediatric & Adolescent Medicine* 161, no. 4 (April 2007)도 보라.

106 2008년에 나눈 사적인 대화에서 인용함.

107 Marissa King and Peter Bearman, "Diagnostic change and the increased prevalence of autism," *International Journal of Epidemiology* 38, no. 5 (October 2009)와 Dorothy V. Bishop et al., "Autism and diagnostic substitution: Evidence

from a study of adults with a history of developmental language disorder," *Developmental Medicine & Child Neurology* 50, no. 5 (May 2008)를 보라.

108 자폐증에서 나타나는 퇴행에 대한 정보는 Sally J. Rogers, "Developmental regression in autism spectrum disorders," *Mental Retardation & Developmental Disabilities Research Reviews* 10, no. 2 (2004)와 Janet Lainhart et al., "Autism, regression, and the broader autism phenotype," *American Journal of Medical Genetics* 113, no. 3 (December 2002)와 Jeremy R. Parr et al., "Early developmental regression in autism spectrum disorder: Evidence from an international multiplex sample," *Journal of Autism & Developmental Disorders* 41, no. 3 (March 2011)을 보라. 자폐증에서 나타나는 퇴행이 유전적 과정의 전개를 표출하는 것 일지도 모른다는 견해에 대해서는 Gerry A. Stefanatos, "Regression in autistic spectrum disorders," *Neuropsychology Review* 18 (December 2008)을 보라.

109 에릭 폼본은 2012년 UCLA에서 이러한 발표를 했다. 이는 주디스 밀러가 과거의 파일들을 현대적 진단 기준으로 재분류한 작업을 설명한다. 밀러는 과거에 유병률이 낮게 평가되었음을 보여 주었다. (즉, 현재로 보면 진단 기준에 부합하는 많은 아동들이 당시에는 기준에 맞지 않아서 연구에서 배제되었다는 것이다.) 그녀는 이 작업을 요약하여 출판될 논문의 제1저자가 될 것이다.

110 Andrew Wakefield, "Ileal-lymphoid-nodular hyperplasia, non-specific colitis, and pervasive developmental disorder in children," *Lancet* 351 (1998) 참조.

111 영국에서 백신 거부가 증가한 후 발생한 홍역과 홍역으로 인한 사망의 공식 수치는 영국 보건 보호국 보고서 "Measles notifications and deaths in England and Wales, 1940~2008" (2010) 참조.

112 Thomas Verstraeten et al., "Safety of thimerosal-containing vaccines: A two-phased study of computerized health maintenance organisation databases," *Pediatrics* 112, no. 5 (November 2003) 참조.

113 앤드루 웨이크필드의 1998년 논문에 대한 『랜싯』 편집장 리차드 호튼의 사과 발표는 "A statement by the editors of The Lancet," *Lancet* 363, no. 9411 (March 2004) 참조. 최종 철회는 그로부터 6년 후 영국 종합 의료 협의회가 조사 결과를 발표한 뒤에 이루어졌다. Editors of the Lancet, "Retraction—Ileal-lymphoid-nodular hyperplasia, nonspecific colitis, and pervasive developmental disorder in children," *Lancet* 375, no. 9713 (February 2010) 참조. 이 이야기를 다룬 기

사들로 David Derbyshire, "Lancet was wrong to publish MMR paper, says editor," *Telegraph* (21 February 2004)와 Cassandra Jardine, "GMC brands Dr Andrew Wakefield 'dishonest, irresponsible and callous'," *Telegraph* (29 January 2010)와 David Rose, "Lancet journal retracts Andrew Wakefield MMR scare paper," *The Times* (3 February 2010)를 참조하라.

114 백신이 자폐증의 원인이라는 가설의 역사를 간략히 살펴보려면 Stanley Plotkin, Jeffrey S. Gerber and Paul A. Offit, "Vaccines and autism: A tale of shifting hypotheses," *Clinical Infectious Diseases* 48, no. 4 (15 February 2009) 참조.

115 20~50퍼센트의 퇴행 추정치는 Emily Werner and Geraldine Dawson, "Validation of the phenomenon of autistic regression using home videotapes," *Archives of General Psychiatry* 62, no. 8 (August 2005)에서 가져왔다.

116 David Kirby, *Evidence of Harm: Mercury in Vaccines and the Autism Epidemic: A Medical Controversy* (2005) 참조.

117 라이트 가족의 갈등을 다룬 기사는 Jane Gross and Stephanie Strom, "Autism debate strains a family and its charity," *New York Times* (18 June 2007) 참조.

118 제니 매카시의 책 *Louder Than Words: A Mother's Journey in Healing Autism* (2007)와 *Mother Warriors: A Nation of Parents Healing Autism Against All Odds* (2008) 참조.

119 해나 폴링 사건을 다룬 논문으로 Paul A. Offit, "Vaccines and autism revisited: The Hannah Poling case," *New England Journal of Medicine* 358, no. 20 (15 May 2008) 참조.

120 레니 셰퍼와 2008년에 가진 전화 인터뷰에서 인용함.

121 자폐증과 환경 금속이 연관 있다는 가설을 지지하는 논문의 예로 Mary Catherine DeSoto and Robert T. Hitlan, "Sorting out the spinning of autism: Heavy metals and the question of incidence," *Acta Neurobiologiae Experimentalis* 70, no. 2 (2010) 참조. 대조적으로, 최근 연구는 체내에서 중금속을 통제하는 유전자와 자폐증 사이에 아무런 연관도 없음을 입증한다. Sarah E. Owens et al., "Lack of association between autism and four heavy metal regulatory genes," *NeuroToxicology* 32, no. 6 (December 2011) 참조.

122 Yumiko Ikezuki et al., "Determination of bisphenol A concentrations in human biological fluids reveals significant early prenatal exposure," *Human Reproduction* 17, no. 11 (November 2002) 참조.

123 쌍둥이와 환경 요인에 관한 연구는 Joachim Hallmayer et al., "Genetic heritability and shared environmental factors among twin pairs with autism," *Archives of General Psychiatry* (4 July 2011)이다.

124 닐 리슈의 말은 Erin Allday, "UCSF, Stanford autism study shows surprises," *San Francisco Chronicle* (5 July 2011)에서 인용함.

125 조세프 코일의 말은 Laurie Tarkan, "New study implicates environmental factors in autism," *New York Times* (4 July 2011)에서 인용함.

126 해당 연구는 Lisa A. Croen et al., "Antidepressant use during pregnancy and childhood autism spectrum disorders," *Archives of General Psychiatry* 68, no. 11 (November 2011)이다.

127 이 결과들은 복잡한 모델과 아마 충족되지 않을 구체적인 가설에 의존한다. 요아힘 홀마이어의 데이터는 이란성 쌍둥이 사이에 22 퍼센트의 일치를 보이고 일란성 쌍둥이 사이에서는 60 퍼센트를 약간 넘는 일치를 보인다. Joachim Hallmayer et al., "Genetic heritability and shared environmental factors among twin pairs with autism," *Archives of General Psychiatry* 68, no. 11 (November 2011) 참조. 유전율을 알아내는 단순하고 표준적인 수단은 팔코너의 공식 ($hb2 = 2(rmz - rdz)$)이다. 여기서 hb2은 일반적인 유전율을 나타내고 rmz는 일란성 쌍둥이 일치를 rdz는 이란성 쌍둥이 일치를 나타낸다. 이 공식에 따르면 약 70퍼센트의 유전율 추정치가 나오고, 이전 결과들과 일치한다. 형제와 이복형제를 비교한 최근의 한 대규모 연구는 60 퍼센트 이상의 비율을 뒷받침한다. John N. Constantino et al., "Autism recurrence in half siblings: Strong support for genetic mechanisms of transmission in ASD," *Molecular Psychiatry*, epub ahead of print (28 February 2012) 참조.

128 이 구절은 2008년에 마크 블랙실과 가진 인터뷰를 바탕으로 했다.

129 블랙실이 공동 저자로 참여한 논문으로 Amy S. Holmes, Mark F. Blaxill and Boyd E. Haley, "Reduced levels of mercury in first baby haircuts of autistic children," *International Journal of Toxicology* 22, no. 4 (July~August 2003)와 Martha R. Herbert et al., "Autism and environmental genomics," *NeuroToxicology* 27, no. 5 (September 2006) 참조.

130 「누가 버지니아 울프를 두려워하랴?」에 대한 자폐인 피실험자들의 반응을 조사한 예일 대학 연구 보고서로 Ami Klin et al., "Visual fixation patterns during viewing of naturalistic social situations as predictors of social competence in

individuals with autism," *Archives of General Psychiatry* 59, no. 9 (September 2002)와 Ami Klin et al., "Defining and quantifying the social phenotype in autism," *American Journal of Psychiatry* 159 (June 2002) 참조.

131 Catherine Lord and James McGee, *Educating Children with Autism* (2005), 5쪽에 따르면, 〈중재가 개선으로 이끄는 것은 사실이지만, 어떤 특정한 중재와 아동의 진전 사이에 명확하고 직접적인 관계가 있는 것으로 보이진 않는다.〉

132 Bryna Siegel, *Helping Children with Autism Learn: Treatment Approaches for Parents and Professionals* (2003), 3쪽에서 인용함.

133 Charles B. Ferster, "Positive reinforcement and behavioural deficits of autistic children," *Child Development* 32 (1961)와 "The development of performances in autistic children in an automatically controlled environment," *Journal of Chronic Diseases* 13, no. 4 (April 1961) 참조.

134 응용 행동 분석에 대한 상세한 논고는 Laura Schreibman, *The Science and Fiction of Autism* (2005)와 Michelle R. Sherer and Laura Schreibman, "Individual behavioural profiles and predictors of treatment effectiveness for children with autism," *Journal of Consulting & Clinical Psychology* 73, no. 3 (June 2005) 참조.

135 자폐 스펙트럼 질환의 행동 중재에 관한 최근의 포괄적인 문헌 리뷰를 보려면 Maria B. Ospina et al., "Behavioural and developmental interventions for autism spectrum disorder: A clinical systematic review," *PLoS One* 3, no. 11 (November 2008) 참조.

136 Floortime에 대해 더 알려면 Stanley I. Greenspan and Serena Weider, *Engaging Autism: Using the Floortime Approach to Help Children Relate, Communicate, and Think* (2006) 참조.

137 미국 소아과 학회는 청각 통합 훈련의 효능이 입증되지 않았다고 결론지었다. American Academy of Pediatrics Policy Committee on Children with Disabilities, "Auditory integration training and facilitated communication for autism," *AAP Policy Committee on Children with Disabilities* 102, no. 2 (1998) 참조.

138 빠른 프롬프팅 방법을 다룬 책으로 Portia Iversen, *Strange Son: Two Mothers, Two Sons, and the Quest to Unlock the Hidden World of Autism* (2006)과 Tito Rajarshi Mukhopadhyay, *The Mind Tree: A Miraculous Child Breaks the Silence of Autism* (2003) 참조.

139 서비스 동물에 관한 학술 논문으로 Olga Solomon, "What a dog can do: Children with autism and therapy dogs in social interaction," *Ethos* 38, no. 1 (March 2010)와 François Martin and Jennifer Farnum, "Animal-assisted therapy for children with pervasive developmental disorders," *Western Journal of Nursing Research* 24, no. 6 (October 2002) 참조.

140 칼렙과 츄이에 관한 첫 번째 인용 부분은 Amanda Robert, "School bars autistic child and his service dog," *Illinois Times* (23 July 2009)에서 가져왔다. 두 번째는 *Nichelle v. Villa Grove Community Unit School District No. 302*, Board of Education 302 (Appellate Court of Illinois, Fourth District, decided August 4, 2010, 전문은 http://caselaw.findlaw.com/il-court-of-appeals/1537428.html) 판결에서 가져왔다. 부모가 학구를 상대로 제기한 소송의 결과에 대해 더 많이 알려면 Patrick Yeagle, "Dog fight ends with hall pass," *Illinois Times* (9 September 2010) 참조.

141 글루텐과 카제인이 들어가지 않은 식단에 관한 대중적인 책으로 Karyn Seroussi, (Unraveling the Mystery of Autism and Pervasive Developmental Disorder: A Mother's Story of Research and Recovery) (2000) 참조.

142 최근 코크란 리뷰에 실린 논문의 결론에 따르면, "선택적 세로토닌 재흡수 억제제가 아동에게 유효하다는 증거는 없고 유해하다는 증거는 부각되고 있다. 선택적 세로토닌 재흡수 억제제가 어른에게 유효하다는 제한된 증거가 있지만 이는 비뚤림 위험이 불확실한 소규모 연구들을 통한 것이다. Katrina Williams et al., "Selective serotonin reuptake inhibitors (SSRIs) for autism spectrum disorders (ASD)," *Evidence-Based Child Health: A Cochrane Review Journal* 6, no. 4 (July 2011)을 보라.

143 자폐인에게 나타나는 발작 장애 유병률 통계는 미국 국립 신경 질환 및 뇌졸중 연구소(NNDS)의 "Autism Fact Sheet" (2011), http://www.ninds.nih.gov/disorders/autism/detail_autism .htm 에서 가져왔다.

144 정신약리학적 치료에 대한 논고는 Melissa L. McPheeters et al., "A systematic review of medical treatments for children with autism spectrum disorders," *Pediatrics* 127, no. 5 (May 2011) 참조.

145 Kamran Nazeer, *Send in the Idiots* (2006), 28쪽에서 인용함.

146 이 구절은 2007년에 브루스 스페이드와 가진 인터뷰를 바탕으로 했다. 이름은 가명이다.

147 데이비드 메멧이 번역한 안톤 체호프의 『벚꽃 동산』(1987), 30쪽에서 인용함. 러시아어 원문은 다음과 같다. 「Если против какой-нибудьболезни предлагается очень много средств, то это значит, что болезнь неизлечима.」 (http://ilibrary.ru/text/472/p.1/index.html). 한국어 판은 『벚꽃 동산』, 오종우 역, 열린책들, 2009 참조.

148 배리 코프먼이 쓴 책들로 *Son-Rise* (1976) 와 *Son-Rise: The Miracle Continues* (1995) 참조. 옵션 인스티튜트의 홍보 자료에 선-라이즈 프로그램의 효과에 대한 일화가 증거로 인용되어 있고 상호 검토된 저널에 실릴 예정인 연구를 거론하고 있기는 하지만, 프로그램에 대한 엄격한 평가는 아직 출판되지 않았다. Jeremy Parr, "Clinical evidence: Autism," *Clinical Evidence Online* 322 (January 2010) 참조. 2003년 영국에서 실시된 조사에서 〈시간이 갈수록 프로그램 참여가 가족들에게 이익보다는 문제점을 가져왔다〉는 결과가 나왔다. 2006년 후속 조사에서는 〈프로그램이 문서에 전형적으로 묘사된 그대로 시행되지만은 않는다〉라는 결과가 나왔고, 이는 평가 업무를 상당히 복잡하게 한다. Katie R. Williams and J. G. Wishart, "The Son-Rise Programme intervention for autism: An investigation into family experiences," *Journal of Intellectual Disability Research* 47, nos. 4-5 (May~June 2003)와 Katie R.Williams, "The Son-Rise Programme intervention for autism: Prerequisites for evaluation," *Autism* 10, no. 1 (January 2006) 참조. 2010년 3월 영국 광고 표준 위원회는 옵션 인스티튜트의 강연 광고가 선-라이즈 프로그램이, 실제로 한 번도 확인된 적이 없음에도 불구하고, 자폐증을 치료할 수 있다고 호도한다고 결정을 내렸다. "ASA adjudication on the Option Institute and Fellowship," (3 March 2010) (http://www.asa.org.uk/Asa-Action/Adjudications/2010/3/The-Option-Institute-and-Fellowship/TF_ADJ_48181.aspx) 참조. 그 아동이 전혀 자폐증이 아니었다는 주장에 대해서 Bryna Siegel, *The World of the Autistic Child* (1996), 330~331쪽 참조. 시겔은 〈나는 그 소년에게 자폐증 진단을 내렸다고 알려진 두 명의 전문가를 우연히 만났는데, 두 명 다 그가 치료 전에 실제로 자폐증이었는지 확신하지 못했다〉라고 썼다.

149 〈안아 주기 치료법〉에 대해 더 알려면 Jean Mercer, "Coercive restraint therapies: A dangerous alternative mental health intervention," *Medscape General Medicine* 7, no. 3 (9 August 2005) 참조.

150 Rupert Isaacson, *The Horse Boy: A Father's Quest to Heal His Son* (2009) 참조.

151 킬레이트화의 위험에 관한 논고는 Saul Green, "Chelation therapy: Unproven claims and unsound theories," *Quackwatch* (24 July 2007) 참조.

152 수은 원인 가설에 대한 논고는 Karin B. Nelson and Margaret L. Bauman, "Thimerosal and Autism?," *Pediatrics* 111, no. 3 (March 2003) 참조.

153 정맥 혈관을 통한 킬레이트화 치료 중에 사망한 자폐 아동에 관한 논문은 Arla J. Baxter and Edward P. Krenzelok, "Pediatric fatality secondary to EDTA chelation," *Clinical Toxicology* 46, no. 10 (December 2008) 참조.

154 〈루프론 프로토콜〉에 관한 정보와 해당 프로토콜의 주창자들에게 주 의학 위원회가 내린 징계 처분에 관한 정보를 보려면 Trine Tsouderos, "'Miracle drug' called junk science," *Chicago Tribune* (21 May 2009)와 Steve Mills and Patricia Callahan, "Md. autism doctor's license suspended," *Baltimore Sun* (4 May 2011)와 Meredith Cohn, "Lupron therapy for autism at centre of embattled doctor's case," *Baltimore Sun* (16 June 2011)와 Maryland State Board of Physicians, Final Decision and Order in the matter of Mark R. Geier, MD (22 March 2012) (http://www.mbp.state.md.us/BPQAPP/orders/d2425003.222.pdf)와 Statement of Charges under the Maryland Medical Practice Act in the Matter of David A. Geier (16 May 2011) (http://www.mbp.state.md.us/BPQAPP/orders/GeierCharge05162011.pdf)을 참조하라. 또한 다음의 각 주 위원회 웹사이트에서 다른 주로부터의 정지 공지와 정지 명령을 참조하라. Medical Board of California, State of Florida Department of Health, Medical Licensing Board of Indiana, Commonwealth Board of Kentucky, New Jersey State Board of Medical Examiners, State Medical Board of Ohio, Virginia Department of Health Professions and the State of Washington Department of Health Medical Quality Assurance Commission.

155 재래식 치료 및 대안적 치료를 모두 다룬 논고로 Melissa L. McPheeters et al., "A systematic review of medical treatments for children with autism spectrum disorders," *Pediatrics* 127, no. 5 (May 2011) 참조.

156 이 구절은 2004년에 에이미 울프와 가진 인터뷰와 그 후의 교류를 바탕으로 했다. 모든 이름은 가명이다.

157 무사시노 히가시 가쿠엔 학교의 웹사이트는 http://www.musashino-higashi.org이고 보스턴 히가시 학교의 웹사이트는 http://www.bostonhigashi.org이다.

158 몬트리올에 있는 리비에르 데 프레리 병원의 로랑 모트롱과 그의 팀은 자폐증에서

나타나는 강화된 능력에 대한 연구에 집중하고 있다. 그들의 작업에 관한 보고서로 M. J. Caron et al., "Cognitive mechanisms, specificity and neural underpinnings of visuospatial peaks in autism," *Brain* 129, no. 7 (July 2006)와 Laurent Mottron et al., "Enhanced perceptual functioning in autism: An update, and eight principles of autistic perception," *Journal of Autism & Developmental Disorders* 36, no. 1 (January 2006)와 Robert M. Joseph et al., "Why is visual search superior in autism spectrum disorder?," *Developmental Science* 12, no. 6 (December 2009)와 Fabienne Samson et al., "Enhanced visual functioning in autism: An ALE meta-analysis," *Human Brain Mapping* (4 April 2011)을 참조하라.

159 조이스 청을 인용한 부분은 모두 2008년에 그녀와 가진 인터뷰와 그 후의 교류를 바탕으로 했다.

160 소킬 손의 획기적인 기업 정신이 소개된 글로 David Bornstein, "For some with autism, jobs to match their talents," *New York Times* (30 June 2011) 참조.

161 John Elder Robison, *Look Me in the Eye* (2007), 209쪽에서 인용함.

162 이 구절은 2004년과 2008년에 템플 그랜딘과 가진 인터뷰를 바탕으로 했다.

163 이 구절에 사용된 유스테시아 커틀러의 인용문은 각각 *A Thorn in My Pocket* (2004), 38쪽 (템플이 짜증을 내면 ~), 106쪽 (신은 우리의 귀에 ~), 151쪽 (사춘기는 모든 아이에게 ~), 164쪽 (서서히, 선천적으로 주어지는 ~), 219쪽 (그녀는 자신의 비범한 성취에도 불구하고 ~)에서 가져왔다.

164 2012년에 유스테시아 커틀러와 가진 사적인 대화에서 인용함.

165 Jim Sinclair, "Don't mourn for us," *Our Voice* 1, no. 3 (1993)에서 인용함.

166 Jim Sinclair, "Why I dislike 'person-first' language" (http://web.archive.org/web/20030527100525/http://web .syr.edu/~jisincla/person_first.htm) 참조.

167 이자벨 래핀이 2009년에 콜드 스프링 하버 연구소에서 한 발표에서 인용함.

168 내가 2008년에 알렉스 플랭크와 가진 인터뷰에서 인용함.

169 아리 네이멘을 인용한 부분들은 내가 2008년에 그와 가진 인터뷰와 그 후의 대화에서 가져왔다.

170 메모 전문은 〈자폐인 자기 권리 주장 네트워크〉 웹사이트(http://www.autisticad-vocacy.org/modules/smartsection/print.php?itemid=21) 참조.

171 몸값 요구 쪽지 광고 항의에 관한 언론 보도를 보려면 Joanne Kaufman, "Campaign on childhood mental illness succeeds at being provocative," *New York*

Times (14 December 2007)와 Shirley S. Wang, "NYU bows to critics and pulls ransom-note ads," *Wall Street Journal Health Blog* (19 December 2007)와 Robin Shulman, "Child study centre cancels autism ads," *Washington Post* (19 December 2007)와 Joanne Kaufman, "Ransom-note ads about children's health are canceled," *New York Times* (20 December 2007) 참조. 2010년에 몸값 요구 쪽지 사건을 다룬 학술적 논문이 발표되었다. Joseph F. Kras, "The 'Ransom Notes' affair: When the neurodiversity movement came of age," *Disability Studies Quarterly* 30, no. 1 (January 2010) 참조.

172 2009년 12월 16일 백악관 보도 자료 "President Obama Announces More Key Administration Posts"에서 네이멘의 임명이 발표되었다. 뒤이은 논쟁은 Amy Harmon, "Nominee to disability council is lightning rod for dispute on views of autism," *New York Times* (28 March 2010) 참조.

173 주디 싱어를 인용한 부분은 모두 2008년에 그녀와 가진 인터뷰에서 가져왔다.

174 〈신경 다양성〉이라는 용어가 최초로 사용된 출판물은 Harvey Blume, "Neurodi-versity," *Atlantic* (30 September 1998)이다. 주디 싱어가 그 용어를 출판물에 처음 사용한 것은 M. Corker와 S. French가 편집한 *Disability Discourse* (1999)에 들어 있는 그녀의 수필 "Why can't you be normal for once in your life: From a 'problem with no name' to a new kind of disability"에서였다.

175 카밀 클락과의 개인적인 이메일 교류에서 인용함.

176 Jim Sinclair, "Don't mourn for us," Our Voice 1, no. 3 (1993)에서 인용함.

177 Emine Saner, "It is not a disease, it is a way of life," *Guardian* (6 August 2007)에서 인용함.

178 내가 2008년에 리처드 그린커와 가진 인터뷰에서 인용함.

179 〈아기를 먹는〉 이미지를 만든 이는 아드리아나 개몬즈이고 이 이미지가 게재된 곳은 "Pass the Maalox: An AoA Thanksgiving nightmare," *Age of Autism* (29 November 2009)이다. (블로그에서는 삭제되었으나 http://web.archive.org/web/20091202093726/http://www.ageofautism.com/2009/11/pass-the-maalox-an-aoa-thanksgiving-nightmare.html에 저장되어 있다.)

180 Kit Weintraub, "A mother's perspective" (http://www .asatonline.org/forum/articles/mother.htm)에서 인용함.

181 Jonathan Mitchell, "Neurodiversity: Just say no" (2007) (http://www.jonathans-stories.com/non-fiction/neurodiv.html)에서 인용함.

182 모욕적인 용어를 사용해 이데올로기적 상대편을 묘사한 야후의 『상해의 증거』 토론방 게시물들은 캐슬린 자이델이 2005년 5월에 쓴 편지 "Evidence of venom: An open letter to David Kirby" (http://www.neurodiversity.com/evidence_of_venom.html)에 인용되어 있다.

183 2011년에 나눈 사적인 대화에서 인용함.

184 Emine Saner, "It is not a disease, it is a way of life," *Guardian* (6 August 2007) 에서 인용함.

185 〈Autistics.org〉 웹사이트에 사용된 구절이 등장하는 기사로 Amy Harmon, "How about not 'curing' us, some autistics are pleading," *New York Times* (20 December 2004) 참조.

186 어맨다 백스가 개인적으로 제작하고 감독한 *In My Language*, MOV video (14 January 2007) (http://www.youtube.com/watch?v=JnylM1hI2jc) 참조.

187 Jane Meyerding, "Thoughts on finding myself differently brained" (1998) (http://www.planetautism.com/jane/diff.html)에서 인용함.

188 Richard Grinker, *Unstrange Minds: Remapping the World of Autism* (2007), 35 쪽에서 인용함.

189 Kate Movius, "Autism: Opening the window," *Los Angeles* (September 2010)에서 인용함.

190 Michael Fitzgerald, *The Genesis of Artistic Creativity: Asperger's Syndrome and the Arts* (2005) 참조.

191 이 구절은 2003년에 빌, 제이, 크리스, 제시 데이비스와 가진 인터뷰와 빌과의 후속 인터뷰 그리고 여타 교류들을 바탕으로 했다.

192 빈센트 카본의 방식이 묘사된 논문으로 Vincent J. Carbone and Emily J. Sweeney-Kerwin, "Increasing the vocal responses of children with autism and developmental disabilities using manual sign and training and prompt delay," *Journal of Applied Behaviour Analysis* 43, no. 4 (Winter 2010) 참조.

193 제이 데이비스 부모 장학금 프로그램에 대해서 Justin Quinn, "Local parents get scholarships to attend conference on autism," *Lancaster Intelligencer-Journal* (30 July 2004)와 "For mother and son, life lessons as death nears: Woman ravaged by cervical cancer prepares autistic son for her passing," *Lancaster Intelligencer-Journal* (20 August 2003) 참조. 제이 데이비스 인턴 프로그램에 관한 기사는 Maria Coole, "Report recommendations could put Pa. at forefront in

autism services," *Lancaster Intelligencer-Journal* (23 April 2005)를 참조하라. 2004년 9월에 〈자폐 연구 기구〉는 제이 데이비스 메모리얼 어워드 설립을 발표했다. "OAR Seeks Nominations for Community Service Award in Honor of the Late Jae Davis" (http://www.researchautism.org/news/pressreleases/PR090204. asp) 참조.

194 Oliver Sacks, *An Anthropologist on Mars: Seven Paradoxical Tales* (1995) 참조.

195 부모가 자폐 아동과 성인 자폐인 자녀를 살해했거나 살인 미수에 그친 여기 언급된 사건들에 대한 언론 보도들로 다음을 참조하라.

Charles-Antoine Blais: Peter Bronson, "For deep-end families, lack of hope can kill," *Cincinnati Enquirer*, (9 October 2005).

Casey Albury: Kevin Norquay, "Autism: Coping with the impossible," *Waikato Times* (17 July 1998)와 Paul Chapman, "Mom who strangled autistic child tried to get her to jump off bridge," *Vancouver Sun* (11 July 1998)와 "Murder accused at 'end of her tether'," *Evening Post* (14 July 1998).

Pierre Pasquiou: "Suspended jail term for French mother who killed autistic son," *BBC Monitoring International Reports* (2 March 2001).

James Joseph Cummings: "Man gets five years in prison for killing autistic son," *Associated Press* (1999).

Daniel Leubner: "Syracuse: Woman who killed autistic son is freed," *New York Times* (12 May 2005).

Gabriel Britt: "Man pleads guilty to lesser charge," *Aiken Standard* (7 August 2003).

Johnny Churchi: Barbara Brown, "Mother begins trial for death of her son," *Hamilton Spectator* (5 May 2003)와 Susan Clairmont, "'Sending you to heaven' said mom," *Hamilton Spectator* (6 May 2003).

Angelica Auriemma: Nancie L. Katz, "Guilty in autistic's drowning," *New York Daily News* (19 February 2005). 선고에 관한 정보는 뉴욕 주 교정 및 지역 사회 관리부에서 가져왔다.

Terrance Cottrell: Chris Ayres, "Death of a sacrificial lamb," *The Times* (29 August 2003).

Jason Dawes: Lisa Miller, "He can't forgive her for killing their son but says spare my wife from a jail cell," *Daily Telegraph* (26 May 2004).

Patrick Markcrow and Sarah Naylor: Peter Bronson, "For deep-end families, lack of hope can kill," *Cincinnati Enquirer* (9 October 2005).

Christopher DeGroot: Cammie McGovern, "Autism's parent trap," *New York Times* (5 June 2006).

Jose Stable: Al Baker and Leslie Kaufman, "Autistic boy is slashed to death and his father is charged," *New York Times* (23 November 2006).

Brandon Williams: Cheryl Korman, "Judge: Autistic's mom to serve 10 years for 'torture of her vulnerable child'," *Tucson Citizen* (19 September 2008).

Jacob Grabe: Paul Shockley, "Grabe gets life in son's murder," *Daily Sentinel* (31 March 2010).

Son of Zvia Lev: Michael Rotem, "Mother found guilty of killing her autistic son," *Jerusalem Post* (22 February 1991).

196 몬트리올 자폐증 협회 대표의 말은 Debra J. Saunders, "Children who deserve to die," *San Francisco Chronicle* (23 September 1997)에서 가져왔다.

197 로라 슬래트킨의 말은 Diane Guernsey, "Autism's angels," *Town & Country* (1 August 2006)에서 가져왔다.

198 Cammie McGovern, "Autism's parent trap," *New York Times* (5 June 2006)에서 인용함.

199 조엘 스미스의 블로그 This Way of Life에 게재된 "Murder of autistics" (http://www.geocities.com/growingjoel/murder.html)에서 인용함.

200 캐런 매캐런의 말은 Associated Press의 보도 "'Autism left me hollow', says mother accused of murder," *Dispatch-Argus* (6 June 2007)와 "Mom convicted in autistic girl's death," *USA Today* (17 January 2008)에서 가져왔다.

201 캐런 매캐런의 친구의 말은 Phil Luciano, "Helping everyone but herself," *Peoria Journal Star* (18 May 2006)에 인용되어 있다.

202 케이티의 할아버지 마이크 매캐런을 인용한 부분은 Kristina Chew, "I don't have a title for this post about Katherine McCarron's mother," *Autism Vox* (8 June 2006) (http://archive.blisstree.com/feel/i-dont-have-a-title-for-this-post-about-katherine-mccarrons-mother/comment-page-2/#comments/)와 인터뷰 기사 Phil Luciano, "This was not about autism," *Peoria Journal-Star* (24 May 2006)에서 가져왔다.

203 스티븐 드레이크와 데이브 레이놀즈의 언급은 Not Dead Yet의 2006년 6월 22일

자 언론 보도 자료, "Disability advocates call for restraint and responsibility in murder coverage."에서 가져왔다.

204 하이디 셸턴의 말은 Larry Welborn, "Mom who drugged son gets deal," *Orange County Register* (4 May 2003)에 인용되어 있다.

205 존 빅터 크로닌의 말은 Nick Henderson, "Attack on wife: Mental health system blamed," *Advertiser* (13 October 2006)에 나온다.

206 데브라 윗슨의 말은 "Woman charged with trying to kill son," *Milwaukee Journal Sentinel* (14 May 1998)에서 가져왔다.

207 통계 수치는 Phillip J. Resnick, "Child murder by parents: A psychiatric review of filicide," *American Journal of Psychiatry* 126, no. 3 (September 1969)에서 가져왔다.

208 자식 살해에 대한 이타적 설명이 끼치는 영향을 다룬 논고로 Dick Sobsey, "Altruistic filicide: Bioethics or criminology?," *Health Ethics Today* 12, no. 1 (Fall/November 2001) 참조.

209 자식 살해의 가능한 동기들에 대한 논고는 John E. Douglas et al., *Crime Classification Manual: A Standard System for Investigating and Classifying Violent Crimes* (1992), 111쪽 참조.

6장 정신분열증

1 자살 통계 수치는 Maurizio Pompili et al., "Suicide risk in schizophrenia: Learning from the past to change the future," *Annals of General Psychiatry* 6 (16 March 2007)에서 가져왔다.

2 정신분열증 환자의 누나의 말은 Carole Stone, "First person: Carole Stone on life with her schizophrenic brother," *Guardian* (12 November 2005)에서 가져왔다.

3 이 구절은 2007년에 키티와 파멜라 왓슨과 가진 인터뷰와 그 후의 교류를 바탕으로 했다. 사용된 이름은 모두 가명이다.

4 정신분열증에 대한 유용한 개론서로 Christopher Frith and Eve Johnstone, *Schizophrenia: A Very Short Introduction* (2003)와 Michael Foster Green, *Schizophrenia Revealed: From Neurons to Social Interactions* (2001)와 Rachel Miller and Susan E. Mason, *Diagnosis: Schizophrenia* (2002)와 E. Fuller Tor-

rey, *Surviving Schizophrenia* (2006)와 미국 국립 보건원(NIH) 소책자 *Schizophrenia* (2007)를 참조하라.

5 정신분열증 여성의 자신의 양성 증후에 대한 묘사는 Marguerite Sechehaye, *Autobiography of a Schizophrenic Girl: The True Story of 'Renee'* (1951), 37쪽에 나온다.

6 정신분열증의 음성 증후를 묘사하는 환자의 말은 Christopher Frith and Eve Johnstone, *Schizophrenia: A Very Short Introduction* (2003), 2쪽에 나온다.

7 2009년에 에릭 캔들과 나눈 사담에서 인용함.

8 인용된 시는 에밀리 디킨슨의 *The Complete Poems of Emily Dickinson* (1960)에 실린 "I Felt a Cleaving in My Mind," no. 937이다.

9 정신분열증 환자의 인생 경로를 보다 자세히 알려면 Elaine Walker et al., "Schizophrenia: Etiology and course," *Annual Review of Psychology* 55 (February 2004) 참조. 또한 Jeffrey A. Lieberman et al., "Science and recovery in schizophrenia," *Psychiatric Services* 59 (May 2008)에 들어 있는 표 1을 보라.

10 호르몬이 정신분열증 발병의 원인 요소라는 논고는 Laura W. Harris et al., "Gene expression in the prefrontal cortex during adolescence: Implications for the onset of schizophrenia," *BMC Medical Genomics* 2 (May 2009)와 Elaine Walker et al., "Stress and the hypothalamic pituitary adrenal axis in the developmental course of schizophrenia," *Annual Review of Clinical Psychology* 4 (January 2008) 참조.

11 뇌의 백질과 정신분열증에 대한 보다 많은 정보를 보려면 G. Karoutzou et al., "The myelin-pathogenesis puzzle in schizophrenia: A literature review," *Molecular Psychiatry* 13, no. 3 (March 2008)와 Yaron Hakak et al., "Genomewide expression analysis reveals dysregulation of myelination-related genes in chronic schizophrenia," *Proceedings of the National Academy of Sciences* 98, no. 8 (April 2001) 참조.

12 시냅스 가지치기 가설이 처음 제시된 논문으로 I. Feinberg, "Schizophrenia: Caused by a fault in programmed synaptic elimination during adolescence?," *Journal of Psychiatric Research* 17, no. 4 (1983) 참조. 이 주제에 관한 최근 리뷰를 보려면 Gábor Faludi and Károly Mirnics, "Synaptic changes in the brain of subjects with schizophrenia," *International Journal of Developmental Neuroscience* 29, no. 3 (May 2011) 참조.

13 단기와 장기에 걸친 항정신병 약에 대한 반응에 관한 통계 수치는 Jeffrey A. Lieberman and T. Scott Stroup, "The NIMH-CATIE schizophrenia study: What did we learn?," *American Journal of Psychiatry* 168, no. 8 (August 2011) 참조.

14 이 구절은 2008년에 코니와 스티브 리버와 가진 인터뷰와 그 후의 교류를 바탕으로 했다.

15 뇌와 행동 연구 재단(NARSAD 후신) 웹사이트(http://bbrfoundation.org/)참조.

16 연구 보조금 수치는 뇌와 행동 연구 단체(NARSAD 후신)의 "Our history" (2011) (http://bbrfoundation.org/about/our-history) 참조. 2012년까지 NARSAD 통계는 지급 보조금 총액 275,947,302.20달러, 보조금 수혜자 총 3,117명, 보조금 지급 횟수 총 4,061건, 연구 기관 총 426개, 미국을 제외한 총 30개국이다.

17 허버트 파데스가 2010년 NARSAD 경축 행사에서 한 말이다.

18 블로일러가 〈정신분열증〉이라는 용어를 만든 배경은 Paolo Fusar-Poli and Pierluigi Politi, "Paul Eugen Bleuler and the birth of schizophrenia (1908)," *American Journal of Psychiatry*, 165, no. 11 (2008) 참조.

19 Frederick Plum, "Prospects for research on schizophrenia. 3. Neurophysiology: Neuropathological findings," *Neurosciences Research Programme Bulletin* 10, no. 4 (November 1972)에서 인용함.

20 정신분열증의 유전학에 관해 더 많은 정보를 보려면 Nancy C. Andreasen, *Brave New Brain* (2001)와 Yunjung Kim et al., "Schizophrenia genetics: Where next?," *Schizophrenia Bulletin* 37, no. 3 (May 2011) 참조.

21 가족 내 정신분열증 위험에 관해 가장 포괄적인 연구는 로스코몬 가족 연구이다. Kenneth S. Kendler et al., "The Roscommon Family Study. I. Methods, diagnosis of probands, and risk of schizophrenia in relatives," *Archives of General Psychiatry* 50, no. 7 (July 1993)와 1993년에서 2001년까지 켄들러와 동료들이 출간한 다수의 후속 보고서를 참조하라. 쌍둥이의 정신분열증 발병 차이를 만드는 다양한 종류의 환경 영향에 대해 다루는 쌍둥이 연구에 대한 리뷰와 종합을 보려면 Patrick F. Sullivan, Kenneth S. Kendler and Michael C. Neale, "Schizophrenia as a complex trait: Evidence from a meta-analysis of twin studies," *Archives of General Psychiatry* 60, no. 12 (December 2003) 참조.

22 데버러 레비를 인용한 부분은 모두 2008년에 그녀와 가진 인터뷰와 그 후의 교류에서 가져왔다.

23 쌍둥이의 정신분열증 위험에 대한 대규모 연구를 보려면 Alastair G. Cardno et al.,

"Heritability estimates for psychotic disorders: The Maudsley twin psychosis series," *Archives of General Psychiatry* 56, no. 2 (February 1999), 162~168쪽 참조.

24 정신분열증에서 도파민이 하는 작용에 관한 연구는 Anissa Abi-Dargham et al., "Increased baseline occupancy of D2 receptors by dopamine in schizophrenia," *Proceedings of the National Academy of Sciences* 97, no. 14 (July 2000)와 Philip Seeman et al., "Dopamine supersensitivity correlates with D2High states, implying many paths to psychosis," *Proceedings of the National Academy of Sciences* 102, no. 9 (March 2005)참조.

25 정신분열증에서 해마가 하는 작용에 관한 보다 많은 정보를 보려면 Stephan Heckers, "Neuroimaging studies of the hippocampus in schizophrenia," *Hippocampus* 11, no. 5 (2001)와 J. Hall et al., "Hippocampal function in schizophrenia and bipolar disorder," *Psychological Medicine* 40, no. 5 (May 2010) 참조.

26 정신분열증의 후성 유전학에 대해서는 Karl-Erik Wahlberg et al., "Geneenvironment interaction in vulnerability to schizophrenia," *American Journal of Psychiatry* 154, no. 3 (March 1997)와 Paul J. Harrison and D. R. Weinberger, "Schizophrenia genes, gene expression, and neuropathology: On the matter of their convergence," *Molecular Psychiatry* 10, no. 1 (January 2005) 참조.

27 기생충과 정신분열증에 관한 문제, 즉 정신분열증이 톡소플라즈마증에 의해 악화된다는 야로슬라프 플레그르(Jaroslav Flegr)의 가설에 관해서는 Kathleen McAuliffe, "How your cat is making you crazy," *Atlantic* (March 2012) 참조.

28 정신분열증에서의 복제 개수 변이에 주목한 논문을 보려면 Daniel F. Levinson et al., "Copynumbervariants in schizophrenia:Confirmation of five previous findings and new evidence for 3q29 microdeletions and VIPR2 duplications," *American Journal of Psychiatry* 168, no. 3 (March 2011)와 Jan O. Korbel et al., "The current excitement about copy-number variation: How it relates to gene duplication and protein families," *Current Opinion in Structural Biology* 18, no. 3 (June 2008)와 G. Kirov et al., "Support for the involvement of large copy number variants in the pathogenesis of schizophrenia," *Human Molecular Genetics* 18, no. 8 (April 2009) 참조. 부모의 나이가 정신분열증 원인 요소라는 내용은 E. Fuller Torrey, "Paternal age as a risk factor for schizophrenia: How important is it?," *Schizophrenia Research* 114, nos 1-3 (October 2009)와 Alan

S. Brown, "The environment and susceptibility to schizophrenia," *Progress in Neurobiology* 93, no. 1 (January 2011) 참조.

29 자연 발생적인 변이와 정신분열증에 관한 보다 많은 정보는 Anna C. Need et al., "A genome-wide investigation of SNPs and CNVs in schizophrenia," *PLoS Genetics* 5, no. 2 (February 2009)와 Hreinn Stefansson et al., "Large recurrent microdeletions associated with schizophrenia," *Nature* 455, no. 7210 (11 September 2008) 참조.

30 2012년에 존 크리스틸과 가진 인터뷰에서 인용함.

31 정신분열증과 연관된 특징을 보이는 유전자 이식 쥐 개발이 최초로 서술된 논문 은 Takatoshi Hikida et al., "Dominant-negative DISC1 transgenic mice display schizophrenia-associated phenotypes detected by measures translatable to humans," *Proceedings of the National Academy of Sciences of the United States of America* 104, no. 36 (4 September 2007)와 Koko Ishizuka et al., "Evidence that many of the DISC1 isoforms in C57BL/6J mice are also expressed in 129S6/SvEv mice," *Molecular Psychiatry* 12, no. 10 (October 2007)임. 유전자 이식 쥐 연구에 관한 최근 리뷰 논문으로 P. Alexander Arguello and Joseph A. Gogos, "Cognition in mouse models of schizophrenia susceptibility genes," *Schizophrenia Bulletin* 36, no. 2 (March 2010) 참조.

32 내가 에릭 캔들과 나눈 사적인 대화에서 인용함. 캔들과 동료들의 작업에 대한 리뷰를 보려면 Christoph Kellendonk, Eleanor H. Simpson and Eric R. Kandel, "Modeling cognitive endophenotypes of schizophrenia in mice," *Trends in Neurosciences* 32, no. 6 (June 2009) 참조.

33 Maryellen Walsh, *Schizophrenia: Straight Talk for Family and Friends* (1985), 154쪽에서 인용함.

34 프리다 프롬-라이히만은 자신의 논문 "Notes on the development of treatment of schizophrenics by psychoanalytic psychotherapy," *Psychiatry* 11, no. 3 (August 1948)에서 〈정신분열증을 만드는 모성〉 개념을 소개했고, 이후에 과학 문헌 전체로 이 용어가 확산되었다. 예로 Loren R. Mosher, "Schizophrenogenic communication and family therapy," *Family Processes* 8 (1969) 참조.

35 인용의 출처는 Murray Bowen et al., "The role of the father in families with a schizophrenic patient," *American Journal of Psychiatry* 115, no. 11 (May 1959) 이다.

36 Gregory Bateson et al., "Toward a theory of schizophrenia," *Behavioural Science* 1, no. 4 (1956) 참조.

37 시스템 지향적인 가족 치료 문헌에서 부모를 비난하는 예를 보려면 Ruth Wilmanns Lidz and Theodore Lidz, "The family environment of schizophrenic patients," *American Journal of Psychiatry* 106 (November 1949)와 Murray Bowen, Robert H. Dysinger and Betty Basamania, "The role of the father in families with a schizophrenic patient," *American Journal of Psychiatry* 115, no. 11 (May 1959)와 Gregory Bateson et al., "Toward a theory of schizophrenia," *Behavioural Science* 1, no. 4 (1956) 참조. 부모 비난 이론에 대한 광범위한 비판을 보려면 John G. Howells and Waguih R. Guirguis, *The Family and Schizophrenia* (1985)를 참조하라.

38 2010년에 토머스 인셀과 나눈 사담에서 인용함.

39 설문 조사 결과는 Peter Wyden, *Conquering Schizophrenia* (1998), 41쪽 참조.

40 통속 심리학 베스트셀러 『시크릿』(2006)에서 론다 번은 〈인간은 의도적으로 사고하고 자신의 마음으로 자신의 삶 전체를 창조할 수 있는 힘을 가지고 있다〉라고 명백히 단언한다.

41 〈건강한 정신을 가진 사람들의 종교〉는 윌리엄 제임스의 책 *The Varieties of Religious Experience* (1905)에 들어 있는 장 제목이다. 두 번째 인용구는 이 책 95쪽에 나온다.

42 Patricia Backlar, *The Family Face of Schizophrenia* (1994), 15~16쪽에서 인용함.

43 Maryellen Walsh, *Schizophrenia: Straight Talk for Family and Friends* (1985), 160~161쪽에서 인용함.

44 E. Fuller Torrey, *Surviving Schizophrenia* (2006), 152쪽에서 인용함.

45 이 구절은 2008년에 폴과 프리다 스미더스와 가진 인터뷰를 바탕으로 했다. 사용된 이름은 모두 가명이다.

46 Richard L. Greaves와 Robert Sharrock이 편집한 *The Miscellaneous Works of John Bunyan* (1979)에 들어 있는 John Bunyan, "The Jerusalem sinner saved, or, good news for the vilest of men"에서 인용함.

47 정신분열증 치료의 역사에 관한 일반인용 참고 서적으로 Robert Whitaker, *Mad in America: Bad Science, Bad Medicine, and the Enduring Mistreatment of the Mentally Ill* (2003) 참조. 발치술이 그 치료법으로 간주되는 헨리 코튼의 〈병소감

염〉이론이 서술된 책은 Richard Noll, "The blood of the insane," *History of Psychiatry* 17, no. 4 (December 2006). 뇌엽 절리술의 역사에 대해 보다 많은 정보를 보려면 Joel T. Braslow, "History and evidence-based medicine: Lessons from the history of somatic treatments from the 1900s to the 1950s," *Mental Health Services Research* 1, no. 4 (December 1999) 참조.

48 소라진은 클로르프로마진의 등록상표이다. 보다 많은 정보를 보려면 Thomas A. Ban, "Fifty years chlorpromazine: A historical perspective," *Neuropsychiatric Disease & Treatment* 3, no. 4 (August 2007) 참조.

49 2011년에 헬렌 메이버그와 나눈 사적인 대화에서 인용함.

50 러시아인 정치범의 말은 구소련의 지하 출판물 *Chronicle of Current Events* 18 (5 March 1971)에 나오는데, John D. LaMothe, *Controlled Offensive Behaviour: USSR*, Defense Intelligence Agency Report ST-CS-01-169-72 (1972)에 번역되어 인용되어 있다. 구소련이 항정신병 약을 사용했다는 내용은 Carl Gershman, "Psychiatric abuse in the Soviet Union," *Society* 21, no. 5 (July 1984) 참조.

51 재닛 고트킨을 인용한 부분은 1975년 7월 31일과 8월 18일에 열린 청문회 기록을 담고 있는 *The Committee on the Judiciary report Drugs in Institutions* (1977) 17쪽에서 가져왔다.

52 Jack Henry Abbott, *In the Belly of the Beast* (1981), 35~36쪽에서 인용함.

53 이 구절은 2008년에 페니, 피터, 더그, 폴리 피즈와 가진 인터뷰와 그 후의 교류를 바탕으로 했다.

54 맥린의 정신분열증 유전학 연구는 진행 중이다. 지원자 모집 정보는 웹사이트 (http://www.mclean.harvard.edu/research/clinical/study.php?sid=68) 참조.

55 클로자핀 중독에 대해 보다 많은 정보를 보려면 Carl R. Young, Malcolm B. Bowers Jr and Carolyn M. Mazure, "Management of the adverse effects of clozapine," *Schizophrenia Bulletin* 24, no. 3 (1998) 참조.

56 정신 질환에 관한 푸코의 논문은 *Madness and Civilization: A History of Insanity in the Age of Reason* (1964)이다(한국어 판은 『광기의 역사』, 이규현 옮김, 나남출판, 2003).

57 예를 보려면 Erving Goffman, "The insanity of place," *Psychiatry: Journal of Interpersonal Relations* 32, no. 4 (November 1969) 참조.

58 R. D. Laing, *The Politics of Experience* (1967), 115쪽, 121쪽, 133쪽에서 인용함.

59 〈반(反)정신 의학〉의 중요한 저작들로 위에서 언급한 어빙 고프먼과 로널드 라잉

의 작품들 외에 토머스 사즈의 *The Myth of Mental Illness* (1974)와 *Insanity: The Idea and Its Consequences* (1987)가 있다.

60 언급된 수치는 E. Fuller Torrey, *Surviving Schizophrenia* (2006), 421쪽 참조.

61 E. Fuller Torrey, *Nowhere to Go: The Tragic Odyssey of the Homeless Mentally Ill* (1988), 34쪽에서 인용함.

62 베렐 시저 판사의 말은 *Rael Jean Isaac and Virginia C.Armat, Madness in the Streets: How Psychiatry and the Law Abandoned the Mentally Ill* (1990) 160쪽에 인용되어 있다.

63 Ann Braden Johnson, *Out of Bedlam: The Truth About Deinstitutionalization* (1990), 4쪽, xiv쪽에서 인용함.

64 Nancy C. Andreasen, *The Family Face of Schizophrenia* (1994), 32쪽에서 인용함.

65 Rael Jean Isaac and Virginia C. Armat, *Madness in the Streets* (1990), 11쪽에서 인용함.

66 이 구절은 2008년에 매들린 그라몬트와 가진 인터뷰를 바탕으로 했다. 사용된 이름은 모두 가명이다.

67 정신분열증과 연관된 확대된 측뇌실에 대한 리뷰를 보려면 Danilo Arnone et al., "Magnetic resonance imaging studies in bipolar disorder and schizophrenia," *British Journal of Psychiatry* 195, no. 3 (September 2009) 참조.

68 수상돌기의 기능에 대한 자세한 서술은 Anissa Abi-Dargham and Holly Moore, "Prefrontal DA transmission at D1 receptors and the pathology of schizophrenia," *Neuroscientist* 9, no. 5 (2003) 참조.

69 정신분열증과 연관된 측두엽의 기능에 대한 논고는 Christos Pantelis et al., "Structural brain imaging evidence for multiple pathological processes at different stages of brain development in schizophrenia," *Schizophrenia Bulletin* 31, no. 3 (July 2005) 참조.

70 정신분열증과 연관된 시냅스 연결과 전두엽의 기능에 대해 보다 많은 정보를 보려면 Gábor Faludi and Károly Mirnics, "Synaptic changes in the brain of subjects with schizophrenia," *International Journal of Developmental Neuroscience* 29, no. 3 (May 2011)와 Francine M. Benes, "Amygdalocortical circuitry in schizophrenia: From circuits to molecules," *Neuropsychopharmacology* 35, no. 1 (January 2010) 참조. 자폐증에서의 시냅스 연결에 대해서는 Carlos A. Pardo and Charles G. Eberhart, "The neurobiology of autism," *Brain Pathology* 17, no. 4

(October 2007)를 참조하라.

71 모계 전염이 정신분열증의 원인 요소라는 논고를 보려면 Douglas Fox, "The insanity virus," *Discover* (June 2010)와 Alan S. Brown and Ezra S. Susser, "In utero infection and adult schizophrenia," *Mental Retardation & Developmental Disabilities Research Reviews* 8, no. 1 (February 2002) 참조.

72 임신 중에 가족의 사망이나 중병을 경험한 여성의 자녀가 정신분열증을 겪을 확률이 높다는 결과를 얻은 연구로 Ali S. Khashan et al., "Higher risk of offspring schizophrenia following antenatal maternal exposure to severe adverse life events," *Archives of General Psychiatry* 65, no. 2 (2008)와 Matti O. Huttunen and Pekka Niskanen, "Prenatal loss of father and psychiatric disorders," *Archives of General Psychiatry* 35, no. 4 (1978)가 있다. 전쟁이 유발하는 예기치 않은 정신 건강 결과를 다룬 논문은 Jim van Os and Jean-Paul Selten, "Prenatal exposure to maternal stress and subsequent schizophrenia: The May 1940 invasion of the Netherlands," *British Journal of Psychiatry* 172, no. 4 (April 1998)와 Dolores Malaspina et al., "Acute maternal stress in pregnancy and schizophrenia in offspring: A cohort prospective study," *BMC Psychiatry* 8 (2008) 참조. 기근을 겪고 난 뒤 발생한 정신분열증은 Hans W. Hoek, Alan S. Brown and Ezra S. Susser, "The Dutch famine and schizophrenia spectrum disorders," *Social Psychiatry & Psychiatric Epidemiology* 33, no. 8 (July 1998) 와 David St Clair et al., "Rates of adult schizophrenia following prenatal exposure to the Chinese famine of 1959~1961," *Journal of the American Medical Association* 294, no. 5 (2005) 참조.

73 정신분열증과 연관된 산전 스트레스 호르몬과 도파민 활성화에 대한 탐구는 Alan S. Brown, "The environment and susceptibility to schizophrenia," *Progress in Neurobiology* 93, no. 1 (January 2011)와 Dennis K. Kinney et al., "Prenatal stress and risk for autism," *Neuroscience & Biobehavioural Reviews* 32, no. 8 (October 2008) 참조.

74 외상성 두뇌 부상이 정신분열증 위험을 증가시킨다는 결과를 얻은 최근 연구를 보려면 Charlene Molloy et al., "Is traumatic brain injury a risk factor for schizophrenia?: A meta-analysis of case-controlled population-based studies," *Schizophrenia Bulletin* (August 2011) 참조.

75 이주민들에게 정신분열증 위험이 증가한다는 메타 분석 연구를 보려면 Elizabeth

Cantor-Graae and Jean-Paul Selten, "Schizophrenia and migration: A meta-analysis and review," *American Journal of Psychiatry* 162, no. 1 (January 2005)와 Jean-Paul Selten, Elizabeth Cantor-Graae and Rene S. Kahn, "Migration and schizophrenia," *Current Opinion in Psychiatry* 20, no. 2 (March 2007) 참조.

76 정신분열증 증상의 강도와 기분 전환 약물 사용 사이의 연관을 규명한 연구들로 Killian A. Welch et al., "The impact of substance use on brain structure in people at high risk of developing schizophrenia," *Schizophrenia Bulletin* 37, no. 5 (September 2011)와 P. A. Ringen et al., "The level of illicit drug use is related to symptoms and premorbid functioning in severe mental illness," *Acta Psychiatrica Scandinavica* 118, no. 4 (October 2008)을 보라.

77 전후 일본의 메스암페타민 사용과 정신병에 대해서는 Marissa J. Miller와 Nicholas J. Kozel 이 편집한 *Methamphetamine Abuse: Epidemiologic Issues and Implications* (1991)에 들어 있는 Hiroshi Suwaki, Susumi Fukui and Kyohei Konuma, "Methamphetamine abuse in Japan"와 Mitsumoto Sato, Yohtaro Numachi and Takashi Hamamura, "Relapse of paranoid psychotic state in methamphetamine model of schizophrenia," *Schizophrenia Bulletin* 18, no. 1 (1992) 참조.

78 스웨덴의 마리화나/정신분열증 연구에 대해 Stanley Zammit et al., "Self reported cannabis use as a risk factor for schizophrenia in Swedish conscripts of 1969: Historical cohort study," *British Medical Journal* 325, no. 7374 (23 November 2002)을 보라.

79 내가 2007년에 시릴 수자와 가진 인터뷰에서 인용함. 이 주제를 다룬 그의 최근 논문 R. Andrew Sewell, Mohini Ranganathan and Deepak Cyril D'Souza, "Cannabinoids and psychosis," *International Review of Psychosis* 21, no. 2 (April 2009) 참조.

80 신경 전달 물질 조절장애에 관한 설명은 Paul J. Harrison and D. R. Weinberger, "Schizophrenia genes, gene expression, and neuropathology: On the matter of their convergence," *Molecular Psychiatry* 10, no. 1 (January 2005) 참조.

81 아니사 아비-다르감과 동료들의 연구와 리뷰 논문으로 Anissa Abi-Dargham et al., "Increased baseline occupancy of D2 receptors by dopamine in schizophrenia," *Proceedings of the National Academy of Sciences* 97, no. 14 (July 2000)와 Anissa Abi-Dargham and Holly Moore, "Prefrontal DA transmission at D1

receptors and the pathology of schizophrenia," *Neuroscientist* 9, no. 5 (October 2003)와 Bernard Masri et al., "Antagonism of dopamine D2 receptor/beta-arrestin 2 interaction is a common property of clinically effective antipsychotics," *Proceedings of the National Academy of Sciences* 105, no. 36 (9 September 2008)와 Nobumi Miyake et al., "Presynaptic dopamine in schizophrenia," *CNS Neuroscience & Therapeutics* 17, no. 2 (April 2011)와 Robert W. Buchanan et al., "Recent advances in the development of novel pharmacological agents for the treatment of cognitive impairments in schizophrenia," *Schizophrenia Bulletin* 33, no. 5 (2007)를 참조하라.

82 정신 요법이 자신의 인생을 구했다고 믿는다는 엘린 삭스의 언급이 실린 책은 *The Centre Cannot Hold: My Journey Through Madness* (2007)이다. 정신분열증에 대한 인지 행동 치료를 논한 책으로 Xavier Amador, *I Am Not Sick, I Don't Need Help* (2007)와 Jennifer Gottlieb and Corinne Cather, "Cognitive behavioural therapy (CBT) for schizophrenia: An in-depth interview with experts," Schizophrenia.com (3 February 2007)와 Debbie M. Warman and Aaron T. Beck, "Cognitive behavioural therapy," *National Alliance on Mental Illness* (2003)와 Susan R. McGurk et al., "A meta-analysis of cognitive remediation in schizophrenia," *American Journal of Psychiatry* 164, no. 12 (2007)와 Sara Tai and Douglas Turkington, "The evolution of cognitive behaviour therapy for schizophrenia: Current practice and recent developments," *Schizophrenia Bulletin* 35, no. 5 (2009)를 참조하라.

83 2008년에 제프리 리버먼과 가진 인터뷰에서 인용함.

84 국제 조기 정신병 학회 웹사이트 주소는 http://www.iepa.org.au이다.

85 토머스 맥글라샨이 스콧 우즈와 함께 조기 치료의 가능한 이점을 다룬 논문 Thomas McGlashan and Scott Woods, "Early antecedents and detection of schizophrenia: Understanding the clinical implications," *Psychiatric Times* 28, no. 3 (March 2011) 참조.

86 Jeffrey Lieberman, "A beacon of hope: Prospects for preventing and recovering from mental illness," *NARSAD Research Quarterly* 2, no. 1 (Winter 2009)에서 인용함.

87 2010년에 잭 바처스와 나눈 사적인 대화에서 인용함.

88 정신분열증의 초기 증상에 대해 Nancy C. Andreasen, "Schizophrenia: The char-

acteristic symptoms," *Schizophrenia Bulletin* 17, no. 1 (1991)와 Tandy J. Miller et al., "The PRIME North America randomized double-blind clinical trial of olanzapine versus placebo in patients at risk of being prodromally symptomatic for psychosis II: Baseline characteristics of the 'prodromal' sample," *Schizophrenia Research* 61, no. 1 (March 2003) 참조.

89 토머스 맥글라샨과 동료들의 연구 결과 보고서는 Thomas H. McGlashan et al., "Randomized, double-blind trial of olanzapine versus placebo in patients prodromally symptomatic for psychosis," *American Journal of Psychiatry* 163, no. 5 (May 2006)와 Keith A. Hawkins et al., "Neuropsychological course in the prodrome and first episode of psychosis: Findings from the PRIME North America double blind treatment study," *Schizophrenia Research* 105, nos. 1-3 (October 2008) 참조. 결과가 단지 〈미미한 의미만 있다〉는 맥글라샨의 평가는 Benedict Carey, "Mixed result in drug trial on pretreating schizophrenia," *New York Times* (1 May 2006) 참조.

90 인지 행동 치료가 유익하다는 결과를 얻은 영국과 오스트레일리아 연구들로 Patrick D. McGorry et al., "Randomized controlled trial of interventions designed to reduce the risk of progression to first-episode psychosis in a clinical sample with subthreshold symptoms," *Archives of General Psychiatry* 59, no. 10 (October 2002)와 Mike Startup, M. C. Jackson, and S. Bendix, "North Wales randomized controlled trial of cognitive behaviour therapy for acute schizophrenia spectrum disorders: Outcomes at 6 and 12 months," *Psychological Medicine* 34, no. 3 (April 2004)와 Mike Startup et al., "North Wales randomized controlled trial of cognitive behaviour therapy for acute schizophrenia spectrum disorders: Two-year follow-up and economic evaluation," *Psychological Medicine* 35, no. 9 (2005)와 P. Kingsep et al., "Cognitive behavioural group treatment for social anxiety in schizophrenia," *Schizophrenia Research* 63, nos. 1-2 (September 2003)와 AndrewGumleyetal., "Early interventionforrelapse in schizophrenia: Results of a 12-month randomized controlled trial of cognitive behavioural therapy," *Psychological Medicine* 33, no. 3 (April 2003) 참조.

91 오메가3 지방산의 정신병 예방에 관한 보다 많은 정보를 보려면 K. Akter et al., "A review of the possible role of the essential fatty acids and fish oils in the aetiology, prevention or pharmacotherapy of schizophrenia," *Journal of Clini-*

cal Pharmacy & Therapeutics (19 April 2011)와 Claire B. Irving et al., "Poly-unsaturated fatty acid supplementation for schizophrenia: Intervention review," *Cochrane Library* 9 (20 January 2010)와 Max Marshall and John Rathbone, "Early intervention in psychosis," *Cochrane Library* 15, no. 6 (June 2011) 참조.

92 2007년에 토머스 맥글라샨과 가진 인터뷰에서 인용함.

93 〈정신병 위험 증후군〉 개념은 토머스 맥글라샨에 의해 처음 개발되었고 PRIME 연구 계획에 포함되었다. Keith A. Hawkins et al., "Neuropsychological course in the prodrome and first episode of psychosis: Findings from the PRIME North America double blind treatment study," *Schizophrenia Research* 105, nos. 1-3 (October 2008) 참조. 증후들을 진단 범주로 설정해야 한다는 맥글라샨과 동료들의 주장은 Scott W. Woods et al., "The case for including Attenuated Psychotic Symptoms Syndrome in DSM-5 as a psychosis risk syndrome," *Schizophrenia Research* 123, nos. 2-3 (November 2010) 참조. 그들의 제안이 불러온 상당한 반대를 보려면 Cheryl M. Corcoran, Michael B. First and Barbara Cornblat, "The psychosis risk syndrome and its proposed inclusion in the DSM-V: A risk-benefit analysis," *Schizophrenia Research* 120 (July 2010)와 Allen Frances, "Psychosis risk syndrome: Far too risky," *Australian & New Zealand Journal of Psychiatry* 45, no. 10 (October 2011) 참조. 논쟁에 관해 학계의 리뷰를 보려면 Barnaby Nelson and Alison R. Yung, "Should a risk syndrome for first episode psychosis be included in the DSM-5?," *Current Opinion in Psychiatry* 24, no. 2 (March 2011)을 보라. 언론의 논고를 보려면 Sally Satel, "Prescriptions for psy-chiatric trouble and the DSM-V," *Wall Street Journal*, (19 February 2010)을 보라. 결국 진단을 철회하기로 한 DSM운영 위원회의 결정에 관한 보도는 Benedict Carey, "Psychiatry manual drafters back down on diagnoses," *New York Times* (8 May 2012)를 참조하라.

94 2012년에 존 크리스털과 나눈 사적인 대화에서 인용함.

95 익명의 환자에 관한 일화는 2007년에 제프리 리버먼과 인터뷰에서 가져왔다.

96 이 구절은 2008년에 조지 클라크, 샬럿 클라크, 일렉타 라이셔, 재키 클라크와 가진 인터뷰와 그 후의 교류를 바탕으로 했다.

97 2008년에 데버러 레비와 가진 인터뷰에서 인용함.

98 Larry Davidson and David Stayner, "Loss, loneliness, and the desire for love: Perspectives on the social lives of people with schizophrenia," *Psychiatric Re-*

habilitation Journal 20, no. 3 (Winter 1997)에서 인용함.

99 2008년에 진 프레이저와 가진 인터뷰에서 인용함.

100 2008년에 나눈 사적인 대화에서 인용함.

101 이 구절은 2008년에 조지, 주세페, 브리짓 마르콜로와 가진 인터뷰와 그 후의 교류를 바탕으로 했다. 사용된 이름은 모두 가명이다.

102 회복 운동과 회복에 관한 보다 많은 정보를 보려면 Robert Paul Liberman et al., "Operational criteria and factors related to recovery from schizophrenia," *International Review of Psychiatry* 14, no. 4 (November 2002)와 Jeffrey A. Lieberman et al., "Science and recovery in schizophrenia," *Psychiatric Services* 59 (May 2008)와 Kate Mulligan, "Recovery movement gains influence in mental health programs," *Psychiatric News* 38, no. 1 (January 2003) 참조.

103 한 어머니의 말은 2009년에 가진 개인적인 인터뷰에서 인용함.

104 이 구절은 2008년에 마니 캘러핸과 가진 인터뷰를 바탕으로 했다. 사용된 이름은 모두 가명이다.

105 2011년에 제프리 리버먼과 가진 인터뷰에서 인용함.

106 정신분열증 노숙인 통계치는 E. Fuller Torrey, *Out of the Shadows: Confronting America's Mental Illness Crisis* (1997), 3쪽 참조.

107 US Department of Health and Human Services, Substance Abuse and Mental Health Services Administration, *Results from the 2008 National Survey on Drug Use and Health: National Findings* (2008)을 보라.

108 2008년에 진 프레이저와 가진 인터뷰에서 인용함.

109 정신분열증과 관련된 비용 추산은 Eric Q. Wu et al., "The economic burden of schizophrenia in the United States in 2002," *Journal of Clinical Psychiatry* 66, no. 9 (September 2005) 참조.

110 정신분열증에서 자살 비율 증가는 Kahyee Hor and Mark Taylor, "Suicide and schizophrenia: A systematic review of rates and risk factors," *Journal of Psychopharmacology* 24, no. 4 suppl. (November 2010)와 Alec Roy and Maurizio Pompili, "Management of schizophrenia with suicide risk," *Psychiatric Clinics of North America* 32, no. 4 (December 2009) 참조. 또한 Maurizio Pompili et al., "Suicide risk in schizophrenia: Learning from the past to change the future," *Annals of General Psychiatry* 6 (March 16, 2007)을 보라.

111 이 일화는 E. Fuller Torrey, *Out of the Shadows* (1997), 142쪽에서 가져왔다.

112 케네스 덕워스의 말은 Deborah Sontag, "A schizophrenic, a slain worker, trou-bling questions," *New York Times* (17 June 2011)에 인용되어 있다.

113 가족과 함께 사는 정신분열증 환자의 백분율 수치는 Richard S. E. Keefe and Philip D. Harvey, *Understanding Schizophrenia: A Guide to New Research on Causes and Treatment* (1994), 173쪽 (65% 추정)과 Agnes B. Hatfield, *Family Education in Mental Illness* (1990), 15쪽 (65% 추정. 가족 응답자 중 오직 3%만이 정신분열증 가족이 가정에서 함께 살아야 한다고 생각한다는 내용은 16~17쪽에 나옴)과, Alex Gitterman이 편집한 *Handbook of Social Work Practice with Vulnerable and Resilient Populations*, 2nd ed. (2001)에 들어 있는 Ellen Lukens, "Schizophrenia," 288쪽 (50~70% 추정) 참조. 생활 방식과 부모의 만족에 대해 보다 많은 정보를 보려면 Benedicte Lowyck et al., "Can we identify the factors influencing the burden family-members of schizophrenic patients experience?," *International Journal of Psychiatry in Clinical Practice* 5, no. 2 (January 2001)을 보라.

114 2009년에 제프리 리버먼과 가진 인터뷰에서 인용함.

115 2008년에 에즈라 수서와 가진 인터뷰에서 인용함.

116 언급된 WHO 조사는 Dan Chisholm et al., "Schizophrenia treatment in the developing world: An interregional and multinational cost-effectiveness analysis," *Bulletin of the World Health Organisation* 86, no. 8 (July 2008)이다. 정신분열증 성과가 개발도상국에서 더 낮다는 주장을 반박하는 1999년 나이지리아 조사는 Oye Gureje and Rotimi Bamidele, "Thirteen-year social outcome among Nigerian outpatients with schizophrenia," *Social Psychiatry & Psychiatric Epidemiology* 34, no. 3 (March 1999).

117 2007년에 시릴 수자와 가진 인터뷰에서 인용함.

118 세네갈에서 정신병 환자를 다루는 방식에 대한 묘사는 2000년에 세네갈에서 했던 개인적인 보도에 근거한다.

119 Agnes B. Hatfield와 Harriet P. Lefley가 편집한 *Surviving Mental Illness: Stress, Coping, and Adaptation* (1993)에 들어 있는 Esso Leete, "Interpersonal environment: A consumer's personal recollection"에서 인용함.

120 이스트 커뮤니티(East Community)의 〈Family and friends〉 웹페이지(http://www.eastcommunity.org/home/ec1/smartlist_12/family_and_friends.html) 참조.

121 한 아버지의 말은 Raquel E. Gur and Ann Braden Johnson, *If Your Adolescent*

Has Schizophrenia: An Essential Resource for Parents (2006), 34쪽에, 한 어머니의 말은 같은 책 93쪽에 나온다.

122 Nona Dearth and Families of the Mentally Ill Collective, *Families Helping Families: Living with Schizophrenia* (1986), 3쪽에서 인용함.

123 말콤 테이트 살인 사건은 E. Fuller Torrey, *Out of the Shadows: Confronting America's Mental Illness Crisis* (1997), 79쪽 참조. 1992년 4월 13일 사우스캐롤라이나 대법원은 〈로텔 테이트 대 사우스캐롤라이나 주〉 사건 판결에서 로텔 테이트에게 남동생 살해에 대해 유죄를 선고했다.

124 이 구절은 2008년에 로즈메리 바글리오와 가진 인터뷰를 바탕으로 했다.

125 질병 불각증을 다룬 책으로 Xavier Francisco Amador, *I Am Not Sick, I Don't Need Help!* (2007) 참조.

126 토머스 데커가 1604년에 쓴 희곡, *The Honest Whore* (Nick Hern Books에서 1998년 재발간), 4막 3장에 나오는 대사다.

127 Elyn Saks, *Refusing Care: Forced Treatment and the Rights of the Mentally Ill* (2002), 12쪽에서 인용함.

128 IQ와 정신분열증 결과에 관해 보다 많은 정보를 보려면 Janet C. Munro et al., "IQ in childhood psychiatric attendees predicts outcome of later schizophrenia at 21 year follow-up," *Acta Psychiatrica Scandinavica* 106, no. 2 (August 2002)와 Maurizio Pompili et al., "Suicide risk in schizophrenia: Learning from the past to change the future," *Annals of General Psychiatry* 6, no. 10 (2007) 참조.

129 2012년에 존 크리스털과 가진 인터뷰에서 인용함.

130 린다 비숍을 다룬 기사 Rachel Aviv, "God knows where I am: What should happen when patients reject their diagnosis?," *New Yorker* (30 May 2011) 참조.

131 주디 챔벌린의 말은 David Davis, "Losing the mind," *Los Angeles Times* (26 October 2003)에 인용되어 있다. 챔벌린의 저서로 *On Our Own: Patient-Controlled Alternatives to the Mental Health System* (1978) 참조.

132 매드 프라이드 운동에 대한 논고는 Gabrielle Glaser, "'Mad pride' fights a stigma," *New York Times* (11 May 2008) 참조.

133 Gabrielle Glaser, "'Mad pride' fights a stigma," *New York Times* (11 May 2008)에 인용되어 있다.

134 데이비드 옥스가 한 말과 샐리 진먼의 옥스에 대한 찬사 그리고 미국 정신의학회의 반응은 David Davis, "Losing the mind," *Los Angeles Times* (26 October

2003)에서 가져왔다.

135 Peter Breggin, *Psychiatric Drugs: Hazards to the Brain* (1983), 2쪽에서 인용함.

136 정신병 약물에 대한 선택권을 옹호하는 사람들에 대한 방송으로 I. A. Robinson and Astrid Rodrigues, "'Mad Pride' activists say they're unique, not sick," ABC News (2 August 2009) 참조.

137 Will Hall, *Harm Reduction Guide to Coming Off Psychiatric Drugs* (2007), 3쪽에서 인용함.

138 클레어 앨런의 말은 그녀가 쓴 기사 "Misplaced pride," *Guardian* (27 September 2006) 참조. 온라인 논객의 말은 같은 기사의 견해란에 나온다.

139 이카로스 프로젝트 웹사이트(http://theicarusproject.net/)에서 인용함.

140 앨리스 조스트의 매드 프라이드에 대한 논고는 "Mad pride and the medical model," *Hastings Centre Report* 39, no. 4 (July~August 2009) 참조.

141 이 구절은 2008년에 월터 포레스트와 가진 인터뷰를 바탕으로 했다. 사용된 이름은 가명이다.

142 이 일화는 Otto F. Wahl, *Media Madness: Public Images of Mental Illness* (1995), 38쪽 참조.

143 이 조사가 실린 논문은 Joseph M. Alisky and Kenneth A. Iczkowski, "Barriers to housing for deinstitutionalized psychiatric patients," *Hospital & Community Psychiatry* 41, no. 1 (January 1990).

144 정신분열증 환자의 비참한 고용 전망에 대해 상세히 알려면 Q.Wu et al., "The economic burden of schizophrenia in the United States in 2002," *Journal of Clinical Psychiatry* 66, no. 9 (September 2005)와 David S. Salkever et al., "Measures and predictors of community-based employment and earnings of persons with schizophrenia in a multisite study," *Psychiatric Services* 58, no. 3 (March 2007) 참조.

145 스티븐 마더가 고용이 치료로서 갖는 효율성에 대해 언급한 논문은 Mark Moran, "Schizophrenia treatment should focus on recovery, not just symptoms," *Psychiatric News* 39, no. 22 (19 November 2004). 마더가 공동 저자로 참여한 논문 Robert S. Kern et al., "Psychosocial treatments to promote functional recovery in schizophrenia," *Schizophrenia Bulletin* 35, no. 2 (March 2009) 참조.

146 제임스 벡의 말은 *Rael Jean Isaac and Virginia C. Armat, Madness in the Streets* (1990), 97쪽에 인용되어 있다.

147 정신분열증 환자가 살인을 저지를 위험 통계치는 Cameron Wallace et al., "Serious criminal offending and mental disorder: Case linkage study," *British Journal of Psychiatry* 172, no. 6 (June 1998)에서 가져왔다.

148 1998년 연구 자료는 Henry J. Steadman et al., "Violence by people discharged from acute psychiatric inpatient facilities and by others in the same neighbourhoods," *Archives of General Psychiatry* 55, no. 5 (May 1998) 참조.

149 Annika Nordström and Gunnar Kullgren, "Victim relations and victim gender in violent crimes committed by offenders with schizophrenia," *Social Psychiatry & Psychiatric Epidemiology* 38, no. 6 (June 2003)와 Annika Nordström, Lars Dahlgren and Gunnar Kullgren, "Victim relations and factors triggering homicides committed by offenders with schizophrenia," *Journal of Forensic Psychiatry & Psychology* 17, no. 2 (June 2006) 참조.

150 디숀 채플이 스테퍼니 몰턴을 살해한 사건을 다룬 논고는 Deborah Sontag, "A schizophrenic, a slain worker, troubling questions," *New York Times* (17 June 2011)와 "How budget cuts affect the mentally ill" 기사에 대응하여 John Oldham이 편집자에게 보낸 편지 (2011년 6월 25일자 뉴욕타임즈) 참조.

151 재러드 러프너의 총기 난사 사건에 관한 인용문들은 다음 자료들에서 가져왔다. 〈우리 반에 정신적으로 ······〉는 Matthew Lysiak and Lukas I. Alpert, "Gabrielle Giffords shooting: Frightening, twisted shrine in Arizona killer Jared Lee Loughner's yard," *New York Daily News* (10 January 2011)에서 인용. 〈그는 정신적인 문제가 ······〉와 〈어쩌다가 이런 일이 ······〉는 Leslie Eaton, Daniel Gilbert, and Ann Zimmerman, "Suspect's downward spiral," *Wall Street Journal* (13 January 2011)에서 인용. 러프너가 〈의자를 연신 앞뒤로 흔들었고〉, 〈환영과 괴상한 생각, ······〉은 Mark Lacey, "After being removed from court, Loughner is ruled incompetent," *New York Times* (25 May 2011)에서 인용. 〈러프너 씨에게는 ······〉은 Mark Lacey, "Lawyers for defendant in Giffords shooting seem to be searching for illness," *New York Times* (16 August 2011)에서, "어떤 사람에게 사형을 ······〉은 Mark Lacey, "After being removed from court, Loughner is ruled incompetent," *New York Times* (25 May 2011)에서 인용함.

152 법원이 재러드 러프너의 약물 치료 재개를 허가했다는 보도는 "Judge allows forced medication for Arizona shooting suspect," *New York Times* (28 August 2011) 참조.

153 러프너의 유죄 인정에 대한 보도는 Fernanda Santos, "Life term for gunman after guilty plea in Tucson killings," *New York Times* (7 August 2012) 참조.

154 "Treatment not jail: A plan to rebuild community mental health," *Sacramento Bee* (17 March 1999) 참조. 정신 건강과 범죄 정의 시스템에 관한 포괄적이고 일반적인 자료를 보려면 주 정부 위원회 보고서 *Criminal Justice / Mental Health Consensus Project* (2002)를 참조하라.

155 수감되거나 집행유예 중인 정신분열증 환자의 전체 수 통계치는 Paula Ditton, *Mental Health and Treatment of Inmates and Probationers* (1999)에서 가져왔다.

156 매사추세츠 통계 수치는 수감인들에 대한 가장 포괄적인 정신병 연구서 *Sasha Abramsky and Jamie Fellner, Ill-Equipped: U.S. Prisons and Offenders with Mental Illness* (2003)에서 가져왔다.

157 이 구절은 2007년에 수전 웨인리치와 봅 에번스와 가진 인터뷰와 그 후의 교류를 바탕으로 했다.

158 목소리와 망상에 대한 네 개의 인용은 사적인 대화에서 가져왔다.

159 Michael Foster Green, *Schizophrenia Revealed* (2001), 1쪽에서 인용함.

160 칼 야스퍼스가 〈심연 같은 차이〉라는 표현을 사용한 곳은 General Psychopathology (1963), 219쪽이고, 이 말은 Christopher Frith and Eve Johnstone, *Schizophrenia: A Very Short Introduction* (2003), 123쪽에 인용되어 있다.

161 Jay Neugeboren, *Imagining Robert: My Brother, Madness, and Survival* (2003), 136~139쪽에서 인용함. 인용문은 요약되었다.

162 앤디 베어먼이 자신의 조울증 경험을 묘사한 글은 "Mental health recovery: A personal perspective," About.com, (29 December 2011) 참조.

163 2011년에 리처드 프리드먼과 나눈 사적인 대화에서 인용함.

164 이 구절은 2008년에 패트리샤, 윈스턴, 샘 피셔와 가진 인터뷰와 그 후의 교류를 바탕으로 했다. 사용된 이름은 데이비드 네이션을 제외하고 모두 가명이다.

7장 장애

1 Elaine Fowler Palencia, *Taking the Train: Poems* (1997), 6~7쪽 참조.

2 다양한 장애 분류에 대해 내가 사용한 정의는 미국 국립 장애 아동을 위한 제공 센터 FAQ 〈Severe and/or multiple disabilities〉 (http://www.nichcy.org/Disabili-

ties/Specific/Pages/Severe andorMultipleDisabilities.aspx)에서 가져왔다.

3   리처드 윌버의 시 "Winter Spring"에 나오는 구절. Richard Wilbur , *Collected Poems, 1943~2004* (2004), 453쪽 참조.

4   중도 장애에 관한 기본 정보를 위해 내가 참고한 책은 John J. J. McDonnell 외 다수가 편집한 *Introduction to Persons with Severe Disabilities: Educational and Social Issues* (1995)이다. 연간 2만 명 출생 수치는 같은 책 75쪽에 나온다.

5   이 구절은 2004년과 2007년에 데이비드와 세라 해든과 가진 인터뷰와 그 후의 교류를 바탕으로 했다.

6   알란 로스를 인용한 부분은 각각 Alan O. Ross, *The Exceptional Child in the Family* (1972), 55~56쪽, 157쪽에서 가져왔다.

7   Susan Allport, *A Natural History of Parenting: A Naturalist Looks at Parenting in the Animal World and Ours* (1997), 103쪽에서 인용함.

8   Sarah Blaffer Hrdy, *Mother Nature: Maternal Instincts and How They Shape the Human Species* (1999), 174쪽에서 인용함.

9   Jude Cassidy와 Phillip R. Shaver가 편집한 *Handbook of Attachment: Theory, Research, and Clinical Applications* (1999)에 들어 있는 Carol George and Judith Solomon, "Attachment and caregiving: The caregiving behavioural system," 659쪽에서 인용함.

10   Carrie Knoll, "In parents' eyes, the faintest signs of hope blur the inevitable," *Los Angeles Times* (28 October 2002) 참조.

11   이 구절은 2005년에 루이스, 그레타 윈스럽과 가진 인터뷰를 바탕으로 했다. 사용된 이름은 모두 가명이다.

12   Sophia Isako Wong, "At home with Down's syndrome and gender," *Hypatia* 17, no. 3 (Summer 2002) 참조.

13   Simon Olshansky, "Chronic sorrow: A response to having a mentally defective child," *Social Casework* 43, no. 4 (1962) 참조.

14   Sigmund Freud, *Mourning and Melancholia*, vol. 14, *The Standard Edition of the Complete Psychological Works of Sigmund Freud* (1955) 참조.

15   George H. S. Singer와 Larry K. Irvin이 편집한 *Support for Caregiving Families: Enabling Positive Adaptation to Disability* (1989)에 들어 있는 Jeanne Ann Summers, Shirley K. Behr and Ann P. Turnbull, "Positive adaptation and coping strengths of families who have children with disabilities," 27쪽 참조.

16 전문가가 관찰하는 가족이 겪는 스트레스 양과 가족 구성원이 실제로 느끼는 스트레스 양의 불일치에 관한 논고로 Anne E. Kazak and Robert S. Marvin, "Differences, difficulties and adaptation: Stress and social networks in families with a handicapped child," *Family Relations* 33, no. 1 (January 1984) 참조.

17 Jerome Groopman, "Hurting all over," *New Yorker* (13 November 2000)에서 인용함.

18 이 구절은 2007년에 폴과 크리스 도너번과 가진 인터뷰와 그 후의 교류를 바탕으로 했다.

19 Glenn Affleck, Howard Tennen, Jonelle Rowe가 편집한 *Infants in Crisis: How Parents Cope with Newborn Intensive Care and Its Aftermath* (1991), 93~95쪽 참조. 또한 Glenn Affleck and Howard Tennen, "Appraisal and coping predictors of mother and child outcomes after newborn intensive care," *Journal of Social & Clinical Psychology* 10, no. 4 (1991)도 참조하라.

20 〈내적 통제 소재〉 개념에 대한 논고는 Bryony Beresford, "Resources and strategies: How parents cope with the care of a disabled child," *Journal of Child Psychology & Psychiatry* 35, no. 1 (January 1994)와 Emmy Werner and Ruth Smith, *Journeys from Childhood to Midlife: Risk, Resilience, and Recovery* (2001) 참조.

21 이 구절은 2006년에 수재나 싱어와 가진 인터뷰와 그 후의 교류를 바탕으로 했다.

22 체칠리아 바르톨리 웹사이트(http://www.ceciliabartolionline.com) 참조.

23 통계 수치는 Carol Ryff와 Marsha Mailick Seltzer가 편집한 *The Parental Experience in Midlife* (1996), 460쪽에서 가져왔다.

24 현대로 오면서 늘어난 장애인의 기대 수명에 대한 논고는 Louis Rowitz가 편집한 *Mental Retardation in the Year 2000* (1992), 85쪽 참조. 또한 Richard K. Eyman et al., "Survival of profoundly disabled people with severe mental retardation," *American Journal of Diseases of Childhood* 147, no. 3 (1993)도 참조하라.

25 보호자 역할이 친교와 목적의식을 제공한다는 논고는 Tamar Heller, Alison B. Miller and Alan Factor, "Adults with mental retardation as supports to their parents: Effects on parental caregiving appraisal," *Mental Retardation* 35, no. 5 (October 1997) 참조.

26 이 구절은 2005년에 빌 지린스키과 루스 섹터와 가진 인터뷰와 빌이 쓴 기사인 "Sam's story," *Exceptional Parent*, (June 1997)와 "Saying goodbye to our

cherished boy, Sam Zirinsky," *Crazy Wisdom Community Journal* (May~August 2004)와 "Life with my two little girls," *Crazy Wisdom Community Journal* (January~April 2006)와 "If you could see her through my eyes: A journey of love and dying in the fall of 2007," *Crazy Wisdom Community Journal* (January~April 2008)를 바탕으로 했다.

27 형제 적응에 관해 인용된 참고 자료는 다음과 같다. 보다 많은 책임감과 인내심을 가진다는 조사 결과는 Sally L. Burton and A. Lee Parks, "Self-esteem, locus of control, and career aspirations of college-age siblings of individuals with disabilities," *Social Work Research* 18, no. 3 (September 1994) 참조. 덜 행복하지만 정신적인 문제를 겪지는 않는다는 조사 결과는 Naomi Breslau et al., "Siblings of disabled children: Effects of chronic stress in the family," *Archives of General Psychiatry* 44, no. 12 (December 1987) 참조. 장애가 심각할수록 형제가 더 잘 적응한다는 조사 결과는 Frances Kaplan Grossman, *Brothers and Sisters of Retarded Children: An Exploratory Study* (1972), 특히 177~178쪽 참조. 구체적 진단이 있는 경우에 형제가 더 도움을 받는다는 조사 결과는 Ann Gath and Dianne Gumley, "Retarded children and their siblings," *Journal of Child Psychology & Psychiatry* 28, no. 5 (September 1987) 참조.

28 Allen Shawn, *Twin: A Memoir* (2010) 참조.

29 이 구절은 2007년에 존, 이브, 딜런 모리스와 가진 인터뷰와 그 후의 교류를 바탕으로 했다.

30 애슐리 치료법과 그에 따른 논쟁에 대한 논고는 2008년에 애슐리의 아버지와 가진 전화 인터뷰와 그 후의 대화, 애슐리의 부모가 만든 애슐리 치료법 블로그(http://ashleytreatment.spaces.live.com)를 바탕으로 했다(애슐리의 아버지가 쓴 글을 인용한 부분은 모두 블로그에서 가져왔다). 또한 Chris Ayres and Chris Lackner, "Fatherdefends decision to stunt disabled girl's growth," *Ottawa Citizen* (4 January 2007)와 Elizabeth Cohen의 CNN 보도 "Disability community decries 'Ashley treatment'"(2007년 1월 12일에 방송됨)와 Nancy Gibbs, "Pillow angel ethics," *Time* (7 January 2007)와 Ed Pilkington, "Frozen in time: The disabled nine-year-old girl who will remain a child all her life," *Guardian* (4 January 2007)와 Geneviève Roberts, "Brain-damaged girl is frozen in time by parents to keep her alive," *Independent* (4 January 2007)와 Sam Howe Verhovek, "Parents defend decision to keep disabled girl small," *Los Angeles Times* (3 Janu-

ary 2007)와 CNN 특집 보도 "'Pillow angel' parents answer CNN's questions" (2008년 3월 12일 방송됨)와 BBC 보도 "Treatment keeps girl child-sized" (2007년 1월 4일 방송됨)를 참조했다.

31 더글러스 디에케마의 말은 CNN 보도 "Ethicist in Ashley case answers questions"(2007년 1월 11일 방송됨)에서 인용함.

32 대니얼 건서의 말은 CNN 보도 "Ethicist in Ashley case answers questions"(2007년 1월 11일 방송됨)와 Nancy Gibbs, "Pillow angel ethics," *Time* (7 January 2007)에서 인용함.

33 애슐리 프로젝트에 대한 임상 보고서는 Daniel F. Gunther and Douglas S. Diekema, "Attenuating growth in children with profound developmental disability: A new approach to an old dilemma," *Archives of Pediatric & Adolescent Medicine* 260, no. 10 (October 2006)을 보라.

34 아서 카플랜이 2007년 1월 5일에 MSNBC에 기고한 "Is 'Peter Pan' treatment a moral choice?"에서 인용함.

35 〈외과적 불구 만들기〉라는 표현은 "The Ashley treatment" 기사에 대한 반응으로 2007년 1월 6일에 버크하트의 블로그에 게재된 글에서 인용함. 〈차라리 죽이는 편이 낫다〉는 표현은 "The mistreatment of Ashley X," *Family Voyage* (4 January 2007)에서 인용함.

36 FRIDA의 입장 발표는 2007년 1월 10일자 언론 보도 자료 http://fridanow. blogspot.com/2007/01/for-immediate-release-january-10-2007.html 참조.

37 Helen Henderson, "Earthly injustice of 'pillow angels'," *Toronto Star* (27 June 2009) 참조.

38 줄리아 엡스타인의 표현이 실린 기사는 Nancy Gibbs, "Pillow angel ethics," *Time* (7 January 2007) 참조.

39 두 어머니의 말은 2007년 1월 12일 방송된 Elizabeth Cohen의 CNN 보도 "Disability community decries 'Ashley treatment'"에서 가져왔다. 이 방송은 Penny Richards, "Sigh," *Temple University Disability Studies Weblog* (5 January 2007)와 "Nufsaid," "The world has gone completely nuts," *Ramblings* (4 January 2007)를 인용했다.

40 시애틀 성장 억제와 윤리 특별 조사 위원회의 성명은 Benjamin S. Wilfond et al., "Navigating growth attenuation in children with profound disabilities: Children's interests, family decision-making, and community concerns," *Hastings*

Centre Report 40, no. 6 (November~December 2010)에서 가져옴.

41 〈애슐리 치료〉에 대한 대중의 관심이 거슬린다고 한 논문은 Norman Fost, "Offense to third parties?"이고, 반면 〈애슐리 치료〉가 차별적이라고 한 논문은 Eva Feder Kittay, "Discrimination against children with cognitive impairments?" 이다. 두 논문 모두 *Hastings Centre Report* 40, no. 6 (November~December 2010)에 실렸다.

42 MSNBC 설문 조사에 대해서는 2008년 3월 12일자 CNN 보도 "'Pillow angel' parents answer CNN's questions" 참조.

43 대니얼 건서의 말은 Nancy Gibbs, "Pillow angel ethics," *Time* (7 January 2007) 에서 인용함.

44 Peter Singer, "A convenient truth," *New York Times* (26 January 2007)에서 인용함.

45 William Shakespeare's Sonnet 116에서 가져옴.

46 Anne McDonald, "The other story from a 'pillow angel': Been there. Done that. Preferred to grow," *Seattle Post-Intelligencer* (June 15 2007)에서 인용함.

47 세 살 아기의 의사소통 전망이 불확실하다는 인용글은 Miriam A. Kalichman, "Replies to growth-attenuation therapy: Principles for practice," *Pediatrics* (18 June 2009)에서 가져왔다.

48 Alice Domurat Dreger, "Attenuated thoughts," *Hastings Centre Report* 40, no. 6 (November~December 2010)에서 인용함.

49 노먼 쿤을 인터뷰한 기사 Michael F. Giangreco, "The stairs don't go anywhere! A disabled person's reflections on specialized services and their impact on people with disabilities," University of Vermont (7 September 1996) (http://www.normemma.com/articles/arstairs.htm)에서 인용함.

50 〈학살〉이 언급되는 장애 관련 문헌으로 1992 영국 공개 대학 강의 요강 Constructing Deafness: Social Construction of Deafness: Deaf People as a Minority Group—the Political Process에 들어 있는 Paddy Ladd and Mary John, "Deaf people as a minority group: The political process"와 Harlan Lane, "Ethnicity, ethics and the deaf-world," *Journal of Deaf Studies & Deaf Education* 10, no. 3 (Summer 2005)와 Bridget Brown's letter to the *Chicago Tribune* and *Time* magazine, *Down's syndrome Development Council Forum* 6, (March 2007), 3쪽 참조.

51 프랭크 샨에 관한 서술은 Peter Singer, *Rethinking Life and Death: The Collapse*

of Our Traditional Ethics (1994), 38~56쪽 참조. 샨 박사를 인용한 문장은 같
은 책 42쪽에 나온다.

52 Peter Singer, *Practical Ethics*, 2nd ed. (1993), 191쪽에서 인용함. 싱어가 인간
에 대해 내린 정의는 같은 책 86~87쪽 참조.

53 Peter Singer, "Sanctity of life or quality of life?," *Pediatrics* 72, no. 1 (July
1983), 128쪽에서 인용함.

54 밀러 가족의 시련에 관해서는 〈밀러 대 HCA 주식회사 118 S.W.3d 758〉 (Tex.
2003)사건에 대한 텍사스 주 대법원의 견해(http://www.supreme.courts.state.
tx.us/historical/2003/sep/010079.pdf)에서 가져왔다. 또한 Kris Axtman, "Baby
case tests rights of parents," *Christian Science Monitor* (27 March 2003)를 보라.

55 Not Dead Yet et al., "Brief of amici curiae in support of respondents," *Miller v.
HCA, Inc.*, Civil Action No. 01-0079 (Supreme Court of Texas, filed 21 March
2002) (http://www.notdeadyet.org/docs/millerbrief.html) 참조.

56 Dave Reynolds, "Who has the right to decide when to save the sickest babies?,"
Inclusion Daily Express (14 June 2002)에서 인용함.

57 엘런 라이트 클레이튼과 조지 아나스를 인용한 부분은 Kris Axtman, "Baby case
tests rights of parents," *Christian Science Monitor* (27 March 2003)에서 가져옴.

58 〈베커 대 슈왈츠 *Becker v. Schwartz*, 46 N.Y.2d 401〉 (1978) 사건에 대한 뉴욕 주
최고 법원 판결문은 Adrienne Asch와 Erik Parens가 편집한 *Prenatal Testing and
Disability Rights* (2000)에 들어 있는 Pilar N. Ossorio, "Prenatal genetic testing
and the courts," 320쪽에 인용되어 있다.

59 이 구절은 2006년에 줄리아 홀랜더와 가진 인터뷰와 그 후의 교류, 또한 그녀가 쓴
책 *When the Bough Breaks: A Mother's Story* (2008)를 바탕으로 했다.

60 줄리아 홀랜더의 〈지옥의 변방에서는 아기들이 죽어서 ……〉로 시작하는 인용은
Julia Hollander, *When the Bough Breaks: A Mother's Story* (2008), 22쪽에서 가
져왔다.〈달도, 촛불도 없는 칠흑 같은 밤에 ……〉로 시작하는 인용은 같은 책 69쪽
에서 가져왔다.

61 타니아 빌을 인용한 부분은 모두 Tania Beale and Julia Hollander, "A tale of two
mothers," *Guardian* (8 March 2008)에서 가져옴.

62 크리스 보스윅을 인용한 부분은 그가 쓴 기고문 "The proof of the vegetable,"
Journal of Medical Ethics 21, no. 4 (August 1995), 205쪽과 207쪽에서 가져옴.

63 관계에 대한 유대교적 신의 개념을 탐구한 책으로 *Martin Buber, I and Thou*

(2000) 참조. 예를 들어 49쪽에 나오는 〈신은 내 안이 아니라 나와 당신 사이에 있다〉 참조.

64 내가 2010년에 매기 로빈스와 나눈 사적인 대화에서 인용함.

65 동물 세계의 양육에 대해 보다 많은 정보를 보려면 Susan Allport, *A Natural History of Parenting: A Naturalist Looks at Parenting in the Animal World and Ours* (1997) 참조.

66 아니 르클레르와 다프네 드 마르네프를 인용한 부분은 각각 Daphne de Marneffe, *Maternal Desire: On Children, Love, and the Inner Life* (2004), 90쪽과 82쪽에서 가져왔다.

67 Sigmund Freud, *On Narcissism: An Introduction* (1981), 91쪽에서 인용함.

68 모자 관계에 대한 안나 프로이트의 생각을 보려면 *The Harvard Lectures* (1992), 특히 강의 5, "Stages of development" (65~78쪽)를 보라.

69 Rozsika Parker, *Torn in Two: The Experience of Maternal Ambivalence* (1995, 2005) 참조. 〈참견의 스킬라 바위와 무시의 카리브디스〉는 140쪽에, 〈일종의 슬픔〉은 45쪽에 나온다.

찾아보기

가너, 크레이그 C.Garner, Craig C. 364

「가디언The Guardian」 259, 711

가성 연골 무형성증 238, 286

가정 폭력 129

『가족의 이례적인 아이The Exceptional Child in the Family』 647

가족 치료 551

가톨릭 21, 140, 254, 292, 294

가필드(뉴저지) 423

가필드, 폴라Garfield, Paula 188

간 기능 561

간성(間性) 192

간질 312, 391, 449, 452, 454, 478, 704, 713

간질 발작 704, 713

갈로뎃 대학 99, 101, 109, 116, 118, 128, 144, 148, 156, 172, 185, 198, 201, 206, 209

갈로뎃, 토머스 목사Gallaudet, Rev. Thomas 100

감각 통합 치료 477

감마아미노뷰티르산(GABA) 566

『감시와 처벌Discipline and Punish』 299

강간 21, 26, 36, 44, 52, 78, 83, 84, 89, 445, 576, 622, 699

강박 401, 436, 450, 477, 620

강박 장애 450

개념상 정확한 수화 영어 156

거대세포 바이러스 176, 177

거세 484

거식증 72, 73

거식증 옹호 운동 72

거울 신경 442

거츠, 지니Gertz, Genie 130

건서, 대니얼Gunther, Daniel 688, 689, 690, 693

게놈 66, 451

게리, 다이앤Garey, Diane 208

게슈윈드, 대니얼Geschwind, Daniel 454, 461

게이 모르몬교도 91

경계성 인격 장애 620

경조증 620

고대 그리스 265, 299

고도의 신뢰성을 갖춘 자폐 진단용 관찰 기준–개론ADOS-G 461

고아원 175, 176, 458

고정관념 258, 403, 532

고트킨, 재닛Gotkin, Janet 555

고프먼, 어빙Goffman, Erving 63, 561

골격 이형성증 240, 291

『곰돌이 푸Winnie-the-Pooh』 34

공동 생활 가정 323, 384, 409, 412, 413, 414, 415, 465, 487, 556, 575, 576, 607, 642, 643, 645, 646, 668, 669, 695

공무원 동거 파트너에 대한 혜택 제한 법령 44

공화당원 91

공화당 전당대회(2000) 386

공황 발작 31, 478, 491

과립구 감소증 558

과실치사 644

과잉 활동 439

과테말라 674

관계에 기초한 발달적, 개인적 차이 모델 477

교육 위원회 106, 351, 512

구개 파열 74, 75, 76, 239, 276, 278

9/11 테러 357, 368

국립 장애인 협회YAI 337

국립 정신보건 연구소 400, 451, 467, 468, 488, 504, 551, 605

국립 청각장애인 기술대학 148, 156

국제 조기 정신병 학회 568

군인처럼 포복하기 241

굴드, R. 맥스Gould, R. Max 98, 110

굴드 농장 623, 624

굿윈, 베치Goodwin, Betsy 339, 340, 341, 342

굿윈, 카슨Goodwin, Carson 339, 340, 341, 342, 348

귓병 240

그라브, 제이컵Grabe, Jacob 520

그랜드센트럴 역 617

그랜딘, 템플Grandin, Temple 417, 419, 489, 490, 491, 492, 493, 505, 517

그루프먼, 제롬Groopman, Jerome 652

그리니치(코네티컷) 341

그리스 신화 420, 579

그린가드, 폴Greengard, Paul 363

그린, 마이클 포스터Green, Michael Foster 618

그린버그, 앤Greenberg, Ann 331

그린스펀, 스탠리Greenspan, Stanley 477

그린커, 로이 리처드Grinker, Roy Richard 500, 507

그릴리, 루시Grealy, Lucy 73, 74, 75

근간대 경련 373

근시 21, 301, 302

근친상간 141

글래스, 필립Glass, Philip 420, 489

글레이저, 개브리엘Glaser, Gabrielle 598

글리크먼, 닐Glickman, Neil 121

글릭만, 켄Glickman, Ken 129

기대 수명 334, 669

기독교 24, 45, 83, 154, 217, 271, 272, 711

「기차 여행Taking the Train」 633

기퍼즈, 개브리엘Giffords, Gabrielle 606, 607

●

나소 카운티 정신 건강 협회 487

「나의 언어로In My Language」 506

나이만, 알렉Naiman, Alec 131

『나이절 헌트의 세상: 몽고증 소년의 일기The World of Nigel Hunt: The Diary of a Mongoloid Youth』 386

나이지리아 589

나지어, 캠란Nazeer, Kamran 442, 459, 479

나치 118, 192

낙관주의 57, 92, 562

난독증 28, 29, 73, 498, 622

남아프리카공화국 79, 599

『낯설지 않은 아이들Unstrange Minds』 500

『내 눈을 봐Look Me in the Eye』 419

내반족 75, 239, 276, 278, 485, 692

내시, 애나 리비아Nash, Anna Livia 420, 421, 422, 423, 424, 425

냉전 211

네덜란드 309, 310, 311, 319, 356, 402, 565

「네덜란드에 오신 것을 환영합니다Wel-come to Holland」 309, 310, 319, 356, 402

네이멘, 아리Ne'eman, Ari 419, 495, 496

네이선, 데이비드Nathan, David 582

네일러, 세라Naylor, Sarah 520

네일러, 젠Naylor, Jan 520

노르에피네프린 363, 566

노숙인 194, 351, 587, 596

『놀라운 육체Extraordinary Bodies』 233

놀란, 크리스토퍼Nolan, Christopher 709, 716

농구 394

『농문화에 희생된 아이A Child Sacrificed to the Deaf Culture』 120

농신분 206

농인 극장 206

농인 미스 아메리카 대회 130

농인의 발성 교육 촉진을 위한 전미 협회 (AAPTSD) 101

농인 조종사 협회 131

뇌량 392

뇌성마비 188, 189, 333, 409, 671, 679, 681, 683, 686, 698, 710

뇌수종 82, 240, 242, 291, 654

뇌엽 절리술 554, 555

뇌전도EEG 638

뇌출혈 700

뇌하수체 222, 235, 242, 299, 300, 399

뇌하수체 소인증 222, 299, 399

「누가 버지니아 울프를 두려워하랴?Who's Afraid of Virginia Woolf?」 476

뉴딜 정책 330

뉴로다이버서티닷컴neurodiversity.com
    498

뉴, 마리아New, Maria 46

「뉴스데이Newsday」 250

『뉴스위크Newsweek』 370

『뉴요커The New Yorker』 44, 598, 652

『뉴욕New York』 40, 44

뉴욕 대교구 390

뉴욕 대학 아동 연구 센터 495

뉴욕 시 교통국 283

뉴욕 자폐증 센터 437

뉴욕 자폐증 센터 차터스쿨 437

뉴욕 주 59, 91, 97, 189, 324, 333,
    383, 389, 443, 568, 674

뉴욕 주 상원 91, 268

「뉴욕 타임스The New York Times」 21, 36,
    59, 97, 118, 140, 225, 235, 268,
    287, 290, 301, 364, 383, 475, 496,
    521, 598, 608, 693

『뉴욕 타임스 매거진The New York Times
    Magazine』 226

「뉴욕 포스트New York Post」 331

뉴지보른, 로버트Neugeboren, Robert 619

뉴지보른, 제이Neugeboren, Jay 619, 716

뉴클레오티드 238

뉴턴, 아이작Newton, Sir Isaac 508

니부어, 라인홀드Niebuhr, Reinhold 72

니스트 이형성증 301, 302, 303, 305

닉슨, 리처드 M.Nixon, Richard M. 143

다낭성 신장 질환 82

다면발현성(多面發現性) 유전자 452

다문화주의 63, 204

다운, 존 랭던Down, John Langdon 327

다운증후군 26, 52, 57, 81, 82, 88, 89,
    150, 230, 309, 311, 312, 313, 314,
    316, 317, 318, 319, 320, 321, 323,
    325, 326, 327, 328, 329, 331, 332,
    333, 334, 336, 337, 338, 339, 340,
    341, 342, 343, 344, 345, 346, 347,
    349, 350, 352, 353, 354, 355, 356,
    357, 358, 359, 360, 361, 362, 363,
    364, 365, 366, 367, 368, 369, 370,
    371, 374, 375, 376, 378, 380, 382,
    384, 385, 386, 387, 388, 389, 390,
    391, 392, 393, 394, 395, 399, 450,
    476, 529, 549, 630, 650, 651, 652,
    700, 716

다저스 185, 186

다하우 458

단식투쟁 599

달라이 라마 94

달튼, 메리D'Alton, Mary 216

달팽이관 75, 117, 134, 168, 182,
    202, 203, 207

담배 471, 577, 587, 593, 594, 612

당뇨병 472, 601

대로, 클래런스Darrow, Clarence 53

대법원 106, 328

대통령 생명 윤리 자문 위원회 344

댄디-워커 증후군 662

댄스 뉴잉글랜드 376

덕워스, 케네스Duckworth, Kenneth 588

데메테르 420

데 비보, 데릴De Vivo, Darryl 671

데사 콜록 158

데이비스, 레너드Davis, Lennard 107

데이비슨, 래리Davidson, Larry 579

데커, 토머스Dekker, Thomas 597

데파코트 413, 619

덱사메타손 46

덴마크 61, 488

덴마크, 클라크Denmark, Clark 157

덴버 사회 지원 그룹 590

도스, 다니엘라Dawes, Daniela 520

도스, 제이슨Dawes, Jason 520

도슨, 제럴딘Dawson, Geraldine 456

도쿄 486

독순술 22, 101, 104, 106, 112, 124, 134, 135, 184, 185, 189

독일 251, 330, 386, 417, 618

동류 교배 449

동시 의사소통 155

동유럽 210, 260

『둘로 찢긴Torn in Two』 718

드그룻, 크리스토퍼DeGroot, Christopher 520

드레거, 앨리스 도무랫Dreger, Alice Domu-rat 76, 697

드레이크, 스티븐Drake, Stephen 522

드 마르네프, 다프네de Marneffe, Daphne 717

디랙, 폴Dirac, Paul 25

디에케마, 더글러스Diekema, Douglas 689

DFNB1 유전자 118

DNA 117, 550

디킨슨, 에밀리Dickinson, Emily 542

딘클리지, 피터Dinklage, Peter 257

따돌림 339

라디오색 445

라디오시티 257, 258

라이트, 더그Wright, Doug 92

라잉, 로널드 D.Laing, R. D. 561

라틴계 30, 41, 216

라파미신 454

래니어, 일레인Lanier, Ilene 437

래드, 패디Ladd, Paddy 192

래핀, 이사벨Rapin, Isabelle 416, 461, 494

『랜싯The Lancet』 468, 469

랭리 포터 정신병원 534, 535

랭커스터 251, 252, 508, 510, 512, 515, 516

러셀, 윌리엄 워커 3세Russell, William Walker, III 375

러시아 88, 103, 130, 290, 292, 412

러트거스 대학 510

러프너, 재러드Loughner, Jared L. 606, 607, 608, 609

런던 62, 79, 127, 229, 442, 479

레밍, 콜건Leaming, Colgan 369

레브너, 대니얼Leubner, Daniel 519

레비, 데버러Levy, Deborah 547, 579

레비츠, 미첼Levitz, Mitchell 386

레에지드타야 425

레위기(구약) 265

레이건, 로널드Reagan, Ronald 332, 343

레이놀즈, 데이브Reynolds, David 522

레인, 할란Lane, Harlan 133, 192, 207

레즈햅ResHab 323

레트 증후군 454, 455

레프, 츠비아Lev, Zvia 521

렉싱턴 센터 97, 98, 99, 101, 108, 110

렌퀴스트, 윌리엄Rehnquist, William 106

로드아일랜드 디자인 스쿨RISD 610

로랑(사우스다코다) 204

로마 100, 300, 330, 457

로바스, 이바Lovaas, O. Ivar 423

로비슨, 존 엘더Robison, John Elder 419,
    442, 489

로빈스, 매기Robbins, Maggie 716

로스앤젤레스 120, 141, 144, 145,
    146, 164, 165, 420, 609

로스앤젤레스 카운티 교도소 609

로스, 앨런 O.Ross, Alan O. 647

로웰, 에드거 L.Lowell, Edgar L. 120

로즈, 제니어Rose, Xenia 615

로큰롤 623

롤로프, 맷Roloff, Matt 224

롤로프, 에이미Roloff, Amy 224, 225

롤로프, 자크Roloff, Zach 225

롤로프, 제러미Roloff, Jeremy 225

롤린스 대학 534

롱아일랜드 38, 256, 280, 486, 552,
    673, 674, 676

롱아일랜드 유대인 병원 552

루드너, 에런Rudner, Aaron 129

루딕, 윌리엄Ruddick, William 65

루마니아 458

루미 94

루벤, 로버트Ruben, Robert 173

루이스, 제리Lewis, Jerry 69

루터, 마르틴Luther, Martin 427

루프론 484

르완다 84

르죈, 제롬Lejeune, Jérôme 328

르클레르, 아니Leclerc, Annie 717

리노(네바다) 234

리드 아카데미 423, 424, 425

리들리, 맷Ridley, Matt 52

리버먼, 제프리Lieberman, Jeffrey 568,
    586

리버사이드(캘리포니아) 145

리버스, 조앤Rivers, Joan 258

리버 클리닉 546

리슈, 닐Risch, Neil 473

리스페달(리스페리돈) 413, 430, 439, 622

리, 아이린Leigh, Irene 200

리처드슨, 존Richardson, John 301

리치, 토마토Lichy, Tomato 188

리커, 루스Ricker, Ruth 236, 250

리트, 에소Leete, Esso 590

리히텐슈타인 32, 33

릴케, 라이너 마리아Rilke, Rainer Maria
    577

림랜드, 버나드Rimland, Bernard 417

링컨, 에이브러햄Lincoln, Abraham 101

마돈나 282

마리화나 566, 581, 683

마서스 비니어드 101

마시, 다이앤Marsh, Diane 520

마인드프리덤 인터내셔널 599

마크로, 패트릭Markcrow, Patrick 520

말괄량이 243

말단 소립 56

말러, 마거릿Mahler, Margaret 416

『말을 타는 소년The Horse Boy』 482

매드 프라이드 운동 598, 599, 600,
601, 602, 603, 630

매사추세츠 101, 178, 215, 218, 287,
327, 422, 429, 430, 575, 588, 591,
592, 609, 623, 640

매사추세츠 교정국 609

매사추세츠 대학 287, 429

매사추세츠 종합병원 592

『매사추세츠 주 의회에 제출된 1848년
보고서Report Made to the Legislature
of Massachusetts』 327

매스레지스턴스 45

매스턴, 앤Masten, Ann S. 56

매스 헬스 431

MAGIC 재단 224

매춘부 40, 504

매카시, 제니McCarthy, Jenny 471

매카이, 앤MacKay, Anne 38

매캐런, 캐런McCarron, Karen 522

매캐런, 케이티McCarron, Katie 522

매클로플린, 재니스McLaughlin, Janice
344

맥거번, 캐미McGovern, Cammie 521

맥글라샨, 토머스McGlashan, Thomas
568, 569, 570

맥도널드, 로이 J.McDonald, Roy J. 91

맥도널드, 앤McDonald, Anne 695, 696,

697, 716

맥린 537, 538, 539, 540, 560, 580

맥쿠식, 빅터McKusick, Victor 238

맨해튼 부모 지원 그룹 389, 390

머리노, 루Marino, Lou 153

머킨, 루이스Merkin, Lewis 116

머피, 로런스 C. 신부Murphy, Rev. Law-
rence C. 140

멀린스, 에이미Mullins, Aimee 78

메릴랜드 농아학교 197

메릴랜드 의사 협회 484

메만틴 363

메스암페타민 566

메이버그, 헬렌Mayberg, Helen 554

메이어딩, 제인Meyerding, Jane 506

메트로폴리탄 오페라단 667

멜라릴(티오리다진) 478, 545, 622

명왕성 301

모라스, 잉게Morath, Inge 329

모르쿠오증후군 289

모리슨, 짐Morrison, Jim 537

모블리, 윌리엄 C.Mobley, William C. 363

모스크바 88

모차르트, 볼프강 아마데우스Mozart,
Wolfgang Amadeus 316, 508

목덜미 반투명 검사 313, 361

몬디니 기형 134, 137

몬테소리, 마리아Montessori, Maria 330

몬테소리 유치원 152, 263

몬트리올 자폐증 협회 519, 521

몰, 게리Mowl, Gary 156

몰든 592, 593, 594

몰턴, 스테퍼니Moulton, Stephanie 606, 607

몰턴, 아든Moulton, Arden 339, 340, 386

몽고증 313, 327, 328, 334, 386

몽골 482

무신론 71

무어 클리닉(존스 홉킨스) 262

물리치료 278, 305, 372, 389, 405, 657, 681, 699, 713

미국 교육부 466

미국 농인 교육지도 시설AAEID 101

미국 보건복지부 317, 386

미국 산부인과 학회ACOG 361

미국 상원 555

미국 수화ASL 101, 109, 116, 120, 129, 132, 152, 154, 156, 157, 158, 166, 178, 179, 180, 185, 197, 198, 201, 204, 206, 207, 211, 664

미국 수화 협회 664

미국 의사 협회AMA 690

미국의 작은 사람들LPA 215, 216, 217, 218, 219, 220, 221, 222, 224, 228, 233, 234, 235, 236, 237, 238, 241, 246, 247, 248, 249, 250, 251, 252, 254, 255, 257, 258, 261, 263, 264, 265, 266, 267, 273, 274, 283, 286, 287, 288, 289, 291, 293, 297, 596, 630

미국 의회 332

미국 자폐아동 협회 417

미국 자폐증 협회 466, 516

미국 장애인법ADA 62, 133, 233, 284, 332, 605

미국 장애인 협회 343

미국 정신 건강 연구 협회 545

미국 정신의학회APA 418, 599, 600

미네소타 303, 404

미니애폴리스 405

미드, 마거릿Mead, Margaret 328

미들타운 646

미스키비츠, 야드비가Miskiewicz, Jadwiga 519

미시간 44, 90, 256, 258, 302, 304, 670

미시간 대학 병원 302, 304

미지트midget 234, 235, 259

미첼, 데이비드Mitchell, David 62

미첼, 줄리엣Mitchell, Juliet 427

미토콘드리아 관련 장애 117, 471

민족성 20, 174, 216, 231

밀라노 회의 101, 106

밀러, 마빈 T.Miller, Marvin T. 204

밀러, 아서Miller, Arthur 329

밀러, 폴 스티븐Miller, Paul Steven 233, 255

ㅂ

바넘, P. T.Barnum, P. T. 235

바르톨리, 체칠리아Bartoli, Cecilia 666, 667

『바보가 되다Send in the Idiots』 442

바스무트, 존Wasmuth, John 286

바, 아마도우 함파테Bâ, Amadou Hampâté 209

바우먼, 더크슨Bauman, Dirksen 118

바우어, 브루스Bauer, Bruce 75

바위올렉, 앨런Barwiolek, Alan 129

바이든, 조지프Biden, Joe 63

바이바이bilingual and bicultural approach
131, 132, 197

바처스, 잭Barchas, Jack 569

바클로펜 713

바한, 벤저민Bahan, Benjamin 156

바흐, 요한 세바스티안Bach, Johann Sebas-
tian 316

반스앤노블 321, 325, 371

반항성 장애 353

발달 장애 171, 324, 383, 422, 429,
436, 456, 462, 543, 651

발달 지체 653

발리 84, 158, 159, 160, 174

방부제 468, 483

배런-코언, 사이먼Baron-Cohen, Simon
457, 504

배변 36, 379, 426, 486, 487, 505, 506

배변 실금 36

배클러, 퍼트리샤Backlar, Patricia 552

백스, 어맨다Baggs, Amanda 428, 506

백혈구 182, 472, 558

밴쿠버 385

밴크로프트 스쿨 509

밸프로에이트 449

버니언, 존Bunyan, John 554

버디워크 342

버밍엄 아동 병원 243

버뱅크 146

버치, 수전Burch, Susan 63

버크, 크리스Burke, Chris 386, 387, 388

버크, 테레사 블랭크메이어Burke, Teresa

Blankmeyer 187

버틀링, 톰Bertling, Tom 120

번스, 래리Burns, Larry A. 608

법 집행 256

『벚꽃 동산The Cherry Orchard』 482

베개 천사 687, 691, 693, 696

베디츠, 조지Veditz, George 102

베스 이스라엘 병원 260

베스트, 존Best, John, Jr 501

베어먼, 앤디Behrman, Andy 619

「베이루트에 오신 것을 환영합니다」 402

베이비 도우 개정안 343

베이트슨, 그레고리Bateson, Gregory 551

베인턴, 더글러스Baynton, Douglas 105

베텔하임, 브루노Bettelheim, Bruno 53,
416, 458

베트남 157, 176, 177, 251, 540

벡, 마사Beck, Martha 368, 387

벡, 제임스Beck, James 605

벤덜리, 베릴 리프Benderly, Beryl Lieff
120

벨, 알렉산더 그레이엄Bell, Alexander Gra-
ham 101, 117

벵칼라(발리) 158, 159, 160, 162,
163, 164, 205

보먼, 마거릿Bauman, Margaret 458

보스윅, 크리스Borthwick, Chris 715, 716

보스턴 대학 202, 703

보스턴 아동 병원 430, 468, 640

보족적(補足的) 소득 보장SSI 372

보험회사 75, 89, 430, 467, 476,
524, 613, 614, 653

복수 579, 624

볼더 카운티 에이즈 프로젝트 177

볼비, 존Bowlby, John 330

볼타, 알레산드로Volta, Alessandro 168

부드로, 패트릭Boudreault, Patrick 102, 171, 192, 204

부시, 조지 W.Bush, George W. 344, 386

부신피질 자극 호르몬 주사 372

부적당한 행성 웹사이트 494

북부 버지니아 리소스 센터 121

불면증 241

불법 이민자 27

불임 61, 62, 101, 312, 321, 328, 333, 346, 388, 433

브래그, 버나드Bragg, Bernard 130

브레긴, 피터Breggin, Peter 600

브레이븐, 필Bravin, Phil 109, 110

브레이크 댄스 79, 217

브루베이커, 조이스Brubaker, Joyce 129

브리데로, 롤프Brederlow, Rolf (Bobby) 386

브리스토, 마르카Bristo, Marca 343

브리지워터 주립 병원 594

브릿, 게이브리얼Britt, Gabriel 519

블랙워치 627

블랜차드, 레이Blanchard, Ray 45, 46

블레, 샤를-앙투안Blais, Charles-Antoine 518, 521

블레이크, 윌리엄Blake, William 130

블로일러, 오이겐Bleuler, Eugen 416, 546

블로츠, 낸시Bloch, Nancy 118

블룸, 하비Blume, Harvey 497

비관주의 57

비뇨기 이상 653

비만 71, 83, 312, 537

BBCBritish Broadcasting Corporation 288

비숍, 린다Bishop, Linda 598

비스페놀-A 472

비어, 어거스트Bier, August 462

비엔버뉴, 엠제이Bienvenu, MJ 116, 119, 131, 132

『비즈니스 위크Business Week』 169

비트겐슈타인, 루트비히Wittgenstein, Ludwig 26

비트루비우스Vitruvius 300

빠른 프롬프팅 방법RPM 477

「뻐꾸기 둥지 위로 날아간 새One Flew Over the Cuckoo's Nest」 604

❖

사산(아) 311

사우스다코타 204, 205

『사이언스Science』 202

사전트, 지니Sargent, Ginny 224

4중 검사 312

사즈, 토머스Szasz, Thomas 562

사체 성애(자) 41

사춘기 22, 54, 85, 125, 126, 237, 238, 243, 246, 248, 264, 296, 297, 319, 339, 375, 430, 484, 491, 529, 543, 544, 566, 569, 667, 669, 688

사피어-워프 가설 119

사형 44, 328, 599, 608, 716

사회 경제적 지위 70, 231

사회 기능 및 커뮤니케이션 장애 진단용

문진DISCO 461

사회보장 133, 324, 447, 523, 637

사회보장법(1935) 330

사회 언어학 119

사회적 고립 647, 660

삭스, 엘린Saks, Elyn 567, 597

산아 제한 49

산업화 이전 사회 61

『살롱Salon』 259

살충제 449

『삶과 죽음의 재고Rethinking Life and Death』 700

「삶은 계속된다」 374, 386, 388

35delG 돌연변이 118

3중 검사 312

상상주의Imaginationism 222, 416

상어 202

『상해의 증거Evidence of Harm』 470, 503

상호 교차성 90

「새로운 탄생The Big Chill」 146

『새터데이 이브닝 포스트Saturday Evening Post』 331

새파이어, 윌리엄Safire, William 301

색스, 올리버Sacks, Oliver 517

색스턴, 마샤Saxton, Marsha 65

샘버그, 마이클Shamberg, Michael 141, 142, 143, 144, 145, 146, 147, 148, 149, 151

샘버그, 제이컵Shamberg, Jacob 141, 142, 143, 144, 145, 146, 147, 148, 149, 150

『생물학적 정신의학Biological Psychiatry』 549, 563

생일 파티 30, 31, 115, 682

생하비, 다르섹Sanghavi, Darshak 287

생활 연구소 557

샨, 프랭크Shann, Frank 700

샬러, 수전Schaller, Susan 104

섀넌, 빌Shannon, Bill 79

『서른 개의 슬픈 내 얼굴Autobiography of a face』 73

서번트 457, 489

서아프리카 209

선-라이즈Son-Rise 프로그램 482

선천성 척추골단 이형성증SED 238, 239, 269, 286

선천적 결손증 313, 653

성장 억제 240, 691, 692, 695, 696

성장 제한 치료 692

성장 지체 653

성장 호르몬 50, 222, 242, 251, 252, 299, 300

성적 학대 139, 141, 354

성차별 90

성형수술 75, 354

세갱, 에두아르Séguin, Édouard 326, 327

세계보건기구WHO 589

세계 유전학 회의 328

세네갈 590

세례 638, 708

세로토닌 473, 478, 499, 566

세로토닌 재흡수 억제제SSRIs 478

세밧, 조너선Sebat, Jonathan 452

「세사미 스트리트Sesame Street」 316, 511, 658

세이어스, 에드나 이디스Sayers, Edna Edith 206

SafeMinds(Sensible Action For Ending Mercury-Induced Neurological Disorders) 400

세포와 분자 청능 연구소 202

셀레브리티 어프렌티스 258

셰이퍼, 레니Schafer, Lenny 471, 501

『셰이퍼 오티즘 리포트Schafer Autism Report』 471, 501

셰익스피어, 톰Shakespeare, Tom 288

셰필드 대학 203

소라진 554, 555, 575

소비에트 88, 211

『소아과 및 청소년 의학Archives of Pediatrics & Adolescent Medicine』 690

『소아과학Pediatrics』 697

소아 성애 37

『소아 자폐증Infantile Autism』 417

소아 정신분열증 416

「소인과 커다란 세상Little People, Big World」 224

『소인들의 삶The Lives of Dwarfs』 216, 265

「소인들의 진솔한 이야기Dwarfs: Not a Fairy Tale」 226

소인 자녀를 둔 부모들과 소인증(야후 토론 그룹) 266

소인 자녀를 둔 부모들(단체) 237, 248, 262, 263, 266

소인 재단 248

『소인증The Dwarfism』 216

손, 소킬Sonne, Thorkil 488

솔닛, 앨버트Solnit, Albert 329

솔로몬, 주디스Solomon, Judith 648

숍시, 딕Sobsey, Dick 86

숀, 앨런Shawn, Allen 678

수두 백신 471

수면제 481

수서, 에즈라Susser, Ezra 589

수은 468, 474, 475, 483

수자, 시릴D'Souza, Cyril 566, 590

수직적 정체성 20, 24, 34, 61, 207, 249

수초 형성 312

수평적 정체성 21, 24, 26, 27, 44, 46, 47, 49, 55, 61, 69, 72, 84, 93, 94, 207, 249, 317, 598, 699

『수화의 구조Sign Language Structure』 102

슈라이버, 유니스 케네디Shriver, Eunice Kennedy 331

슈라이브만, 로라Schreibman, Laura 467

스나이더, 샤론Snyder, Sharon 62

스미스, 버논Smith, Vernon 497

스미스소니언 120

스미스, 스티븐 R.Smith, Steven R. 71

스미스, 윈디Smith, Windy 386

스웨덴 193, 385, 566

스위스 61, 301, 416, 546, 615

스코지, 케이트Scorgie, Kate 86

스콧, 주디스Scott, Judith 386

스타크, 메리Stark, Mary 329

스태커, 힌리츠Staecker, Hinrich 203

스태튼 섬 256

스테이너, 데이비드Stayner, David 579

스테이블, 율리시스Stable, Ulysses 520

스테이블, 호세Stable, Jose 520

스테이트, 매튜State, Matthew 451

스토키, 윌리엄Stokoe, William 102, 119

스트라몬도, 조Stramondo, Joe 233, 258, 287

『스티그마Stigma』 63

스티븐스, 윌리스Stevens, Wallace 7

스틸먼, 브루스Stillman, Bruce 475

스퍼벡, 재러드Spurbeck, Jared 91

스페셜 올림픽 63, 189, 335, 666

스페이드, 로빈Spade, Robin 479, 480, 481

스페이드, 브루스Spade, Bruce 479, 480, 481, 482

스페이드, 해리엇Spade, Harriet 479, 480, 481

스페인 30, 57, 166, 234, 258, 316, 634, 635

스펜스, 세라Spence, Sarah 504

스프링필드 256

스피겔, 바버라Spiegel, Barbara 222, 231, 235

스피처, 월터Spitzer, Walter O. 427

『슬레이트Slate』 426

승마 229, 672

시겔, 브리나Siegel, Bryna 476

시냅스 제거(가지치기) 544

시민권 47, 284, 331

시버스, 토빈Siebers, Tobin 54, 90

시설증 60

시쇼어 하우스 509

시, 스콧Sea, Scott 426

시스텍, 존Shestack, John 459

시신경 138, 663

시애틀 성장 억제와 윤리 특별 조사 위원회 692

시애틀 아동 병원 688, 689, 692

『시애틀 포스트 인텔리전서Seattle Post-Intelligencer』 696

시저, 베렐Caesar, Berel 562

시카고 62, 75, 522

「시카고 트리뷴Chicago Tribune」 522

『시크릿The Secret』 551

신경 과학 363, 364, 474, 560

신경 다양성 403, 404, 428, 471, 493, 494, 496, 497, 498, 499, 500, 501, 502, 503, 504, 505, 506, 508, 596

『신경 독성학NeuroToxicology』 475

신경 보호제 569

신경 섬유종증 454

신경쇠약 253, 627

신경 이완제 399, 555

신경 장애 134, 601

신경전달물질 363, 448, 456, 548, 566, 567, 619

신경 촬영 103, 554

『신경학Archives of Neurology』 715

신경학자 243, 517, 546

신시내티 인콰이어러 520

『실천 윤리학Practical Ethics』 701

심맹(心盲) 441, 442

심부전 87, 483

심장 부정맥 561

심장 질환 311, 471

12단계 재활 프로그램 72

싱어, 앨리슨 테퍼Singer, Alison Tepper 434, 501

싱어, 주디Singer, Judy 497, 502

싱어, 피터Singer, Peter 343, 693, 700, 701, 714

쌍둥이 76, 436, 440, 450, 451, 472, 473, 540, 548

『쌍둥이Twin』 678

씨족 체제 158

ㅇ

아나스, 조지Annas, George 703

아널드, 게리Arnold, Gary 233

아동기 붕괴성 장애 418

아동기 자폐 평정 척도CARS 461

아동 학대 178, 343, 525

아리스토텔레스 102

아메니아(뉴욕) 320

『아메리칸 사이코로지스트American Psychologist』 56

아미시 215

아베롱의 야생 소년 326

아비-다르감, 아니사Abi-Dargham, Anissa 567

아스퍼거 증후군 417, 418, 442, 443, 462, 474, 494, 495, 496, 497, 498, 499, 506, 620

아스퍼거, 한스Asperger, Hans 417

아이스너, 마이클Eisner, Michael 152

아인슈타인, 알베르트Einstein, Albert 202

아일랜드 신화 427

아카족 259

아테네 447

아프리카 31, 127, 209, 259

아프리카계 미국인 31, 47, 62, 77, 98, 164, 168, 463

안데르센, 한스 크리스티안Andersen, Hans Christian 508

안드레아센, 낸시Andreasen, Nancy 563

안드로겐 457

안아 주기 치료 482

안토노프스키, 애런Antonovsky, Aaron 55

알베르트 아인슈타인 메디컬 센터 202

RNA 313

알츠하이머병 312, 363, 447, 449, 529

알코올 72, 486, 566, 573

알코올중독 72, 486, 573

알코올중독자 모임(AA: 익명의 알콜중독자) 72, 486

앙드리, 니콜라Andry, Nicholas 299

『애덤을 기다리며Expecting Adam』 368

『애도와 멜랑콜리아Mourning and Melancholia』 651

애리조나 185, 186, 606

애리조나 대학 185

애블론, 조앤Ablon, Joan 248, 249, 268

애슈빌의 근본적인 정신 건강 단체 599

애슐리 엑스Ashley X 686, 687, 688, 689, 690, 691, 692, 693, 694, 695, 696, 697, 698, 699, 714

애슐리 치료법 686, 690, 692, 693, 694, 695, 698

애시, 에이드리언Asch, Adrienne 343, 344

『애착 안내서Handbook of Attachment』 648

애틀랜타 연방 청구 법원 471

『애틀랜틱 먼슬리The Atlantic Monthly』

329

앤드루스, 나이절Andrews, Nigel 85

앨런, 우디Allen, Woody 221, 641

앨런, 클레어Allan, Clare 601, 602

앨버리, 케이시Albury, Casey 519

야스퍼스, 칼Jaspers, Karl 618

야코비 병원 464

약물 남용 58, 238, 566, 605

약물 사용과 건강 실태에 관한 전국 조사
(2008) 587

약화된 정신병 증후군 570

양육nurture 27, 52, 53, 55, 56, 81, 82,
145, 180, 207, 226, 232, 245, 285,
314, 333, 355, 361, 380, 381, 382,
402, 459, 463, 466, 467, 518, 648,
651, 660, 662, 670, 697, 702, 717,
718

양자 역학 25

『어니스트 놀이The Importance of Being
Earnest』 38

어지럼증 61, 137

언더코퍼, 마사Undercoffer, Martha 266

언어 치료 149, 151, 166, 189, 199,
333, 348, 405, 477, 567

엄마와 나 수업 421

엉클 찰리의 업타운 40

에디슨, 토머스Edison, Thomas 101

에리에스, 샤를Eyriès, Charles 168

에릭슨, 닐Erikson, Neil 328, 329

에릭슨, 에릭Erikson, Erik H. 328

에번스, 니컬러스Evans, Nicholas 210

에번스, 윌리엄Evans, William 194

에스트로겐 472, 688

에이즈(AIDS; HIV) 83, 129, 176,
177, 399, 400

HBO 226, 257, 492

ATOH1 유전자 203

에인, 마이클Ain, Michael 250, 293

에페, 아베 드Épée, Abbé de l' 100

에페족 259

FDA 46, 168, 170, 172, 183, 204,
300, 354

FBI 525, 534, 536

X 염색체 연관 청각장애 117

NBC 69, 258

LSD 581

MIT 508, 571, 573, 575

MRI 170

MMR(홍역, 볼거리, 풍진) 백신 468

mGluR5 수용체 455

엡스타인, 줄리아Epstein, Julia 691

여름 캠프 374, 665, 666, 669

여호와의 증인 464

연골 형성 부전증 218, 220, 222, 225,
226, 232, 235, 236, 238, 239, 240,
241, 242, 245, 249, 250, 260, 261,
269, 285, 286, 287, 288, 289, 290,
291, 293

염색체 56, 117, 311, 313, 315, 318,
328, 340, 353, 354, 368, 451, 453,
548

영국 62, 64, 74, 84, 85, 100, 125, 127,
128, 157, 188, 192, 248, 268, 328,
344, 386, 427, 468, 469, 480, 569,
600, 601, 624, 625, 626, 627, 628,
703, 705, 709, 711, 718

영국 법률 구조 공단 469

영국 수화 157

예방접종 피해 국가 보상 프로그램 470

예수그리스도 577

예일 대학 339, 427, 443, 451, 458, 476, 549, 566, 568, 603

예일 대학 아동 연구 센터 427

오르가슴 273

오리건 주립 병원 605

오메가3 지방산 569

오바마, 버락 264, 497

오스트레일리아 127, 210, 497, 569, 599, 696, 700, 715

오어, 신시아 후야르Orr, Cynthia Hujar 608

Autistics.org 506

오티즘 스픽스 434, 456, 459, 471, 493

옥스, 데이비드 W.Oaks, David W 599, 600

올리버, 마이클Oliver, Michael 64

올샨스키, 사이먼Olshansky, Simon 55, 329, 651

올포트, 수전Allport, Susan 647

옵션 치료 482

완벽주의 77, 355, 361

완전전뇌증(完全前腦症) 648

왓슨, 제임스 D.Watson, James D. 53, 550

왕립 미술 대학 127

왕립 산과학 및 부인학 대학RNID 62

외상 후 스트레스 장애PTSD 620

요르단 572

요추 수술 242

우간다 44

우나무노, 미겔 데Unamuno, Miguel de 57

우드콕, 캐서린Woodcock, Kathryn 200

『우리도 끼워 주세요Count Us In』 317, 320, 386

우리에게 선택권을(콘퍼런스) 385

『우리 풍조의 시The Poems of Our Climate』 7

우생학 50, 61, 65, 66, 118, 204, 208, 287, 327, 328, 330, 333, 525

울린, 존Wolin, John 250, 273

워싱턴 DC 101, 218, 572

워싱턴 장애 인권 보호 및 옹호 시스템 691

『워싱턴 포스트The Washington Post』 114, 496

워커, 허셜Walker, Herschel 258, 259

월리스, 크리스Wallace, Chris 75

『월스트리트 저널The Wall Street Journal』 496, 607

월시, 메리엘런Walsh, Maryellen 550

월트 디즈니 뮤직 151

웡, 소피아 이사코Wong, Sophia Isako 650

웨스트 체스터 ARC 322

웨이츠, 톰Waits, Tom 173

웨이크필드, 앤드루Wakefield, Andrew 468

웨인블랏 박사Weinblatt, Dr. 671, 672

웨일스 469

위글러, 마이클Wigler, Michael 452

위니콧, D. W.Winnicott, D. W. 20

위더, 샬럿Wieder, Charlotte 268

위더, 해리Wieder, Harry 267, 268, 274

위스콘신 140

위에, 마리-엘렌Huet, Marie-Hélène 222

위장병 426, 452, 458, 468

위탁 49, 77, 319, 324, 337, 354, 380,
    381, 382, 383, 409, 414, 487, 523,
    636, 642, 651, 711, 712, 714

윌로브룩 지적장애인 주립 학교 59,
    60, 314, 329

윌리엄스, 메건Williams, Megan 141,
    142, 143, 144, 145, 146,
    147, 148, 149, 150, 151

윌리엄스, 브랜든Williams, Brandon 520

윌버, 리처드Wilbur, Richard 636

윌, 조지Will, George 361

윗슨, 데브라 L.Whitson, Debra L. 524

유대인 농문화 커뮤니티 센터 190

유방암 306, 368, 451, 690

유방 절제술 689

유산 311, 312, 343, 360, 473, 664, 702

UCLA 114, 255, 269, 423, 454, 455,
    618

유아기 자폐 체크리스트CHAT 461

유아 살해 343, 703

유전 상담 361

유전자 치료 203, 207, 354

유전자형 450, 468, 547

유치원 33, 97, 218, 235, 263, 303,
    330, 334, 351, 358, 430, 621

유타 443

유타 아동 및 가정 복지국 443

육상경기 220

육체적 건강 87, 474

융모막 채취CVS 286, 312, 313, 361

음부티족 259

음소(音素) 103, 104, 171, 196

응용 행동 분석ABA 423, 424, 437,
    467, 477, 503

의료보험 44, 114, 180, 570

이라크 44

이란 157

『이례적인 부모Exceptional Parent』 640

이민자 21, 27, 209, 327

이방인 19, 78, 211, 293, 591, 605, 606

이버슨, 포샤Iversen, Portia 459, 460, 472

이분 척추증 65, 82, 498

이슬람교 216

이제는 농인을 대표로DPN 109

이중성 25, 35, 180

2006 자폐증 퇴치 법안 400

이타르, 장 Itard, Jean 326

이탈리아 166, 310, 311, 319, 350

이탈리아어 166, 310

이펙서 394

인간성 507, 619, 701, 715, 716

인간 성장 재단 224, 261

인간 성장호르몬HGH 299, 300

인공 보철물 80, 497

인공 와우 22, 115, 120, 133, 138, 153,
    165, 169, 170, 171, 172, 173, 174,
    177, 179, 180, 181, 183, 184, 186,
    188, 190, 191, 192, 193, 194, 195,
    199, 200, 201, 203, 204, 205, 206,
    207, 208, 209, 296, 297, 363, 364,
    399, 692, 700

인공 와우 코퍼레이션 169

인도 168, 477, 573, 589, 590, 617, 704

인도네시아 259

인셀, 토머스Insel, Thomas 400, 451, 467, 493, 500, 501, 551

인종 차별(주의) 32, 61, 67, 90, 150, 194, 623

인지 행동 치료CBT 567, 569, 570

「인클루전 데일리 익스프레스Inclusion Daily Express」 522, 703

인플루엔자 565

일관성 92, 354, 478, 493, 563, 706

일리노이 256

일반적인 범주에서 벗어난 전반적 발달 장애(Pervasive Developmental Disorder Not Otherwise Specified; PDD-NOS) 422

『일반 정신의학Archives of General Psychiatry』 473

일본 61, 105, 132, 133, 443, 469, 486, 566

자결권 598

자궁암 514

자궁 절제술 175, 688, 689, 695

자기 계발 77

자기 계발서 84, 551

자기 비난 58

자기 연민 142, 228, 531, 676

자기 이해 575

자기 파괴 36, 614

자부심 36, 49, 60, 61, 207, 249, 295, 321, 325, 349

자살 36, 37, 83, 136, 149, 425, 459, 486, 523, 531, 536, 556, 559, 563, 580, 588, 597, 613, 622, 627

자식 살해 520

자위행위 37, 481, 501

자유를 갈망하는 아스퍼거 증후군들 Aspies For Freedom 499

자이델, 캐슬린Seidel, Kathleen 462, 471, 498, 499, 501, 502, 503, 507

자이프렉사(올란자핀) 569, 615, 619

자제력 267, 432, 486, 628

『자폐 아동의 학습을 돕는 법Helping Children with Autism Learn』 476

자폐 연구 기구 515

자폐인 자기 권리 주장 네트워크 419, 495

자폐증 시대(blog) 501

자폐증 유전자 연구 거래소 459

「자폐증의 일상Autism Every Day」 440

자폐증 진단용 인터뷰–개정판ADI-R 461

자폐증 해제Unlocking Autism 516

자폐 행동 체크리스트ABC 461

자해 405, 408, 413, 424, 480, 486, 505, 509

『작은 사람들: 딸의 시선으로 세상을 보는 법을 배우다Little People: Learning to See the World Through My Daughter's Eyes』 237

잘못된 생명 소송 81, 82, 702

장애인 교육법IDEA 106, 338

장애 인권 54, 62, 65, 66, 67, 69, 72, 81, 233, 255, 342, 343, 346, 361, 362, 462, 496, 502, 522, 603, 690, 691, 694, 697, 701, 703, 715, 717

장애 인권 교육 및 옹호 기금 기구 691

장애인 참전 용사 251, 330

재생산 19, 118, 202, 451

재활법 62, 332

저출생체중 333

저칼슘혈증 483

전국 농인 협회NAD 102, 118, 128, 129, 130, 131, 171, 174, 208

전국 다운증후군 협회NDSS 339, 340, 342, 354

전국 자폐 콘퍼런스 515

전반적 발달 장애PDD 422, 429, 436

전자간증 544

정관 절제 수술 321

정신 건강 208, 296, 487, 495, 545, 551, 552, 588, 593, 599, 600, 603, 606, 609, 617

정신과 의사 45, 149, 343, 416, 418, 482, 533, 545, 546, 552, 562, 566, 582, 595, 600, 603, 608, 611, 618, 620, 621, 622, 625, 629

『정신과적 약물을 끊거나 금단증상에 의한 피해를 줄이는 지침서Harm Reduction Guide to Coming off Psychiatric Drugs and Withdrawal』 601

정신병 551

정신병원 55, 62, 253, 465, 519, 534, 535, 537, 557, 561, 563, 576, 590, 600, 612

『정신병원 밖으로Out of Bedlam』 563

정신분석 20, 328, 329, 330, 333, 416, 417, 427, 550, 567, 610, 620, 716, 717, 718

정신분석가 328, 329, 416, 427, 550, 610, 620, 716, 717, 718

정신분열(증) 26, 52, 53, 83, 89, 399, 416, 450, 453, 454, 493, 498, 529, 530, 531, 532, 533, 534, 541, 542, 543, 544, 545, 546, 547, 548, 549, 550, 551, 552, 553, 554, 555, 556, 558, 560, 561, 562, 563, 564, 565, 566, 567, 568, 569, 570, 571, 572, 573, 574, 575, 576, 578, 579, 580, 582, 585, 586, 587, 588, 589, 590, 591, 592, 596, 597, 598, 599, 601, 602, 603, 604, 605, 606, 607, 609, 610, 611, 615, 616, 617, 618, 619, 620, 623, 630, 651, 652, 716

정신연령 371, 379

정신장애 진단 및 통계 편람-제5판DSM-5 570

정신적으로 아픈 사람들의 가족 공동체 591

정신 질환 연구소 568

정자 기증자 553

정적 뇌 병변 686

『정직한 창녀The Honest Whore』 597

정체성 정치학 25, 26, 97, 493, 508

『정형외과학Orthopaedia: or, the Art of Correcting and Preventing Deformities in Children』 299

정확한 수화 영어 156

제1차 세계 대전 102, 483

제2차 세계 대전 43, 330, 565, 592

제3섬유아세포 성장 촉진 인자 수용체 FGFR3 285

제노포비아 194

제도화 249

제왕절개 275, 678, 679

제임스, 윌리엄James, William 551

제퍼슨, 토머스Jefferson, Thomas 508

제한된 성장 협회RGA 248

젤라스, 벤저민Jealous, Benjamin 90

조기 개입EI 80, 119, 165, 314, 317, 332, 333, 334, 335, 336, 337, 348, 357, 358, 366, 372, 374, 389, 405, 422, 429, 436, 438, 476, 568, 571, 585, 655

조던, I. 킹Jordan, I. King 109

조산아 83, 87

조스트, 앨리슨Jost, Alison 603

조울증 83, 354, 414, 453, 472, 493, 498, 547, 549, 619

조지, 캐럴George, Carol 648

존스, 제임스 얼Jones, James Earl 173

존스 홉킨스 181, 195, 230, 250, 252, 261, 262, 293, 640

존슨, 브루스Johnson, Bruce 255

존슨, 앤 브레이든Johnson, Ann Braden 563

존 트레이시 클리닉 120, 143

졸로프트(서트랄린) 478

종교적 교정 시설 45

종(種) 다양성 101

종합 의료 협의회 469

주르노, 앙드레Djourno, André 168

주버트 증후군 454, 662

주의력결핍과잉행동장애ADHD 353, 452, 478

주의력 결핍 장애ADD 152

중국 35, 66, 94, 103, 131, 155

중국계 미국인 35

중국어 103, 155

중도 중복 장애MSD 26, 635, 636, 648, 653, 687, 700, 718

중증 장애 86

지원 단체 198, 228, 389, 588, 590, 660

지적 장애 21, 24, 55, 59, 70, 81, 84, 86, 104, 106, 232, 240, 311, 314, 316, 322, 324, 326, 327, 328, 329, 330, 331, 332, 333, 338, 342, 369, 372, 374, 380, 383, 385, 386, 387, 401, 406, 431, 434, 455, 466, 467, 545, 635, 637, 638, 639, 641, 642, 649, 663, 669, 670

지적 장애와 발달 장애 뉴욕 주 사무소 324

지적 장애인 대통령 직속 위원회 386

지적 장애인 시민 협회ARC 322, 324, 331, 385

GJB2 유전자 117, 118

진먼, 샐리Zinman, Sally 599, 600

진정제 295, 439, 449, 478, 557, 713

질병 불각증 596

질병 통제 센터CDC 466, 475

짐머맨, 루크Zimmerman, Luke 386

『차이를 안고 사는 것Living with Difference』 248

차지증후군CHARGE syndrome 653, 654

착상 전 유전자 검사PGD 287

챈들러, 바버라Chandler, Barbara 389

챈슬러, 알렉산더Chancellor, Alexander 259

처키, 자니Churchi, Johnny 519

척추골단 이형성증 238, 239, 269, 286

척추 외상 69

천성nature 52, 333

천식 152, 178, 179, 472

천재성 21, 78, 83, 84, 94, 489

청각 장애인 동계 스페셜 올림픽 189

청각 장애인 부모를 둔 아이CODA 107,
108

「청각 장애인의 눈으로Through Deaf Eyes」
208

청각 통합 훈련 477

청, 조이스Chung, Joyce 488, 494, 500,
507

체로키 270

체스 575

체외수정IVF 286, 473

체임벌린, 주디Chamberlin, Judi 598

체호프, 안톤Chekhov, Anton 482

초음파 243, 286, 290, 291, 313

초음파 검사 243, 286, 290, 291, 313

촉진적 의사소통 방법facilitated communi-
cation 444, 445, 446

출생증명서 709

취약 X 증후군 454, 455, 456

취약성 31, 453, 472, 547, 548, 565

치사성 이형성증 285

침묵의 기사단 153

ㅋ

카너, 레오Kanner, Leo 416

카네기홀 227, 667

카밀, 아모스Kamil, Amos 36, 38, 39

카본, 빈센트Carbone, Vincent 510

카스, 레온Kass, Leon 344

카젠버그, 제프리Katzenberg, Jeffrey 152

카타 콜록 158, 159, 160, 161, 162

카플랜, 아서Caplan, Arthur 690, 694

칸타Kanta(벵칼라) 158, 159, 161, 162

캐나다 86, 157, 200, 254, 360, 435, 690

캐너펠, 바버라Kannapell, Barbara 120

캐리, 짐Carrey, Jim 666

캔들, 에릭Kandel, Eric 400, 542, 549

캘리포니아 142, 146, 151, 153, 167,
181, 186, 190, 194, 248, 255, 270,
271, 363, 467, 473, 476, 532, 535,
599

캘리포니아 대학 샌디에이고 캠퍼스
181, 363

캘리포니아 정신 건강 의뢰인들 네트워
크 599

캘리포니아 주립 대학 노스리지 캠퍼스
142, 151, 198

캠프 데이비드 40

커밍스, 제임스 조지프 시니어Cummings,
James Joseph, Sr. 519

커밍스, 제임스 조지프 주니어Cummings,
James Joseph, Jr. 519

커비, 데이비드Kirby, David 470

커시너, 칼Kirchner, Carl 144

커틀러, 유스테시아Cutler, Eustacia 417,
490, 491

컬럼비아 대학 216, 357, 438, 545,
546, 567, 568, 586, 589

컬럼비아 프레스비테리언 병원 637,
671

컬렌더 대(對) 바이오 사이언스 연구소 사
건 82

컴퓨터 X선 체축 단층촬영CAT scan 708

케네디, 로즈메리Kennedy, Rosemary 331

케네디, 존 F.Kennedy, John F. 331

케네디 크리거Kennedy Krieger 509

케니, 레이Kenney, Ray 99

켄트, 데버러Kent, Deborah 67, 68

켈러, 헬렌Keller, Helen 56, 107, 508, 639

코네티컷 100, 101, 226, 341, 556, 642

코넥신 26 돌연변이 117, 119

코넬 대학 372, 422, 569, 678, 679

코넬 대학 메디컬 센터 422

코르페이, 지미Korpai, Jimmy 258

코스타, 알베르토Costa, Alberto 363, 364

코윈, 제프리 T.Corwin, Jeffrey T. 202

코일, 조지프Coyle, Joseph 473

코카인 566

코탄츠, 더글러스Cotanche, Douglas 202

코트렐, 테런스Cottrell, Terrance 519

코펜하겐 25, 488

코펜하겐 해석 25

코프먼, 베리 닐Kaufman, Barry Neil 482

코프먼, 사마리아 라이트Kaufman, Samahria Lyte 482

코플러위츠, 해럴드Koplewicz, Harold 495, 496

코피츠, 스티븐Kopits, Steven 261, 277, 278

콜드 스프링 하버 연구소 452, 456, 475

콜로라도 아동 병원 177

콜리플라워 귀 239, 276

쾌락 욕구의 원칙 542

쿡 재단(쿡 센터) 390, 391, 392, 393

쿤, 노먼Kunc, Norman 698

퀘이크, 스티븐Quake, Stephen 361

큐어 오티즘 나우 400, 459, 493

크놀, 캐리Knoll, Carrie 648

크랜들, 리처드Crandall, Richard 248

크로닌, 리처드Cronin, Richard 523

크로닌, 존 빅터Cronin, John Victor 523

크리스천 사이언스 551

크리스틸, 존Krystal, John 549, 571, 597

크릭, 프랜시스Crick, Francis 550

클락스브룬, 샘Klagsbrun, Sam 612, 613, 614, 617

클랩튼, 에릭Clapton, Eric 585, 586

클레르, 로랑Clerc, Laurent 100, 157, 204

클레이튼, 엘런 라이트Clayton, Ellen Wright 703

클로자핀 558, 559, 560, 561, 574, 576, 583

클린, 아미Klin, Ami 476

클린턴 행정부 106, 255

키첸스, 리Kitchens, Lee 237

키타하라, 키요Kitahara, Kiyo 486

킬레이트화 483

킹, 마틴 루서King, Martin Luther 557

킹슬리, 에밀리 펄Kingsley, Emily Perl 309, 313, 314, 315, 316, 317, 318, 319, 320, 321, 322, 323, 324, 325, 326, 350

킹슬리, 제이슨Kingsley, Jason 313, 314, 315, 316, 317, 318, 319, 320, 321, 322, 323, 324, 325, 326, 334, 335, 365, 371, 374, 386, 391, 393

타오스 485

『타임Time』 42, 79

탈리도마이드 83, 449

탈시설화(脫施設化) 562, 563

태국 157, 176, 347

태아기 검사 50, 312, 360, 361, 362, 363

태양의 서커스 79

「터치드 바이 엔젤Touched by an Angel」 355

털 612, 614

테스토스테론 457, 484

테이삭스병 82

텍사스 농아학교 177

토리, E. 풀러Torrey, E. Fuller 552, 562

톨스토이, 레프Tolstoy, Leo 27

톰슨, 로즈메리 갈랜드Thomson, Rosemarie Garland 233

통나무처럼 구르기 241

통합적 의사소통 155

퇴마 의식 519, 520

트라우마 34, 39, 58, 329, 383, 458, 529, 530, 550, 565, 630

트라이 시티 오써러티 593

트라이팟Tripod 144, 145, 146, 147, 148, 150, 151, 152, 154

트라이팟 캡션 필름 153

트랜스 맨 90

트리니티 교회 365, 368

티메로살 468, 469

티모시 증후군 454

틸러, 조지Tiller, George 47

『틸트Tilt』 407

파데스, 허버트Pardes, Herbert 545

파두츠 32

파렌스, 에릭Parens, Erik 343

파리 100, 326

파스키우, 피에르Pasquiou, Pierre 519

파커, 로지카Parker, Rozsika 718

파크, 클라라 클레이본Park, Clara Claiborne 57

파키스탄 164, 572

파킨슨병 449

팍실 430, 478

팔리아로, 제이미Pagliaro, Jamie 437

팔머, 크리스티나Palmer, Christina 118, 174, 204

패든, 캐럴Padden, Carol 108, 120, 211

패터슨, 데이비드Patterson, David 353

페닐케톤증 454

페더스톤, 데어드레Featherstone, Deirdre 346

페미니즘 497

페스터, 찰스Ferster, Charles 476

페어차일드, 티어니 템플Fairchild, Tierney Temple 345

페이스북 32, 386

페이즐리, 에리카Peasley, Ericka 289, 290

페이지, 팀Page, Tim 497

페일리, 드로Paley, Dror 297

펜로즈, 라이오넬Penrose, Lionel 328

편견 32, 38, 47, 48, 54, 58, 61, 66, 67, 71, 89, 90, 200, 216, 221, 225, 235, 250, 298, 329, 331, 344, 350, 354, 493, 517, 518, 662

편두통 134, 138

평등 고용 추진 위원회EEOC 233

「평온을 위한 기도문Serenity Prayer」72, 403

폐암 471, 566, 595

포르노 222

포비넬리, 마크 258

포용 49, 93, 265, 299

포 윈즈 병원 612, 613, 617

포터, 로런Potter, Lauren 386

폭식증 72

폭식증 옹호 운동 72

폴리, 제인Pauley, Jane 317, 365

폴링, 해나Poling, Hannah 471

폴크마르, 프레드Volkmar, Fred 427, 458

표현형 450, 547

『푸 코너에 있는 집The House at Pooh Corner』 35

푸코, 미셸Foucault, Michel 66, 299, 561

풍진 81, 82, 204, 208, 449, 468, 565

프라이드, 커티스Pride, Curtis 185

프랑스 수화 157

프랑스어 100, 103

프랭크, 아서Frank, Arthur 299

프랭클린 마샬 대학 510, 515

프랭클린, 제니퍼Franklin, Jennifer 420, 421, 422, 423, 424, 425, 505

프레이밍햄 178, 559, 560

프레이저, 진Frazier, Jean 580, 587

프로이트, 안나Freud, Anna 718

프로이트, 지그문트Freud, Sigmund 718

프로작(플루옥세틴) 363, 413, 478

프롤릭신(플루페나진) 주사 594

프롬-라이히만, 프리다Fromm-Reichmann, Frieda 550

프리다FRIDA 690

프리드먼, 리처드 C.Friedman, Richard C. 620

프리스, 유타Frith, Uta 442

프린스턴 레코드 익스체인지 623

플랭크, 알렉스Plank, Alex 494

플럼, 프레더릭Plum, Frederick 546

『플레이보이Playboy』 35, 471

플레처, 조지프Fletcher, Joseph 329

플로레스 섬(인도네시아) 259

플로리다 223, 256

피겨스케이팅 189

피그미족 259

피긴 수화 영어 156

피델리티 인베스트먼트 257

피마 대학 607

피스토리우스, 오스카Pistorius, Oscar 79

피임 321, 577

피플 퍼스트People First 385

핀란드 61

필라델피아 아동 병원 621

하먼, 크리스틴Harmon, Kristen 121

하버드 대학 468, 532, 547, 564, 686

하시디즘 유대인 210

하우, 새뮤얼 G.Howe, Samuel G. 327

하우스, 하워드House, Howard 183

하이먼, 스티븐Hyman, Steven 468, 505

하지 연장술ELL 76

하츠데일 323

「하트퍼드 신문Hartford Courant」 642

하트퍼드 지적장애인 시민 협회HARC 642

학살 22, 61, 84, 190, 192, 259, 343, 344, 499, 700

한국 350

할돌(할로페리돌) 478, 623

할렘 30, 437

항경련제 713

항발작 약물 478

항산화제 569

항우울제 363, 394, 430, 459, 473, 478, 485, 491

항정신병 80, 478, 544, 545, 554, 555, 557, 558, 567, 569, 570, 576, 588, 598, 600, 602, 608

해러웨이, 도나Haraway, Donna 66

해리스, 린Harris, Lynn 235, 259

『햄릿Hamlet』 125

행동주의 48, 267, 330, 333, 441, 474, 503, 507, 690

행동 치료 407, 422, 435, 436, 477, 490, 492, 567, 569, 570

허디, 세라 블래퍼Hrdy, Sarah Blaffer 648

허버드, 루스Hubbard, Ruth 64

헌터 대학 437

헌트, 나이절Hunt, Nigel 386

헌트, 린다Hunt, Linda 234

헌팅턴 무도병 64, 65, 449, 451

험프리스, 톰Humphries, Tom 108, 120

헤드 스타트 331, 332

헤들리, 리사Hedley, Lisa 226, 293

헤로인 440

헤슬리 빌리지 앤 칼리지 480

『헤이스팅스 센터 보고서Hastings Center Report』 299, 692

헤이, 윌리엄Hay, William 220

헤퍼넌, 버지니아Heffernan, Virginia 290

헤프너, 셰릴Heppner, Cheryl 121

헬러, 스테펀Heller, Stefan 203

혈청 알파태아단백 검사 355

혐오스러운 자폐증(블로그) 501

형제 탄생 순서 효과 45

호러스 맨 학교 35, 36, 37

호모포비아 194

호스피스 데 인큐라블 326

호스피스 프로그램 613

호큰베리, 존Hockenberry, John 69

호트, 로런스Hott, Lawrence 208

호프먼, 더스틴Hoffman, Dustin 255

호프스트라 대학 280, 281

혼혈아 443

홀랜더, 줄리아Hollander, Julia 703, 719

홀로코스트 88, 149, 267, 330, 458

홀마이어, 요아힘Hallmayer, Joachim 472

홀, 윌Hall, Will 601

홈스, 올리버 웬델Holmes, Oliver Wendell 328

홍역 171, 468, 469

화학요법 306

확장된 사지 연장술ELL 295, 296, 297, 298, 299, 300

회복탄력성 55, 56, 86

후비공 폐쇄증 653

『후즈 후 인 아메리카Who's Who in America』 361

후쿠야마, 프랜시스Fukuyama, Francis 50

휠러, 잭Wheeler, Jack 208

휠체어 69, 80, 106, 217, 221, 230, 251, 282, 284, 367, 655, 659, 671, 672, 675, 680, 681, 684, 685, 686, 688, 714

휴마트로프 300

휴먼 게놈 프로젝트 66

휴먼, 주디스Heumann, Judith 106

휴스턴 702

흘리벅, 그렉Hlibok, Greg 109, 110, 204

흡연 566

히가시 학교 486, 487

히브리 특수학교 665

히치하이커의 엄지손가락 239, 276

히타이트 제국 118

옮긴이 **고기탁** 한국외국어대학교 불어과를 졸업하고, 펍헙 번역 그룹에서 전문 번역가로 일한다. 옮긴 책으로 에번 오스노스의 『야망의 시대』, 프랑크 디쾨터의 인민 3부작 중 『해방의 비극』, 『문화 대혁명』, 토마스 프랭크의 『민주당의 착각과 오만』, 헨리 M. 폴슨 주니어의 『중국과 협상하기』, 윌리엄 H. 맥레이븐의 『침대부터 정리하라』, 캐스 R. 선스타인의 『TMI: 정보가 너무 많아서』, 『동조하기』 등이 있다.

부모와 다른 아이들 1 열두 가지 사랑

발행일   2015년 1월 2일 초판 1쇄
         2024년 8월 5일 초판 11쇄

지은이   앤드루 솔로몬
옮긴이   고기탁
발행인   홍예빈·홍유진
발행처   주식회사 열린책들

경기도 파주시 문발로 253 파주출판도시
전화 031-955-4000 팩스 031-955-4004
홈페이지 www.openbooks.co.kr 이메일 humanity@openbooks.co.kr

Copyright (C) 주식회사 열린책들, 2015, *Printed in Korea.*
ISBN 978-89-329-1687-3 978-89-329-1686-6 (세트)

이 도서의 국립중앙도서관 출판예정도서목록(CIP)은 서지정보유통지원시스템 홈페이지(http://seoji.nl.go.kr)와 국가자료공동목록시스템(http://www.nl.go.kr/kolisnet)에서 이용하실 수 있습니다.(CIP제어번호 : 2014035323)